1,000,000 Books

are available to read at

Forgotten Books

www.ForgottenBooks.com

Read online
Download PDF
Purchase in print

ISBN 978-0-266-65432-2
PIBN 11000365

This book is a reproduction of an important historical work. Forgotten Books uses state-of-the-art technology to digitally reconstruct the work, preserving the original format whilst repairing imperfections present in the aged copy. In rare cases, an imperfection in the original, such as a blemish or missing page, may be replicated in our edition. We do, however, repair the vast majority of imperfections successfully; any imperfections that remain are intentionally left to preserve the state of such historical works.

Forgotten Books is a registered trademark of FB &c Ltd.
Copyright © 2018 FB &c Ltd.
FB &c Ltd, Dalton House, 60 Windsor Avenue, London, SW19 2RR.
Company number 08720141. Registered in England and Wales.

For support please visit www.forgottenbooks.com

1 MONTH OF FREE READING

at

www.ForgottenBooks.com

By purchasing this book you are eligible for one month membership to ForgottenBooks.com, giving you unlimited access to our entire collection of over 1,000,000 titles via our web site and mobile apps.

To claim your free month visit: www.forgottenbooks.com/free1000365

* Offer is valid for 45 days from date of purchase. Terms and conditions apply.

English
Français
Deutsche
Italiano
Español
Português

www.forgottenbooks.com

Mythology Photography **Fiction** Fishing Christianity **Art** Cooking Essays Buddhism Freemasonry Medicine **Biology** Music **Ancient Egypt** Evolution Carpentry Physics Dance Geology **Mathematics** Fitness Shakespeare **Folklore** Yoga Marketing **Confidence** Immortality Biographies Poetry **Psychology** Witchcraft Electronics Chemistry History **Law** Accounting **Philosophy** Anthropology Alchemy Drama Quantum Mechanics Atheism Sexual Health **Ancient History Entrepreneurship** Languages Sport Paleontology Needlework Islam **Metaphysics** Investment Archaeology Parenting Statistics Criminology **Motivational**

ANNUAIRE

DE LA

LÉGISLATION DU TRAVAIL

BRUXELLES
M. WEISSENBRUCH, IMP. DU ROI
49, RUE DU POINÇON

ROYAUME DE BELGIQUE
MINISTÈRE DE L'INDUSTRIE ET DU TRAVAIL
OFFICE DU TRAVAIL

ANNUAIRE

DE LA

LÉGISLATION DU TRAVAIL

Publié par l'Office du Travail de Belgique

12ᵉ ANNÉE — 1908

BRUXELLES
LIBRAIRIE ALBERT DEWIT
53, rue Royale, 53

1909

780

TABLE DES MATIÈRES.

ALLEMAGNE.   PAGES.

Loi du 19 avril 1908 sur les associations et réunions. (Vereinsgesetz.
   Vom 19. April 1908) 2-13
Ordonnance du Conseil fédéral, en date du 1ᵉʳ mai 1908, sur l'emploi des ouvrières dans les fabriques de conserves. (Bekanntmachung, betreffend die Beschäftigung von Arbeiterinnen in Konserven-fabriken. Vom 1. Mai 1908) 12-13
Ordonnance du Conseil fédéral, en date du 6 mai 1908, sur l'installation et l'exploitation des établissements de fabrication d'acenmulateurs électriques au moyen de plomb ou de composés plombiques. (Bekanntmachung, betreffend die Einrichtung und den Betrieb von Anlagen zur Herstellung elektrischer Akkumulatoren aus Blei oder Bleiverbindungen. Vom 6. Mai 1908) . . 12-23
Loi du 30 mai 1908, portant modification du Code industriel. (Gesetz, betreffend die Abänderung der Gewerbeordnung. Vom 30. Mai 1908). 22-29
Loi du 29 juin 1908 portant modification du Code industriel. (Gesetz, betreffend die Abänderung der Gewerbeordnung. Vom 29. Juni 1908). 28-29
Ordonnance du Conseil fédéral en date du 19 décembre 1908, concernant l'exploitation de la grande industrie sidérurgique. (Bekanntmachung, betreffend den Betrieb der Anlagen der Grosseisen-industrie. Vom 19. Dezember 1908). 30-33
Ordonnance du Conseil fédéral, en date du 22 décembre 1908, concernant l'établissement et l'exploitation des imprimeries et des fonderies de caractéres. (Bekanntmachung, betreffend die Einrichtung und den Betrieb der Buchdruckereien und Schriftgiessereien. Vom 22. Dezember 1908) 32-35
Loi du 28 décembre 1908 modifiant le Code industriel. (Gesetz, betreffend die Abänderung der Gewerbeordnung. Von 28 Dezember 1908) 34-49

AUTRICHE.

Ordonnance du ministre de commerce, en date du 21 février 1908, prise de concert avec avec le ministre de l'intérieur, complétant et modifiant sur un point l'ordonnance du 27 mai 1885, modifiée et complétée par les ordonnances des 2 avril 1897, 4 mars 1898, 16 octobre 1903 et 9 janvier 1905, concernant les repos dans certaines catégories d'industries. (Verordnung des Handelsministers im Einvernehmen mit dem Minister des Innern vom 21. Februar 1908, womit die durch die Ministerialverordnungen vom 2. April 1897, R. G. Bl. Nr. 88, vom 4. März 1898, R. G. Bl. Nr. 44, von 16. Oktober 1903, R. G. Bl. Nr. 210, und vom 9. Jänner 1905, R. G. Bl. Nr. 7, abgeänderte beziehungsweise ergänzte Ministerialverordnung vom 27. Mai 1885, R. G. Bl. Nr. 82, betreffend besondere Bestimmungen bezüglich der Arbeitspausen bei einzelnen Kategorien von Gewerben, weiter ergänzt und in einem Punkte abgeändert wird) 50-53

Ordonnance du ministre de l'intérieur, en date du 22 février 1908, prise de concert avec les autres ministres, concernant le règlement d'exécution de la loi du 16 décembre 1906, sur l'assurance obligatoire des employés privés et de certains employés des services publics contre l'invalidité et la vieillesse. (Verordnung des Ministers des Innern im Einvernehmen mit den übrigen beteiligten Ministern vom 22. Februar 1908, betreffend die Vollzugsvorschrift zum Gesetze vom 16. Dezember 1906, R. G. Bl. Nr. 1 ex 1907, über die Pensionsversicherung der in privaten Diensten und einiger in öffentlichen Diensten Angestellten) 52-99

Ordonnance du ministre de commerce, en date du 15 avril 1908, prise de concert avec le ministre de l'intérieur, portant dispositions sur l'hygiène et la sécurité des personnes employées à des travaux industriels de peinture, laquage et décoration. (Verordnung des Handelsministers in Einvernehmen mit dem Minister des Innern vom 15. April 1908, womit Vorschriften zum Schutze des Lebens und der Gesundheit der mit gewerblichen Anstreicher-, Lackierer- und Malcarbeiten beschäftigten Personen erlassen werden) 100-111

Ordonnance du ministre du commerce, en date du 29 mai 1908, prise de concert avec le ministre de l'intérieur réglementant l'exploitation industrielle des carrières et des entreprises d'extraction d'argile, de sable et de pierrailles. (Verordnung des Handelsministers in Einvernehmen mit dem Minister des Innern vom 29. Mai 1908, mit welcher Vorschriften für den gewerbsmässigen Betrieb von Steinbrüchen, Lehm-, Sand- und Schottergruben erlassen werden) 110-131

TABLE DES MATIÈRES.

Ordonnance du ministre des travaux publics, en date du 22 juillet 1908, prise de concert avec le ministre de l'intérieur, sur l'installation et l'exploitation des usines à plomb et à zinc. (Verordnung des Ministeriums für öffentliche Arbeiten im Einvernehmen mit dem Ministerium des Innern vom 22. Juli 1908, betreffend die Einrichtung und den Betrieb der nach dem allgemeinen Berggesetze errichteten Blei- und Zinkhütten) 130-147

Loi du 9 août 1908 concernant la responsabilité des dommages résultant de l'emploi d'automobiles. (Gesetz vom 9. August 1908 über die Haftung für Schäde mit dem Betriebe von Kraftfahrzeugen) 146-149

Ordonnance du ministre de l'intérieur, en date du 27 novembre 1908, concernant la division en classes de risques des établissements soumis à l'assurance-accidents, en vertu de la loi du 9 août 1908 (Verordnung des Ministeriums des Innern vom 27. November 1908, betreffend die Einteilung der durch § 11 des Gesetzes vom 9. August 1908, R. G. Bl. Nr. 162, in die Unfallversicherung einbezogenen Betriebe von Kraftfahrzeugen in Gefahrenklassen) 148-151

Ordonnance du ministre de l'intérieur, en date du 28 décembre 1908, prise de concert avec les ministres des cultes et de l'instruction publique, de la justice, des finances, du commerce et des travaux publics, portant dispense de l'obligation de l'assurance en faveur de certains groupes d'employés, conformément à la loi du 16 décembre 1906. (Verordnung des Ministeriums des Innern im Einvernehmen mit dem Ministerium für Kultus und Unterricht, der Justiz, der Finanzen, des Handels sowie für öffentliche Arbeiten vom 28. Dezember 1908, mit der einige Gruppen von Angestellten von der Versicherungspflicht nach dem Gesetze vom 16. Dezember 1906, R. G. Bl. Nr. 1 ex 1907, betreffend die Pensionsversicherung der in privaten Diensten und einiger in öffentlichen Diensten Angestellten, befreit werden). 150-153

BELGIQUE.

Arrêté royal du 5 février 1908, modifiant la composition du Conseil supérieur du travail. 154

Arrêté royal du 23 juin 1908, concernant les dépôts d'appareils respiratoires portatifs pour les mines de houille ayant un ou plusieurs sièges d'exploitation classés dans la 2ᵉ ou 3ᵉ catégorie des mines à grisou. 154-155

Arrêté royal du 26 juin 1908, concernant le régime spécial des établissements dangereux, insalubres ou incommodes, à ériger à titre temporaire. 156

TABLE DES MATIÈRES.

Arrêté royal du 18 août 1908, concernant l'exécution de l'article 9 de la loi du 10 mai 1900 sur les pensions de vieillesse . . . 156-157

Arrêté royal du 28 août 1908, prescrivant la désinfection des crins employés dans les fabriques de brosses 158

Arrêté royal du 25 décembre 1908, concernant le classement de l'acétylène et des carbures parmi les établissements dangereux, insalubres ou incommodes. 158-159

Arrêté royal du 30 décembre 1908, modifiant les articles 14 et 21 de l'arrêté royal du 24 décembre 1904 portant règlement organique du fonds de garantie institué par la loi du 24 décembre 1903, sur la réparation des dommages résultant des accidents de travail 159-160

Loi du 31 décembre 1908 modifiant l'article 48 de la loi du 16 mars 1865 sur la Caisse générale de retraite 160-161

DANEMARK.

Arrêté du ministre de l'intérieur, en date du 23 janvier 1908, sur les blanchisseries, ateliers de repassage, foulonneries et teintureries 162-165

Arrêté du ministre de l'intérieur, en date du 23 janvier 1908, sur les fabriques textiles. 166-170

Arrêté royal du 11 février 1908 portant que les dispositions de la loi du 30 mars 1906 sur l'extension de l'assurance-accidents à certaines entreprises de navigation maritime, sont rendues applicables aux personnes employées au service du pilotage. 170-171

Arrêté royal du 11 février 1908 portant que les dispositions de la loi du 1er avril 1905 sur l'assurance des gens de mer contre les accidents du travail, sont rendues applicables à certains bâtiments de l'État ressortissant au ministère de la marine. 171

Loi du 13 mars 1908 portant modification à la loi du 23 mai 1902 sur les secours à accorder aux vieillards méritants en dehors de l'assistance publique. 171

Arrêté du ministre de l'intérieur, en date du 5 mai 1908, concernant le travail des enfants et des adolescents dans certaines entreprises, dans la ville de Kallundborg 172

Arrêté du ministre de l'intérieur, en date du 21 mai 1908, sur les ateliers de menuiserie et les autres entreprises du travail du bois. 172-176

Loi du 27 mars 1908, concernant l'assurance des ouvriers contre les accidents dans les entreprises agricoles et forestières . . . 176-186

TABLE DES MATIÈRES. IX

PAGES.

Loi du 27 mai 1908, concernant les secours en cas de chômage extraordinaire 186-187

Arrêté du ministre de la justice, en date du 4 juin 1008, concernant l'établissement et l'exploitation d'élévateurs et d'ascenseurs actionnés mécaniquement 187-192

Loi du 19 juin 1908, sur l'heure de fermeture des boutiques et magasins 192-194

Arrêté royal du 1er juillet 1908, concernant le logement de l'équipage à bord des navires danois 194-199

Arrêté du ministre de la justice, en date du 22 juillet 1908, sur l'établissement et l'exploitation de générateurs à gaz pour force motrice 200-201

Loi du 21 août 1908, concernant le travail des ouvriers étrangers dans certaines entreprises et l'inspection de ce travail 202-207

Arrêté du ministre de l'intérieur, en date du 31 août 1908, concernant les poudrières privées 207-212

Arrêté du ministre de l'intérieur, en date du 4 septembre 1908, concernant le travail des enfants et des adolescents dans certaines entreprises, dans la ville d'Esbjerg 213

Arrêté du ministre de l'intérieur, en date du 31 octobre 1908, portant modification du § 12 de l'arrêté du 1er juin 1904 sur les fabriques de tabacs et cigares 213

ESPAGNE.

Décret royal du 25 janvier 1908, déterminant les industries et travaux interdits, en totalité ou en partie, aux enfants de moins de 16 ans et aux femmes mineures 214-221

Loi du 27 février 1908, concernant l'organisation par l'Etat d'un Institut national de prévoyance 221-228

Loi du 19 mai 1908 sur les tribunaux industriels 228-234

Loi du 19 mai 1908, sur les conseils de conciliation et d'arbitrage. 234-237

Décret royal du 18 novembre 1908 sur le travail des enfants dans les industries relatives à la navigation et dans la navigation même. 237

ÉTATS-UNIS D'AMÉRIQUE.

LÉGISLATION FEDÉRAlE.

Loi du 22 avril 1908, relative à la responsabilité des entrepreneurs de transport par chemin de fer vis-à-vis de leurs employés. (An act relating to the liability of common carriers by railroad to their employees in certain cases) 238-241

TABLE DES MATIÈRES.

LÉGISLATION DES ÉTATS.
PAGES.

Massachusetts.

Loi du 5 mai 1908, autorisant et réglant l'approbation de systèmes d'indemnisation d'employés accidentés. 242
Loi du 13 juin 1908 relative aux heures de travail des femmes et des enfants. 242-243

New-York.

Loi du 28 avril 1908, modifiant la loi du travail en ce qui concerne le travail en chambre 244-247
Loi du 20 mai 1908, modifiant la loi relative au travail en ce qui concerne l'hygiène et la sécurité 247-249
Loi du 16 juin 1908, modifiant la loi relative au travail en ce qui concerne l'organisation du département du travail 249-254

FRANCE.

Décret du 7 mars 1908, sur les surcharges des enfants et des femmes. 255-256
Décret du 16 mars 1908, sur les dérogations au repos hebdomadaire applicables aux enfants et aux femmes, pris en vertu de l'article 18 de la loi du 13 juillet 1906. 256-258
Loi du 26 mars 1908, modifiant l'article 5 de la loi du 12 avril 1906, relatif à la contribution imposée aux exploitants non patentés pour l'alimentation du fonds de garantie institué par la loi du 9 avril 1898 sur les accidents du travail 259
Loi du 14 avril 1908, concernant les retraites des ouvriers mineurs. 259-260
Décret du 23 avril 1908, sur l'hygiène et la sécurité des travailleurs dans les travaux du plomb. 260-262
Décret du 3 juillet 1908, modifiant le décret du 15 juillet 1893 sur le travail des enfants, des filles mineures et des femmes dans les établissements industriels 263
Loi du 14 juillet 1908, concernant les pensions sur la caisse des invalides de la marine 263-277
Loi du 15 juillet 1908, relative à la ratification de la convention internationale de Berne sur le travail de nuit des femmes employées dans l'industrie. 278
Loi du 17 juillet 1908, relative à l'institution des conseils consultatifs du travail 278-280

TABLE DES MATIÈRES.

Décret du 10 septembre 1908, complétant la nomenclature des établissements ayant le droit de donner le repos hebdomadaire par roulement 280

Décret du 10 septembre 1908 complétant la nomenclature des travaux interdits aux enfants de moins de 18 ans. 281

Loi du 18 novembre 1908 complétant l'article 40 de la loi du 27 mars 1907 concernant les conseils de prud'hommes. .. 281

Loi du 15 novembre 1908 conférant aux femmes l'éligibilité aux conseils de prud'hommes 282

Décret du 3 décembre 1908 élevant les taux maximum des subventions de l'État aux caisses de secours contre le chômage involontaire. 282-283

Décret du 15 décembre 1908 sur l'hygiène et la sécurité des travailleurs dans les chantiers à air comprimé 909-912

Décret du 15 décembre 1908 modifiant la nomenclature des travaux interdits aux enfants au-dessous de 18 ans. 912

Loi du 17 décembre 1908 portant approbation de la convention internationale de Berne sur l'interdiction de l'emploi du phosphore blanc dans l'industrie des allumettes 913

Loi du 26 décembre 1908 portant fixation du budget général des dépenses et des recettes de l'exercice 1909 913

GRANDE-BRETAGNE.

Ordonnance ministérielle du 20 juin 1908 concernant le moulage du laiton. (Regulations, dated june 20, 1908, made by the secretary of State, for the casting of brass). 284-289

Loi du 1er août 1908 concernant les pensions de veillesse. (An act to provide for old age pensions, 1st August 1908) 290-303

Ordonnance ministérielle du 13 octobre 1908, concernant le travail supplémentaire des femmes. (Order of the secretary of State, dated October 13, 1908, with regard to the overtime employment of women) 302-305

Ordonnance ministérielle en date du 13 octobre 1908, accordant une exception spéciale en ce qui concerne les heures de repas dans les ateliers de fleuristes. (Order of the secretary of State, dated October 13, 1908, granting special exceptions: as to meal hours in Florists' Workshops). 304-307

Ordonnance ministérielle en date du 13 octobre 1908, accordant une dérogation spéciale en ce qui concerne les jours de congé. (Order of the secretary of State, dated October 13, 1908, granting a special exception: as to Holidays). 306-307

TABLE DES MATIÈRES.

Ordonnance ministérielle en date du 13 octobre 1908, accordant une exception spéciale en ce qui concerne l'emploi au travail, le même jour, dans des ateliers de fleuristes et hors de ces ateliers. (Order of the secretary of State, dated October 13, 1908, granting a special exception : as to employment inside and outside Florists' Workshops on the same day) 306-309

Ordonnance ministérielle en date du 2 décembre 1908, étendant à un certain nombre de maladies professionnelles les dispositions de la loi de 1906 sur la réparation des accidents du travail et modifiant l'ordonnance antérieure du 22 mai 1907. (Order of the secretary of State, dated December 2, 1908, extending the provisions of the workmen's compensation act, 1906, to certain industrial Diseases and amending the previous order of May 22, 1907). 308-311

Ordonnance ministérielle en date du 18 décembre 1908, concernant le travail de la laine provenant des Indes orientales. (Regulations, dated December 18, 1908, made by the secretary of State for the use of East Indian Wool) 310-313

Ordonnance ministérielle en date du 18 décembre 1908, concernant l'émaillage du métal ou du verre. (Regulations, dated December 18, 1908, made by the Secretary of State for vitreous enamelling of metal or glass) 312-319

Loi du 21 décembre 1908 portant interdiction de la fabrication, de la vente et de l'importation d'allumettes faites à l'aide de phosphore blanc. (An act to prohibit the manufacture, sale, and importation of Matches made with white phosphorus and for other purposes in connection therewith (21 December 1908) . . . 318-321

Loi du 21 décembre 1908 portant modification aux lois de 1887 à 1905 sur les mines de houille en ce qui concerne la limitation de la durée du travail souterrain. (An act to amend the coal mines Regulation Acts 1887 to 1895, for the purpose of limiting hours of work below ground (21 December 1908) 322-331

Ordonnance ministérielle en date du 23 décembre 1908, concernant la production, la transformation, la distribution et l'emploi de l'énergie électrique dans les établissements soumis aux lois de 1901 et 1907 sur les fabriques et les ateliers. (Regulations, dated December 23, 1908, made by the secretary of State, for the generation, transformation, distribution and use of electrical energy in premises under the Factory and Workshop acts, 1901 and 1907) 330-347

Ordonnance ministérielle en date du 30 décembre 1908, concernant la fabrication des dérivés nitrés et amidés de la benzine et la fabrication des explosifs contenant du dinitrobenzol ou du dinitrotoluol. (Regulations, dated December 30, 1908 made by the

TABLE DES MATIÈRES.

secretary of State, for the manufacture of nitro and amido-derivatives of Benzine and the manufacture of explosives with use of Dinitrobenzol or Dinitrotoluol) 348-355

COLONIES.

Australie (Commonwealth).

Loi du 10 juin 1908 concernant les pensions d'invalidité et de vieillesse. (An Act to provide for the Payment of Invalid and Old-age Pensions and for other purposes. Assented to, 10th June 1908). 356-387

AUSTRALIE DU SUD.

Loi du 11 novembre 1908 portant modification de la loi de 1907 sur l'inspection des échafaudages. (An Act to amend " the Scaffolding Inspection Act, 1907" [assented to November 11th 1908]) 388-391

Loi du 23 décembre 1908 portant modification de la loi de 1907 sur les fabriques. (An Act to amend " the Factories Act 1907 [assented to, Decémber 23rd, 1908]) 390-393

NOUVELLE-GALLES DU SUD.

Loi du 24 avril 1908 portant constitution de conseils chargés de déterminer les conditions du travail dans différentes industries. (An Act to provide the constitution of boards to determine the conditions of employment in industries, to deline the powers, jurisdiction and procedure of such boards and to give effect to their awards and appoint a court; to prohibit lock-outs and strikes and to regulate employment in industries; to preserve certain awards, orders, directions and industrial agreements; and for the purposes consequent thereon or incidental thereto 24th April 1908) 392-435

Loi du 26 octobre 1908 modifiant la loi de 1902 concernant les échafaudages et ascenseurs. (An Act to amend the Scaffolding and Lifts Act, 1902; and for purposes incidental thereto (26th October, 1908) 436-441

Loi du 21 décembre 1908 modifiant la loi de 1908 sur les conflits industriels. (An Act to amend the Industrial Disputes Act 1908; and for other purposes. 21st December, 1908). 440-451

Loi du 24 décembre 1908 sur le minimum de salaire. (An Act to provide a minimum wage for certain persons; to make better provision in certain cases for the payment of overtime and tea-moncy; to amend the Factories and Shops Act, 1896; and for purposes consequent thereon and incidental thereto). (Assented, to, 24th December 1908) 452-459

QUEENSLAND.

Loi du 15 avril 1908 modifiant certaines dispositions de la loi de 1900 sur les fabriques et les magasins. (An Act to amend " The Factories and Shops Act of 1900 ", in certain particulars.) (Assented to 15th April, 1908). 458-487

Loi du 15 avril 1908 concernant l'institution de comités pour la fixation des salaires. (An Act to Make Provision for Wages Boards.) (Assented to 15th April. 1908). 486-513

Loi du 15 avril 1908 concernant l'inspection des chaudières à vapeur, machines et échafaudages. (An Act to Make Better Provision for the Inspection of Boilers and other Machinery and Scaffolding.) (Assented to 15th April, 1908). 512-535

Loi du 15 avril 1908 concernant les pensions de vieillesse. (An Act to Provide for the Payment of Old-age Pensions, and for other purposes.) (Assented to, 15th April 1908) 536-559

TASMANIE.

Loi du 14 décembre 1908 sur le repos du dimanche. (An Act to regulate Sunday Observance. 14 December, 1908). 560-569

Canada.

LEGISLATION DU DOMINION.

Loi du 20 juillet 1908, autorisant le gouvernement à constituer des rentes viagères pour le vieil âge. (An Act to authorize the issue of Government Annuities for Old Age.)(Assented to 20th July, 1908) 568-577

LÉGISLATION DES PROVINCES.

PROVINCE DE QUÉBEC.

Loi du 25 avril 1908 concernant l'inspection des échafaudages. (An Act respecting the inspection of scaffolding. (Assented to 25th April 1908) 576-579

Loi du 25 avril 1908 relative aux édifices publics. (An Act respecting Public Buildings.) (Assented to 25th April, 1908) . . . 578-583

Loi du 25 avril 1908 amendant la loi des licences de Québec. (An Act to amend the Quebec License law.)(Assented to 25th April 1908). 582-585

Nouvelle-Zélande.

Loi du 4 août 1908 sur la responsabilité civile des employeurs en cas d'accidents du travail. (An Act to consolidate certain Enactments of the General Assembly relating to the liability of Employers to make compensation for personal injuries suffered by workers in their service) 584-585

TABLE DES MATIÈRES.

Loi du 4 août 1908 sur la conciliation et l'arbitrage. (An Act to consolidate certain Enactments of the General Assembly relating to the Settlement of Industrial Disputes by Conciliation and Arbitration. 584-671

Loi du 4 août 1908 sur l'inspection des machines. (An Act to consolidate certain Enactments of the General Assembly relating to the Inspection of Machinery) 670-697

Loi du 4 août 1908 portant codification des lois sur les pensions de vieillesse. (An Act to consolidate certain Enactments of the General Assembly relating to Old age Pensions). 696-731

Loi du 4 août 1908 sur la réparation des suites dommageables des accidents du travail. (An Act to consolidate certain enacments of the General Assembly relating to compensation to workers for accidental injuries suffered in the course of their employment) 730-731

Loi du 6 octobre 1908 modifiant la loi sur l'inspection des machines. (An Act to amend the Inspection of Machinery Act, 1908.) (6th October, 1908). 730-739

Loi du 10 octobre 1908 portant modification de la loi de 1908 sur la conciliation et l'arbitrage. (An Act to amend the Industrial Conciliation and Arbitration Act, 1908.) (10 October, 1908) . 738-779

Loi du 10 octobre 1908 modifiant la loi de 1908 sur les pensions de vieillesse. (An Act to amend the Old-age Pensions Act, 1908. 10th October, 1908) 778-787

Loi du 10 octobre 1908 modifiant la loi sur la réparation des suites dommageables des accidents du travail. (An Act to consolidate and amend the Law with respect to Compensation to Workers for Injuries suffered in the Course of their Employment. 10th October, 1908) 786-831

Transvaal.

Loi du 22 août 1909 réglementant la fermeture des magasins et salons de coiffure dans les villes, les villages et certaines autres localités. (An Act to regulate the Closing Times of Shops and Hairdressing Saloons in Towns, Villages, and certain other places.) (Assented to, 22 August, 1908) 830-839

HONGRIE.

Loi du 24 décembre 1908, portant approbation de la convention conclue à Berne le 26 septembre 1908, concernant l'interdiction du travail de nuit de femmes employées dans l'industrie . . 840

TABLE DES MATIÈRES.

PAGES

ITALIE.

Loi du 22 mars 1908 portant interdiction du travail de nuit dans les boulangeries et les pâtisseries. 841-842
Arrêté royal du 28 juin 1908 portant approbation du réglement pour l'exécution de la loi du 22 mars 1908 sur le travail de nuit dans les boulangeries et les pâtisseries. 842-844
Arrêté royal du 8 août 1908 portant réglement pour l'application de la loi du 7 juillet 1907 sur le repos du dimanche et des jours fériés dans les établissements industriels 844-849

LUXEMBOURG (GRAND-DUCHÉ).

Loi du 21 avril 1908 complétant et modifiant la législation concernant l'assurance obligatoire des ouvriers contre les accidents et les maladies 850-853
Arrêté grand-ducal du 22 août 1908 portant réglement général sur les prescriptions préventives contre les accidents et les dispositions hygiéniques à observer dans l'intérêt de la sécurité et de la santé des ouvriers occupés aux travaux de construction et de terrassement 853-860

NORVÈGE.

Loi du 30 juin 1908 portant modification à la loi du 23 juillet 1894 sur l'assurance contre les accidents du travail. 861
Loi du 29 juillet 1908 portant modification au § 1er de la loi du 12 juin 1906 sur les subventions de l'Etat et des communes aux caisses de chômage 861-862
Loi du 8 août 1908 sur l'assurance des pêcheurs contre les accidents. 862-867

PAYS-BAS.

Arrêté du 10 janvier 1908 modifiant l'arrêté royal du 5 décembre 1902 établissant un réglement d'administration générale en application des articles 52, alinéas 2 et 3, et 59 sub 1, 3 et 4 de la loi de 1901 sur les accidents du travail et modifié en dernier lieu par arrêté royal du 14 mai 1907. 868
Loi du 13 janvier 1908 abrogeant l'article 31, 2e alinéa de la loi de 1901 sur les accidents du travail et remplaçant l'expression « pourcentage de risque » employée dans cette loi par « coefficient de risque » et modifiant en outre l'article 45 de cette loi . . . 869

TABLE DES MATIÈRES.

Arrêté du 31 mars 1908 portant règlement d'administration générale comme il est prévu à l'article 1637s, 2ᵉ alinéa, 1° du Code civil, suivant la teneur de la loi du 13 juillet 1907 870-871

Arrêté du 31 mars 1908 portant règlement d'administration générale comme il est prévu à l'article 1637s, 2ᵉ alinéa, 2°, du Code civil, suivant la teneur de la loi du 13 juillet 1907 872-873

Arrêté du 1ᵉʳ mai 1908 modifiant l'arrêté du 15 novembre 1902, établissant un règlement d'administration générale conformément à l'article 35 de la loi de 1901 sur les accidents du travail 873-874

Arrêté du 1ᵉʳ mai 1908 modifiant l'arrêté royal du 5 décembre 1902 portant règlement d'administration générale en application des articles 52, alinéas 2, 3 et 59, sub 1, 3 et 4 de la loi de 1901 sur les accidents de travail 875

Loi du 11 juillet 1908 approuvant la convention internationale conclue à Berne le 26 septembre 1906, sur l'interdiction de l'emploi du phosphore blanc (jaune) dans l'industrie des allumettes 875-876

Loi du 11 juillet 1908 approuvant la convention internationale conclue à Berne le 26 septembre 1906 sur l'interdiction du travail de nuit des femmes employées dans l'industrie 876

Arrêté du 13 octobre 1908 modifiant et complétant le règlement d'administration générale formulé par l'arrêté royal du 31 mars 1908 876-877

Arrêté du 24 octobre 1908 modifiant l'arrêté royal du 5 décembre 1902 portant règlement d'administration générale en application des articles 52, alinéas 2, 3 et 59, sub 1, 3 et 4 de la loi de 1901 sur les accidents du travail 878

Arrêté du 21 novembre 1908 rapportant l'arrêté royal du 1ᵉʳ décembre 1902 et établissant un règlement d'administration générale en application de l'article 59, sub 5, de la loi de 1901 sur les accidents du travail 878-879

RUSSIE.

Règlement du 28 janvier/10 février 1908 sur les rapports à présenter par les associations professionnelles et sur la forme de ces rapports. 880-882

Finlande.

Loi du 22 mai 1908 sur le travail dans les boulangeries . . . 882-883

Arrêté du Sénat Impérial de Finlande, en date du 16 juillet 1908, portant réglementation du travail dans les boulangeries . . 883-885

TABLE DES MATIÈRES.

SUÈDE.

Arrêté royal du 2 octobre 1908 concernant l'assurance des pécheurs contre les accidents du travail. 886-887

Arrêté royal du 23 octobre 1908 concernant les subventions à allouer pour les années 1908 et 1909 aux services publics de placement des ouvriers 887-888

SUISSE.

LÉGISLATION FEDÉRALE.

Arrêté fédéral du 8 octobre 1908 constatant le résultat de la votation populaire du 5 juillet 1908 sur un complément de la constitution fédérale en ce qui concerne le droit de légiférer en matière d'arts et métiers. (Bundesbeschluss betr. die Erwahrung der Volksabstimmung vom 5. Juli 1908 über die Ergänzung der Bundesverfassung bezüglich des Rechts der Gesetzgebung über das Gewerbewesen. Vom 8. Oktober 1908). 889-890

LEGISLATION DES CANTONS,

Appenzell.

Loi du 26 avril 1908, portant modification à la constitution du canton d'Appenzell 890

Canton de Berne.

Loi du 23 février 1908 concernant la protection des ouvrières . 890-896

Loi du 23 février 1908 concernant la création de chambres de conciliation et la répression des exeès commis pendant les grèves. 896-897

Canton de Glaris.

Ordonnance du 4 novembre 1908 portant exécution de la loi du 3 mai 1903 sur l'apprentissage. 898-900

Canton des Grisons.

Loi du 25 octobre 1908 portant création de conseils de conciliation 900-901

Canton du Tessin.

Loi du 19 juin 1908 concernant le travail dans les boulangeries et les pâtisseries 902-904

Arrêté du Conseil d'Etat, en date du 31 juillet 1908, portant règlement d'exécution de la loi du 19 juin 1908 sur le travail dans les boulangeries et pâtisseries 904-907

Canton de Zurich.

Loi du 26 avril 1908 portant modification du Code pénal . . . 907-908

APPENDICE.

FRANCE.

Décret du 15 décembre 1908 sur l'hygiène et la sécurité des travailleurs dans les chantiers à air comprimé 909-912

Décret du 15 décembre 1908 modifiant la nomenclature des travaux interdits aux enfants au-dessous de 18 ans 912

Loi du 17 décembre 1908 portant approbation de la convention internationale de Berne sur l'interdiction de l'emploi du phosphore blanc dans l'industrie des allumettes 913

Loi du 26 décembre 1908 portant fixation du budget général des dépenses et des recettes de l'exercice 1909 913

SUISSE.

Canton de Vaud.

Loi du 2 mars 1907 concernant l'institution d'une caisse cantonale de retraites populaires 914-917

LÉGISLATION DE 1908

DEUTSCHES REICH

Vereinsgesetz. Vom 19. April 1908.

§ 1. — Alle Reichsangehörigen haben das Recht, zu Zwecken, die den Strafgesetzen nicht zuwiderlaufen, Vereine zu bilden und sich zu versammeln. Dieses Recht unterliegt polizeilich nur den in diesem Gesetz und anderen Reichsgesetzen enthaltenen Beschränkungen.

Die allgemeinen sicherheitspolizeilichen Bestimmungen des Landesrechts finden Anwendung, soweit es sich um die Verhütung unmittelbarer Gefahr für Leben und Gesundheit der Teilnehmer an einer Versammlung handelt.

§ 2. — Ein Verein, dessen Zweck den Strafgesetzen zuwiderläuft, kann aufgelöst werden.

Die Auflösungsverfügung kann im Wege des Verwaltungsstreitverfahrens und wo ein solches nicht besteht, im Wege des Rekurses nach Massgabe der Vorschriften der §§ 20, 21 der Gewerbeordnung angefochten werden.

Die endgültige Auflösung eines Vereins ist öffentlich bekannt zu machen.

§ 3. — Jeder Verein, der eine Einwirkung auf politische Angelegenheiten bezweckt (politischer Verein), muss einen Vorstand und eine Satzung haben.

Der Vorstand ist verpflichtet, binnen einer Frist von zwei Wochen nach Gründung des Vereins die Satzung sowie das Verzeichnis der Mitglieder des Vorstandes der für den Sitz des Vereins zuständigen Polizeibehörde einzureichen. Ueber die erfolgte Einreichung ist eine kostenfreie Bescheinigung zu erteilen.

Ebenso ist jede Aenderung der Satzung sowie jede Aenderung in der Zusammensetzung des Vorstandes binnen einer Frist von zwei Wochen nach dem Eintritte der Aenderung anzuzeigen.

Die Satzung sowie die Aenderungen sind in deutscher Fassung einzu-

ALLEMAGNE.

Loi du 19 avril 1908 sur les associations et réunions (¹).

§ 1. — Tous les sujets de l'Empire ont le droit de former des associations et de se réunir, à la condition que les buts qu'ils poursuivent ne tombent pas sous le coup des lois pénales. Ce droit n'est soumis, au point de vue de la police, qu'aux restrictions contenues dans la présente loi et les autres lois d'Empire.

Sont également applicables les dispositions générales édictées dans l'intérêt de la sûreté publique dans les différents États, et qui ont pour objet de prévenir les dangers immédiats que peuvent courir la vie et la santé des personnes prenant part à une réunion.

§ 2. — Toute association dont le but tombe sous le coup des lois pénales peut être dissoute.

La décision portant dissolution peut être attaquée par la voie de la procédure administrative et, si cette procédure n'est pas possible, par la voie de recours prévue par les dispositions des paragraphes 20 et 21 du Code industriel.

La dissolution définitive d'une association doit être rendue publique.

§ 3. — Toute association qui vise à exercer une influence sur les affaires publiques (association politique) doit avoir un comité et des statuts.

Le comité est tenu, dans les deux semaines qui suivent la fondation de l'association, de transmettre les statuts et la liste des membres du comité à l'autorité de police compétente eu égard au siège de l'association. Réception de cette transmission doit être accusée par un certificat délivré gratuitement.

De même, toute modification apportée aux statuts ou à la composition du comité doit être déclarée dans les deux semaines qui suivent.

Les statuts ainsi que les modifications dont ils sont l'objet, doivent être

---

(¹) *Reichs-Gesetzblatt*, 1908, n° 18. — TRAVAUX PARlEMENTAIRES : Projet de loi n° 482 du 22 novembre 1907 (Reichstag, 12. Legislatur-Periode, I. Session, 1907, Anlageband V). Discussion générale : 9, 10, 11 décembre 1907. Renvoi à une commission. Rapport de cette commission, 30 mars 1908 (n° 819, Anlageband VIII). Suite de la discussion : 2, 3, 4, 6 et 8 avril 1908. Adoption.

DEUTSCHES REICH.

reichen. Ausnahmen von dieser Vorschrift können von der höheren Verwaltungsbehörde zugelassen werden.

§ 4. — Personenmehrheiten, die vorübergehend zusammentreten, um im Auftrage von Wahlberechtigten Vorbereitungen für bestimmte Wahlen zu den auf Gesetz oder Anordnung von Behörden beruhenden öffentlichen Körperschaften zu treffen, gelten vom Tage der amtlichen Bekanntmachung des Wahltags bis zur Beendigung der Wahlhandlung nicht als politische Vereine.

§ 5. — Wer eine öffentliche Versammlung zur Erörterung politischer Angelegenheiten (politische Versammlung) veranstalten will, hat hiervon mindestens 24 Stunden vor dem Beginne der Versammlung unter Angabe des Ortes und der Zeit bei der Polizeibehörde Anzeige zu erstatten. Ueber die Anzeige ist von der Polizeibehörde sofort eine kostenfreie Bescheinigung zu erteilen.

§ 6. — Einer Anzeige bedarf es nicht für Versammlungen, die öffentlich bekannt gemacht worden sind; die Erfordernisse der Bekanntmachung bestimmt die Landeszentralbehörde.

Einer Anzeige bedarf es ferner nicht für Versammlungen der Wahlberechtigten zum Betriebe der Wahlen zu den auf Gesetz oder Anordnung von Behörden beruhenden öffentlichen Körperschaften vom Tage der amtlichen Bekanntmachung des Wahltags bis zur Beendigung der Wahlhandlung.

Das Gleiche gilt für Versammlungen der Gewerbetreibenden, gewerblichen Gehilfen, Gesellen, Fabrikarbeiter, Besitzer und Arbeiter von Bergwerken, Salinen, Aufbereitungsanstalten und unterirdisch betriebenen Brüchen und Gruben zur Erörterung von Verabredungen und Vereinigungen zum Behufe der Erlangung günstiger Lohn- und Arbeitsbedingungen, insbesondere mittels Einstellung der Arbeit oder Entlassung der Arbeiter.

§ 7. — Oeffentliche Versammlungen unter freiem Himmel und Aufzüge auf öffentlichen Strassen oder Plätzen bedürfen der Genehmigung der Polizeibehörde.

Die Genehmigung ist von dem Veranstalter mindestens vierundzwanzig Stunden vor dem Beginne der Versammlung oder des Aufzugs unter Angabe des Ortes und der Zeit nachzusuchen. Sie ist schriftlich zu erteilen und darf nur versagt werden, wenn aus der Abhaltung der Versammlung oder der Veranstaltung des Aufzugs Gefahr für die öffentliche Sicherheit zu befürchten ist. Im Falle der Verweigerung ist dem Veranstalter sofort ein kostenfreier Bescheid mit Angabe der Gründe zu erteilen.

§ 8. — Eine Versammlung, die in einem geschlossenen Raume veranstaltet wird, ist nicht schon deshalb als Versammlung unter freiem Himmel anzusehen, weil ausserhalb des Versammlungsraums befindliche Personen

présentés en allemand. Des dérogations à cette prescription peuvent être autorisées par les autorités administratives supérieures.

§ 4. — Lorsque plusieurs personnes se réunissent temporairement pour remplir la mission qui leur a été donnée par des électeurs de préparer certaines élections d'autorités constituées en vertu de la loi ou des ordonnances des pouvoirs publics, la réunion de ces personnes, à partir du jour où a été fixée officiellement la date de l'élection jusqu'à la fin des opérations électorales, n'est pas considérée comme association politique.

§ 5. — Quiconque veut organiser une réunion publique pour la discussion d'affaires publiques (réunion politique) doit, vingt-quatre heures au moins avant le commencement de la réunion, en faire la déclaration à l'autorité de police avec l'indication du lieu et de l'heure. L'autorité de police doit délivrer immédiatement et gratuitement un récépissé de cette déclaration.

§ 6. — Sont dispensées d'une déclaration, les réunions qui ont été rendues publiques; les conditions de cette publication sont fixées par l'autorité centrale d'État.

Sont également dispensées d'une déclaration, les réunions d'électeurs ayant pour but la préparation des élections des autorités constituées en vertu de la loi ou des ordonnances des pouvoirs publics, à partir du jour où a été fixée officiellement la date de l'élection jusqu'à la fin des opérations électorales.

Il en est de même des réunions de chefs d'établissements, travailleurs industriels, compagnons, ouvriers de fabrique, propriétaires et ouvriers de mines, salines, établissements de préparation des minerais, minières et carrières souterraines, ayant pour objet la discussion d'ententes et d'accords en vue de l'obtention de conditions de travail et de salaires plus favorables, notamment au moyen de grèves ou de lock-outs.

§ 7. — L'autorisation de la police est nécessaire pour les réunions publiques en plein air et pour les cortèges qui ont lieu sur les voies ou les places publiques.

Cette autorisation doit être sollicitée par l'organisateur quarante-huit heures au moins avant le commencement de la réunion ou du cortège; il doit en indiquer le lieu ainsi que l'heure. Elle est délivrée par écrit, et ne peut être refusée que s'il y a lieu de craindre que cette réunion ou l'organisation de ce cortège constitue un danger pour la sécurité publique. En cas de refus, la décision doit être notifiée immédiatement et sans frais à l'organisateur, en lui en donnant les motifs.

§ 8. — Une réunion organisée dans un local clos n'est pas considérée comme tenue en plein air, par le fait que des personnes qui se trouvent en dehors du local où se tient la réunion prennent part à la discussion, ou que

an der Erörterung teilnehmen, oder weil die Versammlung in einen mit dem Versammlungsraume zusammenhängenden umfriedeten Hof oder Garten verlegt wird.

§ 9. — Der Landeszentralbehörde bleibt es überlassen zu bestimmen, dass und unter welchen Voraussetzungen für Versammlungen unter freiem Himmel und Aufzüge die Genehmigung durch Anzeige oder öffentliche Bekanntmachung ersetzt wird.

Gewöhnliche Leichenbegängnisse sowie Züge der Hochzeitsgesellschaften, wo sie hergebracht sind, bedürfen der Anzeige oder Genehmigung nicht. Der Landeszentralbehörde bleibt es überlassen zu bestimmen, dass auch andere Aufzüge der Anzeige und Genehmigung nicht bedürfen, und dass Aufzüge, die durch mehrere Ortschaften führen, nur einer Polizeibehörde angezeigt und von ihr genehmigt zu werden brauchen.

§ 10. — Jede öffentliche politische Versammlung muss einen Leiter haben. Der Veranstalter ist berechtigt, die Leitung selbst zu übernehmen, sie einem andern zu übertragen oder die Wahl des Leiters durch die Versammlung zu veranlassen. Der Leiter oder, solange dieser nicht bestellt ist, der Veranstalter hat für Ruhe und Ordnung in der Versammlung zu sorgen. Er ist befugt, die Versammlung für aufgelöst zu erklären.

§ 11. — Niemand darf in einer öffentlichen Versammlung oder einem Aufzuge, der auf öffentlichen Strassen oder Plätzen stattfinden soll, bewaffnet erscheinen, es sei denn, dass er vermöge öffentlichen Berufs zum Waffentragen berechtigt oder zum Erscheinen mit Waffen behördlich ermächtigt ist.

§ 12. — Die Verhandlungen in öffentlichen Versammlungen sind in deutscher Sprache zu führen.

Diese Vorschrift findet auf internationale Kongresse sowie auf Versammlungen der Wahlberechtigten zum Betriebe der Wahlen für den Reichstag und für die gesetzgebenden Versammlungen der Bundesstaaten und Elsass-Lothringens vom Tage der amtlichen Bekanntmachung des Wahltags bis zur Beendigung der Wahlhandlung keine Anwendung.

Die Zulässigkeit weiterer Ausnahmen regelt die Landesgesetzgebung. Jedoch ist in Landesteilen, in denen zur Zeit des Inkrafttretens dieses Gesetzes alteingesessene Bevölkerungsteile nichtdeutscher Muttersprache vorhanden sind, sofern diese Bevölkerungsteile nach dem Ergebnisse der jeweilig letzten Volkszählung sechzig vom Hundert der Gesamtbevölkerung übersteigen, während der ersten zwanzig Jahre nach dem Inkrafttreten dieses Gesetzes der Mitgebrauch der nichtdeutschen Sprache gestattet, wenn der Veranstalter der öffentlichen Versammlung mindestens dreimal vierundzwanzig Stunden vor ihrem Beginne der Polizeibehörde die Anzeige erstattet hat, dass und in welcher nichtdeutschen Sprache die Verhandlungen geführt werden sollen. Ueber die Anzeige ist von der Polizeibehörde sofort

la réunion est transférée dans une cour ou un jardin clos attenant au local où se tient cette réunion.

§ 9. — L'autorité centrale des États a le droit de décider que l'autorisation nécessaire aux réunions en plein air et aux cortéges sera remplacée par une déclaration ou par une notification publiques, et de déterminer à quelles conditions il sera ainsi procédé.

Pour les enterrements ordinaires de même que pour les mariages, la déclaration ou l'autorisation n'est pas nécessaire là où ces manifestations sont d'usage. L'autorité centrale des États peut également décider que la déclaration et l'autorisation ne sont pas nécessaires pour d'autres cortèges, et que des cortèges qui traversent plusieurs localités ne doivent être déclarés qu'à une seule autorité de police dont l'autorisation suffira.

§ 10. — Toute réunion politique publique doit avoir un président. L'organisateur est autorisé à prendre lui-même la présidence, à la transmettre à une autre personne, ou à faire procéder à l'élection du président par l'assemblée. Le président, ou, tant que celui-ci n'a pas été désigné, l'organisateur, doit assurer le calme et le bon ordre de la réunion. Il est autorisé à prononcer la dissolution de la réunion.

§ 11. — Personne ne doit se présenter muni d'armes dans une réunion publique ou dans un cortége qui doit avoir lieu sur des voies ou des places publiques, à moins que la fonction publique dont il est investi ne lui en confère le droit, ou qu'il ne soit officiellement autorisé à se présenter muni d'armes.

§ 12. — Les délibérations des réunions publiques doivent avoir lieu en langue allemande.

Cette prescription ne s'applique pas aux congrès internationaux, ni aux réunions d'électeurs relatives aux élections du Reichstag et des assemblées législatives des États confédérés et de l'Alsace-Lorraine, à partir du jour de la publication officielle de la date de ces élections jusqu'à la clôture des opérations électorales.

L'admission de nouvelles exceptions est déterminée par la législation de chaque État. Toutefois, lorsque dans une partie d'un État, où, au moment de l'application de la présente loi, il existe des fractions de population d'origine ancienne dont la langue maternelle n'est pas l'allemand, l'emploi de la langue non allemande sera autorisé, pendant les vingt premières années qui suivront l'application de la présente loi, à condition que ces fractions dépassent, conformément au dernier recensement, 60 p. c. de la population totale, et que l'organisateur de la réunion publique ait fait parvenir à l'autorité de police, trois jours au moins avant le début de cette réunion, une déclaration aux termes de laquelle les délibérations doivent avoir lieu dans une langue autre que l'allemand, et indiquant dans quelle langue. L'autorité de police doit délivrer aussitôt un récépissé gratuit de

eine kostenfreie Bescheinigung zu erteilen. Als Landesteile gelten die Bezirke der unteren Verwaltungsbehörden.

Ferner sind, soweit die Landesgesetzgebung abweichendes nicht bestimmt, Ausnahmen auch mit Genehmigung der Landeszentralbehörde zulässig.

§ 13. — Beauftragte, welche die Polizeibehörde in eine öffentliche Versammlung (§§ 5, 6, 7, 8, 9, 12) entsendet, haben sich unter Kundgebung ihrer Eigenschaft dem Leiter oder, solange dieser nicht bestellt ist, dem Veranstalter der Versammlung zu erkennen zu geben.

Den Beauftragten muss ein angemessener Platz eingeräumt werden. Die Polizeibehörde darf nicht mehr als zwei Beauftragte entsenden.

§ 14. — Die Beauftragten der Polizeibehörde sind befugt, unter Angabe des Grundes die Versammlung für aufgelöst zu erklären,

1. wenn in den Fällen des § 12 Abs. 3 die Bescheinigung über die ordnungsmässige Anzeige nicht vorgelegt werden kann;

2. wenn die Genehmigung nicht erteilt ist (§ 7);

3. wenn die Zulassung der Beauftragten der Polizeibehörde (§ 13 Abs. 1) verweigert wird;

4. wenn Bewaffnete, die unbefugt in der Versammlung anwesend sind, nicht entfernt werden (§ 11);

5. wenn in der Versammlung Anträge oder Vorschläge erörtert werden, die eine Aufforderung oder Anreizung zu Verbrechen oder nicht nur auf Antrag zu verfolgenden Vergehen enthalten;

6. wenn Rednern, die sich verbotswidrig einer nichtdeutschen Sprache bedienen (§ 12), auf Aufforderung der Beauftragten der Polizeibehörde von dem Leiter oder Veranstalter der Versammlung das Wort nicht entzogen wird.

Ist eine Versammlung für aufgelöst erklärt worden, so hat die Polizeibehörde dem Leiter der Versammlung die mit Tatsachen zu belegenden Gründe der Auflösung schriftlich mitzuteilen, falls er dies binnen drei Tagen beantragt.

§ 15. — Auf die Anfechtung der Auflösung einer Versammlung finden die Vorschriften des § 2 Abs. 2 Anwendung.

§ 16. — Sobald eine Versammlung für aufgelöst erklärt ist, sind alle Anwesenden verpflichtet, sich sofort zu entfernen.

§ 17. — Personen, die das achtzehnte Lebensjahr noch nicht vollendet haben, dürfen nicht Mitglieder von politischen Vereinen sein und weder in den Versammlungen solcher Vereine, sofern es sich nicht um Veranstaltungen zu geselligen Zwecken handelt, noch in öffentlichen politischen Versammlungen anwesend sein.

§ 18. — Mit Geldstrafe bis zu einhundertfünfzig Mark, an deren Stelle im Unvermögensfalle Haft tritt, wird bestraft :

1. wer als Vorstand oder als Mitglied des Vorstandes eines Vereins den

cette déclaration. Sont considérées comme parties d'État, les circonscriptions des autorités administratives inférieures.

De nouvelles exceptions peuvent être également admises par l'autorité centrale des États, lorsque la législation particulière de ces États n'en dispose pas autrement.

§ 13. — Les délégués que l'autorité de police envoie dans une réunion publique (§§ 5, 6, 7, 8, 9, 12) doivent se faire connaître en indiquant leur qualité au président, ou, tant que celui-ci n'est pas désigné, à l'organisateur de la réunion.

Une place convenable doit être mise à la disposition des délégués. L'autorité de police ne doit pas envoyer plus de deux délégués.

§ 14. — Les délégués de l'autorité de police sont autorisés à prononcer la dissolution de la réunion, en en indiquant le motif :

1. lorsque, dans les cas visés par le § 12, 3ᵉ alinéa, le certificat attestant que la déclaration a eu lieu réglementairement ne peut être présenté ;

2. lorsque l'autorisation n'est pas accordée (§ 7) ;

3. lorsqu'on refuse aux délégués de l'autorité de police de les admettre (§ 13, alinéa 1) ;

4. lorsque des personnes en armes, qui assistent à la réunion sans en avoir le droit, ne sont pas éloignées (§ 11) ;

5. lorsque, dans la réunion, il est discuté des motions ou des propositions qui contiennent une provocation ou une excitation à des crimes ou à des délits pouvant être poursuivis d'office ;

6. lorsque la parole n'est pas retirée, sur l'invitation des délégués de l'autorité de police, par le président ou l'organisateur de la réunion, à des orateurs qui se servent d'une langue étrangère interdite (§ 12).

Lorsque la dissolution d'une réunion a été prononcée, l'autorité de police doit indiquer par écrit les faits qui ont motivé la dissolution au président de la réunion, si celui-ci en fait la demande dans les trois jours.

§ 15. — La dissolution d'une réunion peut être attaquée comme il est dit au paragraphe 2, alinéa 2.

§ 16. — Dès qu'une réunion a été déclarée dissoute, tous les assistants sont tenus de se disperser immédiatement.

§ 17. — Les personnes n'ayant pas encore 18 ans accomplis ne peuvent pas être membres d'associations politiques et ne peuvent assister ni aux réunions de ces associations, à moins qu'il ne s'agisse de l'organisation de fêtes, ni aux réunions publiques politiques.

§ 18. — Est passible de l'amende jusque 150 marks ou, en cas d'insolvabilité, d'emprisonnement

1. celui qui, comme président ou comme membre du comité d'une

Vorschriften über die Einreichung von Satzungen und Verzeichnissen (§ 3 Abs. 2 bis 4) zuwiderhandelt;

2. wer eine Versammlung ohne die durch §§ 5, 6, 7, 8, 9 dieses Gesetzes vorgeschriebene Anzeige oder Bekanntmachung veranstaltet oder leitet;

3. wer als Veranstalter oder Leiter einer Versammlung den Beauftragten der Polizeibehörde die Einräumung eines angemessenen Platzes verweigert (§ 13 Abs. 2);

4. wer sich nach Erklärung der Auflösung einer Versammlung nicht sofort entfernt (§ 16);

5. wer als Vorstand oder als Mitglied des Vorstandes eines Vereins entgegen den Vorschriften des § 17 dieses Gesetzes Personen, die das achtzehnte Lebensjahr noch nicht vollendet haben, in dem Vereine duldet;

6. wer entgegen den Vorschriften des § 17 dieses Gesetzes in einer Versammlung anwesend ist.

§ 19. — Mit Geldstrafe bis zu dreihundert Mark, an deren Stelle im Unvermögensfalle Haft tritt, oder mit Haft wird bestraft:

1. wer eine Versammlung unter freiem Himmel oder einen Aufzug ohne die vorgeschriebene Anzeige oder Genehmigung (§§ 7, 9) veranstaltet oder leitet;

2. wer unbefugt in einer Versammlung oder in einem Aufzuge bewaffnet erscheint (§ 11);

3. wer entgegen den Vorschriften des § 12 dieses Gesetzes eine öffentliche Versammlung veranstaltet, leitet oder in ihr als Redner auftritt.

§ 20. — Die Vorschriften dieses Gesetzes finden keine Anwendung auf die durch das Gesetz oder die zuständigen Behörden angeordneten Versammlungen.

§ 21. — Welche Behörden unter der Bezeichnung « Polizeibehörde », « untere Verwaltungsbehörde » und « höhere Verwaltungsbehörde » zu verstehen sind, bestimmt die Landeszentralbehörde.

§ 22. — An die Stelle des § 72 des Bürgerlichen Gesetzbuchs tritt folgende Vorschrift:

Der Vorstand hat dem Amtsgericht auf dessen Verlangen jederzeit eine von ihm vollzogene Bescheinigung über die Zahl der Vereinsmitglieder einzureichen.

§ 23. — Aufgehoben werden:

der § 17 Abs. 2 des Wahlgesetzes für den deutschen Reichstag vom 31. Mai 1869 (*Bundes-Gesetzblatt* S. 145, *Reichs-Gesetzblatt* 1873, S. 163);

der § 2 Abs. 2 des Einführungsgesetzes zum Strafgesetzbuche für das Deutsche Reich vom 31. Mai 1870 (*Bundes-Gesetzblatt*, S. 495, *Reichs-Gesetz-*

association, contrevient aux dispositions relatives à la transmission des statuts et des listes (§ 3, alinéas 2 à 4);

2. celui qui organise ou préside une réunion sans avoir fait la déclaration ni obtenu l'autorisation visée par les paragraphes 5, 6, 7, 8, 9 de la présente loi.;

3. celui qui, comme organisateur ou président d'une réunion, refuse de mettre à la disposition des délégués de l'autorité de police une place convenable (§ 13, alinéa 2);

4. celui qui, lorsque la dissolution d'une réunion est prononcée, ne s'éloigne pas immédiatement (§ 16);

5. celui qui, comme président ou comme membre du comité d'une association, tolère la présence dans celle-ci, contrairement aux prescriptions du paragraphe 17 de la présente loi, de personnes n'ayant pas dix-huit ans accomplis;

6. celui qui assiste à une réunion, contrairement aux prescriptions du paragraphe 17 de la présente loi.

§ 19. — Est passible de l'amende jusque 300 marks ou d'emprisonnement, l'amende étant commuée en emprisonnement en cas d'insolvabilité :

1. celui qui organise ou préside une réunion en plein air ou un cortège sans la déclaration ou l'autorisation prescrite (§§ 7, 9);

2. celui qui, sans en avoir le droit, paraît en armes dans une réunion ou un cortège ou qui ne quitte pas immédiatement une réunion après que la dissolution en a été prononcée (§§ 6 et 10);

3. celui qui, contrairement aux dispositions du § 12 de la présente loi, organise une réunion publique ou y prend part comme orateur.

§ 20. — Les dispositions de la présente loi ne s'appliquent pas aux réunions ordonnées par la loi ou par les autorités compétentes.

§ 21. — L'autorité centrale de chaque État détermine quelles autorités sont comprises dans l'expression « autorité de police », « autorité administrative inférieure », « autorité administrative supérieure ».

§ 22. — Le paragraphe 72 du Code civil est remplacé par la disposition suivante :

« Le comité doit remettre à tout moment au tribunal, sur sa demande, un certificat établi par lui et indiquant le nombre des membres de l'association. »

§ 23. — Sont abrogés :

le paragraphe 17, alinéa 2, de la loi électorale pour le Reichstag allemand du 31 mai 1869;

le paragraphe 2, alinéa 2, de la loi préliminaire du Code pénal de l'Empire allemand du 31 mai 1870, en tant qu'il vise les prescriptions spé-

blatt 1871 S. 127), soweit er sich auf die besonderen Vorschriften des Landesstrafrechts über Missbrauch des Vereins- und Versammlungsrechts bezieht; der § 6 Abs. 2 Nr. 2 des Einführungsgesetzes zur Strafprozessordnung vom 1. Februar 1877 (*Reichs-Gesetzblatt* S. 346).

Die sonstigen reichsgesetzlichen Vorschriften über Vereine und Versammlungen bleiben in Kraft.

§ 24. — Unberührt bleiben:

die Vorschriften des Landesrechts über kirchliche und religiöse Vereine und Versammlungen, über kirchliche Prozessionen, Wallfahrten und Bittgänge sowie über geistliche Orden und Kongregationen;

die Vorschriften des Landesrechts in bezug auf Vereine und Versammlungen für die Zeiten der Kriegsgefahr, des Krieges, des erklärten Kriegs- (Belagerungs-) Zustandes oder innerer Unruhen (Aufruhrs);

die Vorschriften des Landesrechts in bezug auf Verabredungen ländlicher Arbeiter und Dienstboten zur Einstellung oder Verhinderung der Arbeit;

die Vorschriften des Landesrechts zum Schutze der Feier der Sonn- und Festtage; jedoch sind für Sonntage, die nicht zugleich Festtage sind, Beschränkungen des Versammlungsrechts nur bis zur Beendigung des vormittägigen Hauptgottesdienstes zulässig.

§ 25. — Dieses Gesetz tritt am 15. Mai 1908 in Kraft.

Bekanntmachung, betreffend die Beschäftigung von Arbeiterinnen in Konserven-fabriken. Vom 1. Mai 1908.

Auf Grund des § 139*a* der Gewerbeordnung hat der Bundesrat die nachstehende Bestimmung, betreffend die Beschäftigung von Arbeiterinnen in Konservenfabriken, erlassen:

Die Bestimmungen über die Beschäftigung von Arbeiterinnen in Konservenfabriken (Bekanntmachung des Reichskanzlers vom 11. März 1898 — *Reichs-Gesetzblatt* S. 35 —) bleiben bis zum 30. April 1910 in Kraft.

Bekanntmachung, betreffend die Einrichtung und den Betrieb von Anlagen zur Herstellung elektrischer Akkumulatoren aus Blei oder Bleiverbindungen. Vom 6. Mai 1908.

Auf Grund des § 120*e* der Gewerbeordnung hat der Bundesrat über die Einrichtung und den Betrieb von Anlagen zur Herstellung elektrischer Akkumulatoren aus Blei oder Bleiverbindung folgende Vorschriften erlassen:

ciales des législations pénales des États sur l'abus du droit d'association et de réunion ;

le paragraphe 6, alinéa 2-2°, de la loi préliminaire du Code de procédure criminelle du 1er février 1877.

les autres dispositions de la législation d'Empire sur les associations et réunions restent en vigueur.

§ 24. — Ne sont pas modifiées :

les dispositions des législations des États sur les associations et réunions ecclésiastiques et religieuses, les processions et pèlerinages religieux ainsi que sur les ordres et congrégations religieuses ;

les dispositions des législations des États relatives aux associations et réunions dans les périodes de guerre imminente, en temps de guerre ou en état de siége, ou en cas de troubles intérieurs ;

les dispositions des législations des États relatives aux ententes d'ouvriers et domestiques agricoles en vue de faire cesser ou d'empêcher le travail ;

les dispositions des législations des États relatives à la garantie du repos des dimanches et jours de fête ; toutefois, les dimanches qui ne sont pas en même temps des jours de fête, les restrictions du droit de réunion ne sont licites que jusqu'à la fin du service divin du matin.

§ 25. — La présente loi entre en vigueur le 15 mai 1908.

Ordonnance du Conseil fédéral, en date du 1er mai 1908, sur l'emploi des ouvrières dans les fabriques de conserves [1].

En vertu du paragraphe 139a du Code industriel, le Conseil fédéral a édicté la disposition ci-après concernant l'emploi des ouvrières dans les fabriques de conserves :

Les dispositions concernant l'emploi des ouvrières dans les fabriques de conserves (Ordonnance du chancelier de l'Empire du 11 mars 1898) [2] resteront en vigueur jusqu'au 30 avril 1910.

Ordonnance du Conseil fédéral, en date du 6 mai 1908, sur l'installation et l'exploitation des établissements de fabrication d'accumulateurs électriques au moyen de plomb ou de composés plombiques [3].

En vertu de l'article 120e du Code industriel, le Conseil fédéral a édicté, les dispositions suivantes concernant l'installation et l'exploitation des établissements de fabrication d'accumulateurs électriques au moyen de plomb ou de composés plombiques :

[1] *Reichs-Gesetzblatt*, 1908, n° 20.
[2] Voir *Annuaire*, 1898, p. 1.
[3] *Reichs-Gesetzblatt*, 1908, n° 22.

§ 1. — In Anlagen zur Herstellung elektrischer Akkumulatoren aus Blei oder Bleiverbindungen müssen die Arbeitsräume, in denen die Bearbeitung oder Verarbeitung von Blei oder Bleiverbindungen stattfindet, mindestens drei Meter hoch und mit Fenstern versehen sein, welche geöffnet werden können und eine ausreichende Lufterneuerung ermöglichen.

Die Räume zum Formieren (Laden) der Platten müssen mit wirksamen Ventilationseinrichtungen versehen sein.

§ 2. — In den Räumen, in denen bei der Arbeit ein Verstäuben oder Verstreuen von Blei oder Bleiverbindungen stattfindet, muss der Fussboden so eingerichtet sein, dass er kein Wasser durchlässt. Die Wände und Decken dieser Räume müssen, soweit sie nicht mit einer glatten, abwaschbaren Bekleidung oder mit einem Oelfarbenanstriche versehen sind, mindestens einmal jährlich mit Kalk frisch angestrichen werden.

Die Verwendung von Holz, weichem Asphalt oder Linoleum als Fussbodenbelag sowie von Tapeten als Wandbekleidung ist in diesen Räumen nicht gestattet.

§ 3. — Die Schmelzkessel für Blei sind mit gut ziehenden, ins Freie oder in einen Schornstein mündenden Abzugsvorrichtungen (Fangtrichtern) zu überdecken.

§ 4. — Wo eine maschinelle Bearbeitung der Bleiplatten (Gitter oder Rahmen) durch Bandsägen, Kreissägen, Hobelmaschinen oder dergleichen stattfindet, muss durch geeignete Vorrichtungen tunlichst dafür Sorge getragen werden, dass abgerissene Bleiteile und Bleistaub unmittelbar an der Entstehungstelle abgefangen werden.

§ 5. — Apparate zur Herstellung von metallischem Bleistaube müssen so abgedichtet und eingerichtet sein, dass weder bei dem Herstellungsverfahren noch bei ihrer Entleerung Bleistaub entweichen kann.

§ 6. — Das Sieben, Mischen und Anfeuchten der zur Füllung der Platten dienenden Masse, sofern sie Blei oder Bleiverbindungen enthält, das Abziehen der aus Papier oder dergleichen bestehenden Hüllen von den getrockneten Platten sowie alle sonstigen mit Staubentwickelung verbundenen Hantierungen mit der trockenen oder getrockneten Füllmasse dürfen nur unter wirksamen Abzugsvorrichtungen oder in Apparaten vorgenommen werden, welche so eingerichtet sind, das eine Verstäubung nach aussen nicht stattfinden kann.

§ 7. — Geöffnete Behälter mit Bleistaub oder Bleiverbindungen sind auf einem Roste und mit diesem auf einem ringsum mit Rand versehenen Untersatze so aufzustellen, dass bei der Entnahme aus dem Behälter verstreute Stoffe in dem Untersatz aufgefangen werden.

§ 1. — Dans les établissements de fabrication d'accumulateurs électriques au moyen de plomb ou de composés de plomb, les locaux dans lesquels sont préparés ou travaillés le plomb ou les composés plombiques doivent au moins avoir 3 mètres de hauteur et être munis de fenêtres susceptibles de s'ouvrir et de renouveler l'air d'une façon suffisante.

Les locaux où il est procédé à la préparation (chargement) des plaques doivent être pourvus d'appareils de ventilation énergiques.

§ 2. — Dans les locaux où, pendant le travail, le plomb ou les composés plombiques se répandent sous forme de poussières ou de menus déchets, le plancher doit être établi de manière à ne pas laisser passer l'eau. Les murs et les plafonds de ces locaux doivent, s'ils ne sont pas recouverts d'un revêtement uni et susceptible d'être lavé ou d'une couche de peinture à l'huile, être blanchis à la chaux au moins une fois par an.

L'emploi de bois, d'asphalte ou de linoléum sur le parquet, ainsi que l'emploi de tentures sur les murs, est interdit dans ces locaux.

§ 3. — Les bassins à fondre le plomb doivent être recouverts d'appareils d'aspiration (hottes) débouchant à l'air libre ou dans une cheminée et ayant un bon tirage.

§ 4. — Dans les endroits où se fait un travail mécanique des plaques de plomb (grilles ou cadres) au moyen de scies à ruban, scies circulaires, machines à raboter ou d'autres machines du même genre, on doit veiller, dans la mesure du possible, au moyen d'installations appropriées, à ce que les déchets de plomb, ainsi que la poussière de plomb, soient immédiatement captés à l'endroit même où ils se produisent.

§ 5. — Les appareils destinés à la pulvérisation des matières plombiques doivent être clos et construits de manière que, ni pendant la pulvérisation, ni pendant la vidange, il ne puisse s'échapper de poussière de plomb.

§ 6. — Le tamisage, le mélange et le mouillage de la masse servant à remplir les plaques, si elle contient du plomb ou des composés plombiques, l'enlèvement des enveloppes de papier ou d'autres matières du même genre qui entourent les plaques séchées, ainsi que toutes les autres manipulations de la masse de remplissage sèche ou séchée, qui produisent de la poussière, ne peuvent avoir lieu que sous des aspirateurs efficaces ou dans des appareils construits de telle manière qu'il ne puisse se répandre de poussière à l'extérieur.

§ 7. — Les récipients ouverts qui contiennent de la poussière de plomb ou des composés plombiques doivent être placés sur une grille, et le tout doit reposer sur un baquet entouré d'une bordure, de manière qu'en cas d'enlèvement du contenu, les matières qui se répandent soient recueillies dans le baquet.

§ 8. — Die folgenden Verrichtungen :

a) die maschinelle Bearbeitung der Bleiplatten, Gitter oder Rahmen (§ 4),

b) die Herstellung metallischen Bleistaubs (§ 5),

c) das Herstellen und Mischen der Füllmasse (§ 6), soweit es maschinell erfolgt,

müssen je in einem besonderen, von anderen Arbeitsräumen getrennten Raume ausgeführt werden.

§ 9. — Die Tische, auf denen die Füllmasse in die Platten (Gitter, Rahmen) eingestrichen oder eingepresst wird, müssen eine glatte und dichtgefugte Oberfläche haben; sie müssen täglich mindestens einmal feucht gereinigt werden.

§ 10. — Lötarbeiten, welche unter Anwendung eines Wasserstoff-, Wassergas-, oder Steinkohlengas-Gebläses ausgeführt werden, dürfen, soweit es die Natur der Arbeit gestattet, nur an bestimmten Arbeitsplätzen unter wirksamen Absaugevorrichtungen vorgenommen werden.

Diese Vorschrift findet keine Anwendung auf diejenigen Lötarbeiten, welche zur Verbindung der Elemente dienen und nicht ausserhalb der Formierräume vorgenommen werden können.

§ 11. — Das zur Herstellung von Wasserstoffgas dienende Zink und die im Betriebe zur Verwendung kommende Schwefelsäure müssen technisch rein sein.

§ 12. — Die Arbeitsräume sind von Verunreinigungen mit Blei oder Bleiverbindungen möglichst frei zu halten.

In den im § 2 bezeichneten Räumen muss der Fussboden täglich mindestens einmal, und zwar nach Beendigung der Arbeitszeit, feucht gereinigt werden.

§ 13. — Der Arbeitgeber hat allen bei der Herstellung von Akkumulatoren beschäftigten Arbeitern Arbeitsanzüge und Mützen in ausreichender Zahl und in zweckentsprechender Beschaffenheit zur Verfügung zu stellen.

Er hat durch geeignete Anordnungen und Beaufsichtigung dafür Sorge zu tragen, dass die Arbeitskleider nur von denjenigen Arbeitern benutzt werden, denen sie zugewiesen sind, mindestens wöchentlich gewaschen und während der Zeit, wo sie sich nicht im Gebrauche befinden, an den dafür bestimmten Plätzen aufbewahrt werden.

§ 14. — In einem staubfreien Teile der Anlage muss für die Arbeiter ein Wasch- und Ankleideraum und getrennt davon ein Speiseraum vorhanden sein. Diese Räume müssen sauber und staubfrei gehalten und während der kalten Jahreszeit geheizt werden.

In dem Wasch- und Ankleideraume müssen Wasser, Gefässe zum Mundspülen, zum Reinigen der Hände und Nägel geeignete Bürsten, Seife und

§ 8. — Les opérations suivantes :

a) la préparation mécanique des plaques, grilles ou cadres de plomb (§ 4);

b) la pulvérisation des matières plombiques (§ 5);

c) la préparation et le mélange de la masse servant à remplir les plaques (§ 6), dans le cas où cette opération se fait mécaniquement,

doivent avoir lieu dans un atelier réservé à chacune de ces opérations et séparé des autres locaux de travail.

§ 9. — Les tables sur lesquelles la matière de remplissage est introduite ou comprimée dans les plaques (grilles, cadres), doivent avoir une surface unie et compacte; elles doivent être nettoyées à l'eau au moins une fois par jour.

§ 10. — Les travaux de soudure qui se font au moyen de chalumeaux à l'hydrogène, au gaz à l'eau ou au gaz de houille ne peuvent être exécutés, dans la mesure où la nature du travail le permet, que dans des endroits déterminés et sous l'action d'appareils d'aspiration efficaces.

Cette prescription ne s'applique pas aux travaux de soudure qui ont pour but de réunir les éléments et qui ne peuvent être exécutés hors des ateliers de préparation.

§ 11. — Le zinc servant à la préparation du gaz hydrogène et l'acide sulfurique employé au cours du travail doivent être techniquement purs.

§ 12. — Les locaux de travail doivent être, autant que possible, garantis contre la souillure résultant du plomb ou des composés plombiques.

Dans les locaux indiqués au paragraphe 2, le plancher doit être nettoyé à l'eau, au moins une fois par jour et après la cessation du travail.

§ 13. — L'employeur doit mettre à la disposition de tous les ouvriers, employés à la fabrication des accumulateurs, des vêtements de travail et des casquettes en nombre suffisant et de confection appropriée à leur emploi.

Il doit veiller, par des règlements convenables et en exerçant une surveillance suffisante, à ce que les vêtements de travail ne soient employés que par les ouvriers auxquels ils sont assignés, à ce qu'ils soient lavés au moins chaque semaine, et à ce qu'ils soient rangés, aussi longtemps qu'il n'en est pas fait usage, dans les endroits réservés à cet effet.

§ 14. — Dans une partie de l'établissement où la poussière ne pénètre pas, il sera réservé aux ouvriers un vestiaire-lavabo, ainsi qu'un réfectoire séparé de ce vestiaire. Ces locaux seront tenus en état de propreté, débarrassés de toute poussière et chauffés pendant la saison froide.

Dans le vestiaire-lavabo, il y aura, en quantité suffisante, de l'eau, des vases pour le rinçage de la bouche, des brosses pour le nettoyage des mains

Handtücher sowie Einrichtungen zur Verwahrung derjenigen Kleidungsstücke, welche vor Beginn der Arbeit abgelegt werden, in ausreichender Menge vorhanden sein.

Der Arbeitgeber hat seinen Arbeitern wenigstens einmal wöchentlich Gelegenheit zu geben, ein warmes Bad zu nehmen.

§ 15. — Die Verwendung von Arbeiterinnen sowie von jugendlichen Arbeitern zu solchen Verrichtungen, welche sie mit Blei oder Bleiverbindungen in Berührung bringen, ist untersagt.

§ 16. — Der Arbeitgeber darf zur Beschäftigung bei der Herstellung von Akkumulatoren nur solche Personen einstellen, welche die Bescheinigung eines von der böberen Verwaltungsbehörde dazu ermächtigten Arztes darüber beibringen, dass sie nach ihrem Gesundheitszustande für diese Beschäftigung geeignet sind. Die Bescheinigungen sind zu sammeln, aufzubewahren und dem Aufsichtsbeamten (§ 139b der Gewerbeordnung) auf Verlangen vorzulegen.

§ 17. — Die Beschäftigung der zum Mischen und Herstellen sowie zum Einstreichen der Füllmasse in die Platten (Gitter oder Rahmen) verwendeten Arbeiter ist wahlweise so zu regeln, dass die Arbeitszeit

a) entweder die Dauer von acht Stunden täglich nicht übersteigt und durch eine Pause von mindestens eineinhalb Stunden unterbrochen wird;

b) oder die Dauer von sechs Stunden täglich, nicht übersteigt und nicht zum Zwecke der Nahrungsaufnahme unterbrochen wird.

Wird die Arbeitszeit in der in *lit. b* bezeichneten Weise geregelt, so dürfen die bezeichneten Arbeiter im Betrieb auch anderweit beschäftigt werden, sofern sie bei dieser anderweiten Arbeit mit Blei oder Bleiverbindungen nicht in Beruhrung kommen, und zwischen beiden Beschäftigungsarten eine Pause von mindestens zwei Stunden gewährt wird.

Der Arbeitgeber bat binnen einer Woche nach der Betriebseröffnung die hiernach von ihm gewählte Regelung der Arbeitszeit bei der Ortspolizeibehörde anzuzeigen und darf eine andere Regelung nur nach vorheriger Anzeige zur Ausführung bringen.

§ 18. — Der Arbeitgeber hat die Ueberwachung des Gesundheitszustandes seiner Arbeiter einem dem Aufsichtsbeamten namhaft zu machenden approbierten Arzte zu übertragen, welcher die Arbeiter mindestens einmal auf die Anzeichen etwa vorhandener Bleierkrankung zu untersuchen hat.

Auf Anordnung des Arztes sind Arbeiter, welche Krankheitserscheinungen infolge der Bleieinwirkung zeigen, bis zur völligen Genesung, solche Arbeiter aber, welche sich dieser Einwirkung gegenüber besonders empfindlich erweisen, dauernd von der Beschäftigung mit Blei oder Bleiverbindungen fernzuhalten.

et des ongles, du savon et des essuie-mains, ainsi que des installations propres au dépôt des vêtements enlevés avant le travail.

L'employeur doit mettre ses ouvriers à même de prendre, au moins une fois par semaine, un bain chaud.

§ 15. — Il est défendu d'employer des femmes ou de jeunes ouvriers à des travaux susceptibles de les mettre en contact avec le plomb ou les composés plombiques.

§ 16. — L'employeur ne peut occuper à la fabrication des accumulateurs que les personnes qui produisent un certificat émanant d'un médecin autorisé à cet effet par l'autorité administrative supérieure, constatant que leur état de santé leur permet de remplir cet emploi. Les certificats doivent être réunis, conservés et produits à la réquisition de l'inspecteur (§ 139b du Code industriel).

§ 17. — L'emploi des ouvriers chargés du mélange et de la préparation, ainsi que de l'introduction de la masse de remplissage dans les plaques (grilles ou cadres), doit être réglé de manière que la période de travail :
a) n'excède pas la durée de huit heures par jour et soit interrompue par un repos d'une heure et demie au moins ;
b) ou n'excède pas six heures par jour, sans interruption pour les repas.

Si la période de travail est réglée de la manière indiquée sous la lettre *b*, les ouvriers intéressés peuvent encore être occupés ailleurs dans l'établissement, à la condition que, dans cet autre travail, ils n'entrent pas en contact avec du plomb ou des composés de plomb, et que, dans l'intervalle des deux catégories d'occupation, il leur soit accordé un repos de deux heures au moins.

L'employeur doit, dans la semaine qui suit l'ouverture de son établissement, faire connaître à l'autorité de police locale le mode de réglementation de la durée du travail qu'il aura choisi ; il ne pourra appliquer un autre mode de réglementation qu'après déclaration préalable.

§ 18. — L'employeur doit confier l'examen de l'état sanitaire de ses ouvriers à un médecin agréé, dont il fera connaître le nom à l'inspecteur, et qui aura à examiner les ouvriers au moins une fois par mois pour voir s'ils ne présentent pas les symptômes d'une maladie attribuable au plomb.

Si le médecin l'ordonne, les ouvriers qui présentent des symptômes de maladie résultant de l'action du plomb doivent, jusqu'à complète guérison, être tenus à l'écart des travaux qui les mettent en contact avec le plomb ou les composés de plomb. Quant à ceux qui se montrent particulièrement sensibles à l'action du plomb, ils doivent être écartés d'une manière permanente de ces mêmes travaux.

§ 19. — Der Arbeitgeber ist verpflichtet, zur Kontrolle über den Wechsel und Bestand sowie über den Gesundheitszustand der Arbeiter ein Buch zu führen oder durch einen Betriebsbeamten führen zu lassen. Er ist für die Vollständigkeit und Richtigkeit der Einträge, soweit sie nicht vom Arzte bewirkt werden, verantwortlich.

Dieses Kontrollbuch muss enhalten :
1. Vor- und Zunamen, Alter, Wohnort, Tag des Ein- und Austritts jedes Arbeiters, sowie die Art seiner Beschäftigung,
2. den Namen dessen, welcher das Buch führt,
3. den Namen des mit der Ueberwachung des Gesundheitszustandes der Arbeiter beauftragten Arztes,
4. den Tag und die Art der Erkrankung eines Arbeiters,
5. den Tag seiner Genesung,
6. die Tage und die Ergebnisse der im § 18 vorgeschriebenen allgemeinen ärztlichen Untersuchungen.

§ 20. — Der Arbeitgeber hat für die bei der Herstellung von Akkumulatoren beschäftigten Arbeiter verbindliche Bestimmungen über folgende Gegenstände zu erlassen :
1. Die Arbeiter dürfen Nahrungsmittel nicht in die Arbeitsräume mitnehmen. Das Mitbringen und der Genuss von Branntwein im Betrieb ist untersagt. Das Einnehmen von Mahlzeiten ist nur ausserhalb der Arbeitsräume gestattet ;
2. Die Arbeiter haben die ihnen überwiesenen Arbeitskleider hestimmungsgemäss zu benutzen ;
3. Die Arbeiter dürfen erst dann den Speiseraum betreten, Mahlzeiten einnehmen oder die Anlage verlassen, wenn sie zuvor die Arbeitskleider abgelegt, Hände und Gesicht sorgfältig gewaschen sowie den Mund ausgespült haben ;
4. Den Arbeitern ist das Rauchen, Schnupfen und Kauen von Tabak während der Arbeitszeit untersagt.

In den zu erlassenden Bestimmungen ist vorzusehen, dass Arbeiter, die trotz wiederholter Warnung den vorstehend bezeichneten Bestimmungen zuwiderhandeln, vor Ablauf der vertragsmässigen Zeit und ohne Aufkündigung entlassen werden können.

Ist für einen Betrieb eine Arbeitsordnung erlassen (§ 134a der Gewerbeordnung), so sind die vorstehend bezeichneten Bestimmungen in die Arbeitsordnung aufzunehmen.

§ 21. — In jedem Arbeitsraume sowie in dem Ankleide- und Speiseraume muss eine Abschrift oder ein Abdruck der §§ 1 bis 20 dieser Vorschriften sowie der gemäss § 20 vom Arbeitgeber erlassenen Bestimmungen an einer in die Augen fallenden Stelle aushängen.

§ 22. — Im Falle der Zuwiderhandlung gegen die §§ 1 bis 21 dieser Vorschriften kann die Polzeibehörde die Einstellung des Betriebs, soweit er

§ 19. — L'employeur est obligé de tenir ou de faire tenir par un employé de l'établissement, un registre permettant de contrôler le mouvement d'entrée et de sortie, le nombre et la situation sanitaire des ouvriers. Il est responsable de l'intégralité et de l'exactitude des déclarations qui n'émanent pas du médecin

Ce registre de contrôle doit contenir :

1. les nom et prénoms, l'âge, le domicile, les dates d'entrée et de sortie de chaque ouvrier, ainsi que la nature de son occupation ;

2. le nom de celui qui tient le registre ;

3 le nom du médecin chargé de la surveillance de l'état sanitaire des ouvriers ;

4. la date et la nature de la maladie de l'ouvrier ;

5. la date de sa guérison ;

6. les dates et les résultats des examens médicaux généraux prescrits au paragraphe 18.

§ 20. — L'employeur doit prescrire, pour les ouvriers employés à la fabrication d'accumulateurs, des dispositions obligatoires sur les points suivants :

1. Les ouvriers ne doivent pas introduire d'aliments dans les ateliers. L'introduction et la consommation d'alcool pendant le travail sont défendues. Il n'est permis de prendre de repas qu'en dehors des ateliers ;

2. Les ouvriers doivent se servir des vêtements de travail mis à leur disposition, conformément à la destination de ces vêtements ;

3. Les ouvriers ne peuvent entrer dans le réfectoire, prendre des repas ou quitter l'établissement qu'après avoir, au préalable, déposé leurs vêtements de travail et s'être soigneusement lavé les mains et le visage et rincé la bouche ;

4. Il est défendu aux ouvriers de fumer, de priser et de chiquer pendant la durée du travail.

Dans les prescriptions à édicter, il doit être mentionné que les ouvriers qui, malgré des avertissements réitérés, enfreindront les dispositions indiquées ci-dessus, pourront être congédiés, sans préavis, avant l'expiration de leur engagement.

Si l'établissement possède un règlement de travail (§ 134a du Code industriel), les dispositions ci-dessus doivent être reprises dans le règlement.

§ 21. — Dans chaque local de travail, ainsi que dans les vestiaires et les réfectoires, il doit être affiché, à un endroit apparent, une copie manuscrite ou imprimée des paragraphes 1 à 20 de la présente ordonnance, ainsi que des prescriptions formulées par l'employeur en vertu du paragraphe 20.

§ 22. — En cas de contravention aux paragraphes 1 à 21 de la présente ordonnance, l'autorité de police pourra ordonner la suspension de l'exploi-

durch die Vorschriften betroffen wird, bis zur Herstellung des vorschriftsmässigen Zustandes anordnen (§ 147 Abs 4 der Gewerbeordnung).

§ 23. — Die vorstehenden Bestimmungen treten mit dem 1. Juli 1908 in Kraft und an Stelle der durch die Bekanntmachung des Reichskanzlers vom 11. Mai 1898 (*Reichs-Gesetzblatt* S. 176) verkündeten Bestimmungen.

Gesetz, betreffend die Abänderung der Gewerbeordnung Vom 30. Mai 1908.

ARTIKEL 1. — Die Gewerbeordnung wird, wie folgt, abgeändert :

I. Im § 103 Abs. 1 fallen die Worte « ihres Bezirkes » fort.

II. Der § 126*b* Abs. 3 erhält folgende Fassung :

Auf Lehrlinge in staatlich anerkannten Lehrwerkstätten finden diese Bestimmungen keine Anwendung. Das Gleiche gilt für Lehrverhältnisse zwischen Eltern und Kindern, falls der Handwerkskammer das Bestehen des Lehrverhältnisses, der Tag seines Beginns, das Gewerbe oder der Zweig der gewerblichen Tätigkeit, in welchem die Ausbildung erfolgen soll, und die Dauer der Lehrzeit schriftlich angezeigt wird.

III. Der § 129 erhält folgende Fassung :

In Handwerksbetrieben steht die Befugnis zur Anleitung von Lehrlingen nur denjenigen Personen zu, welche das vierundzwanzigste Lebensjahr vollendet und eine Meisterprüfung (§ 133) bestanden haben. Haben solche Personen die Meisterprüfung nicht für dasjenige Gewerbe oder denjenigen Zweig des Gewerbes bestanden, in welchem die Anleitung der Lehrlinge erfolgen soll, so haben sie die Befugnis dann, wenn sie in diesem Gewerbe oder Gewerbszweige

entweder die Lehrzeit (§ 130*a*) zurückgelegt und die Gesellenprüfung bestanden haben,

oder fünf Jahre hindurch persönlich das Handwerk selbständig ausgeübt haben oder während einer gleich langen Zeit als Werkmeister oder in ähnlicher Stellung tätig gewesen sind.

Die höhere Verwaltungsbehörde kann Personen, welche diesen Anforderungen nicht entsprechen, die Befugnis zur Anleitung von Lehrlingen widerruflich verleihen. Vor der Entscheidung über die Erteilung der Befugnis oder den Widerruf ist die Handwerkskammer und, wenn die

tation, dans la mesure où celle-ci est visée par ces paragraphes et jusqu'à ce qu'il soit satisfait aux dispositions de ladite ordonnance (§ 147, alinéa 4, du Code industriel.

§ 23. — Les dispositions précédentes entreront en vigueur le 1er juillet 1908 et sont substituées à l'ordonnance du chancelier de l'Empire du 11 mai 1898 ([1]).

Loi du 30 mai 1908, portant modification du Code industriel ([2]).

ARTICLE PREMIER. — La loi industrielle est modifiée comme suit :

I. Au § 103, al. 1, les mots « de leur circonscription » tombent.

II. Le § 126b, al. 3, est ainsi conçu :

Ces dispositions ne s'appliquent pas aux apprentis occupés dans les ateliers d'apprentissage reconnus par l'État. Il en est de même pour les enfants effectuant leur apprentissage chez leurs parents, lorsque la Chambre des métiers a été avisée par écrit de l'existence de cet état de choses, du jour de l'entrée en apprentissage, de la branche de l'activité industrielle ou du métier auquel l'enfant devra s'initier, et de la durée de l'apprentissage.

III. Le § 129 est libellé de la manière suivante :

Dans les métiers, le droit de diriger des apprentis n'appartient qu'aux personnes qui ont atteint l'âge de 24 ans et subi l'examen de maitrise (§ 133). Au cas où ces personnes n'ont pas subi cet examen dans la branche industrielle ou dans le métier auquel les apprentis doivent être initiés, le droit précité leur appartiendra cependant,

si elles ont accompli le temps d'apprentissage (§ 130a) et passé l'examen de compagnon dans ce métier ou dans cette branche d'industrie,

ou bien, si elles ont exercé ce métier ou cette branche d'industrie sans interruption pendant cinq années personnellement et pour leur compte, ou en qualité de contremaître, ou à un titre analogue.

L'autorité administrative supérieure peut accorder, à titre précaire, l'autorisation de tenir des apprentis à des personnes qui ne réunissent pas ces conditions. Avant de prendre une décision au sujet de l'octroi ou du retrait de cette faculté, elle prendra l'avis de la Chambre des métiers, et également

---

([1]) Voir *Annuaire*, 1908, p. 4.

([2]) *Reichs-Gesetzblatt*, 1908, n° 33. — TRAVAUX PARLEMENTAIRES. Projet de loi n° 350 du 24 avril 1907 (Reichstag, XII. Legislatur-Periode, 1. Session. Anlage-Band III) Discussion, 27 et 28 février 1908. Renvoi à une commission. Rapport de cette commission, n° 897, du 29 avril 1908 (Anlage-Band IX). Suite de la discussion, 2 et 7 mai 1908. Adoption.

Person einer Innung angehört oder an ihrem Wohnorte für ihren Gewerbszweig eine Innung besteht, ausserdem die Innung zu hören.

In Handwerksbetrieben, welche nach dem Tode des Gewerbetreibenden für Rechnung der Witwe oder minderjähriger Erben fortgesetzt werden, sind bis zum Ablauf eines Jahres nach dem Tode des Lehrherrn als Vertreter (§ 127 Abs. 1) zur Anleitung von Lehrlingen auch Personen befugt, welche eine Meisterprüfung nicht bestanden haben, sofern sie im übrigen den Anforderungen des Abs. 1 Satz 2 entsprechen. Die untere Verwaltungsbehörde kann solchen Personen als Vertretern des Lehrherrn auch in anderen Fällen bis zur Dauer eines Jahres die Befugnis zur Anleitung von Lehrlingen erteilen. Die hiernach zulässige Dauer der Vertretung kann von der höheren Verwaltungsbehörde nach Anhörung der Handwerkskammer entsprechend dem Bedürfnisse des einzelnen Falles verlängert werden.

Die Unterweisung des Lehrlinges in einzelnen technischen Handgriffen und Fertigkeiten durch einen Gesellen fällt nicht unter die im Abs. 1 vorgesehenen Bestimmungen.

Die Zurücklegung der Lehrzeit kann auch in einem dem Gewerbe angehörenden Grossbetrieb erfolgen und durch den Besuch einer staatlichen, staatlich unterstützten oder vom Staate anerkannten Lehrwerkstätte oder sonstigen gewerblichen Unterrichtsanstalt ersetzt werden. Vor der Anerkennung einer sonstigen gewerblichen Unterrichtsanstalt soll der zuständigen Handwerkskammer Gelegenheit gegeben werden, sich gutachtlich zu äussern.

Die Landes-Zentralbehörden können den Prüfungszeugnissen von Lehrwerkstätten, gewerblichen Unterrichtsanstalten oder von Prüfungsbehörden, welche vom Staate für einzelne Gewerbe oder zum Nachweise der Befähigung zur Anstellung in staatlichen Betrieben eingesetzt sind, die Wirkung der Verleihung der im Abs. 1 bezeichneten Befugnis für bestimmte Gewerbszweige beilegen. Der Eintritt dieser Wirkung ist davon abhängig zu machen, dass der Besitzer des Prüfungszeugnisses in dem Gewerbe oder in dem Zweige des Gewerbes, in welchem die Anleitung der Lehrlinge erfolgen soll, eine bestimmte, auf nicht mehr als drei Jahre festzusetzende Zeit hindurch persönlich tätig gewesen ist.

Der Bundesrat ist befugt, für einzelne Gewerbe nach Anhörung der Handwerkskammern Ausnahmen von den Bestimmungen im Abs. 1 zuzulassen.

IV. In dem § 129a fallen die bisherigen Abs. 1 und 4 fort; an die Stelle des letzteren tritt der folgende neue, jetzt dritte, Absatz:

Dem Unternehmer eines Betriebs, in welchem mehrere Gewerbe vereinigt sind, kann die untere Verwaltungsbehörde nach Anhörung der Handwerkskammer die Befugnis erteilen, in allen zu dem Betriebe vereinigten Gewerben oder in mehreren dieser Gewerbe Lehrlinge anzuleiten, wenn er

celui de la corporation, si l'intéressé fait partie d'une corporation ou s'il en existe une au domicile de l'intéressé pour la branche du métier qu'il exerce.

Lorsque l'exercice d'un métier est continué, après le décès de l'artisan, pour le compte de la veuve ou d'héritiers mineurs, sont également qualifiées (§ 127, al. 1) pour diriger des apprentis, en lieu et place du disparu, et ce pendant une année à partir de ce décès, les personnes qui, n'ayant pas passé l'examen de maitre, remplissent toutefois les autres conditions prévues à l'alinéa 1, 2° phrase. L'autorité administrative inférieure peut, encore dans d'autres cas, autoriser ces mêmes personnes, à titre de représentants de l'artisan patron, à diriger des apprentis pendant un laps de temps d'un an. Cette durée peut être prolongée, d'après les besoins et les circonstances, par l'autorité administrative supérieure, la Chambre des métiers ayant été entendue.

L'instruction donnée à un apprenti par un compagnon dans certains travaux et pratiques techniques ne tombe pas sous l'application des dispositions de l'alinéa 1.

L'accomplissement du temps d'apprentissage peut également avoir lieu dans une grande exploitation de l'industrie et être remplacé par la fréquentation d'un atelier d'apprentissage de l'État, subsidié ou reconnu par l'État, ou d'autres établissements d'enseignement industriel. Avant d'adopter un autre établissement d'enseignement industriel, il y aura lieu de donner à la Chambre des métiers compétente l'occasion de faire connaitre son avis.

L'administration centrale de l'État peut attribuer, pour certaines branches d'industrie, les effets de la capacité mentionnée à l'alinéa 1, aux diplômes des ateliers d'apprentissage, des établissements d'enseignement industriel ou des jurys d'examen établis par l'État pour certains métiers ou pour la constatation des aptitudes en vue de la nomination à un emploi dépendant d'une exploitation de l'Etat. Ces diplômes n'auront cette valeur qu'à la condition que leurs détenteurs aient été occupés personnellement dans la branche d'industrie ou le métier auquel les apprentis doivent être initiés, et ce pendant un laps de temps que cette Administration centrale ne pourra fixer à plus de trois ans.

Le Conseil fédéral est autorisé à établir des exceptions aux dispositions de l'alinéa 1, en faveur de certains industries, après avoir pris l'avis des Chambres des métiers.

IV. Les alinéas 1 et 4 du § 129a sont supprimés; l'alinéa 4 est remplacé par le texte suivant, lequel formera l'alinéa 3 :

L'autorité administrative inférieure, après avoir pris l'avis de la Chambre des métiers, peut autoriser l'entrepreneur d'une exploitation réunissant plusieurs métiers, à diriger des apprentis pour tous ces métiers ou pour plusieurs d'entre eux, lorsqu'il satisfait, pour l'un de ces métiers, aux con-

für eines der Gewerbe den Voraussetzungen des § 129 entspricht. Zu Arbeiten in denjenigen Gewerben seines Betriebs, für welche er zur Anleitung von Lehrlingen nicht befugt ist, darf er die Lehrlinge nur insoweit heranziehen, als es dem Zwecke der Ausbildung in ihren Gewerbe nicht widerspricht.

V. 1. Nach Abs. 1 des § 131 ist folgender Abs. 2 einzufügen :

Die Landes-Zentralbehörden können den Prüfungszeugnissen von Lehrwerkstätten, gewerblichen Unterrichtsanstalten oder von Prüfungsbehörden, welche vom Staate für einzelne Gewerbe oder zum Nachweise der Befähigung zur Anstellung in staatlichen Betrieben eingesetzt sind, die Wirkung der Zeugnisse über das Bestehen der Gesellenprüfung beilegen.

2. In dem bisherigen zweiten, künftig dritten Absatze des § 131 hat der Eingang zu lauten : « Die Abnahme der Gesellenprüfungen (Abs. 1) erfolgt... » und wird in dem letzten Satze die Anführung : « § 129 Abs. 4 ». ersetzt durch : « Abs. 2 ».

VI. Der § 131c Abs. 1 ist, wie folgt, zu fassen :

Der Lehrling soll sich nach Ablauf der Lehrzeit der Gesellenprüfung unterziehen. Die Innung und der Lehrherr sollen ihn dazu anhalten.

VII. An die Stelle des § 133 Abs. 1 treten die folgenden vier Absätze :

Den Meistertitel in Verbindung mit der Bezeichnung eines Handwerkes dürfen nur Handwerker führen, welche für dieses Handwerk die Meisterprüfung bestanden und das vierundzwanzigste Lebensjahr zurückgelegt haben.

Die Befugnis zur Führung des Meistertitels in Verbindung mit einer anderen Bezeichnung, die auf eine Tätigkeit im Baugewerbe hinweist, insbesondere des Titels Baumeister und Baugewerksmeister, wird durch den Bundesrat geregelt. Bis zum Inkrafttreten des Bundesratsbeschlusses darf ein solcher Titel nur dann geführt werden, wenn die Landesregierung über die Befugnis zu seiner Führung Vorschriften erlassen hat, und nur von denjenigen Personen, welche diesen Vorschriften entsprechen. Die Bundesrat kann ferner Vorschriften über die Führung des Meistertitels in Verbindung mit sonstigen Bezeichnungen erlassen, die auf eine Tätigkeit im Handwerke hinweisen.

Zur Meisterprüfung (Abs. 1) sind in der Regel nur solche Personen zuzulassen, welche eine Gesellenprüfung bestanden haben und in dem Gewerbe, für welches sie die Meisterprüfung ablegen wollen, mindestens drei Jahre als Geselle (Gehilfe) tätig gewesen, oder welche nach § 129 Abs. 6 zur Anleitung von Lehrlingen in diesem Gewerbe befugt sind. Die Abnahme der Prüfung erfolgt durch Prüfungskommissionen, welche aus einem Vorsitzenden und vier Beisitzern bestehen.

Die Entscheidung der Prüfungskommission, welche die Zulassung der Meisterprüfung (Abs. 1) ablehnt, kann binnen zwei Wochen durch

ditions du § 129. En ce qui concerne les métiers de son exploitation pour lesquels il n'est pas autorisé à diriger des apprentis, il ne peut accepter ceux-ci qu'à la condition de ne pas nuire de cette manière à leur formation professionnelle.

V. 1. L'alinéa 1 du § 131 sera suivi de l'alinéa 2 ainsi conçu :

L'Administration centrale de l'État peut attribuer les effets des diplômes délivrés à l'occasion des examens de compagnon, aux diplômes des ateliers d'apprentissage, des établissements d'enseignement industriel ou des jurys d'examen établis par l'État pour certains métiers ou pour la constatation des aptitudes en vue de la nomination à un emploi dépendant d'une exploitation de l'État.

2. L'alinéa 3, ci-devant l'alinéa 2, du § 131 débutera ainsi : « L'examen de compagnon (alinéa 1) a lieu, etc... » et le renvoi de l'alinéa dernier au « § 129, alinéa 4 » est remplacé par le renvoi à « l'alinéa 2 ».

VI. Le § 131c, alinéa 1, est conçu comme suit :

Après l'expiration du temps d'apprentissage, l'apprenti se présentera à l'examen de compagnon. La corporation et le maître l'engageront à le faire.

VII. Le § 133, alinéa 1, disparaît et est remplacé par les quatre alinéas suivants :

Le titre de maître accompagné de l'indication d'un métier ne peut être porté que par les artisans qui ont subi l'examen de maîtrise pour ce métier et qui ont vingt-quatre ans accomplis.

Le Conseil fédéral réglera le droit de porter le titre de maître accompagné d'une autre indication concernant une branche de l'industrie du bâtiment, et spécialement le titre d'architecte et de conducteur de travaux de construction. Ce titre ne pourra être porté avant l'entrée en vigueur de la décision du Conseil fédéral, à moins que le Gouvernement de l'État n'ait édicté des prescriptions relatives au droit de le porter, et encore ce droit ne pourra-t-il être exercé, en ce cas, que par les personnes se conformant à ces prescriptions. Le Conseil fédéral peut édicter, en outre, des prescriptions concernant le port du titre de maître accompagné d'autres indications se rapportant à l'exercice d'un métier.

Ne seront admises, en règle générale, à l'examen de maître (alinéa 1) que les personnes qui ont passé un examen de compagnon et qui ont été occupées en qualité de compagnons, pendant trois ans au moins, dans le métier pour lequel ils se présentent à l'examen de maître, ou qui sont autorisées en vertu du § 129, alinéa 6, à diriger des apprentis dans ce métier. L'épreuve est subie devant des commissions d'examen, composées d'un président et de quatre assesseurs.

La décision par laquelle la commission d'examen refuse d'admettre quelqu'un à l'examen de maître (alinéa 1), est susceptible d'appel, endéans les

Beschwerde bei der höheren Verwaltungsbehörde angefochten werden. Diese hat, bevor sie der Beschwerde stattgibt, die Handwerkskammer zu hören.

VIII. Der letzte Absatz des § 133 erhält folgende Fassung :
Der Meisterprüfung im Sinne der vorstehenden Bestimmungen können von der Landes-Zentralbehörde die Prüfungen bei Lehrwerkstätten, gewerblichen Unterrichtsanstalten oder bei Prüfungsbehörden, welche vom Staate für einzelne Gewerbe oder zum Nachweise der Befähigung zur Anstellung in staatlichen Betrieben eingesetzt sind, gleichgestellt werden, sofern bei denselben mindestens die gleichen Anforderungen gestellt werden wie bei den im Abs. 1 vorgesehenen Prüfungen.

ARTIKEL 2. *Uebergangs- und Schlutzbestimmungen.* — I. Personen, welche beim Inkrafttreten dieses Gesetzes nach den bis dahin geltenden Bestimmungen zur Anleitung von Lehrlingen im Handwerke befugt sind, dürfen die zu diesem Zeitpunkte bereits in das Lehrverhältnis eingetretenen Lehrlinge auslehren. Die weitere Befugnis zur Anleitung von Lehrlingen ist ihnen auf ihren Antrag von der unteren Verwaltungsbehörde zu verleihen, wenn sie beim Inkrafttreten dieses Gesetzes mindestens fünf Jahre hindurch mit der Befugnis zur Anleitung von Lehrlingen in ihrem Gewerbe tätig gewesen sind. Im anderen Falle kann sie ihnen von der unteren Verwaltungsbehörde verliehen werden.

II. Während der ersten fünf Jahre nach dem Inkrafttreten dieses Gesetzes darf die Zulassung zur Meisterprüfung von dem Bestehen der Gesellenprüfung (§ 133 Abs. 3) nicht abhängig gemacht werden. Für Personen, die beim Inkrafttreten dieses Gesetzes zur Anleitung von Lehrlingen befugt sind, gilt das Gleiche auch nach Ablauf dieser fünf Jahre.

III. Die beim Inkrafttreten dieses Gesetzes schon erworbene Befugnis zur Führung des Meistertitels in Verbindung mit der Bezeichnung eines Handwerkes bleibt unberührt

IV. Dieses Gesetz tritt am 1. Oktober 1908 in Kraft.

Gesetz, betreffend die Abänderung der Gewerbeordnung. Vom 29. Juni 1908.

EINZIGER ARTIKEL. — Die Gewerbeordnung wird, wie folgt, geändert :

Im § 35 Abs. 2 werden vor den Worten : « der Trödelhandel » eingeschoben die Worte : « der Handel mit lebenden Vögeln ».

quinze jours, auprès de l'autorité administrative supérieure. Celle-ci prendra l'avis de la Chambre des métiers, avant d'accueillir le recours.

VIII. L'alinéa final du § 133 sera conçu dans les termes suivants :
L'autorité centrale de l'État peut assimiler à l'examen de maitre dans le sens des dispositions précédentes, les examens passés aux ateliers d'apprentissage, aux établissements d'enseignement industriel ou devant les jurys d'examen établis par l'État pour certains métiers ou pour la constatation des aptitudes en vue de la nomination à un emploi dépendant d'une exploitation de l'Etat. Toutefois, il est indispensable que, pour le moins, les conditions établies en vue des examens prévus à l'alinéa 1 soient remplies également pour les examens ci-dessus.

ART. 2. *Dispositions transitoires et finales.* — I. Les personnes qui, au moment de l'entrée en vigueur de la présente loi, sont autorisées, en vertu des dispositions précédemment applicables, à diriger des apprentis dans le métier, sont admises à achever la formation des jeunes gens qui sont déjà entrés en apprentissage à cette époque. Pour le reste, le droit de diriger des apprentis leur sera conféré, à leur demande, par l'autorité administrative inférieure, pourvu que, à la même époque, elles aient été occupées dans leur métier, pendant cinq ans au moins sans interruption, tout en étant investies de ce droit. Dans l'autre cas, l'autorité administrative inférieure pourra leur accorder cette faculté.

II. Pendant les cinq premières années suivant l'entrée en vigueur de la présente loi, l'admission à l'examen de maitre ne pourra pas être subordonnée à la possession du diplôme de compagnon délivré après examen (§ 133, alinéa 3). Cette disposition s'applique, même après l'expiration de ce délai, aux personnes qui sont autorisées, au moment de l'entrée en vigueur de la présente loi, à diriger des apprentis.

III. La présente loi ne modifie pas le droit, déjà acquis au moment de son entrée en vigueur, de porter le titre de maitre accompagné de l'indication d'un métier.

IV. La présente loi entre en vigueur le 1er octobre 1908.

Loi du 29 juin 1908 portant modification du Code industriel ([1]).

ARTICLE UNIQUE. — Le Code industriel est modifié comme suit :

Au § 35, alinéa 2, avant les mots « la friperie », sont insérés les mots : « le commerce d'oiseaux vivants ».

([1]) *Reichs-Gesetzblatt*, 1908, n° 42.

DEUTSCHES REICH.

**Bekanntmachung, betreffend den Betrieb der Anlagen der Grosseisenindustrie.
Vom 19. December 1908.**

Auf Grund der §§ 120*e*, 130*b* der Gewerbeordnung hat der Bundesrat folgende Bestimmungen über den Betrieb der Anlagen der Grosseisenindustrie erlassen.

§ 1. — Die nachstehenden Bestimmungen finden Anwendung auf die folgenden Werke der Grosseisenindustrie :

Hochofenwerke, Hochofen- und Röhrengiessereien, Stahlwerke, Puddelwerke, Hammerwerke, Presswerke und Walzwerke.

Sie finden Anwendung auf alle Betriebsabteilungen dieser Werke einschliesslich derjenigen Reparaturwerkstätten und Nebenbetriebe, die mit ihnen in einem unmittelbaren betriebstechnischen Zusammenhange stehen.

§ 2. — Alle Arbeiter, die über die Dauer der regelmässigen täglichen Arbeitszeit (134*b* Abs. 1 Nr. 1 der Gewerbeordnung) hinaus beschäftigt werden, sind mit Namen in ein Verzeichnis einzutragen, das für jeden einzelnen über die Dauer der regelmässigen täglichen Arbeitszeit und der Ueberstunden, die er an den einzelnen Tagen geleistet hat, genau Auskunft gibt. Das Verzeichnis ist nach dem Schlusse jedes Monats der Ortspolizeibehörde einzusenden. Der höheren Verwaltungsbehörde bleibt es vorbehalten, nähere Bestimmungen über seine Form zu erlassen.

Die höhere Verwaltungsbehörde kann auf Antrag diejenigen Unternehmer von der Führung dieses Verzeichnisses befreien, welche die Lohnlisten nach einem vorgeschriebenen Muster führen lassen, ihre Einsicht dem im § 139*b* der Gewerbeordnung bezeichneten Beamten jederzeit gestatten und ihm die von der höheren Verwaltungsbehörde bezeichneten Auszüge aus den Lohnlisten einreichen.

§ 3. — In allen Schichten, die länger als acht Stunden dauern, müssen jedem Arbeiter Pausen in einer Gesamtdauer von mindestens zwei Stunden gewährt werden. Unterbrechungen der Arbeit von weniger als einer Viertelstunde kommen auf diese Pausen nicht in Anrechnung. Ist jedoch in einzelnen Betriebsabteilungen die Arbeit naturgemäss mit zahlreichen, hinlängliche Ruhe gewährenden Unterbrechungen verbunden, so kann die höhere Verwaltungsbehörde für eine solche Betriebsabteilung auf Antrag unter Vorbehalt des jederzeitigen Widerrufs gestatten, dass diese Arbeitsunterbrechungen auch dann auf die zweistündige Gesamtdauer der Pausen in Anrechnung zu bringen sind, wenn die einzelnen Unterbrechungen von kürzerer als einviertelstündiger Dauer sind.

Eine der Pausen (Mittags- oder Mitternachtspause) muss mindestens eine Stunde betragen und zwischen das Ende der fünften und den Anfang der neunten Arbeitsstunde fallen. In Fällen, wo dies die Natur des Betriebs

Ordonnance du Conseil fédéral en date du 19 décembre 1908, concernant l'exploitation de la grande industrie sidérurgique [1].

En vertu des §§ 120*e*, 139*b* du Code industriel, le Conseil fédéral a pris les dispositions suivantes concernant l'exploitation des établissements de la grande industrie sidérurgique.

§ 1. — Les dispositions ci-après sont applicables aux ateliers suivants de la grande industrie sidérurgique :

Les hauts fourneaux, les fonderies et fonderies de tuyaux, les aciéries, les fabriques de fer puddlé, les forges, les ateliers d'estampage et les laminoirs.

Elles sont applicables à toutes les divisions de ces exploitations y compris les ateliers de réparation et exploitations accessoires qui sont dans un rapport technique immédiat avec elles.

§ 2. — Les noms de tous les ouvriers employés au del de la durée normale de la journée de travail (§ 134*b*, al. 1, n° 1, du Code industriel) doivent être inscrits sur un état donnant pour chacun de ces ouvriers l'indication précise de la durée de la journée normale de travail et les heures supplémentaires qu'il a fournies chaque jour. Cet état doit être envoyé à l'autorité locale de police à la fin de chaque mois. Il reste réservé à l'autorité administrative supérieure de prescrire des dispositions plus précises au sujet de la forme de cet état.

L'autorité administrative supérieure peut, sur requête, dispenser de la tenue de cet état les employeurs qui font dresser un état des salaires d'après un modèle prescrit et permettent aux fonctionnaires désignés au § 139*b* du Code industriel d'en prendre connaissance en tout temps et leur fournissent les extraits des bordereaux de salaires désignés par l'autorité administrative supérieure.

§ 3. — Dans toutes les équipes travaillant plus de huit heures, il doit être accordé, à chaque ouvrier, des repos d'une durée totale d'au moins deux heures. Les interruptions de travail de moins d'un quart d'heure ne peuvent être prises en compte dans le calcul de ces repos. Toutefois si, dans une section d'un établissement, le travail comporte, par sa nature même, des interruptions nombreuses et prolongées, l'autorité supérieure pourra permettre à cet établissement, à sa demande et avec faculté de retirer cette permission en tout temps, de tenir compte de ces interruptions dans le calcul de la durée totale des deux heures de repos, même quand chacune des interruptions est inférieure à un quart d'heure.

Un des repos (celui de midi ou de minuit) doit durer au moins une heure et être pris entre la fin de la cinquième et le commencement de la neuvième heure du travail. Dans les cas où la nature de l'exploitation ou

---

[1] *Reichs-Gesetzblatt*, 1908, n° 60.

oder Rücksichten auf die Arbeiter geboten erscheinen lassen, kann die höhere Verwaltungsbehörde auf besonderen Antrag unter Vorbehalt des Widerrufs gestatten, dass diese Pause — unbeschadet der Gesamtdauer der Pausen von zwei Stunden — auf eine halbe Stunde beschränkt wird.

Wenn Rücksichten auf die Arbeiter dies geboten erscheinen lassen und die Schicht nicht länger als elf Stunden dauert, kann die höhere Verwaltungsbehörde in gleicher Weise gestatten, dass die Pausen auf eine Stunde beschränkt werden.

Soweit dies zur Vermeidung von Betriebsgefahren nötig und die Einstellung von Ersatzarbeitern mit erheblichen Schwierigkeiten verbunden ist, können die Arbeiter angehalten werden, während der Pause in der Nähe der Arbeitsstelle zu bleiben, um in dringenden Fällen zur Hilfeleistung bereit zu sein.

§ 4. — Vor dem Beginne der regelmässigen täglichen Arbeitszeit (134*b* Abs. 1 Nr. 1 der Gewerbeordnung) muss für jeden Arbeiter eine ununterbrochene Ruhezeit von mindestens acht Stunden liegen.

Diese Bestimmung findet auf die Regelung der Wechselschichten keine Anwendung.

§ 5. — Die Bestimmungen der §§ 3, 4 finden keine Anwendung auf Arbeiten, die in Notfällen unverzüglich vorgenommen werden müssen. Sind solche Arbeiten in Abweichung von den Bestimmungen der §§ 3, 4 ausgeführt worden, so ist dies der Ortspolizeibehörde binnen drei Tagen schriftlich anzuzeigen.

Wenn Naturereignisse oder Unglücksfälle den regelmässigen Betrieb eines Werkes unterbrochen haben, können Ausnahmen von den Bestimmungen der §§ 3, 4 auf die Dauer von vier Wochen durch die höhere Verwaltungsbehörde, auf längere Zeit durch den Reichskanzler zugelassen werden.

§ 6. — In den im § 1 bezeichneten Werken muss an einer in die Augen fallenden Stelle eine Tafel ausgehängt werden, die in deutlicher Schrift die vorstehenden Bestimmungen wiedergibt.

§ 7. — Die vorstehenden Bestimmungen treten am 1. April 1909 in Kraft.

Bekanntmachung, betreffend die Einrichtung und den Betrieb der Buchdruckereien und Schriftgiessereien. Vom 22. Dezember 1908.

Auf Grund des § 120*e* der Gewerbeordnung hat der Bundesrat beschlossen, der Vorschrift unter I Ziffer 7 der Bekanntmachung, betreffend die Einrichtung und den Betrieb der Buchdruckereien und Schriftgiessereien, vom

ALLEMAGNE. 33

l'intérêt des ouvriers semble le commander, l'autorité administrative supérieure peut, sur demande spéciale et avec faculté de retirer l'autorisation en tout temps, limiter ce repos à une demi-heure, sans préjudice de la durée totale des repos de deux heures.

Lorsque l'intérêt des ouvriers semble le commander et que le travail de l'équipe ne dépasse pas onze heures, l'autorité administrative supérieure peut permettre, de la même manière, que le repos soit limité à une heure.

Lorsque la chose est nécessaire en vue de parer à des dangers d'exploitation et pour autant que lo recours à des ouvriers de rechange présente de grandes difficultés, les ouvriers pourront être invités à rester, pendant les repos, dans le voisinage des locaux du travail, pour prêter leur concours dans des cas urgents.

§ 4. — La reprise du travail quotidien régulier (§ 134b, al. 1, n° 1 du Code industriel) de chaque ouvrier doit être précédée d'un repos ininterrompu d'au moins huit heures.

La présente disposition n'est pas applicable à l'organisation des équipes alternantes.

§ 5. — Les dispositions des §§ 3, 4 ne sont pas applicables aux travaux qui doivent être effectués sans tarder en cas d'urgence. Si de tels travaux ont été effectués par dérogation aux dispositions des §§ 3, 4, il doit en être fait déclaration écrite à l'autorité de police locale, dans les trois jours.

Lorsque des phénomènes naturels ou des accidents ont interrompu l'exploitation régulière d'une entreprise, des exceptions aux dispositions des §§ 3, 4 pourront être accordées, pour une durée de quatre semaines par l'autorité administrative supérieure, et pour une durée plus longue par le chancelier de l'empire.

§ 6. — Dans les entreprises indiquées au § 1, il devra être affiché à un endroit apparent un tableau reproduisant en caractères clairs les dispositions ci-dessus.

§ 7. — Les dispositions ci-dessus entreront en vigueur le 1er avril 1909.

Ordonnance du Conseil fédéral, en date du 22 décembre 1908, concernant l'établissement et l'exploitation des imprimeries et des fonderies de caractères [1].

En vertu du § 120e du Code industriel, le Conseil fédéral décide qu'aux dispositions sous le n° I, chiffre 7, de l'ordonnance du 31 juillet 1897 concernant l'établissement et l'exploitation des imprimeries et des fonderies

[1] *Reichs-Gesetzblatt*, 1908, n° 61.

31. Juli 1897 (*Reichs-Gesetzblatt* S. 614) folgende Bestimmung als Absatz 3 anzufügen :

Bei Fussböden aus Holz und solchen mit Linoleumbelag kann das tägliche Abwaschen oder feuchte Abreiben für den Fall unterbleiben, dass sie mit einem nicht trocknenden Mineralöl angestrichen sind und täglich abgefegt werden. Der Oelanstrich muss auf Holzfussböden nach längstens acht Wochen, auf Linoleumfussböden nach längstens zwei Wochen erneuert werden.

Gesetz, betreffend die Abänderung der Gewerbeordnung. Vom 28. Dezember 1908.

ARTIKEL 1. — I. Der Abschnitt IV des Titels VII der Gewerbeordnung erhält die folgende Ueberschrift :

Besondere Bestimmungen für Betriebe, in denen in der Regel mindestens zehn Arbeiter beschäftigt werden.

II. Der Abschnitt IV des Titels VII der Gewerbeordnung wird wie folgt abgeändert :

1. unter der Ueberschrift wird eingeschaltet :

§ 133*g*. — Die Bestimmungen der §§ 133*h* bis 139*aa* finden Anwendung auf Gesellen, Gehilfen, Lehrlinge und sonstige gewerbliche Arbeiter mit Ausnahme der Betriebsbeamten, Werkmeister, Techniker (§§ 133*a* bis 133*f*).

A. Bestimmungen für Betriebe, in denen in der Regel mindestens zwanzig Arbeiter beschäftigt werden.

§ 133*h*. — Auf Betriebe, in denen in der Regel mindestens zwanzig Arbeiter beschäftigt werden, finden die nachfolgenden Bestimmungen der §§ 134 bis 134*h* Anwendung. Dies gilt für Betriebe, in denen regelmässig zu gewissen Zeiten des Jahres ein vermehrtes Arbeitsbedürfnis eintritt, schon dann, wenn zu diesen Zeiten mindestens zwanzig Arbeiter beschäftigt werden.

2. Im § 134 wird :

a) der Abs. 1 aufgehoben,

b) im Abs. 2 der Eingang wie folgt gefasst : « Den Unternehmern ist untersagt u. s. w. » und an Stelle von : « Fabriken » gesetzt : « Betrieben ».

de caractères (¹), les dispositions suivantes seront ajoutées de façon à constituer un troisième alinéa :

S'il s'agit de parquets en bois, simples ou recouverts de linoléum, le lavage ou le récurage humide à faire chaque jour peut être négligé, dans le cas où ces parquets sont peints à l'aide d'une huile minérale qui ne se dessèche pas et sont balayés chaque jour. La couche d'huile doit être renouvelée au plus tard au bout de huit semaines pour les parquets en bois simple et au bout de deux semaines, si ces parquets sont recouverts de linoléum.

Loi du 28 décembre 1908 modifiant le Code industriel (²).

ARTICLE PREMIER. — I. Le chapitre IV du titre VII du Code industriel est intitulé comme suit :

Dispositions particulières aux exploitations dans lesquelles sont occupés régulièrement au moins dix ouvriers.

II. Le chapitre IV du titre VII du Code industriel est modifié comme suit :

1. Il est ajouté sous le titre :

§ 139*g*. — Les dispositions des §§ 133*h* à 139*aa* sont applicables aux compagnons, aides, apprentis et autres travailleurs industriels, à l'exception des employés de l'exploitation, des contremaitres, des agents techniques (§§ 133*a* à 133*f*).

A. Dispositions concernant les exploitations dans lesquelles sont occupés régulièrement au moins vingt ouvriers.

§ 133*h*. — Les dispositions des §§ 134 à 134*h* ci-après sont applicables aux exploitations dans lesquelles sont occupés ordinairement au moins vingt ouvriers. La présente disposition est applicable aux exploitations où il se produit régulièrement un surcroit de travail à certaines époques de l'année, dés que, à ces époques, vingt ouvriers au moins sont occupés.

2. Au § 134 :

a) le premier alinéa est supprimé ;

b) le commencement de l'alinéa 2 est libellé comme suit : « Il est interdit aux exploitants, etc., et le mot « fabriques » est remplacé par « exploitations ».

(¹) Voir *Annuaire*, 1897, p. 95.

(²) *Reichs-Gesetzblatt*, 1908, n° 63. TRAVAUX PARLEMENTAIRES. Projet de loi n° 552 du 16 décembre 1907. (Reichstag, 12. Legislatur-Periode, I. session 1907. Anlage-Band VI). Discussion, 28, 29 février, 2 mars 1908. Renvoi à une commission Rapport de celle-ci, 27 novembre 1908, n° 1050. Suite de la discussion, 30 novembre, 1, 4, 7, 9 décembre 1908.

3. Im § 134*a* wird der Eingang wie folgt gefasst :
« Für jeden Betrieb ist innerhalb vier Wochen u. s. w. ».

4. Im § 134*b* treten

a) im Abs. 1 Nr. 5 an Stelle der Worte : « des § 134 Abs. 2 » die Worte : « des § 134 Abs. 1 »,

b) im Abs. 2 an Stelle der Worte : « der Fabrik » die Worte : « des Betriebs »,

c) im Abs. 3 an Stelle der Worte : « Dem Besitzer der Fabrik » die Worte : « Dem Betriebsinhaber », und an Stelle der Worte : « mit der Fabrik » die Worte : « mit dem Betriebe ».

5. Im § 134*d* treten

a) im Abs. 1 an Stelle der Worte : « in der Fabrik oder in den betreffenden Abteilungen des Betriebs » die Worte : « in dem Betrieb oder in den betreffenden Betriebsabteilungen »,

b) im Abs. 2 an Stelle der Worte : « Für Fabriken » die Worte : « Für Betriebe ».

6. Im § 134*h* treten

a) in Ziffer 1 an Stelle der Worte : « für die Arbeiter der Fabrik » die Worte : « für die Arbeiter des Betriebs »,

b) in Ziffer 4 an Stelle der Worte : « der Fabrik » die Worte : « des Betriebs ».

7. Hinter § 134*h* wird eingeschaltet :

B. Bestimmungen für alle Betriebe, in denen in der Regel mindestens zehn Arbeiter beschäftigt werden,

und hierunter eingefügt :

§ 134*i*. — Auf Betriebe, in denen in der Regel mindestens zehn Arbeiter beschäftigt werden, finden, unbeschadet des § 133*h*, die nachfolgenden Bestimmungen der §§ 135 bis 139*aa* Anwendung. Dies gilt für Betriebe, in denen regelmässig zu gewissen Zeiten des Jahres ein vermehrtes Arbeitsbedürfnis eintritt, schon dann, wenn zu diesen Zeiten mindestens zehn Arbeiter beschäftigt werden;

8. Im § 135 werden im Abs. 1 Satz 1 und Satz 2 und im Abs. 3 die Worte : « in Fabriken » gestrichen.

9. Im § 136 Abs 1 treten an Stelle der Worte : « vor fünfeinhalb Uhr » die Worte : « vor sechs Uhr » und an Stelle der Worte : « über achteinhalb Uhr » die Worte : « über acht Uhr ».

10. Im § 136 Abs. 2 treten an Stelle der Worte : « in dem Fabrikbetrieb » die Worte : « im Betrieb ».

11. Im § 136 wird hinter Abs. 2 als Abs. 3 eingefügt :

Nach Beendigung der täglichen Arbeitszeit ist den jugendlichen Arbeitern eine ununterbrochene Ruhezeit von mindestens elf Stunden zu gewähren.

3. Le commencement du § 134a est libellé comme suit
« Pour chaque exploitation, dans les quatre semaines, etc... ».

4. Au § 134b :
a) à l'alinéa 1, n° 5, les mots « du § 134, alinéa 2 », sont remplacés par les mots « du § 134, alinéa 1 »;
b) à l'alinéa 2, les mots « de la fabrique » sont remplacés par les mots « de l'exploitation »;
c) à l'alinéa 3, les mots « le propriétaire de la fabrique » sont remplacés par les mots « l'exploitant », et les mots « dans leur intérêt », sont remplacés par les mots « dans l'exploitation »;

5. Au § 134d :
a) à l'alinéa 1, les mots « dans la fabrique ou dans la division » sont remplacés par les mots « dans l'exploitation ou dans la section »;

b) à l'alinéa 2, les mots « pour les fabriques », sont remplacés par les mots « pour les exploitations »;

6. Au § 134h :
a) au chiffre 1, les mots « pour les ouvriers de la fabrique » sont remplacés par les mots « pour les ouvriers de l'exploitation »;
b) au chiffre 4, les mots « de la fabrique », sont remplacés par les mots « de l'exploitation ».

7. Après le § 134h, il est inséré :
B. Dispositions pour toutes les exploitations dans lesquelles sont occupés ordinairement au moins dix ouvriers,
et il est ajouté au-dessous :

§ 134i. — Les dispositions ci-après des §§ 135 à 139aa sont applicables, sans préjudice du § 133h, aux exploitations dans lesquelles sont occupés ordinairement au moins dix ouvriers. Cette disposition est applicable aux exploitations dans lesquelles il se produit régulièrement un surcroît de travail à certaines époques de l'année, dès que, à ces époques, dix ouvriers au moins sont occupés.

8. Au § 135, alinéa 1, 1re et 2e phrase et alinéa 3, les mots « dans les fabriques » sont supprimés.

9. Au § 136, alinéa 1, les mots « avant cinq heures et demie » sont remplacés par les mots « avant six heures », et les mots « au delà de huit heures et demie » sont remplacés par « au delà de huit heures ».

10. Au § 136, alinéa 2, les mots « dans l'exploitation de la fabrique » sont remplacés par les mots « dans l'exploitation ».

11. Au § 136, après l'alinéa 2, il est ajouté comme alinéa 3 :
Après la fin de la journée de travail, il sera accordé aux adolescents une période de repos ininterrompu d'au moins onze heures.

12. § 137 erhält folgende Fassung :

Arbeiterinnen dürfen nicht in der Nachtzeit von acht Uhr Abends bis sechs Uhr Morgens und am Sonnabend sowie an Vorabenden der Festtage nicht nach fünf Uhr Nachmittags beschäftigt werden.

Die Beschäftigung von Arbeiterinnen darf die Dauer von zehn Stunden täglich, an den Vorabenden der Sonn- und Festtage von acht Stunden, nicht überschreiten.

Zwischen den Arbeitstunden muss den Arbeiterinnen eine mindestens einstündige Mittagspause gewährt werden.

Nach Beendigung der täglichen Arbeitszeit ist den Arbeiterinnen eine ununterbrochene Ruhezeit von mindestens elf Stunden zu gewähren.

Arbeiterinnen, welche ein Hauswesen zu besorgen haben, sind auf ihren Antrag eine halbe Stunde vor der Mittagspause zu entlassen, sofern diese nicht mindestens ein und eine halbe Stunde beträgt.

Arbeiterinnen dürfen vor und nach ihrer Niederkunft im ganzen während acht Wochen nicht beschäftigt werden. Ihr Wiedereintritt ist an den Ausweis geknüpft, dass seit ihrer Niederkunft wenigstens sechs Wochen verflossen sind.

Arbeiterinnen dürfen nicht in Kokereien und nicht zum Transporte von Materialien bei Bauten aller Art verwendet werden.

13. Hinter § 137 wird eingeschaltet :

§ 137a. — Arbeiterinnen und jugendlichen Arbeitern darf für die Tage, an welchen sie in dem Betriebe die gesetzlich zulässige Arbeitszeit hindurch beschäftigt waren, Arbeit zur Verrichtung ausserhalb des Betriebs vom Arbeitgeber überhaupt nicht übertragen oder für Rechnung Dritter überwiesen werden.

Für die Tage, an welchen die Arbeiterinnen oder jugendlichen Arbeiter in dem Betriebe kürzere Zeit beschäftigt waren, ist diese Uebertragung oder Ueberweisung nur in dem Umfange zulässig, in welchem Durchschnittsarbeiter ihrer Art die Arbeit voraussichtlich in dem Betriebe während des Restes der gesetzlich zulässigen Arbeitszeit würden herstellen können, und für Sonn- und Festtage überhaupt nicht.

Bei Zuwiderhandlungen gegen die Bestimmungen des Abs. 2 kann die zuständige Polizeibehörde auf Antrag oder nach Anhörung des zuständigen Gewerbeaufsichtsbeamten (§ 139b) im Wege der Verfügung für einzelne Betriebe die Uebertragung oder Ueberweisung solcher Arbeit entsprechend den Bestimmungen des Abs. 2 beschränken oder von besonderen Bedingungen abhängig machen. Vor Erlass solcher Verfügungen hat der Gewerbeaufsichtsbeamte beteiligten Arbeitgebern, und Arbeitern, wo ständige Arbeiterausschüsse (§ 134h) bestehen, diesen Gelegenheit zu geben, sich zu äussern.

Gegen die Verfügung der Polizeibehörde steht dem Gewerbeunternehmer binnen zwei Wochen die Beschwerde an die höhere Verwaltungsbehörde

12. Le § 137 reçoit la teneur suivante :

Les ouvrières ne peuvent être occupées la nuit, depuis huit heures du soir jusqu'à six heures du matin, ni les samedis et veilles des jours fériés après cinq heures de l'après-midi.

La journée des ouvrières ne pourra dépasser dix heures, ni huit heures la veille des dimanches et jours fériés.

Entre les heures de travail, il sera accordé aux ouvrières un intervalle de repos d'une heure au moins le midi.

A la fin de la journée de travail, il sera accordé aux ouvrières un repos ininterrompu d'au moins onze heures.

Les ouvrières qui ont à entretenir un ménage, peuvent, sur leur demande, être autorisées à s'en aller une demi-heure avant le repos de midi, sauf si celui-ci dure au moins une heure et demie.

Les ouvrières ne pourront être occupées avant et après leur accouchement pendant huit semaines en tout. Leur réadmission est subordonnée à la preuve que six semaines au moins se sont écoulées depuis leur accouchement.

Les ouvrières ne pourront être employées dans les usines à coke ni au transport de matériaux dans les constructions de toute espèce.

13. Il est inséré après le § 137, un

§ 137*a*. — Il ne pourra, en aucune façon, être remis aux ouvrières et aux jeunes ouvriers, les jours où ils auront été employés dans l'exploitation pendant toute la durée de la journée légale, de la besogne à exécuter hors de l'exploitation pour l'employeur ou pour le compte de tiers.

Les jours où les ouvrières et les jeunes ouvriers auront été occupés dans l'exploitation pendant un temps plus court, pareille remise n'est autorisée que dans la mesure où, selon toute probabilité, des ouvriers de leur catégorie, de capacité moyenne, auraient pu effectuer cette besogne dans l'exploitation pendant le reste du temps légalement autorisé; la distribution de travaux de l'espèce ne sera jamais autorisée les dimanches et jours de fête.

En cas d'infraction aux dispositions de l'alinéa 2, l'autorité de police compétente peut, sur la proposition des fonctionnaires compétents de l'inspection de l'industrie ou après avoir entendu ceux-ci (§ 139*b*), restreindre, par voie de dispositions visant des exploitations isolées, la distribution de travaux de l'espèce, conformément aux dispositions de l'alinéa 2, ou la soumettre à des conditions spéciales. Avant d'arrêter pareilles dispositions, l'inspecteur du travail doit, là où existent des comités ouvriers permanents (§ 134*h*) procurer aux employeurs et aux ouvriers intéressés l'occasion d'émettre leur avis.

L'industriel pourra, dans les deux semaines, interjeter appel de l'arrêté de police auprès de l'autorité administrative supérieure. Appel pourra

zu. Gegen die Entscheidung der höheren Verwaltungsbehörde ist binnen vier Wochen die Beschwerde an die Zentralbehörde zulässig; diese entscheidet endgültig.

14. § 138 erhält folgende Fassung :

Sollen Arbeiterinnen oder jugendliche Arbeiter beschäftigt werden, so hat der Arbeitgeber vor dem Beginne der Beschäftigung der Ortspolizeibehörde eine schriftliche Anzeige zu machen. In der Anzeige sind der Betrieb, die Wochentage, an welchen die Beschäftigung stattfinden soll, Beginn und Ende der Arbeitszeit und der Pausen sowie die Art der Beschäftigung anzugeben. Eine Aenderung hierin darf, abgesehen von Verschiebungen, welche durch Ersetzung behinderter Arbeiter für einzelne Arbeitsschichten notwendig werden, nicht erfolgen, bevor eine entsprechende weitere Anzeige der Behörde gemacht ist.

In jedem Betriebe hat der Arbeitgeber dafür zu sorgen, dass in denjenigen Räumen, in welchen jugendliche Arbeiter beschäftigt werden, an einer in die Augen fallenden Stelle ein Verzeichnis der jugendlichen Arbeiter unter Angabe ihrer Arbeitstage sowie des Beginns und Endes ihrer Arbeitszeit ond der Pausen ausgehängt ist. Ebenso hat er dafür zu sorgen, dass in den betreffenden Räumen eine Tafel ausgehängt ist, welche in der von der Zentralbehörde zu bestimmenden Fassung und in deutlicher Schrift einen Auszug aus den Bestimmungen über die Beschäftigung der Arbeiterinnen und jugendlichen Arbeiter enthält.

15. § 138a Abs. 1, 2 erhalten folgende Fassung :

Wegen aussergewöhnlicher Häufung der Arbeit kann auf Antrag des Arbeitgebers die untere Verwaltungsbehörde auf die Dauer von zwei Wochen die Beschäftigung von Arbeiterinnen über sechzehn Jahre bis neun Uhr Abends an den Wochentagen ausser Sonnabend unter der Voraussetzung gestatten, dass die tägliche Arbeitszeit zwölf Stunden nicht überschreitet und die zu gewährende ununterbrochene Ruhezeit nicht weniger als zehn Stunden beträgt. Innerhalb eines Kalenderjahrs darf die Erlaubnis einem Arbeitgeber für seinen Betrieb oder für eine Abteilung seines Betriebs für mehr als vierzig Tage nicht erteilt werden.

Für eine zwei Wochen übersteigende Dauer kann die gleiche Erlaubnis nur von der höheren Verwaltungsbehörde und auch von dieser für mehr als vierzig Tage, jedoch nicht für mehr als fünfzig Tage im Jahre nur dann erteilt werden, wenn die Arbeitszeit für den Betrieb oder die betreffende Abteilung des Betriebs so geregelt wird, dass die tägliche Dauer im Durchschnitte der Betriebstage des Jahres die regelmässige gesetzliche Arbeitszeit nicht überschreitet.

16. § 138a Abs. 5 erhält folgende Fassung :

Die untere Verwaltungsbehörde kann die Beschäftigung von Arbeiterinnen über sechzehn Jahre, welche kein Hauswesen zu besorgen haben und eine Fortbildungsschule nicht besuchen, bei den im § 105c Abs. 1 unter

être interjeté dans les quatre semaines de la décision de l'autorité administrative supérieure auprès de l'autorité centrale, celle-ci statuant définitivement.

14. Le § 138 reçoit la teneur suivante :

Lorsque des ouvrières ou de jeunes ouvriers doivent être occupés, l'employeur doit transmettre avant le commencement des travaux, une déclaration écrite à l'autorité de police locale. Dans cette déclaration l'employeur doit indiquer l'entreprise, les jours de la semaine où l'occupation doit avoir lieu, le commencement et la fin de la journée de travail et des repos, de même que la nature de l'occupation Ces dispositions ne peuvent être modifiées, sauf en ce qui concerne le remplacement d'ouvriers empêchés devenu nécessaire pour certaines équipes, avant qu'une déclaration correspondante en ait été faite à ladite autorité.

Dans chaque exploitation, l'employeur prendra les dispositions nécessaires pour que, dans les ateliers où de jeunes ouvriers sont occupés, une liste de ceux-ci, avec indication des jours de travail et du commencement et de la fin de la journée de travail et des repos, soit affichée à une place bien en vue. Il prendra également des dispositions pour qu'il soit affiché, dans les mêmes locaux, un tableau renfermant un extrait, rédigé lisiblement et dans la forme prescrite par l'autorité centrale, des dispositions relatives à l'occupation des ouvrières et des jeunes ouvriers.

15. Le § 138a al. 1, 2, reçoit la teneur suivante :

Lorsqu'il se présentera une abondance extraordinaire de travail, l'autorité administrative inférieure pourra, à la demande de l'employeur, autoriser, pour une période de deux semaines, l'occupation d'ouvriers âgés de plus de seize ans jusqu'à neuf heures du soir, les jours de la semaine à l'exception du samedi, à condition que la durée de la journée de travail n'excède pas douze heures et que le repos ininterrompu à accorder ne comporte pas moins de dix heures. Dans l'espace d'une année civile, l'autorisation ne pourra être accordée à l'employeur, pour son exploitation ou une section de celle-ci, pour plus de quarante jours.

Cette même autorisation ne pourra être accordée pour plus de deux semaines que par l'autorité administrative supérieure et celle-ci pourra l'accorder pour plus de quarante jours mais sans pouvoir excéder cinquante jours par an, et seulement si la durée du travail dans l'exploitation ou une section de celle-ci est réglée de telle façon que la durée quotidienne moyenne des jours d'exploitation de toute l'année n'excède pas la durée régulière du travail, telle qu'elle est fixée par la loi.

16. Le § 138a al. 5, reçoit la teneur suivante :

L'autorité administrative inférieure peut permettre l'occupation d'ouvrières âgées de plus de seize ans qui n'ont pas à entretenir un ménage et ne fréquentent pas une école d'adultes, aux travaux désignés au § 105c,

Ziffer 3 und 4 bezeichneten Arbeiten an Sonnabenden und Vorabenden von Festtagen Nachmittags nach fuuf Uhr, jedoch nicht über acht Uhr Abends hinaus, unter der Voraussetzung gestatten, dass diese Arbeiterinnen am folgenden Sonn- oder Festtage arbeitsfrei bleiben. Die Erlaubnis ist schriftlich zu erteilen. Eine Abschrift derselben ist in denjenigen Räumen, in welchen die Arbeiterinnen beschäftigt werden, an einer in die Augen fallenden Stelle auszuhängen.

17. Im § 139 Abs. 1 treten

a) an Stelle der Worte : « einer Fabrik » die Worte : « einer Anlage »,

b) an Stelle der Worte : « in §§ 136, 137 Abs. 1 bis 3 » die Worte : « in § 136, § 137 Abs. 1 bis 4 ».

18. Im § 139 Abs. 2 treten

a) an Stelle der Worte : « in einzelnen Fabriken » die Worte : « in einzelnen Anlagen »,

b) an Stelle der Worte : « durch §§ 136 und 137 Abs. 1, 3 » die Worte : « durch § 136 Abs. 1, 2, 4, § 137 Abs. 1, 3 ».

19. § 139 Abs. 3 erhält folgenden Zusatz :

Vor Erlass von Verfügungen auf Grund des Abs. 2 ist den Arbeitern und, wo ständige Arbeiterausschüsse auf Grund reichsgesetzlicher oder landesgesetzlicher Vorschriften bestehen, diesen Gelegenheit zu geben, sich gutachtlich zu äussern.

20. § 139a' erhält folgende Fassung :

§ 139a. — Der Bundesrat ist ermächtigt :

1. die Verwendung von Arbeiterinnen sowie von jugendlichen Arbeitern für gewisse Gewerbezweige, die mit besonderen Gefahren für Gesundheit oder Sittlichkeit verbunden sind, gänzlich zu untersagen oder von besonderen Bedingungen abhängig zu machen;

2. für Anlagen, die mit ununterbrochenem Feuer betrieben werden, oder die sonst durch die Art des Betriebs auf eine regelmässige Tag- und Nachtarbeit angewiesen sind sowie für solche Anlagen, deren Betrieb eine Einteilung in regelmässige Arbeitsschichten von gleicher Dauer nicht gestattet oder seiner Natur nach aus bestimmte Jahreszeiten beschränkt ist, Ausnahmen von den im § 135 Abs. 2, 3, § 136, § 137 Abs. 1 bis 3 vorgesehenen Bestimmungen zuzulassen, soweit § 136 Abs. 3 in Betracht kommt, jedoch nur für männliche jugendliche Arbeiter;

3. für gewisse Gewerbezweige, soweit die Natur des Betriebs oder die Rücksicht auf die Arbeiter es erwünscht erscheinen lassen, die Abkürzung oder den Wegfall der für jugendliche Arbeiter vorgeschriebenen Pausen zu gestatten;

4. für Gewerbezweige, in denen regelmässig zu gewissen Zeiten des Jahres ein vermehrtes Arbeitsbedürfnis eintritt, auf höchstens vierzig Tage im Kalenderjahr Ausnahmen von den Bestimmungen des § 137 Abs. 1, 2, 4

al. 1er, chiffres 3 et 4, les samedis et la veille des jours fériés, après 5 heures de relevée, mais sans que cette occupation puisse se continuer au delà de 8 heures du soir et sous la condition que ces ouvrières soient dispensées de tout travail le dimanche ou le jour de fête suivant. L'autorisation doit être accordée par écrit. Une copie de celle-ci doit être affichée à une place bien en vue dans les ateliers où les ouvrières sont occupées.

17. Au § 139 al. 1 :
a) les mots « d'une fabrique » sont remplacés par les mots « d'une exploitation »;
b) les mots « au §§ 136, 137 al. 1 à 3 » sont remplacés par « au § 136, § 137 al. 1 à 4 »;

18. Au § 139 al. 2 :
a) les mots « dans les fabriques » sont remplacés par « dans les établissements ».
b) les mots « aux §§ 136 et 137 al. 1, 3 » sont remplacés par « au § 136, al. 1, 2, 4, § 137, al. 1, 3 ».

19. Le § 139, al. 3 est complété comme suit :
Avant d'arrêter des dispositions conformément à l'alinéa 2, on doit donner aux ouvriers et aux comités ouvriers permanents, là où ils existent en vertu de dispositions des lois d'Empire ou des Etats, l'occasion d'exprimer leur avis.

20. Le § 139a reçoit la teneur suivante :
§ 139a. Le Conseil fédéral a le droit :
1. d'interdire absolument ou de soumettre à des conditions particulières, l'emploi d'ouvrières ou de jeunes ouvriers dans certaines branches de fabrication qui présentent des dangers spéciaux pour la santé ou les mœurs ;

2. d'autoriser des exceptions aux dispositions prévues au § 135, al. 2 et 3 aux §§ 136, 137 al. 1 à 3, pour autant que le § 136 al. 3 soit susceptible d'application, en faveur d'établissements qui travaillent à feu continu ou que la nature même de l'exploitation astreint à un travail régulier de nuit et de jour, ainsi que des établissements dont l'exploitation ne permet pas une division du travail par équipes régulières de même durée ou qui, par sa nature même, est limitée à certaines saisons. Toutefois, ces exceptions ne peuvent être autorisées que pour les jeunes ouvriers du sexe masculin ;

3. de permettre qu'on abrège ou qu'on supprime les intervalles de repos pour les jeunes ouvriers, en ce qui concerne certaines branches de fabrication, lorsque la nature de l'exploitation ou des considérations relatives aux ouvriers rendent ces mesures désirables ;

4. d'autoriser des dérogations aux dispositions du § 137 al. 1, 2, 4, pendant quarante jours de l'année civile au plus, pour certaines branches de fabrication où il se produit régulièrement un surcroît de travail à certaines

mit der Massgabe zuzulassen, dass die tägliche Arbeitszeit zwölf Stunden, an Sonnabenden acht Stunden nicht überschreitet, und die zu gewährende ununterbrochene Ruhezeit nicht weniger als zehn Stunden beträgt. In der ununterbrochenen Ruhezeit müssen die Stunden zwischen zehn Uhr Abends und fünf Uhr Morgens liegen;

5. für Gewerbezweige, in denen die Verrichtung der Nachtarbeit zur Verhütung des Verderbens von Rohstoffen oder des Misslingens von Arbeitserzeugnissen dringend erforderlich erscheint, Ausnahmen von den Bestimmungen des § 137 Abs. 1 bis 4 mit der Massgabe zuzulassen, dass die ununterbrochene Ruhezeit an höchstens sechzig Tagen im Kalenderjahre bis auf achteinhalb Stunden täglich herabgesetzt werden darf.

In den Fällen zu 2 darf die Dauer der wöchentlichen Arbeitszeit für Kinder sechsunddreissig Stunden, für junge Leute sechzig, für Arbeiterinnen achtundfünfzig Stunden nicht überschreiten. Die Nachtarbeit darf in vierundzwanzig Stunden die Dauer von zehn Stunden nicht überschreiten und muss in jeder Schicht durch eine oder mehrere Pausen in der Gesamtdauer von mindestens einer Stunde unterbrochen sein. Die Tagschichten und Nachtschichten müssen wöchentlich wechseln.

In den Fällen zu 3 dürfen die jugendlichen Arbeiter nicht länger als sechs Stunden beschäftigt werden, wenn zwischen den Arbeitsstunden nicht eine oder mehrere Pausen von zusammen mindestens einstündiger Dauer gewährt werden.

In den Fällen zu 4 darf die Erlaubnis zur Ueberarbeit für mehr als vierzig Tage, jedoch nicht für mehr als fünfzig Tage dann erteilt werden, wenn die Arbeitszeit in der Weise geregelt wird, dass ihre tägliche Dauer im Durchschnitte der Betriebstage des Jahres die regelmässige gesetzliche Arbeitszeit nicht überschreitet.

Die durch Beschluss des Bundesrats getroffenen Bestimmungen sind zeitlich zu begrenzen und können auch für bestimmte Bezirke erlassen werden. Sie sind durch das *Reichs-Gesetzblatt* zu veröffentlichen und dem Reichstage bei seinem nächsten Zusammentritte zur Kenntnisnahme vorzulegen.

21. Hinter § 139*a* wird eingeschaltet:

§ 139*aa*. — Auf die Arbeiter in den unter Abschnitt IV fallenden Betrieben finden im übrigen die Bestimmungen der §§ 121 bis 125 oder, wenn sie als Lehrlinge angesehen sind, die Bestimmungen der §§ 126 bis 128 Anwendung.

III. Im § 139*b* treten

1. im Abs. 1 an Stelle der Worte: « der §§ 105*a*, 105*b* Abs. 1, der §§ 105*c* bis 105*h*, 120*a* bis 120*e*, 134 bis 139*a* » die Worte: « der §§ 105*a*, 105*b* Abs. 1, der §§ 105*c* bis 105*h*, 120*a* bis 120*e*, 133*g* bis 139*aa* »;

2. im Abs. 4 an Stelle der Worte: « der §§ 105*a* bis 105*h*, 120*a* bis 120*e* 135 bis 139*a* » die Worte: « der §§ 105*a* bis 105*h*, 120*a* bis 120*e*, 133*g* bis 139*aa* ».

époques de l'année, à condition que la journée de travail n'excède pas douze heures, ou huit heures les samedis, et que le repos ininterrompu à accorder comporte au moins dix heures. Les heures entre 10 heures du soir et 5 heures du matin doivent être comprises dans le repos ininterrompu ;

5. d'autoriser des dérogations aux dispositions du § 137, al. 1 à 4 pour les branches de fabrication dans lesquelles le travail de nuit parait extrêmement nécessaire pour prévenir la corruption de matières premières ou la malfaçon des produits fabriqués, pourvu que le repos ininterrompu ne soit abaissé à huit heures et demie par jour que pendant soixante jours de l'année civile au plus.

Dans les cas prévus au chiffre 2, la durée hebdomadaire du travail ne peut excéder trente-six heures pour les enfants, soixante pour les adultes, cinquante-huit pour les ouvrières. Le travail de nuit ne peut, en vingt-quatre heures, excéder une durée de dix heures et doit être coupé, pour chaque équipe, par un ou plusieurs repos d'une durée totale d'une heure au moins. Les équipes de jour et de nuit doivent alterner toutes les semaines.

Dans les cas du chiffre 3, les jeunes ouvriers ne peuvent être occupés plus de six heures quand il ne leur est pas accordé, entre les heures de travail, un ou plusieurs repos d'une durée totale d'au moins une heure.

Dans les cas du chiffre 4, l'autorisation relative au surtravail pour plus de quarante et jusqu'à cinquante jours dans l'année, ne peut être accordée que si la durée du travail est réglée de telle façon que sa durée journalière, dans la moyenne du nombre des jours d'exploitation dans l'année, n'excède pas la durée régulière du travail d'après les dispositions de la loi.

Les dispositions prises par décision du Conseil fédéral doivent être limitées quant à leur durée, et peuvent également être édictées pour des districts particuliers. Elles doivent être publiées dans le *Reichs-Gesetzblatt*, et soumises au Reichstag pour information, lors de sa première réunion.

21. Il est inséré après le § 139*a*, un

§ 139*aa*. — Les dispositions des §§ 121 à 125 sont en outre applicables aux ouvriers des exploitations tombant sous l'alinéa IV. Celles des §§ 126 à 128 sont applicables, lorsque ces ouvriers doivent être considérés comme apprentis.

III. Au § 139*b* :

1. à l'al. 1, les mots « des §§ 105*a*, 105*b*, al. 1, des §§ 105*c* à 105*h*, 120*a* à 120*e*, 134 à 139*a* » sont remplacés par : « des §§ 105*a*, 105*b*, al. 1, des §§ 105*c* à 105*h*, 120*a* à 120*e*, 133*g* à 139*aa* » ;

2. à l'al. 4, les mots « des §§ 105*a* à 105*h*, 120*a* à 120*e*, 134 à 139*a* » sont remplacés par les mots « des §§ 105*a* à 105*h*, 120*a* à 120*e*, 133*g* à 139*aa* ».

Art. 2. — I. Im § 146 Abs. 1 Ziffer 2 der Gewerbeordnung wird hinter den Worten : « den §§ 135 bis 137 » eingeschaltet : « § 137a Abs. 1 ».

II. Im § 147 Abs. 1 Ziffer 4 der Gewerbeordnung wird hinter den Worten : « auf Grund der §§ 120d » eingeschaltet : « 137a Abs. 3 ».

III. Im § 147 Abs. 1 Ziffer 5 der Gewerbeordnung treten an Stelle der Worte : « eine Fabrik » die Worte « eine gewerbliche Anlage ».

Art. 3. — I. § 154 der Gewerbeordnung erhält folgende Fassung :

§ 154. — Von den Bestimmungen im Titel VII finden keine Anwendung :

1. die Bestimmungen der §§ 105 bis.139m auf Gehilfen und Lehrlinge in Apotheken ;

2. die Bestimmungen der §§ 105, 106 bis 119b sowie, vorbehaltlich des § 139g Abs. 1 und der §§ 139h, 139l, 139m, die Bestimmungen der §§ 120a bis 139aa auf Handlungsgehilfen und Handlungslehrlinge ;

3. die Bestimmungen der §§ 133g bis 139a auf Arbeiter in Apotheken und auf diejenigen Arbeiter in Handelsgeschäfte, welche nicht in einem zu dem Handelsgeschäfte gehörigen Betriebe mit der Herstellung oder Bearbeitung von Waren beschäftigt sind, auf Heilanstalten und Genesungsheime, auf Musikaufführungen, Schaustellungen, theatralische Vorstellungen oder sonstige Lustbarkeiten ;

4. die Bestimmungen der §§ 135 bis 139a auf Gärtnereien, auf das Gast- und Schankwirtsgewerbe sowie auf das Verkehrsgewerbe ;

5. die Bestimmungen der § 134 Abs. 2, 3, §§ 136, 138 auf männliche jugendliche Arbeiter, die in Bäckereien und solchen Konditoreien, in welchen neben den Konditorwaren auch Bäckerwaren hergestellt werden, unmittelbar bei der Herstellung von Waren beschäftigt sind. Ausgenommen bleiben Betriebe, die in regelmässigen Tag- und Nachschichten arbeiten ;

6. das Verbot der Beschäftigung von Arbeiterinnen am Sonnabend sowie an Vorabenden der Festtage nach fünf Uhr Nachmittags auf Arbeiterinnen in Badeanstalten.

Die Bestimmungen der §§ 133g, 135 bis 139b finden auf Arbeitgeber und Arbeiter in Hüttenwerken, in Zimmerplätzen und anderen Bauhöfen, in Werften sowie in Werkstätten der Tabakindustrie auch dann entsprechende Anwendung, wenn in ihnen in der Regel weniger als zehn Arbeiter beschäftigt werden ; auf Arbeitgeber und Arbeiter in Ziegeleien und über Tage betriebenen Brüchen und Gruben finden die Bestimmungen auch dann entsprechende Anwendung, wenn in diesen Betrieben in der Regel mindestens fünf Arbeiter beschäftigt werden.

Die Bestimmungen der §§ 135 bis 139b finden auf Arbeitgeber und Arbeiter in Werkstätten, in welchen durch elementare Kraft (Dampf, Wind, Wasser, Gas, Luft, Elektrizität u. s. w.) bewegte Triebwerke nicht bloss vorübergehend zur Verwendung kommen, auch wenn in ihnen in der Regel weniger als zehn Arbeiter beschäftigt werden, mit der Massgabe

Art. 2. — I. Au § 146, al. 1, chiffre 2 du Code industriel, après les mots « aux §§ 135 à 137 » sont insérés les mots « § 137a, al. 1 ».

II. Au § 147, al. 1, chiffre 4 du Code industriel, après les mots « prises en vertu du § 120d » sont insérés les mots : « 137a, al. 3 ».

III. Au § 147, al. 1, chiffre 5, du Code industriel les mots « une fabrique » sont remplacés par les mots « un établissement industriel ».

Art. 3. — I. Le § 154 du Code industriel reçoit la teneur suivante :

§ 154. — Parmi les dispositions du titre VII ne sont pas applicables :

1. les dispositions des §§ 105 à 139m, aux aides et apprentis dans les pharmacies ;

2. les dispositions des §§ 105, 106 à 119b ainsi que, sauf le § 139g, al. 1 et les §§ 139h, 139l, 139m, les dispositions des §§ 120a à 139aa, aux aides et apprentis dans les exploitations commerciales ;

3. les dispositions des §§ 133g à 139a, aux ouvriers des pharmacies et à ceux des ouvriers des exploitations commerciales qui ne sont pas occupés à la fabrication ou au travail des marchandises dans des établissements rattachés à ces exploitations, aux sanatoria, maisons de convalescence, concerts, exhibitions, représentations théâtrales ou autres entreprises de divertissements ;

4. les dispositions des §§ 135 à 139a, aux entreprises horticoles, aux hôtels et débits de boissons, ainsi qu'à l'industrie des transports ;

5. les dispositions des §§ 135, al 2, 3, §§ 136, 138, aux jeunes ouvriers du sexe masculin qui, dans les boulangeries et dans les pâtisseries où, en sus des pièces de pâtisserie, on prépare aussi des produits de la boulangerie, sont directement occupés à la fabrication des produits. Les entreprises qui travaillent régulièrement avec équipes de jour et de nuit restent exceptées ;

6. la défense d'employer des ouvrières le samedi ainsi que la veille des jours fériés après cinq heures du soir, aux ouvrières dans les établissements de bains.

Les dispositions des §§ 133g, 135 à 139b sont également applicables aux employeurs et ouvriers dans les usines métallurgiques, les chantiers de charpenterie ou autres chantiers de construction, les chantiers de construction de navires, ainsi que dans les ateliers de l'industrie du tabac, lorsqu'ordinairement moins de dix ouvriers y sont occupés ; aux employeurs et ouvriers des briqueteries, des carrières à ciel ouvert et des mines, les dites dispositions seront également applicables lorsque cinq ouvriers au moins sont généralement occupés dans ces exploitations.

Les dispositions des §§ 135 à 139b sont également applicables aux employeurs et ouvriers dans les ateliers où l'on emploie, autrement que d'une façon simplement passagère, des moteurs actionnés par une force élémentaire (vapeur, vent, eau, gaz, air, électricité, etc.) même lorsque moins de dix ouvriers y sont occupés, avec cette réserve que le Conseil fédéral

entsprechende Anwendung, dass der Bundesrat für gewisse Arten von Betrieben Ausnahmen von den im § 135, Absatz 2, 3, § 136, § 137 Abs. 1 bis 4, § 138 vorgesehenen Bestimmungen nachlassen kann.

Auf andere Werkstätten, in denen in der Regel weniger als zehn Arbeiter beschäftigt werden, und auf Bauten, bei denen in der Regel weniger als zehn Arbeiter beschäftigt werden, können die Bestimmungen der §§ 135 bis 139b durch Beschluss des Bundesrats ganz oder teilweise ausgedehnt werden.

Die Bestimmungen des Bundesrats können auch für bestimmte Bezirke erlassen werden. Sie sind durch das *Reichs-Gesetzblatt* zu veröffentlichen und dem Reichstage bei seinem nächsten Zusammentritte zur Kenntnisnahme vorzulegen.

II. Im § 154a Abs. 1 der Gewerdeordnung ist hinter « Anwendung » einzufügen : « und zwar auch für den Fall, dass in ihnen in der Regel weniger als zehn Arbeiter beschäftigt werden ».

III. § 154a Abs. 2 der Gewerbeordnung erhält folgende Fassung :

Arbeiterinnen dürfen in Anlagen der vorbezeichneten Art nicht unter Tage beschäftigt werden. Die Beschäftigung von Arbeiterinnen bei der Förderung, mit Ausnahme der Aufbereitung (Separation, Wäsche), bei dem Transport und der Verladung ist auch über Tage verboten. Zuwiderhandlungen unterliegen der Strafbestimmung des § 146.

Art. 4. — I. Der Artikel 9 Abs. 1 des Gesetzes vom 1. Juni 1891 (*Reichs-Gesetzblatt* S. 261) wird, insoweit er die Inkraftsetzung des § 154 Abs. 3 der Gewerbeordnung betrifft, aufgehoben.

II. Die Ausführungsbestimmungen des Bundesrats über die Beschäftigung von jugendlichen Arbeitern und von Arbeiterinnen in Werkstätten mit Motorbetrieb vom 13. Juli 1908 (*Reichs-Gesetzblatt* S. 566) werden hinsichtlich derjenigen Betriebe, in welchen in der Regel mindestens zehn Arbeiter beschäftigt werden, aufgehoben, im übrigen behalten sie ihre Gültigkeit, bis sie gemäss § 154 Abs. 3 geändert werden.

III. Soweit im übrigen in Bestimmungen des Bundesrats auf den § 139a, § 154 Abs. 3 der Gewerbeordnung verwiesen ist, treten an deren Stelle der § 139a, § 154 Abs. 3 in ihrer gegenwartigen Fassung.

Art. 5. — § 154a Abs. 2 Satz 2 tritt am 1. April 1912 mit der Massgabe in Kraft, dass die an diesem Tage beschäftigten Arbeiterinnen bis spätestens zum 1. April 1915 weiter beschäftigt werden dürfen. § 137 Abs. 7 tritt am 1. April 1912 in Kraft.

Im übrigen tritt dieses Gesetz am 1. Januar 1910 in Kraft.

peut prévoir des exceptions aux dispositions des § 135, al. 2, 3, § 136, § 137, al. 1 à 4, § 138 pour certaines espèces d'exploitations.

Une ordonnance du Conseil fédéral pourra étendre en tout ou en partie les dispositions des §§ 135 à 139b à d'autres ateliers dans lesquels sont ordinairement occupés moins de dix ouvriers, ainsi qu'aux travaux de construction dans lesquels sont ordinairement occupés moins de dix ouvriers.

Les dispositions du Conseil fédéral peuvent également être formulées pour des districts déterminés. Elles doivent être publiées dans le *Reichs-Gesetzblatt* et soumises au Reichstag, pour information, lors de sa première réunion.

II. Au § 154a al. 1 du Code industriel, après « carrières souterraines » sont ajoutés les mots « même au cas où moins de dix ouvriers y sont occupés ordinairement ».

III. Le § 154a, al. 2 du Code industriel reçoit la teneur suivante :

Les ouvrières ne peuvent être employées aux travaux souterrains, dans les exploitations de la catégorie précitée. L'emploi d'ouvrières à l'extraction, sauf la préparation (triage, lavage), au transport et au chargement, est également interdit à la surface. Les infractions sont passibles des peines prévues au § 146.

Art. 4. — I. L'article 9, al. 1 de la loi du 1er juin 1891 est abrogé en ce qui concerne la mise en vigueur du § 154, al. 3 du Code industriel.

II. Les dispositions d'exécution du Conseil fédéral en date du 13 juillet 1900 [1] sur l'emploi des jeunes ouvriers et des ouvrières dans les ateliers où il est fait usage de force motrice, sont abrogées en ce qui concerne les exploitations dans lesquelles sont occupés ordinairement dix ouvriers au moins ; pour le surplus, elles resteront en vigueur jusqu'à ce qu'elles soient modifiées conformément au § 154, al. 3.

III. Au reste, lorsqu'il est renvoyé dans les dispositions du Conseil fédéral, aux § 139a, § 154 al. 3 du Code industriel, les § 139a, § 154, al. 3, y seront substitués dans leur teneur actuelle.

Art. 5. — Le § 154a, al. 2, 2e phrase, entre en vigueur le 1er avril 1912 sous la réserve que les ouvrières occupées ce jour-là pourront être occupées jusqu'au 1er avril 1915 au plus tard. Le § 137, al. 7 entre en vigueur le 1er avril 1912.

Les autres dispositions de la loi entrent en vigueur le 1er janvier 1910.

[1] Voir *Annuaire* 1900, p. 384.

OESTERREICH.

Verordnung des Handelsministers im Einvernehmen mit dem Minister des Innern vom 21. Februar 1908, womit die durch die Ministerialverordnungen vom 2. April 1897, « Reichs-Gesetzblatt » Nr. 88, vom 4. März 1898, « Reichs-Gesetzblatt » Nr. 44, vom 16. Oktober 1903, « Reichs-Gesetzblatt » Nr. 210, und vom 9. Jänner 1905, « Reichs-Gesetzblatt » Nr. 7, abgeänderte beziehungsweise ergänzte Ministerialverordnung vom 27. Mai 1885, « Reichs-Gesetzblatt » Nr. 82, betreffend besondere Bestimmungen bezüglich der Arbeitspausen bei einzelnen Kategorien von Gewerben, weiter ergänzt und in einem Punkte abgeändert wird.

Auf Grund des § 74a des Gesetzes vom 8. März 1885, *Reichs-Gesetzblatt* Nr. 22, wird in weiterer Ergänzung und teilweiser Abänderung der bereits durch die Ministerialverordnungen vom 2. April 1897, *Reichs-Gesetzblatt* Nr. 88, vom 4. März 1898, *Reichs-Gesetzblatt* Nr. 44, vom 16. Oktober 1903, *Reichs-Gesetzblatt* Nr. 210, und vom 9. Jänner 1905, *Reichs-Gesetzblatt* Nr. 7, abgeänderten beziehungsweise ergänzten Ministerialverordnung vom 27. Mai 1885, *Reichs-Gesetzblatt* Nr. 82, mit welcher besondere Bestimmungen bezüglich dre Arbeitspausen im Gewerbebetriebe erlassen wurden, nachstehendes verordnet :

1. Im Punkte 10 des § 1 der Verordnung vom 27. Mai 1885, *Reichs-Gesetzblatt* Nr. 82, ist nach dem Worte « Diffuseure » einzuschalten : « und der Schnitzeldarren ».

Nach dem durch die Verordnung vom 9. Jänner 1905, *Reichs-Gesetzblatt* Nr. 7, eingeschalteten Punkte 23 ist einzufügen :

24. *Selbständige Elektrizitätswerke sowie Elektrizitätsanlagen, welche nur einen Teil eines gewerblichen Betriebes als dessen Hilfsbetrieb bilden* :

Von der Bedienungsmannschaft der Kraftmaschinen, Generatoren und Schalttafeln ist die einstündige Mittagspause im Wege der Abwechslung zu halten, wenn eine Unterbrechung des Betriebes auf eine Stunde zur Einhaltung der Mittagspause untunlich ist; ferner können bestimmte Vor- und

AUTRICHE.

Ordonnance du Ministre du Commerce, en date du 21 février 1908, prise de concert avec le Ministre de l'Intérieur, complétant et modifiant sur un point l'ordonnance du 27 mai 1885, modifiée et complétée par les ordonnances des 2 avril 1897, 4 mars 1898, 16 octobre 1903 et 9 janvier 1905, concernant les repos dans certaines catégories d'industries ([1]).

En vertu du paragraphe 74*a* de la loi du 8 mars 1885, l'ordonnance du 27 mai 1885, modifiée et complétée par les ordonnances des 2 avril 1897 ([2]), 4 mars 1898 ([3]), 16 octobre 1903 et 9 janvier 1905 ([4]) et portant des dispositions spéciales pour les repos dans l'industrie, est complétée et partiellement modifiée par les dispositions suivantes :

1. Au n° 10 du paragraphe 1 de l'ordonnance du 27 mai 1885, après le mot « diffuseurs » sont insérés les mots : « et des fours à pulpes ».

Après le n° 23 inséré par l'ordonnance du 9 janvier 1905, il est ajouté :

24. *Usines d'électricité indépendantes et installations électriques annexées à un établissement industriel et constituant seulement une section de cet établissement.*

En ce qui concerne le personnel au service des machines motrices, générateurs et tableaux de distribution, le repos d'une heure à midi doit être donné par roulement lorsqu'une interruption de l'exploitation pendant une heure, pour le repos de midi, est impossible ; il peut être aussi accordé des

---

([1]) *Reichs-Gesetzblatt*, 1908, n° 48.
([2]) Voir *Annuaire*, 1897, p. 124.
([3]) Voir *Annuaire*, 1898, p. 17.
([4]) Voir *Annuaire*, 1905, p. 57.

Nachmittagspausen entfallen. Wenn kein Abwechslungspersonal vorhanden ist, kann von der Festsetzung bestimmter Zeitpunkte für die Ruhepausen überhaupt abgesehen und können die letzteren auf die aus der Natur der Arbeit sich ergebenden freien Zeitpunkte verlegt werden.

25. *Mechanische Steinsägen* :

Für die an den Sägegattern beschäftigten Arbeiter kann von der Einhaltung fixer, auf bestimmte Zeitpunkte im vorhinein festgesetzter Arbeitspausen abgesehen und können die Ruhepausen auf die sich aus dem Betriebsgange ergebenden freien Zeitpunkte verlegt werden.

2. Die gegenwärtige Verordnung tritt mit dem Tage ihrer Kundmachung in Wirksamkeit.

Verordnung des Ministers des Innern im Einvernehmen mit den übrigen beteiligten Ministern vom 22. Februar 1908, betreffend die Vollzugsvorschrift zum Gesetze vom 16. Dezember 1906, « Reichs-Gesetzblatt » Nr, 1 ex 1907, über die Pensionsversicherung der in privaten Diensten und einiger in öffentlichen Diensten Angestellten.

I. — UMFANG DER VERSICHERUNGSPFLICHT.

Zu § 1 und 2 des Gesetzes.

a) *Versicherungspflicht und Versicherung.*

1. Das Gesetz erklärt gewisse im privaten und öffentlichen Dienste Angestellte vom vollendeten 18. Lebensjahre angefangen als versicherungspflichtig und versichert (§§ 1, 2 und 91 des Gesetzes).

Die Frage, ob jemand als im öffentlichen Dienste angestellt anzusehen ist, wird nach den für das betreffende Dienstverhältnis massgebenden Vorschriften beurteilt.

Versicherungspflicht und Versicherung werden durch die Tatsache der versicherungspflichtigen Anstellung begründet.

Geschlecht, Eigenberechtigung, Familienstand und Staatsbürgerschaft sind hiebei ohne Einfluss.

2. Die gesetzliche Versicherungspflicht der Angestellten verbindet zu den im Gesetze und auf Grund desselben vorgeschriebenen Handlungen; hiezu gehören insbesondere die Anmeldung und Auskunftserteilung (§ 73 des Gesetzes) und die Zahlung der gesetzlichen Beiträge (§ 36 des Gesetzes).

Die Zahlungspflicht beginnt mit dem Eintritte der Versicherungspflicht und dauert bis zum Erlöschen derselben (§ 35 des Gesetzes).

3. Die Unterlassung der rechtzeitigen und ordnungsmässigen Anmeldung und die Verweigerung der Auskunftserteilung sind strafbar (§ 82 des Gesetzes);

repos à des heures déterminées le matin et l'après-midi. Lorsqu'il n'y a pas de personnel de relais, on peut se dispenser de fixer des heures déterminées pour les repos, et ces repos peuvent être pris aux moments de liberté suivant la nature du travail.

25. *Sciages mécaniques de pierres.*

Eu égard aux ouvriers employés aux porte-scies, on peut se dispenser d'observer des repos fixes, à des heures déterminées, et ces repos peuvent être pris aux moments de liberté d'après la marche de l'exploitation.

2. La présente ordonnance entrera en vigueur le jour de sa publication.

Ordonnance du Ministre de l'Intérieur, en date du 22 février 1908, prise de concert avec les autres ministres, concernant le règlement d'exécution de la loi du 16 décembre 1906, sur l'assurance obligatoire des employés privés et de certains employés des services publics contre l'invalidité et la vieillesse.

I. — Étendue de l'obligation d'assurance.

(§§ 1 et 2 de la loi.)

a) *Obligation d'assurance et assurance.*

1. La loi assujettit à l'assurance et assure certains employés privés et certains employés des services publics âgés de plus de 18 ans (§§ 1, 2 et 91 de la loi).

La question de savoir si une personne doit être considérée comme employée dans les services publics sera résolue sur la base des dispositions qui servent de règle à l'engagement.

L'obligation d'assurance et l'assurance sont constituées par le fait de la nomination à un poste qui comporte l'assurance obligatoire.

Le sexe, l'état, la situation de famille et la qualité de citoyen sont sans influence à cet égard.

2. L'obligation de l'assurance légale des employés implique l'obligation des actes prescrits par la loi et découlant de celle-ci, et en particulier des déclarations et renseignements (§ 73 de la loi), ainsi que du payement des primes légales (§ 36 de la loi).

L'obligation de payer les primes commence avec l'obligation d'assurance et prend fin avec celle-ci (§ 35 de la loi).

3. Sont punissables ceux qui négligent de faire les déclarations légales dans le délai prescrit et ceux qui refusent de fournir les renseignements

die Unterlassung der rechtzeitigen Zahlung der Prämien begründet die Verpflichtung zur Zahlung von Verzugszinsen für die rückständigen Prämien· (§ 38, Absatz 1 des Gesetzes); die erwähnten Unterlassungen üben jedoch auf die tatsächliche Versicherung keinen Einfluss.

4. Die Versicherung begründet den Anspruch auf die gesetzlichen Leistungen ohne Rücksicht darauf, ob die vorgeschriebenen Verbindlichkeiten erfüllt, insbesondere die Prämien tatsächlich gezahlt wurden. Sie gewährt ferner die den Mitgliedern der Pensionsanstalt sonst im Gesetze eingeräumten Rechte; hiezu gehört insbesondere das Recht auf Teilnahme an der Verwaltung der Pensionsanstalt; dieses Recht ruht jedoch im Falle der infolge Unterlassung der ordnungsmässigen Anmeldung unterbliebenen formellen Aufnahme in die Pensionsanstalt.

Die Versicherung begründet weiters den Anspruch der Pensionsanstalt auf die Prämien und deren Beitreibung (§§ 33 und 38, Absatz 1 des Gesetzes).

b) *Voraussetzungen für die Versicherungspflicht.*

5. Ob ein Dienstverhältnis die Versicherungspflicht des Angestellten begründet, hängt teils von persönlichen, teils von sachlichen Erfordernissen ab.

Das persönliche Erfordernis ist ein bestimmtes Alter bei dem Eintritte in die Versicherungspflicht.

Die sachlichen Erfordernisse bilden einerseits die Höhe und die Art der Entlohnung, andrerseits die Art der Anstellung und der tatsächlichen Dienstleistung.

6. Das erforderliche Mindestalter ist das vollendete 18., das Höchstalter das vollendete 55. Lebensjahr.

Es kommen daher nur solche Personen in Betracht, die frühestens am 1. Jänner 1854 und, bei Beginn der Wirksamkeit des Gesetzes (am 1. Jänner 1909), die spätestens am 1. Jänner 1891 geboren sind.

7. Die Höhe des Jahresbezuges muss bei einem und demselben Dienstgeber mindestens 600 K. betragen.

Ein Jahresbezug von 600 K. begründet daher die Versicherungspflicht dann nicht, wenn er sich aus Entlohnungen bei mehreren Dienstgebern zusammensetzt.

Geniesst eine Person bei verschiedenen Dienstgebern zusammen mehr als 600 K., so wird die Versicherungspflicht nur dann begründet, wenn der Bedienstete den gesetzlich erforderlichen Mindestbetrag von 600 K. wenigstens bei einem Dienstgeber bezieht; die von anderen Dienstgebern stammenden Bezüge bleiben bei Bestimmung der Gehaltskasse und der danach bemessenen gesetzlichen Beiträge und Leistungen ausser Betracht.

prévus par la loi (§ 82 de la loi); l'omission d'effectuer le payement des primes en temps opportun a pour conséquence l'obligation de payer les intérêts moratoires afférents aux primes arriérées (§ 38 de la loi, alinéa 1); les omissions mentionnées n'exercent cependant aucune influence sur l'assurance elle-même.

4. L'assurance entraine le droit aux avantages de la loi sans qu'il y ait lieu de voir s'il a été satisfait aux obligations prescrites et en particulier si les primes ont été réellement payées. Elle garantit également les droits accordés par la loi aux membres de la caisse des pensions et entre autres le droit à la participation dans la gestion de la caisse des pensions; il y a toutefois exception en ce qui concerne ce dernier droit lorsque l'admission formelle dans la caisse des pensions a été refusée à la suite de l'omission de la déclaration réglementaire.

C'est sur l'assurance enfin que reposent les droits de la caisse des pensions sur les primes et le recouvrement de celles-ci (§§ 33 et 38, alinéa 1, de la loi).

b) Conditions de l'obligation de l'assurance.

5. La question de savoir si un contrat d'emploi entraine l'obligation de l'assurance pour un employé dépend en partie des conditions personnelles, en partie des conditions réelles.

La condition personnelle est un âge déterminé lors de l'entrée dans l'assurance.

Les conditions réelles sont constituées d'un côté par l'importance et la nature de la rémunération, de l'autre par la nature de l'emploi et des services effectués.

6. L'àge minimum requis est 18 ans accomplis et l'âge maximum 55 ans accomplis.

Ne sont donc visées que les personnes nées le 1er janvier 1854 ou après cette date, mais au plus tard le 1er janvier 1891, cette dernière date étant fixée d'après le moment de l'entrée en vigueur de la loi (1er janvier 1909).

7. La rémunération annuelle doit s'élever, chez un même employeur, à 600 couronnes au moins.

Les appointements s'élevant à 600 couronnes par an n'entraînent donc pas l'obligation d'assurance au cas où ils se composent d'émoluments payés par plusieurs employeurs.

Si un employé jouit d'appointements supérieurs à 600 couronnes, payés par différents employeurs, l'obligation d'assurance n'existe que si cet employé reçoit d'un seul et même patron le montant minimum de 600 couronnes, requis par la loi; les autres émoluments n'entrent pas en ligne de compte dans la détermination de la classe de traitement, des cotisations légales et des avantages fixés d'après celle-ci.

Geniesst eine Person bei verschiedenen Dienstgebern mehr als je 600 K., so unterliegt dieselbe der Versicherungspflicht nur rücksichtlich ihrer Hauptbeschäftigung.

Als Hauptbeschäftigung gilt der höchstbezahlte Dienst.

Im Zweifel entscheidet in erster Instanz die politische Bezirksbehörde, in deren Sprengel der Wohnsitz des Versicherten gelegen ist.

8. Als eine weitere Voraussetzung für die Versicherungspflicht ist erforderlich, dass die Auszahlung des Gehaltes in nicht kürzeren als monatlichen Zeitabschnitten üblich ist.

Die tatsächliche Art der Auszahlung der Entlohnung oder eine diesbetreffende Vereinbarung sind, insoweit sie gegen die Uebung verstossen, für die Beurteilung des Bestandes der Versicherungspflicht ohne rechtliche Wirkung.

Der Umstand, welche Art der Auszahlung als üblich anzusehen ist, wird im Zweifel nach jener beurteilt, die bei gleichartigen oder verwandten Anstellungen massgebend ist.

9. Unter der Voraussetzung des erforderlichen Alters, der Höhe und Art der Entlohnung (Artikel 6, 7 und 8) gilt der Bedienstete nur dann als versicherungspflichtig, sofern ihm der Beamtencharakter zukommt oder wenn er überhaupt ausschliesslich oder doch vorwiegend geistige Dienstleistungen zu verrichten hat.

10. Der Beamtencharakter wird dann anzunehmen sein, wenn mit der betreffenden Anstellung die dauernde Erfüllung gewisser, mit der Ausübung der Berufstätigkeit verbundener Pflichten mit ausschliesslich oder vorwiegend geistiger Betätigung gegen festen Gehalt übernommen wird und die Arbeitsleistung qualitativ begrenzt ist.

Als fester Gehalt können Zuwendungen in barem, zu deren Leistung der Dienstgeber nicht verpflichtet ist (Belohnungen u. dgl.), ferner Vergütungen von Fall zu Fall, Pauschalien gegen Verrechnung oder zur Spesendeckung oder nur vorübergehende Erhöhungen der Bezüge bei gleichbleibendem Wirkungskreise des Angestellten nicht angesehen werden.

11. Die Verwendung zu ausschliesslich oder doch vorwiegend geistigen Dienstleistungen wird, sofern sie mit der betreffenden Berufsstellung nicht schon üblicherweise verbunden ist, im Zweifel dann anzunehmen sein, wenn zum Antritte der betreffenden Stellung nach der allgemeinen Uebung oder der besonderen Vorschrift des Dienstgebers eine entsprechende Vorbildung erforderlich ist.

Ohne solches Erfordernis wird auch die Tatsache der vorhandenen Vorbildung genügen; es sei denn, dass die Verwendung des betreffenden Angestellten, den Fall einer Uebergangsbeschäftigung ausgenommen, erwiesenermassen eine ausschliesslich oder vorwiegend geistige Dienstleistung nicht beinhaltet.

Si une personne jouit d'appointements supérieurs à 600 couronnes, payés par différents patrons, elle n'est soumise à l'obligation d'assurance qu'en ce qui concerne son principal emploi.

L'emploi le mieux rémunéré est considéré comme emploi principal.

En cas de doute, la décision appartiendra en première instance à l'autorité administrative du district dans le ressort duquel l'assuré est domicilié.

8. Une autre condition de l'obligation de l'assurance est que le payement du traitement ait lieu régulièrement à des intervalles d'au moins un mois.

Le mode réel de payement du traitement ou une convention y relative, qui serait contraire à l'usage, n'influence en rien l'obligation d'assurance.

En cas de doute sur la question de savoir quel mode de payement doit être considéré comme usuel, cette question sera tranchée d'après le mode de payement dans des emplois similaires.

9. Sans préjudice des conditions de l'âge, du taux et du mode de la rémunération (articles 6, 7 et 8) l'employé n'est assujetti à l'assurance que pour autant que le caractère d'employé puisse lui être attribué ou que s'il doit prester exclusivement ou principalement des services intellectuels.

10. La qualité d'employé existe lorsque la nomination comporte l'exécution permanente de certaines obligations d'ordre professionnel de caractère principalement ou exclusivement intellectuel, moyennant rémunération fixe, et que les services à rendre sont limités qualitativement.

Ne peuvent être comprises dans le traitement fixe les sommes réglées comptant et au payement desquelles l'employeur n'est pas tenu (gratifications, etc.), ni les indemnités occasionnelles, les primes pour couvrir des erreurs de compte ou des frais, ni encore l'augmentation passagère des émoluments sans modification du travail ordinaire de l'employé.

11. L'emploi exclusif ou principal à des services intellectuels, pour autant que cet emploi ne soit pas déjà rattaché dans l'usage à la profession en question, doit, en cas de doute, être considéré comme existant au cas où, d'après la pratique courante ou les instructions de l'employeur, une préparation professionnelle est requise pour l'emploi en question.

En dehors de cette condition, le fait seul de la préparation sera suffisant, à moins que l'occupation de l'employé, sauf le cas d'une occupation temporaire, ne montre à l'évidence qu'il ne fournit ni exclusivement ni principalement des services intellectuels.

Eine vorwiegend geistige Dienstleistung ist auch dann anzunhmen, wenn eine aus der vorhandenen Vorbildung fliessende Fähigkeit oder ein sonst vorhandener gleichwertiger, allgemeiner Bildungsgrad zu der betreffenden, nicht bloss manuellen Dienstleistung qualifiziert.

c) Ausnahmen von der Versicherungspflicht.

12. Ungeachtet des Vorhandenseins der im Artikel 5 bis 11 erwähnten Erfordernisse unterliegen der Versicherungspflicht nicht :

A. Ohne Rücksicht, ob die Anstellung eine öffentliche oder private ist :

1. Personen, die sich auf Grund einer früheren Dienstleistung bereits im Genusse einer Invaliditäts- oder Altersrente (Pension, Provision u. dgl.) befinden, sofern diese Bezüge die in dem Gesetze festgesetzten niedrigsten Anwartschaften auf die Invaliditäts- und Altersrenten erreichen oder übersteigen.

Als niedrigste Anwartschaft hat die der nachgewiesenen Dienstdauer in der I. Gehaltsklasse entsprechende Invaliditäts- und Altersrente zu gelten.

2. Personen, die dauernd ausserhalb des Geltungsgebietes des Gesetzes beschäftigt werden.

3. Die Angestellten der Unternehmungen von Eisenbahnen, welche dem öffentlichen Verkehre dienen. Die besondere Regelung der Versorgungsansprüche dieser Angestellten und ihrer Hinterbliebenen ist vom Eisenbahnministerium im Verordnungswege vorzusehen.

4. Die vom Minister des Innern gemäss § 1, Schlussabsatz des Gesetzes, befreiten Gruppen von Angestellten.

B. Von den in öffentlichen Diensten Angestellten auch noch

5. alle im Hofdienste, im Dienste des Staates oder einer staatlichen Anstalt Angestellten;

6. alle jene, denen normalmässige Ansprüche auf Invaliden- und Alterspensionen sowie auf Pensionen zu Gunsten ihrer Hinterbliebenen zustehen.

Die Höhe der normalmässigen Ansprüche ist nicht entscheidend.

II. — Einteilung der Versicherungspflichtigen.

Zu § 3 des Gesetzes.

Die Gehaltsklasse.

13. Die Grundlage für die Einreihung in die Gehaltsklasse bildet nach dem Gesetze der Jahresbezug.

Der Jahresbezug umfasst nicht bloss den Gehalt im eigentlichen Sinne des Wortes, sondern auch Quartiergelder, Aktivitäts- und Funktionszulagen sowie alle Arten von Naturalbezügen; ferner auch Tantièmen und andere

Il y a prestation de services intellectuels en ordre principal si la capacité résultant d'une formation professionnelle effective ou un degré équivalent d'instruction générale permet de qualifier la prestation de services comme n'étant pas seulement manuelle.

c) *Exceptions à l'obligation de l'assurance.*

12. Nonobstant l'existence des conditions mentionnées aux articles 5 à 11, ne sont pas soumis à l'obligation d'assurance :

A. Sans considérer si l'emploi est public ou privé :

1. Les personnes qui se trouvent déjà, en vertu d'un contrat d'emploi antérieur, en possession d'une rente d'invalidité ou de vieillesse (pension, allocation, etc.), pour autant que ces rentes atteignent ou dépassent le minimum des avantages fixés par la loi en cas d'invalidité ou de vieillesse.

Le minimum des avantages est la rente d'invalidité ou de vieillesse correspondant à la durée des services indiquée dans la première classe des traitements.

2. Les personnes occupées, d'une manière permanente, en dehors du domaine d'application de la loi.

3. Les employés des entreprises de chemins de fer servant aux transports publics. Les droits de ces employés et de leurs ayants droit feront l'objet d'un règlement spécial par ordonnance du Ministre des chemins de fer.

4 Les groupes d'employés dispensés par le Ministre de l'intérieur, conformément au § 1, alinéa final, de la loi.

B. Parmi les employés occupés dans les services publics :

5. Tous les employés au service de la Cour, de l'Etat ou d'un établissement public.

6. Tous ceux qui ont droit à une pension régulière d'invalidité ou de vieillesse ou à une pension en faveur de leurs ayants droit.

L'importance de cette pension régulière n'est pas à considérer.

II. — Classement des assurés.

(§ 3 de la loi.)

Classe de traitement.

13. La détermination de la classe de traitement se fait sur la base du traitement annuel, conformément à la loi.

Le traitement annuel ne comprend pas seulement les appointements au sens propre du mot, mais aussi les indemnités de logement, les allocations d'ancienneté ainsi que toute espèce d'avantages en nature ; ensuite, les tan-

von Geschäftserfolgen abhängige Bezüge und Belohnungen dann und insoweit ihr Mindestbetrag gewährleistet ist; ohne solche Gewährleistung eines Mindestbetrages aber nur unter der Voraussetzung des Artikels 15.

14. Naturalbezüge sind, soweit auf sie nicht die im Gesetze aufgestellten Regeln Anwendung finden, nach den örtlichen Durchschnittspreisen (durchschnittlichen Marktpreisen, zu bewerten. Im Streitfalle hat hierüber und über die Anrechenbarkeit die politische Bezirksbehörde, in deren Sprengel der Dienstort des Versicherten gelegen ist, vorbehaltlich des Instanzenzuges zu entscheiden.

Diäten sind, insbesondere dann, wenn sie lediglich den Ersatz für Reiseauslagen und Gepäckstransport sowie die Verteuerung der Lebensbedürfnisse durch das Leben an fremden Orten darstellen, in den Gehalt nicht einzubeziehen.

15. Sind Tantiémen und andere von Geschäftserfolgen abhängige Bezüge, ferner Belohnungen in einem Mindestbetrage nicht gewährleistet, so bilden sie einen Teil des Jahresbezuges nur dann, wenn sie erfahrungsgemäss mindestens ein Drittel der festen Bezüge ausmachen, und zwar mit diesem Drittel.

Hiebei ist der Durchschnitt der letzten fünf Jahre, bei kürzeren Dienstesverhältnissen der von Fall zu Fall ermittelte Betrag massgebend.

16. Die Einreihung in die Gehaltsklasse erfolgt durch die Landesstelle der Pensionsanstalt (Artikel 54).

III. — DIE WARTEZEIT.
Zu § 5 des Gesetzes.

17. Die Dauer der Wartezeit wird durch die Zahl der Beitragsmonate, das ist jener Monate, bestimmt, für welche Prämien zu leisten gewesen wären.

IV. — AUSMASS DER GESETZLICHEN LEISTUNGEN, ERWERB UND VERLUST DES ANSPRUCHES AUF DIESELBEN, BEGINN UND ENDE DER BEZÜGE.
Zu §§ 6 bis 19 des Gesetzes.

a) Grundbetrag der Invaliditätsrente.

18. Die Pensionsanstalt ist behufs richtiger Bemessung des Grundbetrages der Invaliditätsrente verpflichtet, im zehnten Jahre der Mitgliedschaft die Gehaltsklasse einer Prüfung zu unterziehen (Artikel 10, Absatz 2).

b) Erwerbsunfähigkeit.

19. Als Erwerbsunfähigkeit im Sinne des Gesetzes gilt die Berufsunfähigkeit, d. h. die Unmöglichkeit, infolge eines körperlichen oder geistigen Gebrechens den bisherigen Berufspflichten zu obliegen.

tièmes et autres bénéfices dépendant du chiffre d'affaires, ainsi que les gratifications, en tant que leur montant minimum soit garanti, ou s'il n'est pas garanti, dans les conditions de l'article 15 seulement.

14. Les avantages en nature doivent, si les règles établies par la loi ne leur sont pas applicables, être évalués d'après les prix moyens locaux (cours moyens du marché). En cas de différend, l'autorité administrative du district dans le ressort duquel se trouve le domicile d'emploi de l'assuré, décide en première instance.

Les indemnités ne doivent pas entrer en ligne de compte dans le traitement au cas où elles représentent l'équivalent de frais de voyage, de transport de bagages ainsi que de l'augmentation du coût de l'entretien à raison d'un séjour dans une localité étrangère.

15. Si les tantièmes et autres bénéfices dépendant du chiffre d'affaires ainsi que les gratifications, ne sont pas garantis par un minimum, ils ne constitueront une partie du traitement que si l'expérience démontre qu'ils correspondent au moins au tiers du traitement fixe et dans ce cas ils seront pris en compte à raison de ce tiers.

A cet égard, on se réglera sur la moyenne des cinq dernières années et, en cas de service plus court, sur la moyenne des différents cas.

16. L'inscription dans la classe de traitement est faite par l'établissement régional de la caisse des pensions (article 54).

III. — La période préparatoire.

(§ 5 de la loi.)

17. La durée de la période préparatoire est déterminée par le nombre de mois de cotisations, c'est-à-dire de mois pendant lesquels des primes doivent être payées.

IV. — Montant des allocations légales ; acquisition et perte du droit a ces avantages ; commencement et cessation des rentes.

(§§ 6 à 19 de la loi.)

a) Quotité fixe de la rente d'invalidité.

18. La caisse des pensions est obligée, en vue d'assurer la détermination exacte de la quotité fixe de la rente d'invalidité, de faire une revision de la classe de traitement dans la dixième année de l'acquisition de la qualité de membre (art. 10, al. 2).

b) Incapacité de travail.

19. L'incapacité de travail, aux termes de la loi, vise l'incapacité professionnelle, c'est-à-dire l'impossibilité, par suite d'une infirmité physique ou intellectuelle, de remplir les obligations professionnelles.

Gebrechen, was immer für welcher Art, die die Fortsetzung der bisherigen beruflichen Tätigkeit nicht hindern, begründen keine Invalidität.

Tritt der Angestellte infolge solcher Gebrechen zu einem anderen Berufe über, so besteht insolange kein Anspruch auf die Invaliditätsrente, als sich der Betreffende durch eine seinen Arbeitskräften entsprechende Beschäftigung einen die Invaliditätsrente übersteigenden Betrag, mindestens jedoch 600 Kronen verdient.

Hiedurch wird das Recht auf Erhöhung der Anwartschaft, im Falle die neue Beschäftigung die Versicherungspflicht begründet, ebensowenig berührt wie die Anwartschaften der Hinterbliebenen im Falle des Todes.

Eine den Arbeitskräften nicht entsprechende Beschäftigung wird insbesondere dann anzunehmen sein, wenn die Dauer der täglichen Arbeitsleistung oder der zu ihrer Bewältigung erforderliche Kräfteaufwand das bei gleichartiger Beschäftigung übliche Ausmass überschreitet oder tatsächlich ungewöhnliche Arbeitsleistungen verrichtet werden.

Im Falle das Einkommen nicht oder nicht durchaus in einem regelmässigen Barbezuge besteht, ist dessen Höhe auf Grundlage des § 3 des Gesetzes zu beurteilen.

20. Die Bemessung der Höhe der Rente für Familienmitglieder im Sinne des § 8, lit. *b* des Gesetzes ist dem freien Ermessen der Anstalt überlassen, in allen Fällen aber durch die Höhe des Invaliditätsanspruches begrenzt.

Die Rente ist einzustellen, wenn ihr Bezug durch den Invaliden infolge seines Ablebens oder der Wiedererlangung seiner Erwerbsfähigkeit gemäss § 10 des Gesetzes erloschen wäre.

Der Anspruch auf Witwenrente und Erziehungsbeiträge wird dadurch nicht berührt, dass dem Versicherten ein Anspruch auf die Invaliditätsrente gemäss § 8, lit. *b* des Gesetzes nicht zusteht.

c) Bezug der Invaliditätsrente.

21. Der Bezug der Invaliditätsrente beginnt mit dem ersten Tage des auf den Verlust der Erwerbsfähigkeit folgenden Kalendermonats. Ist bis zu diesem Tage das Invaliditätserklärungsverfahren noch nicht beendet, dann gebühren dem Versicherten die rückständigen Raten mit den gesetzlichen Zinsen.

22. Der im § 9, Absatz 2 des Gesetzes ausgesprochene Aufschub der Invaliditätsrente im Falle des Bezuges eines Krankengeldes aus einer nach dem Krankenversicherungsgesetze eingerichteten Krankenkassa oder registrierten Hilskassa oder einer Bruderlade tritt nicht ein, wenn der Versicherte einer solchen Kassa freiwillig angehört.

Une infirmité quelconque, qui n'entrave pas la continuation de l'activité professionnelle, ne constitue pas une incapacité.

Lorsque l'employé change de profession à la suite d'une telle infirmité, il n'a pas droit à une rente d'invalidité si, grâce à un emploi en rapport avec sa capacité de travail, il gagne une somme qui dépasse la rente d'invalidité, sans être inférieure à 600 couronnes.

Les présentes dispositions ne portent pas atteinte au droit à l'augmentation des avantages, au cas où le nouvel emploi entraîne l'obligation d'assurance, pas plus qu'aux droits des ayants droit en cas de décès.

Sera considéré comme n'étant pas en rapport avec la force de travail, une occupation dans laquelle la durée du travail à fournir chaque jour ou la dépense de forces à appliquer pour venir à bout de la tâche imposée excède les limites ordinaires pour des occupations analogues, ou l'occupation au cours de laquelle des prestations de travail réellement inusitées sont fournies.

Au cas où le revenu ne consiste — ni entièrement, ni partiellement — en un traitement en argent, le montant devra en être déterminé sur la base du § 3 de la loi.

20. L'étendue de la rente à attribuer à des membres de la famille, conformément au § 8, lit. *b* de la loi, sera évaluée librement par la caisse, mais elle est, dans tous les cas, limitée par le montant des droits à la rente d'invalidité.

La jouissance de la rente prend fin par suite du décès du bénéficiaire ou en cas qu'il recouvre sa capacité de travail, conformément au § 10 de la loi.

Le droit à la rente de veuve ou à des allocations pour l'éducation des enfants n'est pas touché par le fait que le droit à une rente d'invalidité, conformément au § 8, lit. *b* de la loi, est refusé à l'assuré.

c) *Jouissance de la rente d'invalidité.*

21. La jouissance de la rente d'invalidité commence à dater du premier jour du mois qui suit la perte de la capacité de travail. Si à cette date l'instance de déclaration d'invalidité n'est pas terminée, l'assuré a droit aux versements retardés, avec les intérêts légaux.

22. Il n'y aura pas lieu de suspendre la rente d'invalidité à raison de la jouissance d'une indemnité de maladie, en vertu d'une participation à une caisse de maladie établie conformément à la loi sur l'assurance contre la maladie ou à une caisse de secours enregistrée ou à une caisse de secours pour les mineurs, si c'est volontairement que l'assuré fait partie d'une caisse de l'espèce.

Den Bezug eines Krankengeldes, der den Aufschub der Invaliditätsrente begründet, ist von dem Versicherten, über Befragen, der zuständigen Landesstelle der Pensionsanstalt bekanntzugeben.

Die Landesstelle hat hierüber die erforderlichen Auskünfte von der Krankenkassa zu begehren.

d) *Der Aufschub der Altersrente.*

23. Die nach § 11 des Gesetzes vorgesehene Erhöhung der Altersrente ist für ganzjährige Aufschubszeiten aus der Tabelle I des Anhanges zu ermitteln.

Die Hohe der Altersrente für zwischenliegende Aufschubszeiten wird nach der Höhe der Rente für die letztverflossene ganzjährige Aufschubszeit und der Zahl der seither abgelaufenen ganzen Monate derart bestimmt, dass zum ersteren Betrage der aliquote Teil der Erhöhung der Rente bis zum Ablaufe des nächsten ganzjährigen Termines hinzugefügt wird.

Die Anrechnung der nicht bezogenen Altersrenten auf die künftigen Versicherungsansprüche hat von dem Zeitpunkte der Fälligkeit der Altersrente und frühestens vom Eintreffen der entsprechenden Erklärung des Versicherten bei der zuständigen Landesstelle der Pensionsanstalt zu erfolgen. Diese Erklärung hat nebst dem Namen und der Nummer der Versicherungsurkunde des Angestellten (Artikel 54, letzter Absatz) nur noch die Angabe zu enthalten, durch welche Zeit die Rente aufgeschoben werden soll.

Es ist zulässig, dass die Altersrente auch vor Ablauf der ursprünglich in Aussicht genommenen Aufschubszeit angetreten oder auf Grund neuerlicher Erklärung weiter aufgeschoben wird. Für die Höbe des Anspruches ist die Zeit bis zum tatsächlichen Antritte der Altersrente massgebend.

e) *Erziehungsbeiträge.*

24. Die Erziehungsbeiträge werden nach dem Ableben des jeweilig versicherten Elternteiles gewährt. Das Ausmass der Erziehungsbeiträge ist gemäss der Anwartschaft nach zehnjähriger Mitgliedszeit (dem Grundbetrage der Invaliditätsrente) zu bemessen und beläuft sich für jedes einfach verwaiste Kind auf ein Drittel, für jedes doppelt verwaiste Kind auf zwei Drittel dieser Anwartschaft. Waren beide Elternteile versichert, dann wird der Erziehungsbeitrag der Doppelwaisen nach der grösseren dieser Anwartschaften zuerkannt.

Für die Summe der Erziehungsbeiträge ist, je nach den obwaltenden Familienverhältnissen, eine Grenze gesteckt. Dieselbe beträgt insbesondere

solange der Vater noch lebt, 50 Prozent;

La jouissance d'une indemnité de maladie justifiant la suspension de la rente d'invalidité, doit être déclarée par l'assuré, à l'agence régionale compétente de la caisse des pensions, à la demande de cette agence.

L'agence doit demander à ce sujet les renseignements nécessaires à la caisse des pensions.

d) *Suspension de la rente de vieillesse.*

23. L'augmentation de la rente de vieillesse prévue au § 11 de la loi doit être déterminé, pour toute période d'une année entière, d'après le tableau I de l'annexe.

Pour les périodes intermédiaires, le montant de la rente de vieillesse est déterminé d'après le montant de la rente pour la période précédente de l'année entière et le nombre de mois entiers écoulés depuis lors, de manière que la première somme s'accroisse de la partie aliquote d'augmentation de la rente jusqu'à l'expiration de la période annuelle entière suivante.

L'imputation des arrérages non perçus sur le montant éventuel de la rente doit avoir lieu à dater de l'échéance de la rente de vieillesse et au plus tôt dès le dépôt de la déclaration de l'assuré à l'agence de la caisse des pensions. Cette déclaration contiendra outre le nom et le numéro de la police d'assurance de l'employé (article 54, dernier alinéa), l'indication de la durée de la suspension de l'entrée en jouissance de la rente.

L'assuré a la faculté d'entrer en jouissance de la rente de vieillesse avant l'expiration du délai primitivement fixé ou d'ajourner la susdite jouissance en vertu d'une nouvelle déclaration. L'importance des avantages sera proportionnelle à la période qui reste à courir jusqu'à la date réelle de l'entrée en jouissance.

e) *Indemnités d'éducation.*

24. Les indemnités d'éducation sont allouées après le décès de celui des parents qui était assuré. Le montant de ces indemnités correspondra aux droits acquis par l'assuré en sa qualité de membre pendant une période de dix ans (base de la rente d'invalidité) et sera, pour chaque enfant orphelin de père ou de mère, du tiers, et pour chaque enfant orphelin de père et de mère, des deux tiers des dits droits. Au cas où le père et la mère étaient tous deux assurés, les rentes des enfants seront fixées en tenant compte de celui des parents qui possédait les droits les plus élevés.

Le montant total des indemnités d'éducation est limité suivant la situation dans laquelle se trouve la famille. Cette limite est fixée :

dans le cas et aussi longtemps que le père vit, à 50 p. c. ;

im Falle und solange die Mutter im Genusse einer Witwenrente steht, 75 Prozent;

bei doppelt verwaisten Kindern 200 Prozent des oberwähnten Anspruches mit der Massgabe, dass in jedem Falle jene Anwartschaft oder Rente, welche der versicherte Elternteil im Zeitpunkte des Ablebens erworben oder bezogen hat, das Höchstausmass aller Erziehungsbeiträge bildet.

Dieses Ausmass ist auch als Grenze der Erziehungsbeiträge für alle anderen möglichen, im Gesetze nicht besonders erwähnten Fälle anzusehen, so beispielsweise auch dann, wenn der Vater verschollen oder verstorben ist und im letzteren Falle die Mutter eine Rente im Sinne des § 13, Punkt 4 und 5 des Gesetzes nicht bezieht.

V. — Auszahlung, Ruhen und Verjährung der Bezüge; Folgen des ungebührlichen Bezuges.

Zu § 21 des Gesetzes.

25. Personen, deren Invaliditäts-, Witwenrente oder Erziehungsbeiträge auf Grund des § 21, lit. a des Gesetzes ganz oder teilweise zu ruhen haben, sind verpflichtet, den Bezug einer auf Grund der Unfallversicherung nach dem Arbeiterunfallversicherungs- oder Bruderladengesetze flüssigen Rente für gänzliche oder teilweise Invalidität, über Befragen, der zuständigen Landesstelle der Pensionsanstalt bekanntzugeben.

Die Landesstelle hat hierüber die erforderlichen Auskünfte von der betreffenden Arbeiterunfallversicherungsanstalt (Bruderlade) zu begehren.

26. Eine Person, die ihren dauernden Aufenthalt ausserhalb des Geltungsgebietes des Gesetzes nimmt, ist im Sinne des § 21, lit. b des Gesetzes als ausserhalb des Geltungsgebietes lebend anzusehen.

Die Dauer des Ruhens der Bezuge bemisst sich nach vollen Kalendermonaten des Aufenthaltes ausserhalb des Geltungsgebietes des Gesetzes.

Die Entscheidung über die Höhe der etwa nach § 21, lit. b, Absatz 3 des Gesetzes erhobenen Abfindungsansprüche wird von der Pensionsanstalt getroffen. Der Anspruchsberechtigte hat die von ihr geforderten Nachweisungen über Familienstand und Gesundheitszustand beizubringen.

Altersrenten können auch im Auslande bezogen werden. Eine Abfindung für Altersrenten findet nicht statt.

VI. — Erlöschen der Versicherungspflicht, Prämienrückerstattung, Wiedereintritt in die Versicherungspflicht.

Zu §§ 26 und 27 des Gesetzes.

a) Reduktion der Leistungen.

27. Wurde der Anspruch auf die Rückerstattung der Prämie im Sinne des § 25 des Gesetzes geltend gemacht, so hat eine verhältnismässige

dans le cas et aussi longtemps que la mère jouit d'une rente de veuve, à 75 p. c.;

daus le cas d'orphelins de père et de mère à 200 p. c. des droits ci-dessus sous la réserve que daus tous les cas, les droits ou la rente que le père ou la mère avait acquise au moment du décès constituera le maximum de toutes les indemnités d'éducation.

Ce maximum est pris aussi comme limite des indemnités d'éducation daus tous les autres cas qui se présenteraient et qui ne sont pas mentionnés ici spécialement, par exemple lorsque le père est disparu ou décédé et que daus le dernier cas, la mère n'a pas une rente au sens du § 13, n°s 4 et 5 de la loi.

V. — Paiement, suspension et prescription des arrérages ; conséquences de la perception illégale des rentes.

(§ 21 de la loi.)

25. Les personnes dont les rentes sont suspendues complètement ou partiellement en vertu du § 21, litt. *a* de la loi, sont obligées de faire savoir à l'agence de la caisse des pensions, à sa demande, qu'elles jouissent, en vertu de l'assurance contre les accidents conformément à la loi sur l'assurance contre les accidents du travail ou à la loi sur les caisses minières, d'une rente liquide du chef d'invalidité complète ou partielle.

La dite succursale a le droit de demander à ce sujet les renseignements nécessaires à la caisse d'assurance contre les accidents du travail (ou à la caisse minière).

26. Celui qui séjourne de façon prolongée hors du ressort d'application de la loi sera considéré, aux termes du § 21, litt. *b*, de la loi, comme vivant en dehors de ce ressort d'application.

La durée de la suspension des arrérages est déterminée d'après le nombre de mois entiers de séjour hors du ressort d'application de la loi.

La décision à intervenir conformément au § 21, lit. *b*, alinéa 3 de la loi, sera prise par la caisse des pensions. L'intéressé devra fournir les indications qui lui seront réclamées sur la situation de sa famille et sur l'état de sa santé.

Les rentes de vieillesse peuvent aussi être perçues à l'étranger. Toutefois une transaction à forfait ne peut avoir lieu au sujet de ces rentes.

VI. — Extinction de l'obligation d'assurance ; remboursement des primes ; réapparition de l'obligation.

(§§ 26 et 27 de la loi.)

a) *Réduction des prestations.*

27. L'exercice du droit au remboursement des primes, aux termes du § 25 de la loi, a pour conséquence une réduction proportionnelle des droits

Reduktion der Anwartschaften oder der zurückgelegten Wartezeit einzutreten, je nachdem die Versicherung nach oder vor Ablauf der Wartezeit erloschen ist.

Im Falle für einen Versicherten während seiner Angehörigkeit in einer der vier ersten Gehaltsklassen an Prämie p_1 Kronen, in einer der beiden letzten Gehaltsklassen p_2 Kronen, in einer 7 200 Kronen jährlich übersteigenden Gehaltsstufe p_3 Kronen bezahlt wurden, kann an Prämie $^1/_3\, p_1 + ^1/_2\, p_2 + p_3$ rückerstattet werden und es betragen sodann die reduzierten Ansprüche oder Wartezeiten den $\dfrac{^2/_3\, p_1 + ^1/_2\, p_2}{p_1 + p_2 + p_3}$ ten Teil der vollen Ansprüche. Die Grösse des Anspruches auf die Rückzahlungen und Anwartschaften ändert sich nicht, wenn der Dienstgeber bei einigen oder allen Prämien von dem ihm nach § 36 des Gesetzes zustehenden Rechte des Abzuges der auf den Dienstnehmer fallenden Quote keinen Gebrauch gemacht hat.

Bei etwaigem Einkaufe von Dienstjahren ändert sich die Rückerstattung oder obiges Verhältnis entsprechend dem vom Dienstnehmer bezahlten Teile der Einkaufssumme.

b) *Reaktivierung.*

28. Wird einem Rentner die Invaliditätsrente wegen Wiedereintrittes der Erwerbsfähigkeit entzogen, so tritt eine Erhöhung der Anwartschaften für den Zeitraum bis zum Wiedereintritt in eine versicherungspflichtige Beschäftigung nicht ein.

VII. — FREIWILLIGE VERSICHERUNG.

Zu §§ 28 bis 31 des Gesetzes.

a) *Gegenstand der freiwilligen Versicherung.*

29. Durch die in § 28, Absatz 1 des Gesetzes vorgesehene freiwillige Fortsetzung der Versicherung werden auch die der betreffenden Gehaltsklasse entsprechenden, künftigen Steigerungsbeträge erworben. Die Erwerbung von Anwartschaften einer höheren Gehaltsklasse ist ausgeschlossen. Die freiwillige Fortsetzung der Versicherung ist statthaft, auch wenu der freiwillig Versicherte bei einer ausländischen Geschäftstelle eines inländischen Betriebes in einer die Versicherungspflicht im Inlande nicht begründenden Beschäftigung Verwendung findet.

Die Grundlagen für die in § 28, Absatz 3 des Gesetzes erwähnte freiwillige Versicherung sind einerseits die jeweilige Anmeldung der Bezüge des Versicherungswerbers, andrerseits die Zulassung zur Versicherung. Die Pensionsanstalt ist nicht verpflichtet, auf Grund dieser Zulassung im Verlaufe Anwartschaften für erhöhte Bezüge zu versichern.

Der Versicherte kann das Versicherungsverhältnis wann immer zur Lösung bringen (§ 30 des Gesetzes).

aux avantages de l'assurance ou de la période préparatoire acquise, suivant que l'assurance prend fin après ou avant l'expiration de la période préparatoire.

Au cas où un assuré a payé une prime de p_1 couronnes lorsqu'il appartenait à l'une des quatre premières classes de traitements, une prime de p_2 couronnes lorsqu'il appartenait à l'une des deux dernières classes de traitements, une prime de p_3 couronnes lorsqu'il appartenait à une classe de traitements dépassant annuellement 7,200 couronnes, il peut lui être remboursé $1/3\, p_1 + 1/2\, p_2 + p_3$ et alors les avantages susvisés ou la période préparatoire sont réduits à la $\dfrac{2/3\, p_1 + 1/2\, p_2}{p_1 + p_2 + p_3}$ ième partie de leur intégralité. L'étendue du droit au remboursement et aux avantages n'est pas modifié, si l'employeur n'a pas fait usage, pour toutes les primes ou pour certaines primes, du droit de déduction de la partie à charge de l'employé, qui lui est conféré par le § 36 de la loi.

En cas de rachat éventuel d'années de service, le remboursement ou la proportion ci-dessus est modifiée en proportion de la partie de la somme de rachat payée par l'employeur.

b) *Réactivité.*

28. Lorsque la jouissance de la rente d'invalidité prend fin en cas de recouvrement de la capacité de travail, il n'y a pas lieu à augmentation des droits pour la période qui précède la date de la réintégration dans l'emploi soumis à l'obligation d'assurance.

VII. — Assurance volontaire.
(§§ 28 à 31 de la loi.)

a) *Objet de l'assurance volontaire.*

29. Par la continuation volontaire de l'assurance, prévue au § 28, alinéa 1, de la loi, l'intéressé acquiert également des droits aux augmentations ultérieures correspondant à la classe de traitement. L'acquisition de droits compétant à une classe plus haute de traitement, ne peut avoir lieu. La continuation volontaire de l'assurance est admise au cas où l'assuré volontaire est employé dans une exploitation située à l'étranger et appartenant à une entreprise nationale, n'entraînant pas dans le pays même l'obligation de l'assurance.

Les conditions de l'assurance volontaire prévue au § 28, alinéa 3, de la loi sont d'une part la notification régulière des émoluments de la part des assurés, d'autre part l'admission à l'assurance. La caisse des pensions n'est pas obligée, en vertu de cette admission, d'assurer des avantages correspondant à un traitement plus élevé.

L'assuré peut toujours se dégager de l'assurance (§ 30 de la loi).

b) *Einkauf von Dienstjahren.*

30. Im Sinne des § 31 des Gesetzes kann unter anderen eingekauft werden :
1. eine vor dem Inkrafttreten des Gesetzes zurückgelegte Dienstzeit;
2. eine vor dem 18. Lebensjahre zurückgelegte Dienstzeit;
3. eine wegen zu geringer (600 Kronen nicht erreichender) Jahresbezüge an sich nicht anrechenbare Dienstzeit;
4. eine während der Versicherungspflicht zurückgelegte, aber infolge teilweiser oder gänzlicher Entfertigung oder Verfalles (§§ 25, 26, 27 des Gesetzes) nicht anrechenbare Dienstzeit;
5. eine in öffentlicher Anstellung zurückgelegte Dienstzeit;
6. die Dienstzeit im Auslande.

Nicht einkaufbar sind dagegen Jahre der Berufstätigkeit, welcher der Charakter des Dienstes mangelt; etwa die Jahre einer selbständigen Berufstätigkeit oder einer Tätigkeit, in welcher der Lohn sich nach dem Ausmasse der jeweils zugemessenen Arbeit richtet (die Tätigkeit gegen Stücklohn, Akkordlohn u. s. f.).

31. Der für die Anrechnung zu zahlende Betrag ist nach den Prämienreservetabellen im Anhange des Statutes der Pensionsanstalt zu berechnen.

Beim Einkauf von Dienstjahren hat der Versicherte seine in der Pensionsanstalt bereits vorhandene Prämienreserve auf jenen Betrag zu ergänzen, welcher seinem Alter und seiner Dienstzeit nach Einkauf der Dienstjahre entspricht.

Die Tabelle II des Anhanges gibt die Nachzahlungen für die erste Gehaltsklasse im Falle des Einkaufes von 1 bis 10 Dienstjahren wieder.

Zur Anrechnung einer Dienstzeit der II. Gehaltsklasse ist das Eineinhalbfache, für die III. Gehaltsklasse das Zweifache, für die IV. Gehaltsklasse das Dreifache, für die V. Gehaltsklasse das Vierfache, für die VI. Gehaltsklasse das Fünffache der darin eingestellten Beträge einzuzahlen.

Die Anrechnung der Dienstjahre ist dem Anspruchsberechtigten auf der Versicherungsurkunde zu bescheinigen.

VIII. — SICHERSTELLUNG DER GESETZLICHEN ANWARTSCHAFTEN.

Zu §§ 34, 37 und 38 des Gesetzes.

a) *Prämienzahlungen.*

32. Die Dienstgeber haben die nach dem Gesetze abzuführenden Versicherungsbeiträge allmonatlich mittels einer Nachweisung einzusenden. Die Nachweisung hat für den 1. Jänner eines jeden Jahres nach dem Formulare 5 des Anhanges, rücksichtlich der im Kalenderjahre vorkommenden Veränderungen nach dem Formulare 6 des Anhanges zu erfolgen. Die

b) *Rachat d'années de services.*

30. Aux termes du § 31 de la loi, peuvent être rachetés, entre autres :

1. un temps de service accompli avant l'entrée en vigueur de la loi ;
2. un temps de service accompli avant l'âge de 18 ans ;
3. un temps de service inopérant à raison du traitement trop bas (inférieur à 600 couronnes) ;
4. un temps de service accompli pendant l'obligation d'assurance, mais inopérant par suite d'extinction partielle ou culière ou de perte du droit (§§ 25, 26, 27 de la loi) ;
5. un temps de service accompli dans un emploi public ;
6. un temps de service accompli à l'étranger.

Par contre, les années de travail qui n'ont pas le caractère d'années de service, ne peuvent être rachetées ; il en est de même pour les années pendant lesquelles l'intéressé a accompli un travail personnel ou un travail pour lequel la rémunération a été calculée sur la base du travail effectué (travail à la pièce ou à forfait, etc.).

31. La somme à verser en compte doit être calculée d'après les tables de réserve de primes annexées aux statuts de la caisse des pensions.

En cas de rachat d'années de services, l'assuré devra compléter sa réserve de primes existant déjà dans la caisse des pensions de telle manière que le montant de cette réserve corresponde à son âge et à son temps de service après le rachat des années de service.

Le tableau II de l'annexe indique les payements supplémentaires à effectuer, en ce qui concerne la 1re classe de traitement, en cas de rachat d'une à dix années de services.

Pour le calcul d'un temps de service de la 2e classe de traitement, les payements supplémentaires s'élèvent à une fois et demie, pour la 3e classe à deux fois, pour la 4e classe à trois fois, pour la 5e classe à quatre fois, pour la 6e classe à cinq fois ceux qui sont fixés au tableau susvisé.

La prise en compte des années de services est notifiée à l'intéressé sur la police d'assurance.

VIII. — GARANTIE DES AVANTAGES LEGAUX.
(§§ 34, 37 et 38 de la loi.)

a) *Payement des primes.*

32. Les employeurs doivent envoyer les primes d'assurance payables en vertu de la loi tous les mois au moyen d'un état. L'état du 1er janvier de chaque année doit se faire d'après le formulaire 5 de l'annexe, et si des changements se sont produits au cours de l'année, d'après le formulaire 6 de l'annexe. Toutefois ces dernières mentions sont facultatives si et aussi

letzteren Aufstellungen können unterbleiben, wenn und insolange keine die Berechnung beeinflussende Personalveränderung vorgekommen ist.

Die Art der Entrichtung der Prämienzahlung, der allfälligen Richtigstellungen der Berechnungen und der sich hieraus ergebenden Nachzahlungen oder Rückvergütungen wird durch das Statut der Pensionsanstalt geregelt.

33. Bleibt ein Dienstgeber mit den Prämien im Rückstande, so ist dies von der Landesstelle der politischen Behörde erster Instanz, in deren Bezirk der Dienstgeber seinen Wohnsitz hat, behufs deren Eintreibung im Verwaltungswege binnen Monatsfrist anzuzeigen, es sei denn, dass der Unternehmer rechtzeitig um eine Stundung ansucht und die etwa vorgeschriebene Sicherstellung leistet.

Irrtümlich gezahlte Prämien sind ohne Zinsen zurückzuerstatten.

b) *Beitrag des Staates.*

34. Der alljährlich zur Bestreitung der Gehalte der leitenden Beamten der Pensionsanstalt und deren Landesstellen nach § 37 des Gesetzes zu leistende Staatsbeitrag ist seitens des Vorstandes der Pensionsanstalt beim Ministerium des Innern rechtzeitig in Anspruch zu nehmen.

IX. — Anderweitige Erfüllung der Versicherungspflicht.

Zu §§ 64 bis 66 des Gesetzes.

a) *Ersatzinstitute.*

35. Die versicherungspflichtigen Bediensteten eines Dienstgebers müssen in der Regel entweder sämtlich bei der Pensionsanstalt oder sämtlich bei einem und demselben Ersatzinstitute versichert sein.

Die nach § 64 des Gesetzes nur ausnahmsweise zulässige Versicherung bei verschiedenen Ersatzinstituten kann nur dann bewilligt werden, wenn eine Schädigung der Pensionsanstalt nicht erkennbar ist.

Insbesondere findet auch ein Zwang zur Versicherung bei einem und demselben Institute auf die vor der Wirksamkeit des Gesetzes abgeschlossenen Versicherungen nicht statt.

36. Unter den im § 65, Absatz 1, des Gesetzes erwähnten Pensionsinstituten, Pensions- und Provisionskassen und dergleichen sind ohne Rücksicht auf ihre Bezeichnung (Namen) solche Institute zu verstehen, die nach den für Versicherungsanstalten jeweils geltenden Vorschriften rechtlich bestehen oder auf Grund dieser Vorschriften Rechtsbestand erlangen.

Durch Pensionseinrichtungen anderer Art getroffene Invaliditäts- und Altersvorsorgen (Pensionsstatuten, Pensionsnormalien u. dgl.) sind als Verträge zu behandeln.

longtemps qu'il ne se produit aucun changement de personnel de nature à influer sur le compte.

Le mode du payement des primes, de la rectification éventuelle des comptes et celui des versements supplémentaires ou des remboursements qui en découlent est réglé par les statuts de la caisse des pensions.

33. Un retard constaté dans le paiement des primes doit, dans le délai d'un mois, être signalé par l'agence à l'autorité administrative de première instance, dans le ressort de laquelle l'employeur en défaut a son domicile, en vue du recouvrement par voie administrative, à moins que l'intéressé ne sollicite un délai raisonnable et ne fournisse les garanties prescrites.

Les primes payées par erreur seront restituées sans intérêts.

b) *Subvention de l'État.*

34. La subvention de l'État nécessaire au [payement des traitements des fonctionnaires de la caisse des pensions et de ses agences, conformément au § 37 de la loi, doit être réclamée en temps opportun par la direction de la caisse des pensions au Ministère de l'intérieur.

IX. — AUTRES MODES DE RÉALISATION DE L'OBLIGATION D'ASSURANCE.
(§§ 64 à 66 de la loi.)

a) *Établissements assimilés.*

35. Les employés d'un même employeur qui sont assujettis à l'assurance obligatoire doivent en général être assurés soit tous ensemble auprès de la caisse des pensions, soit tous ensemble auprès d'un même établissement assimilé.

L'assurance auprès de différents établissements assimilés, exceptionnelle en vertu du § 64 de la loi, ne peut être autorisée que s'il n'apparait pas qu'un préjudice sera causé à la caisse des pensions.

En particulier, l'assurance auprès du même établissement n'est pas obligatoire lorsqu'il s'agit d'assurances conclues avant l'entrée en vigueur de la loi.

36. Sont considérés comme établissements assimilés, sans tenir compte de leur dénomination (noms), les établissements de pensions, les caisses de pensions et de secours, etc., dont il est question au § 65, al. 1er de la loi, qui existent légalement en conformité des dispositions relatives aux établissements d'assurances ou qui obtiennent la reconnaissance légale en vertu de ces dispositions.

Les dispositions de prévoyance en vue de l'invalidité et de la vieillesse prises par des établissements de pensions d'un autre genre doivent être considérés comme contrats.

Bei Eintritt der Wirksamkeit des Gesetzes bereits bestehende Institute (Absatz 1), die im Durchschnitte höhere als die gesetzlichen Leistungen gewähren, können eine Trennung der Gesamtleistungen in die gesetzlichen Mindestleistungen einerseits und die übrigen Leistungen (Mehrleistungen) andererseits vornehmen und auf dieser Grundlage die Anerkennung ansprechen.

Desgleichen kann die Anerkennung der durch andere Pensionseinrichtungen getroffenen Pensionsvorsorgen (Absatz 2), als Ersatzverträge auch dann erfolgen, wenn die im § 66, Schlussabsatz, des Gesetzes vorgesehene Haftung des Dienstgebers auf die gesetzlichen Mindestleistungen beschränkt wird.

Der Haftung des Dienstgebers ist der Erlag einer Kaution gleichzuhalten, deren Höge die versicherungstechnisch erforderliche Deckung erreicht.

37. Die im § 65, Z. 1, des Gesetzes gestellte Bedingung wird dann als erfüllt anzunehmen sein, wenn die Ansprüche der Art nach jenen des Gesetzes entsprechen und wenn die mathematischen Werte der Versicherung derselben Art mindestens gleich sind. Demgemäss müssen in einem Ersatzinstitute ebenso wie in der Pensionsanstalt

1. reuten im Falle der Erwerbsunfähigkeit, beziehungsweise des Alters,
2. reuten für die Witwe,
3. erziehungsbeiträge für die Kinder,
4. einmalige Abfertigungen

gewährt werden.

Die erwähnten Leistungen dürfen nicht unter engeren Voraussetzungen für die Versicherungsfälle, sondern müssen immer auch dann bewirkt werden, wenn sie im Falle der Versicherung bei der Pensionsanstalt fällig würden.

Für den Begriff der Invalidität dürfen keine strengeren Voraussetzungen aufgestellt werden, als sie das Gesetz fordert; die Witwenpensionen und Erziehungsbeiträge können nicht an mehr Ausschliessungsgründe geknüpft werden.

Es dürfen ferner keinerlei Kompensationen unter den verschiedenen Gattungen von Leistungen bedungen werden.

Zulässig ist nur, dass für die Invaliditäts- und Altersrente, die Witwenrente oder die Erziehungsbeiträge andere Steigerungsskalen oder kürzere Wartezeiten angenommen werden.

38. Zur Beurteilung, ob ein etwaiges Ueberschreiten des gesetzlichen Ausmasses der Beiträge der versicherungspflichtigen Angestellten sich in den nach § 65, Z. 2, des Gesetzes zulässigen Grenzen bewegt, sind die nach den Grundlagen der Pensionsanstalt berechneten Werte der gesetzlichen Leistungen und der Leistungen des Ersatzinstitutes ins Verhältnis zu bringen.

Les établissements existant déjà lors de l'entrée en vigueur de la loi (al. 1er) et qui garantissent des avantages moyens plus élevés que les allocations légales, peuvent effectuer une séparation entre les allocations légales minima d'une part et les autres allocations (allocations en plus) et demander la reconnaissance sur cette base.

De même l'approbation des dispositions prises, en ce qui concerne la pension par d'autres établissements de pensions (al. 2) avec le caractère de contrats assimilés, peut aussi avoir lieu si la responsabilité de l'employeur, prévue au § 66, dernier alinéa de la loi, est limitée aux allocations minima de la loi.

La responsabilité de l'employeur peut être remplacée par une caution, dont le montant constitue la couverture nécessaire au point de vue de la technique de l'assurance.

37. La condition prévue au § 65, n° 1 de la loi, sera considérée comme remplie, si les avantages en question correspondent à ceux de la loi, et si les bases mathématiques relatives à une assurance déterminée sont au moins équivalentes à celles d'une assurance légale de même espèce. Par suite :

1. les rentes en cas d'invalidité ou de vieillesse,
2. les rentes des veuves,
3. les rentes d'enfants,
4. les forfaits,

doivent être garantis par l'établissement assimilé dans la même mesure que par la caisse des pensions.

Les prestations dont il s'agit ne doivent pas être entourées de conditions plus étroites au point de vue de leur allocation, mais doivent toujours être allouées dès qu'elles seraient exigibles dans le cas d'assurance auprès de la caisse des pensions.

La détermination de l'invalidité ne peut être entourée de conditions plus sévères que celles qu'établit la loi ; les pensions de veuves ou les indemnités d'éducation ne peuvent être soumises à un plus grand nombre de causes d'exclusion.

De plus, il ne peut être stipulé aucune espèce de compensation entre différents groupes d'allocations.

Toutefois, en ce qui concerne les rentes d'invalidité et de vieillesse, les rentes de veuves et d'enfants, des échelles d'augmentation différentes et des périodes préparatoires plus courtes peuvent être admises.

38. Pour s'assurer que l'excédent du montant légal des cotisations des employés assujettis à l'assurance obligatoire reste dans les limites établies par le § 65, n° 3 de la loi, la valeur des prestations légales calculées sur les bases de la caisse des pensions et celle des prestations des établissements assimilés, doivent être rapprochées.

Die Beiträge der versicherungspflichtigen Bediensteten können sodann in eben jenem Verhältnisse über die gesetzlichen Beitrage erhöht werden, als die Werte der Versicherungsleistungen des Ersatzinstitutes über denen der Pensionsanstalt liegen, und es ist diese Erhöhung nicht unzulässig, selbst wenn hiedurch die Einzahlungen der Dienstgeber geringer würden. Nur kann wieder das Verhältnis der Leistungen zwischen Dienstnehmer und Dienstgeber in dem für den ersteren ungünstigsten Falle kein anderes als das des Wertes der gesetzlichen Leistungen zu denen des Ersatzinstitutes sein.

Es wird sich empfehlen, als Rechnungsgrundlagen des Ersatzinstitutes, sofern nicht das Festhalten an anderweitigen Rechnungsgrundlagen durch vieljährige Beobachtungen am eigenen Materiale zu rechtfertigen ist und ausserordentliche Komplikationen im technischen Apparate vermieden werden wollen, die Rechnungsgrundlagen der Pensionsanstalt anzunehmen. In diesem Falle werden höhere Leistungen des Ersatzinstitutes auch immer höhere Leistungen sowohl des Dienstgebers als des Dienstnehmers im Gefolge haben.

Das Maximalausmass der Prämie des letzteren wird gefunden, indem man den gesetzlichen Anteil mit dem Verhältnisse der Werte des erhöhten zu den gesetzlichen Leistungen multipliziert. Es ist ohneweiters verständlich, dass dadurch auch das gesetzliche Verhältnis zwischen den Leistungen beider beitragende Teile aufrechtbleibt.

Weichen die Rechnungsgrundlagen von jenen der Pensionsanstalt ab, so ist die Frage, ob das gesetzlich zulässige Verhältnis zwischen beiderlei Beitragsleistungen eingehalten wurde, viel schwerer zu entscheiden.

Wird beispielsweise durch die für das Ersatzinstitut taugliche Rechnungsgrundlage eine 30 prozentige Ermässigung des Wertes gleicher Leistungen möglich und vom Ersatzinstitute eine 30-prozentige Erhöhung aller Leistungen zugestanden, dann ändert sich nichts am Gesamtbetrage der Prämien des Dienstgebers und Dienstnehmers; die Aufteilung der Prämie ist durch das folgende Schema gegeben:

GEHALTSKLASSE.	MONATSBEITRÄGE IN KRONEN NACH			
	dem Gezetze für den		der Ersatzeinrichtung für den	
	Dienstnehmer.	Dienstgeber.	Dienstnehmer.	Dienstgeber.
I	2	4	2 60	3 40
II	3	6	3 90	5 10
III	4	8	5 20	6 80
IV	6	12	7 80	10 20
V	12	12	13 56	10 44
VI	15	15	16 96	13 04

Les cotisations des employés assujettis à l'assurance obligatoire peuvent être élevées au-dessus des cotisations légales, dans le cas où la valeur des prestations d'assurance des établissements assimilés excède celle des allocations de la caisse des pensions; cette élévation est admissible même, si dans ce cas, les versements de l'employeur étaient moindres. Seulement la proportion des prestations entre employé et employeur, dans le cas le plus défavorable pour le premier, ne peut être différente de celle qui existe entre la valeur des prestations légales et celles de l'établissement assimilé.

Il est à recommander de prendre les bases actuarielles de la caisse des pensions comme bases actuarielles de l'établissement assimilé, à moins que le recours à d'autres bases ne soit justifié par des observations de plusieurs années et afin d'éviter des complications extraordinaires dans l'organisation technique. Dans ce cas, des prestations plus élevées de l'établissement assimilé entraîneront toujours des prestations plus élevées aussi bien pour l'employeur que pour l'employé.

Le montant maximum des primes de ce dernier est déterminé en multipliant la quotité légale par le rapport entre la valeur des prestations augmentées et celle des prestations légales. Il est aisé à comprendre que dans ce cas le rapport légal entre les prestations des deux parties contractantes subsiste.

Si les bases actuarielles de l'établissement assimilé diffèrent de celles de la caisse des pensions, la question de savoir si le rapport admis entre les cotisations des deux parties a été respecté, est beaucoup plus difficile à trancher.

Si, par exemple, suivant les bases actuarielles valables pour l'établissement assimilé, une réduction de 30 p. c. est possible sur la valeur de prestations égales et si de la part de l'établissement assimilé il est accordé une augmentation de 30 p. c. sur toutes les prestations, rien ne sera changé au montant total des primes de l'employeur et de l'employé; l'établissement de la prime est donné par le tableau suivant :

CLASSE DE TRAITEMENT.	COTISATION MENSUELLE EN COURONNES			
	d'après la loi pour		d'après l'établissement assimilé pour	
	l'employé.	l'employeur.	l'employé.	l'employeur.
I	2	4	2 60	3 40
II	3	6	3 90	5 10
III	4	8	5 20	6 80
IV	6	12	7 80	10 20
V	12	12	13 56	10 44
VI	15	15	16 96	13 04

Die Verteilung innerhalb der ersten 4 Gehaltsklassen kann nämlich entsprechend der Erhöhung der Pensionsansprüche der Angestellten durch einen 30-prozentigen Zuschlag zu den Beiträgen der letzteren erfolgen, weil auch in solchen Fälle ihre Beiträge niedriger bleiben. Innerhalb der letzten 2 Gehaltsklassen würde nach demselben Aufteilungsschlüssel der Beitrag des Dienstnehmers 15.60 Kronen, beziehungsweise 19.50 Kronen, der des Dienstgebers 8.40 Kronen beziehungsweise 10 50 Kronen betragen; der Dienstnehmer wird also in beiden Fällen um 86 Prozent mehr zahlen als der Dienstgeber. Demnach müssen die Beiträge des ersteren derart reduziert werden, dass dieser *aussersten Falles* 30 Prozent mehr zahlt. Diese Reduktion wird durch die Herabsetzung der Beiträge des Dienstnehmers auf 13.56 Kronen, beziehungsweise 16.96 Kronen und die entsprechende Hinaussetzung der Beiträge des Dienstgebers bewirkt. Denn es setzt sich der Beitrag des Dienstnehmers in der V. Gehaltsklasse zusammen :

a) aus dem Beitrage des Dienstgebers . . .	10.44 Kronen	
b) aus der Erhöhung von 30 Prozent dieses Betrages	3.12	—
	13.56 Kronen	

der Beitrag des Dienstnehmers in der VI. Gehaltsklasse

a) aus dem Beitrage des Dienstgebers per . .	13.04 Kronen	
b) aus der Erhöhung von 30 Prozent dieses Betrages	3.92	—
	16.96 Kronen.	

Wird bei derselben Grundlage eine 50-prozentige Erhöhung zugestanden, dann können die Prämien wie folgt aufgeteilt werden :

GEHALTSKLASSE.	GESAMT-PRÄMIE.	DIENST-NEHMER.	DIENSTGEBER.
I.	7 20	3 00	4 20
II.	10 80	4 50	6 30
III.	14 40	6 00	8 40
IV.	21 60	9 00	12 60
V.	28 80	17 28	11 52
VI.	36 00	21 60	14 40

Im vorstehenden Falle ist die Gesamtprämie um 20 Prozent höher als die gesetzliche Prämie, weil 30 Prozent der Erhöhung durch die Rechnungsgrundlagen gedeckt sind.

Für die Verteilung der Gesamtprämie auf Dienstnehmer und Dienstgeber gelten die analogen Erwägungen wie zuvor.

AUTRICHE.

La distribution dans les quatre premières classes de traitements peut avoir lieu en proportion de l'augmentation des droits des employés à la pension, en majorant de 30 p c. la cotisation de ces derniers, car, dans ce cas aussi, leurs cotisations restent moindres. Dans les deux dernières classes de traitements, la cotisation de l'employé, calculée d'après la même méthode, s'élèverait respectivement à 15.60 ou à 19 50 couronnes, celle de l'employeur respectivement à 8.40 ou à 10.50 couronnes; l'employé payerait ainsi dans les deux cas 86 p. c. de plus que l'employeur. Il y a donc lieu de réduire les cotisations des employés de façon qu'ils ne doivent payer que 30 p. c. de plus dans le cas extrême. Cette réduction est effectuée en ramenant les cotisations de l'employé respectivement à 13.36 ou à 16 96 couronnes et par l'augmentation correspondante des cotisations de l'employeur. Ainsi, la cotisation de l'employé appartenant à la cinquième classe de traitement se compose :

$a)$ de la cotisation de l'employeur . . .   10.44 couronnes
$b)$ d'une augmentation de 30 p. c. sur cette somme . . . .   3.12 —
    13.56 couronnes

la cotisation de l'employé appartenant à la sixième classe :
$a)$ de la cotisation de l'employeur . . .   13.04 couronnes
$b)$ d'une augmentation de 30 p. c. sur cette somme . . . .   3.92 —
    16.96 couronnes.

Si une augmentation de 50 p. c. est allouée sur la même base, les primes peuvent alors être distribuées comme suit :

CLASSE DE TRAITEMENT.	PRIME TOTALE.	EMPLOYÉ.	EMPLOYEUR.
I.	7 20	3 00	4 20
II.	10 80	4 50	6 30
III.	14 40	6 00	8 40
IV.	21 60	9 00	12 60
V.	28 80	17 28	11 52
VI.	36 00	21 60	14 40

Dans le cas précédent, la prime totale est de 20 p. c plus élevée que la prime légale, parce que 30 p. c. de l'augmentation sont couverts par les bases actuarielles.

Des considérations analogues à celles qui précèdent s'appliquent à la répartition de la prime totale entre l'employé et l'employeur.

Wäre die Grundlage um 30 Prozent strenger als die der Pensionsanstalt, die Leistungen unverändert, so müsste die Erhöhung der Dienstgeber allein bezahlen und es resultiert das nachfolgende Beitragsschema :

KLASSE.	GESAMT-LEISTUNGEN.	DIENST-NEHMER.	DIENSTGEBER.
I.	7 80	2	5 80
II.	11 70	3	8 70
III.	15 60	4	11 60
IV.	23 40	6	17 40
V.	31 20	12	19 20
VI.	39 00	15	24 00

Wäre endlich die Grundlage um 30 Prozent strenger, die Leistung um 20 Prozent höher als die der Pensionsanstalt, dann betrüge die Aufteilung :

KLASSE.	GESAMT-LEISTUNGEN.	DIENST-NEHMER.	DIENSTGEBER.
I.	9 00	2 40	6 60
II.	13 50	3 60	9 90
III.	18 00	4 80	13 20
IV.	27 00	7 20	19 80
V.	36 00	14 40	21 60
VI.	45 00	18 00	27 00

Selbstverständlich könnte sich auch der Dienstgeber in allen 4 Fällen zu höheren Leistungen verstehen, beziehungsweise den Dienstnehmer entsprechend entlasten.

39. Die im § 65, Z. 3 des Gesetzes vorgesehene Ueberweisung muss sich mindestens auf jenen Betrag erstrecken, welcher vom Zeitpunkte des Beitrittes zum Ersatzinstitute und bei Mitgliedern, welche dem Ersatzinstitute schon vor dem 1. Jänner 1909 angehört haben, vom genannten Termine bei der Pensionsanstalt für die dem jeweiligen Gehalte entsprechenden gesetzlichen Leistungen anzusammeln gewesen wäre.

Si la base était de 30 p. c. plus forte que celle de la caisse des pensions, les prestations restant les mêmes, l'employeur seul devrait payer l'augmentation et il en résulterait le tarif suivant :

CLASSE.	PRESTATIONS TOTALES.	EMPLOYÉ.	EMPLOYEUR.
I.	7 80	2	5 80
II.	11 70	3	8 70
III.	15 60	4	11 60
IV.	23 40	6	17 40
V.	31 20	12	19 20
VI.	39 00	15	24 00

Enfin, si la base était de 30 p. c. plus forte, les prestations étant de 20 p. c. plus élevées que celles de la caisse des pensions, la distribution se présenterait comme suit :

CLASSE.	PRESTATIONS TOTALES.	EMPLOYÉ.	EMPLOYEUR.
I.	9 00	2 40	6 60
II.	13 50	3 60	9 90
III.	18 00	4 80	13 20
IV.	27 00	7 20	19 80
V.	36 00	14 40	21 60
VI.	45 00	18 00	27 00

Naturellement, l'employeur pourrait s'engager dans les quatre cas à des prestations plus élevées et une décharge correspondante aurait lieu pour l'employé.

39. Le transfert prévu au § 65, chiffre 3, de la loi doit s'appliquer au minimum à la somme qui, à partir de l'entrée dans l'établissement assimilé et, s'il s'agit de membres qui ont fait partie de l'établissement assimilé déjà avant le 1er janvier 1909, à partir dudit terme, aurait dû être constituée à la caisse des pensions en vue des allocations correspondant au traitement de l'époque.

Bei etwaiger Anrechnung von Dienstjahren im Sinne des § 31 des Gesetzes ist auch die dementsprechende Prämienreserve zu überweisen. Das Ausmass etwaiger höherer Ueberweisungen richtet sich nach den Bestimmungen der Statuten des Ersatzinstitutes.

Scheidet ein Versicherungspflichtiger aus einem Ersatzinstitute infolge Erlöschens der Versicherungspflicht aus, so müssen ihm auf Verlangen (§ 25, Absatz 2 des Gesetzes) mindestens die im § 25, Absatz 1 des Gesetzes vorgeschriebenen Beträge ausbezahlt werden. Weiter bleibt das Ersatzinstitut verpflichtet, im Falle des Wiederauflebens der Versicherungspflicht der Pensionsanstalt oder der Ersatzeinrichtung, bei welcher der neuerlichen Versicherungspflicht Genüge geleistet wird, jenen Betrag zu überweisen, welcher zur Wahrung der dem Ausgeschiedenen nach §§ 26 und 27 des Gesetzes zustehenden Versicherungsansprüche nach den Grundlagen der Pensionsanstalt erforderlich ist.

40. Aus der nach § 65, Z. 4 des Gesetzes periodisch vorzunehmenden technischen Fondsprüfung (versicherungstechnische Bilanz) muss hervorgehen, welche Prämienreserve für die statutenmässigen Leistungen des Ersatzinstitutes einerseits nach dessen genehmigten Grundlagen, andererseits im Falle der Versicherung der Mitglieder bei der Pensionsanstalt (§ 65, Punkt 3 des Gesetzes) anzusammeln gewesen wäre.

Die Prüfung ist durch einen Sachverständigen vorzunehmen und das Ergebnis samt allen zur Ueberprüfung erforderlichen Behelfen jedenfalls noch in dem der Bilanzabrechnung folgenden Rechnungsjahre dem Minister des Innern vorzulegen.

41. Registrierten Hilfskassen kann eine Anerkennung als Ersatzinstitute nur unter der Voraussetzung zu teil werden, dass sie bei Beginn der Wirksamkeit des Gesetzes bereits bestehen.

b) *Ersatzverträge.*

42. Die Anerkennung von Verträgen als Ersatzverträge setzt deren rechtsgültig erfolgten Abschluss und die Erfüllung der für solche Verträge im Gesetze besonders vorgeschriebenen Bedingungen voraus.

Eine Anerkennung kann auch für einen im vorhinein bestimmten Vertragsinhalt (Allgemeine Versicherungsbedingungen, Pensionsnormale, Pensionsvorschrift, Provisionsnormale, Provisionsvorschrift u. s. w.) mit der Wirkung erteilt werden, dass die nach dem anerkannten Inhalte abgeschlossenen Verträge mit dem Zeitpunkte ihres Abschlusses die Ersatzeigenschaft erlangen.

Die Bestimmungen des Artikels 35 finden auch auf Ersatzverträge Anwendung.

43. Für die Anerkennung von mit inländischen oder zum Geschäftsbetriebe im Inlande zugelassenen ausländischen Versicherungsanstalten

En cas de prise en compte éventuelle d'années de services, conformément au § 31 de la loi, la réserve des primes correspondante doit être également transférée. La proportion des transferts éventuels plus élevés se règle d'après les statuts de l'établissement assimilé.

Si une personne assujettie à l'assurance quitte un établissement assimilé en cas d'extinction de l'obligation d'assurance, les sommes spécifiées au § 25, alinéa 1, de la loi devront lui être payées à sa demande (§ 25, al. 2, de la loi). De plus, l'établissement assimilé reste tenu, au cas où ladite personne se retrouve assujettie, de transférer à la caisse des pensions ou à l'établissement assimilé où il est satisfait à la nouvelle obligation d'assurance, la somme jugée nécessaire à la sauvegarde des droits acquis au membre sorti en vertu des §§ 26 et 27 de la loi, sur les bases de la caisse des pensions.

40. L'examen technique du fonds d'assurance (bilan technique) auquel il doit être procédé périodiquement en vertu du § 65, n° 4, de la loi, servira à fixer l'importance de la réserve des primes, qui aurait dû être constituée pour couvrir les prestations statutaires légalement approuvées de l'établissement assimilé d'une part, et d'autre part, la réserve en cas d'assurance des membres à la caisse des pensions (§ 65, n° 3, de la loi).

L'examen est fait par un expert et le résultat doit être communiqué, avec toutes les remarques nécessaires à une revision, au Ministre de l'intérieur, au cours de l'exercice financier qui suit la clôture du bilan.

41. Les caisses de secours enregistrées peuvent être reconnues comme établissements assimilés, à la condition qu'elles existent au moment de l'entrée en vigueur de la loi.

b) *Contrats assimilés.*

42. L'agréation de contrats à titre de contrats assimilés est subordonnée à la régularité de la passation des dits contrats et à l'accomplissement des conditions spéciales de la loi en ce qui concerne des contrats de l'espèce

L'agréation peut aussi être accordée pour des contrats dont le contenu est déterminé à l'avance (conditions générales d'assurance, régles de pensions, clauses de pensions, etc.), en ce sens que les contrats passés d'après un modèle agréé sont assimilés à partir du moment de leur passation.

Les dispositions de l'article 35 s'appliquent aussi aux contrats assimilés.

43. Les dispositions du § 65, n°ˢ 1, 2, 3, de la loi ainsi que les dispositions des articles 37 à 39 doivent être réunies pour la reconnaissance, à titre

abgeschlossenen Verträgen als Ersatzverträge ist die sinngemässe Erfüllung der Bestimmungen des § 65, Z. 1, 2, 3 des Gesetzes, also auch der Artikel 37 bis 39 erforderlich.

Insbesondere ist an folgéndem festzuhalten :

1. Die Annahme eines versicherungspflichtigen Angestellten sowie die Annahme in der Nachversicherung darf nicht von den individuellen Verhältnissen (Gesundheitszustand, Familienstand, Altersverhältnisse der Ehefrau und Kinder, ökonomische Lage u. s. w.) abhängig gemacht werden. Es kann demnach insbesondere die Nachversicherung auf Invalidätsrente bei Steigerung des Gehaltes oder auf Witwenrenten und Erziehungsbeiträge bei Verehelichung vor dem 50. Lebensjahre oder bei der Geburt eines Kindes nicht verweigert werden, sofern sich nur die gesamte Anwartschaft im gesetzlichen Ausmasse hält. Die individuellen Verhältnisse dürfen aber auch beim Antrage auf die freiwillige Versicherung oder auf den Einkauf von tatsächlich zurückgelegten Dienstjahren im Sinne des § 28, Abs. 1, und § 31 des Gesetzes nicht zur Bedingung der Annahme gemacht oder für die Höhe der Prämie ausgewertet werden; Versicherungen auf Witwenpensionen und Erziehungsbeiträge müssen ohne Rücksicht auf die persönliche Eignung des Versicherungswerbers übernommen werden.

2. Die Höhe der Beiträge der Angestellten darf bei anrechenbaren Bezügen bis 2 400 Kronen nicht ein Drittel, bei anrechenbaren Bezügen bis 7 200 Kronen nicht die Hälfte des versicherungstechnisch nach den Grundlagen der Pensionsanstalt erforderlichen Gesamtbetrages übersteigen.

3. Im Falle Erlöschens der Versicherungspflicht müssen mindestens jene Prämienreserveanteile der Pensionsanstalt überwiesen werden, welche in dieser entweder für den ganzen oder im Sinne der §§ 26 und 27 des Gesetzes reduzierten Betrag der Anwartschaften anzusammeln gewesen wären. Ueberdies muss die Versicherungsanstalt die Verpflichtung eingehen, im Falle Wiedereintrittes in eine versicherungspflichtige Beschäftigung beim selben Dienstgeber gegen Rückempfang der Prämienreserve von der Pensionsanstalt die Anknüpfung der weiteren Anwartschaften an die erworbenen oder reduzierten Anwartschaften zuzugestehen.

44. Für die Anerkennung der mit Ländern, Vertretungsbezirken und Gemeinden abgeschlossenen Dienstverträge als Ersatzverträge gelten im allgemeinen die Bedingungen des Artikels 43 mit der Massgabe, dass beim Erlöschen der Versicherung im Sinne des § 25 des Gesetzes die für die Aufrechterhaltung der Anwartschaften erforderlichen Beträge überwiesen werden müssen.

Auch müssen die erwähnten Körperschaften gesetzlich anrechenbare Anwartschaften oder im Sinne des § 31 des Gesetzes zurückgelegte Dienstjahre gegen Einzahlung der nach der Grundlage der Pensionsanstalt berechneten Beträge anrechnen.

45. Die Bestimmungen des Artikels 44 finden auch auf die Anerkennung

de contrats assimilés, de contrats conclus avec des établissements d'assurance nationaux ou des établissements étrangers autorisés à opérer dans le pays.

En particulier, les dispositions suivantes doivent être observées :

1. L'affiliation d'un employé soumis à l'obligation d'assurance, ainsi que la participation à l'assurance différée, ne peut être rendue dépendante de circonstances personnelles (état de santé, état de la famille, âge de l'épouse et des enfants, situation économique, etc.). Par suite, l'assurance différée d'une rente d'invalidité du fait de l'augmentation du traitement, ou d'une rente de veuve ou d'enfants à raison d'un mariage avant l'âge de 50 ans ou par suite de la naissance d'un enfant, ne peut être refusée pour autant que le total des droits acquis reste dans les limites légales. De même il ne peut être tenu compte de la situation personnelle dans la décision à prendre en cas d'assurance volontaire ou en cas de rachat d'années de services réellement effectuées au sens du § 28, alinéa 1, et du § 31 de la loi ; cette situation personnelle ne peut non plus être prise en compte pour le calcul du montant des primes ; les assurances en vue d'une pension de veuve ou d'une indemnité d'éducation doivent être faites sans considérer la capacité personnelle du candidat.

2. Le taux des cotisations des employés ne peut dépasser pour les traitements jusque 2,400 couronnes le tiers, ni pour les traitements jusque 7,200 couronnes la moitié de la cotisation totale nécessaire calculée sur les bases de la caisse des pensions.

3. En cas d'extinction de l'obligation d'assurance, la partie de la réserve des primes de la caisse des pensions qui y aurait été accumulée pour couvrir les droits entiers ou les droits réduits aux termes des §§ 26 et 27 de la loi, doit être transférée. De plus, l'établissement d'assurance doit contracter l'engagement, en cas de rentrée chez le même employeur dans un emploi donnant naissance à l'obligation d'assurance, d'ajouter, moyennant remboursement de la réserve des primes de la part de la caisse de pensions, les droits ultérieurs aux droits acquis ou réduits.

44. En général, les conditions de l'article 43 sont applicables à la reconnaissance à titre de contrats assimilés des contrats d'emploi conclus avec des Etats, des circonscriptions et des communes, avec la réserve qu'en cas d'extinction de l'assurance aux termes du § 25 de la loi, les sommes nécessaires à la conservation des droits devront être transférées.

De même, les autorités mentionnées ci-dessus, doivent prendre en compte des droits susceptibles de l'être en vertu de la loi ou des années de services accomplies conformément au § 31 de la loi, le tout contre versement des sommes calculées d'après les bases de la caisse des pensions.

45. Les dispositions de l'article 44 s'appliquent également à la reconnais-

der Dienstverträge mit anderen Dienstgebern, welche für ihre rechtsverbindlichen Zusicherungen im Sinne des § 66, letzter Absatz des Gesetzes die Haftung übernehmen, Anwendung.

c) *Anerkennung von Ersatzeinrichtungen.*

46. Dem Gesuche um Anerkennung als Ersatzinstitut sind anzuschliessen :

1. die Satzungen ;
2. Der Versicherungsplan, der die Berechnungsgrundlage (die statistischen Tabellen, den Zinsfuss, die Berechnungsformeln), die Grundsätze für die Berechnung der Prämienreserve und den Nachweis über die versicherungstechnische Bedeckung zu enthalten hat ;
3. den Nachweis, dass den Forderungen des § 65, Z. 1, 2, 3 des Gesetzes, beziehungsweise den Artikeln 37 bis 39 dieser Durchführungsvorschriften entsprochen ist.

47. Dem Gesuche um Anerkennung von Ersatzverträgen sind anzuschliessen :

1. der Vertrag oder das Formular, nach welchem die Verträge abgeschlossen werden sollen (Artikel 42);
2. der Nachweis, dass den Anforderungen des § 66 des Gesetzes, sowie den Artikeln 42 bis 45 dieser Durchführungsvorschriften entsprochen ist.

48. Die Anerkennung von Ersatzinstituten, Ersatzverträgen oder Formularien für solche ist der Pensionsanstalt vom Ministerium des Innern unter Anschluss einer Ausfertigung der betreffenden Satzungen, Verträge oder Formularien zur Kenntnis zu bringen.

49. Die Ersatzinstitute sind verpflichtet, der Pensionsanstalt einen Ausweis ihrer Mitglieder binnen vier Wochen nach Anerkennung zu übermitteln. Innerhalb der gleichen Frist sind auch die eintretenden Veränderungen im Stande anzuzeigen.

Bei Ersatzverträgen ist der erwähnte Ausweis von den Dienstgebern an die Pensionsanstalt auszufolgen.

X. — Uebertragung von Versicherungsbeständen und totale Rückversicherung solcher.

Zu § 70 des Gesetzes.

50. Dem Einschreiten um Genehmigung zur Uebertragung des Versicherungsbestandes oder zur totalen Rückversicherung im Sinne des § 70 des Gesetzes ist eine technische Bilanz anzuschliessen.

Aus dieser muss ersichtlich sein, wie hoch die Prämienreserve für die gesetzlichen und die das gesetzliche Ausmass übersteigenden Ansprüche der Versicherten ist und welche Kapitalien zur Bedeckung der Prämienreserve vorhanden sind.

sance des contrats de services passés avec d'autres employeurs, lorsque ceux-ci assument la responsabilité de leurs prestations légales au sens du § 66, dernier alinéa, de la loi.

c) *Agréation des établissements assimilés.*

46. La demande en vue de l'agréation à titre d'établissement assimilé sera accompagnée :
1. des statuts;
2. du plan de l'assurance, lequel doit contenir les bases actuarielles (tableaux statistiques, taux de l'intérêt, formules actuarielles), les bases pour le calcul de la réserve des primes et la spécification de la couverture technique des prestations.
3. de la déclaration qu'il répond aux dispositions du § 15, n°s 1, 2, 3, de la loi, ou des articles 37 à 39 des présentes prescriptions.

47. A la demande en vue de la reconnaissance de contrats assimilés, doivent être joints :
1. le contrat ou le formulaire d'après lequel les contrats doivent être conclus (art. 42);
2. la déclaration qu'ils répondent aux exigences du § 66 de la loi, ou des articles 42 à 45 des présentes prescriptions.

48. L'agréation d'établissements assimilés, de contrats assimilés ou de formules-types pour contrats de l'espèce, doit être notifiée par le Ministre de l'intérieur à l'établissement de rentes, avec une copie desdits statuts, contrats ou formules.

49. Les établissements assimilés sont tenus de remettre à la caisse des pensions une liste de leurs membres dans les quatre semaines de l'agréation. Les changements intervenus doivent être communiqués dans le même délai.

Pour les contrats assimilés, c'est par les employeurs que la liste précitée doit être transmise à la caisse des pensions.

X. — TRANSFERT DE PORTEFEUILLES D'ASSURANCES ET RÉASSURANCE COMPLETE DE CES DERNIERS.

(§ 70 de la loi.)

50. Un bilan technique doit être joint à la demande d'autorisation de transfert du portefeuille d'assurances ou de la réassurance totale, aux termes du § 70 de la loi.

Ce bilan doit permettre de constater nettement la valeur de la réserve des primes servant à couvrir les droits légaux et les droits des assurés qui dépassent le montant légal; il doit indiquer, en outre, les capitaux disponibles pour la couverture de la réserve des primes.

XI. — Anmeldung der Versicherungspflichtigen und Veränderungsanzeigen.

Zu § 73 des Gesetzes.

51. Die nach dem Gesetze zu erstattenden Anmeldungen der versieberungspflichtigen Angestellten und Veränderungsanzeigen obliegen den Dienstgebern, gegebenenfalls deren gesetzlichen Vertretern oder deren Bevollmächtigten (§ 84, Absatz 1 und 2, des Gesetzes). Im letzteren Falle ist der Anmeldung die Vollmacht anzuschliessen, die den Namen und die Adresse des Bevollmächtigten und den Umfang der Vollmacht zu enthalten hat.

52 Die Anmeldung hat, mit Ausnahme des im Artikel 71 erwähnten Falles, bei der zuständigen Landesstelle binnen vier Wochen zu erfolgen. Für diese Anmeldungen haben unbeschadet einer etwaigen anderweitigen Festsetzung der Form der Anmeldung durch die Pensionsanstalt (§ 42, Punkt 9 und § 51, Punkt 3 des Gesetzes) folgende Bestimmungen zu gelten :

Die Anmeldung hat bei sonstiger Ungültigkeit mittels der vorgeschriebenen Formularien derart zu erfolgen, dass vom Dienstgeber zunächst für jeden seiner versicherungspflichtigen Angestellten ein besonderes Blatt des Formulares 1m beziehungsweise 1w ausgefüllt wird; etwaige Zweifel an dem Bestande der Versicherungspflicht des angemeldeten Angestellten sind in der Anmerkungsrubrik ersichtlich zu machen.

Diese Formularien sind sohin nach den Beschäftigungsorten der Angestellten und, wenn diese zwar im selben Orte, jedoch in verschiedenen Betrieben beschäftigt sind, nach letzterem zu ordnen.

Die derart geordneten Formularien sind in der angegebenen Ordnung in die vorschriftsmässig ausgefüllten Umschlagskonsignationen nach Formular 2 einzulegen und in dieser Form in doppelter Ausfertigung zu überreichen.

53. Aenderungen, welche durch den Zugang oder Abgang Versicherungspflichtiger oder in den bei der Anmeldung angegebenen, für die Versieberung relevanten Daten eintreten, sind, mit Ausnahme der Fälle des Artikels 71, der zuständigen Landesstelle binnen vier Wochen anzuzeigen.

Als Abgang gilt auch die Befreiung von der Versicherungspflicht (§ 1, Schlussabsatz, des Gesetzes) oder die Versicherung bei einer anerkannten Ersatzeinrichtung (§§ 65 und folgende des Gesetzes).

Bis zur etwaigen anderweitigen Festsetzung der Form der An- und Abmeldung durch die Pensionsanstalt haben die Anzeigen des Zuganges von Versicherungspflichtigen nach dem Formular 1m, beziehungsweise 1w, jene des Abganges nach dem Formular 4, die Anzeigen über Aenderungen der bei der Anmeldung angegebenen Daten nach Formular 3 zu erfolgen.

Auch diese Veränderungsanzeigen sind in doppelter Ausfertigung zu erstatten.

XI. — Déclaration des personnes assujetties a l'assurance et notification des changements.

(§ 73 de la loi)

51. Les inscriptions d'employés assujettis à l'assurance et la notification des changements incombent à l'employeur, et, daus certains cas, aux représentants légaux de celui-ci ou à ses fondés de pouvoirs (§ 84, alinéas 1 et 2, de la loi). Dans ce dernier cas, la procuration doit être jointe à la déclaration et doit mentionner les noms et adresses des fondés de pouvoirs ainsi que l'étendue de leurs pouvoirs.

52. Sauf daus le cas prévu à l'article 71, la déclaration doit parvenir à l'agence compétente dans les quatre semaines. A moins qu'un autre modéle de déclaration ne soit fixé par la caisse des pensions (§ 42, n° 9 et § 51, n°s 3, de la loi, les dispositions suivantes seront applicables à la déclaration :

La déclaration doit être faite, à peine de nullité, au moyen des formulaires prescrits, de manière qu'une page spéciale des modèles, respectivement 1m et 1w, soit remplie par l'employeur pour chacun de ses employés assujettis à l'assurance obligatoire; tout doute soulevé éventuellement au sujet de l'existence de l'obligation d'assurance de l'employé déclaré doit être noté dans la colonne des observations.

Ces formulaires doivent être classés d'après le lieu d'occupation des employés et si ceux-ci sont occupés dans le même endroit, mais à des services différents, d'après ces services.

Les formulaires classés de cette manière doivent être placés dans l'ordre indiqué dans les classeurs remplis, conformément aux prescriptions, d'après le formulaire 2 et doivent être produits dans cette forme en double expédition.

53. Les changements qui s'opèrent par l'entrée ou la sortie de personnes soumises à l'obligation d'assurance, ou libérées de cette obligation, ou dans les dates renseignées dans la déclaration et essentielles pour l'assurance, doivent être communiqués, sauf dans le cas de l'article 71, à l'agence compétente dans les quatre semaines.

La dispense de l'obligation d'assurance (§ 1, dernier alinéa, de la loi) et l'assurance auprès d'un établissement assimilé reconnu (§§ 65 et suivants de la loi) sont aussi considérées comme sortie.

Jusqu'à ce que la caisse des pensions fixe une autre forme pour la déclaration d'admission et de libération, les entrées des personnes assujetties à l'assurance doivent être faites d'après le formulaire 1m ou 1w, la sortie d'après le formulaire 4, les avis de changement des dates indiquées daus la déclaration, d'après le formulaire 3.

De plus, ces changements doivent être déclarés en double expédition.

Sämtliche Formularien werden von der zuständigen politischen Behörde erster Instanz und von der Landesstelle der Pensionsanstalt in der erforderlichen Anzahl kostenlos verabfolgt.

54. Auf Grund der von den Dienstgebern gemäss § 73 des Gesetzes zu erstattenden Anmeldungen oder auf Grund der anderweitig bekannt gewordenen Umstände hat die Landesstelle einen Bescheid zu erlassen.
Dieser hat zu enthalten:
1. den Ausspruch, ob die Versicherungspflicht besteht; bejahendenfalls
2. die formelle Aufnahme in die Pensionsanstalt,
3. die Einreihung in die Gehaltsklasse,
4. die Höhe der Prämie und deren Aufteilung auf Dienstnehmer und Dienstgeber;
ferner
5. die Rechtsmittelbelehrung nach § 67 des Gesetzes.
Zu einer näheren Begründung ist die Pensionsanstalt nicht verpflichtet.
Dieser Bescheid ist sowohl dem Dienstgeber als dem Dienstnehmer gegen Empfangsbestätigung zuzustellen und gilt nach Eintritt seiner Rechtskraft als Beurkundung der Versicherung und Mitgliedschaft.

55. Die Pensionsanstalt kann die Richtigkeit der in den Anmeldungen angegebenen, für das Versicherungsverhältnis massgebenden Umstände kontrollieren.
Insoweit es sich um eine Feststellung der Geburtsdaten handelt, ist die Pensionsanstalt berechtigt, deren Feststellung im Wege der politischen Behörden I. Instanz zu begehren.
Insoweit die Einsicht in die Geschäftsaufschreibungen bewährt wird, dürfen die diesbezüglichen Erhebungsresultate zu anderen Zwecken als zu den im Gesetze vorgesehenen verwendet werden.

56. Als zuständige Landesstelle gilt für den Rentner jene, in deren Sprengel er zuletzt versicherungspflichtig war.

57. Ist die Versicherungspflicht rechtskräftig anerkannt worden, so kann im Zeitpunkte der Geltendmachung des Anspruches auf die gesetzlichen Leistungen der Nichtbestand der Versicherungspflicht seitens der Landesstelle oder der Pensionsanstalt nicht mehr eingewendet werden.
Das gleiche gilt von der erfolgten Anrechnung von Dienstjahren.

XII. — Fondsgebahrung, Jahresberichte.

Zu § 89 des Gesetzes.

58. Der jährliche Rechnungsabschluss der Pensionsanstalt und der Ersatzinstitute hat zu bestehen:
1. aus der Betriebsrechnung (Gewinn- und Verlustkonto);
2. aus der Bilanz.

Tous les formulaires sont délivrés gratuitement, et en quantité nécessaire, par l'autorité administrative de première instance, ainsi que par l'agence de la caisse des pensions.

54. Sur la base des déclarations à faire par les employeurs conformément au § 73 de la loi ou de circonstances connues d'une autre façon, l'agence doit prendre une décision.

Cette décision doit porter sur les points suivants :
1. si l'obligation d'assurance existe; dans l'affirmative, sur
2. l'admission dans la caisse des pensions dans la forme requise,
3. l'inscription dans les classes de traitement,
4. le montant de la prime totale et sa répartition entre l'employé et l'employeur ;
ensuite,
5. l'instruction de l'appel aux termes du § 75 de la loi.

La caisse des pensions n'est pas tenue de se prononcer sur d'autres points.

Les décisions de l'espèce doivent être transmises, contre accusé de réception, à l'employeur aussi bien qu'à l'employé et, dès qu'elles sont en vigueur, font preuve de l'assurance et de la qualité de membre.

55. La caisse des pensions peut vérifier l'exactitude des circonstances indiquées dans la déclaration et qui sont essentielles à l'assurance.

S'il s'agit de fixer la date d'une naissance, la caisse des pensions peut faire déterminer cette date par l'autorité administrative de première instance.

Lorsque l'examen des comptes est demandé, les résultats de la vérification ne peuvent être employés à d'autres buts que ceux de la loi.

56. Au point de vue du bénéficiaire de la rente, sera considérée comme succursale compétente celle dans le district de laquelle il a été assujetti à l'assurance obligatoire en dernier lieu.

57. Si l'obligation d'assurance a été reconnue, la nullité de cette obligation ne pourra plus être opposée de la part de l'agence ou de la caisse des pensions au moment où l'intéressé fera valoir ses droits aux prestations légales.

La même disposition est valable en cas de prise en compte d'années de services.

XII. — GESTION DES FONDS. RAPPORTS ANNUELS.

(§ 89 de la loi.)

58. L'arrêté de compte annuel de la caisse des pensions et des établissements assimilés doit comprendre :
1. le compte d'exploitation (compte de profits et pertes);
2. le bilan.

Der obigen Bestimmung unterliegen auch jene Dienstgeber, deren Dienstverträge als Ersatzverträge im Sinne des § 66, *lit. b* und Schlussabsatz des Gesetzes anerkannt werden, sofern die Ansprüche der Versicherten durch einen vom Dienstgeber ganz oder teilweise erhaltenen, nicht selbständig bestehenden Fonds gesichert sind.

59. Die Rechnungsabschlüsse haben in Form und Inhalt der Formularen 7 bis 10 des Anhanges zu entsprechen. Eine weitere Detaillierung der einzelnen Rechnungsposten ist zulässig. Anderweitige Abweichungen hinsichtlich der Form und des Inhaltes der Rechnungsabschlüsse können von der Staatsverwaltung zugestanden werden, wenn sich dieselben im Hinblicke auf die in den Statuten begründeten Einrichtungen eines Ersatzinstitutes als unerlässlich erweisen.

Die Formulare 7 und 8 haben auf die Allgemeine Pensionsanstalt, die Formulare 9 und 10 auf die Ersatzinstitute und die im letzten Absatze des vorigen Artikels bezeichneten Dienstgeber Anwendung zu finden.

60. Für die Rechnungsführung und Rechnungslegung haben die folgenden Grundsätze zu gelten :

1. Die Vermögensstücke und Forderungen sind nach dem Werte einzusetzen, der ihnen zur Zeit des Rechnungsabschlusses beizulegen ist und sind rechtzeitig die erforderlichen Abschreibungen vorzunehmen.

Realitäten sollen nicht mit einem höheren als ihrem Verkehrswerte und höchstens mit einem solchen Werte zu Buche stehen, dass das Reinerträgnis derselben mindestens jene Verzinsung bietet, welche dem der Berechnung der Prämienreserve zu Grunde liegenden Zinsfusse entspricht. Insofern der Buchwert der Realitäten diesem Grundsatze nicht entspricht, ist für eine entsprechende Bewertung der Realitäten durch regelmässige Abschreibungen vorzusorgen.

Der auf den Realitäten haftende Lastenstand ist abgesondert ersichtlich zu machen.

2. Wertpapiere sind in der Bilanz mit dem Geldkurswerte am Schlusse des Rechnungsjahres zu bewerten.

Die Bewertung von über dem Verlosungswerte notierenden verlosbaren Effekten mit dem nach dem Verlosungsplane abzüglich der Gebühren entfallenden Mindestbetrage ist zulässig.

3. Buchmässige, nicht realisierte Kursgewinne an Wertpapieren sind einem Fonds für Kursdifferenzen zuzuweisen.

Eine Heranziehung dieses Fonds für andere Zwecke als zum Zwecke der Deckung von Kursverlusten ist nur mit Genehmigung der Aufsichtsbehörde zulässig.

4. Die Debitoren und Kreditoren sind getrennt auszuweisen. Unter der Post « Debitoren » sind nur die dem Institute aus dem statutenmässigen Versicherungsbetriebe erwachsenen Forderungen, und zwar nach Massgabe ihrer Einbringlichkeit einzustellen.

La disposition précédente est également applicable à tout employeur dont les contrats d'emploi sont agréés à titre de contrats assimilés aux termes du § 66, lit. *b* et alinéa final de la loi, en tant que les droits des assurés soit garantis par un fonds constitué entièrement ou partiellement par l'employeur et n'existant pas comme fonds séparé.

59. Les arrêtés de compte doivent correspondre, tant pour la forme que pour le contenu, aux formulaires 7 à 10 de l'annexe. Il est permis de détailler davantage chaque poste comptable. D'autres dérogations quant à la forme et au contenu de l'arrêté de compte peuvent être accordées par le Gouvernement, si elles sont jugées indispensables eu égard au régime statutaire d'un établissement assimilé.

Les formulaires 7 et 8 sont applicables à la caisse générale des pensions, les formulaires 9 et 10 à l'établissement assimilé, ainsi qu'à l'employeur désigné par le dernier alinéa de l'article précédent.

60. Les principes suivants sont valables pour la tenue et le dépôt des comptes :

1. Les effets et les créances doivent être portés pour la valeur qui leur est attribuée au moment de la clôture des comptes et les déductions nécessaires doivent être faites en temps utile.

Les immeubles ne doivent pas être portés dans les livres pour une valeur supérieure à leur valeur d'échange et au maximum pour une valeur telle que leur revenu net corresponde au moins à l'intérêt fixé comme base au calcul de la réserve des primes. Si la valeur des immeubles inscrite dans les livres ne correspond pas à cette base, les immeubles seront portés en compte moyennant les déductions régulières.

Les hypothèques grevant les immeubles doivent être relevées sur un état spécial.

2. Les valeurs doivent être évaluées dans le bilan au cours du jour de clôture des comptes.

Il est permis de porter en compte des valeurs à lots cotées au dessus de la valeur de tirage, avec le montant minimum qui leur est attribué par le plan des tirages, déduction faite des frais.

3. Les gains sur les cours, comptables mais non réalisés, doivent être portés à un fonds pour différences de cours.

L'emploi de ce fonds dans un autre but que celui de couvrir des pertes résultant des cours, ne peut avoir lieu qu'avec le consentement du conseil de surveillance.

4. Les débiteurs et les créanciers doivent être relevés séparément. Sous le poste « Débiteurs » ne doivent figurer que les créances nées en faveur de l'établissement par suite du fonctionnement statutaire de l'assurance, et seulement dans la mesure de leur recouvrement possible.

61. Der Rechenschaftsbericht der Pensionsanstalt und der Ersatzinstitute hat nebst den Nachweisungen der Gebarungsergebnisse (Betriebsrechnung) und des Vermögenstandes (Bilanz) die auf den Geschäftsumfang und die Entwicklung des Institutes bezughabenden statistischen Daten, insbesondere die Bewegung des Mitgliederstandes, namentlich des Zuwachses und Abfalles nach den einzelnen Abfallsarten (Tod, Pensionierung, Anfall der Altersrente, Austritt u. s. w.), dann den Stand der in den einzelnen Gehaltsklassen Versicherten und der zur Pensionsbemessung anrechenbaren Bezüge, nach Ländergebieten geordnet, den Nachweis der eingetretenen Todesfälle uud Pensionierungen mit Angabe des Alters und der Dienstzeit u. s. w. genau darzustellen.

62. Der Rechenschaftsbericht einschliesslich des Rechnungsabschlusses ist zu veröffentlichen sowie zur Einsicht der Mitglieder stets bereit zu halten und ihnen auf Verlangen auszufolgen.

Desgleichen sind die Institute verpflichtet, den Mitgliedern auf Verlangen die Statuten zukommen zu lassen.

Die Pensionsanstalt und die Ersatzinstitute haben alljährlich in authentischer Form dem Ministerium des Innern vorzulegen :

1. den Rechenschaftsbericht einschliesslich des Rechnungsabschlusses in der von der Generalversammlung genehmigten Form in mindestens drei Exemplaren;

2. eine Abschrift des Protokolles der Generalversammlung, in welcher der Rechnungsabschluss genehmigt wurde;

3. Die statistischen Daten über die Geschäftsführung unter Benützung der amtlich aufgelegten Formulare (Formulare 11 und 12 des Anhanges).

63. Die Ersatzinstitute haben bei Vorlage der technischen Fondsprüfungen (versicherungstechnischen Bilanzen [Artikel 40] auch alle zur Ueberprüfung erforderlichen Behelfe und Detailrechnungen beizubringen.

Hiebei sind überdies genaue Nachweisungen zu den Vermögenswerten, zur Bildung der Prämienreserve und über die vorgekommenen Streitfälle nach den im Anhange abgedruckten Formularen 13 bis 18 zu liefern. Endlich sind Vergleichungen über die beobachtete und rechnungsmässige Anzahl der Invaliditäts- und Sterblichkeitsfälle, die letzteren getrennt nach Aktiven und Invaliden, Altersrentnern, Frauen und Kindern, im Zeitraume seit Vorlage der letzten technischen Bilanz beizubringen.

Die im vorstehenden Absatze genannten Nachweisungen sind von der Pensionsanstalt alljährlich vorzulegen.

64. Die im 3. Absatze, Z 3, des Artikels 62 bezeichneten Nachweisungen sind auch von jenen Dienstgebern, deren Dienstverträge als Ersatzverträge im Sinne des § 66, lit. *b* und Schlussabsatz des Gesetzes anerkannt werden,

61. Le compte rendu de la caisse des pensions et celui de l'établissement assimilé doivent indiquer de façon précise non seulement les résultats de la gestion (compte d'exploitation) et la situation des biens (bilan), mais encore des donnés statistiques relatives à l'étendue des affaires et au développement de l'établissement, notamment le mouvement de l'entrée et de la sortie des membres, les sorties étant classées par causes (mort, admission à la pension, admission à la rente de vieillesse, sortie, etc.), ensuite la situation des assurés dans les différentes classes de traitements et les traitements à porter en compte pour le calcul des pensions, par districts, les cas de mort et les pensions accordées avec spécification de l'âge, du temps de service, etc.

62. Le rapport financier et l'arrêté de compte doivent être publiés et tenus à la disposition des membres et leur être remis sur leur demande.

De même les établissements sont obligés de communiquer leurs statuts aux membres, sur leur demande.

La caisse des pensions et les établissements assimilés doivent fournir au Ministére de l'intérieur annuellement et dans la forme authentique :

1. le rapport financier et l'arrêté de compte dans la forme approuvée par l'assemblée générale et en triple expédition au moins;

2. une copie du procès-verbal de l'assemblée générale au cours de laquelle le rapport financier a été approuvé;

3. les données statistiques relatives à la gestion, sur les formulaires imposés officiellement (formulaires 11 et 12 de l'annexe).

63. Lors de la présentation des vérifications techniques de l'encaisse des bilans techniques d'assurance (article 40) les établissements assimilés doivent fournir également tous les renseignements nécessaires à la revision ainsi que tous les comptes de détail.

A cet égard, des indications précises doivent être fournies sur la valeur des capitaux, sur la formation de la réserve des primes et sur les différends qui se sont produits, le tout sur les formulaires 13 à 18 de l'annexe. Enfin, il devra être fourni un relevé comparatif du nombre de cas observés d'invalidité et des cas de mort, ces derniers présentés par groupes de membres en activité et membres invalides, bénéficiaires de rentes de vieillesse, femmes et enfants, le tout pour la période à dater du dépôt du dernier bilan technique.

Les renseignements spécifiés daus l'alinéa précédent doivent être fournis annuellement par la caisse de pensions.

64. Les renseignements prévus au 3ᵉ alinéa, n° 3, de l'article 62, doivent aussi être fournis par tous les employeurs dont les contrats d'emploi sont agréés à titre de contrats assimilés aux termes du § 66, lit. *b* et dernier alinéa

sowie von den im Inlande tätigen Versicherungsanstalten hinsichtlich der bei ihnen abgeschlossenen Ersatzverträge zu liefern.

Auf jene Dienstgeber, deren Verpflichtungen gegenüber den Versicherten durch einen von dem Dienstgeber ganz oder teilweise erhaltenen, nicht selbständig bestehenden Fonds gesichert sind, finden überdies die Vorschriften des Artikels 63 Anwendung.

XIII. — Behandlung von Mitgliedern der Bergwerksbruderladen.
Zu § 91 des Gesetzes.

65. Die Mitglieder der Provisionskassa einer Bergwerksbruderlade, welche nach dem Gesetze versicherungspflichtig sind, bleiben bei der Bergwerksbruderlade hinfort minderberechtigte Mitglieder und sind als solche daselbst gegen die Folgen eines Betriebsunfalles versichert.

Ueberdies bleiben dieselben bei der Provisionskassa:

a) während der bei der Pensionsanstalt zurückzulegenden Wartezeit für den Fall der Invalidität und des Ablebens in dem bisherigen Umfange;

b) nach Ablauf dieser Wartezeit für etwaige Mehrleistungen der Bruderlade gegenüber denen der Pensionsanstalt versichert.

Ueber das für die Aufrechterhaltung dieser Versicherung an die Provisionskassa zu entrichtende Entgelt (§ 92 des Gesetzes) sind die erforderlichen Bestimmungen nach näherer Anweisung des Ackerbauministeriums in den Statuten der Bruderlade zu treffen.

XIV. — Uebergangsbestimmungen.

66. Der vom Minister des Innern ernannte erste Vorstand ist spätestens 14 Tage nach der Ernennung vom Präsidenten zur konstituierenden Sitzung einzuberufen, in der jedenfalls die Wahl des Stellvertreters des Präsidenten und des Verwaltungsausschusses vorzunehmen ist.

Die erfolgte Konstituierung ist dem Minister des Innern unter Vorlage des Protokolles der Sitzung anzuzeigen.

Dem Vorstande obliegt ferner die rechtzeitige Ernennung des leitenden Beamten und des verantwortlichen Versicherungstechnikers sowie die Beschliessung der inneren Dienstesinstruktion.

67. Die Höhe der nach § 48 des Gesetzes zu gewährenden Vergütungen an die Mitglieder des Vorstandes darf bis zu der Beschlussfassung durch die Generalversammlung für den Präsidenten 5000 Kronen, für die geschäftsführenden Mitglieder des Vorstandes je 2500 Kronen jährlich nicht übersteigen.

Die Präsenzmarken für die Sitzungen der Mitglieder des Vorstandes dürfen mit keinem höheren Betrage als 20 Kronen pro Kopf und Sitzung eingelöst werden.

de la loi, ainsi que par les établissements assimilés, opérant dans le pays, en ce qui concerne les contrats assimilés conclus par eux.

Les prescriptions de l'article 63 s'appliquent, en outre, aux employeurs dont les obligations vis-à-vis des assurés sont garanties par un fonds constitué entièrement ou partiellement par eux et n'ayant pas d'existence indépendante.

XIII. — Situation des membres des caisses minières.
(§ 91 de la loi.)

65. Les membres d'une caisse de secours pour les mineurs, qui sont soumis à l'assurance obligatoire en vertu de la loi, restent membres moins avantagés de la caisse minière et y sont assurés comme tels contre les suites d'un accident de travail.

De plus ils restent assurés à la caisse de secours :

a) pendant la période préparatoire, à accomplir auprès de la caisse des pensions pour le cas d'invalidité et de décès, dans la mesure admise jusqu'à présent ;

b) après la période préparatoire pour des prestations éventuelles plus élevées de la caisse minière par rapport à celles de la caisse des pensions.

Concernant le paiement qui doit être fait à la caisse de secours pour le maintien de cette assurance (§ 92 de la loi) les dispositions nécessaires doivent être prises dans les statuts de la caisse minière, suivant instructions du Ministère de l'agriculture.

XIV. — Dispositions transitoires.

66. Le premier comité de direction nommé par le Ministre de l'intérieur, doit être convoqué dans les quatorze jours de la nomination du président en une assemblée constitutive au cours de laquelle aura lieu l'élection du vice-président et du conseil d'administration.

Les décisions intervenues doivent être communiquées au Ministre de l'intérieur moyennant transmission du procès-verbal de l'assemblée.

Il incombe en outre à la direction de nommer en temps opportun les employés de la direction et l'actuaire responsable, et d'arrêter le règlement de service intérieur.

67. A moins que l'assemblée générale n'en décide autrement, les indemnités à accorder aux membres de la direction en vertu du § 48 de la loi, ne peuvent excéder 5,000 couronnes par an pour le président ni 2,500 couronnes pour les autres membres de la direction chargés de la gestion.

Les jetons de présence des membres de la direction ne peuvent être supérieurs à 20 couronnes par tête et par séance.

68. Der vom Minister des Innern ernannte erste Ausschuss einer jeden Landesstelle ist spätestens 14 Tage nach der Ernennung vom Obmanne der Landesstelle zur konstituierenden Sitzung einzuberufen, in der jedenfalls die Wahl des Stellvertreters des Obmannes und der Rentenkommission vorzunehmen ist.

Die erfolgte Konstituierung ist den in Betracht kommenden politischen Landesbehörden anzuzeigen.

Der Ausschuss hat ferner eine Geschäftsordnung mit provisorischer Gültigkeit bis zur Beschlussfassung durch die Hauptversammlung, vorbehaltlich der Zustimmung der Pensionsanstalt und der staatlichen Genehmigung, zu beschliessen.

69. Die Höhe der nach § 59 des Gesetzes zu gewährenden Vergütungen an die Mitglieder des Ausschusses der Landesstellen ist nach der Zahl der ihm angehörigen Versicherten entsprechend zu bemessen und darf bis zur Beschlussfassung durch die Hauptversammlung für die Obmänner je 2000 Kronen jährlich, für die geschäftsführenden Mitglieder des Ausschusses je 1500 Kronen jährlich nicht übersteigen.

Die Präsenzmarken für die Teilnahme an den Sitzungen des Ausschusses dürfen pro Kopf und Sitzung mit keinem höheren Betrage als 10 Kronen eingelöst werden.

70. Die auf Grund des § 93 des Gesetzes von der Staatsverwaltung für die erste Einrichtung der Pensionsanstalt und deren Gebarung während des ersten Halbjahres zu leistenden Vorschüsse sind vom Vorstande der Pensionsanstalt unter Vorlage eines Kostenvoranschlages im Jahre 1908 zu beanspruchen.

Der Vorschuss an die Pensionsanstalt ist unverzinslich und in zehn gleichen Jahresraten, die erste am 1. Jänner 1911, zurückzuerstatten.

71. Die erstmalige Anmeldung der versicherungspflichtigen Angestellten sowie die Anzeigen aller Abgänge und Veränderungen in den für die Versicherung relevanten Daten haben bis zur Konstituierung der Landesstellen der Pensionsanstalt bei der politischen Behörde erster Instanz nach den in den Artikeln 52 und 53 erwähnten Formularien zu erfolgen.

Im übrigen finden auf diese Anmeldungen und Anzeigen die Bestimmungen der Artikel 52 und 53 sinngemässe Anwendung.

72. Der Termin für die erste Anmeldung wird mittels besonderer Kundmachung bekanntgegeben.

ANHANG.

[*Reichs-Gesetzblatt*, S. 85-140.]

68. Le premier comité de chaque agence, nommé par le Ministre de l'intérieur, doit être convoqué dans les quatorze jours de la nomination de son président en une assemblée constitutive, au cours de laquelle le vice-président et les membres de la commission des rentes doivent être élus.

Les décisions intervenues doivent être communiquées à l'autorité administrative d'État.

Le comité doit en outre arrêter un réglement à valoir provisoirement jusqu'à la décision de l'assemblée générale, sous réserve de l'approbation de la caisse des pensions et de l'agréation du Gouvernement.

69. Les indemnités à accorder aux membres du comité d'une agence, en vertu du § 59 de la loi, doivent être fixés proportionnellement au nombre d'assurés appartenant à cette agence et ne peuvent, jusqu'à décision de l'assemblée générale, dépasser annuellement 2,000 couronnes pour le président ni 1,500 couronnes pour les membres du comité chargés de la gestion des affaires.

Les jetons de présence aux assemblées du comité ne peuvent excéder 10 couronnes par tête et par séance.

70. Les avances que le Gouvernement consent en vertu du § 93 de la loi pour le premier établissement et la gestion de la caisse des pensions pendant le premier semestre, doivent être demandées par le comité de la caisse des pensions en 1908, moyennant présentation d'un budget de voies et moyens.

Les avances faites à la caisse des pensions ne sont pas productives d'intérêts mais doivent être remboursées en dix annuités égales, la première le 1er janvier 1911.

71. La première inscription des employés assujettis à l'assurance ainsi que les avis de sortie et de changements dans les données intéressant l'assurance doivent être faits, jusqu'à ce que les agences régionales de la caisse des pensions soient constituées, auprès de l'autorité administrative de première instance au moyen des formulaires spécifiés dans les articles 52 et 53.

Pour le surplus, les dispositions des articles 52 et 53 sont applicables aux inscriptions et avis précités.

72. Le délai pour la première inscription sera fixé par ordonnance spéciale.

ANNEXES.

[*Reichs-Gesetzblatt*, p. 85 à 140.]

Verordnung des Handelsministers in Einvernehmen mit dem Minister des Innern vom 15. April 1908, womit Vorschriften zum Schutze des Lebens und der Gesundheit der mit gewerblichen Anstreicher-, Lackierer- und Malerarbeiten beschäftigten Personen erlassen werden.

I. — Besondere Vorschriften für gewerbliche Betriebsstatten und Arbeitsräume.

§ 1. — In gewerblichen Betriebsstätten müssen jene Räume, welche für die Vornahme von Anstreicher-, Lackierer- und Malerarbeiten mit Verwendung von Bleiweiss oder bleihältigen Verbindungen bestimmt sind, soweit es sich um Neuanlagen handelt, den Erfordernissen der Ministerialverordnung vom 23. November 1905, R. G. Bl. Nr. 176, genügen. Soweit schon bestehende Anlagen in Betracht kommen, müssen dieselben entsprechend geräumig, gut ventilierbar und heizbar sein. In allen Fällen sind die bezüglichen geschlossenen Arbeitsräume mit fugenfreiem, leicht waschbarem Wand- und Bodenbelage zu versehen. Diese Arbeitsräume sind rein zu halten und hat die Reinigung stets auf nassem Wege und nach Schluss der Arbeit zu erfolgen.

§ 2. — Die gewerblichen Unternehmer sind, sofern in den nach § 1 zu beurteilenden Anlagen mehr als 20 mit Anstreicher-, Lackierer- und Malerarbeiten beschäftigte Arbeiter verwendet werden, verpflichtet, diesen Arbeitern in den Betriebsstätten eigene heizbare Wasch- und Ankleideräume mit zur Verwahrung der Kleidungsstücke versehenen Einrichtungen sowie Speiseräume zur Verfügung zu stellen und für die stete Reinhaltung dieser Räume Sorge zu tragen.

II. — Besondere Betriebsvorschriften.

§ 3. — In Anstreicher-, Lackierer- und Malergewerben sowie in allen jenen Gewerben, in denen Anstreicher-, Lackierer- und Malerarbeiten gewerbemässig vorgenommen werden, sind bleihältige Farben und Kitte nur in solchen Gefässen und Behältnissen in Verwahrung und Verwendung zu nehmen, auf welchen in wahrnehmbarer und verständlicher Weise die Bleihältigkeit des Inhaltes ersichtlich gemacht ist.

§ 4. — Die gewerbemässige Verwendung von Bleiweiss oder sonstigen bleihältigen Farben und Kitten zu Innenanstrichen ist untersagt.

Als Innenanstriche im Sinne dieser Verordnung haben jene Anstriche zu gelten, welche nach ihrer dauernden oder vorzugsweisen Gebrauchsbestimmung den Einflüssen der Witterung nicht unmittelbar ausgesetzt werden.

Ordonnance du Ministre du commerce, en date du 15 avril 1908, prise de concert avec le Ministre de l'intérieur, portant dispositions sur l'hygiène et la sécurité des personnes employées à des travaux industriels de peinture, laquage et décoration [1].

I. — Dispositions spéciales relatives aux établissements et ateliers industriels.

§ 1. — Dans les établissements industriels, les locaux qui sont affectés à l'exécution des travaux de peinture, de laquage et de décoration à l'aide de céruse ou de composés plombiques, doivent, s'il s'agit de nouveaux établissements, répondre aux conditions formulées par l'ordonnance ministérielle du 23 novembre 1905 [2]. S'il s'agit d'établissements existants, ces locaux doivent être suffisamment vastes et pouvoir être bien ventilés et chauffés. Dans tous les cas, les murs et le sol de ces ateliers, lorsqu'ils sont fermés, doivent être munis d'un revêtement jointif, facile à laver. Ces ateliers doivent être tenus proprement et leur nettoyage doit toujours être effectué par voie humide et après la cessation du travail.

§ 2. — Les chefs d'entreprise, dans les cas où plus de vingt personnes sont occupées dans les locaux visés au § 1, aux travaux de peinture, laquage et décoration doivent veiller à ce qu'il soit mis à la disposition de ces ouvriers dans les ateliers, des vestiaires et des lavabos spéciaux, susceptibles d'être chauffés, ainsi que des réfectoires ; ils doivent également veiller à ce que tous ces locaux soient tenus en état constant de propreté.

II. — Dispositions spéciales relatives a l'exploitation.

§ 3. — Dans les établissements de peinture, de laquage et de décoration, ainsi que dans tous les établissements où sont exécutés industriellement des travaux de peinture, de laquage et de décoration, les couleurs et mastics plombiques ne peuvent être conservés et employés que dans des récipients sur lesquels est indiquée d'une façon visible et en termes facilement lisibles et compréhensibles la nature plombique du contenu.

§ 4. — L'emploi industriel de la céruse et d'autres couleurs et mastics plombiques est interdit pour les peintures à l'intérieur.

Par peintures à l'intérieur il faut entendre, au sens de la présente ordonnance, les peintures qui, d'après leur destination habituelle permanente ou principale, ne sont pas exposées directement à l'influence du temps.

---

[1] *Reichs-Gesetzblatt*, n° 81.
[2] *Annuaire* 1905, p. 65.

Das im Absatze 1 enthaltene Verbot findet keine Anwendung auf Arbeiten, welche die Herstellung des ersten Grundanstriches bei der Ausführung rein weisser Anstriche auf ebensolchen alten bleihältigen Anstrichen oder die Herstellung von Anstrichen in Räumen, in welchen der Anstrich häufig der Einwirkung von Wasser- oder anderen Dämpfen ausgesetzt ist, zum Gegenstande haben.

Ausnahmsweise kann die Gewerbebehörde unter Festsetzung der sonst gebotenen Vorsichtsmassnahmen die Verwendung der im Absatze 1 erwähnten Präparate auch zum Innenanstriche dann gestatten, wenn es sich um die Ausführung von Arbeiten handelt, welche sonst der heimischen Industrie entgehen würden.

§ 5. — Sofern die gewerbemässige Anwendung von Bleiweiss oder bleihältigen Verbindungen im Sinne der Vorschriften des § 4 bei der Durchführung von Anstreicher-, Lackierer- und Malerarbeiten zulässig, beziehungsweise zugelassen erscheint, dürfen zu diesen Arbeiten Frauen und jugendliche Hilfsarbeiter nicht herangezogen werden.

Dieses Verbot findet, soweit jugendliche Hilfsarbeiter in Betracht kommen, auch bezüglich der Arbeiten zur Reinigung der im § 1 erwähnten Räume sowie der im § 8 erwähnten besonderen Arbeitskleider Anwendung. Die Reinigung der Arbeitskleider hat stets auf nassem Wege zu erfolgen.

Eine Ausnahme gilt in Ansehung von jugendlichen Lehrlingen, die das 14. Lebensjahr bereits vollendet haben, insoweit, als die Heranziehung derselben zu den im ersten Absatze erwähnten Arbeiten zur vollständigen Erreichung des Lehrzieles erforderlich ist. Doch darf auch diese Heranziehung im ganzen nicht länger als sechs Wochen ausmachen.

§ 6. — Hilfsarbeiter, von denen dem Arbeitgeber bekannt ist, dass sie an Bleivergiftung erkrankt sind, dürfen nur nach ärztlich festgestellter Wiedergenesung und Eignung zu gewerblichen Arbeiten, bei welchen Bleiweiss oder bleihältige Verbindungen Verwendung finden, zu diesen Arbeiten, desgleichen zur Reinigung der im § 1 erwähnten Arbeitsräume sowie der im § 8 erwähnten besonderen Arbeitskleider neuerlich herangezogen werden.

§ 7. — Das Zerstossen oder Vermahlen von Bleiweiss und von bleihältigen Verbindungen sowie das Kneten derselben mit Oel oder Firnis hat nicht mit der Hand, sondern nur mit mechanischen Vorrichtungen zu erfolgen, und zwar in der Art, dass hiebei ebenso wie bei dem Einfüllen und Umfüllen der bleihältigen Materialien die Arbeiter gegen die Staubentwicklung ausreichend geschützt sind und kein Staub in die Arbeitsräume gelangen kann. Doch kann im Bedarfsfalle ein wöchentliches Quantum von 3 Kilog. Mennige und von höchstens 0.5 Kilog. anderer Bleifarben mit Ausnahme von Bleiweiss von dem einzelnen Arbeiter mit der Hand angerieben werden.

L'interdiction contenue dans l'alinéa 1 ne s'applique pas aux travaux qui ont pour objet, dans les peintures absolument blanches, l'application d'une première couche de fond sur des couches plombiques anciennes ou l'application de peintures dans des locaux où la peinture est fréquemment exposée à l'action de la vapeur d'eau ou d'autres vapeurs.

Par exception, l'autorité industrielle peut, en fixant les mesures de précaution nécessaires, autoriser l'emploi des préparations visées à l'alinéa 1, lorsqu'il s'agit de l'exécution de travaux qui échapperaient sans cela à l'industrie nationale.

§ 5. — Dans les cas où l'emploi industriel de la céruse ou des composés plombiques paraît être permis ou pouvoir être permis en vertu des prescriptions du § 4 pour l'exécution de travaux de peinture, de laquage ou de décoration, les femmes et jeunes ouvriers ne peuvent être employés à ces travaux.

Cette interdiction, lorsqu'il s'agit de jeunes ouvriers, s'applique également au nettoyage des locaux visés au § 1 et des vêtements spéciaux de travail visés au § 8. Le nettoyage des vêtements de travail doit toujours se faire par voie humide.

Il est fait une exception en ce qui concerne les jeunes apprentis ayant accompli leur quatorzième année, lorsque leur emploi aux travaux visés dans le premier alinéa est nécessaire pour parfaire leur apprentissage. Toutefois, leur emploi à ces travaux ne peut excéder une durée totale de six semaines.

§ 6. — Les ouvriers que l'employeur sait être atteints d'intoxication saturnine ne peuvent, à moins qu'un médecin ne certifie leur guérison et leur aptitude à des travaux industriels où il est fait usage de céruse ou d'autres composés plombiques, être occupés de nouveau à ces travaux, ni au nettoyage des locaux visés au § 1 ou des vêtements de travail visés au § 8.

§ 7. — Le concassage et le broyage de la céruse et des composés plombiques, ainsi que le malaxage de ces matières avec de l'huile ou du vernis, doivent être effectués non à la main, mais exclusivement au moyen d'appareils mécaniques, et de telle façon que pendant ces opérations aussi bien que pendant l'embarillement et le transvasement des matières plombiques, les ouvriers soient suffisamment protégés contre le dégagement de la poussière et que celle-ci ne puisse pénétrer dans les ateliers. Toutefois, en cas d'urgence une quantité maxima de 3 kilogrammes de minium et d'un demi kilogramme d'autres couleurs plombiques, à l'exception de la céruse, peut être broyée à la main par un ouvrier.

Das Abschleifen und Abbimsen trockener, bleihältiger Anstriche oder Kitte darf nur nach vorheriger Anfeuchtung erfolgen. Der Schleifschlamm und die beim Abschleifen entstehenden Abfälle sind uoch in feuchtem Zustande zu entfernen.

Bei Bauten müssen die im § 4, Absatz 3 und 4, erwähnten Arbeiten, sofern sie nicht im Freien vorgenommen werden, in abgesonderten Räumen erfolgen, in welchen deutlich ersichtlich gemacht sein muss, dass hier mit Bleiweiss oder bleihältigen Verbindungen gearbeitet wird.

§ 8. — Der Unternehmer hat dafür zu sorgen, dass sich die Arbeiter, welche mit Bleiweiss oder bleihältigen Verbindungen arbeiten, einer besonderen Arbeitskleidung und Kopfbedeckung bedienen, welche entsprechend gereinigt sein mussen. In gewerblichen Unternehmungen mit mehr als zwanzig Arbeitern hat der Unternehmer den betreffenden Arbeitern die entsprechende Arbeitskleidung und Kopfbedeckung beizustellen und für die regelmässige Reinigung derselben vorzusorgen.

Ferner hat der Unternehmer den mit Bleiweiss und bleihältigen Verbindungen beschäftigten Arbeitern Wasser (zum Trinken und zum Waschen), Waschgefässe, Bürsten, Seife und Handtücher in entsprechender Menge und Beschaffenheit zur Verfügung zu stellen.

Desgleichen hat der Unternehmer den mit Bleiweiss und bleihältigen Verbindungen beschäftigten Arbeitern bei Verrichtungen mit grösserer Staubentwicklung Respiratoren beizustellen.

§ 9. — In den den Hilfsarbeitern beigestellten Wohn- oder Schlafräumen dürfen Bleiweiss oder bleihältige Verbindungen weder aufbewahrt, noch darf daselbst mit diesen Materialien manipuliert werden.

§ 10. — Die mit Bleiweiss und bleihältigen Verbindungen beschäftigten Arbeiter sind verpflichtet, die ihnen beigestellte Arbeitskleidung und Kopfbedeckung bestimmungsgemäss zu benützen und sich der beigestellten Respiratoren bei allen mit grösserer Staubentwicklung verbundenen Arbeiten zu bedienen.

Diese Arbeiter haben sich vor den Essenspausen und bei Schluss der Arbeit Gesicht, Mund und Hände gründlich zu reinigen.

Ferner haben sich diese Arbeiter auf den Arbeitsplätzen des Genusses gebrannter geistiger Getränke und des Tabaks (Zigarren, Zigaretten, Pfeisen- Kau- und Schnupftabak) zu enthalten und dürfen Speisen und Getränke, deren Aufbewahrung in den Arbeitsräumen strengstens untersagt ist, nur in den bestimmten Essenspausen ausserhalb der Arbeitsräume und, wo hiefür abgesonderte Räume vorhanden sind, nur in diesen verzehren.

III. — Vorschriften über die besondere Aufsicht.

§ 11. — In den Arbeitsräumen, in welchen mit Bleiweiss oder bleihältigen Verbindungen gearbeitet wird, ist diese Verordnung an leicht zugänglicher Stelle anzuschlagen und in stets leserlichem Zustande zu erhalten.

Le grattage et le ponçage de peintures ou mastics plombiques desséchés ne peuvent être effectués qu'après une humidification préalable. Les raclures et déchets résultant du grattage doivent être évacués lorsqu'ils sont encore à l'état humide.

Dans les constructions, les travaux énumérés au § 4, alinéas 3 et 4, au cas où ils ne sont pas exécutés en plein air, doivent avoir lieu dans des locaux isolés dans lesquels il doit être indiqué d'une façon claire et apparente qu'on y travaille avec de la céruse ou des composés plombiques.

§ 8. — Le chef d'entreprise doit veiller à ce que les ouvriers qui travaillent avec de la céruse ou des composés plombiques se servent de vêtements de travail et de couvre-chefs spéciaux qui doivent être convenablement nettoyés. Dans les entreprises industrielles de plus de vingt ouvriers, le chef d'entreprise doit fournir aux ouvriers que la chose concerne, des vêtements de travail et couvre-chefs convenables et veiller à ce que ces objets soient régulièrement nettoyés.

En outre, le chef d'entreprise doit mettre à la disposition des ouvriers travaillant la céruse ou des composés plombiques, de l'eau (pour boire et pour se laver), des cuvettes, des brosses, du savon et des essuie-mains en nombre suffisant et en bon état.

De même, le chef d'entreprise doit fournir aux ouvriers travaillant la céruse ou des composés plombiques, des masques respirateurs lorsqu'il s'agit de travaux dégageant une grande quantité de poussière.

§ 9. — Dans les dortoirs et locaux d'habitation réservés aux ouvriers, il est interdit de déposer ou de manipuler de la céruse ou des composés plombiques.

§ 10. — Les ouvriers travaillant la céruse ou des composés plombiques sont tenus d'utiliser, conformément à leur destination, les vêtements de travail et les couvre-chefs qui leur sont fournis et de se servir des respirateurs mis à leur disposition dans les travaux dégageant une grande quantité de poussière.

Ces ouvriers doivent, avant les repas et à la fin du travail, se laver soigneusement le visage, la bouche et les mains.

En outre, ces ouvriers doivent s'abstenir de consommer dans les endroits où ils travaillent, des boissons spiritueuses et du tabac (cigares, cigarettes, pipes, tabac à priser et à chiquer); ils ne peuvent prendre d'aliments ni de boissons que pendant les repos affectés aux repas, hors des ateliers ou dans les locaux spéciaux affectés à cet usage, là où il en existe; le dépôt d'aliments et de boissons dans les ateliers est strictement interdit.

III. — Dispositions relatives a la surveillance spéciale.

§ 11. — Dans les ateliers où il est fait usage de céruse ou de composés plombiques, le présente ordonnance doit être affichée à un endroit facilement accessible et rester constamment lisible.

Jedem Arbeiter, der zu Arbeiten mit Bleiweiss oder bleihältigen Verbindungen herangezogen wird, ist bei Antritt des Arbeitsverhältnisses ein Exemplar des als Beilage dieser Verordnung abgedruckten Merkblattes unentgeltlich auszufolgen und es sind die betreffenden Arbeiter in ein besonderes Verzeichnis einzutragen.

Der Arbeitgeber hat dafür Sorge zu tragen, dass die in den vorangehenden Absätzen erwähnten Arbeiter bei Vorkommen der ersten Anzeichen von Bleierkrankungen sofort an den Krankenkassenarzt gewiesen werden.

In Betrieben, welche mehr als 20 Arbeiter beschäftigen, hat der Arbeitgeber dafür Sorge zu tragen, dass die mit Bleiweiss und bleihältigen Verbindungen beschäftigten Arbeiter mindestens alle drei Monate von einem Arzte auf die Anzeichen etwa vorhandener Bleierkrankungen untersucht werden.

In diesen Betrieben ist in die nach Absatz 2 zu führenden Verzeichnisse seitens des untersuchenden Arztes die jedesmalige Vornahme der ärztlichen Untersuchung sowie deren Ergebnis einzutragen.

Diese Verzeichnisse sind den staatlichen Aufsichtsorganen auf Verlangen vorzuweisen.

IV. — STRAFBESTIMMUNGEN.

§ 12. — Die Uebertretungen dieser Verordnung werden, soweit dieselben nicht nach den allgemeinen Strafgesetzen oder als Uebertretungen der Gewerbeordnung zu ahnden sind, nach der Ministerialverordnung vom 30. September 1857, R. G. Bl. Nr. 198, der Strafamtshandlung zugeführt.

V. — WIRKSAMKEITSBEGINN.

§ 13. — Diese Verordnung tritt am 1. April 1909 in Wirksamkeit.

BEILAGE.

MERKBLATT.

1. Jede Arbeit, bei der Blei oder Bleipräparate verwendet werden, kann Bleivergiftung verursachen.

2 Die Bleivergiftung kommt dadurch zustande, dass Bleifarben, wenn auch nur in geringer Menge, durch Vermittlung der beschmutzten Hände, Barthaare und Kleider beim Essen und Trinken, ferner beim Rauchen, Schnupfen und Kauen von Tabak in den Mund aufgenommen, während der Arbeit als Staub eingeatmet werden oder sonst auf irgendeine Weise in den Körper gelangen.

Die Folgen dieser Bleivergiftung machen sich oft erst nach längerer Zeit bemerkbar, nachdem die in den Körper gelangten Bleimengen sich so weit angesammelt haben, dass sie Vergiftungserscheinungen hervorzubringen imstande sind.

Tout ouvrier employé au travail de la céruse ou des composés plombiques doit recevoir gratuitement, au moment de son embauchage, un exemplaire des instructions reproduites en annexe à la présente ordonnance, et tous les ouvriers de l'espèce doivent être portés sur un état spécial.

L'employeur doit veiller à ce que les ouvriers visés dans les alinéas précédents soient déclarés immédiatement au médecin de la caisse de maladie aussitôt qu'ils présentent les premiers symptômes d'intoxication saturnine.

Dans les établissements occupant plus de vingt ouvriers, l'employeur doit veiller à ce que les ouvriers travaillant la céruse ou les composés plombiques, soient visités au moins tous les trois mois par un médecin qui examinera s'ils ne présentent pas les symptômes de l'intoxication saturnine.

Dans ces mêmes établissements, le médecin examinateur est tenu d'inscrire chaque fois, sur les états qui doivent être dressés en vertu de l'alinéa 2, les examens médicaux effectués et leurs résultats.

Ces états doivent être présentés aux organes de l'inspection d'État, sur leur demande.

IV. — DISPOSITIONS PÉNALES.

§ 12. — Les contraventions à la présente ordonnance, lorsqu'elles ne sont pas punissables en vertu des lois pénales de droit commun ou comme contraventions au Code industriel, sont passibles des peines prévues par l'ordonnance ministérielle du 30 septembre 1857.

V. — ENTRÉE EN VIGUEUR.

§ 13. — La présente ordonnance entrera en vigueur le 1er avril 1909.

ANNEXE.

INSTRUCTIONS.

1. Tout travail dans lequel il est fait usage de plomb ou de préparations contenant du plomb peut provoquer le saturnisme.

2. Le saturnisme se déclare lorsque des couleurs à base de plomb pénètrent dans l'organisme, même en petite quantité, par suite du manque de propreté des mains, des poils de la barbe et des vêtements au moment où l'on absorbe une boisson ou des aliments, ou du fait que des poussières entrent dans la bouche lorsqu'on fume, prise ou mâche du tabac, ou du fait qu'elles sont respirées au cours du travail ou absorbées de toute autre façon.

Les signes du saturnisme ne se manifestent souvent qu'après un temps très long, lorsque la quantité de plomb s'est tellement accrue qu'elle est capable de donner lieu à des symptômes d'empoisonnement.

3. Die ersten Zeichen der Bleivergiftung pflegen in einem blaugrauen Saume am Zahnfleische, Bleisaum genannt, und in einer besonderen Blässe des Gesichtes, insbesondere der Lippen zu bestehen. Unter den weiteren Krankheitserscheinungen seien insbesondere hervorgehoben: krampfartige, von der Nabelgegend ausgehende Leibschmerzen, sogenannte Bleikolik, häufig in Begleitung von Erbrechen und Stuhlverstopfung, seltener von Durchfall, Gelenksschmerzen und Lähmungserkrankungen, Kopfschmerzen, allgemeine Krämpfe, Bewusstlosigkeit, grosse Unruhe, sogar Erblindung und schwere Gehirnerscheinungen, welche nicht selten tödlich verlaufen.

4. Bei entsprechender rechtzeitiger ärztlicher Behandlung pflegen die Bleivergiftungen meist zu heilen, wenn die Kranken sich der weiteren schädigenden Einwirkung des Bleies entziehen können.

5. Die Bleivergiftung kann verhütet werden bei Beobachtung nachstehender

Verhaltungsvorschriften:

a) In und ausser der Arbeit ist die grösste Reinlichkeit zu beobachten, insbesondere ist bei der Arbeit jede Staubentwicklung zu vermeiden.

b) Bei der Arbeit sind stets besondere Arbeitskleider und eine Kopfbedeckung zu tragen, welche Kleidungsstücke wöchentlich mindestens einmal zu wechseln sind. Die Strassenkleider sind während der Arbeit vor Schmutz und Staub geschützt aufzubewahren.

c) Arbeiter, die mit Bleifarben zu tun haben, sollen kräftige und möglichst fettige Nahrung zu sich nehmen und sich des Genusses gebrannter geistiger Getränke enthalten.

d) Auf den Arbeitsplätzen ist der Genuss gebrannter geistiger Getränke sowie von Tabak in jeder Form (Zigarren, Zigaretten, Pfeifen-, Kau- und Schnupftabak) unbedingt zu vermeiden.

e) Auf die Arbeitsplätze mit- oder zugebrachte Speisen und Getränke sind bis zu deren Genuss so aufzubewahren, dass sie vor Staub und Schmutz vollkommen geschützt sind. Dieselben sollen nur in den eigens hiezu bestimmten Pausen verzehrt werden, wo abgesonderte Räume vorhanden sind, nur in diesen.

f) Vor jeder Mahlzeit und vor Arbeitsschluss sind Hände Gesicht, insbesondere Bart und Mund mit warmen Wasser gründlich zu reinigen; der Mund ist auch vor jedem Trinken mit reinem Wasser auszuspülen.

g) Das Waschen ist womöglich nicht in den Arbeitsräumen vorzunehmen.

h) Pfeife, Tabak und Esswaren sollen nicht in den Taschen der Arbeitskleider aufbewahrt werden.

3. Les premiers symptômes du saturnisme consistent d'habitude en un liseré gris-bleuâtre à la gencive, appelé liseré saturnin, et en une pâleur spéciale de la face et particulièrement des lèvres.

On notera encore parmi les autres symptômes pathologiques : des crampes abdominales ayant leur point de départ dans la région du nombril, — c'est la « colique de plomb » accompagnée souvent de vomissements et de constipation, plus rarement de diarrhée, des douleurs aux articulations, de la paralysie, des maux de tête, des crampes générales, la perte de la conscience, une grande agitation, la perte de la vue et des troubles cérébraux parfois suivis de mort

4. Les empoisonnements par le plomb sont généralement guérissables lorsqu'on les combat en temps utile par un traitement approprié, et lorsque les personnes qui en sont atteintes peuvent se soustraire à l'action du plomb.

5. L'empoisonnement par le plomb peut être évité par l'observation des mesures suivantes.

Mesures prophylactiques.

a) La plus grande propreté devra être observée pendant le travail et en dehors du travail ; on évitera tout particulièrement le dégagement de poussières pendant le travail.

b) Il convient de porter constamment pendant le travail des vêtements spéciaux ainsi qu'un couvre-chef ; ces vêtements devront être changés au moins une fois par semaine. Les vêtements de ville devront être mis de côté pendant le travail, à l'abri de la malpropreté et des poussières.

c) Les ouvriers qui emploient des couleurs à base de plomb doivent se nourrir fortement et à l'aide d'aliments comprenant surtout des graisses ; ils s'abstiendront de boissons spiritueuses.

d) L'usage des boissons spiritueuses distillées ainsi que du tabac sous toutes ses formes (cigares, cigarettes, pipes, tabac à priser, tabac à mâcher) doit être évité radicalement dans les locaux de travail.

e) Les aliments et les boissons qui auront été apportés dans les locaux de travail devront être conservés de telle façon que, jusqu'au moment d'en faire usage, ils soient complétement à l'abri des poussières et de la malpropreté.

Ils ne pourront être consommés qu'aux intervalles de repos accordés à cet effet et, s'il existe des locaux spéciaux, dans ceux-ci seulement.

f) Avant chaque repas et à la fin du travail, le visage et les mains et spécialement la barbe et la bouche doivent être lavés à fond, à l'eau chaude ; avant de boire, il convient de se rincer la bouche à l'eau fraîche.

g) Ce nettoyage aura lieu autant que possible, ailleurs que dans les locaux de travail.

h) Les pipes, le tabac et les aliments ne pourront être conservés dans les poches des vêtements de travail.

i) Jeder Arbeiter soll mindestens einmal wöchentlich ein Bad nehmen, wobei namentlich Kopfhaare und Bart gründlich gereinigt werden müssen.

k) Jeder Arbeiter hat bei dem geringsten Unwohlsein den Arzt zu befragen und denselben bei dieser Gelegenheit darauf aufmerksam zu machen, dass er mit Bleipräparaten zu arbeiten gehabt habe.

Verordnung des Handelsministers im Einvernehmen mit dem Minister des Innern vom 29. Mai 1908, mit welcher Vorschriften für den gewerbsmässigen Betrieb von Steinbrüchen, Lehm-, Sand- und Schottergruben erlassen werden.

§ 1. — Die Bestimmungen dieser Verordnung gelten für alle gewerbsmässig im Tagbaue betriebenen Steinbrüche und finden auch auf die gewerbsmässig ober Tag betriebenen Lehm-, Sand- und Schottergruben sinngemässe Anwendung.

ABRAUMARBEITEN.

§ 2. — In Steinbrüchen, Lehm-, Sand- und Schottergruben muss vor dem Beginne der Materialgewinnung die vorhandene Tagdecke und das verwitterte oder unbrauchbare Material, welches über dem zur Gewinnung bestimmten Material lagert, abgeräumt werden.

Die Abraumarbeiten sind dem Gewinnungsfortschritte entsprechend stetig fortzusetzen.

§ 3. — Zwischen dem Fusse der Abraumschichte und der Oberkante des zum Zwecke des Abbaues blossgelegten Gewinnungsmaterials muss ein freier Raum gelassen werden, dessen Breite, sofern es sich um lockere Erd- und Sandschichten handelt, mit der halben Höhe der Tagdecke, mindestens aber mit 1 *m* zu bemessen ist; beträgt die Höhe der Tagdecke mehr als 6 *m*, so genügt ein 3 *m* breiter freier Raum.

§ 4. — Die Tagdecke ist in dem natürlichen Böschungswinkel ihres Materials abzubauen.

Ist die Tagdecke so beträchtlich und deren Material so beschaffen, dass bei einfacher Abböschung der Absturz des Materials infolge äusserer Einflüsse (Erschütterungen durch Sprengungen, Einwirkung der Niederschläge oder dergleichen) eintreten kann, so muss dieselbe etagenförmig abgebaut werden. Bei lockerem Abbaumaterial ist dieser Vorgang schon bei 6 *m* mächtiger Tagdecke zu beobachten.

§ 5. — Die Höhe und Breite der einzelnen Abraumetagen muss unter Bedachtnahme auf die Beschaffenheit des Materials so angeordnet werden,

i) Chaque ouvrier devra prendre un bain au moins une fois par semaine, et en profiter pour se nettoyer soigneusement les cheveux et la barbe.

k) Chaque ouvrier devra consulter le médecin au moindre dérangement qu'il éprouvera et lui fera remarquer qu'il a travaillé des produits à base de plomb.

Ordonnance du Ministre du commerce, en date du 29 mai 1908, prise de concert avec le Ministre de l'intérieur, réglementant l'exploitation industrielle des carrières et des entreprises d'extraction d'argile, de sable et de pierrailles [1].

§ 1. — Les prescriptions de cette ordonnance s'appliquent à toutes les carrières à ciel ouvert, exploitées dans un but industriel, ainsi qu'aux travaux à ciel ouvert ayant pour but l'extraction industrielle d'argile, de sable et de pierrailles.

Travaux de découverte.

§ 2. — Dans les carrières ou exploitations d'argile, de sable et de pierrailles, on doit procéder, avant de commencer l'exploitation de la matière utile, à l'enlèvement des terres de recouvrement et de la matière altérée ou inutilisable qui repose sur le gite exploitable.

Les travaux de découverte doivent être poursuivis d'une manière continue, selon les progrès de l'exploitation.

§ 3. — Entre le pied des terres de la découverte et le bord supérieur de la matière exploitable mise à nu en vue de son extraction, on doit laisser un espace libre ; lorsqu'il s'agit de couches de terre meuble ou de sable, la largeur de cette banquette égalera la demi-hauteur de la découverte, sans pouvoir être inférieure à un mètre ; si la hauteur de la découverte dépasse 6 mètres, un espace libre de 3 mètres est suffisant.

§ 4. — La découverte doit être coupée suivant l'angle du talus naturel du terrain qui la constitue.

Lorsque l'importance et la nature de la découverte sont telles qu'un talus simple serait sujet à donner des éboulements sous l'effet de causes extérieures (ébranlements par sautages, actions des pluies ou autres causes analogues), on doit procéder à l'enlèvement de la découverte par gradins.

Dans les terrains meubles, ce procédé est obligatoire dès que la découverte atteint 6 mètres de puissance.

§ 5. — La hauteur et la largeur de chaque gradin doivent être déterminées en tenant compte de la nature du terrain et de façon que des terres qui

[1] *Reichs-Gesetzblatt*, n° 116.

dass das Abrollen oder der Absturz des Materials von einer Etage auf die andere wirksam hintangehalten wird.

Zwischen den einzelnen Etagen ist eine gangbare Verbindung herzustellen.

Die Etagen müssen der Festigkeit des Materials entsprechend abgeböscht werden.

§ 6. — Der Abbau des Abraumes muss von oben nach unten geführt werden. Die Untergrabung von steilen Wänden ist nur ausnahmsweise gestattet, wenn es unbedingt notwendig ist, den Abbau wegen der Beschaffenheit des Materials (z. B. bei festgefrorenem Erdreich) in der Weise zu führen, dass die Massen durch Untergraben und Abkeilen abgelöst werden. Es dürfen nur Wände, deren Höhe 2 m nicht übersteigt, und zwar nur in so kleinen Partien, dass die Abgrabung von der Seite erfolgen kann, untergraben werden. Hierbei müssen beiderseitig Stützpfeiler belassen werden, deren Abgrabung erst unmittelbar vor dem Abkeilen und gleichfalls nur von der Seite vorgenommen werden darf.

Erst nach Beendigung der Untergrabung und nachdem sich die Arbeiter aus dem Sturzbereiche entfernt haben, darf das Material durch von oben eingetriebene Keile abgetrennt werden. Das abgekeilte Material darf erst dann abgeräumt werden, wenn ein Nachstürzen von Material nicht mehr zu erwarten ist.

§ 7. — Neigt das Abraumlager zu Rutschungen, so ist auf dem freizulassenden Schutzstreifen zwischen dem Abraumfusse und der Oberkante des Gewinnungsmaterials eine aus Erdreich, Steinen, Flechtwerk oder aus Pfosten herzustellende Schutzwand aufzuführen. Ferner sind bei Rutschterrain die Abböschungen entsprechend schwach geneigt und die Etagen, beziehungsweise Staffeln entsprechend niedrig und genügend breit auszuführen. Wenn der Weiterabbau der Tagdecke nicht fortgesetzt und daher die abgebaute Abraumwand längere Zeit anstehen wird, so muss im gefahrdrohenden Terrain für eine entsprechende Entwässerung der Rutschfläche gesorgt werden.

Bei unverlässlichem Material der Tagdecke müssen nach grösseren atmosphärischen Niederschlägen sowie nach Eintritt von Tauwetter insbesondere in Fällen, wo eine Rutschfläche vermutet oder konstatiert wird, die locker gewordenen und gefahrdrohenden Massen rechtzeitig entfernt werden.

§ 8. — Der Abbau der Tagdecke darf nur soweit geführt werden, dass zwischen den Grenzen der Nachbargrundstücke und der Oberkante des Abbaues ein freier, nicht abzubauender Schutzstreifen in einer von der Gewerbebehörde zu bestimmenden angemessenen Breite verbleibt.

Hierbei hat die Gewerbebehörde auf die in der Nähe befindlichen Eisenbahnverbindungen, Wasserläufe, Strassen, öffentlichen oder stark benützten Privatwege und auf die in der Nähe befindlichen Bauobjekte besonders Bedacht zu nehmen.

viendraient à s'ébouler dans un gradin soient efficacement arrêtées sur le suivant.

Une communication praticable doit relier les gradins entre eux.

Les gradins doivent être talutés suivant une pente en rapport avec la consistance du terrain.

§ 6. — L'enlèvement des terres de recouvrement doit se faire en descendant. Le sous-cavement de parois abruptes n'est permis qu'exceptionnellement, lorsqu'il est absolument nécessaire, vu la consistance de la matière (par exemple dans de la terre fortement gelée) de procéder à l'abatage en creusant un havage par dessous les masses à libérer et en les détachant ensuite à l'aide de coins. On ne peut sous-caver que des parois dont la hauteur ne dépasse pas 2 mètres et seulement dans de petites portions du front de taille et de manière à pouvoir poursuivre l'abatage latéralement. Il faut, en outre, avoir soin de laisser de chaque côté de la paroi sous-cavée, deux piliers de support dont on ne peut entreprendre l'enlèvement qu'immédiatement avant l'utilisation des coins et encore seulement latéralement.

Lorsque la rainure de sous-cavement est achevée et que les ouvriers se sont placés hors du rayon d'atteinte de l'éboulement, on peut détacher la masse à l'aide de coins enfoncés par le haut. On ne peut enlever les terres détachées de la sorte que lorsqu'un nouvel éboulement n'est plus à redouter.

§ 7. — Si les terres de la découverte ont une tendance à glisser, il faut établir une paroi de soutien du côté de la bande qui doit rester libre entre le pied du déblai et le bord supérieur de la matière exploitable; cette paroi doit être exécutée en terre, en pierres, en clayonnage ou en planches. De plus, dans le cas de terrains ébouleux, les talus doivent avoir une faible inclinaison et les gradins doivent être exécutés en ménageant des échelons peu élevés et suffisamment larges.

Si l'enlèvement de la découverte doit être suspendu et qu'ainsi la paroi de soutien du déblai est appelée à durer plus longtemps, on prendra les mesures nécessaires, dans les terrains dangereux, pour assurer un assèchement efficace de la surface sujette à glissement.

Lorsque les terres de la découverte n'offrent pas toute sécurité, on doit enlever les parties désagrégées et offrant du danger, après de grandes précipitations atmosphériques et à l'arrivée du dégel, spécialement dans les cas où un terrain ébouleux est soupçonné ou constaté.

§ 8. — Le travail de découverte doit être arrêté de manière à laisser, entre les limites des propriétés voisines et le bord supérieur du déblai, une bande de protection dont la largeur doit être déterminée par l'autorité industrielle.

A ce sujet, cette dernière doit tenir compte principalement des voies de chemins de fer, cours d'eau, routes, chemins publics ou chemins privés fort fréquentés, et des bâtisses qui se trouvent à proximité.

Die Abschlusswand gegen den Schutzstreifen muss den vorstehenden Anordnungen entsprechend in angemessener Neigung ausgefuhrt und darf unter keinen Umständen vertical abgebaut werden Die Abschlusswand ist, wenn das Material nicht verlässlich ist, mit Weidenstöcklingen zu bepflanzen, zu berasen oder in anderer tauglicher Weise zu sichern.

§ 9. — Die Abraumablagerungsstätten müssen unter Einhaltung des dem Abbaumaterial angemessenen natürlichen Böschungswinkels angelegt werden.

Der Fuss der Ablagerungsstätte muss von den Grenzen fremder Grundstücke angemessen entfernt sein. Sollen die Abraumablagerungsstätten an Eisenbahnverbindungen, öffentlichen Kommunikationen oder Wasserläufen angelegt werden, so hat die Gewerbebehörde im Bedarfsfalle das Ausmass dieser Entfernung zu bestimmen.

Für die Ableitung der Niederschlagswässer von den Ablagerungsstätten ist gehörig Sorge zu tragen.

MATERIALGEWINNUNG.

§ 10. — Der Abbau des Gewinnungsmaterials ist stets von oben nach unten und in der Regel terrassen- oder staffelförmig zu führen.

Die annähernde Höhe und Breite der Terrassen und Staffeln ist unter Berücksichtigung der geologischen Beschaffenheit des Abbauterrains, der sonstigen Lokalverhältnisse und der Betriebsart von der Gewerbebehörde festzusetzen.

Als Regel hat hierbei zu gelten, dass bei kompaktem und in stärkeren Schichten gelagertem Material höhere Terrassen mit abgestaffelten Wänden angelegt werden können, wogegen bei zerklüfteten und in schwachen Schichten gelagerten Massen der Abbau in niedrigen Terrassen oder der einfache Staffelbau einzuführen ist.

Die Höhe und Breite ber Staffel ist so zu bestimmen, dass die Abbauwände eine der Beschaffenheit des Materials entsprechende Neigung erhalten. Unter allen Verhältnissen ist die Bermenbreite so zu bemessen, dass für den Fall unvermuteter Abrutschungen über den Fuss der natürlichen Böschung des Materials hinaus noch ein Bewegungsraum auf der Berme von mindestens 1 Meter frei bleibt.

§ 11. — Werden Werkplätze auf Terrassen eingerichtet, so muss deren Breite dem Betrieb entsprechen angeordnet werden, namentlich wenn grosse Werkstücke gewonnen und bearbeitet, Transporteinrichtungen hergestellt oder wenn Werkplätze übereinander angelegt werden sollen.

Bei der Anlage von Terrassen und Staffeln muss Vorsorge getroffen werden, dass man von einer Abbaustufe zu der andern gefahrlos gelangen könne. Zu diesem Zwecke sind entsprechende Abtreppungen herzustellen

La paroi de fin d'exploitation à ménager contre la bande de protection doit être construite conformément aux prescriptions précédentes, avec une inclinaison appropriée; elle ne peut jamais être coupée verticalement. Si le terrain ne peut être abandonné à lui-même, le talus doit être planté d'arbrisseaux, gazonné ou consolidé de toute autre manière convenable.

§ 9. — Les terrils de déblais provenant de la découverte doivent être disposés suivant le talus naturel de la matière constituante.

Le pied de ces terrils doit rester à une distance convenable des limites des terrains d'autrui. Si ces dépôts avoisinent des voies ferrées, des communications publiques ou des cours d'eau, l'autorité industrielle déterminera, en cas de besoin, la distance à respecter.

Les mesures nécessaires doivent être prises pour écouler des terrils les eaux atmosphériques.

Exploitation de la matière utile.

§ 10. — L'enlèvement du gîte utile doit se faire toujours en descendant et, en règle générale, en formant des terrasses ou gradins.

La hauteur et la largeur approximatives des terrasses et gradins doivent être fixées par l'autorité industrielle en tenant compte de la constitution géologique des terrains, des circonstances locales et du mode d'exploitation.

La règle à appliquer en cette matière est la suivante : dans les terrains compacts et disposés en fortes couches, on pourra ménager de plus hautes terrasses avec des parois divisées en gradins, tandis que dans les massifs fissurés et en couches faibles, l'enlèvement se fera par petites terrasses ou même en simples gradins.

Les hauteur et largeur des gradins doivent être déterminées de telle sorte que la paroi d'exploitation ait une inclinaison appropriée à la nature de la matière. En toutes circonstances, la largeur de la banquette doit être telle qu'il y reste encore un espace libre d'au moins un mètre au-delà du talus naturel des pierres, pour parer au cas d'éboulement résultant de cassures insoupçonnées.

§ 11. — Si des chantiers de travail sont établis sur des terrasses, la largeur de celles-ci doit être proportionnée au travail à y effectuer, notamment lorsque l'on extrait et met en œuvre des blocs volumineux, lorsque des installations de transport doivent être ménagées ou lorsque des chantiers sont placés l'un au-dessus de l'autre.

La disposition des terrasses et gradins doit être telle que l'on puisse sans danger passer d'un chantier d'abatage à un autre. A cette fin, il faut établir des escaliers ou disposer des cordes pour faciliter l'ascension ; ces

oder Kletterseile anzubringen. Die letzteren müssen hinter dem Böschungsrande standsicher befestigt werden. Bei ausgedehnten Betrieben müssen mehrere Seile, und zwar in den Entfernung von annähernd 50 Meter voneinander angebracht werden

§ 12. — Enthalten die Bruch- oder Grubenwände nur in einzelnen Partien brauchbares Material, so dass nur diese brauchbaren Teile abgebaut werden sollen, so ist das Stehenlassen der unbrauchbaren Teile nur danu zulässig, wenn die zu belassenden Schichten entsprechend mächtig sind und eine Absturzgefahr nicht gewärtigen lassen.

§ 13. — Eine andere Abbauart als in Staffeln oder Terrassen (§ 10) ist nur ausnahmsweise und nur danu zulässig, wenn es sich um den Abbau von Gesteinsmassen handelt, welche entweder infolge ihrer natürlichen Lagerung oder aber wegen des geringen Wertes des nur als Schotter oder Bruchstein verwendbaren Materials nur dann abbauwürdig sind, wenn ganze Materialwände auf einmal zum Sturze gebracht werden können. In beiden Fällen ist diese Abbauart nur in festen und nicht zerlufteten Gesteinsmassen zulässig.

Der Abbau ist danu entweder durch Unterminierung der Wände und Absprengung der hierbei stehen gelassenen Stützpfeiler oder durch Kammerminensprengung durchzuführen.

§ 14. — Werden ganze Wände durch Unterminierung zum Sturze gebracht, so ist die Unterminierung so herzustellen, dass vollkommen feste, hinreichend starke Stützpfeiler stehen und dass Stützen in einer der Grösse der Steinwand entsprechenden Anzahl und Stärke rechtzeitig und noch vor eintretender Senkung der Wand untergesetzt werden. Die für die Stützpfeilerminen nötigen Vohrlöcher sind schon während der Unterminierungsarbeit nach Massgabe des Fortschrittes der letzteren anzubringen.

Den im Minierungsraume und den beim Aufladen und Verführen des Hauwerkes beschäftigten Arbeitern ist die Richtung anzugeben, in welcher sie sich bei eintretender Gefahr zu flüchten haben Vor der Felswand und deren voraussichtlichem Sturzbereich sollen möglichst wenige Arbeiter beschäftigt werden.

Nach jeder Sprengung ist der Zustand der Gesteinswand und des Unterminierungsraumes zu untersuchen und erst danu ist das Hauwerk zu beseitigen.

Ist die Unterminierung weit genug vorgetrieben, so sind die letzten Vortriebsminen und die Stützpfeilerminen gleichzeitig zu laden und zu zünden.

Erfolgt der Sturz nach der Zerstörung der Stützpfeiler nicht, so ist die Wand durch volle 24 Stunden zu beobachten und erst danu darf zur Untersuchung geschritten werden. Eine in Bewegung befindliche Wand darf nicht begangen werden und ist deren Fallbereich abzusperren. Nach jeder Niederlegung einer Wand sind die benachbarten Felspartien auf ihre Sta-

cordes doivent être fixées au bord du talus. Dans des chantiers étendus, il doit y avoir plusieurs cordes éloignées l'une de l'autre de 50 mètres environ.

§ 12. — Lorsque les parois des carrières ou exploitations assimilées ne renferment de la matière utile qu'en certaines places, de sorte que seules ces parties devraient être enlevées, il n'est permis de laisser en place la partie inutilisable que si les masses à abandonner sont suffisamment importantes et ne présentent aucun danger d'éboulement.

§ 13. — Tout autre mode d'exploitation que celui par gradins ou terrasses (§ 10) n'est permis qu'exceptionnellement et uniquement lorsqu'il s'agit de l'abatage de masses rocheuses qui ne valent l'exploitation que lorsque toute la paroi peut être abattue en une fois ; cette circonstance peut provenir soit du mode de gisement, soit de la faible valeur de la matière, utilisable uniquement comme pierrailles ou moëllons. Dans les deux cas, cette méthode d'abatage n'est tolérée que dans les terrains solides et non fissurés.

L'abatage se fait alors soit en pratiquant à l'explosif un havage à la base des parois et en faisant sauter les piliers de support laissés, soit en pratiquant le sautage par mines à chambre.

§ 14. — Lorsque des parois entières doivent être abattues en faisant à l'explosif un havage par-dessous, le travail doit être conduit en laissant de distance en distance des piliers de soutien parfaitement fixes, de force suffisante et en nombre tel sur la longueur de la paroi qu'ils restent stables, même en cas d'éboulement de la partie sous-cavée. Les trous de mines nécessaires pour le sautage des piliers de soutien doivent déjà être préparés pendant le travail de havage, au fur et à mesure des progrès de celui-ci.

On doit indiquer aux ouvriers occupés à l'endroit du havage ou au chargement et au transport des matériaux produits par ce havage, la direction dans laquelle ils doivent fuir en cas de danger. On occupera le moins d'ouvriers possible devant la paroi sous-cavée et dans le rayon probable d'éboulement de celle-ci.

Après chaque tir de mines, on doit examiner l'état de la paroi et de la partie havée ; ce n'est qu'après cet examen que l'on peut enlever les déblais du havage.

Lorsque le sous-cavement est suffisamment avancé, on doit charger et faire partir simultanément les dernières mines de havage et celles des piliers.

Si la destruction des piliers n'entraine pas l'écroulement de la paroi, celle-ci doit être tenue en observation pendant 24 heures pleines ; ce n'est qu'après ce délai que l'on peut s'en approcher pour l'examiner. On ne peut approcher d'une paroi vacillante, et l'on doit empêcher la circulation dans le rayon d'atteinte possible de l'éboulement. Après chaque foudroyage d'une

bilität zu untersuchen, von frischen Bruchflächen sind lockere Partien zum Abbruche zu bringen.

§ 15. — Kammerminen dürfen nur dort eingeführt werden, wo keine öffentlichen Verkehrsstrassen, Wege und fremde Objekte durch die Erschütterungen gefährdet werden können. Jedenfalls sind die Kammerminen so anzulegen, dass die abstürzende Wand tunlichst bis zu einer bestimmten Lasse abgelöst werden kann. Die Zugangsstollen dürfen nicht in gerader Richtung angelegt werden und sind nach erfolgter Ladung der Kammer abzumauern.

Der Unternehmer hat die Vornahme jeder Kammerminensprengung der Gewerbebehörde rechtzeitig vorher anzuzeigen.

§ 16. — Das Untergraben von Steinwänden zum Zwecke des Abkeilens dieser letzteren ist verboten.

§ 17. — Bei Schrämarbeiten in brüchigen Gesteinsmassen ist für eine Verspreizung der verschrämten Stösse Sorge zu tragen.

§ 18. — Bei dem Abbau der Abschlusswände sind Staffeln mit wenigstens so breiten Bermen herzustellen, dass die Beseitigung gelockerter Materialpartien leicht ermöglicht wird.

Die Abschlusswände mussen eine angemessene Neigung erhalten.

Der vertikale Abbau einer Abschlusswand ist nur dann zulässig, wenn das Material so homogen und kompakt sowie auch derart gelagert ist, dass ein Absturz keinesfalls zu befürchten steht, und wenn ferner keine öffentlichen Rücksichten gegen einen solchen Abbau sprechen.

§ 19. — Gefährliche Stellen in Steinbrüchen und Gruben sind abzusperren und durch an geeigneten Plätzen anzubringende Warnungstafeln zu bezeichnen.

§ 20 — Bei Steinbrüchen und Gruben, welche an Berglehnen derart gelegen sind, dass Schmelz- und Niederschlagswässer gegen den Bruch oder die Grube abrinnen, so dass hierdurch ein Materialabsturz herbeigeführt werden kann, sind geeignete Vorbeugungsmassregeln zu treffen.

§ 21 — Zur Sicherung gegen Absturz von Menschen und Tieren sind Steinbrüche und Gruben in verlässlicher Weise einzufrieden.

Die Art der Einfriedung hat sich nach der Lage der Gewinnungsstätte und ihrer Umgebung zu richten.

SPRENGARBEITEN.

§ 22. — Bezüglich des Besitzes, der Aufbewahrung, Lagerung, Verpackung und des Gebrauches von Sprengmitteln sowie von sprengkräftigen Zündungen und Sprengpräparaten sind die Bestimmungen der Ministerialverordnung vom 2. Juli 1877, *Reichs-Gesetzblatt* Nr. 68, in der durch die

paroi, on doit examiner les parties voisines du rocher au point de vue de leur stabilité; on doit débarrasser les parties altérées des cailloux qui se trouveraient aux zones de fissuration récente.

§ 15. — On ne peut entreprendre des mines à chambre que là où les ébranlements qui en résultent ne peuvent constituer un danger ni pour des chemins publics, ni pour des voies de communication, ni pour les propriétés d'autrui. En tout cas, ces mines à chambre doivent être disposées de façon que la paroi à abattre puisse facilement être détachée jusqu'à un joint déterminé. Les galeries d'accès ne peuvent être aménagées en ligne droite; elles doivent être fermées par une maçonnerie après le chargement de la chambre.

L'exploitant doit déclarer préalablement à l'autorité industrielle l'entreprise de chaque santage par mines à chambre.

§ 16. — Le sous-cavement de parois rocheuses dans le but de les détacher ensuite par coins est interdit.

§ 17. — Dans le travail de havage de masses rocheuses fissurées, on doit prendre les précautions voulues pour étayer les parois havées.

§ 18. — On doit couper les parois de fin d'exploitation, en établissant des gradins séparés par des banquettes au moins assez larges pour permettre l'enlèvement facile des parties devenues friables.

Les parois de fin d'exploitation doivent avoir une inclinaison appropriée; on ne peut les couper verticalement que lorsque l'homogénéité, la compacité et la disposition de gisement de la matière sont telles qu'un éboulement n'est à redouter en aucun cas; il faut, de plus, qu'aucune considération d'ordre public ne s'oppose à une telle exploitation.

§ 19. — Les endroits dangereux dans les carrières et exploitations assimilées doivent être interdits; des signaux d'avertissement doivent être placés aux points voulus.

§ 20. — Dans les carrières et exploitations assimilées placées à flanc de coteau, où les eaux provenant de la fonte des neiges et des pluies peuvent s'écouler dans les travaux et causer un éboulement, on doit prendre les mesures de précaution appropriées.

§ 21. — Les carrières et exploitations assimilées doivent être clôturées d'une manière sûre pour empêcher la chute d'hommes et d'animaux.

Le système de clôture sera déterminé d'après la situation des chantiers d'exploitation et de leurs alentours.

Travaux de sautage.

§ 22. — En ce qui concerne la détention, la garde, l'emmagasinage, l'emballage et l'emploi des explosifs, des amorces et préparations explosives, on doit observer les dispositions de l'ordonnance ministérielle du 2 juillet 1877 (*Reichs-Gesetzblatt*, n° 68) dans sa forme modifiée par l'ordon-

Ministerialverordnung vom 22. September 1883, *Reichs-Gesetzblatt* Nr. 156, geänderten Fassung, ferner der Ministerialverordnungen vom 4. August 1885, *Reichs-Gesetzblatt* Nr. 135, vom 19. Mai 1899, *Reichs-Gesetzblatt* Nr. 95, und vom 19. Mai 1899, *Reichs-Gesetzblatt* Nr. 96, sowie aller diesbezüglich eventuell uoch zu erlassenden Vorschriften einzuhalten.

§ 23. — Zu Sprengungen sind die Sprengmittel nicht lose, sondern in Patronenform zu verwenden; ausgenommen hiervon sind nur die Kammerschüsse.

§ 24. — Die Bohrminen sind so anzulegen, dass die Ladung in das geschlossene Gestein kommt. Lassenschüsse sind nur bei sehr kompaktem Gestein zum Zwecke der Ablösung von grossen Felsblöcken zulässig.

§ 25. — Vorgaben dürfen nicht weniger als die halbe Bohrlochtiefe betragen. Der Abstand zweier Minen in der Wand muss bei Einzelzündungen mindestens gleich eine Vorgabe, bei gleichzeitiger Zündung mindestens gleich eineinhalb Vorgaben betragen.

§ 26. — Die Ladungshöhe darf ein Drittel der Bohrlochtiefe nicht überschreiten. Die Ladungsmenge ist so zu bestimmen, dass das Gestein durch die Sprengung nur aufgelockert wird. Es muss immer dafür gesorgt werden, dass die Streuung von Sprengstücken möglichst eingeschränkt wird.

§ 27. — Die zum Schusse vorbereiteten Bohrminen sind mit einfachen, eventuell nach der Grösse der Ladung in mehreren Schichten kreuzweise übereinander gelegten Faschinen, Sandsäcken, Aesten u. dgl. zu überdecken, um das Streuen von Sprengstücken zu verhindern; diese Ueberdeckung darf nie mit Steinen beschwert werden.

§ 28. — Die Zündschnur muss für jeden Schuss eine solche Länge erhalten, dass eine genügende Brenndauer gesichert ist, während welcher sich die mit dem Entzünden Beschäftigten bergen können.

§ 29. — Ist die Bohrmine schussbereit, so ist von der hierzu bestellten Aufsichtsperson das festgesetzte Zeichen zu geben, worauf sich die Arbeiter auf die vorher zu bestimmenden gesicherten Unterstände (Fluchtstellen) zu begeben haben. Erst hiernach dürfen die Minen gezündet werden.

Bei Kammerschüssen darf des Bohrloch erst nach Ablauf von 15 Minuten wieder besetzt werden.

Haben einzelne Schüsse versagt, so dürfen die Fluchtstellen nicht vor Ablauf einer Viertelstunde verlassen werden. Schüsse, welche versagt haben, sind als solche zu bezeichnen.

§ 30. — Bei Verwendung der elektrischen Zündung hat der Mineur, welcher das Laden der Schüsse und das Legen und Verbinden der Drahtleitungen besorgt, die Kurbel der Zündmaschine bei sich zu tragen und

nance ministérielle du 22 septembre 1883 (*Reichs-Gesetzblatt*, n° 156), les prescriptions des ordonnances ministérielles du 4 août 1885 (*Reichs-Gesetzblatt*, n° 135) du 19 mai 1899 (*Reichs-Gesetzblatt*, n° 95) du 19 mai 1899 (*Reichs-Gesetzblatt*, n° 96), ainsi que toutes les prescriptions à intervenir éventuellement en la matière.

§ 23. — Pour les sautages, les explosifs ne peuvent être utilisés que sous forme de cartouches; exception à cette règle n'est faite que pour les charges des chambres.

§ 24. — Les trous de mines doivent être disposés de façon que la charge arrive dans le roc ferme. Des coups chargés dans des cassures ou joints ne sont tolérés que dans du roc très compact, dans le but de détacher de gros blocs.

§ 25. — La distance laissée entre le fourneau de mine et la face dégagée de la partie à abattre ne peut être inférieure à la demi-profondeur du trou de mine. L'écartement de deux trous de mine, au front de taille, doit être au moins égal à cette distance dans le tir individuel, et à une fois et demie cette distance dans le tir simultané.

§ 26. — L'espace occupé par la charge ne peut dépasser un tiers de la longueur du trou de mine. La charge doit être déterminée de façon à ce que le rocher soit simplement détaché par le tir des mines. Dans cette détermination, on doit toujours avoir en vue d'éviter autant que possible les projections.

§ 27. — Les trous de mines préparés pour le tir doivent être recouverts, pour empêcher toute projection, de fascines, sacs de sable, branches, etc.., disposés en une seule couche ou en plusieurs couches recroisées l'une sur l'autre, si l'importance de la charge l'exige. Cette couverture ne peut être alourdie avec des pierres.

§ 28. — A chaque coup de mine, la mèche doit avoir une longueur assurant une durée de combustion telle que les ouvriers chargés de l'allumage aient le temps de se mettre à l'abri.

§ 29. — Lorsque le trou de mine est prêt à être tiré, le surveillant à ce désigné doit donner le signal convenu ; à ce signal, les ouvriers doivent se rendre aux abris (refuges) de sûreté qui leur ont été indiqués préalablement. C'est seulement après leur retraite que l'on peut mettre le feu à la mine.

Dans le cas de tirs par chambres, on ne peut approcher de la mine qu'après un intervalle de 15 minutes.

Si certaines mines ont raté, on ne peut quitter les abris qu'après un intervalle d'un quart d'heure. Les ratés doivent être signalés comme tels.

§ 30. — En cas d'emploi du tir électrique, le mineur préposé au chargement des fourneaux, au placement et aux connexions des fils conducteurs doit porter sur lui la manivelle de l'exploseur ; il ne peut la placer sur l'axe

erst unmittelbar vor dem Abtun der Schüsse auf die Kurbelwelle aufzusetzen. Sofort nach dem Zünden sind die Leitungsdrähte auf vollkommen sichere Weise auszuschalten.

§ 31. — Liegen Steinbrüche in der Nähe von öffentlichen Kommunikationen, so ist seitens der Gewerbebehörde je nach den lokalen Verhältnissen einvernehmlich mit den betreffenden etwa zuständigen Stellen für eine entsprechende Absperrung der betreffenden Kommunikationen während der Sprengungen Sorge zu tragen.

Hierbei sind die Endpunkte der abzusperrenden Strecken genau zu bezeichnen.

§ 32. — Handelt es sich um abzusperrende Strassen, so haben vor Beginn der Sprengung zwei Arbeiter mit roten Fahnen von der Mitte der abzusperrenden Strecke gegen deren beide Endpunkte zu gehen, die Passanten zum raschen Verlassen der Strasse zu veranlassen und nach vollkommener Freimachung der Strecke für den Leiter der Sprengung die verabredeten Signale zu geben. Diese Wachtposten haben solange an den Endpunkten der abgesperrten Strecke zu verbleiben, bis die Beendigung der Sprengung signalisiert ist.

Auch bei Brüchen, welche nicht an öffentlichen Kommunikationen liegen, sind die Sprengungen durch entsprechende Hörsignale vorher anzukündigen, damit sich die in der Umgebung des Bruches befindlichen Personen rechtzeitig entfernen können. Die Bedeutung dieser Hörsignale ist durch auffallende und dauerhafte Warnungstafeln an den Zugangswegen zu erläutern.

§ 33. — Die Sprengzeiten sind je nach der Grösse des Betriebes und den Verkehrsverhältnissen in der Umgebung des Steinbruches gemäss durch die Gewerbebehörde festzusetzen. Hierbei ist auch stets dafür Sorge zu tragen, dass öffentliche Kommunikationen nicht länger als eine Viertelstunde ununterbrochen abgesperrt bleiben.

§ 34. — Zur Vornahme von Sprengungen, das ist zum Laden, Verdämmen und Zünden der Minen, dürfen nur besonders erfahrene und verlässliche Arbeiter verwendet werden.

Die beim Minieren verwendeten Arbeiter sind jeweils in einer besonderen Liste, welche an einer zugänglichen Stelle des Betriebes zu hinterlegen ist, evident zu führen.

BESONDERE VORSCHRIFTEN ZUM SCHUTZE DES LEBENS UND DER GESUNDHEIT DER ARBEITER.

§ 35. — Die Arbeitsplätze auf der Bruch(Gruben)sohle und auf den Terrassen sind so anzulegen und einzurichten, dass die dort beschäftigten Arbeiter gegen abrollendes Material geschützt sind.

de l'appareil qu'immédiatement avant de provoquer le départ de la mine. De suite après le coup, les conducteurs doivent être déconnectés d'une maniére offrant toute sécurité.

§ 31. — Lorsque des carriéres se trouvent à proximité de communications publiques, l'autorité industrielle doit, en tenant compte des circonstances locales et en agissant de concert éventuellement avec les services compétents intéressés, prendre les mesures voulues pour empêcher la circulation dans lesdites communications pendant les sautages.

En outre, il lui appartient d'indiquer exactement les extrémités des zones à garder.

§ 32. — S'il s'agit d'interdire une voie de communication, deux ouvriers, porteurs de drapeaux rouges, doivent, avant le commencement du tir, circuler du milieu vers les deux extrémités de la zone à garder, inviter les passants à quitter promptement le chemin et, après évacuation complète de la zone, donner au chef du tir le signal convenu. Ces sentinelles doivent rester aux extrémités de la zone interdite jusqu'à ce que l'on signale la fin du tir

Dans les carrières qui ne sont pas voisines de chemins publics, les tirs doivent également être annoncés au préalable par des signaux acoustiques appropriés, de façon que les personnes se trouvant dans les environs puissent s'éloigner à une distance convenable. La signification de ces signaux doit être expliquée par des tableaux avertisseurs, placés d'une manière apparente et permanente aux chemins d'accès de la carriére.

§ 33. — Les périodes de tir doivent être fixées par l'autorité industrielle d'après l'importance de l'exploitation et les circonstances de la circulation dans les environs de la carrière. Il faut de plus toujours veiller à ce que les communications publiques ne restent pas interrompues plus d'un quart d'heure.

§ 34. — Pour les préparatifs des tirs, c'est-à-dire pour le chargement, le bourrage et la mise à feu des mines, on ne peut employer que des ouvriers particulièrement expérimentés et offrant toute garantie.

Les ouvriers occupés au tir des mines doivent figurer sur une liste spéciale à exposer à un endroit accessible de la carrière.

PRESCRIPTIONS SPÉCIALES EN VUE DE PROTÉGER LA VIE ET LA SANTÉ DES OUVRIERS.

§ 35. — Les chantiers de travail disposés sur le sol des carrières ou exploitations assimilées, ou sur les terrasses, doivent être établis et aménagés de façon que les ouvriers qui y sont occupés soient à l'abri des éboulements.

§ 36. — Transportwege oder Geleise sind in angemessener Entfernung von den Rändern der Böschungen anzulegen. Die im Bruche zu den Arbeitsstellen führenden Wege dürfen nicht auf rutschgefährlichem Terrain angelegt werden. An steilen Rändern und auf Brücken sind dieselben durch Geländer oder Seile zu versichern. Zu starke Gefälle und plötzliche Gefällswechsel sowie scharfe Krümmungen sind zu vermeiden.

Auf Geleisen, welche nahe an Arbeitsstellen oder an Abhängen vorbeiführen oder auf Geleisen, welche sich nicht in konsolidierter sicherer Lage befinden, dürfen die Wagen überhaupt nur derart bewegt werden, dass jederzeit ein sofortiges Anhalten derselben möglich ist.

§ 37. — Das Bewegen der Rollwagen durch deren eigene Schwere darf nur dann erfolgen, wenn dieselben mit einer leicht zu handhabenden und verlässlich wirkenden Bremsvorrichtung versehen sind; Rollwagen, bei denen die Handhabung der Bremsvorrichtung vom Wagen selbst aus möglich ist, müssen mit einem Stehplateau versehen sein.

Abgestellte Wagen sind durch Anziehen der Bremsen oder durch vorgelegte Bremshölzer gegen ein Fortrollen zu sichern.

Das Kuppeln der Rollwagen darf niemals während der Fahrt geschehen.

§ 38. — Kippwagen müssen mit verlässlichen, gefahrlos zu bedienenden Arretiervorrichtungen versehen sein.

§ 39. — Drehscheiben und Schiebebühnen müssen in ihrer richtigen Lage durch geeignete Vorrichtungen feststellbar sein.

§ 40. — Transportable Rutschbühnen sind genügend stark zu konstruiren und so wie die sonstigen für den Transport von gewonnenem Material bestimmten schiefen Ebenen so anzulegen, dass das Material nicht überkollern kann und dass das Herausfallen oder Herausspringen von Material verhindert wird.

§ 41. — Die Verwendung von Hängebühnen ist nur ausnahmsweise in Steinbrüchen, und zwar bei zuverlässigem und festem Gestein und sicherer Konstruction und Befestigung zulässig.

Die Höchstzahl der auf das Hängegerüst zuzulassenden Arbeiter und die zulässige Mindeststärke der Tragseile ist an den Hängegerüsten bleibend und deutlich leserlich ersichtlich zu machen.

Jede Winde muss mit Sperrklinke und Bremse versehen, jedes Zahngetriebe mit Schutzkappen überdeckt sein.

Jedes Hängegerüst ist durch geeignete Vorrichtungen gegen Schwankungen zu versichern.

§ 42. — Krane und Winden sind mit Sperrklinke und Bandbremse oder anderen verlässlich wirkenden Bremsvorrichtungen zu versehen. Soll die

§ 36. — Les voies de transport ou voies ferrées doivent être établies à une distance suffisante du bord des talus. Celles qui conduisent aux chantiers de travail dans les carrières ne peuvent être établies sur des terrains sujets à glissement.

Près des bords escarpés ou sur les passerelles, les voies doivent être protégées par des garde-corps ou des cordes. On doit éviter les pentes exagérées, les changements brusques d'inclinaison et les courbes à faible rayon.

Sur les voies ferrées qui passent près des chantiers de travail ou près de talus, de même que sur celles qui ne reposent pas sur un sol solide et offrant toute sécurité, le mouvement des véhicules en général doit être tel qu'on puisse en tout temps réaliser un arrêt immédiat.

§ 37. — Le mouvement des wagons par leur propre poids n'est permis que s'ils sont pourvus d'un frein facile à manœuvrer et agissant d'une manière sûre. Les wagons sur lesquels la manœuvre du frein peut se faire du véhicule même doivent être pourvus d'une plate-forme de manœuvre.

Les wagons arrêtés doivent être immobilisés en serrant les freins ou en plaçant des bois d'arrêt.

L'accouplement des wagons ne peut jamais se faire pendant la marche.

§ 38. — Les wagons basculants doivent être pourvus de dispositifs de calage présentant toute sécurité et dont l'usage n'offre aucun danger.

§ 39. — Les plaques tournantes et les chariots transporteurs doivent pouvoir être immobilisés dans la position convenable par des dispositifs appropriés.

§ 40. — Les chariots-porteurs mobiles doivent être d'une construction suffisamment solide; de même que les plans inclinés ordinaires servant au transport des produits extraits, ils doivent être établis de manière que la matière ne puisse rouler par dessus bord et de façon à empêcher la chute ou la projection de matière en dehors.

§ 41. — L'emploi d'échafaudages suspendus n'est permis qu'exceptionnellement dans les carrières et uniquement lorsque l'on a affaire à un roc sûr et stable, moyennant une construction et une fixation offrant toute sécurité.

On doit indiquer sur l'appareil, d'une manière permanente, d'une façon précise, en caractères lisibles et apparents, le nombre maximum d'ouvriers qui peuvent se trouver sur l'échafaudage et la résistance minima admissible pour le câble qui le supporte.

Tout cabestan doit être muni d'un cliquet d'arrêt et d'un frein; tout engrenage doit être couvert d'une enveloppe protectrice.

Des dispositifs appropriés doivent prémunir tout échafaudage contre un renversement intempestif.

§ 42. — Les grues et les cabestans doivent être pourvus de cliquets d'arrêt et de freins à bande ou d'un autre dispositif de freinage efficace. Si

Last durch ihr Eigengewicht herabgelassen werden, so muss bei zweierlei Gängen eine Fallklinke angebracht sein, welche das Selbsteinrücken des Schnellganges verhindert.

Laufkrane, auf denen sich Kranführer befinden, sollen gegen Absturz von Menschen und Material genügend sichere und umwehrte Bühnen oder Galerien erhalten. Alle zugänglichen Zahnradgetriebe sind zu verdecken.

An jedem Krane ist seine Tragfähigkeit in Kilogrammen deutlich ersichtlich zu machen.

Alle beanspruchten Bestandteile dieser Hebezeuge sind mindestens jährlich einmal auf ihre Tragfähigkeit und sichere Wirksamkeit zu prüfen, wobei für Krane bis einschliesslich 25 Tonnen Nutzlast eine um 25 Prozent erhöhte Probebelastung anzuwenden ist, während für Krane mit grösserer Tragfähigkeit die Probelast um 10 Prozent mehr als die Nutzlast zu betragen hat. Ueber die durchgeführten Erprobungen sind Vormerke zu führen.

§ 43. — Bremsberge sind durch geeignete Vorrichtungen, Aufsetzwagen, Bremsbergverschlüsse, Doppelseile, Fangvorrichtungen u. dgl. derart einzurichten, dass die am Fussende befindlichen Personen durch herabrollende Wagen nicht gefährdet werden können. Die Bremsvorrichtung soll so beschaffen sein, dass die Bremse in ruhender Stellung geschlossen ist und nur bei Freigabe der Fahrt geöffnet wird (Lüftungsbremse).

§ 44. — Holzleitern sollen aus gesundem, tragfähigem Materiale hergestellt sein; die Sprossen sind in die Leiterbäume unbeweglich einzufügen; aufgenagelte Bretter oder Leisten sind als Sprossen unzulässig

Die in Verwendung kommenden Leitern sind so aufzustellen, dass die Sprossen von den Wandungen genügend weit abstehen.

§ 45. — Wenn Arbeiter am Rande eines steilen Abhanges oder Böschungen arbeiten, müssen sie angeseilt sein oder mindestens ein Sicherheitsseil in ihrem Griffbereiche zur Verfügung haben Die Befestigungsseile sind verlässlich zu verankern.

§ 46. — Arbeiter, für welche infolge ihrer Beschäftigung die Möglichkeit einer Gefährdung der Augen durch Splitter besteht, sind mit Schutzbrillen oder Schutzschirmen auszustatten. Zum Schutze der übrigen Arbeiter sind erforderlichenfalls Schutzwände oder Schutznetze anzubringen.

§ 47. — Bei jedem Betriebe, in welchem fünf oder mehr Arbeiter beschäftigt werden, muss ein Unterkunftsraum vorhanden sein, welcher mindestens eine Lagerstätte und eine Waschvorrichtung zu enthalten hat. Wird der Betrieb auch in den Wintermonaten aufrecht erhalten, so ist dieser Unterkunftsraum beheizbar einzurichten.

§ 48. — In jedem Betriebe muss das zur ersten Hilfeleistung erforderliche Material (Verbandsmaterial, blutstillende, Labe-, Desinfektionsmittel

l'on doit laisser descendre la charge par son propre poids, on doit ménager dans les deux sens un cliquet qui empêche le renversement du sens de marche.

Les grues mobiles, sur lesquelles les préposés se tiennent, doivent être entourées, pour parer au danger de chute d'hommes ou de matériaux, de balustrades ou galeries offrant toute sécurité. Tous les engrenages accessibles doivent être couverts.

Chaque grue doit porter, d'une manière claire et apparente, l'indication de sa force en kilogrammes.

Tous les organes obligatoires de ces appareils de levage doivent être essayés, au moins une fois par an, au point de vue de leur résistance et de la sécurité de leur fonctionnement; daus ces épreuves, pour les grues d'une charge utile allant jusque 25 tonnes inclusivement, on doit employer une charge d'épreuve de 25 p. c. supérieure, taudis que pour les grues de plus forte capacité, la charge d'épreuve ne doit dépasser que de 10 p. c. la charge utile. On doit tenir note des remarques faites lors de ces épreuves.

§ 43 — Les plans automoteurs doivent être pourvus de dispositifs appropriés, wagons-freins, barrières, câbles doubles, crochets et autres appareils de l'espèce, de manière à ce que les personnes se trouvant au pied de la pente ne puissent courir de danger du fait du dévallement de wagons. Le dispositif de freinage doit être établi de manière que le frein soit normalement fermé et qu'il ne soit ouvert qu'à la mise en marche du train (frein à air).

§ 44. — Les échelles en bois seront construites en matériaux sains et résistants; les échelons doivent être assemblés aux montants de manière à rendre tout mouvement impossible; on ne peut tolérer en guise d'échelons des planchettes ou tringles clouées sur les montants.

Les échelles que l'on utilise doivent être disposées de telle sorte que les échelons soient suffisamment écartés des parois.

§ 45. — Lorsque des ouvriers travaillent au bord d'une excavation escarpée ou sur un talus raide, ils doivent être attachés à une corde ou du moins avoir à leur disposition une corde de sûreté à portée de leur main. Ces cordes de sûreté doivent être convenablement amarrées.

§ 46. — Les ouvriers qui, à raison de leur travail, courent le risque d'être blessés aux yeux par des éclats, doivent être pourvus de lunettes ou de masques protecteurs. Il faut, le cas échéant, établir des filets ou des cloisons de protection pour garantir les autres ouvriers contre ces éclats.

§ 47. — Dans toute exploitation occupant cinq ouvriers au moins, on doit aménager une chambre-abri, contenant au moins une couchette et un lavabo. Si l'exploitation est activée également pendant les mois d'hiver, cette salle doit pouvoir être chauffée.

§ 48. — Dans toute exploitation, doivent exister les objets nécessaires aux premiers secours en cas d'accidents (bandages, hémostatiques, cordiaux,

u. s. w. und Transportmittel) vorhanden sein; die Aufsichtsorgane und ein Teil der Arbeiter müssen mit dessen Anwendung vertraut sein.

§ 49. — In jedem Betriebe muss für das Vorhandensein von Trink- und Waschwasser Vorsorge getroffen sein.

§ 50. — In jedem Betriebe sind unter Bedachtnahme auf die Zahl der Beschäftigten entsprechende Aborte anzulegen.

§ 51. — Bei starkem Nebel muss mit der Abräumungs- oder Gewinnungsarbeit ausgesetzt werden.

§ 52. — Personen, von denen bekannt ist, dass sie an Fallsucht, Krämpfen, zeitweiligen Ohnmachtsanfällen, Schwindel, Schwerhörigkeit oder an anderen körperlichen Schwächen oder Gebrechen in dem Masse leiden, dass sie dadurch bei Arbeiten in den Gewinnungsstätten einer aussergewöhnlichen Gefahr ausgesetzt wären, dürfen zu Arbeiten dieser Art nicht verwendet werden. Trunkene sind überhaupt von der Arbeit fernzuhalten. Hochschwangere Frauen dürfen nicht verwendet werden

§ 53. — Bei vorkommenden Betriebsunfällen ist sofort für ärztliche Hilfe zu sorgen.

§ 54. — Die Arbeitsstätten sind täglich vor dem jedesmaligen Arbeitsbeginne sowie ausserdem nach Tau- und Regenwetter und bei Eintritt von Frost sowie nach grösseren Sprengungen, endlich vor Wiederaufnahme des Betriebes nach einer längeren Unterbrechung, nötigenfalls wiederholt, vom Betriebsinhaber oder einer von diesem hierzu bestellten Person zu begeben; bei drohender Absturzgefahr sind die erforderlichen Vorbeugungsmassregeln sofort zu treffen und es ist eventuell der Betrieb an gefährdeten Stellen einzustellen.

SCHLUSSBESTIMMUNGEN.

§ 55. — An mehreren geeigneten und leicht zugänglichen Stellen des Betriebes ist ein kurzer, die wichtigsten Bestimmungen dieser Verordnung sowie der im § 22 zitierten Verordnungen enthaltender Auszug in dauerhafter Weise anzuschlagen. Dieser Auszug hat insbesondere die Bestimmungen der §§ 6, 14, 19, 29, 30, 36, 37, 45, 51 und 53 dieser Verordnung sowie der §§ 54, 55, 58, 59, 64, 65, 66, 68, 108, 109, 110, 111, 112, 113 und 115 der Ministerialverordnung vom 2. Juli 1877, *Reichs-Gesetzblatt* Nr. 68, in der Fassung der Ministerialverordnung vom 22. September 1883, *Reichs-Gesetzblatt* Nr. 156, des § 7 des Ministerialverordnung vom 19. Mai 1899, *Reichs-Gesetzblatt* Nr. 95, sowie des § 3 der Ministerialverordnung vom 19. Mai 1899, *Reichs-Gesetzblatt* Nr. 96, zu enthalten. Jeder Arbeiter ist beim Eintritte in die Arbeit auf diesen Anschlag besonders aufmerksam zu machen.

§ 56. — Die Bestimmungen dieser Verordnung finden sowohl auf schon bestehende als auch auf erst zur Errichtung (Neuerrichtung oder Aenderung)

désinfectants, etc, et une civière); le personnel surveillant et une partie des ouvriers doivent être familiarisés avec l'emploi de ces objets.

§ 49. — Dans toute exploitation, on doit avoir de l'eau potable et de l'eau pour se laver.

§ 50. — Dans toute exploitation, doit exister un nombre de latrines en rapport avec le nombre d'ouvriers employés.

§ 51. — En temps de brouillard épais, on doit interrompre les travaux de découverte et d'exploitation.

§ 52. — On ne peut employer au chantier d'exploitation les personnes connues comme étant sujettes à des attaques d'épilepsie, des convulsions, des syncopes passagères, des vertiges, celles qui ont mauvaise ouïe ou sont frappées d'autres infirmités ou défauts qui les exposeraient à un danger extraordinaire du fait de travailler à ces chantiers. Les femmes en état de grossesse avancée ne peuvent être employées au travail.

§ 53. — En cas d'accidents, on doit requérir immédiatement l'aide du médecin.

§ 54. — Les chantiers de travail sont inspectés comme il convient chaque jour avant le commencement du travail, et, en outre, après un temps de dégel et de pluie, à l'arrivée des gelées, après de grands sautages, enfin avant la reprise de l'exploitation après une plus longue interruption. Ces inspections se font par le propriétaire de l'exploitation ou par une personne à désigner par lui à cette fin; en cas de danger imminent d'éboulement, les mesures de protection nécessaires doivent être prises immédiatement et l'on doit éventuellement suspendre l'exploitation aux points dangereux.

Dispositions finales.

§ 55. — On doit afficher d'une façon permanente, à plusieurs endroits de l'exploitation judicieusement choisis et facilement accessibles, un court extrait comprenant les principales dispositions du présent arrêté et des ordonnances citées au § 22. Cet extrait doit contenir principalement les prescriptions des paragraphes 6, 14, 19, 29, 30, 36, 37, 45, 51 et 53 de la présente ordonnance, celles des paragraphes 54, 55, 58, 59, 64, 65, 66, 68, 108, 109, 110, 111, 112, 113 et 115 de l'ordonnance ministérielle du 2 juillet 1877 (*Reichs-Gesetzblatt*, n° 68) dans la forme modifiée suivant l'ordonnance du 22 septembre 1883 (*Reichs-Gesetzblatt*, n° 156), celles du § 7 de l'ordonnance ministérielle du 19 mai 1899 (*Reichs-Gesetzblatt*, n° 95), ainsi que celles du § 3 de l'ordonnance ministérielle du 19 mai 1899 (*Reichs-Gesetzblatt*, n° 96). Lors de l'admission au travail de chaque ouvrier, on doit attirer particulièrement son attention sur cette affiche.

§ 56. — Les dispositions de la présente ordonnance sont applicables aux travaux à ciel ouvert définis au § 1 de la présente, tant à ceux déjà existants

gelangende Tagbaue der im § 1 dieser Verordnung bezeichneten Art mit der Massgabe Anwendung, dass jene Anordnungen dieser Verordnung, welche eine Aenderung der Anlage bereits rechtskräftig konsentierter Betriebe erfordern, nur insofern anzuwenden sind, als denselben nicht etwa durch den Konsens erworbene Rechte entgegenstehen.

§ 57. — Uebertretungen dieser Verordnung werden, insofern dieselben nicht unter die Bestimmungen der allgemeinen Strafgesetze oder unter jene der Gewerbeordnung fallen, gemäss der Ministerialverordnung vom 30. September 1857, *Reichs-Gesetzblatt* Nr. 98, mit Geldstrafen von 2 bis 200 Kronen oder mit Arest von 6 Stunden bis zu 14 Tagen geahndet.

§ 58. — Diese Verordnung tritt sofort in Kraft.

Verordnung des Ministeriums für öffentliche Arbeiten im Einvernehmen mit dem Ministerium des Innern vom 22. Juli 1908, betreffend die Einrichtung und den Betrieb [der nach dem allgemeinen Berggesetze errichteten Blei- und Zinkhütten.

Auf Grund des § 220 des allgemeinen Berggesetzes und des § 1 des Gesetzes und des § 1 des Gesetzes vom 30. April 1870, *Reichs-Gesetzblatt* Nr. 68, findet das Ministerium für öffentliche Arbeiten im Einvernehmen mit dem Ministerium des Innern für die Einrichtung und den Betrieb der nach dem allgemeinen Berggesetze errichteten Blei- und Zinkhütte nachstehendes zu verordnen.

§ 1. — Blei- und Zinkhütten, welche neu errichtet werden, sind unter Berücksichtigung der herrschenden Windrichtung derart anzulegen, dass die ihnen entströmenden Gase und Dämpfe nicht anderen Arbeitsstätten, Wohnhäusern und dergleichen in der Umgebung der Hütten zugeführt werden.

Die Essen sind, soweit als tunlich, ausserhalb der Hüttenräume anzustellen und sollen eine solche Höhe erhalten, dass die durch sie abziehenden Gase und Dämpfe möglichst unschädlich abgeleitet werden.

Sofern dies mit Rücksicht auf besondere Verhältnisse, wie beispielsweise die Oertlichkeit der Hüttenanlage und die Beschaffenheit der bei den Hüttenprozessen sich bildenden Gase und Dämpfe geboten erscheint, müssen nach den von den Bergbehörden fallweise zu treffenden Anordnungen Kondensationsanlagen errichtet werden, durch welche die bei der Verhüttung entstehenden Gase und Dämpfe vor ihrem Austritte in die Atmosphäre zu leiten sind.

Nach Möglichkeit sollen Einrichtungen vorhanden sein, durch welche

qu'à ceux à établir à l'avenir (installations nouvelles ou modifiées), avec cette réserve que les prescriptions qui exigent une modification des exploitations déjà légalement tolérées ne doivent être appliquées que pour autant qu'elles n'aillent pas à l'encontre du droit acquis par le fait de la tolérance antérieure.

§ 57. — Les contraventions à la présente ordonnance, pour autant qu'elles ne tombent pas sous l'application du Code pénal, ou du règlement industriel seront, conformément à l'ordonnance ministérielle du 30 septembre 1857 (*Reichs-Gesetzblatt*, n° 98), punies d'amendes de 2 à 200 couronnes ou d'un emprisonnement de 6 heures à 14 jours.

§ 58. — La présente ordonnance entre immédiatement en vigueur.

Ordonnance du Ministre des travaux publics, en date du 22 juillet 1908, prise de concert avec le Ministre de l'intérieur, sur l'installation et l'exploitation des usines à plomb et à zinc ([1]).

En vertu du § 220 de la loi générale sur les mines et du § 1 de la loi du 30 avril 1870, le Ministre des travaux publics, d'accord avec le Ministre de l'intérieur, a pris les dispositions suivantes relativement à l'installation et à l'exploitation des usines à plomb et à zinc établies conformément à la loi générale sur les mines :

§ 1. — Lors de l'installation de nouvelles usines à plomb et à zinc, il doit être tenu compte de la direction dominante du vent, de telle manière que les gaz et les vapeurs qui s'échappent de ces usines, ne se répandent pas du côté des ateliers ou d'autres habitations se trouvant dans le voisinage.

Les cheminées doivent se trouver, si la chose est possible, hors des bâtiments de la fonderie, et atteindre une hauteur telle que les gaz et vapeurs qui s'échappent de ces bâtiments, soient détournés le plus possible de façon à perdre leur action nocive.

En cas de nécessité, eu égard aux circonstances particulières, comme par exemple l'emplacement des usines et la nature des gaz et des vapeurs se formant par les procédés de fabrication, des chambres de condensation doivent être établies, conformément aux ordonnances prises dans ce but par l'administration des mines, afin que les gaz et vapeurs provenant de la fonte du minerai passent par ces chambres avant de s'échapper dans l'atmosphère.

Autant qu'il est possible, les installations doivent être construites de

[1] *Reichs-Gesetzblatt*, 1908, n° 180.

einzelne Teile der Hüttenanlage, beziehungsweise einzelne Vorrichtungen derselben behufs Vornahme von Reinigungs- und Reparaturarbeiten unabhängig von den anderen ausser Betrieb gesetzt werden können.

§ 2. — Die Räume, in welchen Bleierze oder bleihaltige Zinkerze geröstet, Zinkerze kalziniert, Bleierze gesintert oder verschmolzen, Blei weiter gereinigt, Reichblei abgetrieben, Schuppenglätte oder andere oxydisch Bleiprodukte im Anschlusse an den Hüttenprozess hergestellt, gemahlen, gesiebt, gelagert oder verpackt werden, Rohzink oder Zinkschaum abdistilliert und Zinkstaub (Poussière) verarbeitet wird, müssen geräumig, hoch, gut belichtet, sowie derartig eingerichtet sein, dass in ihnen in ausreichendem Masse eine beständige Erneuerung der Luft stattfindet. Kann die genügende Erhellung dieser Räume mittels Seitenbelichtung nicht bewerkstelligt werden, so sind in denselben ausserdem Oberlichten herzustellen.

Räume, in welchen Manipulationen mit oxydischen Bleiverbindungen vorgenommen werden, sollen eine lichte Höhe von mindestens 4 Meter erhalten.

Gesimse, Mauerabsätze und dergleichen sind zur Hintanhaltung von Staubansammlungen in den Arbeitsräumen zu vermeiden.

§ 3. — Die im § 2 bezeichneten Räume müssen einen ebenen und festen, aus Stampfbeton, Eisenplatten, Klinkersteinen oder dergleichen herzustellenden Fussboden besitzen, welcher eine leichte Beseitigung des Staubes auf feuchtem Wege gestattet.

Damit Staubabsammlungen vermieden werden, müssen die Wände dieser Räume eine ebene Oberfläche haben und mindestens einmal im Jahre feucht gereinigt werden.

In Räumen, in welchen sich bleioxydhaltiger Staub in grösseren Mengen entwickeln kann, ist an den Wänden ein geglätteter Zementverputz oder auf dem Maueranwurf ein Leim- oder Oelfarbenanstrich anzubringen. Die Wände der anderen Arbeitsräume sind, sofern sie aus Mauerwerk bestehen, mit einem Kalkanstriche zu versehen, welcher mindestens einmal im Jahre erneuert werden muss.

Der Fussboden ist stets feucht zu erhalten und mindestens einmal täglich zu reinigen. Diese Vorschrift findet auch auf jene Räume Anwendung, in welchen die Beschickung hergerichtet oder andere die Entwicklung von bleihaltigem Staub verursachende Arbeiten vorgenommen werden.

§ 4. — Sämtliche beim Blei- und Zinkhüttenbetriebe zur Verwendung kommenden Apparate sind nach Tunlichkeit derart zu situieren, dass sie von allen Seiten zugänglich sind nnd dem Arbeiter die Möglichkeit bieten, an denselben in bequemer Stellung seine Arbeit zu verrichten. Flamm-, Destillations- und Raffinieröfen, Kesselbatterien für den Pattinson Parkesprozess und dergleichen müssen derart angeordnet werden, dass die Ar-

manière que certaines parties ou certains appareils puissent être arrêtés isolément en vue de travaux de nettoyage ou de réparation.

§ 2. — Les locaux servant au grillage de minerais de plomb ou de minerais de zinc plombiques, à la calcination de minerais de zinc, à la scorification ou à la fonte de minerais de plomb, à l'épuration du plomb, à l'affinage du plomb épuré, à la fabrication, au cours des opérations de la fonderie, de la litharge et d'autres oxydes de plomb, au broyage, au tamisage, à l'emmagasinage et à l'emballage de ces produits, à la séparation du zinc brut ou de l'écume de zinc et au travail de la « poussière » de zinc, doivent être spacieux, d'une grande hauteur, bien éclairés et installés de façon à assurer, dans une mesure suffisante, un renouvellement constant de l'air. Si l'éclairage latéral de ces locaux n'est pas suffisant, ils devront être éclairés en outre par en haut.

Les locaux servant aux manipulations des oxydes de plomb doivent avoir une hauteur de 4 mètres au moins.

En vue d'éviter l'accumulation de la poussière dans les ateliers, les murs doivent présenter une surface unie, sans chambrales, ornements et autres parties saillantes.

§ 3. — Les locaux désignés au § 2 doivent être pourvus d'un plancher uni et ferme, formé de béton, de plaques de fer, de carreaux céramiques ou d'autres matières semblables, afin de permettre l'enlèvement facile de la poussière par la voie humide.

Afin d'éviter l'accumulation de la poussière, les murs de ces locaux doivent présenter une surface unie et être nettoyés par voie humide au moins une fois l'an.

Dans les locaux où la poussière d'oxyde de plomb peut se développer en grande quantité, les murs recevront une couche de ciment ou bien une couche de colle ou de couleur à l'huile. Les murs des autres ateliers, s'ils consistent en maçonnerie, recevront une couche de chaux, qui sera renouvelée au moins une fois l'an.

Le parquet doit être tenu à l'état humide et doit être nettoyé au moins une fois par jour. La présente disposition est également applicable aux locaux de charge et à ceux où s'exécutent des travaux dégageant des poussières plombiques.

§ 4. — Tous les appareils, utilisés daus l'exploitation des usines à plomb et à zinc, doivent être, autant que possible, installés dans un endroit convenable et rendus accessibles de tous côtés, pour la plus grande facilité de l'ouvrier. Les fourneaux à réverbère, les fours de distillation, les fours d'affinage, les générateurs pour les procédés Pattinson et Parke et autres appareils semblables, doivent être disposés de manière que les ouvriers ne

beiter bei Verrichtung ihrer Arbeit nicht von mehreren Seiten durch strahlende Wärme belästigt werden.

Apparate, in welchen sich bleihaltiger Staub oder bleihaltige Gase und Dämpfe entwickeln, sind, soweit nicht das Austreten von Staub, beziehungsweise von Gasen und Dämpfen nach ihrer Einrichtung und Benützungsart verhütet ist, an ihren Fugen derart abzudichten, dass ein Austreten des Staubes, der Gase und Dämpfe in die Arbeitsräume möglichst verhindert wird.

§ 5. — Für die Arbeiter in den im § 2 bezeichneten Räumen muss in der Nähe der Arbeitsstätten gutes, gegen Eindringen von Staub geschütztes, frisches, womöglich frei auslaufendes Trinkwasser in reichlichen Mengen derart bereitgehalten werden, dass es die Arbeiter, ohne ins Freie zu treten, jederzeit bequem erreichen können. Die Beschaffung des Trinkwassers durch Zutragen in Gefässen darf nur in dem Falle zugelassen werden, wenn in der betreffenden Hüttenanlage eine Trinkwasserleitung überhaupt nicht oder nur mit unverhältnismässig grossen Kosten hergestellt werden könnte. Als Trinkwasserbehältnisse dürfen in diesem Falle nur geschlossene Gefässe verwendet werden, welche täglich gründlich zu reinigen und wenigstens einmal in der Woche mit heissem Wasser oder Wasserdampf auszubrühen sind. Wird das Trinkwasser in Gefässen zugetragen, so ist für eine mehrmalige Erneuerung des Wassers während der Arbeitsschicht Sorge zu tragen.

§ 6. — Sofern von den Bergdehörden nicht fallweise Ausnahmen bewilligt werden, müssen in den im § 2 bezeichneten Räumen sowie in allen anderen Räumen, in welchen die Entwicklung von bleihaltigem Staub verursachende Arbeiten vorgenommen werden, Hydranten mit Schlauchleitungen und Streudrüsen oder andere geeignete Einrichtungen zum Abkühlen heisser Rückstände, zum Befeuchten des Staubes uud dergleichen vorhanden sein.

§ 7. — Die Zerkleinerung aufbereiteter Blei- und Zinkerze sowie bleihaltiger Hüttenprodukte darf, sofern das zu zerkleinernde Material nicht in solchem Masse angefeuchtet ist, dass eine Staubentwicklung nicht eintreten kann, nur in Apparaten erfolgen, bei welchen dem Austreten bleihaltigen Staubes in die Arbeitsräume durch Staubabsaugung wirksam vorgebeugt ist.

Säcke, in welchen Blei- oder Zinkerze oder bleihaltige Stoffe verpackt werden, dürfen nur in staubdichten Apparaten oder durch Waschen entstaubt und gereinigt werden.

§ 8. — Die zum Beschicken der Oefen, Herde und Muffeln bestimmten bleihaltigen Stoffe müssen, sofern sie oxydisch sind und zur Staubentwicklung Anlass geben können, vor ihrer Mischung mit anderen Materialien, ihrer Lagerung und Verhüttung in den bezeichneten Apparaten zur Ver-

soient pas incommodés de plusieurs côtés à la fois par la chaleur rayonnante, daus l'accomplissement de leur besogne.

Les appareils qui dégagent de la poussière, des gaz ou des vapeurs plombiques doivent, pour autant que leur mode d'installation et d'utilisation n'empêche pas déjà la sortie des produits volatils en question, avoir tous les joints bien calfatés, de manière à empêcher le plus possible la poussière, les gaz et les vapeurs de se répandre dans les ateliers.

§ 5. — Il doit être mis à la disposition des ouvriers travaillant dans les locaux désignés au § 2, en abondante quantité, de bonne eau potable fraiche, protégée contre la poussière, coulant librement, si c'est possible, de telle manière que les ouvriers puissent toujours en user commodément, sans aller à l'extérieur. Dans le cas où les installations de l'usine ne permettent pas l'installation d'un service d'ean potable ou ne la permettent qu'au prix de frais excessifs, l'eau peut alors être fournie dans des vases. Ces récipients d'eau potable seront hermétiquement clos et devront être nettoyés à fond chaque jour et récurés une fois par semaine avec de l'eau chaude ou de la vapeur d'eau. De plus, on prendra soin dans ce cas de renonveler l'eau aussi souvent que possible, pendant la journée de travail.

§ 6. — A moins que l'administration des mines n'en décide autrement, il sera installé dans les locaux désignés au § 2 et dans les autres locaux où sont entrepris des travaux donnant lieu à un dégagement de poussière plombique, des bouches à eau avec tuyaux et pommes d'arrosage ou autres appareils appropriés pour le refroidissement des résidus chauds et le mouillage de la poussière et d'autres produits semblables.

§ 7. — Les minerais de plomb et de zinc préparés et les produits de fonderies à teneur de plomb ne peuvent, s'ils ne sont pas suffisamment humectés, être broyés que dans des appareils construits de façon à empêcher efficacement la poussière de pénétrer dans les locaux de travail.

Les sacs daus lesquels sont emballés des minerais de plomb et de zinc ou des substances renfermant du plomb, ne peuvent être débarrassés de la poussière et nettoyés que dans des appareils hermétiquement clos ou à l'aide de lavages.

§ 8. — En vue d'éviter les poussières, les matières à teneur de plomb destinées au chargement des fours, foyers et moufles, doivent, si elles renferment de l'oxyde et peuvent dégager de la poussière, être humectées avant d'être mélangées à d'autres matières, avant d'être emballées et introduites dans les

meidung von Staubbildung angefeuchtet werden, soweit es ihre weitere Verarbeitung erlaubt.

§ 9. — Bleihaltiger Staub, bleihaltige Gase und Dämpfe, welche den Oefen, Herden, Konvertern, den Destillationsapparaten, Abstichvorrichtungen, den Schlackentiegeln, Schlackenwagen, den Raffinier- und Pattinsonkesseln, den glühenden Rückständen und dergleichen entweichen, sind durch geeignete Vorrichtungen möglichst nahe an der Austrittsstelle abzufangen und unschädlich aus dem Arbeitsraume abzuführen.

Flugstaubkammern und Flugstaubkanäle sowie ausgeblasene Oefen sind, wenn sie von den Arbeitern betreten werden müssen, zuvor ausreichend abzukühlen und zu durchlüften.

§ 10. — Beim Sieben und Packen der Schuppenglätte und anderer bleihaltiger Stoffe, wie Zinkstaub (poussière) und bei sonstigen Verrichtungen, bei welchen sich bleihaltiger Staub entwickelt, müssen Absauge- und Abführungsvorrichtungen oder andere geeignete Vorkehrungen vorhanden sein, durch welche das Eintreten des bleihaltigen Staubes in die Arbeitsräume verhindert wird.

Das Sieben und Packen dieser Stoffe hat unter möglichstem Ausschluss von Handbetrieb stets in besonderen Räumen zu erfolgen.

§ 11. — Ueber besonderen Auftrag der Bergbehörde sind zur Untersuchung der Beschaffenheit der Luft in den einzelnen Hüttenabteilungen nach den von dieser Behörde zu erteilenden Weisungen in bestimmten Fällen oder Zeitabschnitten Luftproben nehmen und durch geeignete Organe auf den Gehalt an Blei analysieren zu lassen.

Ueber das Ergebnis der Analysen ist eine laufende Vormerkung zu führen, welche der Bergbehörde und ihren Abgeordneten auf Verlangen vorzulegen ist.

§ 12. — Arbeiterinnen überhaupt und männliche Arbeiter unter 18 Jahren dürfen in den im § 2 bezeichneten Räumen, dann beim Herrichten, Anschlagen und Aufgeben der Beschickung, in den Flugstaubkammern und Flugstaubkanälen, beim Reinigen und Abbrechen kaltgestellter Oefen, beim Transporte des Flugstaubes, bei Ofenreparaturen und bei sonstigen die Entwicklung von bleihaltigem Staub verursachenden Arbeiten keine Verwendung finden.

§ 13. — Die Arbeiter bei den Flamm- und Schachtöfen, bei den Konvertern, Pattinson- und Raffinierkesseln, den Destillationsapparaten und Treibherden, beim Ausräumen der Flugstaubkammern und Flugstaubkanäle, welche nassen Flugstaub enthalten, beim Transporte des Flugstaubes und beim Herrichten der Beschickung im Falle der Verwendung bleioxydhaltiger Stoffe dürfen nur in achtstündiger Schicht beschäftigt

appareils précités, pour autant que le permette leur mise en œuvre ultérieure.

§ 9. — La poussière, les gaz et les vapeurs plombiques qui s'échappent des fours, des foyers, des moufles, des convertisseurs, des appareils de distillation, des appareils de coulée, des creusets à scories, des chariots à scories, des chaudières d'affinage et des chaudières Pattinson, des résidus incandescents et d'autres matières ou appareils semblables, doivent être captés le plus près possible du point de dégagement et évacués dans des conditions n'offrant aucun danger.

Les chambres et canaux de condensation ainsi que les fours éteints seront, quand les ouvriers doivent y pénétrer, suffisamment refroidis et aérés.

§ 10. — Au cours du tamisage et de l'emballage de la litharge et d'autres matières à teneur de plomb, telle que la poussière de zinc, ou au cours d'autres opérations donnant lieu à un dégagement de poussière plombique, l'introduction de celle-ci dans les ateliers devra être empêchée à l'aide d'appareils d'aspiration et d'évacuation ou d'autres dispositifs appropriés.

Le tamisage et l'emballage de ces matières doivent toujours avoir lieu dans des locaux particuliers et autant que possible sans recourir au travail manuel.

§ 11. — Afin de vérifier la qualité de l'air dans les diverses dépendances de l'usine, des échantillons d'air seront pris, par ordre spécial de l'administration des mines et à la suite d'instructions données par cette administration, à des époques et dans les cas déterminés; ces échantillons seront analysés au moyen d'appareils spéciaux permettant de reconnaître leur teneur en plomb.

Le résultat de ces analyses doit être noté successivement et être soumis, sur demande, à l'administration des mines et à ses délégués.

§ 12. — Il est défendu d'occuper des ouvrières et de jeunes ouvriers de moins de 18 ans dans les locaux spécifiés au § 2, ainsi qu'à la préparation et au chargement des minerais dans les fours, dans les chambres et canaux de condensation, au nettoyage et au décapage des fours éteints, au transport des poussières, aux réparations des fours et à d'autres travaux donnant lieu à un dégagement de poussière plombique.

§ 13. — Les ouvriers occupés aux fours à réverbère et à cuves, aux convertisseurs, aux chaudières Pattinson et d'affinage, aux appareils de distillation, aux fours de coupellation du plomb, au déblayage des chambres et des canaux de condensation renfermant des poussières humides, au transport de ces produits et à la préparation des fourneaux où l'on traite des matières plombifères, ne peuvent être occupés que par équipes de huit heures par

werden. Für die Arbeiter bei den Flamm- und Schachtöfen, Konvertern, Pattinson- und Raffinierkesseln in Hütten, in welchen die betreffenden Apparate nur periodisch, und zwar nicht länger als zehn Wochen im Jahre mit derselben Mannschaft betrieben werden, kann an Stelle der achtstündigen Schicht die zwölfstündige mit zehnstündiger Arbeitszeit treten.

Bei den amerikanischen Herden darf die Arbeitszeit der Schmelzer sechs Stunden in der Schicht nicht übersteigen; bei den betreffenden Arbeitsverrichtungen ist die Einteilung nach Möglichkeit derart zu treffen, dass nach je zweistündiger Arbeitszeit für jeden Arbeiter eine zweistündige Ruhepause entfällt.

Beim Ausräumen der Flugstaubkämmern und Flugstaubkanäle, welche trockenen Flugstaub enthalten, beim Sieben und Packen der Schuppenglätte und von bleihaltigen Stoffen anderer Art, wie Zinkstaub (poussière), sofern diese Arbeiten nicht unter Ausschluss von Handbetrieb vorgenommen werden, darf die Dauer der Schicht nicht mehr als sechs Stunden und die wirkliche Arbeitszeit während derselben nicht mehr als vier Stunden betragen. Nach Bedarf ist diese Arbeitszeit durch angemessene Pausen zur Reinigung und Erholung zu unterbrechen. In der Belegung solcher Arbeiten ist ferner periodisch ein derartiger Wechsel zu vollziehen, dass der einzelne Arbeiter bei denselben in der Woche nicht öfter als an drei Tagen beschäftigt wird.

Beim Reinigen und Abbrechen kaltgestellter Oefen und bei der Vornahme von Ofenreparaturen dürfen die Arbeiter im Zinkhüttenbetriebe nur in achtstündiger Schicht verwendet werden. Werden solche Arbeiten in Bleihütten vorgenommen, so gelten für die dabei beschäftigten Arbeiter die Vorschriften des dritten Absatzes dieses Paragraphen.

Die Bergbehörde kann in geeigneten Fällen im Einvernehmen mit der politischen Behörde, nach Anhörung von Vertrauensmännern der Arbeiterschaft, nach Massgabe der geltenden gesetzlichen Vorschriften jederzeit widerrufliche Ausnahmen von den im vorstehenden bestimmten Einschränkungen der Schicht- und Arbeitsdauer gewähren, wenn nach dem Ergebnisse der gepflogenen Erhebungen und dem Ausspruche des hierüber einzuvernehmenden Amtsarztes durch die Verlängerung der Schicht- und Arbeitsdauer eine Gefährdung der Gesundheit oder eine besondere Erschwernis für die betroffenen Arbeiter nicht verursacht wird.

§ 14. — Der Werksbesitzer ist verpflichtet, den Arbeitern, welche bei den im § 13 genannten Apparaten und Arbeiten oder bei sonstigen Verrichtungen beschäftigt werden, bei welchen sich bleihaltiger Staub entwickelt, Arbeitskleider beizustellen, die mindestens aus Hose, Bluse und Mütze zu bestehen haben.

Wo dies hygienische Rücksichten erfordern, sind die Arbeiter auch mit Handschuhen zu versehen.

Arbeiter, welche beim Ausräumen der Flugstaubkammern und Flug-

jour. Pour les ouvriers occupés aux fours à réverbère et à cuves, aux convertisseurs, aux chaudières Pattinson et d'affinage, dans des usines où ces divers appareils ne sont utilisés que périodiquement et tout au plus dix semaines par année avec la même équipe d'ouvriers, l'équipe de douze heures avec dix heures de travail peut être substituée à l'équipe de huit heures.

La journée du fondeur occupé aux fours américains, ne peut dépasser six heures; dans les divers postes, il y a lieu d'établir, autant que possible, la division du travail de telle manière que chaque ouvrier bénéficie d'un repos de deux heures immédiatement après un temps de travail de deux heures.

Dans les travaux de vidange des chambres et des canaux de condensation renfermant des produits poussiéreux secs, de blutage et d'emballage de la litharge et d'autres matières plombifères, telle que la poussière de zinc, pour autant que ces travaux ne soient pas exécutés à la machine, la durée de la journée ne peut dépasser six heures avec un travail effectif de quatre heures. Ce temps de travail sera interrompu suivant les besoins par des repos suffisants pour que les ouvriers puissent se nettoyer et se rafraîchir. Les ouvriers occupés aux travaux précités doivent être remplacés par roulement de manière à ne fournir que trois journées de travail chaque semaine.

Dans les fonderies de zinc, en ce qui concerne les travaux de nettoyage et de décapage des fours refroidis, et dans les travaux de réparation de ces fours, les ouvriers ne peuvent être occupés plus de huit heures par jour. Si ces ouvriers sont occupés dans des usines à plomb, les prescriptions du troisième alinéa leur sont applicables.

Après avoir entendu les délégués du personnel ouvrier et conformément aux prescriptions légales en vigueur, l'administration des mines, d'accord avec les autorités politiques, peut accorder ou retirer en tout temps des dérogations aux limitations ci-dessus relatives à la durée du travail effectif, dans les cas où, après enquête et sur avis du médecin agréé consulté à ce sujet, il est reconnu que la prolongation de la durée de la journée et du travail effectif n'est pas préjudiciable à la santé des ouvriers ou ne rend pas leur travail plus pénible dans une mesure appréciable.

§ 14. — Le chef d'entreprise doit fournir aux ouvriers occupés aux appareils et aux travaux spécifiés dans le § 13 ou à d'autres travaux donnant lieu à un dégagement de poussière plombique, des vêtements de travail comprenant au moins des pantalons, une blouse et une casquette.

Dans les travaux où les conditions hygiéniques l'exigent, les ouvriers doivent également être pourvus de gants.

Les ouvriers occupés aux travaux de vidange des chambres et des canaux

staubkanäle oder bei ähnlichen Verrichtungen beschäftigt werden, bei welchen sie der Einwirkung von bleihaltigem Staub in besonderem Masse ausgesetzt sind, müssen vom Werksbesitzer mit Staubschützern, Respiratoren, Schwämmen u. dgl.), welche Mund und Nase decken, ausgerüstet werden.

§ 15. — Die im § 14 vorgeschriebenen Arbeitskleider, Arbeitshandschuhe und Staubschützer sind den bei den betreffenden Arbeitsverrichtungen beschäftigten Arbeitern in zweckentsprechender Beschaffenheit und ausreichender Zahl zuzuweisen. Der Werksbesitzer hat dafür Sorge zu tragen, dass die Arbeitskleider fortlaufend gereinigt, mindestens einmal wöchentlich ausgewaschen und je nach Bedarf ausgebessert werden; auch ist von demselben darüber zu wachen, dass die Staubschützer sich stets in brauchbarem Zustand befinden.

Die Aufbewahrung der Arbeitskleider und Staubschützer in den Arbeitsräumen ist untersagt.

§ 16. — Im Anschlusse an die Arbeitsräume ist bei jeder Hütte, staubgeschützt, ein besonderer Wasch- und Baderaum, ein Garderoberaum zum Aus- und Ankleiden und ein Speiseraum für die Arbeiter zu errichten.

Diese Räume müssen rein, durch Aufwaschen mit Tüchern oder Wasserspülung stets staubfrei gehalten und in der kälteren Jahreszeit geheist werden. Bei Neuanlagen ist der Baderaum anschliessend an den Waschraum herzustellen.

Der Waschraum und der Baderaum haben undurchlässigen Boden und bis zur Höhe von wenigstens 2 Meter waschbare Wände zu erhalten. Der Waschraum ist mit Kalk- und Warmwasserzulauf und der notwendigen Zahl leicht zu reinigender Waschbecken zu versehen. Im Baderaum sind in der erforderlichen Zahl Brausen (Duschen) für kaltes und warmes Wasser und Badewannen einzurichten. Im Wasch- und Baderaum sind Wasserbecher, Nagel- und Zahnbürsten und Seife bereitzuhalten. Jeder Arbeiter, welcher gemäss § 20, Punkt 4, zur Benützung des Bades verpflichtet ist, hat wöchentlich mindestens ein Handtuch zu erhalten.

Die Wasch- und Badeanlage muss sich jederzeit in gebrauchsfähigem Zustande befinden. Jedem Arbeiter ist die Möglichkeit zu geben, die Wasch- und Badeeinrichtungen benützen zu können.

Die Aufbewahrung der Arbeitskleider und der vor Beginn der Arbeit abgelegten Kleider hat abgesondert in den hiezu bestimmten Schränken oder durch Hochziehen der Kleider im Garderoberaume zu erfolgen. Eine Aufbewahrung der Kleider durch Hochziehen derselben ist nur in vollkommen staubgeschützten Räumen statthaft.

Im Speiseraume sind an geeigneter Stelle Einrichtungen zum Erwärmen der Speisen zu treffen.

Der Bergbehörde ist vorbehalten, bei den zur Zeit des Inkrafttretens dieser Verordnung bereits bestehenden Hüttenanlagen in besonderen Fäl-

de condensation ou à des travaux de ce genre où ils sont exposés dans une mesure appréciable à l'action de la poussière plombique, doivent avoir à leur disposition des appareils de protection pour la bouche et le nez (respirateurs, éponges, etc.).

§ 15. — Le chef d'entreprise doit fournir aux ouvriers occupés aux travaux en question les vêtements et les gants de travail ainsi que les appareils de protection contre la poussière prescrits au § 14 et qui doivent être de fabrication appropriée et en nombre suffisant. Le chef d'entreprise veillera à ce que les vêtements de travail soient régulièrement nettoyés, lavés au moins une fois la semaine et raccommodés suivant les besoins ; il veillera également à ce que les appareils de protection contre la poussière soient toujours utilisables.

Le dépôt des vêtements de travail et des appareils de protection contre la poussière dans les ateliers, est interdit.

§ 16. — Dans une dépendance de l'usine, à l'abri de la poussière, il doit y avoir pour les ouvriers un lavabo, une salle de bains, un vestiaire pour changer d'habits et un réfectoire.

Ces salles doivent être tenues en état de propreté et à l'abri des poussières, et être chauffées pendant la saison froide. Dans les nouvelles installations, la salle de bains sera toujours placée à côté du lavabo.

Le lavabo et la salle de bains doivent être pourvus d'un plancher étanche et de murs lavables jusqu'à la hauteur de 2 mètres. Dans le lavabo, il doit y avoir des tuyaux de distribution d'eau chaude et d'eau froide et des bassins en nombre suffisant, faciles à nettoyer. Dans la salle de bains il doit y avoir, en nombre suffisant, des douches d'eau froide et d'eau chaude ainsi que des baignoires. Dans le lavoir et la salle de bains il y aura en outre, des gobelets, des brosses à ongles, des brosses à dents et du savon. Tout ouvrier obligé, en vertu du § 20, alinéa 4, de prendre un bain, doit recevoir au moins une serviette chaque semaine.

Le lavoir et la salle de bains doivent se trouver continuellement dans un état propre à l'usage. Tout ouvrier doit jouir de la faculté d'utiliser ces installations.

La conservation des vêtements de travail et des effets d'habillement enlevés avant le commencement du travail doit se faire séparément dans les armoires réservées à cet usage ou par accrochage des habits dans le vestiaire. Le dépôt par accrochage ne peut avoir lieu que dans des locaux à l'abri de la poussière.

Le réfectoire sera pourvu d'une installation servant à réchauffer les aliments et placée dans un endroit convenable.

En ce qui concerne les prescriptions relatives à l'installation de lavabos et salles de bains, l'administration des mines peut accorder, dans certains cas,

len Erleichterungen vom den Vorschriften, betreffend die Errichtung von Wasch- und Baderäumen, zu gewähren.

§ 17. — Die Beaufsichtigung der Instandhaltung der Wasch- und Baderäume, der Garderobe- und der Speiseräume hat ein von der Betriebsleitung hiezu bestimmtes Aufsichts- oder anderes verlässliches Organ zu führen, welches etwaige Mängel in diesen Räumen, beziehungsweise in der Einrichtung derselben, sofern sie nicht von ihm behoben werden können, behufs Abstellung dem Betriebsleiter oder dessen Stellvertreter anzuzeigen hat.

§ 18. — Als Arbeiter dürfen in Blei- und Zinkhüttenbetrieben nur Personen beschäftigt werden, welche laut ärztlicher Bescheinigung zur Verrichtung der ihnen zugewiesenen Arbeit die volle körperliche Eignung besitzen.

Der Werksbesitzer ist verpflichtet, die Arbeiter, welche bei den im § 13 genannten Apparaten und Arbeiten beschäftigt werden, mindestens einmal monatlich auf ihren Gesundheitszustand, namentlich in bezug auf etwaige Anzeichen einer Bleierkrankung, ärztlich untersuchen zu lassen.

Die bei anderen Arbeiten im Hüttenbetriebe beschäftigten Arbeiter sind dieser Untersuchung wenigstens einmal im Vierteljahre zu unterziehen.

Arbeiter, welche nach ärztlichem Ausspruche einer Bleierkrankung verdächtig sind, dürfen bis zu ihrer völligen Genesung zu Arbeiten in den im § 2 bezeichneten Räumen sowie der im § 13 genannten Art nicht zugelassen werden.

Arbeiter, welche als bleikrank erkannt worden sind, dürfen, soweit ihre weitere Beschäftigung im Werksbetriebe vom untersuchenden Arzte überhaupt als zulässig erachtet wird, nur zu den von letzterem bezeichneten Arbeiten verwendet werden.

Arbeiter, die sich den Einwirkungen des Bleies gegenüber in besonderem Masse empfindlich erweisen, sind von Arbeiten in den im § 2 bezeichneten Räumen sowie der im § 13 genannten Art dauernd auszuschliessen.

§ 19. — Zur Kontrolle des Gesundheitszustandes der im Hüttenbetriebe beschäftigten Arbeiter ist auf jedem Werke eine Vormerkung zu führen, welcher rücksichtlich jedes Arbeiters nachstehende Angaben zu entnehmen sein müssen :

1. Vor- und Zuname, Alter, Wohnort, Tag des Ein- und Austrittes des Arbeiters, der ärztliche Befund bei seiner Aufnahme in die Arbeit und die Art der ihm zugewiesenen Beschäftigung.

2. Die Tage und Ergebnisse der im zweiten und dritten Absatze des § 18 vorgeschriebenen ärztlichen Untersuchungen unter Beifügung des Namens des untersuchenden Arztes.

3. Im Falle der Erkrankung eines Arbeiters :

a) der Tag und die Art der Erkrankung desselben ;
b) der Tag der Genesung desselben ;

des facilités aux usines existant lors de l'entrée en vigueur de la présente ordonnance.

§ 17.— La surveillance du bon entretien des lavabos, salle de bains, vestiaire et réfectoire est confiée à un contrôleur ou à toute autre personne de confiance désignée à cet effet par le service d'exploitation et qui aura à signaler à ce service ou au delégué de celui-ci, en vue de leur suppression, les défauts éventuels de ces locaux ou de l'installation de ceux-ci, pour autant que ces personnes ne puissent y remédier elles-mêmes.

§ 18. — Les personnes dont la constitution physique ne s'oppose pas à l'accomplissement des travaux de l'espèce, conformément à un certificat médical, pourront seules être occupées comme ouvriers dans les usines à plomb et à zinc.

Le chef d'entreprise est tenu de faire examiner, au moins une fois par mois, par un médecin, l'état sanitaire des ouvriers occupés aux appareils et aux travaux spécifiés au § 13, surtout au point de vue des symptômes éventuels d'une intoxication saturnine.

Les ouvriers de ces exploitations occupés à d'autres travaux passeront cette visite médicale au moins une fois chaque trimestre.

Les ouvriers qui, de l'avis du médecin, présentent des symptômes de saturnisme, ne peuvent plus travailler dans les locaux désignés au § 2, ni être occupés aux travaux spécifiés au § 13, jusqu'à leur complète guérison.

Les ouvriers reconnus atteints de saturnisme ne peuvent être occupés qu'aux travaux désignés par le médecin, pour autant que la continuation de leurs occupations dans les ateliers ne soit pas considérée par le dit médecin comme leur étant préjudiciable par elle-même.

Les ouvriers qui se montrent particulièrement sensibles aux effets du plomb doivent être écartés, d'une manière permanente, des travaux exécutés dans les locaux spécifiés au § 2 et des travaux spécifiés au § 18.

§ 19. — Un registre permettant de contrôler l'état sanitaire des ouvriers occupés dans une usine doit être tenu dans chaque entreprise et contenir les indications ci-après à l'égard de chaque ouvrier.

1. Les nom et prénoms, l'àge, le domicile, le jour de l'entrée et de la sortie de chaque ouvrier, son état sanitaire au moment de son admission ainsi que la nature de son occupation.

2. Les dates et les résultats des visites médicales prescrites par le § 18, alinéas 2 et 3, ainsi que le nom du médecin chargé de la surveillance de l'état sanitaire des ouvriers.

3. En cas de maladie d'un ouvrier :

a) la date et la nature de l'affection ;

b) la date de la guérison ;

c) die Art der dem Arbeiter nach seiner Genesung etwa zugewiesenen leichteren Beschäftigung.

Die sich auf die Ergebnisse der ärztlichen Untersuchungen beziehenden Eintragungen in der Vormerkung sind von dem mit den Untersuchungen betrauten Arzte, sofern sie nicht eigenhändig von ihm vorgenommen werden, durch Beisetzung der Unterschrift zu bestätigen.

Die Vormerkung ist der Berg- und der politischen Behörde, beziehungsweise deren Abgeordneten auf Verlangen vorzulegen.

§ 20. – Der Werksbesitzer hat in der Dienstordnung (§ 200 a. B. G) für die bei seiner Hütte beschäftigten Arbeiter Vorschriften nachstehenden Inhaltes zu erlassen :

1. Die Arbeiter haben die Arbeitskleider, Arbeitshandschuhe und Staubschützer in jenen Räumen und bei jenen Arbeiten, für welche dieselben vorgeschrieben sind (§ 14), ordnungsmässig zu benützen, sie nach beendigter Schicht, beziehungsweise verrichteter Arbeit abzulegen und an den vorgeschriebenen Stellen aufzubewahren. Das An- und Ausziehen der Arbeitskleider darf nur im Garderoberaume vorgenommen werden; das Mitnehmen dieser Kleider in Speiseräume und Wohnungen ist strenge untersagt.

2. Die Arbeiter dürfen Nahrungsmittel nicht in die Arbeitsräume mitnehmen. Mahlzeiten dürfen nur ausserhalb der Arbeitsräume im Speiseraume eingenommen werden.

3. Vor jeder Nahrungsaufnahme sowie nach Beendigung der Schicht hat sich der Arbeiter Hände, Gesicht, Mund und Zähne gründlich zu reinigen ; die Reinigung hat stets im Waschraume zu erfolgen.

4. Alle Arbeiter, die bei Arbeiten beschäftigt werden, bei welchen gemäss § 13, Absatz 3 und 4, die Dauer der Schicht nicht mehr als sechs Stunden und die wirkliche Arbeitszeit während derselben nicht mehr als vier Stunden betragen darf, müssen täglich und die übrigen im Hüttenbetriebe beschäftigen Arbeiter je nach Bedarf, mindestens aber wöchentlich einmal nach beendigter Schicht am Werke baden. Von dieser Verpflichtung sind nur jene Arbeiter befreit, für welche das Baden nach ärztlichem Ausspruche unzuträglich ist.

5. Das Rauchen von Zigarren und Zigaretten ist in allen Arbeitsräumen, das Rauchen in Pfeifen und das Kauen von Tabak bei folgenden Arbeiten untersagt : Beim Ausräumen der Flugstaubkammern und Flugstaubkanäle, beim Reinigen und Abbrechen kaltgestellter Oefen, bei den amerikanischen Herden, bei der Zinkdestillation, beim Sieben, Mahlen und Packen von Glätte oder anderen bleihaltigen Erzeugnissen.

6. Arbeiter, welche trotz wiederholter Verwarnung und der über sie wegen solcher Uebertretungen dienstordnungsgemäss verhängten Strafen den vorstehenden Vorschriften zuwiderhandeln, können vor Ablauf der vertragsmässigen Frist ohne Kündigung entlassen werden.

c) la nature de l'occupation moins pénible qui serait assignée éventuellement à l'ouvrier après sa guérison.

Pour autant qu'elles ne soient pas faites de sa propre main, les inscriptions du registre relatives aux résultats des visites médicales seront approuvées par le médecin chargé de la surveillance de l'état sanitaire des ouvriers, au moyen de l'apposition de sa signature.

Le registre doit être soumis, sur demande, à l'administration des mines ou aux autorités politiques et à leur représentants.

§ 20. — Le chef d'entreprise doit publier dans le règlement d'atelier (§ 200*a* de la loi sur les mines), pour les ouvriers de son usine, des prescriptions sur les points suivants :

1. Les ouvriers doivent faire usage, conformément au règlement, des vêtements et des gants de travail, ainsi que des appareils de protection contre la poussière dans les locaux et aux travaux pour lesquels ils sont fournis (§ 14), les déposer après la journée ou après l'exécution du travail, et les déposer aux endroits prescrits. L'habillement et l'enlèvement des vêtements de travail ne peuvent se faire que dans le vestiaire; il est strictement interdit aux ouvriers d'emporter ces vêtements au réfectoire, ou chez eux.

2. Il est défendu aux ouvriers d'introduire des aliments dans les ateliers. Les repas ne peuvent être pris que dans le réfectoire, en dehors des ateliers.

3. Les ouvriers ne peuvent prendre leurs repas ou quitter l'usine qu'après s'être lavé soigneusement les mains, la figure, la bouche et les dents. Le nettoyage ne peut se faire que dans la salle des lavabos.

4. Tous les ouvriers occupés aux travaux spécifiés au § 13, alinéas 3 et 4, où la durée de la journée ne peut dépasser six heures et le temps de travail effectif quatre heures, doivent prendre un bain quotidien tandis que les autres ouvriers, occupés dans l'usine, doivent utiliser l'installation de bains suivant les besoins et pour le moins une fois la semaine, après l'achèvement de la journée de travail. Cette prescription ne s'applique pas aux ouvriers auxquels les bains ne conviennent pas, de l'avis du médecin traitant.

5. Il est défendu de fumer des cigares et des cigarettes dans tous les locaux de travail, de fumer la pipe et de chiquer au cours des travaux suivants : la vidange des chambres et des canaux de condensation ; le nettoyage et le décapage des fours refroidis ; le travail aux foyers américains ; la distillation du zinc ; le blutage, le tamisage et l'emballage de la litharge ou de tout autre produit à teneur de plomb.

6. Les ouvriers qui contreviennent aux prescriptions ci-dessus indiquées malgré des avertissements répétés et malgré les punitions qui leur seraient infligées à cause d'infractions de l'espèce conformément au règlement d'atelier, peuvent être congédiés avant l'expiration de la durée de leur contrat de travail et sans préavis.

§ 21. — Der Werksbesitzer hat die mit der Beaufsichtigung des Betriebes betrauten Personen zu beauftragen, auf die genaue Befolgung der gemäss § 20, Punkt 1 bis 5, erlassenen Vorschriften nachdrücklich zu dringen und diese Befolgung unausgesetzt zu überwachen.

Die beauftragten Personen sind nach Massgabe der Dienstordnung für die Beobachtung der bezeichneten Vorschriften verantwortlich.

§ 22. — Abdrücke dieser Verordnung und der gemäss § 20 vom Werksbesitzer erlassenen Vorschriften sind in jedem Arbeitsraume, im Garderobe- und im Speizeraume anzuschlagen und an alle Betriebsbeamten und Betriebsaufseher zur Darnachachtung sowie entsprechenden Unterweisung der Arbeiterschaft abzugeben.

§ 23. — Die Arbeiter sind in angemessener Weise über das Wesen und die Anzeichen der Bleierkrankungen, dann über die Mittel zu belehren, wie sie sich vor denselben bewahren können.

§ 24. — Diese Verordnung tritt drei Monate nach ihrer Kundmachung im Reichsgesetzblatte in Wirksamkeit; soweit zur Durchführung einzelner Vorschriften bauliche Herstellungen oder Einrichtungen erforderlich sind, haben die Bergbehörden angemessene Fristen zu erteilen.

Gesetz vom 9. August 1908 über die Haftung für Schäden mit dem Betriebe von Kraftfahrzeugen.

[AUSZUG.]

§ 11. — Personen, die beim Betriebe von Kraftfahrzeugen in Ausübung ihres vertragsmässigen Dienstes verwendet werden, sind, soweit auf sie nicht bereits die Gesetze von 28. Dezember 1887, *Reichs-Gesetzblatt* Nr. 1 von 1888, und vom 20. Juli 1894, *Reichs-Gesetzblatt* Nr. 68, Anwendung haben, nach Massgabe der Bestimmungen des ersteren Gesetzes versichert.

Bedienstete, bei denen die Voraussetzungen des § 4 des Gesetzes vom 28. Dezember 1887, *Reichs-Gesetzblatt* Nr. 1 von 1888, zutreffen, sind von der Versicherungspflicht ausgenommen.

Als Unfälle beim Betriebe im Sinne des Unfallversicherungsgesetzes gelten solche Unfälle nicht, die sich bei Wettrennen oder bei den Vorbereitungen zu Wettrennen (Training) ereignen.

§ 21. — Le chef d'entreprise doit charger les personnes à qui est confiée la surveillance de l'exploitation, de veiller constamment à la stricte observation des dispositions prescrites au § 20, points 1 à 5.

Les personnes préposées à cette surveillance sont responsables, conformément au règlement d'atelier, de l'observation des prescriptions édictées.

§ 22. — Il devra être affiché, daus chaque local de travail, dans le vestiaire et dans le réfectoire, une copie imprimée de la présente ordonnance et des prescriptions prises par le chef d'usine en vertu du § 20 ; une copie devra également être remise aux employés et surveillants de l'exploitation de façon qu'ils en soient informés et en informent à leur tour le personnel ouvrier.

§ 23. — Les ouvriers doivent être instruits, d'une manière convenable, de la nature et des symptômes du saturnisme, ainsi que des moyens de se préserver de cette maladie.

§ 24. — La présente ordonnance entrera en vigueur trois mois après sa publication dans le *Bulletin des lois de l'Empire*; dans le cas où l'application des prescriptions particulières exige des réparations aux bâtiments ou de nouvelles installations, les autorités minières peuvent accorder des délais appropriés.

[Loi du 9 août 1908 concernant la responsabilité des dommages résultant de l'emploi d'automobiles [1].

[EXTRAIT.]

§ 11. — Les personnes employées au service des automobiles en vertu d'un contrat de louage de services, sont, si elles ne tombent pas déjà sous l'application des lois du 28 décembre 1887 et du 20 juillet 1894, assurées en conformité des dispositions de la première de ces lois.

Sont exceptés de l'obligation de l'assurance, les gens de service pour lesquels les conditions du § 4 de la loi du 28 décembre 1887 [2] sont remplies.

Ne sont pas considérés comme accidents d'exploitation, au sens de la loi d'assurance-accidents, ceux qui se produisent à l'occasion de courses ou de la préparation aux courses (entrainement).

(1) *Reichs-Gesetzblatt*, 1908, n° 162.
(2) Le § 4 de la loi de 1887 dispose que cette même loi n'est pas applicable aux personnes au service de l'État, d'une province, d'une commune ou d'un établissement public, toutes les fois qu'un accident leur créerait, à eux ou à leurs héritiers, un droit à une pension dont la rente égalerait ou dépasserait celle qu'alloue la loi d'assurance-accidents.

Mit Rücksicht auf die Versicherung gilt stets der Eigentümer des Kraftfahrzeuges als Unternehmer des versicherungspflichtigen Betriebes.

Die Frift, in der die bereits bestehenden Betriebe von Kraftfahrzeugen, die hiermit in die Versicherung neu eintreten, die Anzeige im Sinne des § 18 des Unfallversicherungsgesetzes zu erstatten haben, und der Zeitpunkt, mit dem für sie die Wirksamkeit der Versicherung beginnt, wird durch Verordnung des Ministeriums des Innern bestimmt.

In Privatversicherungsverträge im Sinne des § 61, Absatz 2, des Unfallversicherungsgesetzes hat die Unfallversicherungsanstalt nach Massgabe des § 61, Absatz 2 und 3, dieses Gesetzes einzutreten, wenn sie vor dem 1. Dezember 1907 abgeschlossen sind.

Verordnung des Ministeriums des Innern vom 27. November 1908, betreffend die Einteilung der durch § 11 des Gesetzes vcm 9, August 1908, « Reichs-Gesetzblatt » Nr. 162, in die Unfallversicherung einbezogenen Betriebe von Kraftfahrzeugen in Gefahrenklassen.

Auf Grund des § 14 des Gesetzes vom 28. Dezember 1887, *Reichs-Gesetzblatt* Nr. 1 ex 1888, betreffend die Unfallversicherung der Arbeiter, werden nach Anhörung des Versicherungsbeirates die durch § 11 des Gesetzes vom 9. August 1908, *Reichs-Gesetzblatt* Nr. 162, in die Unfallversicherung einbezogenen Betriebe von Kraftfahrzeugen für die Zeit vom Beginne der Versicherung bis 31. Dezember 1909 in Gefahrenklassen eingeteilt, wie folgt :

		Gefahrenklasse.
1. Kraftfahrzeuge zur Beförderung von Personen : bei einer Motorstärke :		
a) bis einschliesslich 8 HP.		IX
b) bis einschliesslich 40 HP.		X
c) von mehr als 40 HP.		XI

En ce qui concerne l'assurance, c'est le propriétaire de l'automobile qui est considéré comme l'entrepreneur de l'exploitation soumise à l'assurance.

Le délai pendant lequel les entreprises existantes d'automobiles qui sont soumises pour la première fois à l'assurance, doivent faire la déclaration prévue au § 18 de la loi d'assurance-accidents ([1]) et le moment où commence pour elles le fonctionnement de l'assurance, est fixé par ordonnance du Ministre de l'intérieur ([2]).

Dans les contrats d'assurance privés, au sens du § 61, al. 2 de la loi d'assurance-accidents ([3]), l'intervention de l'établissement d'assurance conformément au § 61, al. 2 et 3 de la même loi ([4]), est de régle, si ces contrats sont passés avant le 1er décembre 1907.

Ordonnance du Ministre de l'intérieur, en date du 27 novembre 1908, concernant la division en classes de risques des établissements soumis à l'assurance accidents, en vertu de la loi du 9 août 1908 ([5]).

Conformément au § 14 de la loi du 28 décembre 1887 concernant l'assurance des ouvriers contre les accidents du travail, les exploitations d'automobiles soumises à l'assurance par la loi du 9 août 1908 sont, le conseil d'assurance entendu, divisées en classes de risques à dater du commencement de l'assurance jusqu'au 31 décembre 1909, le tout comme suit :

	Classe de risques.
1. Automobiles pour le transport des personnes : d'une force de	
a) jusqu'à 8 H.P. inclus	IX
b) jusqu'à 40 H.P. inclus.	X
c) de plus de 40 H.P.	XI

([1]) En vertu du § 18, tout entrepreneur est tenu d'adresser à l'établissement d'assurance dans le ressort duquel il se trouve, une déclaration de l'objet et de l'organisation de son entreprise, du nombre de personnes soumises à l'assurance qu'il occupe et du salaire annuel qui doit servir de base à l'assurance.

([2]) Cette ordonnance a été rendue le 23 octobre 1908, *Reichs-Gesetzblatt*, n° 220.

([3]) Il s'agit des contrats passés entre un établissement d'assurance privé et un entrepreneur soumis à l'obligation de l'assurance et qui ne sont pas arrivés à leur terme au moment de l'entrée en vigueur de la loi.

([4]) Les établissements d'assurance créés par la loi se substituent aux entrepreneurs et aux assurés, de sorte que l'établissement légalement constitué doit payer les primes aux compagnies privées et toucher les sommes que les compagnies auraient à verser en cas d'accident.

([5]) *Reichs-Gesetzblatt*, 1908, n° 240.

OESTERREICH.

	Gefahren-klasse.
2. dieselben bei Zutreffen der Voraussetzungen des § 5, Absatz 1, des Gesetzes vom 9. August 1908, *Reichs-Gesetzblatt* Nr. 162 . . .	VIII
3. Kraftfahrzeuge zur Beförderung schwerer Lasten	XII
4. Kraftfahrzeuge zur Beförderung leichter Lasten	VIII

Die Einreihung der einzelnen Betriebe in die Gefahrenklassen und Prozentsätze hat auf Grund des in der Anlage I der Ministerialverordnung vom 15. Juni 1904, *Reichs-Gesetzblatt* Nr. 58, enthaltenen Schemas zu erfolgen. Hierbei finden die Bestimmungen der §§ bis 10 dieser Verordnung entsprechende Anwendung.

Die Einreihung jener unter Verwendung von Kraftfahrzeugen betriebenen Unternehmungen, deren Unfallversicherungspflicht auf Grund des Gesetzes vom 28. Dezember 1887, *Reichs-Gesetzblatt* Nr. 1 ex 1888, oder des Gesetzes vom 20. Juli 1894, *Reichs-Gesetzblatt* Nr. 168, eintritt, wird durch die gegenwärtigen Vorschriften nicht berührt.

Verordnung des Ministeriums des Innern im Einvernehmen mit den Ministerien für Kultus und Unterricht, der Justiz, der Finanzen, des Handels sowie für öffentliche Arbeiten vom 28. Dezember 1908, mit der einige Gruppen von Angestellten von der Versicherungspflicht nach dem Gesetze vom 16. Dezember 1908, « Reichs-Gesetzblatt » Nr. 1 ex 1907, betreffend die Pensionsversicherung der in privaten Diensten und einiger in öffentlichen Diensten Angestellten, befreit werden.

ARTIKEL I. — Auf Grund des § 1, Schlussabsatz, des Gesetzes vom 16. Dezember 1906, *Reichs-Gesetzblatt* Nr. 1 ex 1907, werden die folgenden Gruppen von Angestellten, die nach dem ersten Absatze dieses Paragraphen versicherungspflichtig sind, von der Versicherungspflicht befreit :
1. Personen, die zur Ausübung eines selbständigen Berufes nach Gesetz oder Verordnung den Nachweis einer praktischen Betätigung erbringen müssen und sich zu diesem Zwecke in einer die Versicherungspflicht begründenden Dienstesstellung befinden, während der vorgeschriebenen Mindestdauer dieser Betätigung.

	Classe de risques.
2. les mêmes, lorsque les conditions du § 5, al. 1ᵉʳ de la loi du 9 août 1908 sont remplies (¹).	VIII
3. Automobiles pour le transport de fardeaux pondéreux.	XII
4. Automobiles pour le transport de fardeaux plus légers	VIII

L'inscription de chaque exploitation dans sa classe de risques se fait conformément au tableau annexé à l'ordonnance ministérielle du 15 juin 1904 (²). Les dispositions des §§ 1 à 10 de cette ordonnance sont applicables.

L'inscription des exploitations exercées à l'aide d'automobiles, assurées obligatoirement en vertu de la loi du 28 décembre 1887 ou de celle du 20 juillet 1894, n'est pas touchée par les présentes dispositions.

Ordonnance du Ministre de l'intérieur, en date du 28 décembre 1908, prise de concert avec les Ministres des cultes et de l'instruction publique, de la justice, des finances, du commerce et des travaux publics, portant dispense de l'obligation de l'assurance en faveur de certains groupes d'employés, conformément à la loi du 16 décembre 1906 (³).

I. Sont dispensés de l'obligation de l'assurance, en vertu du § 1ᵉʳ, dernier alinéa, de la loi du 16 décembre 1906, les groupes d'employés spécifiés ci-après, qui d'après le premier alinéa du paragraphe seraient soumis à l'assurance :

1. Les personnes tenues de rapporter la preuve d'un stage pour l'exercice d'une profession, conformément aux lois ou ordonnances, et qui se trouvent à cet effet dans un service emportant obligation d'assurance, aussi longtemps que dure ce stage.

(¹) Il s'agit des automobiles construites de façon à ne pouvoir excéder une vitesse de 25 kilomètres à l'heure sur route plane.
(²) Voir *Annuaire*, 1904, p. 17.
(³) *Reichs-Gesetzblatt*, 1908, n° 263.

2. Studierende an Mittelschulen und verwandten Lehranstalten, ferner an den gewerblichen Lehranstalten und ordentliche Hörer der Hochschulen, letztere jedoch nicht länger als fünf Jahre nach Ablegung der Reifeprüfung.

3. Personen, deren Tätigkeit in einer die Versicherungspflicht begründenden Stellung nur als Nebenbeschäftigung anzusehen ist.

4. Die in Probepraxis oder provisorisch in öffentlichen Diensten Angestellten, soferne ihre Verwendung die vorschriftsmässige Vorbedingung für das Einrücken in eine mit den in § 1, Absatz 1, des Gesetzes erwähnten normalmässigen Ansprüchen verbundene Dienstesstellung bildet, während der vorgeschriebenen Mindestdauer der Probepraxis und, falls eine solche Vorschrift nicht besteht, längstens während fünf Jahren.

5. Die Angestellten solcher Handelsunternehmungen, welche ausschliesslich den Export von Industrieerzeugnissen betreiben, mit Ausnahme der im Buchaltungs- und Kassendienste beschäftigten Personen.

6. Alle im Dienste der evangelischen Kirche A. und H. B. und ihrer Gemeinden stehenden versicherungspflichtigen Geistlichen und Lehrer.

7. Die Angestellten der Oesterreichisch-ungarischen Bank.

ARTIKEL II. — Diese Verordnung tritt am 1. Jänner 1909 in Kraft.

2. Les étudiants des écoles moyennes et des établissements similaires, ceux des écoles techniques et les auditeurs ordinaires des universités, ces derniers pendant cinq ans au plus après l'examen de maturité.

3. Les personnes dont l'occupation dans un service emportant obligation d'assurance doit être considérée comme un travail accessoire.

4. Les employés à l'essai ou provisoires dans les services publics, si leur occupation constitue la condition réglementaire de leur entrée dans un service leur conférant les avantages normaux prévus au § 1er, al. 1 de la loi, le tout pendant la durée réglementaire de l'essai, et s'il n'y a pas de terme réglementaire, pendant cinq ans au plus.

5. Les employés des entreprises commerciales qui pratiquent uniquement l'exportation des produits industriels, sauf les personnes attachées au service de la comptabilité ou de la caisse.

6. Les ecclésiastiques et instituteurs soumis à l'assurance, au service de l'église évangélique et de ses communautés.

7. Les employés de la Banque austro-hongroise.

BELGIQUE

Arrêté royal, du 5 février 1908, modifiant la composition du Conseil supérieur du travail (¹).

ARTICLE PREMIER. — Il est ajouté à l'article 3 de l'arrêté précité (²) un alinéa ainsi conçu :
Le directeur général de l'Office du travail et le directeur général des Mines sont membres de droit du Conseil; ils participent aux délibérations tant en commission qu'en séance plénière, sans prendre part aux votes.

ART. 2. — Notre Ministre de l'industrie et du travail est chargé de l'exécution du présent arrêté.

Arrêté royal, du 23 juin 1908, concernant les dépôts d'appareils respiratoires portatifs pour les mines de houille ayant un ou plusieurs sièges d'exploitation classés dans la 2ᵉ ou 3ᵉ catégorie des mines à grisou (³).

ARTICLE PREMIER. — Les mines de houille ayant un ou plusieurs sièges d'exploitation classés dans la 2ᵉ ou la 3ᵉ catégorie des mines à grisou, seront pourvues de dépôts d'appareils respiratoires portatifs pouvant desservir rapidement ces divers sièges en cas d'accidents.

ART. 2 — Le nombre d'appareils est fixé à un par 200 ouvriers occupés au fond dans les sièges de 2ᵉ et de 3ᵉ catégorie, sans qu'il puisse être inférieur à cinq ou doive être supérieur à dix par mine.

ART. 3. — Les appareils seront choisis parmi les types les plus perfec-

(¹) *Moniteur* du 1ᵉʳ mars 1908.
(²) Il s'agit de l'arrêté du 7 avril 1892 instituant un Conseil supérieur du travail.
(³) *Moniteur* du 19 juillet 1908 Cet arrêté a été pris en conformité de la loi du 21 avril 1810 et du décret du 3 janvier 1813 sur les mines, de la loi du 2 juillet 1899 concernant la sécurité et la santé des ouvriers employés dans les entreprises industrielles et commerciales et de l'arrêté du 28 avril 1884 portant règlement général de police sur les mines, et notamment de l'article 81 de cet arrêté.
L'arrêté a pour but de prescrire l'emploi d'appareils spéciaux permettant de porter secours aux victimes des accidents miniers ou aux personnes qui sont menacées par les dangers de la mine.

tionnés et devront permettre de séjourner une heure et demie au moins dans une atmosphére irrespirable.

Ils devront être tenus constamment en bon état de fonctionnement.

Chaque dépôt sera pourvu de tout ce qui est nécessaire à l'emploi simultané de tous les appareils pendant quarante-huit heures au moins.

Art. 4. — Les conditions d'installation et de fonctionnement des dépôts seront déterminés par la direction de la mine d'accord avec l'ingénieur en chef de l'arrondissement minier.

Art. 5. — L'emploi des appareils sera confié à des ouvriers expérimentés, parfaitement au courant des travaux du fond et dont le nombre sera d'au moins quatre par appareil imposé.

Ces ouvriers seront, autant que possible, répartis entre les divers postes d'exploitation et choisis parmi ceux qui habitent le voisinage des dépôts. Leurs noms et leurs adresses seront affichés à chacun des siéges où ils peuvent être appelés à intervenir.

Ils seront exercés périodiquement au maniement des appareils.

Art. 6. — Le Ministre pourra autoriser pour les mines voisines l'établissement de dépôts communs.

Le nombre d'appareils de ces dépôts sera de un par 200 ouvriers du fond des sièges de 2e et 3e catégories des mines groupées, sans que ce nombre puisse être inférieur à dix et doive être supérieur à vingt.

Le nombre et la répartition des ouvriers prévus à l'article 5 seront maintenus pour chaque mine comme si celle-ci était isolée.

Art. 7. — Le Ministre pourra accorder des dispenses ou des dérogations conditionnelles aux prescriptions qui précèdent.

Art. 8. — Les contraventions au présent arrêté seront poursuivies et punies conformément au titre X de la loi du 21 avril 1810.

Art. 9. — Le présent arrêté entrera en vigueur un an après sa publication au *Moniteur*.

Art. 10. — Notre Ministre de l'industrie et du travail est chargé de l'exécution du présent arrêté.

156   BELGIQUE.

Arrêté royal, du 26 juin 1908, concernant le régime spécial des établissements dangereux, insalubres ou incommodes, à ériger à titre temporaire (¹).

Article premier. — Sont dispensées des formalités de l'enquête de *commodo et incommodo*, ainsi que, le cas échéant, de la production des plans et de la notice exigée par l'arrêté royal du 27 décembre 1886, les demandes en autorisation d'établissements classés à ériger à titre temporaire, lorsque la durée de l'installation ne doit pas dépasser deux mois.

Art. 2. — Le collége des bourgmestre et échevins statuera, sans appel, sur les demandes précitées, quelle que soit la classe à laquelle appartienne l'établissement.

Toutefois, lorsqu'il s'agit d'un établissement de 1re classe, le collège des bourgmestre et échevins sera tenu de prendre préalablement l'avis d'un des fonctionnaires ou comités techniques visés dans l'arrêté royal du 27 décembre 1886.

Art. 3. — Notre Ministre de l'industrie et du travail et notre Ministre de l'agriculture sont chargés, chacun en ce qui le concerne, de l'exécution du présent arrêté.

Arrêté royal, du 18 août 1908, concernant l'exécution de l'article 9 de la loi du 10 mai 1900 sur les pensions de vieillesse (²).

Article premier. — Les dispositions suivantes sont ajoutées à notre arrêté précité (³) :

Art. 10*bis*. — La demande d'allocation annuelle de 65 francs émanant d'une personne née en 1843, 1844 ou 1845, devra, indépendamment des piéces justificatives prévues à l'article 10, § 2, être accompagnée d'un certificat constatant qu'elle a versé à la Caisse générale de retraite une somme

---

(¹) *Moniteur* du 5 août 1908. La police des établissements classés comme dangereux, insalubres ou incommodes est réglée par les arrêtés royaux du 29 janvier 1863, du 27 décembre 1886 et du 31 mai 1887.

Lorsqu'il s'agit d'établissements à ériger à titre momentané ou temporaire, notamment à l'occasion de fêtes ou de foires, l'observation des formalités d'enquête prévues par la réglementation susvisée est difficilement réalisable ; d'autre part, le caractère provisoire de ces établissements justifie la simplification de la procédure ordinaire, sous réserve, toutefois, de fixer à deux mois la durée maximum des installations à considérer comme provisoires.

(²) *Moniteur* du 10 septembre 1908. Cet arrêté a pour but de déterminer les formalités complémentaires à remplir par les personnes nées en 1843, 1844 et 1845 qui sollicitent le bénéfice de l'allocation annuelle de 65 francs.

(³) Il s'agit de l'arrêté du 30 décembre 1902 pris en exécution de l'art. 9 de la loi du 10 mai 1900.

d'au moins 18 francs, en vue de se conformer aux prescriptions de l'article 9, § 2, de la loi.

Art. 13*bis*. — Les bourgmestres inscriront, chaque année, sur des formulaires conformes au modèle arrêté par le Ministre, les nom et prénoms, le lieu et la date de naissance, le numéro du livret de retraite ou du brevet de rente des personnes nées en 1843, 1844 et 1845, qui auront sollicité l'allocation de 65 francs.

Ils certifieront par leur signature l'exactitude de ces renseignements. Dans la première quinzaine de janvier, ils feront parvenir ces listes à l'administration de la Caisse générale de retraite.

Art. 13*ter*. — Le directeur général de la Caisse générale de retraite délivrera des certificats de versements; il se servira, à cet effet, d'une formule dont le modèle est annexé au présent arrêté ([1]); dans la seconde quinzaine de janvier, il adressera ces certificats aux bourgmestres avec les listes des requérants.

Les listes et les certificats seront transmis par les bourgmestres au comité de patronage en même temps que les pièces énoncées à l'article 13, alinéa 3.

Art. 2. — Notre Ministre de l'industrie et du travail est chargé de l'exécution du présent arrêté.

([1]) Cette formule est libellée comme suit :

CAISSE GÉNÉRALE   Bruxelles, le
D'ÉPARGNE ET DE RETRAITE
SOUS LA GARANTIE DE L'ÉTAT.

Le soussigné certifie que :

Nom . . . .
Prénoms . . . .
Lieu de naissance . . . .
Date de naissance . . . .
Profession. . . . .
Domicile ou résidence . . . .

a versé à la Caisse de retraite une somme d'*au moins* 18 francs, en vue de se conformer aux prescriptions de l'article 9, § 2, de la loi du 10 mai 1900 sur les pensions de vieillesse.

*Le Directeur général
de la Caisse générale d'epargne et de retraite,*

Arrêté royal, du 28 août 1908, prescrivant la désinfection des crins employés dans les fabriques de brosses (¹).

Article premier. — Les exploitants de fabriques de brosses sont tenus de soumettre les crins, immédiatement après leur déballage, à une désinfection suffisante pour tuer la spore charbonneuse.

Art. 2. — Notre Ministre de l'industrie et du travail est chargé de l'exécution du présent arrêté, qui entrera en vigueur trois mois après sa publication au *Moniteur*.

Arrêté royal, du 25 décembre 1908, concernant le classement de l'acétylène et des carbures parmi les établissements dangereux, insalubres ou incommodes (²).

Article premier. — La production de l'acétylène, les dépôts d'acétylène liquide, comprimé ou dissous, les dépôts de carbure de calcium ou autres carbures susceptibles de dégager de l'acétylène sous l'action de l'eau sont classés parmi les établissements réputés dangereux, insalubres ou incommodes rangés dans la liste annexée à l'arrêté royal du 31 mai 1887 sous les rubriques suivantes :

DÉSIGNATION.	CLASSE.	INCONVÉNIENTS.
Acétylène non comprimé ou comprimé à moins d'une atmosphère et demie (Production de l'), à l'exception de celle qui se fait dans les lampes portatives et dans les réverbères.	I B	Produits et résidus à odeur désagréable ; danger d'intoxication ; danger d'explosion par inflammation d'un mélange avec l'air ; danger d'incendie.

(¹) *Moniteur* du 28 août 1908. Cet arrêté a été pris en conformité de la loi du 2 juillet 1899 concernant la santé et la sécurité des ouvriers. Le personnel employé dans les fabriques de brosses en crins est exposé à l'infection charbonneuse.

(²) *Moniteur*, du 2 octobre 1908. L'arrêté royal du 15 août 1898 range parmi les établissements dangereux, insalubres ou incommodes la production de l'acétylène, les dépôts d'acétylène liquide ou comprimé et les dépôts de carbure de calcium ou autres carbures susceptibles de dégager l'acétylène.

Les dispositions nouvelles ont été prises en vue de modifier et de compléter la réglementation actuellement en vigueur, de façon à la mettre en harmonie avec les améliorations réalisées, au point de vue de la sécurité et de la salubrité publiques, tant dans la fabrication et l'emmagasinage de l'acétylène que dans le mode de conservation de la matière première.

DÉSIGNATION.	CLASSE.	INCONVÉNIENTS.
Acétylène comprimé ou maintenu dissous à une pression d'au moins une atmosphère et demie, acétylène liquéfié (Production de l').	I A	Produits et résidus à odeur désagréable; danger d'intoxication; danger d'explosion; danger d'incendie.
Acétylène comprimé ou maintenu dissous à une pression d'au moins une atmosphère et demie, acétylène liquéfié (Dépôt de l').	I A	Danger d'explosion; danger d'incendie.
Carbure de calcium ou autres carbures susceptibles de dégager de l'acétylène sous l'action de l'eau : *a)* Dépôts renfermant de 20 à 200 kilogrammes; *b)* Dépôts renfermant plus de 200 kilogrammes.	2 I B	Odeur désagréable, danger d'explosion.

Art. 2. — Notre arrêté du 15 août 1898 est rapporté.

Art. 3. — Notre Ministre de l'industrie et du travail est chargé de l'exécution du présent arrêté.

Arrêté royal, du 30 décembre 1908, modifiant les articles 14 et 21 de l'arrêté royal du 24 décembre 1904 portant règlement organique du fonds de garantie institué par la loi du 24 décembre 1903, sur la réparation des dommages résultant des accidents du travail [1].

Article premier. — Le 3e alinéa de l'article 14 et l'article 21 de notre arrêté susvisé du 22 décembre 1904 [2] sont respectivement remplacés par les dispositions suivantes :

Art. 14, 3e alinéa. — Le Ministre des finances peut dispenser de la déclaration, les chefs d'entreprise dont l'exemption est établie par les documents produits au Ministère de l'industrie et du travail en vertu de l'article 17 de l'arrêté royal du 29 août 1904 et de l'article 19 du présent arrêté.

Art. 21. — La première cotisation sera perçue à charge des chefs d'entreprise qui, à la date du 31 décembre 1908, n'étaient pas légalement exempts de contribuer au fonds de garantie.

[1] *Moniteur* du 1er janvier 1909.
[2] Voir *Annuaire*, 1904, p. 109.

Cette cotisation comprendra une taxe fixe de 2 francs par entreprise assujettie et, en outre, en ce qui concerne les entreprises occupant habituellement cinq ouvriers au moins, une taxe proportionnelle de 50 centimes par chaque ouvrier au delà de quatre.

Art. 2. — Notre Ministre de l'industrie et du travail et notre Ministre des finances sont, chacun en ce qui le concerne, chargés de l'exécution du présent arrêté.

Loi du 31 décembre 1908 modifiant l'article 48 de la loi du 16 mars 1865 sur la Caisse générale de retraite ([1]).

Article premier. — Par dérogation à l'article 48 de la loi du 16 mars 1865, la Caisse générale de retraite est autorisée à recevoir jusqu'en 1911 inclusivement les versements pour rentes différées, effectuées par des personnes nées en 1843, 1844 et 1845, en vue de bénéficier des allocations annuelles de 65 francs prévues par l'article 9, alinéa 2, de la loi du 10 mai 1900 sur les pensions de vieillesse.

([1]) *Moniteur*, des 4 et 5 janvier 1909. Travaux parlementaires. Session de 1908-1909. Chambre des représentants. — *Documents parlementaires*. Exposé des motifs et texte du projet de loi. Séance du 26 novembre 1908, n° 21. — Proposition de loi, n° 17 (session de 1906-1907). — Rapport. Séance du 15 décembre 1908, n° 51. — *Annales parlementaires*. Discussion et adoption. Séance du 23 décembre 1908. — Sénat. — *Documents parlementaires*. Rapport. Séance du 24 décembre 1908, n°21. *Annales parlementaires*. — Discussion et adoption. Séance du 29 décembre 1908.

L'article 9 de la loi du 10 mai 1900 sur les pensions de vieillesse dispose ainsi :
« Une allocation annuelle de 65 francs sera accordée à tout ouvrier ou ancien ouvrier belge, ayant une résidence en Belgique, âgé de 65 ans au 1er janvier 1901 et se trouvant dans le besoin.

« Sont admis, dans les mêmes conditions, à jouir de cette allocation, au fur et à mesure qu'ils atteindront l'âge de 65 ans, les travailleurs âgés d'au moins 55 ans à la date du 1er janvier 1901; toutefois, les intéressés qui auront à cette dernière date moins de 58 ans accomplis seront exclus du bénéfice de l'allocation si, pendant une période de trois ans au moins, ils n'ont effectué à la Caisse générale de retraite des versements s'élevant au moins à 3 francs par an et formant un total de 18 francs. »

La grande majorité des personnes nées en 1843, 1844 et 1845 et paraissant se trouver en situation d'obtenir l'allocation annuelle de 65 francs, avaient rempli la condition relative au versement en trois années d'une somme de dix-francs, conformément à l'alinéa 2 de cet article.

Cependant un certain nombre d'intéressés n'avaient pas opéré les versements requis, et de nouvelles facilités furent sollicitées en leur faveur, tant dans les Chambres législatives qu'au dehors.

La proposition consistant à dispenser ces personnes du versement en question n'était

L'entrée en jouissance des rentes acquises par ces versements pourra, à la demande des assurés, être retardée jusqu'à ce qu'ils aient atteint l'âge de 68 ans.

Art. 2. — Les mesures d'exécution de la présente loi seront réglées par arrêté royal.

Art. 3. — La présente loi sera exécutoire le troisième jour après sa publication.

pas équitable : elle leur donnait un avantage non justifié en comparaison des intéressés qui avaient répondu à l'appel du législateur de 1900.

D'autre part, il paraissait non moins admissible de les autoriser à opérer en une fois le versement de 18 francs : ç'eut été méconnaître l'esprit de la loi, qui a voulu faire pénétrer peu à peu dans nos populations la pratique régulière de la prévoyance.

Le Gouvernement a pensé que la solution résidait dans l'octroi d'un nouveau délai aux intéressés, de façon à leur permettre d'effectuer encore en trois ans les versements exigés par la loi de 1900.

Cette mesure ne portait aucune atteinte à l'idée maîtresse de la législation, et ne nécessitait pas même une modification à la loi précitée. Il a toujours été entendu que l'article 9 de cette loi n'implique aucune forclusion pour les travailleurs qui ne sollicitent l'allocation qu'à 66, 67, 68 ans ou plus tard ; de fait, de nombreux ouvriers n'ont réuni les conditions et obtenu l'allocation qu'à partir de 70 ans et même au delà de cet âge.

Mais l'obstacle se trouvait dans l'article 48 de la loi du 16 mars 1845 sur la Caisse de retraite, aux termes duquel « l'entrée en jouissance de la rente différée ne pourra être fixée qu'à partir de chaque année d'âge accomplie, *depuis 50 jusque 65 ans* ».

Il suffisait donc de prolonger l'âge extrême établi par cette dernière disposition légale pour rendre admissibles à l'allocation annuelle, de 65 francs, les retardataires qui, d'après la législation actuelle, devaient en être exclus.

Grâce au nouveau délai que leur ouvre la loi, les intéressés pourront échapper à cette forclusion au moyen de trois minimes versements.

Il s'agit donc d'une simple mesure pratique qui ne touche pas aux principes établis en la matière.

DANEMARK

Arrêté du Ministre de l'intérieur, en date du 23 janvier 1908, sur les blanchisseries, ateliers de repassage, foulonneries et teintureries [1].

§ 1. — Le présent arrêté est applicable à toutes les blanchisseries, aux ateliers de repassage, aux foulonneries et teintureries soumises à l'inspection du travail et des fabriques, sans distinguer si ces établissements sont exploités en annexe à quelque autre industrie ou isolément. L'arrêté s'applique à tout atelier proprement dit, servant à l'une des industries visées, à l'exception toutefois de ceux qui sont spécifiés dans l'arrêté sur les fabriques textiles.

§ 2. — Dans l'installation de nouveaux locaux ou la reconstruction d'anciens bâtiments à l'usage des industries énumérées au paragraphe 1 ci-dessus, il doit être tenu compte, en vertu du paragraphe 3 de la loi sur les fabriques, des prescriptions suivantes :

1. Si les locaux de travail ne reçoivent pas le jour d'en haut, ils doivent être munis de fenêtres dont le nombre et les dimensions doivent être suffisants pour fournir la lumière nécessaire à toutes les places de travail. Tous les locaux de travail doivent être aérés à l'aide de fenêtres pouvant s'ouvrir ou par quelque autre procédé propre à assurer le renouvellement de l'air.

2. La hauteur entre le sol et le plafond doit être, dans les locaux où il est fait usage sous le plafond de transmissions munies de poulies de plus de 300 millimètres de diamètre, de 4 aunes 3/4 (3 mètres) au minimum et, dans les autres locaux, de 4 aunes (2^{m}50). Le parquet ne doit pas être trop bas, afin d'assurer l'écoulement des eaux ; il doit être uni et pourvu de rigoles d'écoulement pour l'eau employée dans l'établissement. Les fenêtres doivent avoir une surface vitrée de 2 aunes au moins (1^{m}25) au-dessus du niveau de la rue ou de la cour ou au-dessus du sol attenant. Quand des combles ou des mansardes sont employés comme locaux de travail, ils doivent être munis d'un plafonnage de lattis crépi ou de tout autre revêtement épais. Les locaux de travail dans lesquels les opérations industrielles sont accompagnées de vapeurs ou de gaz nocifs doivent comporter un cube d'air d'au moins 400 pieds cubes (12.5 mètres cubes) pour chacun des ouvriers occu-

---

[1] *Regulativ for Vaskerier, Strygerier, Valkerier og Farverier i Henhold til Lov Nr. 71 af 11te April 1901, § 8. Lovtidenden*, 1908, n° 4. Cet arrêté a été pris en vertu du § 8 de la loi de 1901 sur le travail dans les fabriques. Il est entré en vigueur le 1er avril 1908.

pés simultanément dans ces locaux; les autres locaux, un cube d'air d'au moins 300 pieds cubes (9.5 mètres cubes) par ouvrier.

3. S'il est fait usage d'un éclairage artificiel autre que l'éclairage électrique, il doit être établi, en tenant compte des dimensions du local proportionnellement au nombre des travailleurs, des dispositifs pour parer à la viciation de l'atmosphère par suite de la combustion.

4. Dans tout établissement susvisé où le service de l'inspection le jugera nécessaire, il devra être installé des réfectoires, chauffés pendant la saison froide, où les travailleurs pourront prendre leurs repas et apprêter les aliments qu'ils auront apportés. En outre, chaque fois que les installations le permettront, il devra être donné aux ouvriers la possibilité de faire chauffer leur repas, s'ils l'ont apporté ou se le font apporter.

5. Pour le dépôt des vêtements qui ne sont pas utilisés pendant le travail, il sera, autant que possible, aménagé un local qui ne servira pas comme local de travail. S'il n'est pas possible d'installer un local de ce genre, on aménagera, dans les locaux de travail, des cases séparées, dans lesquelles les travailleurs déposeront leurs vêtements, autant que possible séparément les uns des autres.

6. Dans tout établissement, il devra exister un nombre suffisant de lieux d'aisance et d'urinoirs convenables. Les lieux d'aisance devront être munis de portes pouvant être fermées et chaque siège devra être isolé. Dans les établissements qui occupent à la fois du personnel masculin et féminin, il devra, autant que possible, y avoir des lieux d'aisance spécialement affectés à l'un et à l'autre sexe.

Tout établissement devra, dans un délai de dix ans à dater de la promulgation du présent arrêté, répondre aux prescriptions du présent article.

Dans les établissements qui auront été installés antérieurement à la promulgation du présent arrêté, le directeur de l'inspection du travail et des fabriques (éventuellement le Ministère de l'intérieur) aura la faculté de permettre, — nonobstant la disposition de la première phrase de l'alinéa 2 ci-dessus — et même après l'expiration du délai de dix années, l'usage de locaux de travail comportant sous plafond des transmissions munies de poulies de plus de 300 millimètres de diamètre, même si la hauteur entre le sol et le plafond, dans les locaux visés, est inférieure à 4 aunes 3/4 (3 mètres); cependant, aucun atelier de moins de 4 aunes (2^m50) de hauteur ne devra, en aucun cas, être toléré. L'autorisation accordée prendra fin dès que l'annexe nécessaire sera construite. Dans les établissements existant avant la promulgation du présent arrêté, des mesures devront être prises suivant instructions de l'inspection du travail et des fabriques, afin qu'aucun atelier ne soit surpeuplé. (Cf. Loi sur les fabriques, § 5, al. 1.)

Le directeur de l'inspection du travail et des fabriques peut, dans les blanchisseries et les ateliers de repassage de moindre importance, où il n'est pas fait usage de moteurs mécaniques, accorder dispense provisoire de certaines ou de la généralité des prescriptions figurant sous les n°s 1 à 6,

dans la mesure où et tant que, dans les dits ateliers, l'aérage et le nettoyage sont assurés de façon jugée suffisante par l'inspection. La faculté d'accorder de telles dispenses s'applique aussi bien aux usines existant lors de la promulgation du présent règlement qu'à celles qui seront ultérieurement installées ou reconstruites.

§ 3. — Dans tout établissement où il est fait usage de machines motrices qui vicient l'atmosphère, ces machines devront être installées dans des locaux spéciaux faciles à ventiler.

Si les circonstances le permettent, les poêles où se chauffent les fers à repasser et les cylindres doivent être établis dans des locaux spéciaux.

S'ils sont installés dans les ateliers, il devra être pris des mesures pour que les ouvriers ne soient incommodés ni par la vapeur ni par le rayonnement de la chaleur. Quand il est fait usage, dans le local même de travail, de fourneaux à gaz, de fers à glacer ou à repasser avec chauffe-fers au gaz ou au charbon, il doit être pris des mesures pour l'évacuation totale des produits de la combustion. Les séchoirs chauffés artificiellement doivent être distincts des locaux de travail proprement dits. Si des machines à sécher sont employées dans des locaux où d'autres travaux s'effectuent, elles doivent être suffisamment isolées pour empêcher le rayonnement de la chaleur.

Les chaudières de teinturerie doivent être munies de soupapes de sûreté.

§ 4. — Pour le lavage des cylindres ou le nettoyage des machines, il ne devra être fait usage que de coton propre, d'étoupe propre ou de chiffons lessivés.

§ 5. — Dans les blanchisseries, foulonneries et teintureries, on devra fournir aux ouvriers occupés dans l'établissement les moyens de faire sécher leurs effets devenus humides au cours du travail.

§ 6. — Tout local appartenant à l'établissement doit être tenu en état suffisant de propreté. Les réfectoires doivent être nettoyés tous les jours. Les murs et plafonds doivent être tenus en bon état; dans les salles de repassage, le parquet sera serré et consistant; dans les locaux de travail où les manipulations s'accompagnent d'écoulement abondant d'eau sur le sol, le service de l'inspection peut prescrire l'installation de bâtis en bois sur lesquels les ouvriers auront à se tenir.

Les locaux de travail doivent être nettoyés de façon appropriée à leur destination; autant que possible le balayage à sec doit être évité. Il est défendu de fumer dans les locaux de travail. Dans les fabriques où des réfectoires sont installés (cf. § 1, n° 4), il est interdit de prendre les repas dans les ateliers.

Les ateliers dans lesquels il n'est pas pourvu au renouvellement de l'air par quelque autre méthode jugée satisfaisante par l'inspection, doivent être aérés chaque jour par ouverture des fenêtres pendant au moins une demi-heure, après la fin du travail.

Les cabinets annexés à l'établissement doivent être clairs et tenus en état constant de propreté et être bien aérés.

§ 7. — Tous les acides, ainsi que les produits corrosifs, inflammables ou toxiques, doivent être conservés dans des récipients bien clos, en verre, en porcelaine ou en une autre matière appropriée et portant l'indication du contenu. Les récipients contenant des matières toxiques doivent en outre être gardés sous clef. Pour verser des acides ou d'autres liquides corrosifs hors de dames-jeannes ou d'autres récipients de grande dimension, ceux-ci doivent être construits de façon à pouvoir être maniés aisément et sans danger.

§ 8. — Dans les locaux de travail munis d'un plancher en bois ou dans les corridors, escaliers, réfectoires et lieux d'aisance, il doit être établi, suivant instructions de l'inspection, un nombre suffisant de crachoirs à vider et à nettoyer chaque jour. Dans les locaux de travail, il est interdit de cracher ailleurs que dans les crachoirs destinés à cet usage.

§ 9. — Chaque atelier doit être convenablement chauffé depuis le commencement jusqu'à la fin de la journée de travail. S'il est fait usage, pendant le travail, de lumière artificielle, cette lumière doit être claire et suffisante. Lorsqu'il existe des incommodités du fait du rayonnement de chaleur d'un poêle ou d'une lumière artificielle, les travailleurs doivent être protégés par des écrans disposés à cet effet.

§ 10. — Les ateliers doivent être ventilés de façon suffisante, en tenant compte de l'humidité ou de la chaleur qui se dégage au cours du travail. S'il est fait usage de moteurs mécaniques, le directeur de l'inspection du travail et des fabriques peut, dans chaque établissement, prescrire que la vapeur qui se dégage soit captée par un dispositif spécial et évacuée, au besoin, de l'endroit même où elle se dégage.

§ 11. — Le directeur ou le patron de l'établissement et les ouvriers sont tenus d'observer les prescriptions du présent arrêté, et chacun d'eux est personnellement responsable des infractions qui pourraient être mises à sa charge.

§ 12. — Une affiche, contenant les prescriptions du présent arrêté, sera apposée à un endroit apparent, dans tout établissement visé par ledit arrêté. Pour les établissements particulièrement importants, l'inspection peut ordonner qu'il soit placardé plusieurs affiches.

En outre, l'inspection peut ordonner l'apposition d'une affiche, approuvée par elle et contenant des prescriptions spéciales sur le nettoyage en conformité du paragraphe 6 du présent règlement. Si la chose est nécessaire, l'affiche fera connaître également le nombre d'ouvriers qu'il est permis d'occuper simultanément dans l'atelier que la chose concerne.

L'affiche visée à l'alinéa 2 du présent paragraphe sera délivrée gratuitement, sur demande, par l'inspecteur des fabriques du district.

DANEMARK.

Arrêté du Ministre de l'intérieur, en date du 23 janvier 1908, sur les fabriques textiles (¹).

§ 1. — Le présent arrêté est applicable à toutes les fabriques textiles et aux triages de chiffons soumis à l'inspection du travail et des fabriques, sans distinguer si ces établissements sont exploités isolément ou en annexe à quelque autre industrie. Il faut entendre, dans le présent règlement, comme constituant une usine textile, tout atelier servant en propre à une fabrication textile, à l'exception toutefois des locaux visés par le règlement sur les ateliers de blanchisserie, de repassage, etc. (²).

§ 2. — Dans l'installation de locaux nouveaux ou la reconstruction d'anciens bâtiments à l'usage des industries énumérées au § 1 ci-dessus, il doit être tenu compte, en vertu du § 3 de la loi sur les fabriques, des prescriptions suivantes :

1. Si les locaux de travail ne reçoivent pas le jour d'en haut, ils doivent être munis de fenêtres dont le nombre et les dimensions doivent être suffisants pour fournir la lumière nécessaire à tous les postes. Tous les locaux de travail doivent être aérés à l'aide de fenêtres pouvant s'ouvrir ou par quelque autre procédé propre à assurer le renouvellement de l'air.

2. La hauteur entre le sol et le plafond doit être, dans les locaux de travail où il est fait usage sous le plafond de transmissions munies de poulies de plus de 300 millimètres de diamètre, de 4 aunes 3/4 (3 mètres) au minimum et dans les autres locaux, de 4 aunes (2^m50); toutefois, le service de l'inspection est autorisé à tolérer l'emploi de locaux d'une hauteur inférieure à 4 aunes (2^m50), si ces locaux sont affectés exclusivement à l'usage de séchoirs. Le parquet ne doit pas être trop bas, afin d'assurer l'écoulement des eaux, et les fenêtres doivent avoir une surface vitrée de 2 aunes au moins (1^m25) au-dessus du niveau de la rue ou de la cour ou au-dessus du sol environnant. Si des combles ou des mansardes sont employés comme locaux de travail, ils doivent être munis d'un plafonnage, d'un lattis crépi ou de tout autre revêtement épais. Les locaux qui sont exclusivement employés comme salles de couture doivent avoir un cube d'air d'au moins 256 pieds cubes (8 mètres cubes) et les autres locaux de travail 400 pieds cubes (12^m35) pour chacun des ouvriers occupés simultanément dans ces locaux.

3. S'il est fait usage d'un éclairage artificiel autre que l'éclairage électrique, il doit être établi, en tenant compte des dimensions du local proportionnellement au nombre des travailleurs, des dispositifs pour parer à la viciation de l'atmosphère par suite de la combustion.

(¹) *Regulativ for Tekstilfabrikker i Henhold til Lov Nr.* 71 *af* 11^(te) *April* 1901, § 8. *Lovtidenden*, 1908, n° 4. Cet arrêté a été pris en vertu du § 8 de la loi de 1901 sur le travail dans les fabriques. Il est entré en vigueur le 1er avril 1908.
(²) Voir l'arrêté précédent.

4. Dans chacun de ces établissements où le service de l'inspection le jugera nécessaire, il devra être installé des réfectoires, chauffés pendant la saison froide, où les travailleurs pourront prendre leurs repas et apprêter les aliments qu'ils auront apportés. En outre, là où les installations le permettront, il devra être donné aux ouvriers la possibilité de faire chauffer les repas qu'ils apportent ou se font apporter.

5. Pour le dépôt des vêtements qui ne sont pas utilisés pendant le travail, il sera, autant que possible, aménagé un local qui ne servira pas comme local de travail. S'il n'est pas possible d'installer un local de ce genre, des cases séparées seront aménagées dans les ateliers pour permettre aux ouvriers d'y déposer leurs vêtements, autant que possible séparément les uns des autres.

6. Dans tout établissement, il devra exister un nombre suffisant de lieux d'aisance et d'urinoirs convenables. Les lieux d'aisance devront être munis de portes pouvant être fermées et chaque siége devra être isolé. Dans les établissements qui occupent à la fois du personnel masculin et féminin, il devra autant que possible y avoir des lieux d'aisance spécialement affectés à l'un et à l'autre sexe.

Tout établissement devra, dans un délai de dix années à dater de la publication du présent règlement, satisfaire aux prescriptions du présent paragraphe.

Dans les établissements qui auront été installés antérieurement à la publication du présent règlement, le directeur de l'inspection du travail et des fabriques (éventuellement le Ministère de l'intérieur) aura la faculté de permettre — nonobstant la disposition de la première phrase de l'alinéa 2 ci-dessus — que, même après expiration dudit délai de dix années, il soit fait usage de locaux de travail comportant sous le plafond des transmissions munies de poulies de plus de 300 millimètres de diamètre, même si la hauteur entre le sol et le plafond, dans les locaux visés, est inférieure à 4 aunes 3/4 (3 mètres); mais, exception faite des séchoirs, aucun local de moins de 4 aunes ($2^m 50$) de hauteur ne pourra, en aucun cas, être toléré. L'autorisation accordée prendra fin dès que l'annexe nécessaire sera construite. Dans les établissements existant avant la promulgation du présent règlement, des mesures devront être prises, suivant les instructions de l'inspecteur du travail afin qu'aucun atelier ne soit surpeuplé. (Cf. Loi sur les fabriques, § 5, alinéa 1.)

§ 3. — Dans tout établissement où il est fait usage de machines motrices qui vicient l'atmosphère, ces machines devront être installées dans des locaux spéciaux, faciles à ventiler. Les machines à louveter doivent être installées dans des locaux spéciaux, faciles à ventiler; les machines à lisser doivent, en outre, quand les matières premières sont préparées à sec, ne pas laisser échapper de poussières. Dans les filatures de coton, les machines à épurer ne doivent être installées que dans des locaux à l'abri du feu, avec une sortie particulière sur l'escalier.

Celles des opérations industrielles qui comportent dégagement de gaz ou de vapeurs insalubres ou incommodes — comme le collage, l'amidonnage, le carbonisage — si elles ne s'opèrent pas dans des machines ou des appareils suffisamment étanches, isolés et munis d'un dispositif satisfaisant d'évacuation dans l'air, dans un foyer ou une cheminée, le tout à la satisfaction de l'inspection, devront être exécutées dans des locaux spéciaux, ventilés, dans lesquels aucun autre travail ne pourra avoir lieu.

§ 4. — Dans les ateliers de tricotage, où le cube d'air par ouvrier normalement occupé est inférieur à 1,000 pieds cubes (31 mètres cubes) et dans tout autre local de travail visé par le présent réglement, où ce cube d'air est inférieur à 2,000 pieds cubes (62 mètres cubes), les murs, s'ils ne sont pas revêtus d'un enduit poli et lavable ou peints à l'huile, devront être blanchis au moins une fois par an. Dans les locaux de dimensions plus grandes, les murs, ainsi que les plafonds, doivent être blanchis quand l'inspection le juge nécessaire, mais une fois l'an au plus. Les peintures à l'huile doivent être renouvelées au moins tous les dix ans. Le parquet doit être serré et compact. Le parquet et les murs doivent se rejoindre sans solution de continuité ; là où cela sera nécessaire, il sera, à cet effet, établi des plinthes.

§ 5. — Tout local appartenant à l'établissement doit être tenu en état suffisant de propreté. Les réfectoires doivent être nettoyés chaque jour.

Dans tout local de travail, les interstices du plancher doivent être nettoyés chaque jour de façon jugée satisfaisante par l'inspection, en tenant compte de la nature du travail exécuté. Ce nettoyage ne doit jamais être fait pendant les heures de travail.

Il est défendu de fumer dans les ateliers. Dans les fabriques où des réfectoires sont installés (cf. § 1, n° 4), il est interdit de prendre les repas dans les ateliers.

Les locaux de travail dans lesquels il n'est pas pourvu au renouvellement de l'air par quelque autre méthode jugée satisfaisante par l'inspection, doivent chaque jour être aérés par ouverture des fenêtres, pendant au moins une demi-heure après la fin du travail (cf. § 1. n° 1).

Les cabinets d'aisance annexés à l'établissement doivent être clairs et tenus en état constant de propreté et être bien aérés.

§ 6. — Pour le nettoyage des machines, il ne devra être fait usage que de coton propre, d'étoupe propre ou de chiffons lessivés.

§ 7. — Dans les locaux de travail, ainsi que dans les corridors, escaliers, réfectoires et lieux d'aisance, il doit être établi, suivant instructions de l'inspection, un nombre suffisant de crachoirs, à vider et à nettoyer chaque jour. Dans les locaux de travail, il est interdit de cracher ailleurs que dans les crachoirs destinés à cet usage.

§ 8. — Dans tout établissement, il doit être pourvu à la fourniture d'eau potable fraîche.

Dans les locaux de travail ou dans le voisinage, il sera établi des lavabos d'accès facile, tenus proprement. Si ces lavabos ne sont pas munis d'eau courante, il faudra au moins un lavabo pour cinq travailleurs. En outre, on doit veiller à ce qu'il y ait toujours au lavabo de l'eau propre en quantité suffisante et à ce que l'eau employée soit évacuée sur place.

Tout travailleur doit se servir d'un essuie-mains à lui seul, qui doit être renouvelé chaque semaine.

§ 9. — Tout atelier où s'effectuent des travaux sédentaires, doit, dans la saison froide, à moins de circonstances exceptionnelles, être convenablement chauffé depuis le début jusqu'à la fin de la journée de travail (avec au moins 12° R. au début du travail). S'il est fait usage pendant le travail de lumière artificielle, celle-ci doit être claire et suffisante. Lorsqu'il existe des incommodités du fait du rayonnement de la chaleur d'un poêle ou d'une lumière artificielle, les travailleurs doivent être protégés par des écrans disposés à cet effet.

§ 10. — On veillera à ce que, dans les locaux de travail, il règne constamment un aérage et une humidité jugés suffisants par l'inspection du travail et des fabriques. S'il est fait usage de moteurs mécaniques, le directeur de l'inspection du travail et des fabriques peut, dans chaque établissement, prescrire que la vapeur qui se dégage soit captée par un dispositif spécial et évacuée, au besoin de l'endroit même où elle se dégage.

§ 11. — Pour la manipulation des chiffons et des fils utilisés dans la fabrication, les règles suivantes seront observées :

a) Le parquet des dépôts de chiffons devra être bétonné. Les chiffons devront être conservés dans des sacs désinfectés et sans trous.

b) Dans les locaux où s'effectue le triage de chiffons, il ne devra pas être accumulé une provision de chiffons non triés supérieure à la quantité nécessaire pour une journée de travail et une quantité correspondante de chiffons triés. Tous les soirs, après la fin du travail, le parquet sera lavé. Il doit être procédé, au moins une fois par semaine, à un nettoyage complet des salles de triage.

c) Les ouvriers doivent, pendant le travail, revêtir des surtouts (cache-poussière et capuchons) fermant étroitement au cou et aux poignets et recouvrant le corps entier jusqu'aux pieds. Les cache-poussière et capuchons doivent être lessivés au savon une fois par semaine.

d) Les tables de triage doivent être recouvertes d'une toile métallique, au lieu d'une tablette, et être fermées entièrement sur toutes les autres faces, de façon que la poussière s'accumule à l'intérieur de la table, d'où elle doit être évacuée de façon satisfaisante une fois par semaine. Dans les établissements où il est fait usage de moteurs mécaniques, le directeur de l'inspection du travail et des fabriques peut ordonner que, dans chacun des établissements, les chiffons, avant d'être triés et préparés, soient nettoyés mécaniquement par époussetage à l'intérieur d'un appareil clos, et, de

même, qu'il soit adapté à chaque table de triage un dispositif aspirateur qui évacue, de façon efficace, la poussière dégagée par le triage et le lissage des chiffons.

e) Il est interdit d'occuper des ouvriers âgés de moins de dix-huit ans au triage des chiffons.

§ 12. — Dans les fabriques d'ouate, l'ouate nécessaire doit, avant d'être manipulée, être soigneusement désinfectée. Pour le triage, tant qu'il n'a pas pu être procédé à la désinfection, il devra être fait application des règles visées au paragraphe 11 sous les lettres *a-e* pour la manipulation des chiffons.

§ 13. — Le directeur ou le patron de l'établissement et les ouvriers sont tenus d'observer les prescriptions du présent arrêté, et chacun d'eux est personnellement responsable des infractions qui pourraient être mises à sa charge.

§ 14. — Une affiche contenant les prescriptions du présent règlement, sera apposée en un endroit apparent, dans tout établissement visé par ledit arrêté. Pour les établissements particulièrement importants, l'inspection peut décider qu'il soit placardé plusieurs affiches.

Toute salle d'un atelier de tricotage d'un cube d'air inférieur à 1,000 pieds cubes (31 mètres cubes) par ouvrier ordinairement occupé et tout autre local de travail visé par le présent arrêté d'un cube d'air inférieur à 2,000 pieds cubes (62 mètres cubes) par ouvrier habituellement occupé, sera en outre signalé par une affiche, approuvée par l'inspection et apposée en un endroit apparent. S'il est nécessaire, l'affiche fera connaître également le nombre d'ouvriers qu'il est permis d'occuper simultanément dans le local visé. L'affiche pourra, en outre, contenir les prescriptions spéciales sur le nettoyage qui auraient été formulées par l'inspection en vertu du paragraphe 5, alinéa 2 de l'arrêté.

L'affiche visée à l'alinéa 2 du présent paragraphe sera délivrée gratuitement, sur demande, par l'inspecteur des fabriques du district.

Arrêté royal du 11 février 1908, portant que les dispositions de la loi du 30 mars 1906 sur l'extension de l'assurance-accidents à certaines entreprises de navigation maritime, sont rendues applicables aux personnes employées au service du pilotage [1].

En vertu du § 5 de la loi du 30 mars 1906 [2] portant extension de la loi du 3 avril 1900 [3] sur l'assurance des pêcheurs danois contre les accidents

[1] *Anordning hvorved Bestemmelserne i Lov Nr. 65 af 30te Marts 1906 om Udvidelse af Lov Nr. 71 af 3dte April 1900 om danske Fiskeres Ulykkesforsikring til ogsaa at omfatte anden Søfartsvirksomhed m. v. gøres anvendelige paa Personer, der beskæftiges ved Lodsgerning.* Lovtidenden. 1908, n° 5.

[2] Voir *Annuaire*, 1906, p. 96.

[3] Voir *Annuaire*, 1900, p. 435.

à de nouvelles entreprises de navigation maritime, les dispositions de la première de ces lois sont rendues applicables aux doyens des pilotes et aux pilotes, en comprenant dans cette expression, les pilotes de réserve et les pilotes de secours, ainsi que les autres personnes au service du pilotage.

Arrêté royal du 11 février 1908 portant que les dispositions de la loi du 1er avril 1905 sur l'assurance des gens de mer contre les accidents du travail, sont rendues applicables à certains bâtiments de l'État ressortissant au Ministère de la marine ([1]).

En conformité du § 3 de la loi du 1er avril 1905 sur l'assurance des gens de mer contre les accidents du travail ([2]), les dispositions de la dite loi sont rendues applicables à l'équipage des bâtiments de la flotte et des autres bâtiments de l'État ressortissant au Ministère de la marine, lorsque le tonnage de ces bâtiments registre brut, est de 20 tonnes au moins.

L'indemnité journalière visée au § 10 de la loi susdite n'est pas allouée à la victime aussi longtemps qu'elle touche son plein salaire.

Loi du 13 mars 1908 portant modification à la loi du 23 mai 1902 sur les secours à accorder aux vieillards méritants en dehors de l'assistance publique ([3]).

§ 1. — Dans la loi du 23 mai 1902 ([4]), § 2, sont supprimés, sous la lettre *c*, 2e ligne, les mots « reçu pendant cette période les secours de l'assistance, et ne pas avoir », et il est ajouté une nouvelle lettre *d*, avec la teneur suivante :

d) l'intéressé ne peut avoir reçu des secours de l'assistance publique dans les cinq dernières années.

§ 2. — La présente loi entre en vigueur le 1er avril 1908. Le Ministre de l'intérieur est autorisé à faire imprimer et publier en même temps que la présente loi sera promulguée, le texte de la loi du 23 mai 1902, avec les modifications résultant de la présente loi, comme « loi sur les secours à accorder aux vieillards méritants en dehors de l'assistance » ([5]).

([1]) *Anordning hvorved Bestemmelserne i Lov Nr. 54 af 1ste April 1905 om Söfolks Forsikring mod Fölger af Ulykkestilfælde i Söfartsvirksomhed göres anvendelige paa de Staten tilhörende, under Marineministeriet henhörende Skibe af en Brutto-Register Tonnage af 20 Tons eller derover. Lovtidenden*, 1908, n° 5.

([2]) Voir *Annuaire*, 1905 p, 147.

([3]) *Lov om Aendring i Lov af 23de mai 1902 om Alderdomsunderstottelse til vaerdige Traengende udenfor Fattigvaesenet. Lovtidenden*, 1908, n° 9.

([4]) Voir *Annuaire*, 1902, p. 115.

([5]) Cette publication a eu lieu le 28 mars, *Lovtidenden*, 1908, n° 10. La loi codifiée porte la date du 13 mars.

Arrêté du Ministre de l'intérieur, en date du 5 mai 1908, concernant le travail des enfants et des adolescents dans certaines entreprises, dans la ville de Kallundborg ([1]).

Arrêté du Ministre de l'intérieur, en date du 21 mai 1908, sur les ateliers de menuiserie et les autres entreprises de travail du bois ([2]).

§ 1. — Le présent règlement est applicable à toutes les entreprises soumises à l'inspection du travail et des fabriques comprenant des menuiseries de toute espèce (y compris les menuiseries de modèles), les ateliers de sculptures sur bois, les fabriques de chaises, les fabriques de cadres et bordures, les tonnelleries, les ateliers de tournage de bois, les ateliers de vannerie, ceux où l'on travaille le liège, les charronneries et carrosseries et en outre aux ateliers de gravure sur bois et scieries, saboteries, fabriques de caisses d'emballage, fabriques de pianos, fabriques d'objets en bois, ateliers de construction de moulins et aux autres entreprises industrielles où le travail du bois occupe une place essentielle. Toutefois, les dispositions de l'arrêté ne sont pas applicables aux ateliers où il n'est pas procédé au travail du bois ni aux entreprises qui ne sont pas exploitées en ateliers fixes. Les dispositions de l'arrêté n'embrassent, sauf disposition expressément contraire, que les ateliers appartenant à l'entreprise proprement dite.

§ 2. — Lors de la construction de nouveaux établissements ou de la transformation d'anciens établissements, en vue d'y exercer les industries visées au § 1er, il devra être satisfait aux dispositions suivantes (cf. § 3 de la loi sur les fabriques) :

1. Lorsque les ateliers ne sont pas éclairés par en haut, ils devront être munis de fenêtres assez nombreuses et assez grandes pour fournir la lumière nécessaire dans tous les locaux de travail. Un renouvellement suffisant de l'air devra être assuré dans tous les ateliers à l'aide de fenêtres susceptibles d'être ouvertes, ou par tout autre moyen approprié.

2. Dans les locaux où la partie supérieure est réduite par suite de la présence de tiges à poulies (de plus de 300 millimétres de diamètre), la hauteur entre le parquet et le plafond doit être de 4 3/4 aunes (3 mètres) au moins, et dans les autres locaux de 4 aunes (2 1/2 mètres) au moins. Si une sou-

---

[1] *Bekendtgörelse om en af Indenrigsministeriet godkendt Vedtægt for Kallundborg Köbstad angaaende Börns og unge Menneskers Arbejde i visse nærmere bestemte Arter af Erhvervsvirksomhed. Lovtidenden* 1908, n° 17. Cet arrêté est analogue à celui qui a été inséré dans l'*Annuaire*, 1907, p. 325.

[2] *Regulativ i Henhold til Lov Nr. 71 af 11te April 1901 § 8 for Snedkerier og andre Virksomheder til Forarbejdelse af Træ. Lovtidenden*, 1908, n° 25. Cet arrêté a été pris en vertu du § 8 de la loi du 11 avril 1901 sur le travail dans les fabriques. Il est entré en vigueur le 1er août 1908.

pente ou d'autres dispositifs servant au dépôt de matériaux sont installés sous le toit, ils ne peuvent occuper que le tiers au plus de la surface du toit et se trouver au moins à 2 1/2 aunes (2^{m}02) du parquet. Le plancher ne peut être placé trop bas et doit permettre l'écoulement des eaux. Les fenêtres doivent avoir une ouverture d'au moins 2 aunes (1^{m}25) au-dessus du niveau de la rue ou de la cour ou au-dessus du terrain avoisinant. Si un grenier est employé comme atelier, il devra être muni d'un lattage en canne et poli ou d'une boiserie bien jointe. Les ateliers proprement dits devront avoir un cube d'air d'au moins 256 pieds (8 mètres cubes) pour chacun des ouvriers qui y travaillent ensemble.

3. De chaque atelier n'ayant pas de porte, de fenêtre ni de lucarne vers l'extérieur, dont le bord inférieur extrême serait situé à 3 mètres ou moins de la surface du sol, on devra pouvoir accéder au moins à deux escaliers indépendants l'un de l'autre; toutefois, en ce qui concerne les établissements installés avant l'entrée en vigueur du présent arrêté, l'inspection peut autoriser des dérogations aux présentes dispositions en tenant compte de la sécurité des ouvriers.

4. Lorsqu'il est fait usage d'une lumière-artificielle autre que la lumière électrique, les mesures nécessaires devront être prises en tenant compte de la dimension des locaux par rapport au nombre des ouvriers, contre la viciation de l'air par suite de la combustion.

5. Dans toutes les entreprises où, suivant les constatations de l'inspection des fabriques, les circonstances l'exigeront, il devra être aménagé un réfectoire qui devra être chauffé pendant la saison froide et où les ouvriers pourront prendre leurs repas et déposer les aliments qu'ils prennent avec eux; pareillement lorsque les circonstances le permettront, les ouvriers devront pouvoir faire chauffer le dîner qu'ils prennent avec eux ou qui leur est apporté.

6. Si la chose est possible, il devra être aménagé, pour le dépôt des vêtements dont les ouvriers se débarrassent au cours du travail, un local qui ne pourra être utilisé comme atelier. A défaut de ce local, un réduit spécial sera aménagé à cet effet dans les ateliers mêmes et autant que possible de façon que les vêtements des ouvriers restent séparés les uns des autres.

7. Dans chaque établissement il devra y avoir un nombre suffisant d'installations sanitaires appropriées. Les closets doivent être fermés et séparés. Lorsque des ouvriers et des ouvrières sont employés en même temps, il devra y avoir des cabinets distincts pour chaque sexe, lorsque les circonstances le permettront.

Dix ans au plus tard après la publication du présent règlement, tous les établissements devront satisfaire aux conditions énoncées dans le présent article.

En ce qui concerne les établissements fondés antérieurement à la publication du présent règlement, le directeur de l'inspection du travail et des fabriques (éventuellement le Ministre de l'intérieur) est autorisé à permettre,

nonobstant la disposition *sub* n° 2, alinéa 1er, ci-dessus, même après l'expiration du délai précité de dix ans, l'emploi d'ateliers où des tiges pourvues de poulies (de plus de 300 millimètres de diamètre) se trouvent sous le toit, même si la hauteur entre le parquet et la toiture est moindre que 4 aunes 3/4 (3 mètres), sans pouvoir descendre en aucun cas au-dessous de 3 aunes (1 1/2 mètre). Pareille dispense cessera ses effets lorsque l'établissement qui en bénéficie subira une transformation.

Dans les fabriques établies avant la publication du présent règlement, on veillera, en se conformant aux instructions spéciales de l'inspection du travail et des fabriques, à ce que les ateliers ne soient pas encombrés d'ouvriers. (Cf. Loi sur les fabriques, § 5, al. 1er.)

§ 3. — Les escaliers et passages servant à la circulation ne peuvent être employés pour y déposer des matériaux ni des produits entièrement ou partiellement achevés. Lorsque dans des établissements installés antérieurement au présent arrêté, il n'y a qu'une seule voie d'accès, l'inspection du travail a le droit, nonobstant le délai de dix ans visé au § 2, alinéa 3, d'exiger que des mesures soient prises pour le sauvetage des ouvriers en cas d'incendie.

§ 4. — Lorsqu'il est fait usage de machines susceptibles de vicier l'air, elles devront être placées dans un local spécial, ventilé.

Il est interdit de fumer dans les ateliers.

§ 5. — Dans les ateliers où il y a moins de 1,280 pieds cubes (40 mètres cubes) d'air par ouvrier normalement occupé, les murs qui ne seront pas revêtus d'un enduit poli, susceptible d'être lavé, ou peints à l'huile devront être blanchis à la chaux au moins une fois par année. Lorsque la chose paraîtra nécessaire et, au maximum, une fois par an, l'inspection pourra ordonner que les murs des locaux plus vastes ainsi que les plafonds soient blanchis à la chaux. La peinture à l'huile devra être renouvelée au moins une fois tous les dix ans. Les planchers devront être tenus en bon état.

§ 6. — Tous les locaux faisant partie d'un établissement devront être soigneusement nettoyés. Le four à colle sera également nettoyé. A la fin de la journée chaque ouvrier rangera ses outils, nettoiera son établi et enlèvera les copeaux et les déchets du parquet. Le réfectoire devra être nettoyé tous les jours.

Dans les locaux où il y a plus de 1,280 pieds cubes (40 mètres cubes) d'air par ouvrier normalement employé, l'inspection devra, lorsque le nettoyage ne se fera pas convenablement, donner des instructions spéciales à cet égard.

Dans les autres ateliers fermés, les règles suivantes seront applicables au nettoyage :

1. Chaque jour, le parquet sera débarrassé des copeaux et déchets; il devra être nettoyé à fond au moins une fois par semaine;

2. Les fenêtres devront être tenues en état de propreté;

3. Au moins une fois par an devra avoir lieu un grand nettoyage du parquet et des murs et un nettoyage des plafonds y compris celui des matériaux des soupentes. Ce nettoyage ne peut être effectué pendant le travail.

§ 7. — Les cabinets dépendant de l'établissement devront être éclairés et tenus en constant état de propreté et bien aérés.

Lorsque les cabinets ne seront pas construits de façon à être inodores, ils devront être séparés des ateliers.

§ 8. — Dans les ateliers, de même que dans les corridors, cages d'escalier, réfectoires et cabinets connexes, il devra y avoir, si l'inspection le juge nécessaire, un nombre suffisant de crachoirs, à vider et à nettoyer chaque jour. Dans tous ces endroits, il est interdit de cracher ailleurs que dans les crachoirs déposés à cet effet.

§ 9. — Dans chaque établissement devra se trouver de l'eau fraiche disponible. Dans chaque atelier ou près de chaque atelier devront se trouver des lavabos bien nettoyés et auxquels il sera facile d'avoir accès. S'il n'y a pas d'appareil où l'eau se renouvelle constamment, il faudra au moins un réservoir par groupe de 5 ouvriers. On devra veiller à ce qu'il y ait toujours de l'eau pure en quantité suffisante pour les lavabos et que l'eau utilisée puisse être évacuée sur place.

Chaque ouvrier doit se servir d'essuie-mains particuliers, à changer chaque semaine.

§ 10. — Chaque atelier fermé où s'effectuent des travaux sédentaires devra être chauffé convenablement pendant la saison froide à partir du commencement du travail jusqu'à la fin, de façon que, sauf en cas de circonstances extraordinaires, une heure au plus tard après le commencement du travail et jusqu'à sa fin, il y ait au moins 7 à 8° Réaumur dans chaque pièce; en ce qui concerne les ateliers qui sont très vastes en proportion du nombre d'ouvriers qui y travaillent (par exemple les ateliers de montage dans les fabriques de voitures, les scieries et autres du même genre), des dérogations aux dispositions précédentes pourront être autorisées par l'inspection. Lorsque les travaux s'effectuent à l'aide d'une lumière artificielle, celle-ci devra être claire et assez abondante. Lorsqu'une situation incommode est créée par le rayonnement de calorifères ou de la lumière artificielle, les ouvriers doivent être protégés par un écran approprié.

§ 11. — Les mesures nécessaires devront être prises pour que les ateliers soient suffisamment ventilés. Dans les établissements où la force mécanique est disponible, il pourra être ordonné par l'inspection du travail et des fabriques, pour chaque établissement en particulier, que les poussières dégagées (spécialement par l'aiguisage), soient aspirées et expulsées à l'aide de procédés mécaniques spéciaux.

§ 12. — Les ateliers et les locaux qui ne sont pas suffisamment séparés de ceux-ci, ne peuvent être utilisés comme dortoirs.

§ 13. — Pour le nettoyage des machines, il devra être fourni aux ouvriers du coton propre, de l'étoupe propre ou des chiffons nettoyés.

§ 14. — Il incombe aussi bien au directeur de l'entreprise qu'au propriétaire et aux ouvriers que la chose concerne de se conformer aux dispositions du présent réglement. Chacun répond des contraventions qui peuvent être mises à sa charge.

§ 15. — Une affiche contenant les dispositions du présent règlement, devra être apposée à un endroit apparent. Dans les grands ateliers, l'inspection peut ordonner qu'il en soit apposé plusieurs exemplaires.

Lorsqu'un atelier renferme moins de 1,280 pieds cubes (40 mètres cubes) d'air par chaque ouvrier qui y est normalement occupé, il y sera apposé une affiche approuvée par l'inspection, à placarder à un endroit bien en vue. S'il est nécessaire, cette affiche renseignera également le nombre d'ouvriers qui peuvent être employés en même temps dans ces locaux.

Loi du 27 mars 1908, concernant l'assurance des ouvriers contre les accidents dans les entreprises agricoles et forestières [1].

I. — Dispositions générales.

§ 1. — Sont assurés contre les accidents sur la base de la présente loi :

1. Les ouvriers occupés dans l'agriculture, l'exploitation des forêts et l'horticulture, lorsque la propriété possède, conformément à la loi du 15 mai 1903, une valeur cadastrale de plus de 6,000 couronnes.

2. Les ouvriers employés dans les haras, laiteries, tourbières, roselières et au service des machines à battre.

Sur la proposition du conseil d'assurance, le Ministre de l'intérieur peut soumettre à la loi par voie d'ordonnance, des entreprises assimilables aux précédentes.

§ 2. — L'obligation de l'assurance incombe aussi aux entreprises qui sont exercées accessoirement à celles qui tombent sous l'application du § 1er, telles que les briqueteries, les sablonnières et argilières, carrières de pierrailles, ballastières, sciages mécaniques, couperies de roseaux et autres semblables.

§ 3. — Par entreprises horticoles, la présente loi vise l'horticulture exploitée industriellement, ainsi que les travaux dans les parcs, établissements et jardins appartenant à l'État ou aux communes, ou qui sont rattachés à une exploitation agricole ou forestière, ou enfin les travaux dans des

---

[1] *Lov om Forsikringen mod Folger af Ulykkestilfaelde i Landbrug, Skovbrug, Havebrug, m. m. Lovtidenden*, 1908, n° 28. — Travaux parlementaires : *Rigsdagstidenden*, 1907-08 : Folket. Tid. col. 1282, 2207, 6559, 6618 ; Landst. Tid. col. 1538, 1887, 1942 ; Till. A. col. 3705 ; Till. B. col. 2497, 3339 ; Till. C. col. 991, 2405.

jardins privés qui vendent des produits horticoles en quantité considérable.

§ 4. — Est soumis à l'assurance en vertu de la présente loi, celui qui, moyennant salaire ou à forfait, ou en qualité de collaborateur non salarié ou de surveillant, à titre permanent ou temporaire, est engagé en vue de l'exécution de travaux dans des entreprises soumises à la présente loi, à condition que le salaire annuel n'excède pas 1,500 couronnes.

Sauf l'épouse, les membres de la famille de l'employeur, sont également soumis à l'assurance, lorsque leur travail peut être assimilé à celui des autres ouvriers de l'entreprise et à condition qu'ils aient atteint l'âge de dix ans révolus.

§ 5. — L'assurance vise tous les accidents qui surviennent dans l'entreprise ou à raison des circonstances dans lesquelles elle s'exerce, y compris les accidents dans les transports, même s'ils surviennent hors du domaine de l'entreprise; les accidents dans les travaux faits sur les chemins de fer pour l'entreprise; enfin, les travaux de voirie, hydrauliques et de canalisation, ceux des toitures en chaume, les accidents dans les chasses et autres semblables, lorsque ces travaux sont exécutés dans l'intérêt de l'entreprise ou sont nécessaires pour la propriété.

Par contre, ne sont pas soumis à la présente loi, les accidents qui surviennent dans le ménage personnel de l'employeur, lorsque ce ménage est entièrement séparé de l'exploitation, ni les accidents en cas de prestations personnelles pour l'employeur ou sa famille. Toutefois, les personnes soumises à l'obligation de l'assurance en vertu de la présente loi, ne perdent pas leur droit à un dédommagement si elles sont victimes d'un accident en travaillant momentanément dans le ménage de l'employeur, ou pour lui ou pour sa famille.

§ 6. — Sont exclus de l'assurance, les accidents que l'assuré s'est attiré volontairement ou par faute lourde.

§ 7. — Si l'accident entraîne la mort, les personnes que l'assuré laisse après lui ont droit à une indemnité dans les conditions prévues aux §§ 18 et 19, lorsqu'au moment de l'accident elles ont la qualité de citoyens danois ou habitent le royaume. Si les ayants-droit résident à l'étranger, ils ne sont fondés à recevoir une indemnité que si l'ouvrier accidenté appartenait à un pays qui accorde aux représentants d'ouvriers agricoles danois, en cas d'accident, les mêmes droits qu'à ses nationaux. Si une disposition de l'espèce n'est applicable qu'à une partie de l'État étranger, la réciprocité n'est valable que pour cette partie.

§ 8. — Employeurs et ouvriers peuvent s'adresser au conseil de l'assurance pour faire décider si une exploitation tombe sous l'application de la présente loi ou doit en être exclue. Cette décision peut être portée en appel devant le Ministre de l'intérieur.

Le délai d'appel est de quatorze jours à compter de la signification de la décision.

§ 9. — Les accidents qui tombent sous l'application de la loi en vertu des dispositions précédentes, doivent être traités conformément à la présente loi en ce qui concerne le taux de l'assurance, même lorsqu'ils étaient susceptibles jusqu'à présent d'être réglés suivant la loi du 7 janvier 1898.

Toutefois, la présente disposition ne s'applique pas aux entreprises soumises à la loi du 7 janvier 1898, § 4a, 1ᵉʳ point et 10ᵉ point (fabriques et moulins), dans lesquelles, en cas d'accident, ce sont toujours les dispositions de la loi du 7 janvier 1898 qui sont applicables.

II. — Droits des assurés.

§ 10. — Si un accident se produit dans les conditions prévues à la section I, qui entraîne une diminution de capacité, l'assuré a droit, si l'incapacité dure plus de treize semaines à partir de l'accident, à une indemnité journalière conformément aux dispositions du paragraphe suivant. Les enfants de l'employeur habitant chez lui ne reçoivent aucune indemnité aussi longtemps qu'ils n'ont pas quinze ans révolus.

§ 11. — En ce qui concerne les personnes n'ayant pas accompli leur dix-huitième année au moment de l'accident, l'indemnité journalière est de 75 öre, pour les autres, elle est de 1 couronne 20 öre.

Pour chaque semaine, l'indemnité journalière est calculée pour sept jours.

L'indemnité journalière n'est pas allouée par fractions.

§ 12. — Le droit à l'indemnité a sa base dans la diminution de capacité de travail.

Celle-ci est considérée comme permanente, aussi longtemps que la victime n'est pas en état de reprendre son travail; l'incapacité est attestée par le certificat médical.

Le paiement de l'indemnité journalière ne peut jamais être prolongé au-delà d'une année à compter du jour de l'accident.

§ 13. — Lorsque l'accident n'entraîne qu'une incapacité de travail temporaire, l'indemnité journalière cesse dès que les conditions qui la rendent exigible viennent à disparaître.

Lorsque l'accident entraîne une incapacité permanente, l'indemnité journalière doit, si les conditions du § 12 sont remplies, être payée jusqu'à ce que le conseil de l'assurance ait fixé la rente d'invalidité, lorsque cette fixation a lieu dans l'année qui suit le jour de l'accident.

Si l'accident entraîne la mort, l'indemnité journalière doit être payée dans les mêmes conditions jusqu'au décès, si celui-ci arrive dans l'année de l'accident.

§ 14. — L'indemnité journalière doit être payée à la victime à la fin de chaque semaine pour la semaine écoulée et, pour la première fois, à la fin de la quatorzième semaine.

§ 15. — Au début de la quatorzième semaine, la victime est tenue de transmettre à l'employeur ou à la compagnie d'assurance agréée, un certificat médical avec la déclaration que les conditions de l'indemnité journalière sont remplies. Les frais de ce certificat médical sont à la charge de la victime.

L'employeur ou la compagnie d'assurance peut se faire délivrer un nouveau certificat médical chaque semaine, à condition d'en supporter les frais.

§ 16. — Si l'employeur paie le plein salaire à l'ouvrier, même lorsque ce dernier n'est pas complètement capable de travailler, il a le droit de se faire verser l'indemnité journalière. Si celle-ci est plus élevée que le salaire, l'ouvrier a droit à la différence.

§ 17. — Si l'accident entraîne une incapacité de travail que le conseil de l'assurance ouvrière déclare permanente (invalidité), la victime a droit à une indemnité en argent. Si l'incapacité est totale, l'indemnité est de six fois un salaire annuel de 600 couronnes. Si l'incapacité est partielle, l'indemnité est allouée en proportion. Une diminution de la capacité de travail inférieure à 10 p. c. ne donne droit à aucune indemnité.

§ 18. — En cas que l'accident entraîne la mort, les ayants-droit mentionnés au paragraphe suivant reçoivent une somme de 2,500 couronnes.

S'il n'y a qu'un ayant droit, celui-ci reçoit le tout, sauf application du § 19, dernier point.

S'il y a plusieurs ayants-droit, le conseil de l'assurance ouvrière décide de la manière dont la somme sera partagée entre eux.

S'il n'y a pas d'ayant-droit, la personne qui s'est chargée des funérailles reçoit une somme de 50 couronnes.

§ 19. — Si la victime laisse une veuve, celle-ci a droit à l'indemnité à condition que le mariage ait été célébré avant l'accident et n'ait pas été rompu depuis par séparation. Le droit à l'indemnité tombe, si les époux se sont séparés avant l'accident ou s'il est constaté que la femme avait abandonné son mari avant cet événement. Si la victime ne laisse pas de veuve fondée à toucher l'indemnité, le droit passe à ceux de ses enfants dont il avait la charge ou qu'il entretenait effectivement au moment de l'accident. S'il n'y a pas d'enfant de l'espèce, le conseil de l'assurance décide si la somme doit être payée en tout ou en partie à d'autres personnes soutenues par la victime ou à l'entretien desquelles elle contribuait à l'époque de l'accident. Si elle n'a fait que contribuer à l'entretien, la somme allouée ne peut excéder 800 couronnes.

§ 20. — Si la victime ou ses ayants-droit reçoivent, en vertu d'autres dispositions légales, une pension ou des secours de l'État, le droit à l'assurance conformément à la présente loi, tombe. Il en est de même des assurés qui

sont au service de communes qui ont formulé des réglements spéciaux, approuvés par le Ministre de l'intérieur, en ce qui concerne les pensions ou les secours à accorder aux victimes d'un accident, et en vertu desquels les ouvriers accidentés reçoivent des avantages équivalant au moins à ceux de la présente loi.

Si la victime reçoit de l'employeur une pension ou des secours constitués à l'aide des deniers de l'employeur, en vertu d'une loi ou d'un arrangement, l'employeur a le droit, suivant la décision du conseil de l'assurance ouvrière, de se faire payer la totalité ou une partie du montant de l'assurance.

III. — DE L'OBLIGATION DE L'ASSURANCE.

§ 21. — L'obligation de l'assurance incombe conformément à la présente loi, aux employeurs des entreprises spécifiées au § 1er (cf. les §§ 2 et 3). A l'exception de l'État et des communes, chaque employeur, dés qu'il se trouve dans les conditions qui entraînent pour lui l'obligation de s'assurer conformément à la présente loi, est tenu de transférer les risques que la loi met à sa charge, à une société mutuelle d'employeurs agréée par le Ministre de l'intérieur ou à une société à responsabilité limitée. Dès qu'elle s'est chargée des risques, la société est substituée à l'employeur.

L'agréation des sociétés mutuelles a lieu par approbation de leurs statuts par le Ministre de l'intérieur. Ces statuts doivent contenir les dispositions nécessaires quant à la garantie de la responsabilité solidaire des membres.

Les sociétés à responsabilité limitée sont agréées aux fins de l'assurance dans des conditions particulières à fixer chaque fois par le Ministre de de l'intérieur.

Dans les statuts des sociétés doivent se trouver les dispositions nécessaires concernant l'admission, le payement des primes, la perception et l'administration des fonds d'assurance, les délais de déclaration, le contrôle du traitement médical, etc.

L'agréation de chaque société est rendue publique. Elle peut être retirée par le Ministre; le retrait de l'agréation doit être publié de la même façon que l'agréation même.

§ 22. — L'employeur soumis à la présente loi qui a entrepris l'exécution d'un travail, est également considéré comme employeur à l'égard des ouvriers qui lui ont été assignés par un sous-traitant.

Lorsqu'une entreprise est partagée entre plusieurs personnes, par exemple si une partie de la propriété est donnée à bail, chaque partie est considérée comme l'employeur des ouvriers qu'elle paie.

§ 23. — Les primes échues peuvent, en cas de non paiement, être recouvrées par voie de saisie. En cas de faillite, les créances relatives à des primes échues sont assimilées aux créances indiquées au § 33, n° 2, de la loi sur les faillites.

Le même rang est attribué à la victime ou à ses ayants-droit en ce qui concerne leurs droits vis-à-vis de l'employeur qui n'a pas transféré ses risques à une société agréée conformément au § 21, al. 1.

§ 24. — Tout entrepreneur assuré conformément à la présente loi, doit faire afficher, à un endroit de l'exploitation aisément accessible aux ouvriers, un avis indiquant le nom de la société à laquelle il a transféré ses risques. Ces avis doivent être fournis gratuitement aux assurés par les compagnies.

A titre de quittance des primes payées, les sociétés agréées délivrent aux assurés un timbre d'assurance approuvé par le Ministre de l'intérieur et sur lequel sont imprimés le nom de la société et le terme pour lequel l'assurance est valable. Ces timbres doivent être collés par l'assuré sur un tableau que lui fournit la société d'assurance et qui doit être appliqué directement sur l'avis dont il est question à l'alinéa 1er.

Si le timbre d'assurance de la période en cours n'est pas collé, chacun peut en faire la dénonciation à l'autorité de police compétente, après quoi les poursuites seront intentées par le ministère public.

IV. — DE L'ASSURANCE VOLONTAIRE.

§ 25. — Les sociétés d'employeurs constituées sur la base de la mutualité et qui ont reçu l'agréation conformément au § 21 de la présente loi, en ce qui concerne la reprise des risques des employeurs, peuvent également être autorisées à accepter des assurances volontaires relativement à des accidents survenus dans les exploitations agricoles, forestières ou horticoles, sans distinguer si ces entreprises sont exploitées industriellement ou non, ou si elles ont une valeur fiscale de 6,000 couronnes ou moins.

L'autorisation de faire ces opérations d'assurance peut être également accordée à des associations privées reposant sur le principe de la mutualité.

L'assurance peut être contractée individuellement ou collectivement en faveur des personnes qui tirent leur subsistance en tout ou en partie, par elles-mêmes ou au service d'autrui, de leur travail dans des entreprises forestières, agricoles ou horticoles en Danemark.

L'assurance est valable, conformément aux dispositions de la présente loi, dès que l'intéressé se trouve, au moment où l'accident se produit, occupé au travail chez le propriétaire ou le fermier d'un bien-fonds dont la valeur cadastrale n'excède pas 6,000 couronnes et est employé dans l'agriculture, les forêts ou l'horticulture, ou se trouve être lui-même le propriétaire ou le tenancier d'un bien de l'espèce, ou l'époux du propriétaire ou du fermier.

Les personnes qui sont au service des propriétaires ou des tenanciers dans les exploitations désignées à l'alinéa précédent et qui ne prennent pas part personnellement ou continuellement aux travaux, ont le droit de se faire rembourser, en tout ou en partie, les primes payées par elles pour

l'assurance visée à la présente section. Ces primes ne peuvent être déduites du salaire qui leur revient suivant convention.

La moitié des dépenses pour l'assurance dont il est question ici, est supportée par la caisse de l'État sur la base des comptes qui doivent être présentés chaque année, toutes pièces à l'appui.

Les statuts doivent renfermer des dispositions sur la conclusion de l'assurance, les versements à effectuer par les membres, le recouvrement des cotisations, leur administration, l'obligation de la déclaration et le contrôle du traitement médical.

Les dispositions du § 20 ne sont pas applicables aux assurances dans le sens du présent article.

Tous les documents relatifs à l'assurance sont exempts du timbre.

V. — Procédure en cas d'accident.

§ 26. — Tout accident qui paraît devoir donner ouverture au droit aux indemnités prévues par la présente loi, doit être déclaré par le propriétaire de l'exploitation, ou par la personne qui dirige l'exploitation à sa place au moment de l'accident, le plus tôt possible et au plus tard dans les huit jours, au conseil de l'assurance ouvrière. La déclaration indiquera aussi exactement que possible :

1. la cause et les circonstances de l'accident ;
2. l'état de la victime et le temps qui s'est écoulé jusqu'à la première intervention du médecin ;
3. l'endroit où le traitement se poursuit et le nom du médecin ;
4. si la victime fait partie d'une caisse de maladie et de laquelle ;
5. si la victime est assurée, et auprès de quelle société.

A la déclaration doit être joint un certificat du médecin traitant, à payer par l'employeur.

La déclaration et le certificat médical doivent être faits en remplissant les formules prescrites par le conseil d'assurance.

§ 27. — Le conseil d'assurance a le droit de réclamer de l'employeur, de l'ouvrier et des autres intéressés y compris le médecin traitant, tous renseignements concernant l'accident. Il peut exiger que la victime se soumette à un examen médical ou à un interrogatoire et qu'une copie du procès-verbal de ces opérations lui soit remise.

§ 28. — Si la victime réclame une indemnité en vertu de la présente loi, elle doit se faire examiner par un médecin, aussitôt que possible après l'accident, et se soumettre au traitement médical nécessaire. En cas de refus, ou si la victime contrarie sa guérison en n'observant pas les instructions du médecin, elle est déchue de ses droits en tout ou en partie, suivant les circonstances.

L'employeur et la société d'assurance que la chose concerne ont le droit de faire examiner la victime par un médecin.

§ 29. — Si l'employeur ou son délégué (§ 26) n'a pas procédé à la déclaration prescrite, la victime n'en conserve pas moins le droit d'introduire son action dans la suite; toutefois, l'action doit être introduite au plus tard dans l'année à compter du jour de l'accident.

VI. — Du Conseil de l'assurance ouvrière.

§ 30. — Il est créé au sein du conseil de l'assurance ouvrière, institué par la loi du 7 janvier 1898, une section spéciale pour l'examen des affaires ressortissant à la présente loi.

Cette section est composée du président du conseil, qui est aussi le président de la section, de deux membres nommés par le Roi, dont un médecin, et de six personnes non membres du conseil. De ces six personnes :

a) deux seront des chefs d'entreprise obligés d'assurer leurs ouvriers contre les accidents du travail conformément à la présente loi ;

b) deux seront des ouvriers des entreprises visées aux §§ 1 à 3, qui n'exercent pas pour leur compte une entreprise de la nature visée par la présente loi ;

c) deux seront des propriétaires ou des tenanciers de biens-fonds spécifiés au § 25, al. 4.

La désignation des six membres susdits se fait par le Ministre de l'intérieur, en ce qui concerne les membres désignés sous *a)*, sur la proposition des associations coopératives agricoles; en ce qui concerne les membres désignés sous *b)*, sur la proposition du comité prévu au § 24, al. 3, de la loi du 12 avril 1892 sur les caisses de maladies, et en ce qui concerne les membres désignés sous *c)*, sur la proposition des associations de fermiers.

Pour chaque place vacante, il est présenté trois personnes entre lesquelles le Ministre de l'intérieur fait son choix.

En ce qui concerne les membres sous *a)*, *b)*, *c)*, il leur est élu des suppléants, suivant les mêmes règles que pour les membres titulaires.

Les membres désignés sous *b)* prennent part à l'examen de toutes les affaires en même temps que le président et les deux membres nommés par le Roi; ceux qui sont désignés sous *c)* sont appelés pour les affaires du § 25; ceux qui sont désignés sous *a)* sont appelés dans toutes les autres délibérations.

Les dispositions générales relatives au conseil sont également applicables à la présente section.

§ 31. — Le conseil tranche aussitôt que possible, après s'être entouré de tous les renseignements nécessaires et avoir donné à l'employeur ou à la société d'assurances reconnue et aux autres intéressés, l'occasion de prendre connaissance des pièces et d'émettre leur opinion, les questions suivantes :

a) si l'accident déclaré donne droit à la réparation conformément à la présente loi;

b) si les faits qui, en vertu du § 17, déterminent la nature de la réparation, sont constatés;

c) le montant des allocations revenant à l'ouvrier ou à ses ayants-droit;

d) les questions litigieuses concernant les indemnités journalières.

Si le conseil a manqué de suivre la procédure prescrite, les décisions susdites peuvent être attaquées devant le Ministre de l'intérieur, lequel peut casser la décision prise et renvoyer l'affaire pour nouvelle délibération et décision.

Hormis ce cas, les décisions visées *sub* litt. *a* peuvent être portées en appel devant le Ministre, tandis que celles qui sont visées *sub* litt. *b*, *c* et *d* ne peuvent être attaquées.

Le délai d'appel est de quatorze jours à compter de la signification de la décision.

Les sommes fixées par le conseil (litt. *c*) ne peuvent plus être augmentées ni diminuées par lui dans la suite.

§ 32. — Lorsqu'il s'est écoulé un an depuis l'accident et que les conséquences définitives de cet accident ne se sont pas encore manifestées, le conseil doit néanmoins prendre une décision et la somme à allouer en pareil cas à la victime peut être fixée par le conseil d'après les conséquences définitives vraisemblables qu'il croit pouvoir attribuer à l'accident. La décision prise en pareil cas ne peut être modifiée dans la suite.

S'il n'est pas possible de prendre une décision de l'espèce par approximation, le conseil peut rendre une décision temporaire et l'affaire peut être reprise dans la suite, si la victime en exprime le désir. Toutefois, pareille revision ne peut plus avoir lieu lorsque deux années se sont écoulées depuis la première décision.

VII. — Paiement des allocations.

§ 33. — La somme à payer peut, si la victime a plus de trente, mais moins de 55 ans, être payée au choix de la victime en espèces ou sous forme de rente viagère. En ce qui concerne des personnes plus jeunes ou plus âgées, le conseil d'assurance a le droit de leur acheter une rente viagère, même contre leur volonté. S'il s'agit de femmes, le conseil peut, lorsque les circonstances le réclament, prendre des dispositions spéciales au sujet de l'emploi des fonds de façon à sauvegarder les intérêts des enfants. Si le conseil le juge opportun en considération de l'état intellectuel de la victime, il peut lui acheter une rente viagère sans devoir tenir compte de l'âge.

Les sommes accordées à des ouvriers d'âge, doivent être placées à leur profit suivant le mode le plus convenable à fixer par le conseil.

Le conseil peut charger l'employeur ou la société d'assurance, de payer à la victime ou à ses ayants-droit une avance sur les sommes leur revenant, lorsque la liquidation définitive est retardée pour un motif quelconque.

§ 34. — Le Conseil de l'assurance fait connaître à l'employeur ou à la société d'assurance, suivant les cas, le montant des sommes qu'il a décidé d'allouer en cas d'incapacité permanente à la victime ou à ses ayants-droit.

Ces sommes doivent être versées au conseil dans les quatorze jours, moyennant quittance. Le montant de l'assurance est alors payé immédiatement à l'assuré, sous réserve des dispositions du § 33. La rente viagère est servie par la société d'assurance-vie soit à la victime directement, soit à son conseil judiciaire de la façon fixée pour chaque cas par le conseil de l'assurance ouvrière.

L'indemnité journalière est payée directement à la victime, sauf dispositions contraires dans la présente loi.

§ 35. — Les avantages revenant à un assuré ou à ses ayants-droit sur la base de la présente loi, ne peuvent être cédés, ni engagés, ni saisis par les créanciers.

§ 36. — La présente loi ne porte pas atteinte aux obligations du maitre vis-à-vis de ses domestiques malades conformément aux lois sur la matière.

§ 37. — Les conventions entre les assurés et ceux qui sont soumis à l'obligation d'assurer, dérogeant aux dispositions de la présente loi ou stipulant que l'assuré devra payer en tout ou en partie les primes exigibles en vertu des sections I à III, sont nulles et de nul effet.

§ 38. — Lorsque l'assuré ou un ayant-droit a reçu une somme en vertu de la présente loi, il perd définitivement le droit de réclamer à l'employeur ou d'autres personnes une indemnité en vertu des dispositions en vigueur sur la responsabilité civile en cas d'accident. Par contre, si l'assuré a introduit une action en dommages-intérêts contre l'employeur ou d'autres personnes en vertu des dispositions en vigueur sur la responsabilité civile, il ne peut plus invoquer le bénéfice de la présente loi, soit immédiatement, soit dans la suite, ni solliciter une décision de l'établissement d'assurance, à moins que le conseil lui-même ne l'y autorise après avoir pris connaissance de l'affaire, sur requête des intéressés.

Lorsque le conseil estime pouvoir informer par écrit l'intéressé ou ses ayants-droit que, dans son opinion, l'employeur ou d'autres personnes peuvent être actionnées en vertu des dispositions sur la responsabilité civile, l'action introduite de ce chef ne peut constituer un obstacle à des réclamations ultérieures sur la base de la présente loi, si l'action civile n'aboutit pas à l'allocation d'une indemnité égale ou supérieure à celle que le conseil a alloué à la victime ou à ses ayants-droit conformément à la présente loi, section II. En pareil cas, le demandeur jouira de la gratuité de la procédure, à l'intervention du conseil.

§ 39. — Les frais des certificats fixés par le § 17 de la loi du 13 mai 1903 complémentaire de celle du 7 janvier 1898 sur la réparation des accidents du travail, seront également applicables aux certificats médicaux en vertu de la présente loi.

Les certificats médicaux nécessaires pour l'examen d'une affaire et demandés par le conseil de l'assurance ouvrière, l'employeur ou la compagnie d'assurance doivent être payés par l'employeur, sauf ce qui est dit dans les articles précédents au sujet de l'obligation de payer ces frais, ou, si l'assurance est contractée auprès d'une société agréée, par celle-ci.

Si dans les polices il est stipulé que les certificats de l'espèce ne seront pas à charge de la société, les dispositions ci-dessus ne seront applicables qu'au renouvellement de la police et au plus tard dans un délai de cinq ans après l'entrée en vigueur de la présente loi.

Les questions litigieuses au sujet du paiement des certificats médicaux sont tranchées par le conseil. L'appel de ces décisions est ouvert devant le Ministre de l'intérieur.

§ 40. — Est passible d'une amende de 50 à 500 couronnes, l'employeur qui néglige de transférer les risques qui lui incombent, conformément à la loi, à une société d'assurance agréée par le Ministre de l'intérieur, ou ne remplit pas l'obligation prévue au § 24.

Est passible d'une amende de 15 à 200 couronnes, l'employeur ou son délégué qui néglige de faire en temps voulu la déclaration d'accident prévue au § 26.

Ces affaires sont jugées comme affaires de simple police.

Les amendes prononcées conformément à la présente loi reviennent aux caisses de secours visées par la loi du 4 mai 1907, ou, à défaut d'une caisse de l'espèce, à la caisse communale.

§ 41. — La présente loi entre en vigueur un an après sa publication au *Bulletin des lois*. Toutefois, des dispositions concernant la création au sein du conseil de l'assurance ouvrière de la section visée au § 30, pourront entrer en vigueur avant cette date suivant décision du Ministre de l'intérieur.

§ 42. — Le Gouvernement est autorisé à étendre par arrêté royal la présente loi aux iles Féroé, avec les modifications correspondant à la situation particulière de ces iles.

Loi du 27 mai 1908, concernant les secours en cas de chômage extraordinaire [1].

§ 1. — Dans les communes où, de l'avis des autorités communales, il existe un chômage extraordinaire, ces autorités peuvent, sans qu'il soit besoin de l'approbation d'autorités supérieures, accorder pour l'exercice financier en cours, aux caisses de secours et sociétés de bienfaisance visées

[1] *Lov om Understottelser i Anledning af ekstraordinær Arbejdsloshed. Lovtidenden*, 1908, n° 27. TRAVAUX PARLEMENTAIRES : Rigsdagstidenden, 1907-1908 : Folket. Tid. col. 7311, 8127, 8450, 8479 ; Landst. Tid. col. 2298, 2341, 2379 ; Till. A. col. 4891 ; Till. B. col. 3697 ; Till. C. col. 2675, 2713.

par la loi du 4 mai 1907 sur les caisses de secours (*Hjaelpekasser*), des allocations supplémentaires dépassant le maximum fixé dans ladite loi.

§ 2. — Les caisses de chômage reconnues au cours de l'exercice financier 1907-1908 qui, lors de l'entrée en vigueur de la présente loi, n'auront pas encore douze mois d'existence, devront, nonobstant les dispositions du paragraphe 11, alinéa 4, n° 1 de la loi du 9 avril 1907 ([1]) sur les caisses de chômage reconnues, être admises à allouer des secours à ceux de leurs membres qui appartenaient à la caisse au moment de la reconnaissance, s'il est établi à la satisfaction de l'inspecteur du chômage que ces caisses disposent de moyens suffisants pour pouvoir commencer à assurer des secours conformément aux statuts desdites caisses. Les autorités communales peuvent, sans qu'il soit besoin de l'approbation d'autorités supérieures, accorder à ces caisses, pour l'exercice financier en cours, une allocation extraordinaire dépassant le maximum fixé par le paragraphe 9, alinéa 2 de ladite loi sur les caisses de chômage reconnues. Le Ministre de l'intérieur peut verser à ces caisses des avances sur l'allocation de l'État pour l'année budgétaire en cours.

§ 3. — Les secours accordés en vertu de la présente loi n'ont pas pour les bénéficiaires les conséquences qu'entraîne l'allocation des secours de l'assistance publique.

Arrêté du Ministre de la justice, en date du 4 juin 1908, concernant l'établissement et l'exploitation d'élévateurs et d'ascenseurs actionnés mécaniquement ([2]).

§ 1. — Les dispositions ci-après sont applicables aux élévateurs et ascenseurs actionnés mécaniquement, à la vapeur, au gaz, au pétrole, à l'électricité, par la pression hydraulique, etc., et qui se composent d'une plate-forme ou cabine mobile entre des montants fixes.

Pour les élévateurs construits de façon spéciale, par exemple, les élévateurs Paternoster, l'inspection du travail décide dans chaque cas, s'ils sont construits de façon satisfaisante Les plans de ces ascenseurs doivent être soumis à l'appréciation de l'inspection des fabriques avant l'installation.

([1]) Voir *Annuaire*, 1907, p. 314.
([2]) *Bekendtgörelse om Indretningen og Brugen af mekanisk drevne Elevatorer og Hejsevaerker*. *Lovtidenden*, 1908, n° 29. Cet arrêté a été pris en vertu du § 7 de la loi du 12 avril 1889, sur les mesures à prendre pour prévenir les accidents pouvant résulter de l'emploi de machines, qui dispose que « la construction et l'exploitation des machines dont il y aurait plus particulièrement lieu de craindre des accidents ou des dangers pour la santé, pourront être soumises à des dispositions ultérieures par voie d'arrêtés ».

I. — Dispositions générales.

§ 2. — La cage de l'élévateur doit, aux endroits où il est possible d'y accéder ou de la contourner, être entourée de cloisons jusqu'à une hauteur d'au moins 1^{m}90 (cf. toutefois le dernier point des §§ 6 et 13) ou être clôturée par un treillis de sorte que, partout où la distance entre la cabine et la clôture est de 13 centimètres au moins, les ouvertures entre les montants ne puissent excéder 5 centimètres de largeur ni 4 centimètres transversalement s'il s'agit de clôtures en treillis ou en barreaux croisés.

Lorsque la distance entre la cabine et la clôture excède 13 centimètres, les dimensions des ouvertures susdites peuvent être portées au double des précédentes.

Du côté de l'entrée, la porte et les parois latérales doivent être revêtues dans le bas jusqu'à 15 centimètres de hauteur au moins, d'une plaque ou d'un treillis de 2 1/2 centimètres de largeur de mailles au plus.

La cage de l'ascenseur ne peut servir de passage.

Toute ouverture donnant accès dans la cage devra être munie d'une porte ou d'un barrage qui ne pourra s'ouvrir vers l'intérieur et qui devra rester fermé lorsqu'il n'est pas fait usage de l'ascenseur à la hauteur même de l'ouverture. Toutefois, les présentes dispositions ne sont pas applicables aux élévateurs Paternoster à fonctionnement continu et à plate-forme fixe.

A chaque entrée il sera affiché de façon à attirer les regards, un avis avec les mots « Ascenseur! Attention ! » et l'indication du maximum de la charge autorisée (nombre de personnes, poids des marchandises), et

a) s'il s'agit d'ascenseurs publics de personnes, qui ne fonctionnent pas automatiquement ou d'une façon ininterrompue (cf. le § 4) : « Ne peut être utilisé sans conducteur! » et

b) s'il s'agit d'élévateurs à marchandises « Défense de transporter des personnes! » et, si le barrage vient seulement à mi-corps, (cf. § 9, al. 1er) « Défense de se pencher dans la cage ».

§ 3. — Les contrepoids des élévateurs devront être conduits de façon satisfaisante et les voies dans lesquels ils glisseront, devront, si le contrepoids est placé hors de la cage, être entourés au moins jusqu'à 1^{m}90 du parquet, de cloisons ou d'un treillis conformément aux dispositions du § 2, al. 1er.

II. — Ascenseurs de personnes.

§ 4. — Les ascenseurs de personnes ne peuvent être desservis que par des employés de plus de 16 ans, au courant de la manœuvre; à la réquisition de l'inspection, il devra être établi que l'ascenseur est régulièrement et techniquement contrôlé.

Dans les ascenseurs de personnes servant au transport d'autres personnes que celles qui sont au courant de la manœuvre, il devra toujours se trouver

un conducteur, sauf si l'ascenseur fonctionne de façon ininterrompue et est muni d'un frein-régulateur solide et automatique.

§ 5. — La cage de l'ascenseur devra, à chaque étage et jusqu'à une hauteur de 1m90 au moins, être entourée de cloisons ou clôturée par un treillis en fer conformément à ce qui est dit au § 2, al. 1er. Les portes des ouvertures d'accès seront établies de façon que seule la porte vis-à-vis de laquelle se trouve la cabine puisse s'ouvrir et que la cabine ne puisse être mise en marche que si toutes les portes sont fermées. Cette condition n'est pas imposée, si l'ascenseur est conduit par un guide, qui est alors responsable de la fermeture des portes.

§ 6. — Sur chaque côté ne possédant pas d'entrée et en outre au sommet, la cabine doit être entourée de cloisons fixes ou d'un treillis en fer dont les ouvertures ne peuvent excéder 2 1/2 centimètres; elle doit être éclairée intérieurement et renfermer l'indication du nombre maximum de passagers à admettre; de l'intérieur, un signal d'alarme distinct doit pouvoir être donné à un endroit quelconque. Si le toit de la cabine est en verre, il doit être protégé contre le bris à l'aide d'un treillis en fer.

Les entrées seront munies de portes qui ne pourront s'ouvrir à l'extérieur et qui devront rester fermées pendant le trajet. Toutefois, les portes peuvent être supprimées dans tous les cas où leur installation entraînerait des inconvénients particuliers, mais alors la cage doit, à chaque étage, être clôturée du côté de l'entrée dans toute sa hauteur, n'avoir aucune saillie intérieure et ne pas se trouver à plus de 5 centimètres de la cabine.

§ 7. — La vitesse du mouvement de la cabine ne peut, sauf autorisation spéciale de l'inspection, excéder 1m50 par seconde.

Dans les ascenseurs dont la cabine est actionnée directement par un piston, celui-ci doit être solidement attaché à la cabine. Par contre, si cette dernière est soutenue par câble ou par chaine, il devra y avoir deux câbles ou deux chaines et chaque câble ou chaque chaine devra pouvoir porter le double du poids de la cabine avec son maximum de chargement et être attachée à un frein de telle façon qu'en cas de rupture des supports, la cabine s'arrête après une chute d'un tiers de mètre au maximum ou descende à une vitesse d'un mètre à la seconde au maximum.

En outre, en ce qui concerne les ascenseurs actionnés par cabestans, il devra être installé un appareil spécial, destiné à empêcher les moyens de suspension de se détendre lorsque la cabine ne suit pas le mouvement. Cet appareil devra en même temps arrêter le cabestan.

Les contrepoids seront pareillement suspendus à l'aide de deux chaines ou câbles et chaque chaine ou câble devra pouvoir porter le décuple des contrepoids.

§ 8. — Chaque ascenseur de personnes doit être muni de deux appareils spéciaux indépendants dont chacun doit pouvoir assurer l'arrêt de la cabine

dans sa position la plus basse ou la plus élevée. L'un de ces appareils devra en outre, être indépendant de la manœuvre de la cabine même.

III. — Élévateurs de marchandises.

§ 9. — Les élévateurs de marchandises situés à l'intérieur des bâtiments doivent, à chaque étage, être cloisonnés ou convenablement entourés d'un treillis métallique qui, pour les élévateurs mis en service après l'entrée en vigueur du présent arrêté, doivent avoir au moins 1^{m}90 de hauteur et être établis en conformité du § 2, al. 1er. Si la cage de l'élévateur est cloisonnée et passe par plusieurs étages, il doit y avoir à chaque entrée un appareil indiquant à tout moment la position de la cabine, à moins que l'élévateur ne soit pourvu d'un arrêt automatique.

Les élévateurs employés à l'extérieur des bâtiments, devront être convenablement clôturés à leur partie inférieure à l'aide d'un treillis métallique ou de barreaux qui, pour les élévateurs mis en service après l'entrée en vigueur du présent arrêté, auront au moins 1^{m}90 de hauteur, et être établis pour le reste conformément au § 2, al. 1er. Les entrées doivent être munies de portes ou de trappes automatiques.

§ 10. — Lorsque la cage n'est pas cloisonnée dans toute son étendue, la cabine doit être construite de façon que les marchandises ne puissent s'en échapper.

§ 11. — Si la marche de la cabine se fait directement à l'aide d'un piston, ce dernier sera solidement attaché à la cabine. Si celle-ci est suspendue par des chaines, des câbles ou des courroies, ces appareils doivent avoir une capacité décuple du poids de la cabine complétement chargée et être en rapport avec un frein régulateur fonctionnant dès que les moyens de suspension viennent à se rompre. Le câble de gouverne doit, daus chaque élévateur qui n'est pas en même temps aménagé pour le transport des personnes (cf. les §§ 13-14), être inaccessible de la plate-forme et être pourvu des appareils nécessaires de fixation, de façon que la plate-forme ne puisse être mise en marche avant que l'appareil fixateur soit détaché.

Les contrepoids seront soutenus par des câbles ou des chaines dont la force sera au moins du décuple du poids des contrepoids.

§ 12. — Les élévateurs devront être munis d'un appareil automatique propre à arrêter la plate-forme dans sa position la plus basse ou la plus élevée.

§ 13. — Seront applicables en ce qui concerne les élévateurs servant au transport des marchandises sous la conduite de certaines personnes, les dispositions relatives aux ascenseurs de personnes conformément aux §§ 7 et 8 sur la vitesse du mouvement de la plate-forme, la suspension, l'installation d'un appareil spécial et de deux arrêts automatiques. En outre, la plate-forme devra être convenablement couverte et établie de telle façon

que les personnes accompagnant la charge ne puissent, en observant les régles élémentaires de la prudence, étre accidentées pendant la montée ou la descente de la plate-forme.

Dans ces élévateurs « mixtes » qui seront mis en service aprés l'entrée en vigueur du présent arrété, la cage de l'élévateur devra étre clôturée à chaque étage sur les côtés d'entrée dans toute sa hauteur, et ne pourra avoir ni cavités ni saillies intérieures autres que ce qui est nécessaire à fermer et à maintenir les portes.

§ 14. — Si un élévateur de marchandises est employé en outre au transport de personnes en général, toutes les dispositions relatives aux ascenseurs de personnes seront applicables.

§ 15. — Les petits élévateurs, dont l'entrée n'excède pas un métre de hauteur, et dont la charge ne dépasse pas 50 kilogrammes, sont exempts des dispositions des §§ 9 à 11 sur les appareils indicateurs et les freins, ainsi que de l'épreuve imposée par le § 17, alinéa 2.

IV.

§ 16. — Pour les appareils mis en service ou en construction au moment de l'entrée en vigueur du présent arrété, le directeur de l'inspection du travail et des fabriques peut accorder des dispenses de celles des présentes dispositions qui ne peuvent être appliquées sans introduire des modifications importantes dans les appareils.

§ 17. — Pour chaque nouvel ascenseur des espèces visées par le présent arrété, une déclaration sera adressée par le constructeur à l'inspection du travail, en même temps que les renseignements réclamés par celle-ci.

Avant d'être mis en service, chaque nouvel appareil sera soumis, sur la proposition du constructeur, à un examen et à une enquête de la part de l'inspection du travail qui s'assurera dans quelle mesure il est satisfait aux conditions du présent arrété.

Chaque ascenseur servant au transport des personnes, en sus de l'examen général qui peut avoir lieu à toute époque, sera soumis une fois par an à l'examen de l'inspection du travail qui recherchera en particulier si les appareils imposés en vue de la prévention des accidents, à la cabine ou à la plate-forme fonctionnent de façon satisfaisante. Le propriétaire ou l'exploitant est tenu de prendre les mesures nécessaires en vue de cet examen et des épreuves correspondantes, dont l'inspection l'avisera au moins trois Jours d'avance.

Si cet examen révèle des défauts qui rendent dangereux l'emploi d'un ascenseur — en comprenant dans ces défauts la faiblesse des moyens de suspension de la cabine ou de la plate-forme, — cet emploi peut être interdit jusqu'à ce qu'il soit constaté qu'il a été remédié aux défauts susvisés.

Il sera dressé, suivant les instructions du directeur de l'inspection du travail et des fabriques, de tout examen fait par l'inspection d'un ascenseur

de personnes où il n'y aura rien été relevé d'irrégulier, un procès-verbal qui sera apposé dans la cabine et y restera jusqu'à l'apposition du procès-verbal relatif à l'enquête suivante.

La limite de force fixée aux §§ 7 et 11 pour les appareils de suspension devra être vérifiée par les soins de l'inspection du travail, éventuellement à l'aide d'un certificat de la fabrique où les câbles, les chaines ou les courroies ont été manufacturés.

§ 18. — En dehors des dispositions du présent arrêté, les élévateurs doivent naturellement répondre encore aux conditions imposées par les réglements locaux sur les bâtisses, édictés conformément à la législation générale à ce sujet.

§ 19. — L'arrêté du Ministre de la justice en date du 13 mai 1899 sur l'installation et l'emploi d'élévateurs et d'ascenseurs actionnés par une force mécanique, et l'arrêté complémentaire du 11 mars 1903, sont rapportés.

Loi du 19 juin 1904, sur l'heure de fermeture des boutiques et magasins [1].

§ 1. — Sont interdits, de 8 heures du soir à 4 heures du matin, sauf le le samedi soir entre 8 heures et 11 heures, les ventes et achats dans les rues, marchés, places publiques, et dans les boutiques et magasins des marchands, fabricants et artisans, ainsi que l'exercice des professions de barbier et de coiffeur. Ces boutiques et magasins, ainsi que les salons des barbiers et coiffeurs doivent, sous la réserve prévue plus haut, être fermés de 8 heures du soir à 4 heures du matin. La présente interdiction s'applique également aux sociétés ouvrières qui, sans qu'une patente soit nécessaire pour l'exercice de leur profession, tiennent un établissement ouvert à l'usage de leurs membres.

L'autorité communale peut, par des arrêtés approuvés par le conseil de district, pour les communes rurales, et par le Ministre de l'intérieur, pour les villes commerciales et les communes de Frederiksberg et de Marstal, décider que cette fermeture des magasins sera, entre le 1er mai et le 1er octobre, suspendue jusqu'à une époque à fixer par l'arrêté.

Les clients qui se trouveraient dans les boutiques ou magasins au moment fixé pour la fermeture de ces boutiques ou magasins, peuvent encore être servis dans un délai d'un quart d'heure après ledit moment.

Les dispositions de la loi du 22 avril 1904 [2] sur le repos public les jours de fête de l'Église nationale et le jour anniversaire de la Constitution

---

[1] *Lov om Tidspunktet for Lukning om Aftenen of Butikker og Lagere. Lovtidenden*, 1908, n° 30. — Travaux parlementaires : Rigsdagstidenden, 1907-1908 : Folket, Tid., col. 58, 1920, 7326, 7384, 8588; Landst. Tid., col. 1912, 2263, 2296; Till. A. col. 2903; Till. B., col. 2925, 3753, 3933; Tillæg C., col. 1601, 2701, 2715.

[2] Voir *Annuaire*, 1904, p. 123.

demeurent en vigueur, en tant que ces dispositions sont plus rigoureuses que celles de la présente loi.

§ 2. — Les dispositions du § 1 ne sont pas applicables aux pharmacies. Toutefois, le Ministre de la justice peut publier des instructions déterminant les marchandises qui peuvent être mises en vente dans les pharmacies après l'heure de la fermeture générale des magasins.

Les dispositions du § 1 ne sont pas non plus applicables à la vente de journaux, livres, périodiques, etc., dans les gares de chemins de fer, kiosques et lieux analogues; elles ne sont pas non plus applicables à la vente d'eau gazeuse et de boissons rafraîchissantes analogues, de café et de thé, de gâteaux et de fruits, qui se pratique avec l'autorisation de la police et dans des lieux désignés par elle.

Les boulangers et pâtissiers (cf. Loi industrielle du 29 décembre 1857, § 20 d) à qui les dispositions du § 1 sont applicables en tant qu'il s'agit de la vente dans les rues, peuvent laisser leurs locaux ouverts après l'heure de fermeture prévue au § 1, pour y pratiquer la vente de produits à consommer sur place, vente à laquelle ils sont autorisés d'après la loi industrielle.

A Copenhague, dans les places commerciales et dans la commune de Frederiksberg, l'autorité municipale peut, par un arrêté approuvé par le Ministre de l'intérieur, permettre aux marchands de cigares et de tabacs de vendre des cigares, des cigarettes et du tabac, à l'exclusion de toute autre marchandise, de 8 heures à 11 heures du soir; pendant ce temps, ils ne peuvent se faire aider que par leur femme et leurs enfants.

§ 3. — Les aubergistes, y compris ceux qui possèdent la patente de pâtissier en vertu de la loi industrielle du 29 décembre 1857, § 58, ne peuvent vendre hors de chez eux entre 8 heures du soir et 4 heures du matin et le samedi soir entre 11 heures du soir et 4 heures du matin, exception faite de la vente d'aliments préparés.

§ 4. — L'interdiction prévue au § 1, alinéa 1, n'est applicable qu'à partir de 11 heures :

a) La veille d'un jour de fête de l'Église nationale, les sept derniers jours avant Noël, le premier dimanche de mai et de novembre, de même que, si l'autorité municipale a pris une décision en ce sens, les jours de grands marchés aux bestiaux, de foires, de réunions ou de fêtes locales;

b) Avec l'autorisation de la police pour une période expressément déterminée, en cas que les conditions atmosphériques, des accidents, ou d'autres circonstances imprévues du même genre, ou l'éventualité de dommages disproportionnés à raison de la destruction de denrées facilement périssables, rendent la chose désirable.

§ 5. — Les infractions aux dispositions de la présente loi sont passibles d'une amende de 10 à 200 couronnes.

Si une personne, à qui il a été permis d'exercer sa profession après l'heure de la fermeture générale, vend, passé cette heure, des marchandises

dont la vente ne lui a pas été permise après cette heure, elle doit, en cas de récidive, être condamnée en même temps à perdre le bénéfice du droit de tenir son magasin ouvert au delà de l'heure de fermeture générale; toutefois, cette disposition n'est pas applicable aux pharmacies.

Les condamnations en vertu de la présente loi sont prononcées par le tribunal de simple police et les amendes sont versées à la caisse de secours de la commune intéressée ou, à défaut de cette caisse, à la caisse de la commune.

§ 6. — La présente loi sera revisée avant l'expiration de l'exercice financier 1912-1913.

§ 7. — La présente loi entrera en vigueur trois mois après sa publication au « Bulletin des Lois » (*Lovtidende*) (¹). Le gouvernement est autorisé à étendre cette loi, par voie de décret, aux îles Féroé, avec les modifications exigées par les conditions particulières à ces îles.

Arrêté royal du 1ᵉʳ juillet 1908, concernant le logement de l'équipage à bord des navires danois (²).

§ 1. — Sur les nouveaux bâtiments à vapeur de 200 tonnes et plus et sur les nouveaux bâtiments à voiles de 150 tonnes et plus (pour le sens de l'expression nouveaux bâtiments, voir le § 15), *les emplacements réservés au logement de l'équipage* devront avoir un cubage d'au moins 3.5 mètres cubes (123.60 pieds cubes anglais ou 113.21 pieds cubes danois) pour chaque homme et une superficie, mesurée sur le pont ou le parquet, d'au moins 1.5 mètre carré (16.15 pieds carrés anglais ou 15.23 pieds carrés danois), pour chaque homme également. Le cubage comprend la place occupée par les couchettes, les tables et les bancs; par contre, l'espace utilisé à demeure (fosse aux câbles, soute aux voiles, etc.) n'y est pas compté. La salle à manger, la salle de bains et le lavoir réservés à l'équipage exclusivement, peuvent être pris en compte; toutefois, le dortoir doit avoir un cubage d'au moins 2.1 mètres (74.16 pieds cubes anglais ou 67.93 pieds cubes danois) pour chaque homme, et une superficie d'au moins 1.2 mètre carré (12.92 pieds carrés anglais ou 12.18 pieds carrés danois) pour chaque homme également. La hauteur des locaux, à compter de la surface du plancher jusqu'à la face inférieure des baus, ne peut être inférieure à 1.8 mètre (5.91 pieds anglais ou 5.74 pieds danois), et, dans les navires de 700 tonnes et plus, elle ne peut être inférieure à 2 mètres (6.56 pieds anglais ou 6.36 pieds danois).

(¹) La loi est entrée en vigueur le 1ᵉʳ octobre 1908.
(²) *Reglement i Henhold til Sólovens* § 45 *for Skibsmanskabets Opholdsrum om Bord i danske Skibe. Lovtidenden,* 1908, n° 33.

Dans les nouveaux navires de moins de 200 tonnes et dans les nouveaux voiliers de moins de 150 tonnes, chaque dortoir doit avoir au moins 2.1 mètres cubes par homme et une superficie d'au moins 1.2 mètre carré, par homme également.

Dans les vieux navires (pour le sens de cette expression, voir le § 15), chaque dortoir doit avoir un cubage d'au moins 2.04 mètres (72 pieds cubes anglais ou 66 pieds cubes danois) pour chaque homme et une superficie d'au moins 1,11 mètre carré (12 pieds carrés anglais ou 11.3 pieds carrés danois), pour chaque homme également.

Dans les navires de moins de 100 tonnes, anciens ou nouveaux, où le logement de l'équipage est situé sous le pont, la superficie doit être seulement de 0.5 mètre carré (5.38 pieds carrés anglais ou 5.08 pieds carrés danois), pour chaque homme.

Pour le reste, le cubage plein devra être observé conformément aux dispositions ci-dessus.

§ 2. — Les logements doivent être convenablement *protégés* contre la mer et les intempéries et calfatés en dessus, en dessous et sur les côtés contre les voies d'eau et les exhalaisons du chargement. La dunette, le gaillard d'avant ou les roufs réservés à l'équipage, devront être suffisamment solides et suffisamment attachés au reste du bâtiment, de façon à résister à l'action de la mer. En outre, la situation des logements par rapport à la lampisterie, au dépôt d'huile ou d'autres matières inflammables ou puantes, ne doit pas entrainer des inconvénients sérieux ou du danger pour l'équipage.

Les volets et recouvrements devront être d'une composition et d'une épaisseur suffisantes pour offrir un abri convenable contre le froid et l'humidité. Si les parois du navire sont en fer, elles devront être doublées de bois. Sur les navires en fer, le parquet doit être recouvert de bois ou revêtu d'une autre substance isolante, par exemple, de linoléum.

En outre, en ce qui concerne les nouveaux navires, les dispositions suivantes seront applicables :

a) S'il y a un toit en fer au-dessus du dortoir de l'équipage, ce toit sera revêtu de bois du côté supérieur. En outre, les tôles de gouttière seront revêtues de bois du côté inférieur. Le reste des ponts en fer, aussi bien les tôles de pont que les barrots de pont, sera peint du côté inférieur à l'aide d'une couche de liège broyé ou d'une autre substance semblable, à moins qu'il ne soit revêtu de bois. En dessous des grandes parties de fer, comme les bittons et autres semblables, qui sont fixées directement sur le pont en fer, il ne peut être installé de dortoir, à moins que le pont ne soit revêtu de bois du côté inférieur;

b) Si les logements touchent à un water-closet, la cloison entre eux, sur les navires en fer, doit être en fer. Si elle est en bois, elle doit être recouverte de feutre ou d'une couverture semblable et être calfatée ensuite à l'aide de liteaux sur les jointures;

c) Si les logements touchent à la cambuse ou à la salle de la chaudière et des machines, des mesures devront être prises pour que ces salles soient bien séparées ;

d) Si les logements touchent à la lampisterie ou au dépôt d'huile, de couleur ou d'autres matières inflammables, ces locaux devront avoir une entrée particulière et, dans les navires en fer, être entourés de parois en fer ;

e) Les capons devront, s'ils passent dans les logements, être conduits dans des tuyaux ou des boites étanches ;

f) Les hommes de pont et les hommes des machines doivent avoir des dortoirs spéciaux ;

g) Il ne peut y avoir d'accès du dortoir de l'équipage vers la cale ou vers la fosse aux câbles.

Les dispositions sous *c)* à *f)* ne sont pas applicables aux vapeurs de 200 tonnes et plus ni aux voiliers de 150 tonnes et plus. La disposition sous *g)* n'est pas applicable aux voiliers de moins de 300 tonnes, mais les ouvertures conduisant aux dortoirs devront, dans tous les cas, pouvoir se fermer facilement et solidement à l'aide de trappes ou de mécanismes semblables.

En ce qui concerne les vieux navires, nonobstant leurs dimensions, s'il y a un pont en fer au-dessus du dortoir de l'équipage, ce pont doit être recouvert de bois du côté inférieur, à moins qu'il ne soit satisfait aux conditions spécifiées sous *a)*.

§ 3. — Chaque logement doit être suffisamment éclairé.

Dans les nouveaux navires, il faut, pour que la présente disposition puisse être considérée comme observée, qu'en temps clair et à la lumière ordinaire du jour, on puisse lire un texte imprimé ordinaire à toute place dans le local. La présente disposition n'est toutefois pas d'observation stricte dans tout le local, dans les voiliers de moins de 300 tonnes. La lumière sera amenée par des œils-de-bœuf, des claires-voies ou des lentilles. S'il est fait usage de claires-voies, elles devront être solidement construites, et, si elles sont aménagées sur le gaillard d'avant, la lumière devra pénétrer par un verre épais. S'il est fait usage d'œils-de-bœuf, ceux-ci devront, dans les nouveaux navires, être protégés par des volets mobiles intérieurs, à poignées, lorsqu'ils sont placés sous le pont supérieur.

En outre, en cas de temps sombre et la nuit, il devra être fait usage d'une lumière artificielle suffisante. Les lampes dans les réfectoires et les dortoirs pour plus de deux hommes, ne doivent pas être placées exclusivement sur les parois du local. Les récipients des lampes au pétrole ou à l'huile doivent être en métal, en fer-blanc ou en produits analogues et être convenablement suspendus.

§ 4. — Chaque logement devra être convenablement ventilé.

Les locaux ne devront pas pouvoir être ventilés seulement par l'ouverture

des portes, hublots, claires-voies, lentilles, etc., mais aussi par d'autres procédés efficaces, lorsque les locaux sont fermés.

Les tuyaux d'aérage ne peuvent déboucher immédiatement au-dessus des couchettes.

Dans les nouveaux navires il devra y avoir au moins deux tuyaux d'aérage distincts, deux ventilateurs ou d'autres dispositifs analogues, l'un pour l'introduction de l'air frais, l'autre pour l'expulsion de l'air vicié, ou bien les locaux devront pouvoir être ventilés d'une autre façon également satisfaisante et efficace.

§ 5. — Lorsqu'il fait froid, les logements doivent pouvoir être chauffés de façon convenable. S'il est fait usage de poêles, ils doivent être convenablement installés. Les cheminées ne peuvent avoir de clé. S'il y a un tabourin, il devra être placé de façon à ne pas renvoyer les produits de la combustion dans les locaux.

Si dans les nouveaux bâtiments il est fait usage de poêles, ceux-ci devront être entourés d'un manteau en fer pourvu de deux trous dans le bas et placé à une distance d'au moins 5 centimètres (environ 2 pouces) du poêle.

§ 6. — Chaque homme de l'équipage doit avoir une couchette particulière. Les couchettes doubles sont interdites.

S'il n'y a pas de réfectoire spécial (mess) pour l'équipage, il devra y avoir dans le logement une ou plusieurs tables de dimensions suffisantes et des sièges pour la moitié de l'équipage au moins.

En ce qui concerne les nouveaux navires, les règles suivantes sont en outre applicables :

a) Chaque couchette aura une longueur d'au moins 1.83 mètre (6 pieds anglais ou 5.83 pieds danois) et une largeur d'au moins 0.6 mètre (1.97 pied anglais ou 1.91 pied danois), ces deux mesures prises à l'intérieur;

b) Il est interdit de superposer plus de deux couchettes, et la distance entre celles-ci, de même qu'entre la couchette supérieure et les barrots du pont, ne peut être inférieure à 0.75 mètre (2.46 pieds anglais ou 2.39 pieds danois);

c) Les couchettes ne peuvent être placées à plus de 0.3 mètre (0.98 pied anglais ou 0.96 pied danois) du parquet.

§ 7. — Chaque dortoir devra être débarrassé de toute espèce de marchandises ou de provisions qui ne sont pas la propriété personnelle de l'équipage ou ne sont pas destinées à être employées en cours de route.

Les munitions de bouche, les vêtements et objets mouillés, qui dégagent une mauvaise odeur ou sont nuisibles à la santé, ne peuvent être déposés dans les dortoirs.

Dans les nouveaux navires et dans les anciens navires où la chose peut être réalisée sans trop de difficultés ou de frais, il doit être installé, pour le dépôt des vivres remis à l'équipage, une armoire à proximité du local qui

sert de réfectoire à l'équipage ; s'il y a un réfectoire spécial, l'armoire peut y être placée.

§ 8. — Dans les nouveaux navires de 100 tonnes et plus, la cambuse doit être installée dans un local spécial.

§ 9. — Dans les nouveaux vapeurs en route vers des contrées étrangères, il devra être aménagé une salle de bains à l'usage de l'équipage.

§ 10. — Les vapeurs de 200 tonnes et plus et les voiliers de 150 tonnes et plus seront pourvus, en tenant compte de l'étendue de l'équipage, d'un ou de plusieurs cabinets convenablement construits et aménagés, à l'usage de l'équipage. Des mesures seront prises pour évacuer l'air vicié hors des cabinets.

En ce qui concerne les nouveaux navires du même tonnage, les dispositions suivantes seront en outre applicables :

Pour chaque dizaine d'hommes, non compris les officiers, il doit y avoir un cabinet ; si l'équipage comprend moins de vingt hommes, les officiers compris, deux cabinets suffisent ; s'il y a moins de dix hommes, les officiers compris, un cabinet suffit.

Les cabinets doivent être convenablement construits, installés et placés de façon que les émanations incommodes ne puissent pénétrer dans les logements.

La décharge des cabinets sera également aménagée de façon satisfaisante ; les cabinets seront pourvus de tuyaux d'évacuation pour l'air vicié.

Lorsqu'un cabinet ou un cabinet-lavoir s'ouvre directement sur un logement, aucune réduction de tonnage ne pourra être consentie ni pour l'un ni pour l'autre des locaux situés de la sorte.

Par contre, les cabinets construits et aménagés de façon satisfaisante, situés sous le pont supérieur et réservés à l'usage exclusif de l'équipage, sont déduits du tonnage brut du navire.

Si les cabinets ne sont pas convenablement construits et installés, ou s'il n'y en a pas un nombre suffisant en proportion de la composition de l'équipage, il ne peut être accordé de réduction de tonnage, ni pour les cabinets, ni pour les logements.

§ 11. — Le logement de l'équipage, les cabinets et la salle de bains seront tenus en bon état à l'aide d'une peinture et nettoyés chaque jour. Une désinfection complète sera effectuée après chaque maladie contagieuse à bord et pendant le séjour dans un port où règne une épidémie.

§ 12. — Les dortoirs de l'équipage porteront l'indication du nombre d'hommes auxquels ils sont réservés en renseignant le nombre correspondant de couchettes fixes. Pour que cette règle soit considérée comme observée, les mots « *Chambre pour ... hommes* » doivent être gravés ou taillés dans une poutre du plafond ou, si les poutres sont pourvues d'un revêtement, dans celui-ci.

En ontre, la même indication doit être gravée ou peinte sur ou au-dessus de la porte ou de l'ouverture qui donne accès dans la chambre.

§ 13. — Dans les navires de 100 tonnes et plus, une copie du présent réglement devra être placée sous forme d'affiche à un endroit bien en vue dans le logement.

§ 14. — Pour les vapeurs de moins de 200 tonnes et pour les voiliers de moins de 150 tonnes, de même que pour les navires construits de façon spéciale ou avec des matériaux spéciaux ou construits dans un but spécial, ainsi que pour les navires anciens, l'Administration supérieure des douanes peut, suivant les circonstances, autoriser des dérogations aux dispositions du présent réglement. Ces dérogations peuvent également être autorisées en faveur de navires achetés à l'étranger et qui n'ont pas été originairement construits pour le compte de citoyens danois.

§ 15. — L'expression « nouveaux navires » désigne dans le présent réglement :

a) Les navires enregistrés le ou après le 1er octobre 1908, sauf ceux dont la construction pour le compte de citoyens danois, aurait été commencée avant le 1er juillet 1908 ;

b) Les navires enregistrés précédemment qui, postérieurement au 1er octobre 1908, sont l'objet de réfections telles que les dispositions du présent réglement puissent être observées sans inconvénients et sans frais démesurés.

Par « anciens navires », il faut entendre tous les autres bâtiments soumis aux dispositions du présent règlement (cf. § 16).

Sont compris d'une façon générale sous la désignation de « **vapeurs** » aussi bien les navires mus par une machine que les voiliers pourvus d'une machine de secours.

Par le mot « fer » le présent arrêté désigne également l'acier.

Le mot « tonnes » désigne le tonnage registre brut.

§ 16. — Le présent arrêté n'est pas applicable aux vaisseaux ou transports de guerre, ni aux navires de plaisance, ni aux bateaux ouverts ; il n'est pas applicable non plus aux allèges, sauf si elles sont « automotrices », c'est-à-dire pourvues de voiles ou de machines à vapeur ou d'autres machines, ni aux bateaux pêcheurs ayant leur point d'attache aux îles Féroé.

Le présent arrêté, qui entre en vigueur le 1er octobre 1908, abroge la section II sur le « Logement de l'équipage » dans l'arrêté du 10 décembre 1892.

Arrêté du Ministre de la justice, en date du 22 juillet 1908, sur l'établissement et l'exploitation de générateurs à gaz pour force motrice ([1]).

En vertu du § 7 de la loi du 12 avril 1889 ([2]), les dispositions suivantes sont édictées en vue de la sécurité des ouvriers employés au service des générateurs de gazogéne aspiré, de gaz Dowson, de gaz à l'eau et d'autres gaz renfermant une grande quantité d'oxyde de carbone, en vue de produire la force motrice.

§ 1. — L'appareil de production du gaz (générateur et épurateur) doit être installé dans un local où, grâce à des mesures appropriées (ouverture des fenêtres ou du toit), le renouvellement abondant de l'air soit assuré.

Ce local ne peut être utilisé comme atelier ni comme séjour pour d'autres personnes que les ouvriers au service des machines, ces derniers même ne peuvent y prendre leurs repas.

Les ouvertures par lesquelles les locaux de l'espèce communiquent avec d'autres locaux du bâtiment ou avec des couloirs qui conduisent aux ateliers ou aux habitations, devront être munies de portes fermant hermétiquement et à tenir fermées aussi longtemps que le travail du gaz se poursuit.

Le tuyau de dérivation du générateur sera dirigé immédiatement vers l'extérieur à une hauteur convenable au-dessus du bâtiment; il ne pourra déboucher dans le local même, quand bien même l'ouverture serait pourvue d'un entonnoir dirigé vers l'extérieur.

Dans les établissements qui s'installeront désormais, les dispositions suivantes devront être observées :

Les locaux où les appareils générateurs sont situés, devront être abondamment éclairés par la lumière du jour et avoir une sortie directe vers l'extérieur ménagée à l'aide d'une porte s'ouvrant en dehors. Ces locaux auront au moins 3 mètres de hauteur et la distance entre le sol et l'ouverture de chargement du générateur sera au moins de 1.50 mètre.

L'ouverture de chargement du générateur sera munie d'un couvercle double fermant hermétiquement et des mesures appropriées seront prises pour que le gaz qui s'échappe du générateur ne puisse pénétrer dans les locaux ou se répandre dans les condensateurs ou les épurateurs, lorsque le moteur n'est pas en marche.

§ 2. — Les épurateurs seront établis de façon à pouvoir être ventilés avant d'être ouverts pour le nettoyage. Celui-ci ne peut être entrepris avant que l'épurateur soit complètement ventilé et seulement à la lumière du jour.

Les épurateurs et les conduites qui vont de ceux-ci aux machines seront munis d'appareils indicateurs de pression.

§ 3. — Les gazomètres qui ne sont pas établis à l'air libre, doivent être

---

([1]) *Bekendtgorelse angaande Indretningen og Driften af Generatorgas-Anlaeg til Motorbrug. Lovtidenden*, 1908, n° 185.
([2]) Voir ci-dessus, p. 187, note 2.

installés dans des conditions assurant un abondant renouvellement de l'air et être séparés des locaux où les ouvriers travaillent ou se tiennent, ou dans lesquels il y a un feu ouvert ou des foyers.

§ 4. — Les conduites devront, avant d'être employées, être soumises à un examen attentif portant sur leur étanchéité, à renouveler fréquemment, lorsque les conduites passent par ou sous les locaux où séjournent les ouvriers.

Les siphons devront être fréquemment vérifiés.

§ 5. — Les poches à gaz construites en tout ou en partie en caoutchouc ou à l'aide de substances semblables, doivent, lorsqu'elles sont établies dans les locaux où les ouvriers circulent ou se tiennent, être enfermées dans des boites de métal hermétiquement closes, et être pourvues d'une conduite vers l'air libre, dont l'ouverture sera au moins aussi grande que celle du tuyau d'approvisionnement. Si les poches sont établies dans d'autres locaux, ceux-ci doivent être bien ventilés.

§ 6. — Le moteur sera installé dans un local éclairé susceptible d'être aéré convenablement et qui ne peut servir de séjour à d'autres personnes qu'à l'ouvrier machiniste. Il doit être bien entretenu, de façon à prévenir les fuites de gaz dans le local. En outre, il sera installé de telle façon que les explosions en cas d'allumage défectueux ou à raison d'un fonctionnement irrégulier ne puissent se communiquer aux conduites.

Le tuyau d'échappement de la machine sera conduit vers l'extérieur.

En outre, dans les nouveaux établissements, les moteurs de moins de 15 H.P. devront être munis pour la mise en marche d'un volant à main, indépendant de la machine lorsqu'elle est en marche. Pour les moteurs de 15 H.P. et au-dessus, la mise en marche devra avoir lieu au moyen de l'air comprimé ou par un autre moyen mécanique satisfaisant; les machines de 30 H.P. et au-dessus devront être pourvues en même temps d'appareils servant à faire tourner le volant au-dessus du point mort.

§ 7. — Les générateurs et les moteurs ne peuvent être confiés qu'à un homme au courant de l'organisation et du service de tout l'établissement.

§ 8. — Dans chaque établissement de l'espèce visée, il sera affiché dans les locaux des générateurs ou des machines un exemplaire du présent arrêté, à demander au service de l'inspection du travail.

Des instructions pour le service du gaz et des moteurs, rédigées en danois par l'établissement même, devront être affichées dans la salle des machines.

§ 9. — L'arrêté du Ministre de la justice en date du 11 avril 1901 sur les machines mues au gaz Dowson ou d'autres semblables, est rapporté.

Loi du 21 août 1908, concernant le travail des ouvriers étrangers dans certaines entreprises et l'inspection de ce travail [1].

§ 1. — Les dispositions de la présente loi ne s'appliquent pas aux *domestiques*, mais seulement aux *ouvriers* agricoles étrangers, sauf ceux qui auraient résidé dans le pays pendant deux ans sans interruption, en ce qui concerne les exploitations agricoles, forestières, horticoles, les briqueteries, les tourbières, les sablières, argilières et marnières, etc.

Le Ministre de l'intérieur est autorisé à étendre le bénéfice de la loi à des ouvriers étrangers engagés dans d'autres entreprises.

§ 2. — Dans les quatre jours suivant l'arrivée des ouvriers étrangers, l'employeur est tenu de faire parvenir une déclaration écrite au chef de la police locale.

Cette déclaration indiquera :

1. le nombre d'ouvriers étrangers qu'il a chez lui en distinguant les hommes, les femmes et les enfants, leur nationalité, la région dont ils sont originaires et, en ce qui concerne les enfants de moins de 16 ans, quels sont leurs parents ou tuteurs et l'endroit où ils résident;

2. si les ouvriers sont amenés ou guidés par un chef d'équipe ou un agent, il faut aussi faire connaître son nom et son domicile;

3. l'intermédiaire étranger ou national à l'aide duquel l'employeur danois se sera procuré la main-d'œuvre étrangère;

4. la durée de l'engagement pris avec les ouvriers;

5. la nature des travaux en vue desquels cet engagement a été fait, enfin

6. la situation et la description des logements communs réservés à ces ouvriers, leurs dimensions et la manière dont les ouvriers seront installés et abrités pour y passer la nuit.

Le Ministre de l'intérieur délivre des formules pour la déclaration susdite.

Lorsque des ouvriers passent dans le pays d'un endroit dans un autre, il incombe à l'employeur dont ils quittent le service de le déclarer à l'autorité de police à laquelle les ouvriers ont été déclarés et leur nouvel employeur est tenu de son côté, de faire aux autorités de police de sa localité, la déclaration visée sous les n°s 1 à 6; dans cette déclaration, il y aura lieu de renseigner le nom et l'adresse de l'employeur précédent.

Si un ouvrier étranger est malade en arrivant à destination, l'employeur fera immédiatement examiner à ses frais les ouvriers arrivés chez lui et, le cas échéant, des mesures sanitaires devront être prises pour éviter les épidémies.

[1] *Lov vedrørende Anvendelse af udenlandske Arbejdere til Arbejde i visse Virksomheder samt det offentliges Tilsyn dermed. Lovtidenden*, 1908, n° 48. — Travaux parlementaires : Rigsdagstidenden, 1907-1908; Folket. Tid. col. 5993, 6673, 7313, 7418, 8365; Landst. Tid. col. 1874, 2189, 2198; Till. A. col. 4793; Till. B. col. 2905, 3667, 3749; Till. C. col. 1609, 2623, 2651.

§ 3. — Si les ouvriers étrangers sont engagés par plusieurs employeurs pour être employés de compagnie dans l'entreprise des participants, les obligations incombant à l'employeur en vertu de la présente loi, peuvent être assumées par une seule personne en qualité de gérant. Toutefois, la responsabilité de l'observation de la loi incombera en cas de poursuites à chacun des employeurs

La déclaration au chef de la police dont il est question au § 2, renseignera en pareil cas le nom et l'adresse de tous les employeurs, et éventuellement le nom et l'adresse du gérant.

§ 4. — Dans les quinze jours de l'arrivée des ouvriers étrangers engagés par eux, les employeurs rédigeront un contrat écrit suivant les formules dressées à cet effet par le Ministre de l'intérieur. Les formules imprimées de ces contrats sont fournis par le Ministre de l'intérieur. Celui-ci arrêtera les dispositions relatives à la délivrance de ces formules et à la taxe afférente.

Les contrats de l'espèce devront être signés par les employeurs ou par leurs délégués et par tous les ouvriers, qui y apposeront leur nom ou leur marque après avoir pris connaissance des différentes clauses soit personnellement, soit par l'intermédiaire d'un homme de confiance choisi par eux. Si tous les ouvriers sont hors d'état de prendre connaissance des clauses du contrat par la lecture, il devra être fait appel à des interprètes, aux frais de l'employeur.

L'employeur insérera au contrat une déclaration spéciale, portant qu'avant la signature et conformément au 2ᵉ alinéa du présent article, il n'a rien négligé pour faire comprendre aux ouvriers la valeur des engagements consentis.

§ 5. — Les contrats qui n'auront pas été passés dans la forme spécifiée au § 4, pourront, s'ils ont été faits à l'étranger, être invoqués contre l'employeur, mais non contre les ouvriers Par contre, les contrats faits en Danemark ne sont valables que s'ils ont été passés dans la forme légale. L'employeur qui négligera de dresser un contrat régulier, sera passible d'une amende conformément au § 16.

En cas que l'employeur n'ait pas traité directement avec les ouvriers, mais ait eu recours à un sous-traitant, l'employeur devra veiller, sous peine de l'amende prévue au § 16 à ce qu'un contrat régulier soit passé entre le sous-traitant et les ouvriers en conformité du § 4. En pareil cas, l'employeur sera considéré comme caution en ce qui concerne les obligations nées du contrat. Il est d'ailleurs autorisé à payer directement aux ouvriers, contre leur reçu, les salaires qui leur reviennent. Dans le cas où sa responsabilité serait engagée, l'employeur aura un recours contre le sous-traitant.

§ 6. — Chaque contrat devra être rédigé en double exemplaire et chaque exemplaire sera revêtu de la signature des parties. Un exemplaire sera conservé par l'employeur, un deuxième sera remis aux ouvriers; s'il y a un sous-traitant (cf. § 5, al. 2), il lui en sera délivré un troisième exemplaire.

§ 7. — Dans les quatorze jours de l'arrivée des ouvriers, l'employeur fournira à chacun d'eux un livret de salaires, où il inscrira chaque fois qu'un règlement de comptes aura lieu, le montant des salaires gagnés par l'ouvrier et les sommes qui lui sont payées de ce chef. L'employeur est responsable de l'exactitude des mentions portées au livret, même s'il fait payer les ouvriers par un délégué. Les ouvriers auront le droit de conserver leur carnet par devers eux et de l'emporter lorsqu'ils retourneront dans leur pays.

La formule des livrets sera fixée par le Ministre de l'intérieur. Elle sera rédigée en danois, avec une traduction dans la langue maternelle de chaque ouvrier.

Les livrets officiels sont délivrés moyennant une taxe à fixer par le Ministre de l'intérieur.

§ 8. — Lorsqu'un ouvrier étranger qui demeure chez son employeur, devient malade, ce dernier est tenu de lui procurer immédiatement les soins nécessaires, soit en recourant à un médecin, soit en faisant transporter l'ouvrier dans un hôpital. Dans tous les cas où la maladie n'est pas due à la mauvaise conduite de l'ouvrier, l'employeur est tenu de rembourser aux autorités publiques les frais médicaux, pharmaceutiques et d'hospitalisation, le tout pendant six mois au maximum.

Dans le contrat passé avec des ouvriers étrangers conformément au § 4, l'employeur peut stipuler que ceux-ci seront assurés contre les maladies et contre les accidents lorsque cette assurance n'incombe pas déjà à l'employeur en vertu de la loi du 7 janvier 1898 ou d'une autre disposition légale.

Le Ministre de l'intérieur est autorisé à accorder la reconnaissance légale et le titre de caisse de maladie, à une association nationale d'assurance des ouvriers étrangers en cas de maladie. L'Etat s'engage à lui verser annuellement une subvention s'élevant à une couronne par ouvrier assuré.

Lorsqu'une caisse de l'espèce aura été agréée, les employeurs qui occupent des ouvriers étrangers seront tenus de les y assurer. Les contrats passés avec les ouvriers en vertu du § 4, devront rappeler cette obligation.

§ 9. — Les contrats passés en conformité du § 4, devront spécifier également les cas dans lesquels les parties pourront y mettre fin avant l'expiration du terme prévu. Ils devront renfermer des indications précises sur le taux et le mode de payement du salaire (à la journée ou à l'entreprise), la durée du travail, les jours de repos et les conditions relatives au payement du voyage des ouvriers, à l'aller et au retour. Il est interdit à l'employeur de se faire reconnaître par le contrat, le droit d'imposer des amendes en cas de malfaçon ou de négligence de la part des ouvriers.

§ 10. — Lorsque des baraquements communs (casernes) sont assignés aux ouvriers par l'employeur, les dispositions suivantes concernant l'aménagement des locaux, devront être observées :

1. Ces locaux devront être secs et salubres. Le toit et les parois devront être étanches; les appartements seront munis de fenêtres qu'on pourra ouvrir. Il devra y avoir sur place une provision suffisante d'eau potable; l'écoulement des eaux et l'expulsion des immondices devront être assurés;

2. Chaque baraquement renfermera une cuisine avec un poêle, une salle à manger et un nombre suffisant de chambres à coucher. S'il y a plus de vingt personnes dans un même baraquement, une chambre spéciale devra être assignée aux malades, lorsque les autorités médicales auront reconnu la nécessité de cette mesure;

3. Les chambres à coucher des femmes non mariées et des enfants devront être complétement séparées des autres et sans communication avec elles. Chaque ménage devra avoir une chambre spéciale;

4. Dans les chambres à coucher, les lits devront reposer sur le parquet, à une distance suffisante l'un de l'autre et ils ne pourront être placés l'un au-dessus de l'autre. Les couchettes pour plus de deux personnes sont interdites;

5. Des mesures seront prises pour que les dortoirs ne soient occupés que par un nombre de personnes correspondant aux dimensions des locaux et pour que ceux-ci soient pourvus de fenêtres suffisantes susceptibles d'être ouvertes pour la ventilation.

En outre, les dispositions légales relatives à la police de l'hygiène, des bâtiments et de l'incendie sont applicables à ces baraquements.

L'employeur est tenu d'assurer l'observation de ces mesures.

§ 11. — L'employeur doit tenir tous les baraquements en ordre et en état de propreté et les faire aérer chaque jour.

§ 12. — Dans le mois de la déclaration de l'employeur visée au § 2, les autorités de police se rendront sur les lieux afin de vérifier si un contrat écrit a été dûment passé entre l'employeur et ses ouvriers (§ 4), si ceux-ci sont munis des livrets réglementaires (§ 7) et si l'état des logements répond aux prescriptions de la loi (§ 10). Si quelque manquement est constaté, la police accordera à l'employeur un court délai pour y remédier. En cas de contravention aux règlements sur l'hygiène, les bâtiments ou l'incendie, les autorités compétentes auront à intervenir pour prendre les mesures que la situation comporte.

§ 13 — En cas de litige entre l'employeur et ses ouvriers, le chef de la police locale devra, s'il en est requis par une des parties, chercher à provoquer une entente entre les intéressés par son intervention personnelle. Les interprètes dont l'assistance serait requise, devront être payés par l'employeur, si le litige est tranché en faveur des ouvriers; dans les autres cas, ces frais seront à la charge du Trésor public. Le cas échéant, le chef de la police peut, aussi longtemps que son intervention s'exerce, ordonner que les ouvriers conservent leur logement et prennent leur nourriture chez l'employeur, sans être obligés de participer aux travaux, et leur défendre de chercher du travail ailleurs sans en informer d'abord la police locale.

§ 14. — Lorsque le litige n'est pas aplani par l'intervention de la police conformément au § 13 et que des ouvriers qui ont travaillé dans le pays se déclarent sans ressources, une enquête sera ouverte devant le tribunal de police qui recherchera si, dans l'espèce, la rupture du contrat est imputable à l'employeur ou aux ouvriers et si les parties ont respectivement droit à une rémunération pour leur travail (y compris les frais de route) ou à des dommages-intérêts. Éventuellement le juge prononcera la rupture du contrat et déterminera les obligations réciproques des parties; il ordonnera, le cas échéant, la restitution aux ouvriers des effets leur appartenant. En outre, le jugement pourra mettre à la charge de l'employeur qui aurait provoqué la rupture du contrat par des agissements illégaux, le remboursement à la Caisse publique intéressée des frais d'entretien des ouvriers et de leur expulsion du pays, lorsque cette expulsion a lieu à la requête de la police ou de l'assistance publique. Les créances nées des jugements susdits peuvent être recouvrées par voie de saisie.

S'il est interjeté appel conformément à la procédure de simple police de ces jugements ou des saisies qui en sont la suite et que les ouvriers intéressés n'ont pas de domicile connu dans le pays, les autorités de police auront à prendre au nom des ouvriers auxquels le tribunal d'appel donnera gain de cause, les mesures nécessaires pour que les sommes leur revenant soit recouvrées et pour que le montant en soit déposé au consulat du pays de ces ouvriers, jusqu'à nouvelle destination. L'assignation en appel, peut, si l'ouvrier n'a pas résidence connue dans le pays, être signifié à leur nom à l'autorité de police de la localité où l'affaire a été jugée en première instance.

Une copie de l'enquête et des jugements intervenus est transmise au Ministre de l'intérieur dès que l'affaire est définitivement terminée.

§ 15. — Toute personne qui, par des promesses ou par d'autres moyens, incitera des ouvriers étrangers à ne pas commencer ou à quitter avant le terme fixé le travail en vue duquel ils ont contracté régulièrement, sera passible d'une amende de 50 à 1,000 couronnes au bénéfice de la caisse de secours de la commune, à moins qu'une peine plus forte ne soit prévue par d'autres dispositions légales. Ces affaires sont jugées comme les affaires correctionnelles ordinaires. L'employeur lésé aura droit à des dommages-intérêts, s'il y a lieu.

§ 16. — Les contraventions aux §§ 2, 4, 5, 6, 7, 8, 10, 11 et 13 de la présente loi, sont passibles d'une amende de 5 à 100 couronnes, revenant à la caisse de secours de la commune que la chose concerne.

Sera puni de la même peine, l'employeur ou son délégué qui aura frappé les ouvriers à son service ou leur aura infligé d'autres punitions corporelles, ainsi que les ouvriers qui auraient usé de violences à l'égard de leur patron, sans préjudice des peines prévues par la loi pénale générale.

§ 17. — Dans le cas où le fermier ou le propriétaire a confié la direction

de son exploitation à un gérant ou à un délégué, ce dernier est passible des peines prévues par la loi en cas d'inexécution des obligations spécifiées aux §§ 2, 4, 5, 6, 7, 8, 10, 11 et 13. De son côté, le patron reste personnellement tenu des obligations mises à sa charge par le contrat, ainsi que des dommages-intérêts auxquels il pourrait être condamné pour avoir rompu illégalement le contrat, conformément au § 14.

§ 18. — Les autorités de police et les autorités médicales compétentes sont chargées d'assurer l'application des dispositions sanitaires de la présente loi. Toutefois, le Ministre de l'intérieur pourra aussi désigner un ou plusieurs inspecteurs pour contrôler et faciliter l'application de la loi. Les inspecteurs, les autorités de police et les autorités médicales pourront pénétrer dans tous les endroits où travaillent ou habitent des ouvriers étrangers. Les inspecteurs et les autorités de police pourront également se faire produire les contrats et les livrets.

En outre, le Ministre de l'intérieur est autorisé à arrêter des dispositions spéciales concernant le dépôt chez les autorités de police des passeports et autres papiers de légitimation des ouvriers étrangers pendant leur séjour dans le pays.

Les dépenses relatives aux voyages, transports, frais d'interprètes, etc., faites par l'inspection sont couvertes par la loi annuelle des finances.

Il est dressé un rapport annuel sur l'activité de l'inspection. Ce rapport est publié par les soins du Ministre de l'intérieur.

§ 19. — La présente loi n'est pas applicable aux îles Féroé.

Un projet de revision de la loi sera présenté au plus tard avant le Riksdag ordinaire qui se réunira en 1911.

Arrêté du Ministre de l'intérieur, en date du 31 août 1908, concernant les poudrières privées [1].

§ 1. — L'emplacement de la fabrique sera protégé de tous côtés le plus soigneusement possible, de façon que des personnes étrangères ne puissent y pénétrer. Dans tous les chemins d'accès, à une distance convenable de l'entrée des ateliers, sera placé en évidence un poteau indiquant que l'établissement est une poudrière et interdisant à chacun de fumer et aux étrangers de passer. Sont compris parmi les étrangers les personnes du ménage des employés et des ouvriers (femmes, enfants, etc.) et les étrangers. Le passage ne peut être autorisé que du consentement du directeur et seulement sous la conduite d'un employé de l'établissement.

---

[1] *Regulativ i Henhold til Lov Nr. 71 of 11to April 1901, § 8 for private Krudtvaerker. Lovtidenden*, 1908, n° 43. Cet arrêté, pris en vertu du § 8 de la loi de 1901 sur le travail dans les fabriques, entre en vigueur le 1er janvier 1910.

Par bâtiments offrant du danger d'explosion (poudreries), il faut entendre ceux où l'on produit, travaille ou conserve les galettes, ainsi que ceux où se conserve la poudre prête.

§ 2. — Toutes les poudreries devront être entourées d'un talus ou d'un parapet en terre, dépassant de 1 mètre le mur vertical du bâtiment à protéger.

Les talus auront une arête d'au moins 50 centimètres de largeur et devront être recouverts de terre gazonnée.

Les parapets seront composés de deux parois en tôle ondulée, verticales, parallèles et ancrées l'un à l'autre à une distance de 1 mètre au moins. Les vides entre les parois seront remplis de terre.

Les talus et parapets peuvent, en ce qui concerne les bâtiments où il n'y a que 500 kilogrammes de poudre au maximum, être remplacés par des murs dont l'épaisseur est de 75 centimètres au moins au sommet et de 1 mètre au moins à la base.

Les murs de protection devront se trouver au moins à 1 mètre du bâtiment en question.

Plus de quatre ouvriers ne peuvent travailler ensemble dans un atelier de poudrerie.

L'installation de plusieurs machines à préparer la poudre dans un seul local ne peut se faire que si le service de toutes les machines n'exige pas plus de deux hommes. Toutefois, si la nature du travail exige l'emploi simultané des machines, parce que sans cela le travail serait rendu beaucoup plus difficile, la présence de quatre ouvriers dans un même atelier pourra être tolérée.

§ 3. — A proximité des ateliers il devra être installé, si c'est nécessaire, un magasin protégé contre les ateliers et destiné au dépôt des galettes pendant leur passage d'un atelier à l'autre.

§ 4. — Le terrain de la fabrique sera planté d'arbres à feuillage épais et d'arbrisseaux; en outre, dans le voisinage immédiat de la poudrerie, on entretiendra une bonne pelouse rase.

§ 5. — Chaque poudrerie devra renfermer une antichambre.

Les portes et les fenêtres seront aussi grandes que possible ; les portes devront s'ouvrir vers l'extérieur. Les carreaux de vitre devront être exempts de soufflures ; les fenêtres situées du côté du soleil devront être en verre dépoli ou être munies de contrevents (jalousies).

A l'intérieur, les murs et parquets des nouveaux bâtiments devront être peints à l'aide d'une couleur claire, à l'huile, de façon à pouvoir être lavés. Les boiseries seront, autant que possible, ignifuges.

Les parquets seront en bois (sans aucune attache en fer), en asphalte ou en une autre substance élastique. Ils seront bien unis et sans interstices.

Les ferrures des portes et fenêtres devront être de telle sorte que les pièces de fer ne puissent frotter l'une sur l'autre. Le fer ne peut être employé, pour

les pièces à frottement, que sur du cuivre, du bronze, du métal blanc ou du laiton.

Les poudreries devront, lorsque les circonstances locales l'exigent, être pourvues de paratonnerres installés conformément aux instructions de la « Société des ingénieurs ». Les paratonnerres doivent faire l'objet d'une surveillance constante et être examinés minutieusement après chaque orage.

Les voies servant au transport de la poudre devront se trouver à une distance telle des bâtiments où l'on fait du feu que tout danger venant des étincelles des foyers soit écarté.

§ 6. — L'éclairage des poudreries devra se faire de l'extérieur à l'aide de foyer lumineux placés dans de fortes lanternes munies de verres épais et fermant hermétiquement. Les lampes seront alimentées à l'huile grasse ou à l'aide d'une autre huile inexplosible. Le remplissage et l'allumage des lampes ne pourra se faire que dans un local à cet usage, par des ouvriers spéciaux qui porteront les lanternes allumées à l'endroit où l'on doit s'en servir. Les personnes qui allument les lanternes ne peuvent pénétrer dans les poudreries.

§ 7. — Le chauffage doit se faire à la vapeur, à l'eau chaude ou à l'air chaud. Les appareils de chauffage seront tenus à une distance suffisante des boiseries et des autres matières inflammables. Ils seront peints en blanc.

Les foyers servant au chauffage seront placés à une distance suffisante des poudreries ; les cheminées seront munies de récipients destinés à capter les étincelles. Les foyers seront desservis par un personnel spécial, auquel il est interdit de pénétrer dans les poudreries. Pour l'allumage, il est interdit d'employer de la paille, des copeaux ou d'autres substances produisant des étincelles en grande quantité.

Les appareils de chauffage seront autant que possible protégés contre les poussières de poudre (poussier) et essuyés fréquemment et régulièrement.

Dans les séchoirs seront placés des thermomètres, de façon que le degré de chaleur puisse être lu de l'extérieur ; la température ne peut jamais excéder 75° C.

§ 8. — Dans les poudreries, il ne pourra être installé de machines motrices, ni placé de transmissions, sauf si c'est absolument nécessaire ; dans ce dernier cas, on veillera à ce que des particules de poudre ne s'amassent pas en dépôts sur les roues dentées et les autres engrenages Les ouvertures des murs pour le passage des courroies et des autres transmissions seront bien ajustées.

Les machines à préparer la poudre qui exigent un travail constant, telles que moulins, presses, cribles, etc., doivent pouvoir être mises en marche aussi bien de l'atelier même que de l'extérieur. Les machines qui n'exigent

pas un fonctionnement constant, telles que les tonnes à incorporer, les pilons, les moulins à mélanger et à lisser, ne peuvent être actionnés que de l'extérieur.

Toutes les machines à préparer la poudre doivent être construites de façon à éviter le frottement du fer sur du fer. Il est interdit de faire usage de matériaux susceptibles de produire un fort échauffement ou des étincelles; les machines doivent être faciles à huiler et à nettoyer.

§ 9. — Les récipients servant à la fabrication, ainsi qu'au dépôt et au transport de la poudre et des galettes, ne peuvent être en fer. Ils doivent être solides et imperméables. Il est interdit d'employer des pointes ou des vis en fer, ni pour le fond, ni pour le couvercle.

§ 10. — a) Dans tout travail de fabrication des poudres, il faut tenir compte de ce qu'une imprudence peut mettre en danger la vie non seulement de son auteur même, mais aussi celle de ses compagnons de travail et des autres personnes dans l'établissement. En conséquence, chacun a le devoir d'exécuter son travail le plus consciencieusement possible et de veiller à ce que les dispositions ci-après soient observées soigneusement non seulement par soi-même, mais aussi par les compagnons de travail;

b) Il est interdit de consommer de l'alcool dans l'enceinte de la fabrique avant ou pendant le travail.

Il est interdit de manger dans la poudrerie.

Il est strictement interdit de fumer; les pipes, cigares et allumettes ne peuvent être introduits dans l'établissement, mais doivent être déposés dans une armoire chez le concierge. Les couteaux, clefs et autres objets en fer doivent être déposés dans la salle commune, dans une armoire fermée à clé.

Dans les dépôts et ateliers, les ouvriers doivent porter en tout temps des pantoufles ou espadrilles, à fournir par l'établissement. Il est expressément défendu de se rendre à l'extérieur avec ces chaussures. Au cours du travail, les ouvriers doivent porter les blouses fournies par l'établissement.

Aucun ouvrier ne peut, sans raison légitime, se rendre dans un endroit autre que celui où il travaille. Lorsqu'un ouvrier a séjourné dans un local où il y a du feu ou s'il a fumé pendant le repos hors de la poudrerie, il doit, avant de rentrer dans les ateliers, s'assurer qu'il n'y a pas d'étincelle dans ses vêtements; les ouvriers chauffeurs ne peuvent, sauf le cas d'extrême nécessité, pénétrer dans les locaux où l'on travaille la poudre;

c) Avant que les machines placées dans les ateliers soient mises en marche, l'homme qui a le service des machines doit s'assurer qu'il y a suffisamment d'huile dans les godets et qu'il ne manque rien à la machine. Au cours de la journée, il doit surveiller les godets et les remplir s'il le faut; lorsque plusieurs hommes travaillent avec la même machine, le contremaître délègue un ouvrier pour surveiller le graissage de la machine. Si le mécanisme s'échauffe ou si quelque chose d'irrégulier se produit dans la marche de la machine, celle-ci est arrêtée sur le champ et il est fait appel

au contremaître; s'il le faut, ce dernier en réfère au chef du service des machines.

Lorsqu'il est procédé à la réparation ou au nettoyage d'une machine, la chose doit être effectuée avec la plus grande prudence; les matières inflammables, telles que le poussier, doivent être évacuées et noyées, si la chose est nécessaire; pareillement, il doit y avoir de l'eau disponible, de façon à pouvoir éteindre le feu qui se déclarerait;

d) Le travail doit s'exécuter tranquillement, avec ordre et de la manière prescrite; il est interdit de jeter des outils à terre ou de trainer des récipients sur le sol. Les outils doivent être mis prudemment de côté, les récipients doivent être levés et portés pour être déplacés, et, s'il y a lieu, par deux ou plusieurs hommes.

Tout frottement ou choc de pièces métalliques susceptible de produire des étincelles doit être évité; dans les séchoirs particulièrement, la plus grande prudence est de rigueur et seuls les ouvriers vigoureux peuvent y être employés.

Des mesures seront prises pour éviter, autant que possible, que les matières premières et la poudre se répandent sur le sol ou ailleurs; si ces précautions n'ont pu être prises, ces substances seront balayées et enlevées aussi vite que possible; si elles ont été souillées, elles seront mises dans un seau renfermant de l'eau. Le contenu de ces seaux sera nettoyé dans la suite ou détruit suivant instructions.

Dans les ateliers, il ne pourra être déposé que la quantité de matière première et de poudre nécessaire à la continuation normale du travail; dans les moulins d'incorporation, il ne pourra y en avoir plus de 50 kilogrammes; dans les moulins et machines à mélanger, plus de 200 kilogrammes; dès que la chose sera possible la poudre et les galettes préparées dans l'atelier seront transportées dans les magasins ou dans les locaux où la fabrication doit être continuée.

Les travaux dans les magasins à poudre devront, à raison des grandes quantités de poudre et de matières premières qui y sont accumulées, être effectués, si possible, avec plus de prudence encore que dans les ateliers. Le vissage et le dévissage des boites et l'emballage de la poudre ne peuvent avoir lieu dans le dépôt, mais seulement dans l'antichambre (ou dans un local spécial), et aucune quantité inutile de poudre ne pourra y être mise à découvert pendant que s'effectue le travail. En cas d'orage, le magasin sera abandonné après qu'on en aura fermé les portes et les fenêtres.

Les jalousies ne peuvent être remontées que pendant qu'on travaille dans la place et que le soleil n'y donne pas; dans les autres cas, elles seront toujours baissées;

e) Dans tous les locaux devront régner la plus grande propreté et le plus grand ordre. Chaque fois que l'occasion en sera donnée et au moins une fois par jour, les parquets seront balayés partout où l'on travaille. Une fois par semaine, normalement le samedi, les appareils de chauffage, s'il y en a,

seront époussetés, les fenêtres seront nettoyées, les toiles d'araignées et les poussières seront enlevées, les nattes et les tapis seront battus et les parquets nettoyés avec des loques mouillées. Les séchoirs seront soigneusement balayés après chaque vidange ou chaque emplissage, ou même nettoyés à l'eau; la conduite d'air chaud sera nettoyée fréquemment.

Les loques et chiffons ayant servi, seront placés pendant le jour dans les ateliers dans un récipient spécial et emportés le soir hors des ateliers.

Pour des raisons hygiéniques, il est strictement interdit de cracher ailleurs que dans les crachoirs : ceux-ci seront nettoyés au moins une fois par semaine par un ouvrier spécialement chargé de cette besogne.

f) Si malgré toutes les précautions prises, le feu se déclarait dans une poudrerie, les ouvriers devraient se retirer le plus vite possible, sans faire aucune tentative d'extinction. En cas d'incendie dans d'autres locaux où il y a peu de danger d'explosion, les ouvriers devront faire leur possible pour étouffer, au moyen des extincteurs disponibles, le feu à l'endroit où il s'est déclaré. Il faut avertir de l'incendie, aussitôt que possible, la direction de la poudrerie, la direction des ateliers et le chef du service des machines; ce dernier donnera aussitôt neuf coups de sifflet prolongés à l'aide du sifflet de la machine à vapeur et arrêtera celle-ci.

Lorsque le signal d'incendie se fait entendre, les machines et les travaux doivent s'arrêter et tous les ouvriers doivent se rendre rapidement à la pompe à incendie. Le contremaître du local où l'incendie s'est déclaré prend le commandement et fait le nécessaire pour étouffer et circonscrire le feu jusqu'à ce qu'un fonctionnaire de l'établissement arrive sur les lieux.

En cas d'orage, la machine à vapeur sifflera trois fois, après quoi toutes les machines s'arrêteront et les ouvriers quitteront l'enceinte des ateliers.

§ 11. — Tous les employés et ouvriers recevront un exemplaire imprimé des dispositions du § 10, auxquelles il leur est expressément commandé de se conformer. Un avis de la teneur suivante devra être affiché dans chaque atelier :

ATTENTION :

1. Ici on travaille la poudre.

2. Evitez les chocs, les coups et le frottement de pièces métalliques entre elles.

3. Le soleil ne peut luire sur la poudre. Abaissez les jalousies.

4. Emportez ce qui est achevé.

5. Graissez les machines et les axes.

6. Veillez à la propreté du local.

DANEMARK.

Arrêté du Ministre de l'intérieur, en date du 4 septembre 1908, concernant le travail des enfants et des adolescents dans certaines entreprises, dans la ville d'Esbjerg ([1]).

Arrêté du Ministre de l'intérieur, en date du 31 octobre 1908, portant modification du § 12 de l'arrêté du 1er juin 1904 sur les fabriques de tabacs et cigares ([2]).

Le § 12 de l'arrêté ministériel du 1er juin 1904 ([3]) sur les fabriques de tabacs et cigares, reçoit la teneur suivante :

§ 12. — Une affiche reproduisant les dispositions du présent règlement devra être placardée à un endroit d'où elle pourra aisément être lue. Dans les grands ateliers, l'inspection peut ordonner l'affichage de plusieurs exemplaires.

Dans les locaux où l'inspection croit qu'il pourrait y avoir un encombrement d'ouvriers, il devra être placardé à un endroit bien apparent une affiche délivrée gratuitement par l'inspection et renseignant le nombre d'ouvriers qui peuvent être occupés en même temps dans chaque local, ainsi que les dimensions et le cube des locaux.

([1]) *Bekendtgörelse om en af Indenrigsministeriet godkendt Vedtægt for Esbjerg Köbstad aangaaende Borns og unge Menneskers Arbejde i visse nærmere bestemte Arter af Erhvervsvirksomhed. Lovtidenden*, 1908, n° 47. Cet arrêté est analogue à celui qui a été inséré dans l'*Annuaire*, 1907, p. 325.

([2]) *Bekendtgörelse om en andret Affattelse af § 12 i Regulativ Nr. 110 af 1ste Juni 1904 for Cigar og Tobaksfabriker. Lovtidenden*, 1908, n° 53.

([3]) Voir *Annuaire*, 1904, p. 132.

ESPAGNE.

Décret royal du 25 janvier 1908, déterminant les industries et travaux interdits, en totalité ou en partie, aux enfants de moins de 16 ans et aux femmes mineures [1].

1· Est absolument interdit aux personnes de l'un et de l'autre sexe de moins de seize ans et aux femmes mineures d'âge, le travail dans les industries suivantes :

a) A raison du danger d'intoxication ou de la production de vapeurs ou de poussières nuisibles.

Engrais (dépôts et fabrication à l'aide de matières animales).
Acide arsénique et arsénieux (fabrication).
Acide fluorhydrique (fabrication).
Acide oxalique (fabrication).
Acide salicilique (fabrication).
Acide urique et ses dérivés (fabrication).
Accumulateurs électriques (fabrication).
Raffinage des métaux et grillage des minerais de soufre ; acétate de plomb, céruse, minium, litharge, massicot, chromate et chlorure de plomb, etc. (fabrication).
Ammoniaque et alcalis caustiques (fabrication).
Aniline et ses dérivés (fabrication).
Arséniates et arsénites alcalins (fabrication).
Arsenic (sulfure d') (fabrication).
Arsenic et préparations arsenicales (couleurs à base d') (fabrication).
Soufre (chlorure de) (fabrication).
Bleu de Prusse, rouge de Prusse ou d'Angleterre, cyanures, ferro- et ferricyanures alcalins (fabrication).
Rats de cave (fabrication et dépôts).
Chlore et hypoclorites (fabrication).
Chromates (fabrication).
Dorure, argenture et nickelage par galvanisation.
Phosphore (fabrication).

[1] *Gaceta de Madrid*, du 27 janvier 1908.

Imprimerie (caractéres d') (fabrication).

Jouets (peinture et décoration à l'aide de couleurs à base de plomb ou d'arsenic).

Mercure (sulfate de) (préparation).

Mercure (travail des peaux au moyen de sels de).

Métaux et objets métalliques (polissage, aiguisage et apprètage de).

Plomb métallique (industrie du).

Plomb métallique et cuivre et leurs alliages (fonte et recomposition d'objets en).

Soude (Sulfure de) (préparation).

Sulfure de carbone (préparation).

Verres et cristaux de toute espéce.

b) *A raison du danger d'explosion ou d'incendie.*

Cellulose nitreuse, collodion, celluloïd et substances dérivées (préparation).

Ethers sulfuriques, acide acétique et, en général, tous les produits de ce groupe (préparation).

Explosifs (poudre, dynamite, acide picrique, etc.) (préparation et manipulation).

Pétrole, huile de schiste, de goudron, essences et autres hydrocarbures employés pour l'éclairage, le chauffage, la force motrice, la fabrication de vernis et de couleurs, le dégraissage des laines, etc.; l'extraction d'huiles ou servant à d'autres usages (fabrication, distillation, raffinage et en général tout travail en grand).

Amorces et capsules ordinaires ou de jeux, pétards, fusées, cartouches de guerre et de chasse, cartouches de poudres de mines et d'explosifs de toute espèce, charges de projectiles, détonateurs (fabrication et manipulation).

c) *A raison du danger de maladies ou d'états pathologiques spéciaux.*

Chrysalides (extraction de la matière soyeuse des).

Abattoirs publics et annexes (travaux qui s'y effectuent et manipulation des déchets en vue d'obtenir diverses substances azotées).

2. Il est interdit d'employer des enfants de moins de 16 ans et des femmes mineures dans les travaux et dans les conditions ci-après :

a) *A raison de ce que, dans certains ateliers, se dégagent et se répandent librement des poussières nuisibles à la santé.*

INDUSTRIES. — TRAVAUX PROHIBÉS.

Albàtre, marbres et pierres (sciage et polissage). — Présence et travail dans les ateliers de sciage et de polissage.

Coton (fabrication de couvertures en ouate de). — Présence et travail dans les ateliers de nettoyage et de cardage.

Soufre (pulvérisation et tamisage). — Présence et travail dans les ateliers de pulvérisation, de tamisage et d'embarillement.

Blanc de zinc (par combustion du métal). — Présence et travail dans les ateliers de combustion et de condensation.

Boutonneries et doublage sur métal à l'aide de moyens mécaniques. — Présence et travail dans les ateliers de chargement, de déversement et d'embarillement.

Chaufourneries. — Présence et travail dans les ateliers de chargement, de déversement et d'embarillement.

Fabriques de ciment. — Présence et travail dans les ateliers de chargement, de déversement et d'embarillement.

Liège (fabriques où se travaille le). — Présence et travail dans les ateliers de trituration.

Corne, os et nacre (travail à sec). — Présence et travail dans les ateliers d'affinage et de polissage.

Cuirs tannés (fabrication de). — Présence et travail dans les ateliers où se dégagent librement des poussières.

Pulvérisation mécanique d'ingrédients employés en médecine. — Présence et travail dans les ateliers où se dégagent librement des poussières.

Emaux (Application d') sur le métal. — Présence et travail dans les ateliers de trituration ou de tamisage des matières premières.

Emaux (fabrication dans des fourneaux non fumivores). — Présence et travail dans les ateliers de trituration ou de tamisage des matières premières.

Feutre goudronné (fabrication de). — Présence et travail dans les ateliers où se dégagent des poussières.

Laines, crins et plumes (battage et nettoyage). — Présence et travail dans les ateliers où se dégagent des poussières.

Faïence, porcelaine et terre (fabrication). — Présence et travail dans les ateliers de pulvérisation et de tamisage des matières premières.

Minéraux et produits des mines et carrières (pulvérisation et tamisage par voie sèche). — Présence et travail dans les ateliers de pulvérisation et de tamisage des matières premières.

Noir minéral (fabrication par trituration des résidus de la distillation sèche de schistes bitumineux). — Présence et travail dans les ateliers de pulvérisation et de tamisage des matières premières.

Papier (fabrication du). — Présence et travail dans les ateliers de triage, de lissage et de préparation des chiffons.

Peaux de lapins, de lièvres, etc. (dépilage et coupage des poils de). — Présence et travail dans les ateliers où se dégagent des poussières.

Peaux (lustrage et apprêtage de). — Présence et travail dans les ateliers où se dégagent des poussières.

Pipes à fumer (fabrication de). — Présence et travail dans les ateliers où se dégagent des poussières.

Pouzzolane artificielle (fourneaux à). — Présence et travail dans les ateliers où se dégagent des poussières.

Soies ou crins de porc (préparation). — Présence et travail dans les ateliers où se dégagent des poussières.

Soie (Cardage des déchets de). — Présence et travail dans les ateliers où se dégagent des poussières.

Chapeaux de feutre (fabrication). — Présence et travail dans les ateliers où se dégagent des poussières.

Tabacs (manufactures de). — Ouverture des balles, triage à sec des feuilles, fermentation et séparation des résidus de cette opération, séchage en ateliers fermés, pilage et tamisage.

Chiffons (dépôts de). — Présence et travail dans les ateliers où se dégagent des poussières.

Plâtreries.

b) *A raison du dégagement de poussières ou d'émanations susceptibles de produire une intoxication spécifique.*

INDUSTRIES. — TRAVAUX PROHIBÉS.

Boites métalliques de conserves (fabrication de). — Présence et travail dans les ateliers de soudure.

Plaques et métaux vernis (fabrication de). — Présence et travail dans les ateliers où on utilise des matières toxiques.

Cuivre (trituration et broyage des composés de). — Présence et travail dans les ateliers de trituration, de broyage, de tamisage et d'embarillement.

Chromolithographie. — Présence et travail dans les ateliers de bronzage à la machine.

Etain en feuilles (fabrication d'). — Présence et travail dans les ateliers où l'on emploie des substances toxiques.

Toiles peintes (fabrication de). — Présence et travail dans les ateliers où l'on emploie des substances toxiques.

Teintureries. — Présence et travail dans les ateliers où l'on emploie des substances toxiques.

Verreries, cristalleries et miroiteries. — Présence et travail dans les ateliers où se dégagent librement des vapeurs ou bien où l'on emploie des matières toxiques.

c) *A raison du dégagement de vapeurs acides au cours des travaux.*

INDUSTRIES. — TRAVAUX PROHIBÉS.

Acide chlorhydrique (fabrication d'). — Séjour et travail dans les ateliers où se dégagent des vapeurs ou se manipulent des acides.

Acide acétique (fabrication). — Séjour et travail dans les ateliers où se dégagent des vapeurs ou se manipulent des acides.

Acide sulfurique (fabrication). — Séjour et travail dans les ateliers où se dégagent des vapeurs ou se manipulent des acides.

Affinage de métaux précieux. — Séjour et travail dans les ateliers où se dégagent des vapeurs ou se manipulent des acides.

Blanchissage chimique (des toiles, de la paille, du papier). — Séjour et travail dans les ateliers où se dégagent du chlore ou de l'anhydride sulfureux.

Cuivre (nettoyage et polissage du). — Séjour et travail dans les ateliers où se dégagent des vapeurs ou se manipulent des acides.

Dorure et argenture. — Séjour et travail dans les ateliers où se dégagent des vapeurs acides ou mercurielles.

Fer (nettoyage du). — Séjour et travail dans les ateliers où se dégagent des vapeurs ou se manipulent des acides.

Fer (galvanisage d'objets en). — Séjour et travail dans les ateliers où se dégagent des vapeurs ou se manipulent des acides.

Fer (sulfate de protoxyde; fabrication). — Séjour et travail dans les ateliers où se dégagent des vapeurs ou se manipulent des acides.

Laines et étoffes de laine (triage par voie humide). — Séjour et travail dans les ateliers où se dégagent des vapeurs acides.

Nitrates métalliques (fabrication par l'action directe des acides). — Séjour et travail dans les ateliers où se dégagent des vapeurs ou se manipulent des acides.

Réfrigération (au moyen de l'acide sulfurique). — Séjour et travail dans les ateliers où se dégagent de l'acide sulfurique.

Sel de soude (fabrication à l'aide de sulfate). — Séjour et travail dans les ateliers où se dégagent des vapeurs.

Sulfate de soude (par décomposition du chlorure). — Séjour et travail dans les ateliers où se dégagent des vapeurs.

Superphosphates (fabrication). — Séjour et travail dans les ateliers où se dégagent des poussières ou des vapeurs acides.

Chiffons (traitement par l'acide chlorhydrique gazeux). — Séjour et travail dans les ateliers où se dégagent des poussières ou des vapeurs acides.

d) *A raison de risques d'incendie.*

INDUSTRIES. — TRAVAUX PROHIBÉS.

Eaux grasses (extraction d'acides pour la fabrication de savons et dans d'autres buts). Séjour et travail dans les ateliers où il est fait usage de sulfure de carbone.

Cotons gras et ordinaires (blanchissage et dégraissage). Séjour et travail dans les ateliers où il est fait usage de sulfure de carbone.

Vernis (fabrication à l'aide d'alcool, d'huiles essentielles ou d'hydrocarbures en général).

Caoutchouc (application de vernis à base de). Séjour et travail dans les ateliers où se dégagent des vapeurs de sulfure de carbone, de benzine ou d'autres hydrocarbures.

Caoutchouc (travail à l'aide de sulfure de carbone, d'huiles essentielles ou d'hydrocarbures différents). Séjour et travail dans les ateliers où se dégagent des vapeurs de sulfure de carbone, de benzine ou d'autres hydrocarbures.

Feutres et visières vernies (fabrication). Séjour et travail dans les ateliers de préparation et d'application de vernis.

Toiles cirées (taffetas ou toiles cirées) (fabrication). Séjour et travail dans les ateliers de préparation et d'application de vernis.

Papiers peints (fabrication à l'aide de dissolvants). Séjour et travail dans les ateliers où se dégagent des vapeurs de sulfure de carbone, de benzine ou d'autres hydrocarbures.

Peaux, toiles et déchets de laine (dégraissage à l'huile de pétrole ou à l'aide d'autres hydrocarbures). Séjour et travail dans les ateliers de triage et de coupage, de manipulation et de dégagement de vapeurs.

Chapeaux de soie et autres matières (fabrication à l'aide de vernis). Séjour et travail dans les ateliers de préparation et d'application de vernis.

Tourteaux d'olives, marc de raisin (extraction de l'huile à l'aide de sulfure de carbone). Séjour et travail dans les ateliers où se dégagent des vapeurs de sulfure de carbone.

Grillage et flambage de tissus (dans les filatures). Séjour et travail dans les ateliers où les produits de la combustion se dégagent librement.

e) A raison du maniement de substances susceptibles de donner lieu à des maladies spécifiques dans des conditions déterminées.

INDUSTRIES. — TRAVAUX PROHIBÉS.

Filature de lin ou de chanvre. Séjour et travail dans les ateliers lorsque l'évacuation des eaux résiduaires n'est pas bien assurée.

Vessies et intestins nettoyés et dépouillés de toute substance membraneuse (ateliers pour le gonflage et le soufflage). Travail de finissage et de soufflage.

f) A raison des conditions spéciales du travail.

INDUSTRIES. — TRAVAUX PROHIBÉS.

Électricité (entreprises de production, de transformation et de distribution). Maniement, nettoyage et entretien des cadres de distribution ; service des batteries d'accumulateurs en marche et, en général, toutes les opérations

relatives à la prise et à l'interruption des courants et au service des appareils et lignes qui distribuent le fluide.

Mines, carrières et charbonnages. Abattage et extraction du minerai; installation du matériel; service des appareils d'extraction, cabestan, ascenseurs, plans inclinés, etc.; services des explosifs et des ventilateurs à l'intérieur; transport du minerai dans les galeries, sur la tête ou sur les épaules;

3. Sont interdits aux ouvriers visés par la loi du 13 mars 1900, le graissage, le nettoyage, l'examen et la réparation de machines et mécanismes en marche.

4. Il est interdit d'employer des garçons de moins de 16 ans au service de machines à pédales, si l'effort de l'ouvrier se traduit en travail pour mettre et tenir en marche les machines susdites.

5. Pareillement, il est interdit d'employer des enfants de l'un et de l'autre sexe, âgés de moins de 16 ans, à mettre en mouvement des roues verticales, lorsque l'effort accompli doit se convertir en force motrice pour faire marcher les machines actionnées par ces roues.

6. Il est interdit d'employer des enfants de moins de 16 ans au travail de scies à ruban ou circulaires, ni au maniement de cisailles, rabots, ciseaux ou tarières mécaniques, coupeuses et autres machines à tailler, à moins qu'elles ne soient pourvues d'appareils de sûreté pour la prévention des accidents, de façon à écarter absolument la possibilité de leur production.

7. Est interdit aux filles de moins de 16 ans le travail des machines à coudre à pédales et en général de toutes les machines mues de cette façon.

8. Les enfants de moins de 16 ans ne peuvent charger dans les fabriques, ateliers et en général dans tous les endroits où l'on travaille, des fardeaux de plus de 10 kilogrammes.

9. Pareillement, est interdit aux enfants de moins de 16 ans le travail consistant à pousser ou à tirer, à l'intérieur des fabriques ou ateliers, de même que sur la voie publique ou dans n'importe quelles entreprises, des charges représentant un effort supérieur à celui qui serait nécessaire pour mouvoir au niveau du sol, les charges ci-après dans les conditions déterminées :

1° *Wagonnets sur voies ferrées.*

Garçons de moins de 14 ans.	200 kilogrammes.
Garçons de 14 à 16 ans	300 —
Filles de moins de 14 ans.	150 —
Filles de 14 à 16 ans	250 —.

2° *Charrettes.*

Garçons de 14 à 16 ans . . . . . . 40 kilogrammes.

3° *Véhicules à trois ou quatre roues (voitures à bras, etc.).*

Garçons de moins de 14 ans. . . . . 30 k logrammes.
Garçons de 14 à 16 ans . . . . . . 50 —
Filles de moins de 14 ans . . . . . 20 —
Filles de 14 à 16 ans . . . . 40 —

4° *Tricycles servant au transport de fardeaux.*

Garçons de 14 à 16 ans . . . . . . 75 kilogrammes.

Le poids du véhicule est compris dans tous ces chiffres.

Loi du 27 février 1908, concernant l'organisation par l'Etat d'un Institut national de prévoyance [1].

CHAPITRE I.

BUT ET ORGANISATION.

1. Il sera créé par l'État un institut national de prévoyance ayant pour mission : 1° de répandre et de faire apprécier la prévoyance populaire, particulièrement les pensions de retraite; 2° d'administrer la société mutuelle formée à cet effet sous son patronage, dans les meilleures conditions pour les sociétaires; 3° d'encourager et de favoriser la pratique des pensions de retraite, en leur accordant des encouragements à titre général ou particulier, par l'intermédiaire des autorités ou des particuliers.

2. L'Institut national de prévoyance aura une personnalité, une administration et une comptabilité distinctes de celles de l'État, lequel n'assumera aucune autre responsabilité que celles qui sont relatives à son concours et à son intervention dans les limites de la présente loi.

L'Institut est investi de la capacité d'acquérir, de posséder et d'aliéner des biens, de contracter des emprunts et d'ester en justice au nom de l'Association mutuelle, sous les réserves de l'article 17.

3. Le patrimoine administré par l'Institut national de prévoyance comprendra : 1° un capital d'établissement d'au moins 500,000 piécettes, don de l'État; 2° le montant des cotisations versées par les membres; 3° les intérêts et revenus des fonds sociaux; 4° la subvention annuelle, proportionnée au développement et aux besoins de l'Institut ainsi qu'aux disponibilités des finances de l'État, pour les frais d'administration et les primes, avec délimitation de ces deux postes, à concurrence d'au moins 125,000 pié-

[1] *Gaceta de Madrid*, du 29 février 1908.

cettes à verser pour le premier exercice; 5° les donations et legs de toute espéce provenant des autorités, des corporations ou des particuliers.

4. Il y aura à la téte de l'Institut national de prévoyance un comité de patronage, chargé d'arréter les statuts et règlements et leurs modifications, de déterminer les tarifs et conditions des pensions; d'organiser le personnel; de dresser les budgets annuels; de fixer les régles de la répartition des primes; de vérifier la gestion du conseil d'administration et d'exercer, en résumé, les pouvoirs de direction et de représentation générales de l'Institut.

5. Ce comité de patronage se composera d'un président et de quatorze conseillers, les membres devant étre nommés pour la première fois par le Ministre de l'intérieur, par arrêté royal, de la manière suivante : le président et sept conseillers à son choix, et les sept conseillers restants sur la proposition de l'Institut des réformes sociales. Devront nécessairement faire partie du comité, un des membres élus-au dit institut comme représentant des patrons et un des membres représentant au même institut les classes ouvriéres.

Il sera pourvu aux vacances par le Ministre de l'intérieur sur la proposition du comité de patronage mème, avec cette condition que le siège de conseiller ouvrier sera rempli par un membre de la même classe de l'Institut des réformes sociales. Le siège de président sera toujours conféré par le Ministre, à son choix.

6. Les fonctions exécutives seront confiées à un conseil d'administration qui ne pourra comprendre plus de cinq membres à nommer par le comité de patronage.

7. Le service central des consignations et de la trésorerie s'entendra, au moins pendant les dix premières années, soit avec la caisse d'épargne de Madrid, soit avec un établissement national de crédit créé par une loi spéciale et offrant des conditions plus avantageuses.

8. Pourront être employés seulement par l'Institut pour les frais de gestion : la subvention annuelle de l'État destinée à cette fin; puis les intérêts du capital d'établissement; troisièmement, toutes autres donations faites dans ce but; quatrièmement, une surtaxe spéciale sur les cotisations calculées à prime pure, qui ne pourra excéder 3 p. c. ni être employée aux opérations faites antérieurement à la décision de lever la dite surtaxe.

9. L'Institut national de prévoyance pourra établir des succursales et des agences provinciales et locales, même dans les États étrangers, lorsque la chose pourrait être avantageuse aux résidents espagnols.

10. Il sera publié chaque année un bilan détaillé des recettes et des dépenses et tous les cinq ans un bilan technique où sera portée la valeur actuelle des rentes contractées, ainsi que celle des biens et valeurs représentant les réserves mathématiques.

11. Le Gouvernement est investi du droit de contrôler, au moins tous les cinq ans, le fonctionnement et la solvabilité de l'Institut, en revisant, sur

les bases constitutives, les réserves mathématiques calculées et en vérifiant l'évaluation des biens et valeurs existant par suite de la conversion des fonds représentatifs des dites réserves, à l'aide d'une commission présidée par le fonctionnaire supérieur chargé du service des assurances et dont le secrétaire sera un actuaire professionnel de la même branche.

12. Les principes de la présente loi seront développés dans les statuts organiques qui devront être approuvés, de même que leurs modifications successives, par le Ministre de l'intérieur.

CHAPITRE II.

OPÉRATIONS.

13. Les opérations particulières à l'Institut sont celles de rentes viagères, différées ou temporaires, constituées en faveur des classes ouvrières, moyennant versements uniques ou périodiques effectués par ceux qui sont appelés à jouir de ces rentes, ou par d'autres personnes ou autorités au nom des premières, à capital abandonné ou réservé, en tout ou en partie, par les ayants-droit.

Pourront être constituées sous la même forme, des pensions de retraite en faveur des ouvriers de l'État et des employés ou fonctionnaires publics ou privés de toute catégorie, dont les traitements ou émoluments n'excèdent pas 3,000 piécettes par an et qui n'ont pas de retraite assurée par les dispositions légales en vigueur.

Des rentes de l'espèce peuvent être constituées de la même manière ensuite de sentences judiciaires, conformément aux statuts et règlements de l'Institut.

14. Il ne sera pas encaissé de versement excédant ce qui serait nécessaire à la constitution d'une retraite annuelle de 1,500 piécettes en faveur de la même personne, ni de primes inférieures à 50 centièmes de piécette.

15. Pour les opérations susdites, l'Institut national de prévoyance observera exactement les règles techniques de l'assurance.

A cet effet, le comité de patronage dûment assisté d'un actuaire professionnel national ou étranger, formulera le tableau des primes sur la base de la table de mortalité qui paraîtra la plus convenable pour l'assurance sur la vie jusqu'à la confection d'une table nationale propre et au taux de l'intérêt à fixer, sans excéder 3 1/2 p. c., avec la surcharge qui paraîtra nécessaire, afin de constituer une réserve spéciale pour parer aux variations de la mortalité et de l'intérêt des placements.

La table de mortalité et le taux de l'intérêt adoptés pour les tarifs, serviront de base au calcul des réserves mathématiques.

16. Les cotisations à verser par les participants seront fixés à primes annuelles, avec faculté de payement semestriel, trimestriel, mensuel et'hebdomadaire moyennant une légère surcharge.

Les rentes dont le taux annuel excéde 60 piécettes devront être constituées par versements mensuels.

17. Les biens et valeurs de l'Institut national de prévoyance ne pourront en aucun cas ni en vertu de quelque convention que ce soit, être affectés à d'autres buts que ceux qui concerneraient la constitution, le payemént anticipé, l'augmentation et la liquidation des rentes ou pensions de retraite en faveur de ses sociétaires, en conformité des dispositions réglementaires, sauf ce qui est prévu à l'article 8 de la présente loi.

18. En ce qui concerne les rentes viagères différées, constituées à capital réservé, le sociétaire pourra se faire rembourser, avant d'entrer en jouissance de sa rente, la valeur de rachat du capital réservé.

Au lieu d'exercer cette faculté, le sociétaire pourra appliquer, avant de jouir d'une rente viagère différée, la valeur actuelle du capital réservé à l'acquisition d'une rente temporaire jusqu'à l'ouverture de la rente différée.

19. En cas de rente constituée à capital abandonné, avec accumulation des bénéfices, les sociétaires auront droit aux bénéfices correspondant à leur classe dans la mutuelle et provenant principalement des réserves et augmentations revenant à des sociétaires prédécédés de la même classe, de la caducité de leur livret ou de la prescription de capitaux réservés. Ces bénéfices serviront à augmenter la rente, conformément au tarif.

20. Dès que seront constituées les réserves mathématiques et les réserves spéciales fixées par le comité de patronage, et que les autres imputations expressément autorisées par la présente loi seront effectuées, le solde de chaque exercice sera versé au fonds général de bonification des pensions formé spécialement par la subvention de l'État.

21. Le fonds général de bonification sera réparti proportionnellement entre les sociétaires, conformément aux principes généraux, en ce sens qu'on ne pourra employer les bonifications de chaque exercice annuel qu'en faveur de ceux qui auront opéré un versement au cours de l'exercice antérieur.

Au cours de la première période décennale de l'Institut, il ne pourra être accordé à un même sociétaire une bonification annuelle excédant 12 piécettes.

22. Pour jouir des primes du fonds général, il faut être espagnol, être âgé de 18 ans et résider en Espagne.

Toutefois, ces primes pourront être attribuées aussi aux étrangers qui auraient plus de dix ans de résidence en Espagne et appartiendraient à un État accordant des avantages analogues aux Espagnols ou qui admettrait sur ce point le principe de la réciprocité; cette admission est présumée en ce qui concerne les citoyens portugais ou ceux d'un État ibéro-américain. Les présentes règles pourront être modifiées par des conventions diplomatiques.

23. Les primes sont accordées sous forme de constitution de nouvelle rente ou d'augmentation de la rente constituée, conformément aux tarifs et conditions en vigueur au moment où les primes sont accordées.

24. Les primes seront attribuées de préférence aux sociétaires dont les versements ne permettent pas d'arriver à la constitution d'une rente de 365 piécettes.

Des primes spéciales seront accordées à ceux qui contractent moyennant une cotisation plus élevée que la cotisation ordinaire et en vue de la jouissance anticipée des rentes, à raison de leur âge au moment de l'entrée en vigueur de la présente loi.

25. Les fonds spéciaux d'encouragement constitués par des donations en faveur d'un groupe déterminé de sociétaires, ou d'un ou de plusieurs sociétaires désignés spécialement, seront attribués conformément aux conditions formulées par les donateurs, si elles sont licites, et à celles des statuts de l'Institut national de prévoyance.

CHAPITRE III.

DISPOSITIONS SPÉCIALES.

26. Seront capables de contracter pour l'acquisition de rentes ou de pensions de retraite, les espagnols et les étrangers, à condition que ces derniers résident en Espagne, soient du sexe masculin et majeurs et fassent élection de domicile, en ce qui concerne leur contrat et ses effets, au bureau central de l'Institut, en renonçant à toute forme de recours autre que la juridiction des tribunaux espagnols.

27. Les mineurs d'âge et les femmes mariées peuvent demander, en leur nom personnel, des livrets de rente viagère à capital réservé, sans devoir produire ni autorisation, ni consentement.

Pour pouvoir retirer des fonds inscrits sur un livret de l'espèce, les personnes de moins de 18 ans devront obtenir l'autorisation dans l'ordre suivant : du père, de la mère, du grand-père paternel ou maternel, du tuteur, ou à défaut ou en l'absence de ces personnes, des personnes ou des institutions qui ont pris à leur charge l'entretien ou la garde du mineur. La femme mariée, non séparée judiciairement ou de fait, devra à cet effet, justifier de l'autorisation expresse ou tacite de son mari ; si ce dernier la refuse, elle pourra se faire autoriser par le juge de paix, le mari dûment appelé et entendu.

Les majeurs de 18 ans pourront contracter en vue de la constitution d'une rente viagère à capital abandonné sans aucune autorisation, et la femme mariée moyennant l'autorisation nécessaire, dans la forme déterminée à l'alinéa précédent.

28. Le sociétaire qui transporte son domicile à l'étranger, conserve la faculté de rompre le contrat, conformément aux dispositions des statuts et règlements, ou de le continuer, à la condition de faire élection de domicile au bureau central de l'Institut.

29. On pourra contracter pour une pension de retraite en faveur d'une personne de n'importe quel âge résidant en Espagne à condition d'observer, si elle est de nationalité étrangère, les autres conditions de l'article 26.

30. En cas de restitution prévue par contrat de la totalité ou de partie du capital aux ayants-droit d'un sociétaire, le capital héréditaire sera payé exclusivement au conjoint survivant, aux enfants et, à défaut de ceux-ci, aux ascendants. Une moitié sera attribuée aux enfants et l'autre moitié au conjoint survivant. Si le sociétaire ne laisse pas de descendants, mais seulement des ascendants, la part du conjoint sera des trois cinquièmes. Lorsqu'un sociétaire laisse une veuve et des enfants issus de son mariage avec elle en même temps que des enfants d'un mariage antérieur, la veuve aura droit à la moitié et l'autre moitié sera partagée, par parties égales, entre les enfants des deux mariages.

A défaut des ayants-droit institués par la présente loi, leur part accroît à celle des ayants-droit existants.

La part revenant aux héritiers mineurs sera versée entre les mains de ceux qui en ont effectivement la charge, soit la veuve, soit une autre personne.

Les réclamations se prescrivent par trois ans.

31. Les rentes et pensions de retraite constituées à l'Institut national de prévoyance, ne pourront être cédées, ni saisies, ni retenues pour quelque motif que ce soit.

Les sommes revenant aux ayants-droit, conformément aux contrats de rente viagère à capital réservé, seront la propriété de ces ayants-droit même vis-à-vis de tous les créanciers et héritiers de celui qui aura contracté l'assurance.

32. L'Institut national de prévoyance sera exempt, à raison de ses opérations, biens et valeurs, des taxes sur les bénéfices, de la contribution industrielle et foncière, du droit de timbre, etc.

Seront délivrés d'office et sans droits les extraits de l'état civil ou des registres des paroisses que l'Institut réclamerait à ses sociétaires ou à leurs ayants-droit.

33. La qualité d'institution de bienfaisance est reconnue à l'Institut national de prévoyance pour lui permettre d'ester en justice *pro deo* en demandant ou en défendant.

34. La correspondance de l'Institut national de prévoyance avec ses succursales et agences, avec ses sociétaires et avec les administrations publiques, sera admise à circuler en Espagne au tarif des imprimés, à condition d'observer les règles relatives à cette classe de correspondance et en outre, les autres formalités qui pourraient être fixées.

En ce qui concerne les communications télégraphiques pour affaires de service avec les personnes et autorités spécifiées à l'alinéa précédent, la taxe ordinaire sera réduite de moitié.

CHAPITRE IV.

RAPPORTS AVEC LES INSTITUTIONS SIMILAIRES.

35. Les institutions de bienfaisance de toute catégorie pourront : 1° assurer à l'Institut national de prévoyance la totalité des pensions de retraite contractées par leurs membres, et, à cet effet, des facilités spéciales seront accordées à ces assurances collectives; 2° réassurer uue partie des dites opérations; 3° passer un contrat de co-assurance, en vertu duquel chaque partie contractante assurera séparément une partie de l'opération.

36. L'Institut national de prévoyance organisera sa représentation provinciale et locale sur les bases des caisses d'épargne et des caisses de réassurance ou de co-assurance au moyen d'arrangements avec celles de ces caisses qui auront un service complétement distinct pour leurs opérations et engagements propres.

37. L'Institut national de prévoyance, qui aura la gestion exclusive du fonds général d'encouragement des pensions de retraite constitué à l'aide de la subvention de l'Etat, appliquera les primes d'encouragement à la totalité des opérations de réassurance ou de co-assurance dans la forme fixée par les statuts et par les arrangements relatifs à la matière en ramenant ses conditions à celles qui ont été fixées avec un caractére général.

38. L'Institut national de prévoyance pourra s'engager à la réciprocité des services vis-à-vis des institutions étrangéres de caractére similaire.

39. Les régles fixées au chapitre III de la présente loi, pourront être appliquées dans les limites fixées pour l'Institut national de prévoyance, par les caisses des pensions ouvriéres constituées sur les bases techniques spécifiées à l'article 15 de la présente loi, avec séparation de toute autre classe de risques et dévolution des bénéfices à l'association mutuelle des membres.

En vue de l'application du présent article, des règlements spéciaux seront publiés par les Ministères de l'intérieur et des finances, l'Institut des réformes sociales entendu ; ils entreront en vigueur à la date même à laquelle sera constitué l'Institut national de prévoyance.

40. Aucune autre corporation ou société ne pourra se servir en Espagne du titre d'Institut national de prévoyance, ni d'un titre qui résulterait de l'addition au précédent d'un mot quelconque ou de la simple combinaison sous une autre forme des trois mots principaux qui constituent ce titre.

DISPOSITIONS TRANSITOIRES.

1. Le capital de premier établissement visé par l'article 3 de la présente loi, devra être versé, dès la constitution de l'Institut national de prévoyance, en une fois ou en plusieurs exercices successifs, sans pouvoir excéder cinq exercices, par parties égales, la premiére au cours de l'exercice financier suivant celui de la promulgation de la présente loi, en même temps que la première subvention annuelle.

2. Le Ministre de l'intérieur nommera immédiatement, dans la même forme que celle que fixe l'article 5 de la loi, un conseil de gestion de l'Institut national de prévoyance, chargé de formuler à titre provisoire, des projets de statuts, réglements et tarifs et de procéder aux autres travaux préparatoires nécessaires à l'organisation de l'Institut.

3. Les organismes officiels auxquels il incombe d'assurer l'application de la présente loi, veilleront, autant qu'il dépend d'eux, à ce que la constitution de l'Institut national de prévoyance puisse avoir lieu au plus tard dans le délai d'un an à compter de la promulgation. Cette constitution sera autorisée par arrêté royal.

Loi du 19 mai 1908, sur les tribunaux industriels [1].

I. — ORGANISATION DES TRIBUNAUX INDUSTRIELS.

1. Le Gouvernement pourra décréter l'établissement d'un tribunal industriel au chef-lieu d'un arrondissement judiciaire, avec juridiction sur tout l'arrondissement, chaque fois qu'il le jugera opportun et à la requête des ouvriers et des patrons de l'arrondissement.

Dans tous les cas, le Gouvernement entendra préalablement les juntes locales et provinciales, les chambres d'agriculture et de commerce que la chose concerne; il pourra également prendre l'avis des autres autorités que la création du tribunal industriel pourrait intéresser.

2. Pour les besoins de la présente loi, de la loi sur les conseils de conciliation et d'arbitrage [2] et de la loi sur les grèves et coalitions [3], sera considérée comme patron, la personne physique ou morale, propriétaire ou concessionnaire de l'exploitation, de l'entreprise ou de l'industrie où le travail s'exécute.

Sera considérée comme ouvrier, la personne physique ou morale, l'apprenti ou l'employé de commerce qui fournit habituellement un travail manuel pour le compte d'autrui, et toute autre personne assimilée par les lois aux travailleurs manuels.

Sont exceptées toutes les personnes qui ne rendent que des services purement domestiques.

II. — ORGANISATION ET COMPÉTENCE DU TRIBUNAL.

3. Le tribunal se composera du juge de première instance, président; de trois assesseurs et d'un suppléant, désignés par les parties ouvrières parmi ceux qui figurent sur la liste élue par les patrons, et de trois assesseurs et un suppléant, désignés par les parties patronales parmi ceux qui figurent sur la liste élue par les ouvriers.

---

[1] *Gaceta de Madrid*, du 20 mai 1908.
[2] Loi du 19 mai 1908. Voir ci-après.
[3] Loi du 28 avril 1909.

4. Les fonctions d'assessseur sont gratuites; dés qu'elle est acceptée, cette charge est obligatoire.

Sera présumée avoir accepté la charge d'assesseur, toute personne qui, dans les huit jours suivant son élection, n'y aura pas renoncé.

Les employés du tribunal et du service d'audience prêteront également leurs concours gratuitement. Dans la rédaction des actes, il sera fait usage de papier d'office.

L'intervention des avocats n'est pas requise. Leurs droits et honoraires seront à la charge de la partie qui les aura employés.

5. En dehors des cas de renvoi exprés ou tacite aux tribunaux ordinaires, ou de compromis d'arbitrage ou d'amiable composition, dont la détermination est également de la compétence du tribunal industriel, ce dernier connaitra :

1. Des contestations civiles entre patrons et ouvriers, ou entre ouvriers d'un même patron, concernant l'exécution ou la rupture des contrats de louage de services, des contrats de travail et des contrats d'apprentissage.

2. Des contestations nées de l'application de la loi sur les accidents du travail, soumises provisoirement jusqu'à ce jour à la juridiction des juges de première instance.

Le contrat est toujours présumé exister entre celui qui donne du travail et celui qui l'exécute; faute de stipulation écrite ou verbale, le tribunal s'en tiendra aux us et coutumes de chaque localité pour chaque espèce de travail.

6. En cas de renvoi au tribunal ordinaire en vertu d'une réserve de droits, le tribunal industriel sera entendu, si l'objet du litige est de sa compétence, conformément à l'article précédent.

III. — Système électoral.

7. Le décret royal qui ordonne la création d'un tribunal industriel sera communiqué officiellement au président de la junte locale des réformes sociales du chef-lieu de l'arrondissement où le tribunal doit être constitué.

Le président le fera publier dans la forme ordinaire en fixant un délai d'un mois pour l'inscription sur les listes électorales, personnellement ou par écrit, de tous ceux qui ont le droit d'y être portés conformément à l'article suivant.

La junte locale des réformes sociales du chef-lieu de l'arrondissement arrêtera séparément la liste des électeurs patrons et ouvriers de l'arrondissement en même temps que ceux qui se seront fait porter volontairement; elle recevra et examinera les réclamations d'inscription et de radiation en les transmettant au juge de première instance, qui les tranchera définitivement.

Les conseils municipaux remplaceront les juntes locales là où celles-ci n'existent pas.

8. Sont électeurs en qualité de patrons :

1. Les personnes morales ou physiques, nationales ou étrangères, quelque soit le sexe ou l'âge des dernières, qui exercent une industrie, un commerce, un métier, une exploitation et paient de ce chef une contribution, à condition d'être comprises dans la définition de l'article 2 de la présente loi.

En cas d'incapacité civile de ces personnes, celles qui les représentent pourront être portées sur les listes.

2. Toutes les autres personnes comprises dans la définition de l'article 2, mâles, majeures et ayant une résidence de deux ans dans une commune quelconque de l'arrondissement.

Sont électeurs en qualité d'ouvriers, toutes les personnes comprises dans la définition de l'article 2 qui reçoivent du travail de celles qui sont ou peuvent être électeurs patrons, conformément aux alinéas précédents, à condition d'avoir atteint leur majorité.

9. Ne peuvent être électeurs :

1. Ceux qui en sont incapables physiquement ou intellectuellement;
2. Les faillis non réhabilités et ceux qui ont opéré une cession de biens, aussi longtemps qu'ils ne sont pas déclarés non coupables;
3. Ceux qui sont interdits civilement;
4. Les condamnés à des peines afflictives ou correctionnelles, aussi longtemps qu'ils n'ont pas purgé leur condamnation.

10. Pour exercer les fonctions de conseiller, il n'est pas nécessaire d'être patron ou ouvrier; il suffit d'être majeur et d'avoir été élu valablement.

11. Ne pourront remplir la charge de conseiller :

1. Ceux qui en sont empêchés physiquement ou intellectuellement;
2. Ceux qui sont sous le coup d'une ordonnance de poursuites criminelles;
3. Les faillis non réhabilités et ceux qui ont opéré cession de leurs biens, aussi longtemps qu'ils n'ont pas été déclarés non coupables;
4. Ceux qui sont frappés d'interdiction civile ou de la privation de l'exercice de fonctions publiques, ou ceux qui ont été condamnés en vertu de deux jugements définitifs à raison de délits contre les lois garantissant la liberté du travail;
5. Ceux qui ont été élus avec un mandat impératif.

12. Le corps des conseillers de l'arrondissement se composera de quinze conseillers élus par les patrons et de quinze conseillers élus par les ouvriers, lorsque le nombre des patrons et des ouvriers inscrits au rôle n'excède pas vingt et deux mille respectivement.

Pour chaque série de deux cents électeurs ouvriers et de deux électeurs patrons au-dessus de ce chiffre, il pourra être élu un conseiller patron et un conseiller ouvrier en plus, jusqu'au maximum de trente conseillers patrons et de trente conseillers ouvriers.

13. Dès que les deux rôles électoraux seront arrêtés à l'expiration du mois fixé par l'art. 7, le président de la junte locale des réformes sociales convo-

quera séparément en assemblée générale, tous les électeurs patrons et tous les électeurs ouvriers inscrits, lesquels pourront se présenter en personne ou se faire représenter par d'autres électeurs. Dans ces réunions, qui seront tenues sous sa présidence, le président de la junte locale proposera aux assistants de déterminer de commun accord la forme suivant laquelle devra être élu le nombre de conseillers auxquels ils ont droit, conformément à l'article précédent, au moyen d'un groupement par sections d'industries ou de métiers connexes, par fabriques ou par établissements industriels distincts, ou en constituant des collèges par quartiers ou localités, ou par tout autre moyen qui sera reconnu préférable unanimement. Il les invitera pareillement à déterminer, également à l'unanimité, si le vote sera uninominal ou plurinominal, si tous les électeurs seront réunis en un seul collége, ainsi que tout ce qui a trait à l'émission du suffrage, à la procédure du scrutin et aux garanties de vérification de ces deux opérations électorales.

Le collége des électeurs ouvriers pourra user des facultés que lui confère l'alinéa antérieur en toute indépendance eu égard aux décisions du collége des électeurs patrons, et réciproquement.

Si l'on est d'accord, le président rédigera un règlement électoral qui, dés qu'il sera approuvé par l'assemblée des électeurs, sur le champ ou sur nouvelle convocation, sera désormais en vigueur et ne pourra être modifié que par une autre assemblée générale des électeurs convoquée à cet effet.

Si dans l'assemblée des électeurs ouvriers ou dans celle des électeurs patrons, il n'y a pas accord unanime, les dispositions de l'article suivant seront applicables.

14. La junte locale des réformes sociales fixera, en tenant compte du nombre des électeurs inscrits et de leur répartition, le nombre des colléges électoraux à établir dans l'arrondissement en classant séparément les commerçants et les industriels et en groupant ces derniers en grande et en petite industrie. Des membres de la junte occuperont la présidence des bureaux respectifs. Si le nombre des bureaux est supérieur au nombre des membres, la junte déléguera pour présider les bureaux restants les personnes qui lui paraîtront les plus propres à remplir cette charge.

Composeront le bureau, en sus du président, les deux plus âgés et les deux plus jeunes électeurs inscrits au rôle du collége; ils rempliront les fonctions d'assesseurs.

Chaque électeur pourra voter pour la moitié du nombre des conseillers à élire, si ce nombre est pair, et pour la moitié plus un, s'il est impair.

Le juge de première instance recevra les protestations; il pourra être appelé de sa décision au tribunal de l'arrondissement. Le juge susdit, assisté de deux assesseurs patrons et ouvriers tirés au sort entre les assesseurs du bureau, dépouillera le scrutin général de l'arrondissement et proclamera conseillers ceux qui ont obtenu le plus grand nombre de voix.

15. Les élections des conseillers auront lieu tous les deux ans.

16. Pour les besoins de la présente loi, le titre VIII de la loi électorale des Cortés sera applicable.

Le fait d'élire des conseillers avec mandat impératif sera considéré comme un délit et passible de 25 à 1,000 piécettes d'amende.

IV. — Procédure.

17. La demande introduite, le juge fixera les préliminaires dans les six jours suivants, en citant les parties à comparaître.

18. Le juge tentera la conciliation. Les points sur lesquels les parties se seront entendues dans l'acte de conciliation pourront être exécutés de la même manière que la sentence.

A défaut de conciliation, le juge ordonnera que chacune des parties désigne les trois conseillers et le suppléant qui constitueront le tribunal.

19. Les questions préjudicielles devront être soulevées et tranchées en même temps que le fonds de l'affaire.

20. Dans les huit jours qui suivront celui où la conciliation a échoué, le juge fixera une date pour le prononcé du jugement en prévenant les parties d'apporter tous les moyens de preuve qu'elles entendent faire valoir et en convoquant les jurés élus au jour fixé.

21. Si le demandeur ne comparait pas, mais produit des excuses suffisantes, il sera cité une deuxième fois. S'il ne comparait pas encore, il sera présumé se désister.

Si le juge n'admet pas les excuses produites, ou à défaut d'excuses, le demandeur sera tenu de payer une indemnité de 5 piécettes à chacun des conseillers qui auront siégé.

22. En cas d'absence d'un conseiller, le suppléant prendra sa place.

S'il manque deux ou plus de deux conseillers et que l'audience ne peut être tenue, chacun de ceux qui auront fait défaut payera 5 piécettes à chacun de ceux qui auront siégé, sauf excuses valables et admises par le juge.

23. Dès que le tribunal sera constitué, les parties seront entendues dans leurs preuves et moyens.

Les conseillers pourront poser aux parties et aux témoins, les questions qu'ils jugent nécessaires à l'élucidation de la cause.

24. Le tribunal décidera de la pertinence des preuves et indiquera le cas échéant dans le jugement le motif du rejet.

25. L'audience terminée, le tribunal délibérera à huis clos, rédigera et rendra immédiatement son jugement.

26. En cas de partage des voix, ou quand une majorité n'a pu se faire sur la décision à prendre, le tribunal pourra renvoyer l'affaire à une nouvelle audience dans les cinq jours suivants, devant les six conseillers, les deux

suppléants et deux autres conseillers, un patron et un ouvrier que les parties nommeront, avec un suppléant à chacun, dans la forme prévue à l'art. 21. Si le partage égal des voix se reproduit, la voix du président sera prépondérante.

27. Si la sentence comporte condamnation de faire ou de ne pas faire, elle fixera les dommages-intérêts en cas d'inexécution de la partie succombante, à condition que le défaut lui soit personnellement imputable.

En cas que le juge et les conseillers déclarent qu'il y a malice ou témérité dans le chef d'un des plaideurs, ils pourront lui imposer une amende de 10 p. c. du principal, jusqu'à 500 piécettes.

28. Il pourra être appelé des jugements du tribunal industriel, dans les cinq jours, devant le tribunal en audience plénière, constitué en ce cas par sept conseillers et deux suppléants patrons et sept jurés et deux suppléants ouvriers, sous la présidence du juge.

Les parties pourront désigner les mêmes conseillers ou d'autres que ceux qui ont siégé en première instance.

29. L'audience d'appel se tiendra dans les cinq jours de l'introduction de l'appel; le jugement sera rendu dans la forme prévue aux articles 25 et 27.

Si la comparution des parties n'a pas eu lieu pour un motif valable, elle sera présumée avoir eu lieu à la deuxième citation, que les parties soient présentes ou non.

30. Le recours en nullité sera porté devant la chambre civile du tribunal de l'arrondissement, si dans l'une des deux instances :

1. le jugement a été rendu sans qu'une question préjudicielle ait d'abord été résolue ;

2. le jugement a été rendu par moins de trois conseillers patrons et de trois ouvriers, en première instance, et moins de sept conseillers patrons et sept ouvriers, dans la deuxième ;

3. un mineur d'âge a été condamné sans la présence de son représentant légal ;

4. les personnes qui auraient dû être citées à comparaître, ne l'ont pas été.

31. S'il y a recours en nullité, le juge le remettra avec les pièces de l'affaire, à la chambre civile du tribunal d'arrondissement.

Si le recours n'est pas recevable quant au fond, au temps ou à la capacité de celui qui l'introduit, déclaration en sera faite dans le jugement, oui l'avis du juge rapporteur.

Si le recours est recevable, il sera jugé conformément à la section III du titre IV du livre II du Code de procédure civile, sauf que la signature de l'avocat sur les pièces ne sera pas nécessaire.

32. Les jugements qui déclareront fondé le recours en nullité, ordonneront que ces pièces soient remises au juge dont elles émanent pour qu'il les remette dans l'état où elles étaient quand l'erreur a été commise, les revise et les rectifie comme de droit.

33. Le jugement définitif sera mis à exécution par le juge dans la forme prévue au Code de procédure civile pour l'exécution des jugements.

34. Pour tout ce qui n'est pas prévu par la présente loi, le Code de procédure civile sera applicable.

ARTICLE ADDITIONNEL.

Les juntes locales et provinciales des réformes sociales, en sus des fonctions que leur confère la présente loi, exerceront celles de l'inspection et de la statistique du travail dans la mesure fixée par l'Institut des réformes sociales et sous la direction de celui-ci.

L'Institut précité règlera ce qui concerne les différentes attributions conférées aux dites juntes.

Loi du 19 mai 1908, sur les conseils de conciliation et d'arbitrage ([1]).

1. Lorsqu'une grève se prépare ou au plus tard dans les vingt-quatre heures à partir du moment où elle a éclatée, les ouvriers qui en font partie la porteront à la connaissance du président de la junte locale des réformes sociales, par écrit, sur papier simple et en double exemplaire, en indiquant brièvement les circonstances qui motivent la grève et le nom et le domicile du patron ou des patrons qu'elle concerne.

2. Lorsqu'un ou plusieurs patrons ont résolu d'arrêter leurs entreprises respectives ou une partie considérable de ces entreprises, ils en feront la déclaration une semaine à l'avance, au président de la junte locale des réformes sociales, par écrit, sur papier simple et en double exemplaire, en indiquant brièvement les causes de l'interruption de l'exploitation, l'endroit où se trouvent situés leurs établissements, fabriques, mines ou ateliers et le nombre d'ouvriers qui vont se trouver sans ouvrage du fait de cette interruption.

Lorsqu'une contestation s'élève entre un groupe d'ouvriers et un ou plusieurs patrons, chacune des parties intéressées peut la porter à la connaissance du président de la junte locale des réformes sociales, par écrit, sur papier simple et en double exemplaire, en indiquant brièvement l'objet de la contestation et les efforts faits pour la résoudre.

3. Le président de la junte locale transmettra une copie de la déclaration à l'autre partie dans les vingt-quatre heures suivantes en fixant un délai à sa convenance, mais bref, pour lui permettre de déclarer si elle accepte ou n'accepte pas ses bons offices.

([1]) *Gaceta de Madrid*, du 20 mai 1908.

En cas de réponse affirmative, elle sera accompagnée d'une réplique écrite également bréve.

En cas de réponse négative, on la transmettra à l'autre partie en lui offrant la conciliation.

4. L'écrit émanant des patrons, sera signé par le pàtron ou les patrons intéressés ou par celui d'entre eux qui serait muni des pouvoirs des autres.

L'écrit émanant des ouvriers sera signé par les ouvriers ou par l'ouvrier chargé de représenter les autres. Patrons et ouvriers déclareront sur leur honneur, au-dessus de la signature, l'exactitude des pouvoirs ainsi accordés.

5. Dés que le président aura les deux déclarations en sa possession, il désignera aussitôt que possible, pour former avec lui un conseil de conciliation, trois jurés, trois de la liste patronale et trois de la liste ouvrière, conformément à l'article 12 de la loi sur les tribunaux industriels ([1]).

6. Dés que le conseil sera réuni, il prendra connaissance des deux déclarations et décidera s'il y a lieu de se transporter sur les lieux ou de faire comparaître les parties là où il siége, en procédant dans chaque cas avec la plus grande célérité.

7. Les intéressés ou ceux qui les représentent exposeront verbalement, dans l'ordre fixé par le conseil, les fondements de leurs prétentions respectives.

8. Le conseil pourra entendre une personne étrangère au groupe des intéressés, lorsqu'il le jugera utile.

9. Le conseil s'efforcera avant tout d'obtenir des parties que ni les patrons ni les ouvriers n'interrompent le travail pendant que la conciliation est en cours ; il proposera immédiatement les termes de cette conciliation.

10. Si la conciliation s'effectue, ses clauses et conditions seront consignées en un écrit qui sera signé par les intéressés ou leurs représentants et sera déposé au siège du conseil. Les copies certifiées et signées par les conseillers et contresignées par le président auront la force obligatoire d'un document authentique.

11. Si le conseil ne peut arriver à un arrangement, il proposera aux parties qu'elles délèguent des personnes munies de pleins pouvoirs pour traiter en leur nom.

12. Les parties, si elles sont d'accord, pourront ne désigner qu'une seule personne.

13. Pareil mandat pourra être conféré à toute personne capable de contracter, homme ou femme. S'il s'agit d'une femme mariée, elle pourra accepter le mandat avec l'autorisation verbale de son mari, sauf si elle est déjà autorisée à faire le commerce. Le mandat pourra également être conféré aux membres du conseil de conciliation.

([1]) Voir ci-dessus la loi du 19 mai 1908.

14. Les parties, lorsqu'elles seront devant le conseil, s'entendront sur les termes du compromis avec faculté de fixer des sanctions pécuniaires dans le cas d'infraction à l'arrangement intervenu entre elles.

Le conseil rédigera l'acte de compromis conformément à ce qui a été arrêté et le soumettre à la signature des parties.

15. L'arbitre ou les arbitres se prononceront sur tous les points de l'acte de compromis et, lorsque la nature de l'affaire l'exige, fixeront les conditions à remplir pour l'exécution de la sentence ou le délai pendant lequel elle sera valable.

16. Si l'une des parties ou les deux parties ne comparaissent pas ou si l'on ne peut se concilier ni compromettre en vue d'un arbitrage, ou si malgré une conciliation momentanée la grève ou le lock-out n'a pas pris fin, le conseil citera les parties d'office une seconde fois, lorsqu'il le jugera opportun, conformément aux dispositions précédentes.

Si cette fois encore, la conciliation et l'arbitrage échouent pour un motif quelconque, il sera dressé procès-verbal de la chose et aucune démarche ne sera plus faite, sauf à la requête des deux parties faite et signée sur un même acte.

17. Si le conseil le juge utile, il pourra faire acter son opinion sur le conflit et la faire publier d'office.

Les parties pourront également obtenir copie de ces pièces et les publier; toutefois, si elles ne le font que par extraits ou partiellement, elles seront passibles d'une amende de 25 piécettes.

18. Dans les districts où il n'existe pas de tribunal industriel, le président de la junte locale choisira parmi les membres de la junte les personnes appelées à constituer avec lui un conseil de conciliation.

19. Le président de la junte locale des réformes sociales pourra convoquer, lorsqu'il le juge opportun en considération du nombre et de la fréquence des recours à ses bons offices, la grande junte électorale dont il est question à l'article 13 de la loi sur les tribunaux industriels.

Au sein de cette junte et dans la forme déterminée par l'article susdit, il pourra être constitué des conseils de conciliation permanents avec distribution des conseillers en sections présidées respectivement par le conseiller le plus âgé, pour les industries ou des métiers connexes, des fabriques ou entreprises particulières, des quartiers ou districts spéciaux.

20. Les chefs ou promoteurs d'une grève qui contreviendront aux dispositions de l'article 1er, seront passibles d'une amende de 5 à 150 piécettes.

21. Le patron qui contreviendra aux dispositions de l'article 2, sera passible d'une amende de 250 à 1,000 piécettes.

22. Les membres des conseils de conciliation auront, dans l'exercice de leurs fonctions, la qualité d'autorités publiques.

Les injures ou voies de fait dont ils seraient l'objet dans l'exercice ou à l'occasion de leurs fonctions, seront réprimées conformément aux chapitres IV et V du titre III, livre II, du Code pénal.

Le président du conseil ou de la section pourra infliger des peines disciplinaires dans les cas où les juges de paix sont autorisés à le faire conformément aux articles 437 et suivants du Code de procédure civile.

23. Les présidents des juntes locales transmettront annuellement à l'Institut des réformes sociales un rapport détaillé de tous les cas d'application de la présente loi et de la loi sur les tribunaux industriels dans leur district.

L'Institut proposera au Ministre de l'intérieur les récompenses à accorder aux présidents des juntes locales qui se distingueront particulièrement dans l'accomplissement des obligations du présent article.

24. Les conseils de conciliation ou comités mixtes déjà établis dans certaines localités en vertu de règlements enregistrés aux préfectures respectives, et qui auront fonctionné antérieurement à la promulgation de la présente loi, sont maintenus dans leur organisation et leurs fonctions avec les mêmes prérogatives que celles de la présente loi, moyennant l'approbation du préfet.

Décret royal du 18 novembre 1908 sur le travail des enfants dans les industries relatives à la navigation et dans la navigation même ([1]).

1. Pourront prendre part aux travaux de la pêche côtière fixe et sédentaire, dans un rayon de trois milles, les enfants de moins de dix ans, à condition d'être accompagnés de leurs parents.

2. Pourront prendre part aux travaux de la pêche côtière fixe et sédentaire, dans un rayon de trois milles, les enfants de dix à quatorze ans, à condition que le patron qui les occupe leur accorde le temps nécessaire pour acquérir l'instruction primaire.

L'âge minimum pourra être réduit à 9 ans, si l'enfant qui demande à être admis au travail, justifie qu'il sait lire et écrire.

3. Est interdit le travail des enfants de moins de quatorze ans dans les embarcations de toute catégorie qui pratiquent la navigation côtière au delà de trois milles, le grand cabotage et la navigation de haute mer, quelque soit leur objet.

[1] *Gaceta de Madrid*, du 20 novembre 1908.

UNITED STATES OF AMERICA.

ACTS OF CONGRESS.

An Act relating to the liability of common carriers by railroad to their employees in certain cases.

Be it enacted by the Senate and House of Representatives of the United States of America in Congress assembled :

1. That every common carrier by railroad while engaging in commerce between any of the several States or Territories, or between any of the States and Territories, or between the District of Columbia and any of the States or Territories, or between the District of Columbia or any of the States or Territories and any foreign nation or nations, shall be liable in damages to any person suffering injury while he is employed by such carrier in such commerce, or, in case of the death of such employee, to his or her personal representative, for the benefit of the surviving widow or husband and children of such employee; and, if none, then of such employee's parents; and, if none, then of the next of kin dependent upon such employee, for such injury or death resulting in whole or in part from the negligence of any of the officers, agents, or employees of such carrier, or by reason of any defect or insufficiency, due to its negligence, in its cars, engines, appliances, machinery, track, roadbed, works, boats, wharves, or other equipment.

2. That every common carrier by railroad in the Territories, the District of Columbia, the Panama Canal Zone, or other possessions of the United States shall be liable in damages to any person suffering injury while he is employed by such carrier in any of said jurisdictions, or in case of the death of such employee, to his or her personal representative, for the benefit of the surviving widow or husband and children of such employee; and, if none, then of such employee's parents; and, if none, then of the next of kin dependent upon such employee, for such injury or death resulting in whole or in part from the negligence of any of the officers, agents, or employees of such carrier, or by reason of any defect or insufficiency, due to its negligence, in its cars, engines, appliances, machinery, track, roadbed, works, boats, wharves, or other equipment.

ÉTATS-UNIS D'AMÉRIQUE.

LÉGISLATION FÉDÉRALE.

Loi du 22 avril 1908, relative à la responsabilité des entrepreneurs de transport par chemin de fer vis-à-vis de leurs employés ([1]).

1. Tout entrepreneur de transports en commun par chemin de fer exerçant son industrie entre plusieurs États ou territoires, ou entre l'un des États ou territoires, ou entre le district de Colombie ou l'un des États ou territoires et un pays étranger ou des pays étrangers, sera responsable de dommages-intérêts vis-à-vis de toute personne blessée dans le service de cet entrepreneur dans l'exercice de cette industrie ou, en cas de décès, envers son représentant légal, au profit de la veuve ou du mari survivant et des enfants; à défaut de ceux-ci, au profit des père et mère de l'employé et, à défaut de ceux-ci, du parent le plus proche dont elle était le soutien; le tout à raison de l'accident ou de la mort résultant en tout ou en partie de la faute de l'un des fonctionnaires, agents ou employés du dit entrepreneur de transports ou d'un défaut ou d'un manquement dus à sa faute dans ses wagons, locomotives, accessoires, machines, voies, plates-formes, ateliers, bateaux, quais et autres installations.

2. Tout entrepreneur de transports en commun par chemin de fer dans les territoires, le district de Colombie, la zone du canal de Panama, ou les autres possessions des États-Unis, sera responsable de dommages-intérêts vis-à-vis de toute personne blessée pendant qu'elle est au service du dit entrepreneur de transports dans l'une de ces juridictions, ou en cas de mort de cet employé, envers son représentant légal, au profit de la veuve ou du mari survivant et des enfants; à défaut de ceux-ci, des père et mère de cet employé, et, à défaut de ceux-ci, du parent le plus proche dont elle était le soutien, le tout à raison de l'accident ou de la mort résultant en tout ou en partie de la faute de l'un des fonctionnaires, agents ou employés du dit entrepreneur de transport ou d'un défaut ou d'un manquement dus à sa faute dans ses wagons, locomotives, accessoires, machines, voies, plates-formes, ateliers, bateaux, quais et autres installations.

[1] 1908, n° 100.

3. That in all actions hereafter brought against any such common carrier by railroad under or by virtue of any of the provisions of this Act to recover damages for personal injuries to an employee, or where such injuries have resulted in his death, the fact that the employee may have been guilty of contributory negligence shall not bar a recovery, but the damages shall be diminished by the jury in proportion to the amount of negligence attributable to such employee : *Provided*, That no such employee who may be injured or killed shall be held to have been guilty of contributory negligence in any case where the violation by such common carrier of any statute enacted for the safety of employees contributed to the injury or death of such employee.

4. That in any action brought against any common carrier under or by virtue of any of the provisions of this Act to recover damages for injuries to, or the death of, any of its employees, such employee shall not be held to have assumed the risks of his employment in any case where the violation by such common carrier of any statute enacted for the safety of employees contributed to the injury or death of such employee.

5. That any contract, rule, regulation, or device whatsoever, the purpose or intent of which shall be to enable any common carrier to exempt itself from any liability created by this Act, shall to that extent be void : *Provided,* That in any action brought against any such common carrier under or by virtue of any of the provisions of this Act, such common carrier may set off therein any sum it has contributed or paid to any insurance, relief benefit, or indemnity that may have been paid to the injured employee or the person entitled thereto on account of the injury or death for which said action was brought.

6. That no action shall be maintained under this Act unless commenced within two years from the day the cause of action accrued.

7. That the term " common carrier " as used in this Act shall include the receiver or receivers or other persons or corporations charged with the duty of the management and operation of the business of a common carrier.

8. That nothing in this Act shall be held to limit the duty or liability of common carriers or to impair the rights of their employees under any other Act or Acts of Congress, or to affect the prosecution of any pending proceeding or right of action under the Act of Congress entitled " An Act relating to liability of common carriers in the District of Columbia and Territories, and to common carriers engaged in commerce between the States and between States and foreign nations to their employees," approved June eleventh, nineteen hundred and six.

Approved, April 22, 1908.

3. Dans toute action ouverte ultérieurement en application ou en vertu de l'une des dispositions de la présente loi, en vue d'obtenir des dommages-intérêts du chef d'un accident à un employé, ou en cas de mort provoquée par un accident de l'espèce, le cas de faute concomitante de la part de l'employé ne sera pas un obstacle à l'octroi d'une indemnité, mais les dommages-intérêts seront réduits par le jury, en proportion du degré de la faute imputable à cet employé. Toutefois, la faute contributoire ne sera pas opposable à l'employé qui aura été blessé ou tué dans tous les cas où la violation par l'entrepreneur de transports d'une loi de sécurité des employés, a contribué à provoquer l'accident ou le décès du dit employé.

4. Dans une action contre un entrepreneur de transports en commun, en vertu d'une des dispositions de la présente loi, du chef de blessures causées à un employé ou du décès de ce dernier, cet employé ne pourra être considéré comme ayant assumé le risque professionnel dans tous les cas où la violation par l'entrepreneur d'une loi sur la sécurité des employés, aura contribué à provoquer l'accident ou le décès.

5. Tout contrat, statut, réglement ou arrangement quelconque dont le but ou la portée serait de permettre à l'entrepreneur de transports de se décharger de la responsabilité établie par la présente loi, sera nul et de nul effet; toutefois, dans toute action intentée contre un entrepreneur de transports en vertu d'une des dispositions de la présente loi, cet entrepreneur peut faire état, en vue de la compensation, de toute somme versée ou payée à une assurance, de tout secours, de toute indemnité qui aurait pu être payée à l'employé blessé ou à ses ayants-droit du chef de l'accident ou de la mort ayant donné ouverture à l'action.

6. Aucune action ne sera recevable en vertu de la présente loi, à moins d'être entamée dans les deux ans du jour où la cause de l'action a pris naissance.

7. L'expression « entrepreneur de transports » employé dans la présente loi s'applique aux liquidateurs ou autres personnes ou corporations chargées de la direction ou de l'exploitation des affaires d'un entrepreneur de transports.

8. Aucune disposition de la présente loi ne sera interprétée comme limitant les obligations ou la responsabilité des entrepreneurs de transports ou diminuant les droits de leurs employés aux termes d'autres lois fédérales ou comme préjudiciant à la continuation de toute procédure en cours ou à l'introduction d'une action en vertu de la loi fédérale intitulée « loi relative à la responsabilité des entrepreneurs de transport dans le district de Colombie et les territoires et aux entrepreneurs de transports exerçant leur industrie entre les États et entre les États et les pays étrangers vis-à-vis de leurs employés », sanctionnée le 11 juillet 1906.

LÉGISLATION DES ÉTATS.

MASSACHUSETTS.

Loi du 5 mai 1908, autorisant et réglant l'approbation de systèmes d'indemnisation d'employés accidentés (¹).

1. Tout employeur de main-d'œuvre peut soumettre au bureau de conciliation et d'arbitrage de l'État un systéme réglant les indemnités à payer au personnel à son service, en cas d'accident survenu au cours du travail, sur la base d'un pourcentage déterminé du salaire moyen de ces employés et en dehors de la responsabilité légale dérivant de la loi sur la responsabilité des employeurs. Après l'examen du système de réparation et sa discussion publique en suite d'un avis publié à cet effet, le bureau de conciliation et d'arbitrage peut, s'il trouve le système équitable et juste pour les employés, accorder son approbation à ce projet à l'aide d'un certificat qui y sera annexé.

2. Après avoir obtenu l'approbation d'un système de réparation prévu à la section précédente, l'employeur pourra légalement passer avec ses employés un contrat aux termes duquel il sera déchargé de toute responsabilité en cas d'accident survenu au cours du travail en versant à ses employés l'indemnité prévue par le système.

3. Le père ou la mère ou le tuteur d'un employé mineur, pourra souscrire un système de réparation au nom du dit mineur. Pareil arrangement sera fait par écrit et signé par l'employé ou, s'il s'agit d'un employé mineur, par son père ou sa mère ou son tuteur, en présence de deux témoins dont l'un sera employé au moment où il signe.

4. Aucun employeur ne pourra exiger comme condition d'engagement, l'obligation pour un employé de souscrire un système de réparation ou de renoncer d'une façon quelconque au droit de cet employé de se faire indemniser en dehors des conditions du système susvisé.

5. Les contrats passés en vertu d'un système de l'espèce ne seront valables que pour un an à partir de leur date.

6. Les dispositions de la section 16 du chapitre 106 des lois revisées contraires à la présente loi, sont abrogées.

7. La présente loi entre en vigueur dés sa promulgation.

Loi du 13 juin 1908, relative aux heures de travail des femmes et des enfants (²).

1. La section 24 du chapitre 106 des lois revisées, telle qu'elle a été modifiée par le chapitre 435 des lois de 1902 (³) est modifiée par la suppression à

(¹) *An act to authorize and to provide for the approval of plans of compensation for injured employees.* Approved May 5, 1908. Chapter 489.
(²) *An act relative to the hours of labor of women and minors.* Chapter 645.
(³) Voir *Annuaire* 1902, p. 639.

la huitième ligne des mots « cinquante-huit » qui sont remplacés par les mots « cinquante-six » et par l'insertion de ce qui suit après le mot « semaine » à la dite ligne : « sauf pour les industries saisonnières, où le nombre d'heures par semaine pourra excéder cinquante-six mais non cinquante-huit; toutefois, le nombre total de cés heures ne pourra excéder une moyenne de cinquante-six heures par semaine pour une année y compris les dimanches et les jours de fête », de manière que l'article aura la teneur suivante :

Section 24. — Il est défendu d'employer des enfants de moins de 18 ans ou des femmes dans un établissement manufacturier ou mécanique pendant plus de dix heures par jour, sauf dans les cas prévus ci-après, à moins qu'une autre répartition des heures de travail ne soit faite dans le seul but d'abréger la journée de travail un autre jour de la semaine; dans aucun cas, le nombre des heures de travail ne pourra dépasser *cinquante-six* par semaine. Sauf pour les industries saisonnières, où le nombre d'heures par semaine pourra dépasser cinquante-six mais non cinquante-huit ; toutefois le nombre total de ces heures ne pourra excéder une moyenne de cinquante-six heures par semaine pour une année y compris les dimanches et les jours de fête. Les employeurs devront afficher, en un endroit apparent, dans chacun des locaux où des personnes de cette catégorie sont employées, un avis imprimé indiquant le nombre d'heures de travail qu'elles ont à fournir chaque jour, les heures où commence et finit le travail, ainsi que celles où commence et finit le temps accordé pour les repas, ou, s'il s'agit d'établissements exemptés de l'application des sections 36 et 37, le temps, s'il y en a un, accordé pour les repas. Les formules imprimées de ces avis seront fournies par le chef de la police, après avoir été approuvées par l'*attorney-general*. L'emploi de ces personnes à d'autres moments que ceux qui sont indiqués dans l'avis imprimé sera considéré comme une violation des dispositions de la présente section, sauf s'il est établi que cet emploi a eu pour but de regagner le temps perdu, un des jours précédents de la même semaine, par suite d'un arrêt des machines auxquelles ces personnes travaillaient ou dont leur travail dépendait ; un arrêt de machines de moins de trente minutes consécutives ne justifiera pas de travail supplémentaire; ce travail supplémentaire ne sera pas autorisé s'il n'est pas envoyé, au chef de la police du district ou à un inspecteur du travail et des établissements publics, une déclaration écrite du jour et de l'heure où il s'est produit, ainsi que de sa durée.

2. La présente loi entre en vigueur le 1er janvier 1910.

NEW-YORK.

Loi du 28 avril 1908, modifiant la loi du travail en ce qui concerne le travail en chambre (¹).

1. La section 100 de l'article 7 du chapitre 415 des lois de 1897, intitulée « Loi relative au travail, constituant le chapitre 32 des lois générales », telle qu'elle a été amendée par le chapitre 191 des lois de 1899 et par le chapitre 550 des lois de 1904 et par le chapitre 129 des lois de 1906, est modifiée par la présente loi de façon à avoir la teneur suivante :

§ 100. *Fabrication, modification, raccommodage ou achèvement d'objets en chambre.* — Il ne pourra être fait usage d'un appartement dans une maison de rapport pour y fabriquer, modifier, raccommoder ou achever des pardessus, vestons, genouillères, pantalons, surtouts, manteaux, chapeaux, casquettes, bretelles, jerseys, blouses, robes, tailles, ceintures, vêtements de dessous, cols et cravates, fourrures, garnitures en fourrures, vêtements en fourrures, jupes, chemises, tabliers, porte-monnaie, carnets de poche, pantoufles, boites et sacs en papier, plumes, fleurs artificielles, cigarettes, cigares, parapluies ou objets en caoutchouc, ni pour y fabriquer, préparer ou empaqueter du macaroni, du vermicelle, de la crème glacée, des glaces, du sucre candi, des pâtisseries, des noix ou des conserves, sans l'autorisation spéciale prévue par le présent article. Toutefois, la présente disposition ne s'appliquera pas aux cols, manchettes, chemises, chemisettes faits en coton ou en toile et qui doivent être lavés à neuf avant d'être mis en vente.

L'autorisation devra être demandée au commissaire du travail par le propriétaire de la maison de rapport ou par son représentant légal. La demande d'autorisation indiquera l'emplacement de la maison, la rue, le numéro, et donnera les autres renseignements de nature à permettre au commissaire du travail de la trouver facilement; il indiquera aussi le nombre d'appartements dans l'immeuble, le nom et l'adresse complète du propriétaire, le tout dans la forme prescrite par le commissaire du travail.

Le commissaire du travail préparera et fournira des formules pour demandes d'autorisation.

Lors de la réception d'une demande, le commissaire du travail consultera les registres du département ou du conseil local d'hygiène ou de toute autorité locale investie de l'inspection sanitaire des maisons en question. Si ces registres signalent l'existence d'une maladie infectieuse, contagieuse ou épidémique, constatent la non-application ou la violation des règlements, ou indiquent un mauvais état hygiénique de la maison, le commissaire du travail peut refuser l'autorisation, sans faire l'inspection du bâtiment, et

---

(¹) *An act to amend the Labor Law, relative to licensing of tenement-houses.* 1908, Chapter 174.

maintenir ce refus jusqu'à ce que les registres du département, du conseil ou d'une autre autorité locale portent que la maison en question est exempte de maladie infectieuse, contagieuse ou épidémique, ou de tout autre élément d'insalubrité.

Toutefois, avant d'accorder une autorisation, le commissaire du travail fera l'inspection du bâtiment pour lequel cette autorisation est sollicitée et il remplira un état qui sera enregistré comme document officiel, attestant que les registres du département ou conseil local d'hygiène ou de tout autre autorité compétente chargée de l'inspection sanitaire de ces maisons ne signalent pas l'existence de maladies infectieuses, contagieuses ou épidémiques ou une situation hygiénique mauvaise. Cet état sera daté et signé, à l'encre, du nom entier de l'employé qui en aura la responsabilité. Un état semblable et signé de la même manière, indiquant le résultat de l'inspection du bâtiment en question, sera enregistré au bureau du commissaire du travail avant qu'une autorisation soit accordée.

Si le commissaire du travail certifie que dans un bâtiment déterminé il n'existe pas de maladie infectieuse, contagieuse ou épidémique, qu'il n'y a pas dans les installations sanitaires de défaut de nature à provoquer des émanations, que le bâtiment se trouve dans de bonnes conditions de propreté et d'hygiène et que les articles mentionnés dans la présente section peuvent y être fabriqués dans de bonnes conditions de propreté et d'hygiène, il accordera l'autorisation d'employer ce bâtiment pour y fabriquer, modifier, raccommoder ou achever les articles prémentionnés.

Elle pourra être retirée par le commissaire du travail si la santé de la communauté ou des employés l'exige ou si le propriétaire ou son agent dûment autorisé néglige de se conformer, dans les dix jours de leur réception, aux ordres du commissaire du travail, ou s'il appert que le bâtiment ne se trouve pas dans de bonnes conditions hygiéniques ou sanitaires. Lorsqu'une autorisation est révoquée ou refusée par le commissaire du travail, les motifs en seront exposés par écrit et les rapports concernant cette révocation ou ce refus constitueront des documents publics. Lorsqu'une autorisation aura été retirée, avant de pouvoir employer à nouveau une maison d'habitation aux fins spécifiées dans la présente section, il faudra une nouvelle autorisation, comme si la première n'avait jamais existé.

Toute maison ou partie de maison dans lesquelles un article quelconque de ceux énumérés à la présente section est fabriqué, modifié, raccommodé ou achevé, sera tenue proprement et hygiéniquement et soumise à l'inspection et à l'examen du commissaire du travail, aux fins de déterminer si les dits vêtements ou articles, ou certaines de leurs parties sont propres et exempts de vermine et de toute matière de nature infectieuse ou contagieuse. Le commissaire du travail procédera au moins une fois par semestre à l'inspection de toute maison d'habitation autorisée, en vue d'en déterminer la condition hygiénique, et cette inspection s'étendra à toutes les parties de la dite maison et à son système d'égouts.

Avant de commencer cette inspection, le commissaire du travail pourra consulter les registres du département ou du conseil local chargé de l'inspection sanitaire des maisons de rapport, pour s'assurer de la fréquence des ordonnances prises par ce département ou conseil relativement à ces maisons, depuis la dernière inspection faite par le commissaire du travail. Chaque fois que le commissaire du travail constatera qu'une maison autorisée, conformément à la présente section, se trouve dans un état insalubre, il requerra le propriétaire de remédier immédiatement à cette situation.

Lorsque le commissaire du travail constatera que les objets énumérés à la présente section sont fabriqués, modifiés, raccommodés ou achevés, ou font l'objet d'une de ces opérations, dans une chambre ou dans un appartement malpropre, il requerra les locataires de nettoyer immédiatement les locaux et de les maintenir en tout temps en état de propreté. Lorsque le commissaire du travail constatera qu'une chambre ou un appartement se trouve habituellement en état de malpropreté, il pourra faire afficher un placard à l'entrée de l'appartement en question, attirant l'attention sur ce fait et y défendant la fabrication, la modification, le raccommodage ou l'achèvement des objets précités. Le commissaire du travail pourra seul enlever ou détruire un placard de l'espèce. Aucun des articles spécifiés à la présente section ne pourra être fabriqué, modifié, raccommodé ou achevé dans une chambre ou dans un appartement où il existe ou a existé un cas de maladie infectieuse, contagieuse ou épidémique, jusqu'à ce que le département ou conseil local d'hygiène ait certifié au commissaire du travail que cette maladie a pris fin et que cette chambre où cet appartement a été convenablement désinfecté si la désinfection est prescrite par les règlements locaux ou par les instructions ou ordonnances des dits département ou conseil. Aucun des articles spécifiés à la présente section ne pourra être fabriqué, modifié, raccommodé ou achevé dans la cave ou le sous-sol d'une maison d'habitation, lorsque ce local se trouve en contre-bas du sol de plus de la moitié de sa hauteur.

Nul ne pourra louer les services d'une personne travaillant en chambre, l'occuper ou contracter avec elle en vue de fabriquer, modifier, raccommoder ou achever les articles cités à la présente section, si cette personne n'est munie d'une autorisation délivrée comme il est dit ci-dessus.

Aucun des objets spécifiés à la présente section ne pourra être fabriqué, modifié, raccommodé ou achevé dans une chambre ou un appartement quelconque d'une maison de rapport si ces locaux ne sont pas bien éclairés, ventilés et ne contiennent au moins 500 pieds cubes d'air par personne y occupée ou par personne autre que les membres de la famille qui y vit. Toutefois, des personnes n'appartenant pas à la famille pourront être employées au rez-de-chaussée et au premier étage dans des magasins de robes et de confections vendant directement aux clients, lorsque, de l'avis du commissaire du travail, ces locaux offrent de bonnes conditions d'hygiène et de

salubrité, qu'ils renferment 1,000 pieds cubes d'air par personne et que les enfants de moins de 14 ans en sont exclus.

L'autorisation du commissaire du travail est nécessaire pour qu'il puisse être fait application de la présente disposition.

La présente section ne s'appliquera pas aux tailleurs et couturières travaillant pour les personnes de la maison, ni à une maison dans laquelle les travaux spécifiés ci-dessus s'effectuent au rez-de-chaussée ou à l'étage principal, lorsque les salles de travail communiquent avec la rue par une entrée particulière et sont séparées des chambres d'habitation et du reste du bâtiment par des cloisons sans aucune ouverture, et ne servent pas de cuisine ou de chambre à coucher.

2. La présente loi entre en vigueur le 1er mai 1908.

Loi du 20 mai 1908, modifiant la loi relative au travail en ce qui concerne l'hygiène et la sécurité ([1]).

1. La section 88 du chapitre 415 des lois de 1897 intitulée « Loi relative au travail, constituant le chapitre 32 des lois générales » telle qu'elle a été modifiée par le chapitre 306 des lois de 1901 et par le chapitre 485 des lois de 1907, est modifiée par la présente loi de façon à avoir la teneur suivante :

§ 88. *Lavoirs et water-closets.* — Toute fabrique aura pour chaque sexe un ou des water-closets séparés, convenablement clôturés, éclairés et ventilés et tenus en état de propreté et de salubrité et exempts d'inscriptions ou de dessins obscènes, ainsi que des cabinets de toilette convenables. Les water-closets utilisés par les femmes auront des entrées séparées. Les cabinets se trouveront à l'intérieur chaque fois que la chose sera praticable et que le commissaire du travail l'exigera. Lorsque des femmes et des filles sont employées au travail, il sera mis à leur disposition un cabinet de toilette, si le commissaire du travail l'exige. Dans toutes les fonderies de laiton et de fer, il sera mis et maintenu à la disposition des ouvriers des lavabos convenables avec une installation d'eau suffisante et ce qu'il faut pour le séchage des vêtements de travail.

2. La section 94 de l'article 6 du chapitre 415 des lois de 1897 intitulée « Loi relative au travail, constituant le chapitre 32 des lois générales » telle qu'elle a été modifiée par le chapitre 178 des lois de 1906, est modifiée par la présente loi, de manière à avoir la teneur suivante :

§ 94. *Fabriques en location (tenant factories).* — Une fabrique en location, au sens de la présente loi, est un bâtiment dont des parties séparées sont occupées et utilisées par différentes personnes, sociétés ou corporations, et

[1] *An act to amend the labor law, in relation to sanitation and safety.* 1908. Chapter 426.

dont une ou plusieurs parties sont utilisées de manière à constituer une fabrique au sens légal.

Le propriétaire d'une telle fabrique, qu'il soit ou non au nombre des occupants, sera responsable, pour tous les locataires et occupants, de l'observation des sections 79, 80, 82, 83, 86, 90, 91 et de la section 81, en ce qui concerne l'éclairage des corridors et escaliers, nonobstant toute clause contraire insérée dans les baux.

Toutefois, les différents locataires ou occupants seront responsables de l'application des sections 79, 80, 86 et 91 dans les locaux qu'ils occupent respectivement.

Le propriétaire d'une fabrique en location établira dans les locaux de chaque entreprise spéciale les water-closets prescrits par la section 88, il établira aussi des tuyaux d'eau et des tuyaux de décharge et fournira une quantité suffisante d'eau de manière à mettre les locataires et occupants en état de se conformer à la dite section. Toutefois, le propriétaire pourra établir dans les couloirs publics ou à une autre place de la fabrique des cabinets, en nombre suffisant, pour tout le personnel des différentes entreprises ; ces cabinets seront en tout temps accessibles et rempliront toutes les conditions désirables d'hygiène, de propreté et de moralité ; ils seront séparés pour les deux sexes.

Les cabinets situés à l'extérieur ne seront autorisés que là où le commissaire du travail les déclarera nécessaires ou préférables, et ils seront alors établis conformément à ses instructions.

Le propriétaire devra également assurer le bon état des égouts et le bon entretien, au point de vue de la propreté, de la salubrité et de la sécurité, de tous les locaux utilisés en commun ; il veillera à l'éclairage de ces locaux, dans la mesure de ce qui peut être raisonnablement exigé par le commissaire du travail, aussi longtemps que ces locaux sont utilisés dans un but industriel.

Le terme « propriétaire » employé dans le présent article signifiera le propriétaire ou les propriétaires proprement dits, ou le locataire ou les colocataires principaux, ou leurs mandataires.

Les locataires ou occupants devront permettre au propriétaire ou à ses mandataires de pénétrer dans les locaux qu'ils occupent, pendant le temps nécessaire au propriétaire ou à ses mandataires, pour assurer l'observation des prescriptions de la loi dont il est responsable.

Tout locataire qui mettra obstacle à l'exercice de ce droit pourra être expulsé sommairement.

Tout locataire qui, en vertu d'un bail, se serait engagé à remplir les prescriptions de la loi pourra être expulsé s'il refuse de tenir ses engagements.

Sauf les exceptions prévues au présent article, les personnes, sociétés, corporations dirigeant ou exploitant une fabrique soit en qualité de propriétaires ou de locataires de tout le bâtiment ou d'une partie du bâtiment constituant cette fabrique, seront responsables de l'observation du présent

article, nonobstant toute convention contraire dans un bail ou un arrangement quelconque.

3. La présente loi entre immédiatement en vigueur.

Loi du 16 juin 1908, modifiant la loi relative au travail en ce qui concerne l'organisation du département du travail ([1]).

1. La section 32 du chapitre 415 des lois de 1897 intitulée « Loi relative au travail constituant le chapitre 32 des lois générales » telle qu'elle a été modifiée par le chapitre 505 des lois de 1907, est modifiée par la présente loi de façon à avoir la teneur suivante :

§ 32. *Bureaux.* — Le Département du travail comprendra quatre bureaux, savoir : l'inspection des fabriques, la statistique du travail, la conciliation et l'arbitrage, et l'inspection commerciale.

2. La section 33 de la dite loi telle qu'elle a été modifiée par le chapitre 505 des lois de 1907 est modifiée par la présente loi, de manière à avoir la teneur suivante

§ 33. *Pouvoirs.* — 1. L'inspecteur du travail, ses adjoints et délégués et tout agent spécial, inspecteur délégué, inspecteur du commerce et inspecteur du commerce délégué, peuvent déférer le serment et recevoir des dépositions dans toutes les questions relatives à l'application des dispositions du présent chapitre.

2. Il est interdit d'intervenir, de mettre obstacle ou d'empêcher par la force ou autrement l'inspecteur du travail, ses adjoints ou ses délégués ou les agents spéciaux, les inspecteurs délégués des fabriques, l'inspecteur du commerce ou l'inspecteur délégué du commerce, de remplir leur office, ou de refuser de répondre d'une manière satisfaisante aux questions posées par ces fonctionnaires, dans les limites des dispositions du présent chapitre, ou de leur refuser l'entrée de locaux où s'exécute un travail qui tombe sous l'application du présent chapitre.

3. Tous avis, ordres ou instructions donnés par les inspecteurs adjoints ou les délégués, l'inspecteur du commerce et l'inspecteur-adjoint du commerce, conformément au présent chapitre doivent être revêtus de l'approbation de l'inspecteur du travail.

Tous les actes, avis, ordres, autorisations ou instructions devant être pris ou donnés par un inspecteur de fabrique, un président du conseil de conciliation ou d'arbitrage, un inspecteur du commerce ou par un autre fonctionnaire du Département du travail, pourront être faits, pris ou donnés par l'inspecteur du travail et par tout fonctionnaire du département qui sera dûment autorisé par le dit inspecteur et au nom de celui-ci.

([1]) *An act to amend the labor law, in relation to the organization of the Department of Labor, in relation to the enforcement of such laws.* Chapter 520.

4. Le commissaire du travail pourra délivrer des insignes à ses subordonnés. Ceux-ci et lui-même en seront munis dans l'exercice de leurs fonctions.

3. La section 34 de la dite loi telle qu'elle a été modifiée par le chapitre 505 des lois de 1907, est modifiée de manière à avoir la teneur suivante :

§ 34. *Traitements et frais.* — Toutes les dépenses nécessaires faites par le commissaire du travail dans l'exercice de ses fonctions lui seront remboursées par le trésor public sous la responsabilité de l'agent comptable et sur production des pièces justificatives. Tous les frais de route et autres, raisonnables et nécessaires, des inspecteurs-adjoints, des délégués, des agents spéciaux et des statisticiens, des inspecteurs délégués des fabriques, des inspecteurs du commerce, des inspecteurs délégués du commerce et des autres fonctionnaires en service actif, faits dans l'exercice de leurs fonctions, seront remboursés de la même manière sur production des pièces justificatives approuvées par le commissaire du travail et apurées par l'agent comptable.

4. La section 167 de la loi susdite telle qu'elle a été modifiée par le chapitre 255 des lois de 1903 et par le chapitre 493 des lois de 1905, est modifiée par la présente loi de manière à avoir la teneur suivante :

§ 167. *Enregistrement des enfants employés.* — Tout propriétaire, directeur ou gérant d'un établissement commercial ou autre spécifié à la section 161, qui occupe des enfants, tiendra ou fera tenir, dans les bureaux de la fabrique, un registre où seront mentionnés le nom, le lieu de naissance, l'âge et la résidence de tous les enfants employés par lui qui ont moins de 16 ans. Ce registre et les certificats déposés au bureau seront produits à toute réquisition d'un fonctionnaire du service d'hygiène de la ville, du village ou de la commune où se trouve le dit établissement ou bien, si l'établissement se trouve dans une ville de première classe, à la réquisition du commissaire du travail. Si un enfant cesse de travailler, le certificat déposé au bureau sera immédiatement restitué à lui-même ou à ses parents ou tuteur. Tout fonctionnaire du service d'hygiène de la ville, du village ou de la cité où se trouve établie une entreprise commerciale ou autre mentionnée au présent article, ou, si la dite entreprise est située dans une cité de première classe, le commissaire du travail, peut requérir un employeur qui occupe dans son établissement un enfant semblant avoir moins de 16 ans ou lui permet de travailler sans qu'un certificat le concernant soit déposé à la fabrique conformément à la présente loi, ou bien de fournir dans les dix jours la preuve que cet enfant a plus de 16 ans, ou bien de cesser de l'occuper au travail ou d'empêcher qu'il soit encore occupé. Le fonctionnaire susvisé peut exiger du dit employeur la même preuve de l'âge du dit enfant que celle qui est requise au moment de la délivrance d'un certificat de travail; l'employeur qui aura fourni pareille preuve ne

devra plus produire de preuve ultérieure quant à l'âge de l'enfant en question. Un avis renfermant une réquisition de l'espèce pourra être remis à cet employeur en personne ou lui être envoyé par la poste au dit établissement ; si cet avis est expédié par la poste, il sera censé être arrivé à destination au moment où une lettre à laquelle il aurait été joint aurait été délivrée par le service postal ordinaire. S'il s'agit d'une société, l'avis pourra être adressé personnellement à l'un des agents de la dite société ou par la poste au bureau principal de l'entreprise. Les pièces justificatives de l'âge et fournies par l'employeur ensuite d'une réquisition de l'espèce, seront, sauf dans les cités de première classe, enregistrées par le service de santé et dans les cités de seconde classe, par le commissaire du travail ; toute indication fausse dans l'une de ces pièces ou dans une déclaration constituera une infraction. Dans le cas où un employeur négligera de fournir, dans les dix jours de la réquisition, au fonctionnaire du service d'hygiène, ou s'il s'agit de cités de première classe, au commissaire du travail, la preuve de l'âge demandée et continuera d'occuper l'enfant susdit ou lui permettra de travailler dans le dit établissement commercial ou autre, le fait que la réquisition a été transmise et qu'il n'y a pas été donné suite suffira à établir, jusqu'à preuve du contraire, que l'enfant en question n'a pas 16 ans et est employé illégalement.

5. La section 168 de la dite loi est modifiée par la présente loi de manière à avoir la teneur suivante :

§ 168. *Lavabos et water-closets.* — Des lavabos et des water-closets convenables et propres seront établis dans les établissements commerciaux où des femmes et des enfants sont employés. Ces lavabos et water-closets seront disposés de manière à être facilement accessibles au personnel de ces établissements. Ces water-closets seront bien clôturés et ventilés et tenus, en tout temps, en état de propreté. Ceux qui seront réservés aux femmes, devront être séparés de ceux des hommes. Si un établissement commercial n'a pas établi de lavabos et de cabinets conformément à la présente section, le service d'hygiène de la ville, du bourg ou de la cité où se trouve le dit établissement, et si cet établissement est situé dans une cité de première classe, le commissaire du travail, fera remettre au propriétaire, agent ou locataire de l'immeuble occupé par l'entreprise, un avis écrit signalant cette ommission et ordonnant au propriétaire, à l'agent ou au locataire de se conformer aux dispositions de la présente section relative aux dits lavabos et cabinets.

6. La section 169 de la dite loi est modifiée par la présente loi de manière à avoir la teneur suivante :

§ 169. *Réfectoires.* — Le réfectoire établi dans un établissement commercial ne pourra être situé à côté ou à proximité des cabinets, à moins qu'une autorisation *ad hoc* n'ait été accordée par le service d'hygiène ou par l'inspecteur d'hygiène de la ville, du bourg ou de la cité où cet établissement com-

mercial se trouve situé ou par le commissaire du travail, si le dit établissement se trouve situé dans une cité de première classe. La dite autorisation sera refusée s'il est constaté que les conditions d'hygiène s'y opposent ; elle pourra être retirée à tout moment par le service d'hygiène ou par l'inspecteur de l'hygiène, ou par le commissaire, s'il est constaté que le dit réfectoire est entretenu de façon nuisible à la santé des employés ou se trouve mal situé.

7. La section 171 de la dite loi est modifiée par la présente loi de manière à avoir la teneur suivante :

§ 171. *Travail des femmes et des enfants dans les sous-sols*. — Les femmes et les enfants ne pourront être occupés ou autorisés à travailler dans les sous-sols d'un établissement commercial sauf l'autorisation du service d'hygiène ou de l'inspecteur d'hygiène de la ville, du bourg ou de la cité où se trouve situé le dit établissement commercial ou celle du commissaire du travail si le dit établissement est établi dans une cité de première classe. Cette autorisation sera refusée, s'il est constaté que les sous-sols ne sont pas bien éclairés et ventilés et ne se trouvent pas dans de bonnes conditions d'hygiène.

8. La section 172 de la dite loi, telle qu'elle est modifiée par le chapitre 255 des lois de 1903, est modifiée par la présente loi de manière à avoir la teneur suivante :

§ 172. *Application de la loi*. — Sauf pour les cités de première classe, le service d'hygiène des villes, bourgs et cités où la présente loi devra être appliquée, veillera à son exécution et poursuivra toutes les infractions. La procédure devra être entamée dans les soixante jours de l'infraction. Tous les fonctionnaires dudit service, les inspecteurs de l'hygiène, les inspecteurs et les autres personnes désignées par ce service pourront visiter et inspecter à toute heure convenable et praticable, les établissements commerciaux ou autres spécifiés dans la présente loi, qui se trouvent dans la ville, le village ou la cité pour lesquels ils sont nommés.

Il est interdit d'intervenir, de mettre obstacle ou d'empêcher, par la force ou autrement, un fonctionnaire quelconque de faire ces visites et inspections lorsqu'il est dans l'exercice de ses fonctions. Toutes les personnes travaillant pour un établissement commercial ou autre spécifié à la présente loi sont tenues de répondre convenablement à toutes les questions posées par les dits fonctionnaires ou inspecteurs relativement à une disposition quelconque de la présente loi. Dans les cités de première classe, le commissaire du travail veillera à l'application du présent article et à cette fin il aura, ainsi que ses subordonnés, tous les pouvoirs que la présente loi confère aux services d'hygiène des villes, bourgs et cités et à leurs commissaires, inspecteurs et autres fonctionnaires, sauf que le service d'hygiène des cités de première classe continuera à fournir les certificats de travail comme il est prévu à la section 163 du dit chapitre.

9. La section 173 de la dite loi, telle qu'elle a été modifiée par le chapitre 255 des lois de 1903, est modifiée par la présente loi de manière à avoir la teneur suivante :

§ 173. *Affichage de la loi*. — Sauf dispositions spéciales de la présente loi, un exemplaire de la présente loi sera affiché à un endroit apparent à chaque étage des établissements où travaillent trois ou plus de trois personnes visées par la loi.

10. La même loi est en outre modifiée par insertion entre les articles 12 et 14, d'un nouvel article 13, avec la teneur suivante :

ARTICLE XIII.

Bureau de l'inspection commerciale.

§ 180. *L'inspecteur du commerce*. — Il y aura un bureau de l'inspection commerciale placé sous la direction immédiate d'un inspecteur du commerce, mais soumis à la surveillance et au contrôle du commissaire du travail. L'inspecteur du commerce sera nommé et révoqué par le commissaire du travail ; il recevra un traitement annuel qui ne pourra excéder 2,000 dollars.

§ 181. *Inspecteurs-adjoints*. — Le commissaire du travail peut, en cas de besoin, nommer des inspecteurs-adjoints, à concurrence de dix ; au moins deux de ces adjoints seront des femmes ; ils pourront tous et à tout moment être révoqués par lui.

§ 182. *Droits et obligations en général*. — 1. Le commissaire du travail peut diviser les villes de première classe en districts, assigner un ou plusieurs inspecteurs commerciaux adjoints à chaque district et s'il le juge utile, transférer ceux-ci d'un district à un autre ; il peut charger l'un d'eux d'inspecter une catégorie ou des classes spéciales d'établissements commerciaux ou autres spécifiés à l'article 11 du présent chapitre, dans des cités de première classe, et de veiller à l'application de dispositions spéciales quelconques de la loi, dans les cités de première classe.

2. Le commissaire du travail peut autoriser un commissaire-adjoint ou délégué, ou un agent spécial ou un inspecteur du département du travail, de remplir les fonctions d'inspecteur du commerce avec tous les droits et prérogatives de ceux-ci.

3. Le commissaire du travail, l'inspecteur du commerce et son délégué ou ses adjoints et tout délégué ou suppléant de l'inspecteur du commerce, peut, dans l'exercice de ses fonctions, pénétrer dans tout endroit, bâtiment ou local situé dans une cité de première classe, où s'effectue un travail quelconque tombant sous l'application de l'article 11 du présent chapitre et pénétrer dans tout établissement commercial ou autre, ainsi qu'il est dit au même article, dans les cités de première classe, lorsqu'il a un motif sérieux de croire qu'un travail de l'espèce y est exécuté.

4. Le commissaire du travail visitera et inspectera ou fera visiter ou inspecter les établissements commerciaux et autres établissements spécifiés à l'article 11, aussi souvent que possible; il veillera à ce que les dispositions du présent chapitre y soient observées.

5. Le commissaire du travail veillera, dans les cités de première classe, à l'application de toutes les ordonnances municipales ou prescriptions légales édictées sur la base et en conformité du présent article, en ce qui concerne des établissements commerciaux ou d'autres établissements spécifiés à l'article 11 du présent chapitre.

§ 183. *Rapports.* — Chaque année le commissaire du travail adressera à la législature un rapport sur l'activité de son bureau.

§ 184. *Lois à afficher.* — Une copie ou un extrait des dispositions du présent chapitre sera préparé et fourni par le commissaire du travail pour être affiché par l'employeur à un endroit apparent, à chaque étage d'un établissement commercial ou d'un autre établissement spécifié à l'article 11 du présent chapitre et situé dans une cité de première classe, lorsque trois ou plus de trois personnes y sont occupées et tombent sous l'application des dites dispositions.

11. La présente loi entre en vigueur le 1er octobre 1908.

FRANCE.

Décret du 7 mars 1908, sur les surcharges des enfants et des femmes (¹).

ARTICLE PREMIER. — Les dispositions de l'article 11 du décret du 13 mai 1893, modifié par les décrets des 21 juin 1897, 20 avril 1899, 3 mai 1900 et 22 novembre 1905, sont abrogées et remplacées par les dispositions suivantes :

Art. 11. — Les jeunes ouvriers au-dessous de dix-huit ans et les ouvrières de tout âge employés dans l'industrie ne peuvent porter, traîner ou pousser, tant à l'intérieur qu'à l'extérieur des manufactures, usines, ateliers et chantiers, des charges d'un poids supérieur aux suivants :

1° *Port des fardeaux.*

Garçons au dessous de 14 ans	10 kilogrammes.
— de 14 ou 15 ans	15 —
— de 16 à 18 ans	20 —
Ouvrières au-dessous de 14 ans	5 —
— de 14 ou 15 ans	8 —
— de 16 ou 17 ans	10 —
— de 18 ans et au-dessus	25 —

2° *Transport par wagonnets circulant sur voie ferrée.*

Garçons au-dessous de 14 ans	300 kilogrammes (véhicule compris).
— de 14 à 18 ans	500 —
Ouvrières au-dessous de 16 ans	150 —
— de 16 ou 17 ans	300 —
— de 18 ans et au-dessus	600 —

3° *Transport sur brouettes.*

Garçons de 14 à 18 ans	40 kilogrammes (véhicule compris).
Ouvrières de 18 ans et au-dessus	40 —

(¹) *Journal officiel* du 11 mars 1908 et Erratum au *Journal officiel* du 12 mars 1908, page 1790.

4° *Transport sur véhicules à 3 ou 4 roues, dites « placières, pousseuses, pousse-à-main »*, etc.

Garçons au-dessous de 14 ans . . 35 kilogrammes (véhicule compris).
— de 14 à 18 ans . . . . 60 — —
Ouvrières au-dessous de 16 ans. . 35 —
— de 16 ans et au-dessus . 60 —

5° *Transport sur charrettes à bras à deux roues, dites « haquets, brancards, charretons, voitures à bras »*, etc.

Garçons de 14 à 18 ans. . . . 130 kilogrammes (véhicules compris).
Ouvrières de 18 ans et au-dessus 130 — —

6° *Transport sur tricycles porteurs à pédales.*

Garçons de 14 ou 15 ans . . . . 50 kilogrammes (véhicule compris).
— de 16 à 18 ans . . . . 75 — —

Les modes de transport énoncés sous les n°s 3 et 5 sont interdits aux garçons de moins de quatorze ans, ainsi qu'aux ouvrières de moins de dix-huit ans.

Le transport sur tricycles porteurs à pédales est interdit aux garçons de moins de quatorze ans et aux ouvrières de tout âge.

Le transport sur cabrouets est interdit aux garçons de moins de dix-huit ans et aux ouvrières de tout âge.

Il est interdit de faire porter, pousser ou trainer une charge quelconque par des femmes, dans les trois semaines qui suivent leurs couches. L'interdiction ne s'applique que lorsque l'ouvrière a fait connaître au chef de l'établissement la date de ses couches.

Art. 2. — Le Ministre du travail et de la prévoyance sociale est chargé de l'exécution du présent décret, qui sera publié au *Journal officiel* de la République française, et inséré au *Bulletin des lois*.

Décret du 16 mars 1908, sur les dérogations au repos hebdomadaire applicables aux enfants et aux femmes, pris en vertu de l'article 18 de la loi du 13 juillet 1906 ([1]).

Article premier. — Les dispositions de l'article 6 de la loi du 13 juillet 1906 s'appliquent, dans les conditions indiquées ci-après, aux enfants de moins de dix-huit ans et aux femmes de tout âge occupés dans les industries énumérées au présent décret.

([1]) *Journal officiel* du 21 mars 1908.

Art. 2. — Sont admises au bénéfice du paragraphe 1er de l'article 6 de la loi, les industries suivantes :

> Bateaux de rivière (travaux extérieurs de construction et de réparation des);
> Bâtiments (travaux extérieurs dans les chantiers de l'industrie du);
> Briqueteries en plein air ;
> Conserves de fruits, de légumes et de poissons;
> Corderies en plein air.

Art. 3. — Sont admises au bénéfice du paragraphe 2 de l'article 6 de la loi, les industries ci-après :

a) Comme industries de plein air :

> Bateaux de rivière (travaux extérieurs de construction et de réparation des) ;
> Bâtiment (travaux extérieurs dans les chantiers de l'industrie du) ;
> Briqueteries en plein air;
> Corderies en plein air.

b) A la condition qu'elles ne travaillent qu'à certaines époques de l'année, les industries ci-après :

> Conserves de fruits, de légumes et de poissons;
> Hôtels, restaurants, traiteurs et rôtisseurs;
> Etablissements de bains des stations balnéaires, thermales ou climatériques.

Art. 4. — Sont admises au bénéfice du paragraphe 3 de l'article 6 de la loi, les industries ci-après, pour les établissements dans lesquels le repos est fixé au même jour pour tout le personnel :

> Ameublement, tapisserie, passementerie pour meubles;
> Appareils orthopédiques;
> Balnéaires (établissements);
> Bijouterie et joaillerie;
> Biscuits employant le beurre frais (fabriques de) ;
> Blanchisseries de linge fin;
> Boîtes de conserves (fabrication et imprimerie sur métaux pour);
> Bonneterie fine ;
> Boulangeries;
> Brochage des imprimés;
> Broderie et passementerie pour confections;
> Cartons (fabrique de) pour jouets, bonbons, cartes de visite, rubans ;
> Chapeaux et casquettes (fabrication et confection de) en toutes matières pour hommes et femmes;
> Charcuteries ;
> Chaussures (confections de) ;
> Colle et gelatine (fabrication de);
> Coloriage au patron ou à la main;
> Confections, couture, lingerie pour hommes, femmes et enfants;
> Confections pour hommes;
> Confections en fourrures;

Conserves dé fruits et confiserie, conserves de légumes et de poissons;
Corsets (confection de);
Couronnes funéraires (fabriques de);
Délainage des peaux de mouton (industrie du);
Dorure pour ameublement;
Dorure pour encadrement;
Filature, retordage de fils crêpés, bouclés et à boutons, de fils moulinés et multicolores;
Fleurs (extraction des parfums des);
Fleurs et plumes;
Gainerie;
Hôtels, restaurants, traiteurs et rôtisseurs;
Impression de la laine peignée, blanchissage, teinture et impression des fils de laine, de coton et de soie destinés au tissage des étoffes de nouveauté;
Imprimeries typographiques;
Imprimeries lithographiques;
Imprimeries en taille douce;
Jouets, bimbeloterie, petite tabletterie et articles dé Paris (fabriques de);
Laiteries, beurreries et fromageries industrielles;
Orfèvrerie (polissage, dorure, gravure, ciselage, guillochage et planage en);
Papier (transformation du), fabrication des enveloppes, du cartonnage, des cahiers d'école, des registres, des papiers de fantaisie;
Papiers de tenture;
Parfumerie;
Pâtisseries;
Porcelaine (ateliers de décor. sur);
Reliure;
Réparations urgentes de navires et de machines motrices;
Soie (dévidage de la soie) pour étoffes de nouveauté;
Teinture, apprêt, blanchiment, impression, gaufrage et moirage des étoffes;
Tissage des étoffes de nouveauté destinées à l'habillement;
Tulles, dentelles et laizes de soie;
Voiles des navires armés pour la grande pêche (confection et réparation des).

Art. 5. — Sont abrogées les dispositions des décrets des 15 juillet, 1893 26 juillet 1895, 29 juillet 1897, 24 février 1898, 1ᵉʳ juillet 1899, 18 avril 1901, 4 juillet 1902, 11 août 1903, 23 novembre et 24 décembre 1904, en ce qui concerne le repos hebdomadaire.

Art. 6. — Le Ministre du travail et de la prévoyance sociale est chargé de l'exécution du présent décret qui sera publié au *Journal officiel* de la République française et inséré ou *Bulletin des lois*.

Loi du 26 mars 1908, modifiant l'article 5 de la loi du 12 avril 1906, relatif à la contribution imposée aux exploitants non patentés pour l'alimentation du fonds de garantie institué par la loi du 9 avril 1898 sur les accidents du travail (1).

ARTICLE UNIQUE. — Le troisième alinéa de l'article 5 de la loi du 12 avril 1906 (2) est modifié ainsi qu'il suit :

« En ce qui concerne les exploitants non assurés, il sera perçu une contribution dont le taux sera fixé dans les mêmes formes, en proportion du capital constitutif des rentes mises à leur charge. Cette contribution sera liquidée lors de l'enregistrement des ordonnances, jugements et arrêts allouant les dites rentes et recouvrée comme en matière d'assistance judiciaire, pour le compte du fonds de garantie, par l'Administration de l'enregistrement.

« Le capital constitutif de la rente sera déterminé, pour la perception de la contribution, d'après un barème et dans les conditions qui seront fixées par un règlement d'administration publique.

« Les ordonnances, jugements et arrêts allouant des rentes, en exécution de la loi du 9 avril 1898 devront indiquer si le chef d'entreprise est, ou non, assuré et patenté. »

Loi du 14 avril 1908, concernant les retraites des ouvriers mineurs (3).

ARTICLE PREMIER. — Les deux premiers alinéas de l'article 91 de la loi de finances du 31 mars 1903 (4) sont modifiés comme suit :

« Les décisions de la commission sont transmises, avant le 1er juillet de chaque année, par les soins du préfet, au Ministre du travail et de la prévoyance sociale qui, d'après ces décisions, arrête le montant des majorations et allocations. Toutefois, le Ministre peut suspendre l'exécution des décisions qui seraient contraires aux dispositions de la loi jusqu'à ce qu'elles aient été l'objet d'une revision conformément à l'article 92. Il doit, en ce cas, et dans les trois mois du jour où il est saisi de la décision, inviter le préfet à la déférer à la commission pour revision. »

ART. 2. — Le dernier alinéa de l'article 92 de la loi précitée est modifiée comme suit :

« La commission indique la date à partir de laquelle la nouvelle décision

---

(1) *Journal officiel* du 12 avril 1908.
(2) Voir *Annuaire*, 1906, p. 168.
(3) *Journal officiel* du 16 avril 1908.
(4) Voir *Annuaire*, 1903, p. 158.

doit sortir effet. Les rappels d'arrérages, s'il y a lieu, sont précomptés sur la répartition annuelle qui suit.

« Les décisions emportant suppression ou modification de majorations ou d'allocations déjà acquises n'ont effet que pour la répartition annuelle suivante. »

Art. 3. — Est et demeure abrogé le deuxième alinéa de l'article 90 de la même loi.

Décret du 23 avril 1908, sur l'hygiène et la sécurité des travailleurs dans les travaux du plomb [1].

Article premier. — Dans les travaux du plomb désignés ci-après : métallurgie, coupellation du plomb argentifère, fabrication d'accumulateurs, cristallerie, fabrication des émaux plombeux, leur application, fabrication des poteries, décoration de la porcelaine ou de la faïence, chromolithographie céramique, fabrication des alliages, des oxydes, des sels et des couleurs de plomb, les chefs d'industrie, directeurs ou gérants sont tenus, indépendamment des mesures générales prescrites par le décret du 29 novembre 1904, de prendre les mesures particulières de protection et de salubrité énoncées aux articles suivants.

Art. 2. — Les chaudières de fusion du plomb doivent être installées dans un local aéré, séparé des autres ateliers.

Des hottes ou tous autres dispositifs d'évacuation efficace des fumées seront installées :

a) Au-dessus des trous de coulée du plomb et des scories dans l'industrie de la métallurgie du plomb;

b) Devant la porte des fours, dans l'industrie de la fabrication des oxydes de plomb;

c) Au-dessus des chaudières de fusion du plomb ou de ses alliages, dans les autres industries énumérées à l'article 1er.

Art. 3. — Tout travail des oxydes et autres composés du plomb susceptibles de dégager des poussières doit être effectué, autant que possible, sur des matières à l'état humide.

Quand ce travail n'est pas praticable en présence de l'eau ou d'un autre liquide, il doit être exécuté mécaniquement, en appareil clos, étanche.

En cas d'impossibilité de se conformer aux prescriptions de l'un ou de l'autre des deux premiers paragraphes du présent article, le travail dont il s'agit doit être fait sous le vent d'une aspiration énergique établie de telle façon que les produits nocifs soient arrêtés par des appareils convenablement disposés.

[1] *Journal officiel* du 29 avril 1908.

Enfin, si aucun de ces systémes n'est réalisable, les ouvriers recevront des masques respiratoires.

Art. 4. — Il est interdit de manier avec la main nue les oxydes et les autres composés plombiques, qu'ils soient à l'état sec, à l'état humide, en suspension ou en dissolution. Le chef d'industrie est tenu de mettre gratuitement à la disposition de son personnel, pour ces manipulations, soit des gants en matière imperméable comme le caoutchouc, soit des outils appropriés, et d'en assurer le bon entretien et le nettoyage fréquent.

Art. 5. — Les tables sur lesquelles ces produits sont manipulés doivent être recouvertes d'une matière imperméable, entretenue en parfait état d'étanchéité.

Il doit en être de même pour le sol des ateliers qui sera en outre maintenu à l'état humide. Le sol sera légèrement incliné dans la direction d'un récipient étanche où seront retenues les matières plombiques entraînées.

Le travail sera organisé de manière qu'il n'y ait pas d'éclaboussures projetées. Les tables, le sol, les murs seront lavés une fois par semaine au moins.

Art. 6. — Sans préjudice des prescriptions édictées par l'article 3, la pulvérisation des produits plombeux, leur mélange et leur emploi au poudrage seront effectués dans des locaux spéciaux où sera pratiquée une ventilation énergique.

S'il est impossible d'humecter les matières, les ouvriers recevront des masques respiratoires.

Art. 7. — Est prohibé le trempage à la main nue des poteries dans les bouillies contenant en suspension de la litharge, du minium, de l'alquifoux, de la céruse.

Art. 8. — Il est interdit d'introduire dans les ateliers aucun aliment ou aucune boisson.

Art. 9. — Les chefs d'industrie sont tenus de mettre à la disposition du personnel employé et d'entretenir gratuitement des surtouts ou vêtements exclusivement affectés au travail, indépendamment des gants et masques respiratoires.

Art. 10. — Dans une partie de la fabrique séparée des ateliers, sera établi, à l'usage des ouvriers exposés aux poussières ou aux émanations plombeuses, un vestiaire lavabo, soigneusement entretenu, pourvu de cuvettes ou de robinets en nombre suffisant, d'eau en abondance, ainsi que de savon et, pour chaque ouvrier, d'une serviette remplacée au moins une fois par semaine.

Ces vestiaires seront munis d'armoires ou de casiers fermés à clef ou par un cadenas, les vêtements de ville étant séparés des vêtements de travail.

Art. 11. — Un bain chaud ou un bain-douche sera mis chaque semaine à la disposition du personnel exposé aux poussières ou aux émanations plombeuses...

Un bain chaud ou bain-douche sera mis chaque jour, après le travail, à la disposition de tout ouvrier chargé : soit de vider ou de nettoyer les chambres et les carnaux de condensation; soit de réparer les fours dans les usines à plomb; soit de transporter le plomb sortant des fosses dans les fabriques de céruse; soit d'embariller du minium; soit enfin de pratiquer la pulvérisation des émaux plombeux et le poudrage à sec.

Art. 12. — Les chefs d'industrie sont tenus d'afficher, dans un endroit apparent des locaux de travail, un réglement d'atelier imposant aux ouvriers les obligations suivantes : se servir des outils, gants, masques respiratoires, vêtements de travail mis gratuitement à leur disposition; n'introduire dans les ateliers ni nourriture ni boisson; veiller avec le plus grand soin, avant chaque repas, à la propreté de la bouche, des narines et des mains; prendre chaque semaine ou chaque jour les bains prévus à l'article 11.

Art. 13. — Le Ministre du travail et de la prévoyance sociale peut, par arrêté pris après avis du comité consultatif des arts et manufactures, accorder à un établissement pour un délai déterminé, dispense de tout ou partie des prescriptions de l'article 2, §§ a, b, c, de l'article 5, § 2, et de l'article 6, § 1er, dans le cas où il est reconnu que l'application de ces prescriptions est pratiquement impossible et que l'hygiène et la sécurité des travailleurs sont assurées dans des conditions au moins équivalentes à celles qui sont fixées par le présent décret.

Art. 14. — Sous réserve des délais supplémentaires qui seraient accordés par le Ministre en vertu de l'article 6 de la loi du 12 juin 1893, modifiée par la loi du 11 juillet 1903 [1], le délai d'exécution des travaux de transformation qu'implique le présent réglement est fixé à un an à dater de sa publication.

Art. 15. — Le Ministre du travail et de la prévoyance sociale est chargé de l'exécution du présent décret, qui sera publié au *Journal officiel* de la République française et inséré au *Bulletin des lois*.

[1] Voir *Annuaire*, 1903, p. 162.

Décret du 3 juillet 1908, modifiant le décret du 15 juillet 1893 sur le travail des enfants, des filles mineures et des femmes dans les établissements industriels (¹).

Article premier. — Le § 1er de l'article 5 du décret du 15 juillet 1893 est modifié et rédigé comme il suit :

« Art. 5. — Les industries pour lesquelles les restrictions relatives à la durée du travail pourront être temporairement levées par l'inspecteur divisionnaire pour les enfants âgés de moins de dix-huit ans et les femmes de tout âge sont les suivantes. »

Art. 2. — La rubrique « beurreries et fromageries non annexées à une ferme ou à un groupe de fermes réunies par un lien coopératif », insérée aux articles 3 et 5 du décret du 15 juillet 1893, modifié, est remplacée dans chacun des articles par les rubriques suivantes :
« Beurreries industrielles ;
« Fromageries industrielles ;
« Lait (établissements industriels pour le traitement du). »

Loi du 14 juillet 1908, concernant les pensions sur la caisse des invalides de la marine (²).

TITRE Ier.

DES DROITS A LA PENSION.

Article premier. — Ont droit à une pension sur la caisse des invalides de la marine, à partir de l'âge de 50 ans, les Français inscrits maritimes qui ont accompli depuis l'âge fixé par l'article 29 de la loi du 19 avril 1907 sur la sécurité de la navigation maritime et, s'il y a lieu, postérieurement à leur naturalisation, trois cents mois de services, dans les termes de l'article suivant.

Sont dispensés toutefois de la condition d'âge ceux qui sont atteints d'in-

---

(¹) *Journal officiel* du 21 juillet 1908.

(²) *Journal officiel* du 16 juillet 1908. — Travaux parlementaires. Chambre des députés : Dépôt par M. Thomson, Ministre de la marine, le 23 mai 1907, d'un projet de loi sur la Caisse des invalides de la marine. Rapports de M. G. Le Bail, 11 juillet et 19 décembre 1907. Adoption le 21 décembre 1907 — Sénat : Rapport de M. Méric, 6 avril 1908. Discussion, 16 juin 1908. Adoption avec modifications. — Chambre des députés : Rapport de M Le Bail, 23 juin 1908. Discussion, 26 juin 1908. Adoption du texte transmis par le Sénat.

firmités évidentes les mettant dans l'impossibilité absolue de naviguer. Cet état est constaté par une commission spéciale dont la composition et l'époque de réunion sont déterminées par un décret rendu sur la proposition du Ministre de la marine.

Art. 2. — Peuvent entrer en compte pour l'obtention de la pension :

1. Pour leur durée effective et sans limite de temps, les services accomplis dans les corps des équipages de la flotte ou celui des marins vétérans;

2. Jusqu'à concurrence de dix ans et pour leur durée effective, les services militaires autres que ceux prévus au paragraphe précédent, accomplis, soit dans l'armée de terre ou l'armée coloniale, soit dans les divers corps de la marine;

3. Jusqu'à concurrence de dix ans, les services accomplis dans un corps du personnel civil de la marine ou dans le service des ports de commerce et des phares.

Toutefois, les services prévus aux §§ 2 et 3 peuvent s'ajouter soit les uns aux autres, soit à ceux du § 1er, mais seulement jusqu'à concurrence de dix ans.

Les services militaires ou civils prévus dans les trois paragraphes précédents ne peuvent entrer en ligne de compte lorsqu'ils se sont terminés par une destitution ou une révocation, à moins que l'intéressé n'ait été ensuite remis en activité dans un service donnant droit à pension sur le trésor public;

4. Sans limite de temps, les services accomplis par les inscrits maritimes sur des navires français, de commerce, de pêche ou de plaisance, naviguant dans les eaux déterminées par l'article 1er de la loi du 24 décembre 1896, ou sur les bateaux-feux ou baliseurs dépendant de l'administration des ponts et chaussées, pourvu que la navigation soit professionnelle et active. Ces services comptent pour leur durée effective. Toutefois, la campagne de Terre-Neuve ou d'Islande effectuée sur des bateaux de pêche ou des bateaux-hôpitaux par des équipages provenant de la métropole, compte comme navigation de douze mois pour ceux qui ont fait la campagne toute entière ou qui, après avoir accompli au moins quatre mois d'embarquement, n'ont été empêchés de la faire entière que par un cas de force majeure.

Le bénéfice de la disposition qui précède peut, par un décret rendu sur la proposition des Ministres de la marine et des finances, être étendu à la navigation effectuée sur d'autres lieux de grandes pêches.

Art. 3. — La navigation visée par le § 4 de l'article précédent est considérée comme professionnelle, lorsqu'elle est accomplie comme principal moyen d'existence par un inscrit maritime remplissant à bord un emploi relatif à la marche, à la conduite ou à l'entretien du bâtiment.

Peut également être considéré comme navigation professionnelle le temps passé par les inscrits maritimes à bord d'un bateau français en qualité de

passagers, pour aller sur des lieux de grande pêche ou en revenir. Les conditions de cette faveur sont déterminées par un arrêté ministériel.

Toutefois, la navigation n'est pas considérée comme professionnelle :

1. Lorsqu'elle a pour objet l'exploitation de parcelles concédées sur le domaine public maritime, à moins que cette exploitation ne nécessite une navigation totale de 3 milles au minimum ;

2. Lorsqu'elle a pour objet l'exploitation, au moyen de bateaux non pontés, de propriétés riveraines et agricoles ou industrielles ;

3. Lorsqu'elle a lieu sur des chalands, pontons ou autres engins flottants incapables de naviguer par leurs propres moyens et dont les voyages ne s'effectuent pas principalement en mer, à moins qu'il ne s'agisse d'inscrits, ou bien affectés au service des baliseurs et des bateaux-feux dépendant de l'administration des ponts et chaussées, ou bien détachés du vapeur remorquant les dits engins, pour effectuer les manœuvres maritimes de ces derniers ;

4. Lorsqu'elle est accomplie par des agents de l'État embarqués sur des bâtiments ou embarcations affectés à un service public s'ils acquièrent pendant ce temps des droits à une pension civile ou militaire.

Les bateaux ou engins sur lesquels est effectuée dans les canaux maritimes l'une des navigations non professionnelles prévues au paragraphe précédent, autres que les navires de guerre, doivent être munis, au lieu de rôle d'équipage, d'un permis de circulation annuel, sous peine, pour ceux qui les emploient et qui n'exhibent pas à toute réquisition le dit permis, d'une amende de cinquante à deux cents francs (50 à 200 francs) si le bateau ou engin n'a pas une jauge dépassant 25 tonneaux, et de deux cents à cinq cents francs (200 à 500 francs) dans le cas contraire ; il peut être ajouté à cette amende un emprisonnement d'un mois à un an, si les intéressés se sont fait délivrer un rôle d'équipage. Le montant des dites amendes est attribué à la caisse des invalides de la marine Les poursuites ont lieu dans les formes déterminées par la loi du 19 mars 1852.

Si les contrevenants ne sont pas les propriétaires du bateau ou des engins, ces derniers sont civilement responsables du montant des condamnations et des frais.

La navigation du propriétaire ou locataire d'un bâtiment ou bateau de plaisance n'est jamais considérée comme professionnelle.

Art. 4. — Les services prévus aux §§ 1, 2 et 3 de l'article 2 sont constatés dans les formes fixées par les lois ordinaires.

Les services prévus au § 4 du même article sont constatés par les matricules tenues dans les bureaux de l'inscription maritime d'après les énonciations des rôles d'équipage.

Ils comptent depuis le jour de l'embarquement jusqu'à celui du débarquement administratif, c'est-à-dire jusqu'à la cessation effective des services, pourvu que la navigation à laquelle l'intéressé s'est livré pendant cet inter-

valle ait été active. Lorsqu'il s'agit d'un armement au bornage ou à la petite pêche, la navigation des intéressés n'est considérée comme active que si elle a été exercée au moins un jour sur trois, sans interruption de plus de huit jours consécutifs, entre l'embarquement et le débarquement administratifs.

Art. 5. — Les services prévus aux articles 3 et 4 et constatés à la matricule ainsi qu'au rôle d'équipage peuvent, quel que soit le genre de navigation, lorsqu'ils n'ont pas été soit actifs, soit professionnels, dans un délai maximum de trois ans à compter du désarmement du rôle, être annulés ou réduits par l'administrateur de l'inscription maritime, qui donne connaissance de cette mesure à l'intéressé; celui-ci a le droit, dans un délai de deux mois, de recourir au Ministre de la marine.

La décision du Ministre peut être déférée au Conseil d'État pour excès de pouvoir. Le recours est dispensé des frais de timbre et d'enregistrement.

Art. 6 — Le taux de la pension est fixé conformément au tarif n° 1.

La pension des capitaines au long cours et des mécaniciens, officiers de réserve, est majorée pour chaque année ou fraction d'année supérieure à une moitié passée au service actif comme officier de réserve (appels pour exercices compris) d'un supplément annuel de quarante-cinq francs (45 francs), qui s'ajoute, s'il y a lieu, au maximum de la pension prévue au tarif n° 1.

Les pensionnaires ont droit, lorsqu'ils ont atteint l'âge de 60 ans, à un supplément de pension tel qu'il est fixé par le tarif n° 1.

Ils ont droit, selon la catégorie à laquelle ils appartiennent, à un supplément de cinq francs (5 francs) ou de quatre francs (4 francs) par mois de service à l'État, en sus de trente-six mois, et dans la limite totale de cinq ans de service.

Ont droit également à une majoration de pension de soixante francs (60 francs) par an les inscrits maritimes qui pourront justifier d'un minimum de cent quatre-vingts mois de navigation hauturière (long cours, grandes pêches, cabotage, pêche au large).

Toutefois en ce qui concerne la pêche au large, les conditions qu'elle devra réunir, notamment comme tonnage des navires et durée des sorties, pour pouvoir donner droit à la majoration de soixante francs (60 francs), seront déterminées par un règlement d'administration publique.

Dans ces cent quatre-vingts mois sont également comptés les services accomplis sur un bâtiment de guerre français, en dehors des limites fixées par l'article 15 de la loi du 19 avril 1906.

Art. 7. — La pension fixée par le tarif annexé à la présente pour les patrons à la pêche, au bornage et au pilotage, ne peut être attribuée qu'aux intéressés ayant figuré en cette qualité sur un rôle d'équipage pendant au moins dix années. Un commandement de cinq années suffit aux patrons

pourvus du brevet de patron de pêche, tel qu'il sera déterminé par un réglement d'administration publique.

Ces conditions de temps ne sont pàs exigées lorsqu'il s'agit soit d'une pension proportionnelle, soit, hors le cas de réversion, d'une pension de veuve ou d'un secours d'orphelins.

N'est pas considéré comme patron l'inscrit figurant au rôle d'équipage seul ou avec un ou plusieurs inscrits âgés de moins de 18 ans.

Art 8. — Les veuves ont droit à la pension dont le taux est fixé par le tarif n° 1, si le mari, au moment de son décès, était titulaire d'une pension. sur la caisse des invalides, pourvu que le mariage ait été contracté deux ans avant la concession de cette pension

Elles ont droit à la même pension si le mari, au moment de son décès, réunissait trois cents mois de services donnant droit à une pension sur la caisse des invalides, pourvu que le mariage ait été contracté deux ans avant la cessation de la navigation du mari.

La jouissance de la pension ne commence que lorsque les veuves ont atteint l'âge de 40 ans Toutefois, celles qui ont un ou plusieurs enfants issus de leur mariage avec la personne dont elles tirent leurs droits sont dispensées de toute condition d'âge et elles continuent même à jouir de la pension, en cas de décès des enfants.

La pension n'est jamais acquise à la femme divorcée ou contre laquelle a été prononcé la séparation de corps.

En cas de remariage, la femme perd son droit à la pension, si le dernier mari est lui-même pensionné de l'État, de la caisse des invalides ou de la caisse de prévoyance, ou s'il acquiert l'une des mêmes pensions postérieurement au mariage; cette dernière disposition n'est pas applicable si la pension du mari est liquidée antérieurement au 1er janvier 1908, mais en ce cas la veuve ne peut invoquer le bénéfice de l'article 30.

Si la femme redevient veuve sans pension du fait de son dernier mari, ou en cas de divorce ou de séparation de corps et tant qu'il n'y a pas reprise de la vie commune, elle recouvre pour l'avenir ses droits à la première pension, ou à l'application de l'article 30.

A compter du 1er janvier 1908, un secours annuel de cent francs (100 francs) sera accordé aux veuves nécessiteuses et non remariées d'inscrits maritimes morts en mer ou après quinze ans de navigation révolus même antérieurement à la promulgation de la présente loi, lorsqu'elles ne jouiront pas d'une pension sur l'État, la caisse des invalides ou la caisse de prévoyance.

Art. 9. — S'il existe à la fois une veuve ayant droit à la pension dans les conditions de l'article 8 et des enfants d'un ou de plusieurs autres lits, ou des enfants naturels reconnus âgés de moins de 16 ans, la pension prévue à l'article précédent est partagée entre eux et la veuve.

Pour le calcul de leurs droits respectifs, la pension est partagée également et par tête entre tous les enfants et la veuve, cette dernière ayant droit à deux parts La part de chacun des enfants des précédents lits ou des enfants naturels est inscrite à son nom ; celles des enfants de la veuve forment avec les deux parts de la veuve la pension de celle-ci. En aucun cas, la pension de la veuve ne peut être inférieure à la moitié de la pension totale. Quand il y a lieu à l'application de cette dernière règle, l'autre moitié de la pension totale est partagée entre les enfants des autres lits et les enfants naturels. Les parts des enfants qui décèdent ou atteignent l'âge de 16 ans accroissent la part de la veuve.

Art. 10. — Après le décès de la mère ou lorsqu'elle se trouve déchue de ses droits à la pension, l'enfant ou les enfants ayant moins de 16 ans de la personne morte titulaire d'une pension sur la caisse des invalides ou en possession de droits à cette pension reçoivent, quel que soit leur nombre, un secours annuel égal à la pension que la mère aurait obtenue, ou aurait été susceptible d'obtenir.

Les enfants naturels reconnus avant la date de la concession de la pension participent au secours annuel dans la même mesure que les enfants légitimes. Il en est de même des enfants de précédents lits.

La part des orphelins arrivés à l'âge de 16 ans est reversée sur les mineurs jusqu'à ce que le plus jeune d'entre eux ait atteint l'âge de 16 ans accomplis.

Art. 11. — Les inscrits maritimes réunissant au moins cent quatrevingts mois de services prévus aux articles 2, 3 et 4, dont au moins cent sur des bâtiments de commerce, de pêche ou de plaisance qui, en raison d'infirmités évidentes reconnues, se trouvent dans l'impossibilité définitive de naviguer, ont droit à une pension proportionnelle dont le taux est fixé, par chaque mois de service admis dans la liquidation de la pension, à raison de un trois centième de la pension entière minimum, augmentée, s'il y a lieu, des suppléments et majorations prévus par les §§ 4, 5 et 6 de l'article 6.

L'état des intéressés est constaté par la commission spéciale prévue à l'article 1er.

Les veuves ou orphelins des marins morts titulaires d'une pension proportionnelle ont droit à une pension ou à un secours annuel égal à la moitié de la dite pension proportionnelle dans les conditions fixées par l'article 8, §§ 1, 3, 4, 5 et 6 et par les articles 9 et 10.

La pension proportionnelle ne peut se cumuler avec une pension ou allocation accordée sur les fonds de la caisse de prévoyance. Elle est supprimée en cas de navigation professionnelle ultérieure.

Art. 12. — Il est alloué aux titulaires d'une pension ou d'une pension de veuve, pour chacun de leurs enfants âgés de moins de 13 ans, un supplément de quatre francs (4 francs) par mois. Si l'enfant est né postérieure-

ment à la demande de pension, ce supplément court à partir de la naissance, pourvu que l'intéressé produise l'acte de naissance dans les six mois; passé ce délai, le supplément est payé du jour de la production de l'acte.

Ce supplément est payé à la personne ayant la garde de l'enfant, si le père ou la veuve sont déchus de la puissance paternelle.

TITRE II.

DES VERSEMENTS ET PRESTATIONS DUS A LA CAISSE DES INVALIDES.

Art. 13. — Pendant la durée des services prévus au § 4 de l'article 2 de la présente loi, les inscrits doivent effectuer un versement au profit de la caisse des invalides de la marine.

Ce versement, pour les inscrits naviguant au long cours, au cabotage ou aux grandes pêches, tant à voiles qu'à vapeur, engagés au mois ou au voyage, est fixé à cinq pour cent (5 p. c.) de la totalité des salaires, y compris les avances qui doivent être intégralement portées au rôle d'équipage. Le dit versement est perçu lors du décompte des salaires; ce versement ainsi que celui qui résulte du paragraphe suivant ne peuvent être inférieurs aux sommes fixes prévues par l'article 14, à l'égard des marins engagés au profit pour le cabotage. Il ne porte pas sur le montant ou la partie des avances qui est ou doit être restitué par l'intéressé.

Le même versement est effectué sur leurs décomptes par les inscrits naviguant aux grandes pêches ou au long cours et engagés au profit. A cet effet, le rôle d'armement mentionne la portion attribuée à l'équipage dans les bénéfices éventuels de l'expédition, ainsi que le montant des sommes payées d'avance à quelque titre que ce soit. Après le retour du navire, les armateurs ou consignataires remettent au bureau de l'inscription maritime un compte sommaire des résultats de la campagne, certifié par eux et faisant connaître ce qui revient ou doit revenir à chacun des hommes de l'équipage.

Le montant ou la partie des avances qui est ou doit être restitué par l'intéressé n'est pas soumis au dit versement.

Le même versement est effectué par les pilotes sur le montant de leurs gains effectifs. Ce versement ne peut être inférieur à six francs (6 francs) par mois.

Si un capitaine, maitre ou patron, est propriétaire en tout ou partie de son bâtiment, le versement à effectuer par lui à la caisse des invalides ne peut être inférieur au versement moyen des navigateurs exerçant dans le même port de commerce, des commandements analogues.

Les inscrits titulaires d'une pension sur la caisse des invalides ne sont pas assujettis au versement prévu au présent article et à l'article suivant.

Art. 14. — Les marins engagés au profit pour le cabotage et ceux naviguant au bornage ou à la petite pêche ou embarqués sur des bateaux pilotes, autres que les pilotes eux-mêmes, versent à la caisse des invalides des sommes fixes mensuelles conformément au tarif ci-après :

DÉSIGNATION DES CATÉGORIES.			MARINS engagés au profit pour le cabotage.	MARINS pratiquant le bornage ou la petite pêche ou embarqués sur des bateaux-pilotes.
Marins de la 1re catégorie du tarif n° 1 . . . fr.			7 00	6 00
— 2º — —		. . . .	6 00	5 00
— 3º — —		. . . .	5 00	4 50
— 4º — —		. . . .	4 50	4 00
— 5º — —		. . . .	4 00	3 50
— 6º — —		. . . .	3 50	3 00
— 7º — —	Matelot	.	2 50	1 50
— 7e — —	Novice	.	1 25	0 75
— 7e — —	Mousse	.	0 50	0 50

Art. 15. — Les propriétaires ou armateurs de navires ou bateaux armés pour le long cours, le cabotage, la grande pêche, la pêche au large et la petite pêche, le pilotage et le bornage, ainsi que les propriétaires de bâtiments de plaisance, sont tenus de verser à la caisse des invalides une prestation égale aux trois cinquièmes, soit des sommes dues à ladite caisse par les personnes qu'ils emploient, soit des sommes qui seraient dues à ladite caisse par les personnes qu'ils emploient, si elles n'étaient dispensées de ce versement par application du dernier paragraphe de l'article 13, soit par suite de leur qualité d'indigènes sujets français.

Par exception les inscrits maritimes propriétaires pour la totalité des bateaux armés à la pêche au large, à la petite pêche et au bornage, qui montent eux-mêmes lesdits bateaux, et, après eux, leurs veuves et orphelins âgés de moins de 16 ans, sont exempts de la prestation fixée par le paragraphe précédent.

Si la copropriété du bateau persiste après que le plus jeune des enfants a atteint l'âge de 16 ans, l'exemption cesse pour la veuve et les enfants, à moins que ces derniers ne soient tous embarqués sur ledit bateau.

Art. 16. — Il est versé à la caisse des invalides, par les armateurs de navires, ainsi que par les propriétaires de bâtiments de plaisance, pour les marins de nationalité étrangère qu'ils emploient, une prestation de 8 p. c. sur leurs salaires ou profits dans les cas prévus à l'article 13, ou, dans les cas prévus à l'article 14, une prestation égale à celle qui y est déterminée, augmentée des trois cinquièmes de ladite prestation.

Toutefois, lorsqu'il résulte d'un certificat de l'autorité consulaire fran-

çaise que des marins de nationalité étrangère ont dû être embarqués dans un port étranger à défaut de marins français disponibles, l'armateur, au lieu de la prestation prévue au paragraphe précédent, paye seulement celle qu'il devrait s'il s'agissait de marins français. Cette faveur cesse d'être acquise à partir du jour où le navire touche dans un port français.

Art. 17. — En cas de fausse déclaration quant aux allocations portées au rôle d'équipage ou aux conditions pécuniaires de l'engagement, les armateurs ou propriétaires, et les hommes de l'équipage, s'ils sont complices de la fraude, payent une cotisation triple pour le montant des omissions constatées.

Art. 18. — Les prestations et taxes dues par les armateurs ou propriétaires à la caisse des invalides et à la caisse de prévoyance sont garanties par les mêmes privilèges que les salaires des gens de mer. Elles se prescrivent par un laps de temps de cinq ans qui commence à courir du jour du désarmement du rôle d'équipage.

La même prescription est applicable aux versements et cotisations dus aux dites caisses par les intéressés. Les versements et les cotisations continuent à être opérés, sous leur responsabilité, par les armateurs ou les capitaines lors du paiement des personnes qu'ils emploient et pour le compte de ces dernières.

TITRE III.

DISPOSITIONS GÉNÉRALES.

Art. 19. — Lorsque, d'après les services portés sur la matricule, un inscrit qui a atteint l'âge de 50 ans est reconnu réunir des droits à la pension, l'administrateur de l'inscription maritime l'en informe par écrit.

L'inscrit doit alors, pour obtenir sa pension, adresser au dit administrateur une demande écrite ou verbale dont il lui est donné récépissé.

L'inscrit peut toujours formuler ladite demande, sans attendre l'avis prévu au § 1er, dès qu'il estime réunir les conditions exigées pour la liquidation de sa pension.

Les pensions des veuves et des orphelins sont soumises aux formalités prévues par le § 2 ci-dessus.

Art. 20. — Les arrérages de la pension courent :
1. A partir du jour où l'intéressé a accompli trois cents mois de services, s'il est, à cette date, âgé d'au moins 50 ans ;
2. A partir du jour où il a atteint l'âge de 50 ans, s'il a parfait trois cents mois de services antérieurement à cet âge ;
3. A partir du 1er janvier de l'année pendant laquelle la pension est concédée si, étant âgé de moins de 50 ans, il a été reconnu atteint d'infirmités évidentes qui le mettent dans l'impossibilité de travailler ;

4. A partir du jour où la pension a été concédée quand il s'agit de pension proportionnelle.

Art. 21. — Les pensions courent pour les veuves ayant 40 ans d'àge ou mères d'un ou plusieurs enfants :

Du lendemain du jour du décès, si le mari était titulaire d'une pension sur la caisse des invalides;

Du jour du décès, si le mari est mort en possession de droits à ladite pension;

La même règle est applicable aux orphelins.

Les veuves et les orphelins qui n'ont pas présenté leur demande dans un délai d'un an à partir du décès du mari ou du pére ne peuvent prétendre aux arrérages qu'à partir du jour où ils adressent ladite demande.

Art. 22. — Les arrérages des pensions se prescrivent par trois ans; à l'égard des pensions qui n'ont encore donné lieu à aucun paiement, cette prescription court du jour de la décision ministérielle accordant la pension.

Art. 23. — Les pourvois contre les décisions accordant ou rejetant une pension doivent être introduits dans le délai de deux mois à compter de la notification.

Le fait de toucher des arrérages échus ne prive pas les intéressés du droit d'introduire le dit recours dans le délai prévu au paragraphe précédent.

L'assistance judiciaire est accordée de plein droit aux inscrits maritimes qui exerceront le pourvoi devant le conseil d'État.

Art. 24. — La pension sur la caisse des invalides ne peut se cumuler avec un traitement militaire d'activité, ni avec un traitement d'activité conduisant à une pension à forme militaire, ni avec une pension militaire ou à forme militaire, à moins que cette pension n'ait été concédée pour des services non compris dans la liquidation de la pension sur la caisse des invalides. Elle peut se cumuler avec une indemnité, non sujette à retenue, payée par le département de la marine.

Lorsqu'aucun service civil n'a été admis dans le calcul de la pension, celle-ci peut se cumuler avec un traitement d'activité conduisant à une pension civile ou avec une pension civile.

Les veuves ne peuvent cumuler deux pensions sur la caisse des invalides; elles ont le droit d'opter entre les deux pensions.

Elles peuvent cumuler une pension de l'espèce avec une pension civile ou militaire, ou avec un traitement civil d'activité.

Art. 25. — Les inscrits titulaires d'une pension du premier degré sur la caisse de prévoyance ne peuvent plus acquérir aucun droit à une pension sur la caisse des invalides. Leurs services maritimes ne sont plus soumis au versement prévu par l'article 13. Les armateurs qui les emploient doivent toutefois verser, conformément à l'article 15, une prestation égale aux trois cinquièmes des sommes que ces inscrits sont dispensés d'acquitter.

Ces dispositions sont applicables aux inscrits titulaires d'une pension du

deuxième degré sur la caisse de prévoyance. Toutefois les intéressés sont admis, sur la demande écrite, à effectuer leurs versements à la caisse des invalides; ils continuent alors à acquérir des droits à une pension sur cette caisse et peuvent en demander la liquidation en temps voulu; en renonçant à leur pension sur la caisse de prévoyance. Ce choix est définitif pour eux et leurs ayants-droit.

Lorsqu'un inscrit est titulaire d'une pension sur la caisse des invalides, il ne peut obtenir une pension sur la caisse de prévoyance qu'en renonçant à la première; ce choix est définitif pour lui et ses ayants-droit. Toutefois, s'il est titulaire à 60 ans d'une pension du deuxième degré sur la caisse de prévoyance, il lui est servi, à partir de ce moment, par la caisse des invalides, une pension non réversible sur la veuve égale au supplément d'invalidité prévu par le tarif n° 1 et qui s'ajoute à la première.

Lorsqu'un inscrit maritime meurt ayant des droits à une pension sur la caisse des invalides et à une pension sur la caisse de prévoyance, et sans avoir exercé le choix prévu aux paragraphes précédents, la pension du taux le plus élevé est seule acquise à ses ayants-droit.

Art. 26. — Les pensions et les secours sur la caisse des invalides et les arrérages de pensions sont incessibles et insaisissables, excepté dans le cas de dette envers l'Etat ou dans les circonstances prévues par les articles 203, 205 et 214 du code civil. Dans ces deux cas, les pensions et secours sont passibles de retenues qui ne peuvent excéder le cinquième de leur montant pour cause de dette, et le tiers pour aliments.

Art. 27. — Lorsqu'un pensionnaire sur la caisse des invalides est, par suite de condamnation ou pour tout autre motif suspendant sa pension, inhabile à recevoir les arrérages de la dite pension, la femme ou les enfants mineurs reçoivent, pendant la durée de la suspension, les arrérages de celle qui serait due à la veuve ou aux orphelins.

Art. 28. — Sont applicables aux pensions sur la caisse des invalides :

L'article 28 de la loi du 18 avril 1831; toutefois, l'embarquement sur un navire français, ou, avec l'autorisation de l'administration de l'inscription maritime, sur un navire étranger, n'est pas considéré comme résidence à l'étranger;

L'article 10, § 4, de la loi du 22 mars 1885;

L'article 26 de la loi du 29 décembre 1905;

L'article 31 de la loi du 17 avril 1906.

TITRE IV.

AGENTS DU SERVICE GÉNÉRAL.

Art. 29. — Sont désignées sous le nom d'agents du service général des personnes non inscrites et remplissant cependant à bord un emploi se ratta-

chant à l'exploitation du bâtiment. La navigation de ces agents, lorsqu'elle est exercée comme il est dit à l'article 3, est constatée par des matricules tenues dans les formes fixées par les §§ 2 et 3 de l'article 4 et par l'article 5, au port d'attache choisi lors du premier embarquement par les intéressés.

Les agents du service général de nationalité française et les armateurs doivent effectuer un versement liquidé conformément aux règles fixées respectivement par les articles 13, 14 et 15. Les articles 16, 17 et 18 sont applicables aux dits versements.

Il est constitué au profit des agents ci-dessus désignés, par l'administration de la marine et dans les conditions à déterminer par un règlement d'administration publique, un livret de retraites sur la caisse nationale des retraites pour la vieillesse. Les versements prévus au paragraphe précédent sont portés au compte de ces livrets ainsi que les majorations allouées par l'État sur un crédit ouvert spécialement à cet effet dans le budget de chaque exercice.

Les indigènes sujets français employés à bord ne sont pas considérés comme agents du service général.

TITRE V.

DISPOSITIONS TRANSITOIRES.

Art. 30. — Les dispositions de la présente loi sont applicables à compter du 1er janvier 1908.

Les services antérieurement écartés pour le calcul de la demi-solde comme non professionnels et susceptibles d'entrer en compte d'après la présente loi ne peuvent être invoqués que pour la période postérieure au 1er janvier 1908.

Les services accomplis antérieurement au 1er janvier 1908 par des inscrits provisoires de moins de 13 ans, ayant donné lieu à des versements à la caisse des invalides, sont admis à compter, par dérogation à la règle inscrite à l'article 1er.

Art. 31. — Le tarif n° 1 annexé à la présente loi sera appliqué à toutes les pensions à régler pour les inscrits réunissant les droits à la pension à partir du 1er janvier 1908, ainsi que pour les veuves et orphelins dont le mari ou le père décédera à cette date ou postérieurement.

Art. 32. — A compter du 1er janvier 1908, les demi-soldes et pensions de veuves ou secours d'orphelins réglés ou restant à régler d'après les tarifs antérieurs à ceux de la présente loi seront portés aux taux fixés par le tarif n° 2 annexé à la présente loi.

A compter de la même date, tous les suppléments pour enfants seront portés au taux de quatre francs (4 francs) par mois et payés pour les enfants âgés de moins de 13 ans.

Art. 33. — Pour la liquidation des pensions sur la caisse des invalides des inscrits maritimes d'origine étrangère ou de leurs veuves et orphelins, il est

tenu compte, dans le calcul des trois cents mois de navigation exigés, du temps d'embarquement sur bâtiments français antérieur à la naturalisation, pendant lequel l'intéressé a effectué des versements à la caisse des invalides.

Art. 34. — La présente loi est applicable à l'Algérie et aux colonies où fonctionne l'inscription maritime.

Art. 35. — Sont abrogées toutes les dispositions des lois et règlements en vigueur en ce qu'elles ont de contraire à la présente loi, et notamment :

La loi du 11 avril 1881, relative aux pensions de retraite attribuées aux inscrits maritimes, à l'exception de l'article 9 ;

L'article 17 de la loi du 26 février 1887 ;

L'article 33 de la loi du 3 août 1892 et l'article 44 de la loi du 10 juin 1896 (suppléments aux officiers et officiers mécaniciens de réserve appelés au service); l'article 3 de la loi du 24 décembre 1896, sur l'inscription maritime; toutefois, continue à n'être pas exclue de la navigation professionnelle celle des individus qui, antérieurement inscrits, remplissent à bord des navires autres que ceux de plaisance un rôle non relatif à la marche, à la conduite ou l'entretien du bâtiment ;

La loi du 20 juillet 1897 sur le permis de navigation maritime et l'évaluation des services donnant droit à la pension dite demi-solde, à l'exception des articles 2, 3, 5 (§ 2), 8, 11, 13 et 14. Toutefois, dans les articles 2 et 11, l'expression « permis de navigation de plaisance » est remplacée par celle de « rôle d'équipage pour navigation de plaisance »; en outre, le commencement du § 2 de l'article 5 est rédigé ainsi qu'il suit : « Sont poursuivis dans les formes déterminées par le décret-loi du 19 mai 1852 sur le rôle d'équipage et punis d'une amende de cinquante à deux cents francs (50 à 200 francs) si le bateau ou engin n'a pas une jauge dépassant 25 tonneaux, et de deux cents à cinq cents francs d'amende (200 à 500 francs) dans le cas contraire, les individus qui, pourvus d'un permis de circulation ou d'un rôle d'équipage pour navigation de plaisance, se livrent à la pêche ;

La loi du 14 avril 1904, modificative de la précédente et tendant à faire bénéficier le demi-soldier de sa pension de retraite à compter du jour où son droit est constaté ;

La loi du 17 avril 1905, faisant compter pour une année de navigation, dans le calcul de la pension, la campagne de grande pêche à Terre-Neuve ou en Islande, accomplie par des inscrits maritimes ;

La loi du 12 avril 1906, concernant les veuves d'inscrits maritimes titulaires de pensions de demi-solde réglées antérieurement à la loi du 11 avril 1881 ;

La loi du 30 juin 1907, régularisant la situation des inscrits maritimes d'origine étrangère au point de vue de l'obtention de demi-solde.

La présente loi, délibérée et adoptée par le Sénat et par la Chambre des députés, sera exécutée comme loi de l'État.

FRANCE.

TARIFS ANNEXÉS.

Tarif n° 1.

DÉSIGNATION.	MINIMUM avant 60 ans.	SUPPLÉMENT pour services à l'État.	d'invalidité à 60 ans.	pour 180 mois de navigation hauturière.	MAXIMUM.	VEUVES et orphelins.
	Fr.	Fr.	Fr.	Fr.	Fr.	Fr.
1re catégorie. — Capitaines au long cours avec brevet supérieur	1,000	(1) 1, par mois Max.: 120	250	(2) 60	1,430	680
2e catégorie. — Capitaines au long cours avec brevet ordinaire. Mécaniciens de 1re classe	900	Idem.	220	60	1,330	620
3e catégorie. — Maîtres au cabotage avec brevet supérieur. Officiers de la marine marchande	700	4 par mois Max.: 96	204	60	1,060	500
4e catégorie. — Maîtres au cabotage avec brevet ordinaire. Patrons brevetés d'Islande ou patrons brevetés de Terre-Neuve ayant huit ans de commandement. Mécaniciens de 2e classe. Pilotes.	600	Idem.	176	60	932	440
5e catégorie. — Patrons brevetés d'Islande n'ayant pas huit ans de commandement ou patrons non brevetés de Terre-Neuve ayant huit ans de commandement effectif ou patrons de pêche au large ayant exercé le commandement dans les conditions déterminées par le règlement d'administration publique prévu à l'article 5 de la loi. Maîtres ou officiers mariniers.	500	Idem.	170	60	826	380
6e catégorie. — Patrons à la pêche, au bornage, au pilotage. Quartiers-maîtres	400	Idem.	140	60	696	320
7e catégorie. — Inscrits ne figurant pas dans aucune des catégories ci-dessus.	360	Idem.	120	60	636	290

(¹) Le supplément pour services à l'État est dû pour tous mois de services effectifs au-dessus de trente-six mois avec le maximum indiqué au tarif.

Le supplément est dû pour toute fraction de mois excédant quinze jours.

(²) Le supplément est dû à tout inscrit comptant plus de cent quatre-vingts mois de navigation au long cours, aux grandes pêches, au cabotage et à la pêche au large.

Tarif n° 2 (Tarif transitoire).

DÉSIGNATION.	AVANT 60 ANS n'ayant pas 5 ans de services à l'État.	AVANT 60 ANS Avec 5 ans de services à l'État.	APRÈS 60 ANS n'ayant pas 5 ans de services à l'État.	APRÈS 60 ANS Avec 5 ans de services à l'État.	VEUVES et orphelins.
	Fr.	Fr.	Fr.	Fr.	Fr.
Payés à l'Etat de 25 francs et au-dessous. . . .	360	360	360	420	240
Payés à l'Etat de fr. 25.01 à 40 francs.	360	360	420	460	250
Payés à l'État de fr. 40.01 à 55 francs.	360	420	450	540	290
Payés à l'État de fr. 55.01 à 70 francs et au-dessus.	420	500	520	600	320
Pilotes lamaneurs allant en mer au-devant des navires					
Maîtres au cabotage et patrons brevetés pour la pêche d'Islande, n'ayant pas huit ans de commandement	480	580	640	740	360
Mécaniciens ayant conduit pendant une durée d'un an à huit ans une machine de 100 à 300 chevaux, ou, pendant un an au moins, comme chef de quart dans des machines de plus de 300 chevaux					
Maîtres au cabotage et patrons brevetés pour la pêche d'Islande, ayant huit ans de commandement.	600	700	760	856	430
Mécaniciens ayant conduit pendant huit ans au moins des machines de 100 à 300 chevaux, ou, pendant une durée de un à huit ans, des machines de plus de 300 chevaux, ou, alternativement, des machines des deux puissances précitées pendant quatre ans au moins.					
Capitaines au long cours n'ayant pas quatre ans de commandement	600	700	800	900	430
Capitaines au long cours ayant quatre ans de commandement	800	900	988	1.108	560
Mécaniciens ayant conduit pendant huit ans au moins des machines de plus de 300 chevaux. .					

Loi du 15 juillet 1908, relative à la ratification de la convention internationale de Berne sur le travail de nuit des femmes employées dans l'industrie (¹).

ARTICLE UNIQUE. — Le président de la République est autorisé à ratifier la convention sur l'interdiction du travail de nuit des femmes dans l'industrie, signée à Berne, le 26 septembre 1906.

Une copie authentique de cette convention sera annexée à la présente loi (²).

Loi du 17 juillet 1908, relative à l'institution des conseils consultatifs du travail (³).

ARTICLE PREMIER. — Il peut être institué par décret rendu en conseil d'État, sous le nom de conseils consultatifs du travail, soit à la demande des intéressés, soit d'office, après avis du conseil général, des chambres de commerce et des chambres consultatives des arts et manufactures du département, des conseils composés en nombre égal de patrons et d'ouvriers.

Leur mission est d'être les organes des intérêts matériels et moraux de leurs commettants ;

De donner, soit d'office, soit sur la demande du Gouvernement, des avis sur toutes les questions qui concernent ces intérêts ;

De répondre aux demandes d'enquête ordonnées par le Gouvernement.

ART. 2. — Chaque conseil est divisé en deux sections comprenant, l'une les patrons, l'autre les ouvriers.

Les sections nomment chacune, pour la durée de chaque session, un président et un secrétaire pris dans leur sein. Elles peuvent délibérer séparément. Les réunions du conseil sont alternativement présidées : pour la

---

(¹) *Journal officiel* du 18 juillet 1908.

(²) Voir le texte de cette convention dans l'*Annuaire*, 1907, p. 907.

(³) *Journal officiel* du 22 juillet 1908. — TRAVAUX PARLEMENTAIRES : *Proposition de loi* relative à l'institution des conseils consultatifs du travail, présentée par M. Bérenger, sénateur, le 29 mars 1901 (doc. parl. n° 198; *J. O*, p. 269). — Rapport sommaire Gomot, le 4 juin 1901 (doc. parl. n° 224; *J. O*, p. 281). — Prise en considération le 18 juin 1901. — Rapport Francis Charmes, déposé le 19 décembre 1901 (doc. parl. n° 462; *J. O.*, p. 452). — Séances des 6, 7, 11 et 13 novembre 1902 : première délibération; adoption. — Séance du 5 décembre 1902 : adoption en deuxième délibération. — Transmission à la Chambre des députés, le 15 janvier 1903 (doc. parl. n° 634; *J. O.*, p. 1). — Nouvelle transmission le 12 juin 1906. — Rapport de M. Dron, 30 juin 1908: — Discussion, 8 et 9 juillet 1908. Adoption du texte transmis par le Sénat.

durée de la délibération, par le président de chaque section, en commençant par le plus âgé des deux. Le secrétaire de l'autre section devient celui du conseil.

En cas de partage des voix dans le conseil, les sections peuvent désigner un ou plusieurs membres choisis d'accord entre elles, et qui auront voix délibérative.

Art. 3. — Il y a autant de conseils que de professions. Toutefois, lorsque le nombre des professions de même nature est insuffisant, un certain nombre de professions similaires peuvent, sur l'avis conforme des intéressés, être réunies en un même groupe.

Le ressort de chaque conseil est déterminé par le décret qui l'institue.

Art. 4. — Le décret d'institution fixe le nombre des membres du conseil. Il varie de six à douze par section, suivant l'importance des industries représentées.

Des délégués suppléants seront nommés dans chaque section en nombre égal à la moitié des titulaires.

La durée des pouvoirs des délégués et des suppléants est de quatre ans.

Sera considéré comme démissionnaire celui qui, sans excuse valable, ne répondra pas à trois convocations successives, qui quittera la région ou qui cessera d'être éligible par le collège électoral qu'il représente.

Art. 5. — Sont électeurs à la condition d'être inscrits sur la liste électorale politique :

Pour la section patronale :

1. Tous les patrons exerçant une des professions fixées par le décret d'institution ;

2. Les directeurs et les chefs de services appartenant à la même profession et l'exerçant effectivement depuis deux ans.

Pour la section ouvrière :

Tous les ouvriers et contremaîtres appartenant à la même profession et l'exerçant effectivement depuis deux ans.

Sont éligibles les électeurs de la section âgés de vingt-cinq ans accomplis.

Les femmes françaises, ayant l'exercice de leurs droits civils, non frappées de condamnations entraînant la perte des droits politiques et résidant dans la commune depuis six mois au moins, sont électeurs à vingt et un ans et éligibles à vingt-cinq ans accomplis, après deux ans d'exercice effectif de la même profession.

L'élection a lieu au scrutin de liste.

Pour la composition des listes, les opérations électorales et les recours dont elles peuvent être l'objet, il sera procédé conformément aux règles en vigueur pour les conseils de prud'hommes.

ART. 6 — Dans le cas où les électeurs patrons sont en nombre égal à celui qui est fixé pour la composition des conseils, tous en sont membres.

S'ils sont en nombre inférieur, ils désignent entre eux, pour se compléter, des électeurs appartenant à la même profession où à des professions similaires dans les circonscriptions voisines.

Dans les circonscriptions où la profession est représentée par des sociétés par actions, les membres du conseil d'administration ayant la capacité électorale politique sont électeurs patronaux.

ART. 7. — Chaque section se réunit au moins une fois par trimestre à la mairie de la commune de son siége, et à la convocation de son bureau, chaque fois qu'il y aura lieu de lui soumettre un objet de sa compétence.

ART. 8. — Toutes discussions politiques et religieuses sont interdites.

ART. 9. — Toute délibération excédant la limite des attributions fixées par la loi est annulée par le Ministre.

Si le conseil ou la section, une fois averti, persiste à sortir de son rôle, sa dissolution peut être prononcée.

ART. 10. — Un décret rendu en la forme d'administration publique déterminera les conditions de fonctionnement de la présente loi.

Décret du 10 septembre 1908 complétant la nomenclature des établissements ayant le droit de donner le repos hebdomadaire par roulement [1].

ARTICLE PREMIER. — Est complétée comme suit la nomenclature des établissements énumérés et des travaux spécifiés dans le tableau annexé à l'article 1er du décret du 14 août 1907 [2] :

ETABLISSEMENTS.	TRAVAUX.
Cidre (établissements industriels pour la fabrication du)	
Glycerine (distillation de la).	
Oxyde d'antimoine (fabrique d')	Conduite des fours.
Peaux fraîches et en poil (dépôts de) . . .	Salage des peaux.
Silice en poudre (fabrication de la) . . .	Conduite des fours de calcination.
Sulfure de sodium (fabriques de).	

[1] *Journal officiel* du 13 septembre 1908.
[2] Voir *Annuaire*, 1907, p. 408.

Décret du 10 septembre 1908 complétant la nomenclature des travaux interdits aux enfants de moins de 18 ans ([1])

ARTICLE PREMIER. — La nomenclature du tableau B, annexé au décret du 13 mai 1893, relatif à l'emploi des enfants, des filles mineures et des femmes aux travaux dangereux ou insalubres, est complétée conformément au tableau annexé au présent décret.

ART. 2. — Le Ministre du travail et de la prévoyance sociale est chargé de l'exécution du présent décret, qui sera publié au *Journal officiel de la République française* et inséré au *Bulletin des lois*.

TABLEAU B.

Article à ajouter à la nomenclature du décret du 13 mai 1893.

TRAVAUX.	RAISONS de l'interdiction.
Conduite et surveillance des lignes, appareils et machines électriques de toute nature dont la tension de régime par rapport à la terre dépasse 600 volts pour les courants continus et 150 volts (tension efficace) pour les courants alternatifs.	Nécessité d'un travail prudent et attentif.

Loi du 13 novembre 1908 complétant l'article 40 de la loi du 27 mars 1907 concernant les conseils de prud'hommes ([2]).

ARTICLE UNIQUE. — L'article 40 de la loi du 27 mars 1907 est complété par le paragraphe suivant :

« Les demandes qui sont de la compétence de conseils de prud'hommes et dont les juges de paix sont saisis dans les lieux où ces conseils ne sont pas établis, sont formées, instruites et jugées, tant devant la juridiction de première instance que devant les juges d'appel ou la cour de cassation, conformément aux règles établies par les dispositions du présent titre. »

([1]) *Journal officiel* du 13 septembre 1908.
([2]) *Journal officiel* du 17 novembre 1908.

Loi du 15 novembre 1908 conférant aux femmes l'éligibilité aux conseils de prud'hommes (¹)

ARTICLE UNIQUE. — L'article 6 de la loi du 27 mars 1907 est modifié comme suit :

Art. 6. — Sont éligibles, à condition de résider depuis trois ans dans le ressort du conseil :

« 1. Les électeurs âgés de trente ans, sachant lire et écrire, inscrits sur les listes électorales spéciales ou justifiant des conditions requises pour y être inscrits ;

« 2. Les anciens électeurs n'ayant pas quitté la profession depuis plus de cinq ans et l'ayant exercée cinq ans dans le ressort ».

Décret du 3 décembre 1908 élevant les taux maximum des subventions de l'État aux caisses de secours contre le chômage involontaire (²).

ARTICLE PREMIER. — Les modifications suivantes sont apportées aux articles 9 et 12 du décret du 9 septembre 1905, modifié par les décrets du 20 avil 1906 et du 31 décembre 1906 (³) :

9. Ajouter le paragraphe suivant : La partie de l'indemnité de chômage provenant de majorations communales, départementales ou autres n'entre pas dans le calcul de la subvention de l'État.

12. Remplacer : La subvention ne peut dépasser 16 p. c., par : La subvention ne peut dépasser 20 p. c.

(¹) *Journal officiel* du 17 novembre 1908. — TRAVAUX PARLEMENTAIRES : Projet de loi tendant à conférer aux femmes l'éligibilité aux conseils de prud'hommes, déposé à la Chambre par le Ministre du travail, le 23 mai 1907. Renvoi à la Commission du travail (doc. parl. n° 967 ; *J. O.*, p. 352). — Rapport Groussier, le 13 juin 1907 (doc. parl. n° 1049 ; *J. O.*, p. 720). — Séance du 20 juin 1907 : déclaration de l'urgence. Adoption. Transmission au Sénat, 30 janvier 1908. Rapport de M. Strauss (n° 263), 27 octobre. Discussion, 10 novembre. Adoption.

(²) *Journal officiel* du 9 décembre 1908.

(³) Voir *Annuaire*, 1905, p. 222 ; 1906, p. 173. Le décret du 31 décembre 1906 est conçu ainsi :

« Les modifications suivantes sont apportées aux articles 2, 12, 20 et 23 du décret du 9 septembre 1905 modifié par le décret du 20 avril 1906 :

« *Art. 2*, § 2. — Ajouter *in fine* : « ou les départements ».

« *Art. 2*, § 3. — Remplacer 20,000 habitants par « 50,000 ».

« Après « par les communes » ajouter : « ou les départements ».

« *Art. 12*, paragraphes additionnels. — La subvention minimum est fixée à 10 francs ;

Art. 2. — Le Ministre du travail et de la prévoyance sociale et le Ministre des finances sont chargés, chacun en ce qui le concerne, d'assurer l'exécution du présent décret qui sera publié au *Journal officiel* et inséré au *Bulletin des lois*.

elle ne peut être allouée qu'à des caisses ayant, par application de leurs statuts, versé 30 francs au moins d'indemnités au cours d'un semestre.

« Lorsque la subvention, calculée d'après les règles du présent article, comprend une fraction, les centimes sont supprimés et la somme est augmentée de 1 franc.

« *Art. 20*. — Ajouter : « un membre du conseil supérieur des sociétés de secours mutuels, élu par ce conseil ».

« *Art 23*, nouveau texte. — Pour les années 1906 et 1907, le Ministre pourra, après avis de la commission, accorder aux caisses dispense d'une ou plusieurs prescriptions du présent décret.

« Cette dispense pourra, ultérieurement, être accordée pendant un an et à toute caisse qui demandera une subvention pour la première fois. »

GREAT BRITAIN.

Regulations, dated June 20, 1908, made by the Secretary of State, for the Casting of Brass.

Whereas the casting of brass or any alloy of copper with zinc has been certified in pursuance of Section 79 of the Factory and Workshop Act to be dangerous, I hereby in pursuance of the powers conferred on me by that Act make the following Regulations and direct that they shall come into force on the 1st day of January, 1910, and shall apply to all factories in which the casting of brass is carried on, with the following exceptions :

I. The Regulations shall not apply to a sand-casting shop having an airspace equivalent to 2,500 cubic feet for each of the persons employed. no to any other casting-shop having an air-space equivalent to 3,500 cubic feet for each of the persons employed. Provided :

a) that provision is made for the egress of the fumes during casting by inlets below and outlets above of adequate size, and

b) that a notice in the prescribed form, giving the prescribed particulars, shall be kept affixed at or near the entrance of the casting shop and that a copy thereof shall be sent to the Inspector of the district, and

c) that the conditions of exemption stated in such notice are not departed from;

II. So much of Regulation 1 as requires that exhaust draught shall be maintained during the process of casting shall not apply in the case of strip or solid drawn tube casting or any other class of casting which the Secretary of State may certify on that behalf, provided that :

a) the exhaust draught cannot be so maintained without damage to the metal (proof of which shall be upon the occupier); and

b) the exhaust draught is put into operation immediately after the casting; and

c) provision is made for the egress of fumes during casting by inlets below and outlets above of adequate size.

III. Where it is proved to the satisfaction of the Chief Inspector of Factories that by reason of exceptional features in the construction or situation

GRANDE-BRETAGNE.

Ordonnance ministérielle du 20 juin 1908 concernant le moulage du laiton (¹).

Considérant que le moulage du laiton ou de tout alliage de cuivre et de zinc a été déclaré dangereux conformément à la section 79 de la loi sur les fabriques et ateliers, le secrétaire d'État, en vertu des pouvoirs qui lui sont conférés par la loi susdite, arrête le réglement suivant et ordonne qu'il soit mis en vigueur le 1ᵉʳ janvier 1910 et s'applique à toutes les usines où s'effectue le moulage du laiton, sauf les exceptions ci-aprés :

I. La présente ordonnance ne s'appliquera pas aux ateliers de moulage au sable ayant un cubage d'air de 2,500 pieds par ouvrier occupé, ni aux autres ateliers de moulage ayant un cubage d'air de 3,500 pieds par ouvrier occupé. Toutefois :

a) des ouvertures de dimensions suffisantes devront être pratiquées dans la partie inférieure pour l'entrée de l'air frais et dans la partie supérieure pour l'évacuation des vapeurs qui se produisent pendant le moulage ;

b) un avis rédigé dans la forme prescrite et donnant les renseignements prescrits sera affiché à ou prés de l'entrée de l'atelier de moulage; une copie en sera envoyée à l'inspecteur du district; et

c) les conditions de la dispense spécifiées dans cet avis devront être soigneusement observées.

II. La disposition 1 en tant qu'elle prescrit qu'un courant aspirateur soit établi pendant l'opération du moulage, ne sera pas applicable s'il s'agit de tuyaux faits sur trousseau ou coulés sur modèle, ou de tout autre procédé de moulage que désignera le secrétaire d'État, à condition :

a) que le courant aspirateur ne puisse être maintenu sans endommager le métal (circonstance qui devra être établie par le patron); et

b) que le courant aspirateur soit mis en action immédiatement après le moulage; et

c) que des dispositions soient prises pour l'évacuation des fumées par le moyen d'ouvertures d'entrée et de sortie de dimensions convenables et ménagées respectivement à la partie inférieure et à la partie supérieure.

III. Lorsqu'il est établi à la satisfaction de l'inspecteur en chef des fabriques, qu'en raison de circonstances exceptionnelles concernant la

(¹) *Statutary Rules and Orders*, 1908, n° 484,

of a casting shop or by reason of the infrequency of the casting or the small quantity or the nature or composition of the metal cast or other circumstances all or any of the Regulations are not necessary for the protection of the persons employed he may by certificate in writing (which he may in his discretion revoke) exempt such casting shop from all or any of the provisions of the same subject to such conditions as he may by such certificate prescribe.

In these Regulations (including the above provisions and exceptions) :

" Brass " means any alloy of copper and zinc;
" Casting " includes the pouring and skimming of brass;
" Casting shop " means any place in which casting of brass is carried on;

" Sand-casting " means casting in moulds prepared by hand in sand or loam or sand and loam;
" Sand-casting shop " means a place in which no kind of casting other than sand-casting is carried on;
" Pot " includes any crucible, ladle or other vessel in which the brass is skimmed or from which it is poured;
" Employed " means employed in the casting-shop in any capacity;

" Persons employed " means the maximum number of persons at any time employed.

It shall be the duty of the occupier to observe Part I of these Regulations, and the conditions contained in any certificate of exemption.

It shall be the duty of all persons employed to observe Part II of these Regulations.

PART I.

DUTIES OF OCCUPIERS.

1. Casting of brass shall not be carried on unless the following conditions are complied with

a) There shall be an efficient exhaust draught operating by means either of

I. a tube attached to the pot, or

II. a fixed or moveable hood over the point where the casting takes place, or

III. a fan in the upper part of the casting shop, or

IV. some other effectual contrivance for the prompt removal of the fumes from the casting shop and preventing their diffusion therein. The exhaust

construction ou la situation d'un atelier de moulage ou que par suite de la rareté de l'opération de moulage ou en raison de la petite quantité ou de la nature ou de la composition du métal à mouler ou pour d'autres circonstances, toutes les présentes prescriptions ou certaines d'entre elles ne sont pas nécessaires à la protection des ouvriers employés, le dit inspecteur en chef pourra, par certificat écrit (qu'il pourra retirer lorsqu'il le voudra), exempter le dit atelier de toutes ou de certaines dispositions moyennant des conditions déterminées à fixer dans le certificat.

Dans la présente ordonnance (y compris les dispositions et exceptions ci-dessus) :

« Laiton » désigne tout alliage de cuivre et de zinc ;

« Moulage » comprend l'action de verser et d'écumer le laiton ;

« Atelier de moulage » désigne tout endroit où se pratique le moulage du laiton ;

« Moulage au sable » signifie le moulage dans des moules préparés à la main dans le sable ou dans l'argile, ou dans le sable et l'argile ;

« Atelier de moulage au sable » désigne un endroit dans lequel aucune espèce de moulage autre que le moulage au sable ne se pratique ;

« Pot » comprend tout creuset, bassin ou autre récipient dans lequel le laiton est écumé ou qui sert à le verser ;

« Occupé » signifie employé dans un atelier de moulage de n'importe quelle importance ;

« Personnes occupées » désigne le nombre maximum de personnes employées à un moment quelconque.

L'employeur est tenu d'observer les mesures prescrites dans la première partie.

Toutes les personnes employées auront à se conformer aux mesures prescrites dans la seconde partie de la présente ordonnance.

Ire PARTIE.

OBLIGATIONS DES EMPLOYEURS.

1. Le moulage du laiton ne pourra se pratiquer qu'en observant les conditions suivantes :

a) Il y aura un courant d'air aspirateur efficace créé soit :

I. par un tuyau relié au pot, ou

II. par une hotte fixe ou mobile placée au-dessus de l'endroit où a lieu le moulage, ou

III. par un ventilateur adapté à la partie supérieure de l'atelier de moulage, ou

IV. par tout autre dispositif efficace assurant l'évacuation rapide des vapeurs hors de l'atelier de moulage et les empêchant de s'y répandre. Le

draught shall be applied as near to the point of origin of the fumes as is reasonably practicable having regard to the requirements of the process, the maintenance of the exhaust draught during the process of casting, and (as regards casting shops in use prior to 1st January, 1908) the structure of the premises, and the cost of applying the exhaust draught in that manner.

b) There shall be efficient arrangements to prevent the fumes from entering any other room in the factory in which work is carried on;

c) There shall be free openings to the outside air so placed as not to interfere with the efficiency of the exhaust draught.

2. There shall be provided and maintained in a cleanly state and in good repair, for the use of all persons employed, a lavatory, under cover :

I. witha sufficient supply of clean towels, renewed daily, and of soap and nail brushes, and

II. with either : *a*) A trough with a smooth, impervious surface, fitted with a waste pipe without plug, and of such length as to allow at least two feet for every five such persons, and having a constant supply of warm water from taps orj ets above the trough at intervals of not more than two feet; or

b) At least one lavatory basin for every five such persons, fitted with a waste pipe and plug or placed in a trough having a waste pipe, and having either a constant supply af hot and cold water, or warm water, laid on, or (if a constant supply of heated water be not reasonably practicable) a constant supply of cold water laid on and a supply of hot water always at hand when required for use by persons employed.

3. No female shall be allowed to work, in any process whatever, in any casting shop.

PART II.

DUTIES OF PERSONS EMPLOYED.

4. No person employed shall leave the premises or partake of food without carefully washing the hands.

5. No persons employed shall càrry on the pouring of brass without using apparatus provided in pursuance of Regulation 1 *a*).

6. No person employed shall in any way interfere without the knowledge and concurrence of the occupier or manager with the means provided for the removal of fumes.

courant aspirateur sera produit aussi près que possible du point d'origine des vapeurs en tenant compte des exigences de la fabrication, du maintien du courant aspirateur pendant le moulage et (en ce qui concerne les ateliers de moulage en exploitation antérieurement au 1er janvier 1908) de la disposition des locaux et des frais qui résulteront de l'installation d'un courant d'air aspirateur établi de la manière susdite.

b) Des mesures efficaces seront prises pour empêcher que les vapeurs ne pénètrent dans d'autres salles de travail de la fabrique;

c) Il y aura des ouvertures libres vers l'extérieur disposées de manière à ne pas contrarier l'efficacité du courant d'air aspirateur.

2. Il devra être installé et tenu en état de propreté et dans de bonnes conditions, pour le service de tous les ouvriers, un cabinet de toilette sous toit, avec

I. un nombre suffisant de serviettes propres, à renouveler tous les jours, du savon, des brosses à ongles, et

II. *a*) un bassin à surface polie et imperméable, muni d'un tuyau de décharge sans bouchon et de longueur telle qu'il y ait au moins un espace de 2 pieds par cinq personnes, avec une quantité permanente d'eau chaude amenée par des robinets ou des tuyaux placés au-dessus du bassin à des intervalles de 2 pieds au maximum, ou bien

b) au moins un bassin de toilette par cinq personnes, chaque bassin étant muni d'un tuyau de décharge avec bouchon ou placé dans une auge ayant un tuyau de décharge, avec une provision permanente d'eau très chaude et d'eau froide ou une provision d'eau chaude, ou (s'il n'est pas possible d'avoir une provision constante d'eau chauffée) une provision constante d'eau froide et une provision constante d'eau chaude toujours prête à être utilisée par les personnes employées.

3. Aucune femme ne pourra être employée à une opération quelconque dans un atelier de moulage.

IIe PARTIE.

OBLIGATIONS DES OUVRIERS.

4. Aucun ouvrier ne pourra quitter les locaux ou consommer des aliments sans s'être soigneusement lavé les mains.

5. Aucun ouvrier ne pourra verser le laiton sans utiliser les dispositifs fournis en exécution de la prescription 1*a*.

6. Personne ne pourra s'ingérer d'une façon quelconque, sans l'assistance de l'employeur, dans le fonctionnement des appareils destinés à évacuer les vapeurs.

GREAT BRITAIN.

An Act to provide for Old Age pensions (1st August 1908).

1. — 1. Every person in whose case the conditions laid down by this Act for the receipt of an old age pension (in this Act referred to as statutory conditions) are fulfilled, shall be entitled to receive such a pension under this Act so long as those conditions continue to be fulfilled, and so long as he is not disqualified under this Act for the receipt of the pension.

2. An old age pension under this Act shall be at the rate set forth in the schedule to this Act.

3. The sums required for the payment of old age pensions under this Act shall be paid out of moneys provided by Parliament.

4. The receipt of an old age pension under this Act shall not deprive the pensioner of any franchise, right, or privilege, or subject him to any disability.

2. — The statutory conditions for the receipt of an old age pension by any person are :

1. The person must have attained the age of seventy ;

2. The person must satisfy the pension authorities that for at least twenty years up to the date of the receipt of any sum on account of a pension he has been a British subject, and has had his residence, as defined by regulations under this Act, in the United Kingdom ;

3. The person must satisfy the pension authorities that his yearly means as calculated under this Act do not exceed thirty-one pounds ten shillings.

3. — 1. A person shall be disqualified for receiving or continuing to receive an old age pension under this Act, notwithstanding the fulfilment of the statutory conditions :

a) While he is in receipt of any poor relief (other than relief excepted under this provision), and, until the thirty-first day of December 1900 and ten unless Parliament otherwise determines, if he has at any time since the first day of Jannary 1908 received, or hereafter receives, any such relief :

Provided that for the purposes of this provision :

I. any medical or surgical assistance (including food or comforts) supplied by or on the recommendation of a medical officer ; or

Loi du 1er août 1908 concernant les pensions de vieillesse (¹).

1. — 1. Toute personne se trouvant dans les conditions requises par la présente loi (appelées par la présente loi conditions légales) pour l'obtention d'une pension de vieillesse, sera fondée à recevoir une pension de l'espèce aussi longtemps que lesdites conditions seront remplies et qu'elle n'aura pas perdu, conformément à la présente loi, le droit au bénéfice de cette pension.

2. Le taux des pensions de vieillesse accordées en vertu de la présente loi, est celui qui est indiqué dans l'annexe de celle-ci.

3. Les sommes nécessaires au payement des pensions de vieillesse seront imputées sur les crédits votés par le Parlement.

4. Le fait d'être pensionné ne privera un citoyen d'aucun de ses droits civils ou politiques.

2. — Pour être admis au bénéfice d'une pension de vieillesse, il faut réunir les conditions légales suivantes :
1. Être âgé de soixante-dix ans au moins;
2. Etre sujet britannique depuis au moins vingt ans à la date de la réception du premier acompte de la pension et avoir eu sa résidence dans le Royaume-Uni, conformément aux règlements faits en vertu de la présente loi;
3. Ne pas avoir de revenus annuels excédant 31 livres 10 shillings.

3. — 1. Bien que les conditions légales soient remplies, n'a pas qualité pour recevoir ou continuer à recevoir une pension de vieillesse accordée en vertu de la présente loi, la personne

a) qui reçoit ou a reçu des secours de l'assistance publique (sauf les cas d'exception ci-après) dans la période comprise entre le 1er janvier 1908 et le 31 décembre 1910 ou après cette date, à moins que le Parlement n'en décide autrement.

Toutefois ne seront pas considérés comme secours de l'assistance publique :
I. les soins médicaux ou chirurgicaux (y compris la nourriture et l'entretien) accordés en vertu d'une ordonnance d'un fonctionnaire médical ; ou bien

---

(¹) 1908, Chapter 40. — TRAVAUX PARLEMENTAIRES : *Communes*, 1re lecture, 28 mai 1908 ; 2e lecture, 15, 16, 23, 24, 29, 30 juin ; 1er, 6, 7 juillet ; 3e lecture, 9 juillet. *Lords*. 1re lecture, 10 juillet ; 2e lecture, 20, 28, 29 juillet ; 3e lecture, 30 juillet. Amendements. Renvoi aux Communes. Discussion à la Chambre des Communes, 31 juillet. Retour à la Chambre des Lords, même jour. Adoption. (Cf. la table détaillée des discussions dans *The Parliamentary Debates. Fourth series*. Volume CXCIX, 1908, p. 770-781.)

II. any relief given to any person by means of the maintenance of any dependant of that person in any lunatic asylum, infirmary, or hospital, or the payment of any expenses of the burial of a dependant; or

III. any relief (other than medical or surgical assistance, or relief hereinbefore specifically exempted) which by law is expressly declared not to be a disqualification for registration as a parliamentary elector, or a reason for depriving any person of any franchise, right, or privilege;
shall not be considered as poor relief;

b) If, before he becomes entitled to a pension, he has habitually failed to work according to his ability, opportunity, and need, for the maintenance or benefit of himself and those legally dependent upon him :

Provided that a person shall not be disqualified under this paragraph if he has continuously for ten years up to attaining the age of sixty, by means of payments to friendly, provident, or other societies, or trade unions, or other approved steps, made such provision against old age, sickness, infirmity, or want or loss of employment as many be recognised as proper provision for the purpose by regulations under this Act, and any such provision, when made by the husband in the case of a married couple living together, shall as respects any right of the wife to a pension, be treated as provision made by the wife as well as by the husband;

c) While he is detained in any asylum within the meaning of the Lunacy Act, 1890, or while he is being maintained in any place as a pauper or criminal lunatic;

d) During the continuance of any period of disqualification arising or imposed in pursuance of this section in consequence of conviction for an offence.

2. Where a person has been before the passing of this Act, or is after the passing of this Act, convicted of any offence, and ordered to be imprisoned without the option of a fine or to suffer any greater punishment, he shall be disqualified for receiving or continuing to receive an old age pension under this Act while he is detained in prison in consequence of the order, and for a further period of ten years after the date on which he is released from prison.

3. Where a person of sixty years of age or upwards having been convicted before any court is liable to have a detention order made against him under the Inebriates Act, 1898, and is not necessarily, by virtue of the provisions of this Act, disqualified for receiving or continuing to receive an old age pension under this Act, the court may, if they think fit, order that the person convicted be so disqualified for such period, not exceeding ten years, as the court direct.

II. les secours accordés à une personne du fait que ses proches ont joui d'une assistance quelconque, soit qu'ils aient été internés dans une maison de santé, soit qu'ils aient été confiés à un hôpital ou à un hospice; ou bien du fait qu'on a payé les frais d'enterrement d'un de ses dépendants; ou bien

III. tout secours (autres que les soins médicaux ou chirurgicaux ou les secours prévus ci-dessus) qui, aux termes de la loi, ne privent pas l'intéressé du droit d'être électeur ou n'entraînent pas la perte d'un droit, d'une franchise ou d'un privilége;

b) la personne qui, avant d'avoir droit à une pension, ne s'est pas livrée habituellement à un travail répondant à ses aptitudes, à ses moyens et à ses besoins pour son entretien ou pour son profit et pour celui de ses dépendants légaux.

Toutefois, ne perdra pas ses droits en vertu du présent paragraphe la personne qui, pendant au moins dix années consécutives précédant l'âge de soixante ans, au moyen de payements faits à une société de secours mutuels, une société de prévoyance, une société ouvrière ou à toute autre société ou trade-union, ou par d'autres moyens, a pris des précautions contre la vieillesse, la maladie, l'infirmité, ou le chômage, si ces moyens sont admissibles en vertu des règlements faits conformément à la présente loi. Dans le cas d'époux vivant ensemble, toute mesure de l'espèce prise par le mari profitera aux deux époux;

c) qui est détenue dans un asile, aux termes de la loi de 1890 concernant les aliénés, comme aliéné criminel ou indigent;

d) qui se trouve dans une période d'exclusion en vertu des dispositions de la présente section, à la suite d'une condamnation pour délit.

2. Si une personne a été convaincue de délit avant ou après la promulgation de la présente loi, et qu'elle est condamnée à la prison sans pouvoir se libérer par le payement d'une amende, ou à une peine plus forte, elle sera déchue du droit de recevoir ou de continuer à recevoir une pension de vieillesse accordée en vertu de la loi, aussi longtemps qu'elle est en prison et pendant une période de dix ans à dater du jour de sa mise en liberté.

3. Si une personne, âgée de soixante ans ou plus, est sous le coup d'une condamnation à la prison en vertu de la loi de 1898 sur l'ivresse, mais n'est pas nécessairement, en vertu des prescriptions de la présente loi, exclue du bénéfice de la pension, le tribunal peut, s'il le juge convenable, ordonner l'exclusion de la personne condamnée pendant une période n'excédant pas dix ans.

4. — 1. In calculating the means of a person for the purpose of this Act account shall be taken of :

a) the income which that person may reasonably expect to receive during the succeeding year in cash, excluding any sums receivable on account of an old age pension under this Act, that income, in the absence of other means for ascertaining the income, being taken to be the income actually received during the preceding year;

b) the yearly value of any advantage accruing to that person from the use or enjoyment of any property belonging to him which is personally used or enjoyed by him;

c) the yearly income which might be expected to be derived from any property belonging to that person which, though capable of investment or profitable use, is not so invested or profitably used by him; and

d) the yearly value of any benefit or privilege enjoyed by that person.

2. In calculating the means of a person being one of a married couple living together in the same house, the means shall not in any case be taken to be a less amount than half the total means of the couple.

3. If it appears that any person has directly or indirectly deprived himself of any income or property in order to qualify himself for the receipt of an old age pension, or for the receipt of an old age pension at a higher rate than that to which he would otherwise be entitled under this Act, that income or the yearly value of that property shall, for the purposes of this section, be taken to be part of the means of that person.

5. — 1. An old age pension under this Act, subject to any directions of the Treasury in special cases, shall be paid weekly in advance in such manner and subject to such conditions as to identification or otherwise as the Treasury direct.

2. A pension shall commence to accrue on the first Friday after the claim for the pension has been allowed, or, in the case of a claim provisionally allowed, on the first Friday after the day on which the claimant becomes entitled to receive the pension.

6. — Every assignment of or charge on and every agreement to assign or charge an old age pension under this Act shall be void, and, on the bankruptcy of a person entitled to an old age pension, the pension shall not pass to any trustee or other person acting on behalf of the creditors.

7. — 1. All claims for old age pensions under this Act and all questions whether the statutory conditions are fulfilled in the case of any person claiming such a pension, or whether those conditions continue to be fulfilled in the case of a person in receipt of such a pension, or whether a per-

4. — 1. Pour établir les ressources d'un requérant, il sera tenu compte :

a) du revenu net que cette personne peut raisonnablement s'attendre à toucher pendant l'année qui suit sa demande, à l'exclusion des arrérages d'une pension de vieillesse accordée en vertu de la présente loi, ledit revenu étant considéré, en l'absence d'autres moyens de détermination, comme étant celui qui a été perçu au cours de l'année précédente;

b) de la valeur annuelle de tout avantage résultant pour cette personne de l'usage ou de la jouissance d'une propriété lui appartenant et dont elle profite ou jouit personnellement;

c) du revenu annuel qui pourrait provenir de toute propriété appartenant à cette personne et qui, bien que susceptible d'être placée ou employée avec profit, n'est pas placée ni employée ;

d) de la valeur annuelle de tout bénéfice ou privilège dont jouit cette personne.

2. Dans le cas d'époux vivant ensemble dans la même maison, le revenu de l'un d'eux ne sera considéré dans aucun cas comme étant inférieur à la moitié du revenu total des deux.

3. Au cas où une personne s'est dépouillée, directement ou indirectement, d'une partie de ses revenus ou de ses biens dans le but de se placer dans les conditions requises pour l'obtention d'une pension de vieillesse ou d'obtenir une pension d'un taux supérieur à celui de la pension dont elle est bénéficiaire en vertu des dispositions de la présente loi, ces revenus ou le revenu annuel de ces biens seront considérés comme faisant partie des revenus de l'intéressé en vue de l'application des dispositions de la présente section.

5. — 1. Toute pension de vieillesse accordée en vertu de la présente loi, sera, conformément aux instructions du Trésor, payée par anticipation chaque semaine, de la manière et moyennant les conditions d'identité ou autres établies par le Trésor.

2. Toute pension sera calculée à partir du premier vendredi qui suit la date à laquelle la demande de pension a été admise, ou dans le cas d'une demande provisoirement admise, à partir du premier vendredi qui suit le jour où le requérant devient bénéficiaire de la pension.

6. — Toute cession ou saisie et toute convention de cession ou de saisie concernant une pension de vieillesse accordée en vertu de la présente loi, seront nulles et de nul effet, et en cas de faillite d'un impétrant, la pension ne passera pas au curateur ou à la personne agissant au nom des créanciers.

7. — 1. Toutes les demandes de pension de vieillesse présentées en vertu de la présente loi et toutes les questions portant sur le point de savoir si les conditions légales sont remplies en ce qui concerne un requérant, ou si ces conditions continuent à être remplies par une personne qui touche déjà la

son is disqualified for receiving or continuing to receive a pension, shall be considered and determined as follows :

a) Any such claim or question shall stand referred to the local pension committee, and the committee shall (except in the case of a question which has been originated by the pension officer and on which the committee have already received his report), before considering the claim or question, refer it for report and inquiry to the pension officer;

b) The pension officer shall inquire into and report upon any claim or question so referred to him, and the local pension committee shall, on the receipt of the report of the pension officer and after obtaining from him or from any other source if necessary any further information as to the claim or question, consider the case and give their decision upon the claim or question;

c) The pension officer, and any person aggrieved, may appeal to the central pension authority against a decision of the local pension committee allowing or refusing a claim for pension or determining any question referred to them within the time and in the manner prescribed by regulations under this Act, and any claim or question in respect of which an appeal is so brought shall stand referred to the central pension authority, and shall be considered and dermined by them;

d) If any person is aggrieved by the refusal or neglect of a local pension committee to consider a claim for a pension, or to determine any question referred to them, that person may apply in the prescribed manner to the central pension authority, and that authority may, if they consider that the local pension committee have refused or neglected to consider and determine the claim or question within a reasonable time, themselves consider and determine the claim or question in the same manner as on an appeal from the decision of the local pension committee.

2. The decision of the local pension committee on any claim or question which is not referred to the central pension authority, and the decision of the central pension authority on any claim or question which is so referred to them, shall be final and conclusive.

8. — 1. The local pension committee shall be a committee appointed for every borough and urban district, having a population according to the last published census for the time being of twenty thousand or over, and for every county (excluding the area of any such borough or district), by the council of the borough, district, or county.

The persons appointed to be members of a local pension committee need not be members of the council by which they are appointed.

2. A local pension committee may appoint such and so many sub-committees, consisting either wholly or partly of the members of the committee as the committee think fit, and a local pension committee may delegate, either absolutely or under such conditions as they think fit, to any such

pension, ou si l'intéressé doit être exclu du bénéfice de la pension, seront examinées et tranchées comme suit :

a) Toute demande ou question de l'espèce sera renvoyée au comité local des pensions qui, avant examen, la transmettra au fonctionnaire des pensions pour rapport et enquête (sauf les questions émanant du fonctionnaire des pensions et sur lesquelles un rapport a déjà été remis au comité);

b) Le fonctionnaire du service des pensions fera une enquête et déposera un rapport sur toute demande ou question qui lui sera transmise de la sorte; le comité local examinera et tranchera le cas, après avoir reçu le rapport du fonctionnaire des pensions et après avoir obtenu de lui ou de toute autre source, si la chose est nécessaire, de plus amples détails sur la demande ou la question;

c) Le fonctionnaire des pensions et toute personne lésée peuvent interjeter appel au comité central des pensions de toute décision d'un comité local relative à l'acceptation ou au refus d'une demande de pension ou à l'examen d'une question qui lui est soumise, le tout suivant le mode et dans les délais prescrits par les règlements faits en vertu de la présente loi. La demande ou la question faisant l'objet d'un tel appel sera transmise au comité central des pensions pour examen et décision;

d) Si une personne est lésée par suite du refus ou de la négligence d'un comité local des pensions d'examiner ou de liquider la demande ou la question qui lui est soumise, elle peut en référer, de la manière prescrite, au comité central des pensions, et celui-ci, s'il considère que le comité local a refusé ou négligé d'examiner ou de liquider la demande ou la question dans un délai raisonnable, peut examiner et déterminer lui-même la demande ou la question de la même manière qu'en cas d'appel d'une décision d'un comité local des pensions.

2. Sera définitive la décision d'un comité local des pensions relative à une demande ou question et contre laquelle un recours n'est pas adressé au comité central, ainsi que la décision du comité central sur toute demande ou question qui lui est soumise.

8. — 1. Le comité local des pensions sera le comité nommé dans chaque bourg et district urbain ayant actuellement, conformément au dernier recensement paru, une population d'au moins 20,000 habitants, et dans chaque comté (sauf le territoire des bourgs et districts susdits) par le conseil du bourg, du district ou du comté.

Ceux qui sont nommés en qualité de membres d'un comité local des pensions ne doivent pas être nécessairement membres du conseil qui les nomme.

2. Un comité local des pensions peut nommer un ou plusieurs sous-comités, dont les membres sont pris totalement ou partiellement dans le comité, suivant ce que ce dernier décide; un comité local peut déléguer à un sous-comité, soit sans restriction, soit sous certaines conditions, à son

sub-committee any powers and duties of the local pension committee under this Act.

3. The central pension authority shall be the Local Government Board, and the Board may act through such committee, persons, or person appointed by them as they think fit.

4. Pension officers shall be appointed by the Treasury, and the Treasury may appoint such number of those officers as they think fit to act for such areas as they direct.

5. Any reference in this Act to pension authorities shall be construed as a reference to the pension officer, the local pension committee, and the central pension authority, or to any one of them, as the case requires.

9. — 1. If for the purpose of obtaining or continuing an old age pension under this Act, either for himself or for any other person, or for the purpose of obtaining or continuing an old age pension under this Act for himself or for any other person at a higher rate than that appropriate to the case, any person knowingly makes any false statement or false representation, he shall be liable on summary conviction to imprisonment for a term not exceeding six months, with hard labour.

2. If it is found at any time that a person has been in receipt of an old age pension under this Act while the statutory conditions were not fulfilled in his case or while he was disqualified for receiving the pension, he or, in the case of his death, his personal representative, shall be liable to repay to the Treasury any sums paid to him in respect of the pension while the statutory conditions were not fulfilled or while he was disqualified for receiving the pension, and the amount of those sums may be recovered as a debt due to the Crown.

10. — 1. The Treasury in conjunction with the Local Government Board and with the Postmaster-General (so far as relates to the Post Office) may make regulations for carrying this Act into effect, and in particular :

a) for prescribing the evidence to be required as to the fulfilment of statutory conditions and for defining the meaning of residence for the purposes of this Act ; and

b) for prescribing the manner in which claims to pensions may be made, and the procedure to be followed on the consideration and determination of claims and questions to be considered and determined by pension officers and local pension committees or by the central pension authority, and the mode in which any question may be raised as to the continuance, in the case of a pensioner, of the fulfilment of the statutory conditions, and as to the disqualification of a pensioner ; and

c) as to the number, quorum, term of office, and proceedings generally

choix, les pouvoirs et droits qui lui sont conférés en vertu de la présente loi.

3. Le service central des pensions sera le *Local Government Board* et celui-ci pourra agir par l'intermédiaire de comités ou de personnes nommées par lui, comme il le jugera convenable.

4. Les fonctionnaires chargés du service des pensions seront nommés par le Trésor et celui-ci déterminera, à son choix, le nombre de ces fonctionnaires et le ressort dans lequel ils devront exercer leurs fonctions sous son contrôle.

5. Toute référence dans la présente loi aux fonctionnaires des pensions, sera interprétée comme une référence faite au fonctionnaire des pensions, au comité local des pensions et au service central des pensions, ou à l'une de ces autorités, suivant le cas.

9. — 1. Si dans le but de recevoir ou de continuer à recevoir une pension de vieillesse allouée en vertu de la présente loi, soit pour elle-même, soit pour toute autre personne, ou de recevoir ou de continuer à recevoir une pension d'un taux plus élevé que de droit dans son cas, une personne fait volontairement un faux rapport ou un faux exposé, elle sera passible de la prison jusqu'à six mois, avec travaux forcés.

2. S'il est constaté, à n'importe quelle époque, qu'une personne a reçu une pension de vieillesse, en vertu de la présente loi, alors que les conditions légales n'étaient pas remplies ou qu'elle était exclue du bénéfice de la pension, cette personne ou, en cas de décès, ses ayants-droit seront tenus de restituer au Trésor toutes les sommes payées dans les conditions ci-dessus, et le montant de ces sommes sera recouvré de la même manière qu'une dette envers la Couronne.

10. — 1. Le Trésor, de concert avec le *Local Government Board* et dans certains cas avec le directeur général des postes (pour ce qui concerne le service des postes), peut faire des règlements en vue de l'exécution de la présente loi, et en particulier :

a) pour déterminer la preuve à fournir quant à l'accomplissement des conditions légales et pour fixer le sens de la résidence en vue de l'application de la présente loi ;

b) pour fixer la manière suivant laquelle les demandes de pension doivent être faites, la procédure à suivre par les fonctionnaires des pensions, les comités locaux des pensions ou le service central, pour l'examen et la solution des demandes et des questions, et la façon dont peuvent être soulevées les questions relatives à la continuation des conditions légales dans le chef d'un impétrant, ou à l'exclusion d'un bénéficiaire ;

c) pour réglementer le nombre, le quorum ou la durée des fonctions, la

of the local pension committee and the use by the committee, with or without payment, of any offices of a local authority, and the provision to be made for the immediate payment of any expenses of the committee which are ultimately to be paid by the Treasury.

2. The regulations shall provide for enabling claimants for pensions to make their claims and obtain information as respects old age pensions under this Act through the Post Office, and for provisionally allowing claims to pensions before the date on which the claimant will become actually entitled to the pension, and for notice being given by registrars of births and deaths to the pension officers or local pension committes of every death of a person over seventy registered by them, in such manner and subject to such conditions as may be laid down by the regulations, and for making the procedure for considering and determining on any claim for a pension or question with respect to an old age pension under this Act as simple as possible.

3. Every regulation under this Act shall be laid before each House of Parliament forthwith, and, if an address is presented to His Majesty by either House of Parliament within the next subsequent twenty-one days on which that House has sat next after any such regulation is laid before it, praying that the regulation may be annulled, His Majesty in Council may annul the regulation, and it shall thenceforth be void, but without prejudice to the validity of anything previously done thereunder.

4. Any expenses incurred by the Treasury in carrying this Act into effect, and the expenses of the Local Government Board and the local pension committees under this Act up to an amount approved by the Treasury, shall be defrayed out of moneys provided by Parliament.

11. — 1. In the application of this Act to Scotland, the expression " Local Governement Board " means the Local Government Board for Scotland; the expression " borough " means royal or parliamentary burgh; the expression " urban district " means police burgh; the population limit for boroughs and urban districts shall not apply; and the expression " Lunacy Act, 1890 ", means the Lunacy (Scotland) Acts, 1857 to 1900.

2. In the application of this Act to Ireland, the expression " Local Government Board " means the Local Government Board for Ireland; ten thousand shall be substituted for twenty thousand as the population limit for boroughs and urban districts; and the expression " asylum within the meaning of the Lunacy Act, 1890 ", means a lunatic asylum within the meaning of the Local Government (Ireland) Act, 1898.

3. In the application of this Act to the Isles of Scilly, those isles shall be deemed to be a county and the council of those isles the council of a county.

procédure des comités locaux des pensions, l'utilisation par eux, gratuitement ou non, des bureaux d'une autorité locale, et les dispositions à prendre pour la liquidation immédiate des frais du comité, qui doivent, en dernier lieu, être payés par le Trésor.

2. Les règlements prescriront des mesures pour mettre les requérants à même de faire leur demande et d'obtenir des renseignements sur les pensions de vieillesse accordées en vertu de la présente loi, en s'adressant au bureau des postes, — pour admettre provisoirement des demandes de pension avant la date à laquelle les intéressés auront droit à la pension, — pour les avis à donner par les registrars des naissances et des décès aux fonctionnaires des pensions ou aux comités locaux relativement au décès enregistré par eux, conformément aux conditions requises par les règlements, de toute personne âgée de 70 ans au moins, — pour simplifier autant que possible la procédure à suivre dans l'examen et la décision de toute demande de pension ou de toute question relative à une pension accordée en vertu de la présente loi.

3. Tout règlement fait en vertu de la présente loi sera soumis sans tarder aux deux Chambres du Parlement, et si l'une d'elles transmet une requête à Sa Majesté dans les vingt et un jours qui suivent la date du dépôt devant cette Chambre, en vue de faire annuler un règlement de l'espèce, le Roi, assisté de son conseil, pourra annuler ce règlement, lequel sera alors dénué de tout effet à partir de la date de cette résolution, sans préjudice de la validité de tout ce qui aura été fait dans l'intervalle en vertu de ce règlement.

4. Tous les frais faits par le Trésor pour l'exécution de la présente loi et toutes les dépenses faites dans le même but, jusqu'à concurrence d'une somme approuvée par le Trésor, tant par le *Local Government Board* que par les comités locaux des pensions, seront couverts par les crédits votés par le Parlement.

11. — 1. Dans l'application de la présente loi à l'Écosse, l'expression *Local Government Board* s'entend du Local Government Board d'Écosse; l'expression « bourg » s'entend du bourg royal ou parlementaire; l'expression « district urbain » s'entend du bourg de police; la limite concernant la population pour les bourgs et les districts urbains ne sera pas applicable; l'expression « loi de 1890 concernant les aliénés » s'entend des lois de 1857 à 1900 concernant les aliénés (Ecosse).

2. Dans l'application de la présente loi à l'Irlande, l'expression *Local Government Board* s'entend du Local Government Board d'Irlande. Pour la limite de population des bourgs et districts urbains, le chiffre 10,000 sera substitué au chiffre 20,000. L'expression « asile » aux termes de la loi de 1890 concernant les aliénés, s'entend d'une maison de santé dans le sens de la loi de 1898 concernant le Gouvernement local d'Irlande.

3. Dans l'application de la loi aux Iles Sorlingues, ces iles seront considérées comme étant un comté et leur conseil comme le conseil d'un comté.

12. — 1. A person shall not be entitled to the receipt of an old age pension under this Act until the first day of January 1909 and no such pension shall begin to accrue until that day.

2. This Act may be cited as the Old Age Pensions Act, 1908.

SCHEDULE.

MEANS OF PENSIONER.	Rate of Pension per Week.
Where the yearly means of the pensioner as calculated under this Act :	
Do not exceed 21£.	5 Sh.
Exceed 21£, but do not exceed 23£ 12s 6d.	4 —
— 23£ 12s. 6d., but do not exceed 26£ 5s.	3 —
— 26£ 5s , but do not exceed 28£ 17s. 6d.	2 —
— 28£ 17s. 6d., but do not exceed 31£ 10s.	1 —
— 31£ 10s.	No pension

Order of the Secretary of State, dated October 13, 1908, with regard to the Overtime Employement of Women.

In pursuance of the power conferred on me by Section 49 of the Factory and Workshop Act, 1901, I hereby direct that the special exception in the said section mentioned, by which the period of employment of women may on certain days and subject to certain conditions be between six o'clock in the morning and eight o'clock in the evening, or between seven o'clock in the morning and nine o'clock in the evening, or between eight o'clock in the morning and ten o'clock in the evening, shall be extended to the non-textile factories and workshops, or parts thereof, in which the following processes, or any of them are carried on, viz. :

1. The making of cardboard and millboard;

2. The colouring and enamelling of paper, other than wall-papers;

3. The stamping in relief on paper and envelopes;

4. The making of postage stamps, stamped post cards, and stamped envelopes;

5. The making of Christmas and New Year cards, and of cosaques;

6. The making of meat pies, of mincemeat, and of Christmas puddings;

12. — 1. Personne ne bénéficiera d'une pension de vieillesse prévue par la présente loi, avant le 1er janvier 1909, et aucune pension ne commencera à courir avant cette date.

2. La présente loi peut être citée sous le titre de Loi de 1908 concernant les pensions de vieillesse.

ANNEXE.

REVENUS DE L'IMPÉTRANT.	Taux hebdomadaire de la pension.
Si les revenus annuels de l'impétrant :	
N'excèdent pas £21, la pension à servir sera de	5 $Sh.$
Excèdent 21£, mais ne dépassent pas 23£ 12$s.$ 6$d.$, la pension à servir sera de	4 —
Excèdent 23£ 12$s.$ 6d , mais ne dépassent pas 26£ 5$s.$, la pension à servir sera de	3 —
Excèdent 26£ 5$s.$, mais ne dépassent pas 28£ 17$s.$ 6$d.$, la pension à servir sera de	2 —
Excèdent 28£ 17$s.$ 6$d.$, mais ne dépassent pas 31£ 10$s.$, la pension à servir sera de	1 —
Excèdent 31£ 10$s.$.	Néant.

Ordonnance ministérielle du 13 octobre 1908, concernant le travail supplémentaire des femmes [1].

En vertu des pouvoirs qui lui sont conférés par la section 49 de la loi de 1901 sur les fabriques et ateliers, le secrétaire d'État ordonne que la dérogation spéciale mentionnée à la dite section, en vertu de laquelle la période de travail des femmes pourra, certains jours et moyennant certaines conditions, être fixée entre 6 heures du matin et 8 heures du soir ou entre 7 heures du matin et 9 heures du soir ou entre 8 heures du matin et 10 heures du soir, soit étendue aux fabriques et ateliers non-textiles ou aux divisions de ces établissements où se pratiquent les procédés suivants ou certains d'entre eux :

1. La fabrication du carton ordinaire ou épais ;
2. La peinture et l'émaillage du papier autre que le papier à tapisser ;
3. L'impression en relief de papiers et d'enveloppes ;
4. La fabrication de timbres-poste, de cartes postales timbrées et d'enveloppes timbrées ;
5. La fabrication de cartes de Noël et de nouvel an ainsi que de « cosaques » ;
6. La fabrication de pâtés de viande, de viande hachée et de puddings de Noël ;

[1] *Statutory Rules and Orders*, 1908, n° 809.

7. The bottling of beer;
8. The making of boxes for aërated water bottles;
9. The washing of bottles for use in the preserving of fruit;
10. The making and mixing of butter and the making of cheese;
11. The making of fireworks;
12. The calendering, finishing, hooking, lapping, or making up and packing of any yarn or cloth. Provided that in Lancashire and Cheshire this exception shall not apply unless such processes are the only processes carried on in the factory;
13. The warping, winding, or filling of yarn, without the aid of mechanical power, as incidental to the weaving of ribbons;
14. The making up of any article of table-linen, bed-linen, or other household linen, and processes incidental thereto;
15. The making of bouquets or wreaths or similar articles from natural flowers or leaves or process in which natural flowers or leaves are otherwise adapted for sale.

Provided that it shall be a condition of the employment of any woman in pursuance of this Order that :

1. There shall be in each room in which overtime is being worked at least 400 cubic feet of space for each person employed therein;
2. A woman shall not be employed overtime on any process other than a process named in this Order.

Order of the Secretary of State, dated October 13, 1908, granting Special Exceptions : As to Meal Hours in Florists' Workshops.

The Orders of 29th December, 1903, and 15th November, 1904, extending the said exception, are hereby revoked.

In pursuance of the power conferred on me by section 40 (4) of the Factory and Workshop Act, 1901, I hereby direct that the following special exceptions, namely :

a) An exception permitting women and young persons employed in a workshop to have the times allowed for meals at different hours of the day; and

b) An exception permitting women and young persons during the times allowed for meals in the workshop to be allowed to remain in a room in which a manufacturing process or handicraft is being carried on;

shall extend to women and young persons employed in florists' workshops,

7. La mise en bouteilles de biére;
8. La fabrication de boites pour bouteilles d'eau gazeuse;
9. Le lavage des bouteilles en usage pour les conserves de fruits;
10. La fabrication et le malaxage du beurre et la préparation du fromage;
11. La fabrication des pièces d'artifice;
12. Le calendrage, le finissage, l'accrochage, le pliage et l'emballage du fil ou du drap. Toutefois, en Lancashire et en Cheshire, cette exception ne sera applicable que si ces travaux sont les seuls qui s'exécutent dans la fabrique;
13. L'ourdissage et le bobinage du fil sans emploi de force mécanique et comme travaux connexes au tissage des rubans;
14. La confection du linge de table, de draps de lit ou d'autres articles du linge de ménage ainsi que les opérations qui s'y rapportent;
15. La fabrication de bouquets, de couronnes ou d'articles similaires à l'aide de fleurs ou de feuilles naturelles ou les procédés dans lesquels des fleurs naturelles ou des feuilles sont utilisées autrement en vue de la vente.

Toutefois, les femmes ne pourront être occupées en vertu de la présente ordonnance qu'à la condition :

1. Qu'il y ait dans chaque atelier où s'exécute le travail supplémentaire au moins 400 pieds cubes d'air pour chaque personne occupée dans l'atelier;
2. Qu'aucune femme ne soit occupée supplémentairement à des travaux autres que ceux qui sont spécifiés dans la présente ordonnance.

Les ordonnances du 29 décembre 1903 ([1]) et du 15 novembre 1904 ([2]) étendant l'exception susdite, sont rapportées.

Ordonnance ministérielle en date du 13 octobre 1908, accordant une exception spéciale en ce qui concerne les heures de repas dans les ateliers de fleuristes ([3]).

En vertu des pouvoirs qui lui sont conférés par la section 40 (4) de la loi de 1901 sur les fabriques et ateliers, le secrétaire d'État ordonne que les exceptions spéciales suivantes, à savoir :

a) une exception permettant aux femmes et jeunes ouvriers occupés dans un atelier de jouir des repos accordés pour les repas à des heures différentes de la journée, et

b) une exception permettant aux femmes et aux jeunes ouvriers, d'être autorisés à rester daus une salle où se fait un travail de fabrication, pendant les repos accordés dans l'atelier pour les repas,

soient étendues aux femmes et jeunes ouvriers employés dans des ateliers

---

([1]) Voir *Annuaire*, 1903, p. 202.
([2]) Voir *Annuaire*, 1904, p. 266.
([3]) *Statutory Rules and Orders*, 1908, n° 807.

subject to the condition that in every workshop the occupier of which avails himself of this exception there shall be affixed a notice showing the names of the women and young persons employed in the workshop and the times allowed to each of them for meals.

Order of the Secretary of State, dated October 13, 1908, Granting a Special Exception : As to Holidays.

In pursuance of the power conferred on me by section 45 of the Factory and Workshop Act, 1901, I hereby grant to the following factories and workshops, namely :

a) Florists' workshops; and

b) Hospital laundries in Scotland;

a special exception authorising the occupier of any such factory or workshop to allow all or any of the annual whole holidays or half holidays, on different days, to any of the women and young persons employed in the factory or workshop or to any sets of those women and young persons, and not on the same days.

Order of the Secretary of State, dated October 13, 1908, Granting a Special Exception : As to Employement inside and outside Florists' Workshops on the same Day.

In pursuance of section 46 of the Factory and Workshop Act, 1901, I hereby grant to :

" Florists' Workshops " a special exception that women and young persons may on a day on which they are employed in the workshop before and after the dinner hour be employed in the business of the workshop, outside the workshop before or after the period of employment appointed for such persons for that day by the notice affixed in the workshop in pursuance of section 32 of the above Act, for a further period not exceeding two hours which shall not begin before 6 a. m. or end later than 10 p. m.

This special exception shall be subject to the following conditions :

1. To every person employed in pursuance of the special exception, and additional interval at least equal to the further period as aforesaid, shall be allowed during the period of employment, on the same or following day.

de fleuristes, à condition que dans chaque atelier où le patron profite de la présente exception, il soit affiché un avis indiquant les noms des femmes et jeunes ouvriers travaillant dans l'atelier et les repos accordés à chacun d'eux pour les repas.

Ordonnance ministérielle en date du 13 octobre 1908, accordant une dérogation spéciale en ce qui concerne les jours de congé [1].

En vertu du pouvoir qui lui est conféré par la section 45 de la loi de 1901 sur les fabriques et ateliers, le secrétaire d'État accorde aux fabriques et ateliers suivants, à savoir :
  a) les ateliers de fleuristes et
  b) les buanderies des hôpitaux en Écosse,
une dérogation spéciale autorisant les patrons des établissements de l'espèce à reporter à d'autres jours, une partie ou la totalité des jours ou demi-jours de congé annuels des femmes et jeunes ouvriers occupés dans la fabrique ou l'atelier ou à certaines catégories de ces femmes et jeunes ouvriers, le tout éventuellement à des jours différents.

Ordonnance ministérielle en date du 13 octobre 1908, accordant une exception spéciale en ce qui concerne l'emploi au travail, le même jour, dans des ateliers de fleuristes et hors de ces ateliers [2].

En vertu de la section 46 de la loi de 1901 sur les fabriques et ateliers, le secrétaire d'État accorde aux :

Ateliers de fleuristes, une exception spéciale en vertu de laquelle les femmes et les jeunes ouvriers pourront, le jour où ils sont occupés dans l'atelier avant et après l'heure du dîner, travailler à domicile pour le même établissement, avant ou après la période de travail fixée pour les dites personnes, pour ce jour là, en vertu d'un avis affiché dans l'atelier conformément à la section 32 de la loi susvisée, le tout à concurrence d'un travail supplémentaire de deux heures qui ne pourra commencer avant 6 heures du matin ni se prolonger au delà de 10 heures du soir.

La présente exception spéciale sera subordonnée aux conditions suivantes :

1. Il sera accordé à toute personne occupée conformément à l'exception spéciale, un intervalle de repos supplémentaire au moins égal à la durée du travail supplémentaire susvisé, au cours de la journée de travail ce même jour ou le jour suivant;

---

[1] *Statutory Rules and Orders*, 1908, n° 808.
[2] *Statutory Rules and Orders*, 1908, n° 806.

2. No person shall be employed continuously whether inside or outside the workshop for more than five hours without an interval of at least half an hour.

3. On each occasion employment in pursuance of the special exception the following particulars shall be entered forthwith in the general register :

name on each person so employed;

date, and hours of beginning and ending, of such employment;

date, and hours of beginning and ending, of the additional interval allowed during the period of employment on the same or the following day.

Order of the Secretary of State, dated December 2, 1908, extending the provisions of the Workmen's Compensation Act, 1906, to certain Industrial Diseases, and amending the previous Order of May 22, 1907.

In pursuance of the power conferred on me by section 8, sub-section 6, of the Workmen's Compensation Act, 1906, I, the Right Honourable Herbert John Gladstone, one of His Majesty's Principal Secretaries of State, do hereby make the following Order :

1. Subject to the modifications hereinafter specified, the provisions of section 8 of the Workmen's Compensation Act, 1906, shall extend and apply to the diseases, injuries, and processes, specified in the first and second columns of the Schedule annexed to this Order, as if the said diseases and injuries were included in te first column of the Third Schedule to the Act, and as if the said processes were set opposite in the second column of that Schedule to the diseases or injuries to which they are set opposite in the second column of the Schedule annexed hereto.

2. A glass worker suffering from cataract shall be entitled to compensation under the provisions of the said section, as applied by this Order, for a period not longer than six months in all, nor for more than four months unless he has undergone an operation for cataract.

3. In the application of the provisions of section 8 to telegraphists' cramp, so far as regards a workman employed by the Postmaster-General, the Post Office Medical Officer under whose charge the workman is placed shall, if authorised to act for the purposes of the said section, by the Postmaster-General, be substituted for the Certifying Surgeon.

4. The Order of the 22nd May, 1907, so far as it applies to eczematous

2. Aucun ouvrier ne pourra être employé d'une façon continue plus de cinq heures, soit dans l'atelier soit à domicile, sans jouir d'un intervalle de repos d'au moins une demi-heure;

3. Chaque fois qu'il sera fait usage de l'exception spéciale, les renseignements suivants devront être immédiatement inscrits au registre général :

le nom de chaque personne ainsi employée;
la date et les heures du commencement et de la fin de l'occupation;
la date et les heures du commencement et de la fin du repos supplémentaire accordé au cours de la journée de travail le même jour ou le jour suivant.

Ordonnance ministérielle en date du 2 décembre 1908, étendant à un certain nombre de maladies professionnelles les dispositions de la loi de 1906 sur la réparation des accidents du travail et modifiant l'ordonnance antérieure du 22 mai 1907 [1].

En vertu des pouvoirs qui lui sont conférés par la section 8, sous-section 6 de la loi de 1906 sur la réparation des accidents du travail, le secrétaire d'État arrête l'ordonnance suivante :

1. Dans la limite des modifications indiquées ci-après, les dispositions de la section 8 de la loi de 1906 sur la réparation des accidents du travail s'étendront et s'appliqueront aux maladies, dommages physiques et travaux spécifiés dans la première et la seconde colonne de l'annexe de la présente ordonnance au même titre que si ces maladies ou dommages physiques figuraient à la première colonne de la troisième annexe de la loi de 1906 et que si les travaux visés correspondaient, dans la seconde colonne de la dite annexe, aux maladies et dommages physiques auxquels ils correspondent dans la seconde colonne de l'annexe à la présente ordonnance;

2. Tout ouvrier verrier souffrant de la cataracte aura droit à une indemnité conformément aux dispositions de la dite section ainsi qu'elle est appliquée par la présente ordonnance, pour une période ne dépassant pas six mois en tout, ni quatre mois s'il n'a pas subi l'opération de la cataracte;

3. Lorsqu'il s'agira d'appliquer les dispositions de la section 8 dans un cas de crampe des télégraphistes dont serait atteint un employé au service du *Postmaster-General*, le médecin du *Post-Office* sous le contrôle duquel se trouve l'ouvrier remplacera le médecin certificateur, s'il est autorisé à agir aux fins de la dite section par le *Postmaster-General*.

4. L'ordonnance du 22 mai 1907, en tant qu'elle vise les ulcères eczéma-

[1] *Statutory Rules and Orders*, 1908, n° 1135. — Voir *Annuaire*, 1907, p. 245.

ulceration of the skin produced by dust or caustic or corrosive liquids, or ulceration of the mucous membrane of the nose or mouth produced by dust, is revoked, except as regards cases arising before the date of this Order.

SCHEDULE.

DESCRIPTION OF DISEASE OF INJURY.	DESCRIPTION OF PROCESS.
Cataract in glassworkers	Processes in the manufacture of glass involving exposure to the glare of molten glass.
Telegraphists' cramp.	Use of telegraphic instruments.
Eczematous ulceration of the skin produced by dust or liquids; or ulceration of the mucous membrane of the nose or mouth produced by dust.	

Regulations, dated December 18, 1908, made by the Secretary of State, for the use of East Indian Wool.

In pursuance of Section 79 of the Factory and Workshop Act, 1901, I hereby make the following Regulations, and direct that they shall apply to all factories in which East Indian Wool is used.

These Regulations shall come into force on the 1st January, 1909.

1. It shall be the duty of the occupier to observe Part I of these Regulations. It shall be the duty of all persons employed to observe Part II of these Regulations.

PART I.

DUTIES OF OCCUPIERS.

2. No East Indian wool or hair shall be treated in any dust-extracting machine unless such machine is covered over and the cover connected with an exhaust fan so arranged as to discharge the dust into a furnace or into an intercepting chamber.

3. The occupier shall provide and maintain suitable overalls and respirators to be worn by the persons engaged in collecting and removing the dust.

teux, causés par des poussières ou des liquides caustiques et corrosifs, ou des ulcéres de la membrane pituitaire ou de la muqueuse buccale provoqués par les poussières, est rapportée, sauf les cas survenus avant la date de la présente ordonnance.

ANNEXE.

DÉSIGNATION DES MALADIES OU DOMMAGES PHYSIQUES.	DÉSIGNATION DES TRAVAUX.
Cataracte des verriers	Travaux de la fabrication du verre, entraînant l'exposition à l'action éblouissante du verre en fusion.
Crampes des télégraphistes.	Usage des appareils télégraphiques.
Ulcères eczémateux causés par des poussières ou des liquides caustiques et corrosifs, ulcères de la membranne pituitaire ou de la muqueuse buccale provoqués par les poussières.	

Ordonnance ministérielle en date du 18 décembre 1908, concernant le travail de la laine provenant des Indes orientales (¹).

En vertu de la section 79 de la loi de 1901 sur les fabriques et ateliers, le secrétaire d'Etat arrête les dispositions suivantes et ordonne qu'elles soient appliquées à toutes les fabriques où il est fait usage de laine des Indes orientales.

Les présentes dispositions entreront en vigueur le 1er janvier 1909.

1. L'employeur est tenu d'observer les mesures prescrites dans la première partie. Toutes les personnes employées auront à se conformer aux mesures prescrites dans la seconde partie de la présente ordonnance.

Ire PARTIE.

OBLIGATIONS DES EMPLOYEURS.

2. La laine et le crin en provenance des Indes orientales ne pourront être traités dans une machine à extraire la poussière que si cette machine est couverte d'une hotte reliée à un ventilateur d'aspiration disposé de façon à expulser la poussière dans un four ou dans une chambre.

3. Le propriétaire mettra et tiendra à la disposition des personnes occupées à rassembler et à enlever la poussière des surtouts et des masques respirateurs appropriés.

(¹) *Statutory Rules and Orders*, 1908, n° 1287.

PART II.

DUTIES OF PERSONS EMPLOYED.

4. No person employed shall treat East Indian wool in any dust-extracting machine otherwise than as permitted in Regulation 2.

5. Every person engaged in collecting or removing dust shall wear the overall and respirator provided in accordance with Regulation 3.

6. If any fan, or any other appliance for the carrying out of these Regulations, is out of order, any workman becoming aware of the defect shall immediately report the fact to the foreman.

Regulations, dated December 18, 1908, made by the Secretary of State for Vitreous Enamelling Metal or Glass.

Whereas the process of vitreous enamelling of metal or glass has been certified in pursuance of section 79 of the Factory and Workshop Act, 1901, to be dangerous;

I hereby, in pursuance of the powers conferred on me by that Act, make the following Regulations, and direct that they shall apply to all factories and workshops in which vitreous enamelling of metal or glass is carried on.

Provided that nothing in these Regulations shall apply to:

a) the enamelling of jewellery or watches; or

b) the manufacture of stained glass; or

c) enamelling by means of glazes or colours containing less than 1 per cent of lead.

These Regulations shall come into force on 1st April, 1909.

Definitions.

In these Regulations:

" Enamelling " means crushing, grinding, sieving, dusting or laying on, brushing or woolling off, spraying, or any other process for the purpose of vitreous covering and decoration of metal or glass;

" Employed " means employed in enamelling;

" Surgeon " means the Certifying Factory Surgeon of the district or a duly qualified medical practitioner appointed by written certificate of the Chief Inspector of Factories, which appointment shall be subject to such conditions as may be specified in that certificate;

IIe PARTIE.

OBLIGATIONS DES OUVRIERS.

4. Aucun ouvrier ne pourra travailler la laine des Indes orientales dans des machines à extraire la poussière d'une façon autre que celle qui est autorisée par l'article 2.

5. Tout ouvrier occupé à rassembler ou à enlever la poussière doit porter le surtout et le masque respirateur fournis conformément à l'article 3.

6. Tout ouvrier mis au courant d'un dérangement survenu à un ventilateur ou à un autre dispositif servant à l'exécution de la présente ordonnance, en avertira immédiatement le contremaître.

Ordonnance ministérielle en date du 18 décembre 1908, concernant l'émaillage du métal ou du verre [1].

Considérant que le procédé de l'émaillage du métal ou du verre a été déclaré dangereux conformément à la section 79 de la loi de 1901 sur les fabriques et ateliers;

Le secrétaire d'Etat en vertu des pouvoirs qui lui sont conférés par la loi susdite arrête le règlement suivant et ordonne qu'il soit appliqué dans toutes les fabriques et ateliers dans lesquels se pratique l'émaillage du métal ou du verre.

Toutefois, aucune des présentes dispositions ne s'appliquera :

a) à l'émaillage des bijoux ou des montres; ou

b) à la fabrication des vitraux peints; ou

c) à l'émaillage à l'aide de glaçures contenant moins de 1 p. c. de plomb.

La présente ordonnance entrera en vigueur le 1er avril 1909.

Définitions.

Dans la présente ordonnance :

« Emaillage » signifie le malaxage, le broyage, le tamisage, le saupoudrage ou l'application, l'essuyage, le vaporisage ou tout autre procédé consistant à appliquer une couche ou une décoration vitreuse sur du métal ou sur du verre;

« Employé » signifie employé à l'émaillage;

« Médecin » signifie le médecin certificateur des fabriques du district ou un praticien dûment qualifié, nommé par certificat écrit de l'inspecteur en chef des fabriques moyennant les conditions spécifiées par ce certificat;

---

[1] *Statutory Rules and Orders*, 1908, n° 1258.

"Suspension" means suspension by written certificate in the Health Register, signed by the Surgeon, from employment in any enamelling process.

Duties.

It shall be the duty of the occupier to observe Part I of these Regulations.

It shall be the duty of all persons employed to observe Part II of these Regulations.

PART I.

DUTIES OF EMPOYERS.

1. Every room in which any enamelling process is carried on:

a) shall contain at least 500 cubic feet of air space for each person employed therein, and in computing this air space no height above 14 feet shall be taken into account;

b) shall be efficiently lighted, and shall for this purpose have efficient means of lighting both natural and artificial.

2. In every room in which any enamelling process is carried on:

a) the floors shall be well and closely laid, and be maintained in good condition;

b) the floors and benches shall be cleansed daily and kept free of collections of dust.

3. No enamelling process giving rise to dust or spray shall be done save either:

a) under conditions which secure the absence of dust and spray; or

b) with an efficient exhaust so arranged as to intercept the dust or spray and prevent it from diffusing into the air of the room.

4. Except in cases where glaze is applied to a heated metallic surface, dusting or laying on, and brushing or woolling off, shall not be done except over a grid with a receptacle beneath to intercept the dust falling through.

5. If firing is done in a room not specially set apart for the purpose, no person shall be employed in any other process within 20 feet from the furnace.

6. Such arrangements shall be made as shall effectually prevent gases generated in the muffle furnaces from entering the workrooms.

7. No child or young person under 16 years of age shall be employed in any enamelling process.

8. A Health Register, containing the name of all persons employed, shall be kept in a form approved by the Chief Inspector of Factories.

« Suspension » signifie interdiction de travailler à un procédé quelconque d'émaillage en vertu d'un certificat inscrit au registre de santé et signé par le médecin.

Obligations.

L'employeur est tenu d'observer la première partie des présentes dispositions.

Toutes les personnes employées sont tenues d'observer la seconde partie des présentes dispositions.

Ire PARTIE.

OBLIGATIONS DES EMPLOYEURS.

1. Toute salle où se pratique un procédé quelconque d'émaillage :

a) doit avoir un cubage d'air d'au moins 500 pieds par personne y travaillant et pour calculer ce cubage il ne sera pas tenu compte de toute hauteur excédant 14 pieds;

b) doit être suffisamment éclairée et posséder à cet effet des moyens d'éclairage naturel et artificiel appropriés.

2. Dans toute salle où se pratique un procédé quelconque d'émaillage :

a) le parquet doit être bien ajusté, bien joint et maintenu en bon état ;

b) le plancher et les bancs doivent être nettoyés journellement de façon que la poussière ne puisse s'y amasser.

3. Aucun procédé d'émaillage donnant lieu à des dégagements de poussière ou de poussière d'eau ne pourra être pratiqué que :

a) dans des conditions assurant l'absence de poussière et de poussière d'eau ; ou

b) s'il y a un aspirateur efficace disposé de manière à capter la poussière ou la poussière d'eau et l'empêcher de se répandre dans l'atmosphère de l'atelier.

4. Sauf dans les cas où la glaçure est appliquée sur une surface métallique chauffée, le saupoudrage ou l'application et l'essuyage ne peuvent être effectués qu'au-dessus d'une grille installée sur un récipient propre à capter les poussières qui tomberaient.

5. Si la cuisson s'effectue dans un local qui n'est pas réservé à cette fin, aucun ouvrier ne pourra être employé à une autre opération dans un rayon de 20 pieds autour du four.

6. Des dispositions seront prises pour éviter que les gaz qui se dégagent dans les fours à moufle ne se répandent dans les ateliers.

7. Aucun enfant ou adolescent de moins de 16 ans ne pourra être employé à un procédé d'émaillage.

8. Il sera tenu, dans la forme approuvée par l'inspecteur en chef des fabriques, un registre de santé contenant les noms de toutes les personnes employées.

9. Every person employed shall be examined by the Surgeon once in every three months (or at such other intervals as may be prescribed in writing by the Chief Inspector of Factories) on a date of which due notice shall be given to all concerned.

10. The Surgeon shall have power of suspension as regards all persons employed, and no person after suspension shall be employed without written sanction from the Surgeon entered in the Health Register.

11. There shall be provided and maintained for the use of all persons employed :

a) suitable overalls and head-coverings, which shall be collected at the end of every day's work, and be cleaned or renewed at least once every week;

b) a suitable place, separate from the cloakroom and mealroom, for the storage of the overalls and head-coverings;

c) a suitable cloakroom for clothing put off during working hours;

d) a suitable mealroom separate from any room in which enamelling processes are carried on, unless the works are closed during meal hours.

12. There shall be provided and maintained in a cleanly state and in good repair, for the use of all persons employed, a lavatory, under cover, with a sufficient supply of clean towels, renewed daily, and of soap and nail brushes, and with either :

a) a trough with a smooth impervious surface, fitted with a waste pipe without plug, and of such length as to allow at least two feet for every five such persons, and having a constant supply of warm water from taps or jets above the trough at intervals of not more than two feet; or

b) at least one lavatory basin for every five such persons, fitted with a waste pipe and plug or placed in a trough having a waste pipe, and having either a constant supply of hot and cold water or warm water laid on, or (if a constant supply of heated water be not reasonably practicable) a constant supply of cold water laid on and a supply of hot water always at hand when required for use by persons employed.

13. The occupier shall allow any of H. M. Inspectors of Factories to take at any time sufficient samples for analysis of any enamelling material in use or mixed for use.

Provided that the occupier may at the time when the sample is taken, and on providing the necessary appliances, require the Inspector to take, seal and deliver to him a duplicate sample.

No results of any analysis shall be published without the consent of the occupier, except such as may be necessary to prove the presence of lead when there has been infraction of the Regulations.

9. Toute personne employée sera examinée par le médecin une fois tous les trois mois (ou à des intervalles plus rapprochés, si l'inspecteur en chef des fabriques l'exige), à une date dont les intéressés seront dûment avertis.

10. Le médecin a le droit de suspension à l'égard de toutes les personnes employées et aucun ouvrier ne pourra, après suspension, être employé au travail sans une autorisation écrite du médecin, inscrite au registre de santé.

11. Il sera fourni et tenu à la disposition de tous les ouvriers :

a) des surtouts et couvre-chefs à mettre de côté à la fin de chaque journée de travail, et à laver et renouveler au moins une fois par semaine;

b) une salle convenable, séparée du vestiaire et du réfectoire, pour le dépôt des surtouts et des couvre-chefs;

c) un vestiaire convenable pour le dépôt des vêtements pendant les heures de travail;

d) un réfectoire convenable séparé de tout local dans lequel se pratiquent des procédés d'émaillage, à moins que l'établissement ne soit fermé pendant les heures des repas.

12. Il devra être installé et tenu en état de propreté et dans de bonnes conditions, pour le service de tous les ouvriers, un cabinet de toilette sous toit, pourvu d'un nombre suffisant de serviettes propres, à renouveler tous les jours, de savons, brosses à ongles, etc., et

a) d'un bassin à surface polie et imperméable, muni d'un tuyau de décharge sans bouchon et de longueur telle qu'il y ait au moins un espace de 2 pieds par cinq personnes, avec une quantité permanente d'eau chaude amenée par des robinets ou des tuyaux placés au-dessus du bassin à des intervalles de 2 pieds au maximum, ou bien

b) d'au moins un bassin de toilette par cinq personnes, chaque bassin étant muni d'un tuyau de décharge avec bouchon ou placé dans une auge ayant un tuyau de décharge, avec une provision permanente d'eau très chaude et d'eau froide ou une provision d'eau chaude, ou (s'il n'est pas possible d'avoir une provision constante d'eau chauffée) une provision constante d'eau froide et une provision constante d'eau chaude toujours prête à être utilisée par les personnes employées.

13. Tout inspecteur de fabrique pourra, en tout temps, prélever, en vue d'en faire l'analyse, des échantillons suffisants des matières servant à l'émaillage ou mélangées en vue de cet usage.

Toutefois, l'industriel pourra au moment du prélèvement de l'échantillon et en fournissant les choses nécessaires à cet effet, exiger que l'inspecteur prélève, scelle et lui délivre un échantillon semblable.

Les résultats des analyses ne pourront être publiés sans le consentement de l'industriel, sauf ce qui serait éventuellement nécessaire pour établir la présence du plomb en cas d'infraction à l'ordonnance.

PART II.

DUTIES OF PERSONS EMPLOYED.

14. Every person employed shall :

a) present himself at the appointed time for examination by the Surgeon as provided in Regulation 9;

b) wear the overall and head covering provided under Regulation 11 (*a*), and deposit them and clothing put off during working hours, in the places provided under Regulation 11 (*b*) and (*c*);

c) carefully clean the hands before partaking of any food or leaving the premises;

d) so arrange the hair that it shall be effectually protected from dust by the head-covering.

15. No person employed shall :

a) after suspension, work in any enamelling process without written sanction from the Surgeon entered in the Health Register;

b) introduce, keep, prepare, or partake of any food, drink, or tobacco, in any room in which an enamelling process is carried on;

c) interfere in any way, without the concurrence of the occupier or manager, with the means and appliances provided for the removal of dust or fumes, and for the carrying out of these Regulations.

An Act to prohibit te Manufacture, Sale, and Importation of Matches made with White Phosphorus, and for other purposes in connection therewith. (21st December 1908.)

1. -- 1. It shall not be lawful for any person to use white phosphorus in the manufacture of matches, and any factory in which white phosphorus is so used shall be deemed to be a factory not kept in conformity with the Factory and Workshop Act, 1901, and that Act shall apply accordingly.

2. The occupier of any factory in which the manufacture of matches is carried on shall allow an inspector under the Factory and Workshop Act, 1901, at any time to take for analysis sufficient samples of any material in use or mixed for use, and, if he refuses to do so, shall be guilty of obstructing the inspector in the execution of his duties under that Act.

IIe PARTIE.

OBLIGATIONS DES OUVRIERS.

14. Toute personne employée est tenue :

a) de se présenter à l'examen du médecin au jour désigné, comme il est prévu à la disposition 9 ;

b) de porter, étant au travail, le surtout et le couvre-chef fournis en exécution de l'article 11 a) et de les déposer ainsi que les vêtements enlevés pendant les heures de travail dans le vestiaire aménagé en exécution de l'article 11 b) et c) ;

c) de se laver soigneusement les mains avant de prendre des aliments ou de quitter les locaux

d) de s'arranger les cheveux de façon qu'elle soit effectivement protégée contre la poussière par le couvre-chef.

15. Aucun ouvrier ne pourra :

a) en cas de suspension, être occupé à un procédé quelconque d'émaillage sans une autorisation écrite du médecin inscrite au registre de santé ;

b) introduire, garder, préparer ou consommer une nourriture ou une boisson quelconque ou du tabac, dans un local où se pratique un procédé d'émaillage ;

c) intervenir d'une façon quelconque, à l'insu du patron ou du directeur dans le fonctionnement des dispositifs d'évacuation des poussières ou des fumées et pour l'exécution des présentes dispositions.

Loi du 21 décembre 1908 portant interdiction de la fabrication, de la vente et de l'importation d'allumettes faites à l'aide de phosphore blanc [1].

1. — 1. L'emploi du phosphore blanc pour la fabrication des allumettes est interdit et les fabriques dans lesquelles du phosphore blanc est employé à cet effet seront considérées comme n'étant pas exploitées conformément à la loi de 1901 sur les fabriques et ateliers, et les dispositions de cette loi leur seront applicables en conséquence.

2. Le patron d'une fabrique où s'effectue la fabrication d'allumettes, doit permettre aux inspecteurs nommés en vertu de la loi de 1901 sur les fabriques et ateliers de prélever en tout temps, aux fins d'analyse, des échantillons suffisants de toute substance employée ou mélangée dans ce but ; s'il s'y refuse, il sera coupable du délit d'avoir mis obstacle à l'accomplissement des devoirs de l'inspecteur en vertu de ladite loi.

---

[1] 1908, Chapter 42. — TRAVAUX PARLEMENTAIRES : *Communes* : première lecture, 30 juillet ; deuxième lecture, 15 octobre, 25 novembre, 3 décembre ; troisième lecture, 3 décembre. *Lords* : première lecture, 7 décembre ; deuxième lecture, 8 et 14 décembre ; troisième lecture, 15 décembre 1908.

Provided that the occupier may, at the time when the sample is taken, and on providing the necessary appliances, require the inspector to divide the sample so taken into two parts and to mark, seal, and deliver to him one part.

2. — It shall not be lawful for any person to sell or to offer or expose for sale or to have in his possession for the purposes of sale any matches made white phosphorus, and, if any person contravenes the provisions of this section, he may on complaint to a court of summary jurisdiction be ordered to forfeit any such matches in his possession, and any matches so forfeited shall be destroyed or otherwise dealt with as the court may think fit, but this provision shall not come into operation as respects any retail dealer until the first day of January, 1911.

3. — It shall not be lawful to import into the United Kingdom matches made with white phosphorus, and matches so made shall be included amongst the goods enumerated and described in the table of prohibitions and restrictions contained in section 42 of the Customs Consolidation Act, 1876

4. — 1. Any person who is manufacturing op proposing to manufacture matches by way of trade may present a petition to the Board of Trade, praying for the grant of a compulsory licence to use any process patented at the passing of this Act for the manufacture of matches without white phosphorus, other than matches intended to strike only on a surface specially prepared for the purpose.

2. The Board of Trade, after considering any representations that may be made by the patentee as defined by the Patents and Designs Act, 1907, and any person claiming an interest in the patent as exclusive licensee or otherwise, and, after consultation with the Secretary of State, may order the patentee to grant a licence to the petitioner on such terms as the Board may think just. The provisions of the Board of Trade Arbitrations, etc., Act, 1874, shall apply to proceedings under this section as if this Act were a special Act within the meaning of that Act.

3. An order of the Board directing the grant of a licence under this section shall, without prejudice to any other method of enforcement, operate as if it were embodied in a deed granting a licence and made between the petitioner and the patentee and such other persons claiming an interest in the patent as aforesaid.

5. — 1. This Act may be cited as the White Phosphorus Matches Prohibition Act, 1908, and shall, except as otherwise expressly provided, come into operation on the first day of January, 1910.

2. For the purposes of this Act the expression " white phosphorus " means the substance usually known as white or yellow phosphorus.

Toutefois, lors du prélèvement de l'échantillon, l'exploitant peut, en mettant à la disposition de l'inspecteur les instruments nécessaires, exiger de ce dernier qu'il partage l'échantillon ainsi prélevé en deux parties et qu'il lui en remette une après l'avoir marquée et scellée.

2. — Il est interdit de vendre, d'offrir ou d'exposer en vente, d'avoir en sa possession en vue de la vente, des allumettes au phosphore blanc. En cas de contravention aux dispositions de la présente section, la confiscation des allumettes en la possession du contrevenant peut être prononcée sur poursuite exercée devant un tribunal de juridiction sommaire ; les allumettes confisquées seront détruites, ou il en sera disposé autrement suivant ce que le tribunal décidera. Toutefois en ce qui concerne les détaillants, la présente disposition n'entrera en vigueur que le 1er janvier 1911.

3. — L'importation d'allumettes au phosphore blanc dans le Royaume-Uni est interdite. Les allumettes de cette nature sont comprises parmi les marchandises énumérées et décrites dans les tableaux des interdictions et restrictions de l'article 42 de la loi douanière codifiée de 1876.

4. — 1. Toute personne qui fabrique ou se propose de fabriquer industriellement des allumettes peut, par requête adressée au *Board of Trade*, obtenir une licence l'autorisant à faire usage d'un procédé breveté lors de l'adoption de la présente loi pour la fabrication d'allumettes sans phosphore blanc, sauf les allumettes qui ne peuvent être allumées que sur une surface spécialement préparée à cet effet.

2. Le *Board of Trade* peut, en tenant compte, le cas échéant, des objections du titulaire du brevet au sens de la loi de 1907 sur la protection des brevets et modèles et des autres personnes qui, comme concessionnaires uniques ou à tout autre titre, peuvent avoir des droits sur le brevet, ordonner, d'accord avec le secrétaire d'État, que le titulaire du brevet concède une licence au requérant aux conditions jugées convenables par le *Board of Trade*. Les dispositions de la loi de 1874 sur les arbitrages, etc , du *Board of Trade* s'appliquent à la procédure prévue par la présente section, comme si la présente loi était une loi spéciale au sens de la loi précitée.

3. Une décision du *Board of Trade* ordonnant la concession d'une licence en vertu de la présente section, a, sans préjudice d'autres moyens d'exécution, le même effet que si elle faisait partie d'un acte de concession de licence qui serait passé entre le requérant, le titulaire du brevet et les autres personnes qui peuvent avoir des droits sur le brevet.

5. — 1. La présente loi pourra être citée sous le titre « Loi de 1908 sur l'interdiction des allumettes au phosphore blanc » ; elle entrera en vigueur, sauf disposition expressément contraire, le 1er janvier 1910.

2. Pour les besoins de la présente loi, l'expression « phosphore blanc » désigne la substance connue communément sous le nom de phosphore blanc ou jaune.

An Act to amend the Coal Mines Regulation Acts, 1887 to 1895, for the purpose of limiting hours of work below ground. 21st December 1908.

1. — 1. Subject to the provisions of this Act a workman shall not be below ground in a mine for the purpose of his work, and of going to and from his work, for more than eight hours during any consecutive twenty-four hours.

2. No contravention of the foregoing provisions shall be deemed to take place in the case of a workman working in a shift if the period between the times at which the last workman in the shift leaves the surface and the first workman in the shift returns to the surface does not exceed eight hours; nor shall any contravention of the foregoing provisions be deemed to take place in the case of any workman who is below ground for the purpose of rendering assistance in the event of accident, or for meeting any danger or apprehended danger, or for dealing with any emergency or work uncompleted through unforeseen circumstances which requires to be dealt with without interruption in order to avoid serious interference with ordinary work in the mine or in any district of the mine, or, in the case of stallmen when engaged in the process of taking down top coal in square or wide work in the thick coal of the South Staffordshire district, so long as their presence in or near the stall is necessary to ensure safety.

3. The owner, agent, or manager of every mine shall fix for each shift of workmen in the mine the time at which the lowering of the men to the mine is to commence and to be completed, and the time at which the raising of the men from the mine is to commence and to be completed, in such a manner that every workman shall have the opportunity of provisions of this section, and shall post and keep posted at the pit head a conspicuous notice of the times so fixed, and shall make all arrangements necessary for the observance of those times in lowering and raising the men.

4. The interval between the times fixed for the commencement and for the completion of the lowering and raising of each shift of workmen to and from the mine shall be such time as may for the time being be approved by the inspector as the time reasonably required for the purpose. Provided that, in the event of any accident to the winding machinery, or other accident interfering with the lowering or raising of workmen, the interval may

Loi du 21 décembre 1908 portant modification aux lois de 1887 à 1905 sur les mines de houille en ce qui concerne la limitation de la durée du travail souterrain (¹).

1. — 1. Conformément aux dispositions de la présente loi, un ouvrier ne peut se trouver au fond d'une mine, pour les besoins de son travail, ou pour aller à son travail ou en revenir, pendant plus de huit heures au cours de vingt-quatre heures consécutives.

2. Il n'y aura pas contravention aux dispositions précédentes pour un ouvrier compris dans un poste, si, entre la descente du dernier ouvrier de son poste et la remonte du premier ouvrier de ce poste, il ne s'est pas écoulé plus de huit heures; il n'y aura pas non plus contravention s'il s'agit d'un ouvrier qui se trouve au fond en vue de prêter son assistance à cause d'un accident, ou pour parer à un danger actuel ou éventuel, ou bien à raison d'un cas de force majeure ou d'un travail exceptionnel qui ne peut être interrompu, afin d'éviter que des troubles sérieux se produisent dans le travail ordinaire de la mine ou d'une partie de la mine; ou s'il s'agit de *stallmen* travaillant en massif et occupés à détacher les charbons du toit dans les couches épaisses du South Staffordshire, aussi longtemps que leur présence dans ou près des « chambres » est indispensable pour assurer la sécurité.

3. Le propriétaire, l'agent ou le directeur de chaque mine, doit fixer, pour chaque poste d'ouvriers de la mine, l'heure où doit commencer et l'heure où doit se terminer la descente des ouvriers de ce poste, ainsi que l'heure où doit commencer et l'heure où doit se terminer la remonte des ouvriers, de telle manière que chaque ouvrier puisse avoir le moyen de retourner à la surface sans contrevenir aux dispositions précédentes de la présente section. Il doit afficher à l'entrée du puits un avis apparent indiquant les heures ainsi fixées et il doit prendre toutes les mesures nécessaires pour assurer l'observation de ces heures pour la descente et la remonte des ouvriers.

4. L'intervalle entre les heures fixées pour le début et pour l'achèvement de la descente ainsi que de la remonte de chaque poste d'ouvriers, ne doit pas dépasser le temps raisonnablement nécessaire à cet effet, tel qu'il est approuvé par l'inspecteur. Toutefois, en cas d'accident à la machine d'extraction ou d'accident entravant la descente ou la remonte des ouvriers, la durée de cet intervalle pourra être provisoirement prolongée, dans la

---

(¹) 1908, Chapter 57. — TRAVAUX PARLEMENTAIRES : *Communes* : première lecture, 20 février 1908; deuxième lecture, 22 juin, 6 juillet, 18 novembre, 9 et 10 décembre; troisième lecture, 11 décembre. *Lords* : première lecture, 14 décembre; deuxième lecture, 15, 17 et 18 décembre; troisième lecture, 18 décembre. Amendements. Retour et discussion aux Communes, 18 décembre. Retour aux Lords, 19 décembre. Adoption.

temporarily be extended to such extent as may be necessary; but in any such case the owner, agent, or manager of the mine shall on the same day send notice of the extension shall not continue beyond such date as may be allowed by the inspector.

5. In the event of the owner, agent, or manager feeling aggrieved by a decision of the inspector under the last foregoing subsection, the matter shall, in accordance with regulations as to procedure and costs made by the Secretary of State, be referred to the decision of a person appointed by the judge of county courts for the district, or in Scotland by the sheriff of the county, in which the mine is situate, whose decision shall be final; but until such decision is given the times approved by the inspector shall be in force as respects the mine.

6. A repairing shift of workmen may, notwithstanding the provisions of this section, for the purpose of avoiding work on Sunday, commence their period of work on Saturday before twenty-four hours have elapsed since the commencement of their last period of work, so long as at least eight hours have elapsed since the termination thereof.

7. For the purposes of this Act, the expression " workman " means any person employed in a mine below ground, who is not an official of the mine (other than a fireman, examiner, or deputy), or a mechanic or horse-keeper, or a person engaged solely in surveying or measuring; and any number of workmen whose hours for beginning and terminating work in the mine are approximately the same shall be deemed to be a shift of workmen :

Provided that :

a) in the case of a fireman, examiner, or deputy, onsetter, pump-minder, fanman, or furnace-man, the maximum period for which he may be below ground under this Act shall be nine hours and half; and

b) where the work of sinking a pit or driving a cross-measure drift is being carried on continuously, no contravention of the provisions of this Act shall be deemed to take place as respects any workman engaged on that work if the number of hours spent by him at his working place does not exceed six at any one time, and the interval between the time of leaving the working place and returning thereto is in no case less than twelve hours.

If any question under this section arises (otherwise than in legal proceedings) whether any person is a workman or is a workman of any particular class, that question shall be referred to the Secretary of State, and his decision shall be final.

2. — 1. The owner, agent, or manager of every mine shall appoint one or more persons to direct at the pit head the lowering and raising of men to and from the mine, and shall cause a register to be kept in the form prescribed by the Secretary of State, and containing the particulars prescribed by him with respect to the times at which men are lowered into and

mesure nécessaire; mais, dans tous les cas, le propriétaire, l'agent ou le directeur de la mine devra envoyer à l'inspecteur, le jour même, un avis motivé concernant la dite prolongation, laquelle ne pourra continuer plus longtemps que l'inspecteur ne l'aura autorisé.

5. Dans le cas où le propriétaire, l'agent ou le directeur de la mine se croirait lésé dans ses intérêts par une décision de l'inspecteur, conformément à la sous-section précédente, sa réclamation sera portée en conformité des réglements faits par le secrétaire d'État sur la procédure et les frais, devant un arbitre nommé par le juge des cours de comté ou, en Écosse, par le sheriff du district dans lequel est située la mine. La décision de cet arbitre sera sans appel; en attendant, les heures autorisées par l'inspecteur seront seules en vigueur dans ladite mine.

6. Un poste de réparations peut, nonobstant les dispositions de la présente section et en vue d'éviter le travail du dimanche, commencer son travail le samedi, avant que vingt-quatre heures se soient écoulées depuis le commencement de sa dernière période de travail, à la condition que huit heures au moins se soient écoulées depuis l'achèvement de cette période.

7. Pour les besoins de la présente loi, l'expression « ouvrier » signifie toute personne employée dans une mine, aux travaux du fond, et qui n'est pas un fonctionnaire de la mine (sauf les mécaniciens, les contrôleurs, ou porions), ou un mécanicien ou un palefrenier, ou un employé occupé seulement à la levée des plans ou à l'arpentage. Tout groupe d'ouvriers dont le travail à la mine débute et s'achève approximativement aux mêmes heures est présumé être un poste d'ouvriers.

Toutefois :

a) la durée maximum du travail du fond des surveillants, contrôleurs, porions, accrocheurs, gardiens de pompes, gardiens de ventilateurs et chauffeurs sera de neuf heures et demie ; et,

b) lorsqu'il s'agit de creuser un puits ou d'exécuter des voies de traverse d'une façon ininterrompue, il n'y aura pas de contravention à la présente loi si le nombre d'heures passées par un ouvrier dans ces travaux ne dépasse pas six, et que le laps de temps entre son départ du chantier et son retour au chantier n'est en aucun cas moindre que douze heures.

S'il s'élève un différend (autre que des procédures judiciaires) sur le point de savoir si telle personne est un ouvrier ou est un ouvrier d'une catégorie déterminée, l'affaire sera soumise au secrétaire d'État qui statuera sans appel.

2. — 1. Le propriétaire, l'agent ou le directeur de chaque mine déléguera une ou plusieurs personnes pour diriger, à l'orifice du puits, la descente et la remonte des ouvriers, et fera tenir un registre, dans la forme indiquée par le secrétaire d'État et contenant les détails prescrits par lui en ce qui concerne les heures effectives de descente et de remonte, et les cas dans les-

raised from the mine, and the cases in which any man is below ground for more than the time fixed by this Act, and the cause thereof, and the register shall be open to inspection by the inspector.

2. The workmen in a mine may, at their own cost, appoint and station one or more persons, whether holding the office of checkweigher or not, to be at the pit head, at all times when workmen are to be lowered or raised, for the purpose of observing the times of lowering and raising, and the provisions of the Coal Mines Regulation Acts, 1887 to 1905, relating to the checkweigher, and to the relations between the owner, agent, or manager of the mine and the checkweigher shall, so far as applicable, apply to any person so appointed as they apply to the checkweigher, with the substitution, as respects appointment, of the workmen in the mine for the persons who under those Acts are entitled to appoint a checkweigher.

3. If any person knowingly makes a false entry in the register which is to be kept under this section, or knowingly causes or permits any such false entry to be made, he shall be liable on summary conviction in respect of each offence to a fine not exceeding five pounds. Provided that the total amount of fines for offences under this section committed by any one person at any one pit head in any one period of twenty-four hours shall not exceed twenty-five pounds.

3. — 1. The time fixed by this Act as the time during which the workmen in a mine may be below ground for the purpose of their work and of going to and from their work may be extended as respects any mine by the owner, agent, or manager of the mine, on not more than sixty days in any calendar year by not more than one hour a day, and on any day on which an exteesion of time is made in accordance with this section as respects any mine the time as so extended shall be substituted for the purposes of this Act as respects that mine for the time as fixed by this Act.

2. The owner, agent, or manager of every mine shall cause a register to be kept in such manner as the Secretary of State may direct of the cases in which any extension of time has been given under this section, and the register shall be open to inspection by the inspector.

4. — His Majesty may, in the event of war of imminent national danger or great emergency, or in the event of any grave economic disturbance due to the demand for coal exceeding the supply available at the time, by Order in Council suspend the operation of this Act to such extent and for such period as may be named in the Order, either as respects all coal mines or any class of coal mines.

5. — In the application of this Act to mines which are entered otherwise than by a shaft, and to workmen who are not lowered to or raised from the mine by means of machinery, the admission of men to the mine shall be

quels un ouvrier se trouve au fond pendant une durée supérieure à la durée fixée par la présente loi, ainsi que la cause de cette prolongation. L'inspecteur doit pouvoir consulter ce registre en tout temps.

2. Les ouvriers d'une mine peuvent, à leurs frais, charger une ou plusieurs personnes revêtues ou non des fonctions de contrôleurs des pesées, de stationner à l'orifice du puits aux moments où les ouvriers doivent être descendus ou remontés, dans le but de contrôler les heures de descente et de remonte ; les dispositions des lois sur les mines de houille, de 1887 à 1905, relatives au contrôleur des pesées et aux relations du propriétaire, agent ou directeur de la mine avec le contrôleur des pesées, seront applicables dans la mesure du possible aux personnes ainsi désignées, sous cette réserve que, en ce qui concerne le droit de nomination, les ouvriers de la mine sont substitués aux personnes qui, aux termes des dites lois, ont le droit de nommer un contrôleur des pesées.

3. Toute personne qui fera sciemment une mention fausse dans le registre qui doit être tenu aux termes de la présente section, ou qui provoquera ou autorisera de même une inscription fausse sera passible, pour chaque contravention, d'une amende de simple police qui ne pourra dépasser cinq livres. Toutefois la totalité des amendes infligées en vertu de la présente section, à une même personne, au même orifice et pendant une même période de vingt-quatre heures, ne pourra excéder vingt-cinq livres.

3. — 1. La durée pendant laquelle, aux termes de la présente loi, les ouvriers d'une mine peuvent se trouver au fond pour les besoins de leur travail et pour aller à leur travail ou en revenir, peut être augmentée par le propriétaire, l'agent ou le directeur de la mine, pendant soixante jours au maximum par année civile, ou d'une heure par jour au maximum. Dans toute mine où la durée de présence sera ainsi augmentée, cette durée sera substituée, aux fins de la présente loi, à la durée fixée par celle-ci.

2. Le propriétaire, l'agent ou le directeur d'une mine devra veiller à ce qu'un registre soit tenu, dans la forme indiquée par le secrétaire d'État, de tous les cas dans lesquels la durée du travail a été augmentée conformément au présent article ; ce registre sera toujours à la disposition de l'inspecteur.

4. — Le Roi peut, en cas de guerre, de danger national imminent ou d'extrême urgence, ou en cas de crise économique grave, due au fait que la demande de charbon dépasse l'offre disponible à un moment donné, suspendre par ordonnance prise en conseil, l'application de la présente loi dans la mesure et pendant le temps indiqué dans l'ordonnance, soit pour toutes les houillères ou seulement pour une catégorie de houillères.

5. — Lorsqu'il s'agit d'appliquer la présente loi aux mines où les ouvriers pénètrent autrement que par un puits, et aux ouvriers qui ne sont pas descendus ou remontés par des moyens mécaniques, l'admission des ouvriers

substituted for the lowering of men to the mine, and the return of men from the mine shall be substituted for the raising of men from the mine, and such times as may be determined by the owner, agent, or manager of the mine, with the approval of the inspector, as the times properly corresponding to the times fixed for the commencement and completion of the lowering and raising of workmen to and from the mine, shall be substituted for the times so fixed.

6. — For securing compliance with the provisions of this Act, it shall be the duty of the owner, agent, or manager of every mine :

a) to make regulations for that purpose and publish such regulations by posting them and keeping them posted at the pit head, and by supplying a copy thereof gratis to every workman employed underground in the mine who, not having been previously supplied with a copy, applies therefor at the office at which he is paid; and

b) to provide necessary means for raising the men from the mine within the time limited by this Act.

7. — 1. If any person contravenes or fails to comply with any provision of this Act or connives at any such contravention or failure on the part of any other person, he shall be guilty of an offence against this Act :

Provided that a workman shall not be guilty of an offence under this Act in the case of any failure to return to the surface within the time limited by this Act if he proves that without default on his part he was prevented from returning to the surface owing to means not being available for the purpose.

2. A person guilty of an offence under this Act for which a special penalty is not provided shall, in respect of each offence, be liable, on summary conviction, if he is the owner, agent, or manager of the mine, to a fine not exceeding two pounds, and in any other case to a fine not exceeding ten shillings.

3. If a workman is below ground for a longer period during any consecutive twenty-four hours than the time fixed by this Act he shall be deemed to have been below ground in contravention of this Act unless the contrary is proved.

8. — 1. This Act shall, except where the contrary intention appears, apply to all mines to which the Coal Mines Regulation Acts, 1887 to 1905, apply.

2. This Act shall come into operation, as respects mines in the counties of Northumberland and Durham, on the first day of January, 1910, and elsewhere on the first day of July, 1909.

3. This Act may be cited as the Coal Mines Regulation Act, 1908, and shall be construed as one with the Coal Mines Regulation Acts, 1887 to

dans la mine sera substituée à la descente des ouvriers dans la mine, et la sortie de la mine sera substituée à la remonte des ouvriers. Les heures fixées par le propriétaire, l'agent ou le directeur de la mine, avec l'approbation de l'inspecteur, comme étant les heures correspondant aux heures fixées pour le début et l'achèvement de la descente et de la remonte des ouvriers, seront substituées aux heures ainsi fixées pour la descente et la remonte.

6. — Afin d'assurer l'exécution de la présente loi, tout propriétaire, agent ou directeur d'une mine devra :

a) faire rédiger un règlement dans ce but, et le publier en le placardant à l'orifice du puits et en distribuant un exemplaire à tout ouvrier du fond qui n'en aurait pas déjà reçu et qui en fait la demande au bureau de paye.

b) aménager les installations nécessaires pour que la descente ou remonte des ouvriers soit effectuée dans le délai prescrit par la présente loi.

7. — 1. Toute personne qui contrevient ou omet de se conformer, ou qui permet à une autre personne de contrevenir ou d'omettre de se conformer à l'une des dispositions de la présente loi, sera coupable de contravention à la présente loi.

Toutefois, ne sera pas coupable d'infraction l'ouvrier qui, n'étant pas revenu à la surface dans les limites de temps prévues ci-dessus, pourra prouver qu'il en a été empêché, contre sa volonté, par l'insuffisance des moyens de remonte mis à sa disposition.

2. Toute personne coupable d'une violation de la présente loi pour laquelle il n'a point été prévu de pénalité spéciale, sera, si elle est propriétaire, agent ou directeur de la mine, passible d'une amende n'excédant pas 2 livres, et si elle n'a point cette qualité, d'une amende n'excédant pas 10 shillings, pour chaque contravention.

3. Si, au cours de vingt-quatre heures consécutives, un ouvrier reste dans le fond pendant une période plus longue que la durée de présence fixée ci-dessus, il sera réputé avoir contrevenu à la présente loi, à moins que la preuve contraire ne soit fournie.

8. — 1. La présente loi, sauf disposition contraire, s'appliquera à toutes les mines auxquelles s'appliquent les lois sur les houillères de 1887 à 1905.

2. La présente loi entrera en vigueur le 1er juillet 1909, et, en ce qui concerne les mines situées dans les comtés de Northumberland et de Durham, le 1er juillet 1910.

3. La présente loi peut être citée sous le titre de Loi de 1908 réglementant les houillères; elle sera considérée comme faisant corps avec celles de 1887

1905, and this Act and those Acts may be cited together as the Coal Mines Regulation Acts, 1887 to 1908.

Regulations, dated December 23, 1908, made by the Secretary of State, for the Generation, Transformation, Distribution and Use of Electrical Energy in Premises under the Factory and Workshop Acts, 1901 and 1907.

Whereas the generation, transformation, distribution, and use of electrical energy in any factory or workshop, or any place to which the provisions of section 79 of the Factory and Workshop Act, 1901, are applied by that Act, have been certified in pursuance of the said section to be dangerous:

I hereby, in pursuance of the powers conferred upon me by that Act, make the following Regulations, and direct that they shall apply in all places before mentioned.

These Regulations shall come into force on the 1st July, 1909, except as regards such parts of electrical stations as were constructed before the 1st July, 1908, in respect of which they shall come into force on the 1st January, 1910.

Duties.

It shall be the duty of the occupier to comply with these Regulations.

And it shall be the duty of agents, workmen, and persons employed to conduct their work in accordance with these Regulations.

Definitions.

" Pressure " means the difference of electrical potential between any two conductors, or between a conductor and earth as read by a hot wire or electrostatic volt-meter.

" Low Pressure " means a pressure in a system normally not exceeding 250 volts where the electrical energy is used.

" Medium Pressure " means a pressure a in system normally above 250 volts, but not exceeding 650 volts, where the electrical energy is used.

" High Pressure " means a pressure in a system normally above 650 volts, but not exceeding 3,000 volts, where the electrical energy is used or supplied.

" Extra-high Pressure " means a pressure in a system normally exceeding 3,000 volts, where the electrical energy is used or supplied.

à 1905, et toutes ces lois réunies pourront être citées ensemble sous le titre de lois de 1887 à 1908 sur les houillères.

Ordonnance ministérielle en date du 23 décembre 1908, concernant la production, la transformation, la distribution et l'emploi de l'énergie électrique dans les établissements soumis aux lois de 1901 et 1907 sur les fabriques et les ateliers [1].

Considérant que la production, la transformation, la distribution et l'emploi de l'énergie électrique dans une fabrique ou un atelier ou un local quelconque auxquels les dispositions de la section 79 de la loi de 1901 sur les fabriques et ateliers s'appliquent en vertu de la dite loi, ont été déclarés dangereux conformément à la dite section :

Le secrétaire d'État en vertu des pouvoirs qui lui sont conférés par la loi susdite, arrête le règlement suivant et ordonne qu'il soit appliqué dans les endroits susmentionnés.

La présente ordonnance entrera en vigueur le 1er juillet 1909 sauf en ce qui concerne les parties de stations électriques construites avant le 1er juillet 1908, pour lesquelles elle entrera en vigueur le 1er janvier 1910.

Obligations.

L'employeur est tenu d'observer le présent règlement.

Et il incombera aux agents, ouvriers et employés d'exécuter leur travail en se conformant au présent réglement.

Définitions.

« Tension » désigne la différence de potentiel électrique entre deux conducteurs quelconques ou entre un conducteur et la terre, telle qu'elle peut être lue sur un voltmètre à fil chaud ou sur un voltmètre électrostatique.

« Basse tension » désigne la tension d'un réseau n'excédant pas normalement 250 volts là où l'énergie électrique est utilisée.

« Moyenne tension » désigne la tension d'un réseau normalement de plus de 250 volts, mais n'excédant pas 650 volts, là où l'énergie électrique est utilisée.

« Haute tension » désigne la tension d'un réseau normalement de plus de 650 volts, mais n'excédant pas 3,000 volts, là où l'énergie électrique est utilisée ou fournie.

« Extra haute tension » désigne la tension d'un réseau normalement de plus de 3,000 volts, là où l'énergie électrique est utilisée ou fournie.

[1] *Statutory Rules and Orders*, 1908, n° 1312.

" System " means an electrical system in which all the conductors and apparatus are electrically connected to a common source of electro-motive force.

" Conductor " means an electrical conductor arranged to be electrically connected to a system.

" Apparatus " means electrical apparatus, and includes all apparatus, machines, and fittings in which conductors are used, or of which they form a part.

" Circuit " means an electrical circuit forming a system or branch of a system.

" Insulating stand " means a floor, platform, stand, or mat

"Insulating screen" means a screen

" Insulating boots " means boots

" Insulating gloves " means gloves

of such size, quality, and construction according to the circumstances of the use thereof, that a person is thereby adequately protected from danger.

" Covered with insulating material " means adequately covered with insulating material of such quality and thickness that there is no danger.

" Bare " means not covered with insulating material.

" Live " means electrically charged.

" Dead " means at, or about, zero potential, and disconnected from any live system.

" Earthed " means connected to the general mass of earth in such manner as will ensure at all times an immediate discharge of electrical energy without danger.

" Substation " means any premises, or that part of any premises, in which electrical energy is transformed or converted to or from pressure above medium pressure, except for the purpose of working instruments, relays, or similar auxiliary apparatus; if such premises or part of premises are large enough for a person to enter after the apparatus is in position.

" Switchboard " means the collection of switches or fuses, conductors, and other apparatus in connection therewith, used for the purpose of controlling the current or pressure in any system or part of a system.

" Switchboard passage-way " means any passage-way or compartment large enough for a person to enter, and used in connection with a switchboard when live.

" Authorised person " means

a) the occupier, or

b) a contractor for the time being under contract with the occupier, or

c) a person employed, appointed, or selected by the occupier, or by a

« Réseau » désigne tout réseau électrique dans lequel tous les conducteurs et appareils sont raccordés électriquement à une source commune de force électromotrice.

« Conducteur » désigne tout conducteur électrique disposé pour être raccordé électriquement à un réseau.

« Appareil » désigne les appareils électriques et comprend tous les appareils, les machines et accessoires dans lesquels il est fait usage de conducteurs ou dont ils font partie.

« Circuit » désigne tout circuit électrique formant un réseau ou un branchement de réseau.

« Estrade isolante » désigne un plancher, une plateforme, une estrade ou une natte

« Ecran isolant » désigne un écran

« Chaussures isolantes » désigne des chaussures

« Gants isolants » désigne des gants

de telles dimensions, qualité et conformation par rapport aux circonstances de leur emploi, qu'une personne qui les utilise est adéquatement protégée contre tout danger.

« Couvert de matière isolante » signifie couvert convenablement de matière isolante de telle qualité et épaisseur qu'il n'y ait pas de danger.

« Nu » signifie non couvert de matière isolante.

« Sous tension » signifie chargé d'électricité.

« Sans tension » signifie au potentiel ou près du potentiel zéro et sans connexion avec un réseau quelconque sous tension.

« Mis à la terre » signifie en connexion parfaite et permanente.

« Sous-station » désigne un local ou une partie de local où l'énergie électrique est transformée ou portée à une tension au dessus de la tension moyenne, sauf pour le fonctionnement d'instruments, relais ou autres appareils auxiliaires, si ce local ou cette partie de local est assez spacieux pour qu'une personne puisse y entrer après que l'appareil est en position.

« Tableau de distribution » désigne l'ensemble des commutateurs, interrupteurs, ou fusibles, des fils conducteurs et autres pièces d'appareillage qui s'y rapportent, utilisés pour contrôler le courant ou la tension dans un réseau ou une partie d'un réseau.

« Couloir de tableau de distribution » désigne tout passage ou couloir suffisamment large pour qu'une personne puisse y entrer, et utilisé pour le service du tableau de distribution sous tension.

« Personne autorisée » désigne :

a) le propriétaire, on

b) un entrepreneur actuellement lié par un contrat vis-à-vis du propriétaire, ou

c) une personne employée, nommée ou choisie par le propriétaire ou par

contractor as aforesaid, to carry out certain duties incidental to the generation, transformation, distribution, or use of electrical energy, such occupier, contractor, or person being a person who is competent for the purposes of the regulation in which the term is used.

" Danger " means danger to health or danger to life or limb from shock, burn, or other injury to persons employed, or from fire attendant upon the generation, transformation, distribution, or use of electrical energy.

" Public supply " means the supply of electrical energy

a) by any local authority, company, or person authorised by Act of Parliament or Provisional Order confirmed by Parliament or by licence or Order of the Board of Trade to give a supply of electrical energy; or

b) otherwise under Board of Trade regulations.

Exemptions.

1. Nothing in Regulations 2, 3, 4, 7, 9, 10, 11, 15, 16, 17, 21, 22, 23, 24, 25, 26, 28, 29, 30, and 31 shall apply, unless on account of special circumstances the Secretary of State shall give notice to the occupier that this exemption does not apply :

a) to any system in which the pressure does not exceed low pressure direct or 125 volts alternating;

b) in any public supply generating station, to any system in which the pressure between it and earth does not exceed low pressure;

c) in any above-ground substation for public supply, to any system not exceeding low pressure.

2. Nothing in these Regulations shall apply to any service lines or apparatus on the supply side of the consumer's terminals, or to any chamber containing such service lines or apparatus, where the supply is given from outside under Board of Trade regulations.

Provided always that no live metal is exposed so that it may be touched.

3. If the occupier can show, with regard to any requirement of these Regulations, that the special conditions in his premises are such as adequately to prevent danger, that requirement shall be deemed to be satisfied; and the Secretary of State may by Order direct that any class of special conditions defined in the Order shall be deemed for the purposes of all or any of the requirements of these Regulations adequately to prevent danger, and may revoke such Order.

un entrepreneur pour s'acquitter de certaines fonctions se rapportant à la production, la transformation, la distribution ou l'usage de l'énergie électrique, le dit propriétaire ou entrepreneur ou la dite personne étant compétente pour remplir les fonctions prescrites par la présente ordonnance là ou le terme est employé.

« Danger » signifie danger pour la santé, la vie ou les membres provenant d'une commotion, d'une brûlure ou d'une autre lésion survenue à une personne occupée, ou des étincelles résultant de la production, de la transformation de la distribution ou de l'usage de l'énergie électrique.

« Distribution d'énergie publique » signifie la fourniture d'énergie électrique.

a) par une autorité locale quelconque, une compagnie, ou une personne autorisée par un acte du Parlement ou par ordonnance provisoire confirmée par le Parlement ou par une concession ou une ordonnance du *Board of Trade* permettant de fournir l'énergie électrique; ou

b) de toute autre façon autorisée par ordonnance du *Board of Trade*.

Dispenses.

1. Aucune des dispositions 2, 3, 4, 7, 9, 10, 11, 15, 16, 17, 21, 22, 23, 24, 25, 26, 28, 29, 30 et 31 ne sera applicable, sauf si à raison de circonstances spéciales le secrétaire d'État avise le propriétaire que la présente dispense ne peut être appliquée :

a) à un réseau dans lequel la tension ne dépasse pas la basse tension ou 125 volts alternativement;

b) dans les stations de production d'énergie pour distribution publique, aux réseaux dans lesquels la tension entre les réseaux et la terre ne dépasse pas la basse tension;

c) dans les sous-stations situées au dessus du sol, pour distribution publique, aux réseaux où la tension ne dépasse pas la basse tension.

2. Aucune des présentes dispositions ne s'appliquera aux installations de consommation, ni à un local contenant des lignes ou appareils de service et où la fourniture est faite de l'extérieur suivant les règlements du *Board of Trade*.

Toutefois, il est entendu que des piéces sous tension ne peuvent être exposées à être touchées.

3. Si le propriétaire peut prouver, en ce qui concerne les prescriptions du présent réglement, que les conditions spéciales de ses locaux sont de nature à prévenir efficacement tout danger, ces prescriptions seront censées être observées, et le secrétaire d'État pourra déclarer, par ordonnance, qu'une classe quelconque de conditions spéciales qui s'y trouvent définies est, en ce qui concerne toutes ou certaines des présentes dispositions, susceptible de prévenir tout danger. Le secrétaire d'État pourra retirer une ordonnance de l'espèce.

4. Nothing in these Regulations shall apply to any process or apparatus used exclusively for electro-chemical or electro-thermal or testing or research purposes; provided such process be so worked and such apparatus so constructed and protected and such special precautions taken as may be necessary to prevent danger.

5. The Secretary of State may, by Order, exempt from the operation of all or any of these Regulations any premises to which any special rules or regulations under any other Act as to the generation, transformation, distribution or use of electrical energy apply; and may revoke such Order.

6. The Secrétary of State may, if satisfied that safety is otherwise practically secured, or that exemption is necessary on the ground of emergency or special circumstances, grant such exemption by Order, subject to any conditions that may be prescribed therein; and may revoke such Order.

7. Nothing in these Regulations shall apply to domestic factories or domestic workshops.

Regulations.

1. All apparatus and conductors shall be sufficient in size and power for the work they are called upon to do, and so constructed, installed, protected, worked and maintained as to prevent danger so far as is reasonably practicable.

2. All conductors shall either be covered with insulating material, and further efficiently protected where necessary to prevent danger, or they shall be so placed and safeguarded as to prevent danger so far as is reasonably practicable.

3. Every switch, switch fuse, circuit-breaker, and isolating link shall be :

a) so constructed, placed, or protected as to prevent danger;

b) so constructed and adjusted as accurately to make and to maintain good contact;

c) provided with an efficient handle or other means of working, insulated from the system, and so arranged that the hand cannot inadvertently touch live metal;

d) so constructed or arranged that it cannot accidently fall or move into contact when left out of contact.

4. Every switch intended to be used for breaking a circuit and every circuit breaker shall be so constructed that it cannot with proper care be left in partial contact. This applies to each pole of double-pole or multipole switches or circuit-breakers.

Every switch intended to be used for breaking a circuit and every circuit-breaker shall be so constructed that an arc cannot accidentally be maintained.

4. Aucune des présentes dispositions ne s'appliquera à un procédé ou appareil utilisé exclusivement dans un but électro-chimique, électro-thermique, expérimental ou d'analyse; toutefois, ce procédé sera appliqué et ces appareils seront construits et protégés et des mesures spéciales seront prises, de façon à prévenir tout danger.

5. Le secrétaire d'Etat peut, par ordonnance, dispenser de toutes les présentes prescriptions ou de certaines d'entre elles, un local auquel s'appliquent des dispositions quelconques prises en vertu d'une autre loi concernant la production, la transformation, la distribution ou l'emploi de l'énergie électrique; il peut aussi rapporter une ordonnance de l'espèce.

6. Si le secrétaire d'État est satisfait de la façon dont la sécurité est autrement garantie ou s'il estime qu'une dispense est nécessaire pour cause de force majeure ou à raison de circonstances spéciales, il peut accorder cette dispense par ordonnance dans la limite des conditions prescrites par cette ordonnance; il peut toujours rapporter une ordonnance de l'espèce.

7. Aucune des présentes dispositions ne s'appliquera aux fabriques ou ateliers domestiques.

Dispositions réglementaires.

1. Tous les appareils et les conducteurs seront de dimensions et de puissance suffisantes pour l'usage auquel on les destine et seront construits, installés, protégés, utilisés et tenus de manière à prévenir tout danger dans la mesure de ce qui est raisonnablement praticable.

2. Tous les conducteurs seront couverts de matière isolante et, en outre, protégés suffisamment lorsque la chose sera nécessaire pour prévenir tout danger, ou bien ils seront placés ou protégés de façon à prévenir tout danger dans la mesure de ce qui est raisonnablement praticable.

3. Les interrupteurs, fusibles, sectionneurs et anneaux isolants seront :

a) construits, placés et protégés de façon à prévenir tout danger;

b) construits et fixés de façon à produire et à maintenir un bon contact;

c) pourvus d'une poignée convenable ou d'un autre dispositif de fonctionnement, isolés du réseau et arrangés de façon que la main ne puisse, par inadvertance, toucher du métal sous tension;

d) construits ou disposés de façon qu'ils ne puissent accidentellement tomber ou se rapprocher lorsqu'ils sont hors de contact.

4. Tout interrupteur devant servir à interrompre un circuit et tout coupe-circuit seront construits de façon à ne pouvoir, si des soins convenables sont pris, se trouver en contact partiel. Ceci s'applique à chaque pôle d'interrupteur ou de coupe-circuit bi- ou multipolaire.

Tout interrupteur destiné à être utilisé pour rompre un circuit et tout coupe-circuit seront construits de telle façon qu'un arc ne puisse se maintenir accidentellement.

5. Every fuse, and every automatic circuit-breaker used instead thereof, shall be so constructed and arranged as effectively to interrupt the current before it so exceeds the working rate as to involve danger. It shall be of such construction or be so guarded or placed as to prevent danger from over-heating, or from arcing or the scattering of hot metal or other substance when it comes into operation. Every fuse shall be either of such construction or so protected by a switch that the fusible metal may be readily renewed without danger.

6. Every electrical joint and connection shall be of proper construction as regards conductivity, insulation, mechanical strength and protection.

7. Efficient means, suitably located shall be provided for cutting off all pressure from every part of a system, as may be necessary to prevent danger.

8. Efficient means suitably located shall be provided for protecting from excess of current every part of a system, as may be necessary to prevent danger.

9. Where one of the conductors of a system is connected to earth, no single-pole switch, other than a link for testing purposes or a switch for use in controlling a generator, shall be placed in such conductor or any branch thereof.

A switch, or automatic or other cut-out may, however, be placed in the connection between the conductor and earth at the generating station, for use in testing and emergencies only.

10. Where one of the main conductors of a system is bare and uninsulated, such as a bare return of a concentric system, no switch, fuse, or circuit-breaker shall be placed in that conductor, or in any conductor connected thereto, and the said conductor shall be earthed.

Nevertheless, switches, fuses, or circuit-breakers may be used to break the connection with the generators or transformers supplying the power; provided that in no case of bare conductor the connection of the conductor with earth is thereby broken.

11. Every motor, converter and transformer shall be protected by efficient means suitably placed, and so connected that all pressure may thereby be cut off from the motor, converter or transformer as the case may be, and from all apparatus in connection therewith; provided, however, that where one point of the system is connected to earth, there shall be no obligation to disconnect on that side of the system which is connected to earth.

12. Every electrical motor shall be controlled by an efficient switch or switches for starting and stopping, so placed as to be easily worked by the person in charge of the motor.

In every place in which machines are being driven by any electric motor,

5. Tout fusible et tout coupe-circuit automatique en tenant lieu, seront construits et arrangés de manière à interrompre réellement le courant avant qu'il ne dépasse, d'une façon dangereuse, l'intensité à utiliser. Ils seront construits, préservés ou placés de façon à prévenir tout danger d'échauffement, de court-circuit ou de projection de métal chaud ou d'autre substance, lorsqu'ils entrent en action. Tout fusible sera construit ou protégé par un interrupteur, de telle façon que le métal fusible puisse être aisément remplacé sans danger.

6. Les joints ou connexions électriques seront de bonne construction en ce qui concerne la conductibilité, l'isolement, la force mécanique et la protection.

7. Des dispositifs efficaces bien situés seront aménagés afin de mettre hors circuit une partie quelconque d'un réseau et prévenir éventuellement tout danger.

8. Des dispositifs efficaces convenablement situés seront aménagés pour protéger éventuellement chaque partie d'un réseau contre un excès de courant.

9. Lorsqu'un conducteur d'un réseau est à la terre, il ne pourra y avoir d'interrupteur sur cette connexion ni aucune de ses branches, sauf éventuellement pour le contrôle d'un générateur.

Un interrupteur ou coupe-circuit automatique ou autre pourra cependant être placé en circuit entre le conducteur et la terre, à la station génératrice, pour servir aux essais et en cas de force majeure seulement.

10. Lorsqu'un des conducteurs principaux d'un réseau est nu et non isolé, tel que le conducteur nu de retour d'un réseau concentrique, aucun interrupteur, fusible ou coupe-circuit, ne pourra être placé sur ce conducteur ou sur un conducteur quelconque qui s'y trouve raccordé et le dit conducteur sera mis à la terre.

Néanmoins, des interrupteurs, des fusibles ou coupe-circuit peuvent être utilisés pour rompre la connexion avec les générateurs ou les transformateurs fournissant l'énergie; toutefois, en aucun cas, lorsqu'il s'agit d'un conducteur nu, la mise à la terre ne pourra être interrompue par ce moyen.

11. Les moteurs, convertisseurs et transformateurs seront protégés par des dispositifs efficaces convenablement placés et mis en connexion de telle manière que toute tension puisse être interceptée d'avec le moteur, le convertisseur ou le transformateur, selon les cas, et d'avec tous les appareils qui s'y trouvent reliés; toutefois, lorsqu'un point du réseau est mis à la terre, il n'y aura pas obligation de déconnecter de ce côté du réseau où existe une mise à la terre.

12. Tout moteur électrique sera contrôlé par un ou des interrupteurs efficaces destinés à la mise en marche et à l'arrêt et disposés de manière à pouvoir être facilement manœuvrés par la personne préposée au moteur.

Dans toute salle où des machines doivent être mues par un moteur élec-

there shall be means at hand for either switching off the motor or stopping the machines if necessary to prevent danger.

13. Every flexible wire for portable apparatus, for alternating currents or for pressures 150 volts direct current, shall be connected to the system either by efficient permanent joints or connections, or by a properly constructed connector.

In all cases where the person handling portable apparatus or pendant lamps with switches, for alternating current or pressures above 150 volts direct current, would be liable to get a shock through a conducting floor or conducting work or otherwise, if the metal work of the portable apparatus became charged, the metal work must be efficiently earthed; and any flexible metallic covering of the conductors shall be itself efficiently earthed and shall not itself be the only earth connection for the metal of the apparatus. And a lampholder shall not be in metallic connection with the guard or other metal work of a portable lamp.

In such places and in any place where the pressure exceeds low pressure, the portable apparatus and its flexible wire shall be controlled by efficient means suitably located, and capable of cutting off the pressure, and the metal work shall be efficiently earthed independently of any flexible metallic cover of the conductors, and any flexible covering shall itself be independently earthed.

14. The general arrangement of switchboards shall, so far as reasonably practicable, be such that :

a) all parts which may have to be adjusted or handled are readily accessible ;

b) the course of every conductor may where necessary be readily traced ;

c) conductors, not arranged for connection to the same system, are kept well apart, and can where necessary be readily distinguished ;

d) all bare conductors are so placed or protected as to prevent danger from accidental short circuit.

15. Every switchboard having bare conductors normally so exposed that they may be touched, shall, if not located in an area or areas set apart for the purposes thereof, where necessary be suitably fenced or enclosed.

No person except an authorised person, or a person acting under his immediate supervision, shall for the purpose of carrying out his duties have access to any part of an area so set apart.

16. All apparatus appertaining to a switchboard and requiring handling, shall so far as practicable be so placed or arranged as to be operated from the working platform of the switchboard, and all measuring instruments and indicators connected therewith shall, so far as practicable, be so placed

trique quelconque il devra y avoir moyen soit de déconnecter le moteur, soit d'arrêter la machine pour prévenir éventuellement tout danger.

13. Tout fil flexible pour appareil portatif à courant alternatif ou à courant direct d'une tension supérieure à 150 volts, sera raccordé au réseau soit par des joints ou connexions permanentes d'un fonctionnement assuré, soit par un connecteur bien construit.

Dans tous les cas où une personne manœuvrant un appareil portatif ou une lampe à suspension munie d'interrupteurs pour courant alternatif ou pour une tension de plus de 150 volts, pourrait subir un choc à travers un plancher conducteur ou une matière conductrice ou d'autre façon, du fait de ce que la partie métallique de l'appareil portatif entrerait sous tension, cette partie doit être efficacement mise à la terre, et tout revêtement métallique flexible sur les conducteurs sera lui-même efficacement mis à la terre et ne constituera pas la seule mise à la terre pour le métal de l'appareil. Une douille de lampe ne pourra être en connexion avec le support ou une autre partie métallique d'une lampe portative.

Dans les locaux où la tension dépasse la basse tension, l'appareil portatif et son fil flexible seront contrôlés par des dispositifs efficaces, bien placés et capables d'interrompre la tension ; la partie métallique sera efficacement mise à la terre, indépendamment de tout revêtement métallique flexible des conducteurs et tout revêtement de l'espèce sera lui-même mis à la terre d'une manière indépendante.

14. La disposition générale des tableaux de distribution sera, autant que possible, telle que :

a) toutes les parties qui doivent pouvoir être ajustées ou maniées, soient facilement accessibles ;

b) le cours de tout conducteur puisse être facilement tracé, lorsque la chose est nécessaire ;

c) les conducteurs, non arrangés pour être intercalés dans le même réseau, soient bien tenus à part et puissent, si nécessité il y a, être facilement distingués ;

d) tous les conducteurs nus soient placés ou protégés de façon à prévenir tout danger de court-circuit accidentel.

15. Tout tableau de distribution ayant des fils nus, placés de façon à pouvoir être touchés dans leur situation normale sera, s'il ne se trouve pas dans une ou des enceintes *ad hoc*, efficacement protégé ou enclos, lorsque la chose est nécessaire.

Sauf les personnes autorisées ou celles qui agiraient sous leur contrôle immédiat pour les besoins du service, nul n'aura accès dans une partie quelconque d'une enceinte de l'espèce.

16. Tous les appareils d'un tableau de distribution devront être manœuvrés à la main, et seront autant que possible, disposés de façon à pouvoir être desservis de l'estrade du tableau de distribution ; en outre, tous les instruments de mesure et les indicateurs qui s'y trouvent rattachés seront,

as to be observed from the working platform. If such apparatus be worked or observed from any other place, adequate precautions shall be taken to prevent danger.

17. At the working platform of every switchboard and in every switchboard passage-way, if there be bare conductors exposed or arranged to be exposed when live so that they may be touched, there shall be a clear and unobstructed passage of ample width and height, with a firm and even floor. Adequate means of access, free from danger, shall be provided for every switchboard passage-way.

The following provisions shall apply to all such switchboard working platforms and passage-ways constructed after 1st January, 1909, unless the bare conductors, whether overhead or at the sides of the passage-ways, are otherwise adequately protected against danger by divisions or screens or other suitable means :

a) Those constructed for low-pressure and medium-pressure switchboards shall have a clear height of not less than 7 feet, and a clear width measured from bare conductor of not less than 3 feet;

b) Those constructed for high-pressure and extra high-pressure switchboards, other than operating desks or panels working solely at low-pressure, shall have a clear height of not less than 8 feet and a clear width measured from bare conductor of not less than 3 ft. 6 in.;

c) Bare conductors shall not be exposed on both sides of the switchboard passage-way unless either

 i. the clear width of the passage is in the case of low-pressure and medium-pressure not less than 4 ft. 6 in., and in the case of high-pressure and extra high-pressure not less than 8 feet, in each case measured between bare conductors, or

 ii. the conductors on one side are so guarded that they cannot be accidentally touched.

18. In every switchboard for high-pressure or extra high-pressure :

a) Every high-pressure and extra high-pressure conductor within reach from the working platform or in any switchboard passage-way shall be so placed or protected as adequately to prevent danger;

b) The metal cases of all instruments working at high-pressure or extra high-pressure shall be either earthed or completely enclosed with insulating covers;

c) All metal handles of high-pressure and extra high-pressure switches, and, where necessary to prevent danger, all metall gear for working the switches, shall be earthed;

d) When work has to be done on any switchboard, then, unless the switchboard be otherwise so arranged as to secure that the work may be carried out without danger, either

autant que possible, disposés de manière à pouvoir être observés de la plate-forme. Si les dits appareils doivent être desservis ou observés de toute autre place, des précautions suffisantes seront prises pour prévenir tout danger.

17. Si, à la plate-forme de service d'un tableau de distribution et dans un couloir du tableau de distribution, il se trouve des conducteurs nus exposés ou placés de manière à pouvoir être touchés lorsqu'ils sont en charge, il y aura lieu d'aménager un passage libre, non encombré, d'une largeur et d'une hauteur suffisantes avec un plancher solide et uni. Tout couloir de tableau de distribution aura des moyens d'accès convenables et exempts de danger.

Les dispositions suivantes s'appliqueront à toutes les plates-formes de service des tableaux de distribution et aux couloirs construits après le 1er janvier 1909, à moins que les conducteurs nus situés soit au plafond soit sur les côtés des couloirs ne soient efficacement protégés d'une autre façon contre tout danger, par leur répartition dans des cellules ou leur séparation à l'aide d'écrans ou d'autres dispositifs convenables.

a) Ceux qui sont construits pour les tableaux de distribution pour basse et moyenne tensions auront une hauteur libre d'au moins 7 pieds et une largeur libre mesurée depuis les conducteurs nus, d'au moins 3 pieds;

b) Ceux qui sont construits pour les tableaux de distribution pour haute et extra-haute tension, sauf les pupitres ou panneaux ne fonctionnant qu'à basse tension, auront une hauteur libre d'au moins 8 pieds et une largeur libre, mesurée à partir des conducteurs nus, d'au moins 3 pieds 6 pouces;

c) Les conducteurs nus ne pourront être exposés des deux côtés du couloir du tableau de distribution :

ı. que si la largeur libre du couloir n'est pas inférieure à 4 pieds 6 pouces dans le cas de basse et moyenne tension, et à 8 pieds dans le cas de haute et extra-haute tension, la tension étant mesurée dans chaque cas entre conducteurs nus, ou

ıı. que si les conducteurs sont protégés d'un côté, de telle façon qu'ils ne puissent être accidentellement touchés.

18. Dans tout tableau de distribution pour haute et extra-haute tension :

a) Tout conducteur sous haute et extra-haute tension accessible de la plate-forme de service ou situé dans un couloir de tableau de distribution, sera placé ou protégé de façon à prévenir efficacement tout danger;.

b) Les boites métalliques des instruments à haute ou à extra-haute tension seront mises à la terre ou complétement entourées d'une couche isolante;

c) Toutes les poignées métalliques des interrupteurs pour haute et extra-haute tension et, lorsque la chose est nécessaire pour prévenir tout danger, toutes les pièces métalliques de transmission mécanique, seront mises à la terre;

d) Lorsqu'il y a lieu d'exécuter des travaux à un tableau de distribution, sauf les cas où le tableau serait arrangé de manière à ce que le travail puisse être exécuté sans danger,

i. the switchboard shall be made dead, or

ii. if the said switchboard be so arranged that the conductors thereof can be made dead in sections, and so separated by permanent or removable divisions or screens from all adjoining sections of which the conductors are live, that work on any section may be carried out without danger, that section on which work has to be done shall be made dead.

19. All parts of generators, motors, transformers, or other similar apparatus, at high-pressure or extra high-pressure, and within reach from any position in which any person employed may require to be, shall be, so far as reasonably practicable, so protected as to prevent danger.

20. Where a high-pressure or extra high-pressure supply is transformed for use at a lower pressure, or energy is transformed up to above low-pressure, suitable provision shall be made to guard against danger by reason of the lower-pressure system becoming accidentally charged above its normal pressure by leakage or contact from the higher-pressure system.

21. Where necessary to prevent danger, adequate precautions shall be taken either by earthing or by other suitable means to prevent any metal other than the conductor from becoming electrically charged.

22. Adequate precautions shall be taken to prevent any conductor or apparatus from being accidentally or inadvertently electrically charged when persons are working thereon.

23. Where necessary adequately to prevent danger, insulating stands or screens shall be provided and kept permanently in position, and shall be maintained in sound condition.

24. Portable insulating stands, screens, boots, gloves, or other suitable means shall be provided and used when necessary adequately to prevent danger, and shall be periodically examined by an authorised person.

25. Adequate working space and means of access, free from danger, shall be provided for all apparatus that has to be worked or attended to by any person.

26. All those parts of premises in which apparatus is placed shall be adequately lighted to prevent danger.

27. All conductors and apparatus exposed to the weather, wet, corrosion, inflammable surroundings or explosive atmosphere, or used in any process or for any special purpose other than for lighting or power, shall be so constructed or protected, and such special precautions shall be taken as may be necessary adequately to prevent danger in view of such exposure or use.

28. No person except an authorised person or a competent person acting under his immediate supervision shall undertake any work where technical knowledge or experience is required in order adequately to avoid danger; and no person shall work alone in any case in which the Secretary of State

i. le tableau sera mis hors tension, ou

ii. si le dit tableau est disposé de telle sorte que ses conducteurs puissent être mis hors circuit par sections et isolés dans des cellules ou séparés par des écrans permanents ou amovibles, de telle façon que les dits travaux puissent être effectués sans danger, la section sur laquelle les travaux doivent être faits sera mise hors tension.

19. Toutes les parties de génératrices, de moteurs de transformateurs ou autres appareils similaires à haute ou extra-haute tension et accessibles d'un endroit quelconque où un ouvrier en service peut devoir se trouver, seront autant que possible, protégées contre tout danger.

20. Lorsqu'un courant à haute ou extra-haute tension est transformé pour être utilisé à une tension moindre ou que de l'énergie est transformée au delà de la basse tension, des dispositions efficaces seront prises pour prévenir tout danger pouvant résulter d'un réseau à basse tension subissant accidentellement une tension supérieure à sa tension normale par dispersion ou contact avec un réseau à haute tension.

21. Si nécessité il y a, on prendra des précautions efficaces soit par mise à la terre, soit par tout autre moyen convenable, pour éviter que tout métal autre qu'un conducteur ne soit électriquement chargé.

22. Des précautions efficaces seront prises pour éviter qu'un conducteur ou un appareil quelconque ne soit accidentellement ou par inadvertance mis sous tension lorsque des ouvriers y travaillent.

23. Si nécessité il y a, pour prévenir efficacement tout danger, des estrades isolantes ou des écrans seront fournis et tenus en position d'une façon permanente et en bon état.

24. Des estrades isolantes portatives, des écrans, des chaussures, des gants ou d'autres moyens convenables seront fournis et utilisés, si nécessité il y a, pour prévenir efficacement tout danger; ces objets seront vérifiés périodiquement par une personne autorisée.

25. De l'espace et des moyens d'accès suffisants, exempts de danger, seront fournis pour tous les appareils qu'un ouvrier doit desservir ou surveiller.

26. Toutes les parties de locaux où se trouvent placés des appareils seront efficacement éclairées de façon à prévenir tout danger.

27. Tous les conducteurs et appareils exposés à l'humidité, à la corrosion, à des matières inflammables, à une atmosphère explosible ou utilisés dans un procédé ou dans un but spécial autre que l'éclairage ou le transport de force, seront construits ou protégés et des précautions spéciales seront prises, s'il y a nécessité, pour prévenir tout danger résultant d'une exposition ou d'un emploi de l'espèce.

28. Sauf les personnes autorisées ou les personnes compétentes agissant sous leur contrôle immédiat, nul ne pourra entreprendre un travail quelconque lorsque des connaissances techniques ou de l'expérience sont requises en vue d'éviter efficacement tout danger; personne ne pourra tra-

directs that he shall not. No person except an authorised person, or a competent person over 21 years of age acting under his immediate supervision, shall undertake any repair, alteration, extension, cleaning, or such work where technical knowledge or experience is required in order to avoid danger, and no one shall do such work unaccompanied.

Where a contractor is employed, and the danger to be avoided is under his control, the contractor shall appoint the authorised person, but if the danger to be avoided is under the control of the occupier, the occupier shall appoint the authorised person.

29. Instructions as to the treatment of persons suffering from electric shock shall be affixed in all premises where electrical energy is generated, transformed, or used above low pressure; and in such premises, or classes of premises, in which electrical energy is generated, transformed or used at low pressure, as the Secretary of State may direct.

30. Every sub-station shall be substantially constructed, and shall be so arranged that no person other than an authorised person can obtain access thereto otherwise than by the proper entrance, or can interfere with the apparatus or conductors therein from outside; and shall be provided with efficient means of ventilation and be kept dry.

31. Every sub-station shall be under the control of an authorised person, and none but an authorised person or a person acting under his immediate supervision shall enter any part thereof where there may be danger.

32. Every underground sub-station not otherwise easily and safely accessible shall be provided with adequate means of access by a door or trap-door, with a staircase or ladder securely fixed and so placed that no live part of any switchboard or any bare conductor shall be within reach of a person thereon.

Provided however that the means of access to such sub-station shall be by a doorway and staircase :

a) if any person is regularly employed therein, otherwise than for inspection or cleaning, or

b) if the sub-station is not of ample dimensions and there is therein either moving machinery other than ventilating fans, or extra high pressure.

vailler seul dans les cas où le secrétaire d'État aura arrêté que le travail ne peut être fait par une personne seule. Sauf les personnes autorisées ou les personnes compétentes de plus de 21 ans agissant sous leur contrôle immédiat, nul ne pourra entreprendre une réparation quelconque, une modification, une extension, un nettoyage ou tout autre travail où des connaissances techniques ou de l'expérience sont requises, en vue d'éviter tout danger; en outre, personne ne pourra exécuter ces travaux sans être accompagné.

Lorsqu'il est fait appel à un entrepreneur et que le danger à éviter est sous son contôle, l'entrepreneur désignera la personne autorisée, mais si le danger à éviter est sous le contrôle du propriétaire, celui-ci désignera la personne autorisée.

29. Des instructions visant les soins à donner aux personnes ayant subi une commotion électrique seront affichées dans tous les locaux où l'on produit, transforme ou utilise de l'énergie électrique au delà de la basse tension et dans les locaux ou catégorie de locaux où de l'énergie électrique est produite, transformée ou utilisée à une tension supérieure à la basse tension, le tout chaque fois que le secrétaire d'État l'ordonnera.

30. Toute sous-station sera solidement construite et disposée de telle façon qu'aucune personne autre que la personne autorisée ne puisse y avoir accès ailleurs que par l'entrée réelle ou ne puisse de l'extérieur atteindre les appareils ou conducteurs qui s'y trouvent. La sous-station sera efficacement ventilée et tenue sèche.

31. Toute sous-station sera sous le contrôle d'une personne autorisée et sauf une personne de l'espèce ou une autre personne agissant sous son contrôle immédiat, nul ne pourra entrer dans une partie quelconque d'une sous-station où il pourrait y avoir du danger.

32. Toute sous-station souterraine n'étant pas facilement et sûrement accessible d'autre façon, aura comme moyens d'accès efficaces, une porte ou une trappe avec escalier ou échelle bien fixée et placée de telle façon qu'aucune partie sous tension d'un tableau de distribution quelconque ou qu'aucun conducteur nu ne soit accessible par une personne se trouvant sur cet escalier ou cette échelle.

Toutefois, les moyens d'accès d'une sous-station de l'espèce devront être une porte et un escalier :

a) si un ouvrier y est régulièrement employé autrement que pour une inspection ou un nettoyage, ou

b) si la sous-station n'est pas de dimensions suffisamment grandes et qu'il s'y trouve des machines en mouvement autres que des ventilateurs et que la tension y est extra-haute.

Regulations, dated December 30, 1908, made by the Secretary of State, for the Manufacture of Nitro- and Amido-derivatives of Benzene, and the Manufacture of Explosives with use of Dinitrobenzol or Dinitrotoluol.

Whereas the manufacture of nitro- and amido-derivatives of benzene, and the manufacture of explosives with use of dinitrobenzol or dinitrotoluol, have been certified in pursuance of Section 79 of the Factory and Workshop Act, 1901, to be dangerous;

I hereby, in pursuance of the powers conferred on me by that Act, make the following Regulations, and direct that they shall apply to all factories and workshops in which the said manufactures are carried on.

Provided that Regulations 1*a*, 2, 3, 4, and 14*c* shall not apply to any process in the manufacture of explosives in which dinitrobenzol is not used.

Definitions.

" Employed " means employed in any process mentioned in the Schedules.

" Surgeon " means the Certifying Factory Surgeon of the District or a duly qualified medical practitioner appointed by written certificate of the Chief Inspector of Factories, which appointment shall be subject to such conditions as may be specified in that certificate.

" Suspension " means suspension by written certificate in the Health Register, signed by the Surgeon, from employment in any process mentioned in the Schedules.

Duties.

It shall be the duty of the occupier to observe Part I of these Regulations.

It shall be the duty of all persons employed to observe Part II of these Regulations.

PART I.

DUTIES OF OCCUPIERS.

1. *a*) Every vessel containing any substance named in Schedules A or B shall, if steam is passed into or around it, or if the temperature of the contents be at or above the temperature of boiling water, be covered in such a way that no steam or vapour shall be discharged into the open air at a less 8 than 20 feet above the heads of the workers;

b) In every room in which fumes from any substance named in Schedules A or B are evolved in the process of manufacture and are not removed

Ordonnance ministérielle en date du 30 décembre 1908, concernant la fabrication des dérivés nitrés et amidés de la benzine et la fabrication des explosifs contenant du dinitrobenzol ou du dinitrotoluol (¹).

Considérant que la fabrication des dérivés nitrés et amidés de la benzine et la fabrication des explosifs contenant du dinitrobenzol ou du dinitrotoluol a été déclarée dangereuse, conformément à la section 79 de la loi de 1901 sur les fabriques et ateliers.

Le secrétaire d'État, en vertu des pouvoirs qui lui ont été conférés par la loi susdite, arrête les dispositions suivantes et ordonne qu'elles soient appliquées dans toutes les usines où a lien la fabrication précitée.

Toutefois les dispositions 1 a, 2, 3, 4 et 14 c ne s'appliqueront pas à un procédé quelconque de fabrication d'explosifs dans lequel il n'est pas fait usage de dinitrobenzol.

Définitions.

« Employé » signifie employé à l'une des opérations indiquées dans l'annexe.

« Médecin » signifie le médecin certificateur des fabriques du district ou un praticien dûment qualifié, nommé par certificat écrit de l'inspecteur en chef des fabriques moyennant les conditions spécifiées par ce certificat.

« Suspension » signifie suspension de travail dans l'une des opérations mentionnées dans les annexes, en vertu d'un certificat inscrit au registre de santé et signé par le médecin.

Obligations.

L'employeur est tenu d'observer la première partie des présentes dispositions.

Toutes les personnes employées sont tenues d'observer la seconde partie des présentes dispositions.

Iʳᵉ PARTIE.

OBLIGATIONS DES EMPLOYEURS.

1. a) Tout récipient contenant un des produits spécifiés aux annexes A ou B qui serait traversé ou entouré de vapeur, ou dont le contenu serait à la température de l'eau bouillante ou au-dessus, devra être couvert de telle façon que la vapeur ou la fumée ne puisse s'échapper à l'air libre à une hauteur inférieure à 20 pieds au-dessus de la tête des ouvriers.

b) Dans tout local où des dégagements provenant de substances spécifiées aux annexes A et B se produiraient au cours de la fabrication et ne seraient

(¹) *Statutory Rules and Orders*, 1908, n° 1310.

as above, adequate through ventilation shall be maintained by a fan or other efficient means.

2. No substance named in Schedule A shall be broken by hand in a crystallising pan, nor shall any liquor containing it be agitated by hand, except by means of an implement at least 6 feet long.

3. No substance named in Schedule A shall be crushed, ground, or mixed in the crystalline condition, and no cartridge filling shall be done, except with an efficient exhaust draught so arranged as to carry away the dust as near a possible to the point of origin.

4. Cartridges shall not be filled by hand except by means of a suitable scoop.

5. Every drying stove shall be efficiently ventilated to the outside air in such manner that hot air from the stove shall not be drawn into any workroom.

No person shall be allowed to enter a stove to remove the contents until a free current of air has been passed through it.

6. A Health Register, containing the names of all persons employed, shall be kept in a form approved by the Chief Inspector of Factories.

7. No person shall be newly employed for more than a fortnight without a certificate of fitness granted after examination by the Surgeon by signed entry in the Health Register.

8. Every person employed shall be examined by the Surgeon once in each calendar month (or at such other intervals as may be prescribed in writing by the Chief Inspector of Factories) on a date of which due notice shall be given to all concerned.

9. The Surgeon shall have power of suspension as regards all persons employed, and no person after suspension shall be employed without written sanction from the Surgeon entered in the Health Register.

10. There shall be provided and maintained for the use of all persons employed :

a) suitable overalls or suits of working clothes which shall be collected at the end of every day's work, and (in the case of overalls) washed or renewed at least once every week; and

b) a suitable meal room, separate from any room in which a process mentioned in the Schedules is carried on, unless the works are closed during meal hours; and

c) a suitable cloakroom for clothing put off during working hours; and

d) a suitable place, separate from the cloakroom and meal room, for the storage of the overalls;

pas évacués comme il est dit ci-dessus, une ventilation appropriée et complète devra être assurée à l'aide d'un ventilateur ou d'un autre procédé efficace.

2. Aucun des produits spécifiés à l'annexe A ne pourra être cassé à la main dans un creuset de cristallisation, et les solutions contenant des produits de l'espèce ne pourront être agitées à la main, si ce n'est à l'aide d'un ustensile d'au moins 6 pieds de longueur.

3. Aucun des produits de l'annexe A ne pourra être broyé, moulu ou mélangé à l'état de cristal; pareillement, le chargement des cartouches ne pourra se faire que s'il existe un tirage d'air disposé de manière à enlever les poussières d'aussi prés que possible de leur point d'origine.

4. Les cartouches ne pourront être chargés qu'à l'aide d'une spatule convenable.

5. Les séchoirs seront efficacement ventilés vers l'extérieur, de façon que l'air chaud de l'étuve ne pénètre pas dans les ateliers.

Personne ne pourra pénétrer dans une étuve avant qu'un courant d'air frais ne l'ait traversée.

6. Il sera tenu, dans la forme approuvée par l'inspecteur en chef des fabriques, un registre de santé contenant les noms de toutes les personnes employées.

7. Aucun ouvrier nouveau ne pourra être employé pendant plus de quinze jours sans un certificat d'aptitude accordé, après examen, par le médecin, sous forme d'inscription signée au registre de santé.

8. Tous les ouvriers seront examinés par le médecin une fois par mois (ou à d'autres intervalles fixés par l'inspecteur en chef des fabriques), à une date dont il sera dûment donné avis aux intéressés.

9. Le médecin aura le droit de suspension, en ce qui concerne tous les ouvriers employés, et aucun ouvrier ne pourra, après suspension, être occupé sans une autorisation écrite du médecin, inscrite au registre de santé.

10. Il devra être fourni pour l'usage de tous les ouvriers :

a) des surtouts convenables ou des vêtements de travail à mettre de côté à la fin de chaque journée de travail et (lorsqu'il s'agit de surtouts) lavés ou renouvelés au moins une fois par semaine;

b) un réfectoire convenable, séparé de tout local dans lequel s'effectue une des opérations prévues aux annexes, à moins que les ateliers ne soient fermés pendant les heures de repas ;

c) un vestiaire convenable pour le dépôt des vêtements pendant les heures de travail ;

d) un local convenable, séparé du vestiaire, pour le dépôt des surtouts ;

For the use of all persons handling substances named in the Schedules :

e) india-rubber gloves, which shall be collected, examined, and cleansed, at the close of the day's work and shall be repaired or renewed when defective, or other equivalent protection for the hands against contact;

For the use of all persons employed in processes mentioned in Schedule A :

f) clogs or other suitable protective footwear.

11. There shall be provided and maintained in a cleanly state and in good repair for the use of all persons employed :

A lavatory under cover, with a sufficient supply of clean towels, renewed daily, and of soap and nail brushes, and with either :

a) a trough with a smooth impervious surface, fitted with a waste pipe without plug, and of such length as to allow at least two feet for every five such persons, and having a constant supply of warm water from taps or jets above the trough at intervals of not more than two feet; or

b) at least one lavatory basin for every five such persons, fitted with a waste pipe and plug or placed in a trough having a waste pipe, and having either a constant supply of hot and cold water or warm water laid on, or (if a constant supply of heated water be not reasonably practicable) a constant supply of cold water laid on and a supply of hot water always at hand when required for use by persons employed;

For the use of all persons employed in processes mentioned in Schedules A and B :

c) sufficient and suitable bath accommodation (douche or other) with hot and cold water laid on and a sufficient supply of soap and towels. Provided that the Chief Inspector may in any particular case approve of the use of public baths, if conveniently near, under the conditions (if any) named in such approval.

12. No person shall be allowed to introduce, keep, prepare, or partake of any food, drink, or tobacco in any room in which a process mentioned in the Schedules is carried on.

PART II.

DUTIES OF PERSONS EMPLOYED.

13. Every person employed shall :

a) present himself at the appointed time for examination by the Surgeon as provided in Regulation 8;

b) wear the overalls or suit of working clothes provided under Regula-

Pour l'usage des ouvriers manipulant les produits désignés aux annexes :

e) des gants en caoutchouc qui seront rassemblés, vérifiés et nettoyés à la fin de la journée de travail, et réparés ou renouvelés lorsqu'il y manquera quelque chose, ou d'autres appareils protégeant les mains contre tout contact.

Pour l'usage de tous les ouvriers employés aux opérations mentionnées à l'annexe A :

f) des galoches ou d'autres chaussures protectrices convenables.

11. Il devra être installé et tenu proprement et en bon état, à l'usage de tous les ouvriers, un lavatory sous toit avec un nombre suffisant de serviettes propres, à renouveler quotidiennement, ainsi que du savon et des brosses à ongles, et

a) un bassin à surface polie et imperméable muni d'un tuyau de décharge sans bouchon et de longueur telle qu'il y ait au moins un espace de deux pieds par cinq personnes, avec une provision permanente d'eau chaude fournie par des robinets ou des tuyaux placés au-dessus du bassin à des intervalles de deux pieds au plus ;

b) par cinq personnes au moins un lavabo pourvu d'un tuyau de décharge et d'un bouchon ou placé dans un bassin avec tuyau de décharge, et ayant soit une provision constante d'eau très chaude et d'eau froide ou une conduite d'eau chaude, ou (si une provision constante d'eau chauffée ne peut être obtenue pratiquement) une provision permanente d'eau froide et une provision constante d'eau très chaude toujours prête à être utilisée par les ouvriers.

Pour l'usage de toutes les personnes occupées aux opérations mentionnées aux annexes A et B :

c) des installations de bains suffisantes et efficaces (douches ou autres) avec conduite d'eau très chaude et d'eau froide et une quantité suffisante de savon et de serviettes. Toutefois, l'inspecteur en chef pourra, dans certains cas particuliers, approuver l'usage de bains publics s'ils se trouvent suffisamment rapprochés et sous réserve des conditions prévues éventuellement par la dite approbation.

12. Personne ne pourra introduire, garder, préparer ou consommer des aliments ou des boissons quelconques ou du tabac, dans un local où s'effectue une des opérations mentionnées aux annexes.

IIe PARTIE.

OBLIGATIONS DES OUVRIERS.

13. Tout ouvrier devra :

a) se présenter à l'examen du docteur au jour fixé comme il est prévu à l'article 8 ;

b) porter le surtout ou les vêtements de travail prescrits par l'article 10*a*,

tion 10 (a), and deposit them, and clothing put off during working hours in the places provided under Regulation 10 (c) and (d);

c) use the protective appliances supplied in respect of any process in which he is engaged;

d) carefully clean the hands before partaking of any food or leaving the premises;

e) take a bath at least once a week, and when the materials mentioned in the Schedules have been spilt on the clothing so as to wet the skin. Provided that (e) shall not apply to persons employed in processes mentioned in Schedule C, nor to persons exempted by signed entry of the Surgeon in the Health Register.

14. No person employed shall :

a) after suspension, work in any process mentioned in the Schedules without written sanction from the Surgeon entered in the Health Register;

b) introduce, keep, prepare, or partake of any food, drink, or tobacco, in any room in which a process mentioned in the Schedules is carried on;

c) break by hand in a crystallising pan any substance named in Schedule A, or agitate any liquor containing it by hand, except by means of an implement at least 6 feet long;

d) interfere in any way, without the concurrence of the occupier or manager, with the means and appliances provided for the removal of the fumes and dust, and for the carrying out of these Regulations.

SCHEDULES.

A.

Processes in the manufacture of :
Dinitrobenzol,
Dinitrotoluol,
Trinitrotoluol,
Paranitrochlorobenzol.

B.

Processes in the manufacture of :
Anilin Oil,
Anilin hydrochloride.

C.

Any process in the manufacture of explosives with use of dinitrobenzol or dinitrotoluol.

et les déposer, avec les vêtements enlevés pendant les heures de travail, dans les locaux prévus à l'article 10 c) et d);

c) faire usage des dispositifs de protection fournis en vue de certains travaux auxquels il prendrait part;

d) se nettoyer soigneusement les mains avant de prendre un aliment quelconque ou avant de quitter les ateliers;

e) prendre un bain au moins une fois par semaine et chaque fois que les produits mentionnés dans les annexes auront été répandus sur ses vêtements de manière à mouiller la peau. Toutefois, la disposition e) ne s'appliquera pas aux personnes occupées aux opérations mentionnées à l'annexe C, ni aux personnes exemptées en vertu d'une inscription au registre de santé signée par le docteur.

14. Aucun ouvrier ne pourra :

a) travailler après suspension à aucune des opérations mentionnées aux annexes, sauf l'autorisation écrite du docteur, inscrite au registre de santé;

b) introduire, garder, préparer ou consommer des aliments ou des boissons ou du tabac dans un local quelconque où se pratique une des opérations mentionnées aux annexes;

c) casser à la main dans un creuset de cristallisation un des produits mentionnés à l'annexe A, ni agiter à la main une solution qui en contiendrait, si ce n'est à l'aide d'un ustensile d'au moins 6 pieds de longueur;

d) intervenir d'une façon quelconque, à l'insu du patron ou du directeur, dans le fonctionnement des dispositifs d'évacuation des fumées et des poussières ou pour l'exécution des présentes dispositions.

La présente ordonnance entrera en vigueur le 1er mars 1908.

ANNEXES.

A.

Travaux compris dans la fabrication du :
Dinitrobenzol,
Dinitrotoluol,
Trinitrotoluol,
Paranitrochlorobenzol.

B.

Travaux compris dans la fabrication de :
l'aniline,
du chlorhydrate d'aniline.

C.

Toutes les opérations concernant la fabrication des explosifs contenant du dinitrobenzol ou du dinitrotoluol.

COLONIES.

AUSTRALIA (COMMONWEALTH).

An Act to provide for the Payment of Invalid and Old-age Pensions and for other purposes. Assented to 10th June, 1908.

PART I.

INTRODUCTORY.

1. — This Act may be cited as the *Invalid and Old-age Pensions Act* 1908.

2. — This Act shall commence on the first day of July, 1909, or on such earlier day as is fixed by Proclamation.

3. — This Act is divided into Parts, as follows :

PART I. — Introductory.
PART II. — Administration.
PART III. — Old-age Pensions.
PART IV. — Invalid Pensions.
PART V. — Invalid and Old-age Pensions.
    DIVISION 1. — Rate of Pensions.
    DIVISION 2. — Pension Claims.
    DIVISION 3. — Payment of Pensions.
PART VI. — Offences.
PART VII. — Miscellaneous.

4. — 1. In this Act, unless the contrary intention appears :

" Benevolent Asylum " means any benevolent asylum which is wholly or partly maintained by contributions from the Consolidated Revenue Fund of the Commonwealth or the Consolidated Revenue of a State, and which is proclaimed by the Governor-General to be a benevolent asylum for the purposes of this Act.

" Claimant " means an applicant for a pension.

COLONIES.

AUSTRALIE (COMMONWEALTH).

Loi du 10 juin 1908 concernant les pensions d'invalidité et de vieillesse [1].

CHAPITRE I.

INTRODUCTION.

1. — La présente loi peut être citée sous le titre de Loi de 1908 concernant les pensions d'invalidité et de vieillesse.

2. — Elle entrera en vigueur le 1er juillet 1909 ou à une date antérieure qui sera fixée par décret.

3. — La présente loi est divisée en chapitres, comme suit :
CHAPITRE   I. — Introduction.
CHAPITRE   II. — Administration.
CHAPITRE III. — Pensions de vieillesse.
CHAPITRE   IV. — Pensions d'invalidité.
CHAPITRE   V. — Pensions d'invalidité et de vieillesse.
                DIVISION 1. — Taux des pensions.
                DIVISION 2. — Demandes de pension.
                DIVISION 3. — Paiement des pensions.
CHAPITRE   VI. — Infractions.
CHAPITRE VII. — Dispositions diverses.

4 — 1. Dans la présente loi, à moins que le contexte ne s'y oppose :
« Établissement de bienfaisance » désigne tout établissement de bienfaisance entièrement ou partiellement entretenu à l'aide du revenu consolidé du Commonwealth ou d'un État, et qui est déclaré tel par le gouverneur général, en vue de l'application de la présente loi.

« Requérant » s'entend de toute personne qui sollicite une pension.

[1] 1908, n° 17.

"The Commissioner" means the Commissioner of Pensions under this Act.

"Deputy Commissioner" means a Deputy Commissioner of Pensions under this Act.

"Hospital" means any hospital which is wholly or partly maintained by contributions from the Consolidated Revenue Fund of the Commonwealth or the Consolidated Revenue of a State, and which is proclaimed by the Governor-General to be a hospital for the purpose of this Act.

"Income" means any moneys, valuable consideration, or profits earned derived or received by any person for his own use or benefit by any means from any source whatever, whether in or out of the Commonwealth, and shall be deemed to include personal earnings, but not any payment:

a) by way of benefit from any friendly society registered under any Act or State Act, or

b) during illness, infirmity, or old-age from any trade union, provident society, or other society or association.

"Magistrate" means a Police, Stipendiary, or Special Magistrate of the Commonwealth or a State.

"The Minister" means the Minister of State administering this Act.

"Pension" means an invalid or old-age pension under this Act.

"Pensioner" means an invalid or old-age pensioner under this Act.

"Registrar" means a Registrar of Pensions under this Act.

"Relatives" means the husband, wife, or children of a claimant or pensioner, as the case may be.

"This Act" includes all Regulations made thereunder.

2. Where, in relation to any act of a Registrar, reference is made to the Deputy Commissioner, the reference shall be deemed to be to the Deputy Commissioner for the State in which the Registrar's district is situated.

PART II.

ADMINISTRATION.

5. — There shall be a Commissioner of Pensions, who shall, subject to the control of the Minister, have the general administration of this Act.

6. — There shall be a Deputy Commissioner for each State, who shall, subject to the control of the Commissioner, have the powers conferred on him by this Act.

« Le commissaire » s'entend du commissaire des pensions nommé en vertu de la présente loi.

« Le commissaire délégué » s'entend de toute personne nommée en qualité de commissaire délégué des pensions en vertu de la présente loi.

« Hospice » désigne tout hospice entièrement ou partiellement entretenu à l'aide du revenu consolidé du Commonwealth ou d'un État, et qui est déclaré tel, par le gouverneur général, en vue de l'application de la présente loi.

« Revenu » désigne les sommes, valeurs ou profits gagnés, obtenus ou reçus par une personne pour son propre usage ou bénéfice, par quelque moyen et de quelque source que ce soit, dans le Commonwealth ou hors de celui-ci, et ce terme comprend les gains personnels, mais non :

a) les secours payés par une société de secours mutuels reconnue, et

b) les paiements effectués à titre de secours durant une maladie, en cas d'infirmité ou comme pension de vieillesse, par une société ouvrière, une société de secours mutuels ou par toute autre société ou association.

« Magistrat » s'entend de tout magistrat de police, magistrat salarié ou magistrat spécial appartenant au Commonwealth ou à un État.

« Le Ministre » désigne le Ministre d'État administrant la présente loi.

« Pension » désigne une pension d'invalidité ou de vieillesse prévue par la présente loi.

« Impétrant » désigne toute personne pensionnée pour cause d'invalidité ou de vieillesse, conformément à la présente loi.

« Registrar » désigne toute personne nommée en qualité de registrar des pensions, aux termes de la présente loi.

« Parents » s'entend du mari, de la femme ou des enfants d'un requérant ou d'un impétrant, suivant le cas.

« La présente loi » comprend également tous les règlements faits en vertu de la présente loi.

2. Si un commissaire délégué est cité au sujet d'un acte d'un registrar, cette citation sera considérée comme visant le commissaire délégué de l'État dans lequel le district du registrar est situé.

CHAPITRE II.

ADMINISTRATION.

5. — Il y aura un commissaire des pensions qui sera chargé, sous le contrôle du Ministre, de l'administration générale de la présente loi.

6. — Il y aura également dans chaque État un commissaire délégué qui exercera, sous le contrôle du commissaire des pensions, les pouvoirs qui lui sont conférés par la présente loi.

7. — The Commissioner and the Deputy Commissioners may, for the purposes of this Act :
  a) summon witnesses;
  b) receive evidence on oath; and
  c) require the production of documents.

8. — No person who has been summoned to appear as a witness before the Commissioner or a Deputy Commissioner shall, without lawful excuse, and after tender of reasonable expenses, fail to appear in obedience to the summons.

Penalty : Twenty pounds.

9. — No person who appears before the Commissioner or a Deputy Commissioner as a witness shall, without lawful excuse, refuse to be sworn, or to make an affirmation, or to produce documents, or to answer questions which he is lawfully required to answer.

Penalty : Fifty pounds.

10. — 1. It shall be the duty of the Commissioner, as soon as may be after the commencement of this Act, to divide each State of the Commonwealth into districts for the purposes of this Act.

2. The Commissioner may, by notice in the *Gazette*, alter the boundarise of any district.

11. — In and for each district, there shall be a Registrar, to be called the Registrar of Pensions, who shall have power to administer oaths, and shall perform such duties as are by this Act imposed upon him.

12. — It shall be the duty of the Registrar for any district :
  a) to receive pension claims;
  b) to investigate pension claims as prescribed;
  c) generally, to keep such books and registers, and do all such things, as are prescribed or as the Commissioner or the Deputy Commissioner directs.

13. — The Commissioner and all Deputy Commissioners and Registrars appointed under this Act shall, before entering upon their duties or exercising any powers under this Act, make before a Justice of the Peace or Commissioner for Affidavits a declaration in accordance with the prescribed form.

14 — 1. The Minister may, in relation to any particular matters or class of matters, or to any particular State or part of the Commonwealth, by writing under his hand, delegate all or any of his powers under this Act (except this power of delegation), so that the delegated powers may be exercised by the delegate with respect to the matters or class of matters or the State or part of the Commonwealth specified in the instrument of delegation.

2. Every delegation under this section shall be revocable at will and no delegation shall prevent the exercise of any power by the Minister.

7. — Le commissaire et les commissaires délégués peuvent, pour l'exécution de la présente loi :
 a) convoquer des témoins ;
 b) recevoir les témoignages sous serment ;
 c) exiger la production de documents.

8. — La personne, citée à comparaître en qualité de témoin devant le commissaire ou un commissaire délégué, ne pourra faire défaut sans excuse plausible, lorsque le remboursement de ses frais lui aura été offert.

Amende : 20 livres.

9. — Quiconque comparait en qualité de témoin devant le commissaire ou un commissaire délégué, ne peut, quand il en est requis, sauf excuse plausible, se refuser à prêter serment, à affirmer quelque chose, à produire des documents ou à répondre aux questions qui lui sont posées.

Amende : 50 livres.

10. — 1. Dès la promulgation de la présente loi et sans aucun retard, le commissaire sera tenu de diviser chaque État du Commonwealth en districts, conformément aux prescriptions de la présente loi.

2. Le commissaire pourra, par avis inséré dans la *Gazette*, changer les limites de tout district.

11. — Dans chaque district, il y aura un registrar — appelé le registrar des pensions, — qui aura le pouvoir de déférer le serment et d'exercer les droits et de remplir les devoirs qui lui sont conférés par la présente loi.

12. — Ce registrar devra, en outre :
 a) recevoir les demandes de pensions ;
 b) faire enquête sur ces demandes, de la manière prescrite ;
 c) en général, tenir les livres et registres prescrits ou à faire les choses prescrites par la présente loi ou qui seront ordonnées par le commissaire ou par le commissaire délégué.

13. — Avant d'entrer en fonctions, le commissaire, les commissaires délégués et les registrars nommés en vertu de la présente loi, devront tous faire une déclaration, dans la forme prescrite, devant un juge de paix ou un commissaire des *affidavits*.

14. — 1. Relativement à certains actes ou certaines classes d'actes, ou relativement à un État ou à une partie déterminée du Commonwealth, le Ministre peut déléguer, par écrit, tout ou partie des pouvoirs que lui confère la présente loi (à l'exception du pouvoir de délégation), de façon que, dans l'exercice de ses pouvoirs, le délégué s'en tienne aux actes ou aux groupes d'actes spécifiés dans l'acte de délégation.

2. Chacune de ces délégations sera révocable à volonté et aucune d'elles ne mettra obstacle à l'exercice des pouvoirs dont dispose le Ministre.

PART III.

OLD-AGE PENSIONS.

15. — 1. Subject to this Act, every person who has attained the age of 65 years, or who, being permanently incapacitated for work, has attained the age of sixty years, shall, whilst in Australia, be qualified to receive an old-age pension.

2. The Governor-General may by proclamation declare that the age at which women shall be qualified to receive an old-age pension shall be sixty years, and from and after such proclamation the last preceding sub-section shall, as regard women, be read as if the word " sixty " were substituted for the word " sixty-five ".

3. No old-age pension shall be paid to any person who is under the age of sixty-five years unless and until his claim is certified by a Registrar pursuant to this Act, and is recommended in writing by a Deputy Commissioner.

Provided that this sub-section shall not, after proclamation under the last preceding sub-section, apply to women.

16. — 1. The following persons shall not be qualified to receive an old-age pension, namely :

a) Aliens;

b) Naturalized subjects of the King who have not been naturalized for the period of three years next preceding the date of their pension claims;

c) Asiatics (except those born in Australia), or aboriginal natives of Australia, Africa, the Islands of the Pacific, or New Zealand.

2. No woman having married one of the persons disqualified by this section shall, in consequence only of such marriage, be or become disqualified to receive a pension.

17. — No person shall receive an old-age pension unless :

a) he is residing in Australia on the date when he makes his claim to the pension ;

b) he has on that date so resided continuously for at least twenty-five years;

c) he is of good character;

d) if a husband, he has not for twelve months or upwards during five years immediately preceding that date, without just cause, deserted his wife, or without just cause failed to provide her with adequate means of maintenance, or neglected to maintain any of his children being under the age of fourteen years; or, if a wife, she has not for twelve months during five years immediately preceding such date, without just cause, deserted her

CHAPITRE III.

PENSIONS DE VIEILLESSE.

15. — 1. Sous réserve des dispositions de la présente loi, ont qualité pour recevoir une pension de vieillesse, lorsqu'elles résident en Australie : toute personne âgée de 65 ans, et toute personne âgée de 60 ans, qui est atteinte d'une incapacité de travail permanente.

2. Le gouverneur général peut décréter que l'âge auquel les femmes auront qualité pour bénéficier d'une pension de vieillesse sera de 60 ans et, dès lors que le paragraphe ci-dessus devra être lu avec la substitution du mot « soixante » au mot « soixante-cinq », en ce qui concerne les femmes.

3. Aucune pension de vieillesse ne sera payée à celui dont l'âge est inférieur à 65 ans, à moins que le registrar ne certifie que la demande est conforme à la présente loi et que cette demande ne soit approuvée par écrit par le commissaire délégué.

Toutefois, la présente sous-section ne s'appliquera pas aux femmes, si un décret conforme à la dernière sous-section a été rendu.

16. — 1. Les personnes désignées ci-après ne pourront bénéficier de la pension, savoir :

a) les étrangers;

b) les citoyens naturalisés, à moins que leur naturalisation ne soit antérieure de trois ans à leur demande de pension;

c) les Asiatiques (excepté ceux qui sont natifs d'Australie), ou les aborigènes de l'Australie, de l'Afrique, des îles du Pacifique ou de la Nouvelle-Zélande.

2. Par suite de son mariage avec l'une des personnes appartenant aux trois groupes ci-dessus, la femme ne perd nullement ses droits à la pension.

17. — Pour avoir droit à la pension, le requérant devra établir :

a) qu'il réside en Australie à la date où il établit ses droits à la pension;

b) qu'il a eu cette résidence d'une manière continue depuis vingt-cinq ans au moins avant cette date;

c) qu'il est de bonne moralité;

d) s'il s'agit d'un homme marié, qu'il n'a pas, dans les cinq ans précédant immédiatement la dite date, pendant douze mois ou plus, abandonné sa femme sans juste motif ou négligé sans juste motif de pourvoir convenablement aux besoins de sa femme, ou négligé de pourvoir aux besoins de ses enfants âgés de moins de 14 ans, où, s'il s'agit d'une femme mariée, qu'elle n'a pas, au cours des cinq ans précédant immédiatement la dite date, aban-

husband, or deserted any of her children being under the age of fourteen years;

e) the net capital value of his accumulated property, whether in or out of Australia, does not exceed 310 pounds;

f) he has not directly or indirectly deprived himself of property or income in order to qualify for or obtain a pension; and

g) he has not at any time within six months been refused a pension certificate, except for the reason that he was disqualified on account of his age or for reasons which are not in existence at the time of the further application.

18 — 1. Continous residence in Australia shall not be deemed to have been interrupted by occasional absences not exceeding in the aggregate one-tenth of the total period of residence.

2. A person, whether claimant or pensioner, shall not be deemed to be absent from Australia during any period of absence from Australia if he proves that during that period his home was in Australia, and if married that his wife and family, or his wife (if he has no family), or his family (if his wife is dead), resided in Australia and were maintained by him.

PART IV.

INVALID PENSIONS.

19. — This Part shall not come into operation on the commencement of this Act, but shall come into operation on a subsequent day to be fixed by Proclamation

20. — Subject to this Act, every person above the age of sixteen years who is permanently incapacitated for work, by reason of an accident or by reason of his being an invalid, and who is not receiving an old-age pension, shall, whilst in Australia, be qualified to receive an invalid pension.

21. — 1. The following persons shall not be qualified to receive an invalid pension, namely :

a) Aliens;

b) Asiatics (except those born in Australia), or aboriginal natives of Australia, Africa, the Islands of the Pacific, or New Zealand.

2. No woman having married one of the persons disqualified by this section shall, in consequence only of such marriage, be or become disqualified to receive a pension.

22. — No person shall receive an invalid pension unless :

a) he is residing in Australia on the date when he makes his claim to the pension;

donné sans juste motif, pendant douze mois, son mari ou ceux de ses enfants qui n'avaient pas atteint l'âge susdit ;

e) que la valeur en capital net de ses biens, en Australie ou ailleurs, n'excède pas 310 livres ;

f) qu'il ne s'est pas dépouillé, directement ou indirectement, de ses biens ou de ses revenus dans le but de se placer dans les conditions requises pour l'obtention d'une pension, et

g) que dans les six mois précédents, la délivrance d'un certificat de pension ne lui a pas été refusée, à moins que ce refus n'ait été motivé par l'âge du requérant ou par des circonstances qui ont disparu au moment où il introduit une nouvelle requête.

18. — 1. La résidence permanente en Australie ne sera pas considérée comme ayant été interrompue par des absences accidentelles, à moins que ces absences, considérées dans leur ensemble, n'excèdent le dixième de la période totale de résidence.

2. Aucun requérant ou impétrant ne sera considéré comme absent alors même qu'il a quitté l'Australie, s'il prouve que pendant cette absence, il a conservé son domicile en Australie, et, s'il était marié, que sa femme et sa famille, ou sa femme (s'il n'avait pas de famille), ou sa famille (si sa femme était décédée), résidaient en Australie et étaient entretenues par lui.

CHAPITRE IV.

PENSIONS D'INVALIDITÉ.

19. — Ce chapitre n'entrera pas en vigueur avec la présente loi, mais seulement à une date postérieure qui sera fixée par décret.

20. — Sous réserve des dispositions de la présente loi, toute personne âgée de plus de 16 ans et qui est atteinte d'une incapacité de travail permanente, résultant d'un accident ou d'une infirmité physique, a droit à une pension d'invalidité, à moins qu'elle ne reçoive déjà une pension de vieillesse.

21. — 1. Les personnes désignées ci-après ne pourront bénéficier de la pension, savoir :

a) les étrangers ;

b) les Asiatiques (excepté ceux qui seraient natifs d'Australie), ou les aborigènes d'Australie, d'Afrique, des îles du Pacifique ou de la Nouvelle Zélande.

2. Par suite de son mariage avec l'une des personnes appartenant aux deux groupes ci-dessus, la femme ne perd nullement ses droits à la pension.

22. — Pour avoir droit à la pension, le requérant devra établir :

a) qu'il réside en Australie à la date où il établit ses droits à la pension ;

b) he has on that date resided in Australia continuously (within the meaning of section 18) for at least five years;

c) he has become permanently incapacitated whilst in Australia;

d) the accident or invalid state of health was not self-induced, nor in any way brought about with a view to obtaining a pension;

e) he has no claim against any employer, company, or other person, or body, compellable under private contract or public enactment to adequately maintain or compensate him on account of accident or invalid state of health;

f) his income or property does not exceed the limits prescribed in the case of applicants for old-age pensions;

g) be has not directly or indirectly deprived himself of income or property in order to qualify for a pension; and

h) his relatives, namely, father, mother, husband, wife, or children do not, either severally or collectively adequately maintain him.

23. — 1. The amount of an invalid pension shall in every case be determined annually by the Commissioner or Deputy Commissioner, having regard to any income or property possessed by the applicant, and the fact that his relatives contribute to his maintenance, and the fact also of his having received compensation from any source in respect of any injury.

2. The Commissioner or Deputy Commissioner shall in all cases of invalidity, and also in cases of accident where the permanent incapacity for work is not manifest, direct an examination of the claimant to be made by a duly qualified medical practitioner, who shall certify in the prescribed form whether the claimant is permanently incapacitated for any work, giving the prescribed particulars. In his final determination the Commissioner or Deputy Commissioner shall be guided by the certificate of the medical practitioner.

PART V

INVALID AND OLD-AGE PENSIONS.

Division 1. — *Rate of Pensions.*

24. — 1. The amount of a pension shall in each case be at such rate as, having regard to all the circumstances of the case, the Commissioner or Deputy Commissioner who determines the pension claim deems reasonable and sufficient, but shall not exceed the rate of 26 pounds per annum in any event, nor shall it be at such a rate as will make the pensioner's income, together with pension, exceed 52 pounds per annum.

2. Where the pensioner has accumulated property, the amount of a pension shall be subject to the following deductions :

a) one pound for every complete 10 pounds by which the net capital

b) qu'il a eu cette résidence d'une manière continue (c'est-à-dire de la manière déterminée par la section 18) depuis cinq ans au moins avant cette date;

c) que son incapacité permanente s'est produite pendant son séjour en Australie;

d) que l'accident ou l'infirmité ne provient pas de son fait, et n'a été en aucune façon provoquée dans le but d'être placé dans les conditions requises pour l'obtention d'une pension;

e) qu'il n'a passé aucun contrat, par acte public ou sous seing privé, avec un patron, une compagnie, ou une autre personne, en vue de s'assurer la subsistance ou de recevoir une compensation du chef de l'accident ou de l'infirmité;

f) que ses biens ou revenus n'excèdent pas les limites établies pour l'obtention d'une pension de vieillesse;

g) qu'il ne s'est pas dépouillé, directement ou indirectement, de ses biens ou de ses revenus, dans le but de se placer dans les conditions requises pour l'obtention d'une pension, et

h) que ses parents, à savoir : père, mère, mari, conjoint ou enfants, ou ces personnes ensemble, ne sont pas en état de l'entretenir.

23. — 1. Le montant de la pension d'invalidité sera, dans chaque cas, déterminé annuellement par le commissaire ou le commissaire délégué, en tenant compte des biens ou revenus possédés par le requérant, du fait que ses parents pourvoient à sa subsistance et du fait aussi que l'intéressé a reçu des compensations d'autre part.

2. Le commissaire ou le commissaire délégué devra, dans tous les cas d'invalidité et aussi dans les cas d'accident où l'incapacité permanente de travail n'est pas manifeste, faire examiner le requérant par un médecin agréé qui certifiera, dans la forme prescrite et en donnant les détails prescrits, que le requérant est atteint d'une incapacité de travail permanente. Le commissaire ou le commissaire délégué se basera sur ce certificat pour prendre une décision.

CHAPITRE V.

PENSIONS D'INVALIDITÉ ET DE VIEILLESSE.

DIVISION 1. — *Taux des pensions.*

24. — 1. Le montant d'une pension sera fixé, dans chaque cas, au taux que le commissaire ou le commissaire délégué qui instruit la requête, jugera raisonnable et suffisant, eu égard à toutes les circonstances particulières à chaque cas, mais de toute manière, ce montant n'excédera pas le taux de 26 livres par année, ni celui de 52 livres, pension et revenus de l'impétrant compris.

2. Si l'impétrant a des biens accumulés, la pension sera diminuée :

a) de 1 livre pour chaque somme de 10 livres dont la valeur en capital

value of the property exceeds 50 pounds, except where the property includes a home in which the pensioner permanently resides, and which produces no income; and

b) one pound for every complete 10 pounds by which the net capital value of the property exceeds 100 pounds, where the property includes a home in which the pensioner permanently resides, and which produces no income.

Provided that, where both husband and wife are pensioners, except where they are living apart pursuant to any decree, judgment, order, or deed of separation, in making the deduction in the case of each of them :

paragraph *a)* shall be read with the substitution of 25 pounds for 50 pounds, and

paragraph *b)* shall be read with the substitution of 50 pounds for 100 pounds.

25. — The net capital value of accumulated property shall be assessed in the prescribed manner, and, unless otherwise prescribed, the following provisions shall apply :

a) All real and personal property owned by any person sgall be deemed to be his accumulated property;

b) From the capital value of such accumulated property there shall be deducted all charges or encumbrances lawfully and properly existing on the property, and the residue remaining shall be deemed to be the net capital value of all accumulated property;

c) Where a valuation has been made for any local authority of any accumulated real property, that valuation, being the last valuation of the property, may for the purposes of this Act be taken to be the capital value of the property unless satisfactory evidence is adduced to the contrary;

d) In the case of husband and wife, except where they are living apart pursuant to any decree, judgment, order, or deed of separation, the net capital value of the accumulated property of each shall be deemed to be half the total net capital value of the accumulated property of both.

26. — In the computation of income :

a) where any person receives board or lodging or board and lodging, the actual or estimated value or cost of such board or lodging or board and lodging, not exceeding 5 shillings per week, shall be included; and

b) in the case of husband and wife, except where they are living apart pursuant to any decree, judgment, order, or deed of separation, the income of each shall be deemed to be half the total income of both.

net des biens excède 50 livres, excepté le cas où les biens comprennent une maison dans laquelle l'impétrant réside en permanence et qui ne produit aucun revenu ; et

b) d'une livre pour chaque somme de 10 livres dont la valeur en capital net des biens excéde 100 livres, lorsque les biens comprennent une maison dans laquelle l'impétrant réside en permanence et qui ne produit aucun revenu.

Toutefois, lorsque les époux sont tous deux pensionnés, excepté le cas où ils vivent séparément en vertu d'un ordre de justice ou d'un acte de séparation, pour faire la déduction dans le cas de chacun d'eux,

le paragraphe a) sera interprété en substituant 25 livres à 50 livres, et

le paragraphe b), en substituant 50 livres à 100 livres.

25. — La valeur nette en capital des biens accumulés sera fixée de la manière prescrite et. sous réserve des prescriptions contraires, les dispositions suivantes seront applicables :

a) Toutes propriétés immobilières ou mobilières appartenant à quelqu'un, seront considérées comme ses biens accumulés ;

b) De la valeur en capital desdits biens accumulés, déduction sera faite de toutes charges ou hypothèques grevant légalement lesdites propriétés, et le restant sera considéré comme formant la valeur nette en capital de tous les biens accumulés ;

c) Si une évaluation de biens accumulés réels a été faite pour une municipalité, cette évaluation, si elle est la dernière concernant lesdits biens, pourra être considérée comme établissant la valeur en capital de ces biens, à moins que la preuve contraire ne soit fournie ;

d) S'il s'agit de conjoints, la valeur en capital net des biens accumulés de chacun d'eux sera considérée comme formant la moitié de la valeur totale en capital net des biens accumulés des deux. Toutefois, cette règle ne sera pas applicable lorsque le mari et la femme vivent séparément en vertu d'un ordre de justice ou d'un acte de séparation.

26. — En matière d'évaluation des revenus :

a) lorsqu'une personne reçoit l'entretien ou le logement ou l'entretien et le logement, la valeur réelle ou par estimation ou les frais de cet entretien et de ce logement, n'excédant pas 5 shillings par semaine, seront compris dans le calcul du revenu de ladite personne.

b) s'il s'agit de conjoints, le revenu de chacun d'eux sera considéré comme formant la moitié du revenu total des deux. Cette règle ne sera pas applicable lorsqu'ils vivent séparément en vertu d'un ordre de justice ou d'un acte de séparation.

DIVISION 2. — *Pension Claims.*

27. — 1. Every person claiming a pension shall, in the prescribed manner, deliver or send a pension claim therefor to the Registrar of the district in which he resides, or to a prescribed officer therein.

2. Where the claim is sent to a prescribed officer, he shall forthwith transmit it to the Registrar of the district.

3. The pension claim shall be in accordance with the prescribed form, and shall affirm all the qualifications and requirements and negative all the disqualifications under this Act, and shall set out the place of abode and length of residence therein of the claimant, and the place or places of abode of the claimant during the previous twelve months.

4. Every claimant shall, by declaration to be indorsed thereon, declare that the contents of his pension claim are true and correct in every particular, and if in the declaration or claim he wilfully makes any statement which is untrue in any particular, he shall be guilty of an indictable offence.

Penalty : Five years' imprisonment.

5. The declaration may be made before any of the following persons : A postmaster or postmistress, or person in charge of a post-office, a police, stipendiary or special magistrate of the Commonwealth or a State, a justice of the peace, a barrister or solicitor, a State school head-teacher, and officer of the Department of Trade and Customs, a member of the police force of the Commonwealth or of a State, a legally qualified medical practitioner, a notary public, a commissioner for affidavits, a registrar, or any prescribed officer or person.

6. A pension claim may be withdrawn at any time by a notice of withdrawal, sent by the claimant to the Registrar to whom the claim was delivered or sent.

28. — 1. Upon receipt of a pension claim the Registrar shall cause to be made such investigations as appear to him desirable, or as are directed by the Deputy Commissioner, in order to ascertain the circumstances of the claimant and the truth of the statements in the claim.

2. The Registrar may require any person, whom he believes to be in a position to do so, to furnish to him, for submission to the Magistrate, a confidential report as to the circumstances or the financial transactions of any claimant or pensioner or of any relatives of a claimant or pensioner; and any person who, on being required to do so by the Registrar, fails to furnish a report within a reasonable time, or furnishes a report containing any statement which is untrue in any particular, shall be guilty of an offence.

Penalty : 100 pounds, or six months' imprisonment.

29. — 1. Upon the completion of his investigations, the Registrar shall

Division 2. — *Demandes de pension.*

27. — 1. Toute personne, qui sollicite une pension, adressera une demande, formulée de la manière prescrite, au registrar du district dans lequel elle réside, ou à un autre fonctionnaire expressément désigné.

2. Si la demande est envoyée à un fonctionnaire autre que le registrar, ce fonctionnaire la transmettra immédiatement au registrar du district.

3. La demande de pension sera formulée dans les termes prescrits et le requérant affirmera qu'il se trouve bien dans toutes les conditions requises par la présente loi pour l'obtention d'une pension ; la demande fera connaître en outre le lieu et la durée de la résidence de l'intéressé, ainsi que le ou les endroits où il a séjourné au cours des douze derniers mois.

4. Par une déclaration faite au dos de la demande, le requérant affirmera que le contenu de sa demande de pension est conforme à la vérité et correct dans tous ses détails et si, dans la déclaration ou la demande, il fait volontairement un faux rapport relativement à l'un ou l'autre détail, il sera coupable de délit.

Pénalité : cinq années d'emprisonnement.

5. La déclaration pourra être faite devant une des personnes désignées ci-après : un percepteur ou une perceptrice des postes, ou le directeur d'un bureau des postes, un magistrat de police, un magistrat salarié ou un magistrat spécial du Commonwealth ou d'un Etat, un juge de paix, un avocat ou un avoué, un directeur d'une école de l'État, un fonctionnaire du Ministère du commerce et des douanes, un membre de la police du Commonwealth ou d'un Etat, un médecin agréé, un notaire, un commissaire des *affidavits*, un registrar, ou une personne ou un fonctionnaire prescrit.

6. Une demande de pension peut être retirée en tout temps par un avis de retrait envoyé par le requérant au registrar à qui la demande a été remise ou envoyée.

28. — 1. Au reçu d'une demande de pension, le registrar fera les enquêtes qui lui paraîtront utiles ou qui seront ordonnées par le commissaire délégué, afin de s'assurer de la position du requérant et de la véracité des détails de la demande.

2. Le registrar peut requérir toute personne qu'il croit à même de le renseigner, de lui fournir, pour être soumis au magistrat, un rapport confidentiel sur la position ou la situation financière du requérant ou de l'impétrant ou des parents de l'un ou de l'autre ; et la personne qui, après en avoir été requise par le registrar, néglige de fournir ce rapport dans un laps de temps raisonnable ou qui fournit un rapport contenant des faits entachés de faux, sera coupable de délit.

Pénalité : 100 livres d'amende ou six mois de prison.

29. — 1. Lorsque les enquêtes seront terminées, le registrar adressera la

refer the claim, together with a full report of the result of the investigations which have been made, to a Magistrate.

2. The Registrar shall notify the claimant of the time when and place where he is required to attend to support his pension claim.

Provided that, where the Magistrate is satisfied that by reason of physical disability or other sufficient cause the claimant is unable to attend, the Magistrate may dispense with his attendance.

30. — 1. On the day so notified, or on any subsequent day, the Magistrate may proceed to investigate the pension claim, for the purpose of ascertaining whether the claimant is entitled to a pension, and, if so, at what rate.

2. All investigations by the Magistrate shall be made in the locality wherein the claimant resides, or as near thereto as practicable, and shall be in open Court, if for any reason the Magistrate deems it advisable.

3. In order to ascertain the circumstances of the claimant, evidence may be taken at the hearing from members of the police force of the Commonwealth or a State, officers and members of the governing bodies of any charitable institution or society, or any other persons whomsoever.

4. In investigating the pension claim the Magistrate shall not be bound by any rules of evidence, but shall investigate the matter and make his recommendation according to equity, good conscience, and the substantial merits of the case, without regard to technicalities or legal forms.

31. — 1. Subject to the following provisions of this section, the Magistrate may, as he deems equitable :

a) recommend the pension claim as made, or as modified by the result of his investigations, or

b) postpone the claim for further evidence, or

c) recommend the rejection of the claim ;

but no pension claim shall be recommended unless the Magistrate is satisfied that the claim is established and the claimant is deserving of a pension, and unless the evidence (if any) of the claimant is corroborated on all material points by documentary information or oral evidence :

Provided, however, that in respect of the age of the claimant, the Magistrate, if otherwise satisfied, may dispense with corroborative evidence.

2. If it appears to the Magistrate that the claimant, although otherwise qualified for, is unfit to be intrusted with, a pension, he may recommend that the claimant, instead of being granted a pension, be sent to a benevolent asylum or charitable institution; and the Registrar shall at once notify the Deputy Commissioner, who may thereupon cause steps to be taken for the admission of the claimant into a benevolent asylum or any prescribed public or private charitable institution.

demande au magistrat, en accompagnant celle-ci d'un rapport complet sur le résultat des enquêtes qui auront été faites.

2. Ce registrar avisera le requérant de l'époque et du lieu où il sera cité pour soutenir sa demande de pension.

Toutefois dans le cas où le magistrat est convaincu de ce que, par suite d'un défaut physique ou pour toute autre cause, le requérant n'est pas en état de se déplacer, il peut dispenser celui-ci du déplacement.

30. — 1. Au jour désigné, ou à une date ultérieure, le magistrat peut faire son enquête sur la demande de pension, à l'effet de vérifier si le requérant a droit à la pension, et dans l'affirmative, à quelle somme il a droit.

2. L'enquête sera faite par le magistrat dans la localité où réside le requérant ou si cela est plus pratique, dans une localité voisine; de plus, si pour quelque raison le magistrat considère qu'il est prudent d'agir ainsi, l'enquête peut être menée en audience publique.

3. Afin de s'assurer de la position du requérant, le magistrat peut entendre les agents de la police du Commonwealth ou d'un État, les fonctionnaires et les membres de conseils d'administration d'institutions charitables ou de sociétés, ou d'autres personnes.

4. En faisant son enquête sur la demande de pension, le magistrat ne sera nullement lié par les règles relatives à la preuve, mais considérera les faits et fera son rapport conformément à l'équité et aux mérites réels du cas et sans avoir égard à la technique ou aux formalités légales.

31. — 1 Sous réserve des stipulations ci-après de la présente section, le magistrat peut, s'il le juge équitable :

a) recommander la demande de pension dans ses limites primitives ou modifiée d'après les résultats de l'enquête, ou

b) ajourner la demande pour supplément d'enquête, ou

c) recommander le rejet de la demande; le magistrat ne recommandera aucune demande de pension sans être persuadé que la demande est fondée et que le requérant mérite une pension et de plus que le témoignage de l'intéressé est corroboré en tous points par les informations documentaires ou les témoignages oraux.

Toutefois, eu égard à l'âge du requérant, le magistrat peut passer outre, au cas où sa conviction a pu se faire d'une autre manière.

2. Si le magistrat estime que le requérant, quoique méritant une pension, ne se trouve pas dans les conditions requises pour l'obtenir, il peut, au lieu de lui accorder une pension, recommander son placement dans une institution de bienfaisance, et le registrar en avisera immédiatement le commissaire délégué qui fera le nécessaire pour l'admission de l'intéressé dans une institution de bienfaisance ou dans toute autre institution charitable publique ou privée.

3. If the Magistrate is of opinion that, although the claim is not completely established, further evidence may be adduced in support thereof, or it may be mended by lapse of time, the Magistrate shall, if the claimant so desires, postpone the investigation, and in such case all matters as to which the Magistrate is satisfied shall be recorded as proved : Provided that further evidence may be adduced in respect of any matters recorded as proved.

4. If the Magistrate is of opinion that the pension claim is not established, and cannot be mended by further evidence, or by postponement of the investigation for a reasonable time, the Magistrate shall recommend the rejection of the claim, and when so doing shall specify in writing all the material points which he finds to be respectively proved, disproved, and unproved or insufficiently proved.

32. — 1. In respect of matters found by the Magistrate to be disproved, the claimant may in the time and in the manner prescribed appeal to the Minister, who may cause an investigation thereof to be made by the Commissioner or a Deputy Commissioner, whose decision shall be final and conclusive and without appeal.

2. In respect of matters found by the Magistrate to be simply unproved or insufficiently proved, the claimant may at any time thereafter, first giving the Registrar three days' notice, adduce before the Magistrate fresh evidence, and in such case all material points previously found by the Magistrate to be proved shall be deemed to be established, and the Magistrate shall dispose of all other points as in the case of a new claim.

33. — 1. The recommendation of the Magistrate as to the pension claim shall be indorsed on the claim, which shall thereupon be returned to the Registrar.

2. The Registrar shall forthwith transmit the claim as indorsed, together with the prescribed particulars for identification of the claimant, and such other particulars as are prescribed, to the Deputy Commissioner, who shall, except in such cases or classes of cases as are prescribed, and in which the claim shall be referred for the determination of the Commissioner, determine the application.

3. The determination of the Commissioner or the Deputy Commissioner shall, in favour of the claim, set out the rate of the pension and the date of its commencement (which must not be prior to the date of the claim), and a pension certificate in the prescribed form shall thereupon be issued to the claimant.

4. If the determination of the Commissioner or Deputy Commissioner is adverse to the claim, the claimant shall be notified accordingly.

5. The Registrar shall in the prescribed manner report to the Deputy Commissioner upon every pension claim whose rejection is recommended by the Magistrate.

3. Au cas où la demande ne serait pas complétement fondée, si le magistrat estime que des dépositions ultérieures peuvent être produites en faveur de cette demande ou que celle-ci peut être rendue valable après un certain laps de temps, il pourra, sur le désir du réquérant, surseoir à l'enquête et dans ce cas, les faits reconnus exacts par le magistrat, seront enregistrés comme tels ; toutefois des témoignages ultérieurs peuvent encore être admis relativement à ces faits.

4. Si le magistrat estime que la demande de pension n'est pas fondée, et ne peut être rendue valable par des témoignages ultérieurs ou grâce à un ajournement d'enquête à une date suffisamment éloignée, il proposera le rejet de la demande et spécifiera dans sa déclaration écrite tous les points de ladite demande qui auront été trouvés respectivement exacts, erronés, non prouvés ou prouvés d'une manière insuffisante.

32. — 1. En ce qui concerne les points reconnus inexacts par le magistrat, le requérant peut, de la manière et dans les délais prescrits, en appeler au Ministre qui est libre d'ordonner qu'une enquête soit faite à ce sujet par le commissaire ou le commissaire délégué ; la décision qui sera prise par le commissaire ou le commissaire délégué chargé de l'enquête sera définitive et sans appel.

2. Quant aux points que le magistrat jugera simplement controuvés ou insuffisamment établis, le requérant peut toujours, dans la suite, et en ayant soin de prévenir le registrar trois jours d'avance, produire devant le magistrat de nouvelles preuves, et dans ce cas, le magistrat ne prendra de décision que sur les points contestés, en les considérant comme une nouvelle demande ; les autres points conservent leur valeur probante.

33. — 1. La recommandation du magistrat concernant la demande de pension, sera inscrite au dos de ladite demande, laquelle sera ensuite retournée au registrar.

2. Le registrar transmettra de suite au commissaire délégué la demande endossée, en y joignant les détails nécessaires relativement à l'identité du requérant et tous autres détails prescrits ; excepté dans les cas où la demande doit être soumise à la décision du commissaire, le commissaire délégué décidera lui-même de la suite à donner à la demande.

3. Si elle est en faveur de la demande, la décision du commissaire ou du commissaire délégué fera connaître le taux de la pension et la date à partir de laquelle celle-ci devra être calculée (date qui ne peut être postérieure à celle de la demande) ; un certificat de pension, établi dans la forme prescrite, sera ensuite remis au requérant.

4. Si la décision du commissaire ou du commissaire délégué est défavorable à la demande de pension, le requérant sera avisé en conséquence.

5. Le registrar fera rapport dans la forme et suivant le mode prescrit, au commissaire délégué sur toute demande de pension dont le rejet aura été conseillé par le magistrat.

34. — At the request of the Commissioner or a Deputy Commissioner a Magistrate may rehear a pension claim previously admitted or rejected, and the Commissioner or a Deputy Commissioner may, if he thinks fit, amend any certificate so as to accord with the recommendation made by the Magistrate after the rehearing. Upon the rehearing the Magistrate shall have the same powers as upon the original hearing.

35. — Any person who at the commencement of this Act is the holder of a valid certificate entitling him to an invalid or old-age pension under a State Act may, instead of sending in a pension claim, deliver up his State certificate to the Deputy Commissioner, and the Deputy Commissioner may, subject to the Regulations, if he is satisfied that the person is entitled to a pension under this Act, issue a pension certificate to him.

36. — On application, a Deputy Commissioner may direct the issue of a duplicate pension certificate in any case where satisfactory proof is given of the loss or destruction of the original.

37. — 1. The Minister or the Commissioner or a Deputy Commissioner may at any time cancel, suspend, or reduce any pension if he considers it expedient so to do, but any decision of a Deputy Commissioner under this section shall be subject to an appeal, in the time and in the manner prescribed, to the Minister, whose decision shall be final and conclusive.

2. Where any decision cancelling, suspending, or reducing a pension has been given under this section, the Deputy Commissioner shall indorse the pension certificate accordingly.

38. — 1. At any time not being sooner than one month before the expiration of each year (computed from the date of the commencement of the pension), during which the pension certificate remains in force, each pensioner shall file with the Registrar of his district unless exempted by the Registrar a statement showing the amount of income received by him during the preceding twelve months, and such other particulars as are prescribed.

2 If upon receipt of the statement the Registrar is satisfied that the pensioner is entitled to a continuation of the pension, he shall notify the Deputy Commissioner accordingly, and the Deputy Commissioner may authorize the continuation of the pension; but if he is not so satisfied he shall refer the statement to a Magistrate for investigation, and thereupon the procedure laid down by this Act in relation to investigations by a Magistrate shall apply.

DIVISION 3. — *Payment of Pensions.*

39. — 1. Each instalment of pension shall be payable fornightly at an office named in the pension certificate.

34. — A la requête du commissaire ou d'un commissaire délégué, un magistrat peut juger de nouveau une demande de pension précédemment admise ou rejetée, et le commissaire ou un commissaire délégué peut, s'il le juge convenable, modifier tout certificat dans le sens des propositions du magistrat à la suite du nouvel examen de l'affaire. En procédant à celui-ci, le magistrat dispose des mêmes pouvoirs que dans le cas du premier jugement.

35. — Dès que la présente loi sera mise en vigueur, quiconque détiendra un certificat valable lui donnant droit à une pension d'invalidité ou de vieillesse sous le régime d'une loi d'État, pourra au lieu d'adresser une demande de pension, transmettre son certificat au commissaire délégué et celui-ci pourra, en se conformant aux règlements, après s'être assuré que l'intéressé a droit à une pension sous le régime de la présente loi, lui remettre un certificat de pension.

36. — Sur demande, un commissaire délégué peut délivrer un duplicata du certificat de pension au cas où il a reçu des preuves suffisantes de la perte ou de la destruction de l'original.

37. — 1. Le Ministre ou le commissaire ou un commissaire délégué peut, en tout temps, annuler, suspendre ou réduire toute pension, s'il juge à propos de le faire, mais en pareil cas, toute décision émanant d'un commissaire délégué pourra être portée dans la forme et dans les délais prescrits, en appel devant le Ministre, qui jugera en dernier ressort.

2. En cas d'annulation, de suspension ou de réduction d'une pension, le commissaire délégué doit inscrire la décision au dos du certificat de pension.

38. — 1. Dans le mois qui précède l'expiration de l'année durant laquelle le certificat de pension est valable (année qui est comptée à partir du jour où commence la pension), chaque impétrant remettra au registrar de son district, à moins que celui-ci ne l'exempte de cette formalité, un état indiquant le montant des revenus reçus par lui au cours des douze mois précédents, en même temps que tous autres renseignements prescrits.

2. Si, à la réception d'un état, le registrar s'est s'assuré que l'impétrant a droit à la continuation de la pension, il en avisera le commissaire délégué et celui-ci pourra autoriser la continuation de la dite pension, mais s'il n'est pas convaincu, il adressera l'état à un magistrat aux fins d'enquête, et celle-ci sera menée suivant la même procédure que celle que prescrit la présente loi pour les enquêtes qui doivent être faites par un magistrat.

DIVISION 3. — *Paiement des pensions.*

39. — 1. Les arrérages de la pension seront payables tous les quinze jours au bureau indiqué dans le certificat de pension.

2. On application, the office may be changed from time to time by the Registrar, and every change of office shall be recorded by the Registrar on the certificate.

40. — 1. Subject to this Act, each instalment shall be applied for and payable at any time within twenty-one days after its due date on the personal application of the pensioner, and the production of his pension certificate to the officer in charge at the office named therein.

2. In default of strict compliance by the pensioner with the provisions of the last preceding sub-section, the instalment shall be deemed to be forfeited unless the forfeiture is waived as provided in the next following sub-section.

3. A Deputy Commissioner or a Registrar may waive any such forfeiture in any case where after investigation he is satisfied:

a) that, if the forfeiture was occasioned by default of personal application for payment, or of application within the prescribed time, the default was due to the pensioner's illness or debility or temporary absence from the locality in which the pension is payable, or other sufficient cause; or

b) that, if the forfeiture was occasioned by default in producing the pension certificate, the default was due to its being lost or destroyed.

4. Except in special cases of the pensioner's illness or debility, it shall not be lawful for the Deputy Commissioner or a Registrar to waive the forfeiture of an instalment twice consecutively to the same pensioner; and in no case shall forfeiture be waived unless waiver is applied for within the prescribed time.

41. — Subject to this Act, a pension shall be absolutely inalienable whether by way or in consequence of sale, assignment, charge, execution, insolvency, or otherwise howsoever.

42. — 1. Every pension shall be deemed to be granted and shall be held subject to all the provisions of this Act, and to the provisions of any other Act amending or repealing or in substitution for this Act which may at any time be passed, and no pensioner shall have any claim for compensation or otherwise by reason of his pension being affected by the operation of this Act or any such other Act.

2. A notification of the last preceding sub-section shall be printed on every pension certificate.

43. — 1. Whenever the Deputy Commissioner is satisfied that, having regard to the age, infirmity, or improvidence of a pensioner, or any other special circumstances, it is expedient that payment of any instalments of the pension be made to any other person, a warrant to that effect shall be issued by the Deputy Commissioner, and transmitted to the person authorized therein to receive payment.

2. Subject to the Regulations, and to the directions and limitations, if

2. Sur demande, le bureau pourra être changé par le registrar, s'il y a lieu, et tout changement de bureau sera annoté par le registrar sur le certificat.

40. — 1. Dans les limites des dispositions de la présente loi, les arrérages devront être réclamés et payés dans les vingt-et un jours de leur échéance, sur demande faite par le titulaire en personne, et sur production de son certificat de pension à l'agent payeur du bureau indiqué sur le certificat.

2. Faute de s'être conformé en tout point aux dispositions de la sous-section 1 de la présente section, l'intéressé sera déchu de son droit aux arrérages, à moins qu'il ne soit relevé de cette déchéance, comme il sera dit ci-après.

3. Un commissaire-délégué ou un registrar pourra relever de la déchéance dans tous les cas où, après enquête, il aura constaté que :

a) si la déchéance est intervenue à raison de ce que le titulaire ne s'est pas présenté en personne pour toucher les arrérages ou n'a pas réclamé le payement dans les délais prescrits, cette inobservation de la loi a eu pour cause la maladie du titulaire ou son absence temporaire hors de la localité, ou toute autre raison suffisante;

b) si la déchéance a eu pour cause le défaut de présentation du certificat de pension, ce fait était dû à ce que ce certificat était perdu ou détruit.

4. Excepté dans les cas spéciaux de maladie ou d'infirmité de l'impétrant, il ne sera pas permis au commissaire délégué ou au registrar de rendre successivement deux ordonnances de cette espèce en faveur du même titulaire; et en aucun cas une telle ordonnance ne pourra être rendue que si elle est demandée dans le délai prescrit.

41. — Dans les limites des dispositions de la présente loi, une pension sera absolument inaliénable par vente, cession, saisie ou de n'importe quelle autre façon.

42. — 1. Chaque pension sera considérée comme accordée en vertu des dispositions de la présente loi et de toute loi de modification ou d'abrogation qui serait promulguée par la suite; le titulaire d'une pension n'aura aucun droit à une indemnité ou à une autre compensation du fait qu'il aurait été porté atteinte à sa pension par la présente loi ou par une loi d'abrogation ou de modification.

2. Les dispositions de la sous-section 1 seront imprimées sur chaque certificat de pension.

43. — 1. Les arrérages de la pension seront payés à une personne autre que l'impétrant et au profit de celui-ci, lorsque le commissaire délégué sera convaincu de l'avantage de ce procédé, eu égard à l'âge, aux infirmités ou à l'imprévoyance de l'impétrant ou à d'autres circonstances spéciales; à cet effet une ordonnance sera délivrée par le commissaire délégué et transmise à la personne en question.

2. Dans les limites des dispositions de la dite ordonnance, la personne

any, contained in the warrant, the person named therein shall be entitled on its production to receive payment of the pension.

3 A warrant issued by the Deputy Commissioner under this section may at any time be revoked by the Deputy Commissioner upon notice to the person to whom it was issued, and to the officer in charge of the office at which the pension is payable.

44. — Where, in the opinion of a Registrar :

 a) a pensioner misspends any part of his pension, or misspends, wastes, or lessens any part of his estate or of his income or earnings, or injures his health, or endangers or interrupts the peace and happiness of his family, or

 b) a claimant or a pensioner is unfit to be intrusted with a pension,

the Deputy Commissioner may, on the report of the Registrar, make an order directing that until further order the instalments shall be paid to any benevolent or charitable society, minister of religion, justice of the peace, or other person named by the Deputy Commissioner for the benefit of the pensioner, or suspending the pension certificate pending the decision of the Minister thereon, or directing the forfeiture of so many of the instalments as the Deputy Commissioner thinks fit.

45. — If a pensioner becomes an inmate of an asylum for the insane or a hospital, his pension shall, without further or other authority than this Act, be deemed to be suspended, but when the pensioner is discharged from any such asylum or hospital, payment of his pension shall be resumed, and he shall be entitled to payment, in respect of the period during which is pension was so suspended, of a sum representing not more than four weeks' instalments of the pension, if the suspension so long continued.

46. — 1. If a pensioner departs from Australia, and it is proved to the satisfaction of the Registrar of the district in which he resided immediately prior to his departure, after notice given to the pensioner in the prescribed manner and form, that the pensioner does not intend to return to Australia, the Registrar shall notify the Deputy Commissioner accordingly, and upon such notification being received by the Deputy Commissioner, the pension shall, without further or other authority than this Act, be deemed to be forfeited.

2. Any pensioner, whose pension has been forfeited under the preceding sub-section, may make application in the prescribed form for waiver of the forfeiture, and the Registrar, upon being satisfied that the pensioner has either returned to Australia, or is absent therefrom only temporarily, may notify the Deputy Commissioner to that effect, and thereupon the pension shall become payable to the pensioner as if it had never been forfeited.

indiquée dans la dite piéce, aura le droit, sur production de celle-ci, de toucher la pension.

3. Une ordonnance de cette espéce rendue par le commissaire délégué pourra, en tout temps, être annulée par le commissaire délégué par un avis adressé simultanément à la personne chargée de recevoir la pension à la place de l'impétrant, et à l'agent payeur intéressé.

44. — Lorsqu'un registrar estime :

a) que le bénéficiaire d'une pension gaspille une partie de celle-ci, ou bien gaspille, dilapide ou compromet quelque partie de sa fortune, de ses revenus ou de ses gains, endommage sa santé, trouble ou ruine la tranquilité et le bien-être de sa famille, ou

b) que le requérant ou l'impétrant ne se trouve pas dans les conditions requises pour obtenir une pension,

le commissaire délégué peut, sur la plainte du registrar, rendre une ordonnance portant que, jusqu'à nouvel ordre, les arrérages devront être payés à une société de bienfaisance, à un membre du clergé, à un juge de paix ou à toute autre personne désignée par ledit commissaire, au profit du titulaire de la pension, ou bien que le certificat de pension ne sera plus valable temporairement en attendant la décision du Ministre, ou qu'un certain nombre d'arrérages seront confisqués, le tout au gré du commissaire délégué.

45. — Lorsque l'impétrant est interné dans une maison de santé ou confié à un hospice, tous les arrérages échus seront périmés de droit en vertu de la présente loi; mais lorsque l'impétrant aura été autorisé à quitter la maison de santé ou l'hospice après y être resté plus de quatre semaines, le payement de sa pension sera repris et il aura droit, pour la période de suspension, au payement d'une somme n'excédant pas les arrérages de quatre semaines, si la suspension a duré aussi longtemps.

46. — 1. Lorsque le registrar du district dans lequel le bénéficiaire d'une pension a sa résidence, a des preuves suffisantes du départ — sans esprit de retour — de l'intéressé hors du pays, il en avisera le commissaire délégué, après avoir au préalable averti à l'impétrant de la manière et dans la forme prescrites. Dès que ces formalités auront été remplies, la pension sera considérée comme annulée, en vertu de la présente loi.

2. Si, en vertu des dispositions de la précédente sous-section, l'impétrant est déchu de son droit à la pension, il peut introduire une demande, dans les formes prescrites, en vue d'être relevé de cette déchéance, et le registrar, après s'être assuré du retour de l'intéressé en Australie ou du caractère temporaire de son absence, en avisera le commissaire délégué ; à la suite de cette notification la pension sera considérée comme n'ayant jamais été confisquée.

3 For any period during which a pensioner is in prison, his pension shall, without further or other authority than this Act, be deemed to be forfeited, without prejudice, however, to any application for restoration of the pension to the pensioner upon his discharge from prison.

47. — If a successful claimant of a pension is an inmate of a benevolent asylum or other charitable institution, the pension shall become payable as from a date not more than twenty-eight days prior to the pensioner being discharged from or leaving the asylum or institution, but no payment on account of pension shall be made to him so long as he is an inmate of the asylum or institution.

48. — The following provisions shall apply to the payment of instalments of pensions :

a) The officer in charge of an office at which a pension is payable may, if he thinks fit, require the applicant for payment to prove his identity, but, subject to the Regulations, he may accept the production of the pension certificate a sufficient evidence that the person producing it is the person entitled to payment;

b) When making the payment, the officer shall record on the pension certificate the date and fact of the payment, and shall also require the person receiving the payment to give a receipt therefor in the prescribed form; and

c) A receipt so given shall be sufficient evidence that the payment to which it purports to relate has been duly made, and no claim againtst the Commonwealth or the officer shall thereafter arise or be made in any court or proceeding whatsoever, by the pensioner or any person whomsoever, in respect thereof.

PART VI.

OFFENCES.

49. — No person shall :

a) by means of any wilfully false statement or representation, obtain a pension certificate or pension or affect the rate of any pension for which he is a claimant; or

b) by any unlawful means obtain payment of any forfeited or suspended instalment of pension ; or

c) by means of personation or any fraudulent device whatsoever obtain payment of any instalment of pension; or

d) by any wilfully false statement or representation aid or abet any person in obtaining or claiming a pension certificate or pension, or instalment of a pension; or

e) wilfully lend his pension certificate to any other person.

Penalty : Six months' imprisonment.

3. Lorsque le bénéficiaire d'une pension se trouve en prison, les arrérages de la pension seront confisqués, par le seul effet des présentes dispositions, pendant toute la durée de l'emprisonnement, sans préjudice de la demande en rétablissement de la pension à faire par l'intéressé à sa sortie de prison.

47. — Lorsque l'impétrant d'une pension est à la charge d'un établissement de bienfaisance, la pension prendra cours et sera payable à partir d'une date ne précédant pas de plus de vingt-huit jours le moment où l'impétrant aura quitté ledit établissement. Aucune personne entretenue par un établissement de bienfaisance ne pourra toucher une pension.

48. — Les dispositions suivantes seront applicables au payement des arrérages de la pension :

a) L'agent payeur pourra, s'il le juge à propos, exiger de la personne qui réclamera le payement, la preuve de l'identité de cette personne, mais, sous réserve de toutes dispositions réglementaires, il pourra considérer la production du certificat de pension comme preuve suffisante de l'identité de la personne qui produit ce titre avec celle qui a droit au payement ;

b) En procédant au payement, l'agent payeur inscrira au dos du certificat de pension la date et la mention du payement ; il exigera de la personne à laquelle le payement a été fait, un reçu dans la forme prescrite.

c) Ce reçu suffira à établir que le payement qu'il vise a été dûment effectué, et aucune réclamation ne pourra être élevée à cet égard, dans la suite, dans n'importe quelle procédure ou devant n'importe qu'elle cour, par l'impétrant ou une autre personne, contre l'État ou l'agent payeur.

CHAPITRE VI.

PÉNALITÉS.

49. — Il est interdit :

a) de se faire délivrer un certificat de pension, ou de toucher une pension ou de modifier le taux de la pension, en produisant volontairement de faux rapports ;

b) de percevoir, par des moyens frauduleux, des arrérages de pension confisqués ou suspendus ; ou bien

c) de percevoir des arrérages de pension, par voie de substitution ou par fraude ; ou bien

d) de recevoir ou de demander un certificat de pension, une pension ou des arrérages de pension, en produisant un faux rapport, en se faisant remplacer par une autre personne ou en se faisant complice de celle-ci ; ou bien

e) de prêter volontairement son certificat de pension à une autre personne.

Pénalité : six mois mois d'emprisonnement.

50. — In the case of a conviction under the last preceding section, the Court, in addition to imposing the punishment thereby prescribed, may also, according to the circumstances of the case, by order :

a) cancel any pension certificate which is proved to have been wrongfully obtained; or

b) impose a penalty not exceeding twice the amount of any instalment the payment of which has been wrongfully obtained, and, if the defendant is a pensioner, direct the forfeiture of future instalments of his pension equal in amount to the penalty and in satisfaction thereof.

51. — 1. When a pensioner is in any Court convicted of drunkenness, or of any offence punishable by imprisonment for not less than one month, then, in addition to any other punishment imposed, the Deputy Commissioner may, by order, forfeit any one or more of the instalments falling due after the date of the conviction.

2. Where a pensioner is twice within twelve months convicted of any offence punishable by imprisonment for not less than one month, or where any pensioner is convicted of any offence punishable by imprisonment for twelve months or upwards, then, in lieu of forfeiting any instalment of the pension, the Deputy Commissioner shall, by order, cancel the pension certificate.

3. In any case where any pension certificate is cancelled by the Deputy Commissioner, the pension shall be deemed to be absolutely forfeited, and the certificate shall be delivered up to the Registrar, and forwarded by him to the Deputy Commissionner.

52. — 1. Notwithstanding that a pensioner has not been convicted of drunkenness, a Registrar may, and, if so requested by the Deputy Commissioner, shall, at any time summon any pensioner to appear before a Magistrate to show cause why his pension should not be cancelled, reduced, or suspended for a time on account of his drunken intemperate or disreputable habits; and at the time and place mentioned in the summons the Magistrate may, if he thinks fit, recommend to the Deputy Commissioner the cancellation, reduction, or suspension of the pension.

2. The Deputy Commissioner shall, if he thinks fit, cancel, reduce, or suspend the pension accordingly.

PART VII.

MISCELLANEOUS.

53. — The Minister shall, out of moneys to be from time to time appropriated by Parliament for the purpose, pay all such moneys as are necessary for the payment of pensions under this Act; and payments shall be made in the prescribed manner.

50. — Dans le cas d'une condamnation infligée en vertu des dispositions de l'article précédent, le tribunal, en sus de la peine prescrite, peut aussi, eu égard aux circonstances :

a) ordonner l'annulation de tout certificat de pension injustement obtenu, ou

b) imposer une amende n'excédant pas le double du montant des arrérages dont le payement a été injustement obtenu, et, si le prévenu est le titulaire d'une pension, ordonner la confiscation des arrérages futurs de la pension jusqu'à concurrence du montant de l'amende, pour le payement de celle-ci.

51. — 1. Si le titulaire d'une pension est condamné pour ivresse ou pour un autre délit entraînant un emprisonnement d'au moins un mois, outre les autres condamnations qui lui seront infligées, le commissaire délégué peut ordonner la confiscation d'un ou de plusieurs arrérages échus après la date de la condamnation.

2. Si le titulaire d'une pension est condamné, deux fois en douze mois, pour un délit entraînant un emprisonnement d'au moins un mois, ou si un impétrant est condamné pour un délit entraînant un emprisonnement d'au moins douze mois, le commissaire délégué, au lieu d'ordonner la confiscation des arrérages de la pension, annulera le certificat de pension.

3. Dans ce cas, la pension sera entièrement confisquée et le certificat sera restitué au registrar qui le transmettra au commissaire délégué.

52. — 1. Alors même que le bénéficiaire d'une pension n'a pas été condamné pour ivresse publique, le registrar peut, et, s'il en est requis par le commissaire délégué, doit faire comparaître ledit bénéficiaire devant un magistrat, lequel entendra ses moyens de défense contre une annulation, une réduction ou une suspension éventuelle de sa pension, à raison des habitudes d'intempérance ou de la mauvaise conduite dudit bénéficiaire, et le magistrat peut, s'il le juge convenable, à l'audience indiquée, conseiller au commissaire délégué l'annulation, la réduction ou la suspension de la pension.

2. Le commissaire délégué annulera, réduira ou suspendra la pension en conséquence, s'il le juge convenable.

CHAPITRE VII.

DISPOSITIONS DIVERSES.

53. — Sur les crédits votés à cet effet par le Parlement, le Ministre imputera le payement des pensions accordées en vertu de la présente loi à concurrence des sommes nécessaires et ces payements se feront de la manière prescrite.

54. — The Minister shall, within sixty days after the close of each financial year, prepare and lay before Parliament, if in session, and if not, then within forty days after the commencement of the next session, a statement showing such year :

a) the total amount paid under this Act in respect of pensions;

b) the total number of pensions; and

c) such other particulars as are prescribed.

55. — The Governor-General may make Regulations, not inconsistent with this Act, prescribing all matters which by this Act are required or permitted to be prescribed, or which are necessary or convenient to be prescribed for giving effect to this Act, and in particular in regard to all or any of the following matters :

a) the powers and duties of the Commissioner and officers;

b) the forms of pension claims, and of applications or declarations relating thereto, and the times within which they are to be made or given;

c) the registering and numbering of pension claims and particulars in regard thereto;

d) the forms of pension certificates;

e) the mode of valuing properties;

f) proceedings before Magistrates or Registrars;

g) the forms of receipt to be given for any pension; and

h) the delivery up and recovery of pension certificates cancelled or suspended or lapsed on death or for any other reason.

56. — 1. All courts, judges, and magistrates acting judicially shall take judicial notice of the signature of the Minister or Commissioner or any Deputy Commissioner or Registrar, or of any person acting in any of such offices, to every document required to be signed for the purposes of this Act or any amending Act; and such documents purporting to be so signed shall be received by such courts, jugdes, and magistrates as *primâ facie* evidence of the facts and statements therein contained.

2. A statement in writing purporting to be signed by the Commissioner that any person is a pensioner in receipt of a pension of a certain rate shall be *primâ facie* evidence that the person is a pensioner in receipt of a pension and of the rate thereof.

54. — Dans les soixante jours qui suivront la clôture de chaque exercice financier, le Ministre préparera et transmettra au Parlement, si celui-ci est en session, ou s'il n'est pas en session, dans les quarante jours après le commencement de la session suivante, un état indiquant pour cet exercice :

a) le montant total des sommes payées en vertu de la présente loi pour le service des pensions ;

b) le nombre total de pensions ;

c) tous autres renseignements prescrits.

55. — Le gouverneur général formulera tous règlements relatifs aux divers points de la présente loi, dont le règlement est expressément prévu ou simplement autorisé, ou qui sont nécessaires ou utiles en vue des effets de la présente loi et relativement à tout ou partie des points suivants :

a) les pouvoirs et devoirs du commissaire et des fonctionnaires ;

b) la forme des demandes de pension et des requêtes ou des déclarations y relatives, ainsi que leur durée ;

c) l'enregistrement et le numérotage des demandes de pension et tous détails s'y rapportant ;

d) la forme des certificats de pension ;

e) le mode d'évaluation des biens ;

f) les procédures devant les magistrats et les registrars ;

g) la forme des reçns relatifs aux pensions, et

h) la restitution ou le retrait de certificats de pension annulés ou suspendus ou périmés par suite de mort ou pour tout autre motif.

56. — 1. Tous les tribunaux, juges et magistrats agissant judiciairement reconnaîtront la signature du Ministre, du commissaire, des commissaires délégués ou des registrars, ou de toute autre personne agissant aux lieu et place de l'un d'eux, sur chaque document dont la signature est requise en vertu des prescriptions de la présente loi ou d'un amendement ; les documents signés de cette façon constitueront vis-à-vis de ces tribunaux, juges et magistrats, une preuve *primâ facie* des faits et choses qu'ils renferment.

2. Un certificat signé par le commissaire établissant qu'une personne est bénéficiaire d'une pension d'un certain taux, constituera une preuve *primâ facie* de ce que cette personne est pensionnée et du taux de sa pension.

SOUTH AUSTRALIA.

An Act to amend " The Scaffolding Inspection Act, 1907 ".
(Assented to November 11th, 1908.)

1. — This Act may be cited alone as " The Scaffolding Inspection Act Amendement Act, 1908 "; and " The Scaffolding Inspection Act, 1907 " (hereinafter called " the principal Act "), and this Act may be cited together as " The Scaffolding Inspection Acts, 1907 and 1908."

2. — This Act is incorporated and shall be read as one with the principal Act.

3. — Section 3 of the principal Act is hereby amended by omitting the words " built up and fixed to a height exceeding 60 feet from the horizontal base on which it is built up and fixed, and " in the definition of " scaffolding."

4. — Section 5 of the principal Act is hereby amended by inserting after the word " scaffolding " wherever it occurs the words " or gear."

5. — 1. In every case where there occurs in connection with any scaffolding or gear any accident causing loss of life or serious bodily injury to any person, the owner of the scaffolding or gear shall forthwith after the occurrence cause notice thereof to be given to the inspector, specifying the cause of the accident and the name and residence of every person killed or so injured; and, notwithstanding any provision of section 5 of the principal Act, no repairs or alterations to such scaffolding or gear shall be made after such occurrence without the permission in writing of the inspector.

2. For the purposes of this section " serious bodily injury " means an injury which is likely to incapacitate the sufferer from work for at least one week.

3. Every owner who neglects to give such notice as aforesaid or makes or permits to be made any such repair or alteration without such permission as aforesaid, shall be liable to a penalty no exceeding Ten Pounds.

6. — As soon as practicable after receiving such notice as mentioned in the next preceding section the inspector shall proceed, or cause an assistant inspector to proceed, to the place where the accident occurred, and the inspector or such assistant inspector shall thereupon inquire into the cause of the accident, and may examine the owner of the scaffolding or gear and all persons employed in or about such place, and shall report the result of such inquiry to the Minister.

7. — 1. In the event of an accident to scaffolding or gear, or where by reason of such an accident any loss of life or serious bodily injury to any

AUSTRALIE DU SUD.

Loi du 11 novembre 1908 portant modification de la loi de 1907 sur l'inspection des échafaudages.

1. — La présente loi peut être citée sous le titre de : « Loi de 1908 modifiant la loi sur l'inspection des échafaudages »; et « la loi de 1907 concernant l'inspection des échafaudages » (appelée ci-après « loi principale ») et la présente loi peuvent être citées ensemble sous le titre de « Lois de 1907 et 1908 concernant l'inspection des échafaudages ».

2 La présente loi ne formera qu'un seul texte et sera interprétée conjointement avec la loi principale.

3. — La section 3 de la loi principale est modifiée par la présente, par la suppression dans la définition de « échafaudage » des mots « érigés et fixés à plus de 16 pieds au-dessus de la base horizontale sur laquelle elle repose et... ».

4. — La section 5 de la loi principale est modifiée par la présente, par l'insertion après le mot « échafaudage » chaque fois qu'il se présente, des mots « ou appareil ».

5. — 1. Chaque fois que par l'emploi d'un échafaudage ou d'un appareil, il se produira un accident occasionnant mort d'homme ou des lésions corporelles graves, le propriétaire de l'échafaudage ou de l'appareil, en avisera immédiatement l'inspecteur, en spécifiant la nature de l'accident, le nom et la résidence de la personne tuée ou blessée, et, nonobstant les dispositions de la section 5 de la loi principale, aucune réparation ou modification ne pourra être apportée, après l'accident, à l'échafaudage ou à l'appareil, sans une autorisation écrite de l'inspecteur.

2. En vue de l'application de la présente section, l'expression « lésions corporelles graves » signifie les lésions de nature à occasionner au blessé une incapacité de travail d'au moins une semaine.

3. Tout employeur qui néglige de se conformer aux dispositions précédentes en ce qui concerne l'envoi de l'avis ou qui permet que des réparations soient faites ou des modifications apportées sans la permission requise sera passible d'une amende n'excédant pas 10 livres.

6. — Aussitôt que possible après avoir reçu l'avis dont il est question à la section précédente, l'inspecteur se rendra ou enverra un inspecteur-adjoint sur le lieu de l'accident à l'effet de faire une enquête sur les causes de cet accident; il pourra interroger le propriétaire de l'échafaudage ou de l'appareil ainsi que toutes personnes occupées sur les lieux, et il adressera un rapport au Ministre sur les résultats de son enquête.

7. — 1. Chaque fois qu'un accident se produit à un échafaudage ou à un appareil ou que, à cause d'un accident, une personne est tuée ou blessée

person has occurred, the Minister may direct an inquiry to be held before a Special Magistrate, together (if the Minister thinks fit) with a person skilled in the use and construction of scoffolding and gear, to be nominated by the Minister.

2. The Special Magistrate, together with such person (if any), shall have power to hold such inquiry at such times and places at are necessary or convenient, and shall report on the cause of such accident to the Minister.

3. With respect to the summoning and attendance of witnesse, at or upou any such inquiry and the examination of such witnesse, upon oath, every such Magistrate shall have all the powers which he would nave or might exercise in any case under the Acts in force for the time being relating to summary jurisdiction of Justices.

An Act to amend " The Factories Act, 1907 ".
(Assented to, December 23rd, 1908.)

1. — This Act may be cited alone as " The Factories Act Amendement Act, 1908," and this Act and " The Factories Act, 1907 " (hereinafter called " the principal Act "), may be cited together as " The Factories Acts, 1907 and 1908 "

2. — This Act is incorporated with and shall be read as one with the principal Act.

3. — Section 85 of the principal Act is hereby amended so as hereafter to be read as follows :

85. — 1. The Governor shall appoint the persons so nominated, unless objected to, pursuant to subsection 2.

2. If, in the opinion of the Minister, having regard to the records contained in the latest report of the Chief Inspector or the summary mentioned in subsection 3 of section 84 :

a) not less than one-fifth of the employers have objected to the persons or some or one of the persons nominated as representatives of employers, the representatives of employers shall be elected in manner prescribed;

b) not less than one-fifth of the adult employees have objected to the persons or some or one of the persons nominated as representatives of employees, the representatives of employees shall be elected in manner prescribed.

grièvement, le Ministre peut ordonner qu'une enquête soit faite par un magistrat spécial assisté (si le Ministre le juge bon) d'un expert dans l'emploi et la construction de l'échafaudage et de l'appareil, à désigner par le Ministre.

2. Le magistrat spécial et l'expert, lorsque la présence de celui-ci est réclamée, auront pleins pouvoirs pour faire cette enquête aux temps et lieu jugés nécessaires ou convenables; ils adresseront un rapport au Ministre sur les causes de l'accident.

3. En ce qui concerne la convocation et la présence des témoins à une telle enquête et l'audition des témoins sous la foi du serment, le dit magistrat aura tous les pouvoirs qu'il aurait ou pourrait exercer dans tout cas prévu par les lois actuellement en vigueur, relativement à la juridiction sommaire des juges.

Loi du 23 décembre 1908 portant modification de la loi de 1907 sur les fabriques [1].

1. — La présente loi peut être citée sous le titre de : « Loi de 1908 modifiant la loi sur les fabriques »; elle peut être citée avec « la loi de 1907 sur les fabriques » (appelée ci-après « loi principale ») sous le titre de : « Lois de 1907 et 1908 sur les fabriques ».

2. — La présente loi ne formera qu'un seul texte et sera interprétée conjointement avec la loi principale.

3. — La section 85 de la loi principale est modifiée par la présente et sera interprétée comme suit :

85. — 1. Sauf opposition, le gouverneur nommera les personnes ainsi désignées, conformément à la sous-section 2.

2. Si dans l'opinion du Ministre, après qu'il aura pris connaissance des renseignements contenus dans le dernier rapport de l'inspecteur en chef ou du résumé dont il est question à la sous-section 3 de la section 84 :

a) au moins un cinquième des chefs d'entreprise a fait opposition à la nomination d'une, de plusieurs ou de toutes les personnes proposées comme représentants des patrons, les représentants des chefs d'entreprise seront élus de la manière prescrite ;

b) au moins un cinquième des ouvriers adultes a fait opposition à la nomination d'une, de plusieurs ou de toutes les personnes proposées comme représentants des ouvriers, les représentants des ouvriers seront élus de la manière prescrite.

[1] 1908, n° 961. Voir *Annuaire*, 1907, p. 606

3. Objections to nominations may be made by notice in writing to the Minister, within twenty-one days from the date of the publication of such nominations.

4. The Governor shall appoint the persons so elected.

5. If, in the event of an election being required, as mentioned in subsection 2 hereof, the employers or employees (as the case may be) fail to elect their representatives in manner and within the time prescribed, or the election otherwise fails wholly or in part, the representatives of employers or employees (as the case may be) shall be selected in manner prescribed, and the Governor shall appoint the persons so selected.

6. When the representatives of employers or employees have been appointed, the Governor shall publish such appointment in the *Gazette*.

4. — Section 94 of " The Factories Act, 1907," is hereby amended by inserting after the word " furniture " in subsection *c* the words " and articles of clothing or wearing apparel made in a factory "

5. — The provisions of this Act shall apply to any election required under section 85 of the principal Act, whether required before or after the passing of this Act.

NEW SOUTH WALES.

An Act to provide for the constitution of boards to determine the conditions of employment in industries, to define the powers, jurisdiction, and procedure of such boards, and to give effect to their awards and appoint a court ; to prohibit lock-outs and strikes, and to regulate employement in industries ; to preserve certain awards, orders, directions, and industrial agreements ; and for purposes consequent thereon or incidental thereto. (24th April, 1908.)

PART I.

PRELIMINARY.

1. — This Act may be cited as the " Industrial Disputes Act, 1908."

2. — This Act shall commence on and from a date to be proclaimed by the Governor in the *Gazette* :

Provided that the provisions of this Act relating to the registration of trade unions under this Act and the election of persons for members of boards and for assessors, and the constitution of the Industrial Court, and the appointment of the industrial registrar, and the exercise of their powers

3. Les oppositions aux propositions devront être notifiées par écrit au Ministre dans les vingt et un jours de la date de publication des dites propositions.

4. Le gouverneur nommera les personnes ainsi élues.

5. Si au cas où une élection est requise conformément à la sous-section 2, les employeurs ou les ouvriers, selon les cas, négligent d'élire leurs représentants de la manière et dans le délai prescrits, ou si l'élection échoue totalement ou partiellement pour toute autre cause, les représentants des employeurs ou des ouvriers, selon les cas, seront choisis de la manière prescrite et le gouverneur nommera les personnes ainsi choisies.

6. Lorsque les représentants des employeurs ou des ouvriers auront été nommés, le gouverneur publiera ces nominations dans la *Gazette*.

4. — La section 94 de la « Loi de 1907 sur les fabriques » est modifiée par la présente par l'insertion après le mot « articles d'ameublement » dans la sous-section *c* des mots « et des articles se rapportant à la confection des vêtements ou à la lingerie faits en fabrique ».

5. — Les dispositions de la présente loi s'appliqueront à toute élection en vertu de la section 85 de la loi principale, soit avant, soit après la promulgation de la présente loi.

NOUVELLE-GALLES DU SUD.

Loi du 24 avril 1908 portant constitution de conseils chargés de déterminer les conditions du travail dans différentes industries [1].

Ire PARTIE.

DISPOSITIONS PRÉLIMINAIRES.

1. — La présente loi peut être citée sous le titre de « Loi de 1908 sur les conflits industriels ».

2. — La présente loi entrera en vigueur à une date qui sera publiée par le gouverneur dans la *Gazette*.

Toutefois les dispositions de la présente loi relatives à l'enregistrement des trades-unions, à l'élection de personnes en qualité de membres de conseils et d'assesseurs, à la constitution de la cour industrielle, ainsi qu'à la nomination du registrar industriel et à l'exercice de leurs pouvoirs en tant

[1] 1908, *Act* n° 3.

so far as is necessary for carrying out the above purposes, shall come into force on the passing of this Act.

3. — This Act is divided into Parts, as follows :

    PART I. — Preliminary, ss. 1-13;
    PART II. — Constitution and powers of boards, ss. 14-40;
    PART III. — Enforcement of awards and penalties, ss. 41-54;
    PART IV. — General and supplemental, ss. 55-61.

4. — In this Act :

" Award or order of the court of arbitration " includes any determination under paragraph *a* of section 36 of the Industrial Arbitration Act, 1901, by a tribunal specified in the award or order.

" Board " means board constituted under this Act.

" Court of Arbitration " means court constituted by the Industrial Arbitration Act, 1901, or the Industrial Arbitration (Temporary Court) Act, 1905.

" Dispute " means dispute in relation to industrial matters originating between an employer or industrial union of employers on the one part, and an industrial union of employees or trade union or branch or not less than twenty employees on the other part, and includes any dispute originating out of an industrial agreement

" Employer " means person, firm, company, or corporation employing persons working in any industry, and includes the Chief Railway Commissioner of New South Wales, the Sydney Harbour Trust Commissioners, the Metropolitan Board of Water Supply and Sewerage, and the Hunter District Water Supply and Sewerage Board, and includes for the purpose of constituting a board, a manager or superintendent of an employer as defined as aforesaid.

" Employee " means person employed in any industry, and the fact that a person is working under a contract for labour only, or substantially for labour only, shall not in itself prevent such person being held an employee within the meaning of this Act.

" Industrial agreement " means industrial agreement made and filed under the Industrial Arbitration Act, 1901, or under this Act.

" Industrial Court " means Industrial Court constituted by this Act.

" Industry " means any occupation specified in the second column of Schedule One, or any amendment of or addition to the Schedule, in which persons of either sex are employed for hire or reward.

" Industrial Union " means industrial union whose registration is in force under the Industrial Arbitration Act, 1901, and this Act.

qu'il est nécessaire pour assurer l'exécution de la loi, entreront en vigueur dés l'adoption de la présente loi.

3. — La présente loi comprend les parties suivantes :

Ire Partie. — Préliminaires, §§ 1 à 13.
IIe Partie. — Constitution et pouvoirs des conseils, §§ 14 à 40.
IIIe Partie. — Exécution des sentences et pénalités, §§ 41 à 54.
IVe Partie. — Dispositions générales et supplémentaires, §§ 55 à 61.

4. — Dans la présente loi :

« Sentence ou ordonnance de la cour d'arbitrage » signifie toute décision prise en vertu du paragraphe a) de la section 36 de la loi de 1901 sur l'arbitrage industriel, par le tribunal spécifié dans la sentence ou l'ordonnance.

« Conseil » désigne tout conseil constitué conformément à la présente loi.

« Cour d'arbitrage » désigne la cour constituée par la loi de 1901 sur l'arbitrage industriel ou par la loi de 1905 sur l'arbitrage industriel (cour temporaire)

« Conflit » désigne tout différend qui vient à s'élever entre un employeur ou une union industrielle d'employeurs et une union industrielle d'ouvriers, une trade-union ou une section de vingt membres au moins, au sujet de questions industrielles, et comprend tout conflit dérivant d'un arrangement industriel.

« Employeur » désigne toutes personnes, sociétés, compagnies ou corporations occupant des ouvriers à des travaux quelconques et comprend le commissaire en chef des chemins de fer de la Nouvelle-Galles du Sud, les commissaires du trust du port de Sydney, la commission métropolitaine des eaux et égouts, et la commission des eaux et égouts du district de Hunter et comprend, en vue de constituer un conseil, tout directeur ou gérant d'un employeur défini comme ci-dessus

« Employé » désigne toute personne occupée dans une industrie quelconque, et le fait qu'une personne est occupée en vertu d'un contrat visant un travail manuel seulement ou comportant en ordre principal des travaux manuels ne sera pas un obstacle à ce que cette personne soit considérée comme « employée » au sens de la présente loi.

« Arrangement industriel » signifie un arrangement industriel conclu et enregistré conformément à la loi de 1901 sur l'arbitrage industriel ou conformément à la présente loi.

« Cour industrielle » désigne la cour industrielle constituée conformément à la présente loi.

« Industrie » désigne toute occupation spécifiée dans la seconde colonne de la première annexe ou les modifications ou suppléments apportés à l'annexe, et dans laquelle travaille, moyennant salaire ou rétribution, une personne de l'un ou de l'autre sexe.

« Union industrielle » désigne toute union industrielle enregistrée conformément à la loi de 1901 sur l'arbitrage industriel ou à la présente loi.

" Industrial matters " means matters or things affecting or relating to work done or to be done, or the privileges, rights, or duties of employers or employees in any industry, not involving questions which are or may be the subject of proceedings for an indictable offence ; and, without limiting the general nature of the above definition, includes all or any matters relating to :

a) the wages, allowances, or remuneration of any persons employed or to be employed in any industry, or the prices paid or to be paid therein in respect of such employment;

b) the hours of employment, sex, age, qualification, or status of employees, and the mode, terms, and conditions of employment;

c) the employment of children or young persons, or of any person or persons or class of persons in any industry, or the dismissal of or refusal to employ any particular person or persons or class of persons therein;

d) any claim that as between members of a trade union and other persons offering labour at the same time, such members shall be employed in preference to such other persons, or that members of one trade union shall be employed in preference to members of another;

e) any established custom or usage of any industry, either generally or in any particular locality;

f) the interpretation of an industrial agreement.

" Justice " means justice of the peace, and includes a stipendiary or police magistrate.

" Lock-out " (without limiting the nature of its meaning), includes a closing of a place of employment, or a suspension of work, or a refusal by an employer to continue to employ any number of his employees in consequence of a dispute with a view to compel his employees, or to aid another employer in compelling his employees to accept terms of employment.

" Minister " means Minister of the Crown administering this Act.

" Prescribed " means prescribed by this Act, or by regulations made thereunder.

" Registrar " means industrial registrar appointed under this Act.

" Schedule " means Schedule to this Act, and any amendment of or addition to such Schedule made in pursuance of this Act.

" To strike " or " to go on strike " (without limiting the nature of its meaning) includes the cessation of work by any number of employees acting in combination, or a concerted refusal or a refusal under a common understanding by any number of employees to continue to work for an employer in consequence of a dispute, with a view to compel their employer

« Questions industrielles » désigne toutes matières ou choses de nature à influer sur le travail ou ayant trait au travail exécuté ou qui doit être exécuté, ou aux priviléges, droits et obligations des employeurs et des ouvriers dans n'importe quelle industrie et ne comprenant pas des éléments qui font ou peuvent faire l'objet de procédures pour une infraction susceptible d'être poursuivie en justice, et, sans préjudice de la nature générale de la définition ci-dessus, désigne toutes questions relatives :

a) aux salaires, à la rétribution ou rémunération de toutes personnes occupées dans n'importe quelle industrie ou aux prix payés ou qui doivent être payés dans cette industrie à raison de semblable emploi ;

b) aux heures de travail, au sexe, à l'âge, au degré d'instruction professionnelle ou à l'état des ouvriers, et au mode, aux termes et aux conditions de l'occupation ;

c) à l'occupation des enfants et des adolescents, d'une certaine personne ou d'une certaine classe de personnes dans une industrie déterminée, au renvoi ou au refus d'employer une personne déterminée ou une certaine classe de personnes dans cette industrie ;

d) à toute demande tendant à ce que la préférence soit accordée aux membres d'une trade-union, lorsque ceux-ci et d'autres personnes offrent leur travail simultanément, ou à ce que les membres d'une trade-union soient employés de préférence aux membres d'une autre union ;

e) aux coutumes et usages établis dans une industrie, soit d'une façon générale, soit dans une localité particulière ;

f) à l'interprétation d'un arrangement industriel.

« Juge » désigne le juge de paix et comprend tout magistrat salarié ou tout magistrat de police.

« Lock-out » (sans limiter la nature de la signification de ce terme), désigne la fermeture d'un atelier ou l'interruption du travail ou le refus d'un employeur de continuer à occuper un nombre quelconque de ses ouvriers à la suite d'un conflit, en vue de forcer lesdits ouvriers ou d'aider un autre employeur à forcer ses ouvriers à accepter certaines conditions de travail.

« Ministre » désigne le Ministre de la Couronne chargé de l'application de la présente loi.

« Prescrit » signifie prescrit par la présente loi ou par une ordonnance prise en exécution de la présente loi

« Registrar » désigne le registrar industriel nommé en vertu de la présente loi.

« Annexe » désigne l'annexe à la présente loi et toute modification ou ajoute faite à cette annexe en exécution de la présente loi.

« Faire grève » ou « se mettre en grève » (sans limiter la nature et la signification de ces termes) désigne la cessation de travail par un groupe d'ouvriers agissant ensemble, ou le refus concerté ou le refus opposé de commun accord par un groupe d'ouvriers de continuer à travailler pour un employeur à la suite d'un conflit, en vue de forcer cet employeur ou d'aider d'autres

or to aid other employees in compelling their employer to accept terms of employment, or with a view to enforce compliance with demands made by them or other employees on employers.

" Trade Union " means trade union registered under the Trade Union Act, 1881, and includes a branch so registered.

5. — The words in the first column of Schedule One denote the boards to be constituted under this Act. The words in the second column denote the industry or group of industries in respect of which the board is to be constituted and the employees in such industries.

6. — The Governor may, on resolution passed by both Houses of Parliament, amend Schedule One, or add thereto other boards and industries. Any such amendment or addition shall be published in the *Gazette*.

Awards, etc., of Court of Arbitration.

7. — 1. All awards, orders, and directions of the Court of Arbitration, and all industrial agreements, current and in force at the commencement of this Act shall, until rescinded unter this Act, be binding on the parties and on the employers and employees concerned,

a) for the period fixed by the said court, or by any such award, order, or agreement; or

b) where no period is fixed, for one year from the first day of July, 1908. And the same may be enforced under the provisions of this Act.

2. In construing any such award, order, direction, or industrial agreement, references to the registrar shall be read as references to the industrial registrar appointed under this Act, and for the purposes of any appeal from the registrar, references to the Court of Arbitration shall be read as references to the Industrial Court.

8. — Where on the expiration of the Industrial Arbitration Act, 1901, any matter is pending in proceedings before the Court of Arbitration for a penalty for breach of an award of the said court or of an industrial agreement, such proceedings may be continued, and such matter shall be heard and determined by the Industrial Court. For the purpose of carrying out the above provisions, the enactments of the first-mentioned Act shall contime in force, and shall, mutatis mutandis, apply to the hearing and determination of any such matter by the Industrial Court, and to the enforcement of any order or determination of such court.

All documents relating to any such matter or proceedings and filed or deposited with the Court of Arbitration shall be handed over to the Industrial Court and filed or deposited with such court.

ouvriers à forcer leur employeur à accepter certaines conditions de travail ou en vue d'obtenir par la force qu'il soit donné satisfaction à leurs revendications ou à celles d'autres ouvriers vis-à-vis de certains employeurs.

« Trade-union » désigne une trade-union enregistrée conformément à la loi de 1881 sur les trades-unions et comprend aussi toute branche d'une trade-union enregistrée de cette façon.

5. — Les mots de la première colonne de la première annexe désignent les conseils à constituer en vertu de la présente loi. Les mots de la seconde colonne désignent l'industrie ou le groupe d'industries pour lequel le conseil doit être constitué, ainsi que les ouvriers des dites industries.

6. — Le gouvernement peut, après résolution adoptée par les deux chambres parlementaires, modifier la première annexe ou y ajouter d'autres conseils et industries. Toute modification ou addition semblable sera publiée dans la *Gazette*.

Des sentences, etc., de la cour d'arbitrage.

7. — 1. Toutes les sentences, ordonnances et instructions de la cour d'arbitrage, et tous les arrangements industriels en cours et valables lors de la mise en vigueur de la présente loi, auront force de loi pour les parties et pour les employeurs et les ouvriers qu'ils concernent jusqu'à ce qu'ils soient annulés en vertu de la présente loi,

a) pour le terme fixé par la dite cour ou par la sentence, l'ordonnance ou l'arrangement en question ; ou

b) lorsqu'aucun terme n'est fixé, pour une année, à dater du 1er juillet 1908.

Ces sentences, ordonnances, etc., pourront être mises à exécution en vertu des dispositions de la présente loi.

2. Dans l'interprétation des sentences, ordonnances, instructions ou arrangements industriels, les références au registrar viseront le registrar industriel nommé en vertu de la présente loi et les références à la cour d'arbitrage en matière d'appel du registrar, viseront la cour industrielle.

8. — Toute procédure devant la cour d'arbitrage tendant au recouvrement d'une amende du chef de la violation d'une sentence de la dite cour ou d'un arrangement industriel, en instance au moment de l'abrogation de la loi de 1901 sur l'arbitrage industriel, pourra être continuée, et la cause sera entendue et jugée par la cour industrielle. En vue de l'application des dispositions ci-dessus, les arrêtés pris en exécution de la loi citée en premier lieu, resteront en vigueur et s'appliqueront *mutatis mutandis* à l'examen et au jugement des affaires soumises à la cour industrielle et à l'exécution de toute ordonnance ou décision de la dite cour.

Tous les documents relatifs à une question ou à des procédures de l'espèce, déposés à la cour d'arbitrage, seront remis à la cour industrielle, où ils seront conservés.

Registration of trade unions.

9. — 1. The registrar may, on application made as hereinafter provided, register under this Act any trade union or branch.

2. Such application shall be made in writing in the prescribed form by the committee of management of the trade union or branch, and shall be signed by a majority in number of the members of such committee. Notice of any such application shall be published as prescribed.

The registrar may require such proof as he thinks necessary of the authority of the said members to make the said application.

3. Any such application may be refused by the registrar if it appears that another trade union or branch to which the members of the applicants' union might conveniently belong has already been registered under this Act.

4. The registrar shall fix a day for considering any objections on the above ground to the granting of the application, and shall notify the same as prescribed.

5. No branch shall be registered, unless it is a *bona fide* branch of sufficient importance to be registered separately.

6 The registrar may for any reasons which appear to him to be good cancel any such registration.

7. Any decision of the registrar under this section in respect of an objection taken as aforesaid, or on refusal or cancellation of registration, shall be subject to appeal to the Industrial Court in the prescribed manner, and subject to the prescribed conditions.

Industrial unions.

10. — The expiration of the Industrial Arbitration Act, 1901, shall not affect the incorporation of industrial unions duly registered under the said Act at the time of such expiration,

11. — The registrar may, for any reasons which appear to him to be good, cancel the registration of an industrial union, and thereupon the incorporation of the union shall be void :

Provided that such cancellation shall not relieve the industrial union, or any member thereof, from the obligation of any industrial agreement or award or order of a board, or of the Industrial Court, or of the Court of Arbitration, nor from any penalty or liability incurred prior to such cancellation.

Enregistrement des trade-unions.

9. — 1. Le registrar peut, sur requête faite comme il est prévu ci-après, enregistrer conformément à la présente loi toute trade-union ou toute branche de trade-union.

2. La dite requête sera faite par écrit, dans la forme prescrite, par le comité de la trade-union ou de la branche intéressée et sera signée par la majorité des membres de ce comité. Avis de toute requête de l'espèce sera publié comme il sera prescrit.

Le registrar peut exiger telle preuve qu'il juge utile en vue d'établir que les dits membres sont qualifiés pour introduire la requête en question.

3. Toute requête de l'espèce pourra être rejetée par le registrar s'il est constaté qu'une autre trade-union ou branche à laquelle les membres de l'union requérante pourraient avantageusement être affiliés, a déjà été enregistrée conformément à la présente loi.

4. Le registrar fixera un jour pour examiner toutes les objections qui pourraient être faites sur la base susdite contre l'admission de la requête, et il le fera connaître de la manière prescrite.

5. Aucune branche ne pourra être enregistrée que si en fait elle est suffisamment importante pour être enregistrée séparément.

6. Le registrar pourra annuler tout enregistrement de l'espèce pour tout motif qu'il jugerait suffisant.

7. Toute décision prise par le registrar conformément à la présente section relativement à une objection faite comme il est dit ci-dessus ou sur le refus ou l'annulation d'un enregistrement, pourra être portée en appel devant la cour industrielle de la manière et dans les conditions prescrites.

Des unions industrielles.

10. — L'abrogation de la loi de 1901 sur l'arbitrage industriel ne portera pas atteinte à la reconnaissance légale d'unions industrielles dûment enregistrées conformément à la dite loi au moment de l'abrogation susvisée.

11. — Le registrar pourra pour tout motif qu'il jugera bon, annuler l'enregistrement d'une union industrielle, après quoi la reconnaissance légale de l'union deviendra nulle.

Toutefois, pareille annulation n'affranchira pas l'union industrielle ou un membre quelconque de cette union de l'obligation de se conformer à un arrangement industriel, à une sentence ou à des instructions d'un conseil, de la cour industrielle ou de la cour d'arbitrage, ni d'acquitter une amende infligée ou une dette quelconque contractée antérieurement à la dite annulation.

Industrial agreements.

12. — Any trade union or branch registered under this Act may make an agreement in writing relating to any industrial matter with an employer.

Any such agreement if made for a term specified therein not exceeding three years from the making thereof, and if filed at the office of the industrial registrar, shall be an industrial agreement within the meaning of this Act, and shall be binding on the parties, and on every person while he is a member of the trade union or branch, but may be rescinded or varied in writing by the parties. Any variation of any such agreement, if filed as aforesaid, shall be binding as part of the agreement.

Any such industrial agreement may be enforced under this Act in the same manner as an award of a board.

The Industrial Court.

13. — 1. There shall be an Industrial Court, consisting of a judge appointed under this Act, sitting with or without assessors, who shall be elected by the parties to the dispute in the manner prescribed. Such court shall be a court of record, and shall have a seal, which shall be judicially noticed.

2. The Governor may appoint a Supreme Court judge or a district court judge to be judge of the Industrial Court.

3. Such judge shall hold such office for a period of seven years, but shall be liable to be removed from office in the same manner and upon such grounds only as a Supreme Court judge is by law liable to be removed from office.

4. Where a district court judge is appointed to such office, his annual salary shall be one thousand pounds, in addition to his salary as district court judge.

5. The Governor may appoint a Supreme Court judge or a district court judge to be deputy judge to act in the absence of the judge of the Industrial Court, who shall have the same salary and all the rights, powers, jurisdiction, and privileges of the judge of the Industrial Court.

Des arrangements industriels.

12. — Toute union industrielle ou branche enregistrée conformément à la présente loi peut faire avec un employeur un arrangement par écrit relatif à des questions industrielles.

Tout arrangement de l'espèce s'il est passé pour un terme qui s'y trouve fixé, mais n'excédant pas trois ans à compter de sa date, et s'il est déposé au bureau du registrar industriel, constituera un arrangement industriel au sens de la présente loi et liera les parties et toutes les personnes qui sont membres de la trade-union ou de la branche. Toutefois, cet arrangement pourra être rompu ou modifié par écrit par les parties. Toute modification à un arrangement de l'espèce, déposé comme il est dit ci-dessus, aura force de loi, comme partie constitutive de cet arrangement.

Tout arrangement industriel semblable pourra être mis à exécution conformément à la présente loi, de la même manière que s'il s'agissait d'une sentence d'un conseil.

La Cour industrielle.

13. — 1. Il y aura une cour industrielle composée d'un juge nommé conformément à la présente loi, siégeant seul ou avec des assesseurs désignés de la manière prescrite par les parties en cause. La cour sera une « court of record » et aura un sceau qui sera reconnu en justice.

2. Le gouverneur pourra désigner un juge de la cour suprême ou un juge d'une cour de district pour remplir les fonctions de président de la cour industrielle.

3. Le président restera en fonctions pendant sept ans et ne pourra être déchargé de ses fonctions que de la manière et pour les motifs prévus par la loi en ce qui concerne les juges de la cour suprême.

4. Le juge d'une cour de district nommé à ces fonctions recevra, outre son traitement de juge, mille livres de traitement annuel.

5. Le gouverneur pourra désigner un juge de la cour suprême ou un juge d'une cour de district pour remplir les fonctions de vice-président en l'absence du président de la cour industrielle, et le vice-président aura à cet égard le traitement et les droits, pouvoirs, juridiction et priviléges du juge de la cour industrielle.

PART II.

CONSTITUTION AND POWERS OF BOARDS.

Constitution of boards.

14. — 1. On application to the Industrial Court by:

a) an employer or employers of not less than twenty employees in the same industry; or

b) a trade union registered under this Act having a membership of not less than twenty employees in the same industry; or

c) an industrial union whose members are such employers or employees; or

d) where there is no trade or industrial union of employees in an industry having membership and registered as aforesaid, or where such union fails to make an application as aforesaid, then not less than twenty employees in such industry,

the said court, if satisfied either by oral evidence or affidavit that the application is bona fide, may recommend to the Minister that a board be constituted for an industry or group of industries, and thereupon the Minister shall direct a board to be constituted accordingly.

2. The Minister may also, on the recommendation of the Industrial Court, but without any such application, direct a board to be constituted as aforesaid.

15. — Each board shall consist of a chairman, and not less than two nor more than ten other members, as determined by the Industrial Court, one halft in number of whom shall be employers and the other half employees who respectively have been or are actually and bona fide engaged in any industry or group of industries for which the board has been constituted.

16. — Where the employers or the employees in the industry or group of industries consist largely of females, the Industrial Court, on the application of any person who in the opinion of such court represents a majority in number of employers or employees in such industry or group of industries, may order that all or any specified number of the members of a board to be elected or appointed by or on behalf of such employers or employees need not have the qualification aforesaid. Such order may be made to apply generally to all boards to be constituted for the said industry or group of industries, or to a particular board, and may be varied or rescinded on application made by the person and in the manner aforesaid.

IIe PARTIE.

CONSTITUTION ET POUVOIRS DES CONSEILS.

Constitution des conseils.

14. — 1. Sur requête adressée à la cour industrielle par

a) un ou des employeurs occupant au moins vingt ouvriers dans la même industrie ; ou

b) par une trade-union enregistrée conformément à la présente loi, comprenant au moins vingt ouvriers de la même industrie ; ou

c) par une union industrielle composée des employeurs ou des ouvriers susvisés ; ou

d) par un groupe de vingt ouvriers au moins d'une industrie déterminée lorsqu'il n'existe pas pour cette industrie de trade-union ou d'union industrielle d'ouvriers ayant le nombre de membres prévu et étant enregistrée comme il est dit ci-dessus,

la dite cour, si elle estime après avoir reçu les preuves orales ou les dépositions écrites que la requête est sincère, pourra proposer au Ministre, l'institution d'un conseil pour une industrie ou un groupe d'industries déterminé, après quoi le Ministre ordonnera qu'il soit créé un conseil en conséquence.

2. Le Ministre peut également, sur la proposition de la cour industrielle, mais en l'absence de la requête susvisée, ordonner la constitution d'un conseil comme il est dit ci-dessus.

15. — Tout conseil se composera d'un président et de membres, au minimum deux et au maximum dix suivant la décision de la cour industrielle. La moitié de ces membres se composera d'employeurs et l'autre moitié d'ouvriers ayant été occupés ou occupés actuellement et effectivement dans l'industrie ou la catégorie d'industries pour laquelle le conseil a été constitué.

16. — Lorsque les employeurs ou les ouvriers d'une industrie ou d'une catégorie d'industries sont en majeure partie des femmes, la cour industrielle à la requête de la personne qui, dans l'opinion de la dite cour, représente la majorité numérique des employeurs ou ouvriers de la dite industrie ou du dit groupe d'industries, pourra ordonner que tous les membres d'un conseil ou un nombre déterminé d'entre eux à élire ou à nommer par les dits employeurs ou employés, ou en leur nom, ne soient pas tenus de remplir les conditions susvisées. Une ordonnance de l'espèce pourra être conçue de façon à s'appliquer d'une manière générale à tous les conseils à constituer pour la dite industrie ou pour le dit groupe d'industries ou à un conseil particulier, et elle pourra être modifiée ou annulée à la requête de la personne susdite et de la manière prévue ci-dessus.

17. — The members of a board shall be appointed by the Governor. The appointment of the members, other than the chairman, shall be made on the recommendation of the Industrial Court from persons elected by the employers and employees respectively of the industry or group of industries, and the provisions of Schedule 2 shall apply to such election :

Provided that :

a) in any case which the Industrial Court considers to be one of urgency; or

b) for the determination of any dispute which has arisen or is impending in any industry; or

c) if within the prescribed time :

   i. there is a failure to elect; or

   ii. the required number of persons are not elected; or

   iii. persons constituting, in the opinion of the Industrial Court, a majority in number of the employers or employees then engaged in the industry or group of industries consent,

any such appointment may be made by the Governor, on the recommendation of the said court, without election, in which case the person so appointed shall be the person recommended by the said court.

18. — 1. The members so appointed to a board shall, within the prescribed time, by an absolute majority, nominate some person not then a member of such board to be chairman. The person so nominated shall be appointed by the Governor. In default of such nomination the Governor may appoint to the office a Supreme Court judge or a judge of a district court, or some person nominated by the Industrial Court. On a chairman being appointed the board shall be deemed to be constituted.

2. The same procedure shall be followed in the case of a vacancy in the office of chairman.

19. — If any member of a board, without reasonable excuse, neglects

a) to convene a meeting when duly require to do so; or

b) on four successive occasions to attend meetings duly convened; or

c) to vote when present at any meeting of the board,

he shall be liable to a penalty not exceeding 5 pounds, and the Governor may declare his office vacant.

20. — Each member of a board and each assessor shall, upon his appointment, take an oath not to disclose any matter or evidence before the board relating to :

a) trade secrets;

b) the profits or losses or the receipts and outgoings of any employer;

c) the books of an employer or witness produced before the board;

d) the financial position of any employer or of any witness;

17. — Les membres des conseils seront nommés par le gouverneur. La nomination des membres autres que le président, sera faite sur la présentation de la cour industrielle parmi les personnes élues respectivement par les patrons ou les ouvriers de l'industrie ou du groupe d'industries; les dispositions de la deuxième annexe s'appliqueront à la dite élection.

Toutefois :
a) dans les cas que la cour industrielle estime urgents; ou

b) en vue de trancher un conflit qui se serait déclaré ou serait imminent dans une industrie quelconque; ou
c) si, dans le délai prescrit
  I. il n'y a pas eu d'élection;
  II. le nombre de personnes nécessaires n'a pas été élu;
  III. les personnes représentant dans l'opinion de la cour industrielle la majorité numérique des employeurs ou des ouvriers occupés en ce moment dans l'industrie ou groupe d'industries y consentent,

pareille nomination pourra être faite sans élection par le gouverneur, sur la présentation de la dite cour et, dans ce cas la personne ainsi nommée sera celle qui aura été présentée par la cour.

18. — 1. Les membres d'un conseil nommé comme il a été dit, désigneront dans le délai prescrit, à la majorité absolue, une personne étrangère au conseil, pour remplir les fonctions de président. La personne ainsi présentée sera nommée par le gouverneur. A défaut d'une présentation de l'espèce, le gouverneur pourra nommer à ces fonctions un juge de la cour suprême ou un juge d'une cour de district ou une personne quelconque présentée par la cour industrielle. Dès que la nomination du président aura eu lieu, la cour sera considérée comme constituée.

2. La même procédure sera suivie en cas de vacance du siége de président.

19. — Tout membre de la cour qui, sans motif suffisant, négligé :
a) de convoquer une assemblée après avoir été dûment requis de le faire;

b) à quatre occasions successives, d'assister à des réunions dûment convoquées;

c) de voter, lorsqu'il est présent à une séance quelconque du conseil, sera passible de l'amende jusqu'à 5 livres, et le gouverneur pourra déclarer vacant le siége qu'il occupe.

20. Après leur nomination, les membres du conseil et les assesseurs prêteront le serment de ne rien divulguer des faits et témoignages produits devant le conseil en ce qui concerne :
a) des secrets industriels;

b) les profits et pertes ou les recettes et dépenses d'un employeur;

c) les livres d'un employeur ou d'un témoin produits devant le conseil;

d) la situation financière de tout employeur ou témoin;

and if he violates his oath, he shall be liable to a penalty not exceeding 500 pounds, and, on conviction of such offence, his office shall be vacant.

21. — 1. The Governor, on the recommendation of the Industrial Court, may dissolve a board at any time after it has made an award.

2. Subject to the above provision, the members of a board other than the chairman shall hold office until the expiration of two years from their appointment as aforesaid. The chairman shall hold office until the expiration of the same period. At the expiration of their term the members of a board shall retire : Provided that a member may resign his office.

3. A new board may be elected and appointed under this Act to take the place of a board that has been dissolved, or to take the place of an existing board on its members retiring, or to take the place of a board the members of which have resigned.

Retiring members shall be eligible for election and appointment to the new board.

The provisions of sections 15, 16 and 17 shall apply to the appointment of such board.

22. — Where, from any cause, a vacancy occurs in the members of a board who are employers, the remaining employers on the board may nominate from those elected by the employers in the industry as aforesaid a duly qualified person to fill such vacancy for the remainder of the term of two years, and similarly where the vacancy occurs in the members of the board who are employees. The person so nominated shall be appointed by the Governor to be a member of the board. But if no person is nominated within seven days after the vacancy has occurred, the Governor, on the recommendation of the Industrial Court, may appoint a person without any such election.

But where, by resignation or otherwise, there are no employers or employees, as the case may be, on the board, the vacancies shall be filled under section 17.

23. — 1. On a vacancy so occurring in a board, the remaining members may act, if no member of the board objects, and for the purpose of so acting, the board shall be deemed to be duly constituted. This provision shall apply to any part-heard case, but shall not apply if there are no employers or no employees, as the case may be, on the board, or where the vacancy is in the office of chairman.

2. Where a person is appointed to any such vacancy, the board as newly constituted may, if no member of the board objects, continue and hear and determine any part-heard case.

24. — Every appointment of a member or of a chairman or assessors of a board shall be published in the Gazette, and a copy of a Gazette containing

En cas de violation du serment, ils seront passibles de l'amende jusqu'à 500 livres; pareille condamnation aura pour effet de leur faire perdre leurs fonctions.

21. — 1. Le gouverneur pourra en tout temps, sur la proposition de la cour industrielle, dissoudre un conseil après qu'il aura rendu une sentence.

2. Sauf la disposition ci-dessus, les membres d'un conseil, à l'exclusion du président, resteront en fonctions pour un terme de deux ans à partir de leur nomination. Le président restera en fonctions jusqu'à l'expiration de la même période, les membres d'un conseil se retireront à l'expiration de leur mandat. Tout membre peut démissionner.

3. Un nouveau conseil pourra être élu et nommé, en vertu de la présente loi, pour remplacer un conseil dissout ou un conseil dont les membres sont sortants ou démissionnaires.

Les membres sortants pourront être réélus et nommés au nouveau conseil.

Les dispositions des sections 15, 16 et 17 s'appliqueront à la nomination d'un conseil en pareil cas.

22. — Lorsque pour un motif quelconque un siège devient vacant parmi les membres employeurs d'un conseil, les autres employeurs dans le conseil pourront proposer parmi les personnes élues par les employeurs dans l'industrie, comme il est dit ci-dessus, une personne qualifiée pour remplir cette vacance pour le terme restant à courir de la période des deux ans; il en sera de même lorsqu'un siège deviendra vacant parmi les membres ouvriers du conseil. Toute personne ainsi proposée sera nommée par le gouverneur en qualité de membre du conseil. Toutefois, si dans les sept jours de la vacance, aucune présentation n'a eu lieu, le gouverneur, sur la proposition de la cour industrielle, peut nommer une personne sans élection préalable.

Lorsqu'en suite de démission ou de toute autre façon, il ne se trouve plus d'employeurs ou d'ouvriers dans le conseil, il sera pourvu aux vacances conformément à la section 17.

23. — 1. En cas de vacance se produisant dans les conditions susdites, les membres sortants pourront siéger valablement, si aucun d'eux ne s'y oppose, et, à cet effet, le conseil sera présumé être dûment constitué. La présente disposition s'appliquera à toute affaire en instance, sauf s'il ne se trouve pas d'employeurs ou d'ouvriers dans le conseil ou si le siège du président est vacant.

2. Lorsqu'une personne aura été nommée pour occuper un siège vacant, la cour ainsi reconstituée pourra, si aucun de ses membres ne s'y oppose, continuer à examiner et juger toute affaire en cours.

24. Toute nomination d'un membre, d'un président ou d'un assesseur dans un conseil, sera publiée dans la *Gazette* et tout exemplaire de la *Gazette*

a notice of such appointment purporting to have been published in pursuance of this Act shall be conclusive evidence that the person named in such notice was legally appointed and had power and jurisdiction to act as member or chairman or assessors of the board mentioned in the notice, and such appointment shall not be challenged for any cause.

25. — The members of a board and assessors shall be paid such fees as may be fixed by the Governor.

Jurisdiction of boards.

26. — 1. Proceedings before a board shall be commenced by :
a) reference to the board by the Industrial Court of any dispute; or

b) application to the board by employers or employees in the industry or group of industries for which the board has been constituted.
2. Any such application shall be in the form, and shall contain the particulars prescribed, and shall be signed by :
a) an employer or employers of not less than twenty employees in the same industry; or
b) not less than twenty employees in the same industry; or
c) the secretary of a trade union registered under this Act having a membership of not less than twenty employees in the same industry; or
d) an industrial union whose members are such employers or employees.

27. — A board with respect to the industry or group of industries for which it has been constituted may :
1. decide all disputes;
2. rescind or vary any of its awards, and in carrying out any of the above purposes the said board may :
a) fix the lowest prices for piece-work and the lowest rates of wages payable to employees;
b) fix the number of hours and the times to be worked in order to entitle employees to the wages so fixed;
c) fix the lowest rates for overtime and holidays and other special work, including allowances as compensation for overtime, holidays, or other special work;

d) fix the number or proportionate number of apprentices and improvers and the lowest prices and rates payable to them. Such prices and rates may be according to age and experience;
e) grant or provide for the granting of permits allowing aged, infirm, or slow workers, who are unable to earn the lowest rate of wages fixed for

contenant l'annonce d'une nomination de l'espèce et publiée conformément à la présente loi, constituera la preuve définitive que la personne désignée dans cet avis a été nommée en due forme et possède le pouvoir et la compétence nécessaires pour agir comme membre, comme président, ou comme assesseur du conseil spécifié dans l'avis, et cette nomination ne pourra être contestée pour un motif quelconque.

25. Les membres des conseils ainsi que les assesseurs recevront une indemnité à fixer par le gouverneur:

Juridiction des conseils.

26. — 1. La procédure devant un conseil sera ouverte par :

a) le renvoi au dit conseil par la cour industrielle, d'un conflit déterminé; ou

b) par requête adressée au conseil par des employeurs ou des ouvriers de l'industrie ou de la catégorie d'industries pour laquelle le conseil a été créé.

2. Toute requête de l'espèce sera faite dans la forme et avec les détails prescrits; elle sera signée par :

a) un ou plusieurs employeurs occupant au moins vingt ouvriers dans la même industrie; ou

b) vingt ouvriers au moins occupés dans la même industrie; ou

c) le secrétaire d'une trade-union enregistrée conformément à la présente loi et ayant au moins vingt membres occupés dans la même industrie; ou

d) une union industrielle dont les employeurs ou ouvriers susdits sont membres.

27. Le conseil pourra, en ce qui concerne l'industrie ou la catégorie d'industries pour laquelle il a été constitué :

1. trancher tout conflit;

2. annuler ou modifier une de ses sentences, et en s'acquittant d'une des fonctions ci-dessus, le dit conseil pourra :

a) fixer le salaire minimum du travail à la pièce et le taux minimum de salaire au temps, à payer aux ouvriers;

b) fixer le nombre d'heures et les périodes de travail à effectuer pour que les ouvriers aient droit aux salaires ainsi fixés;

c) fixer le minimum de salaire pour le travail supplémentaire et celui des jours fériés, ainsi que pour d'autres travaux spéciaux, y compris les indemnités du chef de travail extraordinaire, de travail exécuté les jours de fête, ou d'autres travaux spéciaux.

d) déterminer le nombre fixe ou proportionnel des apprentis et des *improvers*, ainsi que le salaire minimum auquel ils auront droit. Ces salaires pourront correspondre à l'âge et à l'expérience de ces personnes;

e) accorder ou prévoir qu'il pourra être accordé aux ouvriers âgés, infirmes ou lents, incapables de gagner le salaire minimum fixé pour

other employees, to work at the lowest rate fixed for aged, infirm, or slow workers :

Provided that under this section it shall not in any case be obligatory to grant any preference of the kind mentioned in sub-section *d*) of the definition of " Industrial matters " in section 4 of this Act, and each claim under the said subsection shall be dealt with on its merits.

28. — Subject to the right of appeal ander this Act, and to such conditions and exemptions as the board may, and his hereby authorised to determine and direct, the award of a board shall be binding on all persons engaged in the industry or group of industries within the locality specified for the period fixed by the board, not being less than one nor greater than three years.

29 and 30. — [*Determination of board signed and published. — Evidence of award.*]

Procedure of boards.

31. — All meetings of a board shall be convened by the chairman by notice to each member served a prescribed.

32. — In every case where an application or reference to a board is made, it shall be the duty of the chairman to endeavour to bring about a settlement of the dispute, and to this end the board shall, in such manner as it thinks fit, expeditiously and carefully inquire into the dispute and all matters affecting the merits and the right settlement thereof.

In the course of such inquiry, the chairman may make all such suggestions and do all such things as he deems right and proper for inducing the parties to come to a fair and amicable settlement of the dispute.

33. — If the board is of the opinion :
a) that the matter of any application is trivial, or
b) that it should be settled by the parties,
the board may dismiss the application, and may assess and award costs to be paid by the applicants to any parties in respect of whom the application was made. Such costs may be recovered by such parties in any court of competent jurisdiction as a debt due by the applicants.

34. — A board, or any two or more members thereof authorised by the board under the hand of its chairman, may enter and inspect any premises used in any industry the subject of a reference or application to the board and any work being carried on there.

If any person hinders or obstructs a board or any member thereof in the exercise of the powers conferred by this section, he shall be liable to a penalty not exceeding 10 pounds.

d'autres ouvriers, l'autorisation de travailler au taux le plus bas fixé pour les ouvriers àgés, infirmes ou lents.

Toutefois, il ne sera aucunement obligatoire, en vertu de la présente section, d'accorder une préférence de l'espèce prévue à la sous-section *d*) de la définition de « Questions industrielles » dans la section 4 de la présente loi, et chaque requête introduite conformément à la dite sous-section sera traitée selon ses mérites.

28. — Sous réserve du droit d'appel conformément à la présente loi, et des conditions et dispenses que le conseil peut fixer en vertu de la présente loi, la sentence d'un conseil sera obligatoire pour toutes les personnes occupées dans l'industrie ou dans le groupe d'industries dans la localité spécifiée pendant la période fixée par le conseil, cette période étant d'au moins un an et de trois ans au plus.

29 et 30. — [*Publication des décisions des conseils, etc.*]

Procédure des conseils.

31. — Toutes les réunions du conseil seront convoquées par le président par avis adressé dans la forme prescrite à chaque membre.

32. — Chaque fois qu'un conseil sera saisi d'une requête ou du renvoi d'une affaire, le président s'efforcera de trancher le différend et, à cette fin, le conseil fera, de la manière qu'il jugera convenable, une enquête prompte et attentive au sujet du conflit et de toutes les questions concernant le bien fondé et le juste réglement de ce conflit.

Au cours de cette enquête, le président pourra faire toutes les propositions et choses qu'il jugera justes et convenables en vue d'amener les parties à un arrangement bon et amiable du conflit.

33. — Si le conseil juge :
a) que l'objet d'une requête est sans importance, ou
b) qu'il devrait être réglé par les parties,
le conseil pourra rejeter la requête et allouer les dépens à payer par les demandeurs aux parties visées par la requête. Les frais susdits pourront être recouvrés par les dites parties comme s'ils constituaient une créance sur les demandeurs.

34. — Le conseil ou deux ou plusieurs de ses membres pourront, avec l'autorisation écrite du président, pénétrer dans les établissements d'une industrie faisant l'objet d'un référé ou d'une requête devant le conseil et faire l'inspection de ces établissements, ainsi que du travail qui s'y exécute.

Sera passible d'une amende de 10 livres au maximum, quiconque contrariera un conseil ou un de ses membres dans l'exercice des pouvoirs qui leur sont conférés par la présente section.

35. — A board may:
a) conduct its proceedings in public or private as it may think fit;

b) adjourn the proceedings to any time or place;

c) exercise in respect of witnesses and documents and persons summoned or giving evidence before it, or on affidavit, the same powers as are by section 136 of the Parliamentary Electorates and Elections Act, 1902, conferred on a committee of elections and qualifications, and the provisions of the said section shall apply in respect of the proceedings of the board : Provided that unless a person raises the objection that the profits of an industry are not sufficient to enable him to pay the wages or grant the conditions claimed, no person shall be required without his consent to produce his books, or to give evidence with regard to the trade secrets, profits, losses, receipts, and outgoings of his business, or his financial position.

Where a person raises such objection he may be required, on the order of the chairman, to produce the books used in connection with the carrying on of the industry in respect of which the claim is made, and to give evidence with regard to the profits, losses, receipts, and outgoings in connection with such industry, but he shall not be required to give evidence regarding any trade secret, or, saving as herein-before provided, his financial position. No such evidence shall be given without his consent except in the presence of the members of the board alone, and no person shall inspect such books except the chairman, who may report to the board whether or not his examination of such books supports the evidence so given, but shall not otherwise disclove the contents of such books;

d) admit and call for such evidence as in good conscience it thinks to be the best available whether strictly legal evidence or not : Provided that any question as to the admissibility of evidence shall be decided by the chairman alone, and his decision on such matters shall be final;

e) appoint two assessors to advise it on any technical matters. Such assessors shall take no part in the deliberations or in the decision of the board.

36 — The chairman shall require any person, including a member of the board, to give is evidence on oath.

37. — At any meeting of a board, unless otherwise provided in this Act :

a) the chairman shall preside;

b) the chairman shall put separately each item of a proposed determination of the board;

c) each such item and each question before the board shall be determined by a majority of votes of those present and entitled to vote;

d) the presence of the chairman and at least two other members of a board shall be necessary to constitute a meeting of the board;

35. — Le conseil peut :

a) siéger en audience publique ou à huis-clos, comme il le juge convenable ;

b) ajourner ses délibérations quant au temps ou au lieu ;

c) exercer en ce qui concerne les témoins, les documents, les personnes appelées à comparaître ou à déposer, les mêmes pouvoirs que ceux que la section 136 de la loi de 1902 sur les élections parlementaires confère aux comités électoraux, et les dispositions de la dite section seront applicables à la procédure des conseils. Toutefois, sauf le cas où une personne objecte que les profits d'une industrie ne sont pas suffisants pour lui permettre de payer les salaires ou de consentir les conditions réclamées, personne ne sera tenu de produire ses livres contre son gré ni de déposer sur les secrets industriels, les bénéfices, les pertes, la marche de son entreprise, ou sur sa situation financière.

Lorsqu'une personne soulève l'objection susvisée, elle peut être requise par le président de produire les livres employés dans l'exploitation de l'industrie au sujet de laquelle l'action a été introduite et de fournir les preuves nécessaires quant à ses profits, pertes, recettes et dépenses relativement à son industrie, mais elle ne peut être requise de faire connaître un secret industriel ni d'exposer sa situation financière, sauf ce qui est dit ci-dessus. Les preuves de l'espèce ne pourront être administrées, sauf son consentement, qu'en présence des membres du conseil seulement, et personne ne pourra prendre connaissance des livres sauf le président, qui pourra alors déclarer au conseil si l'examen des livres auquel il a procédé corrobore les preuves fournies ; il ne pourra faire connaître le contenu des livres dans aucun autre cas.

d) admettre et se faire produire les preuves qu'en conscience il juge utiles, qu'elles aient un caractère strictement légal ou non. Toutefois, toute question relative à l'admissibilité d'une preuve sera tranchée par le président seul et sa décision sur ce point sera définitive.

e) nommer deux assesseurs pour l'éclairer dans l'examen des questions techniques. Ces assesseurs ne pourront prendre part aux délibérations ni à la décision du conseil.

36. — Le président déférera le serment à toute personne appelée à déposer y compris aux membres du conseil.

37. — Dans toute réunion du conseil, sauf disposition contraire dans la présente loi :

a) le président exercera ses fonctions comme tel ;

b) le président soumettra séparément au conseil chaque point sur lequel celui-ci doit statuer ;

c) toute affaire et toute question soumises au conseil seront tranchées par la majorité des membres présents et ayant le droit de voter ;

d) le conseil ne pourra siéger que si le président et deux autres membres sont présents ;

e) each member except the chairman shall have one vote; and where the votes for and against any matter are equal, the chairman shall have a casting vote, but shall not give such vote unless satisfied that a majority of votes cannot otherwise be reasonably expected;

f) unless by consent of the chairman, no person shall appear as an advocate or agent before a board who is not actually and bona fide engaged in the industry or one of the industries for which the board has been constituted.

Appeal from board.

38. — 1. At any time within one month after the publication in the Gazette of any award by a board, any trade or industrial union, or any person bound or intended to be bound by the award, may, in the prescribed manner, apply to the Industrial Court for leave to appeal to such court.

2. On such application the said court may grant leave to appeal accordingly on such conditions as to security for costs of the appeal and otherwise, and subject to such limitations and restrictions as the court thinks fit; or may, for any reason which it thinks sufficient, refuse such leave.

3. The appeal may be on the ground of jurisdiction, or as to the locality within which the award of the board shall operate, or on the law, or on the facts, and if on the facts it may be by way of rehearing.

4. Before granting leave to appeal the said court may call for a report from the chairman of the board whose award is the subject of the application; and the said chairman shall accordingly make such report to the said court.

5. The provisions of this Act with respect to the procedure and power of the boards and the chairman of boards in the exercise of their jurisdiction, including power to appoint assessors, shall, with the necessary modifications, and subject to any regulations made under this Act, apply to the exercise by the court of the appellate jurisdiction conferred by this Act.

6. On any such appeal the court may confirm or modify the award appealed from, or quash the award, or may make a new award, and may make such order as to the costs of the appeal as it thinks just.

Such costs may be recovered as a debt in any court of competent jurisdiction.

7. The pendency of an appeal shall not suspended the operation of the award appealed from.

39. — The Industrial Court only may rescind or vary any award or order made by it, or any award of a board which has been amended by such court, or any award, order, or direction of the Court of Arbitration.

e) tous les membres à l'exception du président auront une voix et en cas de parité de voix dans une affaire quelconque, le président aura voix prépondérante, mais il n'émettra son vote que s'il est convaincu que la majorité ne peut être obtenue autrement ;

f) sauf autorisation du président, quiconque ne sera pas actuellement et effectivement occupé dans l'industrie ou la catégorie d'industries pour laquelle le conseil a été constitué, ne pourra comparaître devant un conseil en qualité d'avocat ou de représentant.

Appel des décisions des conseils.

38. — 1. Dans le délai d'un mois après la publication dans la *Gazette* de la décision d'un conseil, toute trade-union ou union industrielle de même que toute personne que la sentence lie ou pourrait lier peut demander, de la manière prescrite, à la cour industrielle, l'autorisation de se pourvoir en appel auprès d'elle.

2. La cour saisie d'une requête de l'espèce pourra accorder l'autorisation sollicitée dans des conditions garantissant le payement des frais d'appel et dans les autres conditions et limitations qu'elle jugera utiles ; de même, elle pourra refuser cette autorisation.

3. L'appel peut porter sur la compétence ou sur la localité dans laquelle la sentence du conseil doit produire ses effets ou sur une question de droit ou de fait et, s'il s'agit du fait, il peut viser à un nouvel examen de l'affaire.

4. Avant d'autoriser l'appel, la dite cour pourra demander un rapport au président du conseil dont la sentence fait l'objet de la requête en autorisation d'appel, et le président adressera en conséquence le rapport susvisé à la dite cour.

5. Les dispositions de la présente loi relatives à la procédure et aux pouvoirs des conseils et de leurs présidents dans l'exercice de leur juridiction y compris le pouvoir de nommer des assesseurs, seront, avec les modifications nécessaires et dans la limite des prescriptions en vertu de la présente loi, applicables à la juridiction d'appel que la présente loi accorde à la cour.

6. La cour saisie d'un appel pourra confirmer, modifier ou annuler la sentence dont appel ou en rendre une nouvelle et, en ce qui concerne les frais de l'appel, rendre telle ordonnance qu'elle juge convenable.

Les dits frais pourront être recouvrés à titre de créance devant le tribunal compétent.

7. L'appel ne sera pas suspensif de la sentence qui en fait l'objet.

39. — La cour industrielle peut seule annuler ou modifier une sentence ou ordonnance rendue par elle, ou une sentence quelconque d'un conseil qu'elle aurait modifiée ou une sentence, une ordonnance ou une réquisition quelconque de la cour d'arbitrage.

40. — The Crown may, where, in the opinion of the Minister, the public interests are or would be likely to be affected by the award, order, or direction of a board or of the Industrial Court

a) intervene in any proceedings before such board or court, and make such representations as it thinks necessary in order to safeguard the public interests;

b) at any time after the making of an award by a board apply for leave to appeal, and appeal from such award to the Industrial Court.

PART III.

ENFORCEMENT OF AWARDS AND PENALTIES.

41. — 1. Where an employer employs any person to do any work :

a) for which the price or rate has been fixed by a board or by the Industrial Court; or

b) for which the price or rate has been fixed by an award, order or direction of the Court of Arbitration, or by an industrial agreement,

he shall be liable to pay in full in money without any deduction to such person the price or rate so fixed.

2. Such person may, within three months after such money has become due, apply to the Industrial Court for an order to recover from the employer the full amount of any balance due in respect of such price or rate, notwithstanding any smaller payment or any express or implied agreement to the contrary.

Such order shall have the effect of, and shall be deemed to be, a judgment for the said amount in the district court named in such order at the suit of such person against the said employer; and the said amount may be recovered by process of such court as in pursuance of such judgment.

3. Nothing in this section shall affect any remedy of the employee under the Masters and Servants Act, 1902.

42. — If any person :

a) does any act or thing in the nature of a lock-out or strike, or takes part in a lock-out or strike, or suspends or discontinues employment or work in any industry; or

b) instigates to or aids in any of the above-mentioned acts,

he shall be liable to a penalty not exceeding one thousand pounds, or in default to imprisonment not exceeding two months :

Provided that nothing in this section shall prohibit the suspension or,

40. — Le ministère public pourra, lorsqu'à l'avis du Ministre, l'intérêt public est ou pourrait vraisemblablement être atteint par la sentence, l'ordonnance ou les instructions d'un conseil ou d'une cour industrielle :

a) intervenir dans toute procédure devant les dits conseil ou cour et faire les représentations qu'il juge nécessaires pour la sauvegarde de l'intérêt public;

b) après qu'une sentence a été prise par un conseil, demander l'antorisation d'appel et porter la dite sentence en appel auprès de la cour industrielle.

IIIe PARTIE.

EXÉCUTION DES SENTENCES ET PÉNALITÉS.

41. — 1. Lorsqu'un employeur occupe une personne quelconque pour faire un travail :

a) pour lequel un prix ou un taux a été fixé par le conseil ou par la cour industrielle ; ou

b) pour lequel un prix ou un taux a été fixé par sentence, ordonnance ou réquisition de la cour d'arbitrage ou par arrangement industriel,

il est tenu de payer intégralement à ladite personne en espèces et sans aucune retenue, le prix ou le taux ainsi fixé.

2. La dite personne pourra, dans les trois mois de l'échéance de la somme, en référer à la cour industrielle en vue d'obtenir une ordonnance pour se faire payer le montant total du prix ou du taux qui lui est dû, nonobstant tout acompte payé, ou toute convention contraire, expresse ou tacite.

Cette ordonnance aura les effets et la valeur d'un jugement de la cour de district qui s'y trouve mentionnée à concurrence du montant susdit, contre le dit employeur et la somme susvisée pourra être recouvrée suivant la procédure de la dite cour en exécution du dit jugement.

3. La présente section n'affecte pas les droits qu'un ouvrier pourrait tenir de la loi de 1902 sur le contrat de louage de services ([1]).

42. — Quiconque :

a) fait un acte ou une chose de la nature d'un lock-out ou d'une grève ou participe à un lock-out ou à une grève ou suspend ou cesse le travail dans une industrie quelconque, ou

b) excite à faire l'un des actes mentionnés ci-dessus ou aide à les commettre ;

sera passible de l'amende jusqu'à 1,000 livres et subsidiairement d'un emprisonnement de deux mois au maximum :

Toutefois la présente section ne prohibe pas l'arrêt ou le chômage d'une

---

([1]) Voir *Annuaire*, 1902, p. 589.

discontinuance of any industry or the working of any persons therein for any cause not constituting a lock-out or strike.

43. — If any person commits a breach of an award of a board, or of an award or order of the Court of Arbitration, or of the Industrial Court, or a breach of an industrial agreement, whether by contravening or failing to observe the same, or otherwise, he shall be liable to a penalty not exceeding fifty pounds, and in default of payment of the penalty, to imprisonment for a period not exceeding three months, or, where the breach has been committed by the wilful act or default of the person charged, the court in its discretion may, in lieu of imposing such penalty, sentence the said person to imprisonment for any period not exceeding three months.

The above provisions of this section shall be read in lieu of, and shall supersede, any provisions in an award, order, or industrial agreement under the Industrial Arbitration Act, 1901, relating to penalties for any breach of such award, order, or agreement.

44. — If an employer dismisses from his employment any employee by reason merely of the fact that the employee is a member of a board or of a trade union, or an industrial union, or has absented himself from work through being engaged in other duties as member of a board, or is entitled to the benefit of an award, or order of a board or of the Court of Arbitration, or of the Industrial Court, or of an industrial agreement, such employer shall be liable to a penalty not exceeding twenty pounds for each employee so dismissed, and in default of payement of the penalty to imprisonment for a period not exceeding three months.

In every case it shall lie on the employer to satisfy the judge that such employee was so dismissed by reason of some facts other than those above mentioned in this section.

45. — Proceedings for any offence against the provisions of the three last preceding sections shall be taken before the Industrial Court, and the matter shall be heard and determined by such court in a summary manner according to the law for the time being regulating proceeding before justices; and for that purpose such court may do alone whatever may be done by two or more justices sitting in a court of petty sessions. Any information, summons, or warrant in any such proceedings may be taken and issued by any justice, and the provisions of the Justices Act, 1902, shall, subject to this Act, apply to such proceedings and to all matters relating thereto or cousequent thereon.

46. — 1. Where any person convicted of an offence against the provisions of section forty-two was, at the time of his committing such offence, a member of a trade or industrial union, the Industrial Court may order the trustees of the trade union, or of a branch thereof, or may order the indus-

industrie ou du travail des personnes qui y sont occupées, pour toute autre cause qu'un lock-out ou une grève.

43. — Quiconque violera la sentence d'un conseil ou la sentence ou l'ordonnance de la cour ou un arrangement industriel, par action ou par omission ou de toute autre façon, sera passible de l'amende jusqu'à 50 livres, et à défaut de paiement de l'amende, de l'emprisonnement jusque trois mois ; si l'infraction a été commise sciemment par acte ou omission, la cour aura le pouvoir discrétionnaire de condamner le contrevenant à l'emprisonnement jusque trois mois au lieu de l'amende susdite.

Les dispositions ci-dessus de la présente section remplaceront toutes les dispositions d'une sentence ou d'une ordonnance rendue ou d'un arrangement industriel fait en vertu de la loi de 1901 sur l'arbitrage industriel, en ce qui concerne les amendes à raison des infractions à une sentence, à une ordonnance ou à un arrangement.

44. — Tout employeur qui congédie un ouvrier pour l'unique motif que cet ouvrier est membre d'un conseil ou d'une trade-union ou d'une union industrielle, ou du fait qu'il aurait quitté son travail pour remplir ses fonctions en qualité de membre d'un conseil, ou parce qu'il pourrait invoquer le bénéfice d'une sentence ou d'une ordonnance d'un conseil ou de la cour d'arbitrage, ou de la cour industrielle ou d'un arrangement industriel, sera passible de l'amende jusque 20 livres par ouvrier ainsi congédié et, à défaut de paiement de l'amende, à l'emprisonnement jusque trois mois.

Le fardeau de la preuve qu'un ouvrier a été congédié pour des motifs autres que ceux que spécifie la présente section, incombe dans chaque cas à l'employeur.

45. — Toutes les poursuites du chef d'une infraction quelconque aux dispositions des trois dernières sections, auront lieu devant la cour industrielle et l'affaire sera entendue et jugée par la dite cour, d'une façon sommaire conformément à la loi actuelle réglementant la procédure devant les juges et, à cette fin, la dite cour aura à elle seule les droits de deux ou plusieurs juges siégeant à une cour des petites assises. Les instructions, assignations ou mandats, dans les poursuites de l'espèce, pourront être faits et délivrés par un juge quelconque et les dispositions de la loi de 1902 sur les juges seront, dans la limite de la présente loi, applicables aux dites poursuites et à toutes les choses qui s'y rapporteraient.

46. — 1. Lorsqu'une personne condamnée pour infraction aux dispositions de la section 42, était au moment de l'infraction membre d'une trade-union ou d'une union industrielle, la cour industrielle peut ordonner aux *trustees* de la trade-union ou de la branche de cette trade-union ou à l'union

trial union to pay out of the funds of the union or branch any amount not exceeding twenty pounds of the penalty imposed.

2. The said court shall, before making such order, hear the said trustees or the said union or their or its counsel or attorney, and shall not make such order if it is proved that the union has by means that are reasonable under the circumstances bona fide endeavoured to prevent its members from doing any act or thing in the nature of a lock-out or strike, or from taking part in a lock-out or strike, or from instigating or aiding a lock-out or strike.

Such order shall have the effect of and shall be deemed to be a judgment for the said amount in the district court named in such order, at the suit of the Crown against the said trustees or industrial union; and the said amount may be recovered by process of such court as in pursuance of such judgment.

3. Any property of the union or branch, whether in the hands of trustees or not, shall be available to answer any order made as aforesaid.

47. — In any proceedings for an offence against the provisions of sections forty-two, forty-three, or forty-four, the validity of an award or order may be challenged for want of jurisdiction in the board or court making such award or order, although in the case of an award by a board no steps may have been taken to appeal against such award to the Industrial Court.

48. — No prosecution for an offence against the provisions of sections forty-two or forty-four shall be commenced except by leave of the Industrial Court.

49. — Any penalty imposed by or under this Act may, except where otherwise provided, be recovered in a summary way before a stipendiary or police magistrate or any two justices in petty sessions.

50. — 1. From any order of any justice imposing a penalty under this Act an appeal shall lie to the Industrial Court.

2. On any such appeal the said court may either affirm the order appealed against or reverse the said order or reduce the penalty imposed thereby; and, in any case, the said court may make such order as to the costs of the appeal, and of the proceedings before the justice, as it thinks just.

3. No other proceedings in the nature of an appeal from any such order or by prohibition shall be allowed.

51. — The Industrial Court or a justice may in any prosecution under this Act make such order as to the payment of costs as may be thought

industrielle, de payer sur les fonds de l'union ou de la branche, le montant de l'amende encourue, à concurrence de 20 livres.

2. La cour, avant de rendre une ordonnance semblable, entendra les dits *trustees* ou la dite union ou leur conseil ou avoué ; elle ne rendra pas l'ordonnance s'il est prouvé que l'union s'est, de bonne foi, et par tous les moyens raisonnables dans les circonstances données, efforcée d'empêcher ses membres de faire un acte ou une chose de la nature d'un lock-out ou d'une grève ou de particper à un lock-out ou à une grève ou de favoriser un lock-out ou une grève.

La dite ordonnance aura les effets d'un jugement et sera présumée être à concurrence du montant visé, un jugement de la cour de district désignée dans la dite ordonnance, rendu à la requête dè la Couronne contre les dits *trustees* ou contre la dite union indu trielle, et la somme prévue pourra être recouvrée suivant la procédure de la dite cour comme en vertu d'un jugement de l'espèce.

3. Les biens de l'union ou de la branche, sans distinguer s'ils sont ou ne sont pas entre les mains des *trustees,* pourra servir à l'exécution d'une ordonnance rendue comme il est dit ci-dessus.

47. — Dans toutes les poursuites du chef d'infraction aux dispositions des sections 42, 43 ou 44, la validité d'une sentence ou d'une ordonnance pourra être attaquée du chef d'incompétence du conseil ou de la cour qui prononce la sentence ou l'ordonnance, quoique, dans le cas d'une sentence rendue par un conseil, aucune démarche n'ait été faite en vue d'interjeter appel de la sentence devant la cour industrielle.

48. — Aucune poursuite à raison d'une infraction aux dispositions des sections 42 ou 44 ne pourra être entamée sans l'autorisation de la cour industrielle.

49. — Toutes les amendes infligées par la présente loi ou en vertu de la présente loi, pourront être recouvrées, sauf dispositions contraires, par procédure sommaire devant un magistrat salarié ou de police ou devant deux juges des petites assises.

50. — 1. Il pourra être interjeté appel auprès de la cour industrielle de toute ordonnance d'un juge prononçant une amende conformément à la présente loi.

2. La cour saisie de tout appel semblable pourra soit confirmer l'ordonnance dont appel, soit l'annuler ou réduire l'amende qu'elle impose ; et, dans tous les cas, la dite cour pourra rendre telle ordonnance sur les frais qu'elle juge équitable.

3. Aucune autre procédure de la nature d'un appel contre une telle ordonnance ne sera admissible.

51. — La cour industrielle, ou un juge, pourra au cours de toute poursuite en vertu de la présente loi, rendre telle ordonnance qu'elle jugera équitable en

just. Any costs so ordered to be paid shall be a debt recoverable in any court of competent jurisdiction.

52. — Any decision of the Industrial Court shall be final, and shall not be removable to any other court by certiorari or otherwise; and no award, order, or proceeding of the court shall be vitiated by reason only of any informality or want of form or be liable to be challenged, appealed against, reviewed, quashed, or called in question by any court of judicature on any account whatsoever, and the validity of any decision shall not be challenged by prohibition or otherwise.

53. — The amount of any penalty imposed by or under this Act shall, when recovered, be paid into the Treasury and carried to the Consolidated Revenue Fund.

54. — Whosoever, before a board or the Industrial Court, wilfully makes on oath any false statement knowing the same to be false shall be guilty of perjury.

PART IV.

GENERAL AND SUPPLEMENTAL.

55. — The Industrial Court may order the payment by any member of a trade union or branch registered under this Act of any fine, penalty, or subscription payable in pursuance of the rules of the union or branch.

Such order shall have the effect of, and shall be deemed to be, a judgment for the amount stated therein in the district court named in such order at the suit of such union or branch against the said member; and the said amount may be recovered by process of such court as in pursuance of such judgment.

56. — The Governor may, subject to the Public Service Act, 1902, appoint an industrial registrar who shall have the prescribed powers and duties.

57. — Every employer in an industry in respect of which an award of a board or of the Court of Arbitration or an industrial agreement is in force shall keep, or cause to be kept, time-sheets and pay-sheets, correctly written up in ink, of the employees in such industry.

If he fails to carry out any of the requirements of this section he shall be liable to a penalty not exceeding five pounds.

The pay-sheets shall include deductions from wages of employees, but need not include costs of working to the employer.

58. — 1. The Governor shall appoint inspectors who shall have the powers and duties prescribed.

ce qui concerne le paiement des frais. Les frais faisant l'objet d'une ordonnance pourront être recouvrés devant toute cour de juridiction compétente.

52. — Toute décision d'une cour industrielle sera définitive et ne pourra être portée devant une autre cour par *certiorari* ou autrement ; aucune sentence, ordonnance ou procédure de la cour ne sera annulable pour vice ou manque de forme, ni contestée, portée en appel ou revisée par une cour de justice pour un motif quelconque ; la validité d'une décision ne pourra être attaquée par défense de statuer ou autrement.

53. — Le montant des amendes infligées par la présente loi ou en exécution de la présente loi sera versé au Trésor public.

54. — Sera coupable de parjure quiconque fera sciemment sous la foi du serment, une fausse déclaration devant un conseil ou la cour industrielle.

IVᵉ PARTIE.

DISPOSITIONS GÉNÉRALES ET COMPLÉMENTAIRES.

55. — La cour industrielle peut ordonner le paiement par tout membre d'une trade-union ou d'une branche enregistrée en vertu de la présente loi, de toute amende ou cotisation payable en vertu des statuts de l'union ou de la branche.

Cette ordonnance produira les effets d'un jugement et sera considérée à concurrence de la somme qui s'y trouve spécifiée, comme un jugement de la cour de district qui s'y trouve indiquée, rendu à la requête de l'union ou de la branche contre le membre en défaut ; cette somme pourra être recouvrée suivant la procédure de la cour comme en vertu du jugement précité.

56. — Le gouverneur peut, dans la limite du *Public service act de 1902* nommer un registrar industriel avec les droits et obligations prescrits.

57. — Tout chef d'une industrie pour laquelle une sentence d'un conseil ou de la cour d'arbitrage ou un arrangement industriel est en vigueur, tiendra ou fera tenir correctement et à l'encre, un bordereau des heures de travail et des salaires, en ce qui concerne les ouvriers de cette industrie.

S'il néglige de se conformer à la présente section, il est passible de l'amende jusqu'à 5 livres.

Les bordereaux de salaires feront mention des retenues sur les salaires, mais ne devront pas indiquer les frais d'exploitation à charge de l'employeur.

58. — 1. Le gouverneur nommera des inspecteurs avec les droits et les obligations prescrits.

Any such inspector may exercise the following powers and perform the following duties in respect of an industry as to which the award of a board or of the Court of Arbitration, or an award or order of the Industrial Court, is in force, if he has reasonable grounds to suspect that the employer in such industry is not complying with such award :

a) he may at any reasonable times inspect any premises of such employer upon which any such industry as aforesaid is carried on, and any work being done therein.

b) he may require the employer in such industry to produce for his examination, and may examine, any time-sheets and pay-sheets of the employees in such industry.

c) he shall report to the Registrar the result of such inspection.

2. If any person obstructs any inspector in the exercise of his powers under this section, or fails when duly required as aforesaid to produce any time-sheets or pay-sheets, he shall be liable to a penalty not exceeding ten pounds.

59. — The board or the Industrial Court may at any time after the conclusion of the evidence, and before or after the making of an award, require from any person or union making application to the board or the court in respect of any dispute security to its satisfaction for the performance of the award by the said person or union and its members, and may require from any such person or union security to its satisfaction to answer any amount for which such person or union might be liable under sections forty-two and forty-six in case of a lock-out or strike; and in default of such security being given, may stay the operation of the award. Any such security shall be deposited with and held by the said court, and may be disposed of as prescribed.

60. — Employers and employees shall give at least twenty-one days' notice of an intended change affecting conditions of employment with respect to wages or hours. During any proceedings before a board, neither the employers nor the employees in the industry the subject of those proceedings shall alter the conditions of employment with respect to wages or hours, or the prices for piece-work, or do or be concerned in doing any act or thing in the nature of a lock-out or strike, or take part in a lock-out or strike, or a suspension or discontinuance of employment or work, but the relationship of employer and employee shall continue uninterrupted during such proceedings.

If any employer or employee uses this or any other provision of this Act for the purpose of unjustly maintaining a given condition of affairs, through

Tout inspecteur jouira des pouvoirs et s'acquittera des obligations ci-après en ce qui concerne toute industrie pour laquelle une sentence d'un conseil ou de la cour d'arbitrage ou une sentence ou une ordonnance de la cour industrielle est en vigueur, lorsqu'il a des motifs suffisants de croire qu'nn employeur engagé dans une telle industrie ne se conforme pas à la sentence susvisée :

a) il peut à tout moment convenable inspecter les locaux de l'établissement de cet employeur, où s'exerce une des industries prévues ci-dessus, ainsi que tout travail qui s'y effectue ;

b) il peut requérir l'employeur de lui soumettre les bordereaux des heures de travail et des salaires des ouvriers employés dans la dite industrie ;

c) il adressera au registrar un rapport au sujet de cette inspection.

2. Quiconque contrarie un inspecteur dans l'exercice de ses fonctions conformément à la présente section ou néglige lorsqu'il en est dûment requis, comme il est dit ci-dessus, de produire le bordereau des heures de travail ou des salaires, est passible de l'amende jusque 10 livres.

59. — Le conseil ou la cour industrielle peut, à tout moment après que les preuves ont été administrées et avant ou après le prononcé d'une sentence, exiger de toute personne ou de toute union qui adressera une requête au conseil ou à la cour relativement à un conflit quelconque, qu'elle fournisse les garanties nécessaires pour assurer l'exécution de la sentence par la dite personne ou la dite union et ses membres, et peut exiger de toute personne ou union de l'espèce les garanties nécessaires pour couvrir toute somme qui pourrait être due par la personne ou l'union en question en vertu des sections 42 et 46 en cas de lock-out ou de grève, et à défaut de pareilles garanties, la sentence peut être suspendue dans ses effets. Les dites garanties seront remises à la dite cour et conservées par elle, et il pourra en être disposé comme il est prescrit.

60. — Les employeurs et les ouvriers devront donner au moins vingt et un jours à l'avance avis de leur intention de changer les conditions du contrat de travail en ce qui concerne les salaires et les heures de travail. Au cours des procédures devant un conseil, ni les employeurs ni les ouvriers de l'industrie faisant l'objet des procédures, ne pourront modifier les conditions du travail en ce qui concerne les salaires et les heures de travail ou le taux du travail à la pièce, ni faire un acte ou être intéressé dans l'exécution d'un acte de la nature d'un lock-out ou d'une grève, ni participer à un lock-out ou à une grève ou à une suspension ou une interruption d'emploi ou de travail, mais les rapports de l'employeur et de l'ouvrier devront continuer de façon ininterrompue pendant la dite procédure.

Tout employeur ou ouvrier qui profitera de la présente section ou de toute autre section de la loi pour maintenir injustement un certain état de

delay, such employer or employee shall be guilty of an offence against this Act and shall be liable to the same penalty, and the same proceedings may be had as if he had been guilty of a breach of the award of a board.

61. — The Judge of the Industrial Court may make regulations for carrying out the provisions of this Act, and in particular:]

a) regulating the election and nomination of members of boards other than the chairman, and regulating the election to vacancies on boards;

b) prescribing the qualifications of candidates at such election, and providing for a list of voters;

c) regulating the time and manner of election and nomination of the chairman and of assessors;

d) prescribing the forms of references and applications to a board and generally the forms to be used in carrying out this Act;

e) prescribing the form of oath to be taken by members of boards and of assessors;

f) regulating the exhibition by an employer of an award of a board;

g) prescribing the form and mode of service of notices of meetings of a board, and regulating the convening of such meetings;

h) prescribing the giving of notice of inspection by the board or its members of premises used in any industry, and prescribing the form and regulating the service of such notice;

i) regulating the procedure at meetings of boards;

j) providing for the payment of expenses of witnesses;

k) regulating the procedure to be followed in proceedings before the Industrial Court under this Act, and in enforcing judgments, convictions, and orders given and made by such court;

l) prescribing the duties of the registrar and of inspectors, and regulating the registration under this Act of trade unions;

m) regulating the giving of security under this Act, and the disposal, return, and forfeiture of security so given;

n) imposing any penalty not exceeding ten pounds for any breach of such regulations.

Such regulations shall be published in the *Gazette*, and shall be laid before both Houses of Parliament within thirty days after being made, if Parliament is sitting; but, if not, then within thirty days after the next sitting of Parliament.

choses par des ajournements, sera coupable d'infraction à la présente loi et passible des mêmes amendes; on suivra la même procédure qu'en cas de violation de la sentence d'un conseil.

61. — Le juge de la cour industrielle pourra faire des règlements pour l'exécution des dispositions de la présente loi, et, en particulier,

a) pour régler l'élection et la nomination des membres des conseils, autres que le président et les élections en cas de vacance au sein des conseils;

b) pour fixer les conditions requises des candidats à ces élections et arrêter la liste des électeurs;

c) pour fixer la date de l'élection et la nomination du président et des assesseurs et la manière d'y procéder;

d) pour déterminer les formules des renvois et des requêtes à un conseil et en général les formules à employer pour l'exécution de la présente loi;

e) pour déterminer la manière de prêter serment en ce qui concerne les membres des conseils et des assesseurs;

f) pour régler la production de la sentence d'un conseil par l'employeur;

g) pour régler la forme et le mode du service des convocations d'un conseil et régler les réunions;

h) pour régler la manière de notifier les avis d'inspection par le conseil ou par ses membres des locaux utilisés pour une industrie et prescrire la forme dans laquelle sera fait cet avis et régler la manière de le faire parvenir aux intéressés;

i) pour fixer la procédure des réunions des conseils;

j) pour fixer les taxes à payer aux témoins;

k) pour fixer la procédure à suivre dans les affaires soumises à la cour industrielle en vertu de la présente loi et la sanction des jugements, condamnations et les ordonnances prononcés par la dite cour;

l) pour déterminer les obligations du registrar et des inspecteurs et régler l'enregistrement des trades-unions en vertu de la présente loi;

m) pour régler le dépôt des garanties en vertu de la présente loi et l'emploi, la restitution et la confiscation des garanties ainsi produites;

n) pour fixer des amendes, à concurrence de dix livres, à raison des infractions aux dites dispositions.

Les dispositions en question seront publiées dans la *Gazette* et soumises dans les trente jours aux deux chambres parlementaires si le parlement siège en ce moment, et dans les trente jours de la première session qui suivra si le parlement n'est pas assemblé.

SCHEDULES.

SCHEDULE ONE.

BOARD.	INDUSTRIES AND EMPLOYEES IN INDUSTRIES.
Baking	Bakers, bread-carters.
Boot trade	Boot makers, boot clickers, operators, rough stuff cutters, boot and shoe machinists.
Brewery.	Employees in or in connection with breweries, malthouses, distilleries, manufactories of table waters and other drinks, and bottling etablishments.
Bricklayers.	Bricklayers and bricklayers' labourers, gantry and crane men.
Brickmakers	Bricks, pipes, pots, and terra-cotta makers, and carters of the same.
Broken Hill mines . . .	Miners, engine-drivers, and all persons engaged in and about silver and lead mines.
Butchering.	Butchers employed in shops, factories, slaughter-houses and meat-preserving works, and carters.
Cigar trade.	Cigar makers.
Clothing.	Tailors, tailoresses, cutters and trimmers, pressers.
Coachmaking	Coachmakers in all branches, coachpainters and wheelwrights.
Cold storage	Persons employed in freezing chambers and works.
Confectioners	Confectioners.
Coopers.	Coopers.
Copper, silver, and gold mines.	Miners and others employed in and about such mines.
Council of the City of Sydney.	The employees of the council.
Dressmaking and millinery.	Dressmakers, shirt, blouse, and costume makers, milliners, hat-designers, trimmers and bonnet-makers and makers of underclothing.
Electrical trades	Persons employed in manufacturing, fitting, overhauling, repairing, or installing electrical apparatus, or in the maintenance of electrical installations or running electrical plant, and assistants engaged in such industry.
Farriers.	Persons employed by farriers.
Fellmongering	Fellmongers, wool and basil workers.

GRANDE-BRETAGNE. 431

ANNEXES.

PREMIÈRE ANNEXE.

CONSEIL.	INDUSTRIES ET PERSONNES QUI Y SONT EMPLOYÉES.
Boulangerie	Boulangers, garçons livreurs.
Cordonnerie	Cordonniers, coupeurs, opérateurs, découpeurs de matières premières, ouvriers faisant les bottines et les souliers à la machine.
Brasserie	Ouvriers employés dans ou pour des brasseries, malteries, distilleries, fabriques d'eaux de table et autres boissons et des établissements de mise en bouteilles.
Maçons	Maçons et manœuvres, ouvriers préposés aux échafaudages et grues.
Briquetiers	Ouvriers fabriquant les briques, les tuyaux et les terres-cuites, et charretiers pour le transport de ces produits.
Mines de Broken Hill . .	Mineurs, mécaniciens et toutes les personnes occupées dans ou pour les mines d'argent et de plomb.
Boucherie	Bouchers travaillant dans les magasins, fabriques, abattoirs et les fabriques de conserves de viande, ainsi que les ouvriers employés au transport des produits.
Commerce de cigares . .	Ouvriers cigariers.
Confection	Tailleurs, tailleuses, coupeurs, garnisseurs, pressiers.
Carrosserie	Carrossiers de toutes catégories, peintres de véhicules et charrons.
Établissements frigorifiques	Personnes occupées dans les dépôts et les fabriques frigorifiques.
Confiserie	Confiseurs.
Tonneliers	Tonneliers.
Mines de cuivre, d'argent et d'or.	Mineurs occupés dans ou pour les mines.
Conseil de la ville de Sydney.	Les ouvriers au service de ce conseil.
Linge et modes	Lingères, ouvrières faisant les chemises, blouses et costumes, ouvrières faisant les chapeaux, des dessins de chapeaux, ornant les chapeaux, faisant des bonnets et des vêtements de dessous.
Industries électriques . .	Personnes occupées à la fabrication, l'ajustage, le contrôle, la réparation ou l'installation d'appareils électriques ou à l'entretien d'installations électriques ou chargées du service d'une installation, et les assistants occupés dans une entreprise de l'espèce.
Maréchaux-ferrants . . .	Personnes occupées par les maréchaux-ferrants.
Pelleterie	Pelletiers, ouvriers travaillant la laine et les peaux de moutons.

BOARD.	INDUSTRIES AND EMPLOYEES IN INDUSTRIES.
Furniture trade	Cabinet makers, chair and frame makers, carvers, pianoforte makers, French polishers, wood turners, wood working machinists, upholsterers, carpet planners, makers of mattresses (other than wire).
Gasworks employees. . .	Gas or other employees of gas companies.
Glassworks	Persons employed in such works.
Government Railways and Tramways.	Employees of the Chief Railway Commissioner.
Hairdressers	Hairdressers and wigmakers.
Hotels, club, and restaurant employees.	The employees in hotels, clubs, and restaurants.
Hunter River District Board of Water Supply and Sewerage.	The employees of the board.
Iron trades.	Engineers, smiths, boilermakers, iron ship builders, angle-ironsmiths, fitters, turners, pattern-makers, ironmoulders, blacksmiths, coppersmiths, tinsmiths, sheet-iron workers, and all other persons engaged in the engineering, iron ship-building, and iron trades.
Jam industry	Fruit preparers, canners, labourers.
Laundries (public) . . .	Laundrymen and laundrywomen.
Maitland collieries . . .	Coal-miners, engine-drivers, wheelers, surface hands, and other persons employed in and about coal-mines.
Metropolitan Water and Sewerage Board	The employees of the board.
Milk Industry	Milk and ice carters, milk weighers, milk receivers, grooms and yardmen, and employees of milk vendors and dairymen in the county of Cumberland.
Musicians	Professional musicians.
Newcastle collieries . . .	Coal-miners, engine-drivers, wheelers, surface hands, and other persons employed in and about coal-mines.
Painting trades	Painters, grainers, paperhangers, writers and decorators.
Printing.	Compositors, linotype and monoline operators, letterpress machinists, book-binders, and paper-rulers, lithographic workers, and the like.
Pastrycooks	Pastrycooks.
Plasterers	Plasterers and assistants.
Plumbers and gasfitters. .	Plumbers and gasfitters.
Saddlery	Saddle and harness makers.

GRANDE-BRETAGNE. 433

CONSEIL.	INDUSTRIES ET PERSONNES QUI Y SONT EMPLOYÉES.
Ameublement	Ébénistes, fabricants de chaises et de cadres, sculpteurs, fabricants de pianos, polisseurs, ouvriers tourneurs, ouvriers travaillant mécaniquement le bois, tapissiers, ouvriers faisant des dessins de tapis, fabricants de sommiers (autres que des sommiers métalliques).
Ouvriers d'usines à gaz. .	Ouvriers gaziers ou autres appartenant à des compagnies d'usines à gaz.
Verreries	Personnes occupées dans les verreries.
Chemins de fer et trams du Gouvernement.	Ouvriers du commissaire en chef des chemins de fer.
Coiffeurs	Coiffeurs et perruquiers.
Garçons d'hôtels, de clubs et de restaurants.	Les personnes occupées dans les hôtels, les clubs et les restaurants.
Le service de la canalisation des eaux et égouts du district de Hunter River.	Les ouvriers de ce service.
Industrie du fer	Mécaniciens, forgerons, ouvriers constructeurs de chaudières, constructeurs de bateaux en fer, fabricants de cornières, ajusteurs, tourneurs, fabricants de modèles, fondeurs en fer, serruriers, ouvriers travaillant le cuivre et l'étain, fabricants de tôles et toutes les autres personnes occupées dans le génie civil, la construction navale en fer et l'industrie du fer.
Confitures	Préparateurs de fruits, metteurs en boîtes, ouvriers.
Buanderies publiques . .	Ouvriers et ouvrières des buanderies.
Houillères du Maitland . .	Mineurs, mécaniciens.
Service métropolitain des eaux et égouts.	Les ouvriers du service.
Industrie laitière	Ouvriers du transport du lait et de la glace, peseurs de lait, receveurs de lait, domestiques et valets employés au service des vendeurs et laitiers dans le comté de Cumberland.
Musiciens	Les musiciens professionnels.
Houillères de Newcastle .	Mineurs, mécaniciens, charrons, ouvriers de la surface et autres personnes employées dans les mines de houille ou dans leurs dépendances.
Industries de la peinture .	Peintres, peintres-décorateurs, tapissiers, peintres de lettres et décorateurs.
Imprimerie.	Typographes, ouvriers préposés aux linotypes, monolines et aux presses d'imprimerie, relieurs et ligneurs de papier, ouvriers lithographes et ouvriers chargés de travaux semblables.
Pâtissiers	Pâtissiers.
Plafonneurs	Plafonneurs et aides-plafonneurs.
Plombiers et gaziers. . .	Plombiers et gaziers.
Sellerie	Selliers et fabricants de harnais.

BOARD.	INDUSTRIES AND EMPLOYEES IN INDUSTRIES.
Sawmill employees	Employees in sawmills and timber yards.
Shearers	Shearers, shed employees, cooks, and rouseabouts.
Shipping	Shipmasters, officers, marine engineers, sailors, lamp-trimmers, donkeymen, greasers, firemen, deck hands, stewards, cooks, and persons employed on ferry boats.
Shipbuilding	Shipwrights, joiners, ship painters, and dockers.
Southern collieries	Coal-miners, engine-drivers, wheelers, surfacehands, and other persons employed in and about coal-mines.
Shop assistants	Shop assistants and office assistants in shops.
Stonecutters	Stonemasons and monumental workers and assistants.
Storemen and packers	Storemen and packers.
Sydney Harbour Trust	The employees of the trust.
Tanning	Tanners, curriers, and leather-dressers.
Tip-carters	Tip-carters.
Tobacco industry	Persons employed in such industry.
Trolley draymen	Drivers of trolleys, drays, and carts.
Undertakers	Persons employed in undertakers' business.
Unskilled labourers	Builders' labourers, sewer miners, rock gutterers, hammer and drill men, concrete workers, pick and shovel men, platelayers.
Waterside workers	Sydney and Newcastle wharf labourers, and coal lumpers and trimmers.
Western collieries and shale mines	Coal miners, shale miners, engine-drivers, wheelers, surface hands, and other persons employed in and about coal and shale mines.
Wire mattress makers	Weavers, bench hands, and labourers.
Wire netting	Workers in that industry.
Woodworkers	Carpenters, joiners, and the like, and assistants.

SCHEDULE TWO.

[*Election of persons for boards, etc.*]

CONSEIL.	INDUSTRIES ET PERSONNES QUI Y SONT EMPLOYÉES.
Scieries	Ouvriers occupés dans les scieries et les chantiers de bois.
Tondeurs	Tondeurs, ouvriers d'étables, cuisiniers, bergers.
Navigation	Capitaines de navires, officiers, mécaniciens de marine, matelots, lampistes, chauffeurs auxiliaires, graisseurs, chauffeurs, ouvriers du pont, économes, cuisiniers et personnes occupées sur les bateaux-mouches.
Construction de navires. .	Constructeurs de navires, menuisiers, peintres de navires et dockers.
Houillères du Sud . . .	Mineurs, mécaniciens, charrons, ouvriers de la surface et autres personnes occupées dans les mines de houille et leurs dépendances.
Garçons de magasins. . .	Garçons de magasins et de bureaux occupés dans les magasins.
Tailleurs de pierre . . .	Maçons et ouvriers travaillant à des monuments, ainsi que leurs aides.
Ouvriers d'entrepôt et emballeurs.	Ouvriers d'entrepôt et emballeurs.
Trust du port de Sydney .	Les ouvriers du trust.
Tannerie	Tanneurs, corroyeurs et travailleurs du cuir.
Conducteurs de tombereaux	Conducteurs.
Industrie du tabac . . .	Personnes occupées dans l'industrie du tabac.
Conducteurs de wagons .	Conducteurs de wagons, de camions et de charrettes.
Entrepreneurs . . .	Personnes occupées dans les entreprises.
Travailleurs non qualifiés.	Ouvriers du bâtiment, constructeurs d'égouts, ouvriers fabriquant des rigoles en pierre, ouvriers travaillant au marteau et au foret, ouvriers empierreurs, piocheurs, terrassiers, poseurs de carreaux de pavement.
Travailleurs des ports . .	Travailleurs des quais de Sydney et de Newcastle, déchargeurs de charbon, ouvriers rangeurs.
Houillères et argilières de l'Ouest.	Mineurs, ouvriers extrayant l'argile, mécaniciens, charrons, ouvriers travaillant à la surface et autres personnes occupées dans les mines et argilières et dans leurs dépendances.
Fabricants de sommiers en fil de fer.	Tisseurs, fabricants de banquettes et manœuvres.
Fabrication de filets en fil de fer.	Ouvriers employés dans cette industrie.
Travailleurs du bois. . .	Charpentiers, menuisiers et ouvriers similaires et auxiliaires.

DEUXIÈME ANNEXE.

[*Élections aux Conseils, etc.*]

GREAT BRITAIN.

An Act to amend the Scaffolding and Lifts Act, 1902; and for purposes incidental thereto. (26th October, 1908.)

1. — This Act may be cited as the " Scaffolding and Lifts (Amending) Act, 1908," and shall be construed with the Scaffolding and Lifts Act, 1902, hereinafter called the Principal Act.

2. — The Principal Act is hereby amended as follows :
1. Section three, by :
   a) the addition to the definition of " engine " of the following words : " and includes hand cranes, travelling cranes, and other similar apparatus or contrivance used in yards, quarries, or other places for the purpose of lifting or handling timber, iron, stone, or other materials "; and

   b) in the definition of the word " gear " the addition after the word " fastening " of the word " hand "; and

   c) in the definition of " lift," the omission of the words " and comprising a movable platform "; and

   d) the omission of the definition og " scaffolding," and the substitution of the following definition :
   " Scaffolding " means :
   a) any structure built up and fixed to a height exceeding 8 feet from the horizontal base on which it is built up and fixed for erecting, demolishing, altering, repairing, cleaning, or painting buildings or structures or ships in dock or on slips, or for the purpose of erecting or demolishing timber stacks; and

   b) any derrick, shearlegs, or other contrivance of a like kind used or intended to be used for any of the aforesaid purposes; and

   c) any projecting structure of a greater height from the ground than 8 feet, used or intended to be used for any of the above purposes ; and

   d) any swinging stage used or intended to be used for any of the above purposes; and

   e) the addition in appropriate alphabetical order of the following definitions :
   " Authorised attendant " means a person of 16 years of age or upwards, certified by an inspector as competent to be placed in charge of a lift.
   " Horizontal base " means ground level : Provided that, where any scaffolding is erected upon permanent floors, with walls on all sides not less than 3 feet higher than the scaffold boards, then such permanent floor will be deemed the horizontal base.
   " Passenger lift " means a lift used chiefly for the conveyance of passengers, or certified by an inspector to be a passenger lift.

Loi du 26 octobre 1908 modifiant la loi de 1902 concernant les échafaudages et ascenseurs [1].

1. — La présente loi peut être citée sous le titre de « Loi de 1908 modifiant la loi concernant les échafaudages et ascenseurs »; elle sera interprétée conjointement avec la loi de 1902 sur les échafaudages et ascenseurs, appelée ci-après loi principale.

2. — La loi principale est modifiée comme suit :

1. A la section 3 :

a) par adjonction à la définition de « machine » des mots suivants : « et comprend les grues à main, ponts roulants et autres appareils ou dispositifs semblables employés dans les chantiers, carrières ou autres endroits dans le but de lever ou de déplacer du bois, du fer, des pierres ou d'autres matériaux »; et

b) par adjonction, dans la définition de « appareil » des mots « à la main » après le mot « grues »;

c) par suppression, dans la définition de « ascenseur » des mots « et comprenant une plate-forme »; et

d) par suppression de la définition de « échafaudage » qui est remplacée par la définition suivante :

« Échafaudage » signifie

a) toute construction érigée et fixée à plus de huit pieds au-dessus de la base horizontale sur laquelle elle est située, pour ériger, démolir, modifier, réparer, nettoyer ou peindre des bâtiments, constructions, ou navires en bassin ou en cale sèche, ou dans le but d'ériger ou de démolir des piles de bois; et

b) tout cabestan, tout palan ou autre dispositif du même genre utilisé ou destiné à l'un des usages prémentionnés; et

c) toute construction d'une hauteur supérieure à huit pieds au-dessus du sol, utilisée ou destinée à l'un des buts précités; et

d) tout échafaudage volant utilisé ou destiné à l'un des buts précités; et

e) par insertion, dans l'ordre alphabétique, des définitions suivantes :

« Préposé » signifie une personne de seize ans ou davantage, qu'un inspecteur déclare apte au service d'un ascenseur.

« Base horizontale » signifie le niveau du sol : toutefois si un échafaudage est érigé sur un plancher permanent entouré de tous côtés de parois d'une hauteur supérieure de plus de trois pieds à celle des planches de l'échafaudage, ce plancher permanent sera considéré comme base horizontale.

« Ascenseur pour personnes » signifie un ascenseur utilisé principalement au transport de personnes ou déclaré tel par un inspecteur.

[1] 1908, n° 8. — Voir *Annuaire*, 1903, p. 603.

" Automatically controlled lift " means any lift that is certified by an inspector as being fully automatically and mechanically controlled.

" Steam crane " means steam crane, electric crane, hydraulic crane, or any other power crane or hoist used in connection with building operations, or used in any place for the purpose of lifting or handling timber, iron, stone, or other materials.

2. Section five, by the insertion of the words " engine or steam crane " after the word " scaffolding " wherever occurring in that section :

Provided that none of the enactments in this or the Principal Act relating to the giving of notice of intention to erect, or to set up, or build scaffolding shall be taken to apply to the case of ships in dock, or on slips, or to the case of the erection or demolition of timber stacks.

3. Section six, by omitting the word " and " before the word " engines," and inserting after the word " engines " the words " and steam cranes."

4. Sections nine and ten, by the insertion of the words " or steam cranes " after the word " engine " or " engines " wherever occurring in those sections.

3. — 1. The following section is inserted next after section seven of the Principal Act :

7A. — The Governor may also make the following regulations requiring or relating to :

a) the proper construction and use of scaffolding, lifts, engines, and steam cranes;

b) I. notice to be given of intention to erect scaffolding, lifts, engines, and steam cranes, and also as to permits to be applied for by persons erecting or altering lifts,

II. the plans and descriptions to accompany such applications;

c) notice to be given to the inspector by persons owning or using lifts existing before the commencement of this Act;

d) the certification of drivers of steam-cranes;

e) the certification, qualification, and duties of persons in charge of lifts;

f) the qualifications, powers, and duties of inspectors;

g) the matters referred to in the Schedules to the Principal Act;

h) the notice to be given to the inspector by owners, lessees, and others, in cases where the ownership or right of control of lift has been changed by sale, transfer, or otherwise;

i) notice to be given to the inspector by owners, lessees, and managers of lifts in cases where accidents have occurred;

j) all such other matters as the Governor may deem necessary for carrying this and the Principal Act into effect, and for the observance thereof;

« Ascenseur à contrôle automatique » signifie tout ascenseur déclaré par un inspecteur comme étant contrôlé entièrement automatiquement et mécaniquement.

« Grue à vapeur » signifie grue à vapeur, grue électrique, grue hydraulique ou toute autre grue mécanique ou élévateur utilisé dans des travaux de construction ou dans un endroit quelconque pour lever ou déplacer du bois, du fer, des pierres ou d'autres matériaux.

2. A la section 5, par insertion des mots « machine ou grue à vapeur » après le mot « échafaudage », chaque fois qu'il se présente.

Toutefois les prescriptions de la présente loi et de la loi principale relatives à l'avis que doit fournir quiconque a l'intention d'ériger, de dresser ou de construire un échafaudage, ne seront applicables ni à des navires en bassin ou en cale sèche, ni en cas d'érection ou de démolition de piles de bois.

3. A la section 6, par suppression du mot « et » devant le mot « appareils » et par insertion après celui-ci des mots « et grues à vapeur ».

4. Aux sections 9 et 10, par insertion des mots « ou grues à vapeur » après le mot « machine » ou « machines » chaque fois qu'il se présente dans ces sections.

3. — 1. La section suivante est insérée immédiatement après la section 7 de la loi principale :

7A. — Le gouverneur peut aussi édicter des règlements visant

a) la construction et l'emploi d'échafaudages, ascenseurs, machines et grues à vapeur;

b) I. l'avis à fournir par quiconque a l'intention d'ériger des échafaudages, des ascenseurs, des machines et grues à vapeur, ainsi que les demandes en autorisation à introduire par quiconque érige ou modifie des ascenseurs, et

II. les plans et descriptions à annexer à ces demandes;

c) l'avis que doivent fournir à l'inspecteur les propriétaires ou exploitants d'ascenseurs qui existaient avant l'entrée en vigueur de la présente loi;

d) l'octroi des certificats de conducteurs de grues à vapeur;

e) l'octroi de certificats, la nomination, et les devoirs des personnes chargées du service des ascenseurs;

f) la nomination, les pouvoirs et les devoirs des inspecteurs;

g) les objets visés aux annexes de la loi principale;

h) l'avis que doivent adresser à l'inspecteur les propriétaires, locataires ou autres personnes, en cas de cession, par vente, transfert ou autrement, de la propriété ou du droit de contrôle de l'ascenseur;

i) l'avis que doivent adresser à l'inspecteur, les propriétaires, locataires et occupants d'immeubles où se trouvent des ascenseurs, en cas d'accident;

j) tous autres objets jugés nécessaires par le gouverneur pour l'application et l'observation de la présente loi et de la loi principale;

k) the enforcement of such regulations by penalties not exceeding twenty pounds.

2. Every such regulation shall be subject to the provisions of section seven of the Principal Act.

4. — The following sections are inserted next after section eight of the Principal Act :

Passenger lifts.

8A. — If any person other than an authorised attendant works, operates, or interferes with the working of a passenger lift, he shall be liable to a penalty not exceeding ten pounds : Provided that this section shall not apply to the *bona fide* owner, lessee, or manager of the building wherein the lift is situated in case of emergency, nor to any workman engaged in inspecting, repairing, or erecting a lift, nor to any automatically controlled lift.

8B. — The owner, lessee, or manager of any building containing a passenger lift shall cause the name of every authorised attendant working the lift to be legibly written or printed and placed and retained in a prominent part of the car of the lift. Any such owner, manager, or lessee failing to comply with the provisions of this section shall be liable to a penalty not exceeding ten pounds.

5. — The following section is inserted next after section nine of the Principal Act :

9A. — Where it appears to an inspector that any person working a passenger or goods lift is careless, incompetent, or untrustworthy, the inspector may direct such person to, and he shall thereupon, cease to work, operate, or be in charge of such lift; and if any owner, lessee, or manager of any premises employs such person in connection with a lift without the authority in writing of an inspector, he shall be liable to a penalty not exceeding ten pounds.

An Act to amend the Industrial Disputes Act 1908; and for other purposes.
21st December, 1908.

1. — This Act may be cited as the " Industrial Disputes Amendment Act, 1908," and shall be read with the Industrial Disputes Act, 1908, hereinafter called the Principal Act.

2. — In amendments inserted by this Act in the Principal Act, the expression " this Act " means the Principal Act, as amended by this Act.

k) les amendes en vue de l'application de la loi, lesquelles ne pourront excéder 20 livres.

2. Tout réglement de l'espèce sera pris conformément aux dispositions de la section 7 de la loi principale.

4. — Les sections ci-aprés suivront immédiatement la section 8 de la loi principale.

Ascenseurs pour personnes.

8A. — Toute personne autre qu'un préposé qui fera fonctionner ou interviendra dans le fonctionnement d'un ascenseur pour personnes, sera passible d'une amende n'excédant pas dix livres. Toutefois, la présente section ne sera pas applicable au propriétaire, locataire ou occupant de l'immeuble où se trouve l'ascenseur, lorsqu'il aura agi de bonne foi en cas d'urgence, ni à l'ouvrier chargé de l'inspection, la réparation ou l'érection d'un ascenseur, ni lorsqu'il s'agit d'un ascenseur contrôlé automatiquement.

8B. — Le nom de tout préposé au service d'un ascenseur pour personnes sera inscrit d'une maniére lisible ou imprimé et affiché par le propriétaire, le locataire ou l'occupant de l'immeuble où se trouve ledit asenseur, à une place apparente de la cage de l'ascenseur. Le propriétaire, locataire ou occupant qui négligera de se conformer aux dispositions de la présente section sera passible d'une amende ne pouvant excéder dix livres.

5. — La section suivante sera insérée immédiatement après la section 9 de la loi principale.

9A. — Si un inspecteur estime qu'une personne chargée du service d'un ascenseur pour personnes ou d'un monte-charge est inattentive, incompétente ou indigne de confiance, il peut lui retirer le service du dit ascenseur; dans ce cas le préposé abandonnera immédiatement son emploi; et si un propriétaire, locataire ou occupant de locaux quelconques emploie semblable personne sans l'autorisation écrite de l'inspecteur, il sera passible d'une amende ne pouvant excéder dix livres.

Loi du 21 décembre 1908 modifiant la loi de 1908 sur les conflits industriels [1].

1. — La présente loi peut être citée sous le titre de « Loi modifiant la loi de 1908 sur les conflits industriels »; elle fera corps et sera interprétée conjointement avec la loi de 1908 sur les conflits industriels appelée ci-aprés loi principale.

2. — Dans les amendements introduits par la présente loi dans la loi principale, l'expression « la présente loi » désigne la loi principale telle qu'elle est modifiée par la présente loi.

[1] 1908, n° 24. Voir ci-dessus, p. 393.

3. — Part I of the Principal Act is amended, as follows :

a) Section four : After the definition of " award or order of the Court of Arbitration " insert the following definition :

" Award of a board or of the Industrial Court." includes a variation of such award;

b) Section four : The definition of " Industry " : Insert before the words " any amendment " the word " in." Add at the end of the definition the words " or any section of any such occupation ";

c) Section four : The definition of " Employer " : After the word " a " occurring the second time in line twenty-four, insert the word " director ";

d) Section five : Insert after the words " Schedule One denote the " the words " general classes of industries in respect of which." Omit after the word " boards " the word " to," and insert in lieu thereof the word " may." Omit at end of section the words " the board is to be constituted and the employees in such industries "; insert in lieu thereof the words " or of any of which boards may be constituted under this Act ";

e) Section seven : Add to section the following subsection ·

3. " Any such industrial agreement may be rescinded or varied in writing by the parties, and any such variation, if filed with the registrar, shall·be bindings, as part of the agreement, and such agreement as so varied may be enforced under the provisions of this Act."

f) Section thirteen, subsection one : Omit " who shall be elected by the parties to the dispute in the manner prescribed ";

4. — Part II of the Principal Act is amended as follows :

a) Section fourteen, subsection one : Omit the latter part of the subsection, commencing with the words " the said court " down to and inclusive of the word " accordingly "; insert in lieu thereof the following : " the said court, if satisfied either by oral evidence or *affidavit* that a board should be constituted, may, in its discretion, recommend to the Minister that a board be constituted for such industry or any section thereof or for any group of industries which includes such industry; and for that purpose may include in a group industries mentioned in the second column which are set opposite to different board names in the first column of Schedule One. Thereupon the Minister shall direct a board to be constituted accordingly;

b) Section fifteen : Omit " ten "; insert in lieu thereof " four."

c) Section sixteen : Omit the words after " Industrial Court " to and including the word " industries "; insert " *in its discretion.*"

d) Section seventeen : Omit all words after the word " Court."

3. — La première partie de la loi principale est modifiée comme suit :

a) Section 4 : Aprés la définition de « sentence ou ordonnance de la cour d'arbitrage » est insérée la définition suivante :
« Sentence d'un conseil ou de la cour industrielle » comprend toute modification à une sentence de l'espèce ;

b) Section 4 : A la définition du mot « industrie » il est inséré, avant les mots « les modifications », le mot « dans ». Il est ajouté à la fin « ou toute partie d'une pareille occupation » ;

c) Section 4 : A la définition du mot « employeur », après le mot « un » qui se présente la seconde fois à la ligne seize ([1]), est intercalé le mot « directeur » ;

d) Section 5 : Aprés les mots « première annexe désignent » sont intercalés les mots « les catégories générales d'industries pour lesquelles ». Les mots « à constituer » sont remplacés par les mots « qui peuvent être constitués » Supprimer à la fin de la section les mots « pour lesquels le conseil doit être constitué, ainsi que les ouvriers desdites industries » et les remplacer par les mots « ou de celles dont les conseils peuvent être constitués en vertu de la présente loi » ;

e) Section 7 : Il est ajouté à cette section, la sous-section suivante :
3. « Tout arrangement industriel peut être annulé ou modifié par écrit par les parties et toute modification semblable, si elle est enregistrée chez le registrar, engagera les intéressés comme étant une partie de l'arrangement; l'arrangement ainsi modifié peut être mis à exécution conformément à la présente loi » ;

f) A la section 13, sous-section 1, supprimer les mots « désignés de la maniére prescrite par les parties en cause ».

4. — La deuxième partie de la loi principale est modifiée comme suit :

a) Section 14, sous-section 1 : La dernière partie de la sous-section commençant par les mots « la dite cour » jusqu'à « en conséquence » inclusivement est supprimée et remplacée par ce qui suit : « La dite cour si elle estime, après avoir reçu les preuves orales ou les dépositions écrites, qu'un conseil devrait être constitué, peut proposer au ministre l'institution d'un conseil pour une industrie ou une branche d'industrie ou pour un groupe d'industries comprenant l'industrie susdite et peut aussi, à cet effet, la comprendre dans un des groupes d'industries mentionnées à la seconde colonne en face des différents titres des conseils spécifiés dans la première colonne de la première annexe, après quoi le ministre ordonnera qu'il soit créé un conseil en conséquence » ;

b) Section 15 : « dix » est remplacé par « quatre » ;

c) Section 16 : Les mots qui suivent « la cour industrielle » jusqu'au mot « industries » inclusivement, sont remplacés par « à sa discrétion » ;

d) Section 17 : Tous les mots qui suivent le mot « cour » sont supprimés ;

([1]) Les modifications sont indiquées suivant la traduction de l'*Annaire*.

e) Section eighteen is repealed and the following is substituted :

18. — The Governor may appoint as chairman of a board a Supreme Court or District Court judge, or the judge of the Industrial Court, or some person nominated by the Industrial Court : Provided that if the parties agree upon a chairman such person shall be the chairman to be nominated by the court.

On a chairman being appointed, the board shall be deemed to be constituted.

f) Section nineteen : Omit paragraph (*a*);

g) Section twenty-one, subsection one : Omit " after it has made an award ";

h) Section twenty-two : Omit the words after " board " where first occurring to and including the words " the vacancy has occurred "; omit " such " in the expression " any such election "; omit the words from the last-mentioned expression to the end of the section; insert in place thereof " to fill such vacancy for the residue of the period of two years ";

i) Section twenty-three : repeal subsection one and omit " such' " in subsection two;

j) Section twenty-four : Add at end of section the following : " The validity of the constitution of a board shall not be challenged by prohibition, or otherwise. Every board purporting to have been constituted on the recommendation of the Industrial Court before the sixteenth day of December, one thousand nine hundred and eight, shall be deemed to have been and to be validly constituted under this Act ";

k) Section twenty-seven : Omit figure " 1 " within brackets; insert letter " a " in lieu thereof.

Omit " 2 " and the words commencing " rescind or vary " down to and inclusive of " the said board may. "

In paragraph *e*) omit the words " grant or provide," insert in lieu thereof the words " appoint a tribunal other than the board itself." Add to end of same paragraph the words " If no such tribunal is provided by the board, the registrar shall have jurisdiction to grant such permits."

Add new paragraphs :

" *g*) determine any industrial matter ";

" *h*) rescind or vary any of its awards."

l) Section twenty-nine : Add at end of section the following : " Every award of a board shall take effect on its publication in the *Gazette*, and not sooner or otherwise ";

m) Section thirty : Omit " of a board " insert " order or decision of a board, or of a chairman of a board ";

n) Section thirty-three : Omit the words " in any court of competent jurisdiction "; insert in lieu thereof the words " in the Industrial Court ";

e) La section 18 est annulée et remplacée par ce qui suit :

18. — Le gouverneur peut nommer président du conseil tout juge à la cour suprême ou à la cour de district ou le juge de la cour industrielle ou une personne présentée par la cour industrielle. Toutefois, si les parties sont d'accord sur le choix, la personne choisie sera celle à présenter par la cour.

Dés que la nomination du président aura eu lieu, la cour sera considérée comme constituée;

f) Section 19 : Le paragraphe *a*) est supprimé;

g) Section 21, sous-section 1 : Les mots « aprés qu'il aura rendu une sentence » sont supprimés;

h) Section 22 : Les mots qui suivent le terme « conseil » la première fois qu'il se présente jusqu'à et y compris les mots « n'a eu lieu » sont supprimés. Le mot « préalable » après « sans élection » est supprimé ; les mots qui suivent l'expression citée en dernier lieu sont supprimés jusqu'à la fin de la section et remplacés par les suivants : « pour remplir cette vacance pour le terme restant à courir de la période des deux ans »;

i) Section 23 : La première sous-section est supprimée;

j) Section 24 : Le texte suivant est ajouté à la fin de la section : « La validité de la constitution d'un conseil ne pourra être contestée par défense de statuer ou d'autre façon. Tout conseil constitué sur la proposition d'une cour industrielle antérieurement au 16 décembre 1908 sera considéré comme valablement constitué »;

k) Section 27 : Le chiffre « 1 » est supprimé et remplacé par la lettre « *a* ».

Le chiffre « 2 » et les mots à partir de « annuler ou modifier » jusqu'à « le dit conseil pourra » sont supprimés.

Dans le paragraphe *e*) les mots « accorder ou prévoir qu'il pourra être accordé » sont remplacés par « nommer un tribunal autre que le conseil pour accorder ». La phrase suivante est ajoutée à la fin du même paragraphe : « Si aucun tribunal de l'espèce n'est constitué par le conseil, le registrar pourra accorder semblable autorisation. »

Les nouveaux paragraphes suivants sont ajoutés :

« *g*) régler toute affaire industrielle »;

« *h*) annuler ou modifier ses sentences ».

l) Section 29 : Ajouter ce qui suit à la fin de la section : « Chaque sentence d'un conseil sortira ses effets aussitôt après la publication dans la *Gazette*, et à partir de cette date seulement »;

m) Section 30 : Supprimer « d'un conseil »; insérer « ordonnance ou décision d'un conseil, ou du président d'un conseil »;

n) Section 33 : Ajouter aux mots « par les dites parties » les mots « devant la cour industrielle »;

o) Paragraph *e*) of section thirty-five of the Principal Act is repealed;

p) Section thirty-seven : Omit paragraphs *b*ʹ, *c*) and *d*);

q) Section thirty eight : Subjection one, after " board " insert " of which the chairman is not a judge "; subsection three, after " operate " insert " or as to the conditions and exemptions which the board has determined and directed "; subsection six, omit " modify " insert " vary "; omit " quash " insert " rescind " : omit " any court of competent jurisdiction " insert " the Industrial Court ";

r) Section thirty-nine ; Add to section the following " or any award of a board where such board has been dissolved or is no longer in existence.

The Industrial Court may also cancel or vary any recommendation made by it : Where such recommendation has not yet been acted on, such cancellation or variance shall be treated as if it had been contained in the original recommendation. Where such recommendation has been acted on, it shall be in the discretion of the Minister or Governor to cancel the action taken by him or to vary it to accord with the varied recommendation.

The Industrial Court, in making any order under this section, may make such order as to costs as it thinks just ";

s) Section forty, paragraph *b*) : After " board " insert " of which the chairman is not a judge."

5. — Part III of the principal Act is amended as follows :

a) Section forty-seven : After " challenged " insert " before the Industrial Court ";

b) Section fifty-one : Omit the last sentence, commencing " Any costs " to end of section;

c) After section fifty-one insert new section :

51A. — Every order for the payment of costs made by the Industrial Court shall have the effect of and be deemed to be a judgment for such amount in the district Court of the Metropolitan District holden at Sydney; or where a district court is named in such order, then in the court so named, at the suit of the person in whose favour such order is made, against the person so ordered to pay costs.

Such amount may be recovered by process of such court as in pursuance of such judgment;

d) Section fifty-two : After " Industrial Court " insert " or of a judge purporting to act as the Industrial Court "; after " proceeding of the court " insert " or of a judge purporting to act as such court."

o) Le paragraphe *e*) de la section 35 de la loi principale est supprimé;

p) Section 37 : Les paragraphes *b*), *c*) et *d*) sont supprimés;

q) Section 38 : Dans la première sous-section, après le mot « conseil », sont insérés les mots « dont le président n'est pas un juge ». A la sous-section 3, après le terme « effets », il est inséré « ou sur les conditions et exemptions que le conseil a fixées et prescrites »; à la sous-section 6 le terme « modifier » est remplacé par « changer », « annuler » est remplacé par « retirer », « devant le tribunal compétent » est remplacé par « devant la cour industrielle »;

r) Section 39 : Il est ajouté à la section ce qui suit : « ou une sentence quelconque d'un conseil, lorsque le dit conseil a été dissout ou n'existe plus ».

« La cour industrielle peut également annuler ou changer une de ses propositions. Lorsqu'une proposition de l'espèce n'aura pas encore été approuvée, cette annulation ou modification sera considérée comme si elle faisait partie de la proposition originale. Si la proposition a été approuvée, le ministre ou le gouverneur aura le pouvoir discrétionnaire d'annuler la décision qu'il aura prise ou de la modifier de façon à la mettre en concordance avec la proposition modifiée.

« La Cour industrielle, en rendant une ordonnance conformément à la présente loi, peut rendre telle ordonnance qu'elle juge convenable en ce qui concerne les frais »;

s) A la section 40, paragraphe *b*), sont insérés, après le mot « conseil », les mots suivants « dont le président n'est pas un juge ».

5. — La IIIe partie de la loi principale est modifiée comme suit :

a) Section 47 : Après le mot « attaquée », ajouter : « devant la cour industrielle »;

b) Section 51 : La dernière phrase commençant par les mots « Les frais » est supprimée;

c) Après la section 51, il est inséré une nouvelle section :

51A. — Toute ordonnance en paiement de frais rendue par la cour industrielle sera considérée comme jugement de la cour du district métropolitain siégeant à Sydney et sortira ses effets à concurrence du montant des dits frais, et si, dans l'ordonnance en question, il est fait mention d'une cour de district, cette ordonnance sera considérée comme un jugement rendu par la dite cour à la requête de la personne en faveur de laquelle le jugement est rendu, contre la personne condamnée aux dépens.

Ces frais pourront être recouvrés devant la dite cour en exécution du jugement en question;

d) Section 52 : Après « cour industrielle », insérer « ou d'un juge agissant pour la cour industrielle »; après « procédure de la cour » il est inséré « ou d'un juge agissant au nom de la dite cour ».

6. — Part IV of the Principal Act is amended as follows :

a) Section fifty-seven : Insert after the words " Court of Arbitration " the words " or of the Industrial Court ";

b) Section fifty-eight : After " Industrial Court " insert " or an industrial agreement." After " such award " insert " or agreement."

7. — The following section is inserted next after section eighteen of the Principal Act :

18A. — The chairman of a board may, whenever it appears to him to be necessary, appoint two or more assessors, representing employers and employees respectively, to advise the board on technical matters. Such assessors shall not take part in the deliberations or in any decision of the board.

8. — The following sections are inserted next after section fifty-five of the Principal Act :

55A. — Where, by reason of the death or absence of the judge of the Industrial Court at the time appointed for the hearing of any matter by such court, such court cannot be then held, the registrar shall adjourn the court to such day as he may deem convenient, and shall enter in a minute book the cause of such adjournment.

55B. — In any proceeding before the Industrial Court such court may reserve its decision.

Where a decision has been so reserved it may be given at any continuation or adjournment of such court or at any subsequent holding thereof, or the judge of such court may draw up such decision in writing, and, having duly signed the same, forward it to the registrar : Whereupon the registrar shall notify the parties of his intention to proceed at some convenient time and place by him specified to read the same, and he shall read the same accordingly, and thereupon such decision shall be of the same force and effect as if given by such court.

9. — The Principal Act is amended by omitting Schedule Two.

10. — 1. Schedule One to the Principal Act is amended by adding the following :

BOARD.	INDUSTRIES AND EMPLOYEES IN INDUSTRIES.
Aerated waters	Persons employed in the manufacture of aerated waters, cordials, and non-intoxicating drinks and beverages.
Bag and sack making . .	Employees engaged in making bags, paper bags, and sacks.

6. — La IVe partie de la loi principale est modifiée comme suit :

a) Section 57 : Après les mots « cour d'arbitrage », les mots « ou de la cour industrielle » sont insérés ;

b) Section 58 : Les mots « ou un arrangement industriel » sont insérés après « cour industrielle »; après « une telle ordonnance », insérer les mots « ou accord ».

7. — La section suivante est insérée après la section 18 de la loi principale :

*18*A. — Lorsque la chose lui semble nécessaire, le président d'un conseil peut nommer deux ou plus de deux assesseurs représentant les employeurs et les ouvriers, pour donner leur avis au conseil en matière technique. Ces assesseurs n'auront pas voix délibérative et ne pourront prendre part à une décision quelconque de la cour.

8. — Les sections suivantes sont insérées après la section 55 de la loi principale :

55A. — Si une audience de la cour industrielle doit être remise par suite du décès ou de l'absence de son président, le registrar fixera cette audience au jour qu'il jugera convenable et consignera dans un registre le motif de l'ajournement.

55B. — La cour industrielle peut réserver sa décision dans toute affaire qui lui est soumise.

Toute décision réservée pourra être prise au cours d'une audience ultérieure, ou bien, le président de la cour pourra faire parvenir sa décision écrite et dûment signée par lui au registrar; le registrar fera connaître aux parties son intention de leur lire cette décision aux temps et lieu fixés par lui, après quoi la décision susvisée aura la même valeur et le même effet que si elle avait été rendue par la dite cour.

9. — La loi principale est modifiée par suppression de la seconde annexe.

10. — 1. La première annexe de la loi principale est modifiée par addition de ce qui suit :

CONSEIL.	INDUSTRIES ET OUVRIERS DE CES INDUSTRIES.
Eaux gazeuses.	Personnes occupées dans les fabriques d'eaux gazeuses, de rafraîchissements, de boissons non spiritueuses.
Fabrication de sacs et sachets.	Personnes occupées à la fabrication de sacs, sacs en papier et sachets.

BOARD.	INDUSTRIES AND EMPLOYEES IN INDUSTRIES.
Biscuit and cake making	Employees in biscuit and cake factories.
Boiling-down	The employees in tallow and fat refining establishments.
Bone-mills and manure works.	Employees therein.
Cardboard-box making	Employees in cardboard-box factories.
Coke workers	Persons employed at coke works.
Dredging	Dredge employees, not in the service of the Government.
Engine-driving and firing	Engine-drivers, firemen, greasers, trimmers, cleaners, and pumpers employed on land.
Hat-making.	Employees in hat factories.
Ice manufacturers	Persons engaged in the manufacture and distribution of ice and chilling chambers.
Laundry.	Persons employed in laundries.
Milling	Persons employed in or about grain, starch, or condiment mills.
Packing	Persons employed in packing in factories, and in packing starch, pickles, tea, and condiments.
Paper mills.	Employees in paper mills.
Rope-making	Employees in rope factories.
Smelting	Persons employed in ore-smelting and refining works.
Soap and candle making	Employees in soap and candle works.
Wine and spirit stores	Persons employed in wine and spirit stores.
Additional boards under the above headings.	Any such division, combination, or arrangement of the employees in the industries set opposite to each board name, whether according to occupation or locality as to the court may seem expedient.

2. The said Schedule is further amended in the second column thereof as follows

a) by inserting after " underclothing " in the industry represented by the board of Dressmaking and millinery the words " and children's clothing ";

b) by inserting after " Pastrycooks " in the industry represented by the board of Pastrycooks the words " and pastrycooks' assistants ";

c) by inserting after " business " in the industry represented by the board of Undertakers the words, " cab and omnibus drivers and employees in livery stables ".

CONSEIL.	INDUSTRIES ET OUVRIERS DE CES INDUSTRIES.
Fabrication de biscuits et bonbons.	Ouvriers des fabriques de biscuits et de bonbons.
Fabriques de graisses	Ouvriers occupés dans les fabriques de suif et dans les raffineries de graisse.
Moulins à os et fabriques d'engrais.	Ouvriers qui y sont occupés.
Fabrication de boîtes en cartons.	Ouvriers occupés dans les fabriques de boîtes en carton.
Fours à coke	Ouvriers occupés aux fours à coke.
Dragage	Ouvriers occupés aux dragages autres que ceux de l'État.
Mécaniciens et chauffeurs	Mécaniciens, chauffeurs, graisseurs, ajusteurs, nettoyeurs et ouvriers préposés aux pompes sur la terre ferme.
Fabrication de chapeaux	Ouvriers occupés dans les fabriques de chapeaux.
Glacières	Ouvriers occupés à la fabrication et à la distribution de la glace et dans les ateliers de congélation.
Buanderies	Personnes occupées dans les buanderies.
Meunerie	Personnes occupées dans les meuneries de grains, d'amidon et de condiments ou dans leurs dépendances.
Empaquetage.	Personnes préposées à l'empaquetage dans les fabriques et à l'empaquetage de l'amidon, des pickles, du thé et des condiments.
Papeteries	Ouvriers de papeteries.
Fabriques de câbles	Personnes occupées dans les fabriques de câbles.
Fonderies	Personnes occupées dans les fonderies de minerais et dans les raffineries.
Fabriques de savon et de bougies.	Ouvriers occupés dans les fabriques de savon et de bougies.
Magasins de vins et spiritueux.	Personnes occupées dans les magasins de vins et spiritueux.
Conseils supplémentaires sous les désignations ci-dessus.	Toute division, tout groupement ou toute classification des ouvriers occupés dans les industries en face de chaque conseil mentionné, soit au point de vue de l'occupation, soit au point de vue de la localité, comme la cour le juge convenable.

2. De plus, l'annexe en question est modifiée comme suit dans la seconde colonne :

a) par insertion après les mots « vêtements de dessous » dans l'industrie représentée par le conseil de la lingerie et des modes, des mots « et vêtements d'enfants »;

b) par insertion après « pâtissiers » dans l'industrie représentée par le conseil de la pâtisserie des mots, « et aides pâtissiers »;

c) par insertion après « entreprises » dans l'industrie représentée par le conseil des « entrepreneurs » des mots « conducteurs de voitures, d'omnibus et ouvriers d'établissements de louage de voitures ».

An Act to provide a minimum wage for certain persons; to make better provision in certain cases for the payment of overtime and tea-money; to amend the Factories and Shops Act, 1896; and for purposes consequent thereon and incidental thereto. (Assented to, 24th December 1908.)

Preliminary.

1. — This Act shall commence on the first day of January, 1909, and may be cited as the " Minimum Wage Act, 1908 ".

2. — In this Act,
"Early-closing Acts" means the Early-closing Act, 1899, the Early-closing (Amendment) Act, 1900, and the Early-closing (Hairdressers'shops) Act, 1906.

" Employer " means
a) any person for whom a workman or shop-assistant works, and includes any agent, manager, foreman, or other person acting, or apparently acting, in the control of any workman or shop-assistant;

b) any person, company, or association employing persons in a factory, warehouse, or shop, or occupying any office, building, or place used as a factory, warehouse, or shop, and includes any agent, manager, foreman, or other person acting, or apparently acting, in the general management or control of a factory, warehouse, or shop.

" Factory " means factory as defined in the Factories and Shops Act, 1896.

" Shop-assistant " and " shop " mean respectively shop-assistant and shop as defined by the Early-closing Acts.

" Workman " means
a) any person employed at any handicraft, or in preparing or manufacturing any article for trade or sale, and includes any person employed in a bakehouse, or laundry, or in dye-works, but does not include any inmate of an institution of a charitable nature;

b) any person who is employed in a factory or who works in a factory at any kind of work whatever.

3. — 1. A workman works overtime within the meaning of this Act when he works more than forty-eight hours in any week or after six o'clock in the evening on any working day.

2. A shop-assistant works overtime within the meaning of this Act when he works more than one half-hour after the closing time of the shop in terms of the Early-closing Acts.

Loi du 24 décembre 1908 sur le minimum de salaire ([1]).

Dispositions préliminaires.

1. — La présente loi entrera en vigueur le 1er janvier 1909 et pourra être citée sous le titre de « Loi de 1908 concernant le minimum de salaire ».

2. — Dans la présente loi :
« Lois sur la fermeture des magasins » signifie la loi de 1899 sur la fermeture des magasins, la loi de 1900 (amendements) sur la fermeture des magasins et la loi de 1906 sur la fermeture des salons de coiffure.

« Employeur » signifie :

a) toute personne ayant à son service un ouvrier ou un employé de magasin, et comprend tout agent, gérant, contremaître ou autre personne ayant en droit ou en fait la direction d'un ouvrier ou d'un employé de magasin;

b) toute personne, compagnie ou association employant du personnel dans une fabrique ou un magasin, ou occupant un bureau, un bâtiment ou une place servant de fabrique ou de magasin; ce terme comprend tout agent, gérant, contremaître ou toute autre personne ayant en droit ou en fait l'administration générale ou la direction d'une fabrique ou d'un magasin.

« Fabrique » s'entend de toute fabrique à laquelle s'applique la loi de 1896 sur les fabriques et magasins.

« Employé de magasin » et « magasin » ont la même signification que dans les lois sur la fermeture des magasins.

« Ouvrier » s'entend de :

a) toute personne employée à un métier ou à la préparation ou à la fabrication d'un article pour le commerce ou la vente, et comprend toute personne employée dans une boulangerie, blanchisserie ou teinturerie, mais ne comprend pas les pensionnaires d'une institution charitable;

b) toute personne employée dans ou au service d'une fabrique à un travail quelconque.

3. — 1. Aux termes de la présente loi, sera considéré comme travail supplémentaire tout travail exécuté par un ouvrier au-delà de quarante-huit heures par semaine ou après 6 heures du soir, les jours ouvrables.

2. Aux termes de la présente loi, sera considéré comme travail supplémentaire tout travail exécuté par un employé de magasin une demi-heure après l'heure de fermeture du magasin conformément aux lois sur la fermeture des magasins.

GREAT BRITAIN.

Minimum wage.

4. — No workman or shop-assistant shall be employed unless in the receipt of a weekly wage of at least 4 shillings, irrespective of any amount earned as overtime.

Whosoever employs any such person in contravention of this section shall be liable to a penalty not exceeding 2 pounds.

5. — Whosoever, either directly or indirectly, or by any pretence or device, requires or permits any person to pay or give, or receives from any person any consideration, premium, or bonus for the engaging or employing by him of any female in preparing, working at, dealing with, or manufacturing articles of clothing or wearing apparel for trade or sale shall be liable on conviction to a penalty not exceeding 10 pounds; and the person who has paid or given such consideration, premium, or bonus may recover the same in any court of competent jurisdiction from the person who received the same.

Overtime and tea-money.

6. — 1. Where a workman or shop-assistant, being a male under 16 years of age or a female, works overtime, his employer shall, unless exempted under this section, pay such workman or shop-assistant not less than three-pence for every hour or portion of an hour of the overtime worked.

Such overtime shall be paid for at intervals of not more than one month.

2. Provided that where it is proved to the satisfaction of the Minister that, by reason of the customs or exigencies of any trade or employment, or for other reason, it is desirable to exempt such trade or employment with regard to males under 16 years of age, either generally or in any particular locality, from the operation of this section, he may grant such exemption for such time as he thinks fit.

3. Provided also that payment for overtime may be claimed either under this section or under section thirty-seven of the Factories and Shops Act, 1896.

4. If any employer fails to carry out the provisions of this section he shall be liable to a penalty not exceeding 2 pounds.

7. — Section thirty-seven of the Factories and Shops Act, 1896, is amended by inserting after the words " at the rate of time and a half " the following words : " Such payment shall be made at intervals of not more than one month."

8. — Where any workman or shop-assistant, being a male under 16 years of age or a female, is required by his employer to work overtime on any day, the employer shall on such day pay such workman or shop-assistant a

Minimum de salaire.

4. — Le salaire hebdomadaire d'un ouvrier ou d'un employé de magasin ne sera en aucun cas inférieur à 4 shillings, indépendamment de toute somme due pour travail supplémentaire.

L'employeur qui commettra une infraction à la présente section sera passible de l'amende jusqu'à 2 livres.

5. — Toute personne qui, directement ou indirectement, par quelque moyen que ce soit, oblige ou autorise autrui à payer ou à donner, ou reçoit d'autrui une récompense ou prime, à raison de l'engagement ou de l'emploi par elle d'une femme pour la préparation ou la fabrication d'objets d'habillement ou de lingerie pour le commerce ou la vente, sera passible de l'amende jusqu'à 10 livres; la personne qui a payé ou donné cette récompense ou prime, peut se la faire restituer en s'adressant à la juridiction compétente.

Travail supplémentaire et gratification.

6. — 1. Le travail supplémentaire exécuté par un garçon de moins de 16 ans ou par une femme, soit comme ouvrier, soit comme employé de magasin, sera payé à raison de 3 pence au moins par heure ou partie d'heure du travail supplémentaire, sauf les exceptions prévues dans la présente section.

Les travaux supplémentaires seront réglés à intervalles d'un mois au maximum.

2. Toutefois, en vue de satisfaire aux usages ou aux nécessités de l'entreprise ou pour toute autre raison, le Ministre peut, après enquête, suspendre l'application de la présente section, en ce qui concerne les garçons âgés de moins de 16 ans, d'une façon générale ou dans une localité déterminée et pour toute période qu'il juge convenable.

3. De plus, le payement du travail supplémentaire peut être réclamé conformément à la présente section ou conformément à la section 37 de la loi de 1896 sur les fabriques ou magasins.

4. Si un employeur néglige de se conformer aux dispositions de la présente section, il sera passible de l'amende jusqu'à 2 livres.

7. — La section 37 de la loi de 1896 sur les fabriques et magasins est modifiée par insertion après les mots « au taux d'une fois et demie » des mots suivants : « Ces payements seront faits à intervalles d'un mois maximum. »

8. — Tous les jours où un garçon de moins de 16 ans ou une femme, un ouvrier ou un employé de magasin, exécute un travail supplémentaire par ordre de son employeur, celui-ci devra lui payer une somme d'au moins

sum of not less than sixpence as tea-money, and if he fails to carry out the provisions of this section he shall be liable to a penalty not exceeding 2 pounds.

Supplemental.

9. — 1. Every employer shall :

a) keep a record, in the form prescribed, of overtime worked by such of his workmen or shop-assistants as are males under 16 years of age or females;

b) produce such record and furnish extracts therefrom to an inspector appointed as hereinafter provided when called upon to do so.

2. If any employer fails to carry out any of the provisions of this section, he shall be liable to a penalty not exceeding 10 pounds.

10. — 1. An inspector appointed under the Factories and Shops Act, 1896, may, in addition to the powers thereby conferred on him,

a) at any reasonable hour, by day or night, enter any building, room, or place where he has reasonable cause to believe a workman or shop-assistant is employed ;

b) examine any workman or shop-assistant, either alone or in the presence of any other person, with respect to any matter dealt with in this Act, and require him to sign a declaration of the truth of the matters in respect of which he is so examined;

c) require the production of and examine and take extracts from any record required by this Act to be kept.

2. Any person who obstructs any such inspector in the exercise of his powers under this section, or who by word or act, or by concealing any person, prevents the examination as aforesaid of any workman or shop-assistant, shall be liable to a penalty not exceeding 20 pounds.

11. — The Governor may at any time after the passing of this Act make regulations for carrying out its provisions and prescribing the forms to be used in its administration, and may in such regulations impose any penalty not exceeding 10 pounds for any breach of the same.

A copy of such regulations shall be laid before both Houses of Parliament without delay.

12. — Contraventions or breaches of this Act, or of the regulations made thereunder, shall be reported to the Minister by inspectors, and no proceedings in respect thereof shall be instituted without the authority of the Minister.

13. — The penalty for any such contravention or breach may be recovered before a stipendiary or police magistrate, or any two justices of the peace in petty sessions : Provided that proceedings for recovering any such

6 pence par jour, à titre de gratification; s'il néglige de se conformer aux dispositions de la présente section, l'employeur sera passible de l'amende jusqu'à 2 livres.

Dispositions supplémentaires.

9. — 1. Chaque employeur :

a) enregistrera, dans la forme prescrite, le travail supplémentaire exécuté par les garçons de moins de 16 ans et par les femmes qui font partie de son personnel, soit comme ouvriers soit comme employés de magasin ;

b) produira le registre et en fournira des extraits, sur demande, à un inspecteur, conformément aux dispositions ci-après.

2. Si un employeur néglige de se conformer aux dispositions de la présente section, il sera passible de l'amende jusqu'à 10 livres.

10. — Un inspecteur, nommé en vertu de la loi de 1896 sur les fabriques et magasins, peut, en sus des pouvoirs que cette loi lui confère :

a) pénétrer, à toute heure raisonnable du jour ou de la nuit, dans un bâtiment, une chambre ou une place, lorsqu'il a de bonnes raisons de croire qu'un ouvrier ou un employé de magasin y est occupé ;

b) interroger tout ouvrier ou employé de magasin, soit isolément soit en présence d'une autre personne, en ce qui concerne des choses qui sont du ressort de la présente loi, et exiger de ces personnes qu'elles signent une déclaration de l'exactitude des choses sur lesquelles a porté cet interrogatoire ;

c) exiger la production du registre tenu en conformité de la présente loi, en prendre connaissance et copie.

2. Toute personne qui met obstacle à l'exercice des fonctions d'un inspecteur en vertu de la présente section, ou qui par paroles ou par actes ou en cachant l'intéressé, empêche l'interrogatoire d'un ouvrier ou d'un employé de magasin d'avoir lieu, sera passible de l'amende jusqu'à 20 livres.

11. — Le gouverneur peut en tout temps, après la promulgation de la présente loi, faire des règlements en vue de son exécution et prescrire les formules qui seront employées; il peut, en outre, dans ces règlements, prévoir des amendes jusqu'à 10 livres en cas d'infraction.

Une copie de ces règlements sera communiquée sans retard aux deux chambres du Parlement.

12. — Les inspecteurs feront rapport au Ministre sur toutes les contraventions ou infractions à la présente loi ou aux règlements pris en vertu de celle-ci, et aucune poursuite ne pourra être entamée sans l'autorisation du Ministre.

13. — L'amende infligée en cas d'infraction peut être recouvrée devant un juge salarié ou un magistrat de police ou devant deux juges de paix des petites assises. Toutefois la procédure à suivre pour le recouvrement d'une

penalty must be commenced within three months after such contravention or breach.

Savings.

14. — This Act shall not apply where all the persons employed as workmen and shop-assistants are members of the employer's family, related in the first or second degree by blood or first degree by marriage to the employer.

QUEENSLAND.

An Act to amend "The Factories and Shops Act of 1900", in certain particulars. (Assented to 15th April, 1908.)

1. — This Act shall be read as one with " The Factories and Shops Act of 1900," (¹) herein referred to as the Principal Act, and may be cited together with that Act as " The Factories and Shops Act, 1900 to 1908," or separately as " The Factories and Shops Act Amendment Act of 1908."

This Act shall commence and take effect on and from the first day of September, 1908.

2. — The following amendments are made in section 4 of the Principal Act :

In the definition of " Closed," the words " against admission " are repealed, and the words " by being locked or otherwise secured to the complete exclusion " are inserted in lieu thereof.

In the definition of " Employee," after the word " whatever," the words " or are permitted by the occupier to act in any factory or shop as if they were employed " are inserted.

In the defininition of " Half-holiday," the words " after a poll " are repealed.

The following provision is added to the definition of " Occupier " : " For the purposes of Part VIII. of this Act, the term includes every person (whether employing any other person or not) in actual occupation of a factory or shop, or acting or apparently acting in the general management or control thereof."

The following provision is added to the definition of " Shop " : " but this provision shall not apply to any person of the Chinese or other Asiatic race,

---

(¹) 64 Vic. No. 28, *supra*, p. 7216.

amende de l'espèce doit être commencée dans les trois mois qui suivent la contravention.

Exceptions.

14. — La présente loi ne sera pas applicable dans les cas où les personnes occupées en qualité d'ouvriers ou d'employés de magasin sont membres de la famille de l'employeur et parents au premier ou au second degré par le sang ou au premier degré par le fait de mariage avec l'employeur.

QUEENSLAND.

Loi du 15 avril 1908 modifiant certaines dispositions de la loi de 1900 sur les fabriques et les magasins [1].

1. — La présente loi sera interprétée conjointement avec la « loi de 1900 sur les fabriques et magasins » appelée ci-après loi principale ; ces deux lois peuvent être citées ensemble sous le titre de « lois de 1900 à 1908 sur les fabriques et magasins » ou la présente séparément sous le titre de « loi de 1908 modifiant la loi sur les fabriques et magasins. »

La présente loi entrera en vigueur à partir du 1er septembre 1908.

2. — La section 4 de la loi principale est modifiée comme suit :

Dans la définition de « fermé », les mots « où le public, etc. » sont supprimés et remplacés par les mots « fermés à clef ou dont l'entrée est défendue autrement d'une façon absolue ».

Dans la définition de « employé », après le mot « que ce soit », sont insérés les mots « ou sont autorisées par l'employeur à agir, comme employés, dans une fabrique ou magasin ».

Dans la définition de « demi-jour de congé », les mots « après un vote » sont supprimés.

La disposition suivante est ajoutée à la définition de « occupant » : En vue de l'application des dispositions du chapitre VIII de la présente loi, ce terme comprend toute personne (qu'elle ait ou non une autre personne sous ses ordres) occupant actuellement une fabrique ou un magasin, et exerçant, en fait, ou paraissant exercer l'administration générale ou le contrôle d'un de ces établissements.

La disposition suivante est ajoutée à la définition de « magasin » : « Toutefois, cette disposition ne s'appliquera pas à une personne de race chinoise

[1] 1908, n° 4.

unless he holds a license from the Minister to so conduct two or more descriptions of businesses."

After the definition of " Week," the following definition is inserted :

" Year " — The period of time from and including the first day of April to and including the thirty-first day of March next following.

3. — The following provision is added to section 8 of the Principal Act :

Upon any change in the occupation of a registered factory it shall be the duty of the new occupier, within three days after entering into occupation, to serve on the inspector a written notice of entry into occupation containing such particulars as may be prescribed, and if he fails so to do he shall be liable to a penalty not exceeding 10 pounds.

4. — [*Modification to paragraph* a) *of subsection 1 of section 11 of the Principal Act.*]

5. — After paragraph III. of subsection 2 of section 24 of the Principal Act, the following provision is inserted : " and also "

IV. The average weekly earnings, whether in wages or by piecework or both in wages and by piecework."

In paragraph v. of subsection 3 of the said section, after the word " meals," the words " and also, in the case of a factory," are inserted.

In paragraph VI. of the said subsection the words " or shop; and also, in the case of a shop," are repealed.

Paragraph VII. of the said subsection is repealed.

6. — Section 25 of the Principal Act is repealed, and the following sections are inserted in lieu thereof :

25. — 1. For the better suppression of what is commonly known as the " sweating evil," the following provisions shall apply in every case where the occupier of a factory lets or gives out work of any description to be done by any person elsewhere than in the factory.

2. The occupier of the factory shall at all times keep or cause to be kept a record showing with substantial correctness :

a) the full name and address of each such person, and the situation of the place where he does the work;

b) the quantity and description of the work done by each such person; and

c) the nature and amount of the remuneration paid to him therefor.

3. If the person to whom the work is let or given out as aforesaid :

a) directly or indirecty sublets the work or any part thereof, whether by way of piecework or otherwise; or

ou d'une autre race asiatique, à moins qu'elle n'ait obtenu du Ministre une licence pour pouvoir exercer deux ou plusieurs genres de commerce ».

A la suite de la définition de « semaine », la définition suivante est insérée :

« Année » s'entend de la période comprise entre le 1er avril et le 31 mars suivant inclusivement.

3. — La disposition suivante est ajoutée à la section 8 de la loi principale :

Lorsqu'il se produit un changement dans la direction d'une fabrique enregistrée, le nouvel occupant est tenu d'envoyer, dans les trois jours de son entrée, à l'inspecteur, une déclaration écrite d'entrée en fonctions, avec les détails prescrits; s'il néglige de faire cette déclaration, il est passible d'une amende n'excédant pas 10 livres.

4. — [*Modification au paragraphe a) de la sous-section 1 de la section 11 de la loi principale.*]

5. — A la suite du paragraphe III de la sous-section 2 de la section 24 de la loi principale, la disposition suivante est insérée : « et pareillement » :

IV. les gains hebdomadaires moyens, tels qu'ils résultent du salaire ou d'un travail à la pièce ou des deux.

Dans le paragraphe V de la sous-section 3 de la dite section, les mots « et pareillement, dans le cas d'une fabrique » sont insérés après le mot « repas ».

Le paragraphe VI de la dite sous-section est modifié par suppression des mots : « ou magasin; ».

Le paragraphe VII de la dite sous-section est abrogé.

6. — La section 25 de la loi principale est abrogée et remplacée par les sections suivantes :

25. — 1. En vue de mieux réprimer ce qui est généralement désigné par l'expression « abus du sweating », les dispositions suivantes seront applicables dans tous les cas où l'occupant d'une fabrique fournit du travail de quelque espèce que ce soit à exécuter par une personne quelconque, ailleurs que dans la fabrique.

2. L'occupant de la fabrique tiendra ou fera tenir un registre indiquant d'une manière exacte :

a) les nom et prénoms, ainsi que l'adresse de chacun des ouvriers et l'endroit où le travail se fait;

b) la quantité et la nature du travail fait par chacun d'eux;

c) la nature et le montant de la rémunération qui leur est payée pour ce travail.

3. Si la personne à laquelle le travail a été donné comme il est dit ci-dessus :

a) cède directement ou indirectement le travail ou une partie de celui-ci, soit à la pièce ou autrement;

b) does the work or any part thereof otherwise than on his own premises, and by himself or his own workpeople to whom he himself pays wages therefor

that person shall be guilty of an offence, and shall be liable to a penalty not exceeding 10 pounds:

Provided that the prohibition in paragraph *b)* of this subsection shall not extend to any case where the inspector has granted a permit in writing to members of the same family to work together at home.

4. If the occupier of the factory by whom the work is let or given out as aforesaid knowingly permits or suffers any such offence as aforesaid to be committed, he shall be liable to a penalty not exceeding 50 pounds.

5. For the purposes of this section, and without in any way limiting the definitions of " factory " and " occupier " in section 4 of this Act, or the operation of this section to factories and occupiers as so defined :

a) the term " factory " includes any building, premises, apartment, or place from which any material is let or given out for the purpose of being prepared or manufactured outside such buildings, premises, apartment, or place for trade or sale;

b) every merchant, wholesale dealer, shopkeeper, agent, or distributor, who lets or gives out material of any description for the purpose of being prepared or manufactured outside a factory for trade or sale, shall be deemed to be the occupier of a factory;

c) the person to whom such material is let or given out shall be deemed to be employed by the occupier in the business of the factory outside the factory.

6. In any proceedings under this section against the occupier of a factory, the knowledge of his servants or agents shall be deemed to be his knowledge.

7. All the provisions of this Act relating to the registration of factories shall apply to factories within the meaning of this section.

25ᴅ. — 1. Every person to whom work is let or given out from a factory as aforesaid shall, either personally or by written notice, register with the inspector his full name and address, and also from time to time in like manner register with the inspector any change in such address.

2. Every person so registered shall truthfully answer all questions put to him by the inspector as to the occupier of the factory by whom the work is let or given out and the price or rate to be paid to him therefor.

3. Every person guilty of any contravention of this section shall be liable to a penalty not exceeding 10 shillings.

b) exécute le travail ou une partie de celui-ci autrement que dans son propre atelier, en y travaillant elle-même ou en y faisant travailler ses propres ouvriers à qui elle paie des salaires à cet effet,

la dite personne se rendra coupable d'infraction et sera passible d'une amende n'excédant pas 10 livres.

Toutefois l'interdiction faisant l'objet du paragraphe *b* de la présente sous-section n'est pas applicable lorsqu'une permission écrite est donnée par l'inspection aux membres d'une même famille travaillant sous le même toit.

4. Si le patron d'une fabrique, qui fournit le travail comme il est dit ci-dessus, permet ou tolère, en connaissance de cause, qu'une des infractions énumérées ci-dessus soit commise, il sera passible d'une amende n'excédant pas 50 livres.

5. En vue de l'application de la présente section et sans limiter en aucune façon les définitions de « fabrique » et « occupant » données dans la section 4 de la présente loi, ni les effets de la présente section relativement aux fabriques et occupants comme il est défini :

a) le terme « fabrique » comprend tout bâtiment, atelier, appartement ou place d'où proviennent les matériaux fournis dans le but d'être préparés ou manufacturés hors de ces bâtiment, atelier, appartement ou place, pour le commerce ou la vente ;

b) tout marchand, marchand en gros, négociant, agent ou détaillant, qui fournit des matières quelconques préparées ou manufacturées hors d'une fabrique, en vue du commerce ou de la vente, sera considéré comme patron d'une fabrique ;

c) la personne qui, hors d'une fabrique, reçoit de telles matières sera considérée comme étant employée par le patron dans l'exploitation de la fabrique.

6. Dans les poursuites en vertu de la présente section, contre le patron d'une fabrique, les faits qui sont à la connaissance de ses employés ou agents seront considérés comme étant à sa connaissance.

7. Toutes les dispositions de la présente loi relatives à l'enregistrement des fabriques s'appliqueront aux fabriques dans le sens de la présente section.

25B. — 1. Toute personne qui reçoit du travail comme il est dit ci-dessus devra, personnellement ou par déclaration écrite, faire inscrire chez l'inspecteur son nom et son adresse et lui déclarer successivement tout changement d'adresse.

2. Toute personne inscrite de la sorte devra répondre à toutes les questions qui lui seraient adressées par un inspecteur au sujet du patron qui lui fournit le travail et du montant ou du taux des salaires qui lui sont payés pour ce travail.

3. Toute personne coupable de contravention à la présente section sera passible d'une amende n'excédant pas 10 shillings.

7. — The following words are added to subsection 2 of section 26 of the Principal Act, namely :

" and in addition every occupier who has not forwarded to the inspector every such copy or summary within seven days after the time prescribed for so doing shall forfeit and pay to the Chief Inspector a sum of 10 shillings for every day which elapses after the seven days aforesaid until such copy or summary is duly forwarded, and every such sum shall be recoverable in the same manner as penalties and fees are recoverable under this Act ".

8. — The following provision is added to the second paragraph of subsection I. of section 28 of the Principal Act :

Where earth closets are used, such closets shall, when the inspector so requires, be in separate buildings for each sex, and shall be placed in such position as may be directed by him.

In subsection IV. of the said section, after the word " water," the words " free from all impurities so far as the same may be reasonably practicable " are inserted.

The following words are added to the said subsection : " All filters used shall be periodically cleansed as directed by the inspector."

In subsection VI. of the said section, after the word " floors," the words " shall be constructed of concrete or other material impervious to moisture and " are inserted.

9. — In section 31 of the Principal Act, after the word " bakehouses," the words " and in all factories and shops where food or drink intended for the food of man is prepared, stored, or in any way dealt with " are inserted; also, after the word " bakehouse," wherever it occurs, the words " factory or shop " are inserted.

The following words are inserted at the commencement of paragraph II. of the said section : " Unless for any special reason expressly authorised in writing by the inspector."

10. — In section 32 of the Principal Act, the word " Minister," where that word twice occurs, is repealed, and the word " inspector " is respectively inserted in lieu thereof.

In the first paragraph of the said section, the words " and may direct him " are repealed, and the words " The inspector may in any case direct the occupier " are inserted in lieu thereof; also, the word " such " before the word " employees," where it twice occurs, is repealed.

11. — Section 34 of the Principal Act is repealed.

12. — Subsection 1 of section 45 of the Principal Act is repealed, and the following subsection is inserted in lieu thereof :

1. Every person who is employed in any capacity in a factory or shop

7. — Les mots suivants sont ajoutés à la sous-section 2 de la section 26 de la loi principale savoir :
« en outre, tout patron qui n'a pas envoyé à l'inspecteur, dans les sept jours qui suivent la date prescrite à cet effet, les copies ou résumés demandés, sera passible d'une amende et payera à l'inspecteur en chef une somme de 10 shillings par jour de retard jusqu'au moment où ces pièces seront dûment envoyées ; les dites sommes seront recouvrables de la même manière que les amendes et taxes en vertu de la présente loi ».

8. — La disposition suivante est ajoutée au second paragraphe de la sous-section I de la section 28 de la loi principale :
Si l'inspecteur le requiert, les cabinets, là où ils sont utilisés, seront installés séparément pour les deux sexes à l'endroit désigné par l'inspecteur.

La sous-section IV de la dite section est modifiée par l'insertion, après les mots « eau potable », des mots : « épurée aussi complétement que possible ».

Les mots suivants seront ajoutés à la dite sous-section : « Tous les filtres utilisés seront nettoyés périodiquement conformément aux instructions de l'inspecteur. »

La sous-section VI de la dite section est modifiée par insertion, après le mot « planchers » des mots « seront construits de matériaux en béton ou d'autres matériaux imperméables à l'humidité et ».

9. — La section 31 de la loi principale est modifiée par insertion après le mot « boulangeries » des mots : « et aux fabriques et magasins où se préparent les aliments ou les boissons destinés à la nourriture de l'homme » ; de même, les mots « fabrique ou magasin » sont insérés à la suite du mot « boulangerie », partout où ce mot se rencontre.

Les mots suivants commenceront le paragraphe II de la dite section : « A moins d'une raison spéciale, expressément approuvée par écrit par l'inspecteur. »

10. — Dans la section 32 de la loi principale, aux endroits où il se rencontre, le mot « ministre » est supprimé et remplacé par le mot « inspecteur ».

Le premier paragraphe de la dite section est modifié par la suppression des mots « il peut aussi l'obliger » qui sont remplacés par les mots : « l'inspecteur peut en tout cas prescrire au patron de » ; de même le mot « tels » qui se rencontre à deux endroits différents devant le mot « employés » est supprimé.

11. — La section 34 de la loi principale est abrogée.

12. — La sous-section 1 de la section 45 de la loi principale est rapportée et remplacée par la sous-section suivante :

1. Toute personne employée à un titre quelconque dans une fabrique ou

shall be entitled to receive from the occupier payment for his work at such rate as is agreed on, being not less than :

a) in the ease of a person under 21 years of age, a rate of 5 shillings per week during the first year of his employment, with an annual increase of not less than 2 shilling and 6 pence per week during each year of the next succeeding five years of his employment in the same traed;

b) in the case of a person not under 21 years of age who has been employed in any capacity in a factory or factories or shop or shops for a period of not less than four years (whether such employment is continuous or not), a rate of not less than 15 shillings per week for the first year, and 17 shillings and 6 pence per week for the next and succeeding years.

Every such weekly wage shall be paid in sterling money, and shall not, under any circumstances or pretence or device whatsoever, be subject to any diminution so as to reduce the amount thereof to a less sum than is hereinbefore prescribed for each worker respectively.

13. — After section 45 of Principal Act, the following section is inserted :

45A. — 1. The occupier shall, on the request of any person leaving employment in the factory or shop, give to such person a certificate under his hand in the prescribed form stating correctly the period during which such person has been so employed.

2. Such person shall not be entitled to demand any increased rate of payment under the last preceding section in respect of any period of employment after the first day of January, 1909, in any factory or shop other than that in which he is employed, unless he produces to the occupier of the factory or shop in which he is employed the certificate or certificates verifying such employment.

3. The occupier shall keep a book in the prescribed form showing the period or periods of employment of each person employed by him, and this book shall be produced at the request of the inspector.

4. If any occupier refuses or neglects to give any such certificate on the request of ony person employed by him, or gives any such certificate knowing the same to be false, or fails to keep correctly or to produce the said book, he shall be liable to a penalty not exceeding 20 pounds.

14. — Sections 46 and 48 of the Principal Act are repealed and the following section is inserted in lieu of the said section 46 :

46. — 1. No male young person and no female shall be employed continuously in a factory for more than five hours without an interval of at least half-an-hour for a meal.

2. Subject to the provisions of this section as to overtime, no such employee shall be employed in a factory for more than forty-eight hours in any one week.

dans un magasin, aura le droit de réclamer du patron le paiement de son travail au taux convenu, lequel ne sera en aucun cas inférieur :

a) à 5 shillings par semaine, pour les personnes âgées de moins de 21 ans, pendant la première année de leur occupation, avec une augmentation annuelle d'au moins 2 shillings et 6 pence par semaine pendant les cinq années subséquentes d'occupation dans la même industrie ;

b) à 15 shillings au moins par semaine la première année, et 17 shillings et 6 pence par semaine les années suivantes, pour les personnes de 21 ans et plus qui auront été employées à un titre quelconque et d'une façon continue ou non, dans une fabrique ou dans des fabriques, ou dans un magasin ou dans des magasins, pendant quatre ans au moins.

Tout salaire hebdomadaire de ce genre sera payé en argent comptant et ne sera, en aucun cas ni sous n'importe quel prétexte ou par n'importe quel arrangement ou artifice, l'objet d'une diminution qui le ramènerait à une somme inférieure au taux prescrit ci-dessus respectivement pour chaque travailleur.

13. — Après la section 45 de la loi principale, la section suivante est insérée :

45A. — 1. A la demande de toute personne quittant l'emploi qu'elle occupe dans la fabrique ou le magasin, le patron lui donnera un certificat écrit de sa propre main, dans la forme prescrite, indiquant correctement la période pendant laquelle cette personne a été employée chez lui.

2. Cette personne ne sera fondée à réclamer une augmentation de salaire, conformément à la section précédente, pour toute période de travail postérieure au 1er janvier 1909, accomplie dans une fabrique ou un magasin autre que l'établissement où elle est en service, que si elle produit au nouveau patron le ou les certificats établissant ses services antérieurs.

3. L'employeur tiendra, dans la forme prescrite, un état des services du personnel ouvrier sous ses ordres et le produira à toute réquisition de l'inspecteur.

4. Tout employeur qui refusera ou négligera de fournir à un de ses ouvriers le certificat qu'il sollicite, ou fournira un faux certificat, ou négligera de tenir correctement ou de produire l'état susdit, sera passible d'une amende n'excédant pas 20 livres.

14. — Les sections 46 et 48 de la loi principale sont abrogées et la section suivante est insérée à la place de la section 46 :

46. — 1. Il est défendu d'employer un jeune ouvrier du sexe masculin ou une femme dans une fabrique pendant plus de cinq heures consécutives, sans lui accorder un intervalle d'une demi-heure au moins pour prendre un repas.

2. Sous réserve des dispositions de la présente section quant au travail supplémentaire, aucun employé ne sera occupé dans une fabrique pendant plus de quarante-huit heures par semaine.

3. The ordinary working hours for such employees shall not extend beyond six o'clock in the evening of Monday, Tuesday, Wednesday, Thursday, and Friday, nor beyond one o'clock after noon on Saturday. In districts, however, where the weekly half-holiday for shops is some day of the week other than Saturday, the ordinary working hours for such employees shall not extend beyond one o'clock after noon on that day, and shall not extend beyond six o'clock in the evening of Saturday.

4. The ordinary working hours and the times allowed for meals in the factory shall be deemed to be the hours and the times specified in the notice affixed in the factory.

A change in such hours or times shall not be made until after the occupier has served on the inspector and affixed in the factory a notice, in the prescribed form, of his intention to make such change, and shall not be made oftener than once in three months, unless for special cause allowed in writing by the inspector.

The notice so served and affixed shall specify the hours for the beginning and end of the period of employment, and the times to be allowed for meals, to every male young person and female where they differ from the ordinary hours or times.

5. The total number of hours worked by any male young person or female, exclusive of overtime and time allowed for meals, shall not exceed ten hours in each twenty-four hours.

6. The meal times shall be the same for all such employees, except in those cases where for special reasons the inspector grants an exception in writing.

7. No female under 18 years of age or male young person shall be employed :

a) in a factory; or

b) in the business of but outside a factory,

between the hours of six o'clock in the evening and six o'clock in the day :

Provided that when it is proved to the satisfaction of the Minister that the customs or exigencies of the trade carried on in any class of factories or parts thereof, either generally or situated in any particular locality, or ther reasons, require or make it desirable that such trade should be exempted from the operation of this subsection, he may by order grant to such class of factories or parts thereof a special exemption for such time as he thinks fit.

8. No male young person or female shall be employed in a factory at all on Sunday.

9. Every such employee shall have a half-holiday from the hour of one o'clock on some working day of each week.

10. Subject to all the conditions and restrictions prescribed by this section, and, save as herein provided, in every case with the written consent of

3. Les heures de travail ordinaires des ouvriers de cette catégorie ne dépasseront pas 6 heures du soir le lundi, mardi, mercredi, jeudi et vendredi, ni 1 heure de l'après-midi le samedi. Cependant, dans les districts où le demi-jour de congé hebdomadaire pour les magasins est fixé à un jour autre que le samedi, les heures de travail ordinaires pour les employés ne dépasseront pas ce jour-là 1 heure de l'après-midi, ni 6 heures du soir le samedi.

4. Les heures de travail ordinaires et les intervalles accordés pour les repas, seront considérés comme étant ceux qui sont spécifiés dans le règlement affiché dans la fabrique.

Un changement dans ces heures ou intervalles ne sera fait qu'après avis donné par le patron à l'inspecteur et affiché dans la fabrique, dans la forme prescrite, de son intention de faire ce changement; toutefois, celui-ci ne pourra avoir lieu plus d'une fois au cours d'un trimestre, à moins d'une autorisation écrite accordée par l'inspecteur dans un cas spécial.

L'avis en question spécifiera les heures du commencement et de la fin du travail, ainsi que celles des repas, accordées à chaque jeune ouvrier du sexe masculin et à chaque femme, chaque fois que ces heures diffèrent des heures ou intervalles ordinaires.

5. Le nombre total des heures de travail des personnes ainsi employées, non compris les heures supplémentaires ni les intervalles accordés pour les repas, n'excédera pas dix heures par vingt-quatre heures.

6. Les heures des repas seront les mêmes pour tous les employés, sauf les cas où, pour des raisons particulières, l'inspecteur accorde, par écrit, une exception à cette règle.

7. Il est défendu d'employer une jeune femme âgée de moins de 18 ans ou un jeune ouvrier :

a) à l'intérieur d'une fabrique ou

b) à l'extérieur pour les besoins de la fabrique, entre 6 heures du soir et 6 heures du matin.

Toutefois, lorsqu'il est établi à la satisfaction du ministre, que les usages ou besoins du commerce requièrent ou rendent désirable la suspension de l'application de la présente sous-section dans certaines classes ou sections de fabriques soit en général, soit pour une localité déterminée, ou pour d'autres raisons, le ministre peut ordonner cette suspension pour toute période qu'il juge convenable.

8. Les jeunes ouvriers et les femmes ne peuvent être employés dans une fabrique le samedi.

9. Tout employé de l'espèce bénéficiera d'un demi-jour de congé à partir de 1 heure, à prendre un jour ouvrable de chaque semaine.

10. Sous réserve des conditions et restrictions de la présente section, et, sauf ce qui est disposé ici, les jeunes ouvriers du sexe masculin et les

the inspector, any male young person or female may be employed overtime in a factory on not more than forty days in each year.

11. The expression "overtime" means the time before or after thé ordinary working hours (that is, the hours specified in the notice of working hours) of the employees affected.

12. Overtime shall not be worked by any such employee for a period exceeding three hours in any day.

13. Overtime shall not be worked by any such employee on more than two consecutive days.

14. The period of employment, including ordinary working hours and overtime (if any), shall begin and end at the same hour for all such employees, except in those cases where for special reasons the inspector grants an exception in writing.

15. No such employee shall be employed in a factory after thirty minutes past nine o'clock in the evening on any week day.

16. The total number of hours worked by any such employee, including ordinary working hours and overtime, shall not exceed fifty-six hours during any one week.

17. Notice of the intention to so work overtime shall be in the prescribed form, and shall in every case be delivered or sent to the inspector so as to be received by him not later than three o'clock after noon of the same day on which such overtime is to be worked; the written permission to work overtime shall also be affixed to the wall in a conspicuous position in the factory, and there maintained. Every such permission shall state the number and names of such employees, distinguishing between male and female, proposed to be employed overtime, and shall also state the names of all those who are females under 18 years of age or male young persons.

18. The occupier shall keep a record in the prescribed form of all overtime, and shall nothe against the name of each male young person and female the hours of overtime worked by such employee on each day, and shall produce the record to the inspector on demand, and furnish a copy of the same to him when called upon to do so, or at such times as may be prescribed.

19. In cases of sudden unforeseen press of work overtime may be worked without the written permission of the inspector, if notice in writing is served upon him by the occupier within twenty-four hours after the commencement of such overtime containing full particulars upon which the occupier relies that such working overtime was *bonâ fide* for the purpose of meeting a sudden unforeseen press of work. But an occupier shall not under any circumstances be allowed the foregoing privilege for more than ten times in one year, and if the Minister is not satisfied in any case that such working overtime was *bonâ fide* to meet a sudden unforeseen press of

femmes peuvent, avec le consentement écrit de l'inspecteur, être employés supplémentairement dans une fabrique pendant quarante jours chaque année, au maximum.

11. L'expression « supplémentairement » signifie respectivement avant ou après le temps qui précéde ou qui suit les heures de travail ordinaires (c'est-à-dire les heures spécifiées dans le réglement des heures de travail) des employés que la chose concerne.

12. La durée normale du travail ne sera pas dépassée de plus de trois heures par jour du chef de travail supplémentaire.

13. La durée normale du travail ne sera pas dépassée pendant plus de deux jours consécutifs.

14. La période d'emploi comprenant la durée ordinaire du travail et éventuellement les heures supplémentaires, commencera et finira à la même heure pour tous les employés, excepté dans les cas où, pour des raisons spéciales, l'inspecteur accordera une exception par écrit.

15. Ces personnes ne seront pas employées dans une fabrique au delà de 9 $1/2$ heures du soir.

16. Le nombre total des heures de travail des personnes ainsi employées, y compris les heures de travail normales et les heures supplémentaires, n'excédera pas cinquante-six heures par semaine.

17. La demande sollicitant l'autorisation de prolonger la journée de travail devra être faite par écrit et adressée à l'inspecteur de façon que celui-ci la reçoive au plus tard à 3 heures de l'après-midi le jour où le travail doit être prolongé; l'autorisation écrite de travailler au delà des heures sera et restera affichée sur le mur de la fabrique à une place visible. Elle indiquera le nombre et les noms des personnes visées par l'autorisation, en faisant la distinction des sexes; elle indiquera aussi les noms des garçons et des femmes âgées de moins de 18 ans à qui la prolongation sera applicable.

18 Le patron tiendra un registre dans la forme prescrite, où il inscrira chaque cas de travail supplémentaire, et il indiquera en regard du nom de chaque personne ainsi employée, les heures de travail supplémentaire fournies par cette personne chaque jour. Ce registre sera produit à toute réquisition à l'inspecteur et une copie en sera fournie à ce dernier à sa demande.

19. En cas de presse soudaine et imprévue, le travail supplémentaire pourra avoir lieu sans l'autorisation écrite de l'inspecteur, si ce dernier reçoit une déclaration écrite de l'occupant dans les vingt-quatre heures qui suivent le commencement du travail supplémentaire. Cette déclaration contiendra l'exposé complet des faits sur lesquels le patron se base pour établir que le travail supplémentaire a été fait *bona fide* dans le but de faire face à un travail pressant et imprévu. Il ne pourra, en aucun cas, étré fait usage de la faculté préindiquée plus de dix fois par an, et si le ministre estime que le travail supplémentaire n'était pas nécessaire *bona fide*, dans

work, he may, for the remainder of the year, entirely withdraw such privilege.

This subsection shall not be construed to entitle any occupier to work any male young person or female overtime in excess of the limit of forty days hereinbefore mentioned.

20. Overtime shall be paid for on the basis of time and a-half for time-workers, and 3 pence per hour in addition to piece-work rates for piece-workers, but in no case for any such employee shall the payment be below 6 pence per hour.

In addition, six pence for tea money shall be paid in every case.

21. All work done by a male young person or female who is an employee in a factory for the occupier outside the factory, whether the work is or is not connected with the business of the factory, shall be deemed to be done whilst employed in the factory, and the time shall be counted accordingly.

22. A male young person or female shall not be employed in the business of a factory outside the factory on any day during which such employee is employed in the factory both before and after the dinner hour.

23. All the provisions of this section applying to females shall apply to adult male persons engaged in or in connection with a laundry at work which is usually performed by females in a laundry.

15. — In the first paragraph of subsection one of section fifty of the Principal Act, after the words " News-agents' Shops," the words " and Railway Book Stalls; Bread and Biscuit Shop " are inserted.

The following words are added to the said paragraph — namely, " and also premises respecting, which a pawnbroker's license under *The Pawnbrokers' Act of 1849* is in force."

Subsection four of the said section is repealed, and the following subsection is inserted in lieu thereof :

4. — Nothing in this Part of this Act shall be deemed to alter or affect the times or hours during which a licensed pawnbroker may under *The Pawnbrokers' Act of 1849* receive ort ake in any goods or chattels by way of pawn, pledge, or security.

The following provision is added to subsection five of the said section :

The Minister may, in his discretion, from time to time delegate his powers under this section to the Chief Inspector or to any inspector.

16. — In the first paragraph of section fifty-one of the Principal Act, the word " ten " is repealed, and the word " nine " is inserted in lieu thereof.

In the second proviso to section fifty-one of the Principal Act, the word " three " is repealed, and the word " two " is inserted in lieu thereof.

un cas déterminé, pour faire face à un travail pressant et imprévu, il pourra retirer ladite faculté pour le restant de l'année.

La présente sous-section ne pourra être interprétée comme donnant à l'employeur le droit de faire travailler un jeune ouvrier ou une femme après la journée normale au delà de la limite de quarante jours mentionnée précédemment.

20. Les ouvriers à la journée seront payés pour ce travail supplémentaire au taux de une fois et demie le taux ordinaire, et les ouvriers à la pièce toucheront 3 pence par heure en sus du salaire ordinaire à la pièce, mais dans aucun cas le taux du salaire ne sera inférieur à 6 pence par heure.

De plus, il sera donné dans chaque cas une gratification de 6 pence.

21. Tout travail fait par un jeune ouvrier ou une femme au service d'une fabrique, pour le patron, hors de la fabrique, sans distinguer si le travail concerne la fabrique ou non, sera considéré comme fait à l'intérieur de la fabrique, et sa durée en sera calculée en conséquence.

22. Aucun jeune ouvrier et aucune femme ne seront employés au service d'une fabrique, hors de la fabrique, lorsque ces personnes sont déjà employées dans la fabrique à la fois avant et après l'heure du dîner.

23. Toutes les dispositions de la présente section s'appliquant aux femmes s'appliqueront également aux personnes adultes du sexe masculin occupées dans ou pour une blanchisserie, à un travail généralement accompli par des femmes dans les établissements de ce genre.

15 — Le premier paragraphe de la sous-section 1 de la section 50 de la loi principale est modifié par insertion après les mots « débits de journaux » des mots « et bibliothèques des gares; pâtisseries ».

Les mots suivants sont ajoutés audit paragraphe, savoir : « et aussi les locaux pour lesquels une licence de prêteur sur gages a été accordée, aux termes de la *loi de 1849 concernant les prêteurs sur gages* ».

La sous-section 4 de ladite section est supprimée et remplacée par la sous-section suivante :

4. — Les dispositions de la présente partie de la présente loi ne modifient en rien le temps ou les heures pendant lesquels un prêteur sur gages détenteur d'une licence, peut, aux termes de la *loi de 1849 concernant les prêteurs sur gages*, recevoir ou admettre des marchandises ou des meubles à titre de gage, de nantissement ou de cautionnement.

La disposition suivante est ajoutée à la sous-section 5 de ladite section :

Le ministre peut, à son gré, déléguer de temps en temps les pouvoirs que lui confère la présente section, soit à l'inspecteur en chef, soit à un inspecteur.

16. — Le premier paragraphe de la section 51 de la loi principale est modifié par la suppression du mot « dix », qui est remplacé par le mot « neuf ».

De même, dans la seconde réserve de la section 51 de la loi principale, le mot « deux » est substitué au mot « trois ».

The following further proviso is added to the said section :

Provided further that, whenever a new District is proclaimed under this Act, the Governor in Council may by notification in the *Gazette* declare that the day theretofore generally observed in such District as the half-holiday in each week shall continue to be so observed therein until another day has been chosen by a poll as hereinafter provided.

17. — [*Modification to subsection one of section fifty-two of the Principal Act, etc.*]

18. — Section fifty-three of the Principal Act is repealed, and the following section is inserted in lieu thereof :

53. — Notwithstanding the provisions of this Act, if the occupier of a shop closes his shop for the whole of any holiday which falls on a day on which the closing time is nine o'clock in the evening, he may keep his shop open on the evening of the preceding day up to the hour of nine o'clock.

19. — Section fifty-four of the Principal Act is repealed, and the following section is inserted in lieu thereof :

54. — 1. Subject to this section, no occupier shall employ any person in or about or in connection with his shop for a longer period than fifty-three hours in any one week, exclusive of such time as may be allowed for meals, nor for a longer period than nine and a-half hours in any one day, exclusive of such time as may be allowed for meals.

But when by this Act the shop may be kept open up to nine o'clock, or ten o'clock, as the case may be, in the evening, he may employ them on that day for a period of eleven and a-half hours, exclusive of the time allowed for meals.

2. No occupier of a butcher's shop shall employ any person in or about or in connection with his shop for a longer period than sixty hours in any one week.

3. No person under the age of 16 years, unless under special circumstances and with the previous written permission of the inspector, shall be employed in any shop, or to any work in connection with the business of a shop, later than half an hour after the prescribed closing hour of the shop until six o'clock in the morning of the following day; and all work so done with such permission shall be deemed overtime under this section.

4. No male person under the age of 16 years and no female shall be employed continuously in any shop, or at any work in connection with the business of any shop, for more than five hours without an interval of at least half an hour for a meal, during which interval the employee shall be at liberty to leave the premises.

De plus, la réserve suivante est ajoutée à ladite section :

En outre, lorsqu'un nouveau district est créé conformément à la présente loi, le gouverneur, assisté de son conseil, peut, par un avis inséré dans la *Gazette*, décréter que le jour où a lieu généralement dans ce district le demi-jour de congé hebdomadaire continuera à être observé jusqu'à ce qu'un vote ait lieu, comme il est stipulé ci-après, pour la détermination d'un autre jour.

17. — [*Modification à la sous-section 1 de la section 52 de la loi principale, etc.*]

18. — La section 53 de la loi principale est rapportée et remplacée par la section suivante :

53. — Nonobstant les dispositions de la présente loi, si l'occupant d'un magasin ferme celui-ci toute la journée un jour de congé tombant un jour où la fermeture du magasin doit se faire à 9 heures du soir, il peut laisser son magasin ouvert le jour précédent jusqu'à 9 heures du soir.

19. — La section 54 de la loi principale est rapportée et remplacée par la section suivante :

54. — 1. Sous réserve des dispositions de la présente section, le patron ne pourra employer des personnes dans ou pour le service de son magasin pendant plus de cinquante-trois heures par semaine non compris le temps accordé pour les repas, ni pendant plus de neuf heures et demie par jour, non compris le temps des repas.

Mais lorsque, en vertu de la présente loi, le magasin peut être laissé ouvert jusqu'à 9 ou 10 heures du soir, suivant le cas, le travail pourra durer onze heures et demie, non compris le temps accordé pour les repas.

2. Aucun boucher n'emploiera des personnes dans ou pour le service de son magasin pendant plus de soixante heures par semaine.

3. A moins de circonstances spéciales pour lesquelles une autorisation écrite est délivrée au préalable par l'inspecteur, aucune personne âgée de moins de 16 ans ne sera employée dans un magasin ou à un travail en rapport avec un magasin, une demi-heure après l'heure prescrite pour la fermeture du magasin, ni avant 6 heures du matin le jour suivant ; tout travail exécuté dans cette période sera considéré comme travail supplémentaire, aux termes de la présente section.

4. Aucune personne du sexe masculin âgée de moins de 16 ans et aucune femme ne seront occupées consécutivement dans un magasin ou à un travail en rapport avec l'exploitation du magasin pendant plus de cinq heures sans qu'il leur soit accordé un repos d'une demi-heure au moins pour prendre leur repas, et pendant cet intervalle il leur sera permis de quitter les ateliers.

5. No person under the age of 18 years shall during any day be employed in any shop, or at any work in connection with the business of any shop, if such person has been previously employed on the same day in a factory for eight hours, or be so employed for a longer time than will when added to the time worked by such person in a factory exceed eight hours in the whole.

6. No person who is employed in any capacity as a salesman, or shop assistant, or in clerical duties, in any shop shall also be employed as a watchman in any shop occupied by the same occupier.

7. Subject to all the conditions and restrictions of this section, the occupier of any shop may detain his employees who are not under the age of 16 years at work for a period not exceeding three hours in any one day beyond the ordinary working hours on not more than forty days in each year for each such employee.

8. No such employee, however, may work overtime on the day of the weekly half-holiday, or on more than three consecutive nights the last of which shall not immediately precede the night on which the shop may remain open after six o'clock in the evening.

9. All overtime work shall be paid for on the basis of time and a-half, with a minimum payment of 6 pence per hour.

10. In every case 6 pence for tea money shall be paid to all male persons under the age of 16 years and females employed overtime.

11. During the hours in which overtime is being worked the shop shall be closed.

12. Save as hereinafter provided, overtime shall not be worked by such employees except upon the written permission of the inspector.

13. Notice of the intention to work overtime shall be in the prescribed form, and shall in every case be delivered or sent to the inspector so as to be received by him not later than three o'clock after noon of the day on which overtime is to be worked. The written permission to work overtime shall also be affixed in a conspicuous position in the shop before overtime work is commenced, and there maintained. Every such notice shall state the number and names of persons, distinguishing male and female, proposed to be employed overtime.

14. In cases of sudden unforeseen press of work, overtime may be worked by employees who are not under the age of 16 years without the written permission of the inspector, upon condition of payment for the same, and tea money as aforesaid, if notice in writing is served upon him by the occupier within twenty-four hours after the commencement of such overtime containing full particulars upon which the occupier relies that such working overtime was *bonâ fide* for the purpose of meeting a sudden unforeseen press of work. But an occupier shall not under any circumstances be

5. Une personne de moins de 18 ans ne pourra être employée dans un magasin ou à un travail en rapport avec les affaires d'un magasin, lorsqu'elle aura été occupée le même jour dans une fabrique pendant huit heures, ni être employée pendant un temps qui, ajouté au temps que cette personne a travaillé dans la fabrique, excéderait huit heures en tout.

6. Aucune personne ne sera employée comme veilleur dans un magasin si elle est déjà employée comme commis vendeur, garçon de comptoir, ou à une besogne de bureau, dans un magasin appartenant au même patron.

7. Sous réserve de toutes les conditions et des restrictions de la présente section, l'occupant d'un magasin peut employer les membres de son personnel âgés de moins de 16 ans pendant trois heures par jour au maximum, après les heures ordinaires du travail, à condition que le nombre total des journées de l'espèce n'excède pas quarante par an.

8. Toutefois aucune personne ainsi employée ne peut exécuter un travail supplémentaire le jour où a lieu le demi-jour de congé hebdomadaire, ni pendant plus de trois soirées consécutives; en outre, la dernière des soirées ne pourra précéder immédiatement le jour pendant lequel le magasin peut rester ouvert après 6 heures du soir.

9. Tout travail supplémentaire sera payé sur la base de une fois et demie le taux ordinaire, avec un minimum de 6 pence par heure.

10. Dans chaque cas il sera donné à titre de gratification 6 pence à toutes les personnes du sexe masculin âgées de moins de 16 ans et aux femmes, pour le travail supplémentaire.

11. Aussi longtemps que dure le travail supplémentaire, le magasin restera fermé.

12. Sauf ce qui est dit ci-après, nul ne peut exécuter un travail supplémentaire sans l'autorisation écrite de l'inspecteur.

13. La demande par laquelle un patron sollicite l'autorisation de prolonger la journée de travail devra être faite dans la forme prescrite et adressée à l'inspecteur de manière que celui-ci la reçoive au plus tard à 3 heures de l'après-midi le jour où le travail doit être prolongé. L'autorisation écrite permettant de travailler au delà des heures sera et restera affichée sur le mur de la fabrique à une place visible. Elle indiquera le nombre et les noms des personnes visées par l'autorisation, en faisant la distinction des sexes.

14. En cas de presse imprévue, les membres du personnel âgés de moins de 16 ans pourront travailler après l'heure, à la condition d'être payés pour ce travail supplémentaire et de recevoir la gratification comme il est dit ci-dessus, et sans l'autorisation écrite de l'inspecteur, pourvu que ce dernier reçoive une déclaration écrite du patron dans les vingt-quatre heures qui suivent le commencement du travail supplémentaire; cette déclaration contiendra l'exposé complet des faits sur lesquels l'occupant se base pour établir que le travail supplémentaire a été exécuté *bona fide*, dans le but de

allowed the foregoing privilege for more than ten times in one year, and if the Minister is not satisfied in any case that such working overtime was *bona fide* to meet a sudden unforeseen press of work, he may, for the remainder of the year, entirely withdraw such privilege.

This subsection shall not be construed to entitle any occupier to work any employee overtime in excess of the limit of forty days hereinbefore mentioned.

15. In the absence of such permission or of the exceptional circumstances mentioned in the last preceding subsection, it shall not be lawful for the occupier to employ any such employee in any shop later than half an hour after prescribed closing hour of the shop.

16. A detailed record of all overtime shall be kept in the prescribed form, showing the overtime worked on each day by each employee in a shop, and shall be produced to the inspector on demand, and a copy thereof forwarded to him at such times as the inspector may require.

17. All work performed by any employee in any shop on the following days, namely, the first day of January, Good Friday, Easter Monday, the first Monday in May, the seventeenth day of March, the birthday of the Sovereign, Christmas Day, and the twenty-sixth day of December, shall be paid for on the basis of time and a-half with a minimum payment of 6 pence per hour.

18. The occupier of a shop in which or in connection with which any contravention of this section occurs shall be liable for the first offence to a penalty not exceeding 2 pounds, and for every subsequent offence to a penalty not exceeding 5 pounds.

20. — Section fifty-five of the Principal Act is repealed, and the following section is inserted in lieu thereof :

55. — 1. No occupier of any shop exempted under the provisions of this Part of this Act shall employ any employee in or about or in connection with his shop (or where an employee is employed partly in shop duties and partly in domestic duties then for the whole of such duties) for a longer period than fifty-three hours in any one week, except in the case of employees in hotel bars and in chemists and druggist's shops, whose employment shall not exceed sixty hours in any one week, exclusive in each case of such time as may be allowed for meals, nor any male person under the age of 16 years or female for a longer period than twelve hours in any one day, exclusive of such time as may be allowed for meals.

2. The notice of working hours in every such exempted shop shall state the detailed working hours of each employee.

3. No male person under the age af 16 years and no female under the age of 18 years shall be employed in any such exempted shop after eight o'clock in the evening, except on the one night of the week when all other

faire face à un travail pressant et imprévu. Mais le patron ne pourra, en aucun cas, faire usage de cette faculté plus de dix fois par an; en outre, si le Ministre estime que le travail supplémentaire n'était pas nécessaire *bona fide*, pour faire face à un travail urgent et imprévu, il pourra retirer complètement la dite faculté pour le restant de l'année.

La présente sous-section ne pourra être interprétée comme donnant à l'employeur le droit de faire travailler un membre de son personnel après la journée normale au delà de la limite de quarante jours mentionnée précédemment.

15. En l'absence d'autorisation ou de circonstances exceptionnelles, comme il est prévu dans la sous-section précédente, l'occupant n'est pas autorisé à employer une personne dans son magasin plus d'une demi-heure après l'heure prescrite pour la fermeture du magasin.

16. Un registre sera tenu d'une façon détaillée et dans la forme prescrite du travail supplémentaire exécuté chaque jour par le personnel d'un magasin; il sera produit à toute réquisition de l'inspecteur et une copie en sera fournie à ce dernier quand il la réclamera.

17. Tout travail exécuté par le personnel d'un magasin les jours suivants, savoir : le 1er janvier, le Vendredi-Saint, le lundi de Pâques, le premier lundi de mai, le 17 mars, le jour anniversaire de la naissance du Souverain, le jour de Noël et le 26 décembre sera payé au taux de une fois et demie le taux ordinaire, avec un minimum de 6 pence par heure.

18. Le patron d'un magasin où se produit une contravention à la présente section sera passible de l'amende jusqu'à 2 livres pour la première contravention et jusqu'à 5 livres pour chaque contravention subséquente.

20. — La section 55 de la loi principale est supprimée et remplacée par la section suivante :

55. — 1. Les patrons des magasins dispensés de l'application de la présente partie de la loi ne pourront employer leur personnel dans et pour le service de leurs magasins pendant plus de cinquante-trois heures par semaine (dans le cas où un membre du personnel est occupé partiellement dans le magasin et partiellement à un travail domestique, ces travaux sont considérés ensemble), sauf en ce qui concerne les employés des bars, des pharmacies et des drogueries, qui pourront être occupés soixante heures au maximum par semaine, non compris dans chaque cas le temps accordé pour les repas; les personnes du sexe masculin âgées de moins de 16 ans, et les femmes ne pourront être occupées pendant plus de douze heures par jour, non compris les intervalles des repas.

2. L'avis relatif aux heures de travail dans ces magasins détaillera les heures de chaque membre du personnel.

3. Aucune personne du sexe masculin âgée de moins de 16 ans, aucune femme de moins de 18 ans ne pourra être occupée dans un magasin exempté comme il est dit ci-dessus, après 8 heures du soir, excepté la seule

shops within the District are permitted to remain open until nine o'clock, as the case may be, in which case they may be employed until that hour.

4. No employee in any such exempted shop shall be employed continuously in such shop, or at any work in connection with the business of such shop, for more than five hours without an interval of at least half an hour, during which interval the employee shall be at liberty to leave the premises.

5. The time of stopping the day's work for each such employee shall not be more than fourteen hours later than the time at which such employee started work, and the working time shall not be more than eleven hours in any day.

6. All work done by any male person under the age of 16 years or female for the occupier of any such exempted shop outside the shop if the work is connected with the business of the shop shall be deemed to be done whilst employed in the shop, and the time shall be counted accordingly.

7. No waiter or waitress employed by the occupier of a confectioner's shop or restaurant or refreshment shop shall be employed later than eight o'clock in the evening unless overtime payment be made in respect of work after that hour at the following rates : From eight o'clock to eleven o'clock, 9 pence per hour; and from eleven o'clock onwards, 1 shilling per hour.

8. All employees in such exempted shops, including employees in hotel bars and in the bars of registered clubs, shall have a half-holiday from the hour of two o'clock in the day on some working day of each week. The said half-holiday shall be on some day other than Sunday.

9. No employee in any such exempted shop other than employees in hotel bars and in the bars of registered clubs and in chemists and druggist's shops and undertakers' establishments shall be employed on Sunday :

Provided that when it is proved to the satisfaction of the Minister that the exigencies of the business carried on in any such exempted shop or class of exempted shops, either generally or situated in any particular locality, or other reasons require or make it desirable that the foregoing restriction as to Sunday work should be wholly or partially relaxed in respect of such shop or class of shops, he may by order grant to such shop or class of shops a special exemption of such extent and on such terms and conditions as he thinks fit.

10. When so required by an inspector, a weekly statement for any specified period of the working hours and of the weekly half-holidays of employees in any such exempted shop or in the bar or bars of any hotel or registered club shall be furnished by the occupier, and shall be signed by the occupier and by all such employees respectively.

soirée de la semaine où les autres magasins du district sont autorisés à rester ouverts jusqu'à 9 ou 10 heures, auquel cas ces personnes peuvent être occupées jusqu'à cette heure.

4. Aucun employé d'un magasin exempté comme il est dit ci-dessus ne pourra être occupé de façon continue dans un magasin de l'espèce ou à un travail en rapport avec l'exploitation de ce magasin, pendant plus de cinq heures, sans qu'il lui soit accordé un repos d'une demi-heure au moins; pendant cet intervalle il sera autorisé à quitter l'établissement.

5. L'heure de la cessation du travail journalier de chaque employé ne pourra excéder l'heure du commencement du travail de plus de quatorze heures et la durée du travail ne pourra excéder onze heures par jour.

6. Tout travail exécuté par une personne du sexe masculin âgée de moins de 16 ans ou une femme au service de l'occupant d'un magasin exempté, hors de ce magasin, sera, si ce travail est en rapport avec l'exploitation du magasin, considéré comme étant fait à l'intérieur de l'établissement et la durée en sera calculée en conséquence.

7. Les garçons et serveuses ne pourront être occupés dans une confiserie, un restaurant ou un bar après 8 heures du soir, à moins que leur travail supplémentaire ne soit payé conformément au taux suivant : 9 pence par heure, de 8 à 11 heures et 1 shilling par heure, à partir de 11 heures.

8. Les personnes occupées dans les magasins exemptés, y compris celles qui sont employées dans les bars d'hôtel, dans les bars des clubs enregistrés et dans les pharmacies et drogueries, auront toutes un demi-jour de congé un jour de la semaine autre que le dimanche, à partir de 2 heures de l'après-midi.

9. Les personnes occupées dans les magasins exemptés, à l'exception de celles qui sont employées dans les bars d'hôtel, dans les bars des clubs enregistrés, dans les pharmacies et drogueries et dans les entreprises de pompes funèbres, ne pourront être employées le samedi.

Toutefois lorsqu'il est prouvé à la satisfaction du Ministre que les besoins de l'exploitation d'un magasin exempté ou d'une catégorie déterminée de ces magasins, soit en général soit pour une localité déterminée, exigent ou rendent désirable une exception à la restriction précédente quant au travail du dimanche dans le ou les magasins en question, le Ministre peut autoriser un exception spéciale en leur faveur dans telle mesure et dans tels termes et conditions qu'il juge convenable.

10. Un état hebdomadaire des heures de travail et des demi-jours de congé hebdomadaires du personnel des magasins exemptés, ainsi que des bars d'hôtel ou des clubs enregistrés, sera fourni par le patron à la réquisition de l'inspecteur; cet état sera signé par le patron et par tous les employés respectivement.

11. If any occupier of a shop, or licensed victualler, or wine seller, or secretary or manager of a registered club commits any breach of the provisions of this section, he shall be liable to a penalty not exceeding 5 pounds.

21. — In the first paragraph of section 56 of the Principal Act, the word " solely " is repealed. After the first paragraph of the said section, the following provision is inserted :

When so required by an inspector, a statement for any specified period of the working hours and of the weekly half-holidays of the carters employed shall be furnished by the occupier of any factory or shop, and shall be signed by such occupier and by all such carters.

The following provision is added to the said section :

This section shall not apply to employers of carters in connection with any particular business within any district if such employers have respectively agreed amongst themselves by ballot, or such other means as the minister prescribes, for the appointment of a day for a whole holiday for their carters in each month. In every such case the agreement of the majority of such employers shall be final and binding upon all such employers. Notice of every such appointment shall be transmitted to the minister, and, upon the same being notified in the *Gazette,* such day shall be observed in such district as a whole holiday for such carters until another day has been appointed in like manner.

22. — After section 56 of the Principal Act, the following section is inserted :

56A — No occupier of any shop or factory, whether such shop or factory is or is not subject to any general or special exemption under any of the provisions of this Act, shall employ any carter in or in connection with the business of such shop or factory for a longer period than fifty-three hours in any one week, exclusive of any time occupied by such carter in attending to horses; in every case the termination of each working day shall be the time at which the last load, article, or parcel was delivered or deposited at its destination :

Provided that every load, article, or parcel delivered for carriage to any carter from any shop or factory on the day appointed for a half-holiday shall be handed to such carter in sufficient time to enable such load, article, or parcel to be delivered by one o'clock in the afternoon of such half-holiday.

For the purposes of this section, a parcels delivery establishment shall be deemed to be a shop.

23. — In section 57 of the Principal Act, after the word " matters," the following provision is inserted :

In every such case the agreement of the majority of the persons so car-

11. Le patron d'un magasin, l'hôtelier, le marchand de vin ou le secrétaire ou le gérant d'un club enregistré qui commet une infraction aux dispositions de la présente section, est passible d'une amende n'excédant pas 5 livres.

21. — Le premier paragraphe de la section 56 de la loi principale est modifiée par la suppression du mot « exclusivement » et adjonction de la disposition suivante :

Le patron d'une fabrique ou d'un magasin fournira, à la demande d'un inspecteur, un état relatant les heures de travail et les demi-jours de congé hebdomadaire des voituriers qu'il occupe ; cet état sera signé par le patron et par tous les voituriers.

La disposition suivante est ajoutée à la dite section :

La présente section ne s'appliquera pas aux personnes qui emploient des voituriers dans une entreprise privée dans un district déterminé, lorsque ces employeurs se sont entendus, par voie de scrutin ou de toute autre manière prescrite par le Ministre, sur la désignation d'un jour comme jour entier de congé mensuel pour leurs voituriers. En pareil cas, la décision de la majorité des employeurs sera définitive et obligatoire pour eux tous. Avis de cette décision sera transmis au Ministre et après notification dans la *Gazette* le jour fixé sera observé dans le district comme jour entier de congé pour les voituriers jusqu'à ce qu'un autre jour soit désigné de la même manière.

22. — La section suivante est insérée à la suite de la section 56 de la loi principale :

56A. — L'occupant d'un magasin ou d'une fabrique bénéficiant ou non d'une exemption générale ou spéciale accordée en vertu des dispositions de la présente loi, n'emploiera aucun voiturier, dans ou pour l'exploitation de son magasin ou de sa fabrique, pendant plus de cinquante-trois heures par semaine, non compris le temps employé par le voiturier pour soigner les chevaux ; dans chaque cas, la journée de travail finira au moment où la dernière charge, le dernier article ou le dernier paquet aura été remis à destination.

Toutefois le jour fixé pour le demi-jour de congé, ces charges, articles ou paquets seront remis au voiturier d'un magasin ou d'une fabrique en temps opportun de façon qu'il puisse les délivrer avant 1 heure de l'après-midi.

En vue de l'application de la présente section, une entreprise de transport de marchandises sera considérée comme un magasin.

23. — La section 57 de la loi principale est modifiée par adjonction après le mot « matières » de la disposition suivante :

Dans chaque cas de l'espèce, la décision de la majorité des personnes

rying on business within the district shall be final and binding upon all of such persons.

The following proviso is added to the said section :

Provided that, notwithstanding any such agreement as to the half-holiday or the closing hours in connection with chemists and druggists' shops, it shall not be unlawful for the occupier of or any employee in any such shop to supply at any time medicine or any surgical appliance that is urgently required.

24. — In subsection 2 of section 58 of the Principal Act, after the words " closing hour," the words " or otherwise contrary to the provisions of this Part of this Act " are inserted.

In subsection 3 of the said section, the words " Save as by this Act is otherwise provided " are repealed.

The second, third, and fourth paragraphs of the said subsection are repealed.

25. — After section 58 of the Principal Act, the following sections are inserted :

58A. — It shall not be lawful in any district for any person to pursue the calling of the hawking or itinerant vending of any goods of the class or description usually sold in shops in the same district at any time later than half an hour after the time when such shops are required to be closed under this Act.

It shall not be lawful in any district for any commercial traveller (as defined by section 4 of this Act) to sell by retail, or offer or expose for sale by retail, any samples or goods of the class or description usually sold in shops in the same district at any time later than half an hour after the time when such shops are required to be closed under this Act.

Notwithstanding anything contained in any other Act, it shall not be lawful to sell by auction any goods of the class or description usually sold by retail in shops within a district during the hours when such shops within the district are required to be closed under this Act. Any person who acts in contravention of this section, and any employer of such person, shall each of them be guilty of an offence against this Act.

58B. — The publication in the *Gazette* of any notification under this Part of this Act relating to any poll or to any agreement with respect to any holiday or half-holiday shall in all cases, be *primâ facie* evidence that all conditions and provisions relating to such poll or agreement, as the case may be, have in all respects been observed and complied with.

26. — The following words are added to subsection 6 of section 60 of the Principal Act : " and to provide for females proper dining and seating accommodation. "

exerçant une entreprise dans ces conditions dans les limites d'un district, sera définitive et obligatoire pour toutes ces personnes.

La clause suivante est ajoutée à la dite section :

Toutefois, nonobstant des décisions de l'espèce quant au demi-jour de congé et aux heures de fermeture dans les pharmacies et drogueries, le patron et les employés de ces magasins pourront, en cas d'urgence, fournir en tout temps des médicaments et des appareils chirurgicaux.

24. — La sous-section 2 de la section 58 de la loi principale est modifiée par insertion, après les mots « heure de fermeture », des mots « ou de toute autre manière contraire aux dispositions du présent chapitre de la loi ».

Dans la sous-section 3 de la dite section les mots « sauf toutes autres dispositions de la présente loi » sont supprimés.

Les second, troisième et quatrième paragraphes de la dite sous-section sont supprimés.

25. — Les sections suivantes sont insérées après la section 58 de la loi principale :

58A. — Les colporteurs et marchands ambulants cesseront de débiter dans un district des marchandises des catégories ou espèces habituellement vendues dans les magasins du même district, une demi-heure après l'heure de fermeture fixée par la présente loi pour ces magasins.

Les voyageurs de commerce (au sens de la section 4 de la présente loi) ne pourront vendre en détail, offrir ou exposer en vente en détail dans un district, des échantillons ou des marchandises des catégories ou espèces habituellement vendues dans les magasins du même district, une demi-heure après l'heure de fermeture fixée par la présente loi pour les magasins de ce district.

Nonobstant toute disposition d'une autre loi, il est défendu de vendre aux enchères des marchandises des catégories et espèces habituellement vendues en détail dans les magasins d'un district, durant les heures où ces magasins doivent être fermés en vertu de la présente loi.

58B. — La publication de la *Gazette* de toute notification à faire, en vertu du présent chapitre de la loi, relativement au vote qui doit avoir lieu et à la décision qui doit être prise en vue de la détermination d'un jour ou d'un demi-jour de congé, constituera une preuve *prima facie* de ce que toutes les conditions et dispositions relatives à ce vote ou à cette décision ont été observées et remplies, à tous égards.

26. — La sous-section 6 de la section 60 de la loi principale est modifiée par adjonction des mots suivants : « et à fournir aux femmes des facilités pour prendre leurs repas et pour s'asseoir ».

The following subsection is inserted after subsection 15 of the said section :

15A. — Determining, in respect of any shop, what classes of trade shall, for the purposes of this Act, be deemed to be classes of trade usually carried on in such shop, and thereupon such classes of trade and no other classes of trade shall be deemed to be the classes of trade usually carried on in such shop.

27. — In subsection 1 of section 65 of the Principal Act, after the word " penalties," the words " and fees " are inserted.

In subsection 3 of the said section, after the word " Minister," the words " or the Chief Inspector " are inserted.

An Act to Make Provision for Wages Boards.
(Assented to 15th April, 1908.)

1. — This Act may be cited as *The Wages Boards Act of 1908*, and shall be read as one with *The Factories and Shops Act of 1900*, herein referred to as the Principal Act, and may be cited together with that Act as *The Factories and Shops Acts, 1900 to 1908*.

This Act shall commence and take effect on and from the first day of September, 1908.

2 — In this Act, unless the context otherwise indicates :

" Apprentice " means any person under 21 years of age bound by indentures of apprenticeship ;

" Clothing or wearing apparel " includes boots and shoes;

" Furniture " means furniture of which wood forms a part, and such as is usually made by cabinet-makers, chair and couch makers, upholsterers, woodcarvers, or woodturners ;

" Improver " means any person (other than an apprentice) who does not receive a piece-work price or rate or a wages price or rate fixed by any Special Board for persons other than apprentices or improvers, and who is not over 21 years of age, or who being over 21 years of age holds a license from an inspector authorised by the minister to be paid as an improver.

Object of Special Boards.

3 — 1. In order to determine the lowest prices or rates which may be paid to any person or persons or classes of persons employed either inside or outside a factory or in or in connection with a shop :

In wholly or partly preparing or manufacturing any particular articles of clothing or wearing apparel or furniture ; or

La sous-section suivante est insérée à la suite de la sous-section 15 de la dite section.

15A. — Déterminant, en ce qui concerne un magasin et en vue de l'application de la présente loi, quels seront les commerces qui seront considérés comme habituellement exercés dans ce magasin; en pareil cas, ces commerces seront considérés, à l'exclusion de tous autres, comme étant habituellement exercés dans un tel magasin.

27. — La sous-section 1 de la section 65 de la loi principale est modifiée par insertion, après le mot « amendes », des mots « et taxes ».

De même la sous-section 3 de la dite section est modifiée par insertion après le mot « Ministre », des mots « ou l'inspecteur en chef ».

Loi du 15 avril 1908 concernant l'institution de comités pour la fixation des salaires [1].

1. — La présente loi peut être citée sous le titre de « Loi de 1908 concernant l'institution de comités chargés de la fixation des salaires »; elle sera considérée comme faisant partie de la « Loi de 1900 sur les fabriques et magasins » appelée ci-après loi principale, avec laquelle elle peut être citée sous le titre de « Lois de 1900 à 1908 sur les fabriques et magasins ».

Elle entrera en vigueur le 1er septembre 1908.

2. — Dans la présente loi, à moins que le contexte n'en décide autrement:
« Apprenti » s'entend de toute personne âgée de moins de 21 ans, engagée par contrat d'apprentissage;
« Habillement et lingerie » comprend les bottes et bottines;
« Meubles » désigne les meubles dans la fabrication desquels il entre du bois et qui sont communément fabriqués par les ébénistes, fabricants de lits et de chaises, tapissiers, sculpteurs ou tourneurs de bois;
« Improver » désigne toute personne (autre qu'un apprenti) qui ne reçoit pas un salaire à la tâche ou à la journée fixé par un comité spécial pour des personnes autres que des apprentis ou des improvers et qui n'a pas plus de 21 ans, ou, si elle a dépassé cet âge, qui a reçu l'autorisation du Ministre d'être payée comme improver.

Objet des comités spéciaux.

3. — 1. En vue de fixer le minimum de salaire à payer à une ou à plusieurs personnes ou à des classes de personnes occupées dans une fabrique ou un magasin ou hors de ces établissements :
entièrement ou partiellement à la préparation ou à la fabrication d'objets déterminés d'habillement ou de lingerie ; ou

[1] 1908, n° 8.

In any process, trade, or business usually or frequently carried on in a factory or shop,

and in order to determine the ordinary working hours and the maximum of working hours including overtime in or in connection with a factory or shop, including shops otherwise exempt from the provisions of the Principal Act, the Governor in Council may, if he thinks fit, from time to time, appoint a Special Board, consisting of not less than four nor more than ten members and a chairman, and may at any time remove any member of the Special Board. Any Special Board may be appointed with jurisdiction throughout the whole State or with jurisdiction limited to any specified locality.

2. In fixing such lowest prices or rates, the Special Board shall take into consideration the nature, kind, and class of the work, and the mode and manner in which the work is to be done, and the age and the sex of the workers, and any matter which may from time to time be prescribed.

Mode of Appointing Members and Term of Office.

4. — 1. One-half of the members of a Special Board shall be appointed as representatives of employers, and one-half as representatives of employees.

2. The representatives of the employers shall be or shall have been *bonâ fide* and actual employers in the trade concerned, and the representatives of the employees shall be or shall have been actual and *bonâ fide* employees in such trade, and in the case of a Special Board with jurisdiction limited in area, within such area : Provided that this restriction shall not apply to appointments made by the minister.

3. *a*) Appointments as members of any Special Board shall be for three years only, but any member of a Special Board may, on the expiration of his term of office, be reappointed thereto; and

b) the chairman of any Special Board shall be deemed and taken to be a member thereof.

5. — Within one month after a notification by the minister published in the *Gazette* of his intention to constitute a Special Board for any particular trade or business, the employers and the employees in such trade or business shall elect their respective proportions of such Special Board for such trade or business.

Notwithstanding anything contained in this Act, where in any district there is only one employer in any process, trade, business, or industry, such employer may elect persons other than members of the legal profession, whether qualified or not, as his proportion of such Special Board.

Upon receiving the names of such elected persons, the minister, by notice

à des travaux, commerces ou affaires habituellement entrepris ou exécutés dans une fabrique ou un magasin,

et afin de déterminer les heures de travail ordinaires et le maximum des heures de travail, y compris le travail supplémentaire, dans ou pour une fabrique ou un magasin, y compris les magasins exemptés de l'application des dispositions de la loi principale, le gouverneur assisté de son conseil peut, s'il le juge opportun, nommer un comité spécial avec un minimum de quatre et un maximum de dix membres et un président. Ces personnes peuvent être révoquées en tout temps. Chaque comité spécial peut être nommé avec juridiction sur tout l'Etat ou avec juridiction limitée à une localité déterminée.

2. En fixant les taux du salaire minimum, le comité spécial tiendra compte de la nature, de l'espèce et de la catégorie du travail, des conditions dans lesquelles le travail doit s'exécuter, de l'âge et du sexe des travailleurs, ainsi que de toutes autres considérations qui peuvent être prescrites.

Nomination des membres et durée de leurs fonctions.

4. — 1. La moitié des membres d'un comité spécial seront nommés en qualité de représentants des employeurs et l'autre moitié comme représentants des ouvriers.

2. Les représentants des employeurs seront ou devront avoir été en fait et sincèrement des employeurs dans l'industrie visée, de même les représentants des ouvriers devront être ou avoir été occupés en fait et sincèrement dans la même industrie et, s'il s'agit d'un comité spécial avec juridiction limitée à un endroit, dans cet endroit; toutefois, cette restriction ne s'appliquera pas aux nominations faites par le Ministre.

3. *a)* La nomination des membres d'un comité spécial se fait pour trois ans seulement, mais les membres sortants peuvent être renommés;

b) le président d'un comité spécial est considéré comme membre de ce comité.

5. — Dans le mois qui suit la publication dans la *Gazette* de l'avis donné par le Ministre de son intention de constituer un comité spécial pour un commerce particulier ou une entreprise particulière, les employeurs et les employés choisiront leurs représentants respectifs au comité parmi les personnes qui exploitent le commerce ou l'affaire en question ou qui y travaillent.

Nonobstant toutes autres dispositions de la présente loi, au cas où dans un district il y a seulement un employeur dans une entreprise commerciale ou industrielle, cet employeur peut choisir son représentant en dehors des membres de la profession, parmi des personnes qualifiées ou non à cet effet.

Dés qu'il a reçu les noms des personnes choisies, le Ministre, par avis

published in the *Gazette*, shall appoint such persons as representative of employers and representative of employees to be members of such Special Board :

Provided, however, that, should the employers or the employees fail to make such election within the time set forth in the preceding paragraph, then the minister shall, by notice published in the *Gazette*, appoint persons as representatives of such employers and employees failing to make such election.

6. — Notwithstanding anything contained in this Act, the members of any Special Board to determine or fix the lowest price or rate which may be paid to any person for wholly or partly preparing or manufacturing any particular articles of furniture shall not be elected, and the Governor in Council may from time to time appoint such Special Board.

7. — In the case of a Special Board for Men's and Boys' Clothing, the representatives of the employers shall consist of three representatives of makers of ready-made clothing and two of makers of order clothing, and the rolls for any election of such respective representatives shall be prepared and votes given in such manner as may be prescribed.

8. — In the event of any vacancy occurring from any cause whatsoever in any Special Board, the same shall be filled by election as aforesaid by the employers or employee whose representative has caused such vacancy, and the minister, by notice published in the *Gazette*, shall appoint the person so elected, or, in default of such election within one month after the vacancy has arisen, the minister shall, by notice as aforesaid, of his own motion appoint some person, as representative of the employers or employees (as the case may require) for the unexpired portion of the term of office of the member who dies, or resigns, or is removed.

Appointment of Chairman.

9. — 1. The members of a Special Board shall, within twenty-eight days after their appointment, nominate in writing some person (not being one of such members) to be chairman of such Special Board, and such person shall be appointed by the Governor in Council to such office.

2. In the event of the minister not receiving such nomination within twenty-eight days after the appointment of the said members, then the Governor in Council may appoint the chairman on the recommendation of the minister.

3. Any vacancy which occurs in the office of chairman shall be filled in like manner, and the person so appointed shall hold office only for the unexpired portion of the term of office of the person who has vacated office.

inséré dans la *Gazette,* nomme ces personnes membres du comité spécial en qualité de représentants des employeurs et de représentants des ouvriers.

Toutefois, si les employeurs ou les employés négligent de faire leur choix dans le délai fixé dans le paragraphe précédent, le Ministre, par avis inséré dans la *Gazette,* désignera les représentants des employeurs et des ouvriers.

6. — Nonobstant toutes autres dispositions de la présente loi, les membres d'un comité spécial chargé de fixer le minimum de salaire à payer aux personnes employées à la préparation ou à la fabrication, en tout ou en partie, d'articles d'ameublement, ne seront pas soumis à élection, mais nommés directement par le gouverneur assisté de son conseil.

7. — S'il s'agit de nommer un comité spécial pour les vêtements d'hommes et de garçons, les représentants des employeurs comprendront trois délégués des tailleurs de vêtements tout faits et deux délégués des tailleurs sur mesure; les listes relatives aux élections de ces délégués seront préparées et l'élection aura lieu suivant le mode prescrit.

8. — En cas de vacance pour une cause quelconque au sein d'un comité spécial celui-ci sera complété comme il est dit précédemment, à l'aide d'une élection par le groupe intéressé; la nomination sera faite par le Ministre, par avis inséré dans la *Gazette*; à défaut d'élection dans le mois qui suit la date du commencement d'une vacance, le Ministre, par avis publié comme il est dit précédemment, nommera le délégué des employeurs ou des employés (suivant le cas) pour la période qui reste à courir du mandat du membre décédé, démissionnaire ou exclu.

Nomination du président.

9. — 1. Dans les vingt-huit jours suivant leur nomination, les membres d'un comité spécial proposeront par écrit une personne (hors de leur sein) en qualité de président du comité; cette personne sera nommée par le gouverneur assisté de son conseil pour remplir les fonctions en question.

2. Dans le cas où le Ministre n'aurait pas reçu de proposition dans les vingt-huit jours qui suivent la nomination des membres, le gouverneur assisté de son conseil peut procéder à la nomination nécessaire sur la proposition du Ministre.

3. En cas de vacance dans les fonctions de président, il y sera pourvu de la même manière que ci-dessus et la personne nommée en remplira les fonctions pour la période qui reste à courir du mandat de son prédécesseur.

Powers of Special Board.

10. — In the making of any determination as to any prices or rates :

a) the Board shall ascertain, as a question of fact, the average prices or rates of payment (whether piece-work prices or rates or wages prices or rates) paid by employers to employees of average capacity;

b) where it appears to be just and expedient, special wages prices or rates may be fixed for aged, infirm, or slow workers;

c) when the Board has a jurisdiction limited in area, it shall confine its investigation and determination to the special circumstances of that area.

11. — The powers of a Special Board with respect to the matters within their jurisdiction shall not be limited or otherwise affected by any express provision of the Principal Act relating generally or particularly to any of the same matters.

12. — All powers of any Special Board may be exercised by a majority of the members thereof.

13. — During any vacancy in a Special Board (other than in the office of chairman) the continuing members may act as if no vacancy existed, provided no member of the Board objects in writing.

14. — The chairman of any Special Board may require any person (including a member of a Special Board) giving evidence before a Board to give his evidence on oath, and for such purpose shall be entitled to administer on oath accordingly to such person.

15. — 1. So far as regards any articles, process, trade, or business in respect to which any Special Board is appointed, such Special Board shall determine the lowest prices or rates of payment payable to any person or persons or classes of persons employed in such process, trade, or business, or for wholly or partly preparing or manufacturing any such articles specified by such Special Board.

2. Such prices or rates of payment may be fixed at piece-work prices or rates or at wages prices or rates, or both, as the Special Board thinks fit : Provided that for wholly or partly preparing or manufacturing outside a factory articles of clothing or wearing apparel a piece-work price or rate only shall be fixed, and provided that the Board shall, on request of any occupier of a factory or shop, fix a wages price or rate for any work done by persons operating at a machine used in such factory or shop.

16. — In fixing wages prices or rates, and also in fixing piece-work prices or rates, a Special Board shall, in all cases where in their judgment it is proper so to do, determine what allowance, if any, shall be made in respect of waiting time.

17. — Notwithstanding anything contained in this Act, the price or rate of payment to be fixed by any Special Board for wholly or partly preparing

Pouvoirs du comité spécial.

10. — Dans la fixation du taux des salaires :

a) le comité recherchera quel est en fait le taux moyen des salaires (à la pièce ou autrement) payés par des employeurs à des employés de capacité moyenne ;

b) si la chose parait juste et opportune, il pourra être fixé un taux spécial de salaires pour les ouvriers âgés, infirmes ou lents ;

c) le comité, dont la juridiction est limitée à un endroit déterminé, bornera ses enquêtes et décisions aux circonstances spéciales de la localité.

11. — Les pouvoirs d'un comité spécial relatifs aux matières rentrant dans sa juridiction ne seront pas limités ni affectés par une disposition expresse de la loi principale qui se rapporterait d'une façon générale ou particulière à l'une de ces matières.

12. — Tous les pouvoirs d'un comité spécial peuvent être exercés par la majorité de ses membres.

13. — S'il se produit une vacance dans un comité spécial (sauf dans les fonctions de président) les membres qui restent continueront à agir comme s'ils étaient au complet, à moins que l'un d'eux ne s'y oppose par une déclaration écrite.

14. — Le président du comité spécial peut requérir toute personne (y compris un des membres) qui dépose devant le comité de prêter serment ; il est autorisé à recevoir le dit serment.

15. — 1. En ce qui concerne les articles, travaux, commerces ou affaires pour lesquels un comité spécial est nommé, ce comité fixera le minimum du salaire payable à la personne ou aux personnes ou aux catégories de personnes employées dans ces entreprises commerciales ou industrielles, à la préparation ou à la fabrication totale ou partielle des objets spécifiés par le comité.

2. Les taux ainsi fixés peuvent l'être à la pièce ou autrement, ou des deux façons à la fois, suivant ce que le comité spécial juge convenable : Toutefois, en ce qui concerne la préparation ou la fabrication totale ou partielle hors d'une fabrique d'objets d'habillement ou de lingerie, le salaire à la pièce est seul licite. En outre, à la requête du patron d'une fabrique ou d'un magasin, le comité fixera un taux de salaires à la journée payables aux personnes ayant le service des machines dont il est fait usage dans ces établissements.

16. — En fixant le taux des salaires à la pièce et au temps, un comité spécial fixera également, dans tous les cas où il juge opportun de le faire, l'indemnité qui sera accordée à raison d'une perte éventuelle de temps.

17. — Nonobstant toutes autres dispositions de la présente loi, le taux du salaire fixé par un comité spécial pour la préparation ou la fabrication

or manufacturing any article of furniture shall, wherever practicable, be both a piece-work price or rate and a wages price or rate. The piece-work price or rate shall be based on the wages price or rate fixed by such Board.

18. — Where pursuant to this Act by any determination of a Special Board both a piece-work price or rate and a wages price or rate are fixed for any work, the piece-work price or rate shall be based on the wages price or rate; but no determination shall be liable to be questioned or challenged on the ground that any piece-work price or rate is a greater or less amount than such price or rate would be if based upon the wages price or rate.

19. — Every Special Board, when fixing the lowest wages price or rate to be paid to any person or persons or classes of persons, shall also determine the maximum number of hours per week for which such lowest wages price or rate shall be payable according to the nature or conditions of his work; and the wages price or rate payable for any shorter time worked shall be not less than a *pro ratâ* amount of such price or rate. The Board shall also fix a higher wages price or rate than that set forth in the determination of the Board as the price or rate payable for the maximum number of hours per week which shall be paid to any male employee over the age of 16 years who works for any time in excess of the maximum number of hours so fixed.

20. — 1. The Governor in Council may, by Order in Council published in the *Gazette*, extend the powers of any Special Board so that such Board may fix the lowest prices or rates for any articles or process, trade, or business, or part of any such process, trade, or business, which, in the opinion of the Governor in Council, are of the same or similar class or character as those for which such Board was appointed; and such Board shall, as regards the articles, process, trade, or business mentioned in the extending Order in Council, have all the powers conferred on a Special Board by this Act.

2. A copy of the *Gazette* containing an order so extending the powers of a Special Board shall be conclusive evidence of the making of such order, and such order shall not be liable to be challenged or disputed in any Court whatever.

Apprentices and Improvers and Juvenile Workers.

21. — 1. When determining any prices or rates of payment, every Special Board shall also determine the number or proportionate number of apprentices and improvers who may be employed within any factory or shop, and the lowest prices or rates of pay payable to apprentices or improvers, wholly or partly preparing or manufacturing any articles as to

totale ou partielle d'un objet d'ameublement devra, lorsque la chose sera possible, étre à la fois un salaire à la piéce et un salaire au temps. Le taux du salaire à la piéce sera basé sur le taux du salaire au temps fixé par le dit comité.

18. — Lorsqu'en conformité de la présente loi, un arrêté d'un comité spécial a fixé à la fois un salaire à la piéce et un salaire au temps pour un travail déterminé, le taux du salaire à la piéce sera basé sur celui du salaire au temps; mais, un arrêté ne pourra être attaqué pour le motif qu'nn salaire à la piéce est d'un taux supérieur ou inférieur à celui qu'il atteindrait s'il était basé sur le salaire au temps.

19. — Lorsqu'un comité spécial fixe le taux minimum du salaire à payer à une personne ou à plusieurs personnes ou catégories de personnes, il fixera en même temps le maximum d'heures de travail par semaine pour lequel le minimum de salaire sera payable, en tenant compte de la nature et des conditions du travail; et le taux des salaires payables pour une durée de travail moindre ne sera pas inférieur à la fraction *prorata* du taux minimum. De même le comité fixera un taux plus élevé que celui qu'il a admis pour le maximum d'heures de travail, à payer aux employés du sexe masculin àgés de plus de 16 ans, qui, à un moment donné, travaillent au delà du maximum d'heures fixé comme il a été dit.

20. — 1. Le gouverneur assisté de son conseil peut, par ordonnance publiée dans la *Gazette*, étendre les pouvoirs d'un comité spécial de façon que celui-ci puisse fixer le taux minimum pour des articles, travaux, industries ou affaires, ou des parties de ces entreprises qui sont, de l'avis du gouverneur assisté de son conseil, d'une classe ou nature semblable à celle des travaux pour lesquels le dit comité a été nommé; ce comité aura tous les pouvoirs conférés à un comité spécial par la présente loi relativement aux articles, travaux, industries ou affaires mentionnés daus l'ordonnance en question.

2. Un exemplaire de la *Gazette* contenant une ordonnance étendant les pouvoirs d'un comité spécial constituera la preuve décisive de l'existence de cette ordonnance : la validité de celle-ci ne pourra être attaquée ou contestée.

Apprentis, improvers et jeunes ouvriers.

21. — 1. En fixant les taux de salaire, tout comité spécial fixera également le nombre absolu ou proportionnel d'apprentis et d'improvers qui peuvent être employés dans une fabrique ou un magasin, ainsi que le taux minimum des salaires à payer aux apprentis ou improvers qui préparent ou fabriquent en tout ou en partie des articles visés par l'arrêté d'un comité

which any Special Board has made a determination, or when engaged in any process, trade, or business respecting which any Special Board has made a determination.

2. The Board, when so determining, may take into consideration the age, sex, and experience of such apprentices or improvers, and may fix a scale of prices or rates payable to such apprentices or improvers respectively according to their respective age, sex, and experience, and may fix a different proportion of male and female apprentices and improvers.

22. — When fixing the wages rate to be paid to persons (other than apprentices or improvers) under 21 years of age for any particular class of work, any Special Board may fix different rates having regard to the length of experience of such persons in such particular class.

23. — All apprentices, unless bound by indentures of apprenticeship which bind the employer to instruct such apprentice in such process, business, or trade for a period of at least three years, shall be deemed to be improvers for the purposes of this Act.

24. — Notwithstanding anything to the contrary contained in this Act, a person may, with the sanction in writing of the Inspector, be bound as an apprentice to any trade for less than three years if, owing to his previous experience or length of employment in such trade, it is not possible to bind such person as an apprentice for three years.

A person bound pursuant to this section with the sanction of the Inspector shall not be deemed to be an improver.

25. — Where, by the determination of a Special Board the wages of an apprentice or of an improver are to vary in accordance with is experience or length of employment in his trade, then, for the purpose of determining the wages he is entitled to receive, any time during which such apprentice or improver has worked at his trade shall be reckoned in his length of employment in such trade.

26. — Where any apprentice under the age of 21 years has been bound in writing by indentures of apprenticeship for a period of not less than two years, no provision in any determination of a Special Board shall invalidate, cancel, or alter such deed of apprenticeship in any way whatever if such deed of apprenticeship was signed by all parties thereto before the appointment of such Special Board.

27. — Any inspector, if authorised by the minister in that behalf, may grant to any person over 21 years of age, who has satisfied him that such person has not had the full experience prescribed for improvers by any Special Board, a license to work as an improver for the period named in such license at the wage fixed by the Board for an improver of the like experience.

spécial ou qui sont occupés dans une affaire commerciale ou industrielle concernant laquelle un comité spécial a formulé un arrêté.

2. A cet effet, le comité peut tenir compte de l'âge, du sexe et de l'expérience des dits apprentis ou improvers et fixer une échelle de salaires payables aux dits apprentis ou improvers en tenant compte de l'âge, du sexe et de l'expérience de chacun d'eux ; le comité peut aussi fixer une proportion différente d'apprentis et d'improvers de l'un ou de l'autre sexe.

22. — En fixant le taux des salaires à payer à des personnes (autres que des apprentis ou improvers) de moins de 21 ans, pour une catégorie déterminée de travaux, un comité spécial peut fixer des taux différents en tenant compte de la durée de l'expérience de ces personnes dans la catégorie de travaux où elles sont employées.

23. — Tous les apprentis qui ne sont pas liés par un contrat d'apprentissage obligeant l'employeur à instruire l'apprenti dans une entreprise commerciale ou industrielle pendant une période de trois ans au moins, seront considérés comme improvers au sens de la présente loi.

24. — Nonobstant toute disposition contraire de la présente loi, une personne peut, avec le consentement écrit de l'inspecteur, s'engager comme apprenti dans un commerce pour moins de trois ans si, grâce à une expérience acquise précédemment ou à la durée de ses services dans ce commerce, il n'est pas possible de lui faire contracter un engagement de trois ans comme apprenti.

Une personne engagée en vertu de la présente section, avec l'autorisation de l'inspecteur, ne sera pas considérée comme improver.

25. — Lorsqu'en vertu d'un arrêté d'un comité spécial les salaires d'un apprenti ou d'un improver doivent varier proportionnellement à son expérience ou à la durée de son service dans son métier, il y a lieu, en vue de déterminer les salaires auxquels il a droit, de faire entrer tout laps de temps pendant lequel cet apprenti ou improver a travaillé dans son métier dans la durée totale de son service dans le dit métier.

26. — Lorsqu'un apprenti de moins de 21 ans s'est engagé par écrit par un contrat d'apprentissage pour une période d'au moins deux ans, aucune disposition d'un arrêté d'un comité spécial ne pourra invalider, annuler ou modifier le dit contrat de quelque façon que ce soit, s'il a été signé par tous ceux qui y sont parties, préalablement à la nomination du comité spécial susvisé.

27. — Un inspecteur peut, moyennant l'autorisation du Ministre, accorder à toute personne âgée de plus de 21 ans qui lui est représentée, avec preuves à l'appui, comme n'ayant pas acquis toute l'expérience imposée aux improvers par un comité spécial, l'autorisation de travailler en qualité d'improver pendant la période fixée dans l'autorisation, au taux fixé par le comité pour un improver ayant la même expérience.

28. — Unless the context otherwise requires, in the determination of a Special Board the expressions " apprentice " or " improver " shall have the like meaning as in this Act.

When Piece-work Rates may be Fixed by Employer.

29. — 1. Any Special Board, instead of specifying the lowest piece-work prices or rates which may be paid for wholly or partly preparing or manufacturing any articles, may determine that piece-work prices or rates, based on wages rates fixed by such Special Board, may be fixed and paid therefor, subject to and as provided in the next following subsection.

2. Any employer who, pursuant to such determination, fixes and pays piece-work prices or rates shall base such piece-work prices or rates on the earnings of an average worker working under like conditions to those for which the piece-work prices or rates are fixed, and who is paid by time at the wages rates fixed by such Special Board. Every such employer shall, if required by the chief inspector so to do, forward a statement of such prices or rates to the chief inspector.

3. Any person who, having fixed a piece-work price or rate as in this section provided, either directly or indirectly or by any pretence or device, pays, or offers, or permits any person to offer, or attempts to pay, any person a piece-work price or rate lower than the price or rate so fixed by such firstmentioned person, or who is guilty of a contravention of any of the last preceding subsection, shall be guilty of a contravention of this Act.

4. In proceedings against any person for a contravention of the provisions of the two last preceding subsections, the onus of proof that any piece-work price or rate fixed or paid by such person is in accordance with the provisions of such subsections shall in all cases lie on the defendant.

Old, Slow, and Infirm Workers.

30. — 1. If it is proved to the satisfaction of any Special Board that any person by reason of age, slowness, or infirmity is unable to obtain employment at the minimum wage fixed by such Special Board, that Board may in such case grant to such aged or infirm or slow worker a license for twelve months to work at a less wage (to be named in such license) than the said minimum wage, and such license may be renewed from time to time.

2. The number of persons so licensed as slow workers employed in any factory shall not, without the consent of such Special Board, exceed the proportion of one-fifth of the whole number of persons employed in such factory at the minimum wage fixed for adults or at piece-work rates : Provided that one licensed slow worker may be employed in any registered

28. — A moins que le contexte ne l'exige autrement, dans l'arrêté d'un comité spécial les expressions « apprenti » ou « improver » auront la même signification que dans la présente loi.

Du salaire à la pièce à fixer par l'employeur.

29. — 1. Un comité spécial, au lieu de spécifier le taux minimum des salaires à la pièce payables pour la préparation ou la fabrication totale ou partielle d'articles, peut stipuler qu'un salaire à la pièce, basé sur le salaire au temps fixé par un comité spécial, peut être fixé et payé pour le dit travail aux conditions de la sous-section suivante.

2. Tout employeur qui profite de cette clause pour fixer et payer des salaires à la pièce, doit prendre pour base de ces salaires à la pièce les gains d'un ouvrier moyen travaillant dans les mêmes conditions que celles pour lesquelles les salaires à la pièce sont fixés, et qui est payé au temps, au taux fixé par le comité spécial. Cet employeur devra, lorsqu'il en sera requis par l'inspecteur en chef, faire parvenir à celui-ci un état des taux prévus ci-dessus.

3. Toute personne qui, ayant fixé un salaire à la pièce comme il est stipulé dans la présente section, paie ou offre ou permet à une personne d'offrir ou essaie de payer à une personne, soit directement, soit indirectement ou sous un prétexte quelconque, un salaire à la pièce à un taux inférieur à celui qui a été fixé par la première personne, ou qui contrevient autrement aux dispositions de la sous-section précédente, sera coupable de contravention à la présente loi.

4. Dans les poursuites exercées contre une personne du chef d'une contravention aux dispositions des deux sous-sections précédentes, la preuve qu'un salaire à la pièce fixé ou payé par cette personne répond aux dispositions des deux sous-sections précédentes, incombe dans tous les cas au défendeur.

Ouvriers âgés, lents et infirmes.

30. — 1. S'il est prouvé, à la satisfaction d'un comité spécial, qu'une personne est incapable, à raison de son âge, de sa lenteur ou de ses infirmités, de trouver du travail au taux minimum fixé par ce comité, celui-ci peut accorder à l'intéressé une autorisation valable pour douze mois lui permettant de travailler à un salaire moindre (spécifié dans l'autorisation) que le taux minimum; cette autorisation peut être renouvelée.

2. Le nombre des personnes ainsi autorisées comme ouvriers lents et employées dans une fabrique ne pourra, sans l'autorisation du comité spécial, excéder la proportion de un cinquième du nombre total des personnes employées dans la dite fabrique au taux minimum du salaire pour adultes, ou à la pièce. Toutefois un seul ouvrier lent peut être occupé dans une

factory. And any person who, without such consent, employs any greater number than such proportion shall be guilty of a contravention of this Act.

3. Any person who, either directly or indirectly or by any pretence or device, pays or offers to pay, or permits any person to offer or pay, any such aged or infirm or slow worker at a lower rate than that fixed by a Special Board in such license shall be guilty of a contravention of this Act.

Duration, Publication, and Application of Determinations of Special Boards.

31. — Any price or rate determined by any Special Board shall, from a date (not being within thirty days of such determination) fixed by such Board, be and remain in force until amended by a determination of such Special Board.

32. — The determination of any Special Board shall be signed by the Chairman thereof and published in the *Gazette;* and shall apply to every locality in which such Special Board has jurisdiction.

33. — No determination of a Special Board shall apply to any children of the employer.

Provisions regarding Furniture, Bread, and Pastrycooks Boards.

34. — 1. One Special Board may be appointed for the whole State, or for any specified locality, to determine the lowest prices or rates which may be paid to any person or persons or classes of persons for wholly or partly preparing or manufacturing any particular articles of furniture, and to any person or persons or classes of persons employed in the manufacturing processes of a maker of over-mantels and of wood mantel-pieces (other than wood mantel-pieces to be painted, such as are usually made in saw mills), and to any person or persons or classes of persons engaged in the manufacturing of mattresses or bedding.

2. One Special Board may be appointed for the whole State, or for any specified locality, to determine the lowest prices or rates which may be paid to any person or persons or classes of persons for breadmaking or baking, and to any person or persons or classes of persons employed in the manufacturing processes of a pastrycook.

Governor in Council may Extend the Powers of Boards.

35. — Where any person or persons or classes of persons is or are employed by any employer in preparing or manufacturing articles the

fabrique enregistrée. Et toute personne qui occupe, sans en avoir l'autorisation, un nombre d'ouvriers excédant la proportion fixée se rend coupable de contravention à la présente loi.

3. Toute personne qui paie ou offre de payer ou permet à une personne d'offrir ou de payer, soit directement, soit indirectement ou sous un prétexte quelconque, à un ouvrier âgé, infirme ou lent, un salaire à un taux inférieur à celui fixé dans une autorisation du comité spécial, se rend coupable de contravention à la présente loi.

Durée, publication et application des arrêtés des comités spéciaux.

31. — Le taux fixé par un comité spécial sera en vigueur à partir d'une date à fixer par ce comité (mais postérieure au trentième jour qui suit la date de l'arrêté); il restera en vigueur jusqu'à modification par un autre arrêté du comité spécial.

32. — L'arrêté d'un comité spécial sera signé par le président et publié dans la *Gazette*; il s'appliquera à toute localité comprise dans le ressort du comité spécial.

33. — Aucun arrêté d'un comité spécial ne s'appliquera aux enfants d'un employeur.

Dispositions concernant les comités de l'ameublement, de la boulangerie et de la pâtisserie.

34. — 1. Un comité spécial peut être nommé, pour l'État entier ou pour une localité déterminée, en vue de fixer le minimum des salaires payables à une personne ou à des personnes ou catégories de personnes employées à la préparation ou à la fabrication totale ou partielle d'objets d'ameublement, et à une personne ou à des personnes ou catégories de personnes occupées dans l'exploitation d'un fabricant de panneaux à glaces et de dessus de cheminées en bois (autres que les dessus de cheminées en bois à peindre comme on en fabrique ordinairement dans les scieries), et à une personne ou à des personnes ou catégories de personnes occupées à la fabrication de matelas ou d'articles de literie.

2. Un comité spécial peut être nommé, pour l'État entier ou pour une localité déterminée, en vue de fixer le minimum des salaires payables à une personne ou à des personnes ou catégories de personnes occupées à la préparation du pain et à sa cuisson, ainsi qu'à une personne ou à des personnes ou catégories de personnes occupées à la préparation de pâtisseries.

Le gouverneur assisté de son conseil peut étendre les pouvoirs des comités.

35. — Lorsqu'une personne ou des personnes ou catégories de personnes est ou sont employées par un employeur à la préparation ou à la fabrica-

lowest prices or rates of payment for preparing or manufacturing which have been determined by a Special Board, then, if so directed by the Governor in Council, any Special Board shall also, in the manner prescribed in this Act, determine the lowest prices or rates of payment which may be paid by any employer to such person or persons or classes of persons for wholly or partly preparing or manufacturing, either inside or outside a factory, any particular articles whatsoever.

Suspension of Determination.

36. — 1. Notwithstanding anything contained in this Act, the Governor in Council may at any time, for such period or periods as he thinks fit not exceeding six months in the whole, by Order in Council published in the Gazette, suspend the operation of the determination of any Special Board. When the operation of any determination (whether published in the Gazette or not) is so suspended, it shall be the duty of such Special Board to forthwith hear, receive, and examine evidence as to such determination; and thereupon such Special Board may either adhere to the said determination or may make such amendments therein as to such Board seems proper.

2. In the event of such Special Board making any such amendments, such determination as so amended shall forthwith be published in the Gazette, and shall for all purpose be deemed and taken to be the determition of such Special Board, and shall from such date as may be fixed in such amended determination, apply to every district within the jurisdiction of such Special Board; and the suspended determination shall thereupon have no further force or effect.

3. In the event of such Special Board notifying the Minister that such Board adheres to its determination without amendment, such suspension of the operation of such determination shall, by an Order in Council published in the Gazette, be revoked from such date not later than fourteen days as may be fixed in such Order.

General Provisions.

37. — When any person is employed to perform two or more classes of work to which a rate fixed by a Special Board is applicable, then such person shall be paid in respect of the time occupied in each class of work at the rate fixed by the Board for such work.

38. — When any person is employed during any part of a day for an employer at work for which a Special Board has fixed a wages prices or rate, then all work whatever done by such person during such day for such employer, whether inside or outside a factory, shall be paid for at the same wages price or rate.

tion d'articles dont la fabrication a été tarifée au point de vue des salaires, par un comité spécial, tout comité, s'il en est requis par le gouverneur assisté de son conseil devra fixer aussi, de la manière prescrite par la présente loi, le taux minimum des salaires à payer par un employeur à cette personne ou à ces personnes ou catégories de personnes pour la préparation ou la fabrication en tout ou en partie, dans une fabrique ou hors de celle-ci, d'autres articles qelcounques.

Suspension des arrêtés.

36. — 1. Nonobstant toutes autres dispositions de la présente loi, le gouverneur assisté de son conseil peut en tout temps, par ordonnance publiée dans la *Gazette*, suspendre pour une période ou des périodes n'excédant pas six mois en tout, l'application de l'arrêté d'un comité spécial. En cas de pareille suspension, qu'elle ait été ou non publiée dans la *Gazette*, le comité spécial doit immédiatement ouvrir une enquête au sujet de l'arrêté, après quoi il peut maintenir ce dernier ou y apporter les modifications qu'il estime convenables.

2. En cas que le comité spécial apporte des modifications à un arrêté, celui-ci doit être publié immédiatement dans la *Gazette* et remplace à tous égards le précédent; il s'applique, à partir de la date qu'il mentionne, à tous les districts se trouvant dans le ressort du comité spécial et l'arrêté suspendu devient dés lors sans effet.

3. En cas où le comité spécial avise le Ministre du maintien de l'arrêté sans modification, l'ordonnance de suspension sera rapportée par une autre ordonnance publiée dans la *Gazette* et à compter de la date fixée dans cette ordonnance, date qui sera comprise dans les quatorze jours suivants.

Dispositions générales.

37. — Lorsqu'une personne est occupée à exécuter deux ou plusieurs espèces de travaux auxquels s'applique un taux fixé par un comité spécial, cette personne doit être payée proportionnellement au temps employé par elle dans chaque catégorie de travail, au taux fixé par le comité pour ce travail.

38. — Lorsqu'une personne est occupée pendant une partie de la journée par un employeur à un travail pour lequel un comité spécial a fixé un salaire au temps, tout travail quelconque accompli ce jour-là par cette personne pour compte de son patron, dans la fabrique ou hors de celle-ci, doit être payé au taux du salaire au temps.

39. — When any determination of a Special Board is amended or repealed, such amendment or repeal shall not directly or indirectly affect any legal proceedings of any kind theretofore commenced under this Act for any breach of such determination or any right existing at the time of such amendment or repeal under this Act.

40. — The Governor in Council may, by Order in Council published in the *Gazette*, direct that any Special Board may, in any regulation, determination, order or instrument, or legal proceedings, be described for all purpose by some short title specified in such Order.

41. — There shall be kept painted, or affixed in legible roman characters, in some conspicuous place at or near the entrance of each and every factory, workroom, or shop to which the determination of a Special Board applies, in such a position as to be easily read by the persons employed therein, a true copy of the determination of the Special Board as to the lowest prices or rates of payment determined by such Board.

42. — When in any determination a Special Board has fixed piece-work prices or rates for wholly or partly preparing or manufacturing any articles, and in the description of the work in respect of which such piece-work price or rate is to be paid such Board enumerates several operations, and when any one or more of such operations is by the direction or with the expressed or implied consent of the occupier of the factory or his manager or foreman or agent omitted, such omission shall not affect the price or rate to be paid in connection with the particular work; but such price or rate shall, unless otherwise provided in such determination, be that fixed as the price or rate for the whole work described.

43. — When in any determination a Special Board has fixed a wages rate only for wholly or partly preparing or manufacturing, either inside or outside a factory, any articles or for doing any work, then it shall not be lawful for any person to pay, or authorise or permit to be paid therefor, any piece-work rates; and the receipt or acceptance of any piece-work rates shall not be deemed to be payment or part payment of any such wages.

44. — Where a piece-work price or rate or a wages price or rate has been fixed by the determination of any Special Board for wholly or partly preparing or manufacturing, either inside or outside any factory, any articles or for doing any work, no person shall, either directly or indirectly, require or compel any person affected by such determination to accept goods of any kind or description in lieu of money or in payment or part payment for any work done or wages earned; and the receipt or acceptance of any goods shall not be deemed to be payment or part payment for any such work or any such wages.

45. — Where any employer employs any person who does any work for him for which a Special Board has determined the lowest prices or rates,

39. — Lorsqu'un arrêté d'un comité spécial est modifié ou rapporté, la modification ou l'abrogation n'exerce aucune influence sur les poursuites entamées en vertu de la présente loi à raison d'une infraction au dit arrêté ou à des droits acquis préalablement à la modification ou à l'abrogation.

40. — Le gouverneur. assisté de son conseil, peut par ordonnance publiée dans la *Gazette,* ordonner qu'un comité spécial soit désigné sous un titre concis, spécifié dans l'ordonnance, dans les règlements, arrêtés et autres documents.

41. — Une copie fidèle de l'arrêté du comité spécial fixant le salaire minimum devra être affichée en caractères romains lisibles, imprimés ou peints, à une place bien en vue d'où elle puisse être lue aisément par le personnel, à l'entrée des fabriques, ateliers ou magasins que la chose concerne.

42. — Lorsque dans un arrêté un comité spécial a fixé un minimum de salaire à la pièce pour la préparation ou la fabrication totale ou partielle de certains articles et que, dans la spécification des travaux pour lesquels le dit salaire à la pièce doit être payé, le comité énumère différentes opérations, et qu'une ou plusieurs de ces opérations sont omises par ordre ou avec le consentement formel ou tacite du patron de la fabrique, de son délégué ou du contremaître, cette omission n'influe pas sur le salaire à payer à raison du dit travail, mais ce salaire est, sauf toutes autres dispositions de l'arrêté, celui qui a été fixé pour l'ensemble des travaux spécifiés.

43. — Lorsque dans un arrêté un comité spécial a fixé seulement un salaire au temps pour la préparation ou la fabrication totale ou partielle, dans la fabrique ou hors de celle-ci, d'articles déterminés ou pour l'exécution d'un certain travail, il sera illégal, de la part de toute personne, de payer, ou d'autoriser ou de permettre le paiement d'un salaire à la pièce pour ce travail ; le fait de recevoir ou d'accepter un salaire à la pièce ne sera pas considéré comme un paiement, intégral ou partiel, des salaires dus.

44. — Si un taux de salaire au temps ou à la pièce a été fixé par l'arrêté d'un comité spécial pour la préparation ou la fabrication totale ou partielle, dans une fabrique ou hors de celle-ci, d'articles déterminés ou pour l'exécution d'un certain travail, personne ne pourra, soit directement soit indirectement, astreindre une personne visée par le dit arrêté à accepter des marchandises de n'importe quelle espèce au lieu d'argent pour le paiement total ou partiel du travail exécuté ou du salaire gagné ; le fait de recevoir ou d'accepter des marchandises ne sera pas considéré comme constituant un paiement, intégral ou partiel, du dit travail ou du dit salaire.

45. — Lorsqu'un employeur occupe une personne à un travail pour lequel un comité spécial a fixé un minimum de salaire, cet employeur est

then such employer shall be liable to pay and shall pay in full in money, without any deduction whatever, to such person the price or rate so determined; and such person may, within twelve months after such money became due, take proceedings in any court of competent jurisdiction to recover from the employer the full amount or any balance due in accordance with the determination, any smaller payment or any express or implied agreement or contract to the contrary notwithstanding.

Proceedings in Courts of Law.

46. — The production before any court, judge, or justices of a copy of the *Gazette* containing the determination of any Special Board shall be conclusive evidence of the due making and existence of such determination, and of the due appointment of such Board, and of all preliminary steps necessary to the making of such determination.

47. — 1. If any person, being an employer or employee in the trade or business affected, desires to dispute the validity of any determination of any Special Board made or purporting to have been made under any of the provisions of this Act, it shall be lawful for such person to apply to the Supreme Court upon *affidavit* for a rule calling upon the Chief Inspector to show cause why such determination should not be quashed either wholly or in part for the illegality thereof; and the said Court may make the said rule absolute or discharge it with or without costs as to the Court shall seem meet.

2. Every determination of any Special Board shall, unless and until so quashed, have and be deemed and taken to have the like force, validity, and effect as if such determination had been enacted in this Act, and shall not be in any manner liable to the challenged or disputed; but any such determination may be altered or revoked by any subsequent determination under this Act.

Ratification of Agreements, where no Board Exists.

48. — The following provisions shall be applicable in all cases where no Special Board is in existence in connection with any trade or business:

The majority, respectively, of the employers and employees in such trade or business in any locality may enter into an agreement with respect to all or any of the matters which would under this Act be within the jurisdiction of a Special Board if such Special Board had been constituted for such trade or business, and may transmit such agreement, duly verified by their respective representatives, to the Minister, with a request that the same shall be ratified by him. If the Minister upon receipt of such agreement is satisfied that the same has been entered into by a majority of the said employers and

tenu de payer à l'intéressé le salaire intégral en argent, sans déduction d'aucune sorte; l'intéressé peut, en recourant au tribunal compétent, se faire payer son salaire, en entier ou ce qui reste dû, conformément à l'arrêté, dans les douze mois de son échéance, nonobstant tout paiement partiel et malgré toute convention contraire, expresse ou tacite.

Procédure devant les tribunaux.

46. — Tout exemplaire de la *Gazette* contenant l'arrêté d'un comité spécial et produit devant une cour ou un juge constituera une preuve décisive de l'existence d'un tel arrêté et de la nomination régulière du comité, ainsi que de toutes les mesures préliminaires que l'élaboration de cet arrêté a nécessitées.

47. — 1. Si une personne, employeur ou employé, intéressée dans une industrie déterminée désire attaquer la validité de l'arrêté d'un comité spécial fait ou présenté comme fait en vertu d'une disposition de la présente loi, cette personne sera en droit de réclamer de la cour suprême une ordonnance convoquant l'Inspecteur en chef à l'effet de savoir s'il y a lieu d'infirmer ou de modifier l'arrêté pour cause d'illégalité; la dite cour peut rendre cette ordonnance exécutoire ou l'annuler avec ou sans frais, suivant les circonstances.

2. A moins qu'il ne soit annulé, comme il est dit ci-dessus et en tout cas jusqu'à cette annulation, tout arrêté d'un comité spécial aura la même force, la même validité, le même effet qu'une disposition de la présente loi; il ne pourra en aucun cas être attaqué ou contesté; seul un arrêté subséquent pris en vertu de la présente loi peut le modifier ou l'annuler.

Approbation des arrangements intervenus dans les cas où il n'existe pas de comité spécial.

48. — Les dispositions suivantes seront applicables dans les cas où aucun comité spécial n'a été créé pour une entreprise ou un commerce en particulier.

Les majorités respectives des employeurs et des employés d'un commerce ou d'une entreprise dans une localité déterminée, peuvent prendre une décision relativement à toutes les matières — ou à quelques-unes des matières — pour lesquelles un comité spécial pourrait être créé en vertu de la présente loi; elles peuvent ensuite transmettre cette décision, dûment approuvée par leurs représentants respectifs, au Ministre, aux fins de ratification. Si, à la réception de semblable décision, le Ministre constate qu'elle a été prise à la majorité des employeurs et des employés de la dite

employees, respectively, in such locality, and that such agreement is not contrary to the provisions of this Act, he may, by notification in the *Gazette*, ratify the said agreement; and thereupon the said agreement shall have the same force and effect as if it had been a determination of a Special Board constituted for such trade or business, and shall be observed by all employers and employees in such trade or business in such locality, and shall remain in force until altered by another agreement entered into and ratified in like manner or by a determination of a Special Board constituted for such trade or business and having jurisdiction in such locality.

Extension of Act to other Trades and Businesses.

49. — Any trade, business, or industry of whatever kind, and whether carried on in or in connection with a factory or shop or not, the employers or employees in which in any district under the provisions of this Act make application to the Minister in the prescribed form, stating that they are desirous of coming under the provisions of this Act, for the purpose of creating a Special Board to regulate such trade, business, or industry may be brought under those provisions.

If the Minister is satisfied that such application is *bonâ fide* the wish of the majority of such employers or employees engaged in such trade, business, or industry, he shall, by notice published in the *Gazette*, declare that the provisions of this Act shall extend to such trade business, or industry, and shall call upon the persons engaged in such trade, business, or industry to elect a Special Board within one month of the date of such *Gazette* notice, and shall exercise all the powers conferred upon him in regard to the appointment of Special Boards as provided in this Act.

Interference with Rights under Act.

50. — No employer shall dismiss any employee from his employment and no employee shall cease to work in the service of an employer by reason merely of the fact that the employee or employer, as the case may be, is an officer or member of an organisation or is entitled to the benefit of an agreement or award under this Act.

Penalty.

51. — 1. Where a price or rate of payment for any person or persons or classes of persons employed in any process, trade, or business, or for wholly or partly preparing or manufacturing any articles as aforesaid, has been determined by a Special Board and is in force, then any person :

a) who, either directly or indirectly or under any pretence or device, attempts to employ or employs, or authorises or permits to be employed, any person, apprentice, or improver in any process, trade, or business, or

localité et qu'elle n'est pas contraire aux dispositions de la présente loi, il peut, par avis publié dans la *Gazette*, ratifier la dite décision, après quoi celle-ci aura les mêmes force et effet qu'une décision prise par un comité spécial créé pour une industrie déterminée ; elle sera observée par tous les employeurs et employés de cette industrie et restera en vigueur jusqu'à ce qu'elle soit modifiée par une autre décision prise et ratifiée de la même manière ou par un arrêté d'un comité spécial constitué pour le commerce ou l'industrie en question, dans la même localité.

Extension de la loi à d'autres industries et entreprises.

49. — Si les employeurs ou employés d'un commerce ou d'une industrie quelconques, exercés ou non dans ou pour une fabrique ou un commerce, dans un district soumis aux dispositions de la présente loi, font une demande au Ministre dans la forme prescrite, exprimant leur désir de se soumettre aux dispositions de la présente loi en vue de créer un comité spécial pour régler le commerce ou l'industrie en question, ces entreprises pourront être soumises aux dispositions susdites.

Si le Ministre acquiert la preuve que la demande répond au désir *bona fide* de la majorité des employeurs et des employés du commerce ou de l'industrie en question, il déclarera, par avis publié dans la *Gazette*, que les dispositions de la présente loi s'étendront à l'entreprise visée, et ordonneront aux personnes intéressées d'élire un comité spécial dans le mois qui suit la publication de l'avis dans la *Gazette* ; il exercera, en outre, tous les pouvoirs qui lui sont conférés par la présente loi relativement à la nomination des comités spéciaux.

Atteinte aux droits conférés par la loi.

50. — Aucun employeur ne pourra congédier un employé et aucun employé ne pourra abandonner son travail pour le simple motif que l'employeur ou l'employé, suivant le cas, est secrétaire ou membre d'une organisation ou est bénéficiaire d'une décision ou sentence rendue en vertu de la présente loi.

Pénalités.

51. — 1. Dans le cas où un taux des salaires a été fixé par arrêté d'un comité spécial encore en vigueur en faveur d'une ou de plusieurs personnes ou catégories de personnes occupées dans un commerce ou une industrie, ou à la préparation ou à la fabrication totale ou partielle d'articles comme il est dit ci-dessus, toute personne

a) qui, soit directement, soit indirectement ou sous un prétexte quelconque, cherche à employer ou emploie, ou autorise ou permet d'employer une personne, un apprenti ou un improver, dans une des affaires sus-

in so preparing or manufacturing any such articles, at a lower price or rate of wages or piece-work, as the case may be, than the price or rate so determined ; or

b) who attempts to employ or employs, or authorises or permits to be employed, any apprentice or improver in excess of the number or proportionate number as determined pursuant to this Act.; or

c) who is guilty of a contravention of any of the provisions of this Act :

shall be guilty of an offence against this Act, and shall be liable to a penalty for the first offence of not more than ten pounds, and for the second offence of not less than five pounds nore more than 25 pounds, and for the third or any subsequent offence of not less than 50 pounds nor more than one 100 pounds.

2. The registration of the factory of any person who is convicted under this Act of a third offence shall, without further or other authority than this Act, be forthwith cancelled by the Chief Inspector.

Regulations.

52. — The Governor in Council may, from time to time in manner provided by the Principal Act, make regulations for all or any of the following purposes, namely :

I. for requiring occupiers of factories and shops and persons engaged in any trade or business to furnish all information necessary for preparing lists and rolls of electors, none of whom shall be under the age of 18 years, for Special Boards ; and for determining the mode of preparing such lists and rolls, and the mode of electing members of such Boards, and the number of votes not exceeding four which each occupier of a factory or shop may have; the appointment and duties of returning officers, and the times and places of meeting of Special Boards and their mode of procedure ; and for providing for the election of one member of such Special Boards by persons working outside a factory or shop, and of the other members of the Board who are not representatives of the occupiers of factories or shops by the persons employed in factories or shops if the number of such outside workers is greater than one-fifth of all the persons employed in the particular trade;

II. for prescribing the rates of pay to be given to the Chairman and to members of Special Boards for attendance at the meetings of such Boards; and

III. generally for the better carrying out of the provisions of this Act.

All such Regulations shall, upon publication in the *Gazette,* have the same effect as if they were enacted in this Act.

All such Regulations shall be laid before both Houses of Parliament

visées ou à la préparation ou à la fabrication des articles susvisés, à un taux de salaires au temps ou à la piéce, suivant le cas, inférieur au taux fixé ; ou

b) qui cherche à employer ou emploie, ou autorise à ou permet d'employer des apprentis ou des improvers en nombre supérieur à celui fixé en vertu de la présente loi ; ou

c) qui se rend coupable de contravention aux dispositions de la présente loi :

sera coupable d'infraction à la loi et sera passible de l'amende jusqu'à 10 livres pour la première contravention, de 5 à 25 livres pour la deuxième et de 50 à 100 livres pour chacune des contraventions subséquentes.

2. En cas de troisième contravention, l'enregistrement de la fabrique est annulé immédiatement par l'Inspecteur en chef, par la seule autorité de la présente loi.

Des règlements.

52. — Le gouverneur assisté de son conseil peut, de la manière prescrite par la loi principale, faire des règlements :

I. pour requérir les patrons de fabriques et de magasins et leur personnel de fournir tout renseignement nécessité par la préparation des listes et des rôles d'électeurs (de 18 ans au moins) pour les comités spéciaux ; et pour déterminer la façon de préparer les listes et rôles en question et le mode d'élection des membres des comités ainsi que le nombre des votes — qui ne peut excéder 4 — de tout occupant d'une fabrique ou d'un magasin ; la nomination et les devoirs des secrétaires et le nombre et le lieu des assemblées des comités spéciaux et leur mode de procédure ; — et pour pourvoir à l'élection d'un membre de ces comités spéciaux par des personnes travaillant hors d'une fabrique ou d'un magasin, et des autres membres de ces comités qui ne sont pas les représentants des patrons de fabriques ou de magasins par des personnes employées dans ces fabriques ou magasins dans le cas où le nombre des personnes travaillant au dehors est supérieur au cinquième des personnes employées dans l'industrie en question ;

II. pour prescrire la rémunération du président et des membres des comités spéciaux pour leur présence aux assemblées de ces comités ; et

III. en vue d'assurer la meilleure exécution des dispositions de la présente loi.

Après publication dans la *Gazette*, tous les règlements de ce genre auront le même effet que s'ils étaient décrétés par la présente loi.

Tous les règlements de ce genre seront transmis aux deux Chambres du

within forty days after the publication thereof if Parliament is then sitting, and if not, then within forty days after the commencement of the next session thereof.

An Act to Make Better Provision for the Inspection of Boilers and other Machinery and Scaffolding. (Assented to, 15th April, 1908.)

PART I.

PRELIMINARY.

1. — This Act may be cited as « The Inspection of Machinery and Scaffolding Act of 1908 », and shall commence and take effect on and from the first day of September, one thousand nine hundred and eight.

2. This Act is divided into Parts as follows :

PART   I. — Preliminary.
PART   II. — Administration.
PART   III. — Precautions against accidents.
PART   IV. — Inspection, etc., of machinery.
PART   V. — Duties and liabilities of owners.
PART   VI. — Inquiries as to accidents.
PART   VII. — Examination and certificates of engine-drivers, etc.
PART   VIII. — Miscellaneous provisions.

3. — The Acts mentioned in the Schedule to this Act are repealed to the extent therein indicated.

All Regulations lawfully made under the said Acts relating to matters coming within the operation of this Act and in force at the commencement of this Act shall continue in force until amended or repealed under this Act.

All officers appointed as Chief Inspector and inspectors of boilers under the said Acts and holding office at the commencement of this Act shall be deemed to have been appointed under this Act.

All boilers duly registered under the said Acts and which continue so registered at the commencement of this Act shall be deemed to be and to have been registered under this Act.

Except as by this Act is otherwise expressly provided, nothing herein contained shall be deemed to prejudicially affect or detract from any of the

Parlement dans les quarante jours qui suivent la date de leur publication si le Parlement est en session ; dans le cas contraire, dans les quarante jours qui suivent la date d'ouverture de la prochaine session.

Loi du 15 avril 1908 concernant l'inspection des chaudières à vapeur, machines et échafaudages [1].

CHAPITRE Ier.

PRÉLIMINAIRES.

1. — La présente loi peut être citée sous le titre de « Loi de 1908 concernant l'inspection des machines et échafaudages » ; elle entrera en vigueur à partir du 1er septembre 1908.

2. — La présente loi est divisée en chapitres, ainsi qu'il suit :

CHAPITRE   I. — Préliminaires.
CHAPITRE   II. — Administration.
CHAPITRE   III. — Prévention des accidents.
CHAPITRE   IV. — Inspection des machines.
CHAPITRE   V. — Obligations et responsabilités des propriétaires.
CHAPITRE   VI. — Enquêtes concernant les accidents.
CHAPITRE   VII. — Examens à faire subir et certificats à délivrer aux mécaniciens, etc.
CHAPITRE   VIII. — Dispositions diverses.

3. — Les lois mentionnées dans l'annexe de la présente loi sont rapportées dans les limites indiquées.

Tous les règlements faits légalement en vertu de ces lois relativement aux matières comprises dans la présente loi et en vigueur au moment de la promulgation de la présente loi, continueront leurs effets jusqu'à ce qu'ils soient amendés ou rapportés conformément à la présente loi.

Tous les fonctionnaires nommés en qualité d'inspecteur en chef et d'inspecteurs des chaudières à vapeur en vertu des lois susvisées et qui remplissent ces fonctions au moment où la présente loi entre en vigueur seront considérés comme ayant été nommés en vertu de cette dernière loi.

Toutes les chaudières à vapeur dûment enregistrées conformément aux lois susvisées et qui le sont encore au moment où la présente loi commencera à produire ses effets, seront considérées comme étant ou ayant été enregistrées en vertu de la présente loi.

Sauf stipulations contraires expressément indiquées dans la présente loi, aucune des dispositions précédentes ne sera considérée comme portant pré-

[1] 1908, n° 9.

provisions of *The Mining Act of 1898*, or any amendment thereof, or any of the powers, authorities, or duties conferred or imposed upon any person by any of such provisions.

4. — In this Act, unless the context otherwise indicates, the following terms have the meanings set against them respectively, that is to say :

" Boiler " : Any closed vessel in or upon any place which is or is intended to be used under internal pressure from steam, air, or gas greater than atmospheric pressure. The term includes digesters, pipes under steam or gas pressure, and gas cylinders for aerated water factories; also air receivers, steam jacketed pans, montyjus digesters, and retorts other than retorts used for retorting mercury from gold or silver amalgam; also all settings, fittings, and mountings, feed pumps, injectors, and all other equipment necessary for the efficiency of the boiler.

" Inspector " : The Chief Inspector and any inspector appointed under this Act, and any person appointed for the time being to perform the whole or any part of the duties of an inspector.

" Machinery " : Any engine, boiler, motor, machine, gearing, or appliance (or the parts of any of these) constructed of any material and worked or designed to be worked by any power, of such kinds as by this Act are declared to be or as may be hereafter declared to be subject to this Act;

" Minister " : The Secretary for Public Works or other Minister of the Crown for the time being charged with the administration of this Act;

" Motor car " : Any vehicle propelled by mechanical power if it is so constructed that no smoke is emitted therefrom except from any temporary or accidental cause, whether such vehicle is used alone or in order to draw or propel not more than one other vehicle.

" Occupier " : The person, company, or association (corporate or unincorporate), or partnership in possession or occupation, or apparently in possession or occupation, of any place. The term includes an agent, manager, foreman, or other person acting or apparently acting in the general management or control of any place.

" Owner " : The owner of any machinery or scaffolding and the mortgagee, lessee, hirer, and borrower thereof, and any engineer, overseer, foreman, driver, attendant, agent, and person having the control, charge, or management thereof.

" Place " : Any structure or area, enclosed or otherwise, and whether above or below ground, wherein or whereon any machinery is erected, kept, used, worked, or in operation. The term includes a mine, also any road or street, also any house or building, and also any punt or raft; but does not include any other ship or boat.

judice aux dispositions de la « loi de 1898 sur les mines » ou aux amendements de celle-ci, ni aux pouvoirs ou droits conférés ou imposés à une personne quelconque en vertu des mêmes dispositions.

4. — Dans la présente loi, à moins que le contexte n'exige une interprétation différente, les termes suivants ont la signification qui leur est attribuée :

« Chaudière » : Tout récipient clos utilisé ou destiné à être utilisé à l'aide d'une pression intérieure de la vapeur, de l'air ou du gaz supérieure à la pression atmosphérique. Ce terme comprend les digesteurs, les conduites de vapeur ou de gaz, les cylindres à gaz pour fabriques d'eau gazeuse, ainsi que les réservoirs d'air, les chaudières à chemise de vapeur, les appareils monte-jus et les cornues autres que celles utilisées pour l'extraction du mercure des amalgames d'or ou d'argent; il comprend aussi tous les accessoires, les dispositifs et les montures, les pompes d'alimentation, les injecteurs et tous les autres appareils nécessaires pour assurer le fonctionnement de la chaudière.

« Inspecteur » : L'inspecteur en chef et tout inspecteur nommés en vertu de la présente loi, et toute personne remplissant, en tout ou en partie, les fonctions d'un inspecteur.

« Machine » : Les engins, chaudières, moteurs, organes ou appareils (ou parties de ces appareils) construits et mus ou destinés à être mus par une force motrice réglée ou susceptible d'être réglée dans la suite par la présente loi.

« Ministre » : Le secrétaire des travaux publics ou tout autre Ministre de la Couronne chargé temporairement de l'administration de la présente loi.

« Automobile » : Tout véhicule mû par une force mécanique et construit de façon à éviter toute émanation de fumée (à moins que celle-ci ne résulte d'une cause temporaire ou accidentelle), que ce véhicule soit utilisé seul ou pour tirer un autre véhicule.

« Occupant » : La personne, la compagnie ou l'association (incorporée ou non), ou la société qui possèdent ou occupent en fait un établissement quelconque. Le terme comprend les agents, directeurs, contremaîtres et toutes autres personnes exerçant en fait des fonctions dans la direction générale ou le contrôle de cet établissement.

« Propriétaire » : Le propriétaire d'une machine ou d'un échafaudage et le créancier hypothécaire, le locataire à bail, le cessionnaire et l'emprunteur d'une machine ou d'un échafaudage, et tout ingénieur, surveillant, contremaître, conducteur, ouvrier, agent, ainsi que toute personne ayant le contrôle, la charge ou la direction d'une machine ou d'un échafaudage de l'espèce.

« Établissement » : Toute construction, tout emplacement, clôturés ou non et situés au-dessus ou au-dessous du niveau du sol et dans lesquels des machines sont installées, déposées, utilisées et mises en mouvement. Ce terme comprend les mines, routes ou rues, maisons ou bâtisses, ainsi que les bateaux plats ou radeaux, mais il ne comprend pas les autres navires ou bateaux.

"Prescribed" : Prescribed by this Act.

"Regulations" : Regulations made under the authority of this Act.

"Scaffolding" : Any structure built up and fixed to a height exceeding 8 feet from the horizontal base on which it is built up and fixed, for erecting, demolishing, altering, repairing, cleaning, or painting buildings or structures, and shall include any swinging stage intented to be used for any of the aforesaid purposes. The term does not include mine timbering or any structure erected for carrying out that work. The term "Gear" used in connection with scaffolding means and includes any ladder, plank, chain, rope, fastening, hoist, stay, block, pulley, hanger, sling, brace, or other movable contrivance of a like kind.

"Serious bodily injury" : An injury which is likely to incapacitate the sufferer from work for at least fourteen days.

"This Act" : This Act and any Orders in Council and Regulations made thereunder.

5. — This Act shall not apply to any machinery :

i. used on or employed in the working of any railway or tramway vested in or under the control of the Commissioner for Railways other than machinery used or employed in the constructional or repairing workshops of such Commissioner;

ii. used on or employed in the working of any other railway or tramway worked by electric power, other than machinery used or employed in any power stations and in any constructional or repairing workshops thereof;

iii. used on or employed in the working of any other railway or tramway worked by steam power, other than the locomotive engines and any machinery used or employed in any constructional or repairing workshops thereof;

iv. forming part of the propelling machinery of any punt or raft;

v. of any other ship or boat;

vi. of any motor car not used at any time for carrying goods or passengers for reward; or unless used by merchants, brewers, or warehousemen for the conveyance or traction of goods, wares, or merchandise;

vii. used exclusively for domestic purposes in a private dwelling-house.

6. — 1. This Act shall extend and apply to the several kinds of machinery mentioned in the Second Schedule hereto.

2. The Governor in Council may, by Order in Council published in the *Gazette*, from time to time declare that this Act shall extend and apply to any other kinds of machinery mentioned in such Order; and from and after a date to be fixed by such Order the machinery therein mentioned shall be machinery within the meaning of this Act.

3. He may in like manner from time to time declare that any kinds of machinery, whether mentioned in the said Second Schedule or in any Order

« Prescrit » : Ordonné par la présente loi.

« Règlements » : Règlements faits en exécution de la présente loi.

« Échafaudage » : Toute construction érigée et fixée à plus de 8 pieds au-dessus de la base horizontale sur laquelle elle repose, et utilisée pour l'érection, la démolition, la transformation, la réparation, le nettoyage ou le peinturage de bâtiments ou constructions. Ce terme comprend tout échafaudage volant utilisé dans un des buts précités. Mais il ne comprend pas le boisage de la mine ni toute construction érigée pour l'exécution d'un travail dans la mine. Le terme « appareil » utilisé conjointement avec échafaudage, signifie et comprend les échelles, planches, chaines, cordes, attaches, élévateurs, supports, billots, poulies, crochets, fourches, armatures ou autres dispositifs mobiles du même genre.

« Lésion corporelle sérieuse » : Un accident ou blessure pouvant occasionner au blessé une incapacité de travail de quatorze jours au moins.

« La présente loi » : La présente loi et toutes ordonnances en conseil et tous règlements faits en exécution de la présente loi.

5. — La présente loi ne s'applique pas aux machines :

I. utilisées ou employées dans l'exploitation d'un railway ou d'un tramway sous le contrôle du commissaire des chemins de fer, sauf les machines utilisées dans les ateliers de construction ou de réparation du dit commissaire ;

II. utilisées ou employées dans l'exploitation d'un autre railway ou tramway actionné électriquement, sauf les machines utilisées dans les usines génératrices de force motrice et dans les ateliers de construction ou de réparation de ces machines ;

III. utilisées ou employées dans l'exploitation de tout autre railway ou tramway actionné par la vapeur, sauf les machines, locomotives et autres machines utilisées dans les ateliers de construction ou de réparation de ces machines ;

IV. faisant partie des machines motrices des bateaux plats ou radeaux ;

V. de tout autre navire ou bateau ;

VI. de toute automobile non utilisée au transport régulier et rémunéré de marchandises ou de passagers, à moins qu'il ne s'agisse de celles des marchands, brasseurs ou entrepreneurs pour le transport de leurs marchandises ;

VII. utilisées exclusivement pour le service domestique d'un particulier ;

6. — 1. La présente loi s'étendra et s'appliquera aux diverses espèces de machines mentionnées dans la seconde annexe de la même loi.

2. Le gouverneur, assisté de son conseil, peut, par ordonnance publiée dans la *Gazette*, déclarer que la présente loi s'appliquera à toutes autres espèces de machines spécifiées dans l'ordonnance ; et ces machines, à partir de la date fixée dans l'ordonnance, seront considérées comme machines au sens de la présente loi.

3. Il peut de la même façon déclarer que certaines espèces de machines, mentionnées dans la seconde annexe susvisée ou dans une ordonnance prise

under this section, shall cease to be machinery within the meaning of this Act.

4. He may in like manner from time to time exempt any boiler or class of boilers from the operation of this Act.

7. — This Act shall extend and apply to the whole of the State.

8 to 15. — PART II. — [ADMINISTRATION.]

PART III.

PRECAUTIONS AGAINST ACCIDENTS.

16. — 1. No male person under sixteen years of age and no female shall be permitted to have the care, custody, management, or working of any elevator or lift.

2. No person under fourteen years of age shall be employed in working at or attending to any machinery or class of machinery operated by gas, steam, water, or other mechanical power.

3. No male person under eighteen years of age and no female shall be permitted:

a) to clean such part of any machinery as is mill gearing while the same is in motion for the purpose of propelling any part of any manufacturing machinery; or

b) to work between the fixed and traversing part of any self-acting machine while the machine is in motion by the action of gas, steam, water, or other mechanical power; or

c) to take charge of or have the control of any steam engine.

17. — No traversing carriage of any self-acting machinery erected after the commencement of this Act shall be allowed to run out within a distance of eighteen inches from any fixed structure not being part of the machinery if the space over which it so runs out is a space over which any person is likely to pass, whether in the course of his employment or otherwise.

18. — 1. a) Every hoist and such doorways above the ground level as the inspector directs; and

b) every fly wheel directly connected with the steam engine or the water wheel or other motive power, whether in the engine-house or not; and

c) every moving part of a steam engine which is likely to endanger passers-by, and every water wheel and hydraulic or other lift near to which any person is likely to pass, whether in the course of his employment or otherwise;

shall be securely fenced.

Every wheel race not otherwise secured shall be fenced close to the edge of the wheel race.

en vertu de la présente loi, cesseront d'être considérées comme machines au sens de la présente loi.

4. Il peut de la même façon exempter l'une ou l'autre chaudière ou classe de chaudières de l'application des dispositions de la présente loi.

7. — La présente loi s'étendra et s'appliquera à l'État entier.

8 à 15. — [CHAPITRE II. — ADMINISTRATION.]

CHAPITRE III.

PRÉVENTION DES ACCIDENTS.

16. — 1. Les personnes du sexe masculin âgées de moins de 16 ans et les femmes ne pourront être chargées du service, de la garde, de la direction ou de la mise en mouvement d'un élévateur ou d'un ascenseur.

2. Les personnes de moins de 14 ans ne pourront être employées au service ou à la surveillance d'une machine ou d'une catégorie de machines mues par le gaz, la vapeur, l'eau ou une autre force mécanique.

3. Les personnes du sexe masculin âgées de moins de 18 ans et les femmes ne peuvent :

a) nettoyer une partie quelconque d'une machine constituant un engrenage pendant qu'elle fonctionne pour actionner une ou plusieurs machines d'une fabrique ; ou

b) travailler entre la partie fixe et la partie mobile d'une machine automatique pendant que cette machine fonctionne sous l action du gaz, de la vapeur, de l'eau ou d'une autre force mécanique ; ou

c) diriger ou surveiller une machine à vapeur.

17. — Aucune partie mobile d'une machine automatique établie après l'entrée en vigueur de la présente loi, ne pourra se mouvoir à une distance de plus de 18 pouces d'une construction fixe qui ne fait pas partie de la machine, si l'espace au-dessus duquel elle se meut est un espace où une personne est exposée à devoir passer au cours de son travail ou autrement.

18. — 1. *a*) Les élévateurs ainsi que les ouvertures au-dessus du sol qui seront spécifiées par l'inspecteur ; et

b) les volants directement reliés à la machine à vapeur, à la roue hydraulique ou à toute autre force motrice, dans la salle des machines ou ailleurs ; et

c) les parties mobiles d'une machine à vapeur qui présentent du danger pour les personnes qui passent près d'elles, les roues hydrauliques et les ascenseurs hydrauliques ou autres auprès desquels le personnel est exposé à devoir passer au cours du travail ou autrement,

doivent être pourvus d'appareils de protection.

Le champ de course d'une roue doit, s'il n'est pas assuré d'une autre manière, être protégé jusqu'à son extrémité.

Such protection to each part shall not be removed while the parts required to be fenced are in motion by the action of the steam engine, water wheel, or other motive power.

2. In case of a breach of any of the provisions of this section, the owner shall be liable to a penalty not exceeding twenty pounds, unless it appears to the justices before whom the complaint is heard that it was impossible to fence the machinery or parts thereof in question.

3. This section applies to all machinery, whether subject to this Act or not.

19. — 1. When an inspector is of opinion that any machinery is not securely fenced or otherwise sufficiently guarded, and is likely to cause bodily injury to any person, he shall give written notice in the prescribed form to the owner to fence such machinery, and specifying the part which he considers dangerous.

2. The owner, within seven days after the receipt of such notice, may serve on the inspector a written requisition to refer the matter to the decision of the nearest police magistrate, and thereupon the matter shall be referred to such police magistrate, who shall hear and determine the dispute in manner prescribed, and his decision shall be final.

3. If the owner fails to comply within a reasonable time with any such notice or with the decision of the police magistrate, or fails to keep the said machinery securely fenced in accordance therewith, or fails to constantly maintain such fencing in an efficient state while the machinery required to be fenced is in motion, the machinery shall be deemed not to be kept in conformity with this Act.

20. — 1. Where any machinery, or any part thereof, is or appears to an inspector to be faulty or defective in any particular, or so dangerous as to be likely to cause bodily injury to any person, he may give to the owner of such machinery a notice in writting to that effect, and such notice may either require the owner :

a) to wholly desist from working or using such machinery forthwith or after a date to be stated in such notice, until certain repairs or alterations to be stated in the notice have been effected; or

b) to have the arrangement of such machinery so altered, or the faulty or defective part thereof replaced or repaired within a certain time to be stated in such notice, so as not to contravene this Act.

2. Every person to or upon whom such notice has been served or delivered who fails to comply with the terms thereof shal be liable to a penalty not exceeding one hundred pounds.

21. — On complaint by an inspector, and on being satisfied that any machinery is in such a condition that it cannot be used without danger of

Les appareils de protection ne pourront être enlevés aussi longtemps que les parties protégées fonctionnent sous l'action de la machine à vapeur, de la roue hydraulique ou de toute autre force motrice.

2. En cas d'infraction aux dispositions de la présente section, le propriétaire sera passible d'une amende n'excédant pas 20 livres, sauf dans le cas où la défense apporterait aux juges la preuve de l'impossibilité de protéger les machines ou certaines parties de celles-ci.

3. La présente section s'applique à toutes les machines, qu'elles soient ou non soumises à la présente loi.

19. — 1. Lorsqu'un inspecteur estime qu'une machine n'est pas suffisamment clôturée ou autrement protégée et est de nature à causer un accident aux personnes qui en ont le service, il en avertira le propriétaire par écrit et dans la forme prescrite, le requérant de clôturer ses machines et spécifiant la partie des machines qu'il considère comme dangereuse.

2. Dans les sept jours qui suivent la réception d'un avis de l'espèce, le propriétaire peut adresser à l'inspection une demande par écrit en vue de soumettre le cas à la décision du magistrat de police le plus proche ; dans ce cas le différend est soumis au magistrat en question qui le tranchera de la manière prescrite ; sa décision sera définitive.

3. Si le propriétaire néglige de se conformer au premier avis ou à la décision du magistrat de police, ou néglige de munir ses machines d'appareils de protection conformément à cet avis ou à cette décision, ou néglige de tenir ces appareils constamment en bon état de fonctionnement pendant que les machines qui doivent être protégées sont en mouvement, ces machines seront considérées comme n'étant pas tenues en conformité de la présente loi.

20. — 1. Lorsque des machines ou certaines parties de celles-ci présentent effectivement ou paraissent, dans l'opinion d'un inspecteur, présenter quelque défaut ou danger de nature à exposer le personnel à des accidents, l'inspecteur peut remettre au propriétaire un avis écrit le requérant :

a) de suspendre entièrement le fonctionnement ou l'usage des machines, immédiatement ou à partir d'une date fixée dans l'avis, jusqu'à ce que les réparations ou les modifications spécifiées dans l'avis aient été effectuées; ou

b) d'apporter à la disposition des machines les modifications nécessaires et de remédier aux défauts de certaines parties dans un délai déterminé, de façon à se mettre en règle avec la présente loi.

2. A défaut de se conformer aux instructions susdites, la personne qui les a reçues sera passible de l'amende jusqu'à 100 livres.

21. — Sur la plainte d'un inspecteur, et moyennant la preuve que l'usage d'une machine implique un danger imminent pour la vie, le Ministre peut

bodily injury, the Minister may by order in writing prohibit such machinery from being used, or, if it is capable of repair or alteration, from being used until it has been repaired or altered to the Minister's satisfaction on the report of the inspector.

Every owner who disobeys such order shall be liable to a penalty not exceeding 10 pounds for every day on which the machine is used in contravention of the order.

22. — 1. In every place the opening of every hoist way, elevator, or lift, or well hole of the same shall at each floor be provided with and be protected by good and sufficient trap doors or self-closing hatches and safety catches, or by such other safeguards as an inspector approves, which shall be kept closed at all times when they are not in actual use.

2. If an elevator of lift in any place, or any machinery connected with any such elevator or lift, is considered by an inspector to be dangerous to use, he may by order in writing prohibit the occupier of the place and owner of the elevator or lift from using such elevator or lift until the same or such machinery has been made safe to the inspector's satisfaction.

Every such occupier and owner who uses or permits to be used such elevator or lift contrary to the order of the inspector shall be liable to a penalty not exceeding twenty shillings for each occasion on which it is so used.

23. — Any person who wilfully damages or removes any fence, guard, or other protection required to be placed, erected, or maintained in pursuance of this Act, or by an inspector, shall, in addition to the cost of repairing or replacing the same, be liable to a penalty not exceeding 20 pounds.

Scaffolding and gear.

24. — All scaffolding and engines, and all gear used in connection therewith, shall be of the description prescribed by regulations, and shall be set up, built, maintained, and used in accordance with such regulations.

25. — 1. Where it appears to an inspector :
a) that the use of any scaffolding or any gear used in connection therewith would be dangerous to human life or limb; or
b) that with regard to any scaffolding or gear used in connection therewith erected or used in the course of erection the regulations are not being complied with, he may, by notice in writing, give such directions to the owner thereof as he thinks necessary in order to prevent accidents or to ensure a compliance with such regulations; and such person shall, unless notice of appeal is given as hereinafter provided, forthwith carry out such directions.

rendre une ordonnance, par écrit, défendant l'usage de la machine d'une façon absolue ou, si celle-ci peut être réparée ou modifiée, jusqu'à ce qu'elle ait été réparée ou modifiée à la satisfaction du Ministre, qui jugera sur le rapport de l'inspecteur.

En cas d'infraction à semblable ordonnance, le propriétaire sera passible de l'amende jusqu'à 10 livres par jour pendant la durée de l'infraction.

22. — 1. La cage des élévateurs ou ascenseurs doit, à chaque étage, être pourvue d'appareils protecteurs, tels que de solides trappes ou panneaux se fermant automatiquement, loquets de sûreté ou autres appareils protecteurs autorisés par l'inspecteur; ils resteront fermés aussi longtemps qu'ils ne sont pas employés.

2. Si un inspecteur estime qu'un élévateur ou ascenseur ou une machine qui y est reliée est d'un usage dangereux, il peut, par ordonnance écrite, défendre à l'occupant ou au propriétaire l'usage de cet élévateur ou ascenseur ou de la machine susvisée jusqu'à ce que leur usage ait été rendu sûr, à sa satisfaction.

Les occupants et propriétaires qui utiliseront ou permettront l'usage d'un élévateur ou d'un ascenseur malgré l'ordonnance de l'inspecteur, seront passibles de l'amende jusqu'à 20 shillings pour chaque infraction.

23. — Toute personne qui volontairement endommage ou enlève une clôture ou tout autre appareil de protection dont le placement, la construction ou le maintien sont obligatoires en vertu de la présente loi ou d'une ordonnance de l'inspection, sera passible de l'amende jusqu'à 20 livres, sans préjudice des frais de réparation ou de remplacement de l'appareil.

Échafaudages et appareils.

24. — Tous les échafaudages et toutes les machines, ainsi que tous les appareils qui s'y rapportent, seront de l'espèce prescrite par des réglements et seront dressés, construits, maintenus et utilisés conformément aux mêmes réglements.

25. — 1. Lorsqu'un inspecteur constate,
a) que l'usage d'un échafaudage ou d'un appareil qui s'y rapporte pourrait être dangereux pour la vie ou les membres, ou
b) en ce qui concerne un échafaudage ou un appareil accessoire, érigé, utilisé ou en cours de construction, que les règlements ne sont pas observés, il peut donner par écrit au propriétaire les instructions qu'il juge nécessaires pour prévenir les accidents ou pour assurer l'observation des réglements ; le propriétaire doit se conformer immédiatement à ces instructions, à moins qu'il n'en appelle comme il est dit ci-après.

2. Where an inspector gives any such notice, he may at the same or at any other time order any persons forthwith to cease to use or to work in connection with the scaffolding or gear until such directions or any order on appeal therefrom shall have been complied with.

Any such order of an inspector may be rescinded by him.

3. The person to whom such notice or order has been given, or the owner, within seven days after the receipt of such notice or order, may serve on the inspector a written requisition to refer the matter to the decision of the nearest police magistrate, and thereupon the matter shall be referred to such police magistrate, who shall hear and determine the dispute in manner prescribed, and his decision shall be final.

Any person who fails to comply with any notice or order given to him by an inspector in pursuance of this section or any decision on appeal therefrom shall be liable to a penalty not exceeding 50 pounds.

PART IV.

INSPECTION, ETC., OF MACHINERY.

26. — 1. All boilers shall be inspected at least once in every year, or more frequently as occasion requires :

Provided that the Governor in Council may, by Order in Conneil, on such conditions and restrictions as he thinks fit, from time to time direct that any class of boilers shall only be inspected once in every 2 years; but this provision shall not restrict or prohibit inspection if the certificate granted in respect of any boiler of such class is for a less period than 2 years.

2. All steam gauges shall be inspected, tested, and corrected at least once in every year.

3. All other machinery shall be inspected at such intervals as shall be prescribed.

27 to 42. — [*Inspectors record books, fees for inspection, etc.*]

PART V.

DUTIES AND LIABILITIES OF OWNERS.

43. — When the owner sells or absolutely disposes of any machinery, he shall forthwith give notice in writing of the fact to the Chief Inspector stating the name, occupation, and abode of the person to whom such sale or disposition has been made.

When any machinery is let on hire, a similar notice shall be given to the inspector by the owner.

If default is made in giving such notice, the person in default shall be liable to a penalty not exceeding 10 pounds.

2. Lorsqu'un inspecteur donne des instructions de l'espèce, il peut toujours ordonner de cesser immédiatement d'employer un échafaudage ou un appareil, ou d'interrompre le travail auquel cet appareil sert, jusqu'à ce qu'il ait été satisfait à ses instructions ou à l'ordonnance d'appel.

Les instructions de l'inspecteur peuvent être retirées par lui.

3. La personne visée par les instructions ou l'ordonnance, ou le propriétaire, peut remettre à l'inspecteur, dans les sept jours qui suivent la réception des instructions ou de l'ordonnance, une demande écrite en vue de soumettre le cas à la décision du magistrat de police le plus proche; ce magistrat entendra et tranchera le différend de la manière prescrite; sa décision sera définitive.

Toute personne qui néglige de se conformer à un avis ou une ordonnance que l'inspecteur lui a remise en vertu de la présente section, ou à une sentence d'appel, sera passible de l'amende jusqu'à 50 livres.

CHAPITRE IV.

INSPECTION, ETC. DES MACHINES.

26. — 1. Toutes les chaudières à vapeur seront inspectées au moins une fois chaque année, ou plus fréquemment si les circonstances le réclament :

Toutefois, le gouverneur assisté de son conseil peut, par ordonnance et avec telles conditions et restrictions qu'il juge convenables, décréter que l'inspection d'une certaine classe de machines à vapeur ne se fera qu'une fois tous les deux ans; mais cette disposition ne sera pas applicable dans le cas où le certificat relatif à une chaudière à vapeur de l'espèce n'a été délivré que pour une période inférieure à deux ans.

2. Les tubes de niveau d'eau seront contrôlés au moins une fois par an.

3. Les autres machines seront inspectées comme il sera prescrit.

27 à 42. — [*Registres des inspecteurs, taxes, etc.*]

CHAPITRE V.

OBLIGATIONS ET RESPONSABILITÉ DES PROPRIÉTAIRES.

43. — Lorsque le propriétaire vend ou cède sans réserve ses chaudières, il en fera immédiatement la déclaration à l'inspecteur en chef, en indiquant le nom, la profession et l'adresse du nouveau propriétaire.

Lorsqu'une machine est donnée en location, la même déclaration devra être faite à l'inspecteur par le propriétaire.

Le défaut de déclaration rend la personne fautive passible de l'amende jusqu'à 10 livres.

44. — If any machinery is not kept in conformity with this Act, or if with respect to the same there is a breach of any of the provisions of this Act, or if the owner fails to comply with an order or request duly made by the Minister or an inspector with respect to the same, the owner shall, if no other penalty is provided, be liable to a penalty not exceeding 20 pounds.

The justices, in addition to or instead of inflicting a penalty, may order certain means to be adopted by the owner within a time to be named in the order for the purpose of bringing his machinery into conformity with this Act, and may upon application enlarge the time so named; and if after the expiration of the time originally named or enlarged upon subsequent application the order is not complied with, the owner shall be liable to a penalty not exceeding one pound for every day during which such non-compliance continues.

45. — No prosecution for any breach or contravention of this Act shall be instituted without the authority of the Minister or the Chief Inspector.

46. — 1. Every person guilty of any breach or contravention of this Act shall be punishable therefor, and it shall be no defence to prove that the person proceeded against was the agent or employee of the owner or occupier or was acting in pursuance of any order or direction given by the owner or occupier.

2. When an owner or occupier is charged with an offence against this Act, he shall be entitled, upon information duly laid by him, to have any other person whom he charges to be the actual offender brought before the justices at the time appointed for hearing the charge, and if after the commission of the offence has been proved the owner or occupier proves to the satisfaction of the Court that he used due diligence to enforce this Act, and that such other person committed the offence in question without his knowledge, consent, or connivance, such other person shall be convicted of the offence, and the owner or occupier shall be exempt from any penalty.

47. — Where it appears to an inspector at the time of discovering any offence that the owner or occupier had used due diligence to enforce this Act, and also by what person the offence was committed, and that it was committed without the knowledge, consent, or connivance of the owner or occupier, and in contravention of his orders, then proceedings may be taken against the person who is alleged to be the actual offender in the first instance without first proceeding against the owner or occupier.

48. — 1. No person shall be liable under this Act as an owner of machinery or scaffolding, unless the same is under his immediate power or control. No mortgagee of machinery or scaffolding shall be liable under this Act, unless he is in actual possession thereof or has the same under his immediate power or control.

2. For the purposes of this section the words " immediate power or con-

44. — Si certaines machines ne sont pas tenues conformément aux dispositions de la présente loi, ou si le propriétaire néglige de se conformer à une ordonnance ou à une réquisition du Ministre ou d'un inspecteur au sujet de ces machines, le propriétaire sera passible de l'amende jusqu'à 20 livres, à moins qu'une autre amende n'ait été fixée.

Les juges peuvent, en sus ou au lieu de l'amende, ordonner au propriétaire d'appliquer certaines mesures dans un délai déterminé afin de mettre les machines en règle avec les prescriptions de la présente loi; ils peuvent aussi sur demande prolonger le délai fixé; mais si, à l'expiration du délai fixé ou prolongé par une ordonnance subséquente, le propriétaire ne se conforme pas à la dite ordonnance, il sera passible de l'amende jusqu'à 1 livre par jour aussi longtemps que durera l'infraction.

45. — Aucune poursuite pour infraction aux dispositions de la présente loi ne sera exercée sans l'autorisation du Ministre ou de l'inspecteur en chef.

46. — 1. Toute personne coupable d'infraction aux dispositions de la présente loi sera punissable de ce chef et il ne pourra être excipé de ce que le contrevenant était l'agent ou l'employé du propriétaire ou de l'occupant ou agissait en vertu d'instructions données par le propriétaire ou l'occupant.

2. Lorsqu'un propriétaire ou un occupant est poursuivi pour infraction à la présente loi, il a le droit, après avoir fait une déclaration à cet effet, de faire comparaître une autre personne qu'il accuse d'être le véritable contrevenant, et si, l'infraction étant établie, le propriétaire ou l'occupant prouve qu'il a fait toutes diligences pour assurer l'application de la présente loi et que la personne incriminée a commis l'infraction à son insu ou sans son consentement, la dite personne sera condamnée du chef de l'infraction et le propriétaire ou l'occupant sera quitte de l'amende.

47. — En cas d'infraction, si l'inspecteur estime que le propriétaire ou le locataire a fait le nécessaire pour assurer l'observation de la présente loi et s'il connaît la personne qui a commis l'infraction et est certain de ce que cette infraction a été commise à l'insu ou sans le consentement du propriétaire ou de l'occupant, et contrairement aux ordres qu'ils ont donnés, les poursuites pourront être entamées directement contre le véritable contrevenant sans procéder au préalable contre le propriétaire ou l'occupant.

48. — 1. Ne seront responsables, aux termes de la présente loi, que les propriétaires de machines ou d'échafaudages qui en ont la direction ou le contrôle immédiat. Aucun créancier hypothécaire de machines ou d'échafaudages ne sera responsable en vertu de la présente loi, à moins que les machines ne soient en sa possession réelle ou qu'il n'en ait la direction ou le contrôle immédiat.

2. En vue de l'application de la présente loi, les mots « la direction ou le

trol " mean where the machinery or scaffolding is worked or used by the owner or mortgagee of such machinery or scaffolding personally, or by his agents, servants, or others, under his orders or directions and for his benefit or profit.

3. Nothing herein shall exempt any corporate body from liability under this Act by reason only that any machinery or scaffolding is under the control of any directors, secretary, manager, or other person elected or employed by such corporate body for the benefit of or on behalf of such body.

PART VI.

INQUIRIES AS TO ACCIDENTS.

49. — The provisions of this Part of this Act shall not apply to any mine subject to *The Mining Act of 1898* or any Act amending or in substitution for that Act.

50. — 1. Where loss of life or serious bodily injury to any person by reason of the explosion of a boiler, or by reason of an accident caused by machinery or scaffolding, occurs at or in any place where there is machinery (whether subject to this Act or not), the owner of the machinery or scaffolding shall within twenty-four hours after the occurence send notice to the inspector at his office or usual place of residence, specifying the cause of the accident.

2. Every owner who neglects to send such notice as aforesaid shall be liable to a penalty not exceeding 20 pounds.

51. — 1. In the event of an accident happening to machinery or scaffolding (whether subject to this Act or not), or where any loss of life or serious bodily injury has occured as in the last preceding section mentioned, the Minister may direct an inquiry to be held before a Court consisting of a police magistrate and, if the Minister thinks fit, a person skilled in the use and construction of such machinery or scaffolding.

2. The Court shall have power to hold such inquiry at such times and places as the Minister appoints.

3. The Minister may obtain for the use of the Court a report from a legally qualified medical practitionner or other competent person upon the cause of such death or the nature, extent, and cause of such injury.

4. Every such inquiry shall be held publicly in such manner and under such conditions as the Court thinks most effectual for ascertaining the causes and circumstances of such accident, and for enabling the Court to make the report hereinafter mentioned.

5. The fact of a person acting at such inquiry shall be sufficient evidence of his authority so to do.

6. The Court shall have, for the purpose of such inquiry and the sum-

contrôle immédiat » signifient « l'usage des machines ou échafaudages par le propriétaire et le créancier gagiste eux-mêmes, ou par l'intermédiaire des agents, serviteurs ou autres, désignés dans leurs instructions, et agissant en leur nom ou pour leur compte.

3. Les associations incorporées sont néanmoins responsables, en vertu de la présente loi, dans la personne de leurs directeurs, secrétaires, gérants ou de leurs hommes de confiance, agissant en leur nom ou pour leur compte.

CHAPITRE VI.

ENQUÊTES CONCERNANT LES ACCIDENTS.

49. Les dispositions du présent chapitre de la loi ne s'appliqueront pas aux mines soumises à la « Loi de 1898 sur les mines » ou à toute loi modifiant ou remplaçant la dite loi.

50. — 1. Lorsque des accidents ayant occasionné la mort ou des blessures graves et causés par l'explosion d'une chaudière à vapeur ou par des machines ou échafaudages, surviennent dans des bâtiments où il y a des machines (soumises ou non à la présente loi), le propriétaire en fera la déclaration à l'inspecteur, à son bureau ou à sa résidence habituelle, dans les vingt-quatre heures qui suivent l'accident, en en indiquant les causes.

2. Tout propriétaire qui néglige de faire cette déclaration sera passible de l'amende jusqu'à 20 livres.

51. — 1. En cas d'accident causé par des machines ou des échafaudages (soumis ou non à la présente loi) ou en cas de décès ou de blessures graves survenues comme il est dit dans la précédente section, le ministre peut ordonner une enquête qui sera faite par une cour comprenant un magistrat de police assisté, le cas échéant, d'une personne experte dans l'emploi et la construction des machines et échafaudages.

2. Le magistrat fera son enquête à l'époque et à l'endroit fixés par le ministre.

3. Le ministre peut se procurer, pour l'usage de la cour, un rapport d'un médecin agréé ou de tout autre personne compétente sur la cause du décès, ou sur la nature, l'étendue et la cause de la blessure.

4. L'enquête sera menée publiquement de la manière et dans les conditions qui semblent les plus efficaces à la cour pour s'assurer des causes et circonstances de chaque accident et pour la mettre à même de faire le rapport mentionné ci-après.

5. Le fait qu'une personne agit à un titre quelconque dans une enquête constitue une preuve suffisante de son droit d'agir ainsi.

6. Pour procéder à cette enquête, aux convocations et à l'audition des

moning and examination of witnesses thereat, all the powers which are possessed by any two justices in the case of summary proceedings upon complaint.

7. The Court or some person appointed by it may enter and inspect any place the entry or inspection whereof appears to the Court to be requisite.

8. The Court shall report to the Minister as far as possible the causes of the accident, and the circumstances attending the same, adding thereto such observations as it thinks fit.

9. Every person summoned shall be allowed such expenses as would be allowed to a witness attending on subpœna before a court of petty sessions : Provided that the Court in its discretion may disallow in whole or in part the expenses of any such person.

10. The Court may make such order as it thinks fit respecting the payment of the costs and expenses of the inquiry, and such order may, on the application of any party entitled to the benefit of the same, be enforced in a summary manner before any two justices as if it were a penalty imposed by them.

11. Any costs and expenses ordered by the Court to be paid by the Minister, and any remuneration paid to persons forming the Court shall be paid out of moneys provided by Parliament for the purposes of this Act.

PART VII.

EXAMINATION AND CERTIFICATES OF ENGINE-DRIVERS.

52. — The Governor in Council, from time to time, may appoint such number of persons as he thinks fit to be a board of examiners to examine candidates desirous of becoming engine-drivers and boiler attendants, and shall appoint one of the members of the board to be chairman thereof.

The Chief Inspector of Machinery and the Chief Inspector of Mines shall by virtue of their offices be members of such board.

Subject to this Act, such board shall have power to grant certificates of competency, as hereinafter prescribed, to all such candidates who satisfy them that they possess the necessary practical and theoretical knowledge, skill, and intelligence, and are not otherwise unfit.

53 to 57. — [*Classes of certificates, etc.*]

PART VIII.

MISCELLANEOUS PROVISIONS.

58. — Any portable steam engine or boiler or portable machinery which is travelled for hire shall have the name and residence of the owner legibly

témoins, la cour aura tous les pouvoirs dont disposent les deux juges de paix dans le cas de procédure sommaire ensuite de plainte.

7. La cour et son délégué pourront pénétrer partout et inspecter tout endroit quelconque, chaque fois qu'ils jugent la chose nécessaire.

8.. La cour fera un rapport aussi détaillé que possible sur les causes de l'accident et sur les circonstances qui l'ont accompagné; elle y ajoutera toutes les observations qu'elle juge utiles.

9. Toute personne convoquée aura droit aux frais au même titre que les témoins comparaissant devant la cour des petites assises. Toutefois, la cour a le droit de refuser les dits frais en tout ou en partie.

10. La cour rendra les ordonnances qu'elle juge utiles en vue du payement des frais et dépens de l'enquête; ces ordonnances peuvent, à la demande d'une partie, être exécutées d'une façon sommaire devant deux juges, comme s'il s'agissait d'une amende prononcée par eux.

11. Tous les frais et toutes les dépenses qui, suivant ordonnance de la cour, doivent être payés par le ministre, et la rétribution à payer aux personnes composant la cour, seront couverts par les crédits votés par le parlement en vue de l'application de la présente loi.

CHAPITRE VII.

EXAMENS A FAIRE SUBIR ET CERTIFICATS A DÉLIVRER AUX MACHINISTES.

52. — Le gouverneur assisté de son conseil peut nommer autant de personnes qu'il juge bon en vue de la formation d'un jury pour l'examen des personnes désireuses de devenir machinistes et aides au service des chaudières; il nommera un des membres du jury comme président de celui-ci.

L'inspecteur en chef des machines et l'inspecteur en chef des mines seront de droit, en vertu de leurs fonctions, membres de ce jury.

Sous réserve des dispositions de la présente loi, ce jury aura le pouvoir d'accorder des certificats de capacité, comme il est prescrit ci-après, à tous les candidats qui ont donné des preuves de connaissances pratiques et théoriques nécessaires, d'habileté et d'intelligence, et qui ne sont pas incapables pour d'autres motifs.

53 à 57. — [*Classes de certificats, etc.*]

CHAPITRE VIII.

DISPOSITIONS DIVERSES.

58. — Les locomobiles et autres machines transportables, déplacées par suite de location, devront être munies du nom et de la résidence du proprié-

affixed or painted thereon; and any such owner who fails or neglects to comply with the requirements of this section shall be liable to a penalty not exceeding 10 pounds.

59. — Any person appointed by the Minister may enter any place in which machinery is working and inspect the certificate in respect of the machinery and the certificate of the person in charge of an engine or boiler.

60 to 68. — [*Responsibility of owners, etc.*]

SCHEDULES.

FIRST SCHEDULE.

Year and Number of Act.	Title of Act.	Extent of repeal.
62 Vic. n° 24.	« The Mining Act of 1898. »	SS. 222, 223, and 224.
64 Vic. n° 28.	« The Factories and Shops Act of 1900. »	In s. 2, the words « boiler explosions », and the words « fencing of machinery and ». In s. 4, the definition of « boiler ». In the definition of Inspector, for the words « factory, shop, or boiler » substitute « factory or shop ». In s. 5, the last proviso to subsection 1; and subsection 3. SS. 9 and 10. In s. 11, subsection II; in subsection III, the words « or inspection »; in the second paragraph, the words « and every person in charge of a boiler ». In subsection V of s. 12, the words « or inspection ». SS. 13 to 23, both inclusive. SS. 35, 36, 37, and 38. In s. 39, subsections 1 and 2; ss. 40 and 43. In s 59, the words « or owner of a boiler ». In s. 60 in subsection 1, the words « or in connection with a boiler »; subsections 3, 4, 9, 13, 14; in subsection 17, the words « and owners of boilers » respectively. In s. 61, the words « and every owner of a boiler ». In s. 67, the words « or owner of a boiler ». In s. 68, subsections IV and V.

taire, qui y seront apposés ou peints d'une façon lisible, et toute personne qui, dans le même cas, néglige de se conformer aux dispositions de la présente section sera passible de l'amende jusqu'à 10 livres.

59. — Toute personne déléguée par le ministre peut pénétrer dans toute place où des machines fonctionnent et vérifier le certificat des machines et celui des personnes ayant le service de ces machines.

60 à 68. — [*Responsabilité des propriétaires, etc.*]

ANNEXES.

PREMIÈRE ANNEXE.

Année et numéro de la loi.	Titre de la loi.	Étendue de l'abrogation.
62 Vic. n° 24.	« La loi de 1898 sur les Mines. »	Sections 222, 223 et 224.
64 Vic. n° 28.	« La loi de 1900 sur les Fabriques et Magasins. »	Les mots « explosions de chaudières » et « clôture des machines et » de la section 2. La définition de « chaudière », section 4. Dans la définition de l'inspecteur, les mots « fabrique ou magasin » sont substitués aux mots : « fabrique, magasin ou chaudière ». La dernière clause de la sous-section 1 et la sous-section 3 de la section 5. Les sections 9 et 10. A la section 11, la sous-section II; les mots « ou inspection » de la sous-section III; les mots « et toute personne qui a le service d'une chaudière ». Les mots « ou inspection » de la sous-section V de la section 12. Les sections 13 à 23 inclusivement. Les sections 35, 36, 37 et 38. Les sous-sections 1 et 2 de la section 39; les sections 40 et 43. A la section 59, les mots « ou propriétaire d'une chaudière ». A la section 60, sous-section 1, les mots « ou en rapport avec une chaudière»; les sous-sections 3, 4, 9, 13, 14; à la sous-section 17, les mots « et propriétaires de chaudières ». A la section 61, les mots « et tout propriétaire de chaudières ». A la section 67, les mots « ou propriétaire d'une chaudière ». Les sous sections IV et V de la section 68.

SECOND SCHEDULE.

MACHINERY SUBJECT TO THE ACT.

All Machinery for the purpose, process, preparation, or manufacture of:

Foods, Drinks, Perfumes, Drugs, Medicines, Chemicals;
Plaster, Cements;
Wearing Apparel;
Furniture;
Metal Ware, Cutlery, Grindery;
Bricks, Tiles, Pottery, Glass, Pipes;
Machinery, Tools, Instruments;
Arms, Ammunition;
Paper, Linoleum, Oilcloth, other Textile Materials;
Harness Saddlery;
Metal, Wood, Stone, Leather, Rubber;
Vehicles;
Hoisting, Lifting, Elevating, Hauling, Driving, Propelling;
Weighing;
Refrigerating;
Scouring, Cleansing, Washing;
Rolling, Pressing;
Planing, Sawing;
Building, Ventilating;
Milling, Drilling, Founding;
Forcing, Pumping;
Ploughing, Planting, Cutting. Harvesting;
Shearing;
Moulding, Stamping, Crushing, Tearing, Shredding, Separating;
Excavating, Boring, Sinking, Dredging;
Printing;
Illuminating, Electrical Generation:

But not including:

Such machinery (including oil and hot air engines) or implements as are commonly used in agricultural or dairying pursuits, or pumping plant used in agricultural or dairying or pastoral pursuits, if in every case the motive power of such machinery, implements, or plant does not exceed seven indicated horse power;

Machinery, Tools, or Instruments which are directly worked by hand or foot power; or

Vehicles propelled, hauled, or moved by direct hand, foot, or animal power or from a stationary electrical generating power.

THIRD SCHEDULE.

[RULES RELATING TO ENGINE-DRIVERS' CERTIFICATES OF COMPETENCY.]

DEUXIÈME ANNEXE.

MACHINES SOUMISES A LA LOI.

Toutes les machines servant à ou utilisées dans la préparation ou la fabrication des produits et marchandises ou dans les industries ci-après :

Aliments, boissons, parfums, drogues, médecines, produits chimiques ;
Plâtre, ciment ;
Lingerie ;
Meubles ;
Objets en métal, coutellerie, meules ;
Briques, tuiles, poterie, verre, tuyaux ;
Machines, outils, instruments ;
Armes, munitions ;
Papier, linoléum, toile cirée, autres matières textiles ;
Bourrellerie ;
Métaux, laine, pierre, cuir, caoutchouc ;
Véhicules ;
Levage, traction, transmission et propulsion ;
Pesage ;
Réfrigération ;
Dégraissage, nettoyage, lavage ;
Roulage, pressage :
Rabotage, sciage ;
Construction, ventilation ;
Fraisage, forage, fonte ;
Refoulement, exhaure ;
Labourage, plantation, coupe, récolte ;
Tonte ;
Moulure, poinçonnage, broyage, rognage ;
Déblayage, sondage, creusage, dragage ;
Imprimerie ;
Éclairage, production d'électricité.

Mais n'y sont pas soumises :

Les machines (les moteurs à huile et à air chaud inclus) ou les outils généralement utilisés dans les exploitations agricoles ou de laiterie, ou les installations hydrauliques utilisées dans ces exploitations, dans tous les cas où la force motrice de ces machines, outils ou installations n'excède pas 7 HP ;

Les machines, outils ou instruments directement manœuvrés à la main ou par le pied ; ou

Les véhicules actionnés, tirés, ou mus directement à la main, par le pied ou par la force animale ou par l'énergie d'une usine génératrice d'électricité.

TROISIÈME ANNEXE.

[RÈGLES RELATIVES AUX CERTIFICATS DE CAPACITÉ DES MACHINISTES.]

GREAT BRITAIN.

An Act to Provide for the Payment of Old-age Pensions, and for other purposes. (Assented to 15th April 1908).

1. — This Act may be cited as " The Old-age Pensions Act of 1908 ", and shall commence and take effect on and from the first day of July, 1908.

2. — In this Act, unless the context otherwise indicates, the following terms have the meanings respectively set against them, that is to say :

" Benevolent Asylum " : Any benevolent asylum which is wholly or partly maintained by contributions from the Consolidated Revenue, and which is declared by the Governor in Council by Order in Council to be a benevolent asylum for the purposes of this Act.

" Claimant " : Any applicant for a pension.
" Commissioner " : Any person appointed by the Governor in Council to be a commissioner under this Act.
" Hospital " ; Any hospital which is wholly or partly maintained by contributions from the Consolidated Revenue, and which is declared by the Governor in Council by Order in Council to be a hospital for the purposes of this Act.
" Income " : Any moneys, valuable consideration, or profits earned, derived, or received by any person for his own use or benefit by any means from any source whatever, whether in or out of Queensland; the term includes personal earnings, but does not include any payment by way of benefit from any registered friendly society, or during illness, infirmity, or old age from any trade union, provident society, or other society or association.

" Minister " : The Home Secretary or other Minister of the Crown for the time being charged with the administration of this Act.

" Paymaster " : Any person appointed by the Governor in Council to be a paymaster under this Act.
" Pension " : An old-age pension under this Act.
" Pensioner " : A pensioner under this Act.
" Prescribed " : Prescribed by this Act or by Regulations made thereunder.
" Registrar " : The Registrar of Old-age Pensions appointed under this Act.
" This Act " : This Act and any Regulations made thereunder.

Loi du 15 avril 1908 concernant les pensions de vieillesse (¹).

1. — La présente loi peut être citée sous le titre de « loi de 1908 concernant les pensions de vieillesse »; elle entrera en vigueur à partir du 1ᵉʳ juillet 1908.

2. — Dans la présente loi, à moins que le contexte n'exige une interprétation différente, les termes suivants ont la signification qui leur est attribuée :

« Établissement de bienfaisance » : tout établissement de bienfaisance entièrement ou partiellement entretenu à l'aide du revenu consolidé, et qui est déclaré, par ordonnance prise par le gouverneur assisté de son conseil, être un établissement de bienfaisance en vue de l'application de la présente loi.

« Requérant » : toute personne sollicitant une pension.

« Commissaire » : toute personne nommée en qualité de commissaire, en vertu de la présente loi, par le gouverneur assisté de son conseil.

« Hospice » : tout hospice entièrement ou partiellement entretenu à l'aide du revenu consolidé et qui est déclaré tel, en vue de l'application de la présente loi, par ordonnance prise par le gouverneur assisté de son conseil.

« Revenus » : tous argent, valeurs ou profits gagnés, obtenus ou reçus par quelqu'un pour son propre usage ou bénéfice, par quelque moyen et de quelque source que ce soit dans le Queensland ou à l'étranger; ce terme comprend les gains personnels, mais non les bénéfices payés par une société mutuelle reconnue, ni les allocations fournies, à titre de secours, par une société ouvrière, une société de prévoyance ou une autre société ou association, durant une maladie, en cas d'infirmité ou à titre de pension de vieillesse.

« Ministre » : le Ministre de l'intérieur ou tout autre Ministre de la Couronne pour toute période pendant laquelle il est chargé de l'administration de la présente loi.

« Agent payeur » : toute personne nommée par le gouverneur assisté de son conseil aux fonctions d'agent payeur, conformément à la présente loi;

« Pension » : une pension de vieillesse prévue par la présente loi;

« Impétrant » : une personne pensionnée conformément à la présente loi;

« Prescrit » : ordonné par la présente loi ou par les règlements pris en vertu de celle-ci.

« Registrar » : le registrar des pensions de vieillesse nommé en vertu de la présente loi.

« La présente loi » : la présente loi et les règlements pris en vertu de celle-ci.

(¹) 1908, n° 6.

Administration.

3. — 1. The Governor in Council may from time to time appoint a Registrar of Old-age Pensions, who, subject to the control of the Minister, shall have the general administration of this Act.

Until other appointment, the Under Secretary to the Department of the Home Secretary shall be the Registrar.

2. The Governor in Council may also from time to time appoint a Deputy Registrar and such commissioners, paymasters, and officers as he thinks necessary for carrying this Act into execution.

4. — No commissioner shall execute any of the powers or authorities conferred by this Act until he has taken, before a Judge of the Supreme Court or District Courts, or before a police magistrate or justice of the peace, an oath of office in the form of the Schedule to this Act or to the like effect.

Old-age Pensions.

5. — Subject to this Act, a pension shall be absolutely inalienable, whether by way or in consequence of sale, assignment, charge, execution, insolvency, or otherwise howsoever.

6. — Subject to this Act, every person of the age of 65 years, whilst in Queensland, shall be qualified to receive a pension.

7. — The following persons shall not be qualified to receive a pension, namely:

  a) aliens; or

  b) naturalised subjects of His Majesty, unless they have been naturalised for the period of at least six months next preceding the date of their pension claims; or

  c) Chinese or other Asiatics, whether British subjects or naturalised or not; or

  d) aboriginal natives of Australia, or Africa, or the Islands of the Pacific, or New Zealand.

Provided that no woman having married an alien shall be or become disqualified to receive a pension in consequence only of such marriage.

8. — No person shall receive a pension unless he fulfils all the following requirements, namely:

  I. he is residing in Queensland on the date when he makes his claim to the pension;

  II. on such date he has so resided, whether continuously or not, for at least twenty years;

  III. he has resided in Queensland continuously for not less than five years immediately preceding such date;

Administration.

3. — 1. Le gouverneur assisté de son conseil peut nommer un registrar des pensions de vieillesse qui, sous l'autorité du Ministre, aura l'administration générale de la présente loi.

En attendant une autre nomination, le sous-secrétaire du département de l'intérieur remplira les fonctions de registrar.

2. Le gouverneur assisté de son conseil peut aussi nommer un registrar délégué et les commissaires, agents payeurs et fonctionnaires qu'il juge nécessaires, en vue de l'application de la présente loi.

4. — Les commissaires ne pourront exercer les pouvoirs qui leur sont reconnus par la présente loi avant d'avoir prêté serment devant un juge de la cour suprême ou des cours de district ou devant un magistrat de police ou un juge de paix, suivant la formule de l'annexe de la présente loi ou suivant une formule équivalente.

Pensions de vieillesse.

5. — Sous réserve des dispositions de la présente loi, la pension sera absolument inaliénable par vente, cession, saisie, saisie-exécution, saisie pour cause d'insolvabilité ou autrement.

6. — Sous réserve des dispositions de la présente loi, toute personne âgée de 65 ans, pour autant qu'elle soit dans le Queensland, aura qualité pour recevoir la pension.

7. — Les personnes désignées ci-après ne pourront recevoir une pension, savoir :

a) les étrangers ; ni.

b) les sujets naturalisés de Sa Majesté, à moins que leur naturalisation ne soit antérieure de six mois à leur demande de pension ; ni

c) les Chinois ou autres asiatiques, sujets britanniques ou non, naturalisés ou non ; ni

d) les aborigènes de l'Australie, de l'Afrique, des îles du Pacifique ou de la Nouvelle-Zélande.

Toutefois, une femme ayant épousé un étranger ne perdra pas ses droits à la pension par suite de son mariage.

8. — Pour avoir droit à une pension, le requérant devra réunir les conditions suivantes, savoir :

I. résider dans le Queensland à la date où il établit ses droits à la pension ;

II. avoir eu cette résidence d'une manière continue ou non depuis 21 ans au moins avant cette date ;

III. avoir résidé dans le Queensland de façon continue au moins pendant les cinq ans précédant immédiatement la dite date ;

iv. he is of good character, and is, and has been for the five years immediately preceding such date, leading a temperate and reputable life;

v. if a husband, during the five years immediately preceding such date, he has not for twelve months or upwards, without just cause, deserted his wife, or without just cause failed to provide her with adequate means of maintenance, or neglected to maintain such of his children as were under the age of 14 years; or if a wife, during the five years immediately preceding such date she has not for twelve months or upwards, without just cause, deserted her husband or deserted such of her children as were under the age of 14 years;

vi. the net capital value of his accumulated property, whether in or out of Queensland, does not amount to 260 pounds or upwards;

vii. he has not directly or indirectly deprived himself of property or income in order to qualify for or obtain a pension;

viii. he is unable to maintain himself;

ix. he has not at any time within six months been refused a pension certificate, except for the reason that he was disqualified on account of his age or for reasons which are not in existence at the time of the further application.

9. — 1. Continuous residence in Queensland shall not be deemed to have been interrupted by occasional absence from Queensland unless the period of such absence exceeds three months in all in any one year, nor in case of longer absence in any one year if the claimant proves that his home was in Queensland or that he was absent for a mere temporary purpose and intended on leaving and during all his absence to return to Queensland so soon as the object of his absence was accomplished.

2. A person, whether claimant or pensioner, shall not be deemed to be absent from Queensland during any period of absence from Queensland if he proves that during such period his home was in Queensland, and if married that his wife and family, or his wife (if he has no family), or his family (if his wife is dead) resided in Queensland and were or was maintained by him.

3. In calculating any claimant's length of residence in Queensland, any time during which he was in prison for any criminal offence shall be excluded.

4. Residence in any other Australian State in which provision is made for granting old-age pensions shall count as residence in Queensland if :

a) the claimant has during the ten years immediately preceding the date when he establishes his claim continuously resided in Queensland; and

iv. avoir une bonne réputation, mener et avoir mené pendant les cinq ans précédant immédiatement la dite date, une vie sobre et honorable;

v. s'il est marié, ne pas avoir, dans les cinq ans précédant immédiatement la dite date, pendant douze mois ou plus, abandonné sa femme sans juste motif ou négligé sans juste motif de pourvoir convenablement aux besoins de sa femme, ou négligé de pourvoir aux besoins de ses enfants âgés de moins de 14 ans; ou si c'est une femme mariée, ne pas avoir au cours des cinq ans précédant immédiatement la dite date, pendant douze mois ou plus, abandonné sans juste motif son mari ou ceux de ses enfants qui n'avaient pas atteint l'âge susdit;

vi. ne pas posséder dans le Queensland ou ailleurs des biens dont la valeur en capital net s'élèverait à 260 livres ou davantage;

vii. ne pas s'être dépouillé, directement ou indirectement, de ses biens ou de ses revenus dans le but de se placer dans les conditions requises pour l'obtention d'une pension de vieillesse;

viii. ne pas être à même de pourvoir à sa propre subsistance;

ix. établir que dans les six mois précédents un certificat de pension ne lui a pas été refusé, à moins que ce refus n'ait été motivé par l'âge du requérant ou par des circonstances qui ont cessé d'exister au moment où il introduit une nouvelle requête.

9. — 1. Une résidence permanente dans le Queensland ne sera pas considérée comme interrompue par une absence accidentelle hors de cet État, à moins que cette absence n'excède trois mois dans une année entière, ni par une absence plus longue au cours d'une même année, si le requérant prouve qu'il avait son domicile dans le Queensland ou qu'il ne s'est absenté que dans un but temporaire et qu'il avait en partant, et a conservé pendant son absence, l'intention de revenir dans le Queensland aussitôt que le but de son voyage serait atteint.

2. Aucun requérant ou impétrant ne sera considéré comme absent alors qu'il a quitté le Queensland, s'il prouve que pendant cette absence, il avait conservé son domicile dans le Queensland et, s'il était marié, que sa femme et sa famille ou sa femme seulement (s'il n'avait pas de famille) ou sa famille seulement (si sa femme était décédée) y résidaient et étaient entretenues par lui.

3. En calculant la durée de la résidence d'un requérant dans le Queensland, il ne pourra être tenu compte du temps qu'il aura passé en prison pour crime ou délit.

4. La résidence dans un autre État australien qui a organisé un système de pensions de vieillesse sera comptée comme résidence dans le Queensland :

a) si le requérant a, au cours des dix années précédant immédiatement la date à laquelle il fait valoir ses droits à la pension, résidé d'une façon continue dans le Queensland ; et

b) the Minister certifies to the Registrar that provision has been made by agreement with the Government of such other State as hereinafter mentioned.

And for the purpose of carrying out this subsection the Minister, on behalf of the Government of Queensland, may agree with the Government of any other State for the payment by such other Government of any such pension in whole or in part, or for the granting by such other State of concessions to a like amount, under the old-age pension law of that State, to persons who have been resident in Queensland.

10. — The amount of a pension shall be 26 pounds per year, diminished :

a) by 1 pound for every complete pound of income of the pensioner above 26 pounds; and

b) where the pensioner has any income, by 1 pound for every complete 15 pounds of the net capital value, assessed as hereinafter mentioned, of all accumulated property of the pensioner.

11. The net capital value of accumulated property shall be assessed in the prescribed manner, and, unless otherwise prescribed, the following provisions shall apply :

a) all real and personal property owned by any person shall be deemed to be his accumulated property;

b) from the capital value of such accumulated property there shall be deducted all charges or encumbrances lawfully and properly existing on such property, and also the sum af 50 pounds, and the residue remaining shall be deemed to be the net capital value of all accumulated property;

c) where a valuation has been made for any Local Authority of any such accumulated real property, such valuation, being the last valuation of such property, shall be taken by any commissioner to be the capital value of such property unless satisfactory evidence is adduced to the contrary;

d) in the case of husband and wife, the net capital value of the accumulated property of each shall be deemed to be not less than half the total net capital value of the accumulated property of both, after allowing only one deduction of 50 pounds. This rule shall not apply where a husband and wife are living apart pursuant to any judgment, order, or deed of separation.

12. — In the computation of income :

a) where any person receives board or lodging or board and lodging, the actual or estimated value or cost of such board or lodging or board and lodging, not exceeding 5 shillings per week, shall be included in the computation of the income of such person;

b) in the case of husband and wife, the income of each shall be deemed to be not less than half the total income of both. This rule shall not apply where a husband and wife are living apart pursuant to any judgment, order, or deed of separation.

b) si le Ministre déclare au registrar que des mesures on tété prises par convention avec le gouvernement de cet autre État, comme il est dit ci-après.

Et dans le but de mettre les dispositions de la présente sous section à exécution, le Ministre, agissant au nom du gouvernement du Queensland, peut s'entendre avec le gouvernement d'un autre État au sujet du payement par cet État de la totalité ou de la partie d'une pension ou de l'allocation par cet État d'avantages équivalents, conformément à la loi sur les pensions de vieillesse du même État, à des personnes qui ont résidé en Queensland.

10. — Le montant de la pension sera de 26 livres par an, avec déduction de :
a) 1 livre pour chaque livre entière de revenu de l'impétrant au delà de 26 livres ; et
b) si l'impétrant a un revenu quelconque, 1 livre pour chaque valeur entière de 15 livres en capital net des biens accumulés du bénéficiaire, calculée et établie comme il est prescrit ci-après.

11. — La valeur nette en capital des biens accumulés sera calculée et établie de la manière prescrite et, sauf disposition contraire, les régles suivantes seront applicables :
a) toutes propriétés immobilières ou mobilières compétant à quelqu'un, seront considérées comme ses biens accumulés ;
b) de la valeur en capital des dits biens accumulés, déduction sera faite de toutes charges ou tous droits réels grevant légalement les dites possessions, et, en outre, de la somme de 50 livres ; le surplus sera considéré comme valeur nette en capital de tous les biens accumulés ;
c) lorsqu'une estimation des biens accumulés aura été faite par une autorité locale, là dernière estimation sera considérée par le commissaire comme établissant la valeur en capital net des propriétés susdites, à moins que la preuve contraire ne soit fournie ;
d) s'il s'agit de conjoints, la valeur en capital net des biens accumulés de chacun d'eux ne sera pas considérée comme inférieure à la moitié de la valeur totale en capital net des biens accumulés des deux, après une seule déduction de 50 livres. Toutefois, cette régle ne sera pas applicable lorsque le mari et la femme vivent séparément en vertu d'un décret ou d'un ordre de justice ou d'un acte de séparation.

12. — Lors de l'estimation du revenu :
a) lorsqu'une personne reçoit l'entretien ou le logement ou l'entretien et le logement, la valeur réelle ou par estimation ou les frais de cet entretien et de ce logement, n'excédant pas 5 shillings par semaine, seront compris dans le calcul du revenu de la dite personne ;
b) à l'égard des conjoints, le revenu annuel de chacun ne sera pas considéré comme inférieur à la moitié du revenu total des deux. Cette régle ne sera pas applicable lorsqu'ils vivent séparément en vertu d'un décret ou ordre de justice ou d'un acte de séparation.

544   GREAT BRITAIN.

Claims.

13. — 1. Every person claiming a pension shall, in the prescribed manner and form, deliver or send a pension claim therefor to the nearest commissioner or to the nearest paymaster or prescribed officer; and such paymaster or prescribed officer shall forthwith transmit the pension claim to the proper commissioner.

2. The pension claim shall expressly affirm all the qualifications and requirements and negative all the disqualifications under this Act, and shall set out the place of abode and length of residence therein of the claimant, and the place or places of abode of the claimant during the previous twelve months, and such other information as may be prescribed.

3. Every claimant shall, by statutory declaration, affirm that the contents of his pension claim are true and correct in every particular, and if any person in any such declaration wilfully makes any false statement he shall be deemed to be guilty of perjury, and shall be punishable accordingly.

4. Such declaration may be made before any police magistrate, commissioner, justice, barrister, solicitor, clerk of petty sessions, paymaster, State school head teacher, or commissioner for affidavits, or any prescribed officer or person.

5. A pension claim may be withdrawn at any time by a notice of withdrawal sent by the claimant to the commissioner to whom the claim was delivered or sent. In such case the commissioner shall forthwith transmit the original claim and notice of withdrawal to the Registrar.

14. — 1. Upon receipt of a pension claim, the commissioner shall forthwith notify the fact to the nearest officer in charge of the police, and it shall thereupon be the duty of such officer and all other officers and members of the police force to make all such inquiries as may be necessary or proper for the full investigation of such claim, and, with as little delay as possible, to transmit a written report thereon to such commissioner. Upon receipt of such report, the commissioner shall in court, but sitting in private, unless for any reason the commissioner deems it necessary to sit in open court, in the locality wherein the claimant resides, or as near thereto as practicable, fully investigate the pension claim for the purpose of ascertaining whether the claimant is entitled to a pension, and if so at what rate. Such commissioner in such Court shall have and may exercise all the powers and authorities of a court of petty sessions.

2. The clerk of the Court shall notify the claimant of a date on which he may attend to support his pension claim, and the commissioner shall, on the day so notified or on the first convenient day thereafter, proceed to investigate the same : Provided that where the commissioner is satisfied that the reports, documents, or evidence in support of a pension claim are or is sufficient to establish it, he may dispense with the personal attendance of the claimant, who shall be notified accordingly.

Demandes de pension.

13. — 1. Quiconque sollicite une pension présentera à cet effet, de la manière et dans la forme prescrites, une demande de pension au commissaire le plus proche, à l'agent payeur le plus proche ou au fonctionnaire désigné par règlement; ceux-ci la transmettront immédiatement au commissaire de l'endroit où le requérant réside.

2. La demande de pension indiquera l'existence de toutes les conditions et l'absence de toutes les disqualifications prévues par la présente loi; elle indiquera également le lieu et la durée de résidence du requérant, et le ou les lieux de résidence du même durant les douze mois précédents et tous autres détails prescrits.

3. Tout requérant affirmera, par déclaration légale, que les mentions de sa demande de pension sont sincères et véritables en tous points; si une personne fait volontairement un faux rapport dans une telle déclaration, elle sera coupable de faux serment et punissable en conséquence.

4. Cette déclaration peut être faite devant tout magistrat de police, commissaire, juge, avocat, avoué, greffier des petites assises, agent payeur, directeur d'une école de l'État, commissaire des *affidavits* ou tout fonctionnaire ou toute personne prescrite.

5. Toute demande de pension peut être retirée en tout temps au moyen d'un avis de retraite envoyé par le requérant au commissaire qui l'a reçue. Dans ce cas, le commissaire transmettra immédiatement au registrar la demande originale ainsi que l'avis de retrait.

14. — 1. A la réception d'une demande de pension, le commissaire en donnera immédiatement avis au fonctionnaire le plus proche du service de la police et celui-ci et tous autres fonctionnaires et membres de la police procéderont aux investigations nécessaires pour que l'enquête sur la demande soit complète, après quoi ils adresseront un rapport écrit au commissaire qui leur a envoyé la demande. Dès que ce rapport lui sera parvenu, le commissaire examinera à huis-clos, à moins que pour une raison quelconque il ne juge nécessaire de tenir une séance publique, la demande de pension en vue de rechercher les droits du requérant à la pension et, dans l'affirmative, le taux de celle-ci. A cette occasion, le commissaire a et peut exercer tous les pouvoirs et droits d'une cour des petites assises.

2. Le greffier de la cour donnera avis au requérant de la date à laquelle il sera admis à soutenir sa demande et à cette date ou à toute autre date ultérieure plus convenable, le commissaire procédera à l'enquête sur la demande : Toutefois, si le commissaire est convaincu de ce que les documents, rapports et preuves relatifs à la demande renferment une justification suffisante de celle-ci, il pourra dispenser l'intéressé de comparaître en personne et l'avertira en conséquence.

3. In order to ascertain the circumstances of any claimant, evidence may be taken at the hearing from members of the police force, and officers and members of the governing bodies of any charitable institutions or societies, or from any other persons whomsoever.

4. Officers of the Government Savings Bank, or of any company, or of any building society or friendly society are hereby required, on demand of any commissioner or the Registrar or officer or member of the police force, to furnish such person with a confidential report as to any transactions in connection with any such bank, company, or society, as the case may be, by any particular claimant or pensioner.

5. No pension claim shall be granted to any claimant unless the commissioner is satisfied as to the truth of the evidence given in support of the claim, and unless the evidence of the claimant is corroborated on all material points by documentary information or oral evidence, except that in respect of the age of the claimant the commissioner, if otherwise satisfied, may dispense with corroborative evidence.

6. In investigating any pension claim the commissioner shall not be bound by the strict rules of evidence, but shall investigate and determine the matter by such means and in such manner as in equity and good conscience he thinks fit.

7. If in investigating any pension claim it appears to the commissioner that the claimant, although otherwise qualified for a pension, is unfit to be entrusted with a pension, he may recommend that such claimant instead of being granted a pension ought to be sent to a benevolent asylum or charitable institution; and the clerk of the Court shall at once notify the Registrar, who may thereupon cause steps to be taken for the admission of such claimant into a benevolent asylum or any prescribed public or private charitable institution.

8. In disposing of material points against the claimant, the commissioner shall distinguish between what he finds to be disproved and what he finds to be simply unproved or insufficiently proved.

9. In respect of matters found to be disproved, the decision of the commissioner shall be final and conclusive for all purposes; unless, on appeal being made by the claimant to the Minister within the prescribed time and in the prescribed manner, the Minister causes an investigation to be made as to such matters by a District Court Judge named by him in that behalf, in which case the decision of such Judge shall be final and conclusive for all purposes.

10. In respect of matters found to be simply unproved or insufficiently proved, the claimant may at any time thereafter adduce before the commissioner fresh evidence, and in such case all material points previously found by the commissioner to be proved shall be deemed to be established, and

3. En vue de s'assurer de la situation d'un requérant, des faits peuvent être recueillis auprès de membres de la police, de fonctionnaires et membres du conseil d'administration d'institutions charitables et de sociétés, ou de n'importe quelle autre personne.

4. A la demande d'un commissaire, d'un registrar, d'un fonctionnaire ou d'un agent de la police, les fonctionnaires de la caisse d'épargne gouvernementale, d'une compagnie, d'une société d'habitations ou d'une société mutuelle sont tenus, par la présente loi, de fournir aux premiers un rapport confidentiel sur les opérations faites par un requérant ou un impétrant avec la dite banque, compagnie ou société, suivant le cas.

5. Une demande de pension ne sera reçue que si le commissaire s'est assuré de ce que les preuves apportées par l'intéressé sont corroborées sur tous les points essentiels, par des documents ou des témoignages; toutefois, en ce qui concerne l'âge de l'intéressé, le commissaire pourra le dispenser de toute preuve sur ce point, s'il en est autrement justifié.

6. En procédant à l'examen d'une demande de pension, le commissaire ne sera pas tenu de se conformer strictement aux principes en matière de preuve, mais il examinera l'affaire et la jugera suivant telle procédure qu'il estimera convenable, en toute conscience et équité.

7. Si en procédant à l'examen d'une demande de pension, le commissaire juge que le requérant, quoique méritant la pension, ne se trouve pas dans les conditions requises pour l'obtenir, il peut recommander, au lieu de l'allocation de la pension, l'envoi de l'intéressé dans un établissement de bienfaisance ou dans une institution charitable; le greffier de la cour donnera immédiatement avis de la chose au registrar qui fera les démarches nécessaires pour l'admission de ce requérant dans un établissement de bienfaisance ou dans une institution charitable publique ou privée qui sera spécialement désignée.

8. En décidant des points essentiels contre le requérant, le commissaire distinguera entre ceux qu'il trouve controuvés et ceux qu'il trouve simplement injustifiés ou insuffisamment établis.

9. En ce qui concerne les faits controuvés, la décision du commissaire sera définitive à tous égards, à moins que, sur appel interjeté par le requérant au Ministre, dans le délai et de la manière prescrite, le Ministre ordonne au juge de la cour du district qu'il désigne à cet effet, de procéder à une enquête sur ces faits; dans ce cas, la décision de ce juge sera définitive à tous égards.

10. Quant aux points simplement injustifiés ou insuffisamment établis, le requérant pourra produire en tout temps dans la suite les preuves nouvelles qui y seraient relatives, et, dans ce cas, tous les faits antérieurement considérés par le commissaire comme prouvés, seront tenus pour définiti-

the commissioner shall dispose of all other points as in the case of a new pension claim.

11. The commissioner shall in the prescribed manner report to the Registrar upon every claim for a pension rejected by him.

Pension Certificates.

15. — 1. When, after investigating any pension claim a commissioner is satisfied that the claimant is deserving of a pension, the clerk of the Court shall at once forward to the Registrar the original pension claim, the commissioner's notes of evidence taken at the investigation of the claim, and the commissioner's recommendation as to the rate of pension, together with the prescribed particulars for identification of the claimant.

2. Where the Minister is satisfied that a pension claim should be admitted, he shall authorise a pension certificate to be issued by the Registrar in the form of a pass-book as prescribed.

No such pass-book shall be so issued to any claimant by the Registrar until he is authorised so to do by the Minister.

3. The rate of a pension and the date of its commencement (which must not be prior to the date of the pension claim) shall be fixed by the Minister and specified in the pass-book, as well as the dates upon which each instalment of pension is payable.

16. — At the request of the Minister of the Registrar, any commissioner may rehear a pension claim previously admitted or rejected, and the Registrar may amend any certificate so as to accord with the decision arrived at after such rehearing. Upon such rehearing the commissioner shall have the same powers as upon the original hearing.

17. — On application, the Registrar may issue a duplicate pension certificate in any case where satisfactory proof is given of the loss or destruction of the original.

18. — The Minister may at any time cancel or suspend or reduce any pension if he considers it expedient so to do, and the Registrar shall amend the pension certificate accordingly.

Payment of pension.

19. — 1. Each instalment of pension shall be payable at the office named in the pension certificate.

2. On application, the name of such office may be changed from time to time by the Registrar, and every change of office shall be recorded by the Registrar on the certificate.

vement établis; le commissaire examinera alors les autres points de l'affaire, comme s'il s'agissait d'une nouvelle demande de pension.

11. Le commissaire adressera un rapport, dans la forme prescrite, au registrar au sujet de toute demande de pension qu'il aura rejetée.

Certificats de pension.

15. — 1. Lorsque, après avoir procédé à l'examen d'une demande de pension, le commissaire s'est assuré que le requérant a droit à la pension, le greffier de la cour transmettra immédiatement au registrar la demande originale, les notes relevées par le commissaire à titre de preuves au cours de l'examen de la demande, l'avis du commissaire quant au montant de la pension à allouer, ainsi que les renseignements prescrits au sujet de l'identité du requérant.

2. Si le Ministre s'est assuré qu'une demande de pension peut être admise, il autorisera le registrar à délivrer un certificat de pension sous la forme d'un livret, comme il est prescrit.

A défaut de cette autorisation, aucun livret ne pourra être remis au requérant par le registrar.

3. Le taux de la pension et la date à laquelle elle prendra cours (date qui ne peut remonter plus haut que la date de la demande) seront déterminés par le Ministre et indiqués dans le livret avec la date du paiement des arrérages.

16. — Sur l'ordre du Ministre ou du registrar, un commissaire peut procéder à un nouvel examen d'une demande de pension précédemment admise ou rejetée, et le registrar peut modifier le certificat dans le sens de la décision intervenue à la suite de ce nouvel examen. Dans ce même cas, le commissaire aura les pouvoirs qui lui sont attribués pour la première enquête au sujet de la même demande.

17. — Sur demande, le registrar peut délivrer un duplicata du certificat au cas où il a reçu des preuves suffisantes de la perte ou de la destruction de l'original.

18. — Le Ministre peut en tout temps annuler, suspendre ou réduire une pension lorsqu'il estime opportun de le faire; le registrar modifie le certificat de pension en conséquence.

Paiement des pensions.

19. — 1. Les arrérages de la pension seront payables au bureau indiqué sur le certificat de pension.

2. Sur requête, l'indication de ce bureau peut être modifiée par le registrar; en cas de besoin, tout changement de bureau est annoté par le registrar sur le certificat.

20. — 1. Subject to this Act, each instalment shall be applied for and payable at any time within twenty-one days after its due date on the personal application of the pensioner, and the production of his pension certificate to the paymaster at the office named therein.

2. In default of strict compliance by the pensioner with the provisions of the last preceding subsection, such instalment shall be deemed to be forfeited unless the forfeiture is waived as hereinafter provided.

3. The Registrar may waive any such forfeiture in any case where after investigation he is satisfied:

a) that, if the forfeiture was occasioned by default of personal application for payment or of application within the prescribed time, such default was due to the pensioner's illness or debility or temporary absence from the locality in which such pension is payable, or other sufficient cause; or

o) that, if the forfeiture was occasioned by default in producing the pension certificate, such default was due to its being lost or destroyed.

4. Except in special cases of the pensioner's illness or debility, it shall not be lawful for the Registrar to waive the forfeiture of a pension twice consecutively to the same pensioner; and in no case shall forfeiture be waived unless waiver is applied for within the prescribed time.

21. — 1. Subject to the Regulations, on production to the paymaster of a warrant in the prescribed form signed by the Registrar, any instalments of pension may, for the benefit of the pensioner, be paid to any minister of religion, justice of the peace, or person named in such warrant as approved by the Registrar.

2. Such warrant may be issued by the Registrar whenever he is satisfied that it is expedient so to do having regard to the age, infirmity, or improvidence of the pensioner, or any other special circumstances; and payment made to the person named in such warrant shall be deemed to be payment to the pensioner.

22. — If a pensioner becomes an inmate of an asylum for the insane or in a hospital, his pension shall, without further or other authority than this Act, be deemed to be suspended, but when the pensioner is discharged from any such asylum or hospital payment of his pension shall be resumed, and he shall be entitled to payment, in respect of the period during which his pension was so suspended, of a sum representing not more than four weeks' instalments of the pension, if the suspension so long continued.

Subject to this Act, if a pensioner departs from Queensland and it is proved to the satisfaction of the commissioner by whom his claim was investigated in the first instance, after notice given to the pensioner in the prescribed manner and form, that the pensioner does not intend to return

20. — 1. Dans les limites des dispositions de la présente loi, les arrérages seront réclamés et payés dans les vingt et un jours de leur échéance, sur demande faite par le titulaire en personne et sur production de son certificat de pension à l'agent payeur du bureau indiqué sur le certificat.

2. Faute de s'être conformé en tout point aux dispositions de la présente sous-section, l'intéressé sera déchu de son droit aux arrérages, à moins qu'il ne soit relevé de cette déchéance, comme il sera dit ci-après.

3. Le registrar pourra relever de la déchéance dans tous les cas où, après enquête, il se sera assuré :

a) que si la déchéance est intervenue à raison de ce que le titulaire ne s'est pas présenté en personne pour toucher les arrérages ou n'a pas réclamé le paiement dans les délais prescrits, cette inobservation de la loi a eu pour cause la maladie ou l'infirmité du titulaire ou son absence temporaire hors de la localité où la pension est payable, ou toute autre raison suffisante;

b) que si la déchéance a eu pour cause le défaut de présentation du certificat de pension, ce fait était dû à ce que ce certificat était perdu ou détruit.

4. Excepté dans les cas spéciaux de maladie ou d'infirmité de l'impétrant, il ne sera pas permis au registrar de rendre successivement deux ordonnances de cette espèce en faveur du même titulaire; et en aucun cas une telle ordonnance ne pourra être rendue que si elle est demandée dans le délai prescrit.

21. — 1. Dans les limites établies par les règlements et sur production à l'agent payeur d'une ordonnance dans la forme prescrite signée par le registrar, les arrérages de la pension peuvent être payés au profit de l'impétrant, à un membre du clergé, à un juge de paix ou à toute autre personne indiquée dans l'ordonnance avec l'approbation du registrar.

2. Une ordonnance de cette espèce peut être rendue par le registrar lorsqu'il s'est assuré de l'avantage de ce procédé eu égard à l'âge, aux infirmités ou à l'imprévoyance de l'impétrant ou à d'autres circonstances spéciales; et le paiement fait à la personne indiquée dans la dite ordonnance sera considéré comme fait à l'impétrant.

22. — Tous arrérages échus pendant que l'impétrant était interné dans une maison de santé ou confié à un hospice seront périmés de droit en vertu de la présente loi; mais lorsque l'impétrant aura été autorisé à quitter la maison de santé ou l'hospice, après y être resté plus de quatre semaines, le paiement de sa pension sera repris et pourra être reporté jusqu'à la fin de la quatrième semaine précédant la date de sa sortie.

Dans les limites des dispositions de la présente loi, si le commissaire est convaincu, après avis donné à l'impétrant de la manière et dans la forme prescrites, du départ, sans esprit de retour de l'impétrant hors du Queensland, le dit commissaire signalera le fait au registrar et après que celui-ci

to Queensland, the commissioner shall notify that fact to the Registrar, and, upon such notification being received by the Registrar, the pension shall, without further or other authority than this Act, be deemed to be forfeited :

Provided that the pensioner may, in the prescribed form, make application for waiver of the forfeiture, and the commissioner, upon being satisfied that the pensioner has either returned to Queensland or is absent therefrom only temporarily, may notify the Registrar to that effect, and thereupon the pension shall again become payable to the pensioner, as if the same had never been forfeited.

For any period during which a pensioner is in prison his pension shall, without further or other autority than this Act, be deemed to be forfeited, without prejudice, however, to any application for restoration of the pension to the pensioner upon his discharge from prison.

23. — In the event of a successful claimant of a pension being an inmate of a benevolent asylum, the pension shall commence and be made payable from a date not more than twenty-eight days prior to the pensioner having been discharged from or leaving such asylum. No person while an inmate of a benevolent asylum shall draw a pension.

24. — With respect to the payment of instalments of pension by a paymaster, the following provisions shall apply :

a) the paymaster may, if he thinks fit, require the applicant for payment to prove his identity, but, subject to the Regulations, he may accept the production of the pension certificate as sufficient evidence that the person producing the same is the person entitled to payment;

b) when making the payment, the paymaster shall record in the pension certificate the date and fact of the payment, and shall also require the person receiving the payment to give a receipt therefor in the prescribed form;

c) such receipt shall be sufficient evidence that the payment to which the receipt purports to relate has been duly made, and no claim against His Majesty or the paymaster shall thereafter arise or be made in any Court or proceeding whatsoever by the pensioner or any person whomsoever in respect thereof;

d) all receipts given for pensions shall be exempt from stamp duty.

Offences.

25. — Every person shall, on conviction before a court of petty sessions consisting of a police magistrate, be liable to imprisonment for not more than six months with or without hard labour :

a) if by means of any wilfully false statement or representation he obtains

aura reçu cette notification, la pension sera considérée comme annulée de droit en vertu de la présente loi.

Toutefois, l'impétrant peut, de la manière prescrite, demander à être relevé de la déchéance et le commissaire, après s'être assuré du retour de l'intéressé dans le Queensland ou de son absence temporaire hors de cet État, peut envoyer un avis à cet effet au registrar, après quoi les arrérages de la pension seront de nouveau payables à l'intéressé, comme s'il n'y avait eu aucune déchéance.

Tous arrérages échus pendant que le titulaire de la pension était lucarcéré seront périmés de droit en vertu de la présente loi, sans préjudice toutefois d'une demande de rétablissement de la pension au profit de l'impétrant après sa sortie de prison.

23. — Lorsque le bénéficiaire d'une pension est à charge d'un établissement de bienfaisance, la pension prendra cours et sera payable à partir d'une date ne précédant pas de plus de vingt-huit jours le moment où l'impétrant aura pu quitter le dit établissement. Aucune personne entretenue par un établissement de bienfaisance ne pourra toucher une pension.

24. — Les dispositions suivantes seront applicables au paiement des arrérages de la pension par l'agent payeur :

a) l'agent payeur pourra, s'il le juge à propos, exiger de la personne qui réclamera le paiement la preuve de son identité, mais, sous réserve de toutes dispositions réglementaires, il pourra considérer la production du certificat de pension comme preuve suffisante de l'identité de la personne qui produit cette pièce avec celle qui a droit au paiement;

b) lorsqu'il aura effectué le paiement, l'agent payeur inscrira sur le certificat la date et la mention du paiement, et exigera aussi de la personne à laquelle le paiement a été fait, un reçu dans la forme prescrite;

c) ce reçu suffira à établir que le paiement auquel il se rapporte a été dûment effectué et aucune réclamation ne pourra être élevée à cet égard, dans la suite, dans n'importe quelle procédure ou devant n'importe quelle cour, par l'impétrant ou une autre personne, contre l'État ou l'agent payeur;

d) tous les reçus relatifs aux pensions seront exempts des droits de timbre.

Pénalités.

25. — Sera passible d'un emprisonnement n'excédant pas six mois, avec ou sans travail forcé, toute personne :

a) qui, à l'aide de pièces ou de moyens frauduleux, aura obtenu ou essayé

or attempts to obtain a pension certificate or pension, or to affect the rate of any pension for which he is a claimant; or

b) if by any unlawful means he obtains or attemps to obtain payment of any forfeited or suspended instalment of pension; or

c) if by means of personation or any fraudulent device whatsoever he obtains or attempts to obtain payment of any instalment of pension; or

d) if by any wilfully false statement or representation he aids or abets any person in obtaining or claiming a pension certificate, or pension, or instalment of a pension; or

e) if he wilfully lends his pension certificate to any other person.

26. — In the case of a conviction under the last preceding section, the Court, in addition to imposing the punishment thereby prescribed, shall also, according to the circumstances of the case, by order :

a) cancel any pension certificate which is proved to have been wrongfullh obtained; or

b) impose a penalty not exceeding twice the amount of any instalment the payment whereof has been wrongfully obtained, or attempted to be obtained, and, if the defendant is a pensioner, direct the forfeiture of future instalments of his pension equal in amount to such penalty and in satisfaction thereof.

27. — 1. When a pensioner is in any Court convicted of drunkenness or of any simple effence, then, in addition to any other punishment imposed, the Court may, by order, forfeit any one or more of the instalments falling due after the date of the conviction.

2. Where, in the opinion of a commissioner, a pensioner misspends any part of his pension, or misspends, wastes, or lessens any part of his estate or of his income or earnings, or injures his health, or endangers or interrupts the peace and happiness of his familly, a commissioner may, on the complaint of the Registrar or any paymaster or any member of the police force, make an order directing that until further order the instalments shall be paid to any benevolent or charitable society, minister of religion, justice of the peace, or other person named by the commissioner for the benefit of the pensioner, or suspending the pension certificate pending the decision of the Minister thereon, or directing the forfeiture of so many of the instalments as the commissioner thinks fit.

3. Where a pensioner is twice within twelve months convicted of any offence punishable by imprisonment for not less than one month, or where any pensioner is convicted of any offence punishable by imprisonment for

d'obtenir un certificat de pension ou une pension ou de modifier le taux de la pension qu'elle sollicite ; ou

b) qui, par des moyens frauduleux, aura obtenu ou essayé d'obtenir le paiement des arrérages ou d'une pension définitivement frappés de déchéance ou simplement suspendus ; ou

c) qui, par supposition de personne ou à l'aide de tout autre expédient frauduleux, aura obtenu ou essayé d'obtenir le paiement des arrérages d'une pension ; ou

d) qui, à l'aide de pièces ou de moyens frauduleux, aura aidé ou encouragé une personne à se procurer un certificat de pension, une pension ou des arrérages d'une pension ; ou

e) qui, volontairement, aura prêté son certificat de pension à une autre personne.

26. — Lorsque le prévenu aura été reconnu coupable en vertu de la section précédente, la cour, outre la condamnation prescrite par la présente section, prononcera selon les circonstances de la cause, par voie d'ordonnance :

a) l'annulation de tout certificat de pension qui aura été obtenu par des voies frauduleuses ; ou

b) une amende n'excédant pas le double du montant des arrérages dont le délinquant aura obtenu ou essayé d'obtenir le paiement par fraude, et, si le délinquant est le titulaire d'une pension, le tribunal prononcera la confiscation des arrérages à échoir, jusqu'à concurrence de la dite amende et pour le paiement de celle-ci.

27. — 1. Si le bénéficiaire d'une pension est condamné pour ivresse ou pour un autre délit, outre les amendes et autres condamnations qui lui seront infligées, la cour pourra à son gré et par voie d'ordonnance, confisquer une ou plusieurs parties de l'annuité à échoir immédiatement après la condamnation.

2. Si un commissaire estime que le titulaire d'une pension gaspille certaines parties de sa pension ou bien gaspille, dilapide ou compromet en partie sa fortune ou ses revenus, endommage sa santé, trouble ou ruine la tranquillité et le bien-être de sa famille, il peut, sur la plainte du registrar, d'un agent payeur ou d'un agent de la police, ordonner que les arrérages soient payés à une institution de bienfaisance ou charitable, à un membre du clergé, à un juge de paix ou à une autre personne qu'il désignera, au profit du titulaire, ou suspendre le certificat de pension jusqu'à ce que le Ministre ait pris une décision, ou encore ordonner qu'un certain nombre d'arrérages soient confisqués, le tout à son gré.

3. Si un impétrant est condamné, à deux reprises différentes en l'espace de douze mois, à un emprisonnement d'un mois au moins, ou s'il est condamné à un emprisonnement de douze mois ou plus, au lieu de confisquer

twelve months or upwards, then, in lieu of forfeiting any instalment of the pension, the Court last imposing such punishment shall, by order, cancel the pension certificate.

4. In any case where any pension certificate is cancelled by the Court, the pension shall be deemed to be absolutety forfeited, and the certificate shall be delivered up to the clerck of the Court and forwarded by him to the Registrar.

5. In every case where any instalment is forteited or any pension certificate is cancelled, the clerk of the Court shall fortwith notify the Registrar of such forfeiture or cancellation, and the Registrar shall record the same, and give notice thereof to the paymaster at the office where such pension is payable.

28. — Notwithstanding that a pensioner has not been convicted of drunkenness, a commissioner may and, if so requested by the Registrar, shall at any time summon any pensioner to appear and show cause why his pension should not be cancelled, reduced, or suspended for a time on account of such pensioner's drunken or intemperate habits; and at the time and place mentioned in such summons the commissioner may, if he thinks fit, cancel, reduce, or suspend such pension accordingly.

Miscellaneous.

29. — The Minister shall, out of moneys to be from time to time appropriated by Parliament for the purpose, pay all such moneys as are necessary for the payment of pensions under this Act; and payments shall be made in the prescribed manner.

30. — The Minister shall, within sixty days after the close of each financial year, prepare and lay before Parliament if sitting, or, if not sitting, then within forty days after the commencement of the next session, a statement showing for such year.

a) the total amount paid under this Act in respect of pensions;

b) the total number of pensions; and

c) such other particulars as are prescribed.

31. — Every pension shall be deemed to be granted and shall be held subject to all the provisions of his Act and to the provisions of any other Act amending or repealing or in substitution for this Act which may at any time be passed, and no pensioner shall have any claim for compensation or otherwise by reason of his pension being affected by the operation of this Act or any such other Act.

32. — 1. The Governor in Council may from time to time make Regulations not inconsistent with this Act with regard to all or any of the following matters, namely :

I. the powers and duties of the Registrar and officers;

certains arrérages de la pension, la cour qui aura prononcé la condamnation susvisée, annulera, par voie d'ordonnance, le certificat de pension.

4. Dans tous les cas où un certificat de pension est annulé par la cour, le droit à la pension est tenu pour définitivement caduc et le certificat est remis au greffier de la cour et transmis par lui au registrar.

5. Dans tous les cas où des arrérages sont confisqués ou un certificat de pension annulé, le greffier de la cour notifiera immédiatement au registrar la confiscation ou l'annulation, et le registrar en effectuera l'enregistrement et en donnera avis à l'agent payeur du bureau où la pension est payable.

28. — Alors même qu'un impétrant n'a jamais été condamné pour ivresse publique, un commissaire pourra et, s'il en est requis par le registrar, devra faire comparaître le dit bénéficiaire et entendre ses moyens de défense contre une annulation éventuelle, une réduction ou une suspension de sa pension à raison des habitudes d'intempérance du dit bénéficiaire ; le commissaire pourra, s'il le juge bon, annuler, réduire ou suspendre la pension.

Dispositions diverses.

29. — Le Ministre imputera les sommes nécessaires au paiement des pensions accordées en vertu de la présente loi, sur les crédits que le Parlement votera périodiquement à cet effet ; les paiements se feront de la manière prescrite.

30. — Le Ministre, dans les soixante jours qui suivront la clôture de chaque exercice financier, préparera et transmettra au Parlement s'il est en session, ou s'il n'est pas en session, dans les quarante jours après le commencement de la session suivante, un état indiquant pour cet exercice :

a) le montant total des sommes payées en vertu de la présente loi pour le service des pensions ;

b) le nombre total des pensions ;

c) tous autres détails prescrits.

31. — Les pensions seront considérées comme accordées et obtenues dans les limites des dispositions de la présente loi et de toute loi de modification ou d'abrogation qui seraient promulguées par la suite ; les bénéficiaires de pensions n'auront aucun droit à une indemnité ou autre compensation sous prétexte qu'il aurait été porté atteinte à leur pension par la présente loi ou par une loi d'abrogation ou de modification.

32. — 1. Le gouverneur assisté de son conseil pourra formuler des règlements conformes aux dispositions de la présente loi, concernant tout ou partie des points suivants, savoir :

I. les pouvoirs et obligations du registrar et des fonctionnaires ;

II. the form of pension claims, and any applications or declarations relating thereto, and the times within which the same are to be made or given;

III. the registering and numbering of pension claims and particulars in regard thereto;

IV. the form of pensions certificates;

V. the mode of valuing properties;

VI. all proceedings of any kind before a commissioner;

VII. the form of receipt to be given for any pension;

VIII. the delivery up and recovery of pension certificates cancelled or suspended or lapsed on death or for any other reason; and

IX. generally for the purpose of the more effectually carrying out the intent and objects of this Act.

2. All such Regulations shall be published in the *Gazette*, and when so published shall be of the same effect as if they were enacted in this Act, and shall be judicially noticed, and shall be laid before both Houses of Parliament within forty days after the same have been made if Parliament is then sitting, and, if not, then within forty days after the commencement of the next session.

33. — 1. All courts, judges, and commissioners acting judicially shall take judicial notice of the signature of the Minister or Registrar or any commissioner or clerk of a Court, or of any person acting in any of such offices, to every document required to be signed for the purposes of this Act or any Act amending the same; and such documents purporting to be so signed shall be received as *primâ facie* evidence by such courts, judges, and commissioners of the facts and statements therein contained.

2. A statement in writing purporting to be signed by the Registrar that any person is a pensioner in receipt of a pension of a certain rate shall be *primâ facie* evidence that such person is a pensioner in receipt of a pension and of the rate thereof.

SCHEDULE.

I,   , of   , do sincerely promise and swear that, as a commissioner under *The Old-age Pensions Act of* 1900, I will at all times and in all things do equal justice to the poor and to the rich, and discharge the duties of my office according to law and to the best of my knowledge and ability without fear, favour, or affection.

So help me God.

II. la formule des demandes de pension, et des déclarations y relatives, et les dates auxquelles ces demandes et déclarations doivent être faites et présentées ;

III. l'enregistrement et le numérotage des demandes de pension et les détails y relatifs;

IV. la formule des certificats de pension;

V. le mode d'évaluation des biens;

VI. les procédures de tout genre devant un commissaire ;

VII. la formule du reçu à donner pour la pension;

VIII. la délivrance et la restitution des certificats de pension annulés ou suspendus ou périmés par suite de décès ou pour toute autre raison;

IX. d'une façon générale, en vue de faire produire à la loi tous ses effets.

2. Tous ces réglements auront force de loi après avoir été publiés dans la *Gazette* et seront reconnus en justice; ils seront soumis aux deux Chambres du Parlement dans les quarante jours de leur publication, si ces Chambres sont en session, et si elles ne sont pas en session, dans les quarante jours qui suivent le commencement de la session suivante.

33. — 1. Les cours, juges et commissaires agissant en justice reconnaîtront la signature du Ministre, du registrar, d'un commissaire, d'un greffier d'une cour ou de toute personne dans l'exercice de ses fonctions, lorsque cette signature est apposée sur un document qui doit être signé en vertu de la présente loi ou de toute loi modifiant celle-ci ; pareil document constituera la preuve *prima facie* devant ces cours, juges et commissaires des faits et exposés qu'il contient.

2. Toute déclaration à signer par le registrar et établissant qu'une personne est bénéficiaire d'une pension d'un taux déterminé, servira de preuve *prima facie* que cette personne est bien bénéficiaire de la dite pension au taux indiqué.

ANNEXE.

Je soussigné,   , de   , promets sincèrement et jure que, en ma qualité de commissaire nommé en vertu de la loi de 1908 concernant les pensions de vieillesse, je ferai toujours et en toutes choses égale justice pour les pauvres comme pour les riches et remplirai les devoirs de ma charge conformément à la loi et au mieux de mes connaissances et de mes moyens, sans crainte, partialité ou passion.

Ainsi Dieu m'aide.

TASMANIA.

An act to regulate Sunday Observance. (14 December, 1908.)

1. — This Act may be cited as " The Sunday Observance Act."

2. — From and after the commencement of this Act :
I.. the Imperial Acts specified in the schedule to this Act shall not extend or apply to this State;
II. sections 195, 196, 197, 198, and 120 of " The Police Act, 1905," be repealed.

3. — In this Act, unless the context otherwise requires :
" Sunday " means the period of time which begins at midnight on Saturday and ends at midnight on the following day.
" Person " includes His Majesty and all public bodies, bodies corporate, societies, companies, and inhabitants of cities or municipalities.
" Vessel " includes any kind of vessel or boat used for conveying passengers or freight by water.
" Railway " includes steam railway, electric railway, street railway, and tramway.
" Performance " includes any game, match, sport, contest, exibition, or entertainment.
" Employer " includes every person to whose orders or directions any other person is by his employment bound to conform.

4. — Nothing in this Act shall :
I. be deemed to prevent passenger traffic of any kind on Sunday not prohibited by law;

II. affect or prevent the operation or application of any law for the time being in force relating to passenger traffic.

5. — This Act shall commence and come into force on the first day of January, 1909.

Prohibitions.

6. — It shall not be lawful for any person on Sunday, except as provided in this Act :
I. to sell or offer for sale or purchase any goods, chattels, or other personal property, or any real estate; or
II. to carry on or transact any business of his ordinary calling, or in connection with such calling; or
III. for gain to do, or employ any other person to do, on that day any work, business, or labour.

TASMANIE.

Loi du 14 décembre 1908 sur le repos du dimanche.

1. — La présente loi peut être citée sous le titre de « loi sur le repos du dimanche ».

2. — A partir de l'entrée en vigueur de la présente loi :
 I. les lois impériales spécifiées dans l'annexe de la présente loi ne seront plus applicables à la Tasmanie ;
 II. les sections 195, 196, 197, 198 et 120 de « la loi de 1905 sur la police » seront rapportées.

3. — Dans la présente loi, à moins que le contexte n'en décide autrement :
« Dimanche » signifie le laps de temps compris entre le samedi à minuit et le lendemain à minuit.
« Personne » comprend Sa Majesté et les corporations, corps constitués, sociétés, compagnies et tout habitant d'une ville ou d'une commune.
« Vaisseau » comprend toute espèce de vaisseau ou bateau utilisé pour le transport de passagers ou de marchandises par eau.
« Chemin de fer » comprend tout chemin de fer à vapeur, chemin de fer électrique, chemin de fer urbain et tramway.
« Spectacle » comprend jeux, parties, sports, luttes, représentations ou divertissements.
« Employeur » comprend toute personne aux ordres ou instructions de laquelle une autre personne est de par son emploi tenue de se conformer.

4. — Rien dans la présente loi
 I. ne sera considéré comme empêchant un service quelconque de transport des voyageurs, le dimanche, lorsque ce service n'est pas interdit par la loi ;
 II. ne portera atteinte aux dispositions d'une loi en vigueur concernant le transport des voyageurs.

5. — La présente loi entrera en vigueur le 1er janvier 1909.

Défenses.

6. — Le dimanche, il est interdit à chacun, sauf les dispositions de la présente loi
 I. de vendre, d'offrir en vente ou d'acheter des marchandises, effets ou autres biens meubles, ou des biens immeubles ;
 II. de faire ou expédier quelque affaire que ce soit de sa profession ordinaire ou se rattachant à cette profession ;
 III. de faire ou d'employer une autre personne pour faire, ce jour-là, quelque ouvrage, affaire ou travail dans un esprit de lucre.

7. — 1. It shall not be lawful for any person on Sunday to :

I. engage in any public game or contest for gain, or for any prize or reward, or to be present thereat; or

II. provide, engage in, or be present at any performance or public meeting at which any fee is charged, directly or indirectly, either for admission to such performance or meeting, or to any place within which the same is provided, or for any service or privilege thereat except performancés or public meetings sanctioned by the mayor or warden of the city or municipality in which the same take place.

2. Any charge made by or by the direction of any person providing or managing a performance, in respect of the conveying of any other person to the performance, shall be deemed to be a fee charged indirectly for admission to the performance, within the meaning of paragraph II. of subsection 1, in every case where no other fee is charged for admission to the performance.

3. The municipal council of any city or municipality may from time to time make by-lawe to take éffect in the city or municipality :

I. regulating the holding on Sunday of any exhibition or entertainment at which no fee is charged, directly or indirectly, either for admission to such exhibition or entertainment or to any place within which the same is provided, or for any service or privilege thereat;

II. prohibiting the providing, engaging in, or being present at any specified exhibition or entertainment, or any specified class of exhibition or entertainment, on Sunday at which no fee is so charged as aforesaid.

4. This section shall not operate so as to prevent, impede, or interfere with divine worship in any way whatever.

8. — It shall not be lawful for any person to advertise in any manner whatsoever any performance or other thing prohibited by this Act.

9. — 1. No person shall without legal cause discharge any firearm on Sunday within, or within 3 miles of, any town, or within 1 mile of any place of worship where divine service is being held.

2. Any constate who sees any such offence committed may seize any firearm so discharged as aforesaid, and may apprehend every such offender without warrant.

10. — No person on Sunday shall serve or execute, or cause to be served or executed, any writ, process, warrant, order, judgment or decree (except in cases of treason, felony, misdemeanor, or breach of the peace).

The service on Sunday of every such writ, process, warrant, order, judgment, or decree shall be void to all intents and purposes whatsoever; and the person so serving or executing the same shall be as liable to the suit

7. — 1. Le dimanche, il ne sera permis à personne
 I. de prendre part à des jeux ou concours publics que ce soit pour un profit ou pour un prix ou une récompense, ou d'y assister; ni
 II. d'organiser, participer ou assister à un spectacle ou à une assemblée publique, où il est directement ou indirectement exigé une rétribution soit pour l'entrée, soit pour l'assistance à ce spectacle ou à cette assemblée, soit pour un service ou un avantage à y prendre, sauf dans les cas où il s'agit de spectacles ou assemblées autorisés par le bourgmestre ou le secrétaire communal de la ville ou de la commune où ces spectacles se tiennent.
 2. Toute rétribution exigée par ou d'après les instructions des propriétaires ou directeurs d'un spectacle pour le transport de personnes quelconques à ce spectacle, sera censée être un paiement indirect du prix d'entrée dans le sens du § II de la sous-section 1, daus tous les cas où une autre rétribution ne sera pas fixée pour l'entrée à ce spectacle.

3. Le conseil communal d'une ville ou commune peut toujours faire des réglements applicables à la dite ville ou commune
 I. en vue de régler la maniére dont se feront, le dimanche, les représentations ou divertissements où aucune rétribution n'est exigée, ni directement ni indirectement, soit pour l'entrée ou l'assistance à ces représentations ou divertissements, soit pour un service ou un avantage à y prendre;
 II. en vue d'interdire, le dimanche, les représentations ou divertissements ou une certaine catégorie de représentations ou de divertissements où il n'est exigé aucune rétribution, comme il vient d'être dit.
 4. Rien dans la présente section ne sera de nature à empêcher ou à entraver d'une manière quelconque le service divin.

8. — Il ne sera permis à personne d'annoncer de quelque manière que ce soit un spectacle ou une autre chose prohibée par la présente loi.

9. — 1. Sauf pour une cause licite, il sera défendu, le dimanche, de décharger une arme à feu dans une ville ou à 3 milles d'une ville, ou à 1 mille d'un lieu où un service divin est célébré.
 2. Tout officier de police qui sera témoin d'une infraction pourra saisir l'arme qui aura été déchargée dans les circonstances ci-dessus, et arrêter le contrevenant sans mandat.

10. — 1. Il ne sera permis à personne, le dimanche, de signifier ou exécuter, ni de faire signifier ou exécuter un exploit, sommation, mandat d'arrêt, ordonnance, jugement ou décret (excepté en cas de trahison, crime, contravention ou délit contre l'ordre public).
 La remise d'un tel exploit, sommation, mandat d'arrêt, ordonnance, jugement ou décret, faite le dimanche, sera de nul effet sous tous les rapports, et la personne qui se sera permise de faire cette signification ou exé-

of the party grieved, and to answer damages to him for the doing thereof, as if he had done the same without any writ, process, warrant, order, judgment or decree at all.

Works of Necessity and Mercy excepted.

11. — Notwithstanding anything herein contained, any person may on Sunday do any work of necessity or mercy, and for greater certainty, but not so as to restrict the ordinary meaning of the expression " work of necessity or mercy," it is hereby declared that it shall be deemed to include the following classes of work :

i. any necessary or customary work in connection with divine worship;

ii. work for the relief of sickness and suffering, including the sale of drugs, medicines, and surgical appliances by retail;

iii. starting or maintaining fires, making repairs to furnaces and repairs in cases of emergency, and doing any other work when such fires, repairs, or work are essential to any industry or industrial process of such a continuous nature that it cannot be stopped without serious injury to such industry or its product, or to the plant or property used in such process;

iv. starting or maintaining fires when any such work is essential to the protection of property, life, or health;

v. any work without the doing of which on Sunday electric current, light, heat, cold air, water, or gas cannot be continuously supplied;

vi. the conveying of travellers or passengers, and work incidental thereto;

vii. the continuance to their destination of trains and vessels in transit when Sunday begins, and work incidental thereto;

viii. making repairs in cases of emergency, or doing any other work of a like incidental character necessary to keep the railway lines open on Sunday;

ix. the caring for milk, cheese, perishable products, and live animals;

x. any work in the preparation of the regular Monday morning edition of a daily newspaper;

xi. the sale of milk for domestic use : Provided that the municipal council of each city or municipality shall from time to time, by resolution, fix and declare the hours within which, and the conditions subject to which, milk may be sold within the city or municipality in every case where the milk is not delivered by the milk vendor or his servant in the usual way, at the home of the consumer;

cution sera exposée aux poursuites de la partie lésée et répondra des dommages résultant de ce chef comme s'il avait fait la dite signification ou exécution sans mandat, ordonnance, jugement ou décret.

Exceptions en ce qui concerne les travaux de nécessité ou d'humanité.

11. — Nonobstant toutes dispositions contraires de la présente loi, toute personne peut, le dimanche, faire n'importe quel travail de nécessité ou d'humanité; et pour plus de certitude, mais sans restreindre le sens ordinaire de l'expression « travail de nécessité ou d'humanité », il est déclaré ici qu'elle est censée comprendre les genres de travail qui suivent :

i. tout travail nécessaire ou d'usage relativement au culte divin ;

ii. tout travail pour le soulagement des maladies et des souffrances, y compris la vente des drogues, des médicaments et des appareils chirurgicaux au détail ;

iii. l'allumage ou l'entretien des feux, l'exécution de réparations à des fourneaux, de réparations en cas d'urgence, et de tout autre travail, quand ces feux, ces réparations ou ce travail sont essentiels à quelque industrie ou quelque procédé de fabrication dont le caractère de continuité est tel qu'il ne saurait y avoir d'arrêt sans préjudice grave pour cette industrie, la production, l'outillage ou le matériel employé ;

iv. l'allumage ou l'entretien des feux, quand ce travail est essentiel à la protection de la propriété, de la vie ou de la santé ;

v. tout travail sans l'exécution duquel, le dimanche, il ne saurait être fourni d'une manière continue de courant électrique, de lumière, de chaleur, d'air froid, d'eau ou de gaz ;

vi. le transport des voyageurs ou passagers et le travail qui s'y rattache ;

vii. la conduite à destination des trains et des bateaux déjà en marche lorsque commence le dimanche, et le travail qui s'y rattache ;

viii. l'exécution de réparations en cas d'urgence ou de tout autre travail de même nature, nécessaire pour tenir les lignes de chemins de fer ouvertes le dimanche ;

ix. le soin du lait, du fromage, des produits périssables et de la vie des animaux ;

x. tout travail pour la préparation de l'édition régulière du lundi matin d'un journal quotidien ;

xi. la vente du lait pour les usages domestiques; toutefois, le conseil communal de chaque ville ou commune fixera de temps en temps et annoncera les heures pendant lesquelles et les conditions auxquelles le lait peut être vendu à l'intérieur de la ville lorsqu'il n'est pas livré à domicile par le vendeur ou son domestique de la manière ordinaire ;

xii. the sale within the city or municipality of fruit to the public during such hours hand subject to such conditions as the municipal council of the city or municipality, having due regard to the object of this Act, shall by resolution from time to time fix and declare;

xiii. the opening within any city or municipality of such *bonâ fide* : Restaurants, Tea-rooms, Tea-gardens, for the proper purposes thereof, for the convenience of the public, and during such hours and subject to such conditions as the municipal council of the city or municipality, having due regard to the object of this Act, shall by resolution from time to time fix and declare;

xiv. the work of domestic servants and watchmen;

xv. work done by any person in the public service of His Majesty while acting therein under any regulation or direction of any department of the Government;

xvi. any unavoidable work on Sunday to save property in cases of emergency, or where such property is in danger of destruction or serious injury;

xvii. any work which the Minister for Lands and Works and Railways, having regard to the object of this Act, and with the object of preventing undue delay, deems necessary to permit in connection with the freight traffic of any State or other railway;

xviii. any work declared by a resolution passed by both Houses of Parliament to be a work of necessity or mercy, and as such proclaimed by the Governor.

Offences and Penalties.

12. — Any person who violates any of the provisions of this Act, or of any regulation thereunder, shall for each offence be liable, on summary conviction, to a fine not exceeding 10 pounds.

13. — Every employer who authorises or directs anything to be done in violation of any provision of this Act, or of any regulation thereunder, shall for each offence be liable, on summary conviction, to a fine not exceeding 10 pounds.

14. — Every corporation which authorises, directs, or permits its employees to carry on any part of the business of such corporation in violation of any of the provisions of this Act shall be liable, on summary conviction, to a penalty not exceeding 10 pounds.

Procedure.

15. — No action or prosecution for a violation of this Act, or of any regulation thereunder, shall be commenced without the leave in writing of

xii. la vente de fruits faite au public dans l'enceinte de la commune pendant les heures et sous les conditions que fixera et annoncera le conseil communal de la dite ville ou commune, en tenant compte de l'objet de la présente loi;

xiii. l'ouverture dans l'enceinte de la ville ou commune de restaurants, salons de thé, jardins de thé, exploités comme tels, pour la commodité du public et pendant les heures et sous les conditions que fixera et annoncera le conseil communal de la dite ville ou commune, eu égard à l'objet de la présente loi;

xiv. le travail des domestiques et des gardiens;

xv. le travail accompli par une personne dans le service public de Sa Majesté en exécution d'un réglement ou d'un ordre d'un département du gouvernement;

xvi. tout travail inévitable le dimanche pour sauver la propriété en cas d'urgence, ou quand la propriété est en danger d'être détruite ou de souffrir gravement;

xvii. tout travail que le Ministre des travaux publics et des chemins de fer, en tenant compte de l'objet de la présente loi et en vue de prévenir des retards indus, juge nécessaire de permettre comme corollaire du mouvement des marchandises sur les chemins de fer de l'État ou sur tout autre chemin de fer;

xviii. tout travail déclaré par décision des deux Chambres du Parlement travail de nécessité ou d'humanité et proclamé tel par le gouverneur.

Infractions et amendes.

12. — Quiconque viole une des dispositions de la présente loi ou des réglements pris en vertu de celle-ci, sera, pour chaque infraction, passible, sur condamnation sommaire, d'une amende n'excédant pas 10 livres.

13. — Tout employeur qui ordonne ou permet de faire quelque chose en contravention à une disposition quelconque de la présente loi ou des règlements pris en vertu de celle-ci sera, pour chaque contravention, passible, sur condamnation sommaire, d'une amende n'excédant pas 10 livres.

14. — Toute corporation qui autorise, oblige ou laisse ses employés exécuter quelque partie que ce soit de ses opérations en contravention à une des dispositions de la présente loi, sera passible, sur condamnation sommaire, d'une amende n'excédant pas 10 livres.

Poursuites.

15. — Nulle action du chef de contravention à la présente loi ou aux réglements pris en vertu de celle-ci, ne sera instituée sans la permission

the Attorney-General for the State, nor after the expiration of sixty days from the time of the commission of the alleged offence.

16. — All informations for offences against any of the provisions of this Act or the regulations, and all penalties or fines imposed under the provisions of this Act or the regulations, may be summarily heard, determined, and recovered by and before a police magistrate or any two or more justices in the mode prescribed by " The Magistrates Summary Procedure Act."

SCHEDULE.

Date and Number of Act.	Title of Act.
1 Car. I., c. 1 (sports) (A. D. 1625).	« The Sunday Observance Act, 1625 ».
3 Car. I., c. 2 (A. D. 1627) (carriers and butchers).	An Act for the further Reformation of Sundry Abuses committed on the Lord's Day, commonly called Sunday.
29 Car. II., c. 7 (A. D. 1677) (work generally).	« The Sunday Observance Act, 1677 ».
21 Geo. III., c. 49 (public entertainments).	« The Sunday Observance Act. 1780 ».

CANADA.

LEGISLATION OF DOMINION.

An Act to authorize the issue of Government Annuities for Old Age.
(Assented to 20th July, 1908.)

1. — This Act may be cited as " The Government Annuities Act ", 1908.

2. — In this Act, unless the context otherwise requires,

a) " Minister " means the Minister appointed by the Governor in Council to administer this Act.

b) " Annuity " means an annuity issued under the provisions of this Act.

écrite du procureur général de l'État, ni aprés l'expiration de soixante jours à compter de la contravention.

16. — Toutes les affaires relativés aux contraventions à la présente loi ou aux réglements, et toutes les amendes imposées en vertu des dispositions de la présente loi ou des règlements, peuvent par voie sommaire, être entendues, fixées et recouvrées par et devant un magistrat de police ou deux ou plusieurs juges de la maniére prescrite par « la loi concernant la procédure sommaire devant les magistrats ».

ANNEXE.

DATE ET NUMÉRO DE LA LOI	TITRE DE LA LOI.
1 Car. I., c. 1 (sports) (A. D. 1625).	Loi de 1625 sur l'observance du dimanche.
3 Car. I., c. 2 (A. D. 1627) (charretiers et bouchers).	Loi portant répression de différents abus commis le jour du Seigneur communément appelé dimanche.
29 Car. II., c. 7 (A. D. 1677) (travail en général).	Loi de 1677 sur l'observance du dimanche.
21 Geo. III., c. 49 (divertissements publics).	Loi de 1780 sur l'observance du dimanche.

CANADA

LEGISLATION DU DOMINION.

Loi du 20 juillet 1908, autorisant le gouvernement à constituer des rentes viagères pour le vieil âge.

1. — La présente loi peut être citée sous le nom de *loi des rentes viagères servies par l'État*, 1908.

2. — En la présente loi, à moins que le contexte n'exige une interprétation différente :

a) « Ministre » signifie le ministre chargé par le gouverneur en conseil de l'administration de la présente loi.

b) « Rente viagère » signifie une rente viagère créée sous le régime de la présente loi.

(¹) 1908, chapitre 5. Texte français officiel.

c) "Annuitant" means a person in receipt of, or entitled to the receipt of, who has contracted for the purchase of, an annuity.

3. — Until otherwise determined by the Governor in Council under the provisions of paragraph a) of section 2, this Act shall be administered by the Minister of Trade and Commerce.

4. — His Majesty, represented and acting by the Minister, may from time to time, subject to the provisions of this Act, and of any Order in Council made under the authority of this Act, contract with any person domiciled in Canada for the sale to such person of an immediate or deferred annuity depending on a single life, or partly depending on a single life and partly for a term of years certain, or of an immediate or deferred annuity depending on the joint continuance of two lives, with or without extension of benefit to the survivor.

5. — Such person may, by the payment at any time of a sum of not less than 10 dollars, or by the payment of a stipulated sum periodically at fixed and definite intervals, to any agent of the Minister appointed under the provisions of this Act, purchase an annuity under the provisions hereof : Provided, however, that the amount payable by way of the annuity so purchased shall be subject to the terms of section 8.

6. — Any such person who has money sufficient for the purpose deposited in any Post Office Savings Bank, may, upon making demand in such form as is prescribed in that behalf by the Postmaster General, authorize the Postmaster General to transfer to the Minister any sum which such person desires to apply to the purchase of an annuity under this Act.

2. Any society or association of persons, being a body corporate for fraternal, benevolent, religious or other lawful purposes, may contract with His Majesty, on behalf of such of its members as are domiciled in Canada, for the sale of such members of annuities otherwise purchasable by them as individuals under this Act; and any sums of money necessary to the carrying out of this object may be paid by such society or association direct to the Minister, or may be deposited in any Post Office Savings Bank, to be transferred by the Postmaster General to the Minister.

3. Employers of labour may, pursuant to agreement entered into with their employees in that behalf (such agreement to be of a form approved by the Minister), contract with His Majesty for the sale to such of their employees as are domiciled in Canada of annuities otherwise purchasable by such employees as individuals under this Act; and any sums of money necessary to the carrying out of this object, whether such sums are derived

c) « Crédit rentier » signifie une personne qui reçoit ou a droit de recevoir une rente viagère ou qui a conclu un contrat en vue d'une pareille rente.

3. — Jusqu'à ce qu'il en soit autrement statué par le gouverneur en conseil en application de l'alinéa *a* de l'article 2 de la présente loi, celle-ci doit étre administrée par le Ministre du Commerce.

4. — Sa Majesté, représentée par le Ministre, peut à toute époque, subordonnément aux dispositions de la présente loi et de tout décret du conseil rendu sous l'autorité de la présente loi, passer contrat avec toute personne domiciliée en Canada pour la vente à cette personne d'une rente viagère à jouissance immédiate ou différée sur une tête unique, d'une rente en partie viagère sur une tête unique et en partie pour un temps déterminé, ou d'une rente viagère à jouissance immédiate ou différée sur deux tétes avec ou sans accroissement au survivant.

5. — Toute personne domiciliée en Canada peut, en versant à toute époque une somme d'au moins 10 dollars ou en versant périodiquement une somme stipulée, à intervalles fixes et définis, entre les mains de tout agent du Ministre, nommé sous le régime de la présente loi, acheter une rente viagère sous le régime des dispositions de la dite loi, à condition, cependant, que la somme payable en rente viagère ainsi achetée soit subordonnée aux termes de l'article 8.

6. — Toute personne domiciliée en Canada qui possède en dépôt à une caisse d'épargne postale une somme suffisante pour cet objet, peut, en en faisant la demande en la forme prescrite à cette fin par le Ministre des postes, autoriser le Ministre des postes à transférer au Ministre toute somme qu'elle désire appliquer à l'achat d'une rente viagère sous le régime de la présente loi.

2. Toute société ou association de personnes constituée en corporation pour des fins de fraternité, de bienveillance ou de religion ou pour autres objets légitimes, peut traiter avec Sa Majesté, dans l'intérêt de ceux de ses membres qui sont domiciliés en Canada, pour l'achat, pour les dits membres, de rentes viagères que ces derniers pourraient d'ailleurs acheter pour eux-mémes individuellement sous le régime de la présente loi ; et les fonds nécessaires à cet objet peuvent être versés par cette société ou association directement entre les mains du Ministre ou peuvent être déposés dans toute caisse d'épargne postale pour être transférés au Ministre par le Ministre des postes.

3. Les patrons d'ouvriers peuvent, en exécution d'un contrat à cet effet passé avec leurs employés (lequel contrat doit être en une forme agréée par le Ministre), traiter avec Sa Majesté pour l'achat, pour ceux de leurs employés qui sont domiciliés en Canada, de rentes viagères que ces derniers pourraient d'ailleurs acheter pour eux-mémes individuellement sous le régime de la présente loi ; et les fonds nécessaires à ·cet objet, soit que ces fonds

from the wages of the employees solely, or partly from the wages of the employees and partly from contributions of the employers, or from contributions of the employers solely, may be paid by such employers direct to the Minister, or may be deposited in any Post Office Savings Bank to be transferred by the Postmaster General to the Minister : Provided that any sums so paid shall in any event be held for the exclusive account of the persons in whose names they were deposited, respectively.

7. — All contracts for the purchase of annuities shall be entered into in accordance with the values states in tables prepared under regulations made pursuant to section 13, and for the time being in use.

8. — An annuity shall not be granted or issued in favour of any person other than the actual annuitant, except as hereinbefore provided, nor for an amount less than 15 dollars or more than 600 dollars a year; and the total amount payable by way of an annuity or annuities to any annuitant or to joint annuitants, or in the case of husband and wife to any two annuitants, shall not exceed 600 dollars a year.

2. Nothing herein contained shall be construed as preventing corporations or employers of labour from entering into arrangements for procuring annuities to be paid to members or persons employed by them on such terms as may be agreed upon with the Minister being otherwise in conformity with the provisions of this Act.

3. Except upon the occurrence of invalidity or disablement of an annuitant, no annuity shall be payable or paid to any annuitant unless he has reached the age of 55 years.

4. Any contract providing for an annuity to commence to be payable at any greater age than 80 years shall, as to purchase price, be subject to the same terms as if the age were exactly 80 years.

9. — The Minister may refuse to contract for an annuity in any case where he is of opinion that there are sufficient grounds for refusing so to do.

10. — The property and interest of any annuitant in any contract for an annuity shall not be transferable, either at law or in equity, and the Minister shall not receive or be affected by notice, however given, of any trust affecting an annuity.

11. — The property and interest of an annuitant in his contract for an annuity shall be exempt from the operation of any law relating to bankruptcy or insolvency, and shall not be seized or levied upon by or under the process of any court : Provided that, if the application for an annuity contract is made and the consideration therefor is paid with intent to delay, hinder or defraud creditors, the creditors shall, upon establishing such

proviennent totalement des gages des employés ou en partie des gages des employés et en partie de contributions fournies par les patrons, ou qu'ils proviennent uniquement de contributions fournies par les patrons, peuvent être versés par ces derniers directement entre les mains du Ministre ou peuvent être déposés dans une caisse d'épargne postale pour être transférés au Ministre par le Ministre des postes, mais tous deniers ainsi payés doivent être en tout cas attribués au compte exclusif des personnes aux noms de qui ils ont été déposés, respectivement.

7. — Tous les contrats pour rentes viagères doivent être conclus en conformité des valeurs indiquées dans les tables en usage dans le moment et préparées selon des réglements adoptés en exécution de l'article 13.

8. — Il ne doit être accordé ou consenti de rente viagère en faveur d'aucune personne autre que le véritable crédit rentier, sauf que ci-avant prévu, ni pour une somme de moins de 50 dollars ou supérieure à 600 dollars par année; et le montant total payable en rente viagère ou rentes viagères à un crédit rentier ou à des crédits rentiers en commun, ou à deux crédits rentiers s'il s'agit du mari et de la femme, ne doit pas dépasser 600 dollars par année.

2. Mais rien de contenu dans la présente loi n'est censé empêcher les corporations ou les employeurs de travail de faire des conventions pour le paiement de rentes viagères à des membres ou personnes employés par eux, aux conditions établies par le Ministre et qui sont, d'autre manière, en conformité des dispositions de la présente loi.

3. Excepté s'il advient qu'un crédit rentier devienne invalide ou incapable de travailler, nulle rente viagère n'est payable ni ne peut être payée à un crédit rentier s'il n'a pas atteint l'âge de 55 ans.

4. Tout contrat stipulant qu'une rente viagère doit commencer à courir à un âge dépassant 80 ans, doit, en ce qui est du prix d'achat, être subordonné aux mêmes conditions que si l'âge était exactement de 80 ans.

9. — Le Ministre peut refuser de conclure un contrat de rente viagère en tout cas où il est d'avis qu'il existe des raisons suffisantes pour justifier son refus.

10. — La propriété et l'intérêt d'un crédit rentier dans un contrat de rente viagère ne peuvent être transférés, soit en droit soit en équité, et le Ministre ne peut accueillir aucune notification, de quelque façon qu'elle soit faite, d'un fidéicommis portant sur une rente viagère, ni reconnaître d'effet à pareille notification.

11. — La propriété et l'intérêt d'un crédit rentier dans son contrat de rente viagère sont soustraits à l'effet de toute loi concernant la faillite ou l'insolvabilité, et exempts de toute saisie. Néanmoins, si la proposition d'un contrat de rente est faite et si la valeur en est fournie dans l'intention de créer des délais ou des embarras ou de perpétrer quelque fraude au détriment de créanciers, ces derniers, s'ils établissent cette intention devant une

intent before a court of competent jurisdiction, be entitled to receive, and the Minister is hereby authorized to pay to them or to any person authorized by the court to receive it on their behalf, any sum paid in by the annuitant, with interest thereon at the rate of 3 per cent per annum compounded yearly, or so much thereof as is certified by the court to be required to satisfy the claims of auch creditors, and costs; and thereupon the annuity contract shall be cancelled, or the annuity to become payable thereunder shall be proportionately reduced, according as the whole or a part only of the sum payable as aforesaid is so paid by the Minister; or, if an annuity is then payable under the contract, such payment may be made out of and up to an amount equal to the present value of the annuity so payable, and the contract shall thereupon be cancelled, or the annuity payable thereunder proportionately reduced, according as the whole or a part only of such present value is so paid : Provided always that no action shall be brought for the cancellation of an annuity granted under this Act after the lapse of two years from the time at which the payment complained of has been made.

12. — In the event of the death of an annuitant before the time at which an annuity becomes payable to him, all moneys paid by him in consideration of the annuity shall be paid to his heirs, with interest thereon at the rate of 3 per cent per annum, compounded yearly, and the provisions of section 10 shall apply to the said moneys.

13. — The Governor in Council may make regulations not inconsistent with this Act,

a) as to the rate of interest to be allowed in the computation of values in the tables hereinafter referred to; and as to the rate of interest to be employed in valuing the annuities as provided for in subsection 2 of section 15;

b) as to the preparation and use of tables for determining the value of annuities; and the revocation of all or any such tables and the preparation and use of other tables;

c) as to the mode of making, and the forms of, contracts for annuities, including all requirements as to applications therefor;

d) as to the selection of agents of the Minister to assist in executing the provisions of this Act, and the remuneration, if any, to such agents therefor;

e) as to the modes of proving the age and identity and the existence or death of persons;

f) as to the modes of paying sums of money payable under this Act;

g) as to dealing with an application of unclaimed annuities;

h) for the doing of onything incidental to the foregoing matters, or

cour de juridiction compétente, ont droit de recevoir et le Ministre est par la présente loi autorisé à leur verser ou à verser à toute personne autorisée par la cour à la recevoir pour eux, toute somme fournie par le crédit rentier avec intérêt au taux de 3 p. c. par année, composé annuellement, ou telle fraction de cette somme, que la cour aura certifié être nécessaire pour satisfaire aux créances de ces créanciers et aux dépens ; et sur ce, le contrat de rente viagère est annulé ou la rente viagère à verser du chef du dit contrat est proportionnellement réduite, selon que la totalité ou partie seulement du montant pouvant être versé comme susdit a été ainsi versée par le Ministre ; ou, si la rente viagère est alors en cours et à servir d'après le contrat, il peut être versé comme ci-dessus un montant égal à la valeur actuelle de la rente viagère qui est ainsi à servir et le contrat est dès lors annulé, ou la rente viagère à servir du chef du dit contrat est dès lors proportionnellement réduite selon que la totalité ou partie seulement de la dite valeur actuelle a été ainsi versée ; mais aucune action ne peut être intentée pour l'annulation d'une rente viagère accordée en vertu de la présente loi, après deux ans de la date à laquelle le versement dont on se plaint a été fait.

12. — Advenant le décès d'un crédit rentier avant l'époque où il aurait droit au versement de la rente viagère, tout le capital fourni par lui en vue de la rente viagère doit être payé à ses héritiers, avec intérêt sur ce capital au taux de 3 p. c. par an, composé annuellement, et les dispositions de l'article 10 s'appliquent aux dits capital et intérêt.

13. — Le gouverneur en conseil peut établir des règles ne dérogeant pas à la présente loi :

a) quant au taux d'intérêt à allouer dans le calcul des valeurs que porteront les tables ci-après mentionnées, et quant au taux d'intérêt à employer dans l'évaluation des rentes viagères prévue au § 2 de l'article 15 ;

b) quant à la préparation et à l'usage de tables pour déterminer la valeur des rentes viagères, et quant à la révocation de toutes tables de l'espèce ou de quelques-unes d'elles et à la préparation et à l'emploi d'autres tables ;

c) quant aux formalités et aux formules des contrats de rente viagère, y compris toutes les conditions exigibles au sujet des propositions ;

d) quant au choix des agents du Ministre pour aider à l'exécution des dispositions de la présente loi et à la rémunération, s'il en est, de ces agents pour leurs services ;

e) quant aux modes d'établir l'âge et l'identité et l'existence ou le décès des personnes ;

f) quant aux modes de fournir ou servir l'argent à fournir ou à servir sous le régime de la présente loi ;

g) quant à ce qu'il y aura à faire dans le cas de demandes d'arrérages ;

h) pour l'accomplissement de quoi que ce soit se rattachant aux choses

necessary for the effectual execution and working of this Act and the attainment of the intention and objects thereof.

14. —. The moneys received under the provisions of this Act shall form part of the Consolidated Revenue Fund; and the moneys payable under the said provisions shall be payable out of the said Consolidated Revenue Fund.

15. — An account shall be kept, to be called the Government Annuities Account, of all moneys received and paid out under the provisions of this Act, and of the assets and liabilities appertaining to the grant of annuities under the said provisions; and among the liabilities included in the said account at the end of each fiscal year shall appear the present value of the prospective annuities contracted for up to the end of such fiscal year.

2. The present value referred to in the next preceding subsection shall, as to interest, be calculated upon such rate as is fixed by the Governor in Cauncil, and, as to mortality, upon such rates as are used in preparing the tables approved of by the Governor in Council and for the time being in use, as provided for in paragraph *b*) of section 13.

16. — There shall be laid before both Houses of Parliament, within the first thirty days of each session thereof, a return containing a full and clear statement and accounts of all business done in pursuance of this Act during the fiscal year next previous to such session, and copies of all regulations made during that fiscal year under the provisions of section 13 of this Act.

LEGISLATION OF THE PROVINCES.

PROVINCE OF QUEBEC.

An Act respecting the inspection of scaffolding. (Assented to 25th April, 1909.)

1. — The following section is inserted in the Revised Statutes after section 1st of chapter II of title VII

SECTION 1a.

INSPECTION OF SCAFFOLDING.

2988z. — The council of every city or town may appoint one or more inspectors of scaffolding, and provide for their remuneration.

2988aa. — Every contractor or builder who makes use of scaffolding at least 15 feet high, shall obtain and exhibit when required by any workman in his employ, or by an inspector, a certificate of inspection signed by a

qui précèdent, ou qui est nécessaire à l'exécution effective et au bon fonctionnement de la présente loi et à la réalisation de son intention et de ses objets.

14. — L'argent reçu sous le régime de la présente loi fait partie du fonds du revenu consolidé; et l'argent à servir sous le régime de la présente loi doit l'être sur le fonds du revenu consolidé.

15. — Il doit être tenu un compte appelé le compte des rentes viagères servies par l'État, de tous les fonds reçus et employés sous le régime de la présente loi, et de l'actif et du passif découlant des contrats de rentes viagères conclus sous le régime de la dite loi; et dans le passif accusé au dit compte à la fin de chaque exercice, doit paraître la valeur actuelle des rentes en perspective constituées jusqu'à la fin du dit exercice.

2. La valeur actuelle dont il est question dans le paragraphe qui précède doit, relativement à l'intérêt, être calculée au taux déterminé par le gouverneur en conseil, et, relativement à la mortalité, selon les taux employés dans la préparation des tables visées à l'alinéa b de l'article 13, approuvées par le gouverneur en conseil et dans le moment en usage.

16. — Doivent être présentés aux deux chambres du Parlement, au cours des trente premiers jours de chaque session, un rapport contenant un état complet et clair et les comptes de toutes les opérations réalisées en exécution de la présente loi, au cours de l'exercice qui précède la dite session, et des copies de tous règlements établis pendant le dit exercice sous l'autorité de l'article 13 de la présente loi.

LEGISLATION DES PROVINCES.

PROVINCE DE QUÉBEC.

Loi du 25 avril 1908 concernant l'inspection des échafaudages [1].

1. — La section suivante est insérée dans les statuts refondus, après la section 1 du chapitre II du titre VII :

SECTION 1a.

INSPECTION DES ÉCHAFAUDAGES.

2988z. — Il est loisible au conseil de toute cité ou ville de nommer un ou des inspecteurs d'échafaudage et de pourvoir à leur rémunération.

2988aa. — Tout entrepreneur ou constructeur qui se sert d'échafaudages d'une hauteur d'au moins 15 pieds, doit obtenir et exhiber, s'il en est requis par un des ouvriers à son emploi, ou par un inspecteur, un certificat d'ins-

[1] Chapitre 53. Texte français officiel.

municipal inspector, or by an architect, or by a licensed engineer of this Province or by an inspector of public buildings of this Province.

2988*bb*. — Every contractor or builder who refuses or neglects to comply with the requirements of article 2988*aa*, is guilty of an offence, and upon summary conviction thereof before a police magistrate or a justice of the peace having jurisdiction where the offence was committed, shall be liable to a penalty of not more than 10 dollars and costs.

2988*cc*. — Any person may prosecute or lay a complaint under this section, and the half of every penalty imposed, when collected, shall belong to His Majesty for the uses of the Province, and the other half to the prosecutor or complainant.

2988*dd*. — Every prosecution in virtue of the provisions of this section shall be brought, tried and decided in accordance with part XV of the Criminal Code.

2988*ee*. — The inspectors of public buildings of the Province are authorized to inspect scaffolding, and, when they think proper, to condemn such as they think dangerous, and to prosecute offenders against this section.

2988*ff*. — This section shall apply to cities and towns, but nothing therein contained shall be deemed to take away from municipalities their right to regulate and provide for the inspection of scaffolding.

2. — This act shall come into force on the day of its sanction.

An Act respecting Public Buildings. (Assented to 25th April, 1908.)

[EXTRACT.]

1. — Section 1st of chapter II of title VII of the Revised Statutes, as replaced by the act 57 Victoria, chapter XXIX, section 1, is again replaced by the following :

SECTION 1.

SAFETY IN PUBLIC BUILDINGS.

§ 1. — *Declaratory and Interpretative.*

2973. — The words " public building " mean and include churches and chapels, or buildings used as such, seminaries, colleges, convents, monasteries, school houses, public or private hospitals, orphan asylums, infant asylums, charity work-rooms (*ouvroirs*), hotels, boarding houses capable of

pection signé par un inspecteur municipal, ou par un architecte, ou par un ingénieur licencié de cette province, ou par un inspecteur des édifices publics de cette province.

2988*bb*. — Tout entrepreneur ou constructeur qui refuse ou néglige de se conformer aux prescriptions de l'article 2988*aa*, est coupable d'une offense et, sur conviction sommaire de telle offense devant un magistrat de police ou un juge de paix ayant juridiction là où l'offense a été commise, est passible d'une pénalité n'excédant pas 10 piastres et des frais.

2988*cc*. — Toute personne peut poursuivre ou porter plainte en vertu de la présente section, et la moitié de toute pénalité imposée, quand elle est perçue, appartient à Sa Majesté pour l'usage de la province, et l'autre moitié au poursuivant ou plaignant.

2988*dd*. — Toute poursuite en vertu des dispositions de la présente section est intentée, instruite et jugée d'après la partie XV du Code criminel.

2988*ee*. — Les inspecteurs des édifices publics de la province sont autorisés à inspecter les échafaudages, quand ils le jugent à propos, à condamner ceux qu'ils considèrent dangereux, et à poursuivre les personnes qui contreviennent aux dispositions de la présente section.

2988*ff*. — La présente section s'applique aux cités et villes, mais rien de ce qui y est contenu ne sera censé enlever aux municipalités le droit qu'elles ont de réglementer les échafaudages et de pourvoir à leur inspection.

2. — La présente loi entrera en vigueur le jour de sa sanction.

Loi du 25 avril 1908 relative aux édifices publics [1].
[Extrait.]

1. — La section 1 du chapitre 2 du titre VII des statuts refondus, telle que remplacée par la loi 57 Victoria, chapitre 29, section 1, est de nouveau remplacée par la suivante :

SECTION 1.

DE LA SÉCURITÉ DANS LES ÉDIFICES PUBLICS.

§ 1. — *Dispositions interprétatives et déclaratoires.*

2973. — Les mots « édifices publics » signifient et comprennent les églises et chapelles ou les édifices servant comme telles, les séminaires, les colléges, les couvents, les monastères, les maisons d'école, les hôpitaux publics ou privés, les orphelinats, les asiles, les créches et ouvroirs, les hôtels, les

---

[1] Chapitre 52. Texte français officiel.

receiving at least fifteen boarders, theatres, halls for public meetings, lectures or amusements, buildings for the holding of exhibitions, stands on race-courses or other sporting grounds, buildings in parks, skating rinks, rooms for showing moving pictures, buildings of three stories or more over the ground floor occupied as offices, stores employing at least ten clerks and court-houses.

2974. — The words " proprietors of public buildings " include persons, companies and corporations, who are proprietors, tenants or occupants, under any title, of any building mentioned in article 2973, and their agents.

§ 2. — *Application of section.*

2975. — Saving the restrictions which the Lieutenant-Governor in Council may make in the regulations which he may enact in virtue of article 2988v, all public buildings mentioned in article 2973, are subject to the provisions of this section.

§ 3. — *Safety in public buildings.*

2976. — 1. The public buildings mentioned in article 2973 must afford all the security required by this section and the regulations made under its authority.

2. Public buildings now open to the public, and which would require too heavy an expense to be made conformable to the prescribed requirements, must however be made to conform thereto as much as possible, to the satisfaction of the inspector.

3. No public building shall be built or altered, after the coming into force of this section, and no work affecting the solidity of a building or of part of a building or changing the conditions of a building or part of a building, shall be done without a permit from the inspector. Such permit shall not be issued until after examination of the plans and specifications for the building.

4. When extensive alterations are made to a public building, an architect's certificate as to the solidity and safety of such building shall be given by the proprietor to the inspector.

5. If the destination of a public building is so altered that greater solidity is required, an architect's certificate as to such solidity, shall be given by the proprietor to the inspector.

6. Whenever proprietors and tenants cannot agree upon an architect, the choice thereof shall be made by the inspector, who shall appoint an architect recognized by the Province of Quebec Association of Architects, and the certificate of such architect shall be valid.

maisons de pension pouvant recevoir quinze pensionnaires ou plus, les théâtres, les salles de réunions publiques, de conférences ou d'amusements publics, les bâtiments où se tiennent des expositions, les estrades situées sur les champs de courses ou d'amusements, les édifices dans les parcs, les patinoirs, les salles de cinématographie, les bâtiments de trois étages ou plus au-dessus du rez-de-chaussée occupés comme bureaux, les magasins employant dix commis ou plus et les palais de justice.

2974. — Les mots « propriétaires d'édifices publics » comprennent les particuliers, compagnies et corporations qui sont propriétaires, locataires ou possesseurs, à quelque titre que ce soit, de quelqu'un des édifices indiqués dans la définition de l'article 2973 et leurs agents.

§ 2. — *De l'application de cette section.*

2975. — Sauf les restrictions qu'il plait au lieutenant-gouverneur en conseil de faire dans les règlements qu'il peut édicter en vertu de l'article 2988v, tous les édifices publics indiqués dans l'article 2973 sont soumis aux dispositions de cette section.

§ 3. — *De la sécurité dans les édifices publics.*

2976. — 1. Les édifices publics visés par l'article 2973 doivent offrir toute la sécurité requise par cette section et les règlements faits sous son autorité.

2. Les édifices publics actuellement ouverts au public, et qui exigeraient des frais trop considérables pour être rendus conformes aux prescriptions requises, doivent cependant l'y être autant que possible, à la satisfaction de l'inspecteur.

3. Aucun édifice public ne sera construit ni modifié, après l'adoption de la présente section, et aucuns travaux affectant la solidité d'un édifice, ou d'une partie d'un édifice, ou modifiant les conditions d'un édifice ou d'une partie d'un édifice, ne seront faits sans un permis de l'inspecteur. Ce permis ne pourra être émis qu'après l'examen des plans et devis dudit édifice.

4. Lorsqu'il y a des changements importants faits à un édifice public, un certificat d'architecte doit en être fourni à l'inspecteur, constatant la solidité et la sécurité de tel édifice.

5. Si un édifice public change de destination de manière à exiger plus de solidité, un certificat d'architecte, constatant telle solidité, doit être donné par le propriétaire à l'inspecteur.

6. Dans les cas où les propriétaires et locataires ne pourront s'entendre sur le choix d'un architecte, l'inspecteur sera chargé de ce choix, et il devra désigner un architecte reconnu par l'association des architectes de la province, et le certificat que cet architecte émettra sera valable.

§ 4. — *Duties of proprietors of public buildings.*

2977. — Every proprietor of a public building shall

1. Transmit to the inspector a written notice giving his name, the name of the building and its destination, as well as the name of the place where it is situated, within thirty days previous to the opening of such building to the public, if it be recently erected, and within sixty days from the coming into force of this section, if it be at present open to the public.

2. Transmit a written notification to the said inspector of every fire or accident which occurs in such building, within forty-eight hours from the occurrence of such fire or accident.

3. Provide such inspector with everything necessary for facilitating an effective inspection of the building and its dependencies.

4. If the building is a theatre or a hall for lectures or public amusements, or a hotel, have a certificate of inspection, signed by the inspector, posted up, and keep it there constantly whole and legible.

5. Employers shall place a sufficient number of seats at the disposal of the girls or women employed in their stores, in order that they may rest when the nature of their work requires it, or service upon customers permits.

§ 5. — *Powers of Inspectors.*

2978. — The inspectors of industrial establisments appointed in virtue of the fourth section of this chapter are assigned the duty of seeing to the observance of this section and the regulations made under its authority.

2979. — The said inspectors have, *mutatis mutandis*, the same powers and are subject to the same obligations, as regards safety and health in public buildings, as those indicated in the said fourth section and in the regulations made by the Lieutenant-Governor in Council, respecting the safety and health of employees in industrial establishments, in so far as the same may be applicable thereto.

An Act to amend the Quebec License law. (Assented to 25th April 1908.
[EXTRACT.]

14. — The following article is added after article 94 of the said act, as amended by the act 5 Edward VII, chapter XIII, section 33 :

94a. — Every person holding either a hotel or a restaurant license, who cashes or exchanges for money, any employer's certificate of wages or pay

§ 4. — *Des devoirs des propriétaires d'édifices publics.*

2977. — Tout propriétaire d'édifice public doit :

1. Transmettre à l'inspecteur un avis par écrit, indiquant son nom, le nom de l'édifice et sa destination, ainsi que la désignation de l'endroit où il est situé, dans les trente jours avant l'ouverture au public de tel édifice, s'il est nouvellement construit, et dans les soixante jours de l'entrée en vigueur de la présente section, s'il est actuellement ouvert au public.

2. Transmettre au dit inspecteur un avis par écrit, informant ce dernier de tout incendie ou accident survenu dans le dit édifice, dans les quarante-huit heures de tout incendie ou accident.

3. Fournir à tel inspecteur tous les moyens nécessaires pour faciliter une inspection efficace de l'édifice et de ses dépendances.

4. Si l'édifice est un théâtre ou une salle de conférences ou d'amusements publics, ou un hôtel, y tenir affiché un certificat d'inspection, signé par l'inspecteur, et l'y maintenir constamment entier et lisible.

5. Les patrons doivent mettre des sièges en nombre suffisant à la disposition des filles et femmes employées dans les magasins, afin qu'elles puissent se reposer lorsque la nature de leur travail l'exige ou lorsque le service des clients le permet.

§ 5. — *Des pouvoirs des inspecteurs.*

2978. — Les inspecteurs des établissements industriels nommés en vertu de la section 4 du présent chapitre, sont chargés d'assurer l'exécution de la présente section et des règlements faits sous son autorité.

2979. — Ces inspecteurs ont, *mutatis mutandis,* en ce qui se rapporte à la sécurité et à l'hygiène, dans les édifices publics, les mêmes pouvoirs et sont soumis aux mêmes obligations que ceux qui leur sont indiqués dans la section 4 de ce chapitre et dans les règlements faits par le lieutenant-gouverneur en conseil, relativement à la sécurité et à la santé des employés dans les établissements industriels, en autant qu'ils sont applicables.

Loi du 25 avril 1908 amendant la loi des licences de Québec ([1]).

[Extrait.]

14. — L'article suivant est ajouté après l'article 94 de la dite loi, tel qu'amendé par la loi 5 Edouard VII, chapitre 13, section 33 :

94a. — Toute personne, ayant soit une licence d'hôtel ou une licence de restaurant, qui escompte ou échange pour de l'argent un certificat de salaire

([1]) Chapitre 19. Texte français officiel.

check, incurs for each offence a fine of 20 dollars, and in default of payment, imprisonment for one month.

NEW ZEALAND.

An Act to consolidate certain Enactments of the General Assembly relating to the liability of Employers to make compensation for personal injuries suffered by workers in their service.

[*Repealed by section 60 of the Workers' Compensation Act, 1908, No. 248.*]

An Act to consolidate certain Enactments of the General Assembly relating to the Settlement of Industrial Disputes by Conciliation and Arbitration.

1. — 1. The Short Title of this Act is " The Industrial Conciliation and Arbitration Act, 1908."

2. This Act is a consolidation of the enactments mentioned in the Schedule hereto, and with respect to those enactments the following provisions shall apply :

a) all districts, offices, appointments, regulations, rules, registers, records, certificates, awards, industrial agreements, orders, permits, instruments, and generally all acts of authority which originated under any of the said enactments, and are subsisting or in force on the coming into operation of this Act, shell enure for the purposes of this Act as fully and effectually as if they had originated under the corresponding provisions of this Act, and accordingly shall, where necessary, be deemed to have so originated ;

b) every union or association registered and incorporated under any such enactment, and subsisting on the coming into operation of this Act, shall be deemed to be registered and incorporated under this Act ;

c) all references in any such award, agreement, order, or instrument to the President of the Court shall be construed as references to the Judge of the Court ;

d) all matters and proceedings commenced under any such enactment, and pending or in progress on the coming into operation of this Act, may be continued, completed, and enforced under this Act.

d'un employé ou un bon de gage (*pay check*) encourt, pour chaque offense, une amende de 20 piastres et, à défaut de paiement, un emprisonnement d'un mois.

NOUVELLE-ZÉLANDE.

Loi du 4 août 1908 sur la responsabilité civile des employeurs en cas d'accidents du travail (¹).

[*Cette loi a été abrogée par la section 60 de la loi du 10 octobre 1908 sur la réparation des accidents du travail. Voir ci-après.*]

Loi du 4 août 1908 sur la conciliation et l'arbitrage (²).

1. — 1. Le titre abrégé de la présente loi est « loi de 1908 sur la conciliation et l'arbitrage ».

2. La présente loi est la codification des lois mentionnées à la présente annexe et les dispositions suivantes seront applicables en ce qui concerne lesdites lois :

a) tous les districts, bureaux, nominations, ordonnances, prescriptions, registres, archives, certificats, jugements, accords industriels, réquisitions, permis, documents et, en général, tous actes d'autorité résultant de l'application desdites lois existant ou valables lors de la mise en vigueur de la présente loi, seront appliqués de plein droit, comme s'ils avaient leur source dans la disposition correspondante de la présente loi et seront, en conséquence, chaque fois que la chose sera nécessaire, présumés avoir cette origine ;

b) toute union ou association enregistrée et incorporée en vertu d'une des lois susvisées et existant lors de la mise en vigueur de la présente loi, sera censée être enregistrée ou incorporée en vertu de la présente loi ;

c) toute référence faite dans un jugement, un accord ou une ordonnance au président du tribunal sera censée se rapporter au juge du tribunal ;

d) toutes les affaires et procédures commencées sous le régime d'une de ces lois et qui seront en suspens ou en cours lors de la mise en vigueur de la présente loi, pourront être poursuivies, achevées et exécutées en vertu de la présente loi.

(¹) 1908, n° 54.
(²) 1908, n° 82.

PRELIMINARY.

Interpretation.

2. — 1. In this Act, if not inconsistent with the context :

" Board " means a Board of Conciliation for an industrial district constituted under this Act.

" Court " means the Court of Arbitration constituted under this Act.

" Employer " includes persons, firms, companies, and corporations employing one or more workers.

" Industrial association " means an industrial association registered under this Act.

" Industrial dispute " means any dispute arising between one or more employers or industrial unions or associations of employers and one or more industrial unions or associations of workers in relation to industrial matters.

" Industrial matters " means all matters affecting or relating to work done or to be done by workers, or the privileges, rights, and duties of employers of workers in any industry, not involving questions which are or may be the subject of proceedings for an indictable offence; and, without limiting the general nature of the above definition, includes all matters relating to :

a) the wages, allowances, or remuneration of workers employed in any industry, or the prices paid or to be paid therein in respect of such employment;

b) the hours of employment, sex, age, qualification, or status of workers, and the mode, terms, and conditions of employment;

c) the employment of children or young persons, or of any person or persons or class of persons, in any industry, or the dismissal of or refusal to employ any particular person or persons or class of persons therein ;

d) the claim of members of an industrial union of employers to preference of service from unemployed members of an industrial union of workers;

e) the claim of members of industrial unions of workers to be employed in preference to non-members;

f) any established custom or usage of any industry, either generally or in the particular district affected.

" Industrial union " means an industrial union registered under this Act.

" Industry " means any business, trade, manufacture, undertaking, calling, or employment in which workers are employed.

DISPOSITIONS PRÉLIMINAIRES.

Interprétation.

2. — 1. Dans la présente loi, à moins que le contexte ne s'y oppose :
« Conseil » désigne un conseil de conciliation constitué, en vertu de la présente loi, pour un district industriel.

« Cour » signifie la Cour d'arbitrage, constituée en vertu de la présente loi.

« Employeur » comprend toutes personnes, sociétés, compagnies et associations employant un ou plusieurs travailleurs.

« Association industrielle » signifie une association industrielle enregistrée en vertu de la présente loi.

« Conflit industriel » signifie tout conflit s'élevant entre un ou plusieurs employeurs, une ou plusieurs unions ou associations industrielles d'employeurs, et une ou plusieurs unions ou associations industrielles de travailleurs, par rapport à des affaires industrielles.

« Affaires industrielles » signifie toutes affaires affectant ou concernant le travail effectué ou à effectuer par des travailleurs, ou les privilèges, droits et obligations des employeurs ou des travailleurs dans une industrie, et n'impliquant point de questions qui sont ou peuvent faire l'objet d'une procédure du chef d'un délit ; cette expression comprend notamment, sans préjudice de la portée générale de la définition ci-dessus, toutes matières concernant :

a) les salaires, allocations ou rémunérations des travailleurs employés dans l'industrie, ou les prix payés ou à payer dans une industrie à raison de semblable emploi ;

b) les heures de travail, le sexe, l'âge, la qualification, les droits civils et politiques des travailleurs, et les mode, terme et conditions de l'engagement ;

c) l'emploi dans toute industrie d'enfants ou de jeunes personnes, ou d'une personne, de plusieurs personnes ou d'une classe de personnes, le renvoi d'une personne déterminée, de plusieurs personnes ou d'une classe de personnes, ou le refus de les employer ;

d) la réclamation de membres d'une union industrielle d'employeurs quant à la préférence de service à leur accorder par les membres inoccupés d'une union industrielle de travailleurs ;

e) la réclamation des membres des unions industrielles de travailleurs tendant à être employés de préférence aux non-membres ;

f) toute coutume ou usage établi de toute industrie, soit généralement, soit dans le district particulier intéressé.

« Union industrielle » signifie toute union industrielle enregistrée en vertu de la présente loi.

« Industrie » signifie toute affaire, exploitation, manufacture, entreprise, profession, travail où des ouvriers sont employés.

" Judge " means the Judge of the Court of Arbitration.

" Officer," when used with reference to any union or association, means president, vice-president, treasurer, or secretary.

" Prescribed " means prescribed by regulations under this Act.

" Registrar " means the Registrar of Industrial Unions under this Act.

" Supreme Court office " means the office of the Supreme Court in the industrial district wherein any matter arise to which such expression relates; and, where there are two such offices in any such district, it means the office which is nearest to the place or locality wherein any such matter arises.

" Trade-union " means any trade-union registered under " The Trade-unions Act, 1908," whether so registered before or after the coming into operation of this Act.

" Worker " means any person of any age of either sex employed by any employer to do any skilled or unskilled manual or clerical work for hire or reward.

2. In order to remove any doubt as to the application of the foregoing definitions of the terms " employer," " industry," and " worker," it is hereby declared that for all the purposes of this Act an employer shall be deemed to be engaged in an industry when he employs workers who by reason of being so employed are themselves engaged in that industry, whether he employs them in the course of his trade or business or not.

Administration.

3. — The Minister of Labour shall have the general administration of this Act.

4. — 1. The Registrar shall be the person who for the time being holds the office of Secretary for Labour, or such other person as the Governor from time to time appoints to be Registrar.

2. The Registrar may, in any matter arising in or out of the performance of his duties, state a case for the advice and opinion of the Court.

3. The Governor may from time to time appoint some fit person to be Deputy Registrar, who shall, under the control of the Registrar, perform such general official duties as he is called upon to perform under this Act or by the Registrar, and who in case of the illness, absence, or other temporary incapacity of the Registrar shall act in his name and on his behalf, and while so acting shall have and may exercise all the powers, duties, and functions of the Registrar.

« Juge » signifie le juge de la cour d'arbitrage.

« Agent », lorsque ce mot est employé par rapport à une union ou association, signifie président, vice-président, trésorier ou secrétaire.

« Prescrit » signifie prescrit par des réglements pris en vertu de la présente loi.

« Registrar » signifie le registrar des unions industrielles, en vertu de la présente loi.

« Office de la cour suprême » signifie l'office de la cour suprême dans les districts industriels où surgit quelque affaire à laquelle cette expression se rapporte; et, là où il y a deux offices semblables dans un district, ces mots signifient l'office le plus rapproché de l'endroit ou de la localité où cette affaire se produit.

« Trade-union » signifie toute trade-union enregistrée en vertu de la loi de 1908 sur les trade-unions, soit avant, soit après la mise en vigueur de la présente loi.

« Travailleur » signifie toute personne, de quelque âge et de quelque sexe que ce soit, employée par un employeur, moyennant retribution ou rémunération, à effectuer un travail, qualifié ou non, manuel ou d'écritures.

2. En vue de faire disparaître certains doutes qui se sont élevés quant à l'application des définitions précédentes des termes « employeur », « industrie » et « ouvrier », il est déclaré par la présente loi qu'un employeur sera considéré comme engagé dans une industrie lorsqu'il occupe des ouvriers qui, à raison de leur occupation, sont eux-mêmes engagés dans cette industrie, sans distinguer si l'employeur les occupe au cours de l'exploitation de son entreprise ou de ses affaires, ou autrement.

Administration.

3. — Le Ministre du travail aura l'administration générale de la présente loi.

4. — 1. Le registrar sera la personne qui, à l'époque considérée, exerce les fonctions de secrétaire du travail, ou toute autre personne que le gouverneur, peut nommer en qualité de registrar.

2. Le registrar peut, pour tout objet qui se présente au cours ou hors de l'exercice de ses fonctions, soumettre un cas déterminé à l'avis de la cour.

3. Le gouverneur pourra, le cas échéant, désigner une personne compétente en qualité de registrar adjoint, laquelle remplira, sous la direction du registrar, les fonctions officielles que lui confie la présente loi ou dont le registrar la chargera, et qui, en cas de maladie, d'absence ou d'autre empêchement temporaire du registrar, agira en son nom et à sa place, en ayant la jouissance et l'exercice de tous les droits, devoirs et fonctions du registrar.

REGISTRATION.

Industrial Unions.

5. — Subject to the provisions of this Act, any society consisting of not less than two persons in the case of employers, or seven in the case of workers, lawfully associated for the purpose of protecting or furthering the interests of employers or workers in or in connection with any specified industry or industries in New Zealand, may be registered as an industrial union under this Act on compliance with the following provisions :

a) an application for registration shall be made to the Registrar in writing, stating the name of the proposed industrial union, and signed by two or more officers of the society;

b) such application shall be accompanied by :
I. a list of the members and officers of the society;
II. two copies of the rules of the society;
III. a copy of a resolution passed by a majority of the members present at a general meeting of the society, specially called in accordance with the rules for that purpose only, and desiring registration as an industrial union of employers, or, as the case may be, of workers;

c) such rules shall specify the purposes for which the society is formed, and shall provide for :
I. the appointment of a committee of management, a chairman, secretary, and any other necessary officers, and, if thought fit, of a trustee or trustees;

II. the powers, duties, and removal of the committee, and of any chairman, secretary, or other officer or trustee, and the mode of supplying vacancies;

III. the manner of calling general or special meetings, the quorum thereat, the powers thereof, and the manner of voting thereat;

IV. the mode in which industrial agreements and any other instruments shall be made and executed on behalf of the society, and in what manner the society shall be represented in any proceedings before a Board or the Court;

V. the custody and use of the seal, including power to alter or renew the same;

VI. the control of the property, the investment of the funds, and an annual or other shorter periodical audit of the accounts;

VII. the inspection of the books and the names of the members by every person having an interest in the funds;

VIII. a register of members, and the mode in which and the terms on

ENREGISTREMENT.

Unions industrielles.

5. — Sous réserve des dispositions de la présente loi, toute société formée d'au moins deux membres, s'il s'agit d'employeurs, ou d'au moins sept membres, s'il s'agit d'ouvriers et légalement associés dans le but de protéger ou de développer les intérêts des employeurs ou des ouvriers dans ou concernant une industrie quelconque ou diverses industries dans la Nouvelle-Zélande, pourra être enregistrée à titre d'union industrielle en vertu de la présente loi et conformément aux dispositions suivantes :

a) une demande d'enregistrement devra être adressée par écrit au registrar ; elle indiquera le titre de l'union industrielle projetée et sera signée par deux ou plusieurs agents de la société ;

b) cette demande sera accompagnée :

I. d'une liste des membres et des agents de la société ;

II. de deux exemplaires des statuts de la société ;

III. d'un exemplaire de la résolution votée par la majorité des membres présents dans l'assemblée générale de la société spécialement convoquée, conformément aux statuts, dans ce but seulement, et tendant à obtenir l'enregistrement comme union industrielle d'employeurs ou d'ouvriers, suivant les cas.

c) Lesdits statuts devront spécifier le but en vue duquel la société a été constituée, et devront renfermer des dispositions concernant :

I. la nomination d'un conseil d'administration, d'un président, d'un secrétaire et de tous autres agents nécessaires, et, s'il y a lieu, d'un *trustee* ou de plusieurs *trustees* ;

II. les pouvoirs, les obligations et le remplacement de ce conseil, ainsi que des président, secrétaire ou des autres agents et des *trustees*, de même que la manière suivant laquelle il sera pourvu aux vacances ;

III. le mode de convocation des assemblées générales ou particulières, le *quorum* nécessaire, les pouvoirs de ces assemblées et le mode de votation ;

IV. le mode suivant lequel les arrangements industriels seront formés et passés au nom de la société, et la manière dont la société sera représentée dans les procédures devant un conseil ou la cour ;

V. la garde et l'emploi du sceau, y compris les pouvoirs nécessaires au changement et au renouvellement de celui-ci ;

VI. le contrôle des biens de la société, le placement des fonds ainsi que la reddition des comptes, soit annuellement, soit à des intervalles périodiques plus rapprochés ;

VII. l'inspection des livres et de la liste des membres par toute personne ayant un intérêt dans les fonds de la société ;

VIII. un registre des membres et le mode suivant lequel et l'époque à

which persons shall become or cease to be members, and so that no member shall discontinue his membership without giving at least three months' previous written notice to the secretary of his intention so to do, nor until such member has paid all fees, fines, levies, or other dues payable by him under the rules, except pursuant to a clearance card duly issued in accordance with the rules;

ix. the purging of the rolls by striking off any members in arrears of dues for twelve months; but this is not to free such discharged persons from arrears due;

x. the conduct of the business of the society at some convenient address to be specified, and to be called " the registered office of the society ";

xi. the amendment, repeal, or alteration of the rules, but so that the foregoing requirements of this paragraph shall always be provided for;

xii. any other matter not contrary to law.

6. — 1. On being satisfied that the society is qualified to register under this Act, and that the provisions of the last preceding section hereof have been complied with, the Registrar shall, without fee, register the society as an industrial union pursuant to thé application, and shall issue a certificate of registration, which, unless proved to have been cancelled, shall be conclusive evidence of the fact of such registration and of the validity thereof.

2. The Registrar shall at the same time record the rules, and also the situation of the registered office.

7. — 1. Every society registered as an industrial union shall, as from the date of registration, but solely for the purposes of this Act, become a body corporate by the registered name, having perpetual succession and a common seal, until the registration is cancelled as hereinafter provided.

2. There shall be inserted in the registered name of every industrial union the word " employers " or " workers," according as such union is a union of employers or workers, and also (except in the case of an incorporated company) the name of the industry in connection with which it is formed, and the locality in which the majority of its members reside or exercise their calling, as thus : " The [Christchurch Grocers'] Industrial Union of Employers "; " The [Wellington Tramdrivers'] Industrial Union of Workers."

8. — With respect to trade-unions the following special provisions shall apply, anything hereinbefore contained to the contrary notwithstanding :

a) any such trade-union may be registered under this Act by the same name (with the insertion of such additional words as aforesaid);

laquelle les associés commenceront à faire partie de la société ou cesseront d'en être membres, de telle façon qu'aucun membre ne puisse se dépouiller de cette qualité sans un préavis de trois mois au moins formulé par écrit et adressé au secrétaire, et sans avoir acquitté toutes les taxes ou autres redevances qu'il serait tenu de payer en vertu des statuts, à moins qu'il ne possède une carte d'acquit dûment délivrée conformément aux statuts;

ıx. la revision des rôles et la radiation de tout membre qui serait en retard de douze mois dans le paiement des sommes par lui dues; mais la présente disposition n'exempte pas le membre ainsi exclu du paiement des sommes dues par lui;

x. la désignation d'un siège social pour la direction des affaires de la société, lequel sera appelé « l'agence enregistrée de la société »;

xi. la modification, l'abrogation ou le changement des statuts, mais de telle sorte que les prescriptions précédentes du présent paragraphe soient toujours observées;

xii. toutes autres questions non contraires à la loi.

6. — 1. Après s'être assuré que la société peut être enregistrée conformément à la présente loi, et que les dispositions de la section précédente ont été observées, le registrar effectuera, sans frais, l'enregistrement de la société à titre d'union industrielle, conformément à la requête, et délivrera un certificat d'enregistrement qui, à moins qu'il ne soit prouvé que le dit enregistrement a été radié, constituera la preuve définitive du fait de l'enregistrement ainsi que de la validité de cette opération.

2. Le registrar enregistrera en même temps les statuts et la situation de l'agence enregistrée.

7. — 1. Toute société enregistrée comme union industrielle deviendra, à partir de la date de l'enregistrement, mais uniquement en vue de l'exécution de la présente loi, un être moral reconnu légalement sous le titre enregistré, existant sans interruption et ayant droit de posséder un sceau, le tout jusqu'à ce que l'enregistrement soit radié comme il sera dit ci-après.

2. Dans le titre enregistré de chaque union industrielle, on insérera le terme « employeurs » ou « ouvriers » suivant que ladite union sera une union d'employeurs ou d'ouvriers, et (sauf dans le cas où il s'agira d'une compagnie reconnue légalement) la désignation de l'industrie en vue de laquelle elle est formée ainsi que la localité dans laquelle la majorité de ses membres résident ou exercent leur profession, par exemple : « [*Les épiciers de Christchurch*], union industrielle d'employeurs »; « [*Les conducteurs de trams de Wellington*], union industrielle d'ouvriers ».

8. — En ce qui concerne les trade-unions, les dispositions spéciales suivantes seront applicables, nonobstant toutes dispositions contraires précédemment énoncées :

a) toute trade-union de ce genre pourra être enregistrée conformément à la présente loi, sous le même titre (avec insertion des termes additionnels préindiqués);

b) for the purposes of this Act every branch of a trade-union shall be considered a distinct union, and may be separately registered as an industrial union under this Act;

c) for the purposes of this Act the rules for the time being of the trade-union, with such addition or modification as may be necessary to give effect to this Act, shall, when recorded by the Registrar, be deemed to be the rules of the industrial union.

9. — With respect to the registration of societies of employers the following special provisions shall apply :

a) in any case where a copartnership firm is a member of the society, each individual partner residing in New Zealand shall be deemed to be a member, and the name of each such partner (as well as that of the firm) shall be set out in the list of members accordingly, as thus : " Watson, Brown, and Company, of Wellington, boot-manufacturers; the firm consisting of four partners, of whom the following reside in New Fealand — that is to say, John Watson, of Wellington, and Charles Brown, of Christchurch " : Provided that this paragraph shall not apply where the society to be registered is an incorporated company;

b) except where its articles or rules expressly forbid the same, any company incorporated under any Act may be registered as an industrial union of employess, and in such case the provisions of section 5 hereof shall be deemed to be sufficiently complied with if the application for registration is made under the seal of the company, and pursuant to a resolution of the board of directors, and is accompanied by :

i. a copy of such resolution;

ii. satisfactory evidence of the registration or incorporation of the company;

iii. two copies of the articles of association or rules of the company;

iv. a list containing the names of the directors, and of the manager or other principal executive officer of the company;

v. the situation of the registered office of the company;

c) where a company registered out of New Zealand in carrying on business in New Zealand through an agent acting under a power of attorney, such company may be registered as an industrial union of employers, and in such case the provisions of section 5 hereof shall be deemed to be complied with if the application to register is made under the hand of the agent for the company, and is accompanied by :

i. satisfactory evidence of the registration or incorporation of the company;

ii. two copies of its articles of association or rules ;

b) en vue de l'application de la présente loi, chaque branche d'une trade-union sera considérée comme une union distincte et pourra être enregistrée séparément comme union industrielle, conformément à la présente loi ;

c) en vue de l'application de la présente loi, les statuts actuels de la trade-union, avec les additions et modifications nécessaires pour l'exécution de la présente loi, seront, dés qu'ils auront été enregistrés par le Registrar, considérés comme étant les statuts de l'union industrielle.

9. — En ce qui concerne l'enregistrement de sociétés d'employeurs, les dispositions spéciales énumérées ci-après seront applicables :

a) dans tous les cas où une association *copartnership* est membre d'une société, chacun des associés qui en fait partie et réside dans la Nouvelle-Zélande sera considéré comme membre, et les noms des associés (de même que la désignation de la raison sociale) seront repris dans la liste des membres, par exemple : « Watson, Brown et Cie, de Wellington, fabricants de chaussures ; la firme comprend quatre associés, parmi lesquels les deux suivants résident en Nouvelle-Zélande, savoir John Watson, de Wellington, et Charles Brown, de Christchurch ». La présente sous-section ne sera pas applicable quand la société qui doit être enregistrée est une société légalement reconnue ;

b) sauf quand les statuts s'y opposeront expressément, toute société légalement reconnue pourra être enregistrée comme union industrielle d'employeurs, et dans ce cas les dispositions de la section 5 seront considérées comme étant suffisamment observées quand la demande d'enregistrement sera faite sous le sceau de la société et en vertu d'une décision du conseil de direction, et sera accompagnée :

 i d'une copie de la dite décision ;

 ii. des piéces établissant l'enregistrement ou la reconnaissance légale de la société ;

 iii. de deux exemplaires du règlement de l'association ou des statuts de la société ;

 iv. d'une liste renfermant les noms des directeurs et du gérant ou d'un autre agent principal de la société ;

 v. de la désignation de l'endroit où est située l'agence enregistrée de la société ;

c) lorsqu'une société reconnue à l'étranger fonctionne en Nouvelle-Zélande sous la direction d'un agent ayant la qualité de fondé de pouvoirs, elle pourra être enregistrée comme union industrielle d'employeurs et, dans ce cas, les dispositions de la section 5 seront considérées comme observées si la demande d'enregistrement est signée par l'agent de la société, au nom de celle-ci, et accompagnée :

 i. des piéces établissant l'enregistrement ou la reconnaissance légale de la société ;

 ii. de deux exemplaires du réglement de l'association ou des statuts ;

III. the situation of its registered office in New Zealand;

IV. a copy of the power of attorney under which such agent is acting; and

V. a statutory declaration that such power of attorney has not been altered or revoked;

d) in so far as the articles or rules of any such company are repugnant to this Act they shall, on the registration of the company as and industrial union of employers, be construed as applying exclusively to the company and not to the industrial union.

10. — In no case shall an industrial union be registered under a name identical with that by which any other industrial union has been registered under this Act, or by which any other trade-union has been registered under " The Trade unions Act, 1908," or so nearly resembling any such name as to be likely to deceive the members or the public.

11. — In order to prevent the needless multiplication of industrial unions connected with the same industry in the same locality or industrial district, the following special provisions shall apply :

a) the Registrar may refuse to register an industrial union in any case where he is of opinion that in the same locality or industrial district and connected with the same industry there exists an industrial union to which the members of such industrial union might conveniently belong.

Provided that the Registrar shall forthwith notify such registered industrial union that an application for registration has been made;

b) such industrial union, if dissatisfied with the Registrar's refusal, may in the prescribed manner appeal therefrom to the Court, whereupon the Court, after making full inquiry, shall report to the Registrar whether in its opinion his refusal shoud be insisted on or waived, and the Registrar shall be guided accordingly.

Provided that it shall lie on the industrial union to satisfy the Court that, owing to distance, diversity of interest, or other substantial reason, it will be more convenient for the members to register separately than to join any existing industrial union.

12. — The effect of registration shall be to render the industrial union, and all persons who are members thereof at the time of registration, or who after such registration become members thereof, subject to the jurisdiction by this Act given to a Board and the Court respectively and liable to all the provisions of this Act, and all such persons shall be bound by the rules of the industrial union during the continuance of their membership.

13. — 1. Copies of all amendments or alterations of the rules of an industrial union shall, after being verified by the secretary or some other officer of

III. de la désignation de l'endroit où est située l'agence enregistrée pour la Nouvelle-Zélande ;

IV. d'une copie des pouvoirs conférés au mandataire ;

V. d'une déclaration statutaire établissant que le mandat du fondé de pouvoirs n'a pas été modifié ni retiré ;

d) lorsque le réglement ou les statuts d'une société légalement reconnue seront contraires à la présente loi, ils seront, lors de l'enregistrement de la société comme union industrielle d'employeurs, interprétés comme s'appliquant exclusivement à la société et non à l'union industrielle.

10. — Une union industrielle ne pourra être enregistrée sous un titre identique à celui sous lequel une autre trade-union aurait été enregistrée en vertu de la présente loi ou de la loi sur les trade-unions de 1908, ou sous un titre tellement semblable que les membres de la société ou le public pourraient s'y tromper.

11. — Afin d'empêcher la multiplication inutile d'unions industrielles relatives à la même industrie dans la même localité ou le même district industriel, les dispositions spéciales énoncées ci-après seront applicables :

a) le registrar pourra refuser d'enregistrer une union industrielle dans tous les cas où il croira que dans la même localité ou le même district industriel, et concernant la même industrie, il existe une union industrielle à laquelle les membres de l'union précédente pourraient régulièrement s'affilier.

Le registrar fera connaître immédiatement à ladite union industrielle enregistrée qu'une demande d'enregistrement lui a été présentée ;

b) si l'union industrielle ne croit pas devoir se soumettre à la décision du registrar, elle pourra s'adresser en appel à la cour et celle-ci, après enquête, fera connaître au registrar si, dans l'opinion de la cour, le refus doit être maintenu ou retiré, et le registrar agira en conséquence.

Il incombera à l'union industrielle d'apporter devant la cour la preuve que, pour cause d'éloignement, de diversité d'intérêts ou pour toute autre raison décisive, il serait plus convenable pour ses membres d'obtenir un enregistrement séparé que de faire partie d'une union industrielle existante.

12. — L'enregistrement aura pour effet de soumettre l'union industrielle ainsi que toutes les personnes qui en seraient membres au jour de l'enregistrement, ou qui en deviendraient membres après cet enregistrement, à la juridiction que la présente loi accorde à un conseil et à la cour et de leur imposer l'application des dispositions de la présente loi ; lesdites personnes seront tenues de se conformer aux statuts de l'union industrielle pendant toute la durée de leur participation à la société.

13. — 1. Les changements et modifications apportés aux statuts d'une union industrielle seront, après vérification par le secrétaire ou un autre

the industrial union, be sent to the Registrar, who shall record the same upon being satisfied that the same are not in conflict with the requirements of this Act.

2. A printed copy of the rules of the industrial union shall be delivered by the secretary to any person requiring the same on payment of a sum not exceeding one shilling.

3. In all proceedings affecting the industrial union, *prima facie* evidence of the rules and their validity may be given by the production of what purports to be a copy thereof, certified as a true copy under the seal of the union and the hand of the secretary or any other officer thereof.

14. — 1. In addition to its registered office, an industrial union may also have a branch office in any industrial district in which any of its members reside or exercise their calling.

2. Upon application in that behalf by the union, under its seal and the hand of its chairman or secretary, specifying the situation of the branch office, the Registrar shall record the same, and thereupon the branch office shall be deemed to be registered.

3. The situation of the registered office and of each registered branch office of the industrial union may be changed from time to time by the committee of management, or in such other manner as the rules provide.

4. Every such change shall be forthwith notified to the Registrar by the secretary of the union, and thereupon the change shall be recorded by the Registrar.

15. — All fees, fines, levies, or due payable to an industrial union by any member thereof under its rules may, in so far as they are owing for any period of membership subsequent to the registration of the society under this Act, be sued for and recovered in the name of the union in any Court of competent jurisdiction by the secretary or the treasurer of the union, or by any other person who is authorised in that behalf by the committee of management or by the rules.

16. — An industrial union may purchase or take on lease, in the name of the union or of trustees for the union, any house or building, and any land not exceeding 5 acres, and may sell, mortgage, exchange, or let the same or any part thereof; and no person shall be bound to inquire whether the union or the trustees have authority for such sale, mortgage, exchange, or letting; and the receipt of the union or the trustees shall be a discharge for the money arising therefrom.

17. — 1. In the month of January in every year there shall be forwarded to the Registrar by every industrial union a list of the members and officers (including trustees) of such union, as at the close of the last preceding month.

agent de l'union industrielle, transmis au registrar, qui les enregistrera après s'être assuré qu'ils ne sont pas contraires à la présente loi.

2. Toute personne pourra obtenir un exemplaire imprimé des statuts moyennant le paiement d'une taxe qui n'excédera pas 1 shilling.

3. Au cours de toute procédure relative à une union industrielle la preuve de l'existence de statuts et de leur validité peut être donnée *prima facie* par le document qui, sous le sceau de l'union et la signature du secrétaire ou d'un autre agent, est déclaré en être la copie sincère.

14. — 1. Outre l'agence enregistrée, l'union pourra avoir une succursale dans un district industriel où certains membres de l'union résident ou exercent leur profession.

2. Cette succursale pourra, sur la demande faite à cette fin sous le sceau de l'union et la signature du président ou du secrétaire et spécifiant l'emplacement de la succursale, être enregistrée par le registrar, après quoi la succursale sera réputée être enregistrée.

3. L'emplacement du bureau enregistré et de chaque succursale enregistrée de l'union industrielle pourra être changé, le cas échéant, par le conseil d'administration ou de toute autre manière prescrite par les règlements.

4. Tout changement semblable devra être notifié immédiatement au registrar pour enregistrement, par le secrétaire de l'union.

15. — Toutes taxes, amendes ou redevances payables à une union industrielle conformément aux statuts, pourront, si elles sont dues pour une période de participation postérieure à l'enregistrement de la société en vertu de la présente loi, être poursuivies et recouvrées au nom de l'union devant tout tribunal compétent par le secrétaire ou le trésorier de l'union, ou par toute autre personne autorisée à cet effet par le conseil d'administration ou par les statuts.

16. — Toute union industrielle pourra acquérir ou louer, au nom de l'union ou au nom des *trustees*, pour l'union, toute maison ou tout bâtiment ou tout terrain n'excédant pas 5 acres, et pourra vendre, hypothéquer, échanger ou louer tout ou partie de ces biens, et personne ne sera tenu de rechercher si l'union ou les *trustees* ont le droit de consentir les dites ventes, hypothèques, conventions d'échange ou location, et la quittance de l'union ou des *trustees* vaudra décharge pour toutes sommes dues en vertu de ces actes.

17. — 1. Au mois de janvier de chaque année, les unions industrielles transmettront au registrar une liste de leurs membres et agents (y compris les *trustees*) arrêtée à la fin du mois précédent.

Provided that in the case of an incorporated company it shall be sufficient if the list contains the names of the directors and of the manager or other principal executive officer of the company.

Provided further that an industrial union of workers shall not return as a member any worker whose subscription is twelve months in arrear.

2. Each such list shall be verified by the statutory declaration of the chairman or secretary of the union.

3. Such statutory declaration shall be *prima facie* evidence of the truth of the matters herein set forth.

4. Every industrial union making default in duly forwarding such list commits an offence against this Act, and is liable to a fine not exceeding 2 pounds for every week during which such default continues.

5. Every member of the committee of management of any such union who wilfully permits such default commits an offence against this Act, and is liable to a fine not exceeding 5 shillings for every week during which he wilfully permits such default.

6. Proceedings for the recovery of any such fine shall be taken in a summary way under " The Justices of the Peace Act, 1908, " on the information or complaint of the Registrar, and the amount recovered shall be paid into the Public Account and form part of the Consolidated Fund :

Provided that before taking the proceedings the Registrar shall give at least fourteen days' notice to the offending parties of his intention so to do.

7. It shall be the duty of the Registrar to supply to Parliament, within thirty days after its meeting in each year, a return showing the number of members in each industrial union registered under the Act.

18. Every industrial union may sue or be sued for the purposes of this Act by the name by which it is registered ; and service of any process, notice, or document of any kind may be effected by delivering the same to the chairman or secretary of such union, or by leaving the same at its registered office (not being a branch office), or by posting the same to such registered office in a duly registered letter addressed to the secretary of the union.

19. — Deeds and intruments to be executed by an industrial union for the purposes of this Act may be made and executed under the seal of the union and the hands of the chairman and secretary thereof, or in such other manner as the rules of the union prescribe.

Amalgamation of Industrial Unions.

20. — 1. Whenever two or more industrial unions in the same industrial district connected with the same industry desire to amalgamate so as to form one union and carry out such desire by registering a new industrial union, the Registrar shall place upon the certificate of registration of such new

Toutefois, pour les sociétés incorporées, la liste ne devra contenir que les noms des directeurs, du gérant ou d'un autre agent exécutif de la société.

Ne seront pas compris dans la liste, les ouvriers qui seront en retard de douze mois de payer leur cotisation.

2. Chaque liste devra être certifiée par la déclaration statutaire du président ou du secrétaire de l'union.

3. Toute déclaration statutaire constituera *prima facie* la preuve de l'exactitude des faits qu'elle expose.

4. L'union industrielle qui négligera d'effectuer cette transmission sera passible d'une amende n'exédant pas 2 livres par semaine de retard.

5. Commettra une infraction à la présente loi et sera passible de l'amende jusqu'à 5 sh. pour chaque semaine que dure l'infraction, tout membre du conseil d'administration d'une union qui tolérera le défaut de transmission susvisé.

6. La procédure en recouvrement des amendes entamée après notification ou réclamation du registrar, se fera par voie sommaire, conformément à la loi de 1908 sur les juges de paix, et les sommes recouvrées seront versées au trésor public pour faire partie du fonds consolidé.

Toutefois, le registrar devra, au moins quinze jours à l'avance, faire part aux parties intéressées de son intention de les poursuivre.

7. Le registrar soumettra au Parlement, dans les trente jours de sa réunion annuelle, un rapport indiquant le nombre de membres de chaque union enregistrée conformément à la présente loi.

18. — Les unions industrielles pourront ester en justice ou être actionnées, pour tout ce qui concerne l'application de la présente loi, sous le titre sous lequel elles auront été enregistrées. Les procès, avis, documents, de quelque espèce que ce soit, seront signifiés par remise au président ou au secrétaire de l'union ou par dépôt au bureau enregistré de l'union (sauf si c'est une succursale) ou par expédition par la poste et par lettre recommandée adressée au secrétaire de l'union, à l'agence enregistrée de l'union.

19. — Les actes privés ou publics qui devront être passés par une union industrielle en vue de l'exécution de la présente loi seront faits et passés sous le sceau de l'union et les signatures des président et secrétaire de celle-ci ou suivant tout autre mode prescrit par les statuts.

Fédération d'unions industrielles.

20. — 1. Lorsque deux ou plusieurs unions relatives à une même industrie et situées dans un même district désirent se réunir de façon à former une seule union et réalisent ce désir en faisant enregistrer une union nouvelle, le registrar inscrira sur le certificat d'enregistrement de la nouvelle

union a memorandum of the names of the unions whose registration is shown to his satisfaction to have been cancelled in consequence of such amalgamation and registration.

2. Where there is more than one award in force relating to that industry within the same industrial district or any part thereof the Court, on the application of any party to any such award, may by order·adjust the terms of such awards, and such order shall have effect as if it were a new award.

3. Until such order is made such amalgamation shall not have effect.

Cancellation of Registration.

21. — Any industrial union may at any time apply to the Registrar in the prescribed manner for a cancellation of the registration thereof, and thereupon the following provisions shall apply :

a) the Registrar, after giving six weeks' public notice of his intention to do so, may, by notice in the *Gazette,* cancel such registration :

Provided that in no case shall the registration be cancelled during the progress of any conciliation or arbitration proceedings affecting such union until the Board or Court has given its decision or made its award, nor unless the Registrar is satisfied that the cancellation is desired by a majority of the members of the union;

b) the effect of the cancellation shall be to dissolve the incorporation of the union, but in no case shall the cancellation or dissolution relieve the industrial union, or any member thereof, from the obligation of any industrial agreement, or award or order of the Court, nor from any penalty or liability incurred prior to such cancellation.

22. — 1. If an industrial union makes default in forwarding to the Registrar the returns required by section 17 hereof, and the Registrar has reasonable cause to believe that the union is defunct, he may send by post to the last known officers of the union a letter calling attention to the default, and inquiring whether the union is in existence.

2. If within two months after sending such letter the Registrar does not receive a reply thereto, or receives a reply from any one or more of the officers to the effect that the union has ceased to exist, he may insert in the *Gazette,* and send to the last known officers of the union, a notice declaring that the registration of the union will, unless cause to the contrary is shown, be cancelled at the expiration of six weeks from the date of such notice.

3. At the expiration of the time mentioned in the notice the Registrar may, unless cause to the contrary is shown, strike the name of the union off

union les noms des unions dont l'enregistrement aura été dûment radié en conséquence de la fusion et du nouvel enregistrement.

2. S'il existe plus d'une sentence en vigueur concernant cette industrie dans un même district industriel ou partie de celui-ci, la cour pourra, à la requête d'une des parties à la sentence, modifier la rédaction de ces sentences et, dans ce cas, son ordonnance sera considérée comme une nouvelle sentence.

3. Une fusion de différentes unions n'aura d'effet qu'à partir du moment où pareille ordonnance aura été rendue.

Radiation de l'enregistrement.

21. — Toute union industrielle pourra, en tout temps, adresser une requête au registrar, de la manière prescrite, dans le but d'obtenir la radiation de l'enregistrement, et dans ce cas, les dispositions suivantes seront applicables :

a) le registrar, après en avoir donné avis six semaines à l'avance dans la *Gazette*, peut annuler l'enregistrement.

Toutefois, aucun enregistrement ne pourra être radié au cours d'une procédure de conciliation ou d'arbitrage ayant rapport à l'union qui demande la radiation, avant que le conseil ou la cour ait rendu sa sentence, ni avant que le registrar ait acquis la preuve que la radiation est demandée par la majorité des membres de l'union ;

b) la radiation aura pour effet d'annuler la constitution de l'union en *corporation*; mais, en aucun cas, la radiation ou la dissolution ne pourra dégager une union industrielle ou un membre d'une union de ce genre des obligations qui lui seraient imposées par un arrangement industriel ou une ordonnance de la cour, ni du paiement des amendes ou de la responsabilité encourues antérieurement à cette radiation.

22. — 1. Si une union industrielle néglige de transmettre au registrar les documents exigés par la section 17 et si le registrar a des raisons suffisantes de croire que l'union est dissoute, il pourra faire parvenir par la poste aux derniers agents connus de l'union une lettre attirant leur attention sur le manquement et demandant si l'union existe encore.

2. Si dans les deux mois de l'envoi de cette lettre, le registrar n'a pas reçu de réponse, ou a reçu une réponse d'un agent ou de plusieurs agents déclarant que l'union a cessé d'exister, il pourra faire insérer dans la *Gazette* et envoyer aux derniers agents connus de l'union, un avis portant que l'enregistrement de l'union sera annulé à l'expiration des six semaines suivant la date dudit avis, à moins que des explications suffisantes ne soient fournies.

3. A l'expiration du temps indiqué dans l'avis, le registrar peut, si des explications suffisantes n'ont pas été fournies, rayer le nom de l'union du

the register, and shall publish notice thereof in the *Gazette,* and thereupon the registration of the union shall be cancelled.

Industrial Associations.

23. — 1. Any council or other body, however designated, representing not less than two industrial unions of the one industry of either employers or workers may be registered as an industrial association of employers or workers under this Act.

2. All the provisions of this Act relating to industrial unions, their officers and members, shall, *mutatis mutandis,* extend and apply to an industrial association, its officers and members, and these provisions shall be read and construed accordingly in so far as the same are applicable :

provided that an industrial association shall not be entitled to nominate or vote for the election of members of a Board, or to recommend the appointment of a member of the Court.

INDUSTRIAL DISPUTES IN RELATED TRADES.

24. — 1. An industrial dispute may relate either to the industry in which the party by whom the dispute is referred for settlement to a Board or the Court, as hereinafter provided, is engaged or concerned, or to any industry related thereto.

2. An industry shall be deemed to be related to another where both of them are branches of the same trade, or are so connected that industrial matters relating to the one may affect the other : thus, brick-laying, masonry, carpentering, and painting are related industries, being all branches of the building trade, or being so connected as that the conditions of employment or other industrial matters relating to one of them may affect the others.

3. The Governor may from time to time, by notice in the *Gazette,* declare any specified industries to be related to one another, and such industries shall be deemed to be related accordingly.

4. The Court shall also in any industrial dispute have jurisdiction to declare industries to be related to one another.

INDUSTRIAL AGREEMENTS.

25. — 1. The parties to industrial agreements under this Act shall in every case be trade-unions or industrial unions or industrial associations or employers; and any such agreement may provide for any matter or thing

registre ; il publiera alors ce fait dans la *Gazette*, après quoi l'enregistrement de l'union sera annulé.

Associations industrielles.

23. — 1. Tout conseil ou autre corps, quel que soit son titre, représentant au moins deux unions industrielles de la même industrie, composées d'employeurs ou d'ouvriers, pourra être enregistré comme association industrielle d'employeurs ou d'ouvriers conformément à la présente loi.

2. Toutes les dispositions de la présente loi relatives aux unions industrielles devront, *mutatis mutandis*, être étendues et s'appliquer aux associations industrielles, à leurs agents et à leurs membres, et ces dispositions devront être interprétées en conséquence, dans la mesure où elles seront applicables :

toutefois, une association industrielle n'aura pas le droit de présenter des candidats ni de prendre part au vote lors de l'élection des membres d'un conseil, ni de faire des présentations en vue de la nomination d'un membre de la cour.

CONFLITS INDUSTRIELS DANS DES ENTREPRISES CONNEXES.

24. — 1. Un conflit industriel peut avoir rapport à l'industrie dans laquelle la partie qui soumet le conflit en vue d'un règlement, à un conseil ou à une cour, ainsi qu'il est prévu ci-après, est engagée et intéressée, ou à une autre industrie connexe à la première.

2. Une industrie sera considérée comme étant connexe à une autre quand toutes les deux constitueront des branches d'une même exploitation ou seront unies de telle façon que les questions industrielles relatives à l'une puissent aussi exercer une action sur l'autre : ainsi le briquetage, la maçonnerie, la charpenterie et la peinture sont des industries connexes, étant toutes des branches de l'industrie du bâtiment ou ayant entre elles des rapports tels que les conditions du travail ou d'autres affaires industrielles relatives à l'une d'elles sont de nature à exercer également une action sur les autres.

3. Le gouverneur peut, par un avis publié dans la *Gazette*, déclarer connexes des industries déterminées, et lesdites industries devront être considérées en conséquence comme associées.

4. La cour aura également le droit dans tout conflit industriel de déclarer que certaines industries sont connexes.

ARRANGEMENTS INDUSTRIELS.

25. — 1. Les parties contractantes dans des arrangements industriels formés conformément à la présente loi seront, dans tous les cas, des unions ou des associations industrielles ou des employeurs, et tout arrangement

affecting any industrial matter, or in relation thereto, or for the prevention or settlement of an industrial dispute.

2. Every industrial agreement shall be for a term to be specified therein, not exceeding three years from the date of the making thereof, as specified therein, and shall commence as follows : " This industrial agreement, made in pursuance of ' The Industrial Conciliation and Arbitration Act, 1908,' this... day of... between... "; and then the matters agreed upon shall be set out.

3. The date of the making of the industrial agreement shall be the date on which it is executed by the party who first executes it; and such date, and the names of all the original parties thereto, shall be truly stated therein.

4. Notwithstanding the expiry of the term of the industrial agreement, it shall continue in force until superseded by another industrial agreement or by an award of the Court, except where, pursuant to the provisions of section 21 or 22 hereof, the registration of an industrial union of workers bound by such agreement has been cancelled.

26. — A duplicate original of every industrial agreement shall, within thirty days after the making thereof, be filed in the office of the Clerk of the industrial district where the agreement is made.

27. — At any time whilst the industrial agreement is in force any industrial union or industrial association or employer may become party thereto by filing in the office wherein such agreement is filed a notice in the prescribed form, signifying concurrence with such agreement.

28. — Every industrial agreement duly made, executed, and filed shall be binding on the parties thereto, and also on every member of any industrial union or industrial association which is party thereto.

29. — Every industrial agreement, whether made under this Act or under any former Act relating to industrial conciliation and arbitration, may be varied, renewed, or cancelled by any subsequent industrial agreement made by and between all the parties thereto, but so that no party shall be deprived of the benefit thereof by any subsequent industrial agreement to which he is not a party.

30. — Industrial agreements shall be enforceable in manner provided by section 101 hereof, and not otherwise.

de l'espèce pourra disposer à l'égard de toute chose ou matière de nature à influer sur une affaire industrielle ou se trouvant en rapport avec celle-ci ou bien en vue de la prévention ou du règlement d'un conflit industriel.

2. Tout arrangement industriel sera conclu pour un terme qui y sera déterminé et qui n'excédera pas trois ans à compter de la date de la conclusion de l'arrangement, suivant les indications que renfermera celui-ci, et il débutera en ces termes: « Le présent arrangement conclu conformément à la loi sur la conciliation et l'arbitrage de 1908, ce... jour de... entre... » ; il déterminera ensuite les questions sur lesquelles l'accord se sera fait.

3. La date de la formation d'un arrangement industriel sera la date à laquelle l'arrangement aura été revêtu des formalités nécessaires par la partie qui y aura ainsi consenti la première, et cette date ainsi que les noms de toutes les parties originairement intervenues à l'arrangement y seront exactement spécifiés.

4. Nonobstant l'expiration du terme de l'arrangement industriel, celui-ci restera en vigueur jusqu'à ce qu'il soit remplacé par un autre arrangement ou par une sentence de la cour, sauf dans le cas où, conformément aux dispositions de la section 21 ou 22, l'enregistrement d'une union industrielle d'ouvriers liés par le dit arrangement aura été radié.

26. — Un double de chaque arrangement industriel sera transmis, dans les trente jours de la formation de l'arrangement, au bureau du greffier du district industriel où l'arrangement a été conclu.

27. — A tout moment pendant que l'arrangement industriel est en vigueur, toute union ou association industrielle et tout employeur peuvent y intervenir comme parties en faisant parvenir au bureau où le dit arrangement est déposé un avis rédigé dans la forme prescrite et portant notification de leur adhésion au dit arrangement.

28. — Tout arrangement industriel dûment consenti, revêtu des formalités nécessaires et déposé au greffe, sera obligatoire pour toutes les parties y intervenues, ainsi que pour tout membre d'une union ou association industrielle qui y serait partie.

29. — Tout arrangement industriel formé en vertu de la présente loi ou en vertu d'une des lois codifiées ou d'une loi abrogée par la présente loi pourra être modifié, renouvelé ou annulé par tout arrangement industriel postérieur fait par et entre les parties y intervenues, mais de telle sorte qu'une partie ne puisse être privée du bénéfice d'un arrangement par un autre arrangement auquel elle ne serait pas partie.

30. — Les arrangements industriels pourront être mis à exécution de la façon prévue par le section 101 de la présenté loi, et pas autrement.

CONCILIATION AND ARBITRATION.

Districts and Clerks.

31. — 1. The Governor may from time to time, by notice in the *Gazette*, constitute and divide New Zealand or any portion thereof into such industrial districts, with such names and boundaries, as he thinks fit.

2. All industrial districts constituted under any former Act relating to industrial conciliation and arbitration and existing on the coming into operation of this Act shall be deemed to be constituted under this Act.

32. — If any industrial district is constituted by reference to the limits or boundaries of any other portion of New Zealand defined or created under any Act, then, in case of the alteration of such limits or boundaries, such alteration shall take effect in respect of the district constituted under this Act without any further proceeding, unless the Governor otherwise determines.

33. — 1. In and for every industrial district the Governor shall appoint a Clerk of Awards (elsewhere in this Act referred to as " the Clerk "), who shall be paid such salary or other remuneration as the Governor thinks fit, and shall be subject to the control and direction of the Registrar.

2. Every Clerk appointed under any former Act relating to industrial conciliation and arbitration and in office on the coming into operation of this Act shall be deemed to be appointed under this Act.

34. — The office of Clerk may be held either separately or in conjunction with any other office in the public service, and in the latter case the Clerk may, if the Governor thinks fit, be appointed not by name but by reference to such other office, whereupon the person who for the time being holds such office or performs its duties shall by virtue thereof be the Clerk.

35. — It shall be the duty of the Clerk :
a) to receive, register, and deal with all applications within his district lodged for reference of any industrial dispute to the Board or to the Court;
b) to convene the Board for the purpose of dealing with any such dispute;
c) to keep a register in which shall be entered the particulars of all references and settlements of industrial disputes made to and by the Board, and of all references, awards, and orders made to and by the Court;
d) to forward from time to time to the Registrar copies of or abstracts from the register;
e) to issue all summonses to witnesses to give evidence before the Board or Court, and to issue all notices and perform all such other acts in connec-

CONCILIATION ET ARBITRAGE.

Districts et greffiers.

31. — 1. Le gouverneur pourra, par avis publié dans la *Gazette*, constituer et diviser la Nouvelle-Zélande ou partie de celle-ci en districts industriels en leur donnant la désignation et les limites qu'il jugera convenables.

2. Tous les districts industriels constitués en vertu d'une loi abrogée par la présente loi, et existant au moment de la mise en vigueur de la présente loi, seront considérés comme établis en vertu de la présente loi.

32. — Quand les limites d'un district constitué en vertu d'une autre loi servent de limites à un district industriel, les changements apportés aux limites du premier district s'appliquent également au district constitué en vertu de la présente loi, à moins que le gouverneur n'en dispose autrement.

33. — 1. Dans et pour chaque district industriel, le gouverneur nommera un greffier qui aura la garde des sentences (appelé ci-après « le greffier ») et qui recevra tels appointements ou telle rémunération que le gouverneur estimera convenables, et qui sera soumis au contrôle et à la direction du registrar.

2. Les greffiers nommés en vertu d'une loi abrogée par la présente loi et qui seront en fonctions au moment de cette abrogation seront considérés comme nommés en vertu de la présente loi.

34. — La charge de greffier pourra être exercée séparément ou conjointement avec un autre emploi public et, dans ce dernier cas, si le gouverneur le juge à propos, le greffier ne sera pas désigné nominativement mais simplement par indication des fonctions visées, en conséquence de quoi, la personne qui remplit alors les dites fonctions ou en assume les obligations sera, par le fait même, le greffier.

35. — Le greffier aura l'obligation :

a) de recevoir, d'enregistrer et de donner suite aux requêtes en conciliation adressées au conseil ou à la cour;

b) de convoquer les conseils pour statuer sur les différends industriels;

c) de tenir un registre des affaires traitées par le conseil ou par la cour et des solutions données à ces affaires;

d) d'expédier, le cas échéant, au registrar des copies ou extraits du registre ;

e) de lancer des citations aux témoins invités à venir déposer devant le conseil ou la cour, de notifier les avis et de remplir toutes les autres obli-

tion with the sittings of the Board or Côurt as are prescribed, or as the Court, the Board, or the Registrar directs; and

f) Generally to do all such things and take all such proceedings as are prescribed by this Act or the regulations thereunder, or as the Court, the Board, or the Registrar directs.

Boards of Conciliation.

36. — In and for every industrial district there shall be established a Board of Conciliation, which shall have jurisdiction for the settlement of any industrial dispute which arises in such district and is referred to the Board under the provisions in that behalf hereinafter contained.

37. — The Board of each industrial district shall consist of such unequal number of persons as the Governor determines, being not more than five, of whom :

a) one (being the Chairman) shall be elected by the other members in manner hereinafter provided; and

b) the other members shall, in manner hereinafter provided, be elected by the respective industrial unions of employers and of workers in the industrial district, such unions voting separately and electing an equal number of such members.

Provided that an industrial union shall not be entitled to vote unless its registered office has been recorded as aforesaid for at least three months next preceding the date fixed for the election.

38. — 1. The ordinary term of office of the members of the Board shall be three years from the date of the election of the Board, or until their successors are elected as hereinafter provided, but they shall be eligible for re-election.

2. Every Board established under any former Act relating to industrial conciliation and arbitration and existing on the coming into operation of this Act shall be deemed to be established under this Act, and the members thereof then in office shall so continue until the expiry of their ordinary term of office under such former Act or until their successors are elected under this Act, but they shall be eligible for re-election.

39. — With respect to the ordinary election of the members of the Board (other than the Chairman) the following provisions shall apply :

a) the Clerk shall act as Returning Officer, and shall do all things necessary for the proper conduct of the election;

b) the first ordinary election shall be held within not less than twenty nor more than thirty days after the constitution of the district in the case of districts hereafter constituted, and before the expiry of the current ordinary term of office in the case of existing Boards;

c) each subsequent ordinary election shall in every case be held within not less than twenty nor more than thirty days before the expiry of the current ordinary term of office;

gations relatives aux séances du conseil ou de la cour qui lui sont imposées par la présente loi, par un conseil, la cour ou le registrar ; et

f) en général de faire toutes les démarches imposées par la présente loi, par un conseil, la cour ou le registrar.

Conseils de conciliation.

36. — Dans et pour chaque district industriel, il sera établi un conseil de conciliation qui sera compétent pour le règlement de tout conflit industriel survenu dans ce district et qui aura été soumis au conseil conformément aux dispositions énoncées ci-après à ce sujet.

37. — Le conseil de chaque district industriel sera composé d'un nombre impair de membres, qui ne pourra excéder cinq personnes, et sera fixé par le gouverneur ; parmi ces personnes :

a) l'une (le président) sera élue par les autres membres de la façon indiquée ci-après ;

b) les autres membres seront élus, suivant le mode prévu ci-après, par les unions industrielles d'employeurs et d'ouvriers, respectivement, qui se trouveront dans le district industriel, lesdites unions votant séparément et élisant un nombre égal de membres.

Une union industrielle ne pourra être autorisée à voter si son agence enregistrée n'a pas été inscrite au rôle trois mois au moins avant la date fixée pour l'élection.

38. — 1. Le terme régulier du mandat des membres du conseil sera de trois années à compter de la date de l'élection du conseil ou jusqu'à ce que leurs successeurs aient été désignés comme il est indiqué ci-après, mais ils pourront être réélus.

2. Les conseils établis par une loi abrogée par la présente loi seront censés être établis en vertu de la présente loi et les membres pourront achever le terme de leur mandat jusqu'à son expiration régulière conformément à la loi abrogée et jusqu'à ce que leurs successeurs aient été désignés en vertu de la présente loi, mais ils pourront être réélus.

39. — Les dispositions ci-après seront applicables en ce qui concerne l'élection ordinaire des membres d'un conseil (autres que le président) :

a) le greffier agira en qualité de commissaire et fera tout ce qui est nécessaire pour que l'élection ait lieu régulièrement ;

b) les premières élections ordinaires auront lieu au plus tôt dans les vingt jours, au plus tard dans les trente jours de la constitution du district ;

c) les élections ordinaires suivantes auront toujours lieu au moins vingt jours et au plus trente jours avant la fin des mandats en cours ;

d) the Governor may from time to time extend the period within which any election shall be held for such time as he thinks fit, anything hereinbefore contained to the contrary notwithstanding;

e) the returning Officer shall give fourteen days' notice, in one or more newspapers circulating in the district, of the day and place of election;

f) for the purposes of each election the Registrar shall compile and supply to the Returning Officer a roll setting forth the name of every industrial union entitled to vote, and every such union, but no other, shall be entitled to vote accordingly;

g) the roll shall be supplied as aforesaid not less than fourteen days before the day fixed for the election, and shall be open for free public inspection at the office of the Clerk during office hours, from the day on which it is received by the Clerk until the day of the election;

h) persons shall be nominated for election in such manner as the rules of the nominating industrial union prescribe, or, if there is no such rule, nominations shall be made in writing under the seal of the union and the hand of its chairman or secretary;

i) an industrial union not entitled to vote shall not be entitled to nominate;

j) each nomination shall be lodged with the Returning Officer not later than five o'clock in the afternoon of the fourth day before the day of election, and shall be accompanied by the written consent of the person nominated;

k) forms of nomination shall be provided by the Returning Officer on application to him for that purpose;

l) the Returning Officer shall give notice of the names of all persons validly nominated, by affixing a list thereof on the outside of the door of his office during the three days next preceding the day of election;

m) if it appears that the number of persons validly nominated does not exceed the number to be elected, the Returning Officer shall at once declare such persons elected;

n) if the number of persons validly nominated exceeds the number to be elected, then votes shall be taken as hereinafter provided;

o) the vote of each industrial union entitled to vote shall be signified by voting-paper under the seal of the union and the hands of the chairman and secretary;

p) the voting-paper shall be lodged with or transmitted by post or otherwise to the Returning Officer at his office, so as to reach his office not later than five o'clock in the afternoon of the day of the election; and the Returning Officer shall record the same in such manner as he thinks fit;

q) every voting-paper with respect to which the foregoing requirements of this section are not duly complied with shall be deemed to be informal;

d) le gouverneur pourra, le cas échéant, prolonger d'autant qu'il le jugera opportun, la période à fixer pour l'élection, nonobstant toute disposition contraire ci-dessus ;

e) le jour et le lieu de l'élection seront annoncés par les soins du commissaire de l'élection, quinze jours à l'avance, par un ou plusieurs journaux répandus dans le district ;

f) pour chaque élection le registrar dressera et transmettra au commissaire de l'élection un rôle contenant les noms de toutes les unions industrielles autorisées à y participer et en conséquence ces unions seules seront autorisées à voter ;

g) le rôle sera transmis comme il est dit ci-dessus au moins quinze jours avant le jour arrêté pour l'élection et, depuis le jour de sa réception par le greffier jusqu'au jour de l'élection, il pourra être consulté librement par le public, au greffe, pendant les heures de bureau ;

h) les candidats seront présentés de la manière prévue aux statuts de l'union industrielle qui doit les désigner ou, s'il n'existe pas de statuts de l'espèce, les présentations seront faites par écrit sous le sceau de l'union et la signature de son président ou de son secrétaire ;

i) toute union qui ne sera pas autorisée à voter, ne sera pas autorisée à présenter un candidat ;

j) les présentations devront parvenir au commissaire de l'élection, au plus tard le quatrième jour qui précède immédiatement le jour de l'élection, à 5 heures de l'après-midi. Chacune d'elles devra être accompagnée du consentement écrit de la personne désignée;

k) les bulletins de présentation seront fournis par le commissaire de l'élection à quiconque en fera la demande ;

l) le commissaire de l'élection fera connaître les noms de tous les candidats valablement désignés en affichant à l'extérieur de son bureau, pendant les trois jours précédant immédiatement l'élection, une liste de ces candidats;

m) s'il est constaté que le nombre des personnes dûment désignées ne dépasse pas le nombre de celles qui sont à élire, le commissaire de l'élection déclarera sur-le-champ ces personnes élues ;

n) si le nombre des candidats valablement présentés dépasse le nombre de personnes à élire, on procédera au scrutin de la façon suivante :

o) le suffrage de chaque union industrielle ayant droit de vote sera recueilli sur un bulletin de vote, sous le sceau de l'union et la signature du président et du secrétaire ;

p) le bulletin de vote sera remis ou transmis par la poste ou autrement au commissaire de l'élection, à son bureau, de façon à parvenir au dit bureau au plus tard à 5 heures de l'après-midi, le jour de l'élection; le commissaire de l'élection enregistrera ce vote de la manière qu'il jugera à propos ;

q) sera irrégulier, tout bulletin de vote auquel l'on n'aura pas appliqué les dispositions précédentes de la présente section ;

r) each industrial union shall have as many votes as there are persons to elected by its division;

s) such votes may be cumulative, and the persons, not exceeding the number to be elected, having the highest aggregate number of valid votes in each division shall be deemed elected;

t) in any case where two or more candidates in the same division have an equal number of valid votes, the Returning Officer, in order to complete the election, shall give a casting-vote;

u) as soon as possible after the votes of each division of industrial unions have been recorded, the Returning Officer shall reject all informal votes. and ascertain what persons have been elected as before provided, and shall state the result in writing, and forthwith affix a notice thereof on the door of his office;

v) if any question or dispute arises touching the right of any industrial union to vote, or the validity of any nomination or vote, or the mode of election or the result thereof, or any matter incidentally arising in or in respect of such election, the same may in the prescribed manner be referred to the Returning Officer at any time before the gazetting of the notice of the election of the members of the Board as hereinafter provided, and the decision of the Returning Officer shall be final;

w) except as aforesaid, no such question or dispute shall be raised or entertained;

x) in case any election is not completed on the day appointed, the Returning Officer may adjourn the election, or the completion thereof, to the next or any subsequent day, and may then proceed with the election;

y) the whole of the voting-papers used at the election shall be securely kept by the Returning Officer during the election, and thereafter shall be put in a packet and kept until the gazetting of the notice last aforesaid, when he shall cause the whole of them to be effectually destroyed;

z) neither the Returning Officer nor any person employed by him shall at any time (except in discharge of his duty or in obedience to the process of a Court of law) disclose for whom any vote has been tendered, or retain possession of or exhibit any voting-paper used at the election, or give to any person any information on any of the matters herein mentioned;

aa) if any person commits any breach of the last preceding paragraph he is liable to a fine not exceeding 20 pounds, to be recovered and applied as specified in subsection 6 of section 17 hereof.

40. — 1. As soon as practicable after the election of the members of the Board, other than the Chairman, the Clerk shall appoint a time and place for the elected members to meet for the purpose of electing a Chairman, and shall give to each such member at least three days' written notice of the time and place so appointed.

r) chaque union industrielle a autant de voix qu'il y a de personnes à élire dans sa section ;

s) le vote peut être cumulatif et les candidats qui auront recueilli le plus de votes valables pour chaque section, sans que le nombre des personnes à élire soit dépassé, seront considérés comme élus ;

t) lorsque deux ou plusieurs candidats auront recueilli, dans une même section, un nombre égal de votes valables, le vote du commissaire sera prépondérant ;

u) aussitôt que possible après que les votes pour chaque section d'une union industrielle auront été recueillis, le commissaire de l'élection annulera les votes irréguliers et proclamera les élus comme il est dit ci-dessus, mettra par écrit les résultats de l'élection et les affichera à l'extérieur du bureau ;

v) si le droit de vote d'une union industrielle, la validité d'une présentation ou d'un vote, le mode ou le résultat d'une élection ou toute affaire soulevée au cours ou au sujet d'une élection, sont mis en question ou forment l'objet d'un conflit, cette question ou ce conflit pourra en tout temps, avant l'insertion dans la *Gazette* de l'avis relatif à l'élection des membres du conseil comme il est dit ci-après, être soumis au commissaire de l'élection, et la décision de celui-ci sera définitive ;

w) sauf ce qui est dit ci-dessus, aucune question, aucun conflit de l'espèce ne pourra être soulevé ou continué ;

x) si une élection n'est pas terminée au jour fixé, le commissaire pourra ajourner cette élection ou fixer l'élection complémentaire au jour suivant ou à un autre jour pour la terminer ;

y) le commissaire de l'élection gardera soigneusement, pendant toute la durée de celle-ci, tous les bulletins de vote dont il aura été fait usage. Ces bulletins seront ensuite mis en paquet et conservés jusqu'au moment de l'insertion à la *Gazette* de l'avis susdit, après quoi ils seront détruits ;

z) le commissaire de l'élection et les personnes à son service ne pourront en aucun cas (sauf pour s'acquitter de leur mission ou se conformer à un acte judiciaire) divulguer pour qui un vote a été émis, ni conserver par devers eux ou montrer un bulletin de vote quelconque employé dans une élection ni donner des informations au sujet des choses dont il est question à la présente section ;

aa) quiconque commettra une infraction au paragraphe précédent sera passible d'une amende qui ne sera pas supérieure à 20 livres, à recouvrer et à appliquer comme il est spécifié à la sous-section 6 de la section 17 de la présente loi.

40. — 1. Aussitôt que possible après l'élection des membres du conseil autres que le président, le greffier convoquera les membres élus à l'époque et à l'endroit qu'il indiquera, dans le but de procéder à l'élection d'un président, et fera connaître par écrit à chaque membre, au moins trois jours d'avance, le moment et l'endroit qu'il aura choisis.

2. At such meeting the members shall, by a majority of the votes of the members present, elect some impartial person who is willing to act, not being one of their number, to be Chairman of the Board.

41. — 1. As soon as practicable after the election of the Chairman the Clerk shall transmit to the Registrar a list of the names of the respective persons elected as members and as Chaiman of the Board, and the Registrar shall cause notice thereof to be gazetted.

2. Such notice shall be final and conclusive for all purposes, and the date of gazetting of such notice shall be deemed to be the date of the election of the Board.

42. — Any member of the Board may resign, by letter to the Registrar, and the Registrar shall thereupon report the matter to the Clerk.

43. — If the Chairman or any member of the Board :

a) dies; or

b) resigns; or

c) becomes disqualified or incapable under section 105 hereof; or

d) is proved to be guilty of inciting any industrial union or employer to commit any breach of an industrial agreement or award; or

e) is absent during four consecutive sittings of the Board, — his office shall thereby become vacant, and the vacancy thereby caused shall be deemed to be a casual vacancy.

44. — 1. Every casual vacancy shall be filled by the same electing authority, and, as far as practicable, in the same manner and subject to the same provisions, as in the case of the vacating member.

2. Upon any casual vacancy being reported to the Clerk he shall take all such proceedings as may be necessary in order that the vacancy may be duly supplied by a fresh election :

Provided that the person elected to supply the vacancy shall hold office only for the residue of the term of the vacating member.

45. — If any person being a member of one Board allows himself to be nominated for election as a member of another Board his nomination shall be void; and if he is so elected his election shall be void.

46. — In any case where the Registrar is satisfied that for any reason the proper electing authority has failed or neglected to duly elect a Chairman or other member of the Board, or that his election is void, the Governor may by notice in the *Gazette* appoint a fit person to be such Chairman or other member, and for the purposes of this Act every Chairman or other member so appointed shall be deemed to be elected, and shall hold office for the unexpired residue of the ordinary term of office.

47. — The presence of the Chairman and of not less than one-half in number of the other members of the Board, including one of each side,

2. A cette réunion les membres désigneront, à la majorité des membres présents, une personne impartiale et dévouée, prise hors de leur sein, en qualité de président du conseil.

41. — 1. Le greffier transmettra aussitôt que possible au registrar, après l'élection du président, une liste contenant les noms des personnes élues respectivement en qualité de membres et de président du conseil, et le greffier se chargera de la publication dans la *Gazette* des noms des membres et du président ainsi élus.

2. Cet avis sera final et définitif à tous égards et la date de sa publication dans la *Gazette* sera censée être la date de l'élection du conseil.

42. — Les démissions seront adressées par lettre au registrar qui les transmettra au greffier.

43. — Si un membre ou le président d'un conseil

a) décède,

b) démissionne,

c) est disqualifié ou jugé incapable conformément à la section 105 de la présente loi,

d) est convaincu d'exciter une union industrielle ou un patron à violer un arrangement industriel ou une sentence,

e) s'absente pendant quatre séances consécutives du conseil,

son siège deviendra vacant, et cette vacance sera qualifiée de vacance accidentelle.

44. — 1. Il sera pourvu à toute vacance accidentelle par le même corps électoral et, autant que possible, de la même manière et moyennant l'observation des mêmes dispositions que s'il s'agissait d'un membre sortant.

2. Le greffier prendra toutes les mesures nécessaires pour pourvoir par une nouvelle élection à toute vacance accidentelle qui lui sera notifiée.

Toutefois, le nouveau membre se bornera à achever le terme de son prédécesseur.

45. — Toute personne occupant un siège dans un conseil ne pourra être proposée ou élue pour occuper un siège dans un autre conseil, et si néanmoins la présentation et l'élection ont eu lieu, elles seront nulles.

46. — Si le registrar est convaincu que pour un motif quelconque les intéressés ont négligé d'élire réglementairement le président ou un autre membre du conseil ou que l'élection est nulle, le gouverneur pourra, par avis publié à la *Gazette*, nommer en qualité de président ou de membre une personne capable, et, en vue de l'application de la présente loi, toute personne ainsi désignée sera censée être élue et restera en fonction jusqu'à l'expiration du mandat ordinaire.

47. — La présence du président et de la moitié au moins des autres membres du conseil, y compris un membre de chaque parti, sera néces-

shall be necessary to constitute a quorum at every meeting of the Board subsequent to the election of the Chairman :

Provided that in the case of the illness or absence of the Chairman the other members may elect one of their own number to be Chairman during such illness or absence.

48. — In all matters coming before the Board the decision of the Board shall be determined by a majority of the votes of the members present, exclusive of the Chairman, except in the case of an equality of such votes, in which case the Chairman shall have a casting-vote.

49. — The Board may act notwithstanding any vacancy in its body, and in no case shall any act of the Board be questioned on the ground of any informality in the election of a member, or on the ground that the seat of any member is vacant, or that any supposed member is incapable of being a member.

50. — In any case where the ordinary term of office expires or is likely to expire whilst the Board is engaged in the investigation of any industrial dispute, the Governor may, by notice in the *Gazette*, extend such term for any time not exceeding one month, in order to enable the Board to dispose of such dispute, but for no other purpose :

Provided that all proceedings for the election of the Board's successors shall be taken in like manner in all respects as if such term were not extended, and also that any member of the Board whose term is extended shall be eligible for nomination and election to the new Board.

Special Boards of Conciliators.

51. — Notwithstanding anything hereinbefore contained, it is hereby declared that in any part of New Zealand, whether included in a district or not, and whether a Board of Conciliation has been duly constituted or not, a special Board of Conciliators shall, on the application of either party to the dispute, and in the prescribed manner, be constituted from time to time to meet any case of industrial dispute.

52. — All the provisions of this Act relating to a Board of Conciliation, its constitution, election, jurisdiction, and powers, shall, *mutatis mutandis*, apply to a special Board of Conciliators, subject nevertheless to such modifications as are prescribed, and also to the modifications following, that is to say :

    a) the Returning Officer shall be appointed by the Governor;

    b) the members of the special Board, who shall be experts in the particular trade under dispute (other than the Chairman), shall, in the prescribed manner, be elected in equal numbers by the employers and industrial unions of employers directly interested in the dispute, and by the industrial unions of workers so interested.

saire pour constituer un *quorum*, à toute assemblée du conseil postérieure à l'élection du président.

En cas de maladie ou d'absence du président, les autres membres pourront élire l'un d'entre eux, en qualité de président, pour la durée de cette absence.

48. — Dans toutes les affaires soumises au conseil, la décision du conseil sera déterminée par la majorité des voix des membres présents, non compris le président, sauf en cas de partage des voix, auquel cas le président aura voix prépondérante.

49. — Le conseil pourra procéder nonobstant toute vacance dans son sein, et en aucun cas la validité d'un acte du conseil ne pourra être attaquée pour cause d'irrégularité dans l'élection d'un membre ou pour cause de vacance d'un siége ou pour cause d'incapacité d'un membre.

50. — Si le mandat du conseil vient à expirer ou est sur le point d'expirer pendant que ledit conseil est occupé à l'examen d'un conflit industriel, le gouverneur peut, par une ordonnance publiée dans la *Gazette*, prolonger le mandat du conseil pour une période n'excédant pas un mois, afin de mettre le conseil à même de donner une solution au conflit, mais dans ce but-là seulement.

La procédure relative à l'élection du nouveau conseil sera poursuivie en tous points comme si le mandat précité n'avait pas été prolongé, et tout membre du conseil dont le mandat aura été prolongé pourra être proposé et élu comme membre du nouveau conseil.

Conseils de conciliation spéciaux.

51. — Nonobstant toutes dispositions contraires, il est déclaré par la présente section que, dans toute partie de la Nouvelle-Zélande faisant partie d'un district ou non et en l'absence ou malgré l'existence d'un conseil de conciliation dûment constitué, un conseil de conciliation spécial pourra, à la demande de toutes les parties, être constitué, le cas échéant, pour un cas particulier dans un conflit industriel.

52. — Toutes les dispositions de la présente loi relatives aux conseils de conciliation, à leur constitution, leur élection, leur juridiction, leurs droits seront *mutatis mutandis* applicables aux conseils de conciliation spéciaux dans la limite des modifications prescrites et des modifications suivantes :

a) le commissaire sera nommé par le gouverneur;

b) les membres du conseil spécial qui seront experts dans l'industrie où le conflit existe (hormis le président) seront élus en nombre égal, de la manière prescrite, par les employeurs et unions industrielles d'employeurs directement intéressées au conflit et par les unions industrielles d'ouvriers intéressées de la même manière;

c) all or any of the members of the special Board may be members of an existing Board of Conciliation;

d) the members of the special Board shall in each case vacate their office on the settlement of the dispute.

Functions and Procedure of conciliation Boards.

53. — Any industrial dispute may be referred for settlement to a Board by application in that behalf made by any party thereto, and with respect to such application and reference the following provisions shall apply :

a) the application shall be in the prescribed form, and shall be filed in the office of the Clerk for the industrial district wherein the dispute arose.

b) if the application is made pursuant to an industrial agreement, it shall specify such agreement by reference to its date and parties, and the date and place of the filing thereof;

c) the parties to such dispute shall in every case be trade-unions, industrial unions, or industrial associations, or employers :

But the mention of the various kinds of parties shall not be deemed to interfere with any arrangement thereof that may be necessary to insure the industrial dispute being brought in a complete shape before the Board; and a party may be withdraw, or removed, or joined at any time before the final report or recommendation of the Board is made, and the Board may make any recommendation or give any direction for any such purpose accordingly;

d) as soon as practicable after the filing of the application the Clerk shall lay the same before the Board at a meeting thereof to be convened in the prescribed manner;

e) an employer being a party to the reference may appear in person, or by his agent duly appointed in writing for that purpose, or by barrister or solicitor where allowed as hereinafter provided;

f) a trade-union, industrial union, or association being a party to the reference may appear by its chairman or secretary, or by any number of persons (not exceeding three) appointed in writing by the chairman, or in such other manner as the rules prescribe, or by barrister or solicitor where allowed as hereinafter provided;

g) except where hereinafter specially provided, every party appearing by a representative shall be bound by the acts of such representative;

h) no barrister or solicitor, whether acting under a power of attorney or otherwise, shall be allowed to appear or be heard before a Board, or any committee thereof, unless all the parties to the reference expressly consent thereto, or unless he is a *bona fide* employer or worker in the industry to which the dispute relates.

c) les membres d'un conseil spécial peuvent appartenir à un conseil de conciliation déjà existant;

d) les membres d'un conseil spécial résilieront leurs fonctions chaque fois qu'nn conflit aura été aplani.

Juridiction et procédure des conseils de conciliation.

53. — Tout conflit industriel pourra être renvoyé à un conseil en vue d'un réglement par une demande adressée à cet effet par une partie audit conflit, et, en ce qui concerne cette demande et ce renvoi, les dispositions suivantes seront applicables :

a) la demande devra être rédigée dans la forme prescrite et transmise au bureau du greffier du district industriel dans lequel le conflit est survenu;

b) si la demande est faite en exécution d'un arrangement industriel, elle indiquera la date de cet arrangement et les parties y intervenues, ainsi que la date et l'endroit où il a été enregistré;

c) les parties audit conflit devront être dans tous les cas des unions ou des associations industrielles, ou des employeurs.

Toutefois, la mention des différentes catégories de parties ne pourra être considérée comme mettant obstacle à un arrangement nécessaire pour permettre qu'un conflit industriel soit porté sous une forme complète devant le conseil ; une partie pourra être disjointe, se retirer ou être écartée des procédures, ou jointe à tout moment avant que le rapport final ou les propositions du conseil soient faits, et le conseil pourra faire toutes propositions et donner toutes instructions dans ce but;

d) aussitôt que possible après l'enregistrement de la demande, le greffier soumettra celle-ci au conseil, dans une assemblée réunie de la manière prescrite;

e) un employeur partie à un compromis pourra comparaître en personne ou par un de ses agents dûment autorisé par écrit à cet effet, ou par conseil ou par avoué quand il y sera autorisé ainsi qu'il est prévu ci-après ;

f) une association ou union industrielle, partie à une requête, pourra comparaître dans la personne de son président ou secrétaire, ou bien pourra être représentée par tel groupe de personnes (n'excédant pas trois) qui seront désignées par écrit par le président ou de toute autre manière prescrite par les statuts, ou bien par la personne d'un conseil ou d'un avoué, quand elle y sera autorisée, ainsi qu'il est prévu ci-après ;

g) toute partie comparaissant par mandataire sera liée par les actes de celui-ci, sauf ce qui sera spécialement disposé ci-après;

h) l'intervention d'un conseil ou d'un avoué devant un conseil ou une commission du conseil ne sera autorisée que si toutes les parties au compromis y consentent expressément, ou à moins qu'il ne soit un employeur ou un ouvrier effectif dans l'industrie à laquelle se rapporte le conflit.

54. — In every case where an industrial dispute is duly referred to a Board for settlement the following provisions shall apply :

a) the board shall, in such manner as it thinks fit, carefully and expeditiously inquire into the dispute, and all matters affecting the merits thereof and the right settlement thereof;

b) for the purposes of such inquiry the Board shall have all the powers of summoning witnesses, administering oaths, compelling hearing and receiving evidence, and preserving order, which are by this Act conferred on the Court, save and except the production of books;

c) in the course of such inquiry the Board may make all such suggestions and do all such things as it deems right and proper for inducing the parties to come to a fair and amicable settlement of the dispute, and may adjourn the proceedings for any period the Board thinks reasonable to allow the parties to agree upon some terms of settlement;

d) the Board may also, upon such terms as it thinks fit, refer the dispute to a committee of its members, consisting of an equal number of the representatives of employers and workers, in order that such committee may facilitate and promote an amicable settlement of the dispute;

e) if a settlement of the dispute is arrived at by the parties it shall be set forth in an industrial agreement, which shall be duly executed by all the parties or their attorneys (but not by their representatives), and a duplicate original whereof shall be filed in the office of the Clerk within such time as is named by the Board in that behalf;

f) if such industrial agreement is duly executed and filed as aforesaid, the Board shall report to the Clerk of Awards that the dispute has been settled by industrial agreement;

g) if such industrial agreement is not duly executed and filed as aforesaid, the Board shall make such recommendation for the settlement of the dispute, according to the merits and substantial justice of the case, as the Board thinks fit;

h) the Board's recommendation shall deal with each item of the dispute, and shall state in plain terms, avoiding as far as possible all technicalities, what in the Board's opinion should or should not be done by the respective parties concerned;

i) the Board's recommendation shall also state the period during which the proposed settlement should continue in force, being in no case less than six months nor more than three years, and also the date from which it should commence, being not sooner than one month nor later than three months after the date of the recommendation;

j) the Board's report of recommendation shall be in writing under the hand of the Chairman, and shall be delivered by him to the Clerk within

54. — Dans tous les cas où un conflit industriel aura été dûment renvoyé à un conseil en vue d'un réglement, les dispositions suivantes seront applicables :

a) le conseil, suivant le mode qu'il jugera convenable, examinera soigneusement et promptement le conflit et toutes les questions concernant le bien-fondé de ce conflit, ainsi que le juste réglement de celui-ci ;

b) en vue de cet examen, le conseil aura le droit de citer des témoins, de faire prêter serment, de recevoir les dépositions, ainsi que de diriger la police de l'audience, le tout suivant les pouvoirs conférés à la cour par la présente loi, sauf la production des livres ;

c) au cours de son enquête, le conseil fera toutes les propositions et démarches qu'il croira utile et convenable de faire dans le but d'amener les parties à un réglement à l'amiable et à une solution équitable du conflit, et il pourra ajourner l'affaire pour la période qu'il estimera raisonnable pour permettre aux parties de se mettre d'accord sur certains termes de l'arrangement ;

d) le conseil pourra aussi, sous telles conditions qu'il jugera convenables, renvoyer le conflit à une commission choisie dans le sein du conseil et consistant en un nombre égal de représentants des employeurs et des ouvriers, afin que cette commission puisse faciliter et hâter un règlement à l'amiable du conflit ;

e) lorsque les parties auront pu arriver à un règlement du conflit, ce règlement sera repris dans un arrangement industriel qui sera revêtu des formalités nécessaires par toutes les parties ou leurs fondés de procuration, mais non par leurs représentants, et un double de l'original sera déposé au bureau du greffier dans le délai que le conseil indiquera ;

f) si cet arrangement industriel est dûment effectué et déposé comme il a été dit, le conseil fera connaître au greffier qui a la garde des sentences que le conflit a été réglé par voie d'arrangement industriel ;

g) si ledit arrangement n'est pas dûment effectué et déposé comme il a été dit, le conseil fera telles propositions pour le règlement du conflit qu'il jugera convenables conformément au mérite et à la justice intrinsèques de l'affaire ;

h) les propositions du conseil traiteront chacun des points du litige et établiront en termes simples, en évitant autant que possible les expressions techniques, ce qui dans l'opinion du conseil devrait ou ne devrait pas être fait par chacune des parties en cause ;

i) les propositions du conseil détermineront également la période durant laquelle le réglement proposé restera en vigueur, période qui ne sera en aucun cas inférieure à six mois et ne pourra excéder trois ans, ainsi que la date à laquelle il entrera en vigueur, date qui ne pourra être fixée à moins d'un mois ni à plus de trois mois à compter de la date des propositions ;

j) le rapport ou les propositions du conseil seront faits par écrit, signés par le président et transmis par celui-ci au greffier dans les deux mois qui

two months after the day on which the application for the reference was filed, or within such extended period, not exceeding one additional month, as the Board thinks fit;

k) before entering upon the exercise of the functions of their office the members of the Board, including the Chairman, shall make oath or affirmation before a Judge of the Supreme Court that they will faithfully and impartially perform the duties of their office, and also that except in the discharge of their duties they will not disclose to any person any evidence or other matter brought before the Board.

Provided that in the absence of a Judge of the Supreme Court such oath or affirmation may be taken before a Magistrate or such other person as the Governor from time to time authorises in that behalf.

55. — Upon receipt of the Board's report or recommendation the Clerk shall (without fee) file the same, and allow all the parties to have free access thereto for the purpose of considering the same and taking copies thereof, and shall, upon application, supply certified copies for a prescribed fee.

56. — If all or any of the parties to the reference are willing to accept the Board's recommendation, either as a whole or with modifications, they may, at any time before the dispute is referred to the Court under the provisions in that behalf hereinafter contained, either execute and file an industrial agreement in settlement of the dispute or file in the office of the Clerk a memorandum of settlement.

57. — With respect to such memorandum of settlement the following provisions shall apply :

a) it shall be in the prescribed form, and shall be executed by all or any of the parties or their attorneys (but not by their representatives).

b) it shall state whether the Board's recommendation is accepted as a whole or with modifications, and in the latter case the modifications shall be clearly and specifically set forth therein;

c) upon the memorandum of settlement being duly executed and filed the Board's recommendation shall, with the modifications (if any) set forth in such memorandum, operate and be enforceable in the same manner in all respects as an industrial agreement duly executed and filed by the parties.

58. — At any time before the Board's recommendation is filed all or any of the parties to the reference may by memorandum of consent in the prescribed form, executed by themselves or their attorneys (but not by their representatives), and filed in the office of the Clerk, agree to accept the recommendation of the Board, and in such case the Board's recommendation, when filed, shall operate and be enforceable in the same

suivront le jour où la demande de renvoi aura été enregistrée, ou dans tel laps de temps dont le conseil jugera convenable de prolonger ce délai, sans pouvoir excéder un mois ;

k) avant de commencer à exercer leur charge, les membres du conseil, y compris le président, prêteront le serment ou feront une déclaration devant un juge de la cour suprême de remplir les devoirs de leur charge fidèlement et impartialement et, en outre, sauf dans l'exercice de leurs fonctions, de ne dévoiler à personne aucune déposition ou autre chose faite devant le conseil.

En cas d'absence du juge de la cour suprême, le serment et la déclaration pourront être reçus par un magistrat ou toute autre personne à désigner par le gouverneur dans ce but.

55. — Après avoir reçu le rapport ou les propositions du conseil, le greffier enregistrera ces pièces (sans frais) et permettra aux parties de les consulter et d'en prendre copie ; il devra fournir, sur demande, des copies légalisées moyennant paiement de la taxe prescrite.

56. — Si toutes les parties ou quelques-unes des parties au compromis sont disposées à accepter les propositions du conseil, soit pour le tout, soit sous réserve de certaines modifications, elles pourront, à tout moment avant que le conflit ne soit renvoyé à la cour, conformément aux dispositions édictées ci-après à ce sujet, ou bien effectuer et faire enregistrer un arrangement industriel réglant le conflit, ou bien déposer au bureau du greffier un exposé de règlement.

57. — En ce qui concerne cet exposé de règlement, les dispositions suivantes sont applicables :

a) il sera rédigé dans la forme prescrite et passé par toutes les parties ou quelques-unes d'entre elles ou par leurs fondés de procuration (mais non par leurs représentants) ;

b) il fera connaître si la proposition du conseil est acceptée pour le tout ou avec modifications et, dans ce dernier cas, les modifications devront y être clairement indiquées et déterminées une à une ;

c) quand l'exposé de règlement aura été dûment passé et enregistré, les propositions du conseil, avec les modifications y apportées par l'exposé (s'il en existe), deviendront obligatoires et pourront être mises à exécution de la même manière, à tous égards, qu'un arrangement industriel dûment effectué et déposé par les parties.

58. — A tout moment avant que les propositions du conseil ne soient enregistrées, toutes les parties ou quelques-unes des parties au compromis pourront par un mémorandum d'adhésion rédigé dans la forme prescrite, fait par elles-mêmes ou par leurs fondés de procuration (mais non par leurs représentants) et enregistré au greffe, convenir d'accepter les propositions du conseil ; et, dans ce cas, les propositions du conseil, quand elles

manner in all respects as an industrial agreement duly executed and filed by the parties.

59. — With respect to every industrial dispute which, having been duly referred to the Board, is not settled under the provisions for settlement hereinbefore contained, the following special provisions shall apply :

a) at any time within one month after the filing of the Board's recommendation any of the parties may, by application in the prescribed form filed in the office of the Clerk, refer such dispute to the Court for settlement, and thereupon such dispute shall be deemed to be before the Court;

b) if at the expiration of such month no such application has been duly filed, then on and from the date of such expiration the Board's recommendation shall operate and be enforceable in the same manner in all respects as an industrial agreement duly executed and filed by the parties.

60. — Notwithstanding anything to the contrary in this Act, either party to an industrial dispute which has been referred to a Board of Conciliation may, previous to the hearing of such dispute by the Board, file with the Clerk an application in writing requiring the dispute to be referred to the Court of Arbitration, and that Court shall have jurisdiction to settle and determine such dispute in the same manner as if such dispute had been referred to the Court under the provisions of section 59 hereof.

61. — The Board may, in any matter coming before it, state a case for the advice and opinion of the Court.

The Court of Arbitration.

62. — There shall be one Court of Arbitration (in this Act called " the Court ") for the whole of New Zealand for the settlement of industrial disputes pursuant to this Act.

63. — The Court shall have a seal, which shall be judicially noticed in all Courts of judicature and for all purposes.

64. — The Court shall consist of three members, who shall be appointed by the Governor. Of the three members of the Court one shall be the Judge of the Court, and shall be so appointed, and the other two (hereinafter called " nominated members ") shall be appointed as hereinafter provided.

65. — 1. No person shall be eligible for appointment as Judge of the Court unless he is eligible to be a Judge of the Supreme Court.

2. The Judge so appointed shall, as to tenure of office, salary, emolu-

auront été enregistrées, deviendront obligatoires et pourront être mises à exécution de la même manière, à tous égards, qu'un arrangement industriel dûment passé et enregistré par toutes les parties.

59. — En ce qui concerne les conflits industriels qui, après avoir été dûment portés devant un conseil, n'auront pas été réglés en vertu des dispositions édictées ci-dessus à cet effet, les dispositions suivantes seront applicables :

a) à tout moment, dans le mois qui suivra le dépôt des propositions du conseil, toute partie pourra par demande faite dans la forme prescrite et signifiée au greffe, renvoyer le conflit devant la cour en vue d'un règlement, après quoi le conflit sera soumis à la cour;

b) si, à l'expiration du dit mois, aucune demande de ce genre n'a été dûment signifiée, alors, à partir de cette date, les propositions du conseil deviendront obligatoires et pourront être mises à exécution de la même manière, à tous égards, qu'un arrangement industriel dûment passé et enregistré par les parties.

60. — Nonobstant toute disposition contraire de la présente loi, chacune des parties à un conflit industriel qui a été soumis à un conseil de conciliation peut, préalablement à l'examen du conflit par le conseil, transmettre au greffier une requête écrite tendant à faire renvoyer le conflit devant la Cour d'arbitrage, et celle-ci sera compétente pour juger le dit conflit de la même façon que si le conflit avait été renvoyé à la cour conformément aux dispositions de la section 59 de la présente loi.

61. — Le conseil peut, dans toute matière qui lui est soumise, prendre l'avis de la cour.

La cour d'arbitrage.

62. — Il y aura une cour d'arbitrage (appelée ci-après « la cour ») pour toute la Nouvelle-Zélande, en vue du règlement des conflits industriels conformément à la présente loi.

63. — La cour aura un sceau qui sera reconnu en justice devant tous les tribunaux.

64. — La cour se composera de trois membres qui seront nommés par le gouverneur. L'un des trois membres sera président de la cour et sera nommé en cette qualité et les deux autres (appelés ci-après « membres élus ») seront nommés comme il est dit ci-après.

65. — 1. Pour pouvoir être nommé président, le candidat devra remplir les conditions nécessaires pour être nommé juge de la cour suprême.

2. Le juge ainsi nommé aura les mêmes droits et sera soumis aux mêmes

ments, and privileges (including superannuation allowance), have the same rights and be subject to the same provisions as a Judge of the Supreme Court.

3. The Governor may from time to time appoint the Judge of the Court to be a temporary Judge of the Supreme Court if and whenever, upon the certificate of the Chief Justice, it appears that judicial assistance is required.

4. In case of the illness or unavoidable absence of the Judge of the Court at any time the Governor shall appoint some Judge of the Supreme Court to act as Judge of the Court during such illness or absence.

5. This Act shall be deemed to be a permanent appropriation of the salary of the Judge of the Court.

66. — 1. Of the two nominated members of the Court one shall be appointed on the recommendation of the industrial unions of employers, and one on the recommendation of the industrial unions of workers.

2. For the purposes of the appointment of the nominated members of the Court (other than the Judge) the following provisions shall apply :

a) each industrial union may, within one month after being requested so to do by the Governor, recommend to the Governor the names of two persons, one to be the nominated member and one to be the acting nominated member of the Court, and from the names so recommended the Governor shall select four persons as follows :

one from the persons recommended by the unions of employers and one from the persons recommended by the unions of workers, and shall appoint them to be nominated members of the Court; and

one from the persons recommended by the unions of employers and one from the persons recommended by the unions of workers, and appoint them to be acting nominated members of the Court;

b) the recommendation shall in each case be made in the name and under the seal of the union, by the committee of management or other governing authority thereof, however designated;

c) if either of the divisions of unions fails or neglects to duly make any recommendation within the aforesaid period, the Governor shall, as soon thereafter as may be convenient, appoint a fit person to be a nominated member or an acting nominated member of the Court, as the case may be; and such person shall be deemed to be appointed on the recommendation of the said division of unions;

d) as soon as practicable after the nominated members and acting nominated members of the Court have been appointed their appointment shall be notified in the *Gazette,* and such notification shall be final and conclusive for all purposes.

3. Every nominated member or acting nominated member of the Court

dispositions que le juge de la cour supréme en ce qui concerne sa mission, son traitement, ses émoluments et priviléges (y compris la retraite).

3. Le gouverneur pourra, le cas échéant, désigner le juge de la cour comme juge temporaire de la cour suprême lorsque le Ministre de la justice estime que son assistance est nécessaire.

4. Le gouverneur pourra désigner un juge de la cour supréme pour remplir les fonctions de juge de la cour lorsque ce dernier est empêché pour motif de maladie, ou lorsqu'il doit s'absenter, et ce pendant la durée de cette maladie ou de cette absence.

5. La présente loi constituera une loi permanente d'affectation de crédit en ce qui concerne le traitement du président.

66. — 1. Un des deux « membres élus » sera nommé sur la présentation des unions industrielles d'employeur, le deuxième sur la présentation des unions industrielles d'ouvriers.

2. En ce qui concerne la nomination des membres de la cour (autres que le président), les dispositions suivantes seront applicables :

a) chaque union industrielle, pourra un mois après y avoir été invitée par le gouverneur, présenter deux personnes, l'une comme membre effectif et l'autre comme membre suppléant, et parmi les personnes ainsi présentées le gouverneur choisira quatre personnes comme il est dit ci-après :

l'une parmi les personnes présentées par les unions d'employeurs et l'autre parmi les personnes présentées par les unions d'ouvriers, et les nommera membres de la cour ; et

l'une parmi les personnes présentées par les unions d'employeurs et l'autre parmi les personnes présentées par les unions d'ouvriers, et les nommera membres suppléants de la cour ;

b) dans chaque cas, les présentations seront faites au nom et sous le sceau de l'union, par le conseil d'administration ou toute autre autorité administrative de l'union quelle que soit son appellation ;

c) si l'une ou l'autre des divisions d'unions néglige de faire les présentations en due forme dans le délai susdit, le gouverneur pourra aussitôt que la chose sera utile, nommer une personne compétente en qualité de membre effectif ou suppléant de la cour, selon le cas, et cette personne sera censée être nommée sur la présentation de la dite division d'unions ;

d) aussitôt que possible aprés la nomination des membres et des suppléants, leur nomination sera publiée dans la *Gazette* et cette publication sera finale et définitive à tous égards.

3. Les membres et les suppléants sont nommés pour trois ans à partir du

shall hold office for three years from the date of the gazetting of his appointment or until the appointment of his successor, and shall be eligible for reappointment.

67. — With respect to the Court constituted under the enactments mentioned in the Schedule hereto, and subsisting on the coming into operation of this Act, and with respect also to the members thereof then in office, the following provisions shall apply :

a) it shall be deemed to be the Court under this Act;

b) the Judge thereof shall be deemed to be the Judge of the Court under this Act;

c) the other members and the acting members thereof shall be deemed to be the nominated members and acting nominated members thereof under this Act, and shall so continue until the expiry of the term of their appointment or until the appointment of their successors under this Act, and shall be eligible for reappointment under this Act.

68. — 1. If at any time either of the nominated members of the Court is unable by reason of illness or other cause to attend any sitting of the Court on the day fixed for the same, and it is likely that he will be unable to attend any sitting of the Court within seven days after the day so fixed, he may notify the Clerk thereof.

2. If at any time the Clerk (whether or not he has been so notified) is satisfied that any such member is by reason of illness or other cause unable to attend any sitting of the Court on the day fixed for the same, and it is likely that he will be unable to attend for seven days after the day so fixed, he shall notify the fact to the Judge, who shall thereupon summon the acting nominated member appointed as aforesaid on the recommendation of the industrial unions of employers or of workers, as the case may be, to attend the sitting of the Court, and to act as a nominated member of the Court during the absence of the nominated member who is unable to attend, and while so acting he shall have and may exercise all the powers, functions, and privileges of he nominated member for whom he is acting.

3. On receipt by the Clerk of a notice in writing, signed by the nominated member of the Court, that he is able to resume the duties of his office, the acting nominated member shall cease to act as aforesaid :

Provided that if he is then employed upon the hearing of a case he shall complete such hearing before so ceasing to act.

4. The absence of the nominated member of the Court while the acting nominated member is so acting shall not be deemed to have created a casual vacancy under section 71 hereof.

69. — 1. In any case where the permanent nominated member is himself a party to the dispute or proceedings, and is consequently unable to act as member, the acting nominated member may attend and act; and the provisions of the last preceding section shall, *mutatis mutandis,* apply.

jour de la publication de la nomination dans la *Gazette* ou jusqu'à ce que leurs successeurs soient désignés ; ils pourront être réélus.

67. — Les dispositions suivantes seront applicables en ce qui concerne la cour constituée en vertu des lois mentionnées à l'annexe de la présente loi et existant lors de la mise en vigueur de la présente loi et en ce qui concerne les membres de cette cour en fonctions en ce moment :

a) cette cour sera censée être la cour prévue à la présente loi ;

b) son président sera censé être le président de la cour prévu par la présente loi ;

c) les autres membres effectifs et suppléants de cette cour seront censés être les membres effectifs et suppléants prévus par la présente loi et continueront à remplir leurs fonctions jusqu'à expiration de leur mandat ou jusqu'à la nomination de leurs successeurs ; ils pourront être réélus.

68. — 1. Si à un moment quelconque un membre de la cour se trouve empêché pour cause de maladie ou autrement d'assister à une audience au jour fixé et s'il est probable qu'il ne pourra assister à aucune audience pendant les sept jours suivants, il en avisera le greffier.

2. Si à un moment quelconque le greffier (informé ou non) est convaincu qu'un membre ne pourra, pour cause de maladie ou autrement, assister à une audience au jour fixé et qu'il est probable qu'il ne pourra assister à aucune audience pendant les sept jours suivants, il en avisera le président qui requerra le membre suppléant nommé comme il a été dit ci-dessus sur présentation des unions industrielles d'employeurs ou d'ouvriers, selon les cas, d'assister aux audiences de la cour et d'exercer les fonctions de membre effectif de la cour en l'absence du membre empêché ; il aura et pourra exercer en cette qualité tous les pouvoirs, fonctions et privilèges attribués au membre qu'il remplace.

3. Dès que le greffier aura reçu d'un membre effectif un écrit signé par lequel celui-ci fait connaître qu'il est en état de reprendre ses fonctions, le suppléant résignera ses fonctions.

Toutefois, s'il est en ce moment occupé à juger une affaire, il ne quittera son poste qu'après avoir statué sur la dite affaire.

4. L'absence d'un membre effectif de la cour et son remplacement par un suppléant ne constitueront pas une vacance accidentelle aux termes de la section 71 de la présente loi.

69. — 1. Tout membre élu, partie au différend ou intéressé dans la procédure et qui par conséquent est incapable d'agir comme membre, sera remplacé par le suppléant et les dispositions de la section précédente seront applicables *mutatis mutandis*.

2. If in any such case as last aforesaid there is no duly appointed acting nominated member who can attend and act, the Governor may, on the recommendation of the Judge, appoint a fit person to attend and act for the purpose of hearing and determining the dispute or proceedings to which the permanent nominated member is a party, and the person so appointed shall be deemed to be an acting nominated member for the purpose aforesaid.

70. — If any nominated member or acting nominated member of the Court resigns by letter to the Governor, his office shall thereby become vacant, and the vacancy shall be deemed to be a casual vacancy.

71. — The Governor shall remove any nominated member or acting nominated member of the Court from office who becomes disqualified or incapable under section 105 hereof, or is proved to be guilty of inciting any industrial union or employer to commit any breach of an industrial agreement or award, or is absent from four consecutive sittings of the Court; and every vacancy thereby caused shall be deemed to be a casual vacancy.

72. — Every casual vacancy in the nominated membership or acting nominated membership of the Court shall be supplied in the same manner as in the case of the original appointment; but every person appointed to fill a casual vacancy shall hold office only for the residue of the term of his predecessor.

73. — Before entering on the exercise of the functions of their office the nominated members of the Court shall make oath or affirmation before the Judge that they will faithfully and impartial perform the duties of their office, and also that, except in the discharge of their duties, they will not disclose to any person any evidence or other matter brought before the Court.

74. — 1. There shall be paid to each nominated member of the Court the annual sum of 500 pounds, in addition to such travelling-expenses as are prescribed by regulations.

2. This Act shall be deemed to be a permanent appropriation of the salaries of the nominated members of the Court.

75. — 1. The Governor may from time to time appoint some fit person to be Registrar to the Court, who shall be paid such salary as the Governor hinks fit, and shall be subject to the control and direction of the Court.

2. The Governor may also from time to time appoint such clerks and other officers of the Court as he thinks necessary, and they shall hold office during pleasure, and receive such salary or other remuneration as the Governor thinks fit.

2. Si dans un cas de l'espèce il n'y a pas de suppléant dûment nommé qui puisse entendre l'affaire et statuer, le gouverneur peut, sur présentation du président, nommer une personne compétente pour entendre et trancher le différend dans lequel le membre effectif est partie, et la personne ainsi nommée sera censée être un suppléant pour les besoins susvisés.

70. — Si un membre ou un suppléant donne sa démission par lettre adressée au gouverneur, le siége qu'il occupait sera déclaré accidentellement vacant.

71. — Le gouverneur pourra aussi révoquer un membre élu ou un membre élu suppléant de la cour pour disqualification ou incapacité prévues à la section 105 de la présente loi, et tout membre qui aurait incité une union industrielle ou un employeur à violer un arrangement industriel ou une sentence ou qui aurait été absent à quatre séances consécutives de la cour ; toute vacance ainsi produite sera censée être une vacance accidentelle.

72. — Il sera pourvu à toute vacance accidentelle se produisant parmi les membres ou les suppléants, de la même manière que dans le cas d'une nomination ordinaire, mais toute personne nommée pour remplir une vacance accidentelle se bornera à achever le terme de son prédécesseur.

73. — Avant d'entrer en fonctions, les membres du conseil autres que le président prêteront serment de remplir fidèlement et impartialement les devoirs de leur charge et de ne révéler à des tiers aucun des actes faits devant la cour, sauf pour l'exercice de leurs fonctions.

74. — 1. Tout membre de la cour jouira d'une indemnité annuelle de 500 livres en outre des frais de voyages fixés par réglement.

2. La présente loi constituera une loi d'affectation permanente de crédit en ce qui concerne les émoluments des membres de la cour.

75. — 1. Le gouverneur pourra, le cas échéant, nommer une personne compétente en qualité de registrar ; cette personne jouira du traitement que le gouverneur jugera équitable et sera soumise au contrôle et à l'autorité de la cour.

2. Le gouvernement pourra également nommer, le cas échéant, les commis et autres employés de la cour qui exerceront leurs fonctions et toucheront le traitement ou la rémunération que le gouverneur leur assiguera.

Juridiction and Procedure of the Court.

76. — The Court shall have jurisdiction for the settlement and determination of any industrial dispute referred to it under the provisions of this Act.

77. — Forthwith after any dispute has been duly referred to the Court for settlement under the provisions in that behalf hereinbefore contained, the Clerk shall notify the fact to the Judge.

78. — Subject to provisions hereinafter contained as to the joining or striking-out of parties, the parties to the proceedings before the Court shall be the same as in the proceedings before the Board, and the provisions hereinbefore contained as to the appearance of parties before a Board shall apply to proceedings before the Court.

79. — With respect to the sittings of the Court the following provisions shall apply :

a) the sittings of the Court shall be held at such time and place as are from time to time fixed by the Judge;

b) the sittings may be fixed either for a particular case or generally for all cases then before the Court and ripe for hearing, and it shall be the duty of the Clerk to give to each member of the Court, and also to all parties concerned, at least three clear days' previous notice of the time and place of each sitting;

c) the Court may be adjourned from time to time and from place to place in manner following, that is to say :

I. by the Court or the Judge at any sitting thereof, or if the Judge is absent from such sitting, then by any other member present, or if no member is present, then by the Clerk; and

II. by the Judge at any time before the time fixed for the sitting, and in such case the Clerk shall notify the members of the Court and all parties concerned.

80. — Any party to the proceedings before the Court may appear personally or by agent, or, with the consent of all the parties, by barrister or solicitor, and may produce before the Court such witnesses, books, and documents as such party thinks proper.

81. — The Court shall in all matters before it have full and exclusive jurisdiction to determine the same in such manner in all respects as in equity and good conscience it thinks fit.

82. — The following provisions shall have effect both with reference to applications and disputes pending on the coming into operation of this Act and to applications hereafter filed :

a) the Court may at or before the hearing of any dispute take steps to ascertain whether all persons who ought to be bound by its award have been cited to attend the proceedings;

GRANDE-BRETAGNE.

Juridiction et procédure de la cour.

76. — La cour sera compétente pour le réglement de tout conflit industriel qui lui sera soumis conformément à la présente loi.

77. — Aussitôt aprés qu'un conflit industriel aura été soumis à la cour, en vue d'un réglement conformément aux dispositions ci-dessus, le greffier fera connaître le fait au président.

78. — Dans la limite des dispositions ci-aprés en ce qui concerne la jonction ou la disjonction des parties, les parties aux procédures devant la cour seront les mêmes que dans les procédures devant le conseil et les dispositions ci-dessus en ce qui concerne la comparution des parties devant un conseil, seront applicables aux procédures devant la cour.

79. — Les dispositions ci-aprés seront applicables en ce qui concerne les audiences de la cour :

a) les audiences de la cour seront tenues à l'époque et à l'endroit fixé, le cas échéant, par le président ;

b) les audiences peuvent être fixées pour une cause particuliére ou pour toutes celles qui sont soumises à ce moment à la cour et qui sont en état ; le greffier aura pour devoir de faire connaître à chaque membre de la cour et aussi aux parties intéressées, au moins trois jours francs à l'avance, le moment et l'endroit où se tiendra chaque audience ;

c) la cour pourra également, comme il est dit ci-aprés, être ajournée de temps à autre ou de place à place, à savoir :

I. par la cour ou par le président au cours d'une audience ou si le président n'y assiste pas, par un autre membre présent et par le greffier, si aucun membre n'est présent.

II. par le président à tout moment qui précéde l'audience et dans ce cas, le greffier avertira les membres de la cour et les parties en cause.

80. — Toute partie aux procédures devant la cour pourra comparaître personnellement ou par mandataire, ou, si toutes les parties y consentent, par conseil ou par avoué, et produire devant la cour tels témoins, livres et documents que la dite partie jugera convenables.

81. — Dans toutes les questions qui lui seront soumises, la cour aura pleine et exclusive juridiction pour régler le litige de telle façon qu'elle le jugera convenable en toute conscience et équité.

82. — Les dispositions suivantes seront applicables tant aux requêtes et conflits en cours au moment du vote de la présente loi qu'aux affaires inscrites au rôle postérieurement à cette date :

a) la cour pourra, avant ou pendant l'examen d'un conflit, prendre les mesures nécessaires pour s'assurer de la convocation à l'audience de toutes les personnes qui devraient être liées par sa sentence ;

b) whenever the Court is of opinion, whether from the suggestion of parties or otherwise, that all such persons have not been cited it may direct that further parties be cited, and may postpone the hearing of the dispute until such time as it may conveniently be heard; and in such case the time for making the award under section 88 hereof shall not be deemed to commence to run until such direction has been complied with;

c) whenever the Court is satisfied, by means of a statutory declaration of the secretary or president of any industrial union or industrial association, or of any employer, or by any other means that the Court thinks sufficient, that reasonable steps have been taken by the applicant to cite all persons known to the applicant to be engaged in the industry to which the proposed award is intended to apply, but is of opinion that it is probable that further parties ought to be bound who, from their being numerous, or widely scattered, or otherwise, could not reasonably have been cited personally, the Court, or, when it is not sitting, the Judge, may by order fix a day for the hearing, and give public notice thereof by advertisement or otherwise in such places and for such time or otherwise in such manner as it by such order determines;

d) such notice shall state the time and place of the intended sitting and the industry affected by the proposed award;

e) the aforesaid order of the Court or Judge shall be conclusive evidence that it was made upon proper grounds, and a recital or statement in an award that such an order has been made shall be conclusive evidence of the fact;

f) the cost of such notice shall be ascertained by the Clerk, and paid to him by the applicant before the same is incurred;

g) proof of the giving of such notice shall be sufficient proof of notice of the proceedings to every person, whether employer or worker, connected with or engaged in the industry to which the proceedings relate in the industrial district or the part thereof to which the award is intended to apply; and every such person, whether an original party to the proceedings or not, shall be entitled to be heard, and shall be bound by the award when made;

h) the fixing of a date for the hearing shall not deprive the Court of its power to adjourn the hearing: but any person who desires to have any adjournment notified to him may send intimation to that effect to the Clerk, who shall enter his name and address in a book to be kept for that purpose, and thereafter keep him informed of any adjournment or postponement of the hearing;

i) any person may be made a party to an application by the applicant without an order of the Court at any time not being less than seven days before the hearing of a dispute, and the Court shall determine whether such person should properly be made a party to the award.

b) la cour pourra remettre à telle époque qu'elle juge utile l'examen d'un conflit, si elle estime, d'après les déclarations des parties ou d'autre façon, que tous les intéressés n'ont pas été convoqués, et faire citer ceux qui manquent. Dans ce cas, le délai dans lequel, en vertu de la section 88 de la présente loi, la sentence devra être rendue, ne commencera que lorsque la citation aura été faite ;

c) si la cour, sur la foi d'une déclaration du secrétaire ou du président d'une union ou association industrielle ou d'un patron ou pour toute autre raison, estime suffisantes les démarches faites par un requérant en vue de convoquer toutes les personnes qui, à la connaissance de celui-ci, exercent l'industrie à laquelle la sentence à prononcer s'appliquera, mais juge que d'autres personnes qui, à raison de leur nombre et de leur dispersion ou pour d'autres motifs, n'ont pu être citées individuellement pourraient se trouver engagées par sa sentence, la cour ou, si elle ne siège pas, le président pourra par ordonnance fixer un jour d'audience pour ces personnes en annonçant publiquement la chose par tels moyens que la cour ou le président spécifiera ;

d) l'annonce indiquera l'époque et l'endroit de l'audience projetée et l'industrie visée par la sentence à intervenir ;

e) l'ordonnance susdite de la cour ou du président constituera la preuve décisive qu'elle a été rendue à bon droit et toute citation faite dans une sentence disant qu'une telle ordonnance a été rendue, constituera une preuve suffisante du fait ;

f) les frais de l'annonce susvisée seront fixés par le greffier et payés par le requérant par anticipation ;

g) la preuve qu'une annonce de l'espèce a été publiée sera suffisante pour établir que toutes les personnes, tant patrons qu'ouvriers, engagées dans l'industrie en question, et établies dans le district ou la partie de district à laquelle la sentence doit s'appliquer, ont été averties. Toutes ces personnes, qu'elles soient originairement parties ou non, pourront être entendues et seront liées par la sentence intervenue ;

h) la cour en fixant le jour de l'audience conserve son droit d'ajourner celle-ci. Toute personne désirant être informée de la remise de l'audience en avertira le greffier qui inscrira le nom et l'adresse de cette personne dans un registre tenu à cet effet et notifiera à cette personne les ajournements et remises des audiences ;

i) toute personne pourra être constituée partie à une requête par le requérant, sans ordonnance de la cour, au moins sept jours avant l'audience ; la cour jugera si cette personne doit réellement intervenir comme partie à la sentence.

83. — With respect to evidence in proceedings before the Court the following provisions shall apply :

a) formal matters which have been proved or admitted before the Board need not be again proved or admitted before the Court, but shall be deemed to be proved;

b) on the application of any of the parties, and on payment of the prescribed fee, the Clerk shall issue a summons to any person to appear and give evidence before the Court;

c) the summons shall be in the prescribed form, and may require such person to produce before the Court any books, papers, or other documents in his possession or under his control in any way relating to the proceedings;

d) all books, papers, and other documents produced before the Court, whether produced voluntarily or pursuant to summons, may be inspected by the Court, and also by such of the parties as the Court allows; but the information obtained therefrom shall not be made public, and such parts of the documents as, in the opinion of the Court, do not relate to the matter at issue may be sealed up;

e) every person who is summoned and duly attends as a witness shall be entitled to an allowance for expenses according to the scale for the time being in force with respect to witnesses in civil suits under " The Magistrates' Courts Act, 1908 ";

f) if any person who has been duly served with such summons, and to whom at the same time payment or tender has been made of his reasonable travelling-expenses according to the aforesaid scale, fails to duly attend or to duly produce any book, paper, or document as required by his summons he commits an offence, and is liable to a fine not exceeding 20 pounds, or to imprisonment for any term not exceeding one month, unless he shows that there was good and sufficient cause for such failure;

g) for the purpose of obtaining the evidence of witnesses at a distance the Court, or, whilst the Court is not sitting, the Judge, shall have all the powers and functions of a Magistrate under " The Magistrates' Courts Act, 1908," and the provisions of that Act, relative to the taking of evidence at a distance shall, *mutatis mutandis*, apply in like manner as if the Court were a Magistrate's Court;

h) the Court may take evidence on oath, and for that purpose any member, the Clerk, or any other person acting under the express or implied direction of the Court, may administer an oath;

i) on any indictment for perjury it shall be sufficient to prove that the oath was administered as aforesaid;

j) the Court may accept, admit, and call for such evidence as in equity and good conscience it thinks fit, whether strictly legal evidence or not;

k) any party to the proceedings shall be competent and may be compelled to give evidence as a witness;

83. — Les dispositions suivantes seront applicables en ce qui concerne les preuves à fournir dans les procédures devant la cour :

a) les questions de forme qui auront été prouvées et établies devant le conseil ne devront plus être prouvées ou établies devant la cour, mais seront censées être définitivement prouvées ;

b) à la requête de l'une des parties et après paiement de la taxe prescrite, le greffier lancera à la personne désignée une citation l'invitant à comparaitre et à déposer devant la cour ;

c) les citations seront faites dans la forme prescrite et pourront ordonner aux personnes visées de produire devant la cour les livres, pièces et autres documents en leur possession ou sous leur direction et qui se rapportent d'une façon quelconque aux procédures en cours ;

d) tous les livres, pièces et autres documents produits devant la cour, soit volontairement soit par ordre, pourront être consultés par la cour et par toute partie à laquelle la cour le permettra ; mais les renseignements ainsi obtenus ne pourront être rendus publics et les parties des documents qui dans l'opinion de la cour n'ont pas rapport aux débats pourront être mises sous scellés ;

e) toute personne qui, sur réquisition, aura réellement comparu comme témoin aura droit à une indemnité fixée d'après le tarif civil actuellement en vigueur conformément à « The Magistrate's Courts Act, 1908 ; »

f) toute personne qui après avoir été dûment requise et à laquelle on aura remboursé ou offert de rembourser des frais de voyages raisonnables conformément au tarif susvisé, et qui négligera de comparaître ou de produire les livres, pièces et documents comme la citation l'ordonne, commettra une infraction et sera passible d'une amende qui ne pourra excéder 20 livres ou d'un emprisonnement ne pouvant excéder un mois, à moins qu'elle ne puisse alléguer une excuse valable ;

g) la cour, ou si la cour ne siége pas, le président aura tous les pouvoirs et attributions d'un magistrat prévus par le « Magistrate's Courts Act 1908 » en vue de recueillir la déposition de témoins hors du ressort, et les dispositions de ladite loi relatives aux commissions rogatoires s'appliqueront *mutatis mutandis*, de la même manière que si la cour était une cour de magistrats ;

h) la cour pourra recevoir toute preuve sous serment et dans ce but tout membre, le greffier ou toute autre personne, agissant en vertu d'instructions expresses ou tacites de la cour, pourra déférer le serment ;

i) en cas de poursuites du chef de faux serment, il suffira de prouver que le serment a été prêté comme il est dit ci-dessus ;

j) la cour pourra recevoir, admettre ou rechercher toute preuve qu'elle jugera convenable en toute conscience et équité, que ce soit une preuve strictement légale ou non ;

k) toutes les parties à la procédure seront compétentes et pourront être forcées de déposer comme témoin ;

l) the Court in its discretion may order that all or any part of its proceedings may be taken down in shorthand;

m) on the hearing before the Court of any industrial dispute the Court may, if it thinks fit, dispense with any evidence on any matter on which all parties to the dispute have agreed in writing either as an industrial agreement or by memorandum before the Board.

84. — 1. The presence of the Judge and at least one other member shall be necessary to constitute a sitting of the Court.

2. The decision of a majority of the members present at the sitting of the Court, or if the members present are equally divided in opinion, then the decision of the Judge, shall be the decision of the Court.

3. The decision ot the Court shall in every case be signed by the Judge, and may be delivered by him, or by any other member of the Court, or by the Clerk.

85. — The Court may refer any matters before it to a Board for investigation and report, and in such case the award of the Court may, if the Court thinks fit, be based on the report of the Board.

86. — The Court may at any time dismiss any matter referred to it which it thinks frivolous or trivial, and in such case the award may be limited to an order upon the party bringing the matter before the Court for payment of costs of bringing the same.

87. — The Court in its award may order any party to pay to the other party such costs and expenses (including expenses of witnesses) as it deems reasonable, and may apportion such costs between the parties or any of them as it thinks fit, and may at any time vary or alter any such order in such manner as it thinks reasonable.

Provided that in no case shall costs be allowed on account of barristers, solicitors, or agents.

88. — The award of the Court on any reference shall be made within one month after the Court began to sit for the hearing of the reference, or within such extended time as in special circumstances the Court thinks fit.

89. — 1. The award shall be signed by the Judge, and have the seal of the Court attached thereto, and shall be deposited in the office of the Clerk of the district wherein the reference arose, and be open to inspection without charge during office hours by all persons interested therein.

2. The Clerk shall upon application supply certified copies of the award for a prescribed fee.

90. — 1. The award shall be framed in such manner as shall best express the decision of the Court, avoiding all technicality where possible, and shall specify :

a) each original party on whom the award is binding, being in every

l) la cour pourra à sa discrétion faire sténographier tout ou partie des débats ;

m) au cours de l'audience la cour, si elle le juge utile, peut dispenser de la preuve tous les points d'un litige sur lesquels les parties en cause se seraient mises d'accord soit par un arrangement industriel, soit par un exposé soumis au conseil.

84. — 1. La cour ne pourra siéger que si le président et un membre au moins sont présents.

2. Les décisions seront prises à la majorité des membres présents ; en cas de partage des voix, le président aura voix prépondérante.

3. La décision de la cour sera dans chaque cas signée par le président et le texte du jugement pourra être délivré par le président, par un autre membre de la cour ou par le greffier.

85. — La cour pourra renvoyer toute affaire qui lui aura été soumise à un conseil, lequel fera une enquête et adressera un rapport à la cour ; la sentence de la cour pourra être basée, si la cour le juge convenable, sur le rapport du conseil.

86. — La cour pourra écarter toute affaire qui lui paraîtra insignifiante et dans l'espèce la sentence pourra se borner à condamner le demandeur aux frais.

87. — La cour pourra par sa sentence condamner une des parties à payer à l'autre les frais et dépens (y compris les taxes de témoins) qu'elle juge raisonnables ; elle pourra aussi répartir les dits frais entre les parties ou les mettre à la charge de l'une d'elles comme elle le juge bon ; elle aura en outre en tout temps le pouvoir discrétionnaire de modifier une ordonnance de l'espèce, comme elle le juge convenable.

Toutefois, en aucun cas, elle ne pourra allouer les frais des avocats, avoués ou agents.

88. — La sentence de la cour sera rendue dans le mois après que la cour aura commencé l'examen de l'affaire qui lui a été confiée ; ce délai pourra être prolongé lorsque des circonstances spéciales viendront à se présenter.

89. — 1. La sentence sera signée par le président et revêtue du sceau de la cour ; elle sera déposée au greffe du district où le compromis a été effectué et pourra être consultée sans frais, pendant les heures d'ouverture du greffe, par toutes personnes intéressées.

2. Sur demande, le greffier pourra délivrer des copies légalisées de la sentence, moyennant le payement d'une taxe déterminée.

90. — 1. La sentence sera conçue de façon à exprimer le mieux possible la décision de la cour, en évitant, quand faire se pourra, les expressions techniques, et elle devra spécifier :

a) les intéressés originairement parties au procès et pour lesquels la

case each trade union, industrial union, industrial association, or employer who is party to the proceedings at the time when the award is made;

b) the industry to which the award applies;

c) the industrial district to which the award relates, being in every case the industrial district in which the proceedings were commenced;

d) the currency of the award, being any specified period not exceeding three years from the date of the award.

Provided that, notwithstanding the expiration of the currency of the award, the award shall continue in force until a new award has been duly made or an industrial agreement entered into, except where, pursuant to the provisions of section 21 or 22 hereof, the registration of an industrial union of workers bound by such award has been cancelled.

2. The award shall also state in clear terms what is or is not to de done by each party on whom the award is binding, or by the workers affected by the award, and may provide for an alternative course to be taken by any party.

Provided that in no case shall the Court have power to fix any age for the commencement or termination of apprenticeship.

3. The award, by force of this Act, shall extend to and bind as subsequent party thereto every trade-union, industrial union, industrial association, or employer who, not being an original party thereto, is at any time whilst the award is in force connected with or engaged in the industry to which the award applies within the industrial district to which the award relates.

4. The Court may in any award made by it limit the operation of such award to any city, town, or district being within or part of any industrial district.

5. The Court shall in such case have power, on the application of any trade-union, industrial union, industrial association, or employer in industrial district within which the award has effect, to extend the provisions of such award (if such award has been limited in its operation as aforesaid) to any trade-union, industrial union, industrial association, employer, or person within such industrial district.

6. The Court may, if it thinks fit, limit the operation of any award heretofore made to any particular town, city, or locality in any industrial district in which such award now has effect.

7. The extension or limitation referred to in subsections 5 and 6 of this section shall be made upon such notice to and application of such parties as the Court may in its discretion direct.

91. — 1. Any award in force on the coming into operation of this Act

sentence sera obligatoire, c'est-à-dire, dans tous les cas, chaque union industrielle, chaque association industrielle ou chaque employeur qui sera partie aux procédures au moment où la sentence sera rendue ;

b) l'industrie à laquelle la sentence s'applique;

c) le district industriel auquel la sentence aura trait, c'est-à-dire, dans chaque cas, le district industriel dans lequel les procédures ont été entamées;

d) la durée de validité de la sentence, c'est-à-dire toute période déterminée n'excédant pas trois années à compter de la date de la sentence.

Toutefois, nonobstant l'expiration de la durée de validité de la sentence, celle-ci restera en vigueur jusqu'à ce qu'une nouvelle sentence ait été dûment rendue, sauf quand, conformément aux dispositions des sections 21 et 22, l'enregistrement d'une union industrielle d'ouvriers pour laquelle la dite sentence est obligatoire aura été radié.

2. La sentence établira également en termes clairs ce qui doit et ce qui ne doit pas être fait par chaque partie pour laquelle la sentence est obligatoire, ou par les ouvriers auxquels la sentence se rapporte, et elle pourra imposer aux parties une obligation alternative.

Toutefois, en aucun cas, la cour ne pourra fixer un âge pour le commencement ou la fin de l'apprentissage.

3. En vertu de la présente loi, la sentence s'étendra et sera applicable à chaque union industrielle, association industrielle ou employeur qui, n'étant pas primitivement partie à cette sentence, s'engagera, pendant que la sentence est en vigueur, dans l'industrie à laquelle la sentence s'applique, dans les limites du district industriel pour lequel la sentence est obligatoire.

4. La cour pourra, dans la sentence qu'elle rendra, restreindre l'application de cette sentence à une cité, une ville ou à un district déterminé se trouvant dans les limites ou faisant partie d'un district industriel.

5. Dans ce cas, la cour pourra, à la demande d'une union professionnelle, d'une union industrielle, d'une association industrielle ou d'un employeur dans un district industriel ou la sentence doit être obligatoire, étendre les dispositions de cette sentence (si la dite sentence a été restreinte dans son application comme il a été dit) à toute union professionnelle, toute union industrielle, toute association industrielle à tout employeur ou personne dans les limites de ce même district industriel.

6. La cour pourra, lorsqu'elle le juge convenable, restreindre l'application d'une sentence, rendue précédemment, à une cité, une ville ou à une localité déterminée dans un district industriel où la dite sentence est obligatoire.

7. Les restrictions et extensions dont il est question aux sous-sections 5 et 6 ci-dessus seront faites et notifiées à celles des parties que la cour désignera comme elle le juge à propos.

91. — 1. Toute sentence obligatoire au moment de l'entrée en vigueur

shall, notwithstanding the expiration of the currency of such award, continue in force until a new award has been made under this Act, except where, pursuant to· the provisions of section 21 or 22 hereof, the registration of an industrial union of workers bound by such award has been cancelled.

2. The Court may, upon notice to any trade-union, industrial union, industrial association, or employer within the district, and engaged in the industry to which any such award applies, not being an original party thereto, extend the award and its provisions to such trade-union, industrial union, industrial association, or employer.

92. — 1. With respect to every award, whether made before or after the coming into operation of this Act, the following special powers shall be exercisable by the Court by order at any time during the currency of the award, that is to say :

a) power to amend the provisions of the award for the ·purpose of remedying any defect therein or of giving fuller effect thereto;

b) power to extend the award so as to join and bind as party thereto any specified trade-union, industrial union, industrial association, or employer in New Zealand not then bound thereby or party thereto, but connected with or engaged in the same industry as that to which the award applies.

Provided that the Court shall not act under this paragraph except where the award relates to a trade or manufacture the products of which enter into competition in any market with those manufactured in another industrial district, and a majority of the employers engaged and of the unions of workers concerned in the trade or manufacture are bound by the award;

provided also that, in case of an objection being lodged to any such award by a union of employers or workers in a district other than that in which the award was made, the Court shall sit for the hearing of the said objection in the district from which it comes, and may amend or extend the award as it thinks fit;

provided further that, notwithstanding anything contained in this paragraph, the Court may extend an award to another industrial district so as to join and bind as parties to the award any specified trade-union, industrial union, industrial association, or employer where the award relates to a trade or manufacture the products of which enter into competition in any market with those manufactured in the industrial district wherein the award is in force.

2. The award, by force of this Act, shall also extend to and bind every

de la présente loi restera obligatoire, même si la durée fixée pour la validité vient à expirer et sera considérée comme ayant été en vigueur jusqu'à ce qu'une nouvelle sentence ait été rendue conformément à la loi, sauf dans le cas, où, dans les limites des dispositions des sections 21 et 22 ci-dessus, l'enregistrement d'une union industrielle d'ouvriers liée par cette sentence aurait été annulé.

2. La cour peut, après avoir averti toute trade-union, union industrielle, association industrielle ou tout employeur résidant dans le district et intéressés dans l'industrie que la sentence concerne, mais qui n'y étaient pas primitivement parties, appliquer la dite sentence et étendre ses dispositions à la dite trade-union, union industrielle, association industrielle ou au dit employeur.

92. — 1. En ce qui concerne les sentences rendues avant ou après l'entrée en vigueur de la présente loi, les pouvoirs spéciaux désignés ci-après pourront être exercés par la cour, par voie d'ordonnance, à tout moment pendant que la sentence est en vigueur, savoir :

a) le pouvoir de modifier les dispositions de la sentence dans le but de remédier à un défaut qui s'y serait manifesté ou pour donner à cette sentence une action plus efficace,

b) le pouvoir d'étendre la sentence de façon à y soumettre en qualité de parties toute trade-union, union industrielle, association industrielle ou tout employeur résidant dans la Nouvelle-Zélande et qui n'y serait pas encore partie ou ne serait pas lié par la sentence, mais se trouverait intéressé ou engagé dans la même industrie que celle à laquelle la sentence s'applique.

Toutefois, la cour ne pourra appliquer le présent paragraphe que lorsque la sentence sera relative à un commerce ou à une entreprise dont les produits font concurrence sur quelque marché à ceux qui sont fabriqués dans un autre district industriel, et que la majorité des employeurs engagés et des unions d'ouvriers intéressées dans ce commerce ou cette entreprise sont liés par la sentence.

En outre, lorsqu'il sera fait opposition à une sentence par une union d'employeurs ou d'ouvriers dans un district autre que celui où la sentence a été rendue, la cour procédera à l'examen de la dite opposition dans le district où celle-ci aura été faite, et elle pourra modifier ou étendre la sentence suivant ce qu'elle jugera convenable.

Nonobstant les dispositions du présent paragraphe, la cour pourra étendre une sentence à un autre district industriel de façon à constituer et à lier en qualité de parties à la sentence, une trade-union, une union industrielle, une association industrielle ou un employeur, lorsque la sentence vise un commerce ou une industrie dont les produits font concurrence sur un marché déterminé à ceux qui sont manufacturés dans le district industriel où la sentence est en vigueur.

2. En vertu de la présente loi, la sentence sera également applicable à

worker who is at any time whilst it is in force employed by any employer on whom the award is binding; and if such worker commits any breach of the award he shall be liable to a fine not exceeding 10 pounds, to be recovered in like manner as if he were a party to the award. This provision shall be deemed to have been in force on and from the twentieth day of October, 1900 (being the date of the coming into operation of " The Industrial Counciliation and Arbritation Act, 1900 ").

93. — 1. The powers by the last preceding section conferred upon the Court may be exercised on the application of any party bound by the award.

2. At least thirty days' notice of the application shall be served on, all other parties, including, in the case of an application under paragraph *b*) of that section, every trade-union, industrial union, industrial association, or employer to whom it is desired that the award should be extended.

3. The application may be made to the Court direct, without previous reference to the Board.

94. — 1. Notwithstanding anything to the contrary in this Act, the Court shall have full power, upon being satisfied that reasonable notice has been given of any application in that behalf, to add any party or parties to any award; and thereupon any such party or parties shall be bound by the provisions thereof, subject to any condition or qualification contained in the order adding such party or parties.

2. Orders adding parties heretofore made by the Court shall be valid as if made in exercise of the foregoing power, whether made in pursuance of reservation in the award or not.

95. — 1. Where workers engaged upon different trades are employed in any one business of any particular employer, the Court may make one award applicable to such business, and embracing, as the Court thinks fit, the whole or part of the various branches constituting the business of such employer.

2. Before the Court shall exercise such power notice shall be given to the respective industrial unions of workers engaged in any branch of such business.

96. — 1. In all legal and other proceedings on the award it shall be sufficient to produce the award with the seal of the Court thereto, and it shall not be necessary to prove any conditions precedent entitling the Court to make the award.

2. Proceedings in the Court shall not be impeached or held bad for want of form, nor shall the same be removable to any Court by *certiorari* or otherwise; and no award, order, or proceeding of the Court shall be liable to be challenged, appealed against, reviewed, quashed, or called in question by any Court of judicature on any account whatsoever.

tout ouvrier qui sera, à tout moment pendant que la sentence est en vigueur, occupé par un employeur qui est lié par la sentence ; et si cet ouvrier viole la sentence, il sera passible d'une amende n'excédant pas 10 livres, à recouvrer de la même manière que s'il était partie à la sentence La présente disposition sera considérée comme ayant été en vigueur à partir du 20 octobre 1900 (c'est-à-dire depuis la date de la mise en vigueur de la « loi de 1900 sur la conciliation et l'arbitrage »).

93. — 1. Les pouvoirs attribués à la cour par la section précédente pourront être exercés à la requête de toute partie liée par la sentence.

2. Toute trade-union, union industrielle, association industrielle et tout employeur, y compris toutes les autres parties en cas de requête conformément au paragraphe b) devront recevoir avis, au moins trente jours à l'avance, de l'introduction de pareille requête.

3. La requête peut être adressée directement à la cour sans passer d'abord par le conseil.

94. — 1. Nonobstant toute disposition contraire de la présente loi, la cour, après s'être assurée qu'une requête à cet effet a été communiquée comme il convenait, aura pleins pouvoirs pour joindre d'autres parties à la sentence et les dites parties seront liées par les dispositions de la sentence, sous réserve des clauses et conditions contenues dans l'ordonnance de jonction.

2. Les ordonnances de jonction rendues jusqu'ici par la cour seront valables comme si elles avaient été faites en vertu des pouvoirs précités qu'elles aient été faites ou non en vertu d'une réserve dans une sentence.

95. — 1. Lorsque des ouvriers de différents métiers sont employés dans une même entreprise, la cour peut rendre une seule sentence applicable à cette entreprise et embrassant l'ensemble ou une partie des affaires constituant l'entreprise.

2. Avant d'exercer ce pouvoir la cour en avisera les différentes unions industrielles d'ouvriers engagés dans une branche quelconque de cette classe d'entreprises.

96. — 1. Dans toute procédure légale ou autre concernant la sentence, il suffira de produire la sentence de la cour avec le sceau y attaché et il ne sera pas nécessaire d'établir l'existence des conditions préalables autorisant la cour à rendre une sentence.

2. Les procédures ne pourront être attaquées ou annulées pour vice de forme ni renvoyées à une autre cour du chef de *certiorari* ou pour un autre motif ; les sentences, ordonnances et procédures de la cour ne pourront être attaquées, revisées, annulées ou contestées, par aucun tribunal, pour n'importe quelle raison.

97. — The Court in its award, or by order made on the application of any of the parties at any time whilst the award is in force, may fix and determine what shall constitute a breach of the award, and what sum, not exceeding 500 pounds, shall be the maximum fine payable by any party in respect of any breach.

98. — The Court in its award, or by order made on the application of any of the parties at any time whilst the award is in force, may prescribe a minimum rate of wages or other remuneration, with special provision for a lower rate being fixed in the case of any worker who is unable to earn the prescribed minimum :

Provided that such lower rate shall in every case be fixed by such tribunal in such manner and subject to such provisions as are specified in that behalf in the award or order.

99. — In every case where the Court in its award or other order directs the payments of costs or expenses it shall fix the amount thereof, and specify the parties or persons by and to whom the same shall be paid.

100. — 1. Every Inspector appointed under " The Factories Act, 1908," shall be an Inspector of Awards under this Act, and shall be charged with the duty of seeing that the provisions of any industrial agreement, or award, or order of the Court are duly observed.

2. Every Inspector of Mines appointed under either " The Coalmines Act, 1908," or " The Mining Act, 1908," shall be an Inspector of Awards, and shall be charged with the duty of seeing that the provisions of any such agreement, award, or order duly observed in any coalmine or mine within his district.

3. In the discharge of such duty an Inspector of Awards may require any employer or worker to produce for his examination any wages-books and overtime-books necessary for the purposes of this section; and, in addition, every such Inspector shall have and may exercise all the powers conferred on Inspectors of Factories by section 6 of " The Factories Act, 1908," and that section and section 7 of the same Act shall, *mutatis mutandis*, extend and apply to Inspectors of Awards.

4. Except for the purposes of this Act, and in the exercise of his functions under this Act, an Inspector shall not disclose to any person any information which in the exercise of such functions he acquires; and any Inspector who, in contravention of this Act, divulges any information shall be liable to a fine not exceeding 15 pounds.

101. — For the purpose of enforcing any award or order of the Court, whether made before or after the coming into operation of this Act (but not being an order und section 103 hereof), the following provisions shall apply :

97. — La cour par sa sentence ou par ordonnance faite à la requête d'une des parties pourra, à tout moment, pendant que la sentence est en vigueur, fixer et déterminer les faits qui constitueront une violation de la sentence et le maximum des amendes applicables de ce chef à chacune des parties, lequel ne pourra excéder 500 livres.

98. — Dans sa sentence ou par ordonnance rendue sur la demande d'une des parties à tout moment pendant que la sentence est en vigueur, la cour pourra fixer un minimum de salaire ou d'autre rémunération, en prévoyant l'établissement d'un taux inférieur pour le cas où un ouvrier serait incapable de gagner le minimum fixé.

Ce taux réduit sera dans tous les cas fixé par tel tribunal, suivant tel mode et sous réserve de telles conditions qui seront spécifiés à ce sujet dans la sentence ou dans l'ordonnance.

99. — Dans tous les cas où la cour dans sa sentence ou dans une ordonnance impose le paiement de frais ou de dépens, elle en fixera le montant et spécifiera les parties ou personnes qui seront tenues de payer ces frais ou dépens et celles auxquelles elles seront tenues de les payer.

100. — 1. Tout inspecteur nommé en vertu de la loi de 1908 sur les fabriques et ateliers aura la qualité d'inspecteur des sentences conformément à la présente loi, et sera chargé de veiller à l'observation des dispositions des arrangements industriels, des sentences ou des ordonnances de la cour.

2. Les inspecteurs des mines nommés en vertu de la loi de 1908 sur les houillères ou de la loi de 1908 sur les mines auront la qualité d'inspecteurs des sentences et seront chargés de veiller à l'exécution des dispositions des arrangements, sentences et ordonnances dans les mines de houille et autres mines de leur district.

3. Les inspecteurs des sentences pourront, dans l'exercice de leurs fonctions, requérir des employeurs et des ouvriers la production des livres de paye et les carnets des heures supplémentaires, en vue d'assurer l'exécution de la présente section; en outre, ces inspecteurs jouiront de tous les droits reconnus aux inspecteurs de fabriques par la section 6 de la loi de 1908 sur les fabriques, et la dite section, ainsi que la section 7, de la même loi s'étendra et s'appliquera *mutatis mutandis* aux inspecteurs des sentences.

4. Sauf en ce qui concerne l'application de la présente loi et l'exercice des fonctions dont il est chargé en vertu de la présente loi, un inspecteur ne pourra dévoiler les renseignements dont il aura obtenu connaissance à raison de ses fonctions; en cas de contravention, il sera passible d'une amende n'excédant pas 50 livres.

101. — En vue d'assurer l'observation d'une sentence ou d'une ordonnance de la cour, rendue avant ou après la mise en vigueur de la présente loi (sauf en ce qui concerne une sentence rendue en vertu de la section 103), les dispositions suivantes sont applicables :

a) in so far as the award itself imposes a fine or costs it shall be deemed to be an order of the Court, and payment shall be enforceable accordingly under the subsequent provisions of this section relating to orders of the Court;

b) if any party on whom the award is binding commits any breach thereof by act or default, then, subject to the provisions of the last preceding paragraph hereof, the Inspector of Awards, or any party to the award, may, by application in the prescribed form, apply to the Court for the enforcement of the award;

c) on the hearing of such application the Court may by order either dismiss the application or impose such fine for the breach of the award as it deems just, and in either case with or without costs.

Provided that in no case shall costs be given against the Inspector;

d) if the order imposes a fine or costs it shall specify the parties liable to pay the same, and the parties or persons to whom the same are payable.

Provided that the aggregate amount of fines payable under any award or of the Court shall not exceed 500 pounds;

e) for the purpose of enforcing payment of the fine and costs payable under any order of the Court, a certificate in the prescribed form, under the hand of the Clerk and the seal of the Court, specifying the amount payable and the respective parties or persons by and to whom the same is payable, may be filed in any Court having civil jurisdiction to the extent of such amount, and shall thereupon, according to its tenor, be enforceable in all respects as a final judgment of such Court in its civil jurisdiction

Provided that, for the purpose of enforcing satisfaction of such judgment where there are two or more judgment creditors thereunder, process may be issued separately by each judgment creditor against the property of his judgment debtor in like manner as in the case of a separate and distinct judgment;

f) all property belonging to the judgment debtor (including therein, in the case of a trade-union or an industrial union or industrial association, all property held by trustees for the judgment debtor) shall be available in or towards satisfaction of the judgment debt, and if the judgment debtor is a trade-union or an industrial union or an industrial association, and its property is insufficient to fully satisfy the judgment debt, its members shall be liable for the deficiency.

Provided that no member shall be liable for more than 10 pounds under this paragraph.

g) For the purpose of giving full effect to the last preceding paragraph, the Court or the Judge thereof may, on the application of the judgment creditor, make such order or give such directions as are deemed necessary, and the trustees, the judgment debtor, and all other persons concerned shall obey the same.

a) Si la sentence même ordonne le paiement d'une pénalité ou de frais, elle sera considérée comme une ordonnance de la cour, et le paiement pourra être poursuivi en vertu des dispositions ci-dessous, relatives aux ordonnances de la cour;

b) si une partie liée par la sentence viole celle-ci par action ou omission, l'inspecteur des sentences ou toute partie intéressée à la sentence pourra, conformément aux dispositions du paragraphe précédent, demander à la cour la mise à exécution de la sentence, par une requête dans la forme prescrite ;

c) la cour saisie d'une requête de ce genre pourra, par ordonnance, rejeter la requête ou imposer la pénalité qu'elle juge bon pour la violation de la sentence, avec ou sans frais, dans les deux cas.

En aucun cas, ces frais ne pourront être mis à la charge de l'inspecteur;

d) si l'ordonnance impose une pénalité ou des frais, elle spécifiera les parties ou personnes obligées de les payer et les parties ou personnes auxquelles ils sont payables.

Toutefois le montant total des pénalités payables en vertu d'une sentence ou d'une ordonnance de la cour ne pourra excéder 500 livres;

e) en vue d'assurer le paiement de l'amende et des frais prescrits par ordonnance de la cour, une copie du jugement faite dans la forme prescrite sous la signature du greffier et le sceau de la cour et spécifiant la somme à payer et les parties ou personnes obliger de les payer ainsi que les parties ou personnes auxquelles ils sont payables, pourra être levée au greffe de tout tribunal jusqu'à concurrence de la somme susdite, après quoi le dit jugement sera exécutoire comme un jugement définitif d'un tribunal de l'espèce.

Toutefois, lorsque le jugement reconnaîtra deux ou plusieurs créanciers, chacun de ceux-ci pourra agir séparément en vue du recouvrement de sa créance sur les biens de son débiteur, comme s'il s'agissait de jugements différents ;

f) tous les biens du débiteur (y compris, s'il s'agit d'une union ou association industrielle, tous les biens détenus par les *trustees* pour le débiteur) pourront être saisis et exécutés pour le paiement de la dette résultant du jugement, et si le débiteur est une union industrielle ou une association industrielle et que ses biens soient insuffisants pour payer entièrement la dette, ses membres seront tenus de la différence.

Toutefois, aucun membre ne sera responsable pour plus de 10 livres en vertu du présent paragraphe;

g) en vue de donner plein effet au paragraphe précédent, la cour ou son président pourra, à la demande du créancier par jugement, donner les ordres ou les instructions qui paraissent nécessaires, et les *trustees*, le débiteur et toutes autres personnes intéressées devront s'y conformer.

102. — For the purpose of enforcing industrial agreements, whether made before or after the coming into operation of this Act, the provisions of paragraphs b) to g) of the last preceding section shall, *mutatis mutandis*, apply in like manner in all respects as if an industrial agreement were an award of the Court, and the Court shall accordingly have full and exclusive jurisdiction to deal therewith.

103. — The Court shall have full and exclusive jurisdiction to deal with all offences under paragraph f) of section 83, section 108, section 114, section 115, or section 120 hereof, and for that purpose the following provisions shall apply :

a) proceedings to recover the fine by this Act imposed in respect of any such offence shall be taken in the Court in a summary way under the provisions of " The Justices of the Peace Act, 1908," and those provisions shall, *mutatis mutandis,* apply in like manner as if the Court were a Court of Justices exercising summary jurisdiction under that Act.

Provided that in the case of an offence under section one hundred and fourteen of this Act (relating to contempt of Court) the Court, if it thinks fit so to do, may deal with it forthwith without the necessity of an information being taken or a summons being issued;

b) for the purpose of enforcing any order of the Court made under this section, a duplicate thereof shall by the Clerk of Awards be filed in the nearest office of the Magistrate's Court, and shall thereupon, according to its tenor, be enforced in all respects as a final judgment, conviction, or order duly made by a Magistrate under the summary provisions of " The Justices of the Peace Act, 1908 ";

c) the provisions of section 96 hereof shall, *mutatis mutandis*, apply to all proceedings and orders of the Court under this section;

d) all fines recovered under this section shall be paid into the Public Account and form part of the Consolidated Fund.

104. — The Court shall have power to make rules for the purpose of regulating the practice and procedure of the Court, and the proceedings of parties; provided that such rules shall not conflict with regulations made under section 127 hereof.

General Provisions as to Board and Court.

105. — The following persons shall be disqualified from being appointed, or elected, or from holding office as Chairman or as member of any Board, or as nominated member or acting nominated member of the Court; and if so elected or appointed shall be incapable of continuing to hold the office :

a) a bankrupt who has not obtained his final order of discharge;

b) any person convicted of any crime for which the punishment is imprisonment with hard labour for a term of six months or upwards; or

102. — Dans le but de faire observer des arrangements industriels, faits avant ou après la mise en vigueur de la présente loi, les dispositions des paragraphes *b*) à *g*) de la section immédiatement précédente s'appliqueront *mutatis mutandis* de la même manière que si un arrangement industriel était une sentence de la cour, et la cour aura en conséquence pleine et exclusive juridiction pour en connaître.

103. — La cour aura juridiction pleine et exclusive pour connaître des contraventions au paragraphe *f*) de la section 83, à la section 108, à la section 114, à la section 115 et à la section 120, et les dispositions suivantes seront applicables à cet égard :

a) l'action en recouvrement des amendes encourues du chef des contraventions susdites sera intentée devant la cour d'après la procédure sommaire de la « loi de 1908 sur les justices de paix » et les dispositions de la dite loi s'appliqueront *mutatis mutandis* comme si la cour était une justice de paix exerçant une juridiction sommaire, en vertu de la dite loi.

Toutefois, dans le cas d'une infraction à la section 114 de la présente loi (relative aux offenses vis-à-vis du tribunal), la cour, si elle le juge à propos, pourra connaître immédiatement du cas sans enquête ou citation ;

b) en vue de l'exécution de toute ordonnance de la cour rendue en vertu de la présente section, le greffier des sentences en signifiera copie au tribunal le plus proche, après quoi la dite ordonnance deviendra exécutoire, comme s'il s'agissait d'un jugement, d'une condamnation ou d'une ordonnance dûment rendue par un magistrat en vertu de la procédure sommaire de la « loi de 1908 sur les justices de paix » ;

c) les dispositions de la section 96 de la présente loi s'appliqueront *mutatis mutandis* à toute procédure ou ordonnance de la cour faite en vertu de la présente section ;

d) le produit des amendes perçues en vertu de la présente section sera versé au Trésor public et fera partie du fonds consolidé.

104. — La cour peut formuler des règlements concernant sa procédure et les formalités à remplir par les parties, à condition que ces règlements ne soient pas contraires à ceux qui auraient été faits en vertu de la section 127 de la présente loi.

Dispositions générales relatives au Conseil et à la Cour.

105. — Les personnes désignées ci-après ne pourront être élues ou nommées en qualité de président ou de membre d'un conseil, ou de membre suppléant de la cour ; et si, malgré cela, elles ont été nommées ou élues en cette qualité, elles ne pourront continuer à exercer leurs fonctions :

a) les faillis non réhabilités ;

b) toute personne condamnée pour un crime entraînant un emprisonnement avec *hard labour* de six mois ou davantage ;

c) any person of unsound mind; or
d) an alien.

106. — The Judge is hereby empowered to state a case for the opinion of the Supreme Court, or otherwise to obtain the opinion of the said Court or a Judge or Judges thereof, respecting any question touching the jurisdiction of the Court or of any Board of Conciliation or special Board.

107. — 1. Where an industrial union of workers is party to an industrial dispute, the jurisdiction of the Board or Court to deal with the dispute shall not be affected by reason merely that no member of the union is employed by any party to the dispute, or is personally concerned in the dispute.

2. An industrial dispute shall not be referred for settlement to a Board by an industrial union or association, nor shall any application be made to the Court by any such union or association for the enforcement of any industrial agreement or award or order of the Court, unless and until the proposed reference or application has been approved by the members in manner following, that is to say :

a) in the case of an industrial union, by resolution passed at a special meeting of the union and confirmed by subsequent ballot of the members, a majority of the votes recorded being in favour thereof, the result of such ballot to be recorded on the minutes; and

b) in the case of an industrial association, by resolution passed at a special meeting of the members of the governing body of the association, and confirmed at special meetings of a majority of the unions represented by the association.

3. Each such special meeting shall be duly constituted, convened, and held in manner provided by the rules, save that notice of the proposal to be submitted to the meeting shall be posted to all the members, and that the proposal shall be deemed to be carried if, but not unless, a majority of all the members present at the meeting of the industrial union or of the governing body of the industrial association vote in favour of it.

4. A certificate under the hand of the chairman of any such special meeting shall, until the contrary is shown, be sufficient evidence as to the due constitution and holding of the meeting, the nature of the proposal submitted, and the result of the voting.

108. — In every case where an industrial dispute has been referred to the Board the following special provisions shall apply :

a) until the dispute has been finally disposed of by the Board or the Court neither the parties to the dispute nor the workers affected by the dispute shall, on account of the dispute, do or be concerned in doing, directly or indirectly, anything in the nature of a strike or lock-out, or of a suspension or discontinuance of employment or work, but the relationship

c) toute personne qui ne serait pas saine d'esprit ;
d) les étrangers.

106. — Le président pourra, en vertu du présent article, soumettre un cas à la cour suprême pour obtenir son avis ou celui d'un ou de plusieurs de ses juges au sujet de n'importe quelle question relative à la juridiction de la cour, d'un conseil de conciliation ou d'un conseil spécial.

107. — 1. Lorsqu'une union industrielle d'ouvriers est partie à un conflit industriel, la compétence du conseil ou de la cour en vue du réglement du différend, restera entière bien qu'aucun membre de l'union ne soit au service d'une des parties en cause ou qu'ancun membre ne soit personnellement intéressé au différend ;
2. Un différend industriel ne pourra être soumis à un conseil par une union ou une association industrielle et aucune requête ne pourra être adressée à la cour en vue de l'exécution d'un accord industriel, d'une sentence ou d'une ordonnance de la cour, avant que les membres n'aient autorisé ces actes de la manière suivante :

a) s'il s'agit d'une union industrielle, par résolution prise en séance extraordinaire et confirmée par le vote ultérieur des membres, la majorité des suffrages étant favorable à la décision. Les résultats du scrutin seront portés au procés-verbal ;

b) s'il s'agit d'une association industrielle, par décision prise en séance extraordinaire des membres du comité et confirmée dans les séances extraordinaires de la majorité des unions représentées par l'association.

3. Les séances extraordinaires seront dûment convoquées, constituées et tenues de la manière prévue aux statuts et la proposition mise à l'ordre du jour de la réunion sera envoyée par la poste à tous les membres. La proposition ne sera adoptée qu'à la majorité des voix des membres présents à l'assemblée de l'union industrielle ou à la majorité des voix du conseil d'administration d'une association industrielle.
4. Un certificat signé par le président d'une assemblée extraordinaire suffira jusqu'à preuve du contraire à établir la sincérité de ce qui s'est fait dans cette assemblée, la nature de la proposition soumise et le résultat du vote.

108. — Dans tous les cas où un conflit industriel aura été soumis au conseil, les dispositions spéciales ci-après seront applicables :
a) jusqu'à ce que le conflit ait été définitivement réglé par le conseil ou la cour, ni les parties au conflit, ni les ouvriers intéressés dans le conflit ne pourront, à raison du conflit, directement ou indirectement, commettre un acte ou être intéressés dans un acte rentrant dans la nature d'une grève ou d'un lock-out ou d'une cessation ou d'une suspension de travail, mais les

of employer and employed shall continue uninterrupted by the dispute, or anything preliminary to the reference of the dispute and connected therewith;

b) if default is made in faithfully observing any of the foregoing provisions of this section, every union, association, employer, worker, or person committing or concerned in committing the default shall be liable to a fine not exceeding 50 pounds;

c) the dismissal or suspension of any worker, or the discontinuance of work by any worker, pending the final disposition of an industrial dispute shall be deemed to be a default under this section, unless the party charged with such default satisfies the Court that such dismissal, suspension, or discontinuance was not on account of the dispute.

109. — 1. Every employer who dismisses from his employment any worker by reason merely of the fact that the worker is a member of an industrial union, or who is conclusively proved to have dismissed such worker merely because he is entitled to the benefit of an award, order, or agreement, shall be deemed to have committed a breach of the award, order, or agreement, and shall be liable accordingly.

2. In any proceedings before the Court relating to the dismissal of a worker, a worker shall be deemed to be dismissed when he is suspended for a longer period than ten days.

110. — If durring the currency of an award any employer, worker, industrial union or association, or any combination of either employers or workers has taken proceedings with the intention to defeat any of the provisions of the award, such employer, worker, union, association, or combination, and every member thereof respectively, shall be deemed to have committed a breach of the award, and shall be liable accordingly.

111. — 1. Any industrial union or industrial association or employer, or any worker, whether a member of any such union or association or not, who strikes or creates a lock-out, or takes part in a strike or lock-out, or proposes, aids, or abets a strike or lock-out or a movement intended to produce a strike or lock-out, is guilty of an offence, and liable to a fine, and may be proceeded against in the same manner as if the offender were guilty of a breach of an award.

Provided that the fine shall not exceed one 100 pounds for any such offence in the case of a union, association, or employer, or 10 pounds in the case of a worker.

2. No worker shall be subject to a fine merely because he refuses to work, or announces his intention to refuse to work, at the rate of wages fixed by any award or industrial agreement, unless the Court is satisfied that such refusal was in pursuance of an intention to commit a breach of this section.

3. This section shall only apply when in the district where the alleged

relations entre employeurs et ouvriers se poursuivront sans interruption provenant du conflit ou de toute autre cause antérieure au compromis;

b) faute d'observer fidèlement les dispositions précédentes de la présente section, les unions, associations, employeurs, ouvriers et toutes personnes ayant commis l'infraction ou impliquées dans la contravention seront passibles d'une amende n'excédant pas 50 livres;

c) le fait qu'un ouvrier est renvoyé ou cesse de travailler au cours d'un conflit industriel dont la solution est en suspens sera considéré comme infraction à la présente section, à moins que la partie accusée d'une telle infraction ne fournisse la preuve que le renvoi ou la cessation de travail sont étrangers au conflit.

109. — Le patron qui congédie un ouvrier pour le seul motif que cet ouvrier est membre d'une union industrielle ou est admis à bénéficier d'une sentence, d'une ordonnance ou d'un arrangement, sera considéré comme ayant violé cette sentence, cette ordonnance ou cet arrangement et sera responsable en conséquence.

2. Dans toute instance devant la cour, relative au renvoi d'un ouvrier, le dit ouvrier sera considéré comme renvoyé s'il a été suspendu de ses fonctions pour plus de dix jours.

110. — Le patron, l'ouvrier, l'union, l'association industrielle et toute coalition de patrons ou d'ouvriers qui auront intenté une action judiciaire en vue de rendre nulle une disposition quelconque d'une sentence en vigueur, seront considérés comme ayant violé ladite sentence.

111. — 1. L'union ou l'association industrielle, l'employeur, l'ouvrier, membre d'une union ou association industrielle ou non, qui feront une grève ou déclareront un lock-out ou y participeront ou proposeront, faciliteront ou encourageront une grève ou un lock-out ou une agitation dans ce but, seront coupables d'infraction, passibles de l'amende et pourront être poursuivis du chef de violation de sentence.

Toutefois, l'amende ne pourra dépasser 100 livres par infraction s'il s'agit d'une union, d'une association ou d'un employeur, ni 10 livres s'il s'agit d'un ouvrier.

2. Il ne pourra être infligé d'amende à un ouvrier uniquement parce qu'il refuse de travailler ou annonce son intention de refuser le travail au taux de salaire fixé par une sentence ou un arrangement industriel déterminé, à moins que la cour n'ait acquis la preuve que ce refus a été formulé dans l'intention de violer la présente section.

3. La présente section ne sera applicable que s'il existe une sentence ou

offence is committed an award or industrial agreement is in force relating to the trade in connection with which such strike or lock-out has occurred or is impending.

4. The Court may accept any evidence that seems to it relevant to prove that a strike or lock-out has taken place or is impending.

5. Where it is alleged in any application made by any person empowered by law to enforce an award that a strike or lock-out was taking place or is impending the Court may, after the Judge has appointed a special date for the hearing of evidence respecting the same, issue summonses to all persons and bodies suspected of having committed offences hereunder, and may deal with any such person or body as if specifically charged with the offences alleged.

6. Such summonses may be served by registered letter or otherwise in the same manner in which summonses or notices may be served in connection with the enforcement of an award.

112. — Whenever an industrial dispute involving technical questions is referred to the Board or Court the following special provisions shall apply :

a) at any stage of the proceedings the Board or the Court may direct that two experts nominated by the parties shall sit as experts;

b) one of the experts shall be nominated by the party, or, as the case may be, by all the parties, whose interests are with the employers; and one by the party, or, as the case may be, by all the parties, whose interests are with the workers;

c) the experts shall be nominated in such manner as the Board or Court directs, or as is prescribed by regulations, but shall not be deemed to be members of the Board or Court for the purpose of disposing of such dispute;

d) the powers by this section conferred upon the Board and the Court respectively shall, whilst the Board or the Court is not sitting, be exercisable by the Chairman of the Board and the Judge of the Court respectively.

113. — 1. In order to enable the Board or Court the more effectually to dispose of any matter before it according to the substantial merits and equities of the case, it may, at any stage of the proceedings, of its own motion or on the application of any of the parties, and upon such terms as it thinks fit, by order :

a) direct parties to be joined or struck out;

b) amend or waive any error or defect in the proceedings;

c) extend the time within which anything is to be done by any party; and

d) generally give such directions as are deemed necessary or expedient in the premises.

un arrangement industriel relatif à l'industrie où la grève ou le lock-out existe ou est sur le point de se produire, et en vigueur dans le district où l'infraction est commise.

4. La cour pourra admettre toute espèce de preuve tendant à établir qu'une grève ou un lock-out s'est déclaré ou est imminent.

5. Si une personne chargée par la loi de veiller à l'exécution d'une sentence déclare qu'une grève ou un lock-out s'est produit ou est imminent, la cour pourra, après que le président aura fixé une date pour recevoir les dépositions à ce sujet, assigner toutes les personnes physiques ou morales soupçonnées d'avoir violé la présente section et juger chacune d'elles en particulier.

6. Les assignations seront lancées par lettre recommandée ou d'autre façon, comme s'il s'agissait des assignations et avis relatifs à l'exécution d'une sentence.

112. — Lorsqu'un conflit industriel embrassant des questions techniques est soumis à un conseil ou à la cour, les dispositions spéciales ci-après seront applicables :

a) aussi longtemps que dure l'instance, le conseil ou la cour pourra ordonner que deux experts présentés par les parties siègent en cette qualité ;

b) l'un des experts sera présenté par la partie, ou, le cas échéant, par toutes les parties dont les intérêts sont les mêmes que ceux des employeurs et l'autre par la partie ou, le cas échéant, par les parties dont les intérêts sont les mêmes que ceux des ouvriers ;

c) les experts seront nommés de la façon ordonnée par le conseil ou la cour ou de la façon prescrite par les règlements, mais ils ne pourront être considérés comme membres de la cour pour statuer sur le différend ;

d) les pouvoirs que la présente section confère respectivement au conseil et à la cour, pourront être respectivement exercés par le président du conseil et le président de la cour, lorsque le conseil ou la cour ne siège pas.

113. — 1. En vue de permettre un jugement rapide et équitable des affaires, le conseil ou la cour pourra, à tout moment de l'instance, spontanément ou à la demande d'une des parties et aux conditions à spécifier :

a) ordonner que des parties soient jointes ou disjointes ;
b) corriger ou redresser toute erreur ou vice de procédure ;
c) accorder une prolongation de délai à une partie, pour lui permettre de remplir certaines formalités ;
d) donner les instructions nécessaires ou utiles dans l'affaire.

2. The powers by this section conferred upon the Board may, when the Board is not sitting, be exercised by the Chairman.

3. The powers by this section conferred upon the Court may, when the Court is not sitting, be exercised by the Judge.

114. — If in any proceedings before the Board or Court any person wilfully insults any member of the Board or Court or the Clerk, or wilfully interrupts the proceedings, or without good cause refuses to give evidence, or is guilty in any other manner of any wilful contempt in the face of the Board or Court, it shall be lawful for any officer of the Board or Court, or any constable, to take the person offending into custody and remove him from the precincts of the Board or Court, to be detained in custody until the rising of the Board or Court, and the person so offending shall be liable to a fine not exceeding 10 pounds.

115. — Every person who prints or publishes anything calculated to obstruct or in any way interfere with or prejudicially affect any matter before the Board or Court is liable to a fine not exceeding 50 pounds.

116. — If, without good cause shown, any party to proceedings before the Board or Court fails to attend or be represented, the Board or Court may proceed and act as fully in the matter before it as if such party had duly attended or been represented.

117. — Where any change takes place in the members constituting the Board or the Court, any proceeding or inquiry then in progress shall not abate or be affected, but shall continue and be dealt with by the Board or the Court as if no such change had taken place.

Provided that the Board or the Court may require evidence to be retaken where necessary.

118. — 1. Proceedings before the Board or Court shall not abate by reason of the seat of any member of the Board or Court being vacant for any cause whatever, or of the death of any party to the proceedings, and in the latter case the legal personal representative of the deceased party shall be substituted in his stead.

2. A recommendation or order of the Board, or an award or order of the Court, shall not be void or in any way vitiated by reason merely of any informality or error of form, or non-compliance with this Act.

119. — 1. The proceedings of the Board or Court shall be conducted in public.

Provided that, at any stage of the proceedings before it, the Board or Court, of its own motion or on the application of any of the parties, may direct that the proceedings be conducted in private; and in such case all persons (other than the parties, their representatives, the officers of the Board or Court, and the witness under examination) shall withdraw.

2. Les pouvoirs que la présente section confére au conseil pourront, si le conseil ne siége pas, être exercés par son président.

3. Les pouvoirs que la présente section confère à la cour, pourront, si la cour ne siége pas, être exercés par son président.

114. — Toute personne qui, au cours d'une audience, insulte voloutairement un membre du conseil ou de la cour ou un greffier ou qui interrompt volontairement la procédure ou refuse, sans motif plausible, de témoigner ou se rend de toute autre façon coupable d'insulte vis-à-vis du conseil ou de la cour, pourra être expulsée de la salle d'audience pour être détenue jusqu'à la fin de l'audience, par un agent du conseil ou de la cour ou par un agent de police; le coupable sera passible d'une amende qui n'excèdera pas dix livres.

115. — Toute personne qui imprimera ou publiera un document destiné à créer des difficultés ou à intervenir d'une façon quelconque ou à exercer une action nuisible dans une question soumise au conseil ou à la cour sera, pour chaque contravention de ce genre, passible d'une amende n'excédant pas 50 livres.

116. — Si une partie fait défaut, sans motif sérieux, le conseil ou la cour pourra statuer sur le cas qui lui est soumis, comme si la partie en défaut était présente ou s'était fait représenter.

117. — Tout changement survenu dans la composition d'un conseil ou d'une cour, au point de vue des membres qui en font partie, ne mettra pas obstacle aux procédures ou enquêtes en cours, qui continueront à être traitées par le conseil ou la cour comme si aucun changement n'avait eu lieu :

Toutefois le conseil ou la cour pourra exiger que la preuve soit réadministrée, s'il y a lieu.

118. — 1. Les procédures devant le conseil ou la cour ne seront pas interrompues par la vacance d'un siége ou par le décès d'une des parties aux procédures; dans ce dernier cas, le représentant personnel légal du défunt lui sera substitué.

2. Les propositions ou ordonnances du conseil et les sentences de la cour ne seront pas nulles ou annulables du seul fait que la procédure prescrite par la présente loi n'a pas été strictement observée.

119 — 1. Les audiences du conseil ou de la cour seront publiques.

Toutefois, à tout moment au cours des procédures, le conseil ou la cour pourra, de sa propre initiative ou à la demande d'une des parties, prononcer le huis clos et, dans ce cas, toutes les personnes présentes (sauf les parties, leurs conseils, les membres du conseil ou de la cour et les témoins à entendre) devront se retirer.

2. The Board or Court may sit during the day or at night, as it thinks fit.

120. — 1. Any Board and the Court, and, upon being authorised in writing by the Board or Court, any member of such Board or Court respectively, or any officer of such Board or Court, or any other person, without any other warrant than this Act, may at any time between sunrise and sunset,

a) enter upon any manufactory, building, workshop, factory, mine, mine-workings, ship or vessel, shed, place, or premises of any kind whatsoever, wherein or in respect of which any industry is carried on or any worh is being or has been done or commenced, or any matter or thing is taking or has taken place, which is made the subject of a reference to such Board or Court;

b) inspect and view any work, material, machinery, appliances, article, matter, or thing whatsoever being in such manufactory, building, workshop, factory, mine, mine-workings, ship or vessel, shed, place, or premises as aforesaid;

c) interrogate any person or persons who may be in or upon any such manufactory, building, workshop, factory, mine, mine-workings, ship or vessel, shed, place, or premises as aforesaid in respect of or in relation to any matter or thing hereinbefore mentioned.

2. Every person who hinders or obstructs the Board or Court, or any member or officer thereof respectively, or other person, in the exercise of any power conferred by this section, or who refuses to the Board or Court, or any member or officer thereof respectively duly authorised as aforesaid, entrance during any such time as aforesaid to any such manufactory, building, workshop, factory, mine, mine-workings, ship or vessel, shed, place, or premises, or refuses to answer any question put to him as aforesaid, is liable to a fine not exceeding 50 pounds.

SPECIAL AS TO GOVERNMENT RAILWAYS.

121. — With respect to the Government railways open for traffic the following special provisions shall apply, anything elsewhere in this Act to the contrary notwithstanding :

a) the society of railway servants called " the Amalgamated Society of Railway Servants," and now registered under the Acts of which this Act is a consolidation, shall be deemed to be registered under this Act;

b) in the case of the dissolution of the said society, any reconstruction thereof, or any society of Government railway servants formed in its stead, may register under this Act as an industrial union of workers;

2. Le conseil ou la cour peut siéger le jour ou le soir.

120. — Tout conseil et la cour, ainsi que, moyennant l'autorisation écrite du conseil ou de la cour, les membres des conseils ou de la cour ou les agents des conseils ou de la cour, ou toute autre personne, sans autre autorisation que la présente loi, à tout moment entre le lever et le coucher du soleil :

a) pourront entrer dans les manufactures, bâtiments, ateliers, fabriques, mines, carreaux de mines, navires ou bateaux, hangars ou installations de n'importe quelle espèce dans lesquelles ou pour lesquelles des travaux sont ou ont été exécutés ou entrepris ou bien dans lesquelles un fait ou un événement a eu lieu qui a fait l'objet d'un compromis confié au conseil ou à la cour ;

b) pourront inspecter et visiter le travail, le matériel, les machines, installations, marchandises, articles ou choses quelconques se trouvant dans les manufactures, bâtiments, ateliers, fabriques, mines, carreaux de mines, navires ou bateaux, hangars, places ou établissements précités;

c) pourront interroger toutes personnes se trouvant dans les manufactures, bâtiments, ateliers, fabriques, mines, carreaux de mines, navires ou bateaux, hangars, places ou établissements précités, relativement aux matières indiquées ci-dessus.

2. Et toute personne qui contrariera ou empêchera le conseil ou la cour ou un membre ou un agent de ces autorités, ou toute autre personne dans l'exercice d'un pouvoir qui lui est conféré par la présente section, ou qui refusera à un conseil ou à la cour ou à leurs membres ou agents dûment autorisés comme il a été dit, l'entrée, pendant les intervalles précités, dans les manufactures, bâtiments, ateliers, fabriques, mines, carreaux de mines, navires ou bateaux, hangars, places ou établissements, ou qui refusera de répondre aux questions qui lui auront été posées comme il est dit précédemment, sera passible, pour chaque infraction, d'une amende n'excédant pas 50 livres.

DISPOSITIONS SPÉCIALES CONCERNANT LES CHEMINS DE FER DE L'ÉTAT.

121. — En ce qui concerne les chemins de fer de l'État ouverts au trafic, les dispositions suivantes seront applicables, nonobstant toute disposition contraire dans la présente loi :

a) l'association des employés de chemin de fer appelée *The amalgamated Society of Railway Servants*, enregistrée conformément à des lois codifiées par la présente loi, sera considérée comme enregistrée conformément à la présente loi ;

b) en cas de dissolution de la dite association, toute reconstitution de celle-ci, ou toute formation d'une association d'employés de chemin de fer constituée pour remplacer l'association précitée, pourra être enregistrée conformément à la présente loi comme union industrielle d'ouvriers ;

c) the Minister of Railways may from time to time enter into industrial agreements with the registered society in like manner in all respects as if the management of the Government railways were an industry, and he were the employer of all workers employed therein;

d) if any industrial dispute arises between the Minister and the society it may be referred to the Court for settlement as hereinafter provided;

e) the society may, by petition filed with the Clerk and setting forth the particulars of the matters in dispute, pray the Court to hear and and determine the same;

f) such petition shall be under the seal of the society and the hands of two members of the committee of management;

g) no such petition shall be filed except pursuant to a resolution of a special meeting of the society duly called for the purpose in accordance with its rules, and with respect to such resolution and the procedure thereon section 107 shall apply;

h) such petition when duly filed shall be referred to the Court by the Clerk, and the Court, if it considers the dispute sufficiently grave to call for investigation and settlement, shall notify the Minister thereof, and appoint a time and place at which the dispute will be investigated and determined, in like manner as in the case of a reference, and the Court shall have jurisdiction to hear and determine the same accordingly and to make award thereon;

i) in making any award under this section the Court shall have regard to the Schedule of classification in " The Government Railways Act, 1908 ";

j) in any proceedings before the Court under this section the Minister may be represented by any officer of the Department whom he appoints in that behalf;

k) all expenses incurred and moneys payable by the Minister under this section shall be payable out of moneys to be appropriated by Parliament for the purpose;

l) in no case shall the Board have any jurisdiction over the society, nor shall the society or any branch thereof have any right to nominate or vote for the election of any member of the Board;

m) except for the purposes of this section the Court shall have no jurisdiction over the society;

n) for the purposes of the appointment of members of the Court the society shall be deemed to be an industrial union of workers, and may make recommendations to the Governor accordingly.

MISCELLANEOUS.

122. — Whenever any portion of a district is severed therefrom, and either added to another district or constituted a new district or part of a

c) le ministre des chemins de fer pourra passer des arrangements industriels avec l'association enregistrée de la même façon, à tous égards, que si l'administration des chemins de fer de l'État était une industrie et que si le Ministre était l'employeur de tous les ouvriers qui y sont occupés;

d) si un conflit industriel survient entre le Ministre et l'association, il pourra être soumis à la cour, en vue d un réglement comme il est prévu ci-après;

e) l'association pourra, par requête adressée au greffier et exposant les détails de l'affaire, prier la cour de statuer sur le cas ;

f) la dite requête portera le sceau de l'association et les signatures de deux membres du conseil d'administration ;

g) une requête de l'espèce ne pourra être faite qu'ensuite d'une décision d'une assemblée extraordinaire de l'association dûment convoquée à cette fin conformément aux statuts et la section 107 sera applicable en ce qui concerne cette décision et la procédure y relative ;

h) après enregistrement en bonne et due forme, le greffier transmettra la requête à la cour qui, si elle juge le conflit suffisamment grave pour être examiné et tranché, en avisera le Ministre et fixera le moment et le lieu où le conflit sera examiné et jugé, de la même manière que s'il s'agissait d'un arbitrage; en conséquence la cour sera compétente pour connaitre du conflit, le juger et le régler par sentence;

i) dans toute sentence rendue en exécution de la présente section, la cour tiendra compte de l'échelle de classement de la « loi de 1908 sur les chemins de fer de l'Etat » ;

j) le ministre pourra se faire représenter par un fonctionnaire dans toute procédure devant la cour en vertu de la présente section ;

k) les dépenses du ministre résultant de la présente section seront liquidées à l'aide de crédits votés à cet effet par le Parlement ;

l) en aucun cas la cour n'aura juridiction sur l'association et l'association ou une branche de celle-ci n'aura pas le droit de présentation ou de vote concernant les membres du conseil ;

m) sauf pour les besoins de la présente section, la cour n'aura aucune juridiction sur l'association ;

n) en ce qui concerne la nomination des membres de la cour, l'association sera censée être une union industrielle d'ouvriers et pourra en conséquence faire des présentations au gouverneur.

DISPOSITIONS DIVERSES.

122. — Toute sentence, tout arrangement industriel en vigueur dans un district dont une partie a été séparée pour être ajoutée à un autre district

new district, every award and industrial agreement in force in the district from which such portion is severed shall, so far as it is in force in such portion, remain in force therein until superseded by another award or industrial agreement.

123. — Where in any award provision is made for the issue of a permit to any worker to accept a wage below that prescribed for ordinary workers in the trade to which the award relates the following provisions shall apply :

a) the application for a permit shall be in writing, signed by the applicant, and addressed to the person authorised by the award to issue the same;

b) such person shall fix a time and place for the hearing of such application, being not later than two days after the receipt by him of the application, and shall give notice of such time and place to the secretary of the industrial union of workers in the trade to which the award relates;

c) such notice shall be in writing, and may be delivered to the secretary personally or left at the registered office of the industrial union withtin twenty-four hours after the receipt of the application;

d) such secretary, or some other person appointed in that behalf by the union, shall be afforded an opportunity to attend the hearing so as to enable the union to express its views upon the application.

124. — Any notification made or purporting to be made in the *Gazette* by or under the authority of this Act may be given in evidence in all Courts of justice, in all legal proceedings, and for any of the purposes of this Act by the production of a copy of the *Gazette*.

125. — 1. Every document bearing the seal of the Court shall be received in evidence without further proof, and the signature of the Judge of the Court, of the Chairman of the Board, or the Registrar, or the Clerk of Awards shall be judicially noticed in or before any Court or person or officer acting judicially or undea any power or authority contained in this Act.

Provided such signature is attached to some award, order, certificate, or other official document made or purporting to be made under this Act or any enactment mentioned in the Schedule hereto.

2. No proof shall be required of the handwriting or official position of any person acting in pursuance of this section.

126. — 1. No person shall serve or cause to be served on Sunday any order or other process of the Court, and such service shall be void to all intents and purposes whatsoever.

2. Every person who commits a breach of this section is liable to a fine not exceeding 10 pounds, to be recovered in a summary way under " The Justices of the Peace Act, 1908."

3. Nothing in this section shall be construed to annul, repeal, or in any

ou en constituer un nouveau resteront en vigueur dans cette partie, dans la mesure où ils lui étaient applicables, jusqu'au moment où ils seront remplacés par une autre sentence ou un nouvel arrangement industriel.

123. — Les dispositions suivantes seront applicables lorsqu'une sentence contiendra une disposition relative à l'octroi d'une autorisation d'accepter de l'ouvrage à un taux inférieur à celui qui est prescrit pour les ouvriers ordinaires de la profession visée par la sentence :

a) la demande d'autorisation sera faite par écrit et signée par le requérant ; elle sera adressée à la personne autorisée à y faire droit aux termes de la sentence ;

b) la personne précitée fixera pour l'examen de la demande un endroit et une date tombant dans les deux jours de la réception de la demande, et transmettra ces renseignements au secrétaire de l'union industrielle des ouvriers de l'industrie visée par la sentence ;

c) ces renseignements seront transmis par écrit, soit personnellement au secrétaire, soit au siège de l'union industrielle, dans les vingt-quatre heures de la réception de la requête ;

d) le secrétaire ou toute personne désignée à cet effet pourra assister à l'audience pour y défendre les intérêts de l'union.

124. — Tout avis publié dans la *Gazette* en vertu de la présente loi, peut servir de preuve devant toute cour de justice, dans toute procédure légale et pour un but quelconque de la présente loi, dès qu'on produit le numéro de la *Gazette* le renfermant.

125. — Les documents revêtus du sceau de la cour feront preuve définitive. La signature du président de la cour ou du conseil, du registrar ou du greffier des sentences sera acceptée comme authentique par tout tribunal ou toute personne investie de fonctions judiciaires ou agissant en vertu de la présente loi.

La dite signature doit être mise sur toute sentence ou ordonnance, sur tout certificat ou autre document officiel fait en vertu de la présente loi ou de toute autre loi mentionnée dans l'annexe de la présente loi.

2. L'écriture de toute personne agissant en vertu de la présente section ne devra pas être légalisée et ses fonctions officielles ne devront pas être établies.

126. — Il est interdit de signifier ou de faire signifier le dimanche des ordonnances ou actes de la cour ; pareille signification sera nulle à tous égards.

2. Quiconque commettra une infraction à la présente section sera passible de l'amende jusqu'à dix livres à recouvrer par procédure sommaire conformément à la « loi de 1908 sur les justices de paix ».

3. La présente section ne pourra être interprétée comme annulant, abro-

way affect the common law, or the provisions of any statute or rule of practice or procedure, now or hereafter in force, authorising the service of any writ, process, or warrant.

127. — 1. The Governor may from time to time make regulations for any of the following purposes :

a) prescribing the forms of certificates or other instruments to be issued by the Registrar, and of any certificate or other proceeding of any Board or any officer thereof ;

b) prescribing the duties of Clerks of Awards, and of all other officers and persons acting in the execution of this Act;

c) providing for anything necessary to carry out the first or any subsequent election of members of Boards, or on any vacancy therein or in the office of Chairman of any Board, including the forms of any notice, proceeding, or instrument of any kind to be used in or in respect of any such election;

d) providing for the mode in which recommendations by industrial unions as to the appointment of members of the Court shall be made and authenticated ;

e) prescribing any act or thing necessary to supplement or render more effectual the provisions of this Act as to the conduct of proceedings before a Board or the Court, or the transfer of such proceedings from one of such bodies to the other;

f) providing generally for any other matter or thing necessary to give effect to this Act or to meet any particular case;

g) prescribing what fees shall be paid in respect of any proceeding before a Board or the Court, and the party by whom such fees shall be paid;

h) prescribing what respective fees shall be paid to the members of the Board;

i) prescribing what respective travelling-expenses shall be payable to the members of the Court (including the Judge) and to the members of the Board; and

j) for any other purpose for which regulations are contemplated or required in order to give full effect to this Act.

2. All such regulations shall come into force on the date of the gazetting thereof, and shall, within fourteen days after such gazetting, be laid before Parliament if in session, or if not in session, then within fourteen days after the beginning of the next session.

128. — Nothing in this Act or the regulations thereunder shall supersede any fees payable by law in respect of proceedings under " The Justices of the Peace Act, 1908," or in any Court of judicature.

geant ou modifiant d'une façon quelconque le droit commun ou des régles de procédure en vigueur maintenant ou dans la suite et autorisant la signification d'une assignation ou d'un mandat.

127. — 1. Le gouvernement pourra, le cas échéant, formuler les ordonnances nécessaires, sur les matières suivantes :

a) pour déterminer les formules de certificats ou autres piéces à délivrer par le « registrar » ainsi que des certificats et autres documents émanant d'un conseil ou d'un membre de ce conseil ;

b) pour déterminer les obligations du greffier des sentences et de toutes les autres autorités et personnes chargées de l'application de la présente loi ;

c) pour régler tout ce qui est nécessaire à la bonne marche de la premiére élection ou des élections subséquentes des membres du conseil, ou de celles qui auraient lieu en cas de vacance d'un siège ou de la présidence, y compris la formule des avis, actes et piéces à utiliser au cours de ces élections ou relativement à ces élections ;

d) pour régler le mode d'aprés lequel les présentations devront être faites par les unions industrielles, en ce qui concerne la nomination des membres de la cour et la légalisation de ces présentations ;

e) pour régler tout ce qui est nécessaire afin de compléter et rendre plus efficaces les dispositions de la présente loi relatives à la procédure devant le conseil ou devant la cour ou la transmission d'une affaire de l'un de ces tribunaux à l'autre;

f) pour régler d'une maniére générale tous les autres points nécessaires en vue de faire produire à la loi tous ses effets ou en vue de régler un cas particulier ;

g) pour régler les frais à payer pour toute procédure devant un conseil ou la cour et la partie à laquelle les dits frais incomberont ;

h) pour régler la rémunération des membres du conseil;

i) pour régler les frais de voyage à payer aux membres de la cour (y compris le président) ainsi qu'aux membres du conseil ; et

j) pour régler toutes les autres questions au sujet desquelles des réglements sont projetés ou s'imposent pour faire sortir à la loi tous ses effets.

2. Ces ordonnances entreront en vigueur le jour de leur publication dans la *Gazette* et seront soumises au Parlement dans les quatorze jours de cette publication, si le parlement est réuni, ou, s'il n'est pas réuni, dans les quatorze jours après l'ouverture de la premiére session qui suivra.

128. — La présente loi ou les réglements faits en vue de son application n'annulent pas les taxes à payer en vertu de la loi, du chef de procédures faites conformément à la « loi de 1908 sur les justices de paix » ou devant un tribunal quelconque.

129. — Except as provided by subsection 5 of section 65 and subsection 2 of section 64 hereof, all charges and expenses incurred by the Government in connection with the administration of this Act shall be defrayed out of such annual appropriations as from time to time are made for that purpose by Parliament.

130. — No stamp duty shall be payable upon or in respect of any registration, certificate, agreement, award, statutory declaration, or instrument effected, issued, or made under this Act.

Provided that nothing in this section shall apply to the fees of any Court payable by means of stamps.

131. — Except as provided by section 121 hereof, or by the special provisions of any other Act, nothing in this Act shall apply to the Crown or to any Department of the Government of New Zealand.

SCHEDULE.

ENACTMENTS CONSOLIDATED.

1884, No. 25. — " The Supreme Court Practice and Procedure Amendment Act, 1884 " : Section 3, so far as applicable.
1905, No. 52. — " The Industrial Conciliation and Arbitration Act Compilation Act, 1905 " : Including " The Industrial Conciliation and Arbitration Act, 1905."
1905, No. 56. — " The Industrial Conciliation and Arbitration Amendment Act, 1905."
1906, No. 40. — " The Industrial Conciliation and Arbitration Act Amendment Act, 1906."

An Act to consolidate certain Enactments of the General Assembly relating to the Inspection of Machinery.

1. — 1. The Short Title of this Act is " The Inspection of Machinery Act, 1908 ".

2. This Act is a consolidation of the enactments mentioned in the First Schedule hereto, and with respect to those enactments the following provisions shall apply :

a) all districts, offices, appointments, Proclamations, Orders in Council, regulations, orders, notifications, certificates, records, instruments, and generally all acts of authority which originated under any of the said enactments, and are subsisting or in force on the coming into operation of this Act, shall enure for the purposes of this Act as fully and effectually as if

129. — Sauf ce qui est prévu par la sous-section 5 de la section 65 et la sous-section 2 de la section 74 de la présente loi, les dépenses qu'entrainera l'application de la présente loi, seront payées à l'aide des crédits annuels que le Parlement votera à cet effet.

130. — Exemption du timbre sera accordée pour les enregistrements, certificats, arrangements, sentences, déclarations statutaires, faits ou rendus en vertu de la présente loi.

Toutefois la présente section ne s'appliquera pas aux frais résultant d'une procédure devant une cour quelconque, à payer à l'aide de timbres.

131. Sauf ce qui est prévu à la section 121 de la présente loi ou par les dispositions spéciales d'une autre loi, la présente loi ne s'appliquera aucunement à la Couronne ni à aucune branche de l'administration en Nouvelle-Zélande.

ANNEXE.

LOIS CODIFIÉES.

1884, n° 23. — « Loi de 1884 modifiant la procédure devant la cour suprême » :
    Section 3, en tant qu'elle est applicable.

1905, n° 32. — « Loi de 1905 codifiant les lois sur la conciliation et l'arbitrage », y compris, la « loi de 1905 sur la conciliation et l'arbitrage industriels. »

1905, n° 56. — « Loi de 1905 modifiant la loi sur la conciliation et l'arbitrage. »

1906, n° 40. — « Loi de 1906 modifiant la loi sur la conciliation et l'arbitrage. »

Loi du 4 août 1908 sur l'inspection des machines [1].

1. — 1. Le titre abrégé de la présente loi est « La loi de 1908 sur l'inspection des machines ».

2. La présente loi est la codification des actes législatifs mentionnés dans sa première annexe, auxquels les dispositions suivantes seront applicables :

a) les districts, bureaux, nominations, déclarations, ordonnances prises en conseil, règlements, arrêtés, certificats, procès-verbaux, actes, et en général tous les actes d'autorité qui résultent d'un des actes législatifs susdits et qui existent et sont valables au moment de l'entrée en vigueur de la présente loi, s'appliqueront tous, aux fins de la présente loi, aussi pleinement et

[1] 1908, n° 88.

they had originated under the corresponding provisions of this Act, and accordingly shall, where necessary, be deemed to have so originated;

b) all matters and proceedings commenced under any such enactment, and pending or in progress on the coming into operation of this Act, may be continued, completed, and enforced under this Act.

2. — In this Act, if not inconsistent with the context :

" Boiler " means any boiler or vessel in which or by means of which steam is used or applied to any manufacturing or other process, or in which or by means of which steam is generated for working machinery; and includes a digester.

" Building " means any manufactory, mill, shop, shed, or other place or building in which any machinery is erected, or where the same is kept, used, worked, or in operation.

" District " means any district proclaimed under this Act.

" Inspector " means any person appointed to be an Inspector of Machinery under this Act, acting within the district for which he is appointed.

" Machinery " means and includes every shaft, whether upright, oblique, or horizontal, and every drum, wheel, strap, band, or pulley by which the motion of the first moving power is communicated to any machinery ; and every machine, gearing, contrivance, or appliance worked by steam or water power, or by electricity, gas, gaseous products, or compressed air, or in any other manner, other than by hand, by which motive power may be obtained of such kinds as are from time to time declared to be subject to the provisions of this Act.

" Minister " means the Minister for the time being having charge of the Inspection of Machinery Department.

" Owner " means and includes as well the owner of any boiler or machinery as also the mortgagee or lessee thereof, and any engineer, overseer, foreman, agent, or person in charge or having the control or management of any such boiler or machinery.

" Premises " means and includes any yard, place, house, or buildings, and any farm, paddock, field, road, or place, in which any machinery is kept, worked, used, or is in operation.

" Prescribed " means prescribed by this Act or by regulations made thereunder.

Administration.

3. — The Governor may by Proclamation from time to time divide New Zealand into districts, with such boundaries as he thinks convenient, and

aussi efficacement que s'ils résultaient des dispositions correspondantes de la présente loi et, à cet effet, ils seront considérés, si nécessité il y a, comme faits en vertu de ces dispositions ;

b) toutes les matières et procédures entamées en vertu de l'un de ces actes législatifs et pendantes ou en cours au moment de l'entrée en vigueur de la présente loi, pourront être continuées, terminées et rendues exécutoires conformément à la présente loi.

2. — Dans la présente loi, à moins que le contexte n'en dispose autrement :

« Chaudière » désigne toute chaudière ou générateur dans lesquels ou à l'aide desquels la vapeur est utilisée ou appliquée à des procédés de fabrication, ou dans lesquels ou à l'aide desquels est produite la vapeur destinée aux machines ; ce terme comprend aussi les digesteurs.

« Bâtiments » désigne les fabriques, usines, ateliers, chantiers ou autres endroits et locaux où des machines sont installées, gardées, utilisées, actionnées ou en activité.

« District » désigne tout district constitué en vertu de la présente loi.

« Inspecteur » désigne toute personne nommée en qualité d'inspecteur des machines en vertu de la présente loi, en fonction dans le district qui lui a été attribué.

« Machines » comprend les arbres verticaux, obliques ou horizontaux et les tambours, roues, courroies, bandes et poulies servant à transmettre la force motrice aux machines, et les machines, engins, appareils et mécanismes mus par la vapeur, l'eau, l'électricité, le gaz, des produits gazeux, l'air comprimé ou par des procédés autres qu'une action manuelle, à l'aide desquels la force motrice peut être obtenue, et qui seront successivement soumis aux dispositions de la présente loi.

« Ministre » désigne le ministre ayant actuellement dans ses attributions le service de l'inspection des machines.

« Propriétaire » désigne aussi bien le propriétaire d'une chaudière ou de machines que le preneur ou le créancier gagiste de ces objets, et aussi les ingénieurs, contremaîtres, agents ou les personnes chargées du service ou du contrôle de ces chaudières et machines.

« Établissement » désigne les chantiers, endroits, maisons ou bâtiments, ainsi que les fermes, pâturages, champs, routes ou places où des machines sont gardées, actionnées, utilisées ou en activité.

« Prescrit » signifie ordonné par la présente loi ou par les réglements pris en exécution de celle-ci.

Administration.

3. — Le gouverneur peut, par ordonnance, diviser la Nouvelle-Zélande en districts en fixant les limites de ceux-ci comme il lui paraîtra convenable ;

may assign to any such district a name by which it shall be known for the purposes of this Act; and may in like manner from time to time alter the boundaries of districts.

4. — 1. The Minister may frome time to time appoint some duly qualified person to be Chief Inspector of Machinery, and for each district one or more duly qualified persons to be Inspectors of Machinery.

2. Any person may be appointed Inspector for two or more districts if the Minister thinks fit.

5. — Every Inspector shall be furnished with a certificate in writing, under the hand of the Minister, of his appointment for the district named therein; and on his entering upon any place or premises, or into any building, for any of the purposes of this Act he shall, if required, produce the said certificate to the owner.

6. — Every person who forges or counterfeits any such certificate, or makes use of any forged, counterfeited, or false certificate, or who falsely pretends to be an Inspector under this Act, commits an offence, and is liable to imprisonment, with or without hard labour, for any period not exceeding three months.

7. — The Chief Inspector shall within every district have all the powers of an Inspector in such district, and he may exercise such powers alone or in conjunction with any Inspector.

8. — Every Inspector shall keep full minutes of all his proceedings, and shall from time to time report the same to the Chief Inspector, with such particulars and information as the Chief Inspector requires.

9. — 1. An Inspector may enter into any building or premises within his district wherein there is placed or erected any machinery, whether the same is declared to be subject to this Act or not, or into or upon any premises where such machinery is in use or working or is kept, and may then and there inspect and examine such machinery and the appliances connected therewith or belonging thereto, in order to ascertain whether the provisions of this Act have been complied with.

2. Such entry may be made at any time either by day or by night, and whether such machinery is in operation or working or not.

3. In making such inspection the Inspector may call to his aid any constable, or any person he may think competent to assist therein, and may require the owner of the machinery to explain the working thereof, and may examine him as to the compliance with this Act in any particulars.

4. If any person wilfully impedes the Inspector in the execution of any part of his duty under this Act, or if the owner of any such machinery refuses to give such explanation or information as aforesaid, every such person, and all persons aiding or assisting therein, shall be liable to a fine not exceeding 20 pounds and not less than 5 pounds.

il pourra donner à chaque district une désignation particulière pour les besoins de la présente loi; il pourra de la même manière modifier les limites de ces districts.

4. — 1. Le Ministre nommera une personne dûment qualifiée en qualité d'inspecteur en chef des machines, et pour chaque district une ou plusieurs personnes dûment qualifiées en qualité d'inspecteurs des machines.

2. Un inspecteur pourra être nommé pour deux ou plusieurs districts si le Ministre le juge convenable.

5. — Chaque inspecteur recevra un extrait de l'acte de nomination le concernant, signé par le Ministre et valable pour le district qui s'y trouve spécifié. Lorsqu'il pénétrera dans un endroit ou un établissement quelconque pour les besoins de la présente loi, il produira cet extrait au propriétaire, s'il en est requis.

6. — Toute personne qui contrefait un certificat de ce genre ou fait usage d'un faux certificat ou qui prend la qualité d'inspecteur sans y avoir droit, commet un délit et est passible de l'emprisonnement, avec ou sans travaux forcés, jusque trois mois.

7. — L'inspecteur en chef jouira, dans chaque district, de tous les pouvoirs d'un inspecteur de ce district, et il pourra les exercer seul ou conjointement avec un autre inspecteur.

8. — Chaque inspecteur dressera procès-verbal de ses travaux et l'enverra périodiquement à l'inspecteur en chef, en y joignant les données et renseignements qui lui seront demandés par l'inspecteur en chef.

9. — 1. Un inspecteur peut entrer dans les bâtiments ou établissements de son district où se trouvent des machines soumises à la présente loi ou non, ou dans les établissements où ces machines sont utilisées ou gardées; il peut inspecter ces machines ainsi que tous les appareils qui y sont rattachés ou qui en dépendent, en vue de s'assurer de l'exécution des dispositions de la présente loi.

2. Cette inspection pourra avoir lieu le jour ou la nuit, alors que les machines fonctionnent ou bien quand elles sont au repos.

3. Au cours de cette inspection, l'inspecteur peut se faire assister d'un agent de police ou de toute autre personne qu'il croit compétente; il peut se faire expliquer par le propriétaire le fonctionnement des machines et peut l'interroger sur tous les points qui intéressent l'application de la présente loi.

4. Toute personne qui mettra obstacle aux inspections et tout propriétaire qui se refusera à fournir les explications demandées, et toutes les personnes qui coopéreront à ces infractions, seront passibles d'une amende de 5 à 20 livres.

Machinery subject to Act.

10. — 1. The several kinds and descriptions of machinery and articles mentioned in the Second Schedule hereto shall be deemed to be machinery for the purposes of this Act.

2. The Governor may, by Order in Council gazetted, from time to time declare that any other kinds of machinery shall be subject to the provisions of this Act; and in any such case, and from and after a date to be fixed by such Order in Council, the machinery therein mentioned shall be so subject.

3. He may in like manner from time to time declare that any kinds of machinery shall cease to be machinery subject to this Act.

11. — 1. Every person who becomes the owner of any machinery subject to the provisions of this Act shall, within one month thereafter, send to the Inspector of the district where the same is, or in which it is intended to use, keep, or work the same, a notice stating the name of such owner, the place or town where such machinery is erected, kept, or intended to be used, the nature and kind of machinery, and the nature and amount of the motive power.

2. Where any machinery is declared subject to the provisions of this Act, the owner thereof shall, within one month from the date of the coming into operation of the Order in Council rendering such machinery subject to this Act, give notice to the Inspector in like manner as hereinbefore provided.

3. Every person who fails to give any such notice is liable to a fine not exceeding 10 pounds.

Employment of Young Persons.

12. — 1. A young person under 14 years of age shall not be employed in working or assisting to work at or with any machinery.

2. A young person under the age of 15 years shall not be allowed to clean any part of the gearing of any machinery while the same is in motion, nor to work between the fixed and traversing part of any self-acting machine while the latter is in motion by the action of the steam-engine, water-wheel, or other mechanical power.

3. No boiler or machinery shall at any time be left in charge or control of any person unless he is a male of at least 18 years of age.

4. In case of a breach of any of the provisions of this section the owner of the machinery shall be liable to a fine not exceeding 20 pounds and not less than 5 pounds.

Machines soumises à la loi.

10. — 1. Les diverses espèces de machines spécifiées dans la deuxième annexe de la présente loi, seront considérées comme machines au sens de la présente loi.

2. Le gouverneur pourra, par ordonnance prise en conseil et publiée dans le journal officiel, soumettre d'autres espèces de machines aux dispositions de la présente loi; et dans ce cas, ces machines seront soumises aux dispositions de la loi à partir de la date fixée dans l'ordonnance.

3. Pareillement, il pourra arrêter que certaines espèces de machines cesseront d'être soumises aux dispositions de la présente loi.

11. — 1. Toute personne qui devient propriétaire de machines soumises aux dispositions de la présente loi devra, dans le mois à compter du jour où elle aura acquis cette qualité, transmettre à l'inspecteur du district où ces machines se trouvent, ou dans lequel elle se propose de les utiliser ou de les conserver, une déclaration indiquant son nom, l'endroit où les machines sont installées ou doivent être utilisées, la nature de ces machines, le genre et la puissance de la force motrice.

2. Lorsque de nouvelles machines sont soumises aux dispositions de la présente loi, le propriétaire doit faire la même déclaration dans le mois suivant la date de l'entrée en vigueur de l'ordonnance prise en conseil, par laquelle ces machines sont déclarées soumises aux dispositions de la présente loi.

3. Celui qui néglige de faire la déclaration est passible de l'amende jusqu'à 10 livres.

Emploi des jeunes gens.

12. — 1. Les jeunes gens de moins de 14 ans ne pourront être employés au service des machines, ni être occupés comme aides dans ce service.

2. Les jeunes gens de moins de 15 ans ne pourront être autorisés à nettoyer aucune partie des appareils de transmission d'une machine pendant que celle-ci est en activité, ni à travailler entre les parties fixes et les parties mobiles d'une machine automotrice mise en mouvement par l'action d'une machine à vapeur, d'une roue hydraulique ou de toute autre force mécanique.

3. Les chaudières et machines ne pourront, à aucun moment, être laissées à la charge ou sous le contrôle de personnes qui n'appartiendraient pas au sexe masculin et n'auraient pas accompli leur dix-huitième année.

4. En cas d'infraction aux dispositions de la présente section, le propriétaire des machines sera passible d'une amende de 5 à 20 livres.

Fencing of Machinery:

13 — 1. Every fly-wheel directly connected with the steam-engine or the water-wheel or other mechanical power, whether in the engine-house or not, every part of a steam-engine and water-wheel, and every hydraulic or other lift near to which any person is liable to pass or be employed, shall be securely fenced, and every wheel-race not otherwise secured shall be fenced close to the edge of the wheel-race, and the said protection to each part shall not be removed while the parts required to be fenced are in motion by the action of the steam-engine, water-wheel, or other mechanical power.

2. This section applies to machinery of every kind, whether declared to be subject to the provisions of this Act or not.

3. In case of a breach of any of the provisions of this section, the owner shall be liable to a fine not exceeding 20 pounds, unless it appears to the satisfaction of the Justices before whom any complaint on the prosecution, for such penalty is heard that it was impossible to fence the several parts of machinery or mechanical powers therein mentioned.

14. — 1. Where an Inspector is of opinion that any machinery subject to this Act, or that any driving strap or band which he deems likely to cause bodily injury to any person engaged in the working thereof, is not securely fenced or otherwise sufficiently guarded, he shall give notice to the owner, specifying the part of the machinery he considers dangerous, according to the form numbered (1) in the Third Schedule hereto, or to the effect thereof; and the owner shall sign a duplicate copy of such notice in acknowledgment of his having received it.

2. If the owner does not, within a period of ten days from the service of such notice upon him comply with the terms thereof he is liable to a fine not exceeding 50 pounds and not less than 10 pounds.

Defective Machinery.

15. — 1. Where any machinery subject to the provisions of this Act, or any appliance or contrivance connected or used with such machinery, or any part thereof, is or appears to an Inspector to be faulty or defective in any particular, or so dangerous as to be likely to cause loss of life or bodily injury to any person, he may give to the owner of such machinery a notice to that effect, and such notice may either require the owner :

a) to wholly desist from working or using such machinery, or any appliance or contrivance used or connected therewith, from a period to be fixed in such notice, until certain repairs or alterations to be stated in the notice have been effected; or

Protection des machines.

13. — 1. Les volants rattachés directement à la machine à vapeur ou à la roue hydraulique, ou à toute autre force mécanique, et situés dans la salle des machines ou ailleurs; les parties des machines à vapeur et des roues hydrauliques, et les élévateurs auprès desquels le personnel peut être appelé à passer ou à travailler, devront être soigneusement protégés; les chemins de roues qui ne seraient pas autrement protégés, devront être treillagés jusqu'à leur extrémité; ces treillis ne pourront être enlevés aussi longtemps que les parties protégées sont en activité sous l'action de la machine à vapeur, de la roue hydraulique ou de toute autre force mécanique.

2. La présente section s'applique aux machines de toute espèce, sans distinguer entre celles qui sont soumises aux dispositions de la présente loi et les autres.

3. En cas d'infraction aux dispositions de la présente section, le propriétaire sera passible de l'amende jusqu'à 20 livres, sauf dans le cas où la défense apporterait aux juges la preuve de l'impossibilité matérielle de la protection en ce qui concerne certaines parties de machines.

14. — 1. Lorsqu'un inspecteur estime qu'une machine soumise à la présente loi ou une courroie est de nature à causer un accident aux personnes qui en ont le service, ou n'est pas suffisamment clôturée ou autrement protégée, il avertira le propriétaire en spécifiant la partie des machines qu'il estime devoir être protégée, et utilisera à cet effet la formule (1) de la troisième annexe; le propriétaire signera un double de cette formule comme accusé de réception.

2. Si le propriétaire ne se conforme pas aux instructions de l'inspecteur dans les dix jours de leur réception, il sera passible d'une amende de 10 à 50 livres.

Des machines défectueuses.

15. — 1. Lorsque les machines soumises aux dispositions de la présente loi, ou les engins ou appareils accessoires présentent effectivement ou paraissent, dans l'opinion de l'inspecteur, présenter quelque défaut ou un danger de nature à exposer le personnel à des accidents, l'inspecteur remettra au propriétaire un avis le requérant :

a) d'interrompre entièrement la marche ou l'emploi des machines ou des appareils en question, à partir d'une date fixée dans l'avis, jusqu'à ce que les réparations et modifications spécifiées aient été effectuées;

b) to have the arrangement of such machinery, appliance, or contrivance so altered, or the faulty or defective part thereof placed or repaired, within a certain time to be stated in such notice, so as not to contravene this Act.

2. Every person to or upon whom such notice has been served or delivered who fails to comply with the terms thereof is liable to a fine not exceeding 100 pounds and not less than 20 pounds, in addition to any criminal or civil liability he may otherwise incur.

Provisions affecting Boilers.

16. — All the powers of entry and inspection and other powers and authorities conferred upon Inspectors, and all other powers, rights, duties, and authorities conferred upon or given to any person or persons, and all penalties imposed on any owner of machinery or other person under the foregoing provisions of this Act, shall, subject to the provisions hereinafter contained, be applicable and may be enforced in carrying into effect the succeeding sections of this Act relating to boilers.

17. — The Chief Inspector shall provide each Inspector with proper standards and appliances by which all pressure-gauges can at any time be compared and tested, and with all other appliances necessary for carrying into effect the succeeding sections of this Act relating to boilers, and shall from time to time issue to each Inspector such instructions (not inconsistent with this Act or any regulations made hereunder) as he thinks fit.

18. — 1. On the first inspection of a boiler the Inspector shall make and keep a complete record of all particulars necessary to ascertain the state and condition thereof.

2. Such record shall contain particulars respecting the nature and construction of the boiler, the name of the maker, the pressure which the boiler is calculated to sustain, the mode of working it, and generally as to the state and condition thereof and of all appliances used in connection therewith, and the fitness thereof for the particular purpose to which it is applied.

19. — 1. On each subsequent inspection of a boiler the Inspector shall carefully make a comparison with such standards as aforesaid, and shall record any changes since the previous inspection.

2. If any change or alteration has been made in such boiler, or any repairs effected therein, he shall duly record the same in such manner as is prescribed by regulations made hereunder.

3. If no change, or no material change, has occurred in the state and condition of such boiler, he shall also record the fact in manner aforesaid.

20. — 1. Each Inspector shall be supplied with a record-book, to be kept by him in such manner as is prescribed by regulations.

b) d'apporter à la disposition des machines les modifications nécessaires et de remédier aux défauts de certaines parties dans un délai déterminé dans l'avis, de façon à se mettre en régle vis-à-vis de la présente loi.

2. A défaut de se conformer aux instructions susdites, la personne qui les a reçues sera passible d'une amende de 20 à 100 livres, sans préjudice des poursuites criminelles et de la responsabilité civile.

Dispositions relatives aux chaudières.

16. — Tous les pouvoirs des inspecteurs et tous autres pouvoirs et droits conférés à une ou à plusieurs personnes, ainsi que toutes les pénalités imposées au propriétaire de machines ou à toute autre personne en vertu des dispositions précédentes de la loi, seront les mêmes en ce qui concerne les chaudières, en vertu des dispositions suivantes.

17. — L'inspecteur en chef fournira aux inspecteurs les instructions nécessaires à la vérification et à l'essai réguliers des manomètres et des instructions en vue de l'application des sections suivantes de la présente loi relatives aux chaudières, et leur donnera les instructions (sans sortir des limites de la présente loi et des réglements pris en exécution de cette loi) qu'il jugera convenables.

18. — 1. Lors de la première inspection d'une chaudière, l'inspecteur notera tous les détails nécessaires pour en établir l'état et la condition .

2. Parmi ces détails figureront la nature et la construction de la chaudière, le nom du constructeur, la limite de pression, le mode d'action, ainsi que tous autres détails relatifs à l'état et la condition de la chaudière et aux accessoires qui s'y rapportent ainsi qu'à sa capacité d'exécuter le travail que l'on attend d'elle.

19. — 1. Lors des inspections subséquentes d'une chaudière, l'inspecteur comparera avec soin la condition de la chaudière avec sa condition primitive et notera les changements survenus.

2. Les modifications apportées à une chaudière ou les réparations qu'elle aura subies seront notées par lui de la même façon, conformément aux réglements pris en exécution de la présente loi.

3. Lorsqu'aucun changement ne sera survenu dans l'état et la condition d'une chaudière, il notera également cette circonstance de la manière susdite.

20. — 1. Chaque inspecteur recevra un registre qu'il tiendra conformément aux règlements.

2. Such book shall be open to inspection, without charge, by any person, at the office of the Inspector of Machinery for the district, or other convenient place in the district appointed from time to time for that purpose by the Minister; but no person other than the owner of the particular boiler shall be entitled to an extract or copy of any entry affecting such boiler.

3. Every Inspector who fails to keep such record-book in the manner required is liable to a fine not exceeding 100 pounds and not less than 20 pounds, and, in addition, to forfeit his office.

21. — All boilers shall be inspected at least once in every year, or oftener, as occasion requires.

Provided that the Governor may, on such conditions and restrictions as he thinks fit, direct that any class of boilers shall be inspected only once in every two years; but this provision shall not restrict or prohibit inspection if the certificate granted in respect of any boiler of such class is for a less period than two years.

22. — Inspection of boilers may be made at any time in the daytime at all reasonable hours, and so as not unnecessarily to impede the working or use of any boiler, unless the Inspector sees fit to exercise the powers hereinafter conferred upon him.

23. — 1. If upon inspection it appears to the Inspector that any boiler is unsafe, or that it would be dangerous to life or property if it were to continue to be used in its then state, he may give to the owner a notice in the form numbered (2) in the Third Schedule hereto, requiring him :

a) to wholly desist from working or using the boiler, from a period to be fixed in such notice, until certain repairs or alterations stated in the notice have been effected; or

b) to desist from working or using such boiler, from such a period as aforesaid, at a greater pressure than that stated in such notice, until any repairs or alterations mentioned in such notice have been effected.

2. Every person to or upon whom any such notice has been delivered or served as hereinafter provided who fails, during the period specified by the Inspector in such notice, to desist from wording such boiler, according to the exigency of the notice, is liable to a fine not exceeding 100 pounds and not less than 20 pounds.

24. — 1. Where the owner has effected any repairs to a boiler, or has added to or taken away from a boiler any fittings or appliances, or in any manner altered the construction thereof, he shall forthwith give notice thereof to the Inspector of the district.

2. Every person who fails to comply with the provisions of this section is liable to a fine not exceeding 20 pounds.

3. This section does not apply to cases where repairs have been effected

2. Ce registre sera à la disposition du public, sans frais, au bureau de l'inspecteur du district ou à tout autre endroit convenable du district, fixé dans ce but par le ministre; mais le propriétaire de la chaudière aura seul le droit de se faire délivrer des extraits de ce registre.

3. Les inspecteurs qui négligeront de tenir ce registre comme les règlements l'exigent, seront passibles d'une amende de 20 à 100 livres et de la révocation.

21. — Toutes les chaudières seront inspectées au moins une fois par an ou plus souvent s'il y a lieu.

Toutefois le gouvernement peut, sous les conditions qu'il juge couvenables, arrêter que l'inspection n'aura lieu que tous les deux ans en ce qui concerne certaines chaudières, mais cette disposition ne sera pas applicable, si le certificat relatif à une chaudière a été délivré pour une période inférieure à deux ans.

22. — L'inspection des chaudières pourra avoir lieu en tout temps pendant la journée, à des heures raisonnables et de façon à ne pas empêcher inutilement le fonctionnement ou l'usage d'une chaudière, sauf si l'inspecteur veut user des droits déterminés ci-après.

23. — 1. Si l'inspecteur trouve qu'une chaudière n'est pas sûre, ou qu'elle met en péril les propriétés, il pourra délivrer au propriétaire un avis, suivant la formule (2) de la troisième annexe, le requérant :

a) de cesser entièrement d'utiliser cette chaudière, à partir d'une date fixée dans l'avis, jusqu'à ce que les modifications ou réparations y spécifiées aient été faites ;

b) de cesser d'utiliser cette chaudière, à partir d'une date fixée, avec une pression supérieure à celle que l'inspecteur indiquera, jusqu'à ce que les modifications ou réparations spécifiées dans l'avis aient été faites.

2. Toute personne qui, après avoir reçu un avertissement, de la manière fixée ci-après, continue, après le délai fixé par l'inspecteur, d'utiliser une chaudière, sera passible d'une amende de 20 à 100 livres.

24. — 1. Lorsque le propriétaire a réparé une chaudière ou y a ajouté ou enlevé certains accessoires ou en a modifié la construction d'une manière quelconque, il est tenu d'en faire la déclaration à l'inspecteur du district.

2. Toute personne qui néglige de se conformer aux dispositions de la présente section, sera passible de l'amende jusqu'à 20 livres.

3. La présente section ne s'applique pas aux cas où des réparations ont

in accordance with a notice to effect repairs given by any Inspector under the powers hereinbefore contained.

25. — 1. Every person who by any means knowingly does anything to increase or that tends to increase the pressure in a boiler beyond that stated in the certificate granted by an Inspector and then in force, and every person who aids or abets in increasing the pressure as aforesaid, or procures such pressure to be increased, commits an offence.

2. The person in charge of a boiler at the time such increased pressure is discovered, or who, finding the same in a state of increased pressure, allows the same to continue at such increased pressure, shall be deemed *prima facie* to have committed and offence within the meaning of this section.

26. — Each Inspector shall, twice at least in every month, prepare and forward to the Chief Inspector a full and true abstract or return of all boilers inspected by him during the preceding fourteen days; and such abstract shall contain all such particulars and be in such form as is from time to time prescribed by regulations under this Act.

Fees for Inspection.

27. — There shall be paid to each Inspector on behalf of His Majesty, or to such other person as may be prescribed by regulations under this Act, on making an inspection of machinery or of a boiler, or before grant of any certificate as hereinafter provided, such fees (not exceeding those prescribed in the Fourth Schedule hereto) as the Governor from time to time, by warrant duly gazetted, determines.

28. — 1. No Inspector shall make any charge for any inspection over and above the amount prescribed for the time being in respect of the kind of boiler or machinery for the inspection of which the same respectively is payable.

2. Every Inspector who knowingly accepts or charges any fee or receives any sum of money over and above the charges allowed by law is liable to a fine not exceeding 50 pounds, and, in addition, to forfeit his office.

Certificates of Inspection.

29. — Where an Inspector has inspected any boiler machinery, and is satisfied :

a) in the case of a boiler, that the same is in good repair and may be safely used for the purpose for which it is then used; or

b) in the case of any other machinery, that the same is securely fenced and guarded, and is also in good repair and may be safely used for the purpose for which it is then used, he shall report to the Chief Inspector

été faites sur l'ordre de l'inspecteur, en vertu des pouvoirs qui lui sont conférés par les dispositions précédentes.

25. — 1. Se rendra coupable de contravention, toute personne qui volontairement élévera ou cherchera à élever la pression d'une chaudière au delà de la limite fixée dans le certificat accordé par l'inspecteur, ou qui favorisera une élévation de la pression.

2. La personne qui a le service des chaudières au moment où l'élévation de la pression est constatée ou qui constate l'élévation de la pression sans rien faire pour y remédier, sera considérée, jusqu'à preuve contraire, comme coupable de contravention à la présente section.

26. — Les inspecteurs adresseront deux fois par mois à l'inspecteur en chef des rapports complets et fidèles sur les chaudières inspectées par eux pendant la quinzaine précédente, avec les détails prescrits par les règlements faits en application de la présente loi.

Taxes d'inspection.

27. — Les inspecteurs ou toutes autres personnes autorisées à inspecter les machines ou les chaudières, en vertu des règlements faits en application de la présente loi, se feront payer, pour le compte du gouvernement, les taxes d'inspection et de délivrance de certificats qui seront fixées par le gouverneur par ordonnance publiée dans la *Gazette*, jusqu'à concurrence des taxes indiquées dans la quatrième annexe de la loi.

28. — 1. Aucun inspecteur ne pourra réclamer une taxe supérieure à celle qui est fixée pour le genre de chaudière ou machine inspectée par lui.

2. Les inspecteurs qui, volontairement, accepteront ou exigeront des sommes plus élevées, seront passibles de l'amende jusqu'à 50 livres et de la révocation.

Certificats d'inspection.

29. — Lorsque, après avoir inspecté une chaudière ou une machine, l'inspecteur constate :
a) s'il s'agit d'une chaudière, qu'elle est en bon état et peut être utilisée en toute sécurité; ou
b) s'il s'agit d'une autre machine, qu'elle est suffisamment grillagée et protégée, qu'elle est en bon état et peut être utilisée en toute sécurité, il en fera rapport à l'inspecteur en chef, lequel, après paiement de la taxe cor-

accordingly, who shall thereupon, and on payment of the prescribed fee, cause to be granted and issued to the owner thereof a certificate in one of the forms numbered 3, 4 and 5 in the Third Schedule hereto.

30. — 1. The certificate granted to the owner of any machinery or boiler shall be exhibited in some conspicuous place, to be determined by the Inspector, where it can be seen by all persons working at or with any machinery or boiler; and every owner who neglects so to exhibit such certificate is liable to a fine not exceeding 20 pounds.

2. In any proceedings under this section it shall be a sufficient defence if the defendant satisfies the Court :

a) that, owing to the size of the boiler or machinery, the locality where it was working, or other sufficient cause, there was no conspicuous place in which the certificate could reasonably be affixed; and also

b) that at all reasonable times he kept the certificate available for inspection by all persons working at or with the boiler or machinery, and also by the Inspector and all members of the Police Force.

31. — 1. The certificate granted to the owner of a boiler shall remain in force for any period the Inspector thinks fit, which period shall be stated on the certificate.

2. Such period shall not exceed one year, except in respect of a boiler brought within the provisions of section 21, in which case the certificate may be granted for any period not exceeding two years.

Provided that the Inspector may at any time cancel or suspend any certificate where he deems it necessary in the interests of the public safety so to do.

32. — The certificate granted to the owner of machinery shall remain in force for one year, if during that period no material alteration or addition is made in or to the same, and the machinery is at all times kept securely fenced and guarded and in good repair, and fit to be safely used for the purpose for which it is used.

Provided that in the case of machinery used solely for threshing, chaff-cutting, or brushing grain, and not worked for more than six months in any one year, the certificate shall remain in force for two years.

33. — 1. Every owner who works or uses a boiler or machinery in respect of which a certificate has not been issued, or for which a certificate is not in force, is liable to a fine not exceeding 100 pounds.

2. Proceedings for a breach of this section shall not be commenced or prosecuted except by an Inspector or a person holding the written consent of an Inspector first obtained.

Duties and Liabilities of Owners of Boilers and Machinery.

34. — 1. Where a person sells or absolutely disposes of a boiler or machinery to any person, the seller shall forthwith give notice to the

respondante, fera délivrer au propriétaire un certificat suivant une des formules 3, 4 et 5 de la troisième annexe.

30. — 1. Le certificat ainsi délivré sera affiché à une place bien en vue, qui sera déterminée par l'inspecteur, où il pourra être lu par toutes les personnes occupées au service de la chaudière ou de la machine; le défaut d'affichage est passible de l'amende jusqu'à 20 livres.

2. L'amende ne sera pas prononcée si le propriétaire prouve :

a) que les dimensions de la chaudière ou de la machine ou toute autre raison décisive rendent l'affichage impossible à une place en vue ;

b) qu'il a tenu le certificat à la disposition des personnes susdites, de l'inspecteur et de la police, en leur permettant de le consulter à des heures raisonnables.

31. — 1. Le certificat accordé au propriétaire d'une chaudière sera valable pour la période fixée par l'inspecteur dans le certificat.

2. Cette période ne pourra excéder un an, sauf en ce qui concerne les chaudières visées par la section 21, pour lesquelles le maximum sera de deux ans.

Toutefois, l'inspecteur pourra toujours annuler un certificat ou en suspendre la validité, daus l'intérêt de la sécurité publique.

32. — Les certificats relatifs à des machines seront valables pendant un an si, au cours de cette période, il n'y est apporté aucune modification ni réparation, si elles restent grillagées et protégées et en bon état, et peuvent être utilisées en toute sécurité.

Toutefois, s'il s'agit de machines utilisées seulement pour battre le grain, couper la paille ou écraser le grain et ne fonctionnant pas plus de six mois par an, le certificat sera valable pendant deux ans.

33. — 1. Seront passibles de l'amende jusqu'à 100 livres, les propriétaires qui utiliseront une chaudière ou une machine sans avoir de certificat ou avec un certificat périmé.

2. Les poursuites du chef d'infraction à la présente section ne seront entamées que par l'inspecteur ou par une personne munie du consentement écrit d'un inspecteur.

Droits et obligations des propriétaires de chaudières et de machines.

34. — 1. Lorsqu'une personne vend ou cède sans réserve ses chaudières ou machines à une autre personne, elle en fera immédiatement la déclara-

Inspector, stating the name, occupation, and abode of the person to whom such sale or disposition has been made.

2. Where a boiler or machinery is let on hire or for a certain term, or to be returned to the owner, a similar notice shall in every such case be given to the Inspector by the lessor or owner in manner aforesaid.

3. If default is made in giving any such notice the person offending is liable to a fine not exceeding 10 pounds.

35. — 1. The owner of a boiler or machinery in respect of which an offence has been committed against this Act, and for which a fine may be imposed, shall in every case (save as hereinafter provided) be deemed in the first instance to have committed the offence and be liable to pay the fine; but an owner who has been proceeded against by an Inspector is entitled, upon complaint or information duly made by such owner, to have any agent, servant, or workman brought before the Court at the time appointed for hearing the complaint made against him by the Inspector.

2. If, after the commission of the offence has been proved, the owner proves to the satisfaction of the Court that he had used due diligence to enforce the execution of this Act, and that the said agent, servant, or workman had committed the act in question without his knowledge, consent, or connivance, the said agent, servant, or workman shall be convicted of the offence and shall pay the fine instead of the owner.

36. — Where it appears to an Inspector at the time of discovering the offence that the owner had used all due diligence to enforce the execution of this Act, and also by what person the offence was committed, and that it had been committed without the personal knowledge, consent, or connivance of the owner, and in contravention of his orders, then the Inspector may proceed against the person whom he believes to be the actual offender in the first instance, without first proceeding against the owner.

37. — Where an Inspector intends to prefer a complaint against an owner of machinery that a young person has been employed in the management or in the working or control thereof, as the case may be, or that any part of the machinery, or hoist, or any wheel-race, is not securely fenced and protected, he shall give ten days' notice previous to the day fixed for hearing the complaint; and if the party complained against intends to bring forward any person skilled in the construction of the machinery as a witness at the hearing of the case he shall give notice of such intention to the Inspector at least forty-eight hours prior to the hearing of the case.

38. — 1. No person shall be liable to the provisions of this Act as an owner of machinery or a boiler unless the same is under his immediate power or control, nor shall any mortgagee of machinery or a boiler be liable as hereinbefore mentioned unless he is in actual possession thereof, or has the same under his immediate power or control.

tion à l'inspecteur en indiquant le nom, la profession et l'adresse du nouveau propriétaire.

2. Lorsqu'une chaudière ou une machine est donnée à bail pour un certain temps ou lorsqu'elle est retournée au propriétaire à la fin du bail, la même déclaration sera faite à l'inspecteur par le bailleur ou le propriétaire.

3. Le défaut de déclaration est passible de l'amende jusqu'à 10 livres.

35 — 1. Lorsqu'une chaudière ou une machine n'est pas utilisée conformément à la présente loi et qu'ensuite de cette contravention une amende a été appliquée, le propriétaire sera (sauf dans les cas prévus ci-après) considéré en principe comme ayant commis la contravention et tenu de payer l'amende; mais le propriétaire qui a été poursuivi par un inspecteur est en droit, après avoir introduit une plainte ou une dénonciation, de faire comparaître devant la cour un agent ou ouvrier, à la date fixée pour entendre l'accusation introduite contre lui par l'inspecteur.

2. Si après que l'existence de la contravention a été établie, le propriétaire prouve à suffisance de droit qu'il a fait toutes diligences pour assurer l'application de la loi et que le dit agent ou ouvrier a commis l'infraction dont il s'agit, sans consentement, connaissance ou connivence de sa part, cet agent ou ouvrier sera condamné du chef de l'infraction et payera l'amende au lieu du propriétaire.

36. — S'il est établi, à la satisfaction de l'inspecteur, au moment où la contravention est constatée, que le propriétaire a fait toutes diligences pour assurer l'observation de la loi, et qu'une autre personne est l'auteur de l'infraction, et que celle-ci a été commise sans consentement, connaissance ou connivence du propriétaire et contrairement aux ordres qu'il a donnés, l'inspecteur poursuivra la personne qu'il considère comme le véritable contrevenant sans procéder au préalable contre le propriétaire.

37. — Lorsqu'un inspecteur a l'intention de déposer une plainte contre un propriétaire de machines à raison de l'emploi d'un adolescent dans la surveillance, l'emploi ou le contrôle de ces machines, suivant le cas, ou par suite du fait que certaines parties de machines, élévateurs ou chemins de roues ne sont pas suffisamment grillagées ou protégées, il avertira dix jours à l'avance de son intention d'exercer des poursuites; et si le contrevenant veut faire entendre, en qualité de témoin, un expert dans la construction des machines, il en donnera avis à l'inspecteur quarante-huit heures avant l'ouverture des débats.

38. — 1. Ne seront responsables, en vertu des dispositions de la présente loi, que les propriétaires qui ont la direction ou le contrôle immédiat des machines et chaudières ainsi que les créanciers gagistes de machines et chaudières qui ont ces engins en leur possession ou qui en ont la direction ou le contrôle immédiat.

2. For the purposes of this section the words " immediate power or control " mean where the machinery or boiler is worked or used by the owner of such machinery personally, or by his agents, servants, or others under his orders or directions, and for his benefit or profit.

3. Nothing herein shall exempt any corporate body from liability under this Act by reason only that any such machinery or boiler is under the control of any directors, secretary, manager, or other person elected or employed by such corporate body for the benefit of or on behalf of·such body.

Inquiries as to Accidents.

39. — 1. Where loss of life or serious bodily injury to any person by reason of the explosion of a boiler, or by reason of an accident caused by machinery, occurs in any building or premises where there is a boiler or machinery of any kind (whether subject to the provisions of this Act or not), the owner of the boiler or machinery shall within twenty-four hours thereafter send notice to the Inspector at his office or usual place of residence, specifying the cause of the accident.

2. Every owner who neglects to send such notice as aforesaid is liable to a fine not exceeding 20 pounds and not less than 10 pounds.

40. — 1. In the event of an accident happening to machinery or a boiler (whether such machinery or boiler comes under the provisions of this Act or not), or where, by reason of such accident, any loss of life has happened or serious bodily injury occurred to any person, the Minister may direct an inquiry to be held before a Magistrate, together with a person skilled in the use and construction of such machinery or boiler to be appointed by the Minister.

2. The Magistrate, together with such person, shall have power to hold such inquiry at such times and places as the Minister appoints, and shall report on the cause of such accident to the Minister.

3. With respect to the summoning and attendance of witnesses at or upon any such inquiry, and the examination of such witnesses upon oath, every such Magistrate, shall have all the powers which he would have or might exercise in any case within his ordinary jurisdiction under " The Justices of the Peace Act, 1908."

Examination and Certificates of Engine-drivers.

41 to 52. — [1. Every person employed or acting in the capacity of engine-driver who is in charge of any winding-engine or winding machinery by means whereof persons are drawn up, down, or along any shaft,

2. En vue de l'application de la présente section, les mots « direction ou contrôle immédiat », s'entendent des cas où les propriétaires utilisent les machines ou chaudières personnellement ou par l'intermédiaire des agents, ouvriers, etc., qui sont sous leurs ordres et travaillent pour leur bénéfice.

3. Cette responsabilité s'étendra aux sociétés incorporées même lorsque les machines ou chaudières sont sous le contrôle de directeurs, secrétaires, gérants ou autres personnes choisies ou employées par ces sociétés ou agissant en leur nom ou à leur profit.

Enquêtes concernant les accidents.

39. — 1. Lorsque des accidents ayant provoqué la mort ou des blessures graves et qui ont été causés par l'explosion d'une chaudière ou par des machines, surviennent dans des bâtiments ou établissements où se trouvent des engins de cette espèce (qu'ils soient soumis aux dispositions de la présente loi ou non), le propriétaire en fera la déclaration à l'inspecteur, à son bureau, dans les vingt-quatre heures, en indiquant les causes de l'accident.

2. Le propriétaire qui néglige de faire cette déclaration est passible d'une amende de 10 à 20 livres.

40. — 1. Lorsqu'un accident survenant à des machines ou à une chaudière, a provoqué la mort ou des blessures graves, le ministre peut ordonner une enquête; celle-ci sera faite par un magistrat assisté d'un expert dans l'usage et la construction de semblable machine ou chaudière, lequel expert sera nommé par le Ministre.

2. Le magistrat, assisté de l'expert, pourra faire cette enquête aux temps et lieux fixés par le Ministre et fera rapport à celui-ci sur la cause de l'accident.

3. Quant à la convocation et à la présence des témoins à de telles enquêtes et quant à l'interrogatoire de ces témoins sur la foi du serment, le magistrat aura tous les pouvoirs qu'il aurait ou pourrait exercer s'il s'agissait d'un cas rentrant dans sa juridiction ordinaire conformément à la « loi de 1908 sur les juges de paix ».

Examens à faire subir et certificats à délivrer aux mécaniciens.

41 à 52. — [1. Toute personne occupée ou agissant en qualité de mécanicien et ayant le service d'une machine d'extraction ou de machines en usage pour remonter ou faire descendre des personnes hors, dans ou le long d'un

pit, or inclined plane or level in any mine or coal-mine shall be the holder of a winding-engine driver's certificate.

2. Every such person who is in charge of an engine while being propelled or moved from place to place by its own motive power and machinery (exclusive only of engines and boilers used or employed in the working of any railway the property of His Majesty) shall be the holder of a locomotive- and traction-engine driver's certificate.

3. For the purposes of this section every such person shall pass an examination and obtain from the Board of Examiners appointed under this Act a certificate of competency as to his possessing the necessary knowledge and requirements as to the working of such engine or machinery.

4. The holder of a certificate under subsection 1 of this section shall be deemed to be the holder of a certificate under subsection 2, and the holder of any certificate under this section shall be deemed to be the holder of a second-class certificate under section 42 hereof.]

Miscellaneous.

53. — Division IV of " The Justices of the Peace Act, 1908," shall, so far as applicable, extend to protect Inspectors under this Act in the execution of their duties.

54. — Any person appointed by the Minister may enter upon any premises in which machinery is working and inspect the certificate in respect of the machinery and boiler respectively, and the certificate of the person in charge of an engine or boiler.

55. — Nothing in this Act, or in any certificate granted under its provisions, shall relieve any owner of the machinery or boiler from liability to any action or suit, or from liability to any civil or criminal proceeding; but all rights of parties and all liabilities of owners of boilers or machinery, or of any other person or persons in respect thereof, shall remain unaffected by this Act.

56. — Where a notice, summons, or other process is required to be served upon any owner under the provisions hereof, service on the manager, foreman, conductor, or agent of such owner shall be good and lawful service.

57. — Every person who wilfully contravenes any provision of this Act for which no other penalty is imposed is liable for each offence to a fine not exceeding 10 pounds.

58. — Any Magistrate or Justices imposing any fine under this Act may, it he or they think fit, direct that a part not exceeding one moiety thereof

puits, d'une fosse, d'un plan incliné ou d'une voie de fond dans une mine ou une houillère, devra être munie d'un certificat de mécanicien de machine d'extraction.

2. Tout mécanicien au service d'une machine poussée ou mue d'une place à une autre par sa propre force motrice et son propre mécanisme (sauf les chaudières et machines utilisées pour l'exploitation des chemins de fer de Sa Majesté) devra être porteur d'un certificat de mécanicien de locomotive et de machine de traction.

3. En vue de l'application de la présente section, ces personnes auront à passer un examen et à se faire délivrer par le jury d'examen nommé en vertu de la présente loi un certificat d'aptitude quant au service de ces machines.

4. Le porteur d'un certificat visé par la première sous-section sera considéré comme porteur d'un certificat prévu par la deuxième, et le porteur d'un certificat prévu par la présente section sera considéré comme porteur d'un certificat de deuxième classe, conformément à la section 42]

Dispositions diverses.

53. — Le chapitre IV de « la loi de 1908 concernant les juges de paix » s'appliquera aux inspecteurs nommés en vertu de la présente loi, en ce qui concerne l'exercice de leurs fonctions.

54. — Toute personne nommée par le Ministre peut entrer dans les bâtiments où des machines fonctionnent et vérifier respectivement les certificats relatifs aux machines et chaudières et celui de la personne ayant le service d'une machine ou d'une chaudière.

55. — Aucune des dispositions de la présente loi et aucune mention d'un certificat accordé conformément à ces dispositions ne seront de nature à exonérer le propriétaire de machines ou chaudières des obligations qui lui incombent dans une action ou poursuite ou dans une procédure civile ou criminelle; mais les droits des parties et la responsabilité des propriétaires de chaudières ou de machines, ou de toutes autres personnes attachées au service de ces machines, ne sont en aucune façon modifiés par la présente loi.

56. — Lorsqu'un avis, une convocation ou une autre assignation doit être signifié à un propriétaire conformément aux présentes dispositions, il suffira, au point de vue légal, d'en faire la remise au gérant, au contremaître ou au conducteur ou à un agent du propriétaire.

57. — Toute personne qui contrevient volontairement à l'une des dispositions de la présente loi sera passible de l'amende jusqu'à dix livres pour chaque contravention, à moins qu'une autre amende n'ait été fixée.

58. — Les magistrats ou juges qui prononceront une amende en vertu de la présente loi pourront, s'ils le jugent à propos, ordonner qu'une partie de

shall be applied to compensate any person for any bodily injury or damage sustained by him by reason of the default in respect of which such fine is imposed.

59. — All moneys paid to Inspectors by way of salary, and all the costs and charges of carrying this Act into execution, shall be paid out of moneys appropriated for that purpose from time to time by Parliament, and all fees and, subject to the last preceding section, all fines received under this Act shall be paid into the Public Account and form part of the Consolidated Fund.

60 — A summary conviction or adjudication under this Act, or an adjudication made on appeal therefrom, shall not be quashed for want of form, or be removed into the Supreme Court by *certiorari*.

61. — The Governor may from time to time, by Order in Council gazetted, make regulations not inconsistent with this Act :

a) regulating the duties of the Chief Inspector and of Inspectors;

b) prescribing the forms of notices to be given under this Act in any case where the same are not herein provided for;

c) prescribing a form of record-book, to be kept for the entry of particulars as to inspection of boilers, and the mode in which the same shall be kept, and at what places and times the same shall be open to inspection;

d) prescribing the time and place in each district at which fees shall be paid to an Inspector, or to some other officer or person other than an Inspector;

e) regulating the examinations for certificates, and prescribing the fees to be paid by applicants for certificates, and the forms of such certificates;

f) prescribing how and under what circumstances engines used for agricultural or dairy purposes only may be driven by uncertificated persons; and

g) generally for carrying this Act into execution.

62. — Nothing in this Act shall apply to or affect any engines, boilers, or machinery used on or employed in the working of any railway or other public work constructed on behalf of His Majesty or the Government of New Zealand under the authority of any Act; nor shall this Act prejudice or in any way interfere with the powers of inspection and regulation of steamships, and the machinery thereof, contained in " The Shipping and Seamen Act, 1908."

cette amende, n'excédant pas la moitié, soit employée à réparer le dommage causé à une personne ensuite de la faute qui a entraîné l'amende.

59. — Toutes les sommes payées aux inspecteurs à titre de rétribution et tous les frais et charges provoqués par la mise en application de la présente loi seront payés sur les crédits votés dans ce but par le Parlement, et toutes les taxes et, sous réserve de la précédente section, toutes les amendes reçues en vertu de la présente loi, seront versées au Trésor public et feront partie du Fonds consolidé.

60. — Une condamnation sommaire ou un jugement rendu en vertu de la présente loi, ou un jugement d'appel, ne pourra être annulé pour vice de forme, ni porté devant la Cour suprême par *certiorari*.

61. — Le gouverneur peut, le cas échéant, par ordonnance prise en conseil et insérée dans la *Gazette*, faire des arrêtés non contraires aux dispositions de la présente loi :

a) réglementant les devoirs de l'inspecteur en chef et des inspecteurs ;

b) prescrivant la forme des avis qui peuvent être donnés conformément à la présente loi, lorsque la dite forme n'est pas stipulée ici ;

c) prescrivant la forme du livre des rapports qui doit être tenu en vue de l'inscription des détails relatifs à chaque inspection de chaudière, la manière de le tenir ainsi que l'endroit où ce registre doit être ouvert à l'inspection ;

d) prescrivant, pour chaque district, l'époque et le lieu du payement des taxes à un inspecteur ou à un autre fonctionnaire ou à toute personne autre qu'un inspecteur ;

e) réglant les examens pour l'obtention des certificats et prescrivant les taxes qui doivent être payées par les personnes qui sollicitent des certificats, et la forme de ces certificats ;

f) prescrivant les circonstances dans lesquelles, et la manière dont les machines utilisées dans les exploitations agricoles et les laiteries pourront être desservies par des personnes sans certificat ; et

g) d'une manière générale, en vue de l'application de la présente loi.

62. — Aucune disposition de la présente loi ne sera applicable aux machines et chaudières utilisées ou employées dans l'exploitation d'un chemin de fer ou d'un autre travail public entrepris, en vertu d'une loi, pour le compte du gouvernement de la Nouvelle-Zélande ; de même la présente loi ne portera aucune atteinte aux pouvoirs d'inspection et de règlementation des navires et de leurs machines, en vertu de « la loi de 1908 sur les navires et les marins ».

696 GREAT BRITAIN.

SCHEDULES.

FIRST SCHEDULE.

ENACTMENTS CONSOLIDATED.

1902, No. 42. — " The Inspection of Machinery Act, 1902. "
1003, No. 12. — " The Inspection of Machinery Act Amendment Act, 1903. "

SECOND SCHEDULE.

MACHINERY TO WHICH THIS ACT APPLIES.

All machinery worked by steam or water power, or by electricity, gas, or gaseous products, or compressed air, or in any other manner (other than by hand or machinery driven by animal power) in which motive power may be obtained, and used in printing, knitting, flax-milling, flour milling, sawmilling, sheep shearing, bone-crushing, rock-crushing, quartz-crushing, pumping, preserving, weight-raising, chaff-cutting, cloth-mills, woollen-mills, batteries, foundries, breweries, or in any other manufacturing or industrial process.

THIRD SCHEDULE.

[NOTICE TO OWNER THAT MACHINERY IS DANGEROUS, ETC.]

FOURTH SCHEDULE.

[FEES PAYABLE ON INSPECTION OF MACHINERY.]

An Act to consolidate certain Enactments of the General Assembly relating to Old-age Pensions.

1. — 1. The Short Title of this Act is " The Old-age Pensions Act, 1908."

2. This Act is a consolidation of the enactments mentioned in the Schedule hereto, and with respect to those enactments the following provisions shall apply :
 a) all appointments, regulations, districts, pensions, certificates, warrants, registers, records, instruments, and generally all acts of authority

ANNEXES.

PREMIÈRE ANNEXE.

LOIS CODIFIÉES.

1902, n° 42. — « Loi de 1902 sur l'inspection des machines. »
1903, n° 12. — « Loi de 1903 modifiant la loi sur l'inspection des machines. »

DEUXIÈME ANNEXE.

MACHINES AUXQUELLES LA LOI EST APPLICABLE.

Toutes les machines mues par la vapeur ou par l'eau, par l'électricité, le gaz ou des produits gazeux, ou par l'air comprimé, ou de toute autre façon (autrement qu'à la main ou à l'aide de machines actionnées par une force animale), dans lesquelles la force motrice peut être obtenue et qui sont utilisées dans l'imprimerie, le tricotage, les manufactures de lin, les moulins à farine, les scieries, la tonte des moutons, le broyage des os, des pierres, du quartz, les travaux d'épuisement à l'aide de pompes, les manufactures de conserves, la manutention d'objets pondéreux, le coupage de la paille, dans les manufactures de vêtements, les manufactures de laine, les ateliers de battage, fonderies, brasseries ou dans tous autres travaux manufacturiers ou industriels.

TROISIÈME ANNEXE.

[Formules (1), (2), (3), (4), (5).]

QUATRIÈME ANNEXE.

[Taxes a payer pour l'inspection des machines.]

Loi du 4 août 1908 portant codification des lois sur les pensions de vieillesse [1].

1. — 1. Le titre abrégé de la présente loi est : « Loi de 1908 sur les pensions de vieillesse. »

2. La présente loi est la codification des lois mentionnées dans l'annexe et les dispositions suivantes seront applicables en ce qui concerne les dites lois :

a) les nominations, règlements, districts, pensions, certificats, mandats, registres, archives, pièces et en général tous actes d'autorité résultant de

[1] 1908, n° 136.

which originated under any of the said enactments, and are subsisting or in force on the coming into operation of this Act, shall enure for the purposes of this Act as fully and effectually as if they had originated under the corresponding provisions of this Act, and accordingly shall, where necessary, be deemed to have so originated;

b) all applications, matters, and proceedings commenced under any such enactment, and pending or in progress on the coming into operation of this Act, may be continued, completed, and enforced unter this Act.

2. — In this Act, if not inconsistent with the context,

" Income " means any moneys, valuable consideration, or profits derived or received by any person for his own use or benefit in any year by any means or from any source; and shall be deemed to include personal earnings, but not any pension payable under this Act, nor any payment by way of sick-allowance or funeral benefit from any registered friendly society.

" Income-year " means the year ending one month before the date on which the pension-claim is finally admitted, and at the same time in each subsequent year.

" Minister " means the Minister of Finance.

" Prescribed " means prescribed by this Act or by regulations thereunder.

Districts and Registrars.

3. — 1. For the purposes of this Act the Governor may from time to time divide New Zealand into such districts, with such names and boundaries, as he thinks fit.

2. If any such district is constituted by reference to the boundaries of any other portion of New Zealand as defined by any other Act, then any alteration in such boundaries shall take effect in respect of such district without any further proceedings, unless the Governor otherwise determines.

4. — The Governor may from time to time appoint a Registrar, who, subject to the control of the Minister, shall have the general administration of this Act.

5. — The Governor may also from time to time appoint in and for every such district a Deputy Registrar and such other persons as he deems fit.

6. — Subject to the provisions of this Act, the Registrar and every Deputy Registrar and other person appointed as aforesaid shall have such powers and duties as the Governor from time to time determines.

l'application des dites lois en vigueur lors de la mise en vigueur de la présente loi, seront valables de plein droit, comme s'ils avaient eu lieu en vertu de la disposition correspondante de la présente loi et seront, chaque fois que la chose sera nécessaire, présumés avoir cette origine ;

b) toutes les demandes, affaires et procédures commencées sous l'empire d'une de ces lois et en instance ou en cours, lors de la mise en vigueur de la présente loi, pourront être poursuivies et exécutées sous le régime de la présente loi.

2. — Dans la présente loi, à moins que le contexte ne s'y oppose :

« Revenu » signifie tous argent, valeurs ou profits obtenus ou reçus par quelqu'un pour son propre usage ou bénéfice, dans quelque année, par quelque moyen et de quelque source que ce soit ; ce terme comprend les gains personnels, mais non les pensions payables en vertu de la présente loi ou les allocations de maladie ou de funérailles provenant d'une société de secours mutuels enregistrée.

« Année de revenu » signifie l'année finissant un mois avant la date de l'admission définitive de la demande de pension, et à la même époque de chaque année subséquente.

« Ministre » signifie le ministre des finances.

« Prescrit » signifie prescrit par la présente loi ou par les réglements faits en vertu de la dite loi.

Districts et registrars.

3. — 1. En vue de l'application de la présente loi, le gouverneur peut diviser la Nouvelle-Zélande en tels districts, avec tels noms et telles limites qu'il juge bon.

2. Si l'un de ces districts est constitué par référence aux limites, telles qu'elles sont définies par une autre loi, de toute autre partie de la Nouvelle-Zélande, toute modification apportée à ces limites s'appliquera de plein droit à ce district, à moins que le gouverneur n'en décide autrement.

4. — Le gouverneur peut, de temps à autre, nommer un registrar qui, sous le contrôle du ministre, aura l'administration générale de la présente loi.

5. — Le gouverneur peut aussi, de temps à autre, nommer dans et pour chaque district, un sous-registrar ainsi que telles autres personnes, selon qu'il le juge opportun.

6. — Dans les limites des dispositions de la présente loi, le registrar, les sous-registrars et les autres personnes désignées comme il est dit ci-dessus, auront les pouvoirs et les obligations que le gouverneur déterminera.

Pensions.

7. — Subject to the provisions of this Act, every person of the full age of 65 years or upwards shall, whilst in New Zealand, be entitled to a pension as hereinafter specified.

8. — No such person shall be entitled to a pension under this Act unless he fulfils the following conditions, that is to say :

a) that he is residing in New Zealand on the date when he establishes his claim to the pension; and also

b) that he has so resided continuously for not less than twenty-five years immediately preceding such date.

Provided that continuous residence in New Zealand shall not be deemed to have been interrupted by occasional absence therefrom in the following cases :

I. where the total period of all such absence does not exceed two years; or

II. where the total period of all such absence exceeds two years but does not exceed four years, if the total period of his actual residence in New Zealand (exclusive of the total period of his actual absence) is not less than twenty-five years, and he has not been absent from New Zealand during any part of the year immediately preceding the first day of November, 1898 (being the date of the passing of " The Old-age Pensions Act, 1898 " ; or

III. in the case of a seaman, by absence therefrom whilst serving on board a vessel registered in and trading to and from New Zealand if he establishes the fact that during such absence his family or home was in New Zealand; and also

c) that during the period of twelve years immediately preceding such date he has not been imprisoned for four months, or on four occasions, for any offence punishable by imprisonment for twelve months or upwards, and dishonouring him in the public estimation; and also

d) that during the period of twenty-five years immediately preceding such date he has not been imprisoned for a term of five years with or without hard labour for any offence dishonouring him in the public estimation ; and also

e) that the claimant has not during the period of twelve years immediately preceding such date, for a period of six months or upwards, if a husband, deserted his wife, or without just cause failed to provide her with adequate means of maintenance, or neglected to maintain such of his children as were under the age of 14 years; or, if a wife, deserted her husband or such of her children as were under that age.

Provided that if the pension-certificate is issued, the pensioner's rights thereunder shall not be affected by any disqualification contained in this

Pensions.

7. — Sous réserve des conditions établies par la présente loi, toute personne âgée d'au moins 65 ans accomplis, pour autant qu'elle réside en Nouvelle-Zélande, aura droit à une pension ainsi qu'il est spécifié ci-après.

8. — Nul n'aura droit à une pension conformément à la présente loi, s'il ne réunit les conditions suivantes :

a) résider en Nouvelle-Zélande à la date où il établit ses droits à la pension ;

b) avoir eu cette résidence, d'une manière continue, depuis vingt-cinq ans au moins immédiatement avant cette date.

Toutefois, la résidence continue en Nouvelle-Zélande ne sera pas censée avoir été interrompue par une absence occasionnelle dans les cas suivants :

I. lorsque la durée totale de pareille absence ne dépasse pas deux ans ; ou

II. lorsque la période totale de pareilles absences excède deux mais non quatre ans et que la période totale de la résidence effective en Nouvelle-Zélande (déduction faite de la durée totale de l'absence effective) n'est pas inférieure à vingt-cinq ans et que l'intéressé n'a pas quitté la Nouvelle-Zélande dans le courant de l'année précédant immédiatement le 1er novembre 1898 (date de la promulgation de la loi de 1898 sur les pensions de vieillesse) ; ou

III. pour les gens de mer, par une absence résultant de services à bord d'un vaisseau dûment enregistré, faisant le commerce de et vers la Nouvelle-Zélande, si le requérant établit que durant son absence, il avait sa famille ou son domicile en Nouvelle-Zélande ;

c) ne pas avoir, pendant la période de douze ans précédant immédiatement ladite date, subi un emprisonnement de quatre mois, ou à quatre reprises, du chef d'un délit punissable d'un emprisonnement de douze mois au moins et de nature à faire perdre au requérant l'estime publique ; et

d) ne pas avoir, pendant la période de vingt-cinq ans précédant immédiatement la même date, subi un emprisonnement pour un terme de cinq ans, avec ou sans travaux forcés, du chef d'un délit de nature à faire perdre au requérant l'estime publique ; et

e) ne pas avoir pendant la période de douze ans précédant immédiatement la dite date, abandonné sa femme pendant six mois ou davantage, si l'impétrant est marié ou ne pas avoir, sans juste motif, négligé de pourvoir convenablement aux besoins de sa femme ou à ceux de ses enfants de moins de 14 ans ; si l'impétrant est une femme, ne pas avoir abandonné son mari, ou ses enfants de moins de 14 ans.

Toutefois après délivrance du certificat de pension, les droits du bénéficiaire, ne seront pas atteints par les disqualifications prévues par le présent

paragraph unless the fact of such disqualification is established at any time to the satisfaction of a Magistrate ; and also

f) that he is of good moral character, and is, and has for five years immediately preceding such date been, leading a sober and reputable life; and also

g) that his yearly income does not amount to 60 pounds or upwards, computed as hereinafter provided ; and also

h) that the net capital value of his accumulated property does not amount to 260 pounds or upwards, computed and assessed as hereinafter provided ; and also

i) that he has not directly or indirectly deprived himself of property or income in order to qualify for a pension ; and also

j) that he is the holder of a pension-certificate as hereinafter provided.

9. — The amount of the pension shall be 26 pounds per year, diminished by :

a) 1 pound for every complete pound of income above 34 pounds; and also by

b) 1 pound for every complete 10 pounds of the net capital value of all accumulated property, computed and assessed as next hereinafter provided.

10. — The net capital value of accumulated property shall be computed and assessed in the prescribed manner, and for that purpose the following provisions shall apply :

a) all real and personal property owned by any person shall, to the extent of his beneficial estate or interest therein, be deemed to be his accumulated property ;

b) from the capital value of such accumulated property there shall be deducted all charges or incumbrances lawfully existing on such property, and also the sum of 50 pounds; and the residue then remaining shall, subject to the next succeeding section, be deemed to be the net capital value of all his accumulated property.

Provided that where any part of the accumulated property of any claimant consists of property of any tenure on which he permanently resides and which produces no actual income, there shall be deducted from the capital value of his accumulated property, in addition to the charges or incumbrances (if any) on such accumulated property, the sum of 150 pounds, and the residue then remaining shall, subject to the next succeeding section, be deemed to be the net capital value of all his accumulated property.

11. — 1. Where any person who otherwise would be entitled to a pension under this Act is the owner of the property in which he resides, and such property does not execed in value the sum of 300 pounds, as appears from the valuation thereof under " The Valuation of Land Act, 1908," he may convey or transfer the same to the Public Trustee, who shall deal therewith

paragraphe à moins que le fait ne soit établi à la satisfaction d'un magistrat ;

f) être d'une bonne conduite morale ; mener et avoir mené depuis cinq ans avant la date préindiquée, une vie sobre et respectable ;

g) ne pas jouir d'un revenu de 60 livres au moins, calculé comme il est prescrit ci-après ;

h) ne pas posséder, en capital net, calculé et établi comme il est prescrit ci-après, des biens accumulés d'une valeur de 260 livres au moins ;

i) ne pas s'être, directement ou indirectement, dépouillé de sa propriété ou de son revenu en vue de réunir les conditions requises pour l'obtention d'une pension ;

j) être détenteur d'un certificat de pension, comme il est prescrit ci-après.

9. — Le montant de la pension sera de 26 livres par an ; cette somme sera réduite :

a) d'une livre pour chaque livre entière de revenu au-dessus de 34 livres ;

b) d'une livre pour chaque valeur entière de 10 livres, en capital net, calculée et établie comme il est prescrit ci-dessous, de tous les biens accumulés.

10. — La valeur nette en capital des biens accumulés sera calculée et établie de la manière prescrite et les dispositions ci-après seront applicables à cet égard :

a) toutes possessions, immobilières ou mobilières, compétant à quelqu'un sont considérées comme ses biens accumulés dans la mesure des droits utiles ou intérêts qu'il y a ;

b) de la valeur en capital des dits biens accumulés, déduction sera faite de toutes charges ou droits réels grevant légalement les dites possessions, et, en outre, de la somme de 50 livres ; le surplus sera considéré comme valeur nette en capital de tous les biens accumulés dans les limites de la section suivante :

Lorsqu'une partie des biens accumulés d'un requérant consiste dans la propriété d'un héritage sur lequel il réside de façon permanente et qui ne produit aucun revenu, il y aura lieu de déduire de la valeur en capital de ses biens accumulés, en sus des charges qui grèveraient éventuellement les dits biens, la somme de 150 livres et le reste sera, dans la limite de la section suivante, la valeur en capital net des biens accumulés.

11. — 1. Toute personne ayant droit à l'obtention d'une pension en vertu de la présente loi et vivant sur un héritage lui appartenant, pourra, lorsque le dit héritage n'a pas une valeur de plus de 300 livres, ainsi qu'il résultera de l'estimation qui en aura été faite conformément à la « Valuation of Land Act » de 1908, en transférer la propriété au « *Trustee* »

as directed by " The Public Trust Office Act, 1908," the provisions of which Act shall, where applicable, and subject to the provisions of this section, apply to such property.

2. The value of the property so conveyed or transferred shall be deducted from the capital value of the accumulated property of the pensioner for the purpose of computing the amount of his pension.

3. The Public Trustee shall permit the pensioner to reside on the property rent-free during his life, and if the pensioner dies leaving a wife or husband who is also entitled to a pension, then during the life of the survivor.

4. While the pensioner or the survivor aforesaid so resides he shall maintain the premises in good and substantial repair, and shall pay all rates and other assessments payable thereon.

5. On the death of the pensioner or of the survivor aforesaid, or where from any cause the pensioner is no longer entitled to a pension, the Public Trustee shall sell the property, and out of the proceeds thereof shall (after deducting the commission payable under " The Public Trust Office Act, 1908 ") refund to the Treasury so much of the pension paid to the pensioner since the date of the conveyance or transfer as but for the operation of this section would not have been payable, together with interest thereon at the rate of four per centum per annum, and shall pay the balance (if any) to the person entitled thereto.

Provided that if at any time the pensioner or the survivor aforesaid so desires, the Public Trustee shall, on payment of so much of the pension so paid as aforesaid, with commission and interest as aforesaid, reconvey or transfer the property to the applicant or the said survivor, as the case may be, and thereafter the value of the property shall not be deducted from the capital value of the accumulated property of the pensioner as aforesaid, and his pension shall be adjusted accordingly.

6. All conveyances and transfers to and by the Public Trustee under this section shall be exempt from stamp duty.

12 — Except as hereinafter provided, the rate of each year's pension shall not vary during the year.

13. — 1. For the purpose of ascertaining whether the claimant for a pension is entitled thereto, and also of fixing the rate of the first year's pension, his income for the next preceding income-year shall be deemed to be his yearly income.

2. For the purpose of fixing the rate of the pension for the second and each subsequent year, the pensioner's income for the income-year next preceding each such year shall be deemed to be his income for that year.

public qui agira conformément au « Public Trust Office Act » de 1908, dont les dispositions s'appliqueront éventuellement au dit héritage dans les limites de la présente section.

2. La valeur de la propriété ainsi transférée sera déduite de la valeur en capital des biens accumulés de l'impétrant, pour le calcul du montant de sa pension.

3. Le « Trustee » public autorisera l'impétrant à continuer à résider sur ce fonds sans avoir de loyer à payer ; il en sera de même, en cas de décès de l'impétrant, pour l'époux survivant qui serait également bénéficiaire d'une pension.

4. Lorsque l'impétrant ou l'époux survivant jouira du droit de résidence susvisé, il tiendra les lieux en bon état et acquittera toutes les taxes et impôts fonciers.

5. A la mort de l'impétrant ou de l'époux survivant ou, lorsque pour un motif quelconque le bénéficiaire perd ses droits à la pension, le « Trustee » public vendra la propriété et (déduction faite de la commission payable en vertu du « Public Trust Office Act » de 1908) remboursera au Trésor le surplus de ce qui devait être payé conformément à la présente section avec les intérêts à 4 p. c. par an ; le reste reviendra (éventuellement) aux ayants droit.

Toutefois, si l'impétrant ou l'époux survivant en fait la demande, le « Trustee » public pourra, moyennant paiement d'une somme égale à la pension payée comme il est dit ci-dessus, y compris la commission et les intérêts susvisés, remettre le dit impétrant ou l'époux survivant en possession de l'héritage, et la valeur de celui-ci ne pourra dans la suite être déduite de la valeur en capital des biens accumulés du bénéficiaire, dont la pension sera fixée en conséquence.

6. Tout transfert de biens fait au public « Trustee » ou par lui, en vertu de la présente section, sera exempté du droit de timbre.

12. — Sauf ce qui est dit ci-après, les arrérages annuels de la pension ne varieront pas durant l'année.

13. — 1. En vue de déterminer si l'impétrant a des droits à la pension, ainsi que de fixer les arrérages de la première année, le revenu de l'année précédente sera considéré comme le revenu annuel de l'intéressé.

2. En vue de fixer les arrérages de la pension pour la deuxième année et pour les années subséquentes, le revenu dont le bénéficiaire jouissait l'année précédant chaque année à considérer, sera pris comme revenu pour la dite année.

14. — The following general rules shall apply in the computation of income for all the purposes of this Act :

a) there shall be deducted therefrom all income derived or received from accumalated property as hereinbefore defined;

b) where any person receives board or lodging, the reasonable cost of such board or lodging, not exceeding 26 pounds in the year, shall be included in the computation of the yearly income.

15. — If the applicant for a pension or a pension-certificate is married, the following provisions shall apply :

a) in computing the amount of the pension of husband or wife, the net capital value of all the accumulated property of each shall be deemed to be half the total net capital value of all the accumulated property of both;

b) the amount of the pension of either of them for any year shall in no case exceed such sum as, with the total actual incomes of both of them for the year and the pension (if any) then already granted to the other of them, will amount to 90 pounds for the year;

c) this section does not apply in cases where husband and wife are living apart pursuant to decree, order, or deed of separation,

16. — With respect to every pension under this Act the following provisions shall apply :

a) the pension shall be deemed to commence on the date named in that behalf in the pension-certificate issued in respect of the first year's pension, being in every case the first day of the month next after the date of the issue of such certificate;

b) each year's pension shall be payable pursuant to a pension-certificate issued in respect of such year, and not otherwise;

c) such certificate shall in every case specify the amount of the year's pension, and the instalments by which it is payable being twelve equal monthly instalments, whereof the first is payable on the first day of the month next after the commencement of the year.

Pension-claims and Pension-certificates.

17. — 1. Every person claiming to be entitled to a pension under this Act shall, in the prescribed manner and form, deliver a claim therefor (elsewhere throughout this Act called a " pension-claim ") to the Deputy Registrar of the district wherein the claimant resides, or to the nearest Postmaster, who shall forthwith forward the same to the Deputy Registrar.

2. The pension-claim shall affirm all the requirements and negative all the disqualifications under this Act.

3. Every claimant shall, by statutory declaration, affirm that the contents of his pension-claim are true and correct in every material point.

14. — Les règles générales suivantes s'appliqueront au calcul du revenu en vue de l'application de la présente loi :

a) déduction sera faite de tout revenu provenant de biens accumulés, ainsi qu'il est dit ci-dessus;

b) lorsqu'une personne reçoit l'entretien ou le logement, le coût raisonnable de cet entretien ou de ce logement, n'excédant pas 26 livres par an, sera compris dans le calcul du revenu annuel.

15. — Les dispositions ci-après seront applicables lorsque la personne qui demande une pension ou un certificat de pension est mariée :

a) dans le calcul du montant de la pension d'un homme marié ou d'une femme mariée, la valeur nette en capital des biens accumulés de chacun d'eux sera considérée comme étant la moitié de la valeur nette en capital des biens accumulés des deux époux;

b) le montant de la pension de chacun d'eux pour une année déterminée n'excèdera en aucun cas une somme qui, y compris le revenu effectif des deux époux pour l'année, ainsi que la pension (éventuellement) allouée à l'un d'eux, s'élèverait à 90 livres pour l'année;

c) la présente section ne s'appliquera pas au cas où le mari et la femme vivent séparément en vertu d'un décret d'une ordonnance ou d'un acte de séparation.

16. — Les dispositions suivantes s'appliqueront à toute pension en vertu de la présente loi :

a) la pension commencera à courir à la date indiquée à cet effet dans le certificat de pension délivré pour la première année, cette date étant dans chaque cas, le 1er du mois venant immédiatement après la date de la délivrance du dit certificat;

b) la pension de chaque année sera payable sur le vu du certificat de pension délivré pour l'année et non autrement;

c) le certificat spécifiera, dans chaque cas, le montant de la pension de l'année et les arrérages par lesquels elle est payable, ces arrérages étant douze paiements mensuels égaux, dont le premier aura lieu le 1er du mois venant immédiatement après le commencement de l'année.

Demandes et certificats de pension.

17. — 1. Toute personne prétendant droit à une pension en vertu de la présente loi, présentera à cet effet, de la manière et dans la forme prescrite, une demande (appelée ailleurs dans la présente loi : demande de pension) au *deputy registrar* du district où l'impétrant réside, ou au percepteur des postes le plus rapproché, qui la transmettra au *deputy registrar*.

2. La demande de pension affirmera l'existence de toutes les conditions et l'absence de toutes les disqualifications prévues par la présente loi.

3. Le requérant affirmera, par déclaration légale, que les mentions de sa demande de pension sont sincères et véritables en tous points matériels.

18. — The Deputy Registrar shall file the claim, and record it in the prescribed manner in a book, to be called " The . . . . District Old-age Pension-claim Register," which shall de open to inspection on payment of a fee of 1 shilling.

19. — All pension-claims shall be numbered consecutively in the order in which they are entered in the register, so that no two pension-claim in the same register bear the same number.

20. — 1. The Deputy Registrar shall, in the prescribed manner, transmit the claim to a Magistrate exercising jurisdiction in the district.

2. Thereupon the Clerk of the Magistrate's Court shall ascertain on what date the claim may be investigated, and shall notify the claimant of a date on which he may attend to support his claim, and shall also, if he is not himself the Deputy Registrar, forthwith notify the Deputy Registrar of the date so fixed.

3. The Magistrate shall on the day so fixed, or on the first convenient day thereafter, proceed in open Court, or in his discretion in Chambers, to fully investigate the claim for the purpose of ascertaining whether the claimant is entitled to a pension and, if so, for what amount in respect of the first year.

4. The Deputy Registrar, or some person appointed by him, shall have the right to appear at the hearing and to examine or cross-examine the applicant and the witnesses.

5. The hearing may from time to time be adjourned by the Magistrate at the request of the Deputy Registrar.

21. — Where the Magistrate is satisfied that the documentary evidence in support of the claim is sufficient to establish it, and also that by reason or physical disability or other sufficient cause the attendance of the applicant should be dispensed with, he shall not require the personal attendance of the applicant, who shall be notified accordingly.

22. — 1. For the purposes of such investigation all the powers under " The Magistrates' Courts Act, 1908," shall be available for the purpose of compelling the attendance of witnesses, and every witness shall be examined on oath.

2. It shall by the duty of every person to make true answers to all questions concerning any applicant for a pension or pension-certificate, or any of the statements contained in any application for a pension or pension-certificate, put to him by the Deputy Registrar or any officer authorised in that behalf by the Deputy Registrar.

3. Every person commits an offence who :
a) refuses to answer any such question; or
b) makes any answer knowing the same to be untrue.

4. This section shall apply to any officer of any bank or other corpora-

18. — Le *deputy registrar* classera la demande et l'enregistrera, de la manière prescrite, dans un livre appelé « Registre des demandes de pensions de vieillesse du district de . . . . », et dont il pourra être pris connaissance moyennant paiement d'un droit de 1 shilling.

19. — Les demandes de pension seront consécutivement numérotées dans l'ordre d'entrée au registre, de manière à éviter que deux demandes ne portent le même numéro du même registre.

20. — 1. Le *deputy registrar* transmettra la demande de la manière prescrite, à un magistrat ayant juridiction dans le district.

2. Le greffier du dit magistrat s'assurera de la date à laquelle la demande peut être examinée et notifiera à l'impétrant la date à laquelle il pourra faire valoir ses droits et, s'il n'est pas en même temps *deputy registrar*, il notifiera immédiatement à celui-ci la date ainsi fixée.

3. Au jour fixé, ou au premier jour qui pourrait convenir dans la suite, ce magistrat examinera la requête en audience publique ou en chambre, s'il le juge bon, à l'effet de vérifier si le requérant a droit à la pension et, le cas échéant, de déterminer le montant de la première année de la pension.

4. Le *deputy registrar* ou la personne désignée par lui, aura le droit d'assister à l'audience et d'interroger directement et contradictoirement le requérant et les témoins.

5. A la demande du *deputy registrar* l'audience pourra, le cas échéant, être ajournée par le magistrat.

21. — Si le magistrat est convaincu que le dossier relatif à la demande renferme la justification suffisante de celle-ci et qu'à raison d'une infirmité physique ou pour une autre cause également valable, l'intéressé peut être dispensé de comparaître en personne, le dit magistrat pourra ne pas exiger la comparution personnelle de l'intéressé, auquel les notifications nécessaires devront alors être faites.

22. — 1. Eu égard aux nécessités de l'enquête, tous les droits conférés par « The Magistrate's Courts Act de 1908 » pourront être exercés en vue d'obliger les témoins à comparaître et les dépositions de ces derniers devront être reçues après qu'ils auront prêté serment.

2. Les personnes interrogées par le *deputy registrar* ou par tout autre magistrat désigné à cet effet par le *deputy registrar*, en ce qui concerne une personne demandant une pension ou un certificat de pension ou en ce qui concerne un point quelconque dans une demande de pension ou un certificat de pension, devront répondre sincèrement :

3. Se rend coupable d'infraction, quiconque :
a) refuse de répondre à une question de l'espèce ; ou
b) fait sciemment une réponse contraire à la vérité.

4. La présente section s'appliquera à tout agent d'une banque ou d'une

tion carrying on business in New Zealand, and to any officer of the Post-Office Savings-Bank and of any other Government Department which receives investments of money from the public.

23. — No pension-claim shall be admitted unless the evidence of the claimant is corroborated on all material points, except that in respect of the age of the claimant the Magistrate, if otherwise satisfied, may dispense with corroborative evidence.

24. — The Magistrate may admit the pension-claim as originally made, or as modified by the result of his investigations, or may postpone it for further evidence, or reject it as he deems equitable; and his decision shall be notified to the claimant by the Clerk.

25. — 1. If the Magistrate is of opinion that, altough the claim is not completely established, further evidence may be adduced in support thereof, or it may be mended by lapse of time, he shall postpone the claim if the claimant so desires, and in such case all matters as to which the Magistrate is satisfied shall be recorded as proved.

Provided that this shall not be a bar to further evidence being adduced in respect of the matter recorded as proved.

2. If the Magistrate decides that the pension-claim is not established, and cannot be mended by postponement for a reasonable time, he shall reject it, and when doing so shall specify in writing all the material points which he finds to be respectively proved, disproved, and not to be proved.

26. — 1. If the Magistrate is of opinion that any fraudulent misrepresentation has been made by the applicant for a pension or a pension-certificate, with the intention of obtaining a pension to which he was not by law entitled, or a higher rate of pension than that to which he was by law entitled, then, in addition to any penalty incurred under this Act by the applicant, the Magistrate shall refuse the application, and may by order declare that the applicant shall not be entitled to make a fresh application for such period, not exceeding twelve months, as the Magistrate thinks fit.

2. If the Magistrate finds that any real or personal property has been transferred by the applicant to any person he may inquire into such transfer, and refuse the application or grant a reduced pension.

27. — 1. In investigating any claim for a pension or pension-certificate, the Magistrate shall not be bound by the strict rules of evidence, but shall investigate and determine the matter by such means and in such manner as in equity and good conscience he thinks fit.

2. In disposing of material points against the claimant, the Magistrate

autre corporation faisant des affaires en Nouvelle-Zélande, et à tout agent d'une caisse d'épargne postale ou de toute autre administration publique recevant des dépôts d'argent du public.

23. — Aucune demande de pension ne sera reçue si les faits produits par l'intéressé ne sont pas confirmés sur tous les points essentiels, sauf en ce qui concerne l'âge de l'intéressé, que le magistrat pourra dispenser de toute preuve corroborante sur ce point, s'il en est autrement justifié.

24. — Le juge pourra admettre la demande de pension dans ses limites primitives ou avec les modifications que l'enquête y aura apportées, ou bien il pourra l'ajourner pour supplément d'enquête, ou la rejeter, ainsi qu'il le jugera équitable; sa décision sera notifiée à l'intéressé par le greffier.

25. — 1. Si le magistrat est d'avis que, la demande n'étant pas complétement établie, des preuves supplémentaires peuvent être produites au soutien de celle-ci, ou que la demande peut être rectifiée au bout d'un certain temps, il ajournera l'examen de l'affaire si l'intéressé le désire, et, dans ce cas, tous les faits dont le magistrat aura reconnu la pertinence continueront à faire preuve :

Toutefois, ceci ne mettra pas obstacle à ce que des preuves nouvelles soient apportées relativement aux faits retenus comme prouvés.

2. Si le magistrat juge que la demande de pension n'est pas fondée et ne pourrait être amendée si l'examen en était différé jusqu'à l'expiration d'un laps de temps raisonnable, il devra la rejeter et, dans ce cas, il spécifiera par écrit tous les faits qu'il aura considérés comme respectivement prouvés ou controuvés, ainsi que ceux dont il aura jugé la preuve superflue.

26. — 1. Si le magistrat est d'avis qu'un requérant a fourni de faux renseignements pour obtenir une pension à laquelle il n'a pas légalement droit ou une pension plus élevée que celle qu'il est fondé à recevoir légalement le magistrat, outre les pénalités que l'impétrant aura encourues en vertu de la présente loi, pourra rejeter sa requête et déclarer par ordonnance qu'il lui sera interdit d'introduire une nouvelle requête pendant une période à fixer par le magistrat et ne pouvant excéder douze mois.

2. Si le magistrat découvre qu'une propriété réelle ou personnelle quelconque a été transférée par un requérant à une personne quelconque, il pourra faire une enquête à ce sujet, rejeter la requête ou accorder une pension réduite.

27. — 1. En procédant à l'examen d'une demande de pension ou d'un certificat de pension le magistrat ne sera pas tenu de se conformer strictement aux principes en matière de preuve, mais il examinera l'affaire et la jugera par telles voies et suivant telle procédure qu'il estimera convenables, conformément à l'équité et aux inspirations de sa conscience.

2. En refusant d'admettre la consistance des faits allégués par l'intéressé,

shall distinguish between what he finds to be disproved and what he finds to be simply unproved or insufficiently proved.

3. In respect of what is found to be disproved, the Magistrate's decision shall be final and conclusive for all purposes.

4. In respect of what is found to be simply unproved or insufficiently proved, the claimant may at any time thereafter adduce fresh evidence on those points before the Magistrate, and in such case all material points previously found by the Magistrate to be proved shall be deemed to be established, and he shall dispose of all other points as in the case of a new pensionclaim.

28. — In order to facilitate the adjustment of pension-claims they may be filed and provisionally investigated at any time not exceeding two years before the date on which the claimant alleges that his pension should commence; but no pension-claim shall be finally admitted, nor shall any pension-certificate be issued, until all the conditions prescribed in respect thereof by this Act have been fulfilled.

29. — The pension-claim may be amended from time to time on any point which has not been finally disposed of.

30. — As soon as the pension-claim is established, and the rate of the first year's pension is fixed by the Magistrate, he shall, in the prescribed manner, certify the same to the Deputy Registrar, who shall, in the prescribed manner and form, issue to the claimant a certificate (elsewhere throughout this Act called a " pension-certificate ") in respect of the first year's pension.

31. — In respect of the pension for each year after the first, a fresh pension-certificate shall be issued as hereinafter provided.

32. — The Deputy Registrar shall enter in a book, to be called " The . . . . District Old-age Pension Register," the following particulars respecting each pension-certificate issued by him :

a) the number of the certificate, and the name of the district in which it is issued;

b) the pensioner's full name, occupation, and address;

c) the amount of his income for the year, and the date on which the income-year ends;

d) the date on which the year's pension commences;

e) the amount of the year's pension, the instalments by which it is payable, and the due dates thereof;

f) such other particulars as are prescribed.

le magistrat devra faire la distinction entre les points qu'il estime controuvés et ceux qu'il trouve simplement injustifiés ou insuffisamment établis.

3. En ce qui concerne les faits controuvés, la décision du magistrat sera définitive à tous égards.

4. Quant aux points simplement injustifiés ou insuffisamment établis, l'intéressé pourra produire en tout temps dans la suite les preuves nouvelles qui y seraient relatives, et, dans ce cas, tous les faits antérieurement considérés par le magistrat comme prouvés, seront tenus pour définitivement établis, et ledit magistrat examinera les autres points comme s'il s'agissait d'une nouvelle demande de pension.

28. — En vue de faciliter le règlement des demandes de pensions, ces demandes pourront être reçues et provisoirement examinées dans un délai qui n'excédera pas deux ans antérieurement à la date à laquelle l'intéressé prétendra que sa pension devrait commencer ; mais aucune demande de pension ne sera définitivement admise, et aucun certificat de pension ne sera délivré, avant que toutes les conditions prescrites à cet égard par la présente loi ne soient complétement remplies.

29. — La demande de pension pourra être modifiée sur tous les points à l'égard desquels il n'aura pas été définitivement statué.

30. — Dés que la demande de pension aura été admise et que le taux de la première année de la pension aura été fixé par le magistrat, celui-ci notifiera ces faits au *deputy registrar*, lequel délivrera à l'impétrant, en observant les formes prescrites, un certificat (appelé « certificat de pension » dans toutes les autres parties de la loi) relatif à la pension de la première année.

31. — En ce qui concerne la pension de chacune des années suivantes, il sera délivré un nouveau certificat de pension conformément aux dispositions ci-dessous.

32. — Le *deputy registrar* inscrira dans un registre, qui sera appelé le « Registre des pensions de vieillesse du district de . . . . . », les indications suivantes, concernant chacun des certificats de pension qu'il délivrera :

a) le numéro dudit certificat et le nom du district dans lequel il aura été délivré ;

b) l'indication complète du nom du titulaire, de sa profession, de son domicile ;

c) le montant de ses revenus pendant l'année et la date à laquelle l'année de revenu prend fin ;

d) la date à laquelle commence l'année de la pension ;

e) le montant de la pension annuelle et les termes auxquels elle sera payable, avec indication exacte de la date desdits termes ;

f) tous autres renseignements prescrits.

33. — All entries of pension-certificates in the Old-age Pension Register shall be numbered consecutively, so that no two entries in the same register bear the same number.

34. — On application in the prescribed form, and subject to prescribed conditions,

a) any pension-certificate may be transferred from the register in one district to the register in another;

b) the Deputy Registrar may issue a duplicate pension-certificate in any case where satisfactory proof is given of the loss of the original.

Income and Property Statements.

35. — For the purpose of ascertaining in respect of the second and each subsequent year, computed from the date of the commencement of the pension, whether the pensioner is entitled to any payment in respect of his pension for such year, and, if so, for what amount, the following provisions shall apply :

a) within the prescribed period before the commencement of each such year the pensioner, whether claiming any payment in respect of his pension for that year or not, shall furnish to the Deputy Registrar a statement in the prescribed form setting forth full particulars of his income for such year (being the income for the last preceding income-year), and also the net capital value of all his accumulated property;

b) if the pensioner has received no income for the year and has no accumulated property, the statement shall contain the word " Nil ";

c) the Magistrate shall investigate the statement, and ascertain whether the conditions of section 8 hereof have been complied with, in the same manner, with the same powers, and subject to the same provisions as in the case of pension-claims.

d) the Magistrate, when satisfied as to the amount of the pensioner's income, and the net capital value of his accumulated property, and that the conditions of section 8 hereof have been complied with, shall certify the same to the Deputy Registrar, who shall enter the same in the Old-age Pension Register, and issue a pension-certificate in the prescribed form in respect of the year's pension (if any) to which the pensioner is entitled.

Provided that, in lieu of himself issuing such certificate to the pensioner, the Deputy Registrar shall forward it to the Postmaster of the post-office where the pension is payable, and the Postmaster shall issue it to the pensioner in exchange for the outstanding pension-certificate;

e) when forwarding the pension-certificate to the Postmaster as aforesaid

33. — Toutes les inscriptions de certificats de pensions dans le registre des pensions de vieillesse seront numérotées consécutivement, de sorte que deux inscriptions opérées dans un même registre ne puissent porter le même numéro.

34. — Sur demande faite dans la forme requise et sous réserve de l'observation des prescriptions légales :

a) tout certificat de pension pourra être transcrit du registre d'un district sur le registre d'un autre district ;

b) le *deputy registrar* pourra délivrer un duplicata du certificat de pension, dans tous les cas où la preuve satisfaisante de la perte de l'original aura été fournie.

Détermination des revenus et de la propriété.

35. — Dans le but de déterminer à l'égard de la seconde année et des années subséquentes, comptées à partir de la date du commencement de la pension, si le titulaire est fondé à réclamer le payement de sa pension pour ces années, et, dans l'affirmative, quelle somme il peut réclamer, on observera les dispositions suivantes :

a) pendant la période prescrite avant le commencement de chacune des années précitées, le titulaire, s'il réclame ou non quelque paiement du chef de sa pension pour cette année-là, devra fournir au *deputy registrar* un état dans la forme requise, renfermant des indications complètes sur ses revenus pour ladite année (soit les revenus de l'année de revenu immédiatement précédente), ainsi que la valeur nette en capital de tous ses biens accumulés ;

b) si le titulaire de la pension n'a touché aucun revenu durant l'année et n'a pas de biens accumulés, l'état portera le mot « néant » ;

c) le magistrat examinera ledit état et s'assurera de l'exécution des obligations imposées par la section 8 de la présente loi, dans les mêmes formes, avec les mêmes pouvoirs et en observant les mêmes conditions que pour l'examen des demandes de pensions ;

d) le magistrat, après s'être assuré du montant des revenus du titulaire et de la valeur nette en capital des biens accumulés, ainsi que de l'accomplissement des prescriptions de la section 8 de la présente loi, notifiera ces faits au *deputy registrar* qui les portera au registre des pensions de vieillesse et délivrera un certificat de pension rédigé dans la forme prescrite et relatif à l'annuité de la pension à laquelle le titulaire aura droit.

Toutefois, au lieu de délivrer lui-même ce certificat au titulaire, le *deputy registrar* le transmettra au percepteur des postes de la localité où la pension est payable, et le percepteur le remettra au titulaire en échange du certificat de pension périmé ;

e) en transmettant, comme il est dit ci-dessus, le certificat de pension an

the Deputy Registrar shall, in the prescribed manner, notify both the Postmaster and the pensioner as to such exchange and surrender.

Payment of Pension and Forfeiture of Instalments.

36. — Each monthly instalment of the pension shall be payable at the post-office money-order office named in the pension-certificate.

37. — On application in the prescribed manner, the name of such office may be changed from time to time, and every change of office shall be recorded by the Deputy Registrar on the pension-certificate and in the District Old-age Pension Register.

38. — Subject to the provisions of this Act, each monthly instalment shall be payable at any time within one month after its due date on the personal application of the pensioner and the production of his pension-certificate to the Postmaster of the post-office money-order office named therein :

Provided that the Minister may at any time further extend such period in any case where the provisions of this section are not strictly complied with owing to the pensioner's illness or temporary absence from home (but not from New Zealand), or other sufficient cause, and notwithstanding that such period has then lapsed or that the instalment has then been paid.

39. — In default of strict compliance with all the provisions of the last preceding section, and subject to any extension of time as therein mentioned, such instalment shall be deemed to be forfeited.

40. — It shall not be lawful for the governing body of any charitable institution to refuse to admit any person as an inmate of such charitable institution or to refuse to grant him relief on the ground only that he is a pensioner under this Act.

41. — The following provisions shall apply in every case where the pensioner is maintained in any charitable institution or receives relief therefrom :

a) the reasonable cost of such maintenance or relief shall be payable out of the pension;

b) for the purpose of procuring such payment, instalments of the pension shall, to such extent as is necessary, be payable to the governing body of such institution in such manner as is prescribed, and on production to the Postmaster of a warrant in the prescribed form;

c) any surplus pension-moneys remaining in the hands of such governing body after defraying such cost shall be paid to the pensioner;

d) for the purpose of computing the amount of any subsidy or contribu-

percepteur, le *deputy registrar* notifiera dans la forme prescrite, à celui-ci et au titulaire de la pension, les conditions relatives à l'échange et à la remise des certificats.

Paiement des pensions et déchéance du droit aux arrérages.

36. — Les arrérages mensuels de la pension seront payables au bureau des mandats-poste indiqué dans le certificat.

37. — Sur demande faite dans la forme prescrite, l'indication du bureau pourra être modifiée successivement, et tout changement de cette espéce devra être mentionné par le *deputy registrar* sur le certificat de pension et dans le registre de district des pensions de viellesse.

38. — Conformément aux dispositions de la présente loi, les arrérages mensuels seront payables en tout temps, dans le mois qui suivra leur date, sur demande faite par le bénéficiaire en personne et sur production de son certificat de pension au percepteur des postes du bureau indiqué dans ledit certificat.

Toutefois, le Ministre pourra toujours prolonger ce délai lorsque les dispositions de la présente section n'auront pas été exactement observées pour cause de maladie du bénéficiaire ou de son absence temporaire hors la localité (non hors la Nouvelle-Zélande) ou pour toute autre cause suffisante et quoique la dite période soit écoulée ou que les arrérages aient été payés.

39. — Au cas où toutes les dispositions de la section précédente n'auraient pas été exactement observées et que la prolongation de délai qu'elle autorise soit expirée, l'intéressé sera déchu de ses droits aux dits arrérages.

40. — Le conseil d'administration d'un établissement charitable n'aura pas le droit de refuser l'admission d'une personne comme pensionnaire du dit établissement ou de lui refuser assistance, pour l'unique raison qu'elle bénéficie d'une pension en vertu de la présente loi.

41. — Les dispositions suivantes seront applicables dans tous les cas où le titulaire de la pension aura trouvé un refuge dans un établissement charitable ou recevra des secours de celui-ci :

a) les frais raisonnables du dit entretien ou de la dite assistance devront être imputés sur la pension ;

b) en vue d'assurer ce remboursement, les arrérages de la pension devront être payés, dans la mesure nécessaire, aux autorités administratives de l'établissement charitable, de la manière prescrite et sur production au percepteur des postes d'une ordonnance en due forme ;

c) le surplus de la pension qui restera aux mains des autorités administratives de l'institution, après déduction des frais indiqués ci-dessus, devra être payé au titulaire de la pension ;

d) lorsqu'il s'agira de calculer le montant des subsides ou contributions

tion payable by the Government to such governing body under any Act, all instalments so paid shall be excluded.

42. — 1. Subject to regulations, and on production to the Postmaster of a warrant in the prescribed form, signed by a Magistrate, the instalments may be paid to any clergyman, Justice, or other reputable person named in the warrant for the benefit of the pensioner.

2. Such warrant may be issued a Magistrate whenever he is satisfied that it is expedient so to do, having regard to the age, infirmity, or improvidence of the pensioner, or any other special circumstances.

43. — Every instalment which falls due during any period whilst the pensioner is in prison, an inmate of a lunatic asylum, or out of New Zealand shall be deemed to be absolutely forfeited.

44. — With respect to the payment of instalments of pension by the Postmaster the following provisions shall apply :

a) the Postmaster may, if he thinks fit, require the applicant for payment to prove his identity, but shall not be bound so to do, and may accept the production of the pension-certificate or warrant to which the instalment relates as sufficient evidence that the person producing the same is the person entitled to payment;

b) when making the payment the Postmaster shall indorse on the pension-certificate or warrant produced as aforesaid the date and fact of the payment, and shall also require the person receiving the payment to give a receipt therefor in the prescribed form;

c) such receipt shall be sufficient evidence that the payment to which the receipt purports to relate has been duly made, and no claim against His Majesty or the Postmaster shall thereafter arise or be made in respect thereof;

d) where the warrant produced as aforesaid relates to a single instalment, or to the last of a series of instalments, it shall be delivered up to and retained by the Postmaster on payment of such instalment.

45. — 1. If at any time the Registrar has reason to believe that any pension-certificate has been improperly obtained, he shall cause special inquiry to be made before the Magistrate, and shall give notice to the Postmaster through whom the instalments are payable to suspend payment of any instalments pending the inquiry, and payment of such instalments shall be suspended accordingly.

2. If on inquiry it appears that the pension-certificate was improperly obtained, it shall be cancelled by the Magistrate; but if it appears that the

payables par le gouvernement à ces autorités administratives en vertu d'une loi, les arrérages ainsi payés n'entreront pas en compte.

42. — 1. Moyennant l'observation des conditions prescrites et sur production au percepteur des postes d'une ordonnance en due forme signée par un magistrat, les arrérages pourront être payés à un membre du clergé, à un juge de paix ou à toute personne honorable indiquée dans l'ordonnance, au profit du titulaire de la pension.

2. Une ordonnance de cette espèce pourra être rendue par un magistrat, lorsqu'il se sera assuré de l'avantage de ce procédé, eu égard à l'âge, aux infirmités ou à l'imprévoyance du titulaire ou à d'autres circonstances spéciales.

43. — Tous arrérages échus pendant que le titulaire de la pension était incarcéré, interné dans une maison de santé ou absent de la colonie, seront définitivement perdus.

44. — Les dispositions suivantes seront applicables au paiement des arrérages de la pension par le percepteur des postes :

a) le percepteur des postes pourra, s'il le juge à propos, exiger de la personne qui se présentera pour toucher les arrérages, la preuve de l'identité de cette personne, mais il ne sera pas tenu de le faire et pourra considérer la production du certificat de pension ou de l'ordonnance relative aux arrérages, comme preuve suffisante de l'identité de la personne qui produit l'un de ces titres avec celle qui a droit au paiement ;

b) lorsqu'il aura effectué le paiement, le percepteur des postes inscrira au dos du certificat de pension ou de l'ordonnance produite ainsi qu'il est dit ci-dessus, la date et la mention du paiement et devra exiger de la personne à laquelle le paiement a été fait qu'elle lui en donne reçu dans la forme prescrite ;

c) ce reçu suffira à établir que le paiement auquel il se rapporte a été dûment effectué, et aucune réclamation ne pourra être admise à cet égard, dans la suite, contre le gouvernement ou le percepteur ;

d) quand le titre produit comme il est dit ci-dessus ne se rapporte qu'à une seule échéance ou aux derniers arrérages d'une série, il devra être remis au percepteur et conservé par lui après le paiement des dits arrérages.

45. — 1. Si à un moment quelconque le registrar a des raisons de croire qu'un certificat de pension a été obtenu frauduleusement, il ordonnera qu'une enquête spéciale soit faite en présence du magistrat et il avertira le percepteur des postes chargé de payer les arrérages de suspendre tout paiement de l'espèce pendant la durée de l'enquête, après quoi le dit paiement sera suspendu en conséquence.

2. S'il résulte de l'enquête que le certificat de pension a été obtenu frauduleusement, il sera annulé par le magistrat, mais s'il appert que le

certificate was properly obtained, the suspended instalments shall be payable in due course.

3. Such inquiry shall be made in the prescribed manner.

46. — Irrespective of any such inquiry, the Magistrate may at any time himself review any pension-certificate, and may modify or cancel the same as he deems just.

47. — Where it is found that any pension or instalment of a pension has been paid in excess of the amount to which the pensioner was by law entitled, the amount so paid in excess (whether paid before or after the coming into operation of this Act) may be recovered by the Registrar as a debt due to the Crown, and if in the opinion of the Magistrate such excess was obtained by fraud, then the pensione shall, in lieu of or in addition to penalty to which he is liable under section 50 hereof, be liable at the discretion of the Magistrate to a fine not exceeding double the amount so paid in excess.

48 — If at any time during the currency of a pension the pensioner becomes possessed of any property or income in excess of what is allowed by law in respect of the amount of pension granted to him, the Deputy Registrar may apply to the Magistrate, who may on inquiry either confirm or cancel the pension, or vary the amount thereof :

Provided that should the excess of property or income as mentioned in this section cease, the pension shall be immediately restored to the original amount.

49. — If on the death of any pensioner, or of the wife or husband of any pensioner, it is found that he, or either of them, was possessed of property in excess of what is allowed by law in respect of the amount of the pension granted, double the amount of pension at any time paid in excess of that to which the pensioner was by law entitled may be recovered as a debt due to the Crown from the estate so found in excess :

Provided that where the husband and wife were at the time of such death living apart pursuant to decree, order, or deed of separation this section shall only apply in the case of the pensioner.

Offences.

50. — 1. Every person is liable to imprisonment for not more than six months with or without hard labour :

a) if by means of any wilfully false statement or representation he obtains or attempts to obtain a pension-certificate, not being justly entitled thereto, or a pension of a larger amount than he is justly entitled to; or

b) if by any means he obtains or attempts to obtain payment of any absolutely forfeited instalment of pension ; or

certificat a été obtenu régulièrement, les arrérages en suspens seront liquidés de la manière ordinaire.

3. L'enquête susvisée sera faite de la façon prescrite.

46. — Sans égard à une enquête de l'espèce, le magistrat pourra toujours reviser personnellement un certificat de pension et le modifier ou l'annuler comme il le croit juste.

47. — Lorsqu'il appert qu'une pension ou des arrérages payés, dépassent la somme que le titulaire était légalement fondé à recevoir, le registrar pourra recouvrer, comme dette due au Trésor, le surplus payé indûment (soit avant ou après la mise en vigueur de la présente loi) et, si le magistrat estime que ce surplus a été obtenu frauduleusement, l'impétrant sera passible, à la discrétion du magistrat, au lieu ou en outre de toute pénalité en vertu de la section 50, d'une amende n'excédant pas le double du surplus ainsi payé indûment.

48. — Si le bénéficiaire d'une pension entre à un moment quelconque en possession d'une propriété ou d'un revenu supérieur à ce qui lui est légalement permis d'avoir en tant que bénéficiaire d'une pension, le *deputy registrar* pourra en référer au magistrat qui, après enquête, pourra soit confirmer soit supprimer la pension ou en modifier le montant.

Toutefois, si l'excédent de la propriété ou de revenu venait à disparaître, la pension sera immédiatement rétablie au taux normal.

49. — Si à la mort du bénéficiaire d'une pension ou au décès de la femme ou du mari du bénéficiaire il est constaté que ce même bénéficiaire ou l'un des époux possédait une propriété ou un revenu supérieur à ce qui est légalement permis d'avoir en tant que bénéficiaire, le double de l'excédent de la pension que l'impétrant était légalement fondé à recevoir, qui aurait été payé indûment, pourra être recouvré comme dette due au Trésor sur les biens ainsi trouvés en plus.

Toutefois, lorsqu'au moment du décès un mari et sa femme vivaient séparément en vertu d'un décret, d'une ordonnance ou d'un acte de séparation, la présente section ne s'appliquera qu'au bénéficiaire de la pension.

Pénalités.

50. — 1. Sera passible d'un emprisonnement n'excédant pas six mois, avec ou sans travail forcé, toute personne :

a) qui, à l'aide de pièces ou de moyens frauduleux, aura obtenu ou essayé d'obtenir un certificat de pension, alors qu'elle n'y avait pas droit, ou bien aura obtenu une pension d'un taux plus élevé que celle à laquelle elle pouvait prétendre ; ou

b) qui, par des moyens quelconques, aura obtenu ou essayé d'obtenir le paiement des arrérages ou d'une pension définitivement frappés de déchéance ; ou

c) if by means of personation or any other fraudulent device whatsoever he obtains or attempts to obtain payment of any instalment of pension; or

d) if by any wilfully false statement or representation he aids or abets any person to obtain a pension-certificate or any instalment payable thereunder.

2. Where any person is convicted of an offence under this section the Magistrate shall cancel the pension-certificate in respect to the issue of which the offence was committed.

51. — If any pensioner is convicted of drunkenness, or of any offence punishable by imprisonment for not less than one month and dishonouring him in the public estimation, then, in addition to any other penalty or punishment imposed, the convicting Court may, in its discretion, by order forfeit any one or more of the instalments falling due next after the date of the conviction :

Provided that if, in the opinion of the convicting Court, the pensioner misspends, wastes, or lessens his estate, or greatly injures his health, or endangers or interrupts the peace and happiness of his family, the Court may by order direct that the instalment be paid to any clergyman, Justice, or other reputable person for the benefit of the pensioner, or may by order cancel the pension-certificate :

Provided also that if on any conviction the pensioner is deemed to be an habitual drunkard within the meaning of " The Police Offences Act, 1908," then, in lieu of forfeiting any instalment of the pension, the convicting Court shall by order cancel the pension-certificate.

52. — If any pensioner is sentenced to imprisonment for twelve months or upwards in respect of any offence dishonouring him in the public estimation, the convicting Court shall by order cancel the pension-certificate.

53. — In any case where any pension-certificate is cancelled by order of a Court the pension shall be deemed to be absolutely forfeited.

54. — In every case where any instalment is forfeited or any pension-certificate is cancelled by order of a Court, the Clerk of the Court shall forthwith notify the Deputy Registrar of such forfeiture or cancellation, and the Deputy Registrar shall record the same.

55. — Every person commits an offence who receives any money in consideration of or in respect of the procuring of any pension or pension-certificate, and in the case of any licensed Maori interpreter so committing an offence his license as such interpreter shall be cancelled.

56. — Every person who commits an offence under this Act for which no penalty is elsewhere provided is liable to a fine not exceeding 10 pounds.

c) qui, par supposition de personne ou à l'aide de tout autre expédient frauduleux, aura obtenu ou essayé d'obtenir le paiement des arrérages ou d'une pension ; ou

d) qui, à l'aide de pièces ou de moyens frauduleux, aura aidé ou encouragé une personne à se procurer un certificat de pension, ou des arrérages payables en vertu de celle-ci.

2. Lorsqu'une personne aura été déclarée coupable d'infraction à la présente section, le magistrat annulera le certificat de pension dont la délivrance a donné lieu à l'infraction.

51. — Si le bénéficiaire d'une pension est condamné pour ivresse ou pour un autre délit passible d'un emprisonnement d'au moins un mois et de nature à lui faire perdre l'estime publique, outre les amendes et autres condamnations qui lui seront infligées, le tribunal pourra, s'il le juge bon, confisquer une ou plusieurs parties de l'annuité à échoir immédiatement après la condamnation.

Si le tribunal estime que le titulaire d'une pension gaspille, dilapide ou compromet sa fortune, endommage considérablement sa santé, trouble ou ruine la tranquillité et le bien-être de sa famille, il pourra décider par jugement que les arrérages soient payés à un clergyman, à un juge ou à autre personne honorable au profit du titulaire, ou prononcer l'annulation du certificat de pension.

De plus, si à la suite d'une condamnation, le titulaire d'une pension est convaincu d'ivresse habituelle, dans le sens de *The police offences act*, 1908, au lieu de confisquer les arrérages de la pension, le tribunal en annulera le certificat.

52. — Si le bénéficiaire d'une pension est condamné à un emprisonnement de douze mois ou plus, pour un délit de nature à lui enlever la considération publique, le tribunal pourra annuler le certificat de pension.

53. — Dans tous les cas où un certificat de pension aura été annulé par un tribunal, le droit à la pension sera tenu pour définitivement frappé de déchéance.

54. — Dans tous les cas où des arrérages seront confisqués, ou un certificat de pension annulé par jugement, le greffier du tribunal notifiera immédiatement au *deputy registrar* la confiscation ou l'annulation, et le *deputy registrar* en effectuera l'enregistrement.

55. — Se rend coupable d'infraction quiconque reçoit de l'argent pour procurer une pension ou un certificat de pension ; si un interprète maori commet une infraction de l'espèce, sa licence d'interprète sera annulée.

56. — Quiconque commet une infraction à la présente loi, pour laquelle il n'est pas fixé d'amende spéciale, sera passible de l'amende jusqu'à 10 livres.

57. — 1. All proceedings under this Act, whether in respect of an offence heretofore or hereafter committed, or of moneys recoverable under section 47 hereof, shall be taken before a Magistrate alone, and may be so taken at any time not exceeding six months from the time when the facts first came to the knowledge of the Registrar.

2. In all such proceedings the Deputy Registrar, or other person appointed by the Registrar, may appear on behalf of the Registrar, and the fact that any person so appears shall be sufficient evidence of his authority so to do.

Miscellaneous.

58. — The pension being for the personal support of the pensioner, it shall (subject to the provisions of this Act as to payment, forfeiture, and otherwise) be absolutely inalienable, whether by way of assignment, charge, execution, bankruptcy, or otherwise howsoever.

59. — 1. On the death of a pensioner the instalment then accruing but not actually accrued due shall be apportioned up to the date of the death, and the apportioned amount, together with the previous instalment (if any) then payable but not actually paid, shall, without further appropriation than this Act, be paid to such person as the Minister directs, and shall be applied in or towards defraying the burial expenses of the deceased pensioner.

2. This section shall not apply to any instalment which at the date of the death had become absolutely forfeited.

60. — Every statutory declaration required by this Act, or adduced in proof of any particular required to be proved on the investigation of any claim or income and property statement, may be made before any Justice, solicitor, Deputy Registrar, or Postmaster.

61. — No stamp duty shall be payable on any statutory declaration, receipt, or other document made or given for the purposes of this Act.

62. — Every Deputy Registrar shall, in the prescribed manner and at prescribed intervals, prepare and forward to the Registrar a return showing for each such interval :

a) all pension-certificates and warrants issued by him;
b) all forfeitures recorded by him;
c) such other particulars as are prescribed.

63. — The Registrar shall from the aforesaid returns compile a General Old-age Pension Register containing a record of all pension-certificates for the time being in force, and such other particulars as are prescribed.

57. — 1. Toutes procédures en vertu de la présente loi, qu'il s'agisse d'une infraction commise avant ou après sa mise en vigueur ou de sommes à percevoir en vertu de la section 47, se feront devant un magistrat unique et pourront être entamées dans les six mois à compter du moment où les faits ont été connus du registrar.

2. Dans ces procédures le *deputy registrar* ou une autre personne désignée par le registrar, pourra comparaître au lieu du registrar et le fait qu'une telle personne comparait constituera une preuve suffisante de son droit d'agir en cette qualité.

Dispositions diverses.

58. — La pension étant destinée à l'entretien personnel du titulaire, sera (sous réserve des dispositions de la présente loi relatives au paiement, à la confiscation, etc.), absolument inaliénable par cession, saisie-arrêt, saisie pour cause de faillite ou autrement.

59. — 1. En cas de décès du bénéficiaire, les arrérages en cours mais non exigibles, seront évalués, et une fraction proportionnelle de ces arrérages, ainsi que les précédents (s'il y en a) exigibles à ce moment, mais non liquidés seront, sans autre attribution de propriété que la présente loi, payés à la personne que le Ministre indiquera et employés pour faire face aux frais funéraires.

2. La présente section ne s'appliquera pas aux arrérages qui seraient confisqués d'une manière absolue à la date du décès.

60. — Toute déclaration statutaire exigée par la présente loi ou produite comme preuve d'un point à établir dans l'examen d'une requête ou d'un état de revenu ou de propriété, peut être faite devant tout juge de paix, avoué, *deputy registrar* ou percepteur des postes.

61. — Toute déclaration légale, tout reçu ou autre document fait ou donné en vue de l'exécution de la présente loi, sera exempt du droit de timbre.

62. — Tous les *deputy registrars* dresseront et enverront au registrar, à des époques déterminées et dans la forme prescrite, un rapport indiquant pour chaque période :
a) tous les certificats de pension et tous les mandats qu'ils auront délivrés;
b) toutes les déchéances qu'ils auront enregistrées;
c) tous autres renseignements prescrits.

63. — A l'aide des rapports précités, le registrar établira un « registre général des pensions » renfermant l'indication de tous les certificats de pension actuellement valables et tous les autres renseignements prescrits.

64. — The Registrar shall at prescribed intervals furnish to the Postmaster-General schedules showing for each such interval :

a) the names of the pensioners;
b) the numbers of their pension-certificates;
c) the dates on which and the post-office money-order offices at which the instalments in respect thereof are payable; and
d) the amount of the instalments payable.

65. — The Minister shall from time to time, without further appropriation than this Act, pay out of the Consolidated Fund into the Post Office Account, by way of imprest, whatever moneys are necessary in order to enable the instalments specified in such schedules to be paid out of such account, and the Postmaster-General shall thereupon pay such instalments accordingly.

66. — 1. The Postmaster-General shall, at such periodical intervals as are from time to time arranged between him and the Minister, furnish to the Registrar a statement showing for each such interval :

a) the balance of the aforesaid imprest moneys in the Post Office Account at the commencement and also at the close of such interval;
b) the instalments paid;
c) the pensioners to whom such instalments were paid; and
d) such other particulars as are prescribed.

2. The Registrar, after satisfying himself that such statement is correct, shall certify to the accuracy thereof, and forward it to the Minister.

67. — Copies of this Act shall be posted at the several post-offices in New Zealand, and a list containing the names of the pensioners whose instalments are paid at any post-office shall be kept thereat, and the same shall on application be open to inspection on payment of the fee of 1 shilling.

68. — All expenses incurred in administering this Act (other than the payment of pensions) shall be payable out of moneys to be from time to time appropriated by Parliament.

69. — The Minister shall, within thirty days after the close of each financial year ending the thirty-first day of March, prepare and lay before Parliament if sitting, or if not sitting, then within fourteen days after the commencement of the next session, a statement showing for such year :

a) the total amount paid under this Act in respect of pensions;

b) the total amount so paid in respect of other than pensions;
c) the total number of pensioners;
d) the total amount of absolutely forfeited instalments; and
e) such other particulars as are prescribed.

64. — A des époques déterminées, le registrar fournira au postmaster général des états indiquant pour chacune de ces époques :

a) le nom des titulaires de pensions ;
b) les numéros de leurs certificats de pension ;
c) les dates et bureaux des postes auxquels les arrérages des dites pensions sont payables ;
d) le montant des arrérages à payer.

65. — Le Ministre, sans autre autorisation que celle qui lui est accordée par la présente loi, avancera successivement sur les fonds consolidés et sous forme de prêt à l'administration des postes, les sommes nécessaires au paiement des arrérages indiqués sur les listes précitées, et le postmaster général effectuera en conséquence le paiement des dits arrérages.

66. — 1. Le postmaster général devra à des époques déterminées dont il aura convenu avec le Ministre, fournir au registrar un état indiquant pour chacune de ces époques :

a) le total des sommes avancées comme il est dit ci-dessus à l'administration des postes, au commencement et à la fin de chaque période :
b) les arrérages payés ;
c) le nom des bénéficiaires auxquels ces arrérages ont été payés ;
d) tous autres renseignements prescrits.

2. Le registrar, après s'être assuré que cet état est correct, en certifiera l'exactitude et le transmettra au Ministre.

67. — Des exemplaires de la présente loi devront être affichés dans les différents bureaux de poste de la Nouvelle-Zélande et une liste des bénéficiaires autorisés à toucher leurs arrérages à un bureau des postes déterminé devra être tenue au dit bureau ; le public sera autorisé à consulter la dite liste moyennant le paiement d'une taxe de 1 shilling.

68. — Toutes les dépenses (autres que le paiement des pensions) provoquées par l'application de la présente loi, seront payées à l'aide des allocations que le Parlement votera successivement.

69. — Le Ministre, dans les trente jours qui suivront la clôture de chaque exercice financier, finissant le 31 mars de chaque année, dressera et soumettra au Parlement, s'il est réuni, et s'il n'est pas réuni, dans les quatorze jours qui suivront le commencement de la session la plus proche, un état indiquant :

a) la totalité des sommes payées en vertu de la présente loi pour le service des pensions ;
b) la totalité des sommes payées pour d'autres services ;
c) le nombre total des titulaires ;
d) la somme totale des arrérages définitivement confisqués ;
e) tous autres renseignements prescrits.

70. — 1. The Governor may from time to time make such regulations as he thinks necessary for any purpose for which regulations are contemplated or required, and generally for carrying out the intention of this Act.

2. Such regulations shall be laid on the table of the House of Representatives within ten days after the commencement of each session, and referred to such sessional Comittee for report as the House directs.

71. — This Act in so far as it provides for the grant of pensions, shall not apply to :
 a) aboriginal Maoris of New Zealand to whom moneys other than pensions are paid out of the sums appropriated for Native purposes by " The Civil List Act, 1908 "; nor to
 b) aliens; nor to
 c) naturalised subjects, except such as have been naturalised for the period of one year next preceding the date on which they establish their pension-claims; nor to
 d) Chinese or other Asiatics, whether naturalised or not.

72. — Subject to the provisions of paragraph (*a*) of the last preceding section, this Act applies to aboriginal Maoris of New Zealand :

Provided that on the investigation of any such Maori's pensionclaim his evidence as to his age shall be required to be corroborated to the satisfaction of the Magistrate.

73. — In determining the claim of any aboriginal Maori, in so far as the same may be affected by rights or property held or enjoyed otherwise than under defined legal title, the Magistrate shall be guided by the following rules

 a) in respect of " income, " any customary rights used or capable of being used in respect of land the title to which has not been ascertained, but which is enjoyed or is capable of enjoyment, shall be assessed and determined by such evidence and in such manner as the Magistrate in his discretion considers proper;
 b) In respect of " accumulated property, " the interest in land or other property held or enjoyed under Native custom, or in any way other than by defined legal title, shall be assessed and determined by the Magistrate in manner aforesaid, with the view of arriving as nearly as may be at a decision as to the net capital value thereof for the purposes of this Act; and the decision of the Magistrate thereon shall be final.

74. — 1. Where, on the application by a Maori for a pension or a pension-certificate, it would, in the opinion of the Magistrate, be more advantageous

70. — 1. Le gouverneur pourra formuler successivement les réglements qu'il croira nécessaires concernant les points pour lesquels des réglements auront été proposés ou prévus et, d'une façon générale, en vue de l'exécution de la présente loi.

2. Ces réglements seront déposés sur le bureau de la Chambre des représentants, dans les dix jours qui suivront le commencement de chaque session et renvoyés à une commission que la Chambre aura choisie pour faire rapport.

71. — La présente loi, en tant qu'elle prévoit l'allocation de pensions, ne s'appliquera pas :

a) aux aborigènes maoris de la Nouvelle-Zélande auxquels des sommes autres que des pensions sont payées à l'aide de fonds consacrés aux naturels par *The civil list act,* 1908 ; ni

b) aux étrangers ; ni

c) aux sujets naturalisés, à l'exception de ceux qui auront été naturalisés cinq ans avant la date à laquelle ils feront valoir leur demande de pension ; ni

d) aux Chinois ou autres Asiatiques naturalisés ou non.

72. — Sous réserve des dispositions du paragraphe (*a*) de la section précédente, la présente loi s'appliquera aux aborigènes maoris de la Nouvelle-Zélande.

Toutefois, lors de l'examen de la demande de pension d'un maori, les preuves fournies quant à l'âge de l'intéressé devront être corroborées à la satisfaction du magistrat.

73. — En liquidant la demande d'un aborigène maori et lorsque la consistance de celle-ci se trouvera dépendre de la propriété ou de la possession de droits ou de biens dont la jouissance aura été acquise autrement qu'en vertu d'un titre légalement déterminé, le magistrat se laissera guider par les principes suivants :

a) en ce qui concerne le « revenu », tous droits coutumiers exercés ou susceptibles de l'être et relatifs à des biens fonciers dont le titre n'aurait pas été établi, mais qui sont actuellement possédés ou sont susceptibles de l'être, seront admis en compte et évalués à l'aide des preuves et suivant la procédure que le magistrat croira convenable de leur appliquer ;

b) en ce qui concerne les « biens accumulés », le revenu des terres et autres propriétés possédées conformément à la coutume indigène ou à tout autre titre qu'en vertu d'un titre légalement déterminé, seront admis en compte et évalués par le magistrat dans la forme indiquée ci-dessus, dans le but d'arriver à une détermination aussi exacte que possible de leur valeur en capital net, de façon à satisfaire aux prescriptions de la présente loi, et la décision que le magistrat aura prise à cet égard sera définitive.

74. — Lorsqu'à l'occasion d'une demande de pension ou de certificat de pension faite par un maori, le magistrat estime qu'il serait plus avantageux

to the applicant to receive an allowance out of the moneys appropriated for Native purposes under " The Civil List Act, 1908, " he may, in lieu of granting a pension, report the circumstances of the case to the Native Minister, with such recommendation as he thinks fit to make.

2. Where on any such application the Magistrate is of opinion that a pension should be granted under this Act, he may on issuing the certificate direct that the pension shall be paid to some Government officer, to be applied by him for the benefit of the applicant.

75. — 1. Every pension granted under this Act shall be deemed to be granted and shall be held subject to the provisions of any amending or repealing Act that may hereafter be passed, and no pensioner under this Act shall have any claim for compensation or otherwise by reason of his pension being affected by any such amending or repealing Act.

2. A notification of the last preceding subsection shall be printed on every pension-certificate.

SCHEDULE.

ENACTMENTS CONSOLIDATED.

1898, No. 14. — " The Old-age Pensions Act, 1898."
1900, No. 28. — " The Old-age Pensions Act Amendment Act, 1900."
1901, No. 50. — " The Old-age Pensions Amendment Act, 1901."
1902, No. 20. — " The Old-age Pensions Amendment Act, 1902."
1905, No. 2. — " The Old-age Pensions Act, 1905."

An Act to consolidate certain enacments of the General Assembly relating to compensation to workers for accidental injuries suffered in the course of their employment.

[*Repealed by section 60 of the Workers' Compensation Act, 1908 n° 248.*]

An Act to amend the Inspection of Machinery Act, 1908. (6th October, 1908.)

1. — 1. This Act may be cited as the Inspection of Machinery Amendment Act, 1908, and shall form part of and be read together with the Inspection of Machinery Act, 1908 (hereinafter referred to as the principal Act).

pour.le requérant d'obtenir une somme prélevée sur les fonds consacrés aux naturels par *The Civil list act,* 1908, il pourra, au lieu d'accorder la pension exposer le cas au *Native Minister* avec les recommandations qu'il jugera à propos.

2. Lorsqu'à l'occasion d'une demande de l'espèce, le magistrat estime qu'il y a lieu d'accorder une pension en vertu de la présente loi, il pourra ordonner en délivrant le certificat que la pension soit payée au profit de l'impétrant, à un agent du gouvernement qu'il désignera.

75. — 1. Toute pension accordée en vertu de la présente loi, sera considérée comme accordée sous réserve des dispositions de toute loi de modification ou d'abrogation qui pourrait être votée dans la suite, et les bénéficiaires d'une pension en vertu de la présente loi n'auront aucun droit à une indemnité ou autre compensation à raison de ce qu'il aurait été porté atteinte à leur pension par une loi portant modification ou abrogation de la présente loi.

2. Mention de la sous-section précédente sera imprimée sur chaque certificat de pension.

ANNEXE.

LOIS CODIFIÉES.

1898, n° 14. — « Loi sur les pensions de vieillesse, 1908. »
1900, n° 28. — « Loi modifiant la loi sur les pensions de vieillesse, 1900. »
1901, n° 50. — « Loi modifiant la loi sur les pensions de vieillesse, 1901. »
1902, n° 20. — « Loi modifiant la loi sur les pensions de vieillesse, 1902 »
1905, n° 2. — « Loi sur les pensions de vieillesse, 1905. »

Loi du 4 août 1908 sur la réparation des suites dommageables des accidents du travail [1].

[*Cette loi a été abrogée par la section 60 de celle du 10 octobre 1908 sur le même objet. Voir ci-après.*]

Loi du 6 octobre 1908 modifiant la loi sur l'inspection des machines [2].

1. — 1. La présente loi peut être citée sous le titre de « Loi modifiant la loi de 1908 sur l'inspection des machines »; elle ne formera qu'un seul texte et sera interprétée conjointement avec la loi de 1908 sur l'inspection des machines (appelée ci-après loi principale).

[1] 1908, n° 207.
[2] 1908, n° 224.

2. This Act shall come into operation on the first day of January, 1909.

2. — 1. The definition of " boiler " in section 2 of the principal Act is hereby amended by omitting all words after the word " applied, " and substituting the words " under pressure for any purpose."

2. The definition of " machinery " in the same section is hereby amended by omitting all words after the word " obtained," and substituting the words " for any purpose."

Provided that nothing herein contained shall apply to machinery driven by hand or animal power.

3. The Governor may from time to time, by Order in Council gazetted, declare that any specified kind of machinery or boiler shall cease to be subject to the provisions of the principal Act.

4. Section 10 and the Second Schedule to the principal Act are hereby repealed.

3. — Section 12 of the principal Act is hereby amened by adding thereto the following subsection after subsection 3 :

3A. No hydraulic, electric, or other lift of any kind other than a lift worked by hand shall be worked at any time unless it is in charge of a male attendant of not less than 18 years of age.

" Provided that the Minister may at any time, on being satisfied (upon the report of an Inspector of Machinery) that no attendant is necessary for the safe working of any particular class of lifts, exempt by notice in the *Gazette* that class of lifts from the requirements of this subsection ; and any exemption so granted may, by a like notice, be at any time withdrawn."

4. — Section 25 of the principal Act is hereby amended by adding at the end of subsection 1 the words " and is liable to a fine not exceeding 100 pounds."

5. — On and after the first day of April, 1909, every glass water-gauge fitted to a boiler shall at all times be provided by the owner of the boiler with suitable protection.

6. — If the cylinders of any steam-engine have been bored out or renewed at any time, or any alteration has been made in the diameter of the cylinders, notice of such alteration shall within one month be sent by the owner to the Inspector of Machinery of the district in which the engine is working.

7. — The class of engine-driver required to be in charge of a steam turbine stationary engine shall be determined by reference to the horse-power of the boilers used for supplying steam for such engine, as follows :

a) if the aggregate horse-power is fifteen-horse power or under, no certificated engine-driver shall be required ;

2. La présente loi entrera en vigueur le 1ᵉʳ janvier 1909.

2. — 1. La définition de « chaudière » dans la section 2 de la loi principale est modifiée par la suppression de tous les mots suivant le mot « appliquée » et leur remplacement par les mots « sous pression pour un travail quelconque ».

2. La définition de « machines » dans la même section est modifiée par la suppression de tous les mots suivant le mot « obtenue » et leur remplacement par les mots « en vue d'un travail quelconque ».

Toutefois, aucune des présentes dispositions ne sera applicable aux machines actionnées à la main ou par la force animale.

3. Par ordonnance prise en conseil et insérée dans la *Gazette*, le gouverneur peut décréter qu'une certaine espèce de machines ou de chaudières cessera d'être soumise aux dispositions de la loi principale.

4. La section 10 et la deuxième annexe de la loi principale sont abrogées.

3. — La section 12 de la loi principale est modifiée par l'addition de la sous-section suivante à la suite de la sous-section 3 :

3ᴀ. Aucun ascenseur hydraulique ou électrique, et aucun ascenseur autre que ceux qui sont actionnés à la main ne pourront fonctionner que s'ils sont conduits par un préposé âgé d'au moins 18 ans.

« Toutefois, si (sur le rapport d'un inspecteur de machines) le Ministre a la conviction que la présence d'un préposé n'est pas nécessaire au fonctionnement en toute sécurité d'une certaine espèce d'ascenseurs, il peut toujours, par avis inséré dans la *Gazette*, exempter cette classe d'ascenseurs des dispositions de la présente sous-section ; une exemption ainsi accordée peut toujours être rapportée, de la même façon. »

4. — La section 25 de la loi principale est modifiée par l'addition à la fin de la sous-section 1 des mots : « Cette personne est passible de l'amende jusqu'à 100 livres ».

5. — A partir du 1ᵉʳ avril 1909, tout niveau d'eau à tube de verre sera protégé par le propriétaire de la chaudière d'une façon permanente et appropriée.

6. — Si les cylindres d'une machine à vapeur ont été alésés ou renouvelés ou si une modification a été faite dans le diamètre des cylindres, avis de la modification sera envoyé dans le mois par le propriétaire à l'inspecteur des machines du district dans lequel la machine fonctionne.

7. — Le service d'une turbine à vapeur fixe sera confié à un mécanicien porteur d'un certificat dont la classe sera déterminée d'après le nombre de chevaux-vapeur des chaudières utilisées pour fournir la vapeur à ladite turbine ; ainsi

a) si le total des chevaux-vapeur ne dépasse pas 15 unités, aucun certificat ne sera requis ;

b) if the aggregate horse-power is over fifteen- and under twenty-five-horse power, then an engine-driver holding a certificate not lower than second class shall be in charge; and

c) if the aggregate horse-power is twenty-five-horse power or over, then a first-class engine-driver shall be in charge.

8. — 1. Where an engine and boiler of fifteen-horse power or over are in charge of a certificated engine-driver, he shall at all times be in effective charge thereof while the machinery is running or steam is being taken from the boiler for any purpose

2. Every such engine-driver who, while in charge of an engine and boiler, absents himself from his charge in breach of the provisions of this section, and every owner of an engine and boiler who requires him to so absent himself, commits an offence.

9. — 1. If on the report of an Inspector of Machinery the Chief Inspector of Machinery is of opinion that it is impracticable or dangerous for any certificated engine-driver to take sole charge of any steam-engine and its boilers at the same time, the Chief Inspector may, by notice in writing to the owner of the engine and boilers, require that, on and after a date to be stated in the notice, the boilers shall be in charge of some person other than the certificated engine-driver in charge of the engine.

2. Every person on whom such notice has been served who fails to comply therewith commits an offence.

10. — The owner of any portable treshing-machine or portable boiler shall at all times keep his name and place of residence legibly painted thereon.

11. — 1. The Inspector of Machinery shall legibly stamp every boiler in his district with the official number of the boiler on some conspicuous part thereof.

2. Every person who disfigures, destroys, or conceals such official number is liable to a fine not exceeding 20 pounds.

12. — Where the crank-shafts of two or more steam-engines working side by side are coupled up to form one driving-power, or where two or more steam-engines are working side by side and driving a mutual shaft by means of belting or gearing, the class of engine-driver to be in charge of such engines shall be determined with reference to the combined circular inch area of the cylinders of such engines.

13. — 1. Subsection 1 of section 41 of the principal Act is hereby amended by inserting before the word " persons " the words " material or.'

2. Subsection 2 of the same section is hereby amended by omitting the words " an engine," and substituting the words " a steam-engine."

b) si le total des chevaux-vapeur est supérieur à 15 et inférieur à 25 unités, le préposé devra être porteur d'un certificat de mécanicien de 2e classe au moins ; et

c) si le total des chevaux-vapeur est de 25 unités ou au delà, le préposé devra être porteur d'un certificat de 1re classe.

8. — Lorsqu'un mécanicien, porteur d'un certificat, a le service d'une machine et d'une chaudière de 15 chevaux-vapeur au moins, il doit conserver la charge effective de ces engins lorsque la machine fonctionne ou lorsque la chaudière fournit de la vapeur pour un travail quelconque.

2. Le mécanicien ayant le service d'une machine et d'une chaudière qui abandonne ce service de lui-même en violation des dispositions de la présente section, et le propriétaire de la machine et de la chaudière qui oblige un mécanicien à abandonner ledit service, commettent l'un et l'autre un délit.

9. — 1 Si, sur le rapport d'un inspecteur des machines, l'inspecteur en chef des machines juge qu'il est peu pratique ou dangereux de laisser à un seul mécanicien, porteur d'un certificat, le service d'une machine et de ses chaudières, il peut adresser une note écrite au propriétaire de ces engins, le requérant de confier, à partir d'une date fixée dans cet avis, le service des chaudières à une personne autre que le mécanicien porteur du certificat, qui conservera le service de la machine.

2. Quiconque reçoit semblable avis et néglige de s'y conformer, commet un délit.

10. — Le nom et le lieu de résidence du propriétaire d'une machine à battre locomobile ou d'une chaudière locomobile seront peints en caractères lisibles sur chacune de ces machines.

11. — 1. L'inspecteur des machines poinçonnera, d'une façon lisible et à une place bien vue, toutes les chaudières de son district de leur chiffre officiel.

2. Toute personne qui déformera, détruira ou cachera un chiffre officiel sera passible de l'amende jusqu'à 20 livres.

12. — Lorsque les arbres de deux ou de plusieurs machines à vapeur fonctionnant côte à côte sont accouplés pour former une force motrice ou lorsque deux ou plusieurs machines à vapeur fonctionnent côte à côte et actionnent un arbre commun au moyen de courroies ou autrement, le préposé au service de ces machines sera porteur d'un certificat dont la classe sera déterminée d'après la surface combinée des cylindres de ces machines, évaluée en pouces carrés.

13. — 1. La sous-section 1 de la section 41 de la loi principale est modifiée par insertion avant le mot « personnes » des mots « matériaux ou ».

2. La sous-section 2 de la même section est modifiée par la suppression des mots « une machine » qui sont remplacés par les mots « une machine à vapeur ».

14. — 1. No person who has suffered the loss of a hand or a foot shall act as the driver of a locomotive steam-engine, or winding-engine.

2. Every person who acts as the driver of any such engine in breach of the provisions of this section is liable to a fine not exceeding 5 pounds for every day in which he so acts, and every person who employs him so to act is liable to a fine not exceeding 5 pounds for every day during which such employment continues.

15-20. — [*Proof of service, etc.*]

21. — No certificate shall be issued by the Board under section 41 of the principal Act unless the applicant produces to the Board a certificate in writing signed by a registered medical practioner that the applicant is neither wholly nor partially deaf, nor has defective eyesight, nor is subject to any other infirmity likely to interfere with the efficient discharge of his duties.

22-23. — [*Certificates and fees.*]

Application of Act to Vehicles.

24. — 1. The provisions of the principal Act relating to the employment of certificated engine-drivers shall not apply to any motor.

2. All the provisions of the principal Act with respect to boilers shall apply to the boilers of vehicles propelled by steam, save that in the case of a motor whose weight unladen does not exceed 3 tons a certificate granted in respect of the boiler thereof shall remain in force, unless sooner cancelled by the Inspector, until the boiler of that motor is renewed.

3. All the provisions of the principal Act with respect to the inspection of machinery and the grant of certificates in respect thereof shall apply to all vehicles propelled by steam, and to all motors whose weight unladen exceeds 3 tons, and for the purposes of those provisions all such vehicles and motors shall be deemed to be machinery subject to the principal Act.

4. Every person who becomes the owner of a vehicle propelled by steam, or of a motor whose weight unladen exceeds 3 tons, shall, within one month thereafter, send to the Inspector of Machinery of the district where the vehicle or motor is intended to be principally kept a notice stating the name and address of the owner, the weight of the vehicle or motor, and the nature of its motive power.

5. A like notice shall, within three months after the commencement of this Act, be sent to the Inspector by every person who at such commencement is the owner of a vehicle propelled by steam or of a motor whose weight unladen exceeds 3 tons.

14. — 1. Toute personne privée d'une main ou d'un pied ne pourra avoir le service d'une locomotive ou d'une machine d'extraction.

2. Toute personne qui agira, en qualité de mécanicien, au service de ces machines sera passible de l'amende jusqu'à 5 livres par jour pendant toute la durée de l'infraction, et la personne qui emploiera le contrevenant sera passible de la même amende.

15 à 20. — [*Preuves de service dans certains cas, etc.*]

21. — Les certificats requis par la section 41 de la loi principale ne seront délivrés par le comité qu'aux candidats qui produiront un certificat d'un médecin agréé déclarant que l'intéressé n'est pas atteint de surdité complète ou partielle, qu'il n'a pas la vue défectueuse, et n'est sujet à aucune autre infirmité de nature à entraver son service.

22-23. — [*De certains certificats ; des taxes à payer, etc.*]

Application de la loi aux véhicules.

24. — 1. Les dispositions de la loi principale relatives à l'emploi des mécaniciens porteurs de certificats ne seront pas applicables aux moteurs.

2. Toutes les dispositions de la loi principale concernant les chaudières s'appliqueront aux chaudières des véhicules actionnés par la vapeur ; toutefois, un certificat accordé pour la chaudière d'un véhicule automobile dont le poids à vide n'excède pas trois tonnes, restera en vigueur jusqu'à ce que ladite chaudière soit renouvelée, à moins que ce certificat ne soit annulé plus tôt par l'inspecteur.

3. Toutes les dispositions de la loi principale relatives à l'inspection des machines et à l'octroi de certificats pour le service de ces machines, s'appliqueront à tous les véhicules actionnés par la vapeur ainsi qu'à tous les véhicules automobiles dont le poids à vide excède 3 tonnes, et en vue de l'application de ces dispositions, tous les véhicules et véhicules automobiles des catégories spécifiées ci-dessus seront considérés comme des machines soumises à la loi principale.

4. Toute personne qui devient propriétaire d'un véhicule actionné par la vapeur ou d'un véhicule automobile dont le poids à vide excède 3 tonnes, enverra, dans le mois, à l'inspecteur des machines du district où il a l'intention de garder principalement son véhicule, un avis mentionnant ses nom et adresse, le poids du véhicule ou du véhicule automobile, ainsi que la nature de la force motrice de celui-ci.

5. Dans les trois mois de l'entrée en vigueur de la présente loi, un avis semblable sera envoyé à l'inspecteur par toutes les personnes qui, à cette époque, seront propriétaires d'un véhicule actionné par la vapeur ou d'un véhicule automobile dont le poids à vide excède 3 tonnes.

6. The weight of every motor whose weight unladen exceeds 2 tons shall at all times be painted on some conspicuous part of the right-hand side in legible letters and figures of not less than one inch in height.

7. No vehicle, driven by mechanical power, which exceeds 2 tons in weight shall at any time be driven by any person under the age of 18 years.

8. Except as expressly provided by this section or otherwise, the provisions of the principal Act and of this Act shall not apply to any vehicle.

9. For the purposes of this section " motor " means a vehicle propelled by its own mechanical power, and so constructed as not to emit smoke, steam, or visible vapour except from any temporary or accidental cause.

10. The provisions of this section do not apply to any engine used on a railway the property of his Majesty, or to any vehicle used upon a tramway other than a steam-engine.

11. Section eleven of the Motor Regulation Act, 1908, is hereby repealed.

An Act to amend the Industrial Conciliation and Arbitration Act, 1908.
(10th October, 1908.)

1. — This Act may be cited as the Industrial Conciliation and Arbitration Amendment Act, 1908, and shall be read together with and deemed to form part of the Industrial Conciliation and Arbitration Act, 1908 (hereinafter referred to as the principal Act).

2. — This Act shall come into operation on the first day of January 1909.

PART I.

STRIKES AND LOCK-OUTS.

3. — 1. In this Act the term " strike " means the act of any number of workers who are or have been in the employment whether of the same employer or of different employers in discontinuing that employment, whether wholly or partially, or in breaking their contracts of service, or in refusing or failing after any such discontinuance to resume or return to their employment, the said discontinuance, breach, refusal, or failure being due to any combination, agreement, or common understanding, whether express or implied, made or entered into by the said workers:

a) with intent to compel or induce any such employer to agree to terms

6. Le poids de tout véhicule automobile, s'il excède 2 tonnes à vide, sera toujours peint en lettres lisibles et en chiffres d'au moins un pouce de hauteur sur le côté droit à une place bien en vue.

7. Aucune personne âgée de moins de 18 ans ne pourra conduire un véhicule actionné par une force mécanique, lorsque le poids du véhicule excède deux tonnes.

8. Sauf les dispositions contraires expressément énoncées dans la présente section ou dans toute autre section, les dispositions de la loi principale et de la présente loi ne seront pas applicables aux véhicules.

9. En vue de l'application de la présente section, « véhicule automobile » signifie un véhicule mû par sa propre force mécanique et construit de façon à ne laisser échapper au-dehors ni fumée, ni vapeur visible, excepté pour une cause temporaire ou accidentelle.

10. Les dispositions de la présente section ne seront pas applicables aux machines utilisées dans l'exploitation d'un chemin de fer appartenant au gouvernement de Sa Majesté, ni aux véhicules autres que des machines à vapeur, utilisés dans l'exploitation d'un tramway.

11. La section 11 de la loi de 1908 sur la réglementation des véhicules automobiles est abrogée.

Loi du 10 octobre 1908 portant modification de la loi de 1908 sur la conciliation et l'arbitrage [1].

1. — La présente loi peut être citée sous le titre de « loi de 1908 modifiant la loi de 1908 sur la conciliation et l'arbitrage en matière industrielle. » Elle fera corps et sera interprétée conjointement avec la « loi de 1908 sur la conciliation et l'arbitrage », appelée ci-après loi principale.

2. — La présente loi entre en vigueur le 1ᵉʳ janvier 1909.

Iʳᵉ PARTIE.

GRÈVES ET LOCK-OUTS.

3. — 1. Dans la présente loi, le terme « grève » désigne l'acte par lequel un groupe quelconque d'ouvriers actuellement ou antérieurement au service d'un ou de plusieurs employeurs cessent totalement ou partiellement le travail ou rompent leur contrat de service, ou, après une suspension de ce genre, refusent ou négligent de reprendre leur travail ou de s'y rendre, lorsque cette cessation de travail, cette rupture de contrat, ce refus ou cette négligence résulte soit expressément, soit tacitement d'une coalition, d'un accord ou d'une entente commune entre les ouvriers :

a) en vue de contraindre ou d'amener leur employeur à accepter certaines

[1] 1908, n° 239.

of employment, or comply with any demands made by the said or any other workers; or

b) with intent to cause loss or inconvenience to any such employer in the conduct of his business; or

c) with intent to incite, aid, abet, instigate, or procure any other strike; or

d) with intent to assist workers in the employment of any other employer to compel or induce that employer to agree to terms of employment or comply with any demands made upon him by any workers.

2. In this Act the expression " to strike " means to become a party to a strike, and the term " striker " means a party to a strike.

4. — In this Act the term " lock-out " means the act of an employer in closing his place of business, or suspending or discontinuing his business or any branch thereof :

a) with intent to compel or induce any workers to agree to terms of employment, or comply with any demands made upon them by the said or any other employer; or

b) with intent to cause loss or inconvenience to the workers employed by him or to any of them; or

c) with intent to incite, aid, abet, instigate, or procure any other lock-out; or

d) with intent to assist any other employer to compel or induce any workers to agree to terms of employment or comply with any demands made by him.

5. — 1. When a strike takes place in any industry every worker who is or becomes a party to the strike and who is at the commencement of the strike bound by any award or industrial agreement affecting that industry shall be liable to a penalty not exceeding 10 pounds.

2. When a lock-out takes place in any industry every employer who is or becomes a party to the lock-out, and who is at the commencement of the lock-out bound by any award or industrial agreement affecting that industry, shall be liable to a penalty not exceeding 500 pounds.

3· No worker or employer shall be liable to more than one penalty in respect of the same strike or lock-out, notwithstanding the continuance thereof.

4. No proceedings shall be commenced or continued under this section against any worker or employer who is a party to a strike or lock-out if judgment has already been obtained under the next succeeding section in respect of the same strike or lock-out against any industrial union or ndustrial association of which the worker or employer is a member.

6. — 1. Every person who incites, instigates, aids, or abets an unlawful

conditions de travail ou à faire droit à leurs revendications ou à celles d'autres ouvriers ;

b) en vue de causer un dommage ou de créer des difficultés à un employeur dans l'exercice de son industrie ; ou

c) en vue de fomenter, soutenir, encourager, stimuler ou faire éclater une autre grève ; ou

d) en vue d'aider des ouvriers au service d'un autre employeur, à contraindre ou à amener ce dernier à accepter certaines conditions de travail ou à faire droit aux revendications formulées par des ouvriers quelconques ;

2° Dans la présente loi, l'expression « se mettre en grève » signifie participer à une grève ; le terme « gréviste » désigne toute personne participant à une grève.

4. — Dans la présente loi, le terme lock-out désigne l'acte par lequel un employeur ferme ses ateliers, arrête ou interrompt son exploitation ou une partie de cette dernière :

a) en vue de contraindre ou d'amener des ouvriers à accepter certaines conditions de travail ou à subir ses conditions ou celles d'autres employeurs; ou

b) en vue de causer un dommage quelconque ou de créer des difficultés aux ouvriers qu'il emploie ou à d'autres ; ou

c) en vue de fomenter, soutenir, encourager, stimuler ou faire prononcer un autre lock-out ; ou

d) en vue d'aider un autre employeur à contraindre ou à amener des ouvriers à accepter certaines conditions de travail ou à subir ses conditions.

5. — 1. Si une grève éclate dans une industrie, tout ouvrier qui y participe et qui, au commencement de ladite grève, se trouve lié par une sentence ou un arrangement industriel visant ladite industrie, est passible de l'amende jusqu'à 10 livres ;

2. Si un lock-out éclate dans une industrie, tout employeur qui y participe et qui, au commencement dudit lock-out, se trouve lié par une sentence ou un accord industriel visant ladite industrie, est passible de l'amende jusqu'à 500 livres.

3. L'amende ne peut être infligée qu'une seule fois aux ouvriers ou aux patrons pour une même grève ou un même lock-out, quelle qu'en soit la durée.

4. Si, en vertu de la section suivante, un jugement a déjà été rendu du chef de la même grève ou du même lock-out, contre une union ou une association professionnelle dont fait partie un ouvrier ou un employeur, des poursuites judiciaires ne peuvent être intentées ni continuées, en vertu de la présente section, contre ledit ouvrier ou ledit employeur participant à une grève ou à un lock-out.

6. — 1. Quiconque fomente, stimule, soutient ou encourage une grève ou

strike or lock-out or the continuance of any such strike or lock-out, or who incites, instigates, or assists any person to become a party to any such strike or lock-out, is liable, if a worker, to a penalty not exceeding 10 pounds, and if an industrial union, industrial association, trade-union, employer, or any person other than a worker, to a penalty not exceeding 200 pounds.

2. Every person who makes any gift of money or other valuable thing to or for the benefit of any person who is a party to any unlawful strike or lock-out, or to or for the benefit of any industrial union, industrial association, trade-union, or other society or association of which any such person is a member, shall be deemed to have aided or abetted the strike or lock-out within the meaning of this section, unless he proves that he so acted without the intent of aiding or abetting the strike or lock-out.

3. When a strike or lock-out takes place, and a majority of the members of any industrial union or industrial association are at any time parties to the strike or lock-out, the said union or association shall be deemed to have instigated the strike or lock-out.

4. In this section the term " unlawful strike " means a strike of any workers who are bound at the commencement of the strike by an award or industrial agreement affecting the industry in which the strike arises.

5. In this section the term " unlawful lock-out " means a lock-out by any employer who is bound at the commencement of the lock-out by an award or industrial agreement affecting the industry in which the lock-out occurs.

7. — Every penalty hereinbefore referred to shall be recoverable at the suit of an Inspector of Awards in the same manner as a penalty for a breach of an award and not otherwise, and all the provisions hereinafter in this Act contained with respect to the enforcement of an award shall, so far as applicable, apply accordingly.

8. — Section 111 of the principal Act is hereby repealed, but in respect of all offences committed against that section before the commencement of this Act the same proceedings may be taken or continued as if this Act had not been passed.

9. — 1. If any person employed in any of the industries to which this section applies strikes without having given to his employer, within one month before so striking, not less than fourteen days' notice in writing, signed by him, of his intention to strike, or strikes before the expiry of any notice so given by him, the striker shall be liable on summary conviction before a Magistrate to a fine not exceeding 25 pounds.

2. If any employer engaged in any of the industries to which this section applies locks out without having given to his employees, within one month before so locking out, not less than fourteen days' notice in writing of his intention to lock-out, or locks out before the expiry of any notice so given

un lock-out illicite ou sa continuation, quiconque incite, encourage ou aide une autre personne à participer à une grève ou à un lock-out de ce genre est passible, s'il s'agit d'un ouvrier, de l'amende jusqu'à 10 livres ou, s'il s'agit d'une union ou d'une association industrielle, d'une trade-union, d'un employeur ou de toute autre personne n'ayant pas le caractère d'ouvrier, de l'amende jusqu'à 200 livres.

2. Toute personne qui fait un don en argent ou en valeurs, directement ou au bénéfice d'une personne participant à une grève ou à un lock-out illégal, ou d'une union ou association professionnelle, d'une trade-union, ou d'une autre société ou association dont le bénéficiaire fait partie, est considérée comme ayant soutenu ou encouragé la grève ou le lock-out au sens du présent article, si elle n'établit pas qu'elle a agi ainsi sans chercher à soutenir ou à encourager ladite grève ou ledit lock-out.

3. Si la majorité des membres d'une union ou d'une association industrielle participe à une grève ou à un lock-out, ladite union ou association est considérée comme ayant fomenté la grève ou le lock-out.

4. Dans la présente section, le terme « grève illicite » désigne toute grève faite par des ouvriers liés, au début de la grève, par une sentence ou un accord industriel relatif à l'industrie dans laquelle survient le conflit.

5. Dans le présent article, le terme « lock-out illégal » désigne tout lock-out prononcé par un patron lié, au début du lock-out, par une sentence ou un accord industriel relatif à l'industrie dans laquelle a été prononcé le lock-out.

7. — Les amendes dont il est question ci-dessus peuvent être recouvrées sur les poursuites d'un inspecteur des sentences, mais uniquement selon le mode adopté pour les amendes prévues en cas d'infraction à une sentence. Toutes les dispositions de la présente loi relatives à l'exécution d'une sentence sont applicables en conséquence.

8. — La section 111 de la loi principale est abrogée. Toutefois, en ce qui concerne les contraventions commises avant la mise en vigueur de la présente loi, les poursuites peuvent être engagées ou continuées, tout comme si ladite loi n'avait pas été votée.

9. — 1. Toute personne employée dans l'une des industries visées par la présente section qui se met en grève sans avoir, dans le mois qui précède, signifié à son patron, par préavis d'au moins quinze jours fait par écrit, son intention de faire grève, ou se met en grève avant l'expiration du délai indiqué dans ledit avis, est passible, sur condamnation sommaire prononcée par un magistrat, d'une amende pouvant s'élever à 25 livres.

2. Tout patron exerçant l'une des industries visées par la présente section qui prononce un lock-out sans avoir, dans le mois qui précède, signifié à ses ouvriers par préavis écrit de quinze jours, son intention de prononcer un lock-out, ou qui prononce ce lock-out avant l'expiration du délai indiqué

by him, such employer shall be liable on summary conviction before a Magistrate to a fine not exceeding 500 pounds.

3. This section applies to the following industries :

a) the manufacture or supply of coal-gas;

b) the production or supply of electricity for light or power;

c) the supply of water to the inhabitants of any borough or other place ;

d) the supply of milk for domestic consumption;

e) the slaughtering or supply of meat for domestic consumption;

f) the sale or delivery of coal, whether for domestic or industrial purposes;

g) the working of any ferry, tramway, or railway used for the public carriage of goods or passengers.

4. Every person who incites, instigates, aids, or abets any offence against this section, or who incites, instigates, or assists any person who has struck or locked out in breach of this section to continue to be a party to the strike or lock-out shall be liable, on summary conviction before a Magistrate, to a fine not exceeding in the case of a worker 25 pounds, or in the case of an industrial union, industrial association, trade-union, employer, or any person other than a worker, 500 pounds.

5. Nothing in this section shall affect any liability under section 5 or section 6 of this Act, save that when a judgment or conviction has been obtained against any person under any one of those sections no further proceedings shall be taken or continued against him under any other of those sections in respect of the same act.

10. — 1. When an industrial union or industrial association of workers is convicted under section 9 of this Act of having incited, instigated, aided, or abetted a strike by any of its members in breach of that section, or the continuance by any of its members of a strike commenced in breach of that section, or when judgment is obtained under section 6 of this Act against an industrial union or industrial association of workers for a penalty incurred by it for inciting, instigating, aiding, or abetting a strike by any of its members, or the continuance of any such strike, or for inciting, instigating, or assisting any person to become a party to any such strike, the Court in which the conviction or judgment is obtained may in the said conviction or judgment order that the registration of the union or association shall be suspended for such period as the Court thinks fit, not exceeding two years.

2. During any such period of suspension the said union or association shall be incapable of instituting or continuing or of being a party to any conciliation or arbitration proceedings under the principal Act or this Act, or of entering into any industrial agreement, or of taking or continuing any

dans ledit avis, est passible, sur condamnation sommaire prononcée par un magistrat, d'une amende pouvant s'élever à 500 livres.

3. La présente section s'applique aux industries suivantes :

a) fabrication ou fourniture du gaz de houille;

b) production ou fourniture d'électricité pour l'éclairage ou la force motrice;

c) fourniture d'eau aux habitants des communes urbaines ou d'autres localités;

d) fourniture du lait pour les besoins du ménage;

e) abatage du bétail et fourniture de la viande pour les besoins du ménage;

f) vente ou livraison de charbon pour les besoins du ménage ou de l'industrie;

g) entreprises de véhicules, de tramways ou de chemins de fer pour le transport public des voyageurs et des marchandises.

4. Quiconque pousse, incite, encourage ou aide à contrevenir aux dispositions de la présente section, ou quiconque pousse, incite ou aide un tiers qui, contrairement aux dispositions de la présente section, s'est mis en grève ou a prononcé un lock-out, à continuer la grève ou le lock-out, est passible, sur condamnation sommaire prononcée par un magistrat, de l'amende jusqu'à 25 livres, s'il s'agit d'un ouvrier, et jusqu'à 500 livres, s'il s'agit d'une union ou d'une association industrielle, d'une trade-union, d'un patron ou de toute personne autre qu'un ouvrier.

5. Les dispositions de la présente section ne modifient en rien la responsabilité établie par les sections 5 et 6 ci-dessus. Toutefois, si un jugement a été rendu ou une condamnation prononcée contre un tiers en vertu de l'une de ces deux sections, aucune autre poursuite ne peut être intentée ou continuée, pour le même motif, en vertu d'une des autres sections.

10. — 1. Si, en vertu de la section 9 de la présente loi, une union ou une association industrielle ouvrière est condamnée pour avoir incité ou favorisé une grève ou la continuation d'une grève entreprise par ses membres en violation de la présente section, ou si, en vertu de la section 6 de la présente loi, une union ou une association industrielle est condamnée à une amende pour avoir incité, aidé ou encouragé ses propres membres à déclarer ou à continuer une grève, ou pour avoir incité, favorisé ou aidé un tiers à y participer, le tribunal qui a prononcé la condamnation ou le jugement peut ordonner que l'enregistrement de l'union ou de l'association soit suspendu pendant une période qu'il fixera, mais qui ne pourra excéder deux ans.

2. Pendant toute la durée de cette suspension, l'union ou l'association ne peut, en vertu de la loi principale ou de la présente loi, introduire ou continuer une instance en conciliation ou en arbitrage, ni être une des parties à l'instance, ni conclure un accord industriel, ni intenter ou continuer une

proceedings for the enforcement of an award or industrial agreement, or of making any application for the cancellation of its registration.

3. During any such period of suspension the operation of any award or industrial agreement in force at any time during that period shall be suspended so far as the award or industrial agreement applies to persons who are members of that union or association, or who were members thereof at the time when the offence was committed in respect of which the said judgment or conviction was given or obtained, and also so far as the award or industrial agreement applies to the employers of any such persons.

Provided that in making the order of suspension the Court may limit the operation of this subsection to any industrial district or districts, or to any portion thereof.

4. During any period of such suspension no new industrial union or industrial association of workers shall be registered in the same industrial district in respect of the same industry.

5. The industrial union or industrial association against which any such order of suspension is made may appeal therefrom in the same manner as from the judgment or conviction in respect of which the order is made, and on any such appeal the Court in which it is heard may confirm, vary, or quash the order of suspension, and may make such order as to the costs of the appeal as the said Court thinks fit.

6. The variation or quashing of an order of suspension on appeal shall take effect as from the date on which the order is so varied or quashed, and not as from the date of the order.

7. Every judgment or conviction in respect of which any such order of suspension is made shall be subject to appeal, whether on a point of law or fact, whatever may be the amount of that judgment or of the fine imposed by that conviction.

PART II.

ENFORCEMENT OF AWARDS AND INDUSTRIAL AGREEMENTS.

11. — Sections 30, 101 and 102 of the principal Act are hereby repealed; but all orders for the payment of fines or other sums of money made before the commencement of this Act, or made thereafter in proceedings instituted before the commencement of this Act, may be enforced in the same manner as if this Act had not been passed.

12. — This Part of this Act applies to all awards and industrial agreements whether made before or after the commencement of this Act, and to all breaches of awards or industrial agreements whether committed before or after the commencement of this Act, save that all proceedings for the enforcement of any award or industrial agreement which are pending at

procédure en vue de faire exécuter une sentence ou un accord industriel, ni solliciter l'annulation de son enregistrement.

3. Pendant toute la durée de cette suspension, les effets de toutes les sentences ou de tous les accords industriels en vigueur à un moment quelconque de cette période se trouvent suspendus pour autant que lesdites sentences ou lesdits accords industriels s'appliquent à des personnes faisant actuellement partie de l'union ou de l'association intéressée, ou en ayant fait partie au moment où a été commise l'infraction qui a motivé le jugement ou la condamnation, et pour autant que les sentences ou les accords industriels s'appliquent aux employeurs desdites personnes.

Toutefois, le tribunal, en prononçant cette suspension, peut limiter les effets de la présente sous-section à un district industriel ou aux parties de districts qu'il désignera.

4. Pendant la durée de la suspension, aucune nouvelle union ou association industrielle ouvrière ne peut être enregistrée dans le même district industriel, pour la même industrie.

5. Toute union ou association industrielle dont l'enregistrement est suspendu, peut interjeter appel de cette suspension de la même façon qu'elle interjetterait appel du jugement ou de la condamnation prononçant sa suspension. Si elle fait appel, le tribunal qualifié pour en connaître, peut confirmer, modifier ou casser la suspension et statuer sur les frais de l'appel.

6. La modification ou la cassation d'un arrêt de suspension dont il a été fait appel, est valable à partir du jour où l'arrêt a été modifié ou cassé et non à partir du jour où la suspension a été prononcée.

7. Appel peut être interjeté, pour des questions de droit ou de fait, des jugements ou des condamnations ayant prononcé la suspension, quelle que soit l'importance du jugement ou celle de l'amende infligée par la condamnation.

IIe PARTIE.

EXÉCUTION DES SENTENCES ET DES ARRANGEMENTS INDUSTRIELS.

11. — Les sections 30, 101 et 102 de la loi principale sont abrogées, mais tous les commandements de payer des amendes ou d'autres sommes d'argent, faits avant ou après l'entrée en vigueur de la présente loi dans des procédures commencées avant ladite entrée en vigueur, sont exécutoires tout comme si la présente loi n'avait pas été promulguée.

12. — La présente partie de la présente loi est applicable à toutes les sentences et accords industriels, rendus ou conclus avant ou après l'entrée en vigueur de la présente loi, ainsi qu'à toutes les infractions à des sentences ou à des arrangements industriels commises avant ou après l'entrée en vigueur de la présente loi. Toutefois, toute instance relative à l'exécution

the commencement of this Act may be continued in the same manner as if this Act had not been passed.

13. — 1. Every industrial union, industrial association, or employer who commits a breach of an award or industrial agreement shall be liable to a penalty not exceeding 100 pounds in respect of every such breach.

2. Every worker who commits a breach of an award or industrial agreement shall be liable to a penalty not exceeding 5 pounds in respect of every such breach.

14. — 1. Subject to the provisions of section 21 hereof, every such penalty shall be recoverable by action in a Magistrate's Court, and not otherwise.

2. Every such action may be brought in any Magistrate's Court in any industrial district in which the award or industrial agreement is in force or in which the cause of action or any part thereof arose, and shall be heard and determined by a Magistrate only.

3. Every such action may be brought at the suit of an Inspector of Awards or at the suit of any party to the award or industrial agreement.

4. A claim for two or more penalties against the same defendant may be joined in the same action, although the aggregate amount so claimed may be in excess of the jurisdiction of the Magistrate's Court in an ordinary action for the recovery of money.

5. No Court fees shall be payable in respect of any such action.

6. No industrial union or industrial association shall be capable of bringing any such action until a resolution to that effect has been passed at a meeting of the members of the union or association in accordance with the rules thereof.

7. In every such action the summons shall be served on the defendant at least five clear days before the day of the hearing of the action.

15. — Unless within two clear days before the day of the hearing of any such action the defendant delivers to the plaintiff, or to the Clerk of the Magistrate's Court, a notice of his intention to defend the action, he shall not be entitled to defend the same except with the leave of the Magistrate, and the Magistrate may without hearing evidence give judgment for the plaintiff.

16. — In any such action the Magistrate may give judgment for the total amount claimed, or any greater or less amount as he thinks fit (not exceeding in respect of any one breach the maximum penalty hereinbefore prescribed), or, if he is of opinion that the breach proved against the defendant is trivial or excusable, the action may be dismissed, and in any case he may give such judgment as to costs as he thinks fit.

d'une sentence ou d'un arrangement industriel, pendante au moment de l'entrée en vigueur de la loi, peut être continuée comme si la présente loi n'avait pas été promulguée.

13. — 1. Toute union ou association industrielle, tout employeur qui contrevient à une sentence ou n'observe pas un arrangement industriel, est passible, pour chaque infraction, d'une amende pouvant s'élever à 100 livres.

2. Tout ouvrier qui contrevient à une sentence ou n'observe pas un accord industriel, est passible, pour chaque infraction, d'une amende pouvant s'élever à 5 livres.

14. — 1. Sous réserve des dispositions de la section 21, ces amendes ne peuvent être recouvrées qu'à la suite d'une action intentée devant un juge de paix et non autrement.

2. L'action peut être intentée devant le juge du district industriel dans lequel la sentence ou l'accord industriel est applicable ou dans lequel s'est produit l'événement ayant donné ouverture à l'action. L'affaire ne peut être examinée et jugée que par un seul juge.

3. L'action peut être intentée soit par un inspecteur des sentences, soit par l'une des parties liées par la sentence ou par l'arrangement industriel.

4. Des actions intentées à une même personne, en vue de faire infliger deux ou plus de deux amendes, peuvent être confondues en une seule, même si le total de la somme réclamée excède la compétence du juge de paix dans les affaires ordinaires.

5. Il n'est perçu aucune taxe judiciaire dans les affaires de l'espèce.

6. Les unions ou associations industrielles ne peuvent intenter une action de ce genre avant que leurs membres, réunis en assemblée, aient pris une résolution à cet effet, conformément aux statuts.

7. Dans les actions de ce genre, le défendeur doit être invité à comparaître au moins cinq jours pleins avant le jour fixé pour l'examen de la cause.

15. — Si le défendeur n'a pas notifié au demandeur ou au greffier du juge de paix, deux jours pleins avant le jour fixé pour l'examen de la cause, son intention de répondre à la demande, il ne peut plus le faire qu'avec l'assentiment du magistrat : ce dernier peut, sans rechercher les preuves, se prononcer en faveur du demandeur.

16. — Dans les actions de ce genre, le juge peut se prononcer et condamner le défendeur à payer l'amende telle qu'elle est proposée ou, s'il le juge convenable, infliger une amende plus élevée ou moins élevée (sans pouvoir toutefois dépasser, pour une seule infraction, le maximum fixé ci-avant), ou, s'il estime que l'infraction commise volontairement par le défendeur est légère ou excusable, débouter le demandeur. Dans tous les cas, le juge allouera les dépens comme il le juge bon.

GREAT BRITAIN.

17. — 1. Every penalty recovered in any such action shall be recovered by the plaintiff to the use of the Crown, and the amount thereof shall, when received by the plaintiff, be paid into the Public Account.

2. When the plaintiff is any person other than an Inspector of Awards the amount of the penalty shall be paid into Court or to an Inspector of Awards and not to the plaintiff, and shall thereupon be paid by the Clerk of the Court or by the said Inspector into the Public Account.

18. — In any such action the Magistrate may, if he thinks fit, before giving judgment, state a case for the opinion of the Court of Arbitration, and may thereupon adjourn the hearing or determination of the action.

19. — 1. No appeal shall lie from any judgment in any such action to the Supreme Court or District Court; but an appeal shall lie to the Court of Arbitration in the same cases and in the same manner as in the case of an appeal to the Supreme Court or District Court under the Magistrates' Courts Act, 1908.

2. On any such appeal the Court of Arbitration shall have the same powers as the Supreme Court in respect of an appeal from the Magistrates' Court, and the determination of the Court of Arbitration shall be final.

3. In respect of any such appeal sections 153 to 158, and sections 160 and 161, of the Magistrates' Courts Act, 1908, shall be applicable, and shall be read as if the references therein to the Supreme Court were references to the Court of Arbitration.

4. No such action shall be removed into the Supreme Court.

20. — The judgment in any such action shall be enforceable in the same manner as a judgment for debt or damages in the Magistrates' Court, and in no other manner :

Provided that, notwithstanding anything to the contrary in section 27 of the Wages Protection and Contractors' Liens Act, 1908, where application is made in pursuance of any such judgment for the attachment of the wages of any worker, an order of attachment may be made in respect of the surplus of his wages above the sum of 2 pounds a week in the case of a worker who is married or is a widower or widow with children, or above the sum of 1 pound a week in the case of any other worker.

Provided also that, for the purpose of any such application for attachment, all wages which may at any time thereafter become due to the judgment debtor by any employer, although they are not yet earned or owing, and whether they become due in respect of any contract of service existing at the time of the application or made at any later time, shall be deemed to be a debt accruing to the judgment debtor within the meaning of the provisions of the Magistrates' Courts Act, 1908, relating to the attachment of

17. — 1. Les amendes prononcées sont recouvrées par le demandeur au bénéfice de la Couronne; le demandeur doit en verser le montant dans la caisse de l'État aussitôt qu'il l'a touché.

2. Si l'action n'a pas été intentée par un inspecteur des sentences, le montant de l'amende doit être versé au tribunal ou à un inspecteur des sentences et non au demandeur : il est ensuite versé par le greffier du tribunal ou par ledit inspecteur dans la caisse de l'État.

18. — Dans une action de ce genre, le juge peut, avant de rendre son jugement, demander l'avis de la cour d'arbitrage et ajourner les débats ou le jugement.

19. — 1. Appel ne peut être interjeté des jugements rendus dans les actions de cet ordre, ni devant la Cour suprême, ni devant le tribunal de district; l'appel peut toutefois être porté devant la cour d'arbitrage, dans les mêmes cas et de la même façon qu'il pourrait l'être en vertu de la loi de 1908 sur les juges de paix devant la Cour suprême ou le tribunal de district.

2. En jugeant un appel de ce genre, la cour d'arbitrage jouit des mêmes attributions que la Cour suprême en matière d'appel des jugements des juges de paix. La sentence de la cour d'arbitrage est définitive.

3. Les sections 153 à 158 et 160-161 de la loi de 1908 sur les juges de paix sont applicables aux appels de l'espèce. Ces sections doivent être interprétées comme si les références à la Cour suprême visaient la cour d'arbitrage.

4. Les actions de cette espèce ne peuvent être portées devant la Cour suprême.

20. — Les jugements rendus dans des actions de ce genre sont exécutoires comme les jugements du juge de paix en matière de dettes ou de dommages-intérêts.

Toutefois, nonobstant les dispositions contraires de la section 27 de la loi de 1908 sur la protection des salaires, le juge peut ordonner la saisie-arrêt du salaire d'un ouvrier si cette saisie est demandée en vertu d'un jugement de ce genre, s'il s'agit d'un ouvrier marié ou veuf (le cas échéant, d'une veuve) avec enfants, à concurrence de la partie de son salaire au delà de 2 livres par semaine et, s'il s'agit d'un autre ouvrier, de la fraction supérieure à 1 livre par semaine.

Tous les salaires dus ultérieurement par le patron à l'ouvrier condamné, même s'ils ne sont pas encore gagnés ou déjà dus, en vertu d'un engagement de service existant au moment de la demande ou conclu ultérieurement, sont considérés, en cas de demande de ce genre, comme constituant une dette du débiteur par jugement, au sens des dispositions de la loi de 1908 sur les juges de paix concernant la saisie, et si ces salaires sont frappés de saisie, l'employeur doit, dès qu'ils sont dus et payables, déposer

debts; and on the making of any order of attachment in respect of such wages the employer shall pay into Court from time to time, as those wages become due and payable, such sum as is sufficient to satisfy the charge imposed thereon by the order of attachment.

Provided also that no charge upon or assignment of his wages, whenever or however made, by any worker shall have any force whatever to defeat or affect an attachment, and an order of attachment may be made and shall have effect as if no such charge or assignment existed.

Provided also that no proceedings shall be taken under the Imprisonment for Debt Limitation Act, 1908, against any person for failing or refusing to pay any penalty or other sum of money due by him under this Act.

21. — 1. Notwithstanding anything hereinbefore contained, any action for the recovery of a penalty under this Act may be brought by an Inspector of Awards in the Court of Arbitration instead of in a Magistrate's Court.

2. The decision of the Court of Arbitration in any such action shall be final.

3. The procedure in actions so brought in the Court of Arbitration shall be determined by regulations to be made by the Governor in Council in pursuance of this Act.

4. The provisions of sections 15, 16 and 17 of this Act shall, so far as applicable, extend and apply to any section so brought in the Court of Arbitration, and shall in respect of any such action be read as if every reference in those sections to a Magistrate was a reference to the Court of Arbitration, and as if every reference therein to the Clerk of the Magistrate's Court was a reference to the Registrar of the Court of Arbitration.

5. A certificate of the judgment of the Court of Arbitration in any such action, under the hand of the Registrar of that Court, specifying the amount payable under the judgment and the parties thereto, may be filed in any Magistrate's Court or Magistrates' Courts, and the said judgment sall thereupon be deemed to be a judgment duly recovered in an action for a penalty under this Act in the Court or in each of the Courts in which a certificate has been so filed, and shall be enforceable in all respects accordingly.

22. — The Governor may by Order in Council make regulations, consistent with this Act, prescribing the procedure in actions brought under the foregoing provisions of this Act and in appeals to the Court of Arbitration

23. — When an order for the payment of money is made by the Court of Arbitration, and no other provisions for the enforcement of that order are

payables, déposer successivement au tribunal les sommes suffisantes pour acquitter le montant de la dette indiquée dans l'acte de saisie.

L'engagement ou la cession du salaire consentie par l'ouvrier, quelle que soit sa date ou sa forme, ne suspend ni ne modifie en rien la saisie-arrêt. L'ordre de saisie peut être décerné et devenir exécutoire tout comme si le salaire n'avait été ni donné en gage ni cédé.

En outre, il ne peut être procédé en vertu de la loi de 1908 sur la limitation de l'emprisonnement pour dettes, contre des personnes négligeant ou refusant de payer des amendes ou d'autres sommes d'argent dues en vertu de la présente loi.

21. — 1. Nonobstant les dispositions précédentes, un inspecteur des sentences peut intenter devant la cour d'arbitrage une action pour le recouvrement d'une amende infligée en vertu de la présente loi, au lieu de le faire devant le juge de paix.

2. Dans les actions de cet ordre, la sentence de la cour d'arbitrage est sans appel.

3. Le gouverneur assisté de son conseil déterminera, par voie d'ordonnance et en vertu de la présente loi, la procédure à suivre dans les actions intentées devant la cour d'arbitrage.

4. Les dispositions des sections 15, 16 et 17 ci-dessus sont étendues et applicables aux actions entamées devant la cour d'arbitrage. Dans ce cas, il y a lieu de considérer les références à un juge comme visant la cour d'arbitrage et les références au greffier du juge de paix comme visant le greffier de la cour d'arbitrage.

5. Une copie authentique du jugement rendu par la cour d'arbitrage dans une action de ce genre, signée du greffier de la cour, indiquant exactement le montant de la somme due en vertu du jugement et le nom des parties, peut être déposée au greffe d'un juge de paix ou de plusieurs tribunaux de ce genre. Le jugement est, dès lors, considéré par le tribunal ou par tous les tribunaux auprès desquels copie en a été déposée, comme un jugement rendu selon la forme prescrite, à la suite d'une action en paiement d'amende conformément à la présente loi et devient exécutoire à tous égards en conséquence.

22. — Le gouverneur peut, par décret rendu en conseil, faire des règlements conformes à la présente loi, déterminant la procédure à suivre dans les actions intentées en vertu des dispositions précédentes et la procédure à suivre en cas d'appel devant la cour d'arbitrage.

23. — Si la cour d'arbitrage a rendu une ordonnance comportant un paiement en espèces et si aucune autre disposition de la présente loi ou de

contained in this Act or in the principal Act, a certificate under the hand of the Registrar of the said Court, specifying the amount payable and the persons by and to whom it is payable, may be filed in any Magistrate's Court, and shall thereupon be enforceable in the like manner as a judgment given by the lastmentioned Court in an action for the recovery of a debt.

24. — If in any action judgment is given under the foregoing provisions of this Act, whether by a Magistrate's Court or by the Court of Arbitration, against an industrial union or industrial association, and is not fully satisfied within one month thereafter, all persons who were members of the said industrial union or industrial association at the time when the offence was committed in respect of which the judgment was given shall be jointly and severally liable on the judgment in the same manner as if it had been obtained against them personally, and all proceedings in execution or otherwise in pursuance of the judgment may be taken against them or any of them accordingly, save that no person shall be liable under this section for a larger sum than 5 pounds.

25. — Judgment recovered at the suit of any person for a penalty under this Act shall not, until and unless it is fully satisfied, be a bar to any other action at the suit of any other plaintiff for the recovery of the same penalty.

26. — No action shall be commenced for the recovery of any penalty under this Act save within six months after the cause of action has arisen.

PART III.

CONCILIATION.

27. — 1. After the commencement of this Act no industrial dispute shall be referred to any Board of Conciliation under the principal Act.

2. In the case of an industrial dispute which at the commencement of this Act has already been referred to a Board of Conciliation, further proceedings for the settlement of that dispute shall be taken in the same manner as if this Act had not been passed.

3. After the commencement of this Act no person shall be elected or appointed as a member of a Board of Conciliation; and all persons theretofore so elected or appointed shall retire from office on the expiration of the term for which they were elected or appointed.

28. — 1. After the commencement of this Act no industrial dispute shall

la loi principale ne vise l'exécution de cette ordonnance, un reçu signé du greffier de la cour d'arbitrage indiquant exactement le montant de la somme à verser et désignant les personnes par qui et à qui cette somme doit être payée, peut être déposé au greffe du juge de paix; le commandement de payer est dès lors exécutoire de la même façon qu'un jugement rendu par le juge en matière de recouvrement de dette.

24. — Dans une action intentée en vertu des précédentes dispositions de la présente loi, si un jugement a été rendu par un juge de paix ou par la cour d'arbitrage contre une union ou une association industrielle, et si le dit jugement n'a pas été exécuté complétement dans le délai d'un mois, toutes les personnes qui faisaient partie de la dite union ou association industrielle au moment où a été commise l'infraction qui a motivé la condamnation, sont individuellement et solidairement responsables de l'exécution du dit jugement, tout comme si ce dernier avait été pris contre elles personnellement. Toutes les procédures nécessaires pour assurer l'exécution du jugement, ou en vertu de ce dernier, sont applicables respectivement à toutes ces personnes ou à chacune d'elles en particulier. Toutefois, nul ne peut, en vertu de la présente section, être tenu de payer une somme supérieure à 5 livres.

25. — Les jugements rendus en vertu de la présente loi, en vue de faire infliger une amende, ne peuvent, s'ils n'ont pas été exécutés, empêcher une autre personne d'entamer des poursuites en vue de faire prononcer la même pénalité.

26. — Toute action en recouvrement d'une amende en vertu de la présente loi doit être intentée dans les six mois qui suivent l'infraction qui a donné ouverture aux poursuites.

IIIe PARTIE.

CONCILIATION.

27. — 1. Après l'entrée en vigueur de la présente loi, les différends industriels ne peuvent plus être portés devant les conseils de conciliation institués en vertu de la loi principale.

2. Si, au moment de l'entrée en vigueur de la présente loi, un différend industriel est en instance devant un conseil de conciliation, l'instance doit se poursuivre en vue d'un règlement, tout comme si la présente loi n'avait pas été promulguée.

3. Après l'entrée en vigueur de la présente loi, nul ne peut être élu ou nommé membre d'un conseil de conciliation; toutes les personnes élues ou nommées antérieurement doivent, à l'expiration de la période pour laquelle elles ont été élues ou nommées, se désister de leurs fonctions.

28. — 1. Dès l'entrée en vigueur de la présente loi, les différends

be referred to the Court until it has been first referred to a Council of Conciliation in accordance with the provisions hereinafter contained.

2. Every party to a dispute so referred to a Council of Conciliation shall be either an industrial union, an industrial association, or an employer.

29. — 1. The Governor may from time to time appoint such persons as he thinks fit (not exceeding four in number) as Conciliation Commissioners (hereinafter referred to as Commissioners) to exercise the powers and jurisdiction hereinafter set forth.

2. Every Commissioner shall be appointed for a period of three years, but may be reappointed from time to time, and may at any time be removed from office by the Governor.

3. Every Commissioner shall exercise his jurisdiction within such industrial district or districts as may be from time to time assigned to him by the Governor by Order in Council.

4. Every Commissioner shall receive such salary or other remuneration as is from time to time appropriated by Parliament for that purpose.

5. If on or before the expiry of the term of office of any Commissioner he is reappointed to that office, all proceedings pending before him or before any Council of Conciliation of which he is a member may be continued and completed as if he had held office continuously.

6. If from any cause any Commissioner is unable to act, the Governor may appoint some other person to act in his stead during the continuance of such inability, and while so acting the person so appointed shall have all the powers and jurisdiction of the Commissioner in whose stead he is acting.

7. If any Commissioner dies or resigns his office, or is removed from office, or if his term of offices expires without reappointment, all proceedings then pending before him or before any Council of Conciliation of which he is a member may be continued before his successor or before the said Council, as the case may be, and for this purpose his successor shall be deemed to be a member of that Council, and all the powers and jurisdiction vested in the firstmentioned Commissioner as a member of that Council shall vest in his successor accordingly.

8. Where in any case no Commissioner is immediately available to deal with any dispute which has arisen, the Governor may appoint some person to act as a Commissioner for the purpose of dealing with such dispute, and while so acting the person so appointed shall have all the powers and jurisdiction of a Commissioner, and any Commissioner so appointed shall be paid such fees as may be fixed by regulation.

9. No appointment made in pursuance or intended pursuance of subsecsion 7 of this section shall in any Court or in any proceedings be questioned or invalidated on the ground that due occasion for the appointment has not arisen or has ceased.

industriels ne peuvent être renvoyés à la cour d'arbitrage qu'après avoir été soumis d'abord à une commission de conciliation conformément aux dispositions suivantes ;

2. Les parties à un différend ainsi soumis à une commission de conciliation doivent être soit des unions ou des associations industrielles, soit des employeurs.

29. — 1. Le gouverneur peut, à tout moment, nommer des personnes qualifiées (quatre au plus) comme commissaires de conciliation (désignés ci-après sous le nom de commissaires) et leur attribuer les pleins pouvoirs et attributions énumérés ci-après.

2. Chaque commissaire est nommé pour une période de trois années. Le gouverneur peut, à l'expiration de cette période, lui prolonger son mandat ; il peut aussi le relever en tout temps de ses fonctions.

3. Chaque commissaire est compétent dans les limites du district ou des districts industriels pour le ou lesquels il a été désigné par ordonnance rendue en conseil.

4. Chaque commissaire reçoit le traitement ou l'indemnité qui lui est allouée par le Parlement.

5. Si un commissaire, à ou avant l'expiration de son mandat, est maintenu en fonctions, toutes les affaires en instance devant lui ou devant la commission de conciliation dont il fait partie, peuvent être continuées et terminées tout comme s'il avait exercé ses fonctions sans interruption.

6. Si, pour un motif quelconque, un commissaire se trouve hors d'état de siéger, le gouverneur peut désigner une autre personne pour siéger au lieu du dit commissaire, tant que ce dernier se trouve empêché. Aussi longtemps qu'elle reste en fonctions, la dite personne exerce tous les pouvoirs et toutes les attributions du commissaire qu'elle remplace.

7. Si un commissaire vient à décéder, à démissionner, à être relevé de ses fonctions, ou si son mandat vient à expirer sans avoir été renouvelé, toutes les procédures en cours à ce moment devant lui ou devant la commission dont il fait partie, peuvent être continuées par son successeur ou, selon les cas, par la commission. A cet effet, son successeur est considéré comme membre de la commission ; tous les pouvoirs et toutes les attributions reconnus à l'ancien commissaire à titre de membre de la commission sont transmis en conséquence à son successeur.

8. S'il n'est pas possible de trouver immédiatement un commissaire pour régler un différend qui vient d'éclater, le gouverneur peut nommer une personne pour faire les fonctions de commissaire en vue de régler ce différend. Aussi longtemps qu'elle remplit ces fonctions, la personne ainsi désignée jouit de toutes les attributions et pouvoirs d'un commissaire ; les commissaires, ainsi désignés reçoivent une indemnité fixée par règlement.

9. Les nominations faites en vertu des sous-sections 5 ou 7 de la présente section, ne peuvent être attaquées devant aucun tribunal ni annulées par une procédure quelconque du chef de ce que le motif de la nomination n'existait pas ou a disparu.

30. — 1. Any industrial union, industrial association, or employer, being a party to an industrial dispute, may make application in the prescribed form to the Commissioner exercising jurisdiction within the industrial district in which the dispute has arisen that the dispute may be heard by a Council of Conciliation.

2. No such application shall be made by an industrial union or industrial association unless the proposed application has been approved by the members in manner provided by section 107 of the principal Act.

3. Two or more industrial unions, industrial associations, or employers may join in making a joint application in respect of the same dispute.

4. Every application made under this section shall state :

a) the name of the union, association, or employer making the application (hereinafter, together with any other unions, associations, or employers subsequently joined as applicants, termed " the applicants ") ;

b) the name of all industrial unions, industrial associations, and employers whom the applicants desire to be made parties to the proceedings (hereinafter, together with any other unions, associations, or employers subsequently joined as respondents, termed " the respondents ") ;

c) a general statement of the nature of the dispute;

d) a detailed statement of the claims made by the applicants against the respondents in the matter of the dispute;

e) the proposed number of persons (being either one, two, or three) whom the applicants desire to be appointed on the recommendation of the applicants as assessors to sit with the Commissioner in the hearing and settlement of the dispute;

f) the names of the persons so recommended by the applicants.

5. Every person so recommended as an assessor must be or have been actually and *bona fide* engaged or employed either as an employer or as a worker in the industry, or in any one of the industries, in respect of which the dispute has arisen (whether in the same or in another industrial district). Provided that if in any case, by reason of the special circumstances of that case, the Commissioner is of opinion that it is impracticable or inexpedient that all the assessors should be persons so qualified, he may appoint as one of their assessors, on the recommendation of the applicants, a person who is not so qualified.

6. Any person so recommended as an assessor may be one of the parties to the dispute, or may be a member of an industrial union or industrial association which is a party to the dispute.

7. If the Commissioner to whom the application is made is of opinion that any person so recommended is not duly qualified in accordance with

30. — 1. Toute union ou association industrielle ou tout patron qui se trouve partie dans un différend industriel peut demander au commissaire du district industriel dans lequel a éclaté le différend, par une requête rédigée dans la forme prescrite, que le différend soit soumis à une commission de conciliation.

2. Les unions ou associations industrielles ne peuvent formuler une requête de ce genre que lorsque leurs membres en auront approuvé les termes, selon le mode prescrit à la section 107 de la loi principale.

3. Deux ou plus de deux unions ou associations industrielles ou employeurs peuvent s'entendre pour adresser une requête collective au sujet d'un même différend.

4. Toute requête formulée en vertu de la présente section doit contenir :

a) le nom de l'union, de l'association ou de l'employeur requérant (désignés ci-après, avec les autres unions, ou associations ou employeurs qui se sont joints à eux par la suite, par le terme « demandeurs ») ;

b) les noms de toutes les unions ou associations industrielles et de tous les employeurs contre lesquels les requérants se portent parties dans l'instance (désignés ci-après, ainsi que les autres unions, associations ou employeurs joints à eux par la suite à titre de défendeurs, par le terme « défendeurs ») ;

c) un exposé général de la nature du différend ;

d) un exposé détaillé des revendications des demandeurs à l'égard des défendeurs ;

e) le nombre de personnes (une, deux, trois) que les demandeurs désirent proposer pour être désignées comme assesseurs en vue d'examiner et de régler le différend de concert avec le commissaire ;

f) le nom des personnes proposées par les demandeurs ;

5. Toute personne proposée comme assesseur doit, effectivement et de bonne foi, appartenir ou avoir appartenu, à titre d'employeur ou d'ouvrier, à l'industrie ou à l'une des industries au sujet de laquelle ou desquelles le différend est survenu (que ce soit dans le même district industriel ou dans un autre), ou travailler ou avoir travaillé au même titre dans cette ou ces mêmes industries. Toutefois, si, vu les circonstances particulières de l'espèce, le commissaire considère comme impossible ou inutile d'exiger une semblable qualification de tous les assesseurs, il peut, sur la proposition des demandeurs, désigner pour être l'un de leurs assesseurs une personne ne possédant pas la dite qualification.

6. Une des parties en cause ou un membre d'une union ou d'une association industrielle partie au différend peut être proposé comme assesseur.

7. Si le commissaire à qui la requête a été adressée estime que la personne proposée ne remplit pas les conditions requises par la présente loi,

this Act, he shall reject the recommendation, and the applicants shall then recommend some other qualified person in his place. The provision of subsection 2 of this section shall not apply to any such substituted recommendation. The decision of the Commissioner as to the qualification of any person recommended as an assessor shall be final.

8. If and as soon as the Commissioner is satisfied that the proposed number of qualified persons have been so recommended by the applicants, he shall by writing under his hand appoint those persons as assessors for the purpose of the said application.

31. — So soon as assessors have been nominated in manner aforesaid the Commissioner shall appoint a day and place for the hearing of the dispute, and shall in the prescribed form and manner cite the respondents to attend at the hearing thereof, and in the meantime to recommend qualified persons for appointment as assessors at the said hearing, equal in number to the number so appointed on the recommendation of the applicants.

32. — 1. The foregoing provisions as to the qualification of assessors recommended by the applicants shall also apply to assessors recommended by the respondents.

2. If the Commissioner is of opinion that any person so recommended by the respondents is not duly qualified in accordance with this Act he shall reject the recommendation, and shall require the respondents to recommend some other qualified person, and so also in the case of any such subsequent recommendation, and the decision of the Commissioner as to the qualification of any person so recommended shall be final.

3. If and as soon as the Commissioner is satisfied that qualified persons to the required number have been recommended by the respondents, he shall by writing under his hand appoint those persons as assessors for the purposes of the application.

4. Unless the respondents recommend the required number of qualified persons as assessors at least one clear day before the day appointed for the hearing of the dispute, the Commissioner shall forthwith appoint on behalf of the respondents such number of qualified persons as is necessary to supply the full number of assessors required.

5. The recommendation of assessors by the respondents shall be in writing, signed by or on behalf on the respondents. If they cannot agree in the recommendation of assessors, separate recommendations may be made by the several respondents, and in that case the Commissioner may appoint as assessors such of the qualified persons so recommended as he thinks fit.

33. — 1. On the appointment of assessors in accordance with the foregoing provisions, the Commissioner together with the said assessors shall be and constitute a Council of Conciliation (hereinafter referred to as the Council), having the powers and functions hereinafter provided.

il rejettera la proposition et les demandeurs proposeront alors une autre personne possédant les qualités requises. Les dispositions de la sous-section 2 de la présente section ne sont pas applicables en cas de nouvelle proposition de ce genre. Le commissaire décide en dernier ressort de la qualification d'une personne proposée comme assesseur.

8. Dès que le commissaire estime que les demandeurs ont proposé un nombre suffisant de personnes qualifiées, il nomme par écrit les dites personnes aux fonctions d'assesseurs pour les besoins de la demande.

31. — Dès que les assesseurs sont nommés selon le mode prescrit ci-dessus, le commissaire fixe la date et le lieu où le différend doit être examiné, invite les défendeurs, selon la forme et le mode prescrits, à se présenter aux débats et à proposer dans l'entre-temps, pour être nommées assesseurs dans l'affaire, des personnes qualifiées en nombre égal à celui des assesseurs nommés sur la proposition des demandeurs.

32. — 1. Les dispositions précédentes relatives à la qualification des personnes proposées par les demandeurs sont applicables également en ce qui concerne les assesseurs proposés par les défendeurs.

2. Si le commissaire estime qu'une des personnes proposées par les défendeurs ne remplit pas les conditions requises par la présente loi, il refusera de l'admettre et les défendeurs proposeront une autre personne possédant la qualification exigée. La même règle est applicable en ce qui concerne les propositions de ce genre faites ultérieurement. Le commissaire décide en dernier ressort de la qualification d'une personne ainsi présentée.

3. Dès que le commissaire estime que les défendeurs ont proposé le nombre nécessaire de personnes qualifiées, il nomme, par un acte signé de sa main, les dites personnes aux fonctions d'assesseurs pour les besoins de l'affaire.

4 Si, un jour plein au plus tard avant le jour fixé pour l'examen du différend, les défendeurs n'ont pas proposé le nombre nécessaire de personnes qualifiées, le commissaire nomme sans plus tarder, au nom des défendeurs, les personnes qualifiées nécessaires pour compléter le nombre d'assesseurs requis.

5. La proposition des défendeurs doit être rédigée par écrit, signée par eux ou en leur nom. Si les intéressés ne peuvent se mettre d'accord sur une proposition, ils peuvent faire des propositions individuelles. En pareil cas, le commissaire peut nommer, parmi les personnes qualifiées qui lui sont proposées, celles qui lui semblent posséder les qualités requises pour remplir les fonctions d'assesseurs.

33. — 1. Dès que les assesseurs sont nommés conformément aux dispositions précédentes, le commissaire constitue, avec les assesseurs désignés, une commission de conciliation (désignée ci-après sous le nom de commission), jouissant des droits et attributions spécifiés ci-après.

2. The assessors shall be entitled to receive out of the Consolidated Fund such fees as are prescribed by regulations.

3. The validity or regularity of the appointment of any assessor by a Commissioner shall not be questioned in any Court or in any proceedings.

34. — 1. If at any time before the Council has completely exercised the powers vested in it by this Act any assessor dies, or resigns his office, or is proved to the satisfaction of the Commissioner to be unable by reason of sickness or any other cause to act as assessor, the Commissioner may, on the recommendation of the applicants or respondents, as the case may be, appoint some other qualified person as an assessor in lieu of the assessor so dying or resigning his office or becoming unable to act.

2. If the applicants or respondents, as the case may be, cannot agree on any such recommendation, they may make separate recommendations, and the Commissioner may thereupon appoint as an assessor such one of the qualified persons so recommended as he thinks fit.

3. The powers and functions of the Council shall not be affected by any such vacancy in the number of assessors, and during any such vacancy the Council may, so far as it thinks fit so to do, exercise all its powers and functions in the same manner as if it were fully constituted.

35. — 1. It shall be the duty of the Council to endeavour to bring about a settlement of the dispute, and to this end the Council shall, in such manner as it thinks fit, expediously and carefully inquire into the dispute and all matters affecting the merits and the right settlement thereof.

2. In the course of the inquiry the Council shall make all such suggestions and do all such things as it deems right and proper for inducing the parties to come to a fair and amicable settlement of the dispute.

3. The procedure of the Council shall in all respects be absolutely in the discretion of the Council, and the Council shall not be bound to proceed with the inquiry in any formal manner, or formally to sit as a tribunal, or to hear any addresses or evidence save such as the Council deems necessary or desirable.

4. The Council may on the inquiry hear any evidence that it thinks fit, whether such evidence would be legally admissible in a Court of law or not.

5. The inquiry shall be either public or private, as the Council thinks fit.

6. Meetings of the Council shall be held from time to time at such times and at such places within the industrial district in which the dispute has arisen as the Commissioner appoints.

7. No such meeting shall be duly constituted unless the Commissioner is

2. Les assesseurs ont droit à une indemnité à imputer sur le fonds consolidé et fixée par ordonnance.

3. La validité et la légalité d'une nomination aux fonctions d'assesseur par le commissaire, ne peuvent être attaquées devant aucun tribunal ni par aucune procédure.

34. — Si, avant que la commission ait exercé complétement les attributions que lui confère la présente loi, un assesseur vient à décéder, à démissionner, ou s'il est prouvé au commissaire que le dit assesseur est, pour cause de maladie ou pour tout autre motif, hors d'état de siéger, le dit commissaire peut, sur la proposition des demandeurs ou, selon les cas, des défendeurs, nommer, à la place de l'assesseur décédé, démissionnaire ou empêché de siéger, une autre personne qualifiée pour remplir l'office d'assesseur.

2. Si les demandeurs ou, selon les cas, les défendeurs ne peuvent se mettre d'accord sur une proposition, ils peuvent faire des propositions individuelles; le commissaire peut nommer parmi les personnes qualifiées qui lui sont proposées, celle qui lui semble posséder les qualités requises pour remplir les fonctions d'assesseur.

3. Les vacances qui surviendraient parmi les assesseurs n'interrompent en rien les fonctions ou les opérations de la commission. Elle peut, si elle le juge nécessaire, pendant toute la durée d'une vacance de ce genre, exercer tous ses pouvoirs et fonctionner comme si elle était au complet.

35 — 1. La commission doit s'efforcer de régler le différend. A cet effet, elle doit examiner, selon le mode qu'elle juge convenable, avec soin et attention, le différend et toutes les circonstances y relatives et susceptibles de contribuer à une solution équitable.

2. Au cours de son examen, la commission doit faire toutes les propositions et accomplir tous les actes qu'elle estime légitimes et susceptibles d'amener les parties à accepter un réglement honorable et satisfaisant du différend.

3. La commission est entièrement libre de sa procédure. Elle n'est tenue ni de procéder suivant des formes quelconques, ni de siéger comme une cour de justice; il lui suffit de recueillir les éléments ou les témoignages qu'elle juge nécessaires ou désirables.

4. La commission peut, au cours de son examen, admettre toutes les preuves qu'elle estime devoir accueillir, que ces preuves soient ou non légalement admissibles devant un tribunal.

5. L'examen de l'affaire peut avoir lieu, au choix de la commission, en séance publique ou à huis clos.

6. La cour se réunit aux époques et aux endroits désignés par le comssaire du district industriel dans lequel le différend est survenu.

7. La commission ne peut prendre une résolution que si le commissaire

present thereat, but the absence of any of the assessors shall not prevent the exercise by the Council of any of its powers or functions.

8. In all matters other than the making of a recommendation for the settlement of a dispute the decision of a majority of the assessors present at a meeting of the Council shall be deemed to be the decision of the Council, but if the assessors present are equally divided in opinion the Commissioner shall have a casting-vote, and the decision of the Council shall be determined accordingly.

9. A record of the proceedings of every Council of Conciliation shall be made and preserved in manner prescribed by regulations, or, in default of such regulations, in such manner as the Commissioner thinks fit.

10. The Commissioner shall have the same power of summoning witnesses and of taking evidence on oath, and of requiring the production of books and papers, as if the inquiry where the hearing of a complaint heard before a Justice of the Peace under the Justices of the Peace Act, 1908, and all evidence given on oath before the Council shall for all purposes be deemed to have been given in a judicial proceeding before a Court of competent jurisdiction.

11. No person shall be bound at any inquiry before the Council to give evidence with regard to trade secrets, profits, losses, receipts, or outgoings in his business, or with respect to his financial position, or to produce the books kept by him in connection with his business.

12. If any person desires to give any such evidence as is mentioned in the last preceding subsection, or to produce any such books as aforesaid, he may, if the Commissioner thinks fit, do so in the presence of the Commissioner alone sitting without the assessors; and in such case the Commissioner shall not disclose to the assessors, or to any other person, the particulars of the evidence so given or of the books so produced, but may inform the assessors whether or not, in his opinion, any claim or allegation made by the applicants or respondents in the inquiry is substantiated by the said evidence or the said books.

36. — 1. An employer being a party to the dispute may appear before the Council in person, or by his agent duly appointed in writing in that behalf.

2. An industrial union or industrial association being a party to a dispute may appear before the Council by its chairman or secretary, or by any number of persons (not exceeding three) appointed in writing by the chairman, or appointed in such other manner as its rules prescribe.

3. No barrister or solicitor, whether acting under a power of attorney or otherwise, shall be allowed to appear or be heard before the Council.

37. — If any or all of the applicants or respondents fail or refuse to attend

assiste à la séance. L'absence d'un assesseur n'empêche pas la commission d'exercer ses pouvoirs et fonctions.

8. Dans toutes les affaires, excepté lorsqu'il s'agit de faire des propositions en vue de régler un différend, la décision de la majorité des assesseurs présents à la séance sera considérée comme la décision de la commission; en cas de parité des voix, le commissaire a voix prépondérante et la décision de la commission est prise en conséquence.

9. Il est dressé procès-verbal des délibérations de chaque commission; ce procès-verbal est conservé selon le mode prescrit par les règlements d'administration publique, ou, à défaut de ces derniers, selon le mode que le commissaire estime convenable.

10. Le commissaire a, en ce qui concerne la citation des témoins, les dépositions sous serment et la réquisition des livres ou documents, les mêmes attributions que si l'affaire constituait un acte de la procédure en justice de paix, en vertu de la loi de 1908 sur les juges de paix. Toutes les dépositions faites sous serment devant la commission sont considérées à tous égards comme des dépositions faites dans une action judiciaire, devant un tribunal compétent.

11. Dans les enquêtes conduites par le conseil, nul n'est tenu de fournir des renseignements sur les secrets, gains, pertes, recettes ou dépenses de son entreprise, ou sur sa situation financière, ni de produire les livres relatifs à ses affaires.

12. Si une personne désire faire les dépositions dont il est question à la sous-section précédente ou produire les livres susdits, elle peut si le commissaire le juge bon, être autorisée à le faire en présence du commissaire siégeant seul et sans assesseurs. En pareil cas, le commissaire ne peut rien révéler des dépositions ainsi reçues ou des livres qui lui ont été présentés, ni aux assesseurs ni à aucune autre personne. Il peut dire cependant aux assesseurs, si, à son avis, ces dépositions ou ces livres confirment ou non une réclamation ou une affirmation formulée au cours de l'audience par les demandeurs ou par les défendeurs.

36. — 1. Un employeur partie dans un différend peut comparaître en personne devant la commission ou se faire représenter par un mandataire muni d'une procuration écrite.

2. Une union ou association industrielle partie dans un différend peut se faire représenter devant la commission par son président ou son secrétaire ou par le nombre de personnes qu'elle juge convenable (mais jamais par plus de trois), munies d'une procuration écrite signée du président ou désignées selon un autre mode prévu aux statuts.

3. Les avocats ou les avoués ne peuvent, ni en vertu d'une procuration écrite, ni à un titre quelconque, se présenter devant la commission ou être entendus par celle-ci.

37. — Si tous les demandeurs ou tous les défendeurs, ou l'un d'eux,

or to be represented at the inquiry, the Council may nevertheless proceed with the inquiry in the same manner so far as practicable as if all the said parties were present or represented.

38. — The Commissioner may at any time before or during the inquiry make an order joining any industrial union, industrial association, or employer as an applicant or respondent, or striking out the name of any industrial union, industrial association, or employer as an applicant or respondent.

39. — If a settlement of the dispute is arrived at by the parties in the course of the inquiry, the terms of the settlement shall be set forth as an industrial agreement, which shall be duly executed by the parties or their attorneys, and all the provisions of the principal Act and of this Act with respect to industrial agreements shall apply to any such agreement accordingly.

40. — If no settlement of the dispute is arrived at by the parties in the course of the inquiry, the Council shall endeavour to induce the parties to agree to some temporary and provisional arrangement until the dispute can be determined by the Court of Arbitration.

41. — The Commissioner may at any time, if he thinks fit, after application has been made to him under section 30 of this Act, and whether assessors have been appointed or not, take such steps as he deems advisable, whether by way of a conference between the applicants and respondents or otherwise, with intent to procure a voluntary settlement of the dispute.

42. — 1. Not earlier than one month or later than two months after the date fixed in pursuance of section 30 hereof for the hearing of the dispute, the Council shall, unless a settlement of the dispute has been sooner arrived at by the parties and embodied in an industrial agreement duly executed in manner aforesaid, deliver to the Clerk of Awards for the industrial district in which the dispute has arisen a notification under the hand of the Commissioner that no settlement of the dispute has been arrived at.

2. The notification shall be accompanied by a copy of the application made to the Council by the applicants, together with a record of the proceedings of the Council, every such copy and record being under the hand of the Commissioner.

43. — 1. Before delivering any such notification to the Clerk of Awards the Council may make such recommendation for the settlement of the dispute according to the merits and substantial justice of the case as the Council thinks fit, and may state in the recommendation whether, in the opinion of the Council, the failure of the parties to arrive at a settlement was due to the unreasonableness or unfairness of any of the parties to the dispute.

2. No such recommendation shall be made unless it is unanimously

négligent de se présenter ou de se faire représenter à l'enquête, la commission peut néanmoins procéder à la dite enquête dans la mesure où la chose est possible, tout comme si les parties s'étaient présentées ou fait représenter.

38. — Le commissaire peut, à tout moment, avant ou pendant l'enquête, ordonner qu'une union industrielle, qu'une association industrielle ou qu'un employeur soit joint à titre de demandeur ou de défendeur, ou que le nom d'une union industrielle, d'une association industrielle ou d'un employeur soit rayé du nombre des demandeurs ou des défendeurs.

39. — Si, au cours de l'enquête, l'entente vient à s'établir entre les parties au sujet du différend, les conditions de la dite entente sont consignées sous la forme d'un arrangement industriel, dûment signé par toutes les parties ou leurs représentants. Toutes les dispositions de la loi principale et de la présente loi relatives aux arrangements industriels sont applicables en conséquence à un arrangement industriel de l'espèce.

40. — Si l'entente n'a pu s'établir entre les parties au cours de l'enquête, la commission s'efforcera d'amener les parties à conclure un arrangement provisoire valable pour un temps déterminé, jusqu'à ce que le différend puisse être réglé par la cour d'arbitrage.

41. — Le commissaire peut, en tout temps, après qu'il a reçu la requête prévue à la section 30 de la présente loi, sans distinguer si des assesseurs ont été désignés ou non, faire les démarches qu'il croit susceptibles d'assurer un règlement amiable du différend, par le moyen d'une entrevue entre les parties ou de toute autre façon.

42. — 1. Un mois au plus tôt ou deux mois au plus tard après le jour fixé à la section 30 de la présente loi pour l'examen du différend, la commission, si l'entente ne s'est pas établie entre les parties et si cette entente n'a pas été consignée dans un arrangement industriel revêtu des formalités légales comme il est prescrit ci-dessus, doit adresser au greffier des sentences du district industriel dans lequel le différend est survenu, un avis signé du commissaire, l'informant que l'entente n'a pu s'établir.

2. L'avis est accompagné d'une copie de la requête adressée à la commission par les demandeurs et du procès-verbal des actes du conseil. Cette copie et ce procès-verbal doivent être signés par le commissaire.

43. — 1. Avant de transmettre cet avis au greffier des sentences, la commission peut faire des recommandations en vue du règlement du différend conformément à l'importance et à la justice intrinsèque de la cause; elle peut déclarer dans sa recommandation que l'entente n'a pu se faire par suite de l'attitude déraisonnable ou intransigeante de l'une des parties.

2. Des recommandations de l'espèce ne peuvent être faites qu'avec l'as-

agreed to by all the assessors, and the Commissioner shall have no vote in respect of the making or nature of any such recommendation.

3. The recommendation of the Council shall be signed by all the assessors, and shall be delivered to the Clerk of Awards under the hand of the Commissioner, together with the notification.

4. The recommendation of the Council shall be published by the Clerk of Awards in such manner as may be prescribed.

5. The recommendation of the Council shall in no case have any binding force or effect, but shall operate merely as a suggestion for the amicable settlement of the dispute by mutual agreement, and as a public announcement of the opinion of the Council as to the merits of the dispute.

44. — 1. If before the delivery of the notification of the Council to the Clerk of Awards as aforesaid a partial settlement of the dispute is arrived at by all the parties thereto, the terms of that partial settlement may be reduced to writing, executed by all the parties thereto or their attorneys or representatives; and such writing (hereinafter termed a memorandum of partial settlement) shall be delivered by the Council to the Clerk of Awards, together with the notification aforesaid and the recommendation (if any) made by the Council.

2. No such memorandum of partial settlement shall in itself have any binding force or effect, but the Court of Arbitration may, if it thinks fit, in making its award in accordance with the provisions hereinafter contained in that behalf, incorporate in the award the terms of the said memorandum, or any of those terms, without making inquiry into the matters to which those terms relate.

45. — The Council may at any time state a case for the advice or opinion of the Court of Arbitration.

46. — When the notification of the Council has been delivered to the Clerk of Awards in manner aforesaid, he shall forthwith refer the dispute to the Court of Arbitration for settlement, and thereupon the dispute shall be deemed to be before the Court.

47. — 1. When an industrial dispute has been referred to the Court in pursuance of this Act the Court shall have the same jurisdiction in the matter of that dispute as if the same had been referred to the Court by the applicants in pursuance of the principal Act after a reference to a Board of Conciliation, and all the provisions of the principal Act shall, so far as applicable, apply accordingly.

2. Subject to the provisions of the principal Act as to the joinder or striking-out of parties, the parties to the proceedings before the Court shall be the same as in the proceedings before the Council.

48. — Sections 51 and 52 of the principal Act are hereby repealed.

49. — The Governor may from time to time, by Order in Council, make such regulations as he deems necessary for carrying this Part of this Act into effect.

sentiment de tous les assesseurs; le commissaire n'a, en ce qui concerne l'élaboration ou la nature de ces recommandations, aucun suffrage.

3. La recommandation du conseil sera signée par tous les assesseurs et revêtue du sceau du commissaire; elle sera adressée au greffier des sentences en même temps que l'avis.

4. Le greffier doit publier la recommandation du conseil selon le mode prescrit.

5. Les recommandations du conseil ne peuvent en aucun cas avoir force ou effet obligatoire; elles serviront simplement de proposition en vue du règlement amiable du différend à l'aide d'une entente mutuelle, et d'expression publique de l'opinion du conseil sur le bien-fondé du différend.

44. — 1. Si, avant la transmission de l'avis du conseil au greffier, toutes les parties s'entendent sur un règlement partiel de leur différend, les conditions de cette entente partielle peuvent être consignées par écrit et signées par les diverses parties ou par leurs fondés de pouvoir ou leurs représentants; cet acte, appelé ci-après acte de réglemènt partiel, sera transmis au greffier par la commission en même temps que l'avis prévu ci-dessus et que la recommandation formulée par elle.

2. Les actes de réglement partiel ne peuvent par eux-mêmes avoir ni force ni effet obligatoire; mais, la cour d'arbitrage, en rendant son jugement conformément aux dispositions prévues ci-après à cet égard, peut, si elle le juge convenable, incorporer dans son jugement les conditions arrêtées daus l'acte ou quelques-unes de ces conditions, sans procéder à plus ample examen des points auxquels les dites conditions se rapportent.

45. — La commission peut, en tout temps, demander l'avis ou l'opinion de la cour d'arbitrage.

46. — Dés que l'avis du conseil aura été transmis selon le mode prescrit ci-dessus, au greffier des sentences, ce dernier renverra le différend à la cour d'arbitrage en vue du règlement; l'affaire est dés lors considérée comme en instance devant la cour.

47. — 1. Lorsqu'un différend industriel est soumis à la cour d'arbitrage en vertu de la présente loi, la cour est compétente pour en connaître, comme si l'affaire lui avait été soumise par les demandeurs en vertu de la loi principale, aprés la procédure devant un conseil de conciliation, et les dispositions de la loi principale sont applicables en conséquence, dans la mesure où la chose est possible.

2. Sous réserve des dispositions de la loi principale sur l'adjonction ou l'exclusion de certaines parties, les parties devant la cour seront les mêmes que devant la commission.

48. — Les sections 51 et 52 de la loi principale sont abrogées.

49. — Le gouverneur peut, par ordonnance en conseil, faire les règlements d'administration publique nécessaires pour l'application de la présente partie de la présente loi.

50. — 1. The following sections of the principal Act (referring to Boards of Conciliation) shall extend and apply to Councils of Conciliation under this Act — namely, sections 108, 114, 115 and 120.

2. In those sections every reference to a Board shall be read as a reference to a Council of Conciliation.

3. For the purposes of those sections a dispute shall be deemed to have been referred to a Council of Conciliation so soon as the Council is fully constituted in accordance with this Act.

PART IV.

MISCELLANEOUS.

51. — Section 2 of the principal Act is hereby amended by omitting from the definition of " worker " the words " skilled or unskilled, manual or clerical."

52. — Section 2 of the principal Act is hereby amended by omitting the words " employers of workers " in the definition of " industrial matters," and substituting the words " employers or workers."

53. — Section 5 of the principal Act is hereby amended by omitting the word " two " where it first occurs in that section, and substituting the word " three "; and by omitting the word " seven " where it first occurs in that section, and substituting the word " fifteen."

54. — Section 23 of the principal Act is hereby amended by omitting the words " of the one industry."

55. — Section 66 of the principal Act is hereby amended by inserting, after paragraph a), the following paragraph :

" aa) in so appointing the members and acting members of the Court on the recommendation of the industrial unions, the Governor shall take into account the voting power of each such union, as determined in manner following, that is to say :

" I. every union having not more than fifty members shall be deemed to have one vote;

" II. every union having more than fifty members shall be deemed to have one vote for every complete fifty of its members. For the purpose of so estimating the voting-power of a union, the number of its members shall be deemed to be the number specified in the last annual list forwarded by the union to the Registrar, in pursuance of section 17 hereof."

56. — Section 92 of the principal Act is hereby amended by inserting in subsection 1 thereof the following paragraph :

" aa) Power to amend the provisions of any award made before the commencement of this Act in the flax industry, where such amendment is

50. — 1. Les sections 108, 114, 115 et 120 de la loi principale (sur les conseils de conciliation) sont étendues aux commissions de conciliation.

2. Dans ces sections, toute référence à un conseil est considérée comme visant une commission de conciliation.

3. Pour les besoins des mêmes sections, un différend est censé être soumis à une commission de conciliation dès que la commission est définitivement constituée conformément à la présente loi.

IVe PARTIE.

DISPOSITIONS DIVERSES.

51. — La section 2 de la loi principale est modifiée par suppression des mots : « qualifié ou non, manuel ou d'écritures » dans la définition du terme « travailleur ».

52. — La section 2 de la loi principale est modifiée par la suppression, dans la définition des termes « affaires industrielles », des mots : « employeurs » qui sont remplacés par « employeurs ou ouvriers ».

53. — La section 5 de la loi principale est modifiée par suppression du terme « deux » à l'endroit où il se rencontre pour la première fois et par substitution du terme « trois » et suppression du terme « sept » à l'endroit où il se rencontre pour la première fois et substitution du terme « quinze ».

54. — La section 23 de la loi principale est modifiée par suppression des mots « de la même industrie ».

55. — La section 66 de la loi principale est modifiée par addition, après l'alinéa a), d'un alinéa aa) ainsi conçu :

« aa) En nommant les membres et les membres suppléants de la cour, sur la proposition des unions industrielles, le gouverneur doit tenir compte du nombre des suffrages dont dispose chaque union, ce nombre étant calculé comme suit :

« I. toute union comptant au plus 50 membres a droit à une voix ;

« II. toute union comptant plus de 50 membres a droit à une voix pour chaque série complète de 50 membres. Pour calculer le nombre des suffrages d'une union, le nombre des membres sera le nombre indiqué dans la dernière liste annuelle adressée par l'union au greffier, en vertu de la section 17 de la présente loi. »

56. — La section 92 de la loi principale est modifiée par addition, à la première sous-section, de l'alinéa suivant :

« aa) le pouvoir de modifier les dispositions de toute sentence rendue dans l'industrie du lin avant l'entrée en vigueur de la présente loi, si cette

deemed necessary or advisable by reason of any alteration in the profits of that industry.

" Provided that no such amendment shall be made unless the Court is first satisfied that a substantial number of the workers and employers engaged in that industry are desirous that the award should be reviewed by the Court."

57. — Section 97 of the principal Act is hereby amended by omitting therefrom all words after the words " breach of the award."

58. — Section 100 of the principal Act is hereby amended by omitting the words " section seven " in subsection 3, and substituting therefor the words " sections seven and eight " ; and by inserting the following subsections :

" 5: A wages and overtime book shall be kept by every employer bound by an award or industrial agreement, and every such employer who fails to keep such book, or wilfully makes any false entry therein, is liable to a fine not exceeding 50 pounds.

" 6. All fines under this section shall be recoverable summarily before a Magistrate in accordance with the Justices of the Peace Act, 1908."

59. — 1. The Judge of the Arbitration Court may in any matter before the Court state a case for the opinion of the Court of Appeal on any question of law arising in the matter.

2. This section is in substitution for section 106 of the principal Act, which section is hereby repealed accordingly.

60. — 1. Every employer who dismisses from his employment any worker by reason merely of the fact that the worker is an officer or a member of an industrial union, or merely because such worker has acted as an assessor on a Council of Conciliation or has represented his union in any negotiations or conference between employers and workers, or merely because such worker is entitled to the benefit of an award, order, or agreement, is liable to a penalty not exceeding 25 pounds, to be recovered at the suit of an Inspector of Awards in the same manner as a penalty for the breach of an award.

2. A worker shall be deemed to be dismissed within the meaning of this section if he is suspended for a longer period than ten days.

3. In every case where the worker dismissed was immediately preceding his dismissal a president, vice-president, secretary, or treasurer of an industrial union, or an assessor for a Council of Conciliation, or represented his union in any negotiations or conference between employers and workers, it shall lie on the employer to prove that such worker was dismissed for a reason other than that he had acted in any of the said capacities.

4. This section is in substitution for section 109 of the principal Act, which section is hereby accordingly repealed.

modification semble nécessaire ou utile par suite des changements survenus dans les bénéfices de cette industrie. »

Pareille modification ne sera faite que si la cour s'est d'abord assurée qu'un nombre considérable d'ouvriers et d'employeurs engagés dans cette industrie désirent faire reviser la sentence par la cour.

57. — La section 97 de la loi principale est modifiée par suppression de tous les mots venant aprés « infraction à la sentence ».

58. — La section 100 de la loi principale est modifiée par suppression, à la sous-section 3, des mots « section 7 » qui sont remplacés par les mots « sections 7 et 8 » et par addition des sous-sections suivantes :

« 5. Tout employeur lié par une sentence ou un arrangement industriel doit tenir un registre des salaires et des heures de travail supplémentaires ; s'il néglige de tenir ce registre ou y porte des indications mensongères, il est passible de l'amende jusqu'à 50 livres.

« 6. Toutes les amendes infligées en vertu de la présente section peuvent être recouvrées sommairement devant un magistrat, en vertu des dispositions de la loi de 1908 sur les juges de paix. »

59. — 1. Le juge de la cour d'arbitrage peut, dans toute affaire déférée à la cour, demander l'avis de la cour d'appel sur toutes les questions de droit pouvant surgir dans l'affaire.

2. La présente section remplace la section 106 de la loi principale qui est abrogée en conséquence.

60. — 1. Tout employeur qui congédie un ouvrier à son service pour la seule raison que cet ouvrier fait partie du bureau d'une union industrielle ou est membre d'une union, ou a siégé comme assesseur dans une commission de conciliation, ou a représenté son union dans des pourparlers ou négociations entre employeurs et ouvriers, ou simplement parce que cet ouvrier a droit au bénéfice d'une sentence, d'une ordonnance ou d'un arrangement industriel, est passible de l'amende jusqu'à 25 livres à recouvrer à la diligence d'un inspecteur des sentences de la même façon qu'une amende pour infraction à une sentence.

2. Est considéré comme congédié au sens de la présente section, tout ouvrier suspendu pour plus de dix jours.

3. Si l'ouvrier congédié était, immédiatement avant son renvoi, président, vice-président, secrétaire ou trésorier d'une union industrielle, ou assesseur dans une commission de conciliation, ou mandataire de son union dans des pourparlers ou négociations entre les ouvriers et des employeurs, il incombe à l'employeur de prouver qu'il a congédié l'ouvrier pour des motifs autres que le fait d'avoir exercé les fonctions susdites.

4. La présente section remplace la section 109 de la loi principale, qui est abrogée en conséquence.

61. — When any payment of wages has been made to and accepted by a worker at a less rate than that which is fixed by any award or industrial agreement, no action shall be brought by the worker against his employer to recover the difference between the wages so actually paid and the wages legally payable, save within three months after the day on which the wages claimed in the action became due and payable.

62. — Where by any award or industrial agreement the age at which young persons may be employed is limited, or the wages payable to young persons of certain ages are fixed, then, in so far as the employer is concerned, it shall be sufficient proof of the age of any young person desiring employment if he produces to the employer a certificate of age granted by an official of the Labour Department; and in any proceedings against an employer who has acted in reliance on any such certificate for a breach of the award or industrial agreement, the certificate shall be conclusive proof of the age of the young person so employed.

63. — 1. In the case of any factory or shop to which any award or industrial agreement relates, a printed or typewritten copy of the award or industrial agreement shall at all times be kept affixed in some conspicuous place at or near the entrance of the factory or shop, in such a position as to be easily read by the persons employed therein.

2. For any breach of the provisions of this section the occupier of the said factory or shop shall be liable to a fine not exceeding 5 pounds on summary conviction on the information of an Inspector of Awards.

3. In this section the terms " factory " and " shop " have the same meanings as in the Factories Act, 1908, and the Shops and Offices Act, 1908, respectively.

64. — The proviso to subsection 2 of section 90 of the principal Act is hereby repealed.

65. — Where in any award or industrial agreement made before the commencement of this Act provision is made for the issue by the Chairman of a Board of Conciliation, or in any other manner which is rendered impracticable by the provisions of this Act, of permits to workers to accept a wage below that prescribed for ordinary workers, all such permits may be granted by an Inspector of Awards in manner provided by section 123 of the principal Act.

66. — Section 123 of the principal Act is hereby amended by adding thereto the following paragraphs :

" *e*) No such permit shall be granted to any person who is not usually employed in the industry to which the award applies;

" *f*) à permit shall be valid only for the period for which it is granted. "

61. — Si un salaire a été payé à un ouvrier et accepte par lui à un taux inférieur à celui fixé par une sentence ou par un arrangement industriel, cet ouvrier ne pourra introduire une action en remboursement de la différence entre la somme effectivement payée et le salaire légalement dû que dans les trois mois suivant le jour où le salaire réclamé était échu et payable.

62. — Si une sentence ou un accord industriel fixe une limite d'âge pour l'emploi des jeunes ouvriers ou le salaire dû aux jeunes ouvriers d'un certain âge, l'employeur est considéré comme ayant suffisamment vérifié l'âge, lorsque le jeune ouvrier demandant un emploi lui fournit un certificat d'âge dressé par un fonctionnaire du département du travail. Si un employeur ayant agi sur la foi d'un tel certificat est poursuivi pour infraction à la sentence ou à l'arrangement industriel, le certificat fait preuve définitive de l'âge du jeune ouvrier employé par lui.

63. — 1. Dans les fabriques et magasins soumis à une sentence ou à un accord industriel, une copie imprimée ou dactylographiée de la sentence ou de l'arrangement industriel doit rester affichée à une place en vue à l'entrée ou tout auprès de l'entrée de l'établissement et dans une position telle que le personnel puisse la lire facilement.

2. Pour chaque infraction aux dispositions de la présente section, le propriétaire de la fabrique ou du magasin sera passible, sur condamnation sommaire ensuite de la dénonciation d'un inspecteur des sentences, d'une amende qui n'excédera pas 5 livres.

3. Dans la présente section, les termes « fabrique » et « magasin » ont la même signification que celle qui leur est attribuée par la loi de 1908 sur les fabriques et par la loi de 1908 sur les magasins et les bureaux.

64. — La restriction formulée à la sous-section 2 de la section 90 de la loi principale est supprimée.

65. — Si dans une sentence ou un arrangement industriel antérieur à l'entrée en vigueur de la présente loi, il est prévu que les dispenses peuvent être accordées à des ouvriers par le président d'une commission de conciliation, ou suivant un mode que les dispositions de la présente loi rendent impraticables, en vue d'autoriser ces ouvriers à accepter un salaire inférieur au minimum fixé pour les ouvriers ordinaires, ces mêmes dispenses peuvent être accordées par un inspecteur des sentences, suivant le mode prévu à la section 123 de la loi principale.

66. — La section 123 de la loi principale est complétée par les alinéas suivants :

e) des dispenses de l'espèce ne peuvent être accordées à des personnes qui ne sont pas habituellement employées dans l'industrie soumise à la sentence;

f) ces dispenses ne sont valables que pour le terme pour lequel elles ont été accordées.

67. — Whenever it is proved to the Court that an industrial agreement (whether made before or after the commencement of this Act) is binding on employers who employ a majority of the workers in the industry to which it relates in the industrial district in which it was made, the Court may, if it thinks fit, on the application of any party to that agreement or of any person bound thereby, make an order extending the operation of that agreement to all employers who are or who at any time after the making of the said order become engaged in the said industry in the said district, and all such employers shall thereupon be deemed to be parties to the said agreement, and shall be bound thereby so long as it remains in force.

68. — 1. If anything which is required or authorised to bed one by the principal Act or by this Act is not done within the time limited for the doing thereof, or is done informally, the Court of Arbitration may, if it thinks fit in its discretion, on the application of any person interested, make an order extending the time within which the thing may be done, or validating the thing so informally done.

2. Nothing in this section shall apply so as to authorise the Court of Arbitration to make any such order in respect of judicial proceedings theretofore already instituted in any Court other than the Court of Arbitration.

69. — Every award or industrial agreement shall prevail over any contract of service or apprenticeship in force on the coming into operation of the award or industrial agreement, so far as there is any inconsistency between the award or industrial agreement and the contract; and the contract shall thereafter be construed and have effect as if the same had been modified, so far as necessary, in order to conform to the award or industrial agreement.

70. — In making its award the Court may, if in its discretion it thinks fit direct that any provision of the award relating to the rate of wages to be paid shall have effect as from such date prior to the date of the award as the Court thinks fit.

71. — No award or industrial agreement made after the commencement of this Act shall affect the employment of any worker who is employed otherwise than for the direct or indirect pecuniary gain of the employer :

Provided that this section shall not be deemed to exempt any local authority or body corporate from the operation of any award or industrial agreement.

72. — When an industrial dispute has been referred to the Court, the Court may, if it considers that for any reason an award ought not to be made in the matter of that dispute, refuse to make an award therein.

73. — 1. Notwithstanding anything in section 21 of the principal Act, the

67. — Lorsqu'il est établi à la satisfaction de la cour qu'un arrangement industriel (passé avant ou aprés l'entrée en vigueur de la présente loi) lie la majorité des patrons de l'industrie à laquelle il s'applique dans le district où il a été passé, la cour peut, si elle le juge convenable et à la demande de l'une des parties intéressées dans l'arrangement ou d'une personne liée par lui, décider que cet arrangement sera étendu à tous les patrons exerçant la dite industrie dans le district ou qui l'exerceront dans la suite, et tous ces employeurs seront considérés dés lors comme parties à l'arrangement et seront liés par lui tant qu'il restera en vigueur.

68. — 1. Si l'une ou l'autre chose ordonnée ou autorisée par la loi principale ou par la présente loi n'est pas faite dans le délai prescrit ou selon le mode requis, la cour d'arbitrage peut, à son gré et en toute liberté, sur requête de toute personne intéressée, prolonger le délai accordé pour faire la chose en question ou admettre comme valable la chose faite contrairement au mode requis.

2. La présente section n'autorise pas la cour d'arbitrage à rendre une décision de ce genre dans les actions judiciaires introduites antérieurement devant un tribunal autre que la cour d'arbitrage.

69. — La sentence ou l'arrangement industriel prévaudra sur tout contrat le travail ou d'apprentissage en vigueur au moment de l'entrée en vigueur de la sentence ou de l'accord industriel, en tant qu'il y a incompatibilité entre la sentence ou l'arrangement et le contrat. Le contrat de service ou d'apprentissage sera interprété et applicable comme s'il avait été modifié dans la mesure nécessaire et mis en harmonie avec la sentence ou l'accord industriel.

70. — En rendant sa sentence, la cour peut, à son gré et en toute liberté, donner à une disposition quelconque de la sentence relative au taux du salaire à payer, un effet rétroactif à partir de la date qu'elle juge convenable.

71. — Les sentences rendues ou les arrangements industriels passés après l'entrée en vigueur de la présente loi ne concernent pas les ouvriers employés autrement qu'en vue d'assurer directement ou indirectement à leur patron un gain pécuniaire.

La présente section n'aura pas pour effet de soustraire les autorités locales ou les corporations à l'action des sentences ou des arrangements industriels.

72. — Si un différend industriel a été soumis à la cour, elle peut, si elle juge que, pour une raison quelconque inhérente à l'affaire, il ne convient pas de rendre une sentence, refuser de se prononcer sur l'affaire.

73. — 1. Nonobstant les dispositions de la section 21 de la loi prin-

cancellation under that section of the registration of an industrial union shall not be prevented by the pendency of any conciliation or arbitration proceedings, if the application for cancellation has been made to the Registrar before the commencement of the said proceedings.

2. The said section and this section shall extend and apply to conciliation proceedings before a Council of Conciliation under this Act.

3. For the purposes of this section conciliation proceedings before a Council of Conciliation shall be deemed to have commenced so soon as the Commissioner has appointed assessors on the recommendation of the applicants, and shall be deemed to have ceased so soon as the notification of the Council has been delivered to the Clerk of Awards, or the dispute has been settled by an industrial agreement.

4. For the purposes of the said section and this section arbitration proceedings shall be deemed to be pending and in progress so soon as the notification of the Council has been delivered to the Clerk of Awards.

74. — 1. The provisions of an award or industrial agreement shall continue in force until the expiration of the period for which it was made, notwithstanding that before such expiration any provision inconsistent with the award or industrial agreement is made by any Act passed after the commencement of this Act, unless in that Act the contrary is expressly provided.

2. On the expiration of the said period the award or industrial agreement shall, during its further subsistence, be deemed to be modified in accordance with the law then in force.

An Act to amend the Old-age Pensions Act, 1908. (10th October, 1908.)

1. — This Act may be cited as the Old-age Pensions Amendment Act, 1908, and shall be read together with and deemed part of the Old-age Pensions Act, 1908 (hereinafter referred to as the principal Act).

2. — 1. The principal Act is hereby amended by substituting the term " Commissioner " for the term " Registrar, " and the term " Registrar " for the term " Deputy Registrar, " wherever those terms occur in that Act.

2. The person who at the passing of this Act holds office as the Registrar under the principal Act shall by virtue of this Act be deemed to be appointed to the office of Commissioner under the principal Act as amended by this Act, and shall hold that office on the same terms and conditions in all respects as those on which he theretofore held the said office of Registrar.

cipale, l'annulation de l'enregistrement d'une union industrielle en vertu de la dite section ne pourra être empêchée du fait qu'une instance en conciliation ou en arbitrage est en cours, si la demande d'annulation a été adressée au greffier avant le commencement des procédures.

2. Les dispositions de la dite section et de la présente section sont étendues à la procédure en conciliation devant une commission de conciliation en vertu de la présente loi.

3. Pour les besoins de la présente section, les procédures en conciliation seront réputées commencées devant une commission de conciliation dés que le commissaire a nommé des assesseurs à la requête des demandeurs et seront réputées terminées dès que l'avis de la commission a été signifié au greffier des sentences, ou que le différend a été réglé par un arrangement industriel.

4. Pour les besoins de la dite section et de la présente section, une procédure sera réputée pendante et en cours dès que l'avis de la commission a été signifié au greffier des sentences.

74. — 1. Les dispositions des sentences et des arrangements industriels restent en vigueur jusqu'à l'expiration de la période pour laquelle ils ont été rendus ou passés, même si avant l'expiration de ce délai une loi quelconque promulguée après la mise en vigueur de la présente loi renferme une disposition contraire à une sentence ou à un arrangement, à condition toutefois que la nouvelle loi ne porte pas expressément le contraire.

2. A l'expiration de la dite période, la sentence ou l'arrangement industriel seront réputés modifiés conformément à la loi en vigueur à ce moment, aussi longtemps qu'ils resteront valables.

Loi du 10 octobre 1908 modifiant la loi de 1908 sur les pensions de vieillesse [1].

1. — La présente loi peut être citée sous le titre de « loi de 1908 modifiant la loi sur les pensions de vieillesse ; elle sera interprétée conjointement avec la loi de 1908 sur les pensions de vieillesse (appelée ci-après loi principale), dont elle sera considérée comme faisant partie

2. — 1. La loi principale est modifiée en substituant le terme « commissaire » au terme « registrar » et le terme « registrar » au terme « deputy registrar » chaque fois que ces termes se présentent dans ladite loi.

2. La personne qui au moment de la promulgation de la présente loi, remplira les fonctions de registrar conformément à la loi principale, sera présumée avoir été nommée aux fonctions de commissaire en vertu de la présente loi, conformément à la loi principale modifiée par la présente loi, et remplira ces fonctions dans les mêmes conditions, à tous égards, que celles dans lesquelles elle remplissait les fonctions de registrar.

[1] 1908, n° 245.

3. Every person who at the passing of this Act holds office as a Deputy Registrar under the principal Act shall by virtue of this Act be deemed to be appointed to the office of Registrar under the principal Act as amended by this Act, and shall hold that office on the same terms and conditions in all respects as those on which he theretofore held the said office of Deputy Registrar.

4. All references in any other Act or regulations to the Registrar of Old-age Pensions shall be construed as references to the Commissioner under the principal Act as amended by this Act.

5. All references in any other Act or regulations to a Deputy Registrar of Old age Pensions shall be construed as references to a Registrar under the principal Act as amended by this Act.

3. — 1. Paragraph *b*) of section 8 of the principal Act is hereby amended by omitting from subparagraph (II) all words after the words " twenty-five years " down to and inclusive of the words " 1898, or. "

2. Section 8 of the principal Act is hereby further amended by omitting the words " five years " in paragraph *f*) thereof, and substituting therefor the words " one year. "

4. — Section 10 of the principal Act is hereby amended by adding thereto the following proviso :

" Provided also that the interest of any person in any life-assurance policy or in any annuity purchased from a life-assurance company shall not be deemed to be accumulated property within the meaning of this Act. "

5. — Section 11 of the principal Act is hereby amended by omitting the words " three hundred pounds " from subsection 1 thereof, and substituting the words " six hundred and fifty pounds. "

6. — 1. For the purpose of ascertaining whether the claimant for a pension is entitled thereto, and also of fixing the rate of the first year's pension, his income for the last preceding income-year shall be deemed to be his yearly income, and the property owned by him at the end income-year shall be deemed to be his accumulated property :

Provided that if, on application for a pension or for a renewal thereof, it is shown to the satisfaction of the Magistrate that owing to loss of employment or any other cause any part of the applicant's income for the last preceding income-year which was derived from personal earnings has ceased, the Magistrate may deduct from such income all personal earnings not exceeding at the rate of 2 pounds per week, and shall compute the income accordingly.

2. For the purpose of fixing the rate of the pension for the second and each subsequent year, the pensioner's income for the income-year last preceding each such year shall be deemed to be his income for that year, and

3. La personne qui au moment de la promulgation de la présente loi remplira les fonctions de *deputy registrar* conformément à la loi principale, sera censée être nommée aux fonctions de registrar en vertu de la loi principale modifiée par la présente loi et remplira ces fonctions dans les mêmes conditions, à tous égards, que celles dans lesquelles elle remplissait les fonctions de *deputy registrar*.

4. Toute référence à un registrar de pensions de vieillesse faite dans une autre loi ou un règlement quelconque, sera interprétée comme visant le commissaire conformément à la loi principale modifiée par la présente loi.

5. Toute référence à un *deputy registrar* de pensions de vieillesse faite dans une autre loi ou dans un règlement quelconque sera interprétée comme visant le registrar conformément à la loi principale modifiée par la présente loi.

3 — 1. Le paragraphe b) de la section 8 de la loi principale est modifié par la suppression au sous-paragraphe II de tous les mots qui suivent les mots « vingt-cinq ans » jusque et y compris les mots « 1898, ou ».

2. La section 8 de la loi principale est modifiée en outre par la suppression au paragraphe f) des mots « cinq ans » qui seront remplacés par les mots « une année ».

4. — La section 10 de la loi principale est modifiée par addition de la disposition suivante :

« Toutefois l'intérêt d'une personne dans une police d'assurance sur la vie ou dans une annuité servie par une compagnie d'assurance sur la vie, ne sera pas considéré comme propriété accumulée au sens de la présente loi.

5. — La section 11 de la loi principale est modifiée par substitution dans la première sous-section aux mots « trois cents livres » des mots « six cent et cinquante livres ».

6. — 1. En vue d'établir les droits d'une personne qui sollicite une pension, ainsi que pour fixer le taux de la première année de pension, le revenu de la dernière année qui précède immédiatement sera présumé être le revenu annuel, et la propriété qu'elle possédera à la fin de l'année ainsi établie sera présumée être sa propriété accumulée.

Toutefois, si lors de l'introduction d'une demande de pension ou d'une demande en renouvellement de pension, il est prouvé à la satisfaction du magistrat qu'à raison de chômage ou pour une autre cause une certaine partie du revenu de l'impétrant provenant de gains personnels, a disparu la dernière année qui précède immédiatement, le magistrat pourra déduire du dit revenu les gains personnels à concurrence de 2 livres par semaine, et il fixera le revenu en conséquence.

2. En vue de fixer les arrérages de la pension pour la seconde année ainsi que pour chaque année subséquente, le revenu de l'impétrant pour l'année de revenu qui précède immédiatement chacune de ces années

the property owned by him at the end of that income-year shall be deemed to be his accumulated property.

3. This section is in substitution for section 13 of the principal Act which section is hereby repealed accordingly.

7. — Section 14 of the principal Act is hereby amended by adding to paragraph a) thereof the following words : " except such part of that income as exceeds ten per centum per annum of the net capital value of such accumulated property. "

8. — Section 16 of the principal Act is hereby amended by omitting from paragraph a) thereof all words after the word " behalf, " and substituting the following words : " in the Magistrate's certificate issued in respect of the first year's pension, being in every case the first day of the month during which that certificate is issued. "

9. — 1. When a pensioner becomes an inmate of a mental hospital the amount of his pension shall be paid to the Superintendent of the mental hospital in which the pension is an inmate.

2. The income and property statements required by the principal Act in order to secure a continuance of pensions shall in the case of any such pensioner be made in the manner and by the persons prescribed by regulations.

3. Section 43 of the principal Act is hereby amended by omitting the words " an inmate of a lunatic asylum. "

10.— Section 42 of the principal Act is hereby amended by omitting the words " a Magistrate " wherever those words occur, and substituting therefor the words " the Commissioner. "

11. — Section 46 of the principal Act is hereby amended by omitting all words after " pension-certificate, " and by substituting therefor the words " and may either cancel the same or vary the same, whether by increasing or diminishing the amount of the pension or otherwise, in such manner as he thinks fit, having regard to the provisions of this Act. "

12. — 1. If any pensioner is convicted of the offence of drunkenness, or of any offence punishable by imprisonment for one month or any longer period and dishonouring him in the public estimation a, Magistrate may, in his discretion, on the application of the Registrar made within three months after the date of the conviction, make an order suspending the pension-certificate of the pensioner for any period not exceeding six months.

2. If any pensioner is during the currency of any pension-certificate twice convicted of any of the offences described in the last preceding subsection (whether the offences of which he is so convicted are of the same or different natures), a Magistrate shall, on the application of the Registrar made within three months after the date of the last of those convictions,

sera présumé être son revenu pour cette année et les biens qu'il possédera à la fin de cette année de revenu, seront présumés être sa propriété accumulée.

3. La présente section remplacera la section 13 de la loi principale, qui est abrogée en conséquence.

7. — La section 14 de la loi principale est modifiée par addition au paragraphe *a*) des mots suivants : « sauf la partie du revenu ne dépassant pas 10 p. c. par an de la valeur nette en capital des biens accumulés de l'espèce ».

8. — La section 16 de la loi principale est modifiée, par substitution au paragraphe *a*) aux mots suivant le mot « effet » des mots « dans le certificat délivré par le magistrat pour la première année de pension, cette date étant en tout cas le premier jour du mois dans le courant duquel le certicat à été délivré ».

9. — 1. Lorsque le bénéficiaire d'une pension est interné dans un asile d'aliénés, le montant de sa pension sera payé au directeur de l'établissement.

2. Les déclarations de revenus et de biens requises par la loi principale pour assurer la continuité de la pension, seront faites lorsqu'il s'agit d'un bénéficiaire de l'espèce, de la manière et par les personnes prescrites par les règlements.

3. La section 43 de la loi principale est modifiée par la suppression des mots « interné dans une maison de santé ».

10. — La section 42 de la loi principale est modifiée par la suppression des mots « un magistrat » chaque fois qu'ils se présentent, auxquels on substituera les mots « le commissaire ».

11. — La section 46 de la loi principale est modifiée par la suppression de tous les mots après « certificat de pension » auxquels on substituera les mots « et il pourra l'annuler ou le modifier en augmentant ou en diminuant le montant de la pension ou d'une autre façon suivant ce qu'il jugera convenable dans les limites des dispositions de la présente loi ».

12. — 1. Si le bénéficiaire d'une pension est condamné pour ivresse ou pour un autre délit passible d'un emprisonnement d'au moins un mois et de nature à lui faire perdre l'estime publique, le magistrat pourra, à la requête du registrar introduite dans les trois mois qui suivront la condamnation, rendre une ordonnance suspendant le certificat de pension de l'impétrant pour une période n'excédant pas six mois.

2. Si le bénéficiaire d'une pension est condamné deux fois pendant la période de validité d'un certificat de pension, du chef des infractions spécifiées à la sous-section précédente (que ces infractions soient de même nature ou de nature différente) le magistrat pourra, à la requête du registrar introduite dans les trois mois qui suivront la dernière de ces condamna-

make an order suspending the pension-certificate of the pensioner for a period not less than six months and not exceeding twelve months.

3. If at the time when any order of suspension is made under either of the preceding subsections the pension-certificate is already suspended under a previous order of suspension, the subsequent order shall take effect as from the expiry of the previous order, but the total period of continuous suspension shall in no case exceed twelve months.

4. If on the conviction of a pensioner for any offence he becomes an habitual drunkard within the meaning of the Police Offences Act, 1908, or if a pensioner is convicted of any offence dishonouring him in the public estimation and is sentenced to imprisonment for twelve months or more, a Magistrate shall, notwithstanding anything to the contrary in the preceding subsections, on application made by a Registrar within three months after the date of that conviction, make an order cancelling the pension-certificate of that pensioner.

5. If a pensioner is convicted of any offence before a Magistrate, and the conviction is such that the Magistrate is empowered or required by the foregoing provisions of this section to make an order of suspension or cancellation on the application of a Registrar, the Magistrate may, if he thinks fit, on his own motion, make at the time of the conviction any order of suspension or cancellation which he might lawfully make on the application of a Registrar.

6. No order of suspension made under this section shall operate so as to affect any instalment or part of any instalment of any pension that is, persuant to section 41 of the principal Act, payable to the governing body of any charitable institution in which the pensioner with respect to whom the order of suspension is made is maintained or receives relief.

7. This section is in substitution for sections 51 and 52 of the principal Act, which sections are hereby repealed accordingly.

13. — 1. In any case where a pension-certificate is cancelled, the pension shall be deemed to be absolutely forfeited.

2. In every such case the person whose pension is so forfeited is disqualified to make any application for a new pension until the expiration of twelve months from the date of the forfeiture.

3. Every application made by any such person for a new pension shall be subject in all respects to the same provisions as if no former pension had been granted to that person.

4. This section shall extend and apply to all persons whose pensions have been forfeited before the passing of this Act.

5. This section is in substitution for section 53 of the principal Act, which section is hereby accordingly repealed.

14. — 1. So long as any order is in force suspending a pension-certifi-

tions, rendre une ordonnance suspendant le certificat de pension pour une période qui ne sera pas inférieure à six mois ni supérieure à douze mois.

3. Si au moment où un jugement suspensif est rendu en vertu de l'une des sous-sections précédentes, le certificat de pension est déjà frappé de suspension en vertu d'un jugement antérieur, le jugement subséquent sortira ses effets a l'expiration du précédent, mais la durée totale de la suspension ne pourra excéder douze mois en aucun cas.

4. Si le bénéficiaire d'une pension est convaincu d'ivresse habituelle au sens de « The police offences act 1908 » ou s'il est convaincu d'un délit de nature à lui enlever l'estime publique et est condamné à un emprisonnement de douze mois ou davantage, le magistrat, nonobstant toute disposition contraire de la sous-section précédente pourra, à la requête du registrar introduite dans les trois mois qui suivront la date de cette condamnation, rendre une ordonnance annulant le certificat de pension du bénéficiaire susvisé.

5. Si le titulaire d'une pension a subi une condamnation telle que le magistrat est autorisé ou obligé, en vertu des dispositions précédentes de la présente section, à rendre une ordonnance de suspension ou d'annulation, à la requête d'un registrar, le magistrat pourra, s'il le juge convenable, rendre avec son jugement l'ordonnance de suspension ou d'annulation qu'il était autorisé à prononcer à la requête d'un registrar.

6. Aucun jugement suspensif d'une pension rendu en vertu de la présente section ne pourra produire d'effet sur les arrérages ou une partie quelconque des arrérages d'une pension payable, en vertu de la section 41 de la loi principale, à la direction administrative d'un établissement charitable dans lequel le bénéficiaire visé par l'ordonnance de suspension est recueilli ou secouru.

7. La présente section remplacera les sections 51 et 52 de la loi principale, qui sont abrogées en conséquence.

13. — 1. Dans tous les cas où un certificat de pension aura été annulé, la pension sera tenue pour définitivement confisquée.

2. Dans tout cas de l'espèce, la personne dont la pension est ainsi confisquée sera déchue du droit d'introduire une nouvelle demande de pension pendant une période de douze mois à partir de la date de la confiscation.

3. Toute demande faite par une personne de l'espèce en vue d'obtenir une nouvelle pension, sera soumise, à tous égards, aux dispositions relatives à l'obtention d'une première pension.

4. La présente section s'étendra et s'appliquera à toutes les personnes dont les pensions auront été confisquées avant la promulgation de la présente loi.

5. La présente section remplacera la section 53 de la loi principale qui est abrogée en conséquence.

14. — 1. Aussi longtemps qu'un jugement suspendant un certificat de

cate all instalments which would otherwise become due and payable during that period shall be forfeited.

2. If any period of suspension is such as to extend beyond the expiration of the year in which the order of suspension is made, the order shall apply so far as regards the residue of that period to any pension-certificate issued for the next succeeding year.

15. — 1. In every case in which a pension-certificate is suspended or cancelled, the Magistrate so suspending or cancelling the same shall forthwith send to the Registrar a notice under the hand of the Magistrate setting forth the terms of the order so made by him and the grounds thereof, and the Registrar shall record the same.

2. This section is in substitution for section 54 of the principal Act, which section is hereby repealed accordingly.

16. — Section 59 of the principal Act is hereby amended by adding to subsection one thereof the following proviso :

" Provided that if on the death of the pensioner any money is owing to a charitable institution in respect of his maintenance or relief the Minister may, if he thinks fit, direct that the said apportioned amount and previous instalments or any part thereof shall be paid to the said institution in satisfaction or on account of the money so owing. "

17. — Section 60 of the principal Act is hereby amended by inserting after the word " solicitor " the word " constable ".

18. — Section 71 of the principal Act is hereby amended by adding to paragraph *d*) thereof the words " and whether British subjects by birth or not ".

An Act to consolidate and amend the Law with respect to Compensation to Workers for Injuries suffered in the Course of their Employment. (10th October, 1908.)

1. — This Act may be cited as the Workers' Compensation Act, 1908, and shall come into operation on the first day of January, 1909.

2. — In this Act, unless a different intention appears,

" Compensation " means compensation under this Act.

" Court of Arbitration " means the Court of Arbitration established under the Industrial Conciliation and Arbitration Act, 1908.

" Dependant " means a total dependant or a partial dependant as hereinafter defined.

" Employer " includes any body of persons, corporate or unincorporate, and the representatives of a deceased employer.

" Factory " has the same meaning as in the Factories Act, 1908.

pension produira ses effets,tous les arrérages à échoir et payables pendant cette période seront annulés.

2. Si une période de suspension excéde l'année dans laquelle l'ordonnance de suspension a été rendue, l'ordonnance s'appliquera, en ce qui concerne la partie de cette période restant à courir, au certificat de pension accordé pour l'année suivante.

15. — Dans tous les cas où un certificat de pension est suspendu ou annulé, le magistrat qui aura suspendu ou annulé le dit certificat, enverra immédiatement au registrar un avis signé par le magistrat exposant les termes de l'ordonnance rendue par lui et ses motifs; le registrar en effectuera l'enregistrement.

2. La présente section remplace la section 54 de la loi principale qui est abrogée en conséquence.

16. — La section 59 de la loi principale est modifiée par addition de la disposition suivante :

« Toutefois, si lors du décès du bénéficiaire d'une pension une certaine somme d'argent est due à un établissement charitable à raison de l'entretien qu'il y a reçu, le ministre pourra, s'il le juge convenable, ordonner que cette somme et les arrérages antérieurs ou une partie de ceux-ci soient payés au dit établissement en règlement de compte de la somme due. »

17. — La section 60 de la loi principale est modifiée par insertion après le mot « avoué » des mots « agent de la force publique ».

18. — La section 71 de la loi principale est modifiée par addition au paragraphe d) des mots « et sujets britanniques par naissance ou non ».

Loi du 10 octobre 1908 modifiant la loi sur la réparation des suites dommageables des accidents du travail [1].

1. — La présente loi peut être citée sous le titre de « loi de 1908 sur la réparation des accidents du travail »; elle entrera en vigueur le 1ᵉʳ janvier 1909.

2. — Dans la présente loi, à moins qu'un autre sens ne soit manifeste :

« Compensation » signifie réparation en vertu de la présente loi.

« Cour d'arbitrage » signifie la cour d'arbitrage établie en vertu de la loi de 1908 sur la conciliation et l'arbitrage industriels.

« Ayant droit » signifie toute personne dépendant totalement ou partiellement de la victime comme il est dit ci-après.

« Employeur » comprend tout groupe de personnes incorporé ou non, ainsi que les représentants d'un employeur décédé.

« Fabrique » a le même sens que dans la loi de 1908 sur les fabriques.

---

[1] 1908, n° 248.

" Order " means any judgment, direction, declaration, or order given or made by the Court in pursuance of this Act.

" Partial dependants " means such of the relatives of a worker as were domiciled or resident in New Zealand at the time of the accident which caused his death and were partially dependent upon his earnings at the time of that accident.

" Prescribed " means prescribed by this Act or by regulations made under the authority thereof.

" Regulations " means regulations made by the Governor by Order in Council.

" Relative " means wife or husband, father, mother, grandfather, grandmother, stepfather, stepmother, son, daughter, illegitimate son, illegitimate daughter, grandson, granddaughter, stepson, stepdaughter, brother, sister, half-brother, half-sister; and with respect to an illegitimate worker includes his mother, and his brothers and sisters, whether legitimate or illegitimate, by the same father and mother.

" Representative " means an executor to whom probate has been granted, or an administrator, or the Public Trustee lawfully administering the estate of a deceased person.

" Seaman " means any worker employed as a master, officer, seaman, apprentice, or in any other capacity whatever on board a ship by the owner or charterer thereof.

" Ship " means any ship, vessel, boat, or other craft;

" The Court " means the Court which by virtue of the provisions of this Act has jurisdiction in the matter referred to.

" Trade or business " includes trade, business, or work carried on temporarily or permanently by or on behalf of the employer to which the Act would apply if such trade, business, or work were partly or wholly the regular trade, business, or work of an employer.

" Total dependants " means such of the relatives of a worker as were domiciled or resident in New Zealand at the time of the accident which caused his death and were wholly dependent upon his earnings at the time of that accident.

" Worker " means any person who has entered into or works under a contract of service or apprenticeship with an employer, whether by way of manual labour, clerical work, or otherwise, and whether remunerated by wages, salary, or otherwise; but does not include any person whose average weekly earnings, calculated in accordance with the provisions of this Act, exceed 5 pounds.

« Ordonnance » désigne les jugements, instructions ou déclarations ou ordonnances de la cour en vertu de la présente loi ;

« Ayants droit pour partie » signifie les membres de la famille de l'ouvrier qui étaient domiciliés ou résidaient en Nouvelle-Zélande au moment de l'accident et qui, au moment du décès, dépendaient partiellement du salaire de la victime.

« Prescrit » signifie prescrit par la présente loi ou par un règlement fait en exécution de la présente loi.

« Règlement » signifie les dispositions arrêtées par le gouverneur en conseil.

« Parents » désigne la femme ou l'époux, le pére, la mére, le grand-père, la grand'mère, le beau-père, la belle-mère, le fils, la fille, le fils naturel, la fille naturelle, le petit-fils, la petite-fille, le beau-fils, la belle-fille, le frére, la sœur, le demi-frère, la demi-sœur ; et lorsqu'il s'agit d'un ouvrier, enfant naturel, ce terme comprend sa mére, ainsi que ses frères et sœurs légitimes ou naturels, issus des mêmes père et mère.

« Représentant » signifie tout exécuteur dûment autorisé, un administrateur ou le *trustee* public gérant légalement le patrimoine d'une personne décédée.

« Marin » signifie tout travailleur employé à bord d'un navire comme patron, officier, matelot, mousse ou en toute autre qualité, soit par le propriétaire soit par l'affréteur.

« Navire » désigne tout navire, vaisseau, bâteau ou bâtiment quelconque.

« La Cour » désigne la cour qui, en vertu de loi présente loi, est compétente pour les affaires en question.

« Industrie ou commerce » comprend les entreprises ou les affaires exercées passagèrement ou d'une façon permanente par tout patron ou au nom de tout patron auquel la loi s'appliquerait si cette industrie ou ces affaires étaient soit en partie, soit totalement le commerce, les affaires ou le travail régulier d'un employeur.

« Ayants droit pour le tout » désigne les parents de l'ouvrier qui étaient domiciliés ou résidaient en Nouvelle-Zélande au moment de l'accident ayant causé le décès, et qui dépendaient totalement du salaire de la victime au moment du décès.

« Ouvrier » désigne toute personne engagée dans une entreprise en vertu d'un contrat de louage de services ou d'apprentissage conclu avec un employeur, pour un travail manuel, un travail de bureau ou autrement, moyennant un salaire, un traitement ou une autre rémunération, mais ne comprend pas les personnes dont le gain hebdomadaire moyen, calculé conformément aux dispositions de la présente loi, excéde 5 livres.

PART 1.

COMPENSATION.

3. — 1. If in any employment to which this Act applies personal injury by accident arising out of and in the course of the employment is caused to a worker, his employer shall be liable to pay compensation in accordance with the provisions of this Act.

2. This Act applies only to the employment of a worker :

a) in and for the purposes of any trade or business carried on by the employer; or

b) in any occupation specified in the First Schedule hereto, whether carried on for the purposes of the employer's trade or business or not.

3. For the purposes of this subsection an employer may have more than one trade or business.

4. The exercise and performance of the powers, duties, or functions of any Corporation or of any local authority or other governing body of a Corporation shall, for the purposes of this Act, be deemed to be the trade or business of the Corporation.

4. — Where the death of the worker results from the injury the amount of compensation payable shall be as follows :

a) if the worker leaves any total dependants, the compensation shall be a sum equal to one hundred and fifty-six times his average weekly earnings, or the sum of 200 pounds, whichever of those sums is the larger, but not exceeding in any case 500 pounds;

b) if the worker does not leave any total dependants, but leaves any partial dependants, the compensation shall be a sum equal to three times the value of the benefits received by these dependants from the deceased worker during the twelve months immediately preceding the accident which caused his death, but not exceeding in the aggregate in any case the sum payable under the foregoing provisions;

c) if any child is born to a worker after his death, that child shall be deemed to be a dependant of the worker in the same manner as if born in his father's lifetime;

d) whether the worker leaves dependants or not, there shall be payable, in addition to the compensation (if any) payable under the preceding paragraphs of this section, a sum equal to the reasonable expenses of his medical or surgical attendance, including first aid, and of his funeral, but not exceeding 20 pounds:

e) in every case the amount of any weekly payments made under this Act to the worker in respect of the accident which caused his death, and any lump sum paid in lieu thereof, shall be deducted from the amount af compensation payable in respect of his death.

Ire PARTIE.

DE LA RÉPARATION.

3. — 1. Si dans une entreprise à laquelle s'applique la présente loi, un dommage personnel par suite d'un accident survenant par le fait et dans le cours du travail est causé à un ouvrier, son employeur sera tenu de lui payer une compensation conformément aux dispositions de la présente loi.

2. La présente loi s'appliquera uniquement à l'emploi d'un ouvrier :

a) dans ou pour des travaux industriels ou commerciaux entrepris par l'employeur ; ou

b) à tout travail spécifié dans la première annexe ci-après, effectué pour l'entreprise de l'employeur ou non.

3. Pour les besoins de la présente sous-section, un employeur peut exercer plus d'une industrie ou plus d'un commerce.

4. En vue de l'application de la présente loi, l'exercice des pouvoirs, des obligations et des fonctions d'une corporation, d'une autorité locale ou de tout autre comité exécutif d'une corporation quelconque, sera considéré comme l'industrie ou le commerce de la corporation.

4. — Lorsque l'accident entraîne le décès de l'ouvrier, le montant de l'indemnité à payer sera établi comme suit :

a) si l'ouvrier laisse des ayants droit pour le tout, l'indemnité sera une somme égale à cent cinquante-six fois son gain hebdomadaire moyen ou la somme de 200 livres, quelle que soit la plus élevée de ces deux sommes, mais sans qu'en aucun cas l'indemnité puisse dépasser 500 livres ;

b) si l'ouvrier ne laisse aucun ayant droit pour le tout, mais laisse des ayants droit pour partie, l'indemnité consistera en une somme égale à trois fois la valeur des secours reçus par lesdits ayants droit pendant les douze mois ayant précédé immédiatement l'accident qui a provoqué la mort, sans pouvoir, en aucun cas, excéder au total la somme payable en vertu des dispositions précédentes ;

c) un enfant posthume sera considéré comme ayant droit au même titre qu'un enfant né du vivant du père ;

d) que l'ouvrier laisse des ayants droit ou non, il sera payé outre l'indemnité (éventuelle) due en vertu des paragraphes précédents, une somme correspondant au montant raisonnable des soins médicaux ou chirurgicaux, y compris les premiers secours, et des funérailles le tout à concurrence de 20 livres.

e) dans chaque cas, les allocutions hebdomadaires payées en vertu de la présente loi à un ouvrier à titre d'indemnité du chef d'un accident ayant causé ultérieurement sa mort, ou toute somme globale en tenant lieu, seront déduites de l'indemnité à payer après le décès.

5. — 1. Where the worker's total or partial incapacity for work results from the injury, the compensation payable shall, in default of agreement, be in the discretion of the Court either a lump sum or a weekly payment during the period of his incapacity.

2. In exercising its jurisdiction to award a lump sum the Court shall take into consideration the ability of the employer to make compensation in this form.

3. When a lump sum is awarded by way of compensation under this Act instead of a weekly payment, it shall be a sum equal to the present value at five per centum compound interest of the aggregate of the weekly payments which in the opinion of the Court would probably become payable to the worker during the period of his incapacity if compensation by way of a weekly payment were then awarded in lieu of a lump sum.

4. If the incapacity lasts less than seven days, compensation shall not be payable in respect thereof.

5. If the incapacity lasts less than fourteen days, no compensation shall be payable in respect of the first seven days.

6. During any period of total incapacity the weekly payment shall be one-half of the worker's average weekly earnings at the time of the accident; but where the worker's ordinary rate of pay for the work at which he was employed at the time of the accident was not less than 30 shillings per week, the weekly payment shall not be less than 1 pound.

7. During any period of partial incapacity the weekly payment shall be one-half of the difference between the amount of the average weekly earnings before the accident and the average weekly amount which the worker is earning or able to earn in some suitable employment or business after the accident.

8. Weekly payments shall in no case extend over a longer aggregate period than six years.

9. The aggregate amount of weekly payments shall in no case exceed 500 pounds.

10. In fixing the amount of the weekly payment regard shall be had to any payment, allowance, of benefit which the worker may receive from the employer during the period of his incapacity.

6. — 1. For the purposes of this Act the term " average weekly earnings " means the average weekly earnings received by a worker while at work during the twelve months preceding the accident if he has been so long employed by the same employer, and if not, then for any less period during which he has been in the employment of the same employer; but in calculating such average no account shall be taken of any periods during which the worker has been absent from work.

5. — 1. Lorsque l'accident entraîne une incapacité totale ou partielle de travail, l'indemnité à payer, à défaut d'accord entre les parties, sera, suivant ce que décidera la Cour, soit une somme globale, soit une allocation hebdomadaire à payer pendant la période de l'incapacité.

2. La Cour, en examinant quelle doit être la somme globale à payer, tiendra compte des moyens de l'employeur quant au paiement de l'indemnité sous cette forme.

3. Lorsqu'une somme globale est allouée à titre d'indemnité en vertu de la présente loi, au lieu d'une allocation hebdomadaire, cette somme sera égale à la valeur actuelle de l'ensemble des allocations hebdomadaires placées à intérêt composé à 5 p. c. qui, dans l'opinion de la Cour, seraient probablement dues à l'ouvrier pendant la période de son incapacité, si l'indemnité par voie d'allocations hebdomadaires avait été adjugée au lieu d'une somme globale.

4. Toute incapacité de moins de sept jours ne donne pas droit à compensation.

5. Toute incapacité de moins de quatorze jours ne donne pas droit à compensation pour les sept premiers jours.

6. L'allocation hebdomadaire à payer pendant toute période d'incapacité totale, sera de la moitié du gain hebdomadaire moyen de l'ouvrier au moment de l'accident; mais si la rémunération ordinaire de l'ouvrier pour le travail auquel il était occupé au moment de l'accident était au moins de 30 shillings par semaine, l'allocation hebdomadaire ne pourra être inférieure à 1 livre.

7. L'allocation hebdomadaire à payer pendant toute période d'incapacité partielle s'élèvera à la moitié de la différence entre le gain hebdomadaire moyen de l'ouvrier avant l'accident et la moyenne du salaire hebdomadaire qu'il gagne ou est capable de gagner dans un emploi convenable après l'accident.

8. En aucun cas les allocations hebdomadaires ne pourront se prolonger pendant plus de six ans.

9. Le montant de toutes les allocations hebdomadaires ne pourra jamais excéder 500 livres.

10. Pour fixer le montant de l'allocation hebdomadaire, il sera tenu compte de tout paiement, indemnité ou avantage que l'ouvrier pourrait recevoir de l'employeur pendant la période d'incapacité.

6. — 1. Pour les besoins de la présente loi les termes « salaire hebdomadaire moyen » signifient le salaire hebdomadaire moyen touché par un ouvrier pour le travail effectué pendant les douze mois précédant l'accident, s'il est resté effectivement pendant tout ce temps au service du même employeur et dans le cas contraire, pour la période moindre pendant laquelle il a été au service du même employeur. En calculant la moyenne, il ne sera pas tenu compte des périodes pendant lesquelles l'ouvrier s'est absenté du travail.

2. Where by reason of the shortness òf the time during which a worker has been in the employment of his employer, or of the casual nature of the. employment, or the terms of the employment, it is impracticable at the date of the accident to compute the rate of his remuneration in accordance with the foregoing provisions of this Act, his average weekly earnings shall be deemed to be the average weekly amount which during the twelve months previous to the accident was being earned by a person in the same grade employed at the same work by the same employer, or, if there is no such person so employed, then by a person in the same grade employed in the same class of employment and in the same district.

3. Where a worker has entered into concurrent contracts of service with two or more employers under which he works at one time for one such employer and at another time for another such employer, his average weekly earnings shall be computed as if his earnings under all such contracts were earnings in the employment of the employer for whom he was working at the time of the accident.

4. In calculating average weekly earnings no account shall be taken of any sums that are paid to a worker to cover any special expenses entailed on him by the nature of his employment.

7. — With respect to casual workers employed as stevedores, lumpers, or wharf labourers, the following special provision shall apply :

The worker's average weekly earnings shall be deemed to be not less than a full working-week's earnings at the ordinary (but not overtime) rate of pay for the work at which he was employed at the time of the accident, notwithstanding that he may not actually worked or the employment may not have actually continued for the full week, and the compensation shall be computed and assessed accordingly; but in no case shall the weekly payment be less than 1 pound.

8. — 1. Notwithstanding anything hereinbefore contained as to the rate of compensation, compensation for the injuries mentioned in the first column of the Second Schedule to this Act shall be assessed in the manner indicated in the second column of that Schedule.

2. Nothing in the said Schedule shall limit the amount of compensation recoverable for any such injury during any period of total incapacity due to illness resulting from that injury, but any sum so received shall be taken into account in estimating the compensation payable in accordance with the said Schedule.

9. — 1. When a worker is at the time of the accident under the age of 21 years, and his incapacity, whether total or partial, is permanent his average weekly earnings shall be deemed to be not less than 2 pounds per week, and the reduction of his earning-power shall be deemed to be not

2. Lorsqu'à raison du peu de temps pendant lequel un ouvrier a été au service de son employeur ou de la nature passagère de sa besogne ou encore des conditions de l'engagement, il n'est pas possible de calculer au moment de l'accident le taux de sa rémunération conformément aux dispositions précédentes de la présente loi, son salaire hebdomadaire moyen sera censé être le salaire hebdomadaire moyen gagné pendant les douze mois ayant précédé l'accident par une personne employée en la même qualité, à la même besogne par le même employeur et, à défaut d'une personne ainsi occupée, le salaire hebdomadaire moyen sera présumé être celui que gagne un ouvrier de même capacité, employé à la même espèce de besogne, dans le même district.

3. Si un ouvrier a conclu simultanément plusieurs contrats de louage de service avec deux ou plusieurs employeurs pour lesquels il travaille à tour de rôle, le salaire hebdomadaire moyen sera calculé comme si les salaires touchés en vertu de ces différents contrats avaient été gagnés au service du patron pour lequel il travaillait au moment de l'accident.

4. Dans le calcul du salaire hebdomadaire moyen, il ne sera pas tenu compte des sommes payées à un ouvrier pour couvrir les débours qui auraient pu lui être imposés par la nature de son occupation.

7. — Les dispositions ci-après seront applicables en ce qui concerne les ouvriers employés irrégulièrement comme débardeurs, porte-faix ou travailleurs de quais :

Le salaire hebdomadaire moyen de l'ouvrier sera censé n'être pas inférieur au salaire hebdomadaire intégral payé usuellement (abstraction faite du travail supplémentaire) pour l'ouvrage qui lui était confié au moment de l'accident même si, en fait, il n'avait pas travaillé et même si le travail n'avait pas duré toute la semaine ; la compensation sera calculée et fixée en conséquence, mais en aucun cas l'allocation hebdomadaire ne pourra être inférieure à 1 livre.

8. — 1. Nonobstant les dispositions précédentes en ce qui concerne le taux de l'indemnité, la compensation du chef des accidents mentionnés à la première colonne de la deuxième annexe de la présente loi, sera fixée de la manière indiquée dans la seconde colonne de cette annexe.

2. L'annexe susdite ne limite pas le montant de l'indemnité à payer du chef d'un accident de l'espèce pendant toute période d'incapacité totale à raison d'une maladie provenant du dit accident, mais toute somme ainsi obtenue sera prise en compte pour évaluer l'indemnité à payer conformément à l'annexe en question.

9. — 1. Le salaire hebdomadaire moyen de tout ouvrier qui au moment de l'accident aura moins de 21 ans et dont l'incapacité totale ou partielle sera permanente, sera considéré comme étant au moins égal à 2 livres par semaine et la réduction de sa capacité de travail sera considérée comme

less than the difference between that sum and the weekly sum which he will probably be able to earn after attaining the age of 21 years.

2. Nothing in this section shall extend to the compensation payable on the death of a worker.

10. — 1. If in any employment to which this Act applies a worker contracts any disease to which this section applies, and the disease is due to the nature of the said employment, within the twelve months previous to the date of the disablement, and the incapacity or death of the worker results from that disease, compensation shall be payable as if the disease was a personal injury by accident arising out of and in the course of that employment, and all the provisions of this Act shall apply accordingly, subject, however, to the provisions of this section.

2. No compensation shall be payable under this section in respect of the incapacity or death of a worker if that incapacity commences or that death happens, as the case may be, more than twelve months after the worker has ceased to be employed by the employer from whom the compensation is claimed in any employment to which this Act applies and to the nature of which the disease is due.

Provided that this subsection shall not apply to the death of a worker when his death has been preceded, whether immediately or not, by any period of incapacity in respect of which the employer is liable under this section.

3. For the purpose of calculating the average weekly earnings of the worker in a claim for compensation under this section, the commencement of the incapacity of the worker (or the date of his death if there has been no previous period of incapacity) shall be treated as the date of the happening of the accident, if he is then employed by the employer from whom the compensation is claimed in any employment to which this Act applies and to the nature of which the disease is due; and if he is not then so employed, the last day on which he was so employed shall be treated as the date of the happening of the accident.

4. For all the other purposes of this Act the commencement of the incapacity of the worker, or the date of his death if there has been no previous period of incapacity, shall be treated as the date of the happening of the accident.

5. If the disease has been contracted by a gradual process, so that two or more employers are severally liable to pay compensation in respect thereof under this section, the aggregate amount of compensation recoverable shall not exceed the amount that would have been recoverable if those employers had been a single employer, and in any such case those employers shall, in default of agreement, be entitled as between themselves to such rights of contribution as the Court of Arbitration thinks just, having regard to the circumstances of the case, in any action brought or application made by any of them for this purpose.

n'étant pas inférieure à la différence entre cette somme et le gain hebdomadaire qu'il sera probablement à même de gagner à l'âge de 21 ans.

2. La présente section ne sera pas applicable à l'indemnité à payer en cas de décès d'un ouvrier.

10. — 1. Si dans une occupation à laquelle s'applique la présente loi un ouvrier contracte une maladie quelconque à laquelle s'applique la présente section et que cette maladie soit due à la nature de la dite occupation durant les douze mois qui précèdent la date de l'invalidité et que l'incapacité ou la mort de l'ouvrier résulte de cette maladie, une indemnité devra être payée comme si la maladie était due à un accident résultant de cette occupation et survenu au cours de cette occupation, et toutes les dispositions de la présente loi seront applicables en conséquence dans la limite des dispositions de la présente section.

2. Il n'y aura pas lieu à indemnité en vertu de la présente section du chef d'incapacité ou de mort d'un ouvrier, si l'incapacité a commencé ou si la mort est survenue douze mois après que l'ouvrier a cessé d'être employé par l'employeur auquel l'indemnité est réclamée à une occupation à laquelle la présente loi s'applique et à la nature de laquelle la maladie est due.

Toutefois, la présente sous-section ne s'appliquera pas en cas de mort d'un ouvrier lorsque cette mort est survenue immédiatement ou non après une période d'incapacité pour laquelle l'employeur est responsable en vertu de la présente section.

3. En vue de déterminer le salaire hebdomadaire moyen dans une demande d'indemnité en vertu de la présente section, le début de l'incapacité de l'ouvrier (ou la date de sa mort, s'il n'y a pas eu de période antérieure d'incapacité) sera considéré comme la date de l'accident, s'il était alors occupé par l'employeur auquel l'indemnité est réclamée, à une besogne à laquelle la présente loi s'applique et à la nature de laquelle la maladie est due ; et s'il n'était pas occupé ainsi, le dernier jour où il a été ainsi occupé sera considéré comme la date à laquelle l'accident est survenu.

4. Pour les autres besoins de la présente loi, le commencement de l'incapacité de l'ouvrier ou la date de son décès, s'il n'y a pas eu de période antérieure d'incapacité, sera considéré comme la date de l'accident.

5. Si la maladie a été contractée graduellement de manière que deux ou plusieurs employeurs soient chacun responsables de la compensation de ce chef, en vertu de la présente section, le montant total de l'indemnité ne pourra dépasser la somme qui aurait été exigible s'il n'y avait eu qu'un seul employeur, et dans tous les cas de l'espèce, ces employeurs, sauf accord entre eux, auront droit en ce qui concerne la répartition à faire entre eux, chacun à la contribution que la cour estime convenir en tenant compte des circonstances de l'affaire, dans une action intentée par l'un d'eux à cet effet.

6. The diseases to which this section applies are anthrax, lead poisoning, mercury poisoning, phosphorus poisoning, arsenic poisoning, pneumoconiosis (as affecting miners only), and any other diseases which are declared by the Governor, by Order in Council gazetted, to be diseases within the operation of this Act.

7. Nothing in this section shall affect the right of any person to recover compensation in respect of a disease to which this section does not apply, if the disease is a personal injury by accident within the meaning of this Act.

11. — 1. This Act applies to all accidents happening in New Zealand, but does not apply to accidents happening elsewhere than in New Zealand, except in the cases hereinafter in this section mentioned.

2. This Act applies to accidents happening on board a New Zealand ship, as defined in this section, to any worker in an employment to which this Act applies, wherever that ship may be at the time of the accident.

3. This Act applies to accidents which happen to a seaman employed on a New Zealand ship, as defined in this section, in any employment to which this Act applies, whether the accident happens in New Zealand or elsewhere, or on board the said ship or elsewhere.

4. In this Act the term " New Zealand ship " means :

a) any ship which is registered in New Zealand under the Shipping and Seamen Act, 1908;

b) any ship which is owned by a body corporate established by the laws of New Zealand, or having its principal office or place of business in New Zealand, or any ship which is in the possession of any such body corporate by virtue of a charter;

c) any ship which is owned by any person or body corporate whose chief office or place of business in respect of the management of that ship is in New Zealand, or any ship which is in the possession of any such person or body corporate by virtue of a charter;

d) any ship which is owned by the Crown in respect of the Government of New Zealand or which is in the possession of the Crown in that respect by virtue of a charter.

5. For the purposes of this Act an accident shall be deemed to happen in New Zealand if it happens in any harbour thereof within the meaning of the Shipping and Seamen Act, 1908, or within the marginal or other waters of New Zealand, and shall be deemed to happen out of New Zealand if it happens elsewhere.

6. Any sum payable by way of compensation under this Act by the owner

- 6. Les maladies auxquelles s'appliquent la présente section sont l'anthrax, le saturnisme, l'hydrargyrisme, le phosphorisme, l'empoisonnement par l'arsenic, la pneumokoniose (exclusivement en ce qui concerne les mineurs) ainsi que toutes les autres maladies déclarées par une ordonnance du gouverneur en conseil, publiée dans la *Gazette*, être des maladies tombant sous l'application de la présente loi.

7. La présente section ne mettra pas obstacle aux droits qu'une personne aurait de se faire payer une indemnité du chef d'une affection à laquelle la présente section ne s'applique pas, si cette affection est un dommage physique causé par accident au sens de la présente loi.

11. — 1. La présente loi s'applique à tous les accidents survenus en Nouvelle-Zélande, et non à ceux qui se seraient produits ailleurs, sauf dans les cas prévus ci-après par la présente section.

2. La présente loi s'applique aux accidents survenus à bord d'un navire de la Nouvelle-Zélande tel que ce navire est défini ci-après, lorsqu'il s'agit d'un ouvrier occupé à une besogne à laquelle la présente loi s'applique, quel que soit l'endroit où se trouve ce navire au moment de l'accident.

3. La présente loi s'applique aux accidents survenant aux gens de mer employés à bord d'un navire de la Nouvelle-Zélande, tel que ce navire est défini à la présente section, au cours des travaux auxquels s'applique la présente loi, que l'accident survienne en Nouvelle-Zélande ou ailleurs ou à bord du navire en question ou ailleurs.

4. Dans la présente loi, l'expression « navire de la Nouvelle-Zélande », signifie :

a) tout navire enregistré en Nouvelle-Zélande conformément à la loi de 1908 sur la navigation et les gens de mer ;

b) tout navire appartenant à une collectivité incorporée en vertu des lois de la Nouvelle-Zélande ou ayant son siège principal ou un centre d'affaires en Nouvelle-Zélande, ou tout navire qui est en la possession d'une telle collectivité en vertu d'une charte ;

c) tout navire appartenant à une personne ou collectivité incorporée dont le siège principal ou le centre d'affaires en ce qui concerne l'administration de ce navire est en Nouvelle-Zélande, ou tout navire qui est en la possession d'une telle personne ou collectivité en vertu d'une charte ;

d) tout navire appartenant à la Couronne pour servir au gouvernement de la Nouvelle-Zélande ou qui se trouve en la possession de la Couronne, dans ce but, en vertu d'une charte.

5. En vue de l'application de la présente loi, un accident sera considéré comme étant survenu en Nouvelle-Zélande s'il se produit dans un port quelconque de Nouvelle-Zélande, au sens de la loi de 1908 sur la navigation et les gens de mer ou dans les eaux territoriales ou autres de la Nouvelle-Zélande ; tout accident survenu ailleurs sera considéré comme s'étant produit hors de la Nouvelle-Zélande.

6. Toute somme payable à titre de compensation par le propriétaire d'un

of a ship shall be paid in full, notwithstanding anything contained in section 295 of the Shipping and Seamen Act, 1908.

12. — 1. Save as otherwise expressly provided, this Act shall bind the Crown in respect of the Government of New Zealand in the same manner as if the exercise by or on behalf of the Crown of any powers or functions in respect of the Government of New Zealand were the trade or business of the Crown within the meaning of this Act.

2. This Act does not apply to accidents happening to persons in the naval or military service of the Crown and arising out of their employment in that service, or to accidents happening to persons in the service of the Crown otherwise than in respect of the Government of New Zealand and arising out of their employment in that service.

3. All proceedings against the Crown for or in respect of compensation under this Act shall be taken in accordance with the procedure set forth in the Crown Suits Act, 1908, with any modifications of that procedure rendered necessary by the provisions of this Act or prescribed by regulations made under this Act.

4. Notwithstanding anything in the Crown Suits Act, 1908, all such proceedings shall be taken in the same Court as if the compensation were payable by a private person.

5. Any sum payable by the Crown by way of compensation under this Act may be paid by the authority of any Minister of the Crown, and without further appropriation than this Act, out of moneys available for the contingent expenses of the Department in respect of which the claim arises; and, save as aforesaid, no such sum shall be payable except out of moneys appropriated by Parliament for that purpose.

13. — 1. In any case where any person (hereinafter referred to as the principal) contracts with any other person (hereinafter referred to as the contractor) for the execution of any work by or under the contractor, and the contractor employs any worker therein, both the principal and the contractor shall, for the purposes of this Act, be deemed to be employers of the worker so employed, and shall be jointly and severally liable to pay any compensation which the contractor if he were the sole employer would be liable to pay under this Act.

2. The principal shall be entitled to be indemnified by the contractor against the principal's liability under this section.

3. The principal shall not be liable under this section except in cases where the accident happens on, in, or about some land, building, ship, or premises of which the principal has the occupation, possession, or control, or of which some other person is in occupation as the tenant or subtenant

navire, conformément à la présente loi, sera payée intégralement nonobstant les dispositions de la section 295 de la loi de 1908 sur la navigation et les gens de mer.

12. — 1. Sauf dispositions expressément contraires, la présente loi sera applicable en ce qui concerne le gouvernement de la Nouvelle-Zélande, de la même manière que si l'exercice par la Couronne ou en son nom de pouvoirs ou de fonctions quelconques en ce qui concerne la Nouvelle-Zélande, constituait une entreprise de la Couronne au sens de la présente loi.

2. La présente loi ne s'applique pas aux accidents qui surviennent à des personnes au service naval ou militaire de l'État et résultant de leurs occupations dans ce service, ni aux accidents survenant aux personnes au service de l'État à un autre titre que pour le gouvernement de la Nouvelle-Zélande et survenus à raison de leur occupation dans ce service.

3. Toutes procédures contre la Couronne en matière de compensation en vertu de la présente loi se feront conformément à la loi de 1908 sur les « crown suits » en tenant compte des modifications rendues nécessaires par les dispositions de la présente loi ou prescrites par une ordonnance faite en vertu de la présente loi.

4. Nonobstant toute disposition de la loi de 1908 sur les « crown suits », toute la procédure se fera devant la même cour que celle qui est compétente en cas d'indemnité à payer par un particulier.

5. Toute somme due par l'État à titre d'indemnité en vertu de la présente loi peut être payée sous la responsabilité de l'un des ministres du gouvernement et sans autre affectation que celle de la présente loi, à l'aide des sommes allouées pour les dépenses imprévues du département en cause ; sauf ce qui est dit ci-dessus, toute somme semblable devra être imputée sur les crédits votés à cette fin par le Parlement.

13. — 1. Dans tous les cas où une personne (ci-après dénommée « entrepreneur principal ») contracte avec une autre personne (ci-après dénommée « sous-traitant ») pour l'exécution d'un travail par le sous-traitant ou sous ses ordres, et que celui-ci emploie des ouvriers à cet effet, l'entrepreneur principal et le sous-traitant seront censés, l'un et l'autre, être les employeurs de l'ouvrier et seront conjointement et solidairement tenus de payer à l'ouvrier toute indemnité que le sous-traitant serait tenu de payer en vertu de la présente loi, s'il était le seul employeur.

2. L'entrepreneur principal aura le droit de se faire rembourser par le sous-traitant, la responsabilité qu'il supporterait en vertu de la présente section.

3. L'entrepreneur principal ne sera tenu, conformément à la présente section, que dans les cas où l'accident survient sur, dans ou près d'un terrain, d'un bâtiment, d'un navire ou des locaux dont il a la jouissance, la possession ou le contrôle ou dont une autre personne a la jouissance comme

of the principal, or on or in which the principal has contracted to do the work in connection with which the accident happens.

4. The principal shall not be liable under this section unless one of the following conditions is fulfilled :
 a) the work in which the worker is employed at the time of the accident is directly a part of or a process in the trade or business of the principal ; or
 b) the work in which the worker is employed at the time of the accident is one of the occupations mentioned in the First Schedule hereto, and the contract entered into by the principal is such as to involve a payment by him of not less than 20 pounds for the due and complete performance thereof.

5. The Crown or a local authority' having the control of any road or street shall not by reason of that control be liable under this section to pay compensation in respect of any accident arising out of the use of that road or street by any person for the purposes of a highway.

6. When the principal and the contractor are jointly and severally liable under this section, judgment recovered against one of them shall not be any bar to an action against the other, except to the extent to which that judgment has been actually satisfied.

7. When compensation is claimed from or proceedings are taken against the principal, then in the application of this Act references to the principal shall be substi·uted for references to the employer, except that the amount of compensation shall be calculated with reference to the earnings of the worker under the employer by whom he is immediately employed.

8. In the case of subcontracts the expression " principal " shall include not only the original principal, but also each contractor who constitutes himself a principal with respect to a subcontractor by contracting with him for the execution by him of the whole or any part of the work; and the expression " contractor " shall include not only the original contractor, but also each subcontractor; and each principal's right of indemnity shall include a right against every contractor liable under this section and standing between him and the contractor by whom the worker was employed.

9. For the purposes of paragraph a) of this section the expression " trade or business of the principal " shall, when the principal is the Crown or a local authority or body corporate, be read in its ordinary and natural sense, and not in the extended sense indicated in section 3 and section 12 of this Act.

14. — In assessing compensation, whether under this Act or independently hereof, there shall be no abatement of the amount for which the

locataire ou sous locataire de l'entrepreneur principal ou auxquels ou dans lesquels l'entrepreneur principal s'est engagé par contrat à faire le travail ayant provoqué l'accident.

4 L'entrepreneur principal ne sera responsable en vertu de la présente section que si l'une des conditions suivantes est remplie

a) si le travail auquel l'ouvrier est occupé au moment de l'accident est une opération ou un procédé de l'industrie ou du commerce de l'entrepreneur principal ;

b) si le travail auquel l'ouvrier est occupé au moment de l'accident est un des travaux mentionnés dans la première annexe ci-après, et si le contrat conclu par l'entrepreneur principal stipule le paiement par lui d'au moins 20 livres pour l'exécution entière et régulière de ce travail.

5. Le gouvernement ou une autorité locale ayant l'administration d'une route ou d'une rue ne sera pas responsable, du chef de cette administration, en cas d'accident survenu à raison de l'usage qui est fait de cette route ou de cette rue pour les besoins de la circulation.

6. Lorsque l'entrepreneur principal et le sous-traitant sont conjointement et séparément responsables en vertu de la présente section, les jugements obtenus contre l'un d'eux ne mettront pas obstacle à l'exercice d'une action contre l'autre, sauf dans la mesure où le jugement obtenu a déjà été exécuté.

7. Lorsqu'une action est intentée contre l'entrepreneur principal, les références pour l'application de la présente loi relatives à l'entrepreneur principal seront substituées aux références visant l'employeur, sauf que le montant de la compensation sera calculé par référence aux gains de l'ouvrier au service de l'employeur sous les ordres immédiats duquel il se trouve.

8. Dans le cas de sous-traitants, l'expression « entrepreneur principal » ne comprendra pas seulement l'entrepreneur primitif, mais encore chaque sous-traitant jouant le rôle d'entrepreneur principal vis-à-vis d'un sous-traitant en contractant avec lui pour l'exécution totale ou partielle des travaux et l'expression « sous-traitant » ne comprendra pas seulement le premier sous-traitant, mais encore chaque sous-traitant subséquent, et le droit à indemnité de chaque entrepreneur principal comprendra le même droit contre chaque sous-traitant responsable en vertu de la présente section et se trouvant entre lui et le sous-traitant par lequel l'ouvrier était occupé.

9. Pour les besoins du paragraphe a) de la présente section, l'expression « industrie ou affaires de l'entrepreneur principal », devra, lorsque l'entrepreneur principal sera l'Etat ou une autorité locale ou un corps constitué être interprétée dans son acception naturelle et ordinaire et non suivant l'extension prévue aux sections 3 et 12 de la présente loi.

14. — En fixant la compensation en vertu de la présente loi ou indépendamment de celle-ci, il ne pourra être fait aucune réduction sur la somme

employer or his insurer is liable by reason of the fact that, in consequence of the accident in respect of which the claim has arisen, money has accrued due to the claimant in respect of any life or accident insurance policy effected by himself or by person other than the employer.

15. — No compensation shall be payable in respect of any accident which is attributable to the serious and wilful misconduct of the worker injured or killed.

16. — No compensation shall be payable in respect of the death or incapacity of a worker if his death is caused, or if and so far as his incapacity is caused, continued, or aggravated, by an unreasonable refusal to submit to medical treatment, or to any surgical treatment the risk of which is, in the opinion of the Court, inconsiderable in view of the seriousness of the injury or disease.

17. — No compensation shall be payable in respect of incapacity or death of a worker which is due to disease or personal injury if the worker has at any time in writing signed by him represented to the employer in in respect of whose employment the claim to compensation is made that the worker was not suffering or had not previously suffered from the said disease or injury, and if the said representation was false to the knowledge of the worker.

2. Notwithstanding anything to the contrary in this Act, if any worker suffers from or has previously suffered from any disease or personal injury, it shall be lawful for him (whether he is or is not above the age of 21 years) to agree in writing with any employer or intended employer that no compensation shall be payable by that employer in respect of the incapacity or death of the worker if his incapacity or death is due to the said disease or injury or to any recurrence or repetition thereof.

3. No such agreement shall be binding until and unless it has been approved in writing by a Magistrate. The Magistrate shall, before granting his approval, take such steps as he considers reasonable to ascertain whether the worker suffers or has suffered from the said disease or injury, and whether the agreement is for the benefit of the worker. The approval of the Magistrate shall, in the absence of fraud on the part of the employer or intended employer, be conclusive as to the validity of any such agreement.

4. Every such agreement shall remain in force and shall operate with respect to any employment or employments then or at any time afterwards existing between the parties until the agreement is cancelled by the employer by writing signed by him or by some person duly authorised on his behalf.

18. — 1. Save as otherwise expressly provided in this Act, no agreement between an employer and a worker, whether made before or after the coming into operation of this Act, shall be effective so as to exempt the employer

dont l'employeur ou son assureur est responsable pour le motif que du fait de l'accident qui justifie la demande de compensation, certaines sommes sont dues au demandeur à raison d'une assurance-vie ou d'une assurance-accident contractée par lui ou par une personne autre que l'employeur.

15. — Il ne sera dû aucune compensation du chef d'un accident dû à la faute lourde et volontaire de la victime.

16. — Il ne sera pas dû de compensation du chef du décès ou de l'incapacité du travail de l'ouvrier, si le décès est provoqué et si l'incapacité est causée, continuée ou aggravée par le refus déraisonnable de l'ouvrier de se soumettre à un traitement médical ou chirurgical dont la Cour estime que le risque est peu considérable eu égard à la gravité de la blessure ou de la maladie.

17. — 1. Il ne sera pas dû de compensation du chef du décès ou de l'incapacité d'un ouvrier attribuable à la maladie ou à un dommage personnel, si l'ouvrier a par un écrit signé de lui, déclaré à l'employeur visé par la demande en compensation du chef du service effectué chez lui, que l'ouvrier ne souffrait pas ou n'avait pas souffert précédemment de ladite maladie ou dudit dommage, et que l'ouvrier savait que sa déclaration était fausse.

2. Nonobstant toute disposition contraire de la présente loi, si un ouvrier souffre ou a souffert antérieurement d'une maladie ou d'un dommage physique, il pourra (sans distinguer s'il a 21 ans ou non) convenir par écrit avec son employeur ou celui qui se propose de l'employer, qu'aucune compensation ne sera due par le dit employeur à cause du décès ou de l'incapacité de l'ouvrier, si l'incapacité ou le décès est attribuable à la maladie ou au dommage en question ou à un retour ou à une répétition de la maladie ou du dommage.

3. Aucun arrangement de l'espèce ne sera valable qu'après avoir été approuvé par écrit par un magistrat. Avant d'accorder son autorisation, le magistrat fera le nécessaire pour s'assurer que l'ouvrier souffre ou a souffert de la maladie ou du dommage physique en question et que l'arrangement est à l'avantage de l'ouvrier. L'approbation du magistrat, sauf le cas de fraude dans le chef de l'employeur, sera décisive quant à la validité d'un arrangement de l'espèce.

4. Tout arrangement de l'espèce restera valable et s'appliquera aux relations de service existant entre les parties au moment où il est passé et dans la suite, jusqu'à ce qu'il soit annulé par l'employeur par un écrit signé par lui ou par son délégué pour lui.

18. — 1. Sauf dispositions expressément contraires dans la présente loi, aucun arrangement entre employeur et ouvrier passé avant ou après l'entrée en vigueur de la présente loi, ne pourra avoir pour effet de décharger

in whole or in part from any liability to pay compensation for any injury to be suffered by the worker.

2. Notwithstanding anything in this section contained, an agreement may be made between an employer and a worker, or between an employer and any representative or dependant of a deceased worker, or between any such dependants themselves, after the happening of an injury to the worker, for the settlement of any claim to compensation or of any question arising with respect to compensation.

3. Any such agreement as is mentioned in the last preceding subsection shall be binding on the parties thereto, and any such agreement entered into by the representative of a deceased worker shall be binding on the dependants of that worker.

4. Any such agreement as is mentioned in subsection 2 of this section may be made by and shall be binding on a person under the age of 21 years, if it is made in writing and approved by a Magistrate; and, unless the Magistrate otherwise orders, any money payable to such person under any such agreement may be paid to him, and his receipt thereof shall be a sufficient discharge.

5. Nothing in this section shall be so construed as to confer upon the representative of a deceased worker any power to determine the shares in which compensation is to be apportioned between the dependants of that worker.

PART II.

PROCEDURE.

19. — 1. All proceedings for the recovery of compensation, or for the determination of any question as to the distribution of such compensation among dependants, or for obtaining any order which by this Act a Court is authorised to make with respect to compensation, shall be taken in the Court of Arbitration, and not elsewhere.

2. Any agreement as to the payment of compensation or otherwise relating to compensation may be enforced in the Court of Arbitration.

3. Any right of indemnity conferred by this Act shall be enforceable in the Supreme Court or some other Court of competent jurisdiction, and not (save with the consent of the parties) in the Court of Arbitration.

20 to 23. — [*Procedure to be determined by regulations under Act.*]

24. — 1. An action for the recovery of compensation shall not be maintainable by a worker unless notice of the accident has been given as soon as practicable after the happening thereof.

2. The want of or any defect or inaccuracy in any such notice shall not be a bar to the action if the Court is of opinion that the employer has not been prejudiced in his defence or otherwise by the want, defect, or inaccuracy,

l'employeur en tout ou en partie de l'obligation de payer une compensation du chef d'un accident dont un ouvrier serait victime.

2. Nonobstant les dispositions de la présente section, un arrangement peut être passé entre un employeur et un ouvrier, ou entre un employeur et un représentant légal ou un dépendant d'un ouvrier décédé, ou entre les dépendants eux-mêmes, après qu'un accident sera survenu à un ouvrier, pour le réglement du droit à la compensation ou d'une question relative à la compensation

3. Un arrangement de l'espèce visée à la précédente sous-section, liera les parties et s'il est passé par le représentant légal d'un ouvrier décédé, il liera les ayants droit de cet ouvrier.

4. Tout arrangement de l'espèce mentionnée à la sous-section 2 de la présente section liera une personne de moins de 21 ans, s'il est fait par écrit et approuvé par un juge; et, sauf décision contraire du juge, toute somme à payer à la dite personne en vertu d'un arrangement pourra être payée au juge et le reçu qu'il en donnera constituera une décharge suffisante.

5. La présente section ne pourra être interprétée comme conférant au représentant légal d'un ouvrier décédé le pouvoir de fixer les parts suivant lesquelles la compensation doit être distribuée entre les ayants droit de cet ouvrier.

IIe PARTIE.

PROCÉDURE.

19. — 1. Toutes les procédures relatives au recouvrement de la compensation, au réglement des questions relatives à la distribution de cette compensation entre les ayants droit, ou aux ordonnances que les tribunaux peuvent rendre concernant la compensation, auront lieu devant la cour d'arbitrage seulement.

2. Les arrangements relatifs au paiement de la compensation ou se rapportant autrement à la compensation peuvent être mis à exécution par l'intermédiaire de la cour d'arbitrage.

3. Le droit à indemnité en vertu de la présente loi pourra être mis à exécution par la cour suprême ou un autre tribunal compétent et non (sauf le consentement des parties) par la cour d'arbitrage.

20 à 23. — [*Procédure, etc.*]

24. — 1. L'action en recouvrement de la compensation ne sera recevable que si l'accident a été déclaré aussitôt que possible après qu'il est arrivé.

2. Le défaut de déclaration, un vice ou une inexactitude dans la déclaration ne pourront mettre obstacle à l'action, si la cour estime que l'employeur n'a pas subi de préjudice dans ses moyens de défense ou autrement du fait

or that the want, defect, or inaccuracy was occasioned by mistake, or by absence from New Zealand, or by any other reasonable cause.

3. Notice of an accident shall be in writing, and shall give the name and address of the person injured, and shall state in ordinary language the cause of the injury and the date and place at which the accident happened, and shall be served on the employer, or, if there is more than one employer, upon one of them.

4. The notice may be served by delivering it at or sending it by post in a registered letter addressed to the residence or any office or place of business of the person or corporation on whom it is to be served.

5. The notice if served by registered post shall be deemed to have been served at the time when it would have been delivered in the ordinary course of post, and in proving the service it shall be sufficient to prove that the notice was properly addressed and posted.

6. When the worker is employed by or on behalf of the Crown the notice shall be served on the Solicitor-General at Wellington.

7. In the case of an accident happening, whether in New Zealand or elsewhere, to a seaman in the course of his employment as such, the notice required by this section may be served on the master of the ship on which he is employed, unless he is himself the master thereof.

8 Nothing in this section shall apply to the recovery of compensation for the death of a worker.

25. — 1. Save as provided in this section, no action for the recovery of compensation shall be commenced except within six months after the date of the accident causing the injury, or, in case of death, except within six months after the date of the death.

2. If any payment of compensation or damages has been made by or on behalf of the employer in respect of the injury or death, an action for compensation may be commenced against the employer at any time within six months after that payment or after the last of any such payments, if more than one.

3. If any admission of liability to pay damages or compensation in respect of the injury or death of a worker has been signed by the employer or by any person duly authorised on his behalf, an action for compensation may be commenced against that employer at any time within six months after the date of the signing of the last of any such admissions, if more than one.

4. A failure to commence the action within the time hereby limited shall be no bar to the action if, in the opinion of the Court, the failure was occasioned by mistake, or by absence from New Zealand, or by any other reasonable cause.

26. — 1. In the case of any injury suffered by a worker which does not

du manque de déclaration ou d'un vice ou d'une inexactitude dans la déclaration, ou si elle juge que ce manque, ce vice ou cette inexactitude a sa source dans une erreur, dans une absence hors de la Nouvelle-Zélande ou dans toute autre cause raisonnable.

3. La déclaration d'accident sera faite par écrit et indiquera le nom et l'adresse de la victime ; elle fera connaître, en langage ordinaire, les causes de l'accident, le lieu et la date de l'événement ; elle sera transmise à l'employeur, ou, s'il y a plus d'un employeur, à l'un d'eux.

4. La déclaration peut être faite par remise directe par la poste par lettre recommandée adressée à la résidence ou au bureau de la personne ou de la corporation à laquelle elle doit être remise.

5. La déclaration faite par la poste sera présumée avoir été remise dans le délai ordinaire du service de la poste et pour prouver cette remise, il suffira d'établir que la déclaration a été convenablement adressée et mise à la poste.

6. Lorsque l'ouvrier est employé par ou pour le compte de l'État, la déclaration sera faite au *solicitor general* à Wellington.

7. S'il s'agit d'un accident survenu, en Nouvelle-Zélande ou ailleurs, à un marin au cours de son travail en cette qualité, la déclaration exigée par la présente section, pourra être remise au capitaine du bâtiment sur lequel il est employé, sauf s'il en est lui-même le capitaine.

8. La présente section ne s'applique pas au recouvrement de la compensation en cas de décès d'un ouvrier.

25. — 1. Sauf ce qui est dit dans la présente section, une action en compensation ne pourra être intentée que dans les six mois à partir de l'accident qui y donne ouverture, ou en cas de décès, dans les six mois du décès.

2. Si un paiement en compensation ou en dommages-intérêts a été fait par ou pour le compte de l'employeur à raison de l'accident ou du décès, l'action en compensation pourra être commencée dans les six mois à dater du paiement ou du dernier paiement, s'il y en a eu plusieurs.

3. Si une reconnaissance de responsabilité en compensation ou en dommages-intérêts à raison d'un accident survenu à un ouvrier ou du décès d'un ouvrier, a été signée par l'employeur ou en son nom par une personne dûment autorisée, l'action en compensation contre cet employeur pourra être commencée dans les six mois de la signature de la dite reconnaissance ou de la dernière reconnaissance, s'il y en a eu plusieurs.

4. Le défaut d'intenter l'action dans le délai prescrit ne sera pas un obstacle à l'admission de l'action, si la cour juge que le manquement provient d'une erreur ou a sa source dans une absence hors de la Nouvelle-Zélande ou dans une autre cause raisonnable.

26. — 1. Lorsqu'un accident survenu à un ouvrier ne lui cause actuel-

presently cause incapacity, but may cause it in the future, he may, within the time limited in this Act for commencing an action for compensation, bring an action against his employer, or against any other person who would be liable to pay compensation in respect of that future incapacity, for a declaration of liability under this Act; and the Court may in that action make a declaration of such liability, which shall have the effect of a judgment for compensation to be afterwards assessed, and within six months thereafter the worker may in that action apply to the Court to have compensation assessed in pursuance of the declaration on proof that incapacity has resulted from the injury, and the compensation so assessed shall be payable accordingly as under a judgment of the Court.

2. All the provisions of this Act with respect to an action for the recovery of compensation shall, so far as applicable, extend and apply to an action for a declaration of liability.

3. In any action for the recovery of compensation, if it is proved than an accident has happened for which the defendant would be liable to pay compensation if incapacity had resulted therefrom, but it is not proved that any incapacity has so resulted, the Court may, if it thinks fit, instead of dismissing the action, make a declaration of liability under this Act, and any such declaration shall have the same effect as a like declaration made under the foregoing provisions of this section.

27. — 1. Any order or agreement for a weekly payment of compensation may at any time and from time to time in an action brought or application made for that purpose, be reviewed by the Court of Arbitration; and on any such review the payments may be ended, suspended, diminished, or increased, or may be revived after any period of suspension, or may be commuted for a lump sum, or the order or agreement may be otherwise varied, but so that the compensation so awarded is in conformity with the provisions of his Act.

2. Every such action or application for a review may be brought or made by or against the worker entitled to the compensation, and against or by the employer or by any other person liable to pay that compensation, or to indemnify any other person against it, whether by way of insurance or otherwise.

3. On any such review the order ending, suspending, diminishing, increasing, or reviving the payments may be made retrospective to such extent and in such manner as the Court thinks fit.

28. — 1. Where the Court of Arbitration is satisfied :

a) that any order made by it under this Act has been obtained by fraud or other improper means; or

b) that any person has been erroneously included or erroneously not included in any order as a dependant of a deceased worker, the Court may set aside or vary the order, and may make such order (including an order as

lement aucune incapacité, mais est susceptible de lui en causer une dans l'avenir, l'ouvrier peut, dans le délai fixé pour l'ouverture de l'action en compensation, intenter une action contre son employeur ou contre toute personne susceptible de devoir payer la compensation à raison de cette incapacité éventuelle, en vue d'obtenir une déclaration de responsabilité en vertu de la présente loi. Le tribunal peut allouer cette déclaration, laquelle aura la valeur d'une condamnation à des dommages-intérêts à déterminer dans la suite; dans les six mois qui suivront, l'ouvrier peut faire fixer les dommages-intérêts par le tribunal sur la base de la déclaration, s'il prouve que l'accident a entraîné une incapacité de travail, et la compensation fixée de la sorte sera payable en conséquence comme en vertu d'un jugement du tribunal.

2. Toutes les dispositions de la présente loi relatives à l'action en compensation seront, lorsque la chose est possible, étendues et applicables à une action en déclaration de responsabilité.

3 Dans une action en compensation, s'il est prouvé qu'il est survenu un accident à raison duquel le défendeur serait tenu de payer des dommages-intérêts s'il en était résulté une incapacité de travail, mais que l'existence d'une pareille incapacité n'est pas prouvée, la cour peut, au lieu de débouter le demandeur, rendre une déclaration de responsabilité en vertu de la présente loi; cette déclaration aura les mêmes effets qu'une déclaration faite sur la base des dispositions précédentes.

27. — 1. Les ordonnances et arrangements concernant des allocations hebdomadaires peuvent être revisés par la cour d'arbitrage; ces revisions peuvent avoir pour effet de terminer, suspendre, diminuer ou augmenter lesdites allocations, ou de les faire reprendre après une période de suspension, ou de les transformer en une somme globale, ou d'introduire d'autres modifications dans les ordonnances et arrangements, mais toujours de telle façon que l'indemnité allouée réponde aux dispositions de la présente loi.

2. Les actions ou demandes en revision peuvent être faites par ou contre l'ouvrier bénéficiaire de la compensation et par ou contre l'employeur ou par toute autre personne appelée à payer la dite compensation ou à rembourser une autre personne de ce chef, par une assurance ou autrement.

3. En cas de revision, l'ordonnance de cessation, de suspension, de diminution, etc., des allocations, peut recevoir un effet rétroactif dans la mesure et de la façon que la cour juge convenables.

28. — 1. Lorsque la cour d'arbitrage s'est assurée :

a) qu'une ordonnance rendue par elle en vertu de la présente loi a été obtenue par fraude ou par d'autres moyens abusifs;

b) qu'une personne a été comprise dans une ordonnance ou en a été exclue erronément en qualité d'ayant droit d'un ouvrier décédé, la cour peut retirer ou modifier l'ordonnance et en rendre une autre (visant même

to any sum already paid under the order) as under the circumstances the Court thinks fit.

2. An application under this section to set aside or vary an order shall not be made after the expiration of six months from the date of the order, except by leave of the Judge of the Court of Arbitration.

29. — 1. Any sum payable by way of compensation to or on behalf of the dependants of a worker shall, in default of any agreement between the dependants, be allotted among them in such proportions as the Court determines.

2. When there are both total and partial dependants the compensation may be allotted partly to the total and partly to the partial dependants, as the Court thinks fit.

3. In any case the compensation may be allotted wholly to one or more of the dependants to the exclusion of the others, as to the Court seems fit.

30. — In any action for the recovery of compensation payable to or on behalf of dependants in the case of the death of a worker the Court may order that the amount of that compensation shall be paid into Court; and any sum so paid into Court shall be invested, applied, or otherwise dealt with by the Court in such manner as the Court in its discretion thinks fit for the benefit of the said dependants or any of them.

31. — Any sum directed in pursuance of this Act to be invested shall be paid to the Public Trustee, who shall deal with all such moneys and the income thereof in accordance with regulations and the orders of the Court.

32. — In any order for weekly payments of compensation the Court may give such directions as it thinks fit as to the times, intervals, and manner at or in which those payments are to be made, and as to the payment in a lump sum or otherwise, as the Court thinks fit, of all arrears of weekly payments in respect of any period of incapacity prior to the making of the order.

33 to 37. — [Apportionment of compensation may be varied by order of Court. Court to direct payment where compensation due to person under twenty-one, or of unsound mind, etc.].

38 to 40. — [Court may direct payment of interest where undue delay in payment of compensation. Court may require security for costs from plaintiff outside New Zealand. Court to direct mode of deduction from compensation.]

PART III.

MISCELLANEOUS PROVISIONS.

41. — 1. When injury is caused to a worker by accident arising out of and in the course of his employment·in or about any mine, building, factory, or ship, the amount of compensation or damages for which the

les sommes déjà payées en vertu de la première) suivant ce qu'elle jugera convenir d'après les circonstances.

2. Les demandes tendant à faire retirer ou modifier une ordonnance ne pourront plus être introduites six mois après la date de l'ordonnance visée, sauf l'autorisation du juge de la cour d'arbitrage.

29. — 1. Toute somme payable à titre de compensation aux ayants droit d'un ouvrier ou pour leur compte sera, en cas de désaccord entre les parties, partagée entre eux suivant les instructions de la cour.

2. Lorsqu'il y a à la fois des ayants droit pour le tout et pour partie, la compensation peut être répartie entre chaque groupe, suivant ce que la cour décide.

3. Dans certains cas, la compensation peut être allouée entièrement à un ou à plusieurs ayants droit à l'exclusion des autres, suivant la décision de la cour.

30. — Dans une action en réparation payable aux ayants droit d'un ouvrier décédé ou pour leur compte, la cour peut ordonner que le montant en soit payé au tribunal et les sommes versées de cette façon seront placées ou autrement employées, suivant ce que décidera la cour, au profit des ayants-droit ou de certains d'entre eux.

31. — Les sommes dont le placement aura été ordonné comme il vient d'être dit, seront versées entre les mains du *Public Trustee* qui les emploiera de la façon indiquée par la cour.

32. — Dans ses ordonnances d'allocations hebdomadaires, la cour peut donner les instructions qu'elle juge convenir quant aux époques, aux intervalles et au mode de payement, et au payement à l'aide d'une somme globale ou autrement, suivant ce qu'elle juge convenir, des arrérages écoulés des payements hebdomadaires concernant une période d'incapacité antérieure à l'ordonnance.

33 à 37. — [La cour peut modifier la répartition de la compensation faite primitivement par elle. Elle peut donner des ordres particuliers en ce qui concerne les payements à faire à des personnes âgées de moins de 21 ans ou qui ne sont pas saines d'esprit, etc.].

38 à 40. — [La cour peut ordonner le payement d'intérêts, lorsque le payement de la compensation est retardé indûment; elle peut exiger une caution du demandeur résidant à l'étranger; elle peut fixer le mode de déduction des sommes à imputer sur la compensation.]

IIIe PARTIE.

DISPOSITIONS DIVERSES.

41. — 1. Si un dommage est causé à un ouvrier par suite d'un accident survenant par le fait ou dans le cours de son travail sur ou dans une mine, un bâtiment, une fabrique ou un navire, le montant de la réparation ou des

employer is liable in respect of that injury, whether under this Act or independently of this Act, shall be an equitable charge upon the employer's estate or interest in that mine, building, factory, or ship, and in the plant, machinery, and appliances in or about the same, and in the land on which the mine, building, or factory is situated.

2. This charge shall take effect from the date of the accident causing the injury, notwithstanding that the amount of the employer's liability may not yet have been determined.

3. As between themselves all such charges shall have priority according to the dates of the accidents out of which they arise, and in the case of accidents happening on the same day to two or more workers the charges arising therefrom shall rank equally with each other, and shall be deemed to arise at the time when the first of those accidents happens.

4 Subject to the provisions of the last preceding subsection, every such charge shall have priority over all existing or subsequent mortgages, charges, or incumbrances, howsoever created, other than mortgages, charges, or incumbrances existing at the time of the coming into operation of this Act, but shall have priority over these last-mentioned mortgages, charges, and incumbrances only so far as a charge possessing such priority would have been created by the Workers' Compensation for Accidents Act, 1908, had it remained in force.

5. For the purpose of enforcing any such charge after the amount of the employer's liability has been determined in due course of law, whether by action, agreement, or otherwise, the Supreme Court or a Judge thereof may, on summons, make such order as he or it thinks fit, either for the sale of the estate or interest which is subject to the charge, or for the appointment of a receiver, or otherwise; and any order for sale shall be carried into effect by the Sheriff in the same manner as in the case of a writ of sale, with any modifications that may be necessary or may be provided by rules of Court in that behalf.

42. — 1. When any employer has entered into a contract with any insurer for an indemnity in respect of any liability to pay compensation or damages to any worker, or to the representative or dependants of any worker, in respect of any accident, then in the event of the employer dying insolvent, or becoming bankrupt, or making a composition or arrangement with his creditors, or, if the employer is a body corporate, in the event of that body corporate having commenced to be wound up, the amount of that liability, whether already determined or not, shall be a charge upon all insurance moneys which are or may become payable in respect of that liability, or which would be or become payable in respect thereof had no such insolvency, bankruptcy, composition, arrangement, or winding-up taken place.

2 to 7. [*Procedure.*]

dommages-intérêts auxquels l'employeur est tenu du chef de ce dommage, en vertu ou indépendamment de la présente loi, grévera les biens de l'employeur ou la part de celui-ci dans ces mine, bâtiment, fabrique ou navire et dans le matériel d'exploitation, les machines et appareils qui s'y trouvent ou en dépendent, ainsi que dans le terrain où se trouvent ces mine, bâtiment ou fabrique.

2. Ce privilége prendra cours à compter de la date de l'accident, alors même que le montant de la responsabilité de l'employeur n'aurait pas encore été déterminé.

3. Entre eux, ces privilèges auront un rang correspondant à la date de l'accident qui leur a donné naissance, et dans le cas où ils sont nés le même jour en faveur de deux ou plusieurs ouvriers, ils auront entre eux un rang d'égalité et seront censés avoir pris naissance à la date de l'accident survenu le premier.

4. Sous réserve des dispositions de la précédente sous-section, chacune de ces créances aura priorité sur tous les priviléges, créances ou charges présentes ou futures, quelle que soit la façon dont elles sont créées, autres que les privilèges, créances ou charges existant au moment de l'entrée en vigueur de la présente loi, mais cette priorité n'existera vis-à-vis de ces dernières créances ou charges, que si la créance jouissant de cette priorité avait reposé sur la loi de 1908 sur la réparation des dommages résultant des accidents du travail, si cette loi était restée en vigueur.

5. Dans le but de faire valoir ces priviléges après que le montant de la responsabilité de l'employeur a été déterminé par voie légale, soit par jugement soit par accord ou autrement, la cour suprême ou un juge de celle-ci peut ordonner à son gré soit la vente des biens sur lesquels la créance existe, soit la nomination d'un séquestre ou autrement, et toute ordonnance de vente sera exécutée par le shérif de la même manière que dans le cas d'un *writ* de vente, sous réserve des modifications jugées nécessaires ou qui peuvent être prévues à cet effet par les règlements de la cour.

42. — 1. Lorsqu'un employeur a contracté avec un assureur en vue de s'assurer une indemnité à raison de la responsabilité qui lui incombe de payer une réparation ou des dommages-intérêts, en cas d'accident, à des ouvriers ou aux représentants ou ayants droit d'ouvriers, et dans le cas où l'employeur devient insolvable ou fait faillite ou passe un concordat ou arrangement avec ses créanciers, ou si l'employeur est une société en état de liquidation, le montant de la responsabilité en question, qu'il soit déterminé ou non, constituera une créance sur toutes les sommes de l'assurance qui sont ou peuvent être payables par suite de cette responsabilité ou qui seraient ou deviendraient payables par suite de cette responsabilité s'il n'y avait pas insolvabilité, faillite, concordat, arrangement ou liquidation.

2 à 7. [*Procédure.*]

43. — 1. Save as otherwise expressly provided by this Act, nothing in this Act shall affect any civil liability of an employer or any other person which exists independently of this Act.

2. Any sum received by a worker, or by or on behalf of any dependant of a worker, from any person by way of damages in respect of an accident shall be deducted from the sum recoverable by that worker, or by or on behalf of his dependants, by way of compensation in respect of the same accident.

3 Any sum received by a worker, or by or on behalf of any dependant of a worker, by way of compensation in respect of any accident shall be deducted from the sum recoverable by that worker, or by or on behalf of his dependants, from any person by way of damages in respect of the same accident.

4. When judgment has been recovered by or on behalf of any person for compensation that person shall not be entitled thereafter to recover damages from any person in respect of the same accident.

5. When judgment has been recovered against any person for damages independently of this Act in respect of an accident, no person by or on whose behalf that judgment has been recovered shall be entitled thereafter to recover compensation from any person in respect of the same accident.

44. — Where the injury for which compensation is payable was caused under circumstances creating a legal liability in some person other than the employer to pay damages in respect thereof, the person by whom the compensation is paid or payable, whether directly or by way of an indemnity, shall be entitled to be indemnified by the person so liable to pay damages to the extent of his liability to pay the same.

45. — When any claim against an employer for compensation under this Act, or for damages independently of this Act, has been settled by agreement, no person bound by that agreement shall be entitled to recover from the employer in respect of the same accident any sum, whether by way of damages or of compensation, other than the amount so agreed upon.

46. — 1. If within the time limited by this Act for commencing an action for the recovery of compensation an action is brought in the Supreme Court to recover damages independently of this Act in respect of an accident, and it is determined in the action that the accident is one for which the defendant is not liable independently of this Act, the action shall be dismissed; but the Judge before whom the action is tried shall, on the application of the plaintiff made at the time of the dismissal or as soon thereafter as practicable, proceed to determine whether the defendant is liable to pay compensation under this Act, and if he is found to be so liable, the Judge shall thereupon assess the compensation as if in an action

43. — 1. Sauf dispositions contraires de la présente loi, aucune des dispositions de celle-ci ne portera atteinte à la responsabilité civile d'un employeur ou de toute autre personne, indépendamment de la présente loi.
2. Toute somme reçue d'une personne quelconque par un ouvrier ou par l'ayant droit d'un ouvrier ou à son profit à titre de dommages-intérêts à la suite d'un accident, sera déduite de la somme due à cet ouvrier ou à ses ayants droit à titre de réparation pour le même accident.

3. Toute somme reçue par un ouvrier ou par un ayant droit d'un ouvrier, à titre de réparation du chef d'un accident, sera déduite de la somme recouvrable par cet ouvrier ou par ses ayants droit à titre de dommages-intérêts pour le même accident.

4. Quand un jugement accordant réparation a été rendu en faveur d'une personne, celle-ci n'a pas droit à des dommages-intérêts à raison du même accident.
5. Lorsqu'un jugement accordant des dommages-intérêts, indépendamment de la présente loi, a été rendu en faveur d'une personne, celle-ci n'a pas droit à réparation à raison du même accident.

44 — Lorsque le dommage qui donne lieu à réparation a été causé dans des circonstances telles qu'une personne autre que l'employeur en est responsable, la personne par laquelle la somme due à titre de réparation est payée ou payable, soit directement soit à titre d'indemnité, sera en droit de se faire indemniser par la personne de première part, laquelle est tenue à réparation jusqu'à concurrence du montant de ses obligations.

45. — Si une demande, introduite contre un employeur en vue d'obtenir une réparation en vertu de la présente loi ou des dommages-intérêts indépendamment de la présente loi, a été réglée par voie d'accord, aucun de ceux qui sont liés par l'accord intervenu ne sera en droit d'obtenir de l'employeur, à titre de dommages-intérêts ou à titre de réparation, une somme autre que celle qui fait l'objet de l'accord.

46. — 1. Si dans les délais fixés par la présente loi pour engager une action en réparation, une action est introduite devant la cour suprême en vue d'obtenir des dommages-intérêts indépendamment de la présente loi, du chef d'un accident, et si dans cette action il est établi que l'accident est un de ceux dont le défendeur n'est pas responsable indépendamment de la présente loi, le demandeur sera débouté; mais sur demande faite par le demandeur au moment du jugement ou aussitôt que possible après, le juge déterminera si le défendeur est tenu à réparation et, dans l'affirmative, il évaluera la réparation comme s'il s'agissait d'une action en recouvrement de cette réparation, mais il déduira du montant de la réparation les frais qui,

for the recovery thereof, but he shall deduct from the amount of compensation the costs which in his opinion have been caused by the plaintiff suing for damages instead of for compensation.

2 to 10. [*Procedure.*]

47. — [*Compensation claims provable in bankruptcy, etc.*]

48. — No claim to compensation in respect of the death of a worker shall be barred by any judgment obtained by the worker himself in his lifetime in respect of the injury which caused his death, whether that judgment was obtained under this Act or independently of this Act, or by any settlement or accord and satisfaction made by the worker of his lifetime in respect of his claim to damages or compensation for that injury; but the claim for compensation in respect of his death shall be reduced by the amount of all moneys paid or payable by way of damages or compensation under any such judgment, settlement, or accord and satisfaction, or otherwise received by the worker from his employer in respect of his injury :

Provided that every such claim shall be made within six months after the death of the worker or the last date of admission of liability by the employer.

49. — A cause of action for the recovery of compensation shall survive notwithstanding the death of the employer or other person liable to pay the compensation, and all proceedings under this Act may be begun or continued against the representative of the deceased employer or other person.

50. — 1. The right of a dependant who survives a worker to receive compensation for the death of that worker shall survive the dependant, and may be enforced by or on behalf of the representative of the dependant in the same manner in which it might have been enforced by or on behalf of the dependant had he been alive.

2. All moneys so recovered by the representative of a deceased dependant shall form part of the estate of that dependant, but shall not be available as assets for the payment of his debts or liabilities.

51. — 1. Where a worker has given notice of an accident or claims compensation or is entitled to weekly payments under this Act, he shall, if and as often as so required by the employer or by any person by whom the employer is entitled to be indemnified, whether by way of insurance or otherwise, in respect of any liability under this Act, or by any other person liable to pay compensation under this Act, submit himself for examination by any registered medical practitioner nominated and to be paid by the employer or such other person.

2. If the worker at any time without sufficient justification refuses or

à son avis, ont été provoqués par le demandeur pour avoir réclamé des dommages-intérêts au lieu de la réparation.

2 à 10. [*Procédure.*]

47. — [*Admissibilité des créances en cas de faillite, etc.*]

48. — A une demande en réparation introduite en suite du décés d'un ouvrier il ne pourra être opposé un jugement obtenu par l'ouvrier lui-même, alors qu'il était encore en vie, relativement au dommage cause de la mort, que ce jugement ait été obtenu en vertu de la présente loi ou indépendamment de celle-ci, ni un arrangement ou un accord ni une décharge donnée par l'ouvrier alors qu'il était encore en vie, au sujet de sa demande en dommages-intérêts ou en réparation à raison de l'accident dont il a été victime; mais il devra être déduit de la demande en réparation introduite en suite du décès, le montant de toutes les sommes payées ou payables à titre de dommages-intérêts ou de réparation en vertu d'un jugement, d'un arrangement ou accord ou d'une décharge, ou des sommes que l'ouvrier aurait reçues autrement de l'employeur au sujet du même dommage.

Toutefois toute demande de ce genre sera faite dans les six mois du décés de l'ouvrier ou de la date à laquelle l'employeur aura été reconnu responsable en dernier lieu.

49. — L'action en recouvrement de la réparation subsistera nonobstant le décès de l'employeur ou de toute autre personne obligée de payer la réparation, et toute procédure prévue par la présente loi pourra être introduite ou poursuivie contre le représentant légal de la personne décédée.

50. — 1. Le droit qu'un ayant droit qui survit à un ouvrier a de réclamer la réparation à raison du décès de cet ouvrier, subsistera malgré le décès de l'ayant droit, et pourra être exercé par ou au profit du représentant de l'ayant droit de la même manière qu'il aurait pu être exercé par ou au profit de l'ayant droit si celui-ci eût été en vie.

2. Toutes les sommes recouvrées de cette façon par le représentant d'un ayant droit décédé, formeront une partie du patrimoine de cet ayant droit, mais elles ne pourront être employées au paiement de ses dettes ou du passif qu'il laisse.

51. — 1. Lorsqu'un ouvrier a déclaré un accident ou réclame une réparation ou a droit à des allocations hebdomadaires en vertu de la présente loi, il doit si et aussi souvent qu'il en est requis par l'employeur ou par toute autre personne par laquelle l'employeur a droit à être indemnisé, par voie d'assurance ou autrement, à raison d'une responsabilité qui lui incombe en vertu de la présente loi, se laisser examiner par un médecin dûment autorisé, désigné et payé par l'employeur ou la personne en question.

2. Si l'ouvrier refuse ou néglige, sans motif sérieux, de se soumettre à

neglets to submit himself to any such examination, or in any way obstructs or delays the same, his rights under this Act in respect of the accident to which the examination relates shall be suspended until the examination takes place, and shall absolutely cease if he fails without sufficient justification to submit himself for examination within one month after being required so to do.

3. Where a right to compensation is so suspended, no compensation shall be payable in respect of the period of suspension.

4. This section shall apply whether the worker is at the time when he is required to submit himself for examination resident in New Zealand or elsewhere, but if he is resident elsewhere than in New Zealand he shall be required to submit himself for examination by a duly qualified medical practitioner of the place where he is resident.

5. This section shall be read subject to any restrictions and conditions which may be imposed by regulations as to the frequency of medical examinations and the manner in which they are to be conducted.

52. — 1. The Governor may appoint such registered medical practitioners to be medical referees for the purposes of this Act as he thinks fit, and the remuneration of those medical referees shall, subject to regulations made under this Act, be paid out of moneys appropriated by Parliament for that purpose.

2. The Court of Arbitration may submit to a medical referee for report any matter which seems material to any question arising in relation to compensation under this Act, and may, if it thinks fit, act in accordance with that report in the same manner as if it were evidence duly given before the Court.

3. The Court of Arbitration may, in the course of any action or proceeding under this Act, order any person who claims or is entitled to compensation in respect of any injury or disease to submit to medical examination by any one or more medical referees or other registered medical practitioners nominated by the Court, and in respect of any such order subsections 2 and 3 of the last preceding section shall be applicable.

4. Where a worker claims compensation under this Act and a dispute exists between the worker and his employer as to the existence, nature, or cause of the injury or disease from which the worker is alleged to suffer, or as to the fitness of the worker for any kind of employment, the worker and employer may by writing under their hands submit any such question to a medical referee, and the written certificate of the referee delivered in duplicate to the employer and the worker shall be conclusive evidence of the facts so certified by him.

53. — Where the Governor is satisfied that by the laws of any other country within the dominions of the Crown compensation for accidents is payable to the relatives of a deceased worker although they are resident in

pareille visite, ou y fait obstacle de quelque façon que ce soit, les droits qu'il tient de la présente loi à raison de l'accident auquel cette visite est relative, seront suspendus jusqu'à ce que la visite ait eu lieu; ils prendront fin si l'ouvrier ne se soumet pas, sans motif sérieux, à la visite dans le délai d'un mois après qu'il en est requis.

3. En cas de suspension d'un droit à réparation, aucune somme ne sera payable à titre de réparation pendant la période de suspension.

4. La présente section sera applicable sans qu'il y ait lieu de considérer si, au moment où il est requis de se soumettre à la visite médicale, l'ouvrier réside en Nouvelle-Zélande ou ailleurs, mais s'il réside ailleurs qu'en Nouvelle-Zélande, il devra être requis de se faire examiner par un médecin dûment autorisé dans la localité où il réside

5. La présente section est susceptible des réserves et conditions qui peuvent être spécifiées par les règlements quant à la fréquence des examens médicaux et à la manière d'y procéder.

52. — 1. En vue de l'application de la présente loi, le gouverneur peut désigner des médecins dûment autorisés en qualité d'experts médicaux et la rémunération de ces experts sera, sous réserve des règlements pris en vertu de la présente loi, imputée sur les crédits votés dans ce but par le Parlement.

2. La cour d'arbitrage peut soumettre aux fins de rapport, à un expert-médecin tout point qui lui parait essentiel dans une question soulevée au sujet d'un droit à réparation en vertu de la présente loi, et, si elle le juge convenable, elle peut se conformer aux conclusions de ce rapport tout comme s'il s'agissait d'une preuve dûment apportée devant elle.

3. Au cours d'une action intentée ou d'une procédure entamée en vertu de la présente loi, la cour d'arbitrage peut ordonner à une personne quelconque qui reclame la réparation ou y a droit à raison d'un dommage ou d'une maladie, de se soumettre à la visite d'un ou de plusieurs experts-médecins ou d'autres médecins qualifiés, désignés par la cour, et en ce qui concerne de telles ordonnances, les sous-sections 2 et 3 de la précédente section seront applicables.

4. Lorsqu'un ouvrier réclame la réparation en vertu de la présente loi et qu'un litige surgit entre l'ouvrier et son employeur relativement à l'existence, la nature ou la cause du dommage ou de la maladie dont l'ouvrier prétend souffrir, ou relativement à la capacité de l'ouvrier dans un certain genre d'occupation, l'ouvrier et l'employeur peuvent, par écrit fait de leur propre main, soumettre le différend à un expert-médecin; le certificat écrit que l'expert remettra, en double expédition, à l'employeur et à l'ouvrier, constituera une preuve concluante des faits qu'il renferme.

53. — Au cas où le gouverneur s'est assuré que les lois d'un autre pays des possessions de la Couronne, allouent une réparation du chef d'accident aux parents d'un ouvrier décédé quoique ceux-ci habitent la Nouvelle-

New Zealand, he may by Order in Council declare that relatives resident in that country shall have the same rights and remedies under this Act as if resident in New Zealand.

54. — No money paid or payable by way of compensation under this Act, and no money so paid and remaining in the hands of the Public Trustee under any order of the Court, shall be capable of being assigned, charged, taken in execution, or attached, nor shall any claim be set off against it, nor shall it be assets in the bankruptcy of the person entitled thereto.

55. — When under the provisions of any statute an employer has paid or is liable to pay any sum of money (other than damages) to or for the benefit of a worker or any dependant of a worker in respect of any accident happening to that worker, or where any sum of money has in respect of any such accident been paid or is payable to or for the benefit of the worker or any such dependant out of any fund to which the employer is by any statute bound to contribute, the amount of any money so paid or payable shall be deducted from any compensation payable under this Act in respect of the same accident.

56. — Nothing in this Act shall affect the provisions of Part II of the Public Service Classification and Superannuation Act, 1908, Part II of the Police Force Act, 1908, Part IX of the Education Act, 1908, or Part III of the Government Railways Act, 1908·

57. — 1. Notwithstanding anything in this Act or any other Act, when a contrat to perform any work in a gold-mine or coal-mine is let directly to one or more contractors who do not either sublet the contract or employ wages-men, or who, though employing wages-men, actually perform any part of the work themselves, those contractors shall for the purposes of this Act be deemed to be working under a contract of service with an employer.

2· No deduction shall be made from the wages or other remuneration of any such contractor or his wages-men on account of any insurance or indemnity issued by an insurance company or otherwise to any person indemnifying him against liability in respect of accidents to any such contractor or his wages-men, and any such deduction shall constitute an offence against Part II of the Wages Protection and Contractors' Liens Act, 1908.

58. — In any case where, on application in the prescribed manner to the Judge of the Court of Arbitration, the Court, after taking steps to ascertain the views of the employer and workers, certifies that any scheme of compensation, benefit, or insurance for the workers, whether or not such scheme includes other employers and their workers, is on the whole not

Zélande, il peut, par une ordonnance en conseil déclarer que les parents résidant dans le dit pays auront les mêmes droits et recours en vertu de la présente loi que s'ils résidaient en Nouvelle-Zélande.

54. — Aucune somme payée ou payable à titre de réparation en vertu de la présente loi ou restant entre les mains du « public trustee » en vertu d'une ordonnance de la cour, ne pourra être cédée, engagée, saisie ou arrêtée, ni passer à une autre personne à titre de compensation, ni figurer à l'actif dans la faillite de la personne qui en est bénéficiaire.

55. — Si, en vertu de dispositions légales, un employeur a payé ou est obligé de payer une somme d'argent (autre que des dommages-intérêts) au profit d'un ouvrier ou de l'ayant droit d'un ouvrier à raison d'un accident dont cet ouvrier a été victime, ou au cas où une somme d'argent a, du chef de cet accident, été payée ou est payable au profit de l'ouvrier ou de son ayant droit sur des fonds auxquels l'employeur est légalement tenu de contribuer, le montant des sommes ainsi payées ou payables viendra en déduction du montant de la réparation due en vertu de la présente loi à raison du même accident.

56. — Aucune disposition de la présente loi ne portera atteinte aux dispositions du chapitre II de la loi de 1908, concernant la classification des services publics et les pensions de retraite, du chapitre II de la loi de 1908 sur la police, du chapitre IX de la loi de 1908 sur l'instruction publique ou du chapitre III de la loi de 1908 concernant les chemins de fer de l'État.

57. — 1. Nonobstant les dispositions de la présente loi ou de toute autre loi, lorsqu'un contrat pour l'accomplissement d'un travail dans une mine d'or ou dans une mine de charbon est cédé directement à un ou à plusieurs entrepreneurs qui ne le cèdent pas à leur tour à des soustraitants ou n'emploient pas de salariés, ou qui, s'ils occupent des salariés, accomplissent en fait une partie du travail eux-mêmes, ces entrepreneurs seront considérés, en vue de l'application de la présente loi, comme travaillant en vertu d'un contrat de travail avec un employeur.

2. Aucune réduction ne sera faite sur le salaire ou la rémunération d'un tel entrepreneur ou de ses ouvriers du chef d'une assurance ou d'une indemnité accordée par une compagnie d'assurance ou autrement à une personne quelconque en vue de l'indemniser contre la responsabilité des accidents dont seraient victimes le dit entrepreneur ou ses ouvriers, et une telle réduction constituera une infraction au chapitre II de la loi de 1908 sur la protection des salaires et les privilèges des entrepreneurs.

58. — Dans tous les cas où, sur requête en due forme présentée au juge de la cour d'arbitrage, la cour, après s'être assurée des intentions de l'employeur et des ouvriers, certifie qu'un système de réparation, de prévoyance ou d'assurance au profit des ouvriers, comprenant ou non d'autres employeurs et leurs ouvriers, n'est pas dans son ensemble moins favorable

less favourable to the general body of workers and their dependants than the provisions of this Act, the following provisions shall apply :

a) the employer may, until the certificate is revoked, contract with any of those workers that the provisions of the scheme shall be substituted for the provisions of this Act; and thereupon the employer shall, as respects the workers with whom he so contracts, be liable in accordance with the scheme in lieu of this Act; but, save as aforesaid, this Act shall apply, notwithstanding any contract to the contrary made after the coming into operation of the Workers' Compensation for Accident Act, 1900;

b) the Court may give such certificate to expire at the end of a limited period to be specified therein, being not more than five years;

c) no scheme shall be so certified which contains an obligation upon the workers to join the scheme as a condition of their hiring;

d) if during the currency of the certificate complaint is made to the Court by or on behalf of the employer or the workers, or a majority of them, that the provisions of the scheme are no longer on the whole so favourable to the employers or to the general body of workers and their dependants as the provisions of this Act, or that the provisions of the scheme are being violated, or that the scheme is not being fairly administered, or that satisfactory reasons exist for revoking the certificate, the Court shall examine into the complaint, and, is satisfied that good cause exists for such complaint, shall, unless the cause of complaint is removed, revoke the certificate ;

e) when a certificate is revoked or expires, any moneys or securities held for the purpose of the scheme shall be distributed as may be arranged between the employer and workers, or as may be determined by the Court in the event of a difference of opinion;

f) for the purposes of this section it shall be the duty of the employer and workers to answers all such inquiries and to furnish all such accounts in regard to the scheme as may be made or required by the Court.

59. — The Governor may from time to time by Order in Council make regulations for the following purposes :

a) prescribing the procedure in any proceedings under this Act in the Court of Arbitration;

b) prescribing the Court fees (if any) payable in any such proceedings;

c) prescribing the duties of the Public Trustee in respect of moneys to be invested or administered by him under this Act;

d) declaring that any disease shall come within the provisions of this Act in addition to those herein specified;

e) making any other provisions consistent with this Act which he thinks

aux ouvriers considérés en masse ainsi qu'à leurs ayants droit que les dispositions de la présente loi, il sera fait appliaction des dispositions ci-après :

a) l'employeur peut, jusqu'à révocation du certificat, convenir avec l'un ou l'autre de ses ouvriers que les dispositions du systéme seront substituées à celles de la présente loi, auquel cas l'employeur sera, à l'égard des ouvriers avec lesquels il a ainsi contracté, tenu conformément au dit systéme au lieu de l'être en vertu de la présente loi : mais, sauf ce qui est dit plus haut, la présente loi sera applicable nonobstant toute convention contraire intervenue après l'entrée en vigueur de la loi de 1900 sur la réparation des suites dommageables résultant des accidents du travail ;

b) la cour peut délivrer pareil certificat pour un terme dont la durée doit y être indiquée et n'excédent pas cinq ans ;

c) le certificat ne sera pas délivré pour tout système impliquant l'obligation pour l'ouvrier, d'adhérer au système à titre de condition de son engagement.

d) si, pendant la durée de validité de certificat, plainte est portée à la cour, par l'employeur ou ses ouvriers, ou en leur nom, ou par une majorité d'entre eux, à raison de ce que les dispositions du système ne sont plus dans leur ensemble aussi favorables aux employeurs ou à la masse des ouvriers et à leurs ayants droit que les dispositions de la présente loi, ou que les dispositions du système sont violées, ou de ce que le système n'est pas équitablement administré, ou qu'il existe des motifs suffisants de révoquer le certificat, la cour examinera la plainte, et, si elle la juge fondée, révoquera le certificat, à moins que la cause de la plainte ne vienne à cesser ;

e) lorsqu'un certificat est révoqué ou arrive à son terme, les fonds ou réserves constitués pour le fonctionnement du système seront distribués d'après les arrangements intervenus entre l'employeur et les ouvriers, ou, en cas de contestation, suivant ce qui sera déterminé par la cour ;

f) en vue de l'application de la présente section, l'employeur et les ouvriers seront tenus de répondre à toutes enquêtes et de fournir tous comptes relatifs au système, suivant ce que la cour exigera.

59. — Le gouverneur peut, par ordonnance prise en conseil, faire des règlements dans les buts ci-après :

a) prescrire la marche à suivre dans les actions actions intentées en vertu de la présente loi devant la cour d'arbitrage ;

b) prescrire les taxes (s'il y en a) payables à raison de telles procédures ;

c) prescrire les devoirs du « public trustee » relativement aux sommes placées ou administrées par lui en vertu de la présente loi ;

d) déclarer qu'une maladie déterminée sera soumise aux dispositions de la présente loi, en sus de celles qui y sont déjà spécifiées ;

e) prendre toutes autres dispositions compatibles avec la présente loi,

necessary or advisable in order to give full effect to the provisions of this Act.

60. — 1. The Employers' Liability Act, 1908, is hereby repealed.

2. The Workers' Compensation for Accidents Act, 1908, is hereby repealed, but shall continue to apply to cases where the accident happened before the commencement of this Act.

61. — Every policy of insurance or indemnity indemnifying an employer against his liability in relation to workers' compensation under this Act, or at common law or otherwise, issued on or after the coming into operation of this Act, shall contain only such provisions as may be approved by the Governor in Council.

62. — 1. When any injury or damage is suffered by a servant by reason of the negligence of a fellow-servant, the employer of those servants shall be liable in damages in respect to that injury or damage in the same manner and in the same cases as if those servants had not been engaged in a common employment.

2. This section applies to every case in which the relation of employer and servant exists, whether the contract of employment is made before or after the commencement of this Act, and whether or not the employment is one to which the other provisions of this Act apply.

3. No servant shall be entitled to recover from his employer in respect of the negligence of a fellow-servant (whether the right of action is conferred by this section or exists independently of this section) a larger sum by way of damages for any one cause of action than 500 pounds. Nothing in this subsection shall affect the measure of damages in an action brought against an employer in respect of the death of a servant.

63. — Where an insurance company or person indemnifies an employer against his liability for accidents to workers under this Act or at common law or otherwise, and has used or uses such employer's name or has acted on his behalf in any action or proceedings in the Arbitration Court or other Court, such insurance company or person shall be bound by the decision of the Court in the same manner and to the same extent as the employer, and shall indemnify him accordingly, provided that the liability of the insurance company or person shall be limited by the terms and conditions of the policy.

à toutes autres fins qui paraissent nécessaires ou convenables pour donner plein effet aux dispositions de la loi.

60. — 1. La loi de 1908 sur la responsabilité des employeurs à raison d'accidents du travail (¹) est abrogée.

2. La loi de 1908 sur la réparation des accidents du travail (²) est abrogée, néanmoins elle continuera à être applicable aux accidents survenus avant l'entrée en vigueur de la présente loi.

61. — Toute police d'assurance ou d'indemnité assurant une indemnité à un employeur à raison de sa responsabilité dans les accidents en vertu de la présente loi, ou conformément au droit commun ou de toute autre manière, et délivrée après la mise en vigueur de la présente loi, ne contiendra que les dispositions approuvées par le gouverneur en conseil.

62. — 1. Quand un dommage est causé à un ouvrier par la faute d'un compagnon de travail, le patron sera responsable du dommage causé de la même manière et dans les mêmes cas que si ces ouvriers n'avaient pas été engagés dans une occupation commune.

2. La présente section est applicable dans tous les cas où un lien de parenté existe entre l'employeur et l'ouvrier, que le contrat de travail soit passé avant ou après l'entrée en vigueur de la présente loi, et que l'emploi soit ou non un de ceux auxquels les dispositions de la loi s'appliquent.

3. Aucun ouvrier n'aura le droit de réclamer à son employeur à raison de la faute d'un compagnon de travail (que le droit à l'action soit conféré par la présente section ou qu'il existe indépendamment de celle-ci) une somme supérieure à 500 livres à titre de dommages-intérêts pour chaque cause d'action. Cette disposition de la présente sous-section ne limite pas le montant des dommages-intérêts dans une action intentée contre un employeur à raison du décès d'un ouvrier.

63. — Lorsqu'une compagnie d'assurance ou une personne indemnise un employeur à raison de sa responsabilité dans des accidents dont ses ouvriers sont les victimes, en vertu de la présente loi, du droit commun ou autrement, ou a fait ou fait usage du nom de cet employeur, ou agit en son nom dans une action ou procédure devant la cour d'arbitrage ou toute autre cour, la dite compagnie d'assurance ou personne est liée par la décision de la cour de la même manière et dans la même mesure que l'employeur, et elle doit indemniser celui-ci en conséquence; toutefois la responsabilité de la compagnie d'assurance ou de la personne susvisée sera limitée par les termes et conditions de la police.

(¹) Voir ci-dessus, page 585.
(²) Voir ci-dessus, page 731.

SCHEDULES.

FIRST SCHEDULE.

OCCUPATIONS

Mining; quarring; excavation; the cutting of standing timber, including the cutting of scrub and clearing land of stumps and logs; the erection or demolition of any building; the manufacture or use of any explosive; the charge or use of any machinery in motion and driven by steam or other mechanical power, the driving of any vehicle draw or propelled by horse-power or mechanical power; any occupation in which a worker incurs a risk of falling any distance exceeding twelfe feet, if the injury or death of the worker results from such a fall.

SECOND SCHEDULE.

NATURE OF INJURY.	Ratio of Compensation to Full Compensation as for Total Incapacity.
Loss of both eyes	
Loss of both hands	
Loss of both feet	
Loss of a hand and a foot	100 per cent.
Total and incurable loss of mental powers involving inability to work	
Total and incurable paralysis of the limbs or of mental powers.	
The total loss of the right arm, or of the greater part of the arm	80 —
The total loss of the left arm, or of the greater part of the arm	75 —
The total loss of the right hand, or of five fingers of the right hand, or of the lower part of the right arm	70 —
The total loss of the same for the left hand and arm	65 —
The total loss of a leg	75 —
The total loss of a foot, or the lower part of the leg	60 —
The total loss of the sight of one eye, together with the serious diminution of the sight of the other eye	75 —
The total loss of hearing	50 —
The total loss of the sight of one eye	30 —
The total loss of the thumb of the right hand	30 —
The total loss of the thumb of the left hand	25 —
The total loss of the forefinger of the right hand	20 —
The total loss of the forefinger of the left hand	15 —
The total loss of part of the thumb of the right hand	15 —
The total loss of the little finger of the hand	12 —
The total loss of the middle or ring finger of the hand	8 —
The total loss of a toe or of a joint of a finger	5 —
Complete deafness of one ear	10 —

GRANDE-BRETAGNE.

ANNEXES.

PREMIÈRE ANNEXE.

OCCUPATIONS.

Le travail dans les mines, dans les carrières; forages; l'abatage du bois sur pied, comprenant l'arrachage des broussailles et le défrichement des terrains par enlèvement des souches et des troncs; l'érection ou la démolition de constructions; la fabrication ou l'emploi d'explosifs; le service ou l'emploi de machines actionnées par la vapeur ou toute autre force mécanique; la conduite de véhicules tirés ou mus par des chevaux ou une force mécanique; toute occupation dans laquelle un ouvrier court le risque de faire une chute de plus de douze pieds, si le dommage ou le décès résulte d'une chute de ce genre.

DEUXIÈME ANNEXE.

NATURE DU DOMMAGE.	Taux de la réparation par rapport à la réparation entière dans le cas d'incapacité totale.
Perte des deux yeux	
Perte des deux mains	
Perte des deux pieds	
Perte d'une main et d'un pied	100 pour cent.
Perte totale et irrémédiable des facultés mentales impliquant incapacité de travail	
Paralysie totale et incurable des membres ou des facultés mentales	
Perte totale du bras droit, ou de la plus grande partie du bras . .	80 —
Perte totale du bras gauche, ou de la plus grande partie du bras. .	75 —
Perte totale de la main droite, ou des cinq doigts de la main droite ou de l'avant bras droit	70 —
Perte totale de la main gauche et du bras gauche.	65 —
Perte totale d'une jambe.	75 —
Perte totale d'un pied ou de la partie inférieure de la jambe . . .	60 —
Perte totale d'un œil en même temps qu'une sérieuse diminution de la capacité visuelle de l'autre œil	75 —
Perte totale de l'ouïe	50 —
Perte totale d'un œil	30 —
Perte totale du pouce de la main droite.	30 —
Perte totale du pouce de la main gauche.	25 —
Perte totale de l'index de la main droite	20 —
Perte totale de l'index de la main gauche	15 —
Perte totale d'une partie du pouce de la main droite	15 —
Perte totale du petit doigt de la main	12 —
Perte totale du médius ou de l'annulaire de la main	8 —
Perte totale d'un orteil ou d'une articulation d'un doigt . . .	5 —
Surdité complète d'une oreille	10 —

For the purposes of this Schedule an eye, hand, or foot shall be deemed to be lost if it is rendered permanently and wholly useless.

Where a worker suffers by the same accident more than one of the injuries mentionned in this Schedule, he shall not in any case be entitled to receive more than full compensation as for total incapacity.

TRANSVAAL.

An Act to regulate the Closing Times of Shops and Hairdressing Saloons in Towns, Villages, and certain other places, (Assented to 22nd August, 1908)

1. — This Act shall apply to all areas under the jurisdiction of any Municipal Council, Village Council or Health Committee now or hereafter established for the control, management and local government of the same and to all places situate within a distance of 5 miles from the boundary of any such area.

2. — Section 4 or the Municipal Amending Ordinance 1906 and subsections *a*) and *c*) of Article 4 of Law No. 28 of 1896 in so far as those subsections relate to the selling on Sundays of medicines by apothecaries and druggists and of meat and fish by butchers and fishmongers shall be and are hereby repealed.

3. — In this Act unless inconsistent with the context:

" Auctioneer " shall have the meaning assigned to such term in the Revenue Licenses Ordinance 1905.

" Chemist " and " druggist " shall mean a person in possession of a registration certificate entitling him to practice as a chemist and druggist under the Medical Dental and Pharmacy Ordinance 1904, or any amendment thereof.

" Closed " in relation to a shop, shall mean closed against the admission of any person for the purpose of buying or obtaining goods or merchandise.

" Governor " shall mean the officer for the time being administering the government of this Colony acting by and with the advice and consent of the Executive Council thereof.

" Hairdresser " or " hairdresser's assistant " shall mean a person who carries on, or who assists in carrying on the business of shaving, or cutting, or the dressing of hair of human beings for payment or othe valuable consideration.

" Hawker " shall have the meaning assigned to such term in the Revenue Licenses Ordinance 1905.

En vue de l'application de la présente annexe, un œil, une main ou un pied seront considérés comme perdus s'ils sont rendus complètement et définitivement inutiles.

Au cas où un ouvrier subit par suite du même accident plusieurs des dommages mentionnés dans la présente annexe, il n'aura dans aucun cas le droit de recevoir une réparation supérieure à la réparation entière dans le cas d'incapacité totale.

TRANSVAAL.

Loi du 22 août 1909 réglementant la fermeture des magasins et des salons de coiffure dans les villes, les villages et certaines autres localités [1].

1. — La présente loi s'appliquera à tout territoire tombant sous la juridiction d'un conseil municipal, d'un conseil de village ou d'un comité d'hygiène existant ou établi ultérieurement, pour la surveillance, la direction et l'administration locale de ce territoire, ainsi qu'à toutes les localités situées à une distance de 5 milles des limites d'un territoire semblable.

2. — Sont abrogées, la section 4 de la *Municipal Amending Ordinance* de 1906 et les sous-sections a) et e) de l'article 4 de la loi n° 28 de 1896 pour autant que les dites sous-sections visent la vente, le dimanche, de médicaments par les pharmaciens et droguistes, et de la viande et du poisson par les bouchers et les poissonniers.

3. — Dans la présente loi, à moins que le contexte ne s'y oppose :

« Commissaire-priseur » aura la signification assignée à ce mot dans la *Revenue Licenses Ordinance* de 1905.

« Pharmacien » et « droguiste » signifiera le porteur d'un diplôme enregistré l'autorisant à pratiquer en qualité de pharmacien et de droguiste conformément à la *Medical Dental and Pharmacy Ordinance* de 1904 ou à tout amendement de la dite loi.

« Fermé » se rapportant à un magasin, signifiera fermé à toute personne se présentant pour acheter ou obtenir des produits ou des marchandises.

« Gouverneur » signifiera le fonctionnaire chargé de l'administration de la colonie et agissant avec l'avis et le consentement du conseil exécutif de la colonie.

« Coiffeur » ou « garçon coiffeur » désigne toute personne dont le métier est de raser ou de couper les cheveux moyennant rémunération, ou qui prête son concours à ces opérations.

« Colporteur » aura le sens attribué à ce terme dans la *Revenue Licenses Ordinance* de 1905.

[1] 1908, n° 32.

" Health Committee " shall mean a Committee constituted under and by virtue of the Epidemic Disease and Hospital Committees Ordinance 1905 or any amendment thereof.

" Municipal Council " shall mean the Council of a Municipality established under any law.

" Open," in relation to a shop, shall mean open for admission to a person for the purpose of selling or supplying to him in such shop any goods or merchandise.

" Pedlar " shall have the meaning assigned to such term in the Revenue Licenses Ordinance 1905.

" Public holiday " shall mean any day prescribed as such by section 2 of the Public Holidays Ordinance 1903, or any day appointed as a public holiday under the provisions of section 3 of the said Ordinance.

" Shop " shall mean any building, structure, room, market stall, tent, booth, vehicle or any place whatever if such building, structure, room, market stall, tent, booth, vehicle or other place be used for the sale therein, thereon, or therefrom of of merchandise or goods or as a hairdressing saloon, but shall not include any premises licensed for the sale of intoxicatinh liquors under the provisions of the Liquor Licensing Ordinance 1902, or any amendment thereof.

" shop assistant " shall include a salesman and saleswoman, shopwalker and any other person engaged in any shop in or about the selling or supplying to customers of merchandise or goods or engaged in or about the preparation of the same for sale or supply in such shop.

" shopkeeper," in relation to a shop, shall mean its owner or the representative for the time being of such owner in the business carried on in the shop.

" tobacconist " shall mean a person who sells or carries on business in tobacco, cigars, cigarettes, pipes and such goods as are by the general custom of trade usually sold in connection with the business of a tobacconist.

4. — No shop in which any business (other than a business mentioned in section 6 or in the Schedule to this Act) is conducted within the Municipalities of Pretoria, Johannesburg, Boksburg, Germiston, Krugersdorp, Roodepoort-Maraisburg, Springs, and Benoni, and within a distance of 5 miles from the nearest boundary of any such municipality shall be permitted to remain open

a) later than seven o'clock in the evening on Mondays, Tuesdays, Thursdays and Fridays;

b) later than one o'clock in the afternoon on Wednesdays;

c) later than nine o'clock in the evening on Saturdays;

provided that shops in which wholesale trade is carried on exclusively shall be permitted to be open on Wednesdays till seven o'clock p. m. on Saturdays.

« Comité d'hygiène » signifiera tout comité constitué en vertu de l'*Epidemic Disease and Hospital Committees Ordinance* de 1903 ou d'un amendement à cette loi.

« Conseil municipal » signifiera le conseil d'une municipalité établi en vertu d'une loi quelconque.

« Ouvert » s'appliquant à un magasin signifiera « ouvert à toute personne en vue de lui vendre ou de lui procurer dans le dit magasin des produits ou des marchandises quelconques ».

« Tripier » aura le sens que la *Revenue Licenses Ordinance* de 1905 attribue à ce terme.

« Jour férié » désigne tout jour férié institué par la section 2 de l'ordonnance de 1903 sur les jours de fête légale, ou tout jour de fête institué conformément aux dispositions de la section 3 de la dite ordonnance.

« Magasin » signifie tout bâtiment, construction, chambre, échoppe, tente, baraque, véhicule ou autre place où l'on vend des marchandises ou des produits ou servant de salon de coiffure, mais ne s'applique pas aux locaux faisant l'objet d'une licence pour la vente de liqueurs alcooliques conformément à la *Liquor Licensing Ordinance* de 1902 ou d'un amendement à cette ordonnance.

« Garçon de magasin » comprend les hommes ou femmes préposés à la vente, les garçons de course et toute autre personne occupée dans un magasin pour vendre ou fournir des marchandises ou des produits aux clients ou occupée à la préparation de ces marchandises ou produits en vue de la vente ou de la fourniture dans les dits magasins.

« Boutiquier » employé par rapport à un magasin, désigne le propriétaire ou le délégué effectif du propriétaire pour les affaires qui se font dans le magasin.

« Marchand de tabac » désigne la personne qui vend du tabac, des cigares, des cigarettes des pipes ainsi que des produits qui, selon les usages généraux du commerce, se vendent d'habitude dans les magasins de tabac.

4. — Aucun magasin dans lequel un commerce (autre qu'un commerce mentionné à la section 6 ou à l'annexe à la présente loi) est exercé dans les municipalités de Prétoria, Johannesburg, Boksburg, Germiston, Krugersdorp, Roodepoort-Maraisburg, Springs et Benoni, ainsi que dans un rayon de 5 milles de la frontière de ces municipalités, ne pourra rester ouvert :

a) après 7 heures du soir les lundis, mardis, jeudis et vendredis;

b) après 1 heure de l'après-midi, le mercredi;

c) après 9 heures du soir le samedi.

Toutefois, les magasins dans lesquels on ne fait que le commerce en gros pourront rester ouverts le mercredi jusqu'à 7 heures du soir s'ils ne restent pas ouverts au delà de 1 heure le samedi.

5. — No shop in which any business (other than a business mentioned in section 6 or in the Schedule to this Act) is conducted in any Municipality or area under the jurisdiction of any Village Council or Health Committee (except the Municipalities and places specified in section 4) or within a distance of 5 miles from the boundary of any such Municipality or area shall be permitted to remain open later than six o'clock in the evening on any day of the week except Saturday, on which day they shall be permitted to remain open not later than seven o'clock in the evening, unless Saturday be set apart as the day on which a half-holiday is to be observed in any particular Municipality. And all shops so situated as in this section mentioned shall observe one half-holiday in every week upon which they shall not be permitted to remain open later than one o'clock in the afternoon, such half-holiday to be observed in each individual place as shall be notified by the Governor in the *Gazette* after consultation with the Municipal Council, Village Council or Health Committee and the Chamber of Commerce or any other similar association (if any) in the particular town or village concerned, provided that on such day the closing hours prescribed for Wednesdays in the Schedule to this Act shall apply; and provided further that in all towns or villages where Wednesday is not observed as a half-holiday the closing hours prescribed for Tuesdays in the Schedule to this Act shall apply to Wednesdays.

6. — The closing hours prescribed in this Act shall not apply to restanrants, tea-rooms (not being Asiatic tea-rooms) baker's shops, confectioner's shops, railway book-stalls, eating-houses (not being Kaffir eating-houses or Asiatic eating-houses) nor to any premises where no merchandise other than fresh milk or flowers is soldor offered for sale.

7. — No shop in which is carried on any business mentioned in the first column of the Schedule to this Act shall be permitted to remain open later than the hours prescribed respectively for the several days in the second, third, fourth, fifth, sixth, seventh, and eighth colums of the said Schedule in respect of such business; provided that in any shop where the business of a chemist or druggist is carried on, medical requirements may be supplied at any hour on weekdays Sundays and public holidays upon special call.

8. — No shop (other than a shop which by Law No. 28 of 1896 or any amendment thereof may be open on Sundays) shall be permitted to be open on a public holiday, and no shop which by such Law or amendment thereof may be open on a Sunday shall be permitted to be open on a public holiday at any time other than the hours prescribed for it by such Law or amendment thereof; provided that all shops shall, notwithstanding anything to the contrary in this Act or the Schedule contained, be permitted to be open on any day preceding a public holiday (not being a Sunday) up to but not

5. — Aucun magasin dans lequel un commerce (autre qu'un commerce mentionné à la section 6 ou à l'annexe à la présente loi) est exercé dans une municipalité ou un territoire se trouvant sous la juridiction d'un conseil de village ou d'un comité d'hygiène (sauf les municipalités et les localités spécifiées à la section 4) ou dans un rayon de 5 milles de la frontière d'une municipalité ou d'un territoire de l'espèce, ne pourra rester ouvert après 6 heures du soir un jour quelconque de la semaine sauf le samedi, auquel jour ces magasins pourront rester ouverts jusqu'à 7 heures du soir, sauf si le samedi est le jour où il est accordé un demi-jour de congé dans certaines municipalités. Tous les magasins situés comme il est dit à la présente section observeront un demi-jour de congé par semaine et ne pourront, en conséquence, être autorisés à rester ouverts après 1 heure de l'après-midi, le dit demi-jour de congé devant être observé dans chaque endroit particulier comme le gouverneur le fera connaître dans la *Gazette*, après consultation du conseil municipal, du conseil de village ou du comité de santé et de la chambre de commerce ou de toute autre association (s'il en existe) dans la ville ou le village visé; toutefois, l'heure de fermeture prescrite pour le mercredi dans l'annexe à la présente loi devra être observée ce jour-là et, de plus, dans toutes les villes ou dans tous les villages où le mercredi n'est pas observé comme demi-jour de congé, les heures de fermeture prescrites pour le mardi dans l'annexe à la présente loi, s'appliqueront au mercredi.

6. — Les heures de fermeture prescrites par la présente loi ne s'appliqueront pas aux restaurants, tea-rooms (sauf ceux des Asiatiques), aux boulangeries, pâtisseries, bibliothèques des gares, auberges (sauf celles à l'usage des Cafres ou des Asiatiques) ni aux locaux où l'on ne vend ou n'offre en vente que du lait frais et des fleurs.

7. — Aucun magasin dans lequel s'exerce un des commerces mentionnés dans la première colonne de l'annexe à la présente loi ne pourra rester ouvert après les heures de fermeture prescrites respectivement pour les différents jours de la semaine, dans la seconde, la troisième, la quatrième, la cinquième, la sixième, la septième et la huitième colonne de la dite annexe, en ce qui concerne ces commerces. Toutefois, dans les pharmacies et drogueries, les médicaments pourront être fournis tous les jours ouvrables, les dimanches et jours de congé public, sur demande spéciale.

8. — Aucun magasin (autre que ceux qui en vertu de la loi n° 28 de 1896 ou d'un amendement à cette loi, peuvent être ouverts le dimanche) ne pourra être ouvert un jour de fête publique, et aucun magasin qui en vertu de ladite loi ou d'un amendement à cette loi peut être ouvert le dimanche, ne pourra être ouvert un jour de fête publique à des heures autres que celles que prescrit la loi susdite ou un amendement à la même loi. Nonobstant toute disposition contraire de la présente loi ou de son annexe, les magasins pourront rester ouverts la veille d'un jour de fête publique (autre que le

later than the hours prescribed for closing on Saturdays for each particular class of trade or business.

9. — 1. Notwithstanding anything in this Act or the Schedule contained it shall be lawful to keep open any shop not later than the hour prescribed in respect of it for Saturday as the closing hour on any day between the twenty-second and thirty-first days of December, both days inclusive, provided any such day be not a public holiday; provided further that on the twenty-fourth day of December (not being a Sunday or public holiday shops shall be permitted to be open not later than eleven o'clock in the evening.

2. The sale of goods and merchandise to any person who has for the purpose of making a purchase entered a shop on any day on which it may be open, before the hour as in this Act or the Schedule prescribed as the latest hour for keeping open such shop on such day shall not be deemed to be a contravention of this Act, provided such sale shall be completed within a reasonable time (not exceeding half-an-hour) after such closing hour.

10. — [*Limitation of hours for auctioneers, pedlars, hawkers.*]

11. — After the general closing hours for shops prescribed in sections 4 and 5 no sale of goods or merchandise other than of food and drink to be consumed on the premises shall be permitted in any restaurant, tea-room, Asiatic tea-room, eating-house, Kaffir eating-house, Asiatic eating-house, or fruit shop.

12. — No shopkeeper or hairdresser in whose shop any mixed trade or business is carried on, shall sell or supply or permit to be sold or supplied, any particular class of goods or merchandise at any hours later than those prescribed in this Act for trade in such goods or merchandise, notwithstanding that such shop may lawfully remain open at such later hours under this Act for the sale of any other class of goods or merchandise.

13. — No shopkeeper shall employ or keep at work any shop assistant for more than fifty-four hours per week in any shop, whether such employment or work be under special contract or for any special payment or not.

14. — [*Penalties.*]

15. — [*Limitation of time for prosecution of offences against Act.*]

16. — This Act may be cited for all purposes as the Shop Hours Act 1908 and shall come into operation on the first day of October 1908.

dimanche) jusqu'à l'heure fixée pour la fermeture le samedi, pour chaque classe de commerce, mais pas au delà de cette heure.

9. — 1. Nonobstant les dispositions de la présente loi ou de son annexe, tout magasin pourra légalement du 22 au 31 décembre et y compris ces deux jours, rester ouvert jusqu'à l'heure fixée pour la fermeture du dit magasin le samedi, à moins que ce jour ne soit un jour de fête publique. De plus, le 24 décembre (lorsqu'il ne coïncide pas avec un dimanche ou un jour de fête publique) les magasins pourront rester ouverts jusqu'à 11 heures du soir.

2. La vente de denrées et de marchandises à toute personne entrée dans un magasin pour y faire un achat, un jour où ce magasin peut être ouvert et avant l'heure fixée par la présente loi ou son annexe comme heure de fermeture pour ce dit jour, ne sera pas considérée comme une infraction, à condition que l'opération s'achève dans un temps raisonnable (ne dépassant pas une demi-heure) après la dite heure de fermeture.

10. — [*Dispositions concernant les crieurs publics, colporteurs, etc.*]

11. — Il ne pourra être vendu dans les restaurants, les tea-rooms, les maisons de thé pour Asiatiques, les auberges, les auberges pour cafres, les auberges pour Asiatiques ou dans les magasins de fruits, après les heures de fermeture prescrites pour les magasins dans les sections 4 et 5, aucune denrée ou marchandise autre que de la nourriture ou des boissons à consommer sur place.

12. — Aucun boutiquier ou coiffeur dans le magasin duquel s'exerce un commerce mixte ne pourra vendre ou fournir ou permettre qu'il soit vendu ou fourni une catégorie particulière de denrées ou de marchandises, à d'autres heures que celles prescrites dans la présente loi pour le commerce de ces denrées et marchandises, nonobstant que ce magasin puisse légalement rester ouvert à d'autres heures pour la vente d'autres denrées ou marchandises.

13. — Aucun commerçant ne pourra employer ou faire travailler un garçon de magasin plus de cinquante-deux heures par semaine dans un magasin quelconque, que ce travail s'effectue en vertu d'un contrat spécial ou moyennant une rémunération spéciale ou non.

14. — [*Amendes.*]

15. — [*Délai pour les poursuites.*]

16. — La présente loi peut être citée comme loi de 1908 sur les heures de magasin ; elle entrera en vigueur le 1er octobre 1908.

SCHEDULE.

Chemist and Druggist } not later than . .	8 p.m.	8 p.m.	1 p.m., and between 7 p.m. and 8 p m.	8 p.m.	8 p.m.	9 p.m.	10 a. m. to noon, 5.8 m. to 7.30
Butcher Fishmonger Poulterer } not later than . .	7 p.m.	7 p.m.	1 p.m	7 p.m.	7 p.m.	9 p.m.	Not to open
Vegetable-monger Fruiterer } not later than . .	10 p.m.	10 p.m.	1 p.m.	10 p m.	10 p.m.	10 p.m.	Not later 9 a m.
Hairdresser, not later than. . . .	7 p.m.	7 p.m.	2 p.m.	7 p.m.	7 p.m.	9 p.m.	Not to ope
Tobacconist, not later than. . . .	8 p m	8 p.m.	2 p.m.	8 p.m.	8 p m.	10 p.m.	Not to ope
Newspaper Vendor, not later than.	8 p.m.	8 p.m.	2 p.m.	8 p m	8 p.m.	10 p.m.	Not to ope
Asiatic tea-room or eating-house, or Kaffir eating-house } not later than.	8 p.m.	8 p.m.	8 p.m.	8 p m	8 p.m.	8 p.m.	Not later 8 p.m.

GRANDE-BRETAGNE. 839

ANNEXE.

Pharmaciens et Droguistes	pas après	8 h. s.	8 h. s.	1 h s. et entre 7 h s 8 h. s.	8 h. s.	8 h. s.	9 h. s.	10 h. m. à n 5.30 h. s. 7.30 h. s
Bouchers Poissonniers Marchands de volailles	pas après.	7 h. s.	7 h. s.	1 h. s.	7 h. s.	7 h. s.	9 h. s.	Fermé.
Marchand de légumes et de fruits	pas après.	10 h. s.	10 h. s.	1 h. s.	10 h. m.	10 h. m.	10 h. m.	Pas après 9 du matin.
Coiffeurs, pas après		7 h. s.	7 h. s.	2 h. s.	7 h. s.	7 h s.	9 h. s.	Fermé.
Marchands de tabac, pas après . .		8 h. s.	8 h. s.	2 h. s.	8 h. s.	8 h. s.	10 h. s.	Fermé.
Vendeurs de journaux, pas après .		8 h. s.	8 h. s.	2 h. s	8 h. s.	8 h. s.	10 h. s.	Fermé.
Maisons de thé ou auberges pour Asiatiques, auberges pour Cafres	pas après .	8 h. s.	8 h. s.	8 h. s	8 h. s	8 h. s.	8 h. s.	

HONGRIE.

Loi du 24 décembre 1908, portant approbation de la convention conclue à Berne le 26 septembre 1908, concernant l'interdiction du travail de nuit des femmes employées dans l'industrie.

§ 1. — La convention internationale conclue à Berne le 26 septembre 1906, concernant l'interdiction du travail de nuit des femmes employées dans l'industrie est, par la présente, incorporée dans les lois de l'Etat.

[*Texte de la convention* (¹).]

§. 2. — Le Ministère est chargé de l'exécution de la présente loi.

(¹) Voir *Annuaire*, 1907, p. 907.

ITALIE.

Loi du 22 mars 1908 portant interdiction du travail de nuit dans les boulangeries et les pâtisseries ([1]).

Article premier — Il est interdit de travailler ou de faire travailler, dans les établissements industriels, à la fabrication du pain et de la pâtisserie entre 9 heures du soir et 4 heures du matin ; toutefois, le samedi soir, le travail peut se prolonger jusqu'à 11 heures.

L'interdiction s'applique aux travaux de mise du levain, au chauffage des fours, à la préparation de la pâte, à la cuisson du pain et de la pâtisserie, même si ces travaux sont exécutés dans des établissements distincts.

Art. 2. — Si les conditions particulières de l'industrie et de la localité et les qualités spéciales du pain l'exigent, le conseil communal peut autoriser la préparation du levain au maximum deux heures avant l'heure fixée, pendant les mois de juin, juillet, août et septembre. Dans chaque établissement, il ne peut être employé, par roulement, qu'un seul ouvrier à ce travail ; le même ouvrier ne peut en être chargé plus de six jours par quinzaine.

Art. 3. — L'autorisation sera accordée après avis du bureau d'hygiène de la commune, à la suite d'expériences faites sous son contrôle et après avoir entendu les patrons et les ouvriers sur les points à fixer dans le règlement.

Les décisions du conseil communal sont susceptibles de recours auprès du ministre du commerce, qui statue après avoir entendu la commission permanente du travail.

Le recours a un effet suspensif.

Art. 4. — Dans les conditions prévues à l'article 2, le conseil communal peut également autoriser le chauffage des fours deux heures plus tôt, dans les conditions fixées par le bureau d'hygiène. En aucun cas l'autorisation ne peut être accordée pour plus d'un ouvrier par bouche de four. Les dispositions des articles précédents sur la durée de la journée de travail commencée plus tôt, sur le roulement et la procédure à suivre, sont applicables en ce qui concerne cette autorisation.

Art. 5. — Le conseil communal peut autoriser, à la requête des patrons ou des ouvriers, les deux parties entendues, le travail à exécuter la nuit,

---

([1]) *Legge 22 marzo 1908, n° 105, concernente l'abolizione del lavoro notturno nell'industria della panificazione et delle pasticcerie.* — *Gazetta officiale*, du 4 avril 1908.

pendant une semaine au plus, à l'occasion de foires ou de fêtes spéciales, en cas d'un grand concours temporaire de monde ou si des raisons d'utilité publique l'exigent impérieusement.

Les dérogations de plus d'une semaine sont accordées par le Ministre du commerce dans les limites fixées par le règlement, la commission permanente du travail entendue.

Art. 6. — L'application de la présente loi est confiée aux inspecteurs de l'industrie et du travail et aux bureaux communaux d'hygiène, avec le concours des agents de la police judiciaire et de la police municipale.

Les autorités chargées de cette surveillance ont le libre accès des boulangeries et dressent des procès-verbaux à raison des infractions aux dispositions de la présente loi et du règlement d'administration.

Les procès-verbaux sont transmis immédiatement à l'autorité judiciaire compétente. Copie en est remise, pour information, à la préfecture et à l'autorité municipale.

Art. 7. — L'exploitant à charge duquel un procès-verbal est dressé du chef d'infraction à la loi ou au règlement, est passible d'une amende de 50 lire par personne employée en contravention, sans que le total de l'amende puisse excéder 1,000 lire.

Sont passibles de l'amende jusque 30 lire, les ouvriers travaillant en contravention des dispositions de la loi, à moins qu'il ne soit établi qu'ils n'ont agi que contraints et forcés par le patron.

Le produit des amendes est versé à la Caisse nationale de prévoyance contre l'invalidité et la vieillesse, instituée par la loi du 17 juillet 1898.

Art. 8. — Deux mois au plus après la promulgation de la présente loi, un règlement d'administration, fait sur la proposition du Ministre de l'agriculture, de l'industrie et du commerce, après avis de la commission permanente du travail et du Conseil d'État, fixera les règles relatives à son application.

La présente loi entrera en vigueur quinze jours après la publication du règlement.

Arrêté royal du 28 juin 1908 portant approbation du règlement pour l'exécution de la loi du 22 mars 1908 sur le travail de nuit dans les boulangeries et les pâtisseries [1].

Article premier. — Les requêtes introduites par les intéressés en vue d'obtenir les autorisations prévues par les articles 2 et 4 de la loi, doivent spécifier les conditions particulières qui servent de fondement aux requêtes.

[1] *Regolamento per l'esecuzione della legge 22 marzo 1908, n° 105, sull'abolizione dell lavoro notturno nell'industria della panificazione e delle pasticcerie, approvato con Regio Decreto 28 Giugno 1908, n° 432. Gazzetta ufficiale,* du 24 juillet 1908.

Celles-ci resteront affichées pendant quinze jours à la mairie de la commune et, durant ce délai, les intéressés pourront présenter au maire les observations et propositions qu'ils croiront devoir faire.

Le Conseil devra tenir compte des observations et propositions ainsi faites, et notamment du nombre de patrons et d'ouvriers qui ont manifesté leur opinion.

Art. 2. — L'office sanitaire de la commune, en vue de s'assurer de la nécessité des travaux de préparation du levain et du chauffage des fours, procédera aux expériences nécessaires et pourra se faire délivrer des explications techniques par les patrons et les ouvriers, lorsqu'il le jugera nécessaire. Les résultats de l'enquête seront exposés dans un rapport au conseil communal.

Art. 3. — Les décisions du conseil communal doivent être motivées. Elles resteront affichées à la mairie pendant quinze jours et pendant ce délai les intéressés pourront individuellement ou collectivement ou par l'intermédiaire des associations qui les représentent, introduire un recours contre la décision. Le maire transmettra ces recours au Ministre du commerce dans les cinq jours de l'expiration du délai préindiqué et il en donnera avis dans le même délai, de façon à assurer l'effet suspensif dont il est question à l'article 3 de la loi.

Art. 4. — Le Ministre du commerce statuera sur les recours après avoir entendu le Conseil permanent du travail.

L'arrêté sera communiqué au maire.

Art. 5. — En ce qui concerne l'application des décisions autorisant le travail anticipé pour le chauffage des fours, l'office sanitaire en déterminera la durée et le nombre d'ouvriers nécessaires par rapport au nombre de fours de chaque boulangerie; il donnera avis de cette détermination au propriétaire.

Art. 6. — En ce qui concerne l'autorisation prévue à l'article 5, les régles et la procédure des articles 1 et 3 du présent règlement devront être observées.

Art. 7. — Les requêtes dont il est question au premier alinéa de l'article 5 de la loi devront être transmises au maire qui les fera afficher à la mairie pendant quinze jours. Les observations et les vœux des intéressés devront dans le même délai être présentés au maire, qui les transmettra avec les requêtes ou certifiera qu'il n'en a pas été présenté.

Le Ministre statuera après avoir entendu le Conseil permanent du travail.

L'arrêté sera transmis au maire.

Art. 8. — Les décisions et instructions des conseils communaux, celles de l'office sanitaire concernant l'article 5 et celles du Ministre, devront être communiquées par le maire aux personnes chargées de contrôler l'application de la loi et rester affichées à la mairie pendant quinze jours.

Art 9. — En cas d'urgence, la durée de l'affichage prévu par les articles 1, 3, 6 et 7 du présent règlement sera réduite d'un tiers.

Art. 10. — Les inspecteurs et agents pourront entrer dans tous les établissements soumis à la loi du 27 février 1908, en visiter toutes les parties et y interroger les chefs d'entreprise et le personnel ouvrier.

Art. 11. — Les contraventions seront constatées par des procès-verbaux où les agents indiqueront : la nature du fait et les circonstances de temps et de lieu, les dispositions auxquelles il a été contrevenu, les renseignements obtenus et tout ce qui est nécessaire au jugement des infractions, notamment en ce qui concerne le nombre d'ouvriers occupés en contravention de la loi.

Le propriétaire, ses délégués et les ouvriers occupés à un travail en contravention de la loi, pourront faire porter leurs observations au procès-verbal.

Le procès-verbal de contravention sera transmis à l'autorité judiciaire compétente dans les deux jours de sa date et copie en sera envoyée au maire de la commune.

Arrêté royal du 8 août 1908 portant règlement pour l'application de la loi du 7 juillet 1907 sur le repos du dimanche et des jours fériés dans les établissements industriels [1].

Article premier. — Le présent règlement est applicable aux entreprises industrielles prévues à l'article 1er de la loi du 7 juillet 1907 [2], sauf les exceptions spécifiées au même article.

Au sens de la dite loi, la famille se composera des parents et alliés jusqu'au quatrième degré vivant ensemble ou ayant un patrimoine commun, ou des intérêts, des revenus ou des profits communs.

Art. 2. — Ne constitueront pas des infractions aux dispositions de l'article 1er, alinéa 1er, de la loi, les prolongations de travail faites en vertu d'un usage industriel antérieur à la loi, pendant certaines périodes de l'année où elles sont rendues nécessaires par les nécessités inévitables de l'industrie et rétribuées par un salaire supérieur au salaire ordinaire.

Est autorisée la reprise anticipée du travail par le personnel chargé de préparer le fonctionnement de la force motrice, des fours, des appareils de chauffage et par le personnel des autres services préparatoires, dans la mesure où ce travail préparatoire doit précéder celui des autres ouvriers.

Art. 3. — Le repos hebdomadaire de vingt-quatre heures consécutives prévu par l'article 1er de la loi, est compté de minuit à minuit. Néanmoins,

---

[1] *Regolamento per l'applicazione della legge 7 luglio 1907, n° 489, sul riposo settimanale e festivo, alle aziende industriali, approvato con Regio Decreto 8 Agosto 1908, n° 599. Gazetta ufficiale*, du 30 octobre 1908.

[2] Voir *Annuaire*, 1907, p. 813.

lorsque les nécessités de l'entreprise l'exigent absolument, de même que dans les entreprises où le travail se fait par équipes de jour et de nuit, le repos pourra commencer à courir entre minuit et 7 heures du matin. En pareil cas, une enquête devra être adressée à l'autorité compétente, conformément à l'article 14 du présent réglement, et celle-ci accordera l'autorisation nécessaire après s'être assurée des conditions de fait qui la justifient. En aucun cas, il ne pourra être effectué aucune réduction des vingt-quatre heures de repos et les autres dispositions du présent réglement devront être observées.

Art. 4. — Bénéficieront de l'exception prévue à l'article 2, *litt. a* de la loi, les industries dont l'exercice est limité à trois mois au plus par an et qui traitent des matières premières susceptibles d'altération rapide.

Les industries qui jouiront d'exceptions de l'espèce, seront indiquées dans un tableau publié par décret, par le Ministre du commerce. Ce tableau pourra être modifié successivement par décret ministériel, ouï le Conseil permanent du travail.

Les patrons et directeurs des entreprises prévues au présent article doivent informer du commencement et de la fin du travail dans leur entreprise, l'autorité spécifiée à l'article 14 du présent réglement. Cette information devra être donnée sept jours au moins avant le commencement des travaux.

Art. 5. — Les patrons ou directeurs des établissements actionnés directement par l'eau ou le vent, qui veulent profiter de la dispense accordée par l'article 2, *litt. b* de la loi, doivent transmettre à l'autorité compétente conformément à l'article 14 du présent règlement, une déclaration portant que la force motrice utilisée en ordre principal dans l'établissement est produite directement par l'eau ou le vent.

Sont considérés comme établissements mus directement par l'eau, ceux qui empruntent la force motrice à un cours d'eau, quel que soit le mode d'adduction, pourvu que le transport soit direct et exclusif à l'établissement.

Art. 6. — Les patrons et directeurs des établissements qui se trouvent dans les conditions requises par l'article 2, *litt. c* de la loi, devront en informer le service compétent de l'inspection du travail, s'il en existe un, et dans tous les cas les autorités locales de police, en indiquant les dimanches pendant lesquels ils comptent faire usage de la faculté susvisée.

Dans les conditions prévues au premier alinéa de l'article 4 du présent réglement, il sera dressé un tableau des industries soumises au régime de l'alinéa précédent.

Art. 7. — Le repos du dimanche commencera le samedi à minuit pour se terminer le dimanche à minuit dans toutes les entreprises qui ne sont pas prévues par les exceptions des articles 3 et 4 de la loi. Néanmoins, dans les conditions et suivant les règles prévues à l'article 3 précédent, certaines modifications sont admises dans les limites susdites.

Celui qui fait exécuter des travaux en cas de force majeure ou d'autres travaux prévus par l'article 3, *litt. e* de la loi, devra en informer, dans les vingt-quatre heures du commencement des travaux, l'autorité compétente spécifiée à l'article 14 du présent réglement.

Art. 8. — Pour les besoins du n° 1 de l'article 4 de la loi, seront considérées comme industries à feu continu et à fours électriques, toutes celles qui se servent de fours à combustible ou à énergie électrique pour les opérations essentielles de l'exploitation caractérisées par la continuité de la combustion.

Seront considérées comme industries à procédés techniques continus ou à machinerie à travail continu, dont il est question au n° 2 de l'article 4 de la loi, celles qui pour des raisons strictement techniques dans l'emploi des forces hydrauliques ou hydro-électriques, ou pour éviter la détérioration des matières travaillées, exigent que les travaux se poursuivent, en tout ou en partie, de façon continue.

Les industries saisonnières prévues au n° 3 de l'article 4 de la loi, sont celles qui ont un caractère d'urgence spéciale en ce qui concerne la matière première ou les produits, au point de vue de leur détérioration ou de leur utilisation éventuelle.

Les industries qui répondent à des nécessités publiques, au sens du n° 12 de l'article 4 de la loi, sont celles qui doivent satisfaire aux besoins généraux et immédiats de la population, y compris les travaux de manutention et de réparation destinés à en assurer le fonctionnement régulier, et les services publics qui ne sont pas exercés par l'État, les provinces ou les communes.

Par arrêté royal, ouï le Conseil supérieur du travail, il sera dressé des tableaux des industries comprises, conformément aux caractères spécifiés par les alinéas précédents, dans les n°s 1, 2, 3 et 12 de l'article 4 de la loi.

Dans les industries prévues à l'article 4 de la loi et insérées dans les tableaux susvisés, le travail du dimanche est autorisé à condition que le personnel jouisse du repos compensateur prévu par la loi.

Le travail du dimanche doit être limité au nombre d'ouvriers strictement nécessaire et aux travaux spécifiés par la loi-même à l'article 4 ou dans les tableaux dont il est question ci-dessus.

Les propriétaires ou directeurs des entreprises spécifiées aux n°s 1, 2, 3 et 12 de l'article 4 de la loi, qui veulent profiter des exceptions susvisées, doivent en faire la demande à l'autorité compétente conformément à l'article 14 du présent règlement.

La décision de l'autorité compétente devra être rendue et communiquée à l'intéressé dans les quinze jours de l'introduction de la demande.

Art. 9. — Par navires en cours de navigation, on entendra également ceux qui, bien qu'ayant rejoint leur port d'attache, restent en état d'armement effectif et sont astreints à un service régulier.

Aux travaux de chargement et de déchargement dans les ports dont il est

question à l'article 4 de la loi, sont assimilés les travaux de chargement et de déchargement dans les débarcadères des fleuves, lacs et canaux, si ces travaux ne peuvent être différés soit à raison des conditions de navigabilité des fleuves et canaux, soit pour ne pas troubler la régularité du service dans les débarcadères réguliers des lignes de navigation.

Au nombre des travaux relatifs aux transports par terre, sont compris le chargement et le déchargement dans les transports par chemins de fer.

Art. 10. — Les propriétaires et directeurs des entreprises exercées en plein air, dont il est question à l'article 5 de la loi, doivent informer l'autorité compétente du jour accordé pour le repos hebdomadaire, sauf si ce jour est le dimanche.

Lorsque ces entreprises ne sont pas soumises à la loi sur les accidents du travail, elles doivent annoter dans un registre les jours successifs de repos et les dimanches au cours desquels elles ont travaillé.

Art. 11. — Le repos compensateur à accorder un autre jour de la semaine aux ouvriers qui ont travaillé toute la journée du dimanche, est de vingt-quatre heures consécutives et court de minuit à minuit, sauf les cas prévus à l'article 3 du présent règlement.

Le repos compensateur de trente-six heures toutes les deux semaines, dont il est question à l'article 9 de la loi, *litt. b*, peut être divisé en deux périodes de repos, chacun d'une durée de vingt heures au moins.

En ce qui concerne les travaux visés par l'article 3 de la loi, le repos doit correspondre aux heures de travail faites le dimanche sans pouvoir être inférieur à douze heures, à prendre entre minuit et midi ou *vice versa*.

Dans les fabriques de denrées alimentaires qui profitent des dispositions de l'article 4, al. 1er du règlement du 7 novembre 1907, le repos compensateur sera réglé par l'article 9, *litt. c* de la loi et par le troisième alinéa de l'article 9 du règlement du 7 novembre 1907 (¹). Mais si la distribution des heures de la journée de travail en assignait un plus grand nombre à la période qui va de minuit à midi qu'à la suivante, le repos compensateur devra être pris de minuit à midi et *vice versa*.

Art. 12. — Les patrons ou directeurs qui veulent profiter, pour tout ou partie du personnel sous leurs ordres, de l'exception prévue à l'article 10 de la loi, doivent en faire la demande, en démontrant la nécessité de l'exception, à l'autorité compétente, conformément à l'article 14 du présent règlement, et sont tenus de se soumettre aux règles fixées dans les actes d'autorisation.

En cas d'extrême urgence, il suffira de l'autorisation des autorités de police locale, laquelle devra en informer immédiatement l'autorité visée ci-dessus.

Art. 13. — Le décret préfectoral autorisant la suspension du repos domi-

(¹) Voir *Annuaire*, 1907, p. 818.

nical, dont il est question à l'article 8 de la loi et qui doit être rendu dans la forme spécifiée à l'article 8 du décret du 7 novembre 1907 peut s'appliquer, en sus des entreprises prévues par le dit règlement, également aux industries qui, travaillant pour la consommation immédiate, peuvent subir l'influence d'un accroissement extraordinaire de la population. Ces industries devront être nominativement indiquées dans chaque décret.

Art. 14. — Les demandes dont il est question aux articles 3, 4, 5, 7, 8 et 12, doivent, en ce qui concerne les entreprises soumises aux lois sur la police des mines, être adressées à l'inspection minière du district compétent.

Pour les autres entreprises, les demandes doivent être adressées à l'inspection du travail du district compétent ou, à défaut d'inspection du travail, au préfet de la province.

Art. 15. — L'inobservation des formalités prescrites par le présent règlement sera considérée comme une contravention à l'obligation du repos dominical ou hebdomadaire et punie conformément à l'article 14 de la loi.

Art. 16. — Dans les entreprises où les travaux s'exécutent le dimanche moyennant un repos compensateur à accorder par roulement ou autrement, il devra être tenu, à un endroit visible, un registre ou un tableau du mode de roulement du personnel.

Art. 17. — Les agents chargés par l'article 13 de la loi de l'exécution de celle-ci et du présent règlement, procèdent aux visites nécessaires et font les enquêtes rendues nécessaires par les dénonciations qui leur parviennent concernant des infractions aux règles relatives au repos dominical ou hebdomadaire.

Les enquêtes sont de rigueur lorsque les dénonciations émanent de chambres de commerce ou d'associations syndicales ouvrières ou patronales.

Art. 18. — Les inspecteurs et agents ont le droit d'entrer dans les établissements soumis au présent règlement, d'en visiter toutes les parties, d'interroger les patrons et directeurs, ainsi que le personnel employé et les représentants des associations ouvrières existant dans la localité, d'examiner les registres dont pourraient résulter des éléments de fait relativement à l'application de la loi et du présent règlement.

Ces agents doivent s'abstenir autant que possible d'indaguer sur des procédés industriels tenus secrets, et ils doivent dans tous les cas garder le silence sur ceux dont ils auraient pu prendre connaissance dans l'exercice de leurs fonctions, faute de quoi les pénalités prévues par l'article 5, alinéa 3 de la loi du 17 mars 1898, leur seront applicables.

Art. 19. — Les agents susdits dresseront au sujet de chaque infraction, un procès-verbal où ils indiqueront : la nature du fait avec les circonstances de temps et de lieu, les dispositions auxquelles il a été contrevenu, les renseignements réunis et tous les éléments nécessaires pour le jugement de

l'infraction, notamment le nombre de personnes dont l'occupation illégale a été constatée.

Le procès-verbal, rédigé en présence du propriétaire ou de son délégué, sera signé par ces personnes.

Le propriétaire ou son délégué, peut faire porter au procès-verbal les déclarations qu'il croit devoir faire dans son intérêt. Lorsque ces personnes se refusent à signer le procés-verbal, l'agent y fait mention du refus.

Le procès-verbal doit être transmis à l'autorité judiciaire compétente dans les vingt-trois heures et celle-ci le signifiera au contrevenant par ministère d'huissier, dans les vingt-quatre heures.

Une copie du procès-verbal sera transmise au préfet de la province et celui-ci enverra tous les six mois au Ministre du commerce un relevé de ces infractions.

LUXEMBOURG (GRAND-DUCHÉ).

Loi du 21 avril 1908 complétant et modifiant la législation, concernant l'assurance obligatoire des ouvriers contre les accidents et les maladies ([1]).

ARTICLE PREMIER. — Les lois du 5 avril 1902, du 23 décembre 1904 et du 12 mai 1905, concernant l'assurance obligatoire des ouvriers contre les accidents, ainsi que la loi du 31 juillet 1901 ([2]), concernant l'assurance obligatoire des ouvriers contre les maladies, sont complétées et respectivement modifiées par les dispositions qui suivent.

CHAPITRE I. — ASSURANCE-ACCIDENT.

Indemnités à accorder.

ART. 2. — Le maximum des salaires ou traitements déterminant la limite de l'assurance dont s'occupent l'art. 1er § final et l'article 4 § 2 de la loi du 5 avril 1902, est porté de trois mille à trois mille sept cent cinquante francs.

ART. 3. — Les dispositions qui suivent sont à intercaler avant le dernier alinéa de l'article 6 de la loi du 5 avril 1902 :

« Si le blessé est, à la suite de l'accident, non seulement frappé d'incapacité de travail totale, mais encore mis dans un état d'impotence tel qu'il ne peut subsister sans l'assistance et les soins d'autrui, la pension doit être, pendant la durée de cet état, portée à 100 p. c. du salaire annuel.

« Si, à l'époque de l'accident, le blessé était déjà frappé d'incapacité permanente totale de travail, l'indemnité à allouer est limitée aux allocations désignées à l'alinéa 2 sub 1° du même article 6.

« Si un tel blessé est, à la suite de l'accident, mis dans un état d'impotence tel qu'il ne peut subsister sans l'assistance et les soins d'autrui, il doit être accordé une pension qui peut atteindre la moitié de la rente intégrale. »

ART. 4. — La seconde phrase de l'alinéa 4 de l'article 8 de la même loi sera conçue comme suit :

« Pourtant, dans des cas spéciaux, il reste loisible au comité-directeur de l'association d'assurance d'allouer une pension de veuve. »

[1] *Mémorial*, 1908, n° 25.
[2] Voir *Annuaire*, 1901, p. 399; 1902, p. 347; 1904, p. 477; 1905, p. 467.

Art. 5. — L'article 10 de la loi du 5 avril 1902 aura la teneur suivante :
« Si le défunt laisse des petits-enfants, orphelins de père et mère, ceux-ci touchent, en cas d'indigence, jusqu'à l'âge de 15 ans accomplis, ensemble une pension de 20 p. c. du salaire annuel, à condition que le défunt leur ait fourni, en tout ou en majeure partie, les frais d'entretien. »

Art. 6. — L'article 13 de la loi du 5 avril 1902 est complété comme suit :
« L'association d'assurance a le droit, en vertu de dispositions statutaires, d'accorder dans tous les cas — et sans intervention des statuts, dans le cas d'indigence — au blessé admis dans un hôpital, ainsi qu'à ses ayants droit, un secours spécial. »

Art. 7. — L'alinéa 10 de l'article 14 de la loi du 5 avril 1902 est supprimé et les alinéas 11 et 12 du même article sont modifiés comme suit
« Pour les personnes adultes qui ne touchent pas de salaire ou dont le gain annuel, calculé comme ci-dessus indiqué, n'atteint pas le salaire quotidien usité des manouvriers adultes de la localité (art. 14 § 4 de la loi sur l'assurance contre les maladies), ce dernier salaire quotidien, multiplié par 300, sert de base au calcul de la pension.
« Pour les jeunes ouvriers, le salaire annuel comprend, jusqu'à l'âge de 16 ans accomplis, 300 fois le salaire quotidien fixé pour les jeunes manouvriers de la localité, et, après l'âge de 16 ans, 300 fois le salaire quotidien fixé pour les manouvriers adultes. »

Admission aux hôpitaux.

Art. 8. — Si les médecins constatent que le bénéficiaire d'une pension d'accident pourrait, en suivant un traitement médical, accroître sa capacité de travail, le comité-directeur peut, en tout état de cause, faire intervenir à cet effet un nouveau traitement. En pareil cas, les dispositions des articles 13 et 15 de la loi de 1902 sont applicables.
Si le blessé s'est, sans motif plausible, soustrait à l'exécution des mesures ainsi prises par le comité-directeur, ou à des mesures prises en vertu des articles 6, 13, 15, 17 et 18 de la loi de 1902, l'indemnité peut lui être totalement ou partiellement refusée, à condition qu'on l'ait rendu attentif à cette conséquence et qu'il soit prouvé que son attitude influe défavorablement sur sa capacité de travail.

Art. 9. — Le comité-directeur peut accorder à un bénéficiaire d'une pension, sur sa demande, en lieu et place de celle-ci, l'admission aux frais de l'association dans un hospice ou un hôpital. Le bénéficiaire ainsi admis est tenu de renoncer à la pension pendant un trimestre et, s'il ne retire pas sa déclaration un mois avant l'expiration de cette période, chaque fois pendant un nouveau trimestre.

Association. — Statuts. — Assemblée générale.

Art. 10. — L'article 27 de la loi du 5 avril 1902 est modifié comme suit :
A l'alinéa 2, les mots : « les statuts peuvent » sont remplacés par les mots : « Un arrêté d'administration publique peut » ;
à l'alinéa 3, les mots « les statuts doivent » sont remplacés par les mots : « cet arrêté doit » ;
à l'alinéa 4, les mots : « par l'assemblée » sont remplacés par les mots : « par l'arrêté ».

Délais de procédure.

Art. 11. — Les délais d'appel, d'opposition et de cassation dont s'occupe l'article 56 de la loi de 1902 sont portés à quarante jours, y compris les délais de distance, même à l'étranger.

CHAPITRE II. — Dispositions communes aux assurances contre les maladies ou les accidents.

Responsabilité des entrepreneurs.

Art. 12. — L'entrepreneur principal reste solidairement responsable avec les sous-entrepreneurs de l'accomplissement des obligations imposées aux patrons par les lois et les règlements concernant l'assurance obligatoire contre les maladies ou les accidents.

Répression des fraudes.

Art. 13. — Sans préjudice de l'application des peines plus fortes prononcées par les lois, sera puni d'une peine d'emprisonnement d'un mois à cinq ans et d'une amende de 26 francs à 3,000 francs, quiconque aura porté préjudice à l'association d'assurance contre les accidents ou à une caisse de maladie, en l'amenant par fraude à fournir une pension, des secours ou d'autres avantages non dus en tout ou en partie.
La tentative de ce délit sera punie d'un emprisonnement de huit jours à deux ans et d'une amende de 26 francs à 1,000 francs.
Le coupable pourra de plus être condamné à l'interdiction, conformément à l'article 33 du Code pénal, et placé sous la surveillance spéciale de la police pendant deux ans au moins et cinq ans au plus.
Les dispositions du livre Ier du code pénal ainsi que la loi du 18 juin 1879, modifiée par celle du 16 mai 1904, portant attribution aux cours et aux tribunaux de l'appréciation des circonstances atténuantes, seront applicables.

Enquêtes.

Art. 14. — Dans les enquêtes instituées soit par le gouvernement, soit par le comité-directeur, soit par l'autorité de surveillance des caisses de maladie, les témoins pourront être entendus sous la foi du serment, qu'ils déclareront la vérité, rien que la vérité.

Les personnes qui refuseraient de comparaître ou de déposer sont passibles des peines comminées par l'art. 80 du code d'instruction criminelle. Il en sera dressé procès-verbal qui sera transmis au procureur d'Etat.

La taxe des témoins sera réglée comme en matière répressive, lorsque l'enquête a été ordonnée par le gouvernement ou par l'autorité de surveillance, et comme en matière civile devant la justice de paix, lorsque l'enquête est ordonnée par le comité-directeur.

CHAPITRE III. — Disposition finale.

Art. 15. — L'effet des articles 2 à 7 inclus remontera au 1ᵉʳ janvier 1908.

Mandons et ordonnons que la présente loi soit insérée au *Mémorial*, pour être exécutée et observée par tous ceux que la chose concerne.

Arrêté grand-ducal du 22 août 1908 portant règlement général sur les prescriptions préventives contre les accidents, et les dispositions hygiéniques à observer dans l'intérêt de la sécurité et de la santé des ouvriers occupés aux travaux de construction et de terrassement [1].

A. — Mesures imposées aux patrons ou chefs d'entreprises.

a) *Travaux de terrassements, de fondation, de creusement du sol, etc.*

Article premier. — Les excavations du sol, les fouilles et autres travaux de terrassement devront, pour autant que les parois ne présentent pas toute garantie de stabilité, être établis avec la pente appropriée à la nature du terrain, ou bien être suffisamment consolidés par des étançons.

Il est strictement interdit de haver (miner) les parois.

Les mesures nécessaires seront prises en vue d'éviter l'éboulement des terres retroussées et des matériaux amoncelés au bord des excavations.

Ce bord devra rester libre de toute charge sur une largeur d'un demi-mètre au moins.

En temps de pluie, l'état des parois et des soutènements devra être examiné avant le commencement et surveillé pendant l'exécution des travaux.

[1] *Mémorial*, 1908, n° 49.

Pour l'exécution de travaux d'excavation à proximité immédiate de bâtiments il est indispensable d'étançonner ceux-ci, et, si leurs fondations sont moins profondes que celles à faire, on ne pourra procéder aux fouilles que par étapes de un mètre et demi au plus, et à mesure de l'achèvement de la maçonnerie nouvelle.

Art. 2. — Les creusements de puits à section rectangulaire devront dans tous les cas être cuvelés; ceux à section ronde pourront être exécutés sans cuvelage, à condition que le terrain présente toutes les garanties de solidité.

Dans les puits mêmes on devra établir immédiatement au-dessus des travaux un plancher de sûreté permettant aux ouvriers de se garer en cas de chute de matériaux.

De plus, on enfoncera, à mesure de l'avancement des travaux, un tuyau d'au moins 5 centimètres de diamètre pour l'aération en cas d'éboulement.

Avant de pénétrer dans des puits, fosses ou canaux ayant déjà servi, on devra s'assurer qu'il n'y existe pas de gaz asphyxiant.

Les travaux dans les puits, conduites de gaz, canaux de fumée, fosses d'aisances ou autres analogues pouvant contenir des gaz asphyxiants ou inflammables, ne seront entrepris qu'après que l'atmosphère aura été assainie par une ventilation efficace. Les ouvriers appelés à travailler dans ces conditions seront surveillés et porteront autour du corps, à la ceinture ou sous les aisselles, une corde de sûreté communiquant avec l'extérieur et permettant de les retirer en cas de nécessité. A la surface on disposera du matériel et du personnel nécessaires à cette fin.

Art. 3. — Les excavations de toute nature devront être, dans toute la mesure du possible, couvertes ou entourées de garde-corps solides; si elles se trouvent à proximité de voies de circulation, elles devront être éclairées ou être surveillées pendant l'obscurité.

Art. 4. — Pour l'emploi d'explosifs on observera strictement les prescriptions afférentes au règlement du 2 janvier 1891 concernant l'exploitation des mines, minières et carrières.

b) *Échafaudages.*

Art. 5. — Le montage et le démontage des échafaudages s'effectueront selon les règles de l'art par un personnel expert en ce genre d'installations.

On devra établir des échafaudages extérieurs pour toute construction nouvelle, à moins qu'il ne s'agisse de construction en briques avec exclusion des pierres de taille.

On ne pourra faire abstraction d'échafaudages extérieurs que dans les cas où leur établissement rencontrerait de sérieuses difficultés d'emplacement ou lorsque, à raison de circonstances particulières présentant des garanties suffisantes de sécurité, le gouvernement aura dispensé de l'observation de l'alinéa 2.

Art. 6. — Les échafaudages présenteront toutes les garanties désirables de solidité et de stabilité. Les bois devront être de bonne qualité, en parfait état de conservation, exempts de fentes ou défauts dus à l'usage antérieur.

Les montants ne pourront être espacés de plus de 2^m50. Ils devront être engagés dans le sol à profondeur de 1 mètre au moins, et, si tel ne peut être le cas, ils seront maintenus au moyen d'un empâtement fait au plâtre ou bien en les fixant sur une semelle en bois suffisamment solide.

Les montants devront en outre être préservés contre les déviations ou déplacements par des arbres posés en diagonale ; ils seront attachés à l'intérieur du bâtiment et inclinés vers l'édifice.

L'épaisseur des montants et des traverses ne devra être inférieure à 10 centimètres. La jonction des bois devra être faite, soit par des cordages solides en chanvre, soit par des câbles métalliques, ou enfin par des chaines. Les attaches seront en outre renforcées au moyen de crampons en fer.

L'allonge d'un montant par un autre superposé devra être exécutée de façon à ce que les bouts des deux arbres se côtoient sur une longueur minima de 2 mètres et qu'ils soient liés au moins trois fois par des liens solides ; le montant supérieur devra reposer sur une traverse soutenue par un crampon solide, ou bien être étançonné d'une traverse à l'autre jusqu'au sol.

Les boulins qui relient les traverses avec la bâtisse et sur lesquels reposent les planchers ne pourront être espacés de plus de 1^m20 ; ils devront être fixés aux deux bouts et reposer sur une longueur d'au moins 20 centimètres ; leur épaisseur ne devra être inférieure à 10 centimètres.

Art. 7. — Les planchers des échafaudages ne devront être espacés de plus de 2 mètres, ni avoir moins d'un mètre de largeur, de façon à ce que les ouvriers puissent facilement se croiser.

Les madriers des planchers auront au moins 3 centimètres d'épaisseur ; ils ne devront pas présenter de porte-à-faux, ni donner lieu à des glissements, ou à des vides dangereux pouvant occasionner la chute de matériaux.

Les planchers devront être munis de garde-corps solides à 90 centimètres de hauteur sur toute la face et sur les côtés et porter au pied une plinthe d'une largeur minima de 20 centimètres.

Pour la sécurité des ouvriers on devra maintenir ou éventuellement établir au-dessous de tout plancher où l'on travaille, un autre plancher complétement couvert ; la distance entre les deux planchers ne pourra excéder la hauteur ordinaire de 2 mètres.

Art. 8. — L'état des échafaudages et de toutes les parties qui les composent devra être contrôlé au moins tous les deux mois. Ce contrôle aura notamment aussi lieu après une tempête, un temps de gelée, ou après un arrêt prolongé des travaux.

Art. 9. — On ne pourra se servir d'échafaudages sur chevalets que pour des travaux ne dépassant pas 5 mètres de hauteur. Les chevalets devront

être construits soit en fer, soit en bois solides, de façon à ce que toutes les parties soient emboîtées et clouées.

Art. 10. — Les échafaudages volants et sur échelles ne peuvent être employés que pour des travaux faciles tels que des travaux de couverture, de ferblanterie, de crépissage, de peinture, ou bien pour des réparations n'exigeant pas une grande charge par les matériaux.

Les échafaudages volants devront être bien consolidés à l'intérieur du bâtiment.

Les échelles volantes suspendues seront solidement maintenues à l'aide de cordes bien conditionnées.

Tous les échafaudages précités devront être munis de garde-corps.

c) *Cordes et chaînes.*

Art. 11. — Les cordes et chaines devront être vérifiées à délais réguliers et rapprochés ; au besoins elles devront être réparées ou échangées tout de suite. On prendra des précautions spéciales pour l'emploi des cordes en chanvre en cas de gelée.

d) *Échelles, escaliers, couloirs.*

Art. 12. — Les échelles d'échafaudage devront être confectionnées en bois de bonne qualité et pourvues d'échelons intacts. Elles devront être fixées au sol et attachées par le haut ; de plus elles devront dépasser d'au moins 1 mètre le plancher qu'elles desservent. Les échelles ne pourront être placées en file de façon à ce que des matériaux tombant puissent atteindre celles d'en bas. Il sera fait usage autant que possible d'échelles distinctes pour donner accès aux planchers de travail et pour en descendre.

Art. 13. — Les étages immédiatement en dessous des lieux de travail et des couloirs devront être couverts. Éventuellement on procédera immédiatement à la pose des faux planchers.

Art. 14. — Tant que les escaliers ne sont pas posés, les ouvertures ménagées pour ces derniers, ainsi que celles destinées aux ascenseurs, de même que d'autres baies et les fosses à chaux, doivent être entourés d'une clôture solide ou recouverts de planches.

Les escaliers seront munis de garde-corps provisoires, tant que les rampes définitives ne sont pas posées.

Art. 15. — Des mesures seront prises pour éviter l'encombrement des lieux de travail et des voies de circulation par des matériaux dont l'emploi n'est pas immédiat ; il en sera de même pour empêcher la chute de matériaux et d'outils.

En cas de gelée ou de verglas, il faudra faire sabler les planchers d'échafaudage, les voies de circulation et enfin la surface supérieure des murs lors de la pose de la poutraison.

Art. 16. — Tous les travaux devront être exécutés soit à la clarté du jour, soit à la lumière artificielle suffisante; on soignera surtout l'éclairage des échelles, des escaliers, des couloirs et des appareils de levage.

e) *Appareils de levage.*

Art. 17. — Il est interdit d'utiliser les monte-charges pour le transport des personnes, à l'exclusion toutefois des constructions de puits ou de cheminées de fabrique, si toutes les garanties de sécurité sont données.

Les paliers et les entrées pour le transport des matériaux devront être munis de garde-corps solides et de plinthes de côté. Les cages des appareils de levage devront être fermées autant que possible pour éviter les accidents par la chute de matériaux.

Art. 18. — Les machines motrices des appareils de levage, des mélangeurs de mortiers, etc. devront être entourées. Les engrenages des treuils devront être couverts; les treuils devront en outre être munis de cliquets d'arrêt et de freins; les cordes ou câbles de levage devront porter des crochets de sûreté.

Art. 19. — On empêchera autant que possible la circulation en dessous des charges en suspension.

f) *Travaux de toiture.*

Art. 20. — La pose des corniches ne pourra avoir lieu qu'au moyen d'échafaudages; ces échafaudages seront munis d'un garde-corps.

A moins d'impossibilité évidente, tous les travaux de toiture devront être exécutés au moyen d'échafaudages.

Si les travailleurs ne peuvent être protégés par des échafaudages, les entrepreneurs ou patrons sont tenus de leur fournir des cordes avec ceintures de sûreté, ou de faire usage de dispositifs spéciaux, tels que chevalets, etc.

Art. 21. — Les toits devront être munis de plusieurs rangées de crampons d'échelle; ces crampons devront être suffisamment solides et préservés de la rouille par un enduit.

Les échelles ne devront jamais reposer uniquement sur la gouttière.

Art. 22. — La pose et la réparation des toits vitrés ne doivent être exécntées qu'à l'aide d'échafaudages établis en dessous.

Art. 23. — Il est interdit d'employer à des travaux dangereux des ouvriers sujets au vertige, épileptiques ou à vue ou à ouïe affaiblies

On interdira sévèrement l'accès des échafaudages à des personnes non occupées aux travaux.

g) *Dispositions sanitaires.*

Art. 24. — L'emploi des feux ouverts ou brasiers à coke dans les locaux fermés où l'on travaille est strictement interdit, à moins que des mesures n'aient été prises pour l'évacuation des gaz.

Art. 25. — Les fenêtres et les portes de constructions nouvelles devront être clôturées en hiver (novembre à mars inclus), si des travaux de plafonnage, de peinture, de menuiserie, etc. y sont exécutés.

Des fermetures provisoires peuvent être appliquées.

Art. 26. — A tous les travaux de construction ou de terrassement, on érigera une baraque à l'usage des ouvriers, du moment que le nombre de ceux-ci s'élève à vingt au moins. S'il s'agit de la construction d'un édifice, les charpentiers sont à comprendre dans ce nombre.

Lorsqu'il se trouve à proximité des travaux un local répondant aux conditions que la baraque doit remplir, on pourra, avec l'assentiment de l'autorité compétente, l'aménager aux fins voulues.

Art. 27. — La baraque doit pouvoir abriter les ouvriers contre les intempéries et pendant les moments de repos. Elle doit mesurer au moins 2^{m}50 de hauteur, et la superficie du sol doit comporter au moins 1 mètre carré pour chaque ouvrier autorisé à y séjourner, déduction faite de la place nécessaire à l'ameublement.

La baraque ne pourra pas servir comme dépôt de matériaux.

Art. 28. — La baraque devra être munie de parois et d'une toiture à l'épreuve des intempéries, de fenêtres vitrées, d'une porte à serrure et d'un plancher étanche en bois. Il devra s'y trouver une table, des bancs, des gardes d'habits et un poêle. Le combustible est à la charge de l'entrepreneur.

On devra y afficher les prescriptions concernant les mesures de sécurité et les instructions pour les premiers soins à donner en cas d'accident; on y déposera en outre une boite à pansements.

Art. 29. — Dès que l'effectif des ouvriers occupés à des constructions nouvelles ou à des travaux de terrassement atteint le nombre de dix au moins, on devra dès le commencement des travaux, établir un lieu d'aisances. Cette installation devra être munie d'une toiture et de parois étanches, d'un plancher, d'une porte à serrure et d'une disposition d'aération.

Art. 30. — Le lieu d'aisances ne devra pas être adossé à la baraque; on soignera pour la propreté et la désinfection des lieux dans toute la mesure du possible. Il devra y avoir un water-closet par vingt-cinq ouvriers occupés aux travaux.

Art. 31. — Le lieu d'aisances devra être relié à la fosse ou à la citerne de la construction. A défaut d'une fosse, on établira le water-closet à distance 10 mètres au moins des travaux.

B. — Mesures imposées aux ouvriers.

Art. 32. — Il est strictement interdit aux ouvriers de haver (miner) les parois des travaux de terrassement.

Art. 33. — Il est interdit aux ouvriers de pénétrer dans les puits, fosses et canaux ayant déjà servi, avant qu'ils aient été vérifiés au sujet de la présence éventuelle de gaz asphyxiants; dans les cas douteux, il est interdit de s'engager dans les dits endroits sans porter autour du corps une corde de sûreté communiquant avec l'extérieur.

Art. 34. — Le port de matériaux sur les échafaudages doit être exécuté avec la plus grande prudence en vue de la sécurité des personnes qui travaillent aux abords.

On déposera les outils, les matériaux ou d'autres objets destinés à l'emploi de telle façon sur l'échafaudage ou sur la maçonnerie qu'ils ne puissent pas en glisser.

Il est défendu de faire tomber des outils, des matériaux ou des bois d'échafaudage du haut de la bâtisse sans avoir donné préalablement et à plusieurs reprises un signal d'avertissement.

Le déversement du mortier dans les cuves doit être fait de façon à éviter autant que possible les éclaboussures.

Art. 35. — Il est strictement défendu d'enlever de propre autorité les parties d'échafaudage, les échelles, les étançons, les planchers, les garde-corps et les dispositions de sécurité; en général tout changement arbitraire aux dispositions des travaux est interdit.

Les ouvriers sont tenus de signaler sans délai aucun au surveillant ou au patron toute détérioration et tout fait anormal constatés aux installations.

Art. 36. — La montée et la descente au moyen de monte-charges est interdite.

Il est interdit de se tenir en dessous des charges en suspension ou en dessous d'échafaudages en démontage.

Art. 37. — Pendant le levage des matériaux, le cliquet d'arrêt doit toujours être enclenché; l'arrêt subit des manivelles en marche est interdit. On ne devra lâcher le frein qu'après le retrait de la manivelle ou l'éloignement des ouvriers du treuil.

Art. 38. — En cas de gelée ou de verglas, les ouvriers sont tenus de sabler les planchers d'échafaudage, les voies de circulation et la surface supérieure des murs au moment de la pose de la poutraison ou des charpentes.

Art. 39. — Il est interdit de pénétrer pendant l'obscurité dans les bâtisses non éclairées, de dormir ou de prendre du repos sur les échafaudages et à d'autres endroits dangereux.

Tout ouvrier sujet au vertige au accablé d'épilepsie ou d'une autre infirmité pouvant aggraver le danger est tenu d'en faire la déclaration au patron ou au chef d'entreprise.

Art. 40. — Il est strictement défendu d'introduire de l'alcool sur le chantier, d'arriver en état d'ébriété sur les travaux, ou de s'enivrer pendant la besogne; tout ouvrier trouvé dans cet état est tenu de quitter incessamment les travaux sur l'ordre du chef.

Art. 41. — Il est recommandé aux ouvriers, et particulièrement aux couvreurs, aux constructeurs de cheminées, aux ferblantiers et aux peintres d'observer strictement les instructions de sécurité leur données par le patron ou le préposé et de se servir des appareils de sûreté mis à leur disposition, tels que cordes, ceintures, échelles, etc.

En général, tout ouvrier s'abstiendra d'exposer sa propre personne ou celle d'autrui au danger par des actes d'imprudence ou de témérité, ou bien de s'occuper à des outils, à des installations mécaniques et à des travaux n'ayant pas rapport à son métier.

Art. 42. — Tout ouvrier est obligé d'obtempérer immédiatement à l'injonction du surveillant ou du patron de quitter un endroit dangereux ou de sortir de la bâtisse.

C. — Dispositions générales.

Art. 43. — Le présent règlement doit être affiché en texte français, allemand et italien par les soins du patron ou de l'entrepreneur à tout chantier de construction et l'affiche doit être tenue en bon état de lisibilité.

Art. 44. — Les infractions aux dispositions du présent arrêté seront punies des peines comminées par la loi du 6 mars 1818, sans préjudice des peines plus fortes établies par le code pénal ou par d'autres lois spéciales.

Les dispositions du livre I du code pénal ainsi que celles de la loi du 18 juin 1879, portant attribution aux cours et tribunaux de l'appréciation des circonstances atténuantes, sont applicables aux infractions prévues par le présent arrêté.

Art. 45. — Le présent arrêté entrera en vigueur six mois après sa promulgation.

NORVÈGE.

Loi du 30 juin 1908 portant modification à la loi du 23 juillet 1894 sur l'assurance contre les accidents du travail [1].

I.

Le § 1er, n° 6 de la loi du 23 juillet 1894, modifiée par celle du 12 juin 1906 [2] concernant l'assurance des ouvriers contre les accidents du travail, aura désormais la teneur suivante :

« Les travaux forestiers comprenant l'abatage et le charriage des bois, charpentes et autres matériaux de bois, y compris les opérations qui se rapportent à ces travaux, à condition qu'on y consacre au moins vingt-cinq jours de travail ; les travaux de mise en piles ou à sec ; le flottage et les opérations qui s'y rapportent ; le service des digues, canaux, écluses, chemins de fer et tramways. »

Dans la disposition finale après le n° 9 du § 1er entre les mots « seront assurés » et « sans tenir compte » sont insérés les mots « sauf la réserve prévue au n° 6 ».

II.

La présente loi entre en vigueur le 1er juillet 1908.

Loi du 29 juillet 1908 portant modification au § 1er de la loi du 12 juin 1906 sur les subventions de l'État et des communes aux caisses de chômage [3].

Le paragraphe susdit aura désormais la teneur suivante :

§ 1. — Toutes les caisses de chômage en Norvège qui rempliront les conditions prévues par la présente loi, pourront, sur leur demande, être l'objet d'une agréation, les autorisant à se faire rembourser sur la caisse

---

[1] *Lov indeholdende forandringer i lov om ulykkersfor sikring for arbejdere i fabrikker m. v. av 23 juli 1894, med tillaegslov av 12 juni 1906. Norsk Lovtidende*, 1908, n° 28.

[2] Voir *Annuaire*, 1906, p. 351.

[3] *Lov indeholdende forandring i § 1 i lov av 12 juni 1906 om stats- og kommune-bidrag til norske arbeidsledighetskasser. Norsk Lovtidende*, 1908, n° 31. Voir *Annuaire*, 1906, p. 347.

de l'État le tiers des sommes représentant les secours qu'elle sont alloués à leurs membres résidant dans le pays, lorsque ces derniers sont Norvégiens ou ont habité le pays pendant les cinq dernières années. Ce remboursement a lieu par trimestre par les soins du Département auquel est confiée l'exécution de la loi. Le jour où pour chaque caisse s'ouvre le droit au remboursement est fixé par le Département susdit.

Loi du 8 août 1908 sur l'assurance des pêcheurs contre les accidents [1].

§ 1. — Les pêcheurs et les chasseurs marins domiciliés dans le pays, qui exercent la profession de pêcheur marin ou de chasseur d'animaux marins, exclusivement ou conjointement avec une autre profession, et les personnes appartenant à l'équipage d'un navire de pêche ou de chasse (y compris les capitaines, machinistes, chauffeurs et cuisiniers) seront assurés conformément aux dispositions de la présente loi, dans la mesure fixée par le § 10.

§ 2. L'assurance prévue par la présente loi est garantie par l'État et administrée par l'établissement d'assurance du royaume.

En ce qui concerne la rémunération des inspecteurs de l'établissement d'assurance du royaume, ainsi que la responsabilité des communes du chef de leurs recouvrements, les dispositions du § 28 de la loi n° 4 du 12 juin 1906 [2] sont applicables.

§ 3. — Le but de l'assurance est de soutenir l'assuré ou ses ayants droit en conformité des règles formulées ci-après, lorsque l'assuré est décédé des suites d'un accident ou en a éprouvé du dommage :

a) pendant qu'il exerce la pêche ou la chasse sur mer en comprenant dans cet exercice le travail ou la circulation sur terre ou sur mer à raison de cet exercice, ainsi que la préparation et la vente des prises ;

b) au cours des voyages sur mer, en dehors de l'exercice de la profession susdite.

Dans le cas prévu sous la lettre *b*, l'assurance ne profitera pas aux pêcheurs qui se seraient noyés ou auraient été victimes d'un accident de navigation.

§ 4. — Lorsqu'un accident se produit dans les conditions spécifiées à l'article précédent, les assurés ou leurs ayants droit seront fondés à recevoir les indemnités suivantes :

a) si l'accident entraîne une incapacité de travail de caractère permanent, l'ouvrier accidenté aura droit à une somme d'argent fixée d'après le degré de l'incapacité, avec cette réserve qu'une réduction de capacité inférieure

---

[1] *Lov om ulykkesforsikring for fiskere. Norsk Lovtidende*, 1908, n° 32.
[2] Voir *Annuaire* 1906, p. 362.

à 20 p. c. ne donne droit à aucune indemnité. Si l'incapacité est complète, l'indemnité sera de 800 couronnes payées une fois pour toutes. Si la capacité de travail est seulement réduite, l'indemnité sera d'une fraction correspondante de la somme précitée ;

b) si l'accident entraine le décès dans l'année, les ayants droit recevront une indemnité globale de 800 couronnes payées une fois pour toutes, sous déduction, le cas échéant, de la somme que l'assuré aurait touchée en vertu des dispositions du paragraphe *a*.

Ce capital est attribué dans l'ordre suivant :

1. A l'époux survivant, si le mariage a été contracté avant l'accident et que la vie commune n'est pas interrompue à ce moment-là.

2. Aux enfants de la victime nés dans le mariage ou en dehors et dont elle avait la charge.

3. Aux ascendants de la victime, s'il est établi que leur subsistance dépendait essentiellement de la victime.

4. Aux autres personnes qui peuvent fournir la même preuve.

Les classes ci-dessus s'excluent par rang de priorité.

Lorsqu'une personne qui tombe sous l'application de la présente loi, est assurée en conformité de la loi du 23 juillet 1894 sur la réparation des accidents du travail dans les fabriques et des lois complémentaires, il n'y a pas lieu à réparation en vertu de la présente loi, lorsque l'accident survenu entraîne une réparation en vertu de la première loi.

§ 5. — Lorsque l'ouvrier accidenté a provoqué lui-même l'accident, il perd tout droit à réparation en vertu de la présente loi.

§ 6. — La demande d'indemnité devra être adressée à l'inspecteur de l'établissement d'assurance aussitôt que possible et au plus tard dans les trois mois qui suivront l'accident, ou après que l'ayant droit que la chose concerne en aura eu connaissance. Aucune demande ne pourra plus être introduite à l'expiration d'un an après l'accident. L'inspecteur recherchera le plus tôt possible si la personne accidentée se trouve inscrite sur la liste des assurés dont il est question au § 10; il s'informera des causes de l'accident et des circonstances qui l'ont accompagné, ainsi que du nom et du domicile de la personne qui a droit à la réparation en vertu de la présente loi. La demande d'indemnité, accompagnée de ces renseignements, sera transmise immédiatement à l'établissement d'assurance de l'État. Celui-ci peut, s'il le juge nécessaire, se faire donner des renseignements de nature juridique sur les circonstances de l'accident, conformément aux principes posés par le § 17 de la loi du 23 juillet 1894 sur la réparation des accidents du travail.

§ 7. — Lorsque la demande d'indemnité a été approuvée par l'établissement d'assurance, le montant de l'indemnité est remis à l'inspecteur qui doit la verser immédiatement à la caisse d'épargne la plus rapprochée du domicile de l'ayant droit. Le livret portera la mention qu'il ne pourra être

disposé de la somme sans l'autorisation de l'administration générale des biens des mineurs. Il sera transmis sans délai à l'administration susdite par la caisse d'épargne.

Lorsque l'administration des biens des mineurs a des raisons de croire que la somme sera employée de façon intelligente, elle doit mettre immédiatement le livret à la disposition de l'ayant droit ou de son tuteur. Dans les autres cas, la somme est employée d'accord entre les ayants droit et l'administration. Si l'accord ne se fait pas, les intéressés peuvent porter l'affaire devant le préfet qui décide en dernier ressort.

La commune, sans considérer si les délais de prescription de la loi du 27 juillet 1896 [1] sont expirés, a le droit de se faire rembourser préalablement au versement les primes d'assurance dues.

Pareillement, l'établissement d'assurance peut, lors du paiement d'une indemnité en cas de décès, arrêter que la plus grande partie de cette somme restera intacte à la caisse d'épargne pendant un an à compter de la mort de l'ouvrier accidenté pour être remboursée, si la demande d'indemnité venait à être présentée avec plus de fondement, conformément au § 4, par un des ayants droit du défunt. Lorsqu'il parait nécessaire, au point de vue des dispositions du § 8, qu'une partie de l'indemnité reste intacte pendant une période plus longue que ci-dessus, la chose peut être arrêtée par l'établissement d'assurance.

Les frais médicaux sont à la charge de la victime, à moins qu'ils ne lui soient assurés gratuitement d'une autre façon. Les certificats médicaux nécessaires pour établir le montant de l'indemnité à payer, sont à la charge de l'assurance.

§ 8. — Dès que l'établissement d'assurance a reçu les renseignements nécessaires, il décide du point de savoir si l'accident déclaré donne ouverture à l'indemnité conformément à la présente loi et fixe, le cas échéant, la réparation en conformité des dispositions du § 4.

La personne accidentée ou ses ayants droit, est immédiatement avisée par écrit de la décision intervenue et de ses motifs. Ces personnes peuvent également se faire délivrer une copie de tous les renseignements fournis par l'inspecteur.

La décision prise par l'établissement peut être portée en appel devant la commission d'appel de l'assurance de l'Etat. L'appel doit être introduit dans les six semaines de la communication de la décision de l'établissement. Les questions qui auront été soumises de cette façon à l'examen de la commission pourront, sous réserve des dispositions du § 19, *in fine* de la loi n° 4 du 12 juin 1906 [2], être soumises ensuite à l'appréciation des tribunaux.

§ 9. — Pour couvrir les indemnités et les frais des certificats médicaux, chaque assuré est tenu de verser une prime de 1 couronne 50 öre par an.

[1] La loi du 27 juillet 1896 concerne les délais de prescription des créances.
[2] Voir *Annuaire* 1906, p. 361.

En outre, il est prélevé chaque année au profit de l'assurance sur le fonds des droits de port une somme de 60,000 couronnes. L'excédent des recettes de l'année sert à former un fonds de réserve sur lequel s'imputent, en cas de besoin, les dépenses des années ultérieures. Toutes les sommes revenant à l'assurance sont déposées à l'établissement d'assurance, qui les garde en encaisse séparée.

En cas de besoin, le Roi peut, d'accord avec le Storting, augmenter le taux des primes pour la partie restant à courir de la période spécifiée au § 16.

§ 10. – Chaque année, le 15 décembre, il sera procédé dans toutes les communes à un recensement des personnes désignées au § 1er qui y habitent et qui ont plus de 15 ans; ce recensement servira pour l'année suivante.

Toute personne qui aurait été omise ou inscrite à tort dans ce recensement, peut demander sa radiation ou son inscription, en présentant une requête à cet effet avant le 15 janvier suivant.

Tous ceux qui sont désignés dans ce recensement sont soumis à l'assurance pour l'année civile.

En outre, il est permis à toute personne remplissant les conditions spécifiées au § 1er de se faire porter en tout temps sur les listes du recensement en versant en même temps la prime annuelle. En ce qui concerne ces personnes, l'assurance court à partir du jour de l'inscription jusqu'à l'expiration de l'année civile.

Si la commune s'oppose à l'inscription d'une personne qui a demandé à être portée sur les listes, l'intéressé peut faire valoir ses droits éventuels en vertu de la présente loi en faisant trancher l'affaire dans les 14 jours de la notification du refus d'inscription conformément aux règles tracées au § 8. Le même droit appartient à celui qui, malgré sa requête, n'a pas été rayé des listes.

Seules les personnes portées sur les listes du recensement peuvent être comprises dans l'assurance obligatoire organisée par la présente loi.

Les primes seront recouvrées conformément au recensement pour chaque année et de chaque personne soumise à l'assurance obligatoire, par le receveur communal et, si l'assuré le désire, en même temps que les taxes communales. En ce qui concerne le paiement des primes, la commune jouit du même privilège que pour le paiement des impôts et elle peut en exiger le versement par voie de saisie; en outre, tout patron est responsable des primes dont le paiement incombe aux personnes qui travaillent sous ses ordres ou sont à son service. Le patron peut retenir le montant des primes sur les salaires. La commune est responsable vis-à-vis de l'inspecteur de l'établissement d'assurance du paiement des primes dues par toutes les personnes recensées, pour les personnes inscrites lors du recensement même jusqu'au 15 août et pour celles qui y ont été portées dans la suite, jusqu'à l'expiration de l'année au plus tard. La commune est tenue de payer un intérêt annuel de 5 p. c. sur les sommes en retard, à dater de l'échéance.

Le retard dans le paiement ou le défaut de paiement des primes n'exerce

aucune influence sur les droits des personnes assurées conformément à la présente loi, en ce qui concerne l'assurance obligatoire.

Pour le recouvrement des primes, le travail du recensement et de l'assurance ainsi que pour garantie de l'arriéré éventuel, il est alloué à la commune 5 p. c. du montant des primes.

La commune transmet à l'inspecteur avant le 30 janvier de l'année suivante une copie certifiée de chaque recensement. Les personnes inscrites dans le courant de l'année doivent être notifiées à l'inspecteur successivement, chacune après son inscription.

§ 11. — Le département compétent règle toutes les autres dispositions concernant la procédure, l'administration, la publication et la transmission du recensement, le recouvrement et le transfert des primes, la liquidation des comptes y relatifs, ainsi que tout ce qui est nécessaire à l'exécution de la présente loi.

§ 12. — Il est permis aux personnes qui sont comprises dans la présente loi, de contracter, moyennant une augmentation de la prime, une assurance libre garantissant une indemnité plus élevée en cas d'incapacité de travail ou de décès, le tout d'après les classes et prestations suivantes :

	Indemnité en cas de mort. Couronnes.	Indemnité en cas d'invalidité. Couronnes.	Prime supplémentaire. Couronnes.
2me classe	1,200	1,200	1 40
3me classe	1,600	1,600	2 80

En sus de la prime supplémentaire ci-dessus, l'assuré est également tenu de payer la prime de l'assurance obligatoire, soit 1 c. 50.

Celui qui désire contracter cette assurance plus élevée, doit, avant le 15 janvier de l'année de l'assurance ou, en cas de déclaration postérieure, en même temps que celle-ci, faire connaître à l'autorité communale dans quelle classe d'assurance il entend se faire inscrire. Le déclarant sera inscrit conformément à cette déclaration sur la liste de la commune, moyennant le versement de la prime supplémentaire et de la prime obligatoire.

Pour le surplus, les règles concernant les primes et les indemnités sont les mêmes que pour l'assurance obligatoire.

§ 13. — Le droit à l'indemnité conformément à la présente loi et l'indemnité même qui, conformément à la présente loi, n'aurait pas encore été mise à la disposition des ayants droit, ne pourront être cédés, ni saisis, ni engagés.

§ 14. — En ce qui concerne les affaires nées de la présente loi, il ne sera perçu aucune taxe au profit de l'État conformément aux chapitres 1 et 2 de la loi du 6 août 1897, n° 9.

Les frais d'huissier sont à la charge du trésor public. Les envois par la poste pour les besoins de l'assurance se feront en franchise.

§ 15. — Conformément à la présente loi, les primes seront perçues à partir de l'année 1909 et les indemnités seront payées pour les accidents qui se produiront au cours de cette même année.

§ 16. — La présente loi entre en vigueur le 1er janvier 1909.

Les dispositions de la loi devront être soumises à une revision cinq ans après le commencement du fonctionnement de l'assurance.

PAYS-BAS

Arrêté du 10 janvier 1908 modifiant l'arrêté royal du 5 décembre 1902 établissant un règlement d'administration générale en application des articles 52, alinéas 2 et 3, et 59 sub 1, 3 et 4 de la loi de 1901 sur les accidents du travail et modifié en dernier lieu par arrêté royal du 14 mai 1907 [1].

Article premier. — L'arrêté du 5 décembre 1902 [2] (*Staatsblad* n° 206) est modifié comme suit :

I. La phrase suivante est ajoutée à l'article 21 :

L'administration de la banque royale d'assurances suspend en tout ou en partie, la réduction de la garantie pendant trois ans au maximum si elle estime que cette garantie pourrait sans cela être insuffisante pour couvrir les indemnités à charge de l'employeur ou qui peuvent naître encore du chef d'accidents pour lesquels il supporte les risques, et qui se sont produits avant l'époque à laquelle le changement visé sub *a* ou la diminution de salaire visée sub *b* sont survenus.

II. La phrase suivante est ajoutée à l'article 22 :

L'administration de la Banque royale d'assurances suspend en tout ou en partie la restitution des fonds ou du numéraire pendant trois ans au maximum, si elle estime que l'hypothèque pourrait sans cela être insuffisante pour couvrir les indemnités à charge de la société anonyme ou de l'association ou qui peuvent naître encore du chef d'accidents pour lesquels la société anonyme ou l'association couvre le risque, lorsque les dits accidents se sont produits avant l'époque à laquelle la diminution des salaires visée à l'article 8 du dit arrêté est survenue.

Art. 2. — Le présent arrêté entre en vigueur le surlendemain du jour de son insertion au *Staatsblad* et au *Staatscourant*.

Le Ministre de l'agriculture, de l'industrie et du commerce est chargé de l'exécution du présent arrêté qui sera inséré simultanément au *Staatsblad* et au *Staatscourant* et dont une copie sera déposée au Conseil d'État.

[1] *Besluit van den* 10den *Januari* 1908, *tot wijziging van het koninklijk besluit van den* 5den *December* 1902 *(Staatsblad n° 206) tot vaststelling van een algemeenen maatregel van bestuur als bedoeld in de artikelen* 52, *tweede en derde lid, en* 59, *sub.* 1, 3 *en* 4 *der ongevallenwet* 1901, *laatstelijk gewijzigd bij koninklijk besluit van* 14 *Mei* 1907 *(Staatsblad* n° 102). *Staatsblad* 1908, n° 10.

[2] Voir *Annuaire*, 1902, p. 476.

Loi du 13 janvier 1908 abrogeant l'article 31, 2ᵉ alinéa de la loi de 1901 sur les accidents du travail et remplaçant l'expression « pourcentage de risque » employée dans cette loi par « coefficient de risque » et modifiant en outre l'article 45 de cette loi (¹).

Article premier. — Le deuxième alinéa de l'article 31 de la loi de 1901 (²) sur les accidents du travail est abrogé.

Art. 2. — Au troisième alinéa de l'article 31 de la loi de 1901 sur les accidents du travail « pourcents de risque » (gevarenpercenten) est remplacé par « coefficient de risque » (gevarencijfers) et « pourcentage de risque » (gevarenpercentage) par « coefficient de risque » (gevarencijfer).

Aux articles 37, 38, 39, 41, 49 et 78 « pourcentage de risque » (gevarenpercentage) est remplacé par « coefficient de risque » (gevarencijfer).

Au quatrième alinéa de l'article 42 de cette loi « pourcent de risque » est remplacé par « coefficient de risque ».

Art. 3. — L'article 45 de la loi de 1901 sur les accidents reçoit la teneur suivante :

« Les patrons sont tenus d'établir des listes de salaires et de les tenir régulièrement à jour.

« Au plus tard dans le délai de sept jours qui suit le paiement d'un salaire en argent à un ouvrier, ce paiement sera inscrit dans la liste des salaires.

« La direction de la Banque royale d'assurances peut donner l'autorisation écrite de faire cette inscription dans un autre délai que celui de sept jours. Une telle autorisation peut toujours être retirée.

« La liste des salaires doit toujours se trouver au siège de l'entreprise soumise à l'assurance, à moins qu'il ne lui soit indiqué une autre place par la direction de la Banque royale d'assurances d'accord avec l'employeur, auquel cas, la liste doit se trouver à la dite place.

« L'employeur est obligé de permettre à l'agent compétent de la Banque royale d'assurances de prendre connaissance de la liste des salaires. »

(¹) *Wet van den 13ᵈᵉⁿ Januari 1908, tot intrekking van artikel 31, tweede lid, der ongevallenwet 1901 en in verband daarmede vervanging in die wet van de uitdrukkingen « gevarenpercent » en « gevarenpercentage » door de uitdrukking « gevarencijfer », zoomede wijziging van artikel 45 dier wet.*

(²) Voir *Annuaire*, 1901, t. 5, p. 439.

Arrêté du 31 mars 1908 portant règlement d'administration générale comme il est prévu à l'article 1637s, 2ᵉ alinéa, 1° du Code civil, suivant la teneur de la loi du 13 juillet 1907 (¹).

Article premier. — Il sera satisfait aux conditions spécifiées au deuxième alinéa, 1°, de l'article 1637s du Code civil au moyen d'une caisse dont le réglement contiendra des dispositions dans les limites des prescriptions des articles suivants.

Art. 2. — La caisse doit être administrée par un conseil dans lequel siègent, soit exclusivement, soit avec le patron ou avec un ou plusieurs représentants de ce dernier ou avec des tiers, des représentants des ouvriers affiliés choisis librement par ceux-ci et dans leur sein.

Art. 3. — Les sommes d'argent disponibles des caisses allouant des secours en cas de maladie, d'accouchement, d'invalidité, de décès ou à une certaine époque de la vie, doivent être employées à l'achat de titres inscrits dans la liste des troisième et quatrième alinéas de l'article 21 de la loi du 9 mai 1890 (*Staatsblad* n° 79) sur les pensions des veuves et orphelins des fonctionnaires civils, tel que cet article est modifié par la loi du 29 juin 1899 (*Staatsblad* n° 149), sous réserve de la faculté de pouvoir employer au maximum un quart de ces sommes à des prêts sur gages, pour trois mois ou pour un terme plus court, sur des titres pour lesquels cette opération est autorisée par la Banque néerlandaise.

Le Ministre de la justice fait insérer, chaque année, le plus tôt possible, au *Nederlandsche Staatscourant* la liste susvisée après approbation du Ministre des finances. La même procédure est suivie si la liste est revisée au cours de l'année. La liste sera insérée une première fois au numéro du *Nederlandsche Staatscourant* qui contient le présent arrêté.

Art. 4. — L'avoir de la caisse doit rester séparé du patrimoine du patron même lorsqu'il est conservé par celui-ci. Il ne peut en disposer sans le concours d'au moins un représentant des ouvriers affiliés.

Art. 5 — Lorsqu'il s'agit de caisses allouant une somme à une certaine époque de la vie ou en cas de décès, l'ouvrier qui a été affilié au moins un an à une caisse de l'espèce doit conserver, à l'expiration de son contrat de travail, son droit à l'allocation même s'il était établi alors sur une autre base.

Art. 6. — Le réglement ne peut être modifié qu'avec l'assentiment des deux tiers au moins des ouvriers affiliés.

(¹) *Besluit van den* 31ˢᵗᵉⁿ *Maart* 1908, *tot vaststelling van den algemeenen maatregel van bestuur, bedoeld bij artikel* 1637s, *tweede lid*, 1°, *van het Burgerlijk Wetboek, gelijk dit artikel is vastgesteld bij de wet van den* 13ᵈᵉⁿ *Juli* 1907. (*Staatsblad* n° 193). *Staatsblad*, 1908, n° 94.

Les modifications ainsi faites ont force de loi pour tous les ouvriers affiliés dès le moment où elles entrent en vigueur.

Art. 7. — Sont nuls tout acte et tout arrêté de la direction, ainsi que toute décision d'une assemblée plénière des ouvriers affiliés, contraires à une disposition légale du règlement.

Art. 8. — Le règlement ne peut entrer en vigueur :

a) que si un exemplaire complet signé par la direction est déposé au greffe du tribunal du canton dans le ressort duquel se trouve établie l'entreprise à laquelle la caisse est rattachée ; chacun peut en prendre connaissance au dit greffe ;

b) que si un exemplaire complet est affiché à un endroit facilement accessible aux affiliés, si possible dans les locaux de travail, et de façon lisible. Les mêmes dispositions sont applicables aux changements apportés au règlement.

Art. 9. — Le règlement doit contenir en outre, en tenant compte des articles ci-dessus, des dispositions concernant :

a) la destination de la caisse ;

b) le mode de gestion de la caisse ;

c) le mode de placement des fonds de la caisse, ainsi que l'endroit où ces fonds sont conservés ;

d) la cotisation à acquitter par chacun des ouvriers affiliés ;

e) les droits que confère l'affiliation ;

f) les conséquences qu'entraîne la cessation du contrat de travail pour tout ouvrier affilié, au point de vue du fonds ;

g) les cas où un ouvrier affilié peut être déclaré déchu de ses droits, avec indication de l'autorité compétente pour prononcer cette déchéance ;

h) le mode de convocation des ouvriers affiliés aux séances plénières ;

i) la manière dont le règlement peut être modifié ;

j) la destination du patrimoine de la caisse en cas de liquidation éventuelle ;

k) la manière dont seront tranchés les différends résultant de l'application du règlement.

Le Ministre de la justice est chargé de l'exécution du présent arrêté qui sera inséré au *Staatsblad* et dont une copie sera déposée au Conseil d'État.

Arrêté du 31 mars 1908 portant règlement d'administration générale comme il est prévu à l'article 1637s, 2º alinéa, 2º, du Code civil, suivant la teneur de la loi du 13 juillet 1907 (¹).

Article premier — Il est satisfait aux conditions spécifiées au deuxième alinéa, 2º, de l'article 1637s du Code civil, par une caisse d'épargne instituée conformément au dit article et dont le règlement contient des dispositions conformes aux prescriptions des articles suivants.

Art. 2. — Les sommes disponibles doivent être employées à l'achat de titres inscrits dans la liste spécifiée aux troisième et quatrième alinéas de l'article 21 de la loi du 9 mai 1890 (*Staatsblad* nº 79), réglant les pensions des veuves et orphelins des fonctionnaires civils, tel que cet article est modifié par la loi du 29 juin 1899 (*Staatsblad* nº 149), sous réserve de la faculté de pouvoir employer au maximum un quart de ces sommes à des prêts sur gages, pour trois mois ou pour un terme plus court, sur des titres pour lesquels cette opération est autorisée par la banque néerlandaise.

Le ministre de la justice fait insérer, chaque année, le plus tôt possible, au *Nederlandsche Staatscourant*, la liste susvisée après approbation du ministre des finances. La même procédure est suivie si la liste est revisée au cours de l'année. La liste sera insérée une première fois au numéro du *Nederlandsche Staatscourant* qui contient le présent arrêté.

Art. 3. — Les espèces et valeurs de la caisse d'épargne devront rester séparées du patrimoine du patron, même lorsqu'elles sont conservées par celui-ci. Il ne peut en disposer sans le concours d'au moins un membre de la direction, nommé conformément au deuxième alinéa de l'article 4. Les titres appartenant à la caisse doivent être mis en dépôt à la banque néerlandaise, dès que leur valeur dépasse une somme à déterminer par règlement et qui ne peut être fixée à plus de 5,000 florins. Ce dépôt sera fait au nom d'au moins trois membres de la direction de la caisse.

Art. 4. — La direction de la caisse d'épargne se compose d'au moins trois personnes.

L'un des membres de la direction est le patron ou un représentant désigné par lui, les autres membres sont nommés par le commissaire royal de la province dans laquelle se trouve située l'entreprise à laquelle est rattachée la caisse d'épargne. Parmi les membres il y a, autant que possible, un représentant légal de l'un des mineurs d'âge intéressés, à choisir de préférence parmi les ouvriers qui travaillent dans l'entreprise à laquelle la caisse d'épargne est rattachée. Le commissaire royal ne peut désigner le patron lui-même ni l'un des employés ou des gérants de celui-ci.

(¹) *Besluit van den* 31sten *Maart* 1908 *tot vaststelling van den algemeenen maatregel van bestuur, bedoeld bij artikel* 1637s, *tweede lid,* 2º, *van het Burgerlijk Wetboek, gelijk dit artikel is vastgesteld bij de wet van den* 13ᵈⁿ *Juli* 1907 (*Staatsblad* nº 193). *Staatsblad*, 1908, nº 95.

Art. 5. — Sont nuls tout acte et toute décision de la direction, contraires à une disposition légale du règlement.

Art. 6. — Le règlement ne peut entrer en vigueur :

1° que si un exemplaire complet, signé par la direction, a été déposé au greffe du tribunal du canton dans le ressort duquel se trouve établie l'entreprise à laquelle la caisse d'épargne est rattachée, où chacun peut en prendre connaissance ;

2° que si un exemplaire complet a été affiché à un endroit facilement accessible aux affiliés, si possible dans le local du travail et de façon à être bien lisible.

Les mêmes dispositions sont applicables en cas de changements apportés au règlement.

Art. 7. — Le règlement contiendra en outre, en tenant compte des articles ci-dessus, des dispositions concernant :

a) le mode de gestion de la caisse d'épargne ;

b) la manière dont le règlement peut être revisé ;

c) la destination des fonds de la caisse d'épargne en cas de liquidation éventuelle ;

d) la manière dont seront tranchés les différends résultant de l'application du règlement.

Le ministre de la justice est chargé de l'exécution du présent arrêté, qui sera inséré au *Staatsblad* et dont une copie sera déposée au conseil d'État.

Arrêté du 1er mai 1908 modifiant l'arrêté royal du 15 novembre 1902, établissant un règlement d'administration générale conformément à l'article 35 de la loi de 1901 sur les accidents du travail [1].

Article premier. — Au premier alinéa de l'article 1er de l'arrêté du 15 novembre 1902 (*Staatsblad* n° 105) [2], modifié en dernier lieu par l'arrêté du 14 mai 1907 (*Staatsblad* n° 101) [3], le chiffre « 14 » est remplacé par « 19 ».

Art. 2. — L'article 2 de l'arrêté du 15 novembre 1902 (*Staatsblad*, n° 195),

---

[1] *Besluit van den 1sten Mei 1908, tot wijziging van het koninklijk besluit van 15 November 1902 (Staatsblad n° 195), tot vaststelling van een algemeenen maatregel van bestuur, als bedoeld in artikel 31 der ongevallenwet 1901, laatstelijk gewijzigd bij koninklijk besluit van 14 Mei 1907 (Staatsblad n° 101). Staatsblad n° 125,* 1908.

[2] Voir *Annuaire*, 1902, p. 423.

[3] Voir *Annuaire*, 1907, p. 841.

modifié en dernier lieu par l'arrêté du 14 mai 1907 (*Staatsblad* n° 101), reçoit la teneur suivante :

Classe de risque				
I	comprend les coefficients de risques	1 à 3	inclusivement.
II	—	—	3 à 5	—
III	—	—	4 à 8	—
IV	—	—	7 à 11	—
V	—	—	10 à 14	—
VI	—	—	13 à 19	—
VII	—	—	16 à 24	—
VIII	—	—	20 à 30	—
IX	—	—	25 à 37	—
X	—	—	31 à 47	—
XI	—	—	39 à 57	—
XII	—	—	48 à 70	—
XIII	—	—	59 à 87	—
XIV	—	—	73 à 100	—
XV			91, 103, 115, 127, 139
XVI		—	115, 130, 145, 160, 175
XVII	—		146, 164, 182, 200, 218
XVIII	—	—	182, 205, 228, 251, 274
XIX	—	—	228, 257, 286, 315, 344

ART. 3. — A l'article 3 de l'arrêté du 15 novembre 1902 (*Staatsblad* n° 195), modifié en dernier lieu par l'arrêté du 14 mai 1907 (*Staatsblad* n° 101), à :

    358. Serrurier, maréchal ferrant, poêlier (métiers de), avec moteur VII

il est substitué

    358. Serrurier, maréchal ferrant, poêlier (métiers de), avec moteur IX

et à

    359. Serrurier, maréchal ferrant, poêlier (métiers de), sans moteur . . . . '

il est substitué

    359. Serrurier, maréchal ferrant, poêlier (métiers de), sans moteur VIII

ART. 4. — Le présent arrêté entre en vigueur le surlendemain du jour de son insertion au *Staatsblad* et au *Nederlandsche Staatscourant*.

Le Ministre de l'agriculture, de l'industrie et du commerce est chargé de l'exécution du présent arrêté, qui sera inséré simultanément dans le *Staatsblad* et dans le *Nederlandsche Staatscourant*, et dont une copie sera déposée au conseil d'État.

Arrêté du 1er mai 1908 modifiant l'arrêté royal du 5 décembre 1902 portant règlement d'administration générale en application des articles 52, alinéas 2, 3 et 59, sub 1, 3 et 4 de la loi de 1901 sur les accidents du travail (¹).

Article premier. — Au tableau annexé au réglement d'administration générale établi par l'arrêté du 5 décembre 1902 (*Staatsblad* n° 206) (²), modifié en dernier lieu par arrêté du 10 janvier 1908 (*Staatsblad* n° 10) (³), à :

    358. Serrurier, maréchal ferrant, poêlier (métiers de),
        avec moteur 0.27/1.02

il est substitué

    358. Serrurier, maréchal ferrant, poêlier (métiers de),
        avec moteur 0.29/2.70

et à

    359. Serrurier, maréchal ferrant, poêlier (métiers de),
        sans moteur 0.27/0.84

il est substitué

    359. Serrurier, maréchal ferrant, poêlier (métiers de),
        sans moteur 0.29/2.36

Art. 2. — Le présent arrêté entre en vigueur le surlendemain du jour de son insertion au *Staatsblad* et dans le *Nederlandsche Staatscourant*.

Le Ministre de l'agriculture, de l'industrie et du commerce est chargé de l'exécution du présent arrêté, qui sera inséré simultanément dans le *Staatsblad* et dans le *Nederlandsche Staatscourant*, et dont une copie sera déposée au conseil d'État.

Loi du 11 juillet 1908 approuvant la convention internationale conclue à Berne le 26 septembre 1906, sur l'interdiction de l'emploi du phosphore blanc (jaune) dans l'industrie des allumettes (⁴).

Article premier. — Est approuvée la convention internationale jointe en copie à la présente loi (⁵), conclue à Berne le 26 septembre 1906, sur l'in-

---

(¹) *Besluit van den 1sten Mei 1908, tot wijziging van het koninklijk besluit van 5 December 1902 (Staatsblad, n° 206), tot vaststelling van een algemeenen maatregel van bestuur, als bedoeld in de artikelen 52, tweede en derde lid, en 59, sub 1, 3 en 4, der ongevallenwet 1901, laatstelijk gewijzigd bij koninklijk besluit van 10 Januari 1908 (Staatsblad n° 10). Staatsblad*, 1908, n° 126.

(²) Voir *Annuaire*, 1902, p. 495.

(³) Voir *Annuaire*, 1908, p. 868.

(⁴) *Wet van den 11den Juli 1908, houdende goedkeuring van het op 26 September 1906 te Bern gesloten internationaal verdrag nopens het verbod van het gebruik van witten (gelen) phosphorus in het vervaardigen van lucifers. Staatsblad* n° 224.

(⁵) Le texte de la convention a été reproduit dans l'*Annuaire*, 1907, p. 909-910.

terdiction de l'emploi du phosphore blanc (jaune) dans l'industrie des allumettes.

Art. 2. — La présente loi entre en vigueur le jour de sa promulgation.

Loi du 11 juillet 1908 approuvant la convention internationale conclue à Berne le 26 septembre 1906 sur l'interdiction du travail de nuit des femmes employées dans l'industrie ([1]).

Article premier. — Est approuvée la convention internationale jointe ne copie à la présente loi ([2]), conclue à Berne le 26 septembre 1906, sur l'interdiction du travail de nuit des femmes employées dans l'industrie.

Art. 2. — La présente loi entre en vigueur le jour de sa promulgation.

Arrêté du 13 octobre 1908 modifiant et complétant le règlement d'administration générale formulé par l'arrêté royal du 31 mars 1908 ([3]).

Article premier. — L'article 2 de l'arrêté du 31 mars 1908 (*Staatsblad* n° 94) ([4]) reçoit la teneur suivante :

La caisse doit être administrée par un conseil composé exclusivement ou en majorité des représentants des ouvriers affiliés, élus librement par ceux-ci et parmi eux, tous ensemble ou par groupe, sous réserve qu'en vertu du règlement il peut être refusé à des ouvriers mineurs et aux ouvriers dont l'affiliation à la caisse est de moins d'une année, le droit d'élire un représentant, et aux ouvriers qui n'ont pas encore atteint l'âge de 30 ans ou dont l'affiliation à la caisse est de moins de dix années, le droit d'être élus en qualité de représentants.

Art. 2. — L'article 3 de l'arrêté susdit reçoit la teneur suivante :

« Le numéraire disponible ne pourra être employé qu'à l'achat d'immeubles, de créances suffisamment garanties par un crédit personnel ou réel, des hypothèques ou par des titres indiqués à cet effet d'une manière générale dans le règlement. Il ne peut être employé plus du cinquième

---

([1]) *Wet van den* 11den *Juli* 1908, *houdende goedkeuring van het op* 26 *September 1906 te Bern gesloten internationaal verdrag nopens het verbod van nachtarbeid van vrouwen, die in de nijverheid werkzaam zijn.* (*Staatsblad*, 1908, n° 225.)

([2]) Le texte de la convention a été reproduit dans l'*Annuaire*, 1907, p. 907-909.

([3]) *Besluit van den* 13den *October* 1908, *tot herziening en aanvulling van den algemeenen maatregel van bestuur, vastgesteld bij koninklijk besluit van den* 31den *Maart* 1908. (*Staatsblad*, n° 94.)

([4]) Voir ci-dessus p. 870.

de ces sommes à des opérations résultant en créances sur le patron; ces créances doivent toujours être garanties par un crédit réel suffisant. »

Art. 3. — L'article 5 de l'arrêté susvisé reçoit la teneur suivante :
L'ouvrier qui, pendant une année au moins, aura contribué à une caisse allouant une certaine somme à une certaine époque de la vie, a droit à l'expiration de son contrat de travail à une indemnité pour les versements effectués ou conserve son droit à l'allocation, même s'il était établi sur une autre base, le tout conformément aux dispositions prévues par le règlement.

Il sera délivré à l'ouvrier qui conserve son droit à l'allocation un écrit mentionnant la somme qui lui sera payée à une certaine période de son existence sur la base de sa participation à la dite caisse.

Art. 4. — L'article 6 de l'arrêté susvisé reçoit la teneur suivante :
« Les dispositions que doit contenir le règlement conformément au présent arrêté ne peuvent être modifiées qu'avec l'assentiment des deux tiers au moins des ouvriers affiliés et jouissant, en vertu du règlement, du droit d'élire des représentants.

« Les modifications ainsi faites ont force de loi pour tous les ouvriers affiliés dès le moment où elles entrent en vigueur. »

Art. 5. — L'article suivant sera inséré après l'article 9 :

« Art. 10. — Si la caisse dépend d'une association établie conformément à la loi du 22 avril 1855 (*Staatsblad* n° 32), elle doit néanmoins être administrée séparément d'après un règlement spécial qui ne peut contenir de dispositions contraires aux statuts de l'association. »

Art. 11. — Lorsqu'une caisse ou une association à laquelle la caisse appartient, dépend de plus d'une entreprise, les dispositions des articles 4 et 8 du présent arrêté s'appliquent respectivement à chacune de ces entreprises.

Disposition transitoire.

Les dispositions de l'article 3 ne sont pas applicables aux placements effectués déjà depuis trois mois avant le jour de la mise en vigueur de la loi du 13 juillet 1907.

Le Ministre de la justice est chargé de l'exécution du présent arrêté, qui sera inséré au *Staatsblad* et dont une copie sera déposée au conseil d'État.

Arrêté du 24 octobre 1908 modifiant l'arrêté royal du 5 décembre 1902 portant règlement d'administration générale en application des articles 52, alinéas 2, 3 et 59, sub 1, 3 et 4 de la loi de 1901 sur les accidents du travail (¹).

Article premier. — Les deux alinéas suivants sont ajoutés à l'article 26 de l'arrêté du 5 décembre 1902 (*Staatsblad* n° 206) (²) modifié en dernier lieu par l'arrêté royal du 1ᵉʳ mai 1908 (*Staatsblad* n° 126) (³) :

Si à la date de réception d'une requête faite conformément à l'article 52, premier alinéa 1 de la loi de 1901 sur les accidents du travail, il ne s'est pas encore écoulé trois mois à partir du jour indiqué sur la lettre officielle recommandée par laquelle la direction de la banque royale d'assurance a fait connaître au patron que l'entreprise en cause a été rangée dans une classe supérieure de risque en vertu de l'article 37, deuxième alinéa de la dite loi, on prendra, à la demande faite dans ce but par le patron, comme jour à partir duquel le patron, la société anonyme ou l'association sont considérés comme supportant le risque : le 15 du mois dans lequel l'arrêté est pris, si celui-ci est pris avant le 15 d'un mois; le 1ᵉʳ du mois suivant celui dans lequel l'arrêté est pris, si cet arrêté est pris le 15 ou après le 15 d'un mois.

Dans le cas prévu à l'alinéa précédent, l'article 23, 4° n'est pas applicable.

Art. 2. — Le présent arrêté entre en vigueur le surlendemain du jour de son insertion au *Staatsblad* et au *Staatscourant*.

Le Ministre de l'agriculture, de l'industrie et du commerce est chargé de l'exécution du présent arrêté qui sera inséré simultanément au *Staatsblad* et au *Staatscourant* et dont une copie sera déposée au Conseil d'État.

Arrêté du 21 novembre 1908 rapportant l'arrêté royal du 1ᵉʳ décembre 1902 et établissant un règlement d'administration générale en application de l'article 59, sub 5, de la loi de 1901 sur les accidents du travail (⁴).

Article premier. — La part d'intervention dans les frais d'administration de la banque royale d'assurances visée aux articles 53, sub. 1 et 55, sub. 1 de

---

(¹) *Besluit van den* 24ˢᵗᵉⁿ *October* 1908, *tot wijziging van het koninklijk besluit van* 5 *December* 1902 (*Staatsblad* n° 206), *laatstelijk gewijzigd bij koninklijk besluit van* 1 *Mei* 1908 (*Staatsblad* n° 126) *tot vaststelling van een algemeenen maatregel van bestuur, als bedoeld in de artikelen* 52, *tweede en derde lid, en* 59, *sub.* 1, 3 *en* 4 *der ongevallenwet* 1901. *Staatsblad*, 1908, n° 326.

(²) Voir *Annuaire*, 1902, p. 476.

(³) Voir ci-dessus, p 873.

(⁴) *Besluit van den* 21ˢᵗᵉⁿ *November* 1908, *tot intrekking van het koninklijk besluit van den* 1ˢᵗᵉⁿ *December* 1902 (*Staatsblad* n° 205) *en tot vaststelling van een algemeenen maatregel van bestuur, als bedoeld in artikel* 59, *sub.* 5, *der ongevallenwet* 1901. *Staatsblad*, 1908, n° 342. Voir *Annuaire* 1902, p. 474.

la loi de 1901 sur les accidents du travail, payable par un patron autorisé à supporter lui-même le risque spécifié à l'article 52 de la loi et par une société anonyme ou par une association sur lesquelles ce risque a été reporté, est établie suivant la formule

$$A = 1,026 \frac{q^{n_1}}{n}$$

Dans cette formule, A, q, n_1 et n représentent ce qui suit :

La lettre A : la participation visée dans le paragraphe précédent ;

La lettre q : le montant des frais d'administration de la banque royale des assurances, déduction faite de la contribution de l'État spécifiée au second alinéa de l'article 93 de la loi de 1901 sur les accidents pour l'exercice de la banque royale des assurances pour lequel la participation visée au paragraphe précédent doit être établie ;

Le symbole n_1 : le nombre des accidents survenus pendant l'exercice précité et dont le patron, la société anonyme ou l'association en cause supportait le risque, pour autant qu'avant le 1er mars de l'année suivant l'exercice, il ait été accordé, en ce qui concerne ces accidents, une indemnité par la direction de la banque royale des assurances, autrement qu'en vertu de l'article 19 de la loi précitée ;

La lettre n : le nombre des accidents survenus pendant l'exercice précité pour autant qu'avant le 1er mars de l'année suivant l'exercice, il ait été accordé en ce qui concerne ces accidents, une indemnité par la banque royale des assurances autrement qu'en vertu de l'article 19 de la loi précitée.

ART. 2. — L'avis adressé par la direction de la banque royale d'assurances à un patron, à une société anonyme ou à une association concernant la part d'intervention des frais d'administration de la banque qu'ils ont à payer en vertu de l'article 54, sub 1 ou 55 sub 1 de la loi de 1901 sur les accidents du travail, comme il est dit à l'article 1er, doit être accompagné du compte servant de base à la somme indiquée par la direction de la banque.

Le Ministre de l'agriculture, de l'industrie et du commerce est chargé de l'exécution du présent arrêté qui sera inséré au *Staatsblad* et dont une copie sera déposée au Conseil d'État.

RUSSIE.

Règlement du 28 janvier/10 février 1908 sur les rapports à présenter par les associations professionnelles et sur la forme de ces rapports [1].

Le 13 février 1908, le Ministre du commerce et de l'industrie a prié le Sénat dirigeant de publier que, conformément à l'article 23 de l'annexe à l'observation 5 sur l'article 11 du Code de l'industrie, édition de 1906, il avait sanctionné sous la date du 28 janvier 1908 un règlement sur les rapports à présenter par les associations professionnelles et sur la forme de ces rapports :

1. — Chaque année, dans les deux mois qui suivent l'année sociale, les associations professionnelles sont tenues de présenter un rapport sur leur activité, dressé selon un modèle établi, aux gouverneurs, aux inspecteurs des fabriques ou aux ingénieurs cantonaux des mines compétents d'après la situation du siège social de ces associations.

2. — Les statuts doivent être annexés au rapport de la première année; ils n'y sont annexés les années suivantes que si des modifications y ont été faites dans le cours de l'année sociale.

3. — Les gouverneurs, les inspecteurs en chef des fabriques ou les ingénieurs cantonaux des mines peuvent exiger les suppléments d'information ou les corrections nécessaires des associations dont les rapports ne fourniraient pas tous les renseignements désirables ou renfermeraient des inexactitudes. Les associations doivent satisfaire aux réquisitions de l'espèce dans un délai de deux semaines.

4. — Les inspecteurs en chef des fabriques et les ingénieurs cantonaux des mines transmettent au département de l'industrie les rapports complétés ou rectifiés le cas échéant (art. 3).

5. — L'exemplaire du rapport remis au gouverneur doit donner la composition du conseil d'administration de la société.

[1] *Recueil des lois*, 1908, n° 313.

ANNEXE A L'ARTICLE 1er.

FORME DES RAPPORTS DES ASSOCIATIONS PROFESSIONNELLES.

(DÉNOMINATION DE L'ASSOCIATION PROFESSIONNELLE)

Rapport sur l'année. . . . .

. . . . année d'existence de la société.

Domicile ou siège social. . . . .
Nombre de sections et leur siège . . . .

	HOMMES.	FEMMES.
Nombre de membres de la société au commencement de l'année sociale	—	—
Nombre de membres entrés dans la société au cours de l'année sociale	—	—
Nombre de membres sortis de la société	—	—
Nombre de membres à la fin de l'année sociale	—	—
Nombre des membres répartis d'après leurs occupations .	—	—
Total. . .	—	—

Désignation des travaux.

	HOMMES.	FEMMES.
a)	—	—
b)	—	—
etc.	—	—

Recettes de l'association:

	ROUBLES.	KOPECKS.
1. Cotisations des membres	—	—
2. Droits d'entrée. . -	—	—
3. Donations	—	—
4. Recettes diverses à spécifier	—	—
Total. . .	—	—

Dépenses de l'association.

	ROUBLES.	KOPECKS.
1. Frais de direction.	—	—
2. Location et entretien des locaux pour les besoins de la société	—	—
3. Secours distribués :		
a) aux membres malades et incapables de travailler et à leurs familles.	—	—
b) aux chômeurs	—	—

	ROUBLES.	KOPECKS.
c) en cas de mort, à la famille.	—	—
d) dans d'autres cas à spécifier.	—	—
4. Divertissements organisés.	—	—
5. Bibliothèque et enseignement (lecture, cours, etc.)	—	—
6. Amélioration des conditions de vie des membres.	—	—
7. Autres dépenses à spécifier.	—	—
Total.	—	—

Actif de l'association à la fin de l'année sociale.

	ROUBLES.	KOPECKS.
1. En caisse : a) argent.	—	—
b) titres.	—	—
2. Mobilier.	—	—
3. Immeubles.	—	—
4. Créances : a) sur les membres.	—	—
b) sur des tiers.	—	—
Total.	—	—

Passif.

	ROUBLES.	KOPECKS.
Dettes de l'association :		
a) envers les membres.	—	—
b) envers des tiers.	—	—
Autres engagements de la société.	—	—

FINLANDE.

Loi du 22 mai 1908 sur le travail dans les boulangeries [1].

ARTICLE PREMIER. — Dans les boulangeries où la panification se fait en vue de la vente, le travail, sauf les exceptions ci-après, n'est permis que les jours non fériés, et seulement entre 6 heures du matin et 9 heures du soir; le travail cessera dès 6 heures du soir les jours précédant les jours fériés.

ART. 2. — La chambre municipale ou le conseil communal auront le droit de permettre, sur requête spéciale, le travail de nuit pendant dix nuits au plus par an, lorsque des circonstances particulières l'exigeront; et chaque fois il sera accordé de ce chef un certificat d'autorisation, mentionnant la nuit pendant laquelle le travail de cette nature sera permis.

[1] *Lag angæende arbetet i bagerier.* — *Storfurstemdömet Finlands forfattnings samling* 1908, n° 33.

Art. 3. — Chaque ouvrier ne travaillera dans les boulangeries que pendant quarante-huit heures au plus par semaine, et pendant dix heures au plus par jour.

Chaque ouvrier pourra, en plus de ce temps de travail, être employé pendant cent heures supplémentaires au plus par an, de façon cependant à ne point dépasser dix heures par semaine; il sera tenu un livre mentionnant ce surtravail; ce livre sera présenté à l'inspecteur du travail à toute réquisition de sa part.

Le surtravail comportera un salaire extra de 50 p. c. au moins.

La durée du travail des enfants, des jeunes gens et des femmes sera soumis de plus aux dispositions spéciales qui sont ou seront mises en vigueur à ce sujet.

Art. 4. — Aucun ouvrier ne sera tenu de faire, sans entente spéciale, un travail de nuit ou un surtravail de l'espèce mentionnée aux articles 2 et 3.

Art. 5. — Le salaire des ouvriers sera payé en argent et non sous la forme de logement gratuit ou d'autres avantages de cette nature.

Art. 6. — Le patron d'une boulangerie, ou son fondé de pouvoir, qui contrevient aux dispositions de la présente loi, est passible d'une amende de 10 à 700 marks.

Art. 7. — La présente loi sera aussi applicable au travail de boulangerie et de pâtisserie ayant lieu dans les hôtels, restaurants et cafés; mais elle n'est point applicable au travail qui n'est pas soumis à la déclaration préalable exigée par la loi sur la police du commerce.

Art. 8. — Les dispositions relatives à l'hygiène du travail dans les boulangeries, seront arrêtées par voie administrative.

Art. 9. — L'application de la présente loi sera surveillée par les inspecteurs du travail, de la manière prévue par les règlements sur la matière.

Art. 10. — Dans chaque salle de travail il sera affiché, par les soins du patron, un exemplaire imprimé de la présente loi, à une place couvenable.

Art. 11. — La présente loi entrera en vigueur le 1er juillet 1909.

Arrêté du Sénat Impérial de Finlande, en date du 16 juillet 1908, portant réglementation du travail dans les boulangeries ([1]).

Article premier. — Le travail de boulangerie ou de pâtisserie soumis à la loi sur le travail dans les boulangeries, ne pourra avoir lieu que dans des locaux approuvés à cet effet par la commission sanitaire ou par le conseil communal de la localité.

([1]) *Kejserliga Senatens för Finland beslut innefattande ordningsföreskrifter för bagareyrket. Storfurstendomet Finlands författnings samling*, 1908, n° 33.

Art. 2. — Dans les salles de travail, la quantité d'air et de lumière devra être suffisante.

Les fenêtres devront être situées de façon qu'en plein jour la salle soit suffisamment éclairée sans recourir à la lumière artificielle.

La salle doit contenir 10 mètres cubes d'air au moins par ouvrier qui y travaille et être munie d'une ventilation efficace.

Art. 3. — Le local de travail ainsi que les dépôts, corridors et offices y attenant, ne pourront servir de dortoir ni de salle à manger.

Art. 4. — Il y aura, dans le voisinage immédiat de la salle de travail, une chambre convenable pour la toilette ainsi que pour le dépôt et le changement des vêtements des ouvriers. Le patron sera tenu d'y fournir à ses frais le savon et les essuie-mains; ceux-ci seront renouvelés aussi souvent qu'il le faudra.

Art. 5. — Le dortoir des ouvriers ne communiquera pas de plein pied avec le local de travail.

Art. 6. — Le local de la boulangerie sera situé à une distance suffisante des cabinets d'aisances, des cloaques et des dépôts d'immondices, de façon que ni les gaz délétères, ni les eaux utilisées, ni d'autres impuretés ne puissent pénétrer dans le local.

Art. 7. — Les murs et le plafond de la salle de boulangerie seront peints à l'huile ou recouverts d'un autre enduit qui en facilite le lavage. Les papiers peints ne pourront être employés dans les locaux des boulangeries. Le plancher ou son recouvrement sera uni et imperméable.

Art. 8. — La plus grande propreté doit régner dans l'atelier de la boulangerie, qui sera nettoyé à fond deux fois au moins par semaine; le plancher sera mouillé et balayé quotidiennement. Tous les ustensiles employés pendant les travaux de boulangerie seront nettoyés quotidiennement.

Art. 9. — Ni le local de travail ni le dépôt ne pourront être employés comme vestiaires; il est défendu aussi d'y faire sécher des vêtements.

Art. 10. — Le chauffage de la pâte à la vapeur, pour hâter la fermentation, ne pourra avoir lieu à découvert dans le local de travail.

Art. 11. — Dans toute chambre de travail se trouveront des crachoirs, qui seront nettoyés quotidiennement. Il est défendu de cracher à terre.

Art. 12. — La consommation du tabac est interdite de façon absolue dans les salles de travail et les dépôts.

Art. 13. — Avant de se rendre à leur travail, les ouvriers boulangers se laveront soigneusement dans la chambre destinée à la toilette, et revêtiront un costume de travail propre, susceptible d'être blanchi; ce costume ne sera employé que pendant le travail et sera changé au moins une fois par semaine.

Art. 14. — Si un ouvrier présente une éruption sur la peau, souffre d'une maladie de la peau, d'une maladie vénérienne, de tuberculose pulmo-

naire, ou d'une autre maladie contagieuse, il lui sera défendu de travailler dans une boulangerie ou pâtisserie, à moins qu'il ne puisse prouver par certificat médical que son état ne comporte aucun danger de contagion ni aucun autre inconvénient.

Art. 15. — Dans chaque chambre de travail il sera affiché, par les soins du patron, un exemplaire imprimé du présent réglement, placé dans un endroit convenable.

Art. 16. — Toute infraction au présent réglement sera punie d'une amende de 200 marks au plus.

Art. 17. — Le présent règlement entrera en vigueur le 1er juillet 1909.

SUÈDE.

Arrêté royal du 2 octobre 1908 concernant l'assurance des pêcheurs contre les accidents du travail [1].

§ 1. — Tout citoyen suédois résidant en Suède et exerçant la profession de pêcheur à titre professionnel ou pour sa subsistance, soit pour son propre compte, soit pour le compte d'autrui, a le droit, en s'inscrivant à l'Office national d'assurance, de s'assurer une indemnité conformément à l'article 4 de la loi du 5 juillet 1901 [2] sur la réparation des accidents du travail avec cette extension que, en cas de mort, si le défunt ne laisse ni veuve ni enfants mineurs, l'indemnité est versée à ses parents et à ses frères et sœurs âgés de moins de 15 ans lorsque, pendant qu'il vivait, le défunt subvenait, en totalité ou en partie, à l'entretien desdits ayants droit. En pareil cas, l'indemnité est versée une fois pour toutes au père ou à la mère ou aux deux ensemble, s'ils sont vivants, sous la forme d'un capital de 400 couronnes ou sous la forme d'un capital de 200 couronnes s'il s'agit des frères et sœurs mineurs d'âge et à leur avantage commun, s'ils sont plusieurs. Si les père et mère du défunt sont morts avant lui, l'indemnité attribuée aux frères et sœurs est portée à 400 couronnes.

§ 2. — Il est alloué une indemnité, en vertu de cette assurance spéciale, à raison d'accidents survenus dans l'exercice de la profession de pêcheur, ou au cours d'une tentative de sauvetage en mer, ou d'une manœuvre sur un bateau de pêche, même si ce n'est pas en vue de la pêche, à condition cependant que ce bateau ne serve pas à des transports étrangers à la pêche. En aucun cas, il n'est payé d'indemnité du chef d'un dommage que la victime s'est causé volontairement elle-même ou que lui a causé volontairement un tiers, à moins que ce dernier ne soit chargé de diriger ou de surveiller le travail, ni à raison d'un dommage causé à l'assuré au cours de la pêche à bord d'un bateau ou d'un bâtiment étranger.

§ 3. — L'assurance ne peut être contractée pour moins d'un an; la prime annuelle est fixée à 50 couronnes 50 öres.

[1] *Kungl Majts nådiga Kungörelse angaende en särskild for fiskare afsedd försäkring mot skada till följd af olycksfall. Svensk författnings samling*, 1908, n° 100.

[2] Voir *Annuaire*, 1901, p. 529.

Si la prime versée par l'assuré est insuffisante pour payer les indemnités prévues par l'assurance des pêcheurs, la différence est couverte par l'État; lorsque les comptes annuels de l'assurance ont été arrêtés et les charges de l'assurance établies, l'État verse à l'administration des fonds de l'assurance, à sa demande, la somme nécessaire pour combler la différence.

§ 4. — L'assuré est autorisé, moyennant une prime additionnelle annuelle fixée par l'Office national d'assurance et en s'inscrivant audit office, à s'assurer, en dehors de l'indemnité fixée ci-dessus, une indemnité de maladie ou une rente viagère en vertu de l'article 25 de la loi précitée.

§ 5. — Les pêcheurs qui, en s'inscrivant selon le mode prescrit ci-dessus à l'Office national d'assurance se sont assuré une indemnité basée sur les principes ci-dessus en cas de dommage résultant d'un accident du travail, peuvent, sauf les restrictions relatives à certains accidents et conformément aux conditions fixées par l'Office national d'assurance, contracter également auprès dudit office et sur les mêmes bases, une assurance contre les accidents pouvant survenir en dehors du travail.

§ 6. — Les frais d'administration de l'assurance en question sont à la charge de l'Etat.

§ 7. — Pour le reste, les dispositions de la loi du 5 juillet 1901 sur la réparation des accidents dans l'industrie sont applicables à la présente assurance.

§ 8. — L'Office national d'assurance et la Direction de la caisse d'épargne postale, conformément à l'instruction du 29 décembre 1902 sur l'Office susdit, arrêteront les dispositions nécessaires pour le fonctionnement de l'assurance prévue ci-dessus.

Arrêté royal du 23 octobre 1908 concernant les subventions à allouer pour les années 1908 et 1909 aux services publics de placement des ouvriers [1].

§ 1. — Des subventions pourront être accordées aux conseils généraux, aux sociétés agricoles, aux communes et aux autres institutions, qui, isolément ou en commun, auront pris des mesures en vue du placement des travailleurs, à condition :

Que le placement comprenne toute espèce de travail pour hommes aussi

[1] *Kungl. Majts Kungörelse angaende understöd af statsmedel för aren 1908 och 1909 till befrämjande af den offentliga arbetsförmedlingen i riket. Svensk författningssamling*, 1908. N° 115. — Au cours de la session de 1908, le Riksdag a voté une somme de 15,000 couronnes pour organiser et favoriser les services publics de placement dans le Royaume en 1908 et en 1909. L'arrêté ci-dessus fixe les conditions dans lesquelles les subventions seront accordées.

bien que pour femmes et ne comporte en principe le payement d'aucune taxe de la part des employeurs et des ouvriers qui y ont recours;

Que le placement serve tout d'abord à procurer aux employeurs les meilleurs ouvriers, et aux ouvriers le travail qui leur convient le mieux;

Que la direction du service de placement soit confiée à un comité comprenant d'une part un président neutre et un suppléant, et d'autre part des membres et des suppléants choisis en nombre égal parmi les employeurs et les ouvriers;

Que les opérations du placement soient effectuées suivant un système approuvé par le Bureau du commerce;

Que des données statistiques suffisantes concernant les différents services soient mises à la disposition du Bureau du commerce.

§ 2. — 1. Des subventions peuvent être allouées en vue de couvrir les dépenses nécessaires au placement en ce qui concerne :

 a) l'affranchissement de la correspondance;
 b) l'abonnement au téléphone de l'État;
 c) le télégraphe et la correspondance téléphonique interurbaine;
 d) l'impression de formules et d'autres papiers.

2. Moyennant production des pièces justificatives dans chaque cas, il peut être alloué également une subvention pour couvrir les frais résultant des mesures prises pour le placement en province, ainsi que pour les démarches communes faites par plusieurs services ensemble.

§ 3. — Les demandes de subvention devront être adressées au Roi, accompagnées des pièces établissant que les conditions fixées au § 1er pour l'obtention des subventions ont été remplies et, en ce qui concerne les subventions visées au § 2, *sub* n° 1, de l'indication exacte du montant des dépenses pour chaque poste; elles seront remises au Bureau du commerce avant le 1er février de l'année qui suit celle que concerne la demande. Ce bureau transmettra les demandes au Roi avant le 1er mars suivant, avant son rapport.

§ 4. — La subvention accordée sera payée à l'impétrant par le Bureau du commerce, qui prendra les mesures nécessaires à cet effet et veillera à l'exécution des conditions relatives à l'octroi des subventions.

SCHWEIZ.

BUNDESGESETZGEBUNG.

Bundesbeschluss betr. die Erwahrung der Volksabstimmung vom 5. Juli 1908 über die Ergänzung der Bundesverfassung bezüglich des Rechts der Gesetzgebung über das Gewerbewesen. Vom 8. Oktober 1908.

1. — Die mit Bundesbeschluss vom 9. April 1908 vorgelegte teilweise Abänderung der Bundesverfassung vom 29. Mai 1874 ist sowohl von der Mehrheit der stimmenden Schweizerbürger, als von der Mehrheit der Kantone angenommen und tritt mit dem Tage des heutigen Beschlusses in Kraft.

2. — Demgemäss erhält die Bundesverfassung vom 29. Mai 1874 folgenden Zusatz :

Art. 34ter. — « Der Bund ist befugt, auf dem Gebiete des Gewerbewesens einheitliche Bestimmungen aufzustellen. »

3. — Der Bundesrat wird mit der Veröffentlichung und weiteren Vollziehung dieses Beschlusses beauftragt.

SUISSE.

LÉGISLATION FÉDÉRALE.

Arrêté fédéral du 8 octobre 1908 constatant le résultat de la votation populaire du 5 juillet 1908 sur un complément de la constitution fédérale en ce qui concerne le droit de légiférer en matière d'arts et métiers [1].

1. — La modification de la constitution fédérale du 29 mai 1874 proposée par arrêté fédéral du 9 avril 1908 a été adoptée par la majorité des citoyens suisses ayant pris part à la votation et par la majorité des cantons et entrera en vigueur à partir de la date du présent arrêté.

[1] *Recueil des lois fédérales*, 1908, n° 23.

2. — En conséquence, la constitution fédérale du 29 mai 1874 reçoit l'adjonction suivante :

Art. 34ter. — La confédération a le droit de statuer des prescriptions uniformes dans le domaine des arts et métiers.

3. — Le Conseil fédéral est chargé de publier et d'exécuter le présent arrêté.

LÉGISLATION DES CANTONS.

APPENZELL.

Loi du 26 avril 1908, portant modification à la constitution du canton d'Appenzell.

Art. 37. — En cas de grève ou de conflit pouvant aboutir à une grève, le Conseil du gouvernement entreprendra des négociations en vue d'en amener la solution. Il les conduira directement ou instituera à cet effet un conseil spécial de conciliation.

CANTON DE BERNE.

Loi du 23 février 1908 concernant la protection des ouvrières.

CHAPITRE PREMIER.

PORTÉE DE LA LOI.

Article premier. — Sont soumis aux dispositions de la présente loi tous les établissements qui ne tombent pas sous l'application de la loi fédérale sur les fabriques et qui occupent, à fin de lucre, une ou plusieurs personnes du sexe féminin n'appartenant pas à la famille du patron. Ces dispositions ne sont, cependant, applicables ni aux exploitations agricoles, ni aux auberges, ni aux travaux domestiques.

En ce qui concerne les personnes du sexe féminin employées dans les magasins au service de la clientèle, les articles 4, 5, 15, 16, 17, 23, 24, 25, 26, 27, 28 et 34 de la présente loi leur sont seuls applicables.

Demeurent réservées les dispositions concernant la fréquentation scolaire.

Art. 2. — Tout patron qui occupe des femmes ou des jeunes filles dans les conditions indiquées par le premier paragraphe de l'article précédent, est tenu de le déclarer à l'autorité de police locale.

La Direction de l'intérieur et les conseils municipaux tiennent une liste

des établissements soumis à la présente loi. Ces autorités se communiqueront réciproquement les changements survenus.

En cas de différend, c'est la Direction de l'intérieur qui décide si tel ou tel établissement est placé sous le régime de la présente loi. Il peut être recouru au Conseil exécutif contre sa décision, dans les quatorze jours.

CHAPITRE II.

MESURES GÉNÉRALES DE PROTECTION.

Art. 3. — Les jeunes filles en âge scolaire ne doivent être employées à aucun travail professionnel rétribué.

Art. 4. — Les personnes du sexe féminin ne doivent pas être tenues de fournir une somme de travail excédant leurs forces ou pouvant compromettre leur santé. Quand une ouvrière présumera que le travail à elle assigné excéderait ses forces ou compromettrait sa santé, elle en avisera le patron.

Les jeunes filles au-dessous de dix-sept ans ne doivent pas être employées plus de trois heures consécutives par jour à faire marcher une machine à pédale. Dans les mines et les carrières, les personnes du sexe féminin ne seront pas non plus occupées aux travaux souterrains.

Le Conseil exécutif peut interdire que des femmes et des jeunes filles soient occupées à des travaux professionnels qui exigent une dépense de force trop considérable ou présentent des dangers soit au point de vue de la santé, soit au point de vue de la moralité.

Art. 5. — Les locaux de travail seront secs, bien éclairés, bien aérés, et, en hiver, suffisamment chauffés; ils seront en général établis de telle sorte que la vie et la santé des personnes qui y travaillent soient garanties autant que possible.

Dans les locaux de vente et les bureaux, les vendeuses et employées devront avoir à leur disposition de bons sièges en nombre suffisant; il leur sera permis de s'asseoir pendant les pauses et même pendant le travail si la nature de celui-ci le permet.

Les lieux d'aisances répondront aux exigences de l'hygiène; ils seront établis de telle sorte qu'on puisse s'en servir sans que les mœurs et la décence en souffrent.

Art. 6. — Il sera pris, en vue de protéger la santé des ouvrières et d'éviter les accidents de personnes ou autres dommages quelconques, toutes les mesures indiquées par l'expérience et les circonstances.

CHAPITRE III.

DURÉE DU TRAVAIL.

Art. 7. — Sauf les cas de nécessité, la durée du travail ne dépassera pas dix heures par jour ou soixante heures par semaine pour les ouvrières adultes. Elle sera de neuf heures par jour au plus pour les jeunes filles àgées de moins de 16 ans.

Les heures de leçons obligatoires et facultatives seront comprises dans le temps indiqué ci-dessus. Il ne sera fait aucune déduction de salaire pour les premières.

Art. 8. — La journée de travail ne commence pas avant cinq heures du matin en été, soit dans les mois de juin, juillet et août, et avant six heures pendant le reste de l'année. Elle ne se prolongera pas au delà de huit heures du soir.

A midi il sera accordé une interruption d'une heure au moins. Les femmes chargées du soin d'un ménage, seront autorisées à quitter le travail une demi-heure avant cette interruption, à moins toutefois qu'elle ne soit d'une heure et demie au moins.

Les pauses ne pourront être décomptées que si les ouvrières ont la faculté de les passer en dehors du lieu de travail.

L'horaire se règle sur l'horloge publique.

Art. 9. — Il est interdit de remettre aux ouvrières du travail à exécuter à domicile après la journée normale.

Art. 10. — Exceptionnellement, le Conseil communal pourra, sur demande motivée, accorder l'autorisation de prolonger, pendant deux semaines au plus, la journée de travail, pourvu que cette prolongation n'excède pas les limites prévues par le premier paragraphe de l'article 8 ci-dessus. Les jeunes filles àgées de moins de 18 ans et les femmes enceintes ne pourront en aucun cas être tenues de prolonger la journée de travail.

S'il s'agit de prolongations de plus de deux semaines, ou revenant à époque fixe, l'autorisation sera demandée à la Direction de l'intérieur. La prolongation sera de deux heures au plus et ne s'étendra jamais au delà de dix heures du soir. La somme des journées pour lesquelles il sera délivré un permis de prolongation ne devra pas dépasser, pour la même maison, deux mois par an, sous réserve de la disposition contenue en l'article suivant.

Une prolongation de la journée de travail ne peut être demandée que du consentement des ouvrières intéressées.

Il ne sera pas permis de travailler pendant plus de dix heures la veille des dimanches et des jours fériés.

ART. 11. — Le Conseil exécutif peut, sur demande motivée, autoriser des dérogations aux dispositions réglant la durée du travail, en faveur des établissements qui, soit en raison des procédés de fabrication, soit en raison de commandes à exécuter, se trouvent placés dans des conditions spéciales, pourvu cependant que ces dérogations ne soient pas en contradiction avec le but ou l'esprit de la présente loi. S'il s'agit du travail du dimanche, il ne sera admis aucune dérogation qui se trouverait être en contradiction avec les dispositions de la loi sur le repos dominical ou des règlements communaux édictés en vue de l'exécution de cette loi et sanctionnés par le Conseil exécutif. L'autorisation pourra être modifiée ou retirée dès que cesseront d'exister les circonstances qui l'avaient justifiée.

ART. 12. — Toute autorisation de prolonger la journée sera donnée par écrit et affichée dans les locaux de travail. Les autorités compétentes se communiqueront mutuellement les autorisations accordées.

En cas d'abus, l'autorisation pourra être retirée.

ART. 13. — Les heures supplémentaires seront payées à part. Le tarif en sera de 25 p. c. au moins plus élevé que celui des heures de la journée ordinaire.

ART. 14. — Toute ouvrière employée dans une maison depuis plus d'une année et qui n'est pas payée à la tâche ou à l'heure a droit à un congé ininterrompu de six jours pendant lequel elle sera salariée comme à l'ordinaire, mais à la condition que durant ce temps-là elle ne travaille pas ailleurs contre rétribution.

Au bout de deux ans, le congé sera de huit jours; au bout de trois ans, de dix jours, et au bout de quatre ans, de douze jours.

ART. 15. — Les personnes du sexe féminin employées dans les magasins peuvent être tenues de servir la clientèle, sans restriction, pendant tout le temps que l'établissement est ouvert, mais jusqu'à huit heures du soir au plus tard et à la condition qu'il leur soit accordé des pauses suffisantes pour les repas et un repos de nuit ininterrompu de dix heures au moins.

ART. 16. — Les femmes accouchées ne peuvent reprendre le travail qu'au bout de quatre semaines après leur accouchement. Elles ne pourront le faire pendant les quinze jours qui suivent ces quatre premières semaines, que si un médecin diplômé en donne l'autorisation par écrit. Elles ont la faculté d'interrompre leur travail pendant huit semaines. Les femmes qui approchent de leur terme peuvent abandonner leur travail en tout temps et sur simple avis de leur part.

ART. 17. — Il est interdit, sous réserve des dispositions de l'article 11, de faire travailler des ouvrières le dimanche.

Il pourra être fait, dans les limites de la loi sur le repos dominical, des exceptions pour les filles de magasin. Toute fille de magasin devra d'ailleurs avoir au moins un dimanche entier de libre par mois.

Il sera accordé à toute fille de magasin ou ouvrière qui aura travaillé le dimanche un repos d'une égale durée pendant la semaine.

CHAPITRE IV.

CONTRAT DE TRAVAIL ET RÈGLEMENT DE SERVICE.

Art. 18. — Sauf convention contraire, le contrat de travail peut être résilié moyennant un avertissement donné par l'une ou l'autre des parties quatorze jours d'avance, mais seulement pour un jour de paie ou un samedi.

Pour les ouvrières qui travaillent aux pièces, la résiliation se fait pour le moment de l'achèvement de l'ouvrage commencé, à moins que le délai ordinaire n'en soit abrégé ou prolongé de plus de quatre jours.

Les deux premières semaines de service sont considérées comme un temps d'essai, en ce sens que, jusqu'à l'expiration de ce délai, chacune des parties peut résilier le contrat moyennant un avertissement de trois jours au moins.

Art. 19. — S'il y a de justes motifs, chacune des parties peut demander la résiliation du contrat avant le terme fixé (art. 346 du Code fédéral des obligations).

Il appartient au juge d'apprécier s'il existe réellement de pareils motifs.

Si les motifs invoqués par l'une des parties consistent en l'inobservation par l'autre des clauses du contrat, celle-ci est tenue à la réparation complète du dommage. Au surplus, il appartient au juge de régler comme il l'entend, d'après les circonstances et les usages locaux, les conséquences pécuniaires de la résiliation anticipée du contrat.

Art. 20. — Toute ouvrière a le droit, à sa sortie, d'exiger un certificat indiquant la nature et la durée de son travail.

La personne qui exerce l'autorité paternelle ou tutélaire sur une ouvrière mineure peut se faire remettre le certificat. Dans ce cas, il en sera délivré une copie à l'ouvrière.

Il est interdit aux patrons d'apposer sur les certificats des signes ayant pour but de fournir sur le compte de l'ouvrière des renseignements qui ne sont pas exprimés dans le texte du certificat.

Art. 21. — Tout établissement soumis aux dispositions de la présente loi peut être astreint par la Direction de l'intérieur à établir un règlement de service, quand son importance ou sa nature le justifient. Le règlement déterminera la durée et l'organisation du travail, les conditions d'admission et de sortie et le mode de paiement des salaires.

La Direction de l'intérieur peut en tout temps faire reviser les règlements de service dont l'application présenterait des inconvénients.

Art. 22. — Les règlements de service et les modifications qui y sont apportées doivent être soumis à l'approbation de la Direction de l'intérieur.

Dès qu'ils auront obtenu la sanction, ils seront affichés d'une manière bien visible dans les locaux de service. Un réglement ne sera pas approuvé avant que les personnes intéressées aient été mises à même de présenter leurs observations.

Les intéressés pourront recourir au Conseil exécùtif, dans les quatorze jours, contre toute décision de la Direction de l'intérieur portant sanction ou non-sanction d'un règlement de service ou d'une modification d'un pareil règlement.

CHAPITRE V.

PAIEMENT DES SALAIRES, DÉDUCTIONS ET DOMMAGES-INTÉRÊTS.

ART. 23. — Sauf pour les ouvriéres engagées au mois ou à l'année, le salaire est payé en espèces ayant cours légal, au moins chaque quinzaine, un jour ouvrable et dans les locaux de service.

Il est interdit de faire sur le salaire des ouvriéres une déduction quelconque pour louage, nettoyage, chauffage et éclairage des locaux de travail et pour louage et usage des outils. Les instruments de travail ne devront pas leur être comptés au-dessus de leur prix.

ART. 24. — Les retenues faites sur les salaires, à titre de décompte, ne pourront s'élever à plus de la moitié du salaire moyen de la semaine.

ART. 25. — Toute réduction de salaire doit être annoncée aux ouvrières assez tôt pour qu'elles puissent résilier le contrat avant que la réduction leur soit appliquée.

ART. 26. — Il ne peut être infligé d'amendes.

ART. 27. — Si l'ouvrière a la pension et le logis chez son patron, elle lui en sera redevable, à un prix qui ne devra pas dépasser le taux généralement admis. La nourriture sera suffisante et saine et le logis devra répondre aux exigences de l'hygiène.

ART. 28. — La partie qui viole les obligations lui incombant en vertu de la loi, du règlement de service ou de conventions particulières, est tenue à réparation du dommage causé à l'autre partie (art. 110 du Code fédéral des obligations). Le juge fixe le chiffre des dommages-intérêts, en tenant compte de toutes les circonstances et d'après sa libre appréciation.

Les déductions de salaire pour malfaçons et détérioration de matériel ne sont pas permises, à moins que le dommage n'ait été causé intentionnellement ou par négligence. Dans le cas de négligence, la déduction ne dépassera pas le 50 p. c. du dommage établi.

Est et demeure réservée la disposition du n° 2 de l'article 132 du Code fédéral des obligations.

DISPOSITIONS CONCERNANT L'APPLICATION DE LA LOI ET DISPOSITIONS PÉNALES.

Art. 29. — Les autorités communales et le préfet pourvoient à l'exécution de la présente loi, sous la surveillance de la Direction de l'intérieur et conformément à ses instructions.

La Direction de l'intérieur publiera, dans son compte rendu annuel, un rapport sur l'exécution de cette loi et y mentionnera les autorisations de prolonger la durée du travail qui auront été accordées.

Le Conseil exécutif est autorisé à édicter, pour l'exécution des mesures générales de protection (art. 4 à 6), des instructions ou des ordonnances tenant compte des conditions propres à certaines industries.

Art. 30. — La Direction de l'intérieur peut faire procéder par des experts, en tant que besoin est, à des inspections périodiques.

Le Grand Conseil peut créer, si le besoin s'en fait sentir, un inspectorat spécial, qui sera adjoint à la Direction de l'intérieur.

Art. 31. — Les personnes chargées de l'exécution de la loi peuvent, en tout temps, visiter les ateliers et locaux de service.

Art. 32. — Dès l'entrée en vigueur de la présente loi, il en sera remis un exemplaire à chaque établissement soumis à ses dispositions. Les autorités communales en tiendront gratuitement des exemplaires à la disposition des intéressés.

Art. 33. — Les patrons sont responsables de l'observation de la loi dans leurs établissements.

Art. 34. — Toute contravention aux dispositions de la présente loi sera passible d'une amende de police de 2 à 200 francs.

Quiconque, dans l'espace d'une année après avoir été condamné pour une infraction aux prescriptions de la présente loi, commet la même infraction ou une infraction analogue, se trouve en état de récidive.

La récidive est une cause aggravante, et dans ce cas la peine doit être augmentée selon les circonstances; elle peut l'être jusqu'à concurrence de la moitié du maximum prévu ci-dessus.

Art. 35. — La présente loi entrera en vigueur le 1er juillet 1908, après son acceptation par le peuple.

Loi du 23 février 1908 concernant la création de chambres de conciliation et la répression des excès commis pendant les grèves.

Article premier. — Il est institué, suivant les besoins locaux, des chambres de conciliation chargées de trancher à l'amiable les conflits collectifs qui surgissent entre patrons et ouvriers au sujet des salaires,

des conditions d'engagement, de la journée de travail et autres questions s'y rapportant.

Art. 2. — La Chambre de conciliation offre d'office sa médiation; elle est tenue, si les deux parties en font la demande, de trancher le conflit collectif par voie d'arbitrage.

Art. 3. — Le refus par l'une des parties ou par toutes les deux d'accepter la médiation de la chambre de conciliation doit être publié officiellement ; il en sera de même de toutes sentences rendues par celle-ci.

Art. 4. — L'organisation des chambres de conciliation, leur mode de nomination, ainsi que leur procédure seront déterminés par un décret du Grand Conseil.

Art. 5. — Est puni d'un emprisonnement de soixante jours au plus quiconque, à l'occasion d'une grève, par des voies de fait, menaces, injures ou molestations graves, empêche ou tente d'empêcher autrui de travailler. Dans les cas peu graves, il est loisible au juge de ne prononcer qu'une amende de 100 francs au plus. Si le délinquant est étranger, il peut être puni en outre d'expulsion pour deux à dix ans. Sont réservés les cas tombant, en vertu d'une autre loi, sous le coup de peines plus graves.

Est passible des mêmes peines quiconque, par des voies de fait, menaces, injures ou molestations graves, empêche ou tente d'empêcher autrui de prendre part à une grève.

Dans les cas graves le coupable peut être immédiatement arrêté.

Art. 6. — Lorsqu'à l'occasion d'une grève, la paix et l'ordre publics sont gravement troublés par des rassemblements, l'autorité compétente (préfets ou autres agents de police de l'État et des communes) somment les personnes assemblées de se disperser. Si la sommation n'est pas suivie d'effet ou n'est suivie que d'un effet insuffisant, elle doit être répétée. Celui qui n'obéit pas à la seconde sommation peut être immédiatement arrêté, et puni d'un emprisonnement de soixante jours au plus, sans préjudice des peines plus graves portées par d'autres lois.

Art. 7. — Afin de maintenir la paix et l'ordre publics pendant les grèves, l'autorité compétente (préfets ou autres agents de police de l'État) peuvent interdire les cortèges. Les contrevenants seront passibles des peines prévues en l'article précédent.

Art. 8. — A l'occasion de toute grève le Conseil exécutif prendra au besoin, par voie d'ordonnance, les mesures nécessaires pour maintenir la paix et l'ordre publics.

Art. 9. — La présente loi entrera en vigueur dès son acceptation par le peuple.

CANTON DE GLARIS.

rdonnance du 4 novembre 1908 portant exécution de la loi du 3 mai 1903 sur l'apprentissage.

I. — DE L'APPRENTISSAGE.

§ 1. — Pour qu'il y ait contrat d'apprentissage aux termes de la loi, il faut qu'un temps d'apprentissage ininterrompu de la durée en usage dans la profession visée, soit convenu ou prévu.

L'assimilation de connaissances professionnelles spéciales à l'économie domestique n'est pas considérée comme contrat d'apprentissage, si le temps de travail et le temps d'apprentissage ne répondent pas à la durée prévue pour l'apprentissage complet dans cette branche.

§ 2. — Pour autant qu'elle ne contienne rien de contraire aux dispositions de la loi fédérale sur les fabriques, la loi sur l'apprentissage sera entièrement applicable aux apprentis occupés dans les exploitations industrielles.

Le contrat d'apprentissage ne peut être transformé en contrat de travail que s'il est stipulé un salaire, correspondant au moins au salaire moyen payé aux ouvriers entièrement formés.

II. — DU CONTRAT D'APPRENTISSAGE.

§ 3. — Sauf dans les cas d'apprentissage de parents à enfants, un contrat d'apprentissage doit être produit à la direction de l'instruction publique pour chaque apprentissage ainsi que pour tous les apprentis qui doivent passer l'examen professionnel d'apprenti dans leurs différentes unions professionnelles. Cette dernière catégorie d'apprentis doit passer l'examen scolaire en même temps et de la même manière que les autres apprentis et, en outre, fournir la preuve que l'examen à passer dans l'union professionnelle (§ 13 de la loi) a été subi.

Lorsqu'il y a apprentissage de parents à enfants, les parents sont obligés de déclarer la chose à la direction de l'instruction publique, en indiquant l'âge de l'apprenti, la durée du temps d'apprentissage, le commencement et la fin de celui-ci.

Pour autant qu'elles ne soient pas contraires aux dispositions de la loi, toutes les formules de contrat sont admises.

§ 4. — Les patrons sont invités par la feuille officielle, en mai et en novembre, à déclarer les contrats d'apprentissage conclus par eux.

Dans chaque commune les autorités scolaires doivent dresser une liste des patrons ayant charge d'apprentissage.

La police peut être appelée à rechercher les apprentissages en cours.

La Direction de l'instruction publique tient un registre des contrats conclus et transmet un extrait de ce registre aux conseils scolaires, dans le courant du mois de septembre.

Si des apprentissages connus du Conseil scolaire ne sont pas inscrits dans le registre, il en sera donné connaissance à la Direction de l'instruction publique.

III. — Durée du travail.

§ 5. — La durée normale du travail ne doit pas dépasser onze heures par jour, ni dix heures par jour la veille des dimanches et jours fériés.

Une heure de liberté doit être accordée pour le repas de midi.

Le travail des dimanches et jours fériés est interdit (§ 7 de de la loi sur la protection du travail).

§ 6. — En ce qui concerne les catégories de métiers où la durée normale du travail ne peut être observée à cause de la nature même du travail, comme chez les boulangers, coiffeurs, cuisiniers, garçons d'hôtel, etc., le Conseil du gouvernement peut édicter des dispositions dérogatoires, après s'être mis d'accord avec les unions professionnelles compétentes. En tout cas, un repos ininterrompu de dix heures au moins doit être assuré aux apprentis de moins de 18 ans.

IV. — Durée de l'apprentissage.

§ 7. — La durée de l'apprentissage est réglée d'après les bases adoptées par l'Union suisse des arts et métiers. Le Conseil du gouvernement peut, en cas de besoin, se mettre d'accord avec les unions professionnelles sur des dérogations aux dites bases.

V. — Nombre d'apprentis.

§ 8. — Dans une même exploitation, le nombre des apprentis ne pourra atteindre un chiffre tel qu'il puisse nuire à l'exécution régulière des obligations du patron fixées au § 9 de la loi sur les apprentis. En cas de contestation, c'est la Direction de l'instruction publique, éventuellement le Conseil du gouvernement, qui décide.

VI. — Examens d'apprentis.

§ 9. — Les apprentis qui se dérobent à l'examen qui les concerne, peuvent être dans la suite contraints à subir cet examen, même dans le cas où l'apprentissage a pris fin.

La cessation anticipée de l'apprentissage ne dispense pas de l'obligation de subir l'examen d'apprentissage.

VII. — Exécution.

§ 10. — Le Conseil du gouvernement est chargé de l'exécution de la loi conformément au §. 22 de la loi. Il décide, sur la proposition de la direction de l'instruction publique, de l'existence de l'apprentissage dans les cas douteux, sur les journées de travail qui s'écartent de la journée normale, sur la durée de l'apprentissage et sur le nombre d'apprentis admissibles dans des cas litigieux. Il choisit, conformément à la loi, les membres de la commission d'examen des apprentis ainsi que les experts, ces derniers parmi les représentants des employeurs et des ouvriers ; il établit le budget des examens d'apprentis, de l'office central et des autres contributions relatives à l'éducation professionelle ; il vérifie les comptes.

§ 11. — La direction de l'instruction publique est chargée de constater les apprentissages, d'inspecter les contrats d'apprentissage quant au fonds et à la forme, de visiter les écoles de perfectionnement, de s'assurer que la formation professionnelle dans les ateliers répond à son but, de s'assurer du bien-être corporel et de la bonne conduite morale et disciplinaire des apprentis, de leur participation aux examens d'apprentis et de l'accomplissement de ces examens.

§ 12. — La commission d'examen des apprentis examine les contrats, auprès de la direction de l'instruction publique, au point de vue de la forme et du fonds, reçoit les inscriptions à l'examen d'apprenti, contrôle la durée de l'apprentissage, la visite des écoles de perfectionnement, fait passer les examens et les examens supplémentaires et recherche les motifs des insuccès.

Elle surveille la formation théorique et la formation professionnelle de l'apprenti et tranche les dissentiments ou les contestations qui surgissent entre patrons et apprentis.

§ 13. — Les infractions aux dispositions de la présente ordonnance sont passibles d'une amende de 5 à 100 francs, à prononcer par le tribunal de simple police.

CANTON DES GRISONS.

Loi du 25 octobre 1908 portant création de conseils de conciliation [1].

1. — En cas de conflits collectifs entre patrons et ouvriers, le Petit Conseil est tenu de présenter sa médiation d'office ou à la demande des parties.

2. — Si les parties acceptent les bons offices du Petit Conseil, celui-ci institue un conseil de conciliation.

[1] *Gesetz vom 25. Oktober 1908 betreffend Einrichtung von Einigungsämtern.*

Le refus d'une ou des deux parties d'accepter ces bons offices, sera publié officiellement.

3. — Le conseil de conciliation prévu ci-dessus se compose de trois à cinq membres. Il est présidé par un membre du Petit Conseil ou par un délégué de ce conseil. Le Petit Conseil choisit librement les autres membres parmi les citoyens suisses électeurs, habitant le canton.

4. — Le conseil de conciliation cherche, autant que possible, à régler le conflit à l'amiable. Dans ce but il invite les parties à élire des délégués en nombre égal. En outre, il convoque et entend les délégués des parties et fait au sujet du conflit les enquêtes nécessaires. Il présente ensuite aux parties sur la base de ces enquêtes, des propositions de conciliation.

5. — Le résultat de la procédure en conciliation est consigné dans son procès-verbal.

6. — Les mesures d'exécution sont prises par le grand conseil.

7. — Quiconque, à l'occasion d'un conflit collectif entre patrons et ouvriers, empêche ou cherche à empêcher une personne de travailler, par des atteintes à l'honneur, des menaces, des voies de faits ou des insultes graves, est passible d'un emprisonnement de 2 mois au maximum ou d'une amende maximum de 200 francs.

Les étrangers peuvent, en outre, être expulsés, pour un terme de trois ans au maximum.

Les faits pour lesquels la loi commine des pénalités plus fortes restent réservés.

8. — Quiconque, à l'occasion d'une grève, empêche ou cherche à empêcher quelqu'un de participer à une grève, de la manière susvisée, sera passible des mêmes pénalités.

9. — Le coupable pourra être emprisonné immédiatement en cas d'événements graves, lorsque la chose semble nécessaire pour le maintien de la paix et de l'ordre publics.

10. — Le Petit Conseil peut, en cas de conflits collectifs entre patrons et ouvriers, prendre par voie d'ordonnance des mesures pour le maintien de la paix et de l'ordre publics. Les infractions à ces ordonnances sont passibles de l'amende conformément au § 15 de la loi de police.

CANTON DU TESSIN.

Loi du 19 juin 1908 concernant le travail dans les boulangeries et les pâtisseries ([1]).

1. — Quiconque se propose d'ouvrir une boulangerie ou une pâtisserie doit en demander l'autorisation au Conseil d'État.

A cet effet, il doit être adressé à l'autorité communale une demande indiquant exactement les locaux où le travail doit être exécuté. Après inspection préalable des locaux, l'autorité communale rédige un rapport sur leur situation au point de vue de l'hygiène et de leur protection contre les dangers d'incendie.

Le Conseil d'État statue sur la demande, le cas échéant, après avoir fait procéder à une contre-inspection des locaux.

2. — Les personnes employées dans les boulangeries et les pâtisseries doivent être saines de corps et exemptes de toute affection cutanée ou contagieuse.

Le propriétaire de la boulangerie doit faire visiter ses ouvriers par un médecin au moins tous les six mois. Le rapport médical doit être tenu à la disposition des autorités.

Les personnes employées dans les boulangeries doivent observer, sur leurs personnes et sur leurs vêtements, la propreté la plus scrupuleuse.

3. — Les patrons qui logent et nourrissent leurs ouvriers doivent veiller à ce que les lois sur l'hygiène soient observées en tout point.

En vue d'assurer le contrôle de cette prescription, les délégués sanitaires de la commune et les médecins délégués doivent, une fois au moins par mois et toutes les fois qu'ils y seront invités par une requête à cet effet, vérifier la qualité de la nourriture et inspecter les logements.

La paie doit avoir lieu au moins tous les quinze jours, en argent comptant et en monnaie légale.

Les ouvriers et les patrons peuvent, par des arrangements écrits, convenir qu'une partie du salaire sera payée en nature, sous forme de nourriture, de logement et de blanchissage du linge personnel de l'ouvrier.

En pareil cas, il peut être également convenu que le solde en argent ne sera payé qu'à la fin de chaque mois.

4. — Les patrons qui n'assurent pas leurs ouvriers sont soumis aux dispositions de la loi sur la responsabilité civile des employeurs.

5. — La durée du travail journalier ne peut excéder onze heures sur vingt-quatre heures. Ces heures seront réparties selon les besoins de l'exploitation.

([1]) *Decreto legislativo in punto al lavoro nei panifici e nelle pasticcerie, 19 giugno 1908.*

Chaque ouvrier a droit à un jour de repos par semaine. Ce jour de repos doit être donné, au moins une fois par mois, un dimanche.

Toutefois, l'ouvrier peut être tenu de fournir une heure de travail pendant ce jour de repos, en vue de renouveler le levain.

La présente disposition est applicable également dans le cas prévu à l'article 7, lettre b.

6. — Le travail de nuit est interdit.

Est considéré comme travail de nuit au sens de la présente loi, tout travail exécuté entre 9 heures du soir et 4 heures du matin, du 1er octobre au 31 mars, et de 9 heures du soir à 3 heures du matin, du 1er avril au 30 septembre.

§ 1. — Pendant le temps fixé pour le repos de nuit, tout travail est interdit dans les boulangeries et les pâtisseries, y compris le travail du patron.

§ 2. — Dans les boulangeries appartenant à une seule personne et exploitées par elle, le propriétaire travaillant lui-même et seul peut commencer le travail deux heures avant la limite fixée pour le commencement du travail ordinaire.

7. — Le Conseil d'État, ouï l'autorité communale compétente, peut accorder des dérogations :

a) à l'occasion des foires, des cérémonies particulières, en cas d'affluence momentanée de personnes, pendant la saison de presse où pendant le séjour des étrangers, jusqu'à concurrence d'une ou de deux heures par jour ;

b) le samedi et la veille des jours de fête, lorsque la mesure doit avoir pour effet d'assurer un jour de repos aux ouvriers.

c) un jour par semaine jusqu'à concurrence d'une ou de deux heures, avant les marchés périodiques ou lorsqu'il se produit régulièrement un surcroît de travail considérable ;

d) en cas d'urgence.

PARAGRAPHE UNIQUE. — Les exceptions prévues sub *c)* peuvent être accordées pour une année entière ou pour toute une saison. Celles qui sont prévues sub *d)* peuvent être accordées par l'autorité communale, qui en informe le Conseil d'État.

Les autres exceptions ne peuvent être accordées que sur une demande spéciale pour chaque cas.

8. — Les infractions à la présente loi sont passibles de l'amende jusqu'à 50 francs, à doubler en cas de récidive.

L'ouvrier est pareillement passible d'une amende n'excédant pas la moitié de celle infligée au patron, sauf si ledit ouvrier a été, sous menace de renvoi, contraint de travailler par son patron.

Les dispositions de la loi du 16 janvier 1901 sur les contraventions sont applicables aux amendes ci-dessus.

Les agents de la force publique ont libre accés dans les locaux de travail pour y constater les contraventions.

PARAGRAPHE UNIQUE. — La moitié du produit des amendes infligées sur la dénonciation des agents de la police cantonale sera attribuée à l'État. L'autre moitié est répartie, par parties égales, entre l'agent de police auteur de la dénonciation et la caisse de retraite de la gendarmerie.

9. — Le Conseil d'Etat est chargé de formuler les règlements d'administration publique nécessaires.

10. — La présente loi entrera en vigueur aprés avoir été acceptée par voie de referendum.

Dés l'entrée en vigueur de la présente loi, la loi du 3 juillet 1906 ([1]) ainsi que toutes les autres dispositions contraires sont abrogées.

Arrêté du Conseil d'Etat, en date du 31 juillet 1908, portant règlement d'exécution de la loi du 19 juin 1908 sur le travail dans les boulangeries et pâtisseries ([2]).

1. — Toute personne qui se propose d'ouvrir une boulangerie ou une pâtisserie est tenue d'en demander l'autorisation au Conseil d'État par l'intermédiaire de la municipalité. S'il s'agit d'un bâtiment nouveau destiné à cette industrie, le plan sera joint à la demande.

S'il s'agit de locaux transformés en ateliers pour ladite industrie, la municipalité fera vérifier si les locaux destinés à l'exploitation réunissent les conditions de solidité, de salubrité et de sécurité nécessaires, notamment au point de vue des incendies.

Les requêtes seront transmises au Conseil d'État avec l'avis de la commune.

§ 1. — L'autorisation est délivrée gratuitement.

§ 2. — Les établissements déjà exploités au moment où le présent règlement devient applicable, sont considérés comme autorisés; néanmoins, ils doivent être inspectés par une commission municipale et leurs propriétaires seront invités à se conformer aux prescriptions légales et réglementaires.

L'autorité communale doit veiller à ce que chaque établissement possède un exemplaire de la loi du 19 juin 1908 et du présent réglement.

2. — Les locaux destinés au dépôt des farines, des instruments ou appareils ou à la préparation du pain et des pâtes, devront être secs, bien éclairés et bien aérés.

([1]) Voir *Annuaire*, 1906, p. 545.

([2]) *Regolamento in applicazione della legge 19 Giugno 1908 sui lavoro nei panifici e nelle pasticcerie*. (Voir ci-dessus, p. 902, le texe de la loi.)

· Ils ne peuvent servir d'habitation ou de dortoir ni contenir des objets souillés ou des matières dégageant des odeurs susceptibles de se communiquer aux farines, pains ou pâtes, ou des substances étrangères à leur fabrication.

Ils ne peuvent communiquer avec des latrines, des écuries ou d'autres locaux susceptibles d'émettre des émanations malsaines.

Les locaux devront être construits et entretenus de manière à éviter le danger d'incendie et les fours devront être installés selon les règles de l'art.

3 — Quand le travail doit se faire dans des locaux en partie souterrains, ceux-ci devront être construits de manière à ne pas être influencés par l'humidité du sol, et ils devront avoir une hauteur libre au-dessus du niveau de la terre suffisante pour jouir, pendant la journée, de la lumière et de l'air en quantité suffisante. Le pavement devra être imperméable On pourra exiger la construction d'une canalisation.

4. — Pendant la nuit, et quand il y aura lieu de recourir pour un travail spécial à la lumière artificielle, celle-ci sera produite de manière à ne pas vicier l'air du local.

Il sera de même pris des mesures pour éviter que le local ne soit froid ou qu'il ne soit surchauffé par l'action des fours.

Le local sera pourvu de fenêtres en nombre suffisant et faciles à ouvrir et à fermer.

5. — S'il est fait usage de machines, celles-ci devront être protégées pour éviter les accidents.

6. — Les patrons qui ont des ouvriers en pension sont tenus de leur fournir un logement convenable et salubre et tout ce qui est nécessaire à la propreté rigoureuse de la personne.

Les municipalités devront s'assurer, au moyen d'inspections sanitaires mensuelles, éventuellement avec le concours du médecin délégué, de l'observation de ces dispositions.

7. — Dans les boulangeries ou les pâtisseries, il est interdit au patron d'embaucher ou d'employer des ouvriers atteints d'une affection cutanée ou de toute autre maladie contagieuse. A cet effet, les ouvriers doivent pouvoir produire un certificat médical constatant qu'ils sont sains de corps. Les certificats doivent être conservés par le patron et renouvelés tous les six mois.

Le patron supporte les frais de l'examen médical semestriel.

Les ouvriers doivent observer une propreté rigoureuse sur leur personne comme sur leurs vêtements de travail.

Un lavabo, aménagé d'une façon commode et pourvu d'eau courante, doit être mis à leur disposition.

8. — Le nombre d'heures de travail ne pourra dépasser onze heures avec des intervalles de repos réglés d'après les exigences de l'exploitation.

Chaque ouvrier a toujours droit à un jour de repos par semaine, le repos est donné selon un roulement affiché, avec l'horaire, dans le local de travail.

Si l'entreprise emploie un certain nombre d'ouvriers, le repos hebdomadaire doit être organisé de telle sorte que chaque ouvrier se repose un dimanche par mois.

L'ouvrier peut être obligé de travailler une heure pendant son jour de repos pour confectionner du levain frais. Il est tenu de le faire les jours fériés, si le patron ferme son établissement ces jours-là.

9. — Le travail doit être interrompu à 9 heures du soir et ne peut commencer avant 3 heures du matin, du 1er avril au 30 septembre ni avant 4 heures du matin, du 1er octobre au 31 mars.

Lorsqu'une boulangerie est exploitée par le patron seul, le travail peut commencer deux heures avant l'heure fixée pour le commencement de la journée.

10. — Le Conseil d'État peut autoriser le travail de nuit :

a) pendant une ou deux heures par jour, à l'occasion des foires ou des solennités religieuses ou civiles extraordinaires, en cas d'affluence passagère, pendant la saison dans les villes d'eaux ou pendant le séjour des étrangers ;

b) pendant la nuit du samedi au dimanche et la veille des jours fériés, quand le patron suspend le travail le dimanche et les jours fériés ;

c) un jour par semaine, mais pendant une ou deux heures au plus, avant un jour de marché ordinaire ou avant le jour où se produit régulièrement un surcroit de travail considérable ;

d) en cas d'urgence.

Les demandes d'autorisation d'heures supplémentaires ou de travail de nuit doivent être adressées au Conseil d'État par l'intermédiaire des autorités communales appelées à donner leur avis ; dans les cas d'urgence seulement, la demande est de la compétence de l'autorité communale.

11. — La paie doit être effectuée tous les quinze jours au moins, en argent comptant et en monnaie légale. Moyennant une convention écrite à cet égard, la paie peut être effectuée tous les mois si le patron loge et nourrit son personnel, ou le loge ou le nourrit seulement. La valeur de la nourriture et du logement est imputée sur le salaire et retenue lors de la paie, ou bien le salaire est fixé en tenant compte des avantages en nature fournis par le patron.

12. — Le pain doit être fait avec des farines de bonne qualité, de l'eau pure et conservée dans des récipients nettoyés et couverts, du levain bien préparé sans aucune addition d'alun, de sulfate de cuivre, de bicarbonates alcalins ou de substances étrangères autres que les farines, le levain, l'eau et le sel de cuisine.

Ne sont pas des farines de bonne qualité, celles qui proviennent de céréales avariées, qui contiennent des matières terreuses ou des graines ou des champignons qui les rendent nuisibles ou qui sont altérées par suite de fermentation.

Ces farines sont déclarées impropres à la consommation du public.

13. — Est prohibée la vente du pain fait avec des farines de mauvaise qualité, falsifiées avec des poudres étrangères, mal levé, mal cuit ou en mauvais état de conservation; est de même prohibée, la vente de pâtes et de bonbons teints à l'aide de couleurs nuisibles, ou sucrés à l'aide de la saccharine.

14. — Le pain fait à l'aide de la farine de froment mélangée à de la farine de maïs ou d'autres céréales doit être mis en vente comme pain mélangé avec indication des farines dont il est composé.

15. — Le transport du pain chez les détaillants ou au domicile des consommateurs se fera dans des charrettes couvertes ou dans des draps fermés.

Le vendeur défendra aux clients de toucher au pain exposé en vente.

16. — Outre la visite réclamée pour autoriser l'ouverture des boulangeries et pâtisseries, les municipalités feront dans ces exploitations d'autres visites non annoncées

Outre le contrôle de la qualité des farines, de la fabrication du pain, de l'hygiène des ouvriers, elles surveilleront spécialement l'observation du travail et du repos de nuit.

17. — Les infractions sont passibles des pénalités prévues à l'article 8 de la loi du 19 juin 1908, selon la procédure prescrite par le Code pénal du 16 janvier 1901.

18. — Le présent réglement entrera en vigueur le jour de sa publication au *Foglio Officiale* et au *Bolletino Officiale delle leggi*.

CANTON DE ZURICH.

Loi du 26 avril 1908 portant modification du Code pénal [1].

1. — Les §§ 79, 87, 154, 224, 225 du Code pénal du 6 décembre 1897 sont modifiés comme suit :

§ 79. — Quiconque, de propos délibéré, incite à commettre une action punissable, aux termes du Code pénal, de détention dans une maison de correction ou dans une maison de travail, incite publiquement à la révolte ou à la résistance à un ordre de l'autorité, sera condamné, même si son acte n'est pas suivi d'effet, à un emprisonnement d'un an au plus avec ou sans amende, ou à l'amende seulement.

[1] *Gesetz vom 26. April 1908 betreffend Abänderung des Strafgesetzbuches.*

Dans les cas d'infraction à une disposition du Code pénal fédéral et si les autorités fédérales intentent des poursuites, le canton abandonne auxdites autorités le droit de poursuivre.

§ 87. — Quiconque pénètre indûment dans le domicile d'un tiers ou dans une enceinte clôturée en dépendant, dans un bureau, atelier ou chantier, ou qui y reste malgré l'invitation qui lui est faite de s'éloigner, ou qui y commet indûment des actes de violence contre des personnes ou des propriétés, est puni de prison ou d'amende pour avoir troublé la paix du domicile.

§ 154. — Quiconque, sans en avoir le droit, ou en excédant la limite de ses droits, contraint, par la violence ou par des menaces, un tiers à commettre ou à tolérer un acte ou une faute, sera condamné, si son acte ne tombe pas sous le coup d'une autre disposition pénale, à la prison et à une amende de 2,000 francs au plus, ou à l'amende seulement.

La même peine est applicable à toute personne qui, sans en avoir le droit ou en excédant la limite de ses droits, empêche un tiers par la violence, par des menaces ou par des voies de fait graves, d'exercer son métier ou tente de l'en empêcher.

§ 224. — Tout fonctionnaire ou agent de l'autorité qui, en vue d'obtenir indûment des avantages, soit pour lui-même, soit pour des tiers, ou en vue de causer des dommages à un tiers, va à l'encontre de ses fonctions, manque à son devoir et commet un délit.

Sont coupables d'un délit semblable les employés et ouvriers qui, ayant accepté de travailler pour le compte d'établissements publics de l'Etat ou des communes, contreviennent délibérément et indûment aux obligations de leur charge et mettent par là en danger soit la personne ou l'existence de tiers, soit la propriété publique ou privée.

§ 225. — La peine comporte la suspension d'emploi, l'emprisonnement ou une amende pouvant s'élever à 1,000 francs. Dans les cas graves on peut prononcer la révocation ou le renvoi et, dans les cas les moins graves, l'amende seulement.

2. — La présente loi entrera en vigueur lorsqu'elle aura été ratifiée par le vote populaire [1].

---

[1] Cette ratification a eu lieu le 26 avril 1908.

APPENDICE.

FRANCE.

Décret du 15 décembre 1908 sur l'hygiène et la sécurité des travailleurs dans les chantiers à air comprimé ([1]).

ARTICLE PREMIER. — Dans les chantiers de travaux à l'air comprimé, les chefs d'industrie, directeurs ou préposés, sont tenus, indépendamment des mesures générales prescrites par le décret du 29 novembre 1904, de prendre les mesures particulières de protection et de salubrité énoncées aux articles suivants.

ART. 2. — Un médecin désigné par le chef d'entreprise est chargé du service médical.

Aucun ouvrier ne doit être admis au travail dans l'air comprimé s'il n'est muni d'un certificat délivré par ce médecin et constatant qu'il n'est pas impropre à ce genre de travail.

Aucun ouvrier ne doit être maintenu au travail dans l'air comprimé, si le certificat n'est pas renouvelé quinze jours après l'embauchage et ensuite une fois par mois.

En dehors des visites périodiques, le chef d'entreprise est tenu de faire examiner par le médecin tout ouvrier qui déclare souffrir du nez, de la gorge ou des oreilles ou qui exprime le désir d'être soumis à un examen.

Un registre du personnel ouvrier, tenu constamment à jour, mentionne les accidents et les indispositions même légères se rapportant au travail dans l'air comprimé.

ART. 3. — Des mesures doivent être prises pour empêcher l'introduction sur le chantier de toutes boissons autres que les boissons hygiéniques.

Tout ouvrier en état d'ébriété doit être éloigné du chantier pendant vingt-quatre heures.

ART. 4. — La compression et la décompression doivent être surveillées par un agent spécial que désigne un ordre de service.

([1]) *Journal officiel* du 17 décembre 1909.

A la compression, le temps employé doit être de quatre minutes au moins pour augmenter la pression de 1 kilogramme par centimètre carré jusqu'à 2 kilogrammes de pression totale effective et de cinq minutes au moins pour chaque kilogramme de pression au delà de 2 kilogrammes par centimètre carré.

Le temps employé à la décompression ne doit pas être inférieur aux valeurs indiquées ci-dessous :

vingt minutes par kilogramme de pression au-dessus de 3 kilogrammes effectifs par centimètre carré ;

quinze minutes par kilogramme de pression entre 3 et 2 kilogrammes effectifs par centimètre carré ;

dix minutes par kilogramme de pression au-dessous de 2 kilogrammes effectifs pour abaisser la pression à zéro.

Si la pression ne dépasse pas 1 kilogramme effectif par centimètre carré, le temps nécessaire pous abaisser la pression à zéro peut être réduit à cinq minutes.

Il est interdit d'opérer la descente du caisson au moyen de diminutions brusques de pression sans avoir fait sortir préalablement les ouvriers.

Chaque écluse doit renfermer un manomètre.

Si la pression est supérieure à 1 kilogramme effectif par centimètre carré, le manomètre doit être du type enregistreur fonctionnant d'une manière ininterrompue.

Art. 5. — La hauteur de la chambre de travail doit être telle que les ouvriers puissent se tenir debout ; en aucun cas cette hauteur ne doit être inférieure à 1 m. 80.

La quantité d'air envoyée dans la chambre de travail doit être de 40 mètres cubes au moins par heure et par homme. Elle est réglée de façon que la proportion d'acide carbonique dans l'air ne dépasse pas 1 p. m.

Dans le cas où l'envoi de l'air se trouverait arrêté, le préposé de l'entrepreneur dans la chambre de travail doit prescrire la sortie de tous les ouvriers après une période d'attente de dix minutes au plus.

Il est interdit de tirer une mine dans la chambre de travail avant que celle-ci ait été évacuée par les ouvriers et de les faire rentrer avant que l'état de l'atmosphère soit redevenu normal.

Art. 6. — Le cube d'air dans l'écluse doit être d'au moins 600 décimètres cubes par personne.

Le renouvellement de l'air des écluses pendant les périodes de décompression dépassant dix minutes doit être assuré par la mise en jeu simultanée des robinets d'entrée et de sortie de l'air comprimé.

En été les écluses exposées au soleil doivent être protégées par une tente ou par des paillassons maintenus humides.

Lorsque les chantiers occupent plus de vingt ouvriers à la fois dans l'air comprimé, la communication entre la chambre de travail et l'extérieur doit être assurée par téléphone.

Art. 7. — Des précautions spéciales doivent être prises pour éviter, en cas de vertige, toute chute dangereuse des ouvriers à la sortie de l'écluse à air vers l'extérieur.

Art. 8. — Les portes de communication et les tampons de fermeture des écluses à air doivent s'ouvrir du côté de la plus forte pression.

Les portes servant à l'évacuation des déblais et l'introduction des matériaux peuvent s'ouvrir du côté de la moins forte pression, mais elles doivent être munies d'un enclanchement de sûreté qui les empêche de s'ouvrir intempestivement.

Art. 9. — Les cheminées doivent être d'accès facile et les échelles être constamment maintenues en parfait état d'entretien et de propreté.

Des apparaux de secours doivent être préparés pour remonter les ouvriers qui ne pourraient gravir les échelles.

L'écluse à air, les cheminées et la chambre de travail sont éclairées par la lumière électrique.

Des précautions spéciales doivent être prises dans la chambre de travail pour éviter la circulation des ouvriers sons les cheminées.

Art. 10. — Chaque tuyau d'amenée d'air est pourvu à son entrée d'une soupape automatique se fermant dès que la pression de l'air envoyé tombe au-dessous de celle qui existe dans la chambre de travail.

L'installation servant à l'aérage (pompes, réservoirs ou tuyaux) doit être munie d'un dispositif réglant automatiquement la pression de l'air envoyé dans le caisson.

Art. 11. — Le chantier doit être pourvu d'une boite de secours renfermant notamment un tube d'oxygène sons pression ou des substances pouvant dégager rapidement et facilement des quantités notables d'oxygène pur.

Quand les travaux sont effectués sous une pression effective supérieure à 1 kilog. 200 gr. par centimètre carré, une baraque de repos doit être aménagée à proximité du chantier pour recevoir les ouvriers à la sortie de la chambre de travail. Ses dimensions sont fixées d'après le nombre des ouvriers travaillant simultanément dans l'air comprimé à raison de 6 mètres cubes de capacité par homme. Elle doit être convenablement aérée, chauffée et pourvue de lavabos, avec savon et serviettes individuelles, d'un vestiaire et de lits de repos.

Quand la pression dans la chambre de travail dépasse 2 kilogrammes par centimètre carré, il doit être installé une chambre de recompression de dimensions suffisantes pour contenir un lit et recevoir deux aides.

Art. 12. — Tous les appareils, notamment les moteurs, réservoirs, tuyaux, soupapes, échelles et chaines doivent être soumis à une vérification hebdomadaire.

Le boulonnage reliant les tronçons successifs des cheminées doit faire l'objet d'une vérification spéciale toutes les fois qu'il y aura été touché.

Art. 13. — Le préfet peut, par arrêté pris sur le rapport des ingénieurs chargés de la surveillance ou des inspecteurs du travail, et à raison des conditions particulières dans lesquelles le travail doit être exécuté, accorder dispense permanente ou temporaire de tout ou partie des prescriptions relatives : au manomètre enregistreur (art. 4, dernier paragraphe), à la teneur maximum de l'air en acide carbonique (art. 5, § 2), à l'installation du téléphone (art. 6, dernier paragraphe), au réglage de la pression par dispositif automatique (art. 10, dernier paragraphe) et à la chambre de recompression (art. 11, dernier paragraphe); dans ce dernier cas, le médecin désigné conformément à l'article 2 est obligatoirement consulté.

Art. 14. — Les chefs d'industrie, directeurs ou préposés sont tenus de faire afficher dans les locaux où se font le recrutement et la paye :

1. le texte du présent règlement;
2. le texte, arrêté par le Ministre du travail, le Comité des arts et manufactures entendu, des avis concernant la durée du travail dans l'air comprimé et les soins à donner en certains cas.

Art. 15. — Le délai d'exécution des mesures édictées par le présent règlement est fixé à trois mois à partir de sa publication; toutefois, pour les travaux à l'air comprimé en cours au moment de la promulgation du présent règlement, ce délai est porté à un an.

Art. 16. — Le Ministre du travail et de la prévoyance sociale est chargé de l'exécution du présent règlement, qui sera publié au *Journal officiel* de la République française et inséré au *Bulletin des lois*.

Décret du 15 décembre 1908 modifiant la nomenclature des travaux interdits aux enfants au-dessous de 18 ans [1].

Article premier. — La nomenclature du tableau B annexé au décret du 13 mai 1893, modifié par les décrets des 21 juin 1897, 20 avril 1899, 3 mai 1900 et 22 novembre 1905, et indiquant les travaux interdits aux enfants au-dessous de 18 ans, est complété ainsi qu'il suit :

TRAVAUX.	RAISON DE L'INTERDICTION.
Air comprimé (travaux dans l')	Travaux dangereux.

Art. 2. — Le Ministre du travail et de la prévoyance sociale est chargé de l'exécution du présent décret, qui sera inséré au *Bulletin des lois* et publié au *Journal officiel* de la République française.

[1] *Journal officiel* du 17 décembre 1908.

Loi du 17 décembre 1908 portant approbation de la convention internationale de Berne sur l'interdiction de l'emploi du phosphore blanc dans l'industrie des allumettes (¹).

Article unique. — Le Président de la République est autorisé à ratifier la convention sur l'interdiction de l'emploi du phosphore blanc dans l'industrie des allumettes signée à Berne, le 26 septembre 1906.

Une copie authentique de cette convention sera annexée à la présente loi (²).

Loi du 26 décembre 1908 portant fixation du budget général des dépenses et des recettes de l'exercice 1909 (³).

[Extrait].

Art. 59. — Le premier paragraphe de l'article 2 de la loi du 2 juillet 1890, ayant pour objet d'abroger les dispositions relatives aux livrets d'ouvriers, est modifié comme suit :

« Le contrat de louage d'ouvrage entre les chefs ou directeurs des établissements industriels ou commerciaux, des exploitations agricoles ou forestières et leurs ouvriers, est soumis aux règles du droit commun et peut être constaté dans les formes qu'il convient aux parties contractantes d'adopter. »

(¹) *Journal officiel* du 19 décembre 1908.
(²) Voir *Annuaire*, 1907, pp. 909-910.
(³) *Journal officiel* des 26-27 décembre 1908.

SUISSE.

CANTON DE VAUD.

Loi du 2 mars 1907 concernant l'institution d'une caisse cantonale de retraites populaires.

ARTICLE PREMIER. — Il est créé à Lausanne, sons le nom de « Caisse cantonale vandoise des retraites populaires », une caisse d'assurance mutuelle en cas de vieillesse, destinée à faciliter et à encourager la constitution de pensions de retraite aux conditions les plus favorables.

ART. 2. — Cette caisse, reconnue comme personne morale, fonctionne sons le contrôle et avec la garantie de l'État.

Elle possède une administration et une fortune indépendante de celles de l'État.

Elle bénéficie d'une exemption totale de tons impôts cantonaux et communaux, y compris le droit de timbre.

ART. 3. — Un rapport détaillé sur les opérations de la caisse, sa situation financière et la nature de ses placements sera publié chaque année comme annexe au rapport de gestion du Conseil d'État.

ART. 4. — La caisse reçoit les versements de toute personne domiciliée dans le canton ainsi que ceux de Vaudois domiciliés en dehors du canton et les applique à la constitution de pensions de retraite, dont l'entrée en jouissance est fixée par l'assuré entre 50 et 65 ans.

ART. 5. — Les versements sont facultatifs et peuvent être effectués en tout temps. Ils peuvent être interrompus ou suspendus au gré des assurés, sans préjudice pour les droits acquis par les versements antérieurs.

Chaque versement constitue une opération séparée qui n'implique aucun engagement de l'assuré pour l'avenir.

La rente assurée est fixée à la fin de chaque exercice pour tous les versements effectués pendant celui-ci sur la base des tarifs en vigueur au moment du versement.

ART. 6. — La caisse peut valablement recevoir les versements de femmes mariées ou de mineurs sans le consentement de l'autorité maritale, paternelle ou tutélaire.

Art. 7. — Les versements sont effectués à capital abandonné ou à capital réservé. Dans le premier cas, ils sont acquis à la Caisse de retraite d'une façon définitive; dans le second, ils sont remboursés sans intérêts, au décès de l'assuré, aux personnes désignées par celui-ci.

Art. 8. — Il ne peut être constitué de pension supérieure à 1,200 francs par an, à capital abandonné ou réservé.

Il ne peut être versé, dans le courant du même exercice, une somme supérieure à 1,000 francs en faveur de la même personne.

Ce maximum est réduit à 250 francs pour les versements effectués dans les dix dernières années précédant l'âge fixé pour l'entrée en jouissance de la pension.

Art. 9. — Les pensions sont payables par trimestres échus, la première fois au prorata du temps couru depuis le jour où l'assuré aura atteint l'âge fixé pour l'entrée en jouissance. Elles bénéficient de l'exemption du minimum d'existence prévue par la loi sur l'impôt mobilier.

Elles sont incessibles et insaisissables pour le montant provenant des versements effectués par l'État ou par des tiers.

Art. 10. — Les tarifs et les conditions servant de base aux opérations de la Caisse de retraite sont soumis à l'approbation du Conseil d'État, lequel peut en tout temps en exiger la modification.

Art. 11. — L'État concourt à la constitution des pensions de retraite par l'allocation d'une prime d'encouragement à toute personne pour laquelle il aura été versé à la caisse, dans le courant du même exercice, soit directement, soit par l'intermédiaire d'un tiers, une somme minimum de 6 francs, cela sous réserve des exceptions prévues à l'article 13.

La prime d'encouragement est versée à la fin de chaque exercice à la Caisse de retraite, en vue de la constitution d'une rente à capital abandonné en faveur de l'assuré avec le même âge d'entrée en jouissance que le versement personnel correspondant.

Art. 12. — La prime d'encouragement allouée par l'État est fixée à :

6 francs pour les assurés dont les versements ont atteint 6 francs à 12 francs;

8 francs pour les assurés dont les versements ont atteint 12 francs à 24 francs;

10 francs pour les assurés dont les versements ont atteint 24 francs à 60 francs, dans le cours d'un même exercice.

Le versement annuel minimum donnant droit à la subvention de l'État est abaissé à 2 francs pour les enfants affiliés à la Caisse de retraite par l'intermédiaire de mutualités scolaires.

Jusqu'à concurrence de 6 francs versés, la prime d'encouragement de l'État est égale au versement de l'enfant assuré.

Art. 13. — La prime d'encouragement n'est pas allouée :
1° aux étrangers et aux confédérés non domiciliés dans le canton;
2° aux assurés ne tirant pas leurs moyens d'existence de l'exercice d'un métier ou d'une profession, exception étant faite en faveur des mineurs, des veuves, des femmes non mariées occupées à la tenue du ménage et des personnes sans ressources se trouvant par suite d'infirmités physiques ou mentales, dans l'incapacité de subvenir à leurs besoins.

La femme mariée bénéficie de la subvention de l'État si son conjoint est en droit d'y participer;

3° aux assurés ayant fixé l'âge d'entrée en jouissance de leur pension à un âge inférieur à 60 ans, à moins qu'il ne s'agisse de personnes exerçant un métier ou une profession devant entraîner une mise à la retraite prématurée, pour lesquelles l'âge d'entrée en jouissance pourra être abaissé à 55 ans;

4° aux assurés ayant versé pendant l'exercice à la Caisse de retraite une somme supérieure à 60 francs;

5° aux assurés pour le compte desquels il aurait été versé au total une somme supérieure à 2,000 francs, abstraction faite de la prime d'encouragement de l'État.

La rente correspondante à la prime d'encouragement n'est servie aux confédérés que s'ils sont domiciliés dans le canton.

Art. 14. — Tout assuré qui devient prématurément invalide peut demander à être mis immédiatement en jouissance de la rente correspondant à son âge et à ses versements augmentés des primes d'encouragement de l'État.

Art. 15. — L'État supporte les frais d'administration de la Caisse de retraite, moyennant une provision de 5 p. c. sur les versements à capital abandonné et de 3 p. c. sur les versements à capital réservé.

Art. 16. — L'État alloue annuellement aux sociétés de secours mutuels ou autres associations dont tout ou partie des membres s'engageront à verser à la Caisse de retraite, par leur intermédiaire, une cotisation régulière de 6 francs par an au minimum — 2 francs pour les mutualités scolaires — une subvention égale au 10 p. c. de celle accordée aux assurés eux-mêmes en vertu de l'article 11.

Cette subvention servira à couvrir les frais occasionnés à la société par le recrutement des adhérents à la Caisse de retraite et l'encaissement de leurs cotisations. Le solde éventuel pourra être affecté à venir en aide aux assurés se trouvant pour une cause indépendante de leur volonté dans l'impossibilité momentanée de payer leurs cotisations.

Un rapport sur l'emploi de cette subvention pourra être demandé chaque année par le Conseil d'État.

Art. 17. — La Caisse de retraite dressera, tous les trois ans au moins, le bilan technique de ses opérations.

Si ce bilan accuse un bénéfice, il en est fait la répartition suivante :

25 p. c. à un fonds de réserve destiné à consolider la situation financière de la Caisse de retraite.

75 p. c. à un fonds d'invalidité destiné à venir en aide aux assurés devenus invalides avant l'âge fixé pour l'entrée en jouissance de la pension et se trouvant de ce fait sans ressources.

Si le bilan technique présente un déficit, il sera prélevé sur le fonds de réserve. En cas d'insuffisance de celui-ci, le déficit sera supporté par l'Etat.

Art. 18. — L'organisation de la Caisse de retraite sera réglée ultérieurement.

Art. 19.— Le Conseil d'État est chargé de la publication et de l'exécution de la présente loi qui sera exécutoire dès le 1er janvier 1908.

INDEX ALPHABÉTIQUE.

Accidents (Assurance contre les).
   Belgique, 159.
   Danemark, 170, 171, 176.
   Etats Unis, 240.
   Grande-Bretagne, 309.
   Massachusetts, 242.
   Norvège, 862.
   Nouvelle-Zélande, 585, 731, 787.
   Pays-Bas, 868, 869, 873, 875.

Accumulateurs électriques.
   Allemagne, 13.

Air comprimé (Travaux dans les chantiers à).
   France, 909.

Ascenseurs.
   Danemark, 187.

Associations et réunions.
   Allemagne, 3.

Assurances.
   Autriche, 53, 147, 149, 151.
   Belgique, 156, 159.
   Danemark, 170, 171, 176.
   France, 259.
   Grande-Bretagne, 291.
   Luxembourg, 850.
   Massachusetts, 242.
   Suède, 886.

Automobiles.
   Autriche, 147.

Carrières.
   Autriche, 111.

Chômage.
   Danemark, 186.
   France, 282.

Code industriel.
   Allemagne, 23, 29, 35.

Conciliation et arbitrage.
   Appenzell, 890.
   Berne, 896.
   Espagne, 234.
   Grisons, 900.
   Nouvelle-Zélande, 739.

Conditions du travail.
   Nouvelle-Galles du Sud, 393.
   Queensland, 459.

Conseils de prud'hommes.
   France, 281, 282.

Conseil supérieur du travail.
   Belgique, 154.

Conseil consultatif du travail.
   France, 278.

Conserves (Fabriques de).
   Allemagne, 13.

Conventions internationales.
   France, 278.

Crins (Désinfection des).
   Belgique, 158.

Cuivre, laiton (Travail du).
   Grande-Bretagne, 285.

Echafaudages.
   Australie du Sud, 389.
   Canada (Province de Québec), 577.
   Nouvelle-Galles du Sud, 437.
   Queensland, 513.

Electricité (Production et emploi de l').
   Grande-Bretagne, 331.

Emaillage.
   Grande-Bretagne, 313.

Employés (Assurance des).
   Autriche, 53, 151.

Etablissements dangereux, insalubres ou incommodes.
   Belgique, 156, 158.

Explosifs (Fabrication des).
   Danemark, 207.
   Grande-Bretagne, 349.

Femmes, enfants et adolescents (Travail des).
   Berne, 890.
   Danemark, 172, 213.
   Espagne, 214, 237.
   France, 255, 256, 262, 278, 281.
   Grande-Bretagne, 303, 307.

FONDERIES DE CARACTÈRES.
  Allemagne, 33.
GENS DE MER.
  Danemark, 171, 194.
  Espagne, 237.
  France, 263.
HEURES DE TRAVAIL ET DE REPOS.
  Autriche, 51.
  Danemark, 192.
  Grande-Bretagne, 305, 323.
HYGIÈNE ET SÉCURITÉ DU TRAVAIL.
  Allemagne, 13, 33
  Australie du Sud, 389.
  Autriche, 101, 131.
  Belgique, 154, 158.
  Canada (Province de Québec), 577, 579.
  Danemark, 162, 166, 172, 187, 200, 207, 213.
  France, 260.
  Grande-Bretagne, 285, 311, 313, 319, 331, 349.
  New-York, 244, 247, 249.
  Nouvelle-Galles du Sud, 437.
  Nouvelle-Zélande, 671, 731.
  Queensland, 513.
IMPRIMERIES.
  Allemagne, 33.
INVALIDITÉ ET LA VIEILLESSE (Assurance contre l').
  Australie, 357.
  Autriche, 53.
  Belgique, 156, 160.
  Canada, 569.
  Danemark, 171.
  France, 259, 263.
  Grande-Bretagne, 309.
  Nouvelle-Zélande, 697, 779.
  Queensland, 537.
  Vaud (Canton de), 914.
MALADIES PROFESSIONNELLES.
  Grande-Bretagne, 309.
MENUISERIE.
  Danemark, 172.

MINES.
  Grande-Bretagne, 323.
NAVIGATION MARITIME.
  Danemark, 170.
OUVRIERS ÉTRANGERS.
  Danemark, 202.
PEINTURE, LAQUAGE ET DÉCORATION.
  Autriche, 101.
PHOSPHORE BLANC (Allumettes au)
  Grande-Bretagne, 319.
PLOMB ET LE ZINC (Usines où l'on travaille le).
  Autriche, 131.
  France, 260.
POUDRIÈRES.
  Danemark, 207.
PRÉVOYANCE.
  Espagne, 221.
REPASSAGE, FOULONNERIES ET TEINTURERIES.
  Danemark, 162.
REPOS HEBDOMADAIRE, CONGÉS.
  France, 256, 280.
  Grande-Bretagne, 307.
  Italie, 844.
  Tasmanie, 561.
  Transvaal, 831.
SALAIRES.
  Canada (Province de Québec), 583.
  Nouvelle-Galles du Sud, 453.
  Queensland, 489.
SIDÉRURGIQUE (Grande industrie).
  Allemagne, 31.
TABACS ET CIGARES.
  Danemark, 213.
TEXTILES (Fabriques).
  Danemark, 167.
TRAVAIL A DOMICILE.
  New-York, 244.
TRIBUNAUX INDUSTRIELS.
  Espagne, 228.